1001 DAYS
THAT SHAPED THE WORLD

GENERAL EDITOR
PETER FURTADO

PREFACE BY
MICHAEL WOOD

塑造世界的1001天

彼得·弗塔多◎主编

钟昊◎翻译

中央编译出版社
Central Compilation & Translation Press

● 1945年8月6日上午8点15分，广岛

图书在版编目（CIP）数据

塑造世界的1001天 /（英）弗塔多主编；钟昊译.
-- 北京：中央编译出版社，2014.12
书名原文：1001 Days that Shaped the World
ISBN 978-7-5117-2380-2

Ⅰ．①塑… Ⅱ．①弗… ②钟… Ⅲ．①世界史—通俗读物 Ⅳ．① K109

中国版本图书馆 CIP 数据核字 (2014) 第 248034 号

Original title: 1001 DAYS THAT SHAPED THE WORLD
© 2008, 2012 Quintessence Editions Ltd.
Chinese edition © 2014 Central Compilation and Translation Press
All rights reserved.

塑造世界的1001天

出 版 人：	刘明清
出版统筹：	贾宇琰
责任编辑：	廖晓莹
责任印制：	尹　珺
出版发行：	中央编译出版社
地　　址：	北京西城区车公庄大街乙 5 号鸿儒大厦 B 座（100044）
电　　话：	（010）52612345（总编室）（010）52612342（编辑部）
	（010）52612316（发行部）（010）52612315（网络销售）
	（010）52612346（馆配部）（010）66509618（读者服务部）
传　　真：	（010）66515838
印　　刷：	利丰雅高印刷（深圳）有限公司
成品尺寸：	160 毫米 ×210 毫米　　60 印张
版　　次：	2014 年 12 月北京第 1 版
印　　次：	2014 年 12 月第 1 次印刷
定　　价：	228.00 元

网　　址：	www.cctphome.com	邮　箱：	cctp@cctphome.com
新浪微博：	@中央编译出版社	微　信：	中央编译出版社（ID:cctphome）
淘宝网店：	编译出版社书店（http://shop108367160.taobao.com/）		

本社常年法律顾问：北京市吴栾赵阎律师事务所律师　闫军　梁勤
凡有印刷质量问题，本社负责调换。电话：010-66509618

目录

序	6
引言	8
国家及地区索引	12
大爆炸至公元前1年	20
公元1年—999年	82
1000年—1499年	162
1500年—1699年	254
1700年—1899年	386
1900年—1949年	612
1950年至今	768
术语	942
总索引	946
图片来源	958
撰稿人	960
致谢	960

序

迈克尔·伍德（Michael Wood），历史学家、节目主持人

2011年我有幸搭美军巡逻队的便车从摩苏尔（伊拉克北部城市）前往伊拉克库尔德斯坦地区。我为探寻历史而来。夏日初升，酷暑逼人，我们穿着防弹背心挤在装甲车内，不久便汗流浃背。我们渡过底格里斯河，经过尼尼微（古代亚述的首都）的断壁残垣，这里曾是《旧约》和历代亚述君主的舞台，也为"如狼扑群羊般"（译者注：出自拜伦的诗《西拿基立灭亡》）现身的米堤亚人和波斯人提供过布景。通往巴比伦的古旧道路之上，放眼望去皆是一幕幕伊拉克历史——亚述希腊人的、基督徒的和穆斯林的。从亚述人到蒙古人的战争，到现在的伊拉克自由行动，同样影响深远。我从观察舱口向外望时想到，真正鲜活的历史总是立足于此时此地。

摩苏尔城外的平原上，棕色的群山高耸入云，这就是贾巴马克卢卜山（意为"上下颠倒"），伊拉克基督徒称之为阿尔发夫山（意为"千圣之山"）。后来我们爬到山顶，视野开阔，可以望见库尔德斯坦的群山。山下宽广的平原上，干涸的河床边有一座陡峭的远古山冈，如今被称作特尔高米，这里曾经有座古镇，得名于我们脚下的高加米拉山（意为"骆驼背"）。我们遥望高加米拉战场遗址——希腊人宣称在这片土地上，四万九千名久经沙场的希腊人击败了波斯皇帝大流士旗下近一万士兵，成就了亚历山大大帝最伟大的战役，亚历山大因此成为"亚洲之主"，世界从此改变。那一天是公元前331年10月1日。

二十世纪六十年代末时，我还在读书。当时的主流观点认为，历史上重大事件以及个人的作用被严重夸大了，所谓"塑造世界的日子"纯属冗余。左翼历史学家们尤其坚信，真正改变历史要靠更深层次的力量，比如社会运动和无产阶级。后来费尔南·布罗代尔（Fernand Braudel）有关地中海的伟大著作教会我们（我个人认为这个理论更具说服力），历史存在于三个层面之上：底层是长期的地形和气候，人类根深蒂固的长程生活模式均与此相适应；在此之上是文明的兴衰；第三层才是"事件史"，犹如短命的萤火虫一霎之间点亮历史的表面。我确信布罗代尔是正确的，但于我而言，亚历山大大帝这类人同高加米拉战役这类日子的确改变了世界，也同样毋庸置疑。

这正是本书的引人入胜之处。想法很简单：经过充分分析后列出1001个人类历史上最重要的时刻——不仅包括事件，还有思想、发明和艺术创作。对我来说，这本书中的许多篇文章都可以唤起我多年徜徉于历史长廊的记忆：学生时代我搭车前往意大利之踝（意大利版图形似靴子）寻找汉尼拔大败罗马军团的坎尼战场，或是沿土耳其南岸前往伊苏斯，遥想马其顿军团大破波斯军队的盛景。我记得在一次大学假期中，我在阿莱西亚惊喜地发现尤利乌斯·恺撒首次围困高卢将领韦森盖托里克斯（Vercingetorix）所用的巨型壕沟仍然依稀可见——在那之后恺撒亲手扼死了高卢人。我也曾在墨西哥城外破败的郊区漫步，探寻1520—1521年墨西哥陷落留下的遗迹和传说，以描摹这件亚当·斯密心中的史上最重要事件，它同时掀开了西班牙人征服中美洲的序幕。

这本书的另一大魅力来自于历史的同步性，比如卡尔·雅斯贝尔斯（Karl Jaspers）命名的"轴心时代"，即佛陀、孔子、老子、古希腊哲学家们同《旧约圣经》中的先知们可能生活在同一时代，这对人类思想史有何等意义仍然未成定论。书中的其他同步事件同样令人着迷。公元七世纪，两大宗教的发展道路彻底转向：632年先知穆罕默德去世，阿拉伯穆斯林军队冲出阿拉伯半岛，改变了历史进程；肩负历史一大文化使命的玄奘抵达克什米尔，将佛教的主要典籍带回中国，这可能令佛教成为当时世界上信徒最多的宗教。

这当然是我们这一时代的选辑。几十年后，印度和中国重归世界强国之列，亚洲再度成为改变世界的原动力之时，未来的历史学家也许会发现我们尚未看清的历史潮流，指出我们现在无法意识到的、开启未来的先兆事件，然后重新选出1001天。这不正是历史的永恒魅力吗？历史时刻变化，永不静止。正像我那晚在伊拉克北部的高加米拉山上所意识到的，最迷人的历史总是立足于此时此地。这本引人深思的好书亦是如此。

Michael Wood

引言

彼得·弗塔多（Peter Furtado），本书主编

　　每一天，无时无刻，全世界有无数的事件发生。人们同时买进和卖出、建造和破坏、争斗和谈判、出生和死亡，这些大大小小的每一个行动都构成一个独特的事件。它们偶尔会掀起波澜，但大多数情况下只是令世界在不知不觉中改变了一点点。

　　每一天，每时每刻，全世界的人们看到这混乱的海量事件，试图报道一部分，理出头绪，指出哪些事件更为重要。对于纷繁复杂的事件，人们想要发现或赋予其意义，从中挖掘出新闻，将之介绍给其他可能感兴趣的人。结果我们有了日报或者新闻广播，在茫茫事件之海中整理出一粟、为之排列优先级、加以解释，让我们了解、学习和娱乐。

　　在混沌之中强行创造秩序并不容易，从没有人圆满达成过这项任务。记者可能仅仅发现了真相的一部分，重要的细节也许被隐藏或遗漏，事件之间的联系以及意义可能过于庞大或复杂，当时无法为人所理解；故事也许不符合人们的预期，并因此被忽略和隐瞒。因此我们最好能有很多记者从各自不同的视角进行报道，而我们消费者可以选择让自己最舒服或是对我们最有价值的版本。

　　寻找事件的意义离不开挖掘因果关系和探索过去同现在的联系。有人在探寻的过程中迅速沉沦于过去，不仅仅想发现真正发生了什么，更想要确定事件之间的联系，精细辨别出事件如何互相影响。由此我们便得到了历史。

　　史学界对于因果关系向来莫衷一是。世界显然在变化，但究竟是如何变化的呢？有人归因为深层力量，即推动改变之势的经济、文化或思想潮流，所有事件皆与此相适；也有人更注重偶然因素及其效应、伟人和人为失误。二十世纪中期的欧洲大战是几十年、甚至几百年来大势所趋，抑或源起于一个人的世界观？有此一问已经证明了这道选择题的谬误之处：这并非单一因素之力，而是二者共同作用的结果。

　　回顾人类历史的一大乐趣在于发现历史之浩瀚，体察其无尽的动人之处，世间百态都蕴含其中。如果说历史构成最宏大的舞台，主宰它的尽是卓尔不群的人物——无论是怪物、英雄，还是完全失控、无可救药的失败者，每一幕剧的主角们胸怀大志，但

也不乏弱点,他们演绎了最精彩的故事,我们最伟大剧作家的头脑也望尘莫及。倘若我们观赏这场戏,他们的故事可以停留在我们脑海,一生不散。

《塑造世界的1001天》便是取景于这壮阔的历史舞台,从最初的起点(史前,地球形成之前)开始,直到二十一世纪,囊括全球之事。本书包含了最重大的历史事件,也收录了部分相对琐碎之事——它们不知不觉间潜入了大众的意识,占有一席之地,因而有趣。

从前,学生们必须记住英格兰君主、美国总统或是所有发现新大陆探险家的名字。他们通常能流利地说出著名事件的日期,所以你只消提及"1776年"或者"1789年",很可能对方马上就会明白你所指的是美国颁布《独立宣言》或是法国大革命。这种教育方式如今不常见了,常有人哀叹这类名字和日期从人们脑中流失。记忆重要的历史日期有很多好处。日期可以当做历史事件的简略表达法,而且它们自然有了时间顺序。因此从学习日期中我们便能知道事件的先后次序。这不同于因果关系,但有助于我们形成历史的"全局观",在大框架之上填充特定内容的具体知识。

这本书提供一千零一个这样的日子,构建了某种"全局观"。它不是一幅流畅且完整的图画——事实上,与其说它是一幅镶框油画,倒更像是散点图。但它轮廓清晰,倘若你试着把点连起来,找到其中的图案,便会了解世界是如何改变的——尽管我们没有解释原因。如果它勾起了你的好奇心,让你想细细填色,深入研究吸引你的事件,本书便发挥了它的作用。

你不一定要从头开始读完整本书。每一篇都是独立的,在有限的篇幅内展示当天发生的事件、地点、原因和结果。你尽可以浅尝,了解你从未听过的事情,对历史重要时刻有个简单印象。但不得不承认,无论书中内容范围多广,都不可能在这样一本书中涵盖历史的所有内容。我们的初衷是选出重要事件,交待来龙去脉。虽说任何事件都可以入选,我们尽量将事件限定在一天的范围内,或至少在当天达到高潮。

并非所有历史事件都有完整的证据,古老的事件更是如此,因此不是每一件事都能确定它发生的具体日期。有时即便是最著名的历史事件,其年份也众说纷纭,比如耶稣受难。具体日期不详并不意味着这类事件没有发生过,所以我们还是予以收录。同时,世界各地所采用的不同历法和计算方法也可能造成混乱。几百年前,法定意义上一年之始并非今天的1月1日,而是3月25日,即圣母领报节(译者注:天使加百列告知圣母马利亚她将由"圣灵"感孕而生耶稣基督的纪念日),因此我们现在认为发生在1649年1月30日的事件(奥利弗·克伦威尔将国王查理一世送上断头台),在当时的人看来,发生在1648年1月30日。同样,由于历法变化,列宁和布尔什维克将其革命夺权称为"十月革命",因为他们认为他们在10月25日成功占领冬宫,而今天我们所说的"十月革命"发生在1917年11月7日。

正因为不可能掌握过去所有事件的每一个细节,有时候了解人们认为过去发生了什么更为重要。人们经常出于各种原因相信历史故事和传说,虽然在今天看来,它们可信度极低,甚至于根本不可能发生过。部分历史学家倾向于忽略这类事件,专注研究真正发生过的事。但有时候,无论是多古怪的信念,它本身已经有了足够的分量,可以驱策其信徒取得非凡成就,影响他人的人生。因此人们相信的故事也是历史的一部分——当然,我们需要澄清这种情况下信念和事件一起组成了历史。所以你会在本书中看到"创世记"(公元前4004年10月)这类事件,没有任何一位现代历史学家会严肃地表示它们真的发生过;但是聪明人相信它们发生过,并且这一信念影响了他们重要的人生决定,这就足以成为此类事件入选的理由。这类事件的日期大多同远古神话传说相关,但在其各自文化发展史上举足轻重,比如罗慕路斯及其孪生兄弟雷穆斯被狼养大后,前者于公元前753年4月21日建立罗马城。

本书内容涵盖政治、王朝变迁和战争(你可以称之为历史的原材料),也涉及文化、技术、科学,以及稍纵即逝的偶发事件。我们从史前开始,但重点在最近的150年,原因如下:在西方帝国崛起,掀起全球化浪潮之前,影响力超出其所在大陆的事件寥寥无几,本书收录了这类事件,而省去了不少令人陶醉的地方进展;十九世纪起,世界某处发生影响其他地区的事件频率激增,因此我们着重关注近两百年历史;再者,近两个世纪内历史加快了进程，同中世纪相比，更多事件更迅速地发生，至少有详细报道的事件更多了，我们得以追踪其来龙去脉。变化的速度更快，改变世界的日子出现的频率就更高了。

  编者所选的塑造世界的1001天不会一成不变，而我期待并希望你能质疑我们的选择。我也希望本书可以帮助你发现惊奇有趣的事物，那就再好不过了。历史不会一成不变：倘若你从不为之争论，倘若它从不令你惊奇，那一定有什么出了错——不是故事没讲好，就是你觉得你已经无所不知了。历史是我们所有人之间的对话，作者、读者、学者、公民全部参与其中，一切都未成定论，可以商榷。所以，让我们开始讨论吧。

国家及地区索引
Index by Country

阿尔及利亚 ALGERIA
1962年7月3日 阿尔及利亚独立 802

阿富汗 AFGHANISTAN
公元998年 伽色尼的新埃米尔 161
1842年1月6日 不列颠受挫 520
1979年12月25日 苏联出兵干涉阿富汗 864

阿根廷 ARGENTINA
1946年2月24日 贝隆任总统 755
1952年7月26日 艾薇塔去世 773
1967年10月9日 革命英雄遭到枪决 823
1982年4月2日 马尔维纳斯群岛战争 868

埃及 EGYPT
公元前2575年 金字塔建成 24
公元前1348年 法老崇拜太阳神阿顿 29
公元前1279年 拉美西斯二世于埃及加冕 30
公元前1250年 摩西带领同胞出埃及 31
公元前331年 亚历山大港建成 55
公元前305年 托勒密一世占领埃及 58
公元前48年9月28日 庞培被斩首 74
公元前30年8月30日 克丽奥佩特拉自杀 79
公元391年 塞拉皮雍神庙被毁 106
1219年11月5日 十字军在埃及 202
1798年8月1日 尼罗河战役 457
1799年7月19日 破译埃及象形文字的关键 458
1811年3月1日 剿灭马穆鲁克 477
1869年11月17日 苏伊士运河通航 571
1882年7月11日 亚利山大港失火 584
1922年11月26日 发现图坦卡蒙之墓 674
1956年7月26日 纳赛尔将苏伊士运河收归国有 786
1956年10月29日 苏伊士运河战争 788
1967年6月7日 以色列人攻占东耶路撒冷 822
1973年10月6日 阿拉伯人发动赎罪日战争 844

埃塞俄比亚 ETHIOPIA
1896年3月1日 战败之耻 602
1935年10月3日 法西斯入侵非洲 699

爱尔兰 IRELAND
公元432年 爱尔兰的神圣布道 108
1169年5月1日 诺曼人抵达爱尔兰 184
1649年9月11日 德罗赫达遭劫 366
1798年5月23日 爱尔兰人联合会起义失败 456
1801年1月1日 建立联合王国 463
1803年9月20日 埃米特的遗赠 467
1916年4月24日 复活节起义 648

1919年6月15日 艰辛航程 668
1922年1月7日 都柏林众议院通过《英爱条约》 672
1972年1月30日 北爱尔兰屠杀 839
1983年10月22日 欧洲抗议 872
1998年4月10日 和平宣言 912

爱沙尼亚 ESTONIA
1989年8月23日 自由之链 891

奥地利 AUSTRIA
1192年12月21日 流亡国王被俘 193
1529年10月15日 解维也纳之围 285
1683年9月12日 解救维也纳 380
1791年12月5日 天才陨落 440
1805年4月7日 开创新音乐风格 470
1815年6月8日 维也纳会议结束 483
1848年3月13日 奥地利动乱 529
1899年11月4日 挖掘潜意识 611
1938年3月12日 德奥合并 709
1938年11月9日 水晶之夜 713
1983年10月22日 欧洲抗议 872

澳大利亚 AUSTRALIA
1770年4月19日 发现未知的南方大陆 416
1788年1月26日 开往植物湾 436
1930年5月24日 凭一架飞机和一句祷告 692

巴哈马 BAHAMAS
1492年10月12日 哥伦布发现美洲 248

巴基斯坦 PAKISTAN
2011年5月2日 奥萨马·本·拉登被击毙 937

巴拿马 PANAMA
1513年9月26日 第一位发现太平洋的欧洲人 266
1904年4月23日 巴拿马运河重新开工 620

巴西 BRAZIL
1500年4月23日 卡布拉尔驶向巴西 256
1624年5月10日 荷兰西印度公司控制巴伊亚 346
1822年12月1日 佩德罗一世违抗里斯本 492

白俄罗斯 BELARUS
1991年12月25日 苏联解体 901

比利时 BELGIUM
1815年6月18日 拿破仑兵败滑铁卢 484
1914年8月4日 德国入侵比利时 643
1940年5月10日 德国入侵荷兰和比利时 719
1983年10月22日 欧洲抗议 872
2011年10月27日 欧债危机 940

波兰 POLAND
1241年4月9日 蒙古人胜利 205

1543年5月24日 重要书籍出版 296
1772年2月 强国瓜分波兰 419
1939年9月1日 希特勒入侵波兰 716
1945年1月27日 发现滔天罪行 743
1970年12月7日 勃兰特默哀 837
1979年6月2日 荣归故里 863
1980年8月14日 格但斯克船厂罢工 865
2010年4月10日 波兰总统坠机身亡 930

波斯尼亚和黑塞哥维那 BOSNIA AND HERZEGOVINA
1914年6月28日 弗朗茨·斐迪南大公遇刺身亡 642
1995年7月4日 斯雷布雷尼察大屠杀 907

玻利维亚 BOLIVIA
1825年8月6日 玻利维亚独立 495
1879年2月14日 海鸟粪之争 581
1967年10月9日 革命英雄遭到枪决 823

朝鲜与韩国 KOREA
公元前57年 新罗建国 71
公元676年 新罗控制朝鲜半岛 129
1950年6月25日 朝鲜战争爆发 770
1988年9月27日 兴奋剂丑闻 888
2011年12月17日 金正日去世 940

丹麦 DENMARK
公元960年 丹麦皈依基督教 157
公元986年 定居格陵兰岛 158
1770年12月5日 日耳曼人掌控丹麦大权 418
1916年5月31日 两大海军强国交锋 649

德国 GERMANY
公元前18年 特里尔城建于圣地 80
公元9年9月 森林中的杀戮 84
公元843年8月 帝国分裂 146
公元919年5月 亨利一世统一德意志王国 155
公元955年8月10日 征服马扎尔人 156
1190年6月10日 国王之死 190
1248年8月15日 科隆大教堂 206
1273年10月24日 鲁道夫成为国王 210
1356年 商人行会形成强大势力 225
1356年1月10日 选帝制度 223
1415年7月6日 捷克改革家火刑柱上殉道 232
1455年 首批印刷书 240
1517年10月31日 张贴在维滕贝格教堂门前 270
1519年6月26日 马丁·路德辩论 274
1521年4月17日 路德被查理五世控为异端 277
1525年5月15日 镇压德国起义 281
1535年6月24日 "新耶路撒冷"不复存在 289
1555年2月5日 《奥格斯堡和约》 298
1631年5月20日 攻入马格德堡 352
1632年11月16日 北方雄狮去世 353
1648年10月24日 签署《威斯特伐利亚和约》 364

1704年8月13日 布伦汉姆血战 389
1721年3月24日 才华横溢的巴洛克大师巴赫 397
1740年12月6日 腓特烈大帝兼并西里西亚 402
1741年4月10日 莫尔维茨之战 402
1774年 歌德成名 423
1848年2月21日 马克思与恩格斯改写历史 528
1867年 揭露资本主义弱点 566
1871年1月18日 俾斯麦凯旋 573
1876年8月16日 《尼贝龙根的指环》首演 580
1886年1月29日 卡尔·本茨取得第一台汽车专利 588
1895年11月8日 威廉·伦琴探测到X光 598
1900年7月2日 飞艇首航 614
1918年3月3日 签订《布列斯特-立陶夫斯克和约》659
1918年4月21日 红男爵之死 660
1918年11月19日 德国皇帝威廉二世退位 663
1919年1月5日 斯巴达克斯之周 665
1923年11月8日 德国马克一文不值 676
1925年7月18日 希特勒的奋斗 681
1933年1月30日 纳粹总理 696
1933年2月27日 民主制度失火 697
1934年6月30日 长刀之夜 698
1936年8月3日 杰西·欧文斯夺金 703
1938年3月12日 德奥合并 709
1938年9月30日 慕尼黑协定 710
1938年11月9日 水晶之夜 713
1938年12月17日 发现核裂变现象 713
1939年8月24日 苏德条约 716
1942年1月20日 最终解决方案 731
1942年10月3日 V-2火箭发射 734
1944年7月20日 针对元首的炸弹袭击失败 739
1945年2月14日 德累斯顿大轰炸 744
1945年4月30日 希特勒自杀 747
1946年9月30日 纽伦堡审判 758
1948年6月24日 盟国向西柏林空运物资 764
1953年6月17日 东德起义 778
1961年8月13日 "挑战者号"升空后爆炸 800
1963年6月26日 "我是柏林人" 809
1972年9月6日 慕尼黑惨案 841
1983年10月22日 欧洲抗议 872
1989年11月9日 柏林墙倒塌 892

俄罗斯 RUSSIA
公元988年 基辅皈依基督教 161
1240年7月15日 击退瑞典人 205
1582年 哥萨克人入侵 318
1584年3月18日 残暴的伊凡去世 319
1697年3月16日 彼得大帝的大使团 385
1703年5月27日 圣彼得堡崛地而起 388
1722年1月24日 俄国设立职级表制度 398
1762年7月9日 凯瑟琳成为俄国女皇 413
1801年3月23日 沙皇保罗一世遇刺 464
1812年6月24日 最后一搏 477
1812年9月7日 博罗金诺之战 478

1837年2月10日 俄罗斯文学明星在决斗中陨落 511
1861年3月3日 俄国废除封建制度 549
1865年 《战争与和平》出版 564
1869年3月6日 元素分类 569
1881年3月13日 解放者遭到暗杀 583
1905年1月22日 圣彼得堡的血腥星期日 621
1908年6月30日 "太空来客" 628
1916年12月31日 "颠僧"遇害 653
1917年4月16日 领袖归来 654
1917年11月7日 布尔什维克党掌权 657
1918年3月3日 签订《布列斯特-立陶夫斯克和约》659
1918年7月17日 末代沙皇全家遇害 661
1922年12月30日 苏联建国 675
1936年8月19日 大清洗 703
1937年6月12日 斯大林整肃军队 707
1939年8月24日 苏德条约 716
1941年6月22日 发动巴巴罗萨计划 727
1941年9月1日 列宁格勒围城战开始 728
1941年9月29日 巴比雅尔大屠杀 729
1943年2月2日 德军在斯大林格勒投降 735
1943年7月4日 库尔斯克会战 736
1944年1月27日 列宁格勒之围得解 737
1953年3月5日 统治者之死 775
1956年2月25日 批判斯大林 784
1957年10月4日 苏联卫星升空 791
1961年4月12日 首次载人航天成功 799
1963年6月16日 进入太空的第一位女性 808
1987年6月25日 苏共奋力一搏 885
1991年12月25日 苏联解体 901

法国 FRANCE
公元前52年 毫不仁慈 72
公元451年6月20日 匈人阿提拉战败 108
公元496年12月25日 国王克洛维受洗 110
公元639年1月19日 达戈贝尔一世去世 124
公元732年10月10日 为法兰克国而战 134
公元754年6月 治国者称王 136
公元768年9月24日 丕平遗产恩泽后代 138
公元843年8月 帝国分裂 146
公元845年3月 维京人洗劫巴黎 148
公元877年6月14日 王权式微 150
公元909年9月2日 克吕尼修道院激发修道复兴运动 153
公元911年 强盗罗洛 155
公元987年5月21日 卡佩王朝建立者加冕 160
1095年11月27日 "上帝的旨意!" 176
1098年 修道士拒绝闲逸的生活 178
1120年 叔父骇人的报复 180
1137年 哥特式建筑诞生 181
1194年6月10日 沙特尔的奇迹 194
1204年6月24日 第一位法兰西国王 196
1208年1月14日 清洁派遭到迫害 198
1209年7月21日 贝济耶数千人遭到屠杀 199
1239年8月11日 路易九世获得珍贵圣

物 204
1309年 教皇迁至亚维农 216
1314年3月19日 最后一任大团长 216
1346年8月26日 克雷西会战中长弓凯旋 222
1356年9月19日 法国的大凶日 224
1415年10月25日 亨利五世"幸运的少数人"获得胜利 233
1431年5月30日 "奥尔良的少女"被判死刑 237
1519年5月2日 文艺巨匠去世 272
1534年8月15 建立耶稣会 287
1558年1月7日 法国收复加来 302
1559年7月10日 法国国王死于奇异事故 303
1572年8月24日 巴黎血流成河 311
1598年4月13日 宗教自由 324
1610年5月14日 狂人刺杀亨利四世 339
1635年2月22日 成立法兰西学术院 356
1643年5月19日 西班牙败退 361
1648年8月26日 第一次福隆德运动 363
1650年2月11日 勒内·笛卡儿逝世 367
1661年9月5日 富凯被捕 373
1682年5月6日 太阳王的宫殿 379
1685年10月18日 雨格诺派教徒逃离法国 381
1751年 启蒙之作 405
1783年2月4日 终于迎来和平 433
1783年6月4日 首次气球飞行 435
1789年7月14日 叛军攻占巴士底狱 438
1789年8月26日 法国人发表《人权宣言》439
1792年8月10日 暴民攻入杜伊勒里宫 443
1793年1月21日 法国国王被送上断头台 444
1793年4月6日 恐怖委员会 445
1793年6月24日 法国第一共和国宪法 446
1793年9月17日 法国陷入恐怖统治 447
1793年10月16日 王后玛丽·安托瓦内特被处决 448
1794年7月28日 罗伯斯比尔被处决 451
1798年5月19日 拿破仑前征埃及 455
1799年11月9日 拿破仑掌权 461
1804年3月 《拿破仑法典》467
1804年12月2日 拿破仑加冕 469
1814年3月31日 拿破仑退位 480
1821年5月5日 波拿巴陨落 490
1827年6月 第一张照片 498
1830年7月29日 查理十世被废 503
1839年8月19日 第一张负像照片问世 516
1848年2月24日 意外起义 529
1851年12月2日 路易·拿破仑发动政变 535
1858年2月11日 露德圣母 541
1859年5月20日 微生物理论起源 542
1861年 米肖推出自行车 551
1863年5月15日 新画派的冲击 556
1871年1月18日 俾斯麦凯旋 573
1871年5月28日 公社社员战败 573
1875年8月25日 首次成功泳渡英吉利海峡 577
1889年5月6日 光荣的象征 592
1890年7月29日 麦田中的自杀 594

1894年12月22日 满城风雨的德雷福斯事件 596
1895年12月28日 放映首部电影 600
1898年1月13日 《我控诉!》609
1903年7月1日 第一届环法自行车赛开赛 618
1906年7月12日 澄清德雷福斯事件 626
1913年5月29日 芭蕾舞剧导致群情激愤 640
1914年12月25日 圣诞节休战 644
1916年2月21日 德国人攻打凡尔登 647
1916年7月1日 血色清晨 651
1917年10月15日 玛塔·哈里遭枪决 655
1918年11月11日 放弃所有 664
1919年6月28日 《凡尔赛条约》669
1927年5月21日 "圣路易斯精神号" 686
1940年5月26日 英军从敦刻尔克撤离 721
1940年6月14日 德军占领巴黎 721
1940年6月22日 与德国签订停战协议 721
1940年9月12日 发现拉斯科洞窟壁画 723
1944年6月6日 最漫长的一天 738
1944年8月26日 解放巴黎 741
1946年7月5日 模特在巴黎展示比基尼 756
1968年5月13日 巴黎暴动 827
1969年3月2日 航空史上一大成就 831
1977年1月31日 向现代文化致敬 855
1983年10月22日 欧洲抗议 872
1990年11月19日 冷战结束 898
1997年8月31日 戴安娜王妃在车祸中丧生 910

法属波利尼西亚 FRENCH POLYNESIA
1769年4月13日 观测金星 415
1769年6月3日 库克一行人观测金星凌日 415

菲律宾 PHILIPPINES
1521年4月27日 麦哲伦去世 278
1975年10月1日 马尼拉的震颤 850

刚果民主共和国 CONGO, DEMOCRATIC REPUBLIC OF
1490年 恩济加叙依基督教 245

哥伦比亚 COLOMBIA
1819年12月17日 玻利瓦尔的南美解放战争 487

古巴 CUBA
1511年 西班牙占领古巴 264
1959年2月16日 卡斯特罗出任古巴国务委员会主席 793
1961年4月17日 古巴击退入侵者 799
1962年10月14日 肯尼迪面对导弹危机 806

圭亚那 GUYANA
1978年11月18日 琼斯镇集体自杀 859

海地 HAITI
1801年7月7日 奴隶共和国 465
2010年1月12日 灾难降临海地 929

韩国 KOREA
见 "朝鲜与韩国"

荷兰 NETHERLANDS
1568年5月23日 荷兰起义军击败西班牙军队 308
1576年11月4日 安特卫普大屠杀 312
1579年1月23日 荷兰起义 315
1584年7月10日 沉默者威廉宫殿内遇刺 320
1642年 杰作完成 359
1940年5月11日 德国入侵荷兰和比利时 719
1944年8月4日 安妮·弗兰克被捕 741
2002年2月4日 米洛舍维奇受审 916

吉尔吉斯斯坦 KYRGYZSTAN
751年7月10日 怛罗斯战役 135

加拿大 CANADA
1000年 千禧之慌 165
1497年6月24日 寻找新渔场 250
1608年7月3日 建立新法兰西 334
1759年9月13日 法军战败,沃尔夫去世 412
1859年6月30日 尼加拉瓜布上的明星 544
1896年8月16日 克朗代克淘金热 604
1910年7月31日 克里平医生海上缉拿归案 627
1917年12月6日 法国轮船爆炸 658

加纳 GHANA
1957年3月16日 加纳独立 789

柬埔寨 CAMBODIA
1975年4月17日 波尔布特掌控柬埔寨 849

捷克 CZECH REPUBLIC
1415年7月6日 捷克改革家火刑柱上殉道 232
1618年5月23日 布拉格动乱 342
1805年12月2日 奥斯特里茨战役 473
1866年7月 普鲁士掌控大局 565
1939年3月15日 希特勒入侵布拉格 714
1968年8月20日 苏联军队进驻捷克斯洛伐克 829
1989年12月29日 哈维尔当选总统 894

津巴布韦 ZIMBABWE
1965年11月11日 罗得西亚宣布独立 819

科索沃 KOSOVO
1389年6月28日 科索沃战役 230

科威特 KUWAIT
1990年8月2日 伊拉克入侵科威特 897
1991年2月27日 驱逐伊拉克军队 898

克罗地亚 CROATIA
1991年6月25日 南斯拉夫联邦解体 900

拉脱维亚 LATVIA
1989年8月23日 自由之链 891

黎巴嫩 LEBANON
1982年9月16日 贝鲁特大屠杀 870
1983年10月23日 贝鲁特发生自杀式炸弹袭击 872

立陶宛 LITHUANIA
1807年6月7日 欧洲之主拿破仑 475
1989年8月23日 自由之链 891

利比里亚 LIBERIA
1847年7月26日 自由非洲 526

利比亚 LIBYA
1986年4月15日 里根的反击 883
2011年10月20日 卡扎菲身亡 939

卢旺达 RWANDA
1994年4月6日 卢旺达种族大屠杀 902

罗马尼亚 ROMANIA
1821年3月25日 希腊独立 489
1989年12月25日 暴君之死 894

马耳他 MALTA
1565年9月8日 土耳其人被迫撤兵,解马耳他之围 306

马里 MALI
1796年7月21日 探索尼日尔河 454

马绍尔群岛 MARSHALL ISLANDS
1952年11月1日 太平洋试爆氢弹 774

美国 UNITED STATES OF AMERICA
1513年4月2日 青春之泉 264
1541年5月8日 发现密西西比河 293
1607年5月14日 弗吉尼亚的据点 333
1614年4月 波卡洪塔斯结婚 342
1619年8月 奴隶被拐卖至美洲 344
1620年11月11日 "五月花号"起航 345
1621年9月/10月 第一个感恩节 345
1626年5月24日 彼得·米努伊特买下曼哈顿 347
1630年9月17日 山上的城 351
1664年8月27日 荷属殖民地投降 374
1682年4月9日 拉萨尔为法国国王占领路易斯安那 377
1682年4月25日 佩恩的宪法 378
1692年8月19日 塞勒姆处死六名女巫 384
1752年6月 富兰克林发明避雷针 406
1754年6月10日 向联邦迈进 408
1765年3月22日 印花税引发骚动 415
1773年12月16日 波士顿倾茶事件 420
1775年6月15日 时代之子 424
1776年7月4日 生命和自由 425
1776年12月25日 "狐狸"发动攻击 425
1777年10月17日 大陆军掌握战略主动权 426
1779年2月14日 库克被刺死在海滩之上 428

1781年10月19日 英军在约克镇战败 433
1783年3月4日 终于迎来和平 433
1787年9月17日 统一的国家 435
1789年2月4日 战争中的第一人,也是和平时代的第一人 437
1793年2月12日 《逃奴法案》 445
1793年12月31日 托马斯·杰斐逊辞职 450
1796年9月19日 告别演说 455
1800年11月17日 新都 462
1803年4月30日 美国扩张 467
1805年11月7日 向美国西海岸远征 472
1814年8月24日 不列颠入侵美国 481
1820年3月6日 密苏里作为蓄奴州加入美国 488
1823年12月2日 东西半球分离 493
1826年7月4日 两位前总统于独立日逝世 497
1830年4月6日 斯密的新教派 503
1836年3月6日 阿拉莫失陷 509
1838年1月6日 摩尔斯展示其电码 513
1842年3月30日 麻醉剂乙醚 520
1844年5月24日 电报通讯 523
1846年2月19日 兼并德克萨斯 523
1847年7月24日 耶稣基督后期圣徒教众建立城市 525
1848年1月24日 西部淘金! 526
1848年2月2日 美国扩张,入侵墨西哥 527
1850年 家用缝纫机面世 532
1854年7月6日 新政党建成 537
1859年6月30日 尼加拉瀑布上的明星 544
1859年10月16日 自由精神长存 545
1861年4月12日 南方邦联军攻打萨姆特堡 550
1862年5月20日 甜蜜的家 552
1862年9月17日 北部的巨大人员伤亡 553
1862年9月22日 解放南方奴隶 554
1863年7月1日 内战转折点 557
1863年11月19日 "八十七年前……" 558
1865年4月9日 李将军承认战败 561
1865年4月14日 领袖之死 562
1865年12月6日 废除奴隶制 565
1869年5月10日 金道钉 570
1871年10月8日 芝加哥大火 575
1876年3月7 电话里传出的第一声 578
1876年6月25日 小大角大捷 579
1879年10月21日 最早的电灯泡 582
1881年7月2日 射杀 584
1886年5月4日 芝加哥暴乱 589
1886年10月28日 自由女神像落成 590
1890年12月29日 最后的战役 595
1901年9月6日 麦金莱遇刺 616
1902年3月12日 卡鲁索录制第一张唱片 617
1903年12月17日 莱特兄弟试飞 619
1906年4月18日 旧金山大地震 625
1907年2月20日 移民管制 626
1908年10月1日 推出通用汽车 629
1909年4月6日 皮里抵达北极 630
1920年1月16日 街头巷尾令人愉悦的地下酒吧 671
1925年1月1日 宇宙膨胀 680

1925年7月10日 猴子和祖先 681
1926年3月16日 首次发射火箭 684
1926年8月23日 死亡、名望和歇斯底里 685
1927年8月23日 无政府主义者受审 687
1927年10月16日 第一部有声电影 687
1928年11月18日 《汽船威利号》发行 688
1929年2月14日 芝加哥大屠杀 689
1929年5月16日 首届学院奖颁奖 690
1929年10月24日 华尔街股灾 691
1931年5月1日 宏伟的摩天大楼 694
1931年10月17日 "疤面"被判入狱十一年 695
1933年3月4日 传递希望 698
1937年5月6日 齐柏林飞艇爆炸 706
1938年10月30日 火星人入侵 711
1939年8月2日 核威胁 715
1939年9月9日 《乱世佳人》上映 717
1941年12月7日 珍珠港 731
1942年6月6日 中途岛战役 733
1945年4月12日 富兰克林·德拉诺·罗斯福去世 746
1945年7月16日 首次核试验 748
1945年10月24日 成立联合国 753
1946年3月5日 铁幕演说 755
1947年6月5日 开展马歇尔援助计划 759
1948年12月10日 世界就人权达成共识 765
1950年2月9日 共产主义者名单 770
1952年11月1日 太平洋试爆氢弹 774
1954年4月12日 摇滚金曲 779
1954年12月2日 麦卡锡垮台 781
1955年7月17日 迪士尼乐园开放 782
1955年9月30日 詹姆斯·迪恩去世 783
1955年12月1日 公交车上的种族隔离 784
1956年4月21日 埃尔维斯雄踞榜首 785
1959年2月3日 巴迪·霍利死于飞机失事 794
1961年9月6日 鲍勃·迪伦纽约初次登台 801
1962年7月10日 卫星首次传输电视信号 803
1962年8月5日 性感女神香消玉殒 805
1962年10月14日 肯尼迪面对导弹危机 806
1963年8月28日 "我有一个梦想" 810
1963年11月22日 约翰·F.肯尼迪总统遇刺 812
1963年11月24日 鲁比击毙奥斯瓦尔德 815
1964年2月9日 披头士登上美国电视直播节目 816
1965年1月4日 "伟大社会" 817
1968年4月4日 马丁·路德·金遇刺 826
1968年6月5日 罗伯特·肯尼迪中枪身亡 828
1968年12月24日 从月球看地球 830
1969年7月21日 人类的一大步 832
1969年8月15日 伍德斯托克摇滚音乐节开幕 834
1970年4月13日 "休斯敦,我们有麻烦了" 835

1972年6月17日 水门事件 840
1973年1月22日 堕胎合法化 842
1974年8月9日 尼克松因水门事件被迫辞职 847
1975年4月4日 创立微软 848
1977年5月25日 《星球大战》上映 856
1977年8月16日 埃尔维斯·普雷斯利去世 856
1978年9月17日 戴维营谈判 858
1979年3月28日 三里岛核泄漏事故 861
1980年12月8日 约翰·列侬纽约遇害 866
1981年8月12日 个人电脑流行 868
1983年3月23日 里根宣布发动"星球大战"计划 871
1985年7月13日 拯救生命演唱会援助埃塞俄比亚 878
1985年10月2日 洛克·哈德森去世 879
1986年1月28日 "挑战者"升空后爆炸 880
1989年3月24日 "埃克森·瓦尔迪兹号"漏油事故 891
1990年4月20日 发射哈勃望远镜 897
1993年9月13日 和平的曙光 901
1995年4月10日 俄克拉荷马市爆炸案 906
1995年10月3日 O.J.辛普森无罪释放 909
2000年6月26日 人类基因组草图完成 913
2001年9月11日 "9·11"恐怖袭击事件 914
2001年12月2日 安然破产 916
2003年2月1日 "哥伦比亚号"失事 918
2005年8月29日 飓风来袭 924
2008年9月15日 信贷危机 926
2009年1月20日 奥巴马当选美国总统 926
2009年6月25日 迈克尔·杰克逊逝世 928
2010年4月20日 深水地平线钻油平台爆炸 931
2010年7月25日 维基解密公布"阿富汗战争日志" 932

蒙古 MONGOLIA
1206年 成吉思汗统一蒙古部落 197

孟加拉 BANGLADESH
1970年11月13日 飓风来袭 837
1971年3月26日 孟加拉宣布独立 838

秘鲁 PERU
1438年 石头战士 239
1533年8月29日 阿塔瓦尔帕被处死 286
1541年6月26日 皮萨罗被残忍谋杀 294
1781年5月18日 西班牙人处死图帕克·阿马鲁二世 432
1821年7月28日 秘鲁的新时代 491
1911年7月24日 安第斯山脉间发现令人惊叹的要塞城市 635

缅甸 MYANMAR
2004年12月26日 恐怖巨浪 920

摩洛哥 MOROCCO
1578年8月4日 塞巴斯蒂昂失踪 315

国家及地区索引 15

墨西哥 MEXICO
1325年 阿兹特克首都诞生 218
1428年 血流成河 236
1519年11月8日 热烈欢迎 274
1520年5月30日 阿兹特克帝国覆灭 276
1848年2月2日 美国扩张，入侵墨西哥 527
1867年6月19日 待宰羔羊 567
1910年11月20日 墨西哥革命开始 633
1940年8月20日 托洛茨基遇刺 722

南非 SOUTH AFRICA
1488年1月 迪亚士越过好望角 245
1652年4月6日 定居开普敦 368
1828年9月22日 夏卡王国王遇害 500
1838年2月6日 雷ţ夫在南非遇害 514
1879年1月22日 祖鲁胜利 581
1948年5月26日 白人至上 762
1960年2月3日 变革之风 795
1960年3月21日 残忍大屠杀 796
1964年6月12日 曼德拉入狱 817
1966年9月6日 维沃尔德遇刺 821
1967年12月3日 首例心脏移植手术成功 824
1976年6月16日 索韦托学生游行 854
1977年9月12日 史蒂夫·比科被警方拘禁期间去世 857
1990年2月11日 漫漫自由路终成正果 895
1994年4月26日 南非民主胜利 904

南极洲 ANTARCTICA
1820年11月18日 冰雪覆盖的南方大陆 489
1911年12月14日 罗尔德·阿蒙森抵达南极 636
1912年3月29日 极地探险家去世 637
1916年8月30日 救援成功！653

尼泊尔 NEPAL
1953年5月29日 征服珠穆朗玛峰 777

尼日利亚 NIGERIA
1967年5月30日 比亚法拉独立 821

挪威 NORWAY
2011年7月22日 挪威血案 938

葡萄牙 PORTUGAL
1385年8月14日 阿勒祖巴洛特战役的重大胜利 229
1494年6月7日 瓜分"新世界" 249
1578年8月4日 塞巴斯蒂昂失踪 315
1580年8月25日 西班牙控制葡萄牙 316
1581年3月25日 腓力二世加冕为葡萄牙王 316
1640年12月1日 葡萄牙重获自主权 357
1755年11月1日 地震摧毁里斯本 410
1974年4月25日 康乃馨革命 846

日本 JAPAN
公元238年 日本争取中国支持 97
公元645年 皇室变革改造日本 126
公元710年 日本首个都城 131

公元794年 平安时代的黎明 142
1185年4月25日 武士之暮 188
1191年 日本禅宗发展 192
1281年8月15日 神风击退蒙古人 212
1549年8月15日 东方布道 298
1568年 火枪击败日本刀 309
1590年8月12日 丰臣秀吉统一日本 323
1600年10月21日 阵前倒戈 328
1603年 统一日本 330
1635年 日本选择闭关锁国 355
1853年7月8日 日本被迫开放国门 537
1868年1月3日 东洋道德，西洋技术 568
1905年5月27日 对马海峡海战 622
1923年9月1日 关东大地震 675
1945年2月23日 美国海军占领硫磺岛 745
1945年8月6日 广岛市原子弹爆炸 750
1945年9月2日 二战结束 753
1948年12月23日 战犯受审 766
1995年3月20日 东京地铁沙林毒气事件 905
2011年3月11日 日本近海地震 937

瑞典 SWEDEN
1523年6月7日 瑞典选出新国王 279
1632年11月16日 北方雄狮去世 353
1650年2月11日 勒内·笛卡儿逝世 367
1654年6月5日 女王退位 370
1668年9月17日 第一家现代银行 377
1735年 为自然分类 400
1896年12月10日 炸药大王离世 605
1961年9月18日 爆炸疑云 802
1983年10月22日 欧洲抗议 872
1986年3月1日 瑞典首相遇刺 882

瑞士 SWITZERLAND
1864年8月22日 救死扶伤 559
1905年6月30日 相对论 622

沙特阿拉伯 SAUDI ARABIA
公元610年 希拉山上的穆罕默德 120
公元622年7月15日 开始新纪元 121
公元644年11月3日 哈里发奥马尔遇刺 124
1517年9月20日 奥斯曼帝国领土扩大一倍 269
1924年10月20日 攻占圣城 679
1962年11月6日 沙特阿拉伯解放奴隶 808

圣多美和普林西比民主共和国 SÃO TOMÉ AND PRÍNCIPE
1919年5月29日 广义相对论得到证实 667

斯里兰卡 SRI LANKA
2004年12月26日 恐怖巨浪 920

斯洛文尼亚 SLOVENIA
1991年6月25日 南斯拉夫联邦解体 900

苏丹 SUDAN
1885年1月26日 喀土穆失守 587
1898年9月2日 毁灭性新武器 610
1898年9月19日 法绍达事件 610

苏格兰 SCOTLAND
另见 "英国" see also Great Britain
公元853年 帝国分裂 146
1305年8月23日 "自由存于每一击！" 215
1314年6月24日 苏格兰人的胜利 218
1513年9月9日 折翼"森林之花" 265
1566年3月9日 在女王面前被刺死 307
1692年2月13日 格伦科大屠杀 383
1707年5月1日 英格兰和苏格兰联合王国 390

索马里 SOMALIA
1977年10月26日 征服天花 858
2004年12月26日 恐怖巨浪 920

泰国 THAILAND
2004年12月26日 恐怖巨浪 920

坦桑尼亚 TANZANIA
1871年11月3日 利文斯通医生吗？575

突尼斯 TUNISIA
公元前814年 狄多建立迦太基 35
公元前202年10月15日 大西庇阿的复仇 67
公元146年 迦太基覆灭 69
2011年1月14日 突尼斯政府垮台 934

土耳其 TURKEY
公元前333年 亚历山大战于伊苏斯 54
公元260年6月 人肉脚凳 99
公元325年6月19日 主教们论战基督的本质 102
公元330年5月11日 君士坦丁堡：新罗马诞生 103
公元378年8月9日 蛮族的胜利 105
公元532年1月13日 赛车场上的暴动 115
公元537年12月27日 人间天堂 115
公元552年 中国丝绸的秘密 116
1054年 东西分立 177
1096年8月 平民十字军 177
1190年6月10日 国王之死 190
1204年4月12日 帝国分崩离析 194
1453年5月29日 君士坦丁堡陷落 240
1854年11月4日 护理学先驱 539
1909年4月27日 帝国分崩离析 631
1915年4月25日 加里波利战役 645

乌干达 UGANDA
1976年7月4日 恩德培大捷 855

乌克兰 UKRAINE
1347年 鼠疫攻城 223
1709年6月28日 波尔塔瓦战役 391
1792年1月9日 俄罗斯吞并克里米亚 442
1854年10月 巴拉克拉瓦战役 538
1854年10月25日 轻骑兵进击 538
1945年2月11日 雅尔塔会议 743
1986年4月26日 切尔诺贝利核电站爆炸 884
1991年12月25日 苏联解体 901

西班牙 SPAIN
公元711年 阿拉伯人攻陷西班牙 132

公元722年 山地伏击 132
公元756年5月15日 争夺西班牙 137
公元778年8月15日 巴斯克人令查理大帝威风扫地 140
公元813年 发现圣雅各之墓 145
公元929年1月16日 西班牙的新继任者 156
1002年8月8日 阿尔曼左尔之死 167
1212年7月6日 穆斯林西班牙陷落 201
1483年10月17日 肃清异教徒 243
1492年1月2日 格拉纳达的新时代 246
1492年3月31日 驱逐犹太人 246
1494年6月7日 瓜分"新世界" 249
1516年1月23日 哈布斯堡王朝的查理继承西班牙王位 268
1518年 奴隶贸易获得皇家许可 271
1520年4月16日 公社起义 275
1521年4月27日 麦哲伦去世 278
1541年6月26日 皮萨罗被残忍谋杀 294
1542年 巴托洛梅的《西印度群岛毁灭述略》295
1556年1月16日 西班牙国王交出权力 299
1561年 皇都诞生 304
1587年4月19日 袭击加的斯 322
1598年9月13日 腓力二世之死 324
1605年1月 大战风车 331
1609年4月19日 摩里斯科人被逐出西班牙 335
1640年6月7日 加泰罗尼亚起义 357
1641年 加泰罗尼亚确立主权 357
1656年 不可思议的场景 370
1799年 惊世骇俗的新作 461
1805年10月21日 特拉法加海战 471
1808年3月23日 法国军队进驻马德里 476
1813年6月21日 维多利亚之战 479
1936年7月18日 佛朗哥加入西班牙叛军 701
1937年4月26日 格尔尼卡大轰炸 704
1939年3月28日 佛朗哥攻占马德里 715
1975年11月22日 西班牙开始实行民主 852
1983年10月22日 欧洲抗议 872
2004年3月11日 马德里连环爆炸案 920

希腊 GREECE
公元前1620年 火山爆发震荡锡拉岛 28
公元前776年 更高,更快,更强 36
公元前594年 梭伦改革 38
公元前507年 民主政治诞生 42
公元前490年9月12日 马拉松战役雅典军大胜 44
公元前480年9月 薛西斯大败 46
公元前480年9月 列奥尼达和三百名斯巴达勇士 45
公元前468年3月 索福克勒斯获得酒神奖 51
公元前438年 雅典以巨大的雅典娜神像夸耀其地位 47
公元前431年 伯里克利赞颂伯罗奔尼撒战争的阵亡将士 48
公元前399年 苏格拉底被迫饮毒 49
公元前387年 柏拉图学园 51
公元前342年 亚历山大受教 52

公元前336年 国王腓力二世遇刺 52
公元前323年6月10日 亚历山大之死 57
公元前280年 罗德岛建造巨像赞颂太阳神赫利俄斯 60
公元前168年6月22日 罗马凯旋 67
1523年1月1日 骑士精神的结局 278
1571年10月7日 勒班陀的圣战 310
1821年3月25日 希腊独立 489
1824年4月19日 拜伦勋爵去世 494
1827年10月20日 纳瓦里诺战役 499
1896年4月6日 恢复奥林匹克运动会 602

新加坡 SINGAPORE
1942年2月15日 大英帝国之耻 732

新西兰 NEW ZEALAND
1642年12月13日 欧洲人发现新西兰 360
1769年10月7日 库克船长抵达新西兰东海岸 416
1840年2月6日 新不列颠殖民地 518
1893年9月19日 女性获得选举权 595
1985年7月10日 "彩虹勇士号"沉没 877

匈牙利 HUNGARY
1456年7月22日 击退穆斯林侵略者 242
1526年8月29日 匈牙利丧失独立性 283
1717年8月17日 土耳其人被逐出巴尔干半岛 396
1956年10月23日 匈牙利民众起义反抗苏联 787

叙利亚 SYRIA
公元前745年 在征途上 37
公元36年 前往大马色路上的扫罗被炫目的光芒照亮 86
公元661年 复仇在我 127
1148年7月24日 兵败大马士革 182
1174年10月 萨拉丁掌权 186
1918年10月1日 攻陷大马士革 662
1967年6月 以色列人攻占东耶路撒冷 822
1973年10月6日 阿拉伯人发动赎罪日战争 844

伊拉克 IRAQ
公元前2334年 萨尔贡建立帝国 26
公元前1760年 汉谟拉比法典 26
公元前745年 在征途上 37
公元前331年10月1日 高加米拉战役的致命一击 55
公元前323年6月10日 亚历山大之死 57
公元前53年6月6日 卡莱的大屠杀 72
公元680年10月10日 什叶派的殉难 131
公元762年6月30日 建立巴格达 138
公元786年9月14日 奢华王宫赋予《一千零一夜》创作灵感 141
公元828年 巴格达的天文学家 145
公元868年 赞吉奴隶起义 148
1055年12月18日 突厥人占领巴格达 169
1258年2月13日 焚毁巴格达 208
1401年7月9日 头骨塔 231
1988年3月16日 哈拉布贾惨案 887
1991年4月6日 联军救助库尔德人 899
2003年4月7日 巴格达陷落 918

2006年12月30日 顽抗到底 925

伊朗 IRAN
公元前745年 在征途上 37
公元前1501年 萨非王朝掌控波斯 257
1722年10月12日 伊斯法罕陷落 399
1908年5月26日 发现石油 627
1953年8月19日 摩萨台下野 778
1979年2月1日 阿亚图拉鲁霍拉·霍梅尼归国 860
1979年11月4日 伊朗人质危机 863
1989年2月14日 追杀令 890

以色列 ISRAEL
公元前1003年 大卫成为以色列国王 33
公元前959年 圣殿建成 35
公元前597年 以色列人被流放至巴比伦 38
公元前539年 居鲁士占领巴比伦,释放被囚禁的以色列人 39
公元4年1月6日 耶稣基督诞生 81
公元30年4月3日 基督复活 84
公元70年9月7日 提图斯攻破耶路撒冷 91
公元73年4月15日 马萨达的惨烈杀戮 91
公元135年 犹太人遭到屠杀,被迫流亡 96
公元335年9月17日 圣墓教堂建成 104
公元638年1月 耶路撒冷易主 123
公元750年6月25日 血宴 135
1009年 圣墓夷为平地 167
1099年7月15日 十字军占领耶路撒冷 179
1187年10月2日 耶路撒冷陷落 189
1191年7月12日 攻陷阿卡城 191
1244年8月23日 耶路撒冷得而复失 206
1260年9月3日 阿音扎鲁特战役 208
1946年7月22日 耶路撒冷发生恐怖袭击 757
1947年7月 死海古卷 758
1948年5月14日 以色列建国 762
1961年4月11日 艾希曼因战争罪行受审 797
1964年1月5日 耶路撒冷的拥抱 815
1967年6月7日 以色列人攻占东耶路撒冷 822
1973年10月6日 阿拉伯人发动赎罪日战争 844
1987年12月8日 街头对抗 886

意大利 ITALY
公元前753年4月21日 狼孩建立罗马 37
公元前510年 塔克文逃离罗马 41
公元前390年7月 高卢人攻打罗马,围攻朱庇特神庙 50
公元前250年 "尤里卡!" 62
公元前218年 不可能完成的征程 65
公元前216年 罗马大屠杀 65
公元前70年 斯巴达克斯战败 69
公元前53年6月6日 卡莱的大屠杀 72
公元前48年9月28日 庞培被斩首 74
公元前45年 儒略历 74
公元前44年3月15日 独裁官之死 75
公元前43年12月7日 "哦,时代,哦,风

尚!" 76
公元前31年9月2日 安东尼和克丽奥佩特拉战败 77
公元前27年1月13日 帝国诞生 79
公元64年7月18日 尼禄观罗马大火 88
公元64年10月13日 彼得钉十字架殉道 89
公元79年8月24日 维苏威火山喷发，千万人化为灰烬 92
公元80年 罗马圆形竞技场开放 95
公元117年8月9日 哈德良即位 95
公元248年4月21日 罗马开启新纪元 97
公元303年2月24日 送入狮口 99
公元312年10月28日 "凭此，战必胜" 100
公元313年2月 基督教被正式认可 101
公元395年1月17日 罗马帝国分裂 106
公元410年8月24日 西哥特人洗劫罗马城 107
公元476年9月4日 帝国末日 110
公元524年 狱中完成影响深远的著作 111
公元529年 不再隐居修道：订立修道院制度 113
公元800年12月25日 查理大帝罗马加冕 143
公元843年8月 帝国分裂 146
公元962年2月5日 奥托加冕 158
1072年1月10日 巴勒莫落于罗贝尔·吉斯卡尔之手 172
1077年1月25日 神圣罗马帝国皇帝立于寒风之中 173
1088年 博洛尼亚成为学问之都 175
1176年5月29日 皇帝屈辱地战败了 187
1186年1月27日 日耳曼人统治西西里 189
1208年2月24日 方济传道 193
1215年11月 另一场圣战 202
1215年11月 十字军在埃及 202
1224年9月14日 圣方济感受五伤圣痕 203
1274年5月1日 比阿特丽斯惊鸿一瞥 210
1282年3月30日 西西里晚祷起义 213
1298年 旅行者的故事 214
1337年1月8日 乔托之死 220
1378年9月20日 大分裂开始 227
1417年11月11日 天主教会大分裂结束 234
1427年 "大汤姆"的《三位一体》 234
1436年3月25日 布鲁内莱斯基的穹顶 239
1469年12月3日 美第奇黄金时期 243
1492年5月9日 伟大的洛伦佐去世 247
1498年5月23日 萨佛纳罗拉为热情付出代价 252
1504年9月8日 佛罗伦萨天才的杰作 258
1508年5月10日 赋予人灵感的天顶壁画 260
1510年 拉斐尔的胜利 262
1515年9月14日 年轻的法国国王获得荣耀 267
1519年5月2日 文艺巨匠去世 272
1525年2月24日 法国惨败于帕维亚 280
1527年5月6日 查理五世之耻：帝国军洗劫罗马 284
1541年10月 世界末日之景 295

1542年7月21日 罗马宗教裁判所 296
1563年12月4日 大公会议净化罗马天主教 305
1576年8月27日 提香死于瘟疫 312
1582年10月4日 重新设定历法 318
1600年2月17日 布鲁诺成为第一位"科学真理的殉道士" 327
1610年1月7日 天文学重大发现 338
1610年7月18日 卡拉瓦乔去世 340
1626年11月18日 基督教界最大的教堂 348
1633年6月22日 伽利略在酷刑下被迫宣布放弃其主张 354
1652年 天才之作 368
1748年3月23日 发掘庞培古城 405
1764年10月15日 吉本孕育杰作 414
1815年2月26日 拿破仑逃出厄尔巴岛 482
1848年3月17日 革命彩排 530
1860年5月11日 加里波第的意大利 546
1861年2月18日 意大利重新统一 548
1870年7月18日 宗教真理，还是世俗策略？ 572
1922年10月28日 墨索里尼的政变得到大肆宣传 673
1957年3月25 欧洲六国自由贸易 790
1962年10月11日 教宗若望二十三世推行改革 803
1968年7月25日 反对避孕 828
1983年10月22日 欧洲抗议 872
1987年4月11日 普里莫·莱维身亡 885

印度 INDIA
公元前527年 玛哈维拉去世 41
公元前527年 悉达多王子悟道 40
公元前322年 新兴政权基础 53
公元前260年 阿育王求得平静 61
1001年 马哈茂德蹂躏旁遮普 166
1498年5月20日 瓦斯科·达伽马到达印度 251
1526年4月20日 莫卧儿人击败洛迪王朝德里苏丹国 282
1539年9月22日 锡克教创始人去世 293
1556年10月15日 少年皇帝 301
1556年11月5日 伟大的莫卧儿帝国 301
1599年 阿克巴对印度南部造成威胁 325
1631年6月17日 爱的纪念 353
1658年7月31日 兄弟争夺王位 372
1686年 吞并比贾布尔 381
1756年6月20日 加尔各答暴行 411
1757年6月23日 贿赂之战 411
1792年3月16日 蒂普战败 442
1849年२月1日 古吉拉特邦战役 531
1857年5月9日 印度爆发兵变 540
1919年4月13日 阿姆利则血案 667
1930年4月6日 盐路长征 692
1947年8月15日 英国对印度的殖民统治终结 760
1948年1月30日 圣雄甘地遇刺 761
1984年6月6日 攻入金庙 873
1984年10月31日 英迪拉·甘地遇刺 874
1984年12月3日 博帕尔毒气泄露 875
1997年9月6日 特蕾莎修女逝世 911
2004年12月26日 恐怖巨浪 920

印度尼西亚 INDONESIA
1883年8月26日 喀拉喀托火山爆发 586
2002年10月12日 巴厘岛炸弹袭击 917
2004年12月26日 恐怖巨浪 920

英格兰 ENGLAND
另见 "英国" see also Great Britain
公元前55年8月26日 恺撒在不列颠 71
公元43年 不列颠臣服于罗马 87
公元597年12月7日 数千不列颠人转信基督教 118
公元664年 罗马对爱尔兰 129
公元793年6月8日 海上强盗 142
公元871年4月15日 阿佛列继任韦塞克斯国王 149
公元878年5月 阿佛列的反击 152
公元886年8月29日 阻止丹麦势力入侵 152
1066年10月14日 黑斯廷斯战役中，威廉击败哈罗德 170
1085年12月25日 编纂《英格兰土地财产清册》 174
1162年6月2日 贝克特担任大主教 183
1170年12月29日 "至福的殉教圣人!" 185
1215年6月15日 国王权力受限 201
1265年1月20日 西门·德·孟福尔召开议会 209
1305年8月23日 "自由存于每一击!" 215
1381年6月15日 国王直面起义军 228
1485年8月22日 英格兰国王被叛军杀害 244
1511年 批评教会 262
1513年9月9日 摧折"森林之花" 265
1533年1月25日 亨利八世另娶 286
1534年11月 亨利八世被授予"英格兰教会最高权威"称号 288
1535年7月6日 托马斯·莫尔在伦敦塔行刑 290
1536年5月10日 安·波林被处决 291
1545年7月19日 "玛丽·罗斯号"在索伦特海峡倾覆 297
1556年3月21日 天主教女王的报复 300
1580年9月26日 弗朗西斯·德雷克航行归来 317
1587年2月8日 殉道士，抑或同谋者？ 319
1588年8月25日 击败西班牙无敌舰队 322
1599年 环球剧场在伦敦开放 326
1601年11月30日 伊丽莎白的黄金演说 329
1605年11月5日 炸毁议院的计划流产 332
1609年5月20日 谁是"唯一的促成者"？ 336
1620年9月16日 "五月花号"起航 345
1628年 阐明血液循环原理 351
1642年8月22日 内战开始 359
1645年6月14日 纳斯比战役中保皇党溃败 362
1647年10月28日 帕特尼论战 363
1649年1月30日 查理·斯图亚特被斩

首 365
1649年4月 出清皇家藏艺术品 366
1660年5月29日 查理二世复辟 373
1666年9月2日 伦敦大火 374
1667年8月20日 《失乐园》出版 376
1687年7月5日 牛顿定律 383
1707年5月1日 英格兰和苏格兰联合王国 390

英国 GREAT BRITAIN
另见"**英格兰**"及"**苏格兰**" see also England; Scotland
1707年5月1日 英格兰和苏格兰联合王国 390
1711年 伦敦的新圣保罗大教堂 392
1715年9月9日 詹姆斯党人在北不列颠起义 395
1733年5月26日 飞梭 400
1739年4月2日 卫斯理宣扬循道宗教义 401
1742年2月11日 罗伯特·沃波尔爵士辞职 403
1746年4月16日 卡洛登战役 404
1752年9月14日 飞速流逝的十一天 407
1755年4月15日 权威英语字典出版 409
1772年6月22日 解放奴隶 420
1773年 发明家得到引皇室认可 422
1779年 陶瓷制造步入新纪元 427
1780年5月4日 首场德比赛马大会 429
1780年6月2日 戈登暴动中伦敦失火 430
1781年1月1日 世界上第一座铁架桥开通 431
1783年3月4日 终于迎来和平 433
1783年9月3日 《巴黎和约》 433
1788年1月1日 丑闻报 436
1795年4月23日 黑斯廷斯无罪释放 452
1796年5月 发明天花疫苗 453
1798年10月14日 新诗 457
1799年1月9日 推行所得税 458
1799年7月 笑气 462
1801年1月1日 建立联合王国 463
1804年2月21日 铁路机车 468
1805年10月21日 特拉法加海战 471
1807年3月25日 自由宪章 474
1819年8月16日 彼得卢屠杀 486
1821年5月5日 波拿巴陨落 490
1824年4月19日 拜伦勋爵去世 494
1824年6月17日 动物权利 495
1825年9月27日 铁路热潮兴起 496
1829年9月29日 警察开始巡逻 501
1829年10月8日 "火箭号"蒸汽机驶入历史舞台 502
1831年8月24日 世界上第一台发电机 504
1831年12月27日 引起巨大变革的进化论者 506
1833年8月24日 管理工厂 507
1833年8月24日 彻底取缔人口贸易 507
1834年10月16日 议院起火 508
1836年3月31日 狄更斯的小说分期出版 510
1837年6月20日 维多利亚成为女王 512
1838年4月8日 跨越大西洋的记录 515

1838年5月8日 民主萌芽 515
1840年5月1日 一便士邮资制 518
1843年7月15日 第一幅名为"卡通"的讽刺画 522
1846年6月28日 英国议院废除《谷物法》 524
1851年5月1日 第一届世界博览会 533
1851年10月16日 《白鲸》出版 534
1859年11月24日 自然选择 546
1860年6月17日 钢铁巨轮 548
1861年12月14日 王室悲歌 552
1863年1月10日 地铁 555
1864年9月28日 国际工人联合会创立 560
1882年9月2日 创立"骨灰杯" 585
1888年8月31日 穷凶极恶 592
1895年5月25日 奥斯卡·王尔德获罪 597
1897年6月22日 天佑女王 606
1901年1月22日 维多利亚时代终结 615
1901年12月12日 无线电传输 616
1906年2月9日 海上霸权 624
1909年4月29日 激进的预算案 631
1912年4月15日 "泰坦尼克号"首航沉没 638
1913年6月14日 争取女性参政权者死于铁蹄下 641
1915年5月7日 "卢西塔尼亚号"沉没 646
1916年5月16日 瓜分阿拉伯土地 648
1917年3月1日 破译密码 654
1917年11月2日 《贝尔福宣言》 656
1919年11月11日 默哀11月12日 670
1924年4月23日 无线电播送国王的演讲 678
1926年1月26日 实时传播动态图像 682
1926年5月1日 大罢工 684
1936年12月10日 国王退位 704
1940年5月10日 丘吉尔出任首相 718
1940年12月29日 伦敦大轰炸的噩梦之夜 724
1941年5月9日 截获恩尼格玛密码机 726
1941年5月10日 赫斯飞往苏格兰 727
1944年12月15日 葛伦·米勒失踪 742
1945年7月26日 丘吉尔在选举中落败 750
1946年1月10日 联合国首届会议 754
1948年6月22日 牙买加移民抵达英国 763
1948年7月5日 国民医疗服务体制诞生 765
1951年5月25日 苏联间谍丑闻 772
1953年4月25日 破解遗传奥秘 776
1954年5月6日 打破4分钟大关 780
1960年11月17日 查泰莱夫人被审判 796
1970年9月18日 吉米·亨德里克斯去世 836
1979年5月3日 撒切尔夫人当选首相 862
1983年10月22日 欧洲抗议 872
1985年3月3日 矿工工会认输 876
1985年7月13日 拯救生命演唱会援助埃塞俄比亚 878
1988年12月21日 美国客机爆炸 889
1998年4月10日 和平宣言 912
2000年6月26日 人类基因组草图完成 913
2005年7月7日 伦敦遭遇自杀式炸弹袭击 922
2010年7月25日 维基解密公布"阿富汗战争日志" 932

约旦 JORDAN
1967年6月 以色列人攻占东耶路撒冷 822

越南 VIETNAM
1954年5月7日 法军失利 781
1965年3月2日 重击北越 818
1968年1月30日 发动春节攻势 825
1968年3月16日 越南大屠杀 825
1973年1月28日 越南停战 842
1975年4月30日 美国撤兵 850

赞比亚 ZAMBIA
1961年9月18日 爆炸疑云 802

直布罗陀 GIBRALTAR
1872年12月4日 随波逐流的幽灵船 576

智利 CHILE
1722年4月5日 太平洋中的岛屿 399
1973年9月11日 智利流血政变 843
2012年10月13日 智利矿工获救 933

中国 CHINA
公元前1122年 姬发称"受命于天" 32
公元前497年 大师之道 42
公元前260年9月 四十万人被活埋 61
公元前221年 中国"万世"统一 63
公元前202年 从庶民到帝王 66
1127年6月12日 南宋建朝 181
1368年 明朝建立 227
1405年 扬我国威 231
1644年4月25日 明朝灭亡 361
1839年11月3日 鸦片战争 517
1842年8月29日 中国被迫签订《南京条约》 521
1864年7月21日 "中国人戈登" 559
1912年2月12日 皇帝退位 637
1935年10月22日 长征结束 700
1937年7月8日 卢沟桥事变 708
1937年12月13日 南京大屠杀 708
1949年10月1日 中华人民共和国成立 767
1950年10月7日 解放西藏 772
1958年5月23日 毛泽东发起"大跃进"运动 792
1959年3月31日 达赖喇嘛逃往印度 795
1966年5月16日 发起"文化大革命" 820
1972年2月21日 尼克松访华 840
1981年1月25日 "四人帮"受审 867

大爆炸至
公元前 1 年

↢ 公元前十世纪的基色历（Gezer），发掘于耶路撒冷附近，以年为单位详细规划了耕种节律

137亿年前

宇宙在爆炸中诞生
The Universe Explodes into Being

大爆炸——宇宙之始

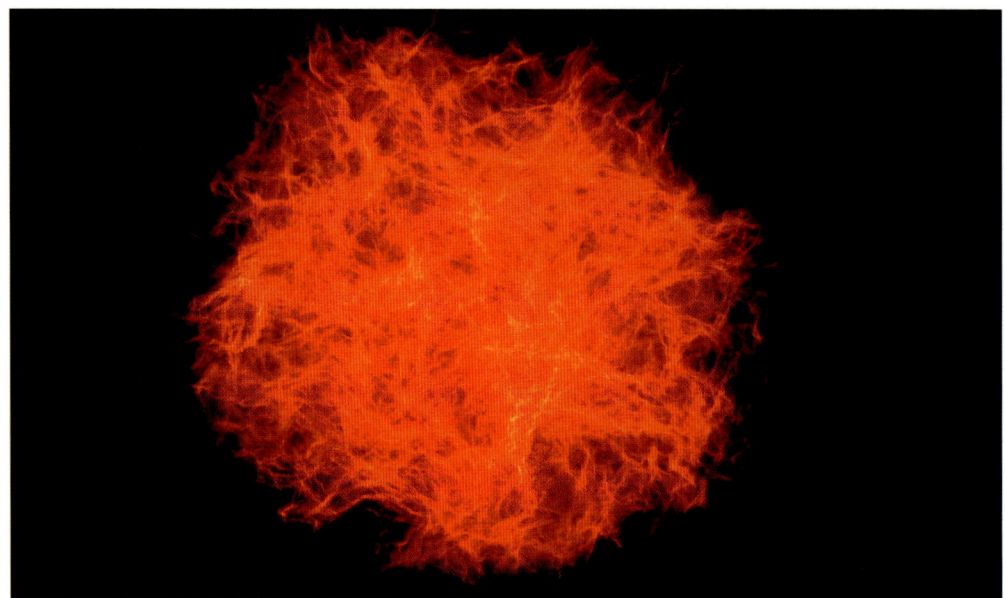

△ 计算机合成的大爆炸概念图示，展现了气体和物质膨胀，将最终形成我们的宇宙

宇宙形成时没有发出巨响，抑或是轻微的爆炸声，因为没有传播声音的介质。这是一切的开端：时间、空间、物质、能量、乃至万物，都不可思议的生于奇点——而在此之前什么都不存在。二十世纪六十年代，科学家们从天空中接收到背景辐射，从而探测到大爆炸的回声。令人钦佩的是，他们从理论上解释了宇宙最初形成那一刻发生了什么。小而温度极高的宇宙突然膨胀，物质从微小的量子尺度向不断生长的小宇宙发展。大量的物质和反物质生成，大部分正反物质互相湮灭，只留下极少的物质。随着高能量下的宇宙开始降温，亚原子粒子开始结合。又过了38万年，才降至电子和质子可以形成原子的温度。

大量氢云聚集，在重力作用下凝聚成越发稠密的物质，最终位于中心的氢原子聚变成氦，释放出大量的热使其如恒星般燃烧。其中有些爆炸成超新星，生成重原子，也就是我们所知的宇宙的原材料。

大爆炸理论于二十世纪五十年代提出，现今仍然是公认的关于宇宙起源的科学解释。**PF**

6500万年前

恐龙是在小行星撞击中灭绝的吗?
Dinosaurs Wiped Out in Asteroid Horror?

小行星撞击地球是史前动物灭亡的原因吗?

△ K-T界线,即白垩纪和第三纪岩石之间的黑色岩层,由小行星撞击喷射出的物质形成

恐龙统治地球一亿年以上,却突然在6500万年前灭绝。菊石类、大部分海生爬行动物、多种浮游生物和多种有袋目哺乳动物也在这一时期遭受灭顶之灾。然而,小型原始哺乳动物,还有鸟类、昆虫、蜥蜴和两栖动物的大部分物种,还是以某种方式存活了下来。世界部分地区超过半数的植物物种也一并灭绝。

到底发生了什么?灭绝过程的长短是科学家们争论已久的问题——是在毁灭性的几年之间,还是历经几千年?最权威的理论指出发生过一次或多次大撞击事件,融化了地壳,大规模扰乱了大气层,并引发了巨大的海啸和风暴性大火,并伴随着海平面的大幅下降。这一学说最有力的证据位于尤卡坦半岛海域,这里曾经被直径6英里(10千米)的小行星撞击。陨石坑的形状表明小行星是以一定角度撞上地球的,并且在北美大陆上留下了大量残骸。

白垩纪(K)与第三纪(T)之交被称为K-T界线。人们尚不清楚一些种群的动物灭绝、另一些得以存活的原因。小型穴居动物比大型地表动物所受影响小,生存在浮游带的种群比在海床带觅食的生物遭受的打击更大。但是鸟类的存活表明对大气层的扰动持续时间不长。**PF**

公元前4004年10月22日

要有光!
Let There Be Light!

阿马（Armagh）主教研读《圣经》确定创世的准确日期

"起初，神创造天地。"《创世记》的开篇写下了百万基督徒和犹太人千年历史的开端——但这具体是什么时间呢？十八世纪有地质研究表明地球有几百万年的历史，在此之前，人们能找到的最好的信息就是《圣经》当中记载的多代人。爱尔兰阿马区主教詹姆斯·厄舍（James Ussher）利用这一信息，同《圣经》中一些族长非同寻常的寿限，反复对照天文周期和已知的中东和埃及历史，于1658年估算出创世始于一个星期六的傍晚——大约耶稣诞生4004年前的10月22日。

厄舍推断，神所创的昼夜应当长短一致，那么创世之日定在春分、秋分之时。为了使亚当夏娃有食物果腹，伊甸园里应是收获时节。从十八世纪初到二十世纪中期，厄舍选定的日期被收录在很多版本的《圣经》里，变得广为人知。

厄舍不是同一时代推断此日期的唯一学者。早些年剑桥大学副校长约翰·莱福（John Lightfoot）估算天地成形于公元前3929年9月。以往的学者，包括可敬的比德（the Venerable Bede）、马丁·路德（Martin Luther）和约翰内斯·开普勒（Johannes Kepler），也都经过复杂演算得出了相似的结论，但厄舍的计算结果成为最为人们广泛接受的创世日期。**PF**

公元前2575年

金字塔建成
Great Pyramid Finished

吉萨金字塔内是法老胡夫的陵墓

胡夫金字塔是古代世界七大奇迹中唯一至今尚存的建筑，作为法老胡夫的陵墓建于公元前2575年。胡夫执政23年，是上下埃及的君主。关于胡夫统治的记录为数不多，但铭文资料表明他曾发动数次军事远征，南至努比亚，北至迦南。尽管缺乏文字记载，胡夫的名声流传了千年。胡夫被认为是一个暴君，他决心达成两项伟大的目标：确保儿子哈夫拉及后世的统治，和建造金字塔——古代世界最大的纪念物——来确保自己死后永生。古希腊历史学家希罗多德在两千多年后写到，胡夫甚至逼自己的女儿为娼为金字塔筹资。

胡夫金字塔塔高480英尺（146米），由约230万块巨石组成；在较短时间内组织建造这样浩大的工程真令人叹为观止，但显然埃及人还是完成了这项任务。金字塔的设计纯朴简单，并没有像埃及其他的金字塔那样覆有铭文或祷辞，千年来深深吸引着观察家们。近年来人们使用安装有摄像头的机器人来探索金字塔内的狭窄通道，发现金字塔与猎户星座位于同一直线，以便法老的灵魂升天。

金字塔旁有条141英尺（43米）长的太阳船，用来将法老的遗体运至他的安息之所；周边还有为胡夫的家人建造的小型墓群——这在当时是史无前例的盛景。**PF**

○ 吉萨地区著名的斯芬克斯狮身人面像和胡夫金字塔，后者内部是胡夫之墓

公元前2334年

萨尔贡建立帝国
Sargon Takes Empire

萨尔贡击败两位国王成为整个美索不达米亚的第一位统治者

公元前2334年，萨尔贡成为世界历史上第一位君王。萨尔贡出身低微——由园丁抚养成人——但他最终成为了受人敬仰的酒政，侍奉美索不达米亚的基什国王乌尔萨巴巴（Ur-Zababa）。萨尔贡后来战胜乌鲁克强大的国王卢加尔扎克西（Lugalzagesi），成为美索不达米亚的帝王。

> "有哪位王认为自己能够与我匹敌，我所征服过的，让他去。"
> ——萨尔贡，美索不达米亚君主

萨尔贡在整个两河流域扩展自己的疆域，曾向西征战至地中海沿岸的黎巴嫩，以及小亚细亚。萨尔贡意为"合法的君主"或"正统的君主"，他在幼发拉底河岸上建都阿卡德。萨尔贡马上建立了庞大的行政机构，从苏美尔的城邦神坛手中夺过了经济活动的重大决策权。他兴建道路，发明了使用皇家印信的邮政系统。他还曾尝试调查人口。

萨尔贡在位的56年间，阿卡德语——闪米特语的一个分支——成为美索不达米亚的官方语言。萨尔贡执政期间反叛不断，起初是卢加尔扎克西的对抗，后来是各个城邦的起义。萨尔贡统治末期，阿卡德遭到围困。但在公元前2279年——萨尔贡去世那一年，他还是成功地把帝国传给了儿子们，其后统治持续了150年，最终因内部混乱帝国土崩瓦解。**PF**

公元前1760年

汉谟拉比法典
Hammurabi's Code

汉谟拉比制定282条律法，创立了恒久的法律体系

公元前1782年，汉谟拉比任巴比伦国王，他在公元前1760年颁布的含有282条律法的汉谟拉比法典，成为对于人类文明发展的主要贡献。法典以阿卡德语写在玄武岩石柱上，置于城中显要之处。法律条文对具体的违法行为规定了明确刑罚，其中很多涉及死刑。暂不论其严酷性，法典体现了恒久的法律准则，包括证据的重要性，无罪推定原则，以及避免司法专制的必要性。石柱顶部描绘了太阳神沙玛什授予国王汉谟拉比法典的情形。虽然这很可能不是最早的法典，但汉谟拉比法典是从早期流传至今最完备的法典。

法典建立专职法官的审判制度，国王有上诉权；但即使是国王也被要求按照法典的规范行事——法典是神授的，因而不可变更。世仇或惯常的复仇都是不可接受的。法典规定了产权、契约体系、奴隶主对奴隶的权利，以及地主对佃户的权利，并主要以契约条款的形式建立了婚姻法。

除了制定法典，汉谟拉比还在军事和经济上巩固了王国。直到他继位前，巴比伦只是美索不达米亚平原上数个互相竞争的小城邦之一。击退了北方埃兰人的进攻之后，汉谟拉比征服了当地的敌对城邦拉尔萨，于公元前1763年在美索不达米亚南部建立了王国，并最终将势力扩张至北部，统一了两河流域。**PF**

○ 包含汉谟拉比法典片段的雕刻石碑，以楔形文字书写，约公元前1760年

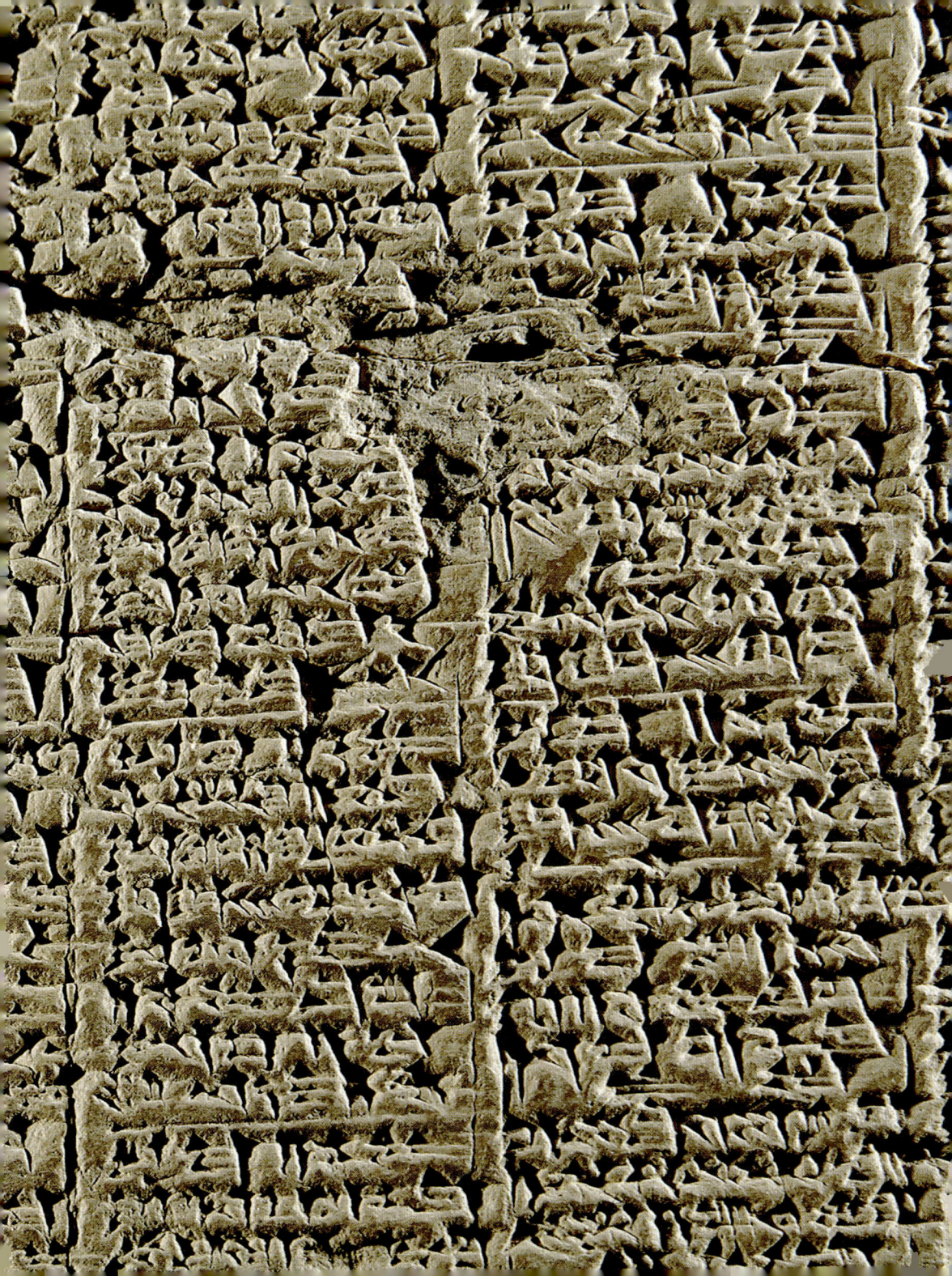

约公元前1620年

火山爆发震荡锡拉岛
Volcanic Explosion Rocks Thera

地中海东部遭受世界上最恶劣的自然灾害之一

🔴 锡拉岛上的两耳椭圆陶罐,半埋在火山喷发出的浮石和火山渣里

> "一天之内灾祸降临,……亚特兰蒂斯岛……消失了。"
>
> ——柏拉图,《蒂迈欧篇》,约公元前360年

爱琴海上的锡拉岛(Thera,又名圣托里尼岛)上所发生的火山爆发并未见于已知的文字记录中,科学家们持续争论其发生的具体时间——约在公元前1650到前1550年之间,普遍认为在公元前1620年左右——但其冲击波却横扫整个地中海东部。这也许是人类历史上的第二大火山爆发,比公元1883年喀拉喀托火山喷发产生的火山灰和烟雾多三倍,在附近几英里的海床上铺了高达260英尺(80米)的浮石。它显然还引起了一场大海啸,给北部克里特岛的米诺斯文明带来了灾难性的破坏,后者就此衰落。火山爆发还在锡拉岛上创造了一个火山臼,即陷落火山口,将阿克罗蒂里城埋在了26英尺(8米)的火山灰之下。

埃及的文字记录表明这次喷发并没有严重影响到尼罗河流域。虽然有学者认为《圣经》中的埃及所降的十灾可能是火山喷发的余波导致,但是大多数人认为希伯来人出埃及发生在几世纪之后。然而有证据表明,中国历史上记录的夏朝末期——约公元前1618年——出现的异常天象与此有关。有学者甚至将锡拉岛同传说中的亚特兰蒂斯岛联系起来,柏拉图称之为"伟大神奇的帝国"之心。

公元1967年起,阿克罗蒂里城出土了非凡的壁画,表明当时同埃及、克里特岛和黎凡特均有通商往来和文化交流。没有发现人类遗体,这表明同庞培古城的情况不同,居民们事先得到了警告,能够及时撤离。**PF**

公元前1348年

法老崇拜太阳神阿顿
Pharaoh Worships Sun-Disk God Aten

阿蒙霍特普（Amenhotep）四世建立阿马尔那城并短期改写了埃及王权的规则

古埃及的国王——第十八王朝起改称法老——通常被认为是至高无上的阿蒙神（Amen）或拉神（Ra）的化身，其中阿蒙神是隐匿之神，底比斯的主神，而拉神是赫利奥波利斯的太阳神；而太阳神阿顿并未位列其中。第十八王朝法老阿蒙霍特普四世，在其即位后第五年，为自己所崇拜唯一神灵颠覆了旧时的宗教体系，并为自己改名为埃赫那顿（Akhenaten），意为"阿顿的仆人"。

埃赫那顿在阿马尔那的沙漠之中建都，建立新的祭司体制，并同妻子奈费尔提蒂（Nefertiti）一起创造了自然主义艺术的写实风格——国王本人被刻画成一种奇特的自然样本，身形细长而腹部膨凸，不同于任何一位埃及法老的形象。虽然鲜有其他证据，但这让学者们猜测，埃赫那顿生了种种疾病。阿顿神庙是为太阳而建，国王还为太阳神写了颂歌，这部神教文学作品经常被比作同时代的犹太赞美诗。

埃赫那顿剧烈地改革了旧秩序。新宗教在埃及国内挑起了众多反对之音，埃赫那顿无力保护自己中东的帝国不受安那托利亚的赫梯人以及其他部族侵扰。埃赫那顿死后，其子图坦卡顿（Tutankhaten）统治了短短几年就被迫改名图坦卡蒙（Tutankhamen），并重新恢复传统的宗教信仰。图坦卡蒙作为君主并无显要的功绩，却是所有法老中最著名的，因为其陵墓是目前已知的唯一一个到现代仍未被盗的墓。同时埃赫那顿所建的都城被遗弃，他的名字也被从铭文上除去，以消灭其宗教改革的痕迹。**PF**

描绘阿蒙霍特普及其家族崇拜太阳神阿顿的浮雕作品，约公元前1350年

"鸟儿飞出巢，以翅膀向您的灵魂致敬，欢快地跳跃。"

阿顿颂歌，阿伊墓之铭文

公元前1279年

拉美西斯二世于埃及加冕
Ramses II Crowned in Egypt

开启了世界历史上最长且最重要的统治时期之一

▲ 三座拉美西斯二世的巨大雕像遗迹,位于阿布辛拜勒神庙,由拉美西斯本人所建,献给自己

> "我独自掌控所有国家……我的战车部队背弃了我。"
>
> 《拉美西斯二世编年史》

公元前1279年建立第十九王朝的塞提一世逝世,拉美西斯二世继位。塞提(Seti)一世恢复了埃及贸易的影响力,和埃及在黎凡特地区的势力,建立了古埃及最辽阔的疆域。拉美西斯继承了他的伟业,于公元前1275年在王国边界叙利亚,同赫梯人发生了著名的卡迭石战役。此战役确定了两大王国的权力界限,在底比斯的法老祭庙——拉美西斯二世神殿——墙上有详细的记录。

拉美西斯统治后期面临着亚述人势力的不断扩张。他还在卢克索(Luxor)、卡尔纳克(Karnak)、阿比多斯(Abydos)和阿布辛拜勒(Abu Simbel)等地着手建立了一批宏大而令人关注的建筑工程。位于阿布辛拜勒的岩窟庙本来是献给阿蒙神和拉神的,神庙门口却是四尊65英尺高(20米)的拉美西斯本人的坐像。由于1959年修建尼罗河的阿斯旺水坝,为防止被纳塞尔水库淹没,整个阿布辛拜勒神庙及其雕像迁至高地。

虽然关于法老私人生活的直接记录不多,传说他最爱的妻子是奈菲尔塔莉(Nefertari),拉美西斯为她在王后谷修建了精美的陵墓。据称拉美西斯有大约100个子嗣。他是最伟大的法老之一,名声流传于世,他在位时埃及势力范围最为广阔。

拉美西斯的木乃伊在十九世纪八十年代发现于德埃尔巴赫里(Deir el-Bayhri),在二十世纪七十年代木乃伊被打开进行一些必要的保藏维护,让现代文明得以一窥这位红发、鹰钩鼻、体格强健的法老真身。**PF**

公元前1250年

摩西带领同胞出埃及
Moses Leads His People Out of Egypt

摩西带领被奴役的希伯来人穿越芦苇海到达东部沙漠

虽然具体日期尚未成定论,迦南的希伯来人极有可能是在塞提一世统治初期,在严重的饥荒之下迁到了埃及,沦为奴隶。有证据表明以色列人确如《圣经》中所述,在三角洲之上的比东城劳作。

据《出埃及记》所叙,希伯来男孩摩西以埃及人的身份在宫廷中长大。但他发现了自己的身世,看到同胞饱受凌辱,于公元前1250年决心解放他的人民。摩西和兄弟亚伦要求新任法老拉美西斯放希伯来人离开。法老拒绝,他们就在神助下行神迹,按照《圣经》记载,王国遭受了一系列的灾祸(这大概是一场尼罗河大洪水所致)。最后的灾难是每家长子的死亡,只有希伯来人家幸免于难:他们杀羊祭祀,以血为记,神降的灾难便会"越过"这一家。这被视为希伯来史上第一次神之介入,希伯来人会在每年三四月份春分后举行逾越节加以庆祝。

在这之后,摩西劝告数千希伯来人搬到东部沙漠。法老派了大量追兵,但摩西带领人民穿越了芦苇海的沼泽(通常被误认为红海本身),埃及的战车在此沉没。安全到达西奈后,摩西为希伯来人订立律法,后者游荡四十年之后重返迦南。**PF**

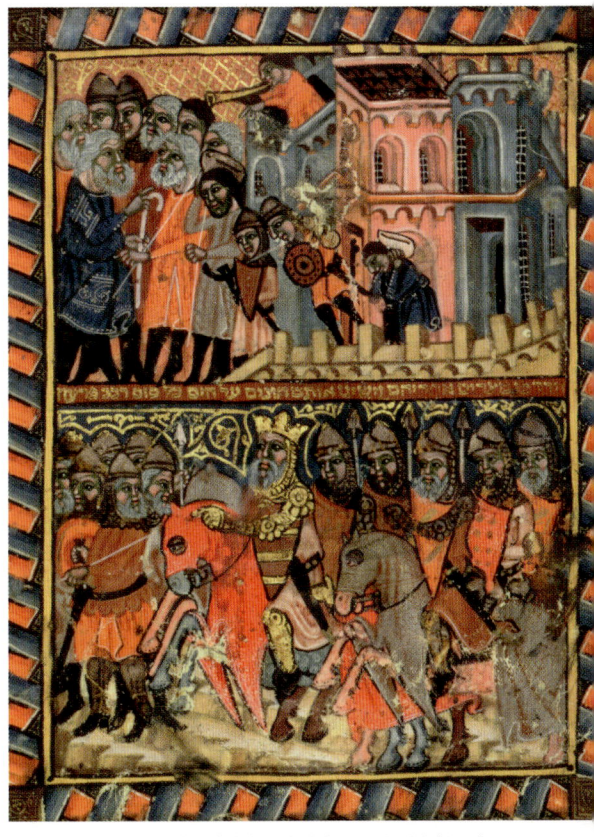

▲ 十四世纪绘作,刻画希伯来人为法老和军队所追赶,在摩西的带领下出埃及的故事

> 神分开海水,将海变为干地。
> 《出埃及记》14:21

公元前1122年

姬发称己"受命于天"
Ji Fa Claims Mandate from Heaven

周朝是中国历代王朝中最长的朝代

无名氏作武王画像,年代不详,现收藏于台北故宫博物院

周族原是居于渭河流域的游牧民族,周族首领姬发于公元前1122年率兵战胜商朝末代君主帝辛,在西安附近建都。当时中国已由商朝在公元前二世纪初期统一,但姬发称商朝统治腐化,帝辛残暴无道,只知大兴园林苑囿,置苍生福祉于不顾。他进一步宣称商不再有统领天下的资格,自己才是膺受天命的统治者——这一概念在中国历史上流传了千年。天子姬发号武王,治天下,其统治时期和周朝初期被视为中国历史上的黄金时期。

武王建立了强大的国家:起初是通过统治城市邦国,后来向封建制度发展,分封大片领土换取诸侯效忠——其中有些最终发展成独立的王国。农业、城镇和宗教繁荣兴盛,文字体系也有所发展。新王朝起初同商朝在文化上一脉相承;随着新城镇的建立,周朝安置了商朝百姓,引进了包括成熟的青铜冶炼技术在内的商朝手工技艺。

公元前771年,都城西安被北方夷族攻陷劫掠,周朝迁都洛阳。其后国力渐衰,进入战国时期。矛盾的是,战国时期却见证了中国文化、哲学、艺术的蓬勃发展,以及铁器冶炼和灌溉技术的广泛发展。**PF**

"治大国,若烹小鲜。"

老子,《道德经》,公元前六世纪

公元前1003年

大卫成为以色列国王
David Becomes King of Israel

《圣经》故事表明大卫王统一了以色列和犹大王国

非利士人打败以色列，杀死以色列第一任国王扫罗和王子约拿单，大卫在家乡犹大称王，之后攻取迦南之城耶路撒冷，在此建都并安置以色列的神圣约柜。后来，大卫将以色列的势力向南扩展至叙利亚，统一了以色列和犹大王国。

年轻的牧羊人大卫以机弦甩石杀死了敌军的勇士歌利亚。大卫进入扫罗的王室，成为约拿单的朋友，但终被日益偏执的国王所驱逐。大卫当了非利士人的雇佣兵，但是没有参加非利士人杀死扫罗的战争。

尽管大卫也有人性的弱点，在《圣经》中他是神所选定的王，他的军事和政治行为，以及精神活动（传说《圣经·旧约》中的诗篇中许多是大卫所作），都是他对神的愿望的回应。他的儿子所罗门在整个中东地区扩展了以色列的影响。以色列人相信以色列的国王和救世主将来自大卫的后裔。大卫王在犹太教、基督教和穆斯林传统中有着举足轻重的地位。

《圣经》之外少有确凿的历史证据表明大卫王的存在。约公元前850年的阿拉姆铭文上有提到"大卫之家"，2005年也有考古学家在耶路撒冷发现遗迹，她宣称那是大卫王的宫殿，这在学界内还未被认可。然而在青铜时代，犹大王国是否如《圣经》（大致写于公元前七世纪末）中所述，有如此集中的王权，历史学家对此还存在争议。**PF**

△ 十五世纪描绘大卫王和歌利亚的画作，意大利文艺复兴时期艺术家安德烈亚·曼特尼亚所作

"你的家和你的国必会永远坚立。"
耶和华对大卫的应许，《撒母耳记下》7:16

公元前959年

圣殿建成
Sacred Temple Built

在耶路撒冷，所罗门完成了其父大卫开建的圣殿

大卫王建都耶路撒冷，准备建一座神殿献给耶和华，并为此从耶布斯人手中买下了今天的圣殿山。他收集了造圣殿的材料，包括大量金银，但工作留给了儿子所罗门来完成。推罗的腓尼基国王海拉姆提供了石头、香柏木、金和铜，并派来他最好的工匠和工人，得到了加利利附近的一片区域作为回报。

圣殿95英尺（29米）长，29.5英尺宽，历时7年完成。在建成一年后的新年节庆中举行了为期七天的落成仪式，将约柜——含有刻着十诫的石板的神圣容器——放置在神殿中的至圣所，只有祭司长才能在每年的赎罪日进入至圣所。圣殿内部镶以黄金，约柜两端有橄榄木雕的大翅膀的智天使像。至圣所前是圣堂，设有祭祀用的圣坛。门口两侧树立着两大铜柱。沐浴仪式用水来自地下的蓄水池。

随后的几世纪中圣殿多次遭到劫掠，并最终于公元前586年被巴比伦国王尼布甲尼撒（Nebuchadnezzar）摧毁。第二圣殿建于公元前515年，在公元70年毁于罗马人之手。至今没有发现毫无争议的所罗门圣殿遗迹，甚至连圣殿在耶路撒冷圣殿山上的具体位置也未成定论。**PF**

○ 十五世纪的修饰手稿，描绘耶路撒冷建造中的所罗门神殿

公元前814年

狄多建立迦太基
Dido Founds Carthage

迦太基城是控制地中海中部的极佳位置

据传说所载——最著名的是罗马诗人维吉尔（Virgil）所作的史诗《埃涅阿斯纪》——迦太基是特洛伊战争之后由狄多（又名艾丽莎[Elissa]）所建。狄多的弟弟推罗（Tyre）国王皮格马利翁杀了她富有的丈夫，迫使她向西逃离，于公元前814年登陆突尼斯湾，她向当地的柏柏尔人求一张牛皮能够围住的地，却将牛皮剪成细条，围住了一整座山。她在这座山上建造并统治迦太基城，直到特洛伊王子埃涅阿斯到来。他们坠入爱河，但是埃涅阿斯要继续征程，到意大利去，他的后裔罗慕路斯和雷穆斯（Romulus and Remus）将在那里建立罗马。几欲发狂的狄多诅咒埃涅阿斯，及其子孙永世同自己的臣民对立，最后自杀身亡。

没有确凿的证据证明这个故事的真实性，而迦太基最为久远的遗迹也比其传统的建成日期晚一百年。迦太基城在遍布低丘的半岛上靠湖而建，易于防守，仅有一条狭窄的陆地通向大陆。迦太基是罗马争夺地中海中部控制权的最大对手，是黎巴嫩沿岸的腓尼基人的前哨。腓尼基人从公元前十世纪起就在地中海东部漫游经商，他们生活在非洲北岸殖民地（现在的突尼斯）附近，其影响最终超过了母邦推罗。

公元前六世纪末期，罗马和迦太基为争夺西西里和撒丁发生冲突，两者之间的战争断断续续地持续到公元前146年，罗马终于彻底的击败了对手迦太基。**PF**

公元前776年7月

更高，更快，更强
Faster, Higher, Stronger

第一届有文字记载的奥林匹克运动会举行，奥运会四年一届，大会期间休战，这一传统延续了千年

○ 胜利的化身授予运动员月桂花环，绘于古希腊双耳细颈瓶

"要完全交出自己，才能成为奥林匹克运动会上的胜利者。"

爱比克泰德（Epictetus），公元二世纪

根据古希腊传说，是宙斯创办了奥林匹克运动会，以庆祝其战胜了父亲克洛诺斯（Cronos）。虽然早在文字记载的公元前776年之前，奥运会就已长期定期举行，历史学家鲍桑尼亚（Pausanias）在公元二世纪写到，是国王伊菲托斯（Iphitus）于公元前九世纪"在奥林匹亚组织了运动会，重建了奥林匹克节及休战传统，此前奥运会曾一度中断。这时希腊由于内部的冲突和灾祸四分五裂，伊菲托斯请求德尔斐的神灵解救身处不幸中的人类，德尔斐的女祭司授命伊菲托斯本人和埃里恩人必须恢复举办奥运会的传统。"

公元前776年起，奥运会每四年举办一届，直到公元前394年，由信奉基督教的东罗马帝国皇帝狄奥多西（Theodosius）一世废止，他认为奥运会是异教时代的遗风。奥运会非常重要，希腊人以奥运会计算岁月的流逝。奥运会在伯罗奔尼撒的奥林匹亚举行，体育场能容纳4万多人，起初奥运会只是纪念宙斯的宗教节庆，奥运会期间宣布休战，所有使用希腊语城邦的人都能来参加。

最初只有一项赛事，即场地跑，这是一项650英尺（200米）的短跑比赛——这一长度就是体育场跑道的长度。公元前776年的胜利者是一个名为科洛布斯（Coreobus）的厨师，他的奖品只是苹果树的树枝。而后来希腊奥运会的赛事项目增多，冠军都被授以桂冠且有丰厚的奖金。虽然历史学家们称古希腊的运动员裸身出赛，但直到公元前720年，裸体竞技才因庆祝并展现人体之美被引入比赛中。**PF**

公元前753年4月21日

狼孩建立罗马
Wolf-Boys Found Rome

孪生兄弟争吵，罗慕路斯成为罗马第一任国王

传说孪生兄弟罗慕路斯和雷穆斯决定在台伯河下游的山丘上建一座城，罗马的历史大概起源于此。在布置城墙边界的时候，两兄弟开始为谁当国王争吵，最终罗慕路斯猛击雷穆斯头部杀死了他。此后，罗慕路斯成为第一任国王，将城市命名为罗马，此名沿用至今。

这个故事当然是传说。人们认为罗慕路斯和雷穆斯是战神玛尔斯之子，他们的母亲是女祭司雷亚·西尔维亚（Rhea Silvia），她是埃涅阿斯的后裔，在特洛伊城被希腊人摧毁之后出逃。据传说所载，男孩们出生后因叔祖阿穆利乌斯（Amulius）害怕这两个孩子有一天会推翻自己而被抛于荒野。一头母狼救了两兄弟，并把他们当做幼仔喂养。

后来两兄弟长大成人，罢黜并处死了国王阿穆利乌斯，恢复了他们祖父努米托（Numitor）的合法王位。这时他们需要一座自己的城来统治，按照传统，这座城应当建在罗马七丘之一的帕拉蒂尼山上，靠近他们当年被遗弃的地方。

罗马人相信罗马城建于公元前753年4月21日，他们的日历就始于这一天。几世纪以来，罗马人一直珍视并不断润色罗慕路斯和雷穆斯的神话。大约700年后，历史学家李维作伟大的罗马史时，也用这些故事表明罗马注定是一座伟大的城市。**SK**

公元前745年

在征途上
On the Warpath

提格拉特帕拉沙尔（Tiglath-pileser）三世继承亚述王位，建立统一的王国

亚述人，据诗人拜伦所述，"像突袭羊群的狼"，几世纪以来统治着中东地区。他们被描述为历史上最残酷最好战的民族之一，屠杀了大量人口，还会故意摧毁部落和当地的奴隶。公元前745年，亚述的提格拉特帕拉沙尔三世即位，控制了安纳托利亚、叙利亚和以色列。他扩展疆土，征服并隔离小

> "我将他们所有的人民和财产掠到亚述……"
> 出自提格拉特帕拉沙尔三世的战争编年史

国，迫使他们进贡，并在黎凡特从经济和军事上封锁埃及。

提格拉特帕拉沙尔三世，即《圣经》中的普勒（Pul），是世界历史上最伟大的军事首领之一，他建立了一个统一的国家，下设八十个行政省，每个省的长官都直接向国王本人报告。公元前728年，巴比伦国王尤金泽尔反叛，提格拉特帕拉沙尔战胜了他，夺取了巴比伦王位。即使在提格拉特帕拉沙尔去世后两年，亚述的统治和侵略仍在继续。由于提格拉特帕拉沙尔或其子撒缦以色（Shalmaneser）的缘故，公元前722年以色列人被流放至巴比伦。

首都尼姆鲁德的浅浮雕和壁画都表明，提格拉特帕拉沙尔有一支可怕的常备军，在大多数军队还使用青铜武器的时候，他们使用铁制武器。此外，他还有一支令人敬畏的战车部队和世界上最精巧的攻城设备。**PF**

公元前597年3月16日

以色列人被流放至巴比伦
Jews Exiled to Babylon

尼布甲尼撒占领耶路撒冷后将以色列人流放至巴比伦

迦勒底人尼布甲尼撒二世，从公元前605年起任美索不达米亚的巴比伦国王，于公元前597年进攻犹大王国，占领耶路撒冷。他在黎凡特地区大肆征战，但公元前601年大败于埃及人之手后，丧失了对若干属国的控制，决定反击。遵循当时的习俗，他流放了犹大国王约雅斤，及近一万以色列臣民至巴比伦。

> "我们坐在巴比伦河畔，想起锡安便不禁凄然泪下。"
>
> 《旧约·诗篇》第137章

十年后，剩余的以色列人在国王西底家的带领下反叛，迦勒底人又一次发动了猛烈的攻击，摧毁了以色列的神庙。尼布甲尼撒又流放了数以千计的以色列人，后者维持着自己的族群，保持文化传统，这在当时十分罕见。以色列人直到公元前539年被允许重返家园。

这段流放时期虽然带来了伤痛，也造就了以色列民族。既然他们的神耶和华曾应许将在犹大保护他们，就一定有神允许他们被流放的原因。尽管众说纷纭，但先知耶利米和以西结认为即使在耶路撒冷城陷落之前，以色列人也因堕落、不守戒律而必遭惩罚。

尼布甲尼撒也因建造了巴比伦空中花园留名于世。空中花园是古代世界七大奇迹之一，是尼布甲尼撒为妻子安美依迪丝（Amytis）所建。**PF**

公元前594年

梭伦改革
Solon's Reforms

新宪法引领雅典进入最伟大的时代

可以说雅典文明最伟大的时代始于公元前594年，这一年梭伦——中等富裕的贵族和诗人——成为雅典的执政官，即雅典城的主要统治者，并进行了影响深远的空前改革。梭伦是试图伸张正义救济穷人的稳健派，他废除了德拉古（Draco）于公元前621年设立的严酷法律，对谋杀和过失杀人之外的犯罪免

> "违约不利于任何一方时，人们就会遵守协议。"
>
> 梭伦

除死刑。他也极大地改变了旧法律偏重保护贵族利益的现状——以往只有贵族阶级才能参与政府事务，而许多农民因债务之累实质上成为自己土地的农奴——梭伦同样改革了债务体系。当时许多人认为梭伦改革所立的法规不久就会被富人们规避，但实际上这些改革实行了几个世纪，梭伦也位列古希腊七贤之一。

政治上，梭伦的新宪法给所有人，无论其社会阶层，参加公民大会的权利；除底层外的所有阶层外有权参与四百人会议。他还改善了在雅典工作的外邦人的权益。虽然许多人对梭伦的改革不满，但新法律避免了改革真正的威胁，为雅典即将到来的伟大民主打下了坚实的基础。**PF**

公元前539年

居鲁士占领巴比伦，释放被囚虏的以色列人
Cyrus Takes Babylon and Releases Exiled Jews

居鲁士允许被流放至巴比伦的以色列人重返犹大，但以色列人发现那里满是撒马利亚人

以色列人在公元前597年被尼布甲尼撒逐出犹大，流放至巴比伦，直到公元前539年，阿契美尼德的波斯帝国缔造者居鲁士攻打巴比伦，他们才重获自由。居鲁士已于公元前549年击败了米底王国，几年后征服了小亚细亚的吕底亚，巩固了自己的统治。公元前539年，居鲁士将焦点转移至美索不达米亚，于10月12日在俄庇斯打败巴比伦人，使幼发拉底河改道，军队涉水入城，未流一滴鲜血，和平占领巴比伦。居鲁士轻取尼布甲尼撒的迦勒底后人那波尼德（Nabonidus），后者逃走藏匿起来，失去了本国祭司的支持。之后居鲁士宣告自己是"宇宙四方之王"，是广延至地中海的帝国之君。

居鲁士成为巴比伦之主的首批举措，就包括释放被囚的以色列人；这时以色列人多达4万，他们大多选择重返犹大。以色列人带回了很多尼布甲尼撒掠夺的珍宝，重建了耶路撒冷和神殿，但是不能复国。回到了失却的家园，以色列人却惊讶地发现，有其他未遭流放的民族住在这片土地上，且与他们有着相似的宗教信仰。以色列和撒马利亚两个民族间的争端最终上升至敌对状态，成为延续至《新约》时期以至后世的问题。

流放时期，以色列人延续了他们的长老制，宗教仪式和基本的习俗体例，发展出希伯来字母。他们感念居鲁士的恩德，甚至把他称为"上帝膏立的王"。**PF**

△ 中世纪画作，描绘居鲁士大帝告知被囚禁的以色列首领们，他们可以自由离去，重建耶路撒冷

"我凭公义兴起居鲁士……他必建造我的城，释放我被掳的民。"

《以赛亚书》45：13

约公元前527年

悉达多王子悟道
Prince Siddhartha Attains Enlightenment

印度蓝毗尼的王子悉达多（Siddhartha）参禅七周悟道，开始传一门新的宗教——佛教

▲ 佛陀在菩提伽耶的菩提树下，此为他悟道成佛之所

约公元前527年，蓝毗尼（印度恒和北部地区）王子悉达多·乔达摩三十五岁，坐在菩提伽耶的一株菩提树下参禅。他发愿不成正觉，永不起身。七周之后的一个月圆之夜，他参透了万物之道，这一刻起他名为佛陀，即"觉悟者"。

佛陀悟道所得的基本要义称作四谛，其称世间有情悉皆是苦。佛陀领悟到尘缘羁绊及种种欲念可通过修八正道破除。

释迦牟尼的生平只见于佛教典籍，且明显经各种超自然的细节修饰，甚至佛陀本人的生卒年代也不详。传说他在王宫中长大，不知人间疾苦。一日他出宫，第一次看到疾病、衰老和死亡，大为所动，于是舍弃王族生活，转而修道苦行。严格苦修一段时间之后，他感到苦行仍不能大悟，于是换了更为温和的生活方式，最终参禅七天后悟道。

随后的四十五年里他周游四方，向芸芸众生布道，吸引了众多信徒。释迦牟尼八十岁涅槃之时，已奠定了这一重大宗教和哲学运动的基础，致使佛教流传至今。**PF**

> "菩提只向心觅，何劳向外求玄。"
> 乔达摩佛陀

公元前527年

玛哈维拉去世
Mahavira Dies

耆那教核心理念之师在帕瓦普里去世

公元前527年，玛哈维拉，意谓"大雄"，七十二岁时去世。玛哈维拉通称为耆那教（印度第三大宗教）的创始人，更确切地说，是玛哈维拉将古老的教义宣传和编纂成现在的形式。玛哈维拉同悉达多·乔达摩（佛陀）生于同一时代，也生活在比哈尔地区，生于毗舍离。其父为悉达多王，母为琪莎拉（Trishala），属刹帝利即武士阶层。

玛哈维拉三十岁时抛弃妻室出家为僧。如同时代很多刹帝利阶层的人一样，他反对婆罗门教的一些做法，尤其是频繁的杀生祭祀；他采取了更为极端的生活方式，包括放弃拥有财产，以至于裸身游方。他创建了"不害"的概念，即非暴力，不愿伤害任何生灵，十二年后他达到全知之境——认知的最高境界。

随后的三十年内，玛哈维拉收集了种种古代教义，他所宣扬的这些原则成为了耆那教的核心概念，劝诫众生脱离肉身欲念，不害任何生灵，以求灵魂的解脱。玛哈维拉是耆那教第二十四代和末代祖师（圣人），通过苦行最终得道。在帕瓦普里（Pawapuri）去世时，玛哈维拉的信徒数以千计，来自社会各个阶层，包括僧侣和女修士；他的布道被汇集起来口口相传，千年之后才编著成文。而玛哈维拉的生平载于《仪轨经》，著于其去世一百五十年后。**PF**

公元前510年

塔克文逃离罗马
Tarquin Flees Rome

罗马最后一任国王由民众起义推翻

高傲者塔克文（拉丁文：Tarquinius Superbus），是罗马的第七任也是末代国王，在民众起义中被推翻。其子塞克斯图斯（Sextus）被指侵犯贵族妇女卢克丽霞（Lucretia），激起了民愤。塔克文以残暴著称，谋杀前任国王塞尔维乌斯·图利乌斯（Servius Tullius）篡夺王位，继而统治罗马二十余年。

塔克文可能是伊特拉斯坎人的后裔，后者居住在现今的托斯卡纳地区。在许多方面，伊特拉斯坎人比当时的罗马人更为先进，他们向南扩展势力范围，罗马现在仍有当时伊特拉斯坎人铭文记录。倘若果真如此，就能解释塔克文及其祖先们遭罗马人憎恨的原因了。塔克文刚逃出罗马（塞克斯图斯也试图逃走，但被逮住处死），克鲁修姆的伊特拉斯坎国王拉尔斯·波希纳（Lars Porsena）企图攻取罗马，但是罗马人在贺雷修斯·科克勒的带领下英勇抵抗，贺雷修斯本人也在把守台伯河桥，阻止伊特拉斯坎人入侵时牺牲。

实行君主制两百多年后，罗马人决定自己统治。两名执政官由元老院（元老院是之前向国王谏言的机构）选出，联合执政，任期只有一年，每个执政官都有权否决另一名执政官的任何决议，从而限制其权利。对后世的罗马人而言，摒弃君主制和建立罗马共和国是罗马历史上最重要的事件，标志着罗马独立而不再受制于专制统治，进入真正永久的伟大时代。**SK**

公元前507年

民主政治诞生
Democracy Is Born

克利斯提尼（Cleisthenes）在雅典推行早期民主政府

克利斯提尼创建了世界上最早且最具影响力的民主政治雏形，但他大半生都在为自己的显赫家族同雅典其他的贵族集团争权，并因此被流放了几十年。最终他通过支持民众，并贯彻立法者梭伦的改革精神掌权——梭伦曾试图在雅典的各方利益间寻求平衡。

克利斯提尼因而废除了传统的以家庭和宗族为基础的政治结构，以建立在村庄之上的十部落取而代之；建立立法议事会（boule），成员在全体公民间抽签选出，每个村庄在议事会500名代表中占一定比例。有严格规则界定何人有资格当选，及其任期长短；法庭和军事指挥也以相似方式组织构成。这样一来，克利斯提尼扩展了公民参政的范围，确保各派系难以掌控国家谋求私利，专制统治的时代已经结束。

尽管这被视为直接民主制的开端，所有公民可以平等参政，但是克利斯提尼本人并不称之为民主（意为"由人民统治"），而是叫做均法，即所有人权利均等。在许多方面他保留了传统的雅典文化，他的改革被视为雅典黄金时代的开端，民主发展，文化繁荣。其改革后的生平不详。**PF**

公元前497年

大师之道
The Master's Message

孔子离鲁周游列国，传播为政以德之道

公元前497年，孔子（在西方世界称为"Confucius"）离开任职司寇的鲁国，周游中国，寻求能够采纳他为政以德的治国思想的国家。传说他任司寇时与鲁王政见不合，在牺牲祭祀时没有行传统仪式。后来的十三年里，孔子周游列国，进言各国封建君主。孔子的思想直至今日在东方仍有深远影响，但在当时并未得到赏识。孔子终生不得志，于公元前484年回国。

> "不义而富且贵，于我如浮云。"
> 孔子，《论语》，约公元前497年

孔子晚年口授其思想，最终被集录为《论语》。他在《论语》中强调德行、敬祖和正直的重要性。周游列国之前，孔子以精通六艺（礼、乐、射、御、书、数），熟习诗史闻名。然而，孔子去世之后才取得了今人所知的声望。他的家乡仍然是朝觐圣地，建有孔庙以纪念孔子。**PF**

○ 孔子画像，怀中卷轴象征着孔子非凡的智慧

公元前490年9月12日

马拉松战役 雅典军大胜
Athenian Army Victorious at Marathon

雅典人在雅典城北的马拉松平原击败波斯大军

○ 十七世纪绘作，刻画马拉松战役中雅典人大胜波斯人的场景

马拉松战役的原因可以追溯至公元前511年，雅典人废黜了统治多年的僭主希庇亚斯（Hippias），然而波斯国王大流士（Darius）图谋帮助希庇亚斯复辟，雅典因而卷入洛里安（希腊在小亚细亚的殖民地）的叛乱中，同波斯帝国对抗。公元前492年，大流士派将军马多尼乌斯（Mardonius）指挥军队攻取希腊及其同盟埃雷特里亚。支援舰队在暴风雨中遭到破坏，但次年波斯又调集了一支巨大的新舰队，抵达希腊东部的埃维厄岛，在大陆上登陆。

雅典人派了一名传令兵向旧敌斯巴达求助，但斯巴达人不愿在宗教节日期间出战，雅典除小城邦普拉蒂亚外别无援手。雅典将领对出战还是留守产生了分歧。最终他们勇敢的北上迎战侵略者。

两军列阵于雅典城北的马拉松平原。雅典以不到一万的重装备步兵，迎战背海的波斯军队，后者多达两万到五万人。雅典人发现波斯骑兵没有出战，将军米太亚德下令冲锋，出其不意的进攻波斯军队。波斯军队溃逃回自己的舰队。据雅典历史学家希罗多德记载，此战中波斯损失约6400人，而雅典仅牺牲192人。这是多年以来波斯人遭受的第一次重大挫败，极大地鼓舞了雅典人的士气，增强了雅典的实力。**PF**

公元前480年9月17日

列奥尼达和三百名斯巴达勇士
Leonidas and the Three Hundred Spartans

波斯大军以沉重的代价战胜希腊人

△ 公元前480年温泉关的列奥尼达，由法国大革命时期艺术家雅克·路易·大卫（1748—1825）于1814年所作

公元前480年，波斯帝国国王薛西斯（Xerxes）一世的大军在温泉关与一小撮斯巴达人短兵相接，波斯人虽胜犹败。虽然薛西斯的军队消灭了每一名斯巴达守军，温泉关一役仍是世界史上最大的败战之——强大暴虐的波斯帝国势力就此被拥有自由意志的希腊人扼制。

为了一雪父亲大流士十年前战败之耻，薛西斯集结了多达25万大军，和庞大的舰队，来攻打雅典征服希腊。雅典人决定专注于海战，而斯巴达人组织了军队在陆上守卫希腊。斯巴达国王列奥尼达防守温泉关，这是塞萨利平原向南的唯一通路。列奥尼达只有不到七千将士，其中包括三百名重型武装斯巴达士兵。两天以来，占据地利的守军击退了一波又一波的进攻，但是最终有个希腊农民为薛西斯指了一条山间小道，波斯军队得以包围了守军。见此列奥尼达下令撤军，留下底比斯人和斯巴达人断后。他率领士兵冲锋陷阵，英勇牺牲，此时底比斯人已经放弃战斗，余下的斯巴达人负隅顽抗，终被波斯弓箭手瓦解。

波斯人尽管获得了胜利，但也损失惨重；而雅典人奋战到底的决心却更加坚定。希腊城邦开始学会并肩作战。**PF**

公元前480年9月12日

薛西斯大败
Xerxes Trounced

地米斯托克利（Themistocles）的"木墙"从波斯人手中拯救了雅典城

虽然战胜斯巴达军队付出了沉重的代价，温泉关战役为薛西斯扫清了入侵阿提卡、进军雅典的道路。雅典指挥官地米斯托克利匆忙建造了大型舰队，按照神谕行事——神谕指示雅典城将为"木墙"所拯救。人们撤离雅典，当波斯人洗劫几乎空无一人的雅典城、摧毁卫城的时候，地米斯托克利劝服其他希腊城邦攻打波斯舰队——舰队为侵略军提供补给。

希腊舰队半数出自雅典，但其他二十余个城邦也纷纷出力。即便如此，波斯舰队的数量也是希腊一方的两倍多。地米斯托克利坚持在雅典附近狭窄的萨拉米海湾开战，但遭其他希腊指挥官反对，他便威胁雅典一方要撤退到西西里岛。波斯人得知后（地米斯托克利派遣的奴隶带去了他精心筛选的信息），估计很多守军会在当夜撤退。即使这并没有实现，波斯人还是信心十足的上了战场，薛西斯本人在附近山头的黄金宝座上远观这场大战。

战争始于三列桨战舰间的互相撞击，之后海军近身肉搏。波斯的巨型舰队机动性不强，波斯指挥官身亡，舰队试图撤退却又遭遇强风。几百艘波斯战舰沉没，数千士兵淹死。波斯皇家卫队全军覆没。薛西斯的波斯大军补给不足，只得撤军离开希腊。雅典重建的过程中，雅典的文化和政治发展进入全盛时期。**PF**

公元前468年3月

索福克勒斯获得酒神奖
Sophocles Wins Prize

埃斯库罗斯（Aeschylus）同索福克勒斯（Sophocles）争夺酒神节的常春藤桂冠

在古希腊，戏剧，尤其是悲剧，被认为同酒神狄俄倪索斯（Dionysus）有关。每年剧作家们都在酒神节上激烈竞争，以求自己的剧作在节日期间上演。公元前468年，两名史上最伟大的剧作家为此爆发了争夺战。

埃斯库罗斯生于公元前525年左右，参加过马拉松战役和萨拉米海战，其保存至今的最

> "与其通过卑劣手段获胜，我宁可正视绳行，默默无闻。"
> 索福克勒斯，《菲罗克忒忒斯》，公元前409年

早一部作品在公元前472年获得酒神奖，描述了波斯人战败后一名波斯妇女受难的故事。埃斯库罗斯自公元前499年起就占据着酒神节胜者的宝座，一生中赢得酒神节桂冠约十三次。

公元前468年，埃斯库罗斯发现自己面临新手索福克勒斯的挑战。索福克勒斯的悲剧三部曲中包括《特里普托勒摩斯》，后者就此失传。索福克勒斯以酒神节上的胜利开启了他光辉的创作生涯，一生创作123部戏剧（只有7部得以完整的保存至今），并在酒神节上获胜多达24次，最后一次获奖是在公元前409年，与首次得胜相距59年，获奖剧作为《菲罗克忒忒斯》。

也许是被酒神节上的失利深深刺痛，埃斯库罗斯次年携其名著《俄狄浦斯》三部曲卷土重来，但只有其中一部《七雄攻忒拜》流传至今。讽刺的是，索福克勒斯现今以其关于命途多舛的俄狄浦斯三部曲享有盛名。**PF**

公元前438年

雅典以巨大的雅典娜神像夸耀其地位
Athenians Flaunt Status with Giant Statue

战胜波斯帝国后，雅典民主政治显著发展，文化创造空前繁荣

帕提农神庙及雅典娜神像是雅典卓越地位的最佳象征。帕提农神庙坐落于卫城之上，神像位于大理石神庙中心，献给守护雅典的雅典娜女神，雅典城也以女神之名命名：雅典娜·帕提农（Athena Parthenos）。

帕提农神庙由政治家伯里克利（Pericles）委托菲狄亚斯（Phidias）建于公元前449年，以其精妙的几何构造、和谐的比例尺度和绝伦的中楣横条雕像闻名于世，中楣遗迹现存于伦敦大英博物馆。菲狄亚斯着手设计将立于神庙的女神像，神像于公元前438年建成，供奉女神雅典娜。神像约38英尺（12米）高，以中空木质支架填以象牙、白银和一吨以上黄金制成。女神身着束腰外衣和胸甲，戴有头盔，右手持尼克（胜利女神）雕像，左手持一长矛，身旁立有一盾一蛇。

完成雅典娜神像后，菲狄亚斯继续雕刻众神之父宙斯，雕像于公元前435年树立于奥林匹亚，成为古代世界七大奇迹之一。但是几年之后，菲狄亚斯的仇敌指控他盗窃建造神像的黄金，而且他将自己及伯里克利的肖像刻于雅典娜之盾，涉嫌渎神。结果菲狄亚斯被投入监狱，最终在狱中或流放途中去世。

公元前296年，神像的黄金被调走代以青铜板，即便如此神像也矗立于帕提农神庙，长达八百年之久。1990年，田纳西州纳什维尔树立了一尊新的雅典娜神像，尽可能忠实于菲狄亚斯的原作制成。**PF**

▲ 十九世纪法国雕刻品，展现菲狄亚斯所作的雅典娜神像的原貌

> "女神啊，愿您永远能以救世之矛击败敌人！"
>
> 俄瑞斯忒斯（Orestes）致雅典娜，出自埃斯库罗斯（Aeschylus）的《厄里倪厄斯》（又称《复仇女神》）

公元前431年

伯里克利赞颂伯罗奔尼撒战争的阵亡将士
Pericles Praises Dead from Peloponnesian War

伟大的政治领袖以其著名的葬礼演说鼓舞雅典士气

十九世纪画作的复刻版画,《伯里克利死后》,作于1870年,作者不详

公元前431年末,伯里克利在雅典的国葬上发表了著名的葬礼演说,纪念前一年在伯罗奔尼撒战争中捐躯的将士。伯里克利在雅典当政三十年,监管建造了帕台农神庙,并一手创建了雅典的"黄金时期",但他也推行了对希腊其他城邦的侵略统治,导致了公元前432年同斯巴达间的战争。这一血腥冲突持续了近三十年,最终雅典战败,且雅典民主政治被毁,但是在公元前431年战争伊始,伯里克利力图以演讲激励雅典人民。历史学家修昔底德记录道,死者的遗体盛放于柏木棺中——有一具空棺留给遗体下落不明的将士——运往烈士公墓。之后伯里克利发表了演讲。演讲词是伯里克利本人所作,还是出自史学家杜撰,现在已经无从得知,但演讲激情赞颂了雅典光辉的民主、自由、平等及雅典帝国。最后伯里克利颂扬了死者,勉励生者继续发扬雅典的精神。

虽然演讲词十分精妙,雅典人对战争的不满日益加深,特别是又爆发了一场毁灭性的瘟疫。伯里克利仍旧大权在握,直到公元前429年,他染疫身亡。**PF**

公元前399年

苏格拉底被迫饮毒
Socrates Forced to Drink Poison

著名哲学家被判有毒害雅典青年之过

▲ 苏格拉底之死,创作日期不详,作者查尔斯·阿尔方斯·杜弗雷斯努瓦(1611—1668)

雅典人需要找个替罪羊。五年前屈辱的败于宿敌斯巴达之手后,公元前399年,雅典在政治上正处于低谷。而雅典城里正有个人因令人难堪而远近闻名——哲学家苏格拉底。他喜欢问艰深而引人不快的问题,嘲笑当权者,经常同他忠诚而狂热的学生们讨论各种理念。他也以结交雅典声名狼藉的领导人著称。所以人们对苏格拉底进行了审判,罪名是亵渎神灵和毒害雅典青年。苏格拉底著名的学生柏拉图记录了这次审判,柏拉图称苏格拉底本可以交罚金拯救自己的性命,但他拒不回应对他的控诉,声称自己没有做错什么。他被判以死刑,饮毒堇汁——一种使人神经系统瘫痪的毒草汁。苏格拉底仍然同聚集在他身边的朋友讨论诸如灵魂不朽的问题,平静的从行刑人手中接过毒药一饮而尽。死亡很快降临了。

苏格拉底是历史进程中最重要的思想家之一,同他的学生柏拉图和亚里士多德一起奠定了西方哲学的基础。他对人们行为背后的价值观很感兴趣,但是没有留下任何著作。我们所了解的大部分苏格拉底的学说出于柏拉图的《对话录》。**SK**

公元前390年7月

高卢人攻打罗马，围攻朱庇特神庙
Gauls Attack Rome and Lay Siege to the Capitol

朱诺的圣鹅向罗马士兵发出警报，避免了一场灾难

复刻版画，《朱庇特神庙为朱诺的圣鹅所救》，作者海因里希·墨尔特（1838—1917）

罗马建成以来最惨重的战败出于意大利北部波河流域的高卢人之手。公元前390年夏季，一队高卢人在勇士酋长布伦努斯（Brennus）的带领下，在阿里亚河之战中击溃罗马军队，继而进攻罗马城。夜里，守军驻扎在朱庇特神庙——罗马城的最高点和宗教中心。

高卢人爬上岩石小道，接近朱庇特神庙，突然响起了响亮的鹅叫和振翅之声。朱诺圣所的那群圣鹅——尽管缺乏食物也存活了下来——发出了警告，守军得知高卢人在靠近，于是朱庇特神庙得救。罗马城的其他地方惨遭洗劫和破坏，但幸运的是，几乎城里的所有居民，包括维斯太贞女及其圣火，都已及时逃离。高卢人围攻朱庇特神庙达七个月之久，最终布伦努斯同意以一大笔黄金的代价撤军。

败于高卢人之手的屈辱将世世代代地困扰着罗马人。罗马从战败中恢复发展，军队采用了新的武器和战略，并于公元前378年在罗马城周围建造了7英里（11千米）长的护城石墙，其许多部分矗立至今。

罗马继续进行军事扩张，但罗马人一直惴惴不安，直到公元前225年，意大利北部的高卢人终于被打败并收归罗马控制。圣鹅每年都坐在紫色坐垫上，而朱庇特神庙的守卫犬因未能警告高卢人进犯而受到惩罚。**SK**

> "尽管发生了饥荒，朱诺的圣鹅也得以存活。"
>
> 李维，《罗马史》，约公元26年

公元前387年

柏拉图学园
Into the Groves of Academe

希腊哲学家柏拉图在阿加德米亚（Academia）为思想建立世界第一所学校

柏拉图学园位于雅典卫城西北郊外一英里处，也是他建立哲学体系之所。学园坐落于橄榄园中，这里通常是举行宗教节庆和运动竞技的场所，以神话人物海加德谟斯（Hecademus）的名字命名为阿加德米亚（Academia），据说是他将这片土地赠与雅典。因此学园——以及后世的无数学校和学院——都叫做"阿加德米"（Academy）。

在柏拉图创建学园几十年前，这片区域很可能就已经是教学讨论之所。虽然柏拉图是否正式设立了教学机构尚不明确，但他无疑在阿加德米亚拥有一所房子和小花园，据说他在这里讲学约四十年，直至公元前348年去世。亚里士多德二十年来一直定期到柏拉图学园听讲。

柏拉图只收他认为"醉心于了解灵魂本质"的学生。从柏拉图自己的著作看来，柏拉图讲学时会一边四处漫步，一边读对话录和演讲，或是主持宗教礼拜和漫长的一餐，参加者可以"敬神，享受彼此的陪伴，在睿智的讨论中振奋精神"。他还在附近建立了缪斯神庙。

柏拉图学园存留了几百年，因新柏拉图学派闻名。公元前86年，橄榄林被入侵的罗马军伐倒，而柏拉图学园保存了下来。学园关闭的具体日期不详，但有资料称学园持续运作到公元526年，这一年罗马帝国皇帝查士丁尼一世下令关闭所有"异教"学校，柏拉图学园也许是其中之一。**PF**

● 镶嵌画《柏拉图学园》，公元一世纪，现藏于意大利那不勒斯国家考古博物馆

"教育为人指引的方向将决定他的一生。"

柏拉图，《理想国》，公元前360年

公元前342年

亚历山大受教
Alexander Educated

亚里士多德蒙腓力二世（Philip II）之召教导亚历山大，未来的亚洲征服者

希腊人历来倾向于轻视马其顿王国，认为那是野蛮落后之地。然而公元前356年腓力二世称王，决心改变这一切。公元前342年，他邀请亚里士多德从雅典来到马其顿都城培拉，作为导师教导他十三岁的儿子亚历山大。腓力二世希望教育可以为儿子日后作为军事领袖打下基础。热衷于自然的亚里士多

> "腓力二世请来亚里士多德，当时最博学、最为人称道的哲学家。"
> 普鲁塔克（约公元46—120年），
> 《亚历山大大帝传》

德（他鉴别了500多种动物）教导亚历山大三年，指导他学习政治学、修辞学、数学、自然科学、医学和希腊文学。亚历山大晚年出征时都会携带荷马史诗《伊利亚特》，从中汲取灵感。

腓力二世训练马其顿军队使用希腊的作战方法，通过武力拓展马其顿王国。亚历山大十六岁时代父统治马其顿，独自镇压了一场叛乱。两年后，即公元前338年，他在关键性的喀罗尼亚战役中，在父亲身旁作战，此一役中马其顿人压倒性的战胜了雅典、底比斯和其他希腊城邦，腓力二世成为希腊唯一的统治者。同时亚里士多德返回雅典，于公元前335年建立吕克昂学院，致力于学习研究。他是当今世人认可的首位真正的科学家。**SK**

公元前336年

国王腓力二世遇刺
King Philip II Slain

二十岁的继承人亚历山大报复叛乱的希腊城邦

马其顿首都培拉人山人海，这里将举行腓力二世的女儿克丽欧佩特拉（Cleopatra）同伊庇鲁斯国王亚历山大一世的婚礼，突然间发生了骚乱——腓力二世在走进举行婚礼的剧场时遇刺身亡。刺客保萨尼亚斯（Pausanius）是国王的近身护卫，逃离暗杀现场时被杀。有人怀疑奥林匹亚丝（Olympias）——被腓力疏远的王后，亚历山大之母——参与谋划了暗杀。

马其顿军队很快拥立年仅二十岁的亚历山大为王，称为亚利山大三世。腓力二世死前计划率领希腊军队入侵波斯，大多数希腊城邦这时趁机叛乱，但被亚历山大迅速镇压。他率军围攻底比斯，底比斯人拒绝投降，他下令袭击并摧毁了底比斯城，将所有居民卖为奴隶。其他城邦马上臣服于亚历山大。亚历山大召集各城邦领袖在科林斯开会，宣布他将实现父亲未竟之业——进军波斯；这成为一次空前的征战。

公元1977年考古学家在希腊北部的维吉纳发掘出腓力二世之墓。他们在墓室中发现大理石石棺，灿烂的金银器皿，和一套华丽的皇家甲胄。国王的骨灰盛放在饰有马其顿帝星的金质骨灰盒中。**SK**

▶ 十四世纪手稿插图，马其顿王国的腓力二世（公元前382—前336年），亚历山大大帝之父

公元前333年11月

亚历山大战于伊苏斯
Alexander Battles for Issus

大流士率庞大的波斯军队在伊苏斯海湾惨败于不可战胜的亚历山大及马其顿军团

▲ 公园一世纪镶嵌画，描绘伊苏斯战役的场景，此战中亚历山大击败大流士的军队

"我送你芥子……让你品尝战败之苦。"

亚历山大大帝给大流士三世的信

亚历山大大帝征服中东，始于公元前334年五月格拉尼库斯战役的胜利，之后他夺取了小亚细亚，次年势不可挡地摧毁了波斯国王大流士三世庞大的军队。

波斯大军据传有60万之多——这可能太过夸大其词了——但即使是更为可信的估计也有10万人，大概是马其顿军队的两倍多。亚历山大和将军帕曼纽（Parmenion）集中兵力，准备从南边攻打波斯军队，但发现大流士已经越过他们，切断了马其顿军的补给线。在现今土耳其东南部，两军列于浅溪两旁，在伊苏斯海湾口的小平原交战。至关重要的是，战场地形使波斯大军无法发挥数量优势。

亚历山大领军攻击波斯右翼，与此同时早期最重要的战斗在海边展开，帕曼纽在马其顿左翼阻止波斯军队推进，争取时间，亚历山大的骑兵冲锋摧毁了波斯阵地。亚历山大本人直接攻打大流士的阵营，虽然如著名的庞培镶嵌画所绘，两人也许并没有相遇，国王的战车旁发生了激烈的厮杀。大流士逃阵，随即波斯军队溃败，据说超过5万波斯军被杀。马其顿人追击大流士15英里（24千米），俘获了他的财宝和家人，包括大流士的母亲和两位妻子。亚历山大挥军南下叙利亚和埃及，阿契美尼德王朝即将覆灭。**PF**

公元前331年

亚历山大港建成
Alexandria Founded

亚历山大成为埃及之王，建立因自己得名的城市

在伊苏斯河战胜大流士后，亚历山大穿越约旦向埃及进军——这一古老文明国家已沦为波斯一省。波斯长官无力抵抗，只得欢迎解放者亚历山大的到来。亚历山大沿尼罗河航行至孟菲斯，以公牛向阿蒙神献祭，很快加冕为埃及之王。

公元前331年，亚历山大开始选址建立一座新的城市，联通埃及和希腊世界。他在

> "奔腾的大海边有座岛；人们叫它法罗斯岛。"
>
> 荷马，《奥德赛》，据亚历山大回忆

地中海海岸上发现了希罗多德和荷马在《奥德赛》中提到的地点，周围有海洋、沙漠和其他天然屏障，这是一个易于防守的枢纽，出入希腊交通便利。亚历山大规划了街道、皇宫、庙宇、护城建筑，甚至包括复杂的排水系统。后来有故事描述，亚历山大没有粉笔，改用大麦粉划出街道，后为一群鸟所食。即便如此，一名预言家称亚利山大港将繁荣昌盛。

不久，亚历山大离开埃及。他没能看到建成的亚利山大港，这里后来将拥有法罗斯岛灯塔（古代世界七大奇迹之一）和亚历山大图书馆；他注定十年后被盛于灵柩中运回这里。**PF**

公元前331年10月1日

高加米拉战役的致命一击
Broken "Camel's Back"

高加米拉之战中亚历山大彻底挫败波斯帝国

公元前331年，波斯国王大流士向亚历山大求和，他愿献出幼发拉底河以西的土地、大笔金钱和他的女儿给亚历山大为妻。但亚历山大拒绝，率军渡过底格里斯河开往美索不达米亚北部。大流士集结了一支比伊苏斯战役中更为庞大的军队，现代记录显示大流士率领多达百万士兵。大流士决心在开阔之地开战，以便他的大军和200辆令人生畏的刀

> "已然深陷恐惧之中的大流士，第一个转身逃跑。"
>
> 阿利安（Arrian）（卒于公元146年），《亚历山大远征记》

轮战车发挥效用。10月1日的战场位于高加米拉村附近，高加米拉意为"骆驼背"。

尽管对方军队人数远胜于己，亚历山大命军队前进，迫使大流士以战车作战。亚历山大得以攻破了波斯大军的阵形，在外围开战。同时他诱敌攻打马其顿军两翼，接着楔形攻击并撕裂波斯阵线，危及大流士本人的阵营。大流士遁逃，而亚历山大在阵地上战斗。

高加米拉战役后，亚历山大俘获了波斯皇家辎重队，进军巴比伦。公元前330年1月，他夺取了大流士的都城波斯波利斯，宣告自己为波斯之王。大流士向东逃亡，被自己的总督所杀，后者被亚历山大处决。**PF**

公元前323年6月10日

亚历山大之死
Death of Alexander

伟大的征服者于巴比伦去世，引发几十载的继业者之战

雄心万丈的亚历山大大帝于公元前323年抵达巴比伦，很快就计划派舰队出征阿拉伯半岛。然而5月29日，亚历山大同朋友米迪厄斯（Medius）在宴会上痛饮后染病。病中的亚历山大持续工作，甚至在必要时命人将自己连同病榻抬出，以便对军队发号施令。他还继续举行宗教仪式和事务。高烧两周之后亚历山大去世，年仅三十二岁。

亚历山大遭人毒害的谣言不可避免地流传起来，时至今日仍未平息。总而言之，亚历山大更有可能是自然死亡，有其他资料表明他也许还患了疟疾，而医生开的药物加速了他的离世。

6月9日，马其顿将士最后一次列队经过他们的领袖身旁。亚历山大死前将戒指交给将军佩尔狄卡斯（Perdiccas），后者问亚历山大想要立何人继位——当时亚历山大之妻罗克珊娜（Roxane）已有身孕——他回答道："最强者。"亚历山大去世后的第二天，将军们为王位继承人争论不休，不久他们之间不可避免的爆发了长达五十年的争斗，史称继业者之战。最终王国被分裂为位于马其顿和希腊的安提柯王朝，位于美索不达米亚和波斯的塞琉古王朝，以及位于埃及的托勒密王朝。

亚历山大的尸体在做过防腐处理后，盛放于奢华的石棺运往埃及，安置在亚历山大港——亚历山大在尼罗河口建造的伟大城市，保存至罗马时期，其后不久失踪。**PF**

▲《亚历山大大帝和被俘的波罗斯》局部（1673），作者查尔斯·勒·布伦（1619—1690）

◁《亚历山大大帝丧礼哀歌》，出自五世纪亚美尼亚手稿

> "你将不久于世，拥有的不过是葬身之寸土。"
>
> 印度哲人丹达米斯（Dandamis）对亚历山大说

公元前322年
新兴政权基础
New Power Base

旃陀罗笈多·孔雀（Chandra Gupta Maurya）建立孔雀帝国

公元前323年亚历山大大帝突然辞世，留下一片混乱，其中旃陀罗笈多·孔雀在西北地区推翻了摩揭陀国国王达那·难陀（Dhana），取得权利基础。年仅二十岁的旃陀罗笈多建立孔雀王朝和一支庞大的军队，用以征服旁遮普的多位希腊地方总督。公元前305年，他将自己的势力延伸至阿富汗，同

> "一头巨大的野象跑来，仿佛驯服般将旃陀罗笈多放在背上。"
>
> 朱尼安努斯·查士提努斯，公元三世纪

前来攻打印度的塞琉古一世——亚历山大的继任者之一——协定交换了500头战象。

旃陀罗笈多建立了印度第一个统一的大帝国，但人们对他的身世知之甚少。传闻既有说他出身皇族，也有说他出自驯养孔雀之家，还有说他被一名婆罗门鼓励建立游击队。传说他还曾在十六岁时接触过亚历山大大帝，并试图劝服他继续东征挑战统治摩揭陀国的难陀王朝，但亚历山大西行回师。

几年内，旃陀罗笈多的统治延伸至印度次大陆地区，首都华氏城是古代世界最大的城市之一。公元前293年，旃陀罗笈多传位于其子频头娑罗，皈依耆那教苦行修道，传说他绝食而死。**PF**

公元前305年
托勒密一世占领埃及
Ptolemy I Takes Egypt

亚历山大死后，第一任托勒密法老掌权

亚历山大死后，三名主要将军瓜分了帝国，并为取得统治地位互相争斗。马其顿人托勒密儿时就是亚历山大的朋友。他稳稳控制了——也许是偷盗了——盛放亚历山大遗体的金棺，并隆重地送往埃及；原本计划将遗体送往孟菲斯，但最终带到了亚利山大港，并在那里展览了几世纪。托勒密担任埃

> "收集并阅读讲授为君之道的书籍。"
>
> 亚历山大图书馆馆长对托勒密的建议

及总督，可能还娶了前任法老奈科坦尼布二世（Nectanebo）的女儿。

几年来托勒密在叙利亚谋权，又面临对手佩尔狄卡斯入侵的威胁，托勒密于公元前305年在埃及称王，建立了持续300年的托勒密王朝，直到罗马人的到来。托勒密鼓励封闭已久的埃及向希腊世界开放，并建立了亚历山大图书馆——古典世界的光辉成就之一，和"博物馆"——世界上第一所大学。托勒密资助了几何学家欧几里得，还建造了古代世界七大奇迹之一的法罗斯岛灯塔（亚利山大灯塔）。**PF**

○ 日期不详的画作，描绘南北埃及的女神为托勒密一世加冕的情形

公元前280年

罗德岛建造巨像赞颂太阳神赫利俄斯
A Colossal Tribute to Helios at Rhodes

罗德岛巨像建在港口入口处,是古代世界七大奇迹之一

▲ 罗德岛巨像蚀刻画,选自《世界七大奇迹》(1792)

古代世界七大奇迹之一的罗德岛巨像,源自亚历山大大帝的两位将军——托勒密和安提柯之间的战争。罗德岛人支持埃及之王托勒密,遭安提柯之子德米特里率四万大军围困。德米特里建造了两个巨型攻城塔,但也无济于事:其中一个被暴风雨摧毁;而守军在城墙周围的壕沟内灌水,使另一个攻城塔陷在泥里动弹不得。

攻城军队撤退后,罗德岛人心怀感激的建造了40腕尺高(108英尺,33米)的雕像,献给他们的保护神赫利俄斯,立于港口入口处的基座上。雕像由来自林多斯的卡瑞斯(Chares)设计——卡瑞斯本人曾参加过罗德岛保卫战。雕像以石料和铁制成,表面覆有攻城军遗留的武器所炼制的铜板。雕像历时十二年建成,卡瑞斯在公元前280年雕像完成前自杀,大概是因为有人指出了建筑的缺陷。

雕像矗立了仅56年,公元前224年,一场地震令巨像齐膝折断倒塌。巨大的残骸散落在地,成为观光胜地。老普林尼于公元一世纪写道:"几乎无人可以环抱巨像的拇指,其手指也大于多数雕像。巨像的残肢内部裂开了巨大的空洞。"巨像遗迹最终被粉碎,铜板也于公元七世纪为阿拉伯入侵者重新利用。

虽然后世的图画显示巨像两脚横跨在港口两端,现代的工程师和科学家指出这实际上并无可能。**PF**

> "艺术家使用了大量青铜,可能导致了青铜匮乏。"
>
> 拜占庭的斐洛,公元前一世纪

公元前260年

阿育王求得平静
Ashoka Finds Peace

阿育王为羯陵伽战争的血腥屠杀所深深震撼，从此皈依佛教

根据古印度孔雀王朝第三代君主阿育王的记述，在他入侵邻国羯陵伽的可怕战争中，十万人丧生，十五万人被逐出羯陵伽。阿育王深感悔悟，皈依佛教，宣布停止武力扩张，仅以达摩（正道之法）征服世人。

> "今生来世，福佑众生。"
> 阿育王法敕

阿育王的敕令和教谕刻于33根石柱，即阿育王柱，立于全国各地。最著名当属鹿野苑石柱，石柱原高超过50英尺（15米），立于佛陀初转法轮之地。石柱柱顶华丽庄严，雕有面朝东南西北四面狮像。该图形于1948年被定为印度国徽。阿育王法敕的摩崖石刻遍布各地的岩石和洞窟石壁上，远至印度河谷上游，古吉拉特南部，以及印度南部克里希纳河沿岸。

石柱上记载着阿育王皈依佛教，大力宣扬佛法，其道德和宗教戒律以及他敬畏众生的主张。为造福百姓，阿育王下令挖井、建造医院和休憩之所，广派传教士至各地宣扬佛教，远至斯里兰卡。古印度帝国在阿育王时期达到顶峰。公元前233年，阿育王逝世。五十年不到，帝国便土崩瓦解。**SK**

公元前260年9月

四十万人被活埋
400,000 Buried Alive

长平之战中秦军击败赵国

位于西部的秦国创造了统一中国的壮举，于公元前三世纪，冷酷地消灭了六个主要诸侯强国。最终秦王嬴政再无敌手，统一中国，嬴政称始皇帝——第一任皇帝。

秦国取得统治地位的关键之战是公元前260年9月的长平之战，王龁率秦军伐韩，图谋攻取战略要塞上党。弱小的韩国将上党献给北部强大的邻国赵国，后者出兵镇守上党。秦军围攻两年后发生了世界史上最残忍的战役之一。秦军近五十万人，设法包围赵军，赵军被困于山上45天。年轻的守军将领赵括在突围中被射杀，赵军投降，秦军将领白起为防大规模叛乱，将四十万赵军于一夜之间活埋，仅留240名年幼的士兵给赵国报信。

赵国经此一役元气大伤，于公元前228年被秦国所灭。三年后白起因其被认为威胁到了秦国丞相而被迫自杀。

二十世纪九十年代中期，考古学家发现长平之战遗址——掩埋大量尸骨的深坑。**RG**

公元前250年

"尤里卡!"
Eureka!

阿基米德洗澡时发现测量密度的方法

▲ 手工上色木版画,题为《浴中的阿基米德》(1547),作者不详

西西里的国王海维隆(Hieron)二世想查明献给他的皇冠是纯金所制,还是掺了银的仿制品,请阿基米德解决这个问题。但是不熔化金属、破坏皇冠怎么能鉴定呢?阿基米德洗澡时注意到,他坐进浴盆时水面上升,于是意识到可以在水中称量皇冠以测定其中的黄金密度。这一发现令阿基米德异常兴奋,据称他裸身冲上了大街,喊道"尤里卡!"("我发现了!")

公元前287年,阿基米德生于西西里的希腊城邦叙拉古,被认为发明了杠杆和阿基米德式螺旋抽水机,还利用镜子反射阳光点燃了围攻叙拉古的罗马舰队。公元前212年,叙拉古沦陷,据说罗马士兵命令阿基米德离开他所画的几何图形,阿基米德无视而遭到杀害。

阿基米德是古代世界里极其受人尊崇的科学家,兼通理论与实务,写下关于机械、流体静力学、反射光学(折光)和数学的专著。虽然阿基米德大部分著作失传,其留存的作品在中世纪为伊斯兰世界的数学家所知,被文艺复兴时期的学者重新发现,极大地影响了中世纪欧洲的数学发展。**SK**

公元前221年

中国"万世"统一
China United "For Ten Thousand Generations"

秦王扫灭六国,自称始皇帝

△ 西安秦兵俑俯视图,考古史上最大发现之一

战国时期两百多年来,中华大地上诸侯长期割据纷争。公元前246年,十三岁的秦王嬴政登基,西方的秦国开始发展成为最强的诸侯国。八年后,结合突袭、谍报和贿赂手段,嬴政开始吞并其他六国。位居东北的齐国,于公元前221年最后一个灭亡。中国完成史上第一次统一,唯一的统治者嬴政自称始皇帝——第一位皇帝。

秦始皇在新丞相李斯的辅佐下开始了残酷的中央集权统治。他统一度量衡、法律和文字,开始修建道路和运河。他连接北方边塞,修筑夯土壁垒,此为中国长城的开端。

秦始皇只害怕一件事——死亡,据传他曾派人到日本岛寻访长生不老之灵药。他命七十万人修建了据称以宇宙为形的宏大陵墓。1974年,有人挖井时打开了巨坑,内含数千真人大小的士兵陶俑。这是中国史上最伟大的考古发现:七千多秦兵俑守卫了始皇遗体两千多年。**SK**

公元前218年

不可能完成的征程
Impossible Journey

迦太基将军汉尼拔领兵翻越阿尔卑斯山攻打罗马

公元前218年秋天，阿尔卑斯高山关隘的岩石和冰雪间散落着一支疲惫不堪、士气低落的军队。二十八岁的将军汉尼拔·巴卡率领一队西班牙部落野人，利比亚步兵和北非的努米底亚骑兵试图翻越不可逾越的高山屏障。

汉尼拔的出生地迦太基（现位于突尼斯），同罗马共和国争夺西地中海的控制权，正处于生死存亡之时。公元前218年春，汉尼拔领军从西班牙出发，进军意大利。出发时有超过十万大军，数万匹马骡和37头战象。军队经过敌对领地时受到重重阻击，到达阿尔卑斯山时，兵力大为减弱。汉尼拔的军队沿山峡窄道前进时，遭到阿洛布罗热部落和当地其他部落的袭击，经过九天才到达山隘之顶。

与军同甘共苦的汉尼拔，重整饥寒交迫的士兵向意大利进发，他说这将使他们夺得罗马城。下山的道路又窄又滑，满是冰雪，士兵和牲畜走在上面唯恐失足坠崖而亡。他们曾一度花了四天时间重建被毁的道路。大约只有两万六千人和少数战象到达了意大利。尽管如此，汉尼拔率军完成了翻越阿尔卑斯山的壮举，继续向罗马进军。**RG**

公元前216年

罗马大屠杀
Roman Massacre

坎尼战役中汉尼拔大败罗马军团

公元前216年的坎尼战役虽然只用刀剑长矛作战，却是整个欧洲史上一天内死亡人数最多的战役。

罗马共和国出动八个民兵和同盟军军团迎战迦太基将军汉尼拔·巴卡，后者两年前攻打过罗马城。罗马大军有七万步兵、六千骑兵，在执政官保卢斯和瓦罗（Paullus

> "一些为创伤所折磨的士兵……立即被敌军杀戮。"
>
> 李维，《罗马史》，约公元26年

and Varro）的带领下，列于奥非都斯河（今奥凡托河）和坎尼山之间的平原之上，迎战汉尼拔。罗马列步兵于阵中，骑兵于两翼。汉尼拔的步兵由利比亚人、西班牙人和凯尔特人组成，在人数上处于下风。汉尼拔命凯尔特和西班牙步兵冲向敌阵，诱敌进攻，将训练有素的利比亚步兵布于阵旁。漫天沙尘之中两军交战。起初罗马军队迫进迦太基军阵中，之后利比亚人从两翼进攻，击垮罗马步兵。汉尼拔的骑兵追击罗马骑兵并冲入敌后。罗马军团被围，遭到彻底屠杀，尸体在战场上堆积如山。罗马大军死亡四万八千多人。但罗马人拒绝求和，汉尼拔没能坐享其辉煌战绩。战争继续进行。**SK**

○ 十九世纪英国画派平板画《汉尼拔及其战象穿越阿尔卑斯山》局部图

公元前202年

从庶民到帝王
From Peasant Bandit to Emperor

庶民刘邦控制中国,建立了统治四百年的汉朝

▲ 十八世纪画像,建立汉朝的庶民皇帝刘邦

公元前210年中国第一位皇帝秦始皇逝世,其子治国不力。公元前209年,爆发大规模起义反抗秦朝,庶民刘邦受人鼓动支持前楚国国君。庶民出身的刘邦曾任秦朝江苏亭长(掌治安警卫),组织了小股军事力量攻克秦朝故土陕西关中。公元前206年,刘邦入秦都咸阳。刘邦被封为汉王,领地为今四川、重庆和陕西南部。

这时刘邦图谋征服全中国,他摒弃了秦朝的严苛统治,故其起义赢得了大众的支持。虽然军事力量较弱,但刘邦能以诡计谋略与楚之后项羽二分天下,皆因项羽有军事奇才但缺乏政治素养。刘邦于公元前202年击败项羽,其后项羽自刎。

功成之后,刘邦自称高祖皇帝,重建中央集权统治,建都长安(咸阳),建立了延续近400年的汉朝。

刘邦在位时始终保持着庶民的生活方式,更有"汉祖溺儒冠"的典故体现其对教育的蔑视——但他以孔子之道治国。他薄赋的政策赢得民心,但又因处决助其得势的几大将领树敌。另一方面,他通过联姻和贿赂收买了汉朝的主要外敌——北部的匈奴。**PF**

"(此三者,皆人杰也,)吾能用之,此吾所以取天下也。"

刘邦

公元前202年10月15日

大西庇阿的复仇
Scipio's Revenge

扎马战役中大西庇阿的军团终于打败汉尼拔及其战象

罗马将军普布利乌斯·科尔内利乌斯·西庇阿（Publius Cornelius Scipio）是公元前216年坎尼战役的生还者。在坎尼战役中，迦太基统帅汉尼拔曾率领军队大肆屠戮罗马军队。公元前202年，大西庇阿扭转战局，率领罗马军队攻伐北非，威胁到迦太基城的安危，迫使汉尼拔从旷日持久的征战中撤军，

> "罗马人扑向敌军，使其呐喊，冲撞其盾。"
>
> 希腊历史学家波利比奥斯（Polybius）
> （公元前205—前123年）

守卫本土。大西庇阿和汉尼拔的军队交战于迦太基城西，此为伟大的扎马战役。

汉尼拔意识到自己的军队已经疲乏不堪，同时与先前几次胜仗相比，己方兵力已大不如前，他决定孤注一掷使用战象。八十头令人生畏的巨兽冲向罗马军团，但是在战场的喧嚣声中，很多大象受惊发狂，横冲直撞，袭击了汉尼拔的骑兵。其他战象则无害地穿过大西庇阿组织好的阵间空隙。汉尼拔的军队在劫难逃，骑兵被逐出战场，步兵被势不可挡的西庇阿军团击垮。斗争就此结束。

扎马战役迫使迦太基接受战败的结果，奠定了罗马在西地中海的霸主地位。汉尼拔最终被流放，二十年后迫于罗马的追捕而自杀。**SK**

公元前168年6月22日

罗马凯旋
Rome Triumphs

马其顿在彼得那一役中战败，奠定了罗马征服希腊的基础

希腊北部彼得那附近，神话中的诸神之乡奥林匹斯山脚下，两军激烈交战，此役将决定地中海文明的未来。一方是马其顿国王珀尔修斯（Perseus）的四万精锐部队，另一方是由六十岁高龄的罗马执政官卢基乌斯·埃米利乌斯·保卢斯（Lucius Aemilius Paullus）率领的四万罗马士兵。

> "谁不想知道罗马单独统治下的世界将会如何？"
>
> 希腊历史学家波利比奥斯
> （公元前205—前123年）

奉行扩张主义的罗马共和国同希腊霸主马其顿王国断续交战达三十年。珀尔修斯的军队沿用古老而过时的马其顿方阵战术。步兵手持23英尺（7米）的长枪，组成密集方阵——只露出盾牌和枪头。而罗马兵团投掷长矛、使用短剑作战，且罗马的小型部队在战中更加灵活。

起初罗马人不能攻破马其顿密集的长枪阵，但之后在马其顿方阵中找到了缺口，得以近距离作战。马其顿军队在用剑的罗马人面前如俎上鱼肉，死亡约两万五千人，而罗马只损失一百人。

珀尔修斯是马其顿最后一任国王，公元前146年马其顿成为罗马一省。盛极一时的希腊城邦沦为罗马帝国的地方乡镇。**RG**

公元前146年

迦太基覆灭
Carthage Destroyed

罗马以彻底的种族屠杀根除了敌对的迦太基文明

早在投放原子弹两千多年之前，罗马人便演示了如何以战争摧毁一整座城市。罗马军团将迦太基城（现位于突尼斯）夷为平地，屠杀或是奴役了所有迦太基人，扫平一切建筑。

迦太基曾是罗马在西地中海的主要对手，公元前202年扎马战役战败后被迫接受屈辱的和平条约。迦太基被剥夺军事权，但仍遭许多罗马人怀疑，包括演说家老加图（Cato the Elder），他时常慷慨陈词："迦太基必须毁灭！"

最终迦太基人在罗马的设计下违反了和平条约，罗马以此为借口于公元前149年派远征军围攻迦太基城。但起初迦太基宏伟的防御工事令罗马人出师不利。公元前147年，罗马军将领换为西庇阿·埃米利安努斯（Scipio Aemilianus，小西庇阿），扎马战役胜利者、非洲征服者大西庇阿之孙。小西庇阿加强封锁，令迦太基人不久便陷入绝食之境。

公元前146年春，罗马军队攻破迦太基城墙，迦太基人拼死抵抗，最终不得不投降。约五万幸存者被俘。最后负隅顽抗的九百人核心部队在神庙中自焚而死。罗马军队劫掠几日后，开始以焚烧的方式彻底摧毁迦太基城。据传小西庇阿见此景泪下，因其预见这一命运可能也终将降临于罗马。**RG**

公元前70年

斯巴达克斯战败
Spartacus Defeated

罗马终于征服伟大的奴隶领袖斯巴达克斯及其追随者

斯巴达克斯领导了罗马国内最大的起义，但最终于公元前70年被击败。奴隶斯巴达克斯曾在意大利南部卡普阿城附近的角斗场训练。公元前73年，他同七十多人夺取了厨房的刀成为一伙亡命之徒——有些是角斗士，有些是强盗，更多的是逃亡的奴隶——逃往维苏威火山。斯巴达克斯一再击退了罗马派来的平暴

> "斯巴达克斯……富有才智和修养，更像一个希腊人。"
>
> 普鲁塔克（Plutarch，约公元46—120年），《克拉苏传》

部队，缴获了武器。起义军迅速发展到十万多人，包括老弱妇孺。角斗士们训练缺乏经验者组成一支令人生畏的大军。据罗马历史学家记录，斯巴达克斯将所获大量战利品分给下属。

公元前70年初，克拉苏统帅罗马军团匆匆搭建防御工事，将起义军困于卡拉布里亚。虽然斯巴达克斯成功突围，但其军队在希拉汝斯河边被剿灭。斯巴达克斯本人被杀，尸体不知所踪。克拉苏围捕了六千幸存者，沿连接布林迪西和罗马的亚壁古道将他们钉死在十字架上。尸首悬挂多年以警示任何想要造反的奴隶。而斯巴达克斯这一与奴役抗争的斗士为人所铭记。**PF**

○ 版画，描绘比萨山上的猛攻和迦太基人战败的恐怖情形

公元前57年

新罗建国
Silla Is Founded

朝鲜第一个王国新罗由天子建成

公元前57年，第一个朝鲜王国形成。早至公元前八世纪，朝鲜文化便深受强大的邻国中国影响——中国传来的稻谷耕种和青铜工具、武器促进了朝鲜城镇和国家的兴起。到公元前四世纪，朝鲜半岛上遍布城邦，皆由设有围墙的城镇发展而来。城邦间的战争和同盟使得强国君主间形成了松散的联盟。中国开始将这类联盟视为威胁，公元前109年至前106年间，汉朝攻占了朝鲜中北部大部分地区。

公元前一世纪，朝鲜半岛未被征服的土地上，高句丽、百济、新罗三国开始发展。传说飞马从天降下一颗红色巨蛋，天子朴赫居世居西干（Pak Hyokkose）破壳而出，于公元前57年建立最早的国家新罗。人们祈求能为朴赫居世居西干找到一位德行相衬的妻子，于是美丽的龙女在雌龙肋下适时降生。人们惊讶地发现龙女长着鸟一样的喙，但其在女孩第一次洗澡时剥落。执政六十一年后，朴赫居世居西干升天，而肉身七日后散落于地，葬于昙严寺之冢。新罗早期的国王大都带有类似的神秘色彩。第一位真正以史料为依据记载的国王是公元前402年至前356年在位的奈勿麻立干。**JH**

八折屏风《三国传》细节图，现藏于韩国嘉会博物馆

公元前55年8月26日

恺撒在不列颠
Caesar in Britain

首支罗马军队踏足于不列颠大地，最终被击退

公元前55年夏季的一个早晨，八十艘运兵船组成的舰队在战舰的护送下，载着两个罗马军团接近不列颠南岸。此次远征是一次无畏的冒险，因为不列颠位于当时已知世界的尽头。军队午夜时分从现今法国的布洛涅出发。军团统帅尤利乌斯·恺撒（Julius Caesar）对不列颠岛一无所知——除了不列颠人支持欧洲大陆上

> "所有不列颠人以菘蓝染身……并剔去体毛。"
>
> 尤利乌斯·恺撒，《高卢战记》，约公元前45年

敌对的高卢人，而后者是他一直想征服的对象。迫近的罗马舰队被杜布雷（今多佛尔）附近白崖上的不列颠战士发觉。恺撒并没有在那里冒险作战，而是命舰队北向航行至沃尔默一处更为开阔的海滨。但尾随而至的不列颠人阻止罗马人登陆。跳下船的罗马人在浅滩和岸上受到攻击。恺撒的战舰以投射器（大型弩）的炮火才击退了不列颠人。

登陆困难重重，而恶劣的天气也令恺撒的骑兵难以穿越海峡，使舰队受损。由于担心被困，罗马人向高卢返航。公元前54年恺撒回到不列颠，领兵攻至泰晤士河北，但九十年后才占领了不列颠。**RG**

公元前53年6月6日

卡莱的大屠杀
Massacre at Carrhae

罗马富豪率领的军团被安息人挫败

马库斯·李西尼乌斯·克拉苏（Marcus Licinius Crassus）是罗马最富有的人之一，他同尤利乌斯·恺撒和庞培一起掌控罗马共和国。然而克拉苏想同两位战功显赫的同僚比肩，于是在公元前53年，率领约五万士兵进军安西帝国的领土美索不达米亚。安息国王奥罗德斯（Orodes）二世派遣贵族苏雷纳

> "敌军骑近，展示普布利乌斯的头。"
>
> 普鲁塔克（约公元46—120年），《克拉苏传》

（Surena）领军迎战克拉苏。

6月6日，两军在卡莱城附近的沙漠交战，不久人们发现克拉苏对战局判断明显严重失误。罗马军队大抵由装甲步兵组成，而安息人则在马背上作战。安息轻骑兵灵活迅捷，使用强有力的组合弓令罗马人痛苦不堪：他们疾驰以向罗马密集阵射击，之后驱马离开不给罗马人还手之机。克拉苏的骑兵——来自高卢的辅助部队，由其子普布利乌斯统领——试图进攻突围，但惨遭屠杀。普布利乌斯（Publius）的头被挂在长矛上示众，进一步削弱了罗马人的士气。

傍晚在罗马人撤军途中，更多人被杀，包括克拉苏——他的头被献给安息国王奥罗德斯。约两万罗马人死亡，一万人被俘。克拉苏之死开启了庞培和恺撒的权力之争，也拉开了罗马共和国覆灭的序幕。**RG**

公元前52年

毫不仁慈
No Mercy Shown

开始就注定失败的高卢人在阿莱西亚战役中被尤利乌斯·恺撒击垮

"韦森盖托里克斯（Vercingetorix），高卢人同罗马抗争的原动力，穿上最好的铠甲，梳理其战马，策马出（阿莱西亚）大门，调头驰向座中的恺撒，下马卸甲，静坐于恺撒脚下，最终被罗马士兵带走。"希腊传记作家普鲁塔克这样描写高卢军统帅投降的场景，这场公元前52年高卢人反抗罗马的起义注定失败。

公元前58年起恺撒带兵攻打欧洲莱茵河以西、阿尔卑斯山和比利牛斯山以北的凯尔特人部落，而后者的不团结在一定程度上导致了其无力抵抗罗马侵略的局面。然而公元前52年初，年轻的阿维尔尼（Arverni）酋长韦森盖托里克斯使高卢中西部的部落结成联盟。高卢大军据守山中堡垒，结合侵扰游击和定位进攻战术迎战罗马人。

9月，恺撒将韦森盖托里克斯的军队围困于阿莱西亚山寨。罗马人在阿莱西亚周围建筑双重筑垒——内层用以围困韦森盖托里克斯，外围抵御高卢同盟军的反攻。高卢援军到达，同阿莱西亚守军协同进攻，罗马军队勉力支撑。

投降是高卢人唯一的选择。罗马人毫不仁慈——每名罗马士兵都得到一个高卢人为奴。韦森盖托里克斯被带回罗马，六年后在恺撒的凯旋式上展出，之后处死。**RG**

▶ 油画《尤利乌斯·恺撒围攻阿莱西亚》（1533），不知名画家梅尔基奥·费瑟林（卒于1538年）所作

公元前48年9月28日

庞培被斩首
Pompey Decapitated

逃亡的前罗马将军庞培埃及遇刺

庞培，格涅乌斯·庞培·马格努斯（Gnaeus Pompeius Magnus）曾是罗马最成功的将军和最有权势的政治领袖，在公元前48年夏末沦为铤而走险的亡命之徒。庞培于希腊北部的法萨卢斯战役（Pharsalus）中被对手尤利乌斯·恺撒击败，渡海逃往埃及。他送信给埃及年轻的法老托勒密十二世要求庇护。但以宦官伯狄诺斯（Pothinus）为首的国

> "……他们割下庞培的首级，将其尸身剥光衣物扔出船去。"
>
> 普鲁塔克（约公元46—120年），《庞培传》

王顾问团谨慎而狡诈，他们分析道，埃及庇护庞培一定会触怒恺撒，但若拒不支援，庞培也会构成潜在的威胁。因而最保险的办法就是杀掉庞培。

顾问团的一员阿基拉斯（Achillas）同两名前罗马士兵以小船接庞培上岸。庞培和仆从菲利普（Philp）一起登上了小船。船一入浅滩，刺客便在背后行刺庞培并将其斩首，之后抛尸，留下忠诚的菲利普在岸边立起柴堆以火薄葬庞培。

恺撒四天后赶到。传闻当他被示以庞培的首级，恺撒转过身去，对谋杀这位伟大的罗马人憎恶不已。但庞培之死还是使恺撒成为罗马毋庸置疑的统治者，和克丽奥佩特拉（Cleopatra）的情人——后者是托勒密十二世埃及王位的竞争者。**RG**

公元前45年

儒略历
Julian Calendar

恺撒的改革为现代历法奠基

罗马的日常生活围绕季节节庆和年度行政官员选举进行，所以精确的历法十分重要。然而罗马旧历以阴历为基础，一年有355天，比阳历计年少十天左右。为调整这一历法差异，大祭司长（祭司团之首）每年会宣布为当年添加几日。

公元前一世纪时，大祭司长通常也是政客，这一权利有时会被肆无忌惮的滥用，以

> "恺撒召集最优秀的哲学家和数学家……"
>
> 普鲁塔克（约公元46—120年），《恺撒传》

延长同盟或缩减对手的任期。

尤利乌斯·恺撒于公元前63年当选为大祭司长，但他二十年后重返罗马才改革历法。他听从天文学家索西琴尼（Sosigenes）的建议，引进阳历儒略历，一年有365零1/4天，四年增加一闰日。但是索西琴尼对阳历年的长度多估了11分14秒，以至十六世纪中期时，这一误差的累积效果使某些跨季日期——如复活节——提前了十天。公元1582年，教皇格里高利十三世去掉多余的十天，改革了闰年的规则，由此创建格里高利历，沿用至今。**SK**

公元前44年3月15日

独裁官之死
Death of a Dictator

尤利乌斯·恺撒被罗马元老院共谋刺死,揭开共和国灭亡的序幕

公元前44年3月15日,尤利乌斯·恺撒被安排参加元老院会议,在庞培剧院旁的会议厅中举行。各种预兆显示有危险迫近,但恺撒经人劝说决定无视凶兆。这是致命的错误,因为确实有人策划谋杀恺撒。

打败庞培后恺撒在罗马权极一时,并且在平民间大受欢迎——但他疏远了控制元老院的贵族。卡西乌斯·朗基努斯(Cassius Longinus)和马可斯·布鲁图斯(Marcus Brutus)劝服约六十人参与刺杀恺撒的阴谋——以维护罗马共和国自由的名义,因为恺撒已宣布成为"终身独裁官",据传他觊觎王位。

恺撒乘舆前往元老院议事厅的路上,详述阴谋的短笺被塞入他手中,但他没有读。恺撒走进会议厅时,其强大的下属马克·安东尼在门外被一名密谋者引开。另一密谋者提里乌斯·辛布尔(Tillius Cimber)借口走近恺撒,扯下他的托加长袍。元老们抽出藏好的短剑从各处扑向恺撒。恺撒还击,据历史学家苏维托尼乌斯(Suetonius)记述,他认出了刺客中的布鲁图斯,喊道:"也有你吗,我的孩子?"于是放弃抵抗,倒在庞培像脚下死去。

迫于平民的敌视,刺客们逃离罗马。恺撒最忠诚的属下之一马克·安东尼控制了罗马。两年内布鲁图斯和卡西乌斯双双毙命。刺杀恺撒远没有达到拯救罗马共和国的目的,反而开启了一场权力之争,以罗马帝国的成立告终。**RG**

○ 版画,描绘马克·安东尼在恺撒遗体前的葬礼演说,作者不详

> "四面八方都是刺向他的短剑……"
>
> 普鲁塔克(约公元46—120年),《恺撒传》

公元前43年12月7日

"哦,时代,哦,风尚!"
"O Tempora, O Mores!"

马克·安东尼同屋大维的和解带来西塞罗的死亡

○ 壁画,表现西塞罗发表著名演说的情形,作者切萨雷·玛卡里(1840—1919),作于罗马夫人宫

刺客到来时,伟大的演说家西塞罗正乘轿准备出海逃难。追兵里有百夫长赫伦尼乌斯(Herrennius)和护民官波皮利乌斯(Popillius)——他们被指控有弑父之罪时,西塞罗曾为他们辩护。西塞罗头发凌乱、面容憔悴,如六十四岁的老人。据记载,西塞罗的临终之辞为"士兵啊,你所行绝非正派之事,但请赐我体面的一死",并自动伸出了头颅。士兵奉马克·安东尼之命砍下了西塞罗的双手。

没有人料到西塞罗会是这等下场。马库斯·图利乌斯·西塞罗(Marcus Tullius Cicero)是杰出的演说家、律师,和富有洞察力的哲学家。西塞罗并非显贵之家出身,却于公元前63年成为执政官。传说他为人审慎,甚至有些羞怯,对恺撒的独裁统治并不赞成,但也没有参与刺杀恺撒。但当马克·安东尼成为他眼中的暴君,西塞罗不能保持缄默。在著名的演说《反腓力辞》中,西塞罗赞扬恺撒的养子屋大维,使马克·安东尼相形见绌。他几乎成功了。马克·安东尼被称为"国家之敌",但他最终同屋大维和解招致西塞罗的噩运。马克·安东尼要割下西塞罗发言抨击之舌,和著书反对之手。

马克·安东尼持续屠杀之际,罗马人想起西塞罗的警告。后屋大维战胜马克·安东尼,将西塞罗誉为"热爱祖国的博学之人"。**RP**

公元前31年9月2日

安东尼和克丽奥佩特拉战败
Antony and Cleopatra Defeated

希腊西岸的亚克兴角战役决定了罗马的未来

▲ 壁画《亚克兴角战役》（1600），作者安东尼奥·伐西拉奇（1556—1629），位于意大利维琴察附近的巴尔巴里戈别墅

公元前44年尤利乌斯·恺撒遇刺，之后罗马动荡不安，恺撒的左膀右臂马克·安东尼同养子屋大维成为罗马世界的联合领袖。屋大维统治罗马，而马克·安东尼占领亚利山大港，同他所钟情的托勒密王朝女王——克丽奥佩特拉七世结盟。毫无疑问，最终两人会为争夺罗马绝对统治者之位决一雌雄。

公元前31年夏，手握大军和舰队的马克·安东尼和克丽奥佩特拉在希腊西岸的亚克兴角被屋大维围困。玛尔库斯·维普撒尼乌斯·阿格里帕（Marcus Vipsanius Agrippa）指挥屋大维的舰队切断了埃及的补给线，同时约8万罗马大军在陆上同联军对峙。灾难临头，安东尼和克丽奥佩特拉设计冲破阿格里帕的海上封锁，带上了最适于航海的战舰和六十艘商船，载着士兵和财宝逃往埃及。他们在阿格里帕封锁线内的近海航行，等待合适的风向。但在顺风到来之前两军已陷入混战，克丽奥佩特拉将商船驶入外海，安东尼成功地与她会合，但他的300艘战舰未能突围，或遭俘获，或被敌军付之一炬。

安东尼和克丽奥佩特拉回到亚利山大港，但战败的两人不久双双自杀，屋大维成为罗马毋庸置疑的统治者。**RG**

公元前30年8月30日

克丽奥佩特拉自杀
Cleopatra's Suicide

最后一任法老的死亡标志着埃及一个时代的终结

克丽奥佩特拉七世握住毒蛇对准自己的胸膛,这一刻——至少莎士比亚这样写道——三千年来独立统一的埃及帝国就此灭亡。克丽奥佩特拉和她的罗马情人马克·安东尼在亚克兴角战役中被屋大维击败,之后安东尼自杀,克丽奥佩特拉也随之自尽。她是最后一任法老。虽然她与尤利乌斯·恺撒(屋大维的叔父)之子恺撒里昂(Caesarion)进行了短暂的统治,但恺撒里昂不久就被处决,埃及成为罗马一省。屋大维接受奥古斯都的尊号,建立罗马帝国。

公元前51年,十七岁的克丽奥佩特拉同她十岁的弟弟托勒密十三世一起统治国家。但她三年后被迫逃离埃及。托勒密斩首庞培之举触怒恺撒后,克丽奥佩特拉将自己裹在毯中进入恺撒的房间,赢得了他的爱慕。他们相恋,恺撒助克丽奥佩特拉重返埃及法老之位。

公元前44年恺撒遇刺后,三巨头之一马克·安东尼召来克丽奥佩特拉,评定其是否忠诚,而后者诱惑了他。他们于公元前37年成婚,生有三个孩子。据猜测他们着手建立对抗罗马的帝国,于是屋大维向他们宣战,结果他们战败,随后死亡。

从其雕像来看,克丽奥佩特拉是否如传说般美艳值得怀疑。她也不是埃及人:她是希腊托勒密王朝的末代君主——托勒密王朝由亚历山大大帝的将军托勒密一世所创建。**PF**

○《克丽奥佩特拉之死》细节图,意大利巴洛克艺术家古伊都·卡格纳西(1601—1663)作于1658年

公元前27年1月13日

帝国诞生
An Empire Is Born

屋大维的统治奠定罗马帝国的基础

盖·屋大维乌斯(Gaius Octavianus,即屋大维)是尤利乌斯·恺撒的甥孙和养子。虽然恺撒遇刺时屋大维只有十八岁,他同马克·安东尼和雷必达(Lepidus)共同统治罗马。而安东尼娶了克丽奥佩特拉,试图在埃及建立帝国,屋大维在亚克兴角战役中击败安东尼,成为罗马实际上唯一的当权者。但

> "我主动召集军队保卫国家的自由。"
>
> 铭文,神圣奥古斯都的功绩,公元14年

是不同于大行独裁统治、挑战罗马传统政治制度的恺撒,屋大维谨慎的重建了共和体制的外观构架。

公元前27年1月,屋大维表示要交出权力还政元老院,元老院拒绝,还授予他数个省的统治权、"第一公民"(实为终身最高统治者)和"奥古斯都"(神圣至尊者)的头衔。他在名字中加入"恺撒"以纪念养父,而"恺撒"之名随时间的流逝已有"王权统治"之意。屋大维门前挂有桂冠,象征其统治之位。元老院发誓效忠屋大维这位最高统帅。多年后,屋大维到达权力的巅峰,但仍沿用这些传统名号。屋大维掌控军队和禁卫军,元老院无力与之抗衡。屋大维已行帝制,仅无君主之名,他的统治标志着罗马帝国的开端。**PF**

公元前18年

特里尔城建于圣地
City of Trier Established on Sacred Site

罗马北部的首都特里尔发展为繁荣的城市

🔊 约公元200年的珍贵壁画，来自当时的奥古斯塔特雷维罗伦（即今特里尔）的罗斯卡别墅

公元前18年，罗马首位皇帝奥古斯都下令建造奥古斯塔特雷维罗伦时，一定不曾想到这座城市会有如此深远的影响力。城市坐落于摩泽尔河畔，在古老的日耳曼部落特瓦里的圣殿原址上建成，是已确立的贸易通道上的战略要地。

尽管侵占圣所的新城使当地人非常不满，特里尔很快便蓬勃发展起来。公元2世纪，特里尔成为罗马帝国高卢比利其地区的首府。三世纪时，特里尔成为西罗马帝国首都，和皇帝戴克里先（Diocletian）的皇宫所在地。特里尔也是圣安布罗斯的出生地，早期主教的所在地和基督教传教中心之一。

特里尔这一宗教中心历经法兰克人的入侵和西罗马帝国灭亡，于公元815年成为大主教教区，十二世纪时，特里尔的主教成为神圣罗马帝国的选帝侯。

近代初期特里尔是繁盛的商贸和文化中心，1473年建立大学。法国大革命战争期间被法军占领，1815年拿破仑战败后特里尔归普鲁士统治。1818年，卡尔·马克思在此诞生。特里尔现属德国莱茵兰-普法尔茨州，1984年举行了城市建成两千年庆祝活动。**TB**

约公元前4年1月6日

耶稣基督诞生
The Birth of Jesus Christ

基督教的中心人物，拿撒勒的耶稣诞生

《圣婴诞生》（作于1620年左右），作者格里特·凡·洪特霍斯特（1590—1656），又称格拉多·德莱·诺迪

确定耶稣基督诞生的具体日期并非易事。据《新约》所述，耶稣出生于希律王当政时期——希律王统治犹大三十余年，他重建耶路撒冷的圣殿，并在城外的沙漠中建造大量宫殿和堡垒。然而希律王于公元前4年去世，比公认的耶稣生辰早了四年，这对传统纪年而言实属不幸。除福音书外再无有关耶稣生辰的记录。

罗马皇帝奥古斯都时代，叙利亚长官居里纽（Quirinus）宣布向其臣民征税，这发生于公元6年左右，希律王去世十年之后。没有证据表明居里纽要求人们返回故乡，也无证据表明真的有三贤人来访犹大，或是希律王曾下令大肆屠杀婴儿（但希律王以残忍著称，倒还真可能确有其事）。

无人可以否认这一年代左右确实降生了一个孩子，后来长成伟大的导师和医者，三十多年后他的死亡带来了非凡而不朽的变革。然而为人熟知的《圣经》故事——往伯利恒去，客店，牧羊人，麦琪，飞往埃及——更有可能是虚构的神话。福音书没有指出耶稣诞生的月份和季节。早期基督徒每年1月6日为耶稣庆生，但自四世纪起，人们于12月25日庆祝圣诞节。**PF**

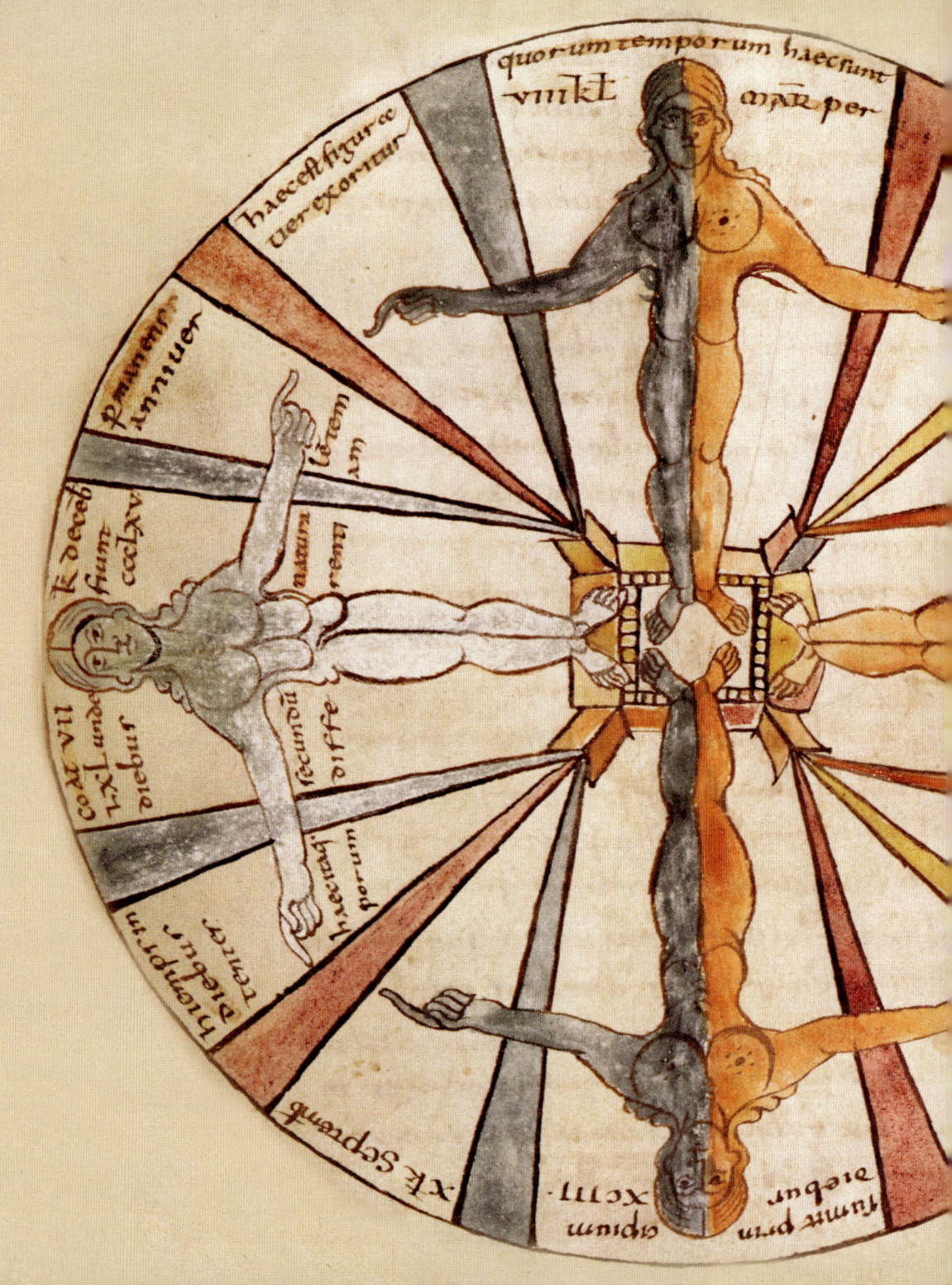

公元 1 年—999 年

◐ 月份和四季之轮,出自塞维利亚(Seville)圣伊西多尔(Isidore)所著《论自然》

公元9年9月

森林中的杀戮
Slaughter in the Forest

三个罗马军团在条顿堡森林毁于日耳曼部落之手

"战场中间是累累白骨……散落满地，堆积如山。近旁是破碎的武器和战马的残肢，还有钉在树干上的人头。"据罗马历史学家塔西佗（Tacitus）记载，这是公元15年德国条顿堡森林中的景象。六年前，罗马帝国在这里经历了史上最为全面彻底的战败。

> "罗马军队……悲愤交加，开始掩埋三个军团的尸骨。"
>
> 塔西佗（约公元56—117年），《编年史》

公元12年，罗马开始征服莱茵河和易北河间的地区，似乎野蛮的日耳曼部落很快就会服从罗马的统治。实际上，当普布利乌斯·昆克提尼乌斯·瓦鲁斯（Publius Quinctilius Varus）带领十七、十八、十九军团于公元9年进军时，部落首领阿米尼乌斯（Arminius）率当地辅助军随行，阿米尼乌斯也是罗马公民。但是当罗马军团开往莱茵河时，阿米尼乌斯的军队背弃了他们。

受辎重及众多随军人员所累，罗马军团陷于条顿堡森林。阿米尼乌斯的骑兵不断侵扰行动迟缓的罗马部队，直至罗马兵力大减，最终被击溃。几乎没有人生还，瓦鲁斯自尽。失去三个军团的打击，令年老的皇帝奥古斯都大为震惊，而莱茵河继续分隔着罗马和"野蛮人"的世界。**RG**

约公元30年4月3日

基督复活
Christ Is Risen

耶稣被埋葬，第三日死而复生

虽然无人亲眼见证，之后不超过十二人声称有直接证据，但耶稣的遗体从墓中消失，使他们确信耶稣后来多次拜访他们，这无疑改变了世界。数以百万的人从这显然不可能的事实中获得了信仰，显著改变了他们的道德观、文化、伦理和政治行为。

耶稣是神赐超凡能力的医者，周游罗马行省犹大宣扬末日审判的传教士。他有意嘲弄许多犹太传统习俗，并称自己的教义将取代摩西律法——犹太教建教之基，令犹太宗教机构甚为不安。耶稣最后一次前往耶路撒冷过逾越节（日期不详，但很可能是公元30年），被视为特意对峙之举。犹太公会和祭司长判处耶稣死刑，在罗马长官的援助下，将耶稣钉死在十字架上。信徒出钱安葬了耶稣，但墓地由罗马士兵守卫，耶稣遗体三天后却消失了。那一天和后来的某些场合中，耶稣的朋友们确信，他们在耶路撒冷和其他地方见到耶稣还活着。第一个目击者是抹大拉的玛利亚（Mary Magdalene），之后是彼得和其他使徒。

因此信徒们重新思考了耶稣的教义及其死亡，发现其中包含神的启示，强大、乐观，并将改造世人。时至今日，这一启示仍然持续吸引着世界各地的人。**PF**

▶ 十六世纪挂毯，复活的耶稣基督像，织于布鲁塞尔，现存梵蒂冈博物馆

公元36年
前往大马色路上的扫罗被炫目的光芒照亮
Blinding Light Strikes Saul at Damascus

扫罗在往大马色的路上蒙召,受洗成为保罗,开始在东地中海传基督教

《圣经》中最令人印象深刻的故事之一,也是最有历史意义的事件之一。据《使徒行传》所述,来自小亚细亚大数城的制帐人扫罗,在往大马色的路上获得了最为激动人心的经验。他后来将这次经历描述为被炫目的光芒照亮,听到耶稣的声音直接同他对话。

暂时失明的扫罗被带往大马色,由基督徒亚拿尼亚(Ananias)治愈,之后受洗,命名为保罗,从热切的基督教徒迫害者转变为基督教不知疲倦的传教者。耶稣被钉死后的一年内,年轻的扫罗以破坏新兴的基督教群体为己任,但蒙召归化的保罗余生行遍东地中海,传播基督教,拜访新兴的基督教众,支持他们尝试实行耶稣的教义。这一过程中,保罗确立了基督教的本质,将基督教传出犹太界,为其他文化所接受。

早期基督教的其他领袖认得耶稣本人,而保罗同耶稣的接触仅限于往大马色路上的启示。也许正是因为这样,保罗强调信仰复活的基督有改造世人的力量,而不是宣扬耶稣一生的言行。虽然保罗书信是已知最早的基督教著作,早于福音书三十年完成,但保罗书信中极少提到耶稣的生平和教义。**PF**

◀ 《圣保罗在往大马色的路上》,作者洛多维科·卡拉齐(1555—1619),现藏于博洛尼亚的国立美术馆

公元43年

不列颠臣服于罗马
Britain Falls to Rome

十一不列颠部落屈服，接受罗马皇帝克劳狄乌斯（Claudius）的统治

公元43年末，南不列颠的十一个部落于卡姆罗敦睦（今科尔切斯特）向罗马皇帝克劳狄乌斯投降。这标志着罗马开始了对不列颠近400年的占领。

不列颠岛一直同罗马统治的欧洲大陆有联系，一些不列颠部落向其强大的邻国进贡。公元43年，罗马以部族酋长间的争端为借口，入侵不列颠岛。阿特雷巴特人的首领维里卡（verica）——罗马忠实的盟友——被卡拉塔库斯（Caratacus）率领的卡图维劳尼部落击败，并遭流放。皇帝克劳狄乌斯正寻找展示其杰出军事才能之机，决定为被放逐的维里卡复仇。

奥鲁斯·普劳提乌斯（Aulus Plautius）率领侵略大军穿过英吉利海峡。由于史料记载不详，罗马军团登陆地点不明，可能是肯特的里奇伯勒（Richborough）。虽然不列颠人主要以游击战术侵扰罗马军队，他们还是两次被迫正面交锋并遭挫败，一次在梅德韦河畔，之后在泰晤士河渡口。据说罗马皇帝克劳狄乌斯带着战象和军队赶到时，卡图维劳尼人在卡姆罗敦睦的都城无人防守，被克劳狄乌斯和平占领。

克劳狄乌斯在不列颠仅盘桓十六日，但是根据传记作家苏维托尼乌斯（Suetonius）记录，克劳狄乌斯返回罗马随即"举行了这场盛大凯旋的庆祝仪式"。仍有不列颠人继续抵抗罗马的统治，但收效甚微。罗马帝国在四年内平定了亨伯河和塞文河一线以南地区。**RG**

公元51年

归化基督教的法则确立
Conversion Rules Set

宗徒会议裁定异教徒可直接改信基督教

公元51年，宗徒会议裁定外邦人可以不必先改信犹太教，直接转为信仰基督教。这一决议被视为基督教传教的关键一步。局限于犹太世界的基督教从此转变为具有普世意义的宗教。

基督教派发展初期，教徒们对这一新生信仰的本质起了争执。最为重要的一项涉及基督教同其根源犹太教的关系。使徒们将基督教传播至犹太社会之外时，出现了一个难题。公义者雅各，又称"耶稣的兄弟"，是耶路撒冷恪守教律的教会领袖，坚信外邦人必须先改信犹太教——尤其是要行割损礼——才能成为基督徒。但是保罗认为异教徒可以直接归化基督教。

使徒在耶路撒冷召开会议解决这一问题，当时一群改信基督教的法利赛人对教会事务很有影响力。经过长时间的讨论，耶稣授命的教宗彼得作出改信基督教不必行割损礼的决议，最终得到了雅各的同意。宗徒会议在宗徒谕令中正式决定，外邦人入教无需行割损礼，但要行适当的祭祀礼，即戒绝"祭偶像之物、奸淫，并勒死的牲畜和血"。

这项谕令由保罗、巴拿巴和另外两人传至安提阿，读给那里的新兴教会，之后广为流传。一些时日过后，人们看出保罗本人也没有严格遵守饮食戒律。**PF**

公元64年7月18日

尼禄观罗马大火
Nero Watches Rome Burn

皇帝将焚毁永恒之城的大火归罪于基督徒

据称尼禄在罗马遭大火焚毁之际"弹琴";他将大火归罪于基督徒

公元64年7月一个炎热的夜晚,罗马圆形斗兽场附近摇摇欲坠的商店起火。大火很快在罗马城内蔓延开来,燃烧了整整九天才熄灭。虽然当时没有关于大火的记载,历史学家塔西佗后来的记录称(塔西佗九岁时亲眼目睹了这场大火),罗马城三分之二被焚毁,包括集中了大多数居民的数千住宅区。

罗马的十个分区化为废墟,两百万罗马人大部分无家可归。朱庇特神庙和贞女之家也被破坏。因自大和残暴而臭名昭著的皇帝尼禄,据说在一处高地观赏如戏般壮美的火景,一边弹奏竖琴助兴。无论这一传闻真实与否,尼禄确实让受灾市民进入其宫殿,并组织了紧急救援。火灾过后,他以石头重建罗马城,规划街区,留下约350英亩(142公顷)的大片土地,占据罗马城面积的三分之一,建造他自己的奢华宫殿——金宫。

起火原因不明,很可能是意外失火。许多罗马市民相信是尼禄本人纵火,对尼禄毫无肯定之辞的历史学家苏维托尼乌斯(Suetonius)也赞同这一说法。塔西佗指出,面临这样的指责,不得人心的皇帝尼禄将大火归罪于基督教派——基督教宣扬末世论,视追求物质利益的罗马帝国为恶魔的造物。尼禄为了报复掀起一轮迫害基督徒的风潮,首次将基督徒送入狮口。**PF**

> "尼禄将过失归于基督徒,对他们处以极刑。"
>
> 塔西佗(约公元56—117年),《编年史》

公元64年10月13日

彼得倒钉十字架殉道
Peter Is Crucified Upside Down

基督教首位教宗在罗马死亡

公元64年，一场大火摧毁了大半罗马城，彼得同很多基督徒一起作为替罪羊，被尼禄判处死刑。据基督教学者奥利金（Origen）记述，彼得倒钉十字架殉道。这应该是出于彼得本人的要求，他自认为不配与耶稣同钉十字架。按照传统说法，保罗在彼得倒钉十字架同一时期被砍头——也许两位使徒甚至在同一天殉道。

据《圣经》记载，渔夫西门彼得是耶稣最初的使徒之一，被赋予成为教会基石的重任。耶稣去世后，彼得和保罗角逐早期基督教会统治之位。彼得推动了耶稣复活的事迹及教义在外邦人中的传播，他似乎曾在叙利亚和希腊游历传教。公元42年前后，彼得搬至罗马，很有可能作为新兴教堂的首领在罗马定居。四十年代末期，因为犹太人和基督徒因二者之间混乱的纷争，彼得被皇帝克劳狄乌斯逐出罗马，直到公元56年才被允许重返家园。鲜有彼得在罗马时期的记录，甚至在其可能的传教之所也是如此。

对于早期基督徒而言，殉道者通常不是主动寻死——罗马帝国后期的殉道者亦同——但殉道也并非完全意外之举。与主耶稣同在十字架上钉死的命运为使徒们提供了慰藉。拥护者们收集并埋葬了彼得的遗体，之后君士坦丁大帝在梵蒂冈彼得墓原址上建造了圣彼得大教堂。彼得之墓和尸骨于1950年被重新发现。**PF**

▲《圣徒彼得钉死在十字架上》（1601—1602）作者卡拉瓦乔，藏于罗马的人民圣母教堂

> "历经不公的妒忌，彼得前往天堂中他应得的荣耀之位。"
>
> ——罗马的克肋孟（约卒于公元99年），《克肋孟一书》

Lequy lempereur lors
estant en achaye ou il
se occuppoit aux chant
ries et melodies musiques
saichant que ses affaires
et besongnes se portoient inutilement
non prosperement en iudee fut
tantost sspris et esmay de desplaisir

pueur et creinte Car combien que
par dehors et en appert il simulast et
demonstrast faintement son orgueil
Si estoit il indigne desplaisant et
trouble et disoit que ces desobeissan
ces rebellions et aduersitez contre la
chose publique de romme estoient
plus aduenues par la negligence

公元70年9月7日

提图斯攻破耶路撒冷
Titus Takes Jerusalem

罗马人迫使耶路撒冷的犹太反叛者投降

公元前4年，前犹太王国犹大交由罗马直接统治，但犹太人保持着强烈的宗教认同感，始终没有被罗马帝国同化。公元66年爆发叛乱；公元69年，刚刚即位的皇帝维斯帕先（Vespasian）平定了犹大北部的叛乱，派其子提图斯镇压耶路撒冷的起义。公元70年9月7日，罗马军队攻城近五个月后，耶路撒冷投降。

耶路撒冷有约六十万人。城内近两万五千武装起义军由西蒙·巴乔拉（Simon bar Giora）和吉斯卡拉的约翰（John of gischala）统帅。尽管罗马人精于围攻战，占领庞大的耶路撒冷也并非易事，部分原因是城内各分区都筑有围墙，必须逐一攻破。攻城早期，城内食物便耗尽。数以万计的犹太人饿死。有些饿得发狂的犹太人试图逃走，被罗马人俘获，在守城军眼前用十字架钉死。

8月，罗马人冲入犹太教的核心——圣殿。他们放火将圣殿夷为平地，将圣器洗劫一空。幸存的反叛者躲在旧城的下水道避难，但到了9月7日，他们别无选择，只得投降。吉斯卡拉的约翰遭终身监禁，西蒙·巴乔拉被带回罗马，作为重要展品在维斯帕先和提图斯的凯旋式上展出，之后按照惯例绞死。约九万七千犹太人被俘，许多人沦为建造罗马竞技场的苦役。**RG**

公元73年4月15日

马萨达的惨烈杀戮
Massacre at Masada

罗马围攻堡垒，以犹太人间互相杀戮和自尽告终

公元73年4月15日，当时罗马帝国行省犹大内，死海附近山顶的要塞里，960名犹太男女和孩子在首领的命令下惨烈的结束了生命。他们是被称为匕首党的极端主义者。公元66年—70年犹太人起义失败后，他们由以利亚撒（Eleazar ben Yair）带领，在犹大继续反抗罗马的统治。

> "他们的确是悲惨的人，为困苦所迫杀死自己的妻子。"
>
> 约瑟夫斯，《犹太战史》，公元75年左右

他们占据的马萨达堡垒似乎固若金汤，有粮仓和蓄水池提供可靠供应，足以令被困的叛乱者支持几年。通往山顶的只有一条陡峭的小路，易守难攻。但在公元72年冬季至73年间，罗马军团从山谷修筑了巨大的高台坡道，直达650英尺（200米）高的山顶。公元73年春，罗马人得以将攻城塔拖上高台，以其强大的弹弩和攻城槌攻打要塞。

即将战败的以利亚撒劝服追随者们，自尽胜过落于罗马人之手。他们抽签选出十位匕首党斗士，负责杀死其余的人，之后互相了结性命。据犹太历史学家约瑟夫斯所述，第二天罗马人终于攻破堡垒时十分震惊，匕首党人"对死亡坚定不移的藐视态度令他们困惑不已"。**RG**

▶ 原稿，描绘公元70年耶路撒冷遭围攻时，弗拉维奥·约瑟夫斯被带到提图斯面前的情景

公元79年8月24日

维苏威火山喷发，千万人化为灰烬
Vesuvius Explodes, Incinerating Thousands

罗马帝国那不勒斯湾经受史上最严重的自然灾害之一

⬤ 琼·巴普蒂斯特·杰尼林（1750—1829）作品，描绘维苏威火山喷发冲击那不勒斯湾的情景

⬤ 被火山灰活埋的石膏人像，通过在已硬化的中空熔岩和火山灰中灌入石膏制成

> "……他们将枕头绑在头顶，以防被落石击中……"
>
> 小普林尼（Pliny the Younger），同时代记录

仅十七年前，这一地区刚刚经受一场破坏性的地震，这时地壳又开始活动了。公元79年8月24日午后不久，"死火山"突然剧烈喷发，令庞贝、赫库兰尼姆和其他那不勒斯湾市镇的居民猝不及防。巨大的烟柱和火山灰直冲天际，高达20英里（30千米），之后如雨点般落在附近城市，留下10英尺（3米）厚的浮石层。

博物学家老普林尼（Pliny the Elder）是附近米塞纳的海军舰队司令，组织了救援行动，但之后坚持近距离观察火山云，并因此于次日清晨在岸边去世。他的侄子小普林尼回想火山喷发的那一刻："好像一棵意大利伞松，极高大的树干拔地而起，顶部开枝散叶。火山云时而明亮，时而昏暗，有阴影，其中一定或多或少夹杂了泥土和火山渣。"

当日有毒而灼热的火山气体从山上席卷而来，吞没了留在庞贝城内的所有人。庞贝和赫库兰尼姆都被火山灰掩埋，几世纪来为人所遗忘。浩大的灾难令罗马帝国无力组织大型的复原重建，但是确有救援行动或趁乱打劫，或是两者兼而有之。据估计多达两万人在两天内遇难，大多数死于吸入毒性热气。

庞贝遗迹于1748年被重新发现，古城的考古工作直至今日仍在进行。十九世纪中期，中空的熔岩中成型的石膏模型，栩栩如生地重现了古城居民临终时刻的情态。**PF**

公元80年

罗马圆形竞技场开放
Colosseum Opens

罗马民众畅游百日

古罗马圆形大竞技场历时十年建成,近660英尺(200)米长,可以容纳观众五万人以上,位于尼禄统治时期一处遭大火焚毁之地。竞技场于提图斯执政第一年开放——提图斯统治初期便遭遇巨大的自然灾害,包括摧毁庞贝和赫库兰尼姆的维苏威火山爆发,和罗马的瘟疫。因此提图斯的登基庆典被视为试图安定人心、求神护佑之举。

庆典持续达百日。上午有动物表演,不同的物种在竞技场中互相逐猎争斗;下午是角斗表演。据称九千余只动物在提图斯的登基庆典中丧生。

竞技场起初叫做弗拉维圆形竞技场,后来因附近的尼禄巨像得名为Colosseum(意为巨像)。这是首个建在罗马市中心的竞技场,其建造开支部分来自公元70年从耶路撒冷圣殿洗劫而来的财宝。后来在图密善(Domitian)统治时期,竞技场又加盖了一层以提升场地容量,同时添加了复杂的地下管道和兽笼。

竞技场经常被称为许多基督徒的殉道之所,但证据不足。传说可以将水引入竞技场内,为观众表现海战的场面,但很多历史学家认为这并不可行。竞技场沿用至公元5世纪以后。**PF**

▶ 罗马圆形竞技场剖面图平版画,竞技场于皇帝提图斯统治时期建造,位于罗马市中心

公元117年8月9日

哈德良即位
Hadrian Is Emperor

新皇帝开始加强帝国边境守卫

公元117年8月图拉真(Trajan)于西利西亚(土耳其南部)去世,哈德良即位。据说图拉真生前已选定他所监护的门生哈德良为继承人,但是据历史学家卡西乌斯·狄奥(Cassius Dio)记载,是皇后普洛蒂娜(Plotina)暗中策划,助哈德良登基——普洛蒂娜隐瞒皇帝去世的消息,同时送信给罗马

> "之后他向不列颠进发,恢复其秩序,并首次建造壁垒。"
>
> 《罗马皇帝传(Historia Augusta)之哈德良传》

元老院,宣布哈德良为继任者。哈德良即位已成定局时,她才揭露图拉真已死的事实。

罗马帝国的版图在图拉真的统治下(公元97—117年)达到了极盛。哈德良认为罗马帝国疆域过于辽阔不易于治理,其登基后的首批举措之一就是放弃多瑙河以北的达契亚——这片土地是图拉真仅十五年前刚加入罗马帝国版图的。哈德良也放弃了新近占领的东方领地,将罗马帝国东部边境撤至幼发拉底河。为加强北方的守卫,哈德良在德国多瑙河和莱茵河之间竖立了300英里长(485千米)的防御工事,以泥土和木材建成,但是最令他为人称道的建筑还是哈德良长城。这一震撼人心的石墙在不列颠北部蜿蜒80英里(128千米),每隔一定距离设有用于瞭望和卫戍的塔楼。哈德良长城不到十年建成,仍有大段城墙矗立至今,象征着古罗马的建筑水平。**SK**

公元135年

犹太人遭到屠杀，被迫流亡
Jews Are Slaughtered and Forced to Flee

巴尔科赫巴起义中罗马人将犹太人逐出耶路撒冷，皇帝哈德良封禁犹太教

行省犹大对罗马人而言向来为是非之地，即便在公元70年耶路撒冷被毁后仍是如此。巴尔科赫巴起义是哈德良执政期内唯一一场大战，哈德良付出了惨重的代价，最终于公元135年重新夺回耶路撒冷。

公元130年，哈德良造访了废墟中的城市，并许诺重建耶路撒冷。但犹太人最终发现哈德良意图将耶路撒冷更名为埃利亚·卡皮托利纳（Aelia Capitolina），并将主要的庙宇献给朱庇特，愤慨的犹太人发动了新一轮的起义，建立并维持独立政权达两年。哈德良召集大军镇压起义——起义因领袖西蒙·巴尔·科赫巴（Simon Bar Kokhba）命名为巴尔科赫巴起义。当时许多人认为巴尔·科赫巴就是犹太人的弥赛亚（救世主）。起义军在贝塔堡垒做了最后的抵抗，最终被罗马大军击溃屠戮，约五十万人战死。

之后哈德良取缔犹太教，禁行犹太律法并烧毁圣书。他禁止犹太人进入埃利亚·卡皮托利纳，并将犹大省重新命名为西里亚·巴利斯蒂娜（Syria Palaestina），这时省内只剩下为数不多的贫苦犹太人。很多犹太人被卖往国外为奴。这一事件被视为犹太人大流散的开端，此后犹太人在中东和地中海一带流亡的命运贯穿整个中世纪，直到1948年以色列建国。**PF**

- 1927年亚瑟·西克所作的袖珍画，描绘西蒙·巴尔·科赫巴抵抗罗马人的情景
- 先前贮藏橄榄油的地下储藏室，巴尔科赫巴起义中用作逃生通道和藏身之所

公元238年

日本争取中国支持
Japan Woos China

日本女王卑弥呼同中国建立外交关系

公元238年，倭地（日本）邪马台国（Yamatai）卑弥呼女王遣使到达中国朝廷，向魏明帝曹睿进贡"男生口四人、女生口六人、班布二匹二丈"。"蛮夷"之邦君主的贡物历来被视为臣服于中国君主统治的象征，卑弥呼女王适时得到了适当的封赏：封号和金印。这标志着日本结束其史前期。不久之后，中国于公元240年遣使拜访卑弥呼女王，了解邪马台国情，写下关于日本最早的详细书面记录。

> "今以汝为亲魏倭王。"
>
> 武帝报卑弥呼女王诏书

传说卑弥呼女王"事鬼道，能惑众。年已长大、无夫婿，有男弟佐治国。为王之后，少有见者"。卑弥呼的王国实为三十个部族组成的联邦，由女王的"神权"维系。日本历史学家上世纪来一直在争论邪马台国的具体位置。大多数学者认为邪马台国同大和朝廷一样，位于本州岛中部大阪附近，即畿内，公元六世纪时日本都城所在地。畿内平原遍布坟丘，据称其中最大的一处为日本首位统治者的埋骨之所。**SK**

公元248年4月21日

罗马开启新纪元
Rome's New Age Begins

盛典预示着新黎明的到来，但罗马依然前途未卜

公元248年，皇帝阿拉伯人菲利普（Philip the Arab）举行百年节庆祝罗马建城千年——公元前753年罗慕路斯建立罗马。世纪为计算年代的单位，接近一代人中最长的寿限，在不同的时期计为90、100或110年，而通常罗马人以为期三天的典礼庆祝世纪之初。皇帝奥古斯都于公元前17年恢复了百年节，以祭

> "经过一百一十年……罗马人一定要贡献祭品。"
>
> 女预言家的神谕，佐西摩（Zosimus），《新历史》，约公元500年

祀、战车赛、狩猎表演和戏剧表演的形式加以庆祝。

据当代人描述，公元248年的庆典上共有上千名角斗士和数百只非洲引进的异国奇兽，包括河马、豹、狮子、长颈鹿和一头犀牛。最终，他们在罗马圆形竞技场的观众面前丧生。

尽管进入新世纪，罗马仍旧处于命运的低谷。公元235—285年间，罗马历经26位皇帝，平均每任统治不过两年，菲利普正是其中之一，也是唯一一位免遭横死的皇帝。菲利普于公元244年谋杀其代为摄政的少年皇帝戈尔迪安三世（Gordian III）后即位。虽然菲利普成功的举行了罗马建城千年庆典，各地依然叛乱不断。公元249年菲利普派其信任的元老院议员德西乌斯（Decius）激励士气，后者却被军队拥立为王。菲利普在维罗纳战败身亡。**JH**

公元260年6月

人肉脚凳
A Human Footstool

罗马皇帝瓦勒良（Valerian）在埃德萨战败，被波斯人俘获

顺利的时代已经过去。公元3世纪是罗马史上最为动荡的时期之一。日耳曼蛮族入侵、物价飞涨和内战爆发的多重打击之令罗马帝国濒临崩溃。罗马人时运不济，公元260年，罗马皇帝瓦勒良于埃德萨（今土耳其乌尔法）被波斯国王沙普尔一世（Shapur I）击败。瓦勒良被俘，受到各种凌辱，据说包括被当成人肉脚凳，最终在监禁中死亡。

波斯于公元前四世纪被亚历山大大帝征服，之后一直由外族人统治，直至公元224年—226年间，萨珊王朝崛起。强健的萨珊人雄心勃勃，渴望恢复阿契美尼德王朝时期（公元前559年–330年）波斯的强国地位。这样一来同罗马的冲突不可避免，因为之前由波斯人统治的小亚细亚、叙利亚、巴勒斯坦和埃及，如今都是罗马帝国的领土。

公元258年，波斯国王沙普尔征服罗马的盟友亚美尼亚，挺进地中海，占领叙利亚城市安提阿。罗马皇帝瓦勒良奋起反击，夺回安提阿，将沙普尔逐回幼发拉底河。瓦勒良在埃德萨战败。战后罗马跌入低谷。不列颠和高卢宣布独立，东方的三十僭主为争权混战。公元261年，罗马化的阿拉伯城巴尔米拉的统治者奥迪纳图斯（Odaenathus）战胜沙普尔。公元274年，罗马击败奥迪纳图斯的遗孀齐诺比娅（Zenobia），重新控制了巴尔米拉。**JH**

▶ 公元1630年老马特豪斯·梅里安所作铜版画，表现罗马皇帝瓦勒良被波斯人俘获踩踏的情景

公元303年2月24日

送入狮口
Thrown to the Lions

戴克里先（Diocletian）首项针对基督教徒的敕令掀起新一轮宗教迫害

皇帝戴克里先发动罗马帝国内最后一轮基督教大迫害，动机不明。戴克里先共发布四道敕令迫害基督徒：首先于公元303年2月要求拆除罗马帝国内所有的教堂；最后在公元304年4月令所有基督教徒向罗马传统神祇献祭，否则将被处决。这时约有十分之一的人口公开信奉基督教。不肯放弃信仰的基督

> "许多教会领袖英勇的承受了酷刑。"
> 该撒利亚的优西比乌（Eusebius of Caesarea），《教会史》，约公元320年

教徒被施以酷刑，数以千计的人死于刀下，受火刑，或是被送入狮口。敕令在罗马东部帝国内严厉执行，而西部则较为松散，基督徒们将此归罪于戴克里先的恺撒加莱里乌斯（Galerius）。

公元284年起戴克里先称帝，他精力十分旺盛，拯救罗马帝国于水火之中，加强国防，改革军队和帝制。他认为帝国过于庞大，一人难以治理，于是建立四帝共治制，戴克里先本人在东部出任奥古斯都，由加莱里乌斯任恺撒，马克西米安（Maximian）任西部的奥古斯都，恺撒为君士坦提乌斯（Constantius）。公元305年，病弱的戴克里先宣布退位——此举在罗马皇帝中非同寻常——回到亚得里亚海滨的斯普利特，在他为自己建造的宏伟宫殿中隐居。**SK**

公元312年10月28日

"凭此,战必胜"
"By This, Conquer"

君士坦丁(Constantine)在米尔维安桥大胜,如有神助

△《君士坦丁和马克森提乌斯间的米尔维安大桥战役》细节图,由彼得·拉斯特曼(1583—1633)作于1613年

公元312年,西罗马帝国内仅有两位真正有实力的竞争者角逐王位。他们是掌控意大利和非洲的马克森提乌斯(Maxentius),和称霸高卢和西班牙的君士坦丁。公元312年春,君士坦丁决定率领一支相对小型的军队翻越阿尔卑斯山。他占领了意大利北部,继续进军罗马。起初马克森提乌斯躲在城墙后面,但当看到君士坦丁中型的军队迫近,他决定正面交锋,放手一搏。两军在罗马以西的米尔维安大桥交战。随着君士坦丁的部队推进,大桥突然倒塌,随后马克森提乌斯及其很多属下试图游泳逃生,但在混乱中身亡。

第二天,凯旋的君士坦丁成为西罗马帝国唯一的奥古斯都。其后不久,君士坦丁同东罗马的奥古斯都李锡尼(Licinius)形成不稳定的联盟。公元313年春,二者于米兰会晤,同意在两人间瓜分罗马帝国,就此结束了305年戴克里先退位以来的长期内战。这一不稳定的同盟仅仅维系了十几年,公元324年,君士坦丁称帝,成为罗马无可争议的唯一统治者。

米尔维安大桥战役前不久,据说君士坦丁在正午见到十字架立于太阳之前的幻象,旁边有"凭此,战必胜"的字样。后来他在梦中被告知在对敌战争中使用他在天空中看到的标志。所以他下令在军队的盾牌上涂上十字。基督教的历史学家毫不犹豫地将君士坦丁的胜利归于上帝相助。**SK**

> "在此神圣标志下我从暴君手中拯救罗马,使之恢复自由。"
>
> 君士坦丁凯旋门铭文,罗马

公元313年2月

基督教被正式认可
Christianity Is Tolerated—Officially

君士坦丁和李锡尼同意结束对基督教徒的迫害

公元313年2月,东、西罗马帝国的统治者——李锡尼和君士坦丁——在米兰作出西方世界历史上一项重大的决议:停止罗马境内对基督徒的迫害。他们联名向罗马各行省长官致信,允许人们自由崇拜任何神祇,保证所有基督徒全面享有合法权益,并下令立即归还先前向基督徒收缴的所有财产。这一所谓米兰敕令并没有立基督教为罗马国教,这要到公元391年才实现——这一年狄奥多西一世(Theodosius I)取缔异教信仰,关闭所有异教教堂。但是米兰敕令将异教徒和其他宗教信仰者所享有的同等权利赐予基督教徒,改变了基督教的地位,结束基督教"殉道时代"。

短短几年之内,基督教从相对较小的宗教派别发展为罗马国内主要宗教,很大程度上是由于君士坦丁的支持。很可能在公元312年米尔维安大桥一役中获胜之前,君士坦丁就信仰基督教。尽管他不禁止崇拜旧神(直到公元320年他发行的铸币上一直保留着太阳神的形象),君士坦丁给予教会财政支持,兴建教堂,主持教堂会议,并提拔基督徒担任要职。公元324年,李锡尼下令逮捕处决东罗马帝国的若干主教,君士坦丁把握机会铲除这一对手,以罗马帝国的基督教捍卫者之姿出现在世人面前。但他直到公元337年临终之时才最终完成基督教受洗仪式。**SK**

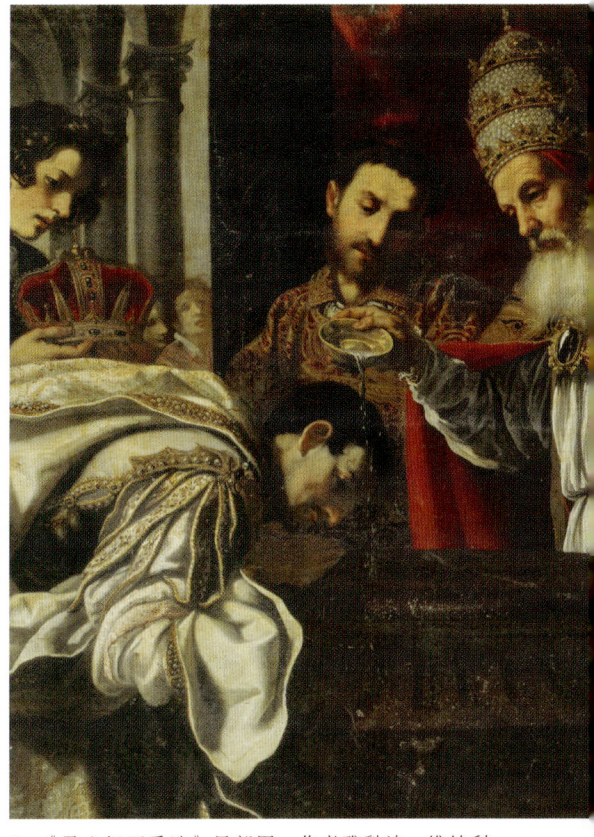

▲ 《君士坦丁受洗》局部图,作者雅科波·维纳利(1592—1664),现藏于佛罗伦萨的帕拉提那美术馆

> "现立此诏令,保证任何宗教不受减损。"
>
> 米兰敕令,约公元315年

公元325年6月19日

主教们论战基督的本质
Bishops Argue over the Nature of Christ

尼西亚（Nicaea）大公会议力图解决神学分歧

▲ 十五世纪末诺夫哥罗德画派画像，描绘尼西亚大公会议中的君士坦丁大帝

> "（君士坦丁）讲下去……仿若上帝的神使。"
>
> 该撒利亚的优西比乌（Eusebius of Caesarea），《君士坦丁志》，约公元320年

公元325年6月19日，君士坦丁大帝在御座上召开尼西亚大公会议。君士坦丁刚刚于克利索波利斯战役（公元324年9月18日）中击败其东方的对手李锡尼，成为罗马帝国唯一的皇帝。他急于彰显其权威并实现他带来和平的承诺，于是召集基督教会的所有主教到位于尼西亚（土耳其伊兹尼克）的皇宫。受邀主教共1800人，318人到会。会议的首要任务是解决阿里安派之争。

一切始于埃及的亚利山大港，一名为阿里乌斯的长老（早期基督教会的一类牧师）提出圣子基督并不等同于圣父，而是上帝最高等的创造。公元四世纪时，亟待解决的教义之争是基督教信徒们热切讨论的问题，而这一所谓阿里安派之争在整个东罗马帝国内掀起了一轮激烈辩驳。

基督教历史学家将尼西亚会议作为基督教第一次大公会议，以《尼西亚信经》统一了教义，宣布圣父圣子同质，皆为永生，圣子"被生而非受造"。阿里乌斯完败，仅有两人支持他的观点。会议还确定于每年春天满月后的第一个星期天庆祝复活节，同犹太人的逾越节加以区分。尼西亚大公会议开创统治者影响教会事务的先例，但是并没有结束阿里安派之争，阿里乌斯的观点在后世继续分裂着基督教派。**SK**

公元330年5月11日

君士坦丁堡：新罗马诞生
Constantinople—A New Rome Is Born

君士坦丁一世庆祝新都城落成

这座城市在君士坦丁去世后被称为君士坦丁堡（君士坦丁之城），它的落成仪式也许是君士坦丁一世统治期间最为光辉的一刻。不到六年前，君士坦丁首次君临小小的希腊海港拜占庭，立于海角之上俯瞰分隔欧洲和亚洲的博斯普鲁斯海峡，将之定为罗马帝国崭新的都城。君士坦丁下令铸币以纪念"新罗马"的落成，而新城在许多方面都有意模仿了台伯河之上旧罗马的格局：同样建造在"七丘山"之上，划分为十四个行政区。君士坦丁堡同罗马一样有自己的元老院，建立粮食赈济制度（免费的补助粮），并有其他鼓励人口定居的政策。

但是有一项重大的差异。君士坦丁堡建城之始便是一座基督教城市，象征着罗马脱离过去的异教时代。君士坦丁在城中布置了大量的礼拜堂和长方形廊柱式教堂，其中许多教堂——包括建于公元325年的圣索菲亚（上帝圣智）大教堂——建于异教庙宇原址之上。

君士坦丁堡很快便在财富、人口和地位上超过了罗马，一千年来在拜占庭君主的统治下作为希腊语世界的文化、宗教和商业中心，直到公元1453年陷落于奥斯曼土耳其人之手，后者将君士坦丁作为自己帝国的都城。由于土耳其人经常听到希腊居民以"eis ten polin"（意为"在城内"）代指君士坦丁堡，后来这一说法以土耳其语表达为"伊斯坦布尔"，即君士坦丁之城的新名，沿用至今。**SK**

⊙ 1493年哈特曼·舍德尔所作木版画，刻画壁垒森严的君士坦丁堡

> "……他（在城中）布置许多殉道者圣殿和华丽的建筑。"
>
> 该撒利亚的优西比乌（Eusebius of Caesarea），
> 《君士坦丁志》，约公元320年

公元335年9月17日

圣墓教堂建成
The Church of the Holy Sepulchre Is Built

君士坦丁在耶路撒冷削去岩石，于耶稣的埋骨和复活之所建立圣殿

君士坦丁一世下令削去墓穴四周的岩石，之后墓穴被包围在一小型建筑之内，后来被囊括于穹顶圆形建筑物之中。公元335年君士坦丁还在东边建造了一个大型廊柱式方教堂供奉神灵。据传，耶路撒冷的主教玛加略（Macarius）向君士坦丁大帝求助，要求重建基督徒心中的耶稣死而复生的圣地。另有资料显示，约公元326年，君士坦丁的母亲海伦娜（Helena）到圣地朝觐，在伯利恒和橄榄山上兴建教堂，收集圣物。她来到耶路撒冷传说中的耶稣之墓，位于公元二世纪建造的罗马神庙之中，开始发掘并奇迹般的被指引找到了耶稣殉难的十字架遗迹。

圣墓教堂是基督教的圣所，历经火灾和地震，最终于公元1009年几乎被法蒂玛王朝（Fatimid）的一名哈里发（caliph，伊斯兰教执掌政教大权的领袖）彻底摧毁。1099年第一次十字军东征占领耶路撒冷后，军队在圣墓教堂的断壁残垣中高唱赞美颂（Te Deum，感恩节颂歌），之后以古罗马式建筑风格重建教堂，赋予它今日的雏形。君士坦丁建造的教堂仍留有部分遗迹保留。虽然有专家质疑这一地点的可靠性，但是大量权威考古学家接受这一传统地点为真正的耶稣葬身之所。SK

▶ 《耶路撒冷的圣墓教堂入口》，作者马克西姆·尼基弗若维奇·禾路比耶夫（1787—1855）

▶ 十九世纪英国画派风景画，描绘耶路撒冷及圣墓教堂

公元336年12月25日

第一个圣诞节
The First Christmas

史料记载中首次于12月25日庆祝耶稣基督诞辰

公元354年富里乌斯·狄俄尼索斯·腓洛卡勒斯（Furius Dionysius Filocalus）所编纂的历法中包含这样的条目：公元336年，12月25日（1月1日的前八天），基督诞生于犹大的伯利恒（"VIII kal. Ian. natus Christus in Betleem Iudeae"）。这是到公元四世纪中期为止，第一个明确的记录表明基督徒将12月25日定为

> "他们称之（12月25日）为'无敌的神之诞辰'。谁又如我们的主一般无敌呢？"
>
> 约翰·屈梭多模（John Chrysostom，约公元407年），del Solst. Et Æquin

圣诞日。福音书的作者们并未提及耶稣生辰的具体时间。

立12月25日为圣诞日有多种可能的原因。12月25日是冬至日，罗马人民在这一天为无敌的太阳神庆生，这已是一项流行的异教节日。这一天也刚好是3月25日春分后的九个月整，早期的基督徒认为这一天是神创世纪的第四日，神造了太阳等发光体。推断圣母玛利亚在3月25日受孕也符合逻辑。

公元四世纪末期，在12月25日为基督庆生的习俗由罗马传遍整个基督教界，但大多数人更为重视1月6日的主显节，今日数以百万计的基督徒仍是如此。直到中世纪圣诞节才以我们现在熟知的方式庆祝，马槽边有牛和驴，雪中有牧羊人放牧羊群。**SK**

公元378年8月9日

蛮族的胜利
Barbarian Triumph

阿德里安堡战役中，哥特人击败罗马皇帝瓦伦斯（Valens）

十八世纪记录罗马兴衰的编年史的作家爱德华·吉本（Edward Gibbon）写道："8月9日应当被标记为罗马历法中的大凶日"。公元378年阿德里安堡战役表明罗马帝国已无力阻止蛮族涌入国境。

公元376年，约两百万日耳曼西哥特人和东哥特人穿越边境，进入黑海以西的帝国。这些移民不满于罗马当局给他们的待遇，不久便发动暴乱。他们由弗里提格（Fritigern）带领，于公元378年在阿德里安堡12英里（20千米）外驻扎。东罗马帝国的皇帝瓦伦斯从君士坦丁堡御驾亲征迎战哥特人。他没有等待西罗马帝国皇帝格拉提安（Gratian）的援军到来，直接在8月9日一早出发，攻打弗里提格的营地。

扬尘滚滚，罗马人在高温下行军赶到阿德里安堡，发现野蛮人将四轮马车首尾连接为环形阵地。令人生畏的东哥特骑兵此时在外劫掠未归。弗里提格要求谈判，但在协商开始之前两军已经开战，瓦伦斯下令步兵进攻。即使东哥特骑兵没有突然出现，干渴、疲惫且毫无秩序的罗马军团也处境堪忧。东哥特骑兵包围了罗马步兵，西哥特战士冲出马车环阵加入混战。罗马步兵被困，哥特人将之赶入更小的圈子内击溃。约有四万人——罗马军队的三分之二——遭到屠杀。瓦伦斯的尸体不知所踪。**RG**

公元391年

塞拉皮雍神庙被毁
Serapeum Destroyed

伴随塞拉皮雍神庙的拆除，亚利山大港大图书馆部分被毁

公元四世纪末，罗马帝国内基督徒和坚持古老传统的异教徒间的矛盾白热化。公元391年，据传藏有亚利山大港大图书馆部分典籍的塞拉皮雍神庙被围。

罗马帝国全境内，异教徒广受迫害，其神庙也被拆毁。信奉基督教的皇帝狄奥多西一世颁布法令要求拆除所有异教神庙，使局势进一步恶化。亚利山大港的主教提阿非罗（Theophilus）十分乐于加入打击异教的行列。在他的大力支持下，对异教徒的迫害变本加厉，异教徒受到人身攻击、财产被剥夺，异教神庙被攻占。玷污圣所和神庙令异教徒怒不可遏，开始报复反击基督徒。

接下来是一场大屠杀。基督教派的反击令异教徒劫持人质，占领残存的最为宏伟的异教神庙——塞拉皮雍神庙——作为据点。据传在神庙被围的过程中，部分异教徒将塞拉皮雍洗劫一空，还有人折磨无助的人质，用他们祭神。尽管犯下了惨无人道的暴行，狄奥多西一世赦免了异教徒，却摧毁了塞拉皮雍神庙，称其异教象征是所有暴乱的根源。

对于塞拉皮雍神庙内包含多少大图书馆的典籍一事仍未成定论。若是按照大众观点，塞拉皮雍神庙是大图书馆的分馆，其毁灭将是造成大量古籍损失的一大悲剧。然而在当时，这恐怕不是大多数人最为关心的问题。毫无疑问，公元391年的暴力事件被早期的基督徒视为基督教战胜异教信仰的进一步证据。**TB**

公元395年1月17日

罗马帝国分裂
Roman Empire Divided

狄奥多西大帝的死亡令罗马帝国分裂，加速其衰亡

公元395年，狄奥多西大帝逝世，令罗马世界的民众甚为惊恐。狄奥多西结束了多年的内战，统一罗马帝国，但一年之内，帝国又分由狄奥多西两个年轻的儿子统治，霍诺留（Honorius）任西罗马皇帝，阿卡狄乌斯（Arcadius）任东罗马皇帝。大众的担心不无道理。这一刻起，罗马帝国彻底分裂。

> "罗马帝国成为野蛮人的居所。"
> 佘西摩（Zosimus），《新历史》，约公元500年

霍诺留即位时年仅十岁，完全依赖大将斯提里科（Stilicho）的领导——斯提里科于公元406年击败了蛮族首领拉达盖苏斯（Radagasius）。但霍诺留的统治依然挫折不断，西罗马帝国逐渐瓦解。公元408年，霍诺留以谋反之名处死了斯提里科，局势进一步恶化。公元410年8月24日，哥特人阿拉里克（Alaric）洗劫罗马城，彻底动摇罗马帝国国基。霍诺留在公元423年去世时，西罗马帝国内遍是起义叛乱和谋权篡位之争。

而东罗马帝国的阿卡狄乌斯无需面对西方的灾难。据古籍记载，阿卡狄乌斯缺乏主见，易为人操纵，他在妻子的支配下虔诚的信奉基督教度日，不理国政。公元408年阿卡狄乌斯逝世，东罗马帝国由宫廷内的密谋斗争主宰。**TB**

公元410年8月24日

西哥特人洗劫罗马城
Rome Is Sacked by Visigoths

阿拉里克带领西哥特人围攻并入侵罗马帝国前首都；八百年来罗马城墙首次被攻破

公元410年，罗马城不再是罗马帝国的首都。罗马帝国权力的中心已经向东转移至君士坦丁堡，而西罗马帝国皇帝霍诺留将其宫廷迁至意大利亚得里亚海滨的拉文纳。但罗马依然是富裕的城市，人口众多，在坚实的奥勒良城墙守卫下森然屹立。罗马市民可以自豪地说罗马城八百年来从未屈服于任何铁蹄之下。但在8月24日夜里，罗马城被出卖了。

终结罗马城无敌记录的人是西哥特人的领袖阿拉里克。同当时很多的蛮族一样，阿拉里克的日耳曼战队被罗马人征为盟军，同日益缩水的罗马正式军团并肩作战。阿拉里克认为罗马人并没有对西哥特人的服役给予适当的奖赏，于是围攻罗马城以强取他的人民应得的财富。

奥勒良城墙的萨拉门由城内人敞开，西哥特人未遇任何抵抗，涌入沉睡中的罗马城。他们对罗马城的洗劫还是相当节制的。大多数西哥特人是阿里乌斯教派基督徒，他们尊重罗马的教堂和在其中避难的人群，而对于异教的庙宇和会所大肆劫掠破坏。抢劫、杀人、强奸悉数发生，但似乎殃及范围小于罗马市民的预想。西哥特人的围攻大量消耗了罗马的食物储备。三日后西哥特人离开饥荒中的城市，向南方仓廪殷实的西西里进发。同年阿拉里克于科森扎（Cosenza）去世。城破之耻令罗马市民和罗马世界大为震惊，但这只是未来更甚耻辱的开始。**RG**

▲ 版画，描绘公元410年西哥特人劫掠罗马城的场景

"征服了整个世界的城市，现在给人征服了！"

圣哲罗姆（St. Jerome），
《Letter CXXVII to Principia》，公元412年

公元432年

爱尔兰的神圣布道
Holy Mission to Ireland

圣帕特里克（St. Patrick）在梦中蒙召向爱尔兰传教

公元432年圣帕特里克前往爱尔兰布道，由于传统上认为这正是高卢的欧赛尔主教杰曼努斯（Germanus）派遣帕拉第乌斯（Palladius）到爱尔兰建立教区的日子，人们推测圣帕特里克与帕拉第乌斯是同一人。无论事实如何，我们可以确定公元五世纪时圣帕特里克活跃于爱尔兰，其孜孜不倦的传教工作将基督教传遍整个地区。

> "我们祈求您，圣婴，再次降临，行于我们之中。"
>
> 圣帕特里克，《忏悔录》，约公元450年

约公元四世纪末，圣帕特里克生于威尔士，一个罗马化不列颠的基督教家庭。《忏悔录》虽然只留存有一份九世纪抄本，被归为帕特里克的著作，其中记录到帕特里克十六岁时，被一伙爱尔兰强盗俘获并卖到爱尔兰为奴。七年后帕特里克出逃，之后在梦中蒙召，接受到爱尔兰传教的使命。他被任命为神父，授以主教之职，回到爱尔兰。按照帕特里克自己的记述，他在爱尔兰"为数千人施洗"，上至贵族，下至奴隶，并任命牧师，建立基督教社团。

颂歌《圣帕特里克的胸甲》创作于多年以后。圣帕特里克并没有将蛇驱赶出爱尔兰，或是以三叶草阐释三位一体——这些只是圣帕特里克死后的几世纪内围绕他产生的传说而已。**SK**

公元451年6月20日

匈人阿提拉战败
Attila the Hun Fails

沙隆战役中罗马将领埃提乌斯（Aetius）击败匈人阿提拉

匈人国王阿提拉（公元434—453年在位）几年来不断侵袭东罗马帝国的巴尔干各省，于公元451年率领匈人大军和日耳曼盟军攻打西罗马帝国。6月20日下午三点左右战役爆发，一直持续到仲夏夜晚，但是战事并未如预期般进行。阿提拉率军穿过高卢，沿途劫掠不断。他打算迫使西罗马皇帝瓦伦提尼安三世（Valentinian III）交出他意图反叛的姐姐霍诺利亚（Honoria）——霍诺利亚曾暗中向阿提拉求婚——并献上半个西罗马帝国作为嫁妆。

同阿提拉对阵的是罗马主将埃提乌斯。埃提乌斯和阿提拉相知甚深。埃提乌斯年轻时作为人质同匈人一起生活，此后他在征战中频繁使用匈人雇佣军对抗占领了高卢和西班牙部分地区的日耳曼侵略者。

阿提拉的入侵对罗马人和日耳曼人同样造成了巨大的威胁，这为埃提乌斯提供了千载难逢的机会，同旧敌西哥特人结盟。在阿提拉挥军攻占奥尔良之前，埃提乌斯率领由罗马人、西哥特人、法兰克人、勃艮第人、撒克逊人和阿兰人组成的大军赶到。阿提拉撤至特鲁瓦和沙隆间的卡太隆尼平原上空旷的战场，以便发挥匈人骑兵的优势。双方均伤亡惨重，最终阿提拉撤兵，第二天阿提拉的军队很有秩序的撤退。埃提乌斯并未追击。次年阿提拉入侵意大利，但是这场征战也以失败告终。阿提拉于公元453年去世。**JH**

▷ 《阿提拉及其大军行至巴黎》，描绘伟大领袖阿提拉征战的壁画局部图

公元476年9月4日

帝国末日
End of an Empire

西罗马最后一位皇帝罗慕路斯·奥古斯都路斯（Romulus Augustulus）被迫退位

公元476年8月23日，蛮族将领奥多亚塞（Odovacar）起义反抗西罗马皇帝罗慕路斯·奥古斯都路斯。9月4日，奥多亚塞俘获罗慕路斯，迫使其退位。罗慕路斯被流放至那不勒斯附近的一所别墅并享有一笔年金。奥多亚塞向君士坦丁堡的东罗马皇帝芝诺（Zeno）致信，声明罗马帝国没有必要由两位君主统

> "奥多亚塞罢黜奥古斯都路斯，但念其年幼，未取其性命。"
>
> 《无名瓦勒修斯的编年史》，公元550年

治，而他本人将作为芝诺的总督，代为统治意大利——西罗马帝国仅存的领土。这一事件被普遍视为西罗马帝国灭亡的标志。

公元475年10月，将军欧瑞斯特（Orestes）罢黜前王朱利乌斯·尼波斯（Julius Nepos），立其年幼的儿子罗慕路斯为帝，借此统治西罗马。8月28日奥多亚塞俘获欧瑞斯特，将其斩首，但因西罗马皇帝的头衔已经不具多大价值，罗慕路斯免于一死。历史学家认为罗慕路斯的退位标志着罗马帝国的终结和黑暗时代的开始。

芝诺一直将罗慕路斯视为篡权者，接受了奥多亚塞以总督身份代为统治意大利的提议，这样一来意大利仍是罗马帝国名义上的领土。由于奥多亚塞保持了罗马的统治方式，罗慕路斯退位这一历史分水岭并未影响到广大国民的生活。**JH**

公元496年12月25日

国王克洛维受洗
King Clovis Is Baptized

克洛维一世信奉罗马天主教，在兰斯大教堂受洗

公元496年12月，克洛维一世——又称克洛多维卡（Chlodovocar）——前往兰斯大教堂接受洗礼，加入其子民信仰的宗教，许多围观的民众都相信他们沐浴在天堂的欢乐之中。克洛维选择成为罗马天主教徒，而非加入日耳曼的阿里乌斯教派，这一步至关重要。克洛维通过皈依前罗马行省高卢的主要

> "每天神会将敌人送入克洛多维卡手中。"
>
> 都尔主教格雷戈里（卒于公元594年），《法兰克人史》

宗教，得以创造统一的法兰克王国，即法国的前身。

克洛维早在皈依罗马公教之前就已着手以武力征服创建统一的法兰克王国。但是通过信仰罗马天主教，克洛维就不仅在战场上征服了人民，他可以赢得民心，同时间接建立了法兰克王国同罗马教廷和罗马帝国的关系，从而保持大部分罗马文化传统，使被征服的罗马民众平缓过渡。

尽管皈依了罗马公教，克洛维一世未能征服勃艮第王国，但是他将西哥特人的势力范围限制在西班牙。克洛维将阿基坦（Aquitaine）加入其版图，以巴黎为首都，于511年去世。不幸的是，克洛维的统一王国在其身后再次分裂，由他的四个儿子分别统治巴黎、奥尔良、苏瓦松和兰斯。**TB**

公元524年

狱中完成影响深远的著作
Influential Work Written in Prison

罗马最后的哲学家波伊提乌（Boethius）被判叛国通敌之罪，在等待行刑前写下《哲学的慰藉》

意大利的东哥特国王狄奥多里克（Theodoric）以叛国通敌之名囚禁了罗马哲学家安提乌斯·波伊提乌（Ancius Boethius，约公元480—524年），后者在狱中写下了著名的《哲学的慰藉》。波伊提乌试图效忠其理想中的罗马帝国，同时服务于统治意大利的日耳曼国王。

公元476年西罗马帝国的最后一位皇帝被废黜，但是理论上讲，意大利仍旧归属于罗马帝国，狄奥多里克也承认君士坦丁堡的东罗马皇帝的统治。尽管统治者间表面上维持着友好和睦的关系，狄奥多里克极度担心自己失势，并认为波伊提乌同东罗马帝国的密切交往是在密谋恢复王权统治。因此哲学家因叛国通敌被判死刑。

监禁和即将来临的处决令波伊提乌忧心忡忡。波伊提乌是一名高级官员，出身富裕的显贵之家，同时也是令人称颂的学者、罗马的执政官。他在绝望中写下《哲学的慰藉》，记录了波伊提乌和哲学化身之间的对话，以柏拉图、亚里士多德、斯多亚学派和新柏拉图学派的学说，探究善恶、幸福、自由意志和命运曲折的本质。我们无从得知波伊提乌被囚禁了多久，但他最终被折磨殴打致死。

《哲学的慰藉》被埋没了几个世纪后，成为中世纪影响最为深远的哲学著作之一。九世纪时阿尔弗雷德大帝将之翻译为英语，以鼓舞其子民同维京人抗争。JH

○《波伊提乌同家人道别》，作者为法国艺术家珍·维克托·施内茨（1787—1870）

> "未因真善得赏，反因未行之罪获刑。"
>
> 波伊提乌，《哲学的慰藉》

公元529年

不再隐居修道：订立修道院制度
Hermits No More: Monastic Life Is Established

圣本笃（Saint Benedict）订立详细的修道制度

罗马和那不勒斯之间的卡西诺小镇上，山石嶙峋卡西诺山拔地而起，圣本笃（公元480–547年）及其门徒在此隐居修道。公元529年，圣本笃开始编写修会的会规，订立了祈祷、劳动、研读圣书及灵修的时间，令修道僧众遵守。

圣本笃多年来一直追求虔诚的修道生活。他生于意大利中部努西亚的富贵之家。罗马淫靡的生活令圣本笃厌恶和失望，因而他中断了罗马求学历程——教宗圣额我略一世（Gregory the Great）这样写道。之后，他在罗马东边苏皮亚的山洞里隐居修道。三年后其圣洁之名使圣本笃再次入世，作为附近修道院院长主持院务。门徒蜂拥而至，圣本笃又成立了十二个修道院，每处各有十二名僧侣。因为同附近一名牧师不和，圣本笃搬到卡西诺山。

基督教成立早期开始，信徒们就有独自在沙漠中斋戒祈祷、隐居修道的传统，仿效耶稣在荒野中度过的四十天。有时他们会组成小型的修道士（monk，源自希腊语 monakhas，意为"隐居的"）团体，通常由修道院长（abbot，源自阿拉姆语 Aramaic，意为"父亲"）领导。

圣本笃在卡西诺订立了在修道院制度，强调集体生活和僧侣之间的家庭精神，不同于其早年遵守的隐居修道传统。虽然圣本笃所制定的并非首例修道制度，但是圣本笃会规是西方基督教界修道院制度的基础。**SK**

▲《圣本笃的一生：圣人驱赶恶魔》中的场景，作者斯皮内洛·阿雷提诺（约1332年—1410年）

▶《圣本笃》，作者汉斯·梅姆林，北欧文艺复兴时期日耳曼-弗拉芒艺术家

> "圣人以明晰的语言写下修道制度。"
>
> 教宗圣额我略一世（Gregory the Great）
> 《对话录》，公元590年

公元532年1月13日

赛车场上的暴动
Riot at the Races

君士坦丁堡内暴民纵火，拜占庭王位岌岌可危

公元六世纪时，君士坦丁堡的民众非常热衷于战车大赛。蓝党和绿党为两支主要车队，两党间的竞争由来已久。公元532年1月13日，据传最近的一场争执后，有几名战车御者因谋杀罪被绞死，大赛车竞技场内群情激愤，局势十分紧张。随着当天战车赛的进行，以往观众高呼的"蓝党"和"绿党"被统一的"尼卡，尼卡"取代（"Nika, nika"，意为"胜利，胜利"），不久敌对的两党便联合暴动反抗政府。他们冲出竞技场，连续暴动五日，攻打皇宫，在城内四处放火。当暴民们再次聚集在赛车竞技场拥立篡位者时，公元527年起即位的皇帝查士丁尼（Justinian）似乎大势已去。

力挽狂澜的是查士丁尼的皇后狄奥多拉（Theodora）。狄奥多拉是马戏团驯熊师的女儿，当过演员和娼妓——至少她的仇敌这样说——她是查士丁尼最为信赖的顾问。狄奥多拉劝服皇帝坚守阵地，而非弃城逃亡，同时名将贝利萨留（Belisarius）和纳尔塞斯（Narses）集结军队打击暴民，数千人死亡。

这两员大将为查士丁尼立下赫赫战功，包括从蛮族手中收复了西罗马帝国。公元533年查士丁尼派遣军队攻打北非的汪达尔王国，他还同哥特人和波斯人进行了旷日持久的战争。查士丁尼于公元567年去世，此时拜占庭帝国已收复了意大利和西班牙南部，但其继任者们不久就重新丧失了这两块领土。**SK**

▸ 古君士坦丁堡画像，其中显示大赛车竞技场中树立着纪念碑

公元537年12月27日

人间天堂
Heaven on Earth

查士丁尼在君士坦丁堡参加圣索菲亚大教堂的献祭仪式

之前从没有人尝试建造如此大规模的穹顶建筑。拜占庭皇帝查士丁尼踏足于其新近建成的圣索菲亚大教堂（上帝圣智教堂）时，据说这样评论："所罗门，我已经超越了你！"大教堂于公元537年12月举行了献祭仪式。

公元532年1月的暴乱将索菲亚大教堂化为灰烬，几天内查士丁尼下令建造新的长方形廊柱式教堂，这是公元325年君士坦丁大帝最初建造的教堂原址上的第三座建筑。据历史学家普罗科匹厄斯（Procopius）记载，这项宏大工程雇佣了超过一万人，建筑师是米利都的伊西多尔（Isidore of Miletus）和特拉勒斯的安提莫斯（Anthemius of Tralles），他们的建造技术和才华受到了充分的考验。

圣索菲亚大教堂被设计为穹隆的象征，其圆顶高达210英尺（64米），通过圆形帆拱由四个坚实的柱墩支撑，每个柱墩基底面积达1060平方英尺（99平方米）。光线透过四十扇拱形窗户照亮穹顶内部，穹顶装饰有丰富的镶嵌画和红、绿、黑、黄的大理石——一切的设计都给礼拜者进入天堂之感。

九百多年来圣索菲亚大教堂一直是君士坦丁堡牧首的座堂，以及正教的中心。然而大教堂历经地震，又在1204年第四次十字军东征期间遭到洗劫。奥斯曼土耳其人在1453年征服君士坦丁堡，穆罕默德二世（Sultan Mehmed II）下令将大教堂转为清真寺，并加建四座尖塔，形成了今日人们所熟悉的教堂外形。1935年对宗教事务保持中立的土耳其政府将其作为博物馆使用，直至今日。**SK**

公元552年

中国丝绸的秘密
Secret of Chinese Silk

僧侣将蚕偷运出中国,以博皇帝查士丁尼欢心

公元552年起,两名僧侣振兴了拜占庭帝国的丝织产业。他们得知皇帝查士丁尼不愿从波斯人手中买丝,称自己已经知晓了丝绸成产的秘密。他们属于一支基督教异端教派,曾被逐出君士坦丁堡,后定居于波斯帝国一行省,恰巧处于通往中国的陆上丝绸之路。

> "时间和耐心可使桑叶变为丝袍。"
>
> 中国谚语

几百年来中国人生产并出口丝织品,且严守丝绸生产的技术。公元541年皇帝查士丁尼授予皇家丝绸制造垄断权,由此在君士坦丁堡建立了丝绸印染和纺织工业,但原材料依然只能依靠生丝进口。

波斯人是长程丝绸贸易中的掮客,查士丁尼正同他们开战。他许诺若是僧侣们能越过波斯人为他带来造丝技术,一定会得到重赏。历史学家普罗科匹厄斯记载道这两名僧侣回到中国,得到了若干蚕茧,藏于空心的竹杖内并埋在粪中以保证其存活,经过漫长的旅程运回君士坦丁堡,最终孵出了蚕蛾,至此丝绸生产的垄断被打破。**SK**

公元590年

额我略当选教宗
Gregory Becomes Pope

首位当选教宗的僧侣是一位才华出众的领袖和管理者

公元590年教宗柏拉奇二世(Pelagius II)死于瘟疫,其秘书额我略被选为继位人——这是第一名当选教宗的僧侣。额我略一世(公元540–604年)出身罗马贵族家庭,或许他在成为罗马首席大法官之前当过律师。认清了公共事务的本质后,公元574年额我略在西莲山上的家传宅邸中建立修道院,弃俗修道。公元579年至585年间额我略任教宗在君士坦丁堡的代理人,其后任柏拉奇二世的秘书。

公元568年伦巴第人入侵意大利北部,威胁到君士坦丁堡和罗马教廷。额我略是才华出众的领袖和管理者,他制定战略、开展外交、修复城市的水渠系统、保证食物供应,并最终同伦巴第国王谈判和解。他整顿了教会的土地和财政,同非洲、西班牙和高卢地区的教徒恢复联络,向他们写了上百封教牧书信,维护罗马教廷,抗议君士坦丁堡牧首使用"普世牧首"的头衔。额我略一世是第一位称自己为"众仆之仆"的教宗。

额我略的著作——尤其是论述主教与牧师的职责的《司牧训话》——在中世纪时被广泛研究。额我略被封为圣徒,授予"圣大额我略"的名号。其遗产还包括系统化的单声圣歌,即流传至今的"额我略圣歌"。**SK**

◐ 圣额我略一世像,出自十二世纪手稿,由法国僧侣绘制上色

公元597年12月

数千不列颠人转信基督教
Thousands of Britons Convert to Christianity

圣奥古斯丁（Augustine）为盎格鲁撒克逊人施洗，建立坎特伯雷大教区

▲ 十九世纪版画，题为《597年圣奥古斯丁在坎特伯雷为肯特国王艾塞尔伯特施洗》

▲《希波的圣奥古斯丁于其单人小室中》局部图，作者桑德罗·波提切利（1445—1510），现藏于意大利佛罗伦萨的乌菲兹美术馆

> "我们的兄弟奥古斯丁已经为万余名盎格鲁人施洗。"
> 公元598年额我略一世致亚利山大港牧首的信

教宗额我略派遣罗马修道院的副院长奥古斯丁到前罗马行省不列颠传道，肯特国王及其子民转信基督教。据记载，奥古斯丁在公元597年的圣诞节为大批民众施洗，也许信奉异教的国王艾塞尔伯特（Ethelbert）早在其民众开始受洗以前就已皈依基督教。

传说额我略看到罗马市场上出售金发的奴隶，便问他们的出处，被告知他们是盎格鲁人（Angles）时，额我略答："不是盎格鲁人，是天使（Angels）"，并决定派人向盎格鲁人布道。比德也在其《英吉利教会史》中记录了这一事件，但这也许完全出自杜撰——真相更可能是因为艾塞尔伯特的王后——法兰克的伯莎（Bertha）公主——信奉基督教，并请求牧师转变肯特臣民的信仰，而这一消息传入了教宗额我略耳中。

公元596年，额我略选派奥古斯丁带领四十名僧侣到不列颠传教。但是他们抵达高卢南部时预见此行必定异常艰险，便失去了勇气，遂返回罗马。额我略劝服他们再次尝试，于是传教士们于公元597年在今天的肯特登陆。在宫廷内他们受到了国王艾塞尔伯特的欢迎，后者不久便皈依基督教。

奥古斯丁以肯特的坎特伯雷为基。公元601年额我略又派遣四名僧侣前往肯特传教，并带来了教宗授予坎特伯雷大主教奥古斯丁的羊毛大披肩。这四名僧侣中的保利努斯（Paulinus），后来成为首位前往北部强大的盎格鲁撒克逊王国诺森布里亚的传道士，并于公元627年为艾塞尔伯特的女婿埃德温（Edwin）国王施洗。**SK**

公元610年

希拉山上的穆罕默德
Muhammad on the Mountain

大天使加百列在穆罕默德的梦中现身，告知其为真主的使者

▲ 书本中的插图，描绘大天使加百列给予穆罕默德启示的时刻

"他是安拉派来的慈悲先知，解救有形及无形世界的众生"

伊本伊斯哈格（Ibn Ishaq），
《穆罕默德传》，十二世纪

穆罕默德四十岁时独自在希拉山洞中（位于当今的沙特阿拉伯）休憩，首次得到了大天使加百列的天启。心神激荡的穆罕默德向妻子赫蒂彻（Khadijiah）吐露了一切，告诉她加百列宣告自己为安拉的使者。赫蒂彻完全相信她真挚的丈夫，由此成为新兴的伊斯兰教的第一名信徒。

公元570年穆罕默德生于麦加。虽然出身于古莱氏部落的一支，穆罕默德七岁便失去双亲；在其叔父阿布塔里布（Abu Talib）抚养下，穆罕默德成为一个严肃而有思想的年轻人。二十五岁时，穆罕默德娶了古莱氏一名富有的遗孀赫蒂彻，后者约长他十五岁。尽管年龄差距悬殊，这对穆罕默德是桩极好的婚事，提升了他在部族中的地位，让他有足够的财力和闲暇尽情研究宗教。每年斋月期间，穆罕默德都会在麦加城外沙漠中的希拉山上独自祈祷和沉思。

穆罕默德的宗教理念无疑受到了六世纪时阿拉伯半岛上多种宗教的影响。尽管当时大多数阿拉伯人仍然信奉多神教，不少人也皈依了犹太教，部分人转信基督教。有些当地宗教，如对胡巴尔战神的信仰，也逐渐发展为一神教。但是当穆罕默德在得到天启三年后开始公开布道时，他并不称自己建立了新的宗教，而是复兴了最早亚伯拉罕的一神教，即基督徒和犹太人所偏离的信仰。**JH**

公元622年7月15日

开始新纪元
A New Era Begins

穆罕默德离开麦加迁往麦地那，徙志（hijra）开启穆斯林新纪元

穆罕默德的先知之名广为流传，公元622年，穆罕默德及其信徒秘密离开麦加，应邀前往麦地那解决当地部族间的争端，史称"徙志"，这一年也被定为伊斯兰教历法的元年。公元610年穆罕默德首蒙天启，只有其妻赫蒂彻和几名亲近的家人知晓。三年后穆罕默德再次获得启示，大天使加百列令他公开布道。

穆罕默德强调公义，因而吸引了穷苦民众加入伊斯兰教，但在他的故乡麦加，大部分人仍然抵触伊斯兰教。克尔白神庙是阿拉伯多神教教徒重要的朝觐圣地，麦加人得以从中获利，他们害怕穆罕默德的新兴宗教会威胁到自己，穆罕默德所到之处尽受嘲笑和侮辱，但部落传统使他免遭暴力侵犯。

穆罕默德同麦地那的部落谈判，建立第一个穆斯林乌玛（umma，共同体），即穆罕默德以神之名行使宗教和政治大权的神权政体。犹太人批判穆罕默德的教义，被命令离开麦地那，抗令不从的犹太人沦为奴隶或是被杀。穆罕默德以麦地那为基地，以外交手腕和武力传播伊斯兰教。公元630年，穆罕默德和平占领麦加，宣布克尔白为伊斯兰教最神圣的庙宇，同麦加人和解。这次胜利后，穆罕默德继续居于麦地那，直至公元632年逝世。**JH**

公元634年

征服者奥马尔
Umar the Conqueror

阿拉伯帝国的哈里发奥马尔开始征服波斯和拜占庭

奥马尔·伊本·哈塔卜（Umar ibn al-Khattab）是穆罕默德的岳父之一，以其虔诚和清苦简朴的生活方式著称。尽管穆罕默德的堂弟及女婿阿里认为自己更有资格登上哈里发之位，奥马尔仍于公元634年顺利即位。奥马尔的十年统治在伊斯兰历史上至关重要。

> "奥马尔的皈依是伊斯兰教的胜利……他担任哈里发是穆斯林之福。"
>
> 阿卜杜·伊本·麦斯欧德（Abdullah ibn Mas'ud），穆罕默德的信徒

穆罕默德并无子嗣，也没有指定继承人，于公元632年去世。其岳父阿布·伯克尔（Abu Bakr）——最早的加入伊斯兰教的信徒之一——被选为第一任真主的先知的继任者，即哈里发。虽然仅在位两年，阿布·伯克尔完成了穆罕默德的未竟之业——在政治和宗教上统一阿拉伯世界。他派兵攻打拜占庭和波斯帝国，这两大帝国刚刚结束了长达26年的战争，国力消耗殆尽，故而其抵抗不堪一击。公元634年8月阿布·伯克尔临终前指定奥马尔为其继任者。

奥马尔有力继承了阿布·伯克尔统一大业，指挥大军（但并没有亲自征战）征服了波斯帝国以及拜占庭行省埃及、巴勒斯坦和叙利亚，将自己的阿拉伯国家扩展为大帝国，同时也将伊斯兰教从仅有阿拉伯人奉行的信仰变为了世界性宗教。**JH**

公元635年

基督教圣岛
Isle of Christianity

来自爱奥那岛的林迪斯法恩主教艾丹（Aidan）建立修道院

诺森布里亚国王奥斯瓦德（Oswald）即位后的首批举措之一，是派人请来爱奥那岛的爱尔兰修道士艾丹。公元635年，国王请艾丹担任诺森布里亚主教，并赐予他皇家班布洛堡沿岸的林迪斯法恩岛（又名圣岛），以建立修道院。在前任国王埃德温（Edwin）统治期间（公元616—633年），奥斯瓦德被流放至苏格兰王国的达尔里亚达，并由爱奥那岛的修道士施洗，转信基督教——爱奥那岛修道院位于苏格兰西岸附近，由圣高隆（St. Columba）于公元595年左右建立。埃德温在位时，来自罗马的保利努斯——同圣奥古斯丁一道传教的修士之一——将基督教传播至诺森布里亚。公元627年时国王埃德温接受洗礼，保利努斯令众多人皈依基督教。

比德在公元731年完成的《英吉利教会史》中，动人地描述了艾丹主教的品行，称其关怀贫民，愿意平等对待国王和普通民众，且生活俭朴。艾丹以林迪斯法恩岛为基础传道，并在岛上成立学校培养未来的牧师和主教，其中包括成为利奇菲尔德首位主教的圣查德、圣古柏（St. Cuthbert，约公元634—687年）——他多年来在附近的法尔恩小岛隐居修道，后来成为林迪斯法恩主教——还有埃德弗里斯主教（Eadfrith）——埃德弗里斯很可能是泥金装饰的《林迪斯法恩福音书》的作者，这一宗教艺术的杰作约于公元715年在林迪斯法恩修道院中著成，现藏大英博物馆。**SK**

● 泥金装饰的书页，出自《林迪斯法恩福音书》，又名《圣古柏福音书》

公元638年1月

耶路撒冷易主
Jerusalem Surrenders

索福劳尼（Sophronius）被迫屈从于奥马尔一世（Umar I），耶路撒冷成为伊斯兰教之都

公元638年1月奥马尔一世抵达耶路撒冷，宣示阿拉伯人对这座城市的所有权。奥马尔表现得极为谦恭，身着打着补丁的外衣，赤脚巡游圣殿山——穆罕默德"夜行登霄"之地。

公元637年秋，耶路撒冷牧首索福劳尼不得不勉强同奥马尔一世谈判，协商将耶路

> "（世人）看到先知但以理预言的亵渎和荒芜。"
>
> 索福劳尼，耶路撒冷牧首，公元638年

撒冷交付伊斯兰教势力。公元634年阿拉伯人入侵拜占庭帝国，次年占领大马士革。皇帝希拉克略（Heraclius）派兵收复失地，但在公元636年的耶尔穆克河战役中，大马士革重新被阿拉伯人占领。公元637年秋，除耶路撒冷和凯撒利亚之外，阿拉伯人占领了几乎全部叙利亚和巴勒斯坦地区，耶路撒冷也必将沦陷。穆斯林尊耶路撒冷为圣城，索福劳尼所面临的局势有所缓和；但他提出的条件之一，即是他只能将耶路撒冷交给奥马尔一世本人。

奥马尔对耶路撒冷的基督徒相当慷慨，他们只要向穆斯林领主上缴吉兹亚（jizya，即贡税）即可获得保护，而犹太人被逐出耶路撒冷。巴勒斯坦的大多数基督徒属于在东罗马帝国遭到迫害的基督教一性论派，因而视阿拉伯人为解放者。直至1099年，耶路撒冷一直由伊斯兰教势力控制。**JH**

公元639年1月19日

达戈贝尔特一世去世
Dagobert Dies

国王之死加速了墨洛温王朝的衰亡

达戈贝尔特一世（Dagobert I）是最后一位统治统一法兰克王国的墨洛温君主。公元639年1月19日他的去世标志一百多年前由克洛维一世（Clovis I）建立的墨洛温王朝步入没落之途。达戈贝尔特的权势部分得益于其同拜占庭国王希拉克略（Heraclius）的紧密同盟。尽管公元631年败于奥斯特拉西亚（译者注：墨

> "达戈贝尔特国王机敏英俊，所向披靡，闻名天下。"
>
> 鲁昂的达多（Dado），
> 《埃利吉乌斯传》，七世纪

洛温法兰克王国的东北部，包括今法国东部、德国西部、比利时和荷兰）人之手，达戈贝尔特在同加斯科涅人和布列塔尼人的战役中取得重大胜利，同斯拉夫人作战，向西班牙派兵支持西哥特的篡位者Swinthila。公元632年，达戈贝尔特已成为西方最有权势的墨洛温君王。

达戈贝尔特统治时期国家相当繁盛。不少教堂以金饰装点，这一时期的墓葬也发掘出很多精美的手工艺品。达戈贝尔特资助艺术发展，修订法兰克法律，鼓励求学问道，并建立了第一所圣丹尼大修道院。

达戈贝尔特之后由其子西吉贝尔特三世和克洛维二世继位——他们除留下子嗣外无所作为，史称懒王。实权落于贵族之手，直至公元751年矮子丕平罢黜最后一任墨洛温国王希尔德里克三世。矮子丕平是加洛林王朝的奠基人，查理大帝之父。**TB**

公元644年11月3日

哈里发奥马尔遇刺
Caliph Umar Murdered

心怀怨恨的奴隶艾布·鲁洛（Abu LuLu）刺哈里发六刀致命

公元644年11月3日清晨，第二任哈里发奥马尔在穆斯林晨祷之后遇刺身亡。奥马尔埋葬在穆罕默德和阿布·伯克尔（Abu Bakr）墓旁——阿布·伯克尔是继先知之后第一位哈里发，统领穆斯林的现世和精神领袖。几天前奥马尔走在麦地那街头，一名信奉基督教的奴隶艾布·鲁洛上前，称自己受到主人的虐待；奥马尔认为其申诉不合理而拒不考虑。第二天哈里发在清真寺内参加晨祷，艾布·鲁洛刺了他六刀后自尽身亡。

奥马尔死前委派大会决定其继任人。大会的领袖人物有阿里·本·阿比·塔卜（Ali ibn Abi Talib）——穆罕默德的堂弟和女婿，和奥斯曼·伊本·阿凡（Uthman ibn Affan）——同为穆罕默德的女婿，且出身于富有的倭马亚部族。大会几乎立即产生分歧，濒死的哈里发命令众人暂且搁置不同意见，在其死后再继续磋商。

奥马尔的葬礼之后，大会在看守下的室内进行，要在三天内达成协议。阿里和奥斯曼是哈里发之位唯一的候选人，但三天之后并未达成协议，因而主席阿卜杜·拉赫曼（Abdul Rahman）在晨祷时邀请集会以征求意见。奥斯曼似乎获得了更广泛的支持，因此阿卜杜选奥斯曼继任哈里发（公元644–656年在位）。奥斯曼这一依靠裙带关系继位的哈里发对自己的部落极为偏袒，最终导致了叛乱、奥斯曼本人遇刺，穆斯林大团结开始分崩离析。**JH**

▶ 十六世纪末或十七世纪初土耳其图画，描述奥马尔之死

公元645年

皇室变革改造日本
Imperial Revolution Transforms Japan

新天皇发起广泛的大化改新（Taika），编纂法典并改革政务

▲《多武峰缘起绘卷》中的插画，展现苏我入鹿被中大兄皇子暗杀的情景

公元645年，中大兄皇子（Naka no Oe）讨平了强大的苏我氏族，成为孝德天皇（Emperor Kotoku）。为巩固天皇实权并控制日本全国，中大兄皇子开始改革日本政府体制。他根据孔子的思想和中国唐代的体例发起土地改革，从而加强中央集权和皇室的权利。孝德天皇也采用了中国的年号纪元体系，以帝王的统治纪年，建立其统治初期年号"大化"。

在此之前，日本由众多互相征伐的氏族所割据，而苏我氏通过高明的密谋和谋杀手段，操控皇室、掌控大权。脱离了苏我氏的控制之后，孝德天皇得以组织高效集权的皇权政府。

大化时代主要的四项法令带来政府机构的重大变革。法令废除了土地和部民私有制，宣告二者为大众——实为天皇——所有。此外在日本全国建立新的行政和军事机构，直接由天皇领导；进行人口调查以公平分配土地；创立等价征税规则；编纂法典；政府部门配以不少在中国接受过训练的官员；建立道路网以加强中央集权。大化改新实际上令日本步入封建制度，贵族只要效忠天皇即获得世袭权利。**TB**

> "天无二日，国无二君。"
> 孝德天皇，《大化改新之诏》

公元661年1月24日

逊尼派和什叶派的分立
Sunni and Shi'a Schism

哈里发阿里遇刺，伊斯兰世界分为逊尼派和什叶派

公元661年1月24日哈里发阿里遇刺，标志着伊斯兰世界分为逊尼派和什叶派。阿里是穆罕默德的堂弟和女婿，公元656年哈里发奥斯曼遇刺后阿里继位。奥斯曼在位时拓展疆土，但新领地所得税款分配不均招致对奥斯曼的非议。

对许多穆斯林而言，阿拉伯人忙于争夺帝国的战利品，正是伊斯兰教要义被遗忘的表现。阿里因其同穆罕默德的亲属关系得到了部分穆斯林的支持，他们认为哈里发由先知穆罕默德的圣裔成员担任，才能最好的保持纯粹的伊斯兰教；他们后来被称为"什叶阿里"（"阿里的党派"），即什叶派。

> "阿里死得其所。阿里殉道所得远超其一生所失。"
>
> 菲利浦·希提（Philip K. Hitti），
> 《阿拉伯通史》，1937年

阿里是哈里发的合法候选人，但他最终掌握大权的方式令其正统地位受到质疑。阿里没有惩治杀害奥斯曼的凶徒，令奥斯曼的堂弟穆阿维叶大为愤慨，后者很快便发动了叛乱。这是史上第一次穆斯林之间爆发战争。哈瓦利吉派拒绝承认哈里发统治的合法性，谋划刺杀阿里和穆阿维叶，但是他们只杀掉了阿里，穆阿维叶继任哈里发，其追随者以阿拉伯语Sunnah（意为圣行）命名，称逊尼派。阿里的支持者对其子哈桑效忠，导致伊斯兰教永久分歧。**JH**

公元661年

复仇在我
Vengeance Is Ours

哈里发穆阿维叶为倭马亚家族掌控伊斯兰世界

公元661年，哈里发穆阿维叶以倭马亚家族之名建立第一个穆斯林王朝。因哈里发阿里没有惩治杀害哈里发奥斯曼（公元644—656年在位）的凶徒，奥斯曼的堂弟叙利亚总督穆阿维叶于公元657年发动叛乱反对阿里。根据阿拉伯传统，为同胞复仇是穆阿维叶的义务，因此其叛乱得到了广泛的同情和理解。公元660年，穆阿维叶同阿里争权，在耶路撒冷自立为哈里发；但他并没有共谋参与公元661年1月阿里的刺杀。阿里的支持者什叶派转而效忠其子哈桑，但哈桑放弃了继承哈里发的权利。阿里去世后七个月内，穆阿维叶便在逊尼派的支持下控制了哈里发的领土。

穆罕默德并未正式规定哈里发的继选方式，前四任哈里发均由穆斯林拥立上位。穆阿维叶在世时指定儿子耶齐德（Yazid）为自己的继承人，建立了哈里发世袭制。因此穆阿维叶成为史上发展最快的帝国之一——倭马亚王朝的奠基人。

穆阿维叶最初的势力始于叙利亚，因此他从麦地那迁都至大马士革，以便同帝国的其他地区进行联络。阿拉伯半岛荣耀了一瞬旋即再次回归穆罕默德时代前的停滞状态。但是倭马亚王朝和伊斯兰教的扩张使阿拉伯语成为这一广大地区的通用语言。倭马亚王朝完全统治伊斯兰世界至公元750年，帝国势力从西班牙延伸至亚洲中部。最终倭马亚王朝被发于现今伊拉克地区的阿拔斯王朝取代。**JH**

公元664年

罗马对爱尔兰
Rome Versus Ireland

惠特比宗教会议解决爱尔兰和罗马传统之争

诺森布里亚教士威尔弗里德（Wilfrid）曾访问罗马并在法国里昂旅居三年。公元七世纪60年代初，威尔弗里德被任命主管里彭修道院。修道院中的爱奥那修士因而遭到排斥，并导致信奉爱尔兰传统的修士和信奉罗马传统的修士发生正面冲突。公元664年，诺森布里亚国王奥斯维（Oswy，公元642–670年在位）召开宗教会议以解决这一争端。会议在强干的贵族和女修道院院长希尔达（Hilda）所主持的惠特比大型男女修道院中进行。

自圣帕特里克向爱尔兰布道，基督教由林迪斯法恩第一任主教艾丹由爱奥那岛传入诺森布里亚，爱尔兰教会两世纪以来发展了具有本土特色的惯例习俗。争端的焦点在于复活节日期——复活节是基督教历中最为重要的节日。爱尔兰修士使用的桌子在罗马人看来不合体例。其他分歧包括僧侣的削发方式。

比德在其公元731年所著的《英吉利教会史》中记述了惠特比宗教会议。爱尔兰传统的主要支持者有希尔达和林迪斯法恩第三位主教科尔曼（Colman）。威尔弗里德是赞同罗马传统最有影响力的发言人，他的观点最终得胜。国王奥斯维选择了罗马传统和圣彼得的教义——圣彼得掌管着天国和地狱的钥匙。这一重要决议直接将诺森布里亚教会置于罗马教皇管辖之下，使其更接近高卢和意大利的教会。**SK**

● 版画《可尊敬的比德》，受人推崇的英国学者和本笃会修士

公元676年

新罗控制朝鲜半岛
Silla Dominates

新罗征服对手高句丽，统一朝鲜半岛

朝鲜半岛公元前一世纪至公元七世纪期间处于"三国"时期。这一时期朝鲜半岛分为四部分：西北部为中国占据，余下的领土由三个互相征伐的本土国家高句丽、百济和新罗割据。公元676年，新罗国王文武王（Munmu）终以少数精锐部队逐出唐朝军队，新罗统一朝鲜半岛。

> "总章元年，王率军灭高句丽。"
> ——一然（Ilyon），《三国遗事》

高句丽、百济和新罗三国皆为贵族统治的军国主义国家，社会阶层按照世袭种系制度——"骨品制度"——划分，只有最高的"圣骨阶层"才能承袭帝位。高句丽是大部分时期内三国中最强大的国家，其扩张主要威胁到了唐朝的利益。于是唐朝联合实力次之的新罗对抗高句丽，联军于公元660年攻破百济，公元668年灭高句丽，首次统一朝鲜半岛。唐朝认定统一的朝鲜半岛应为诸侯国，开始在岛上屯兵驻守。但新罗文武王反叛，抗战八年取得新罗对朝鲜半岛的控制，直至公元892年百济再次独立。公元901年，皇子弓裔（Kungye）起义，复兴高句丽国，公元918年国王王建将国号重新定为高丽。**JH**

公元680年10月10日

什叶派的殉难
Shi'a Martyrdom

侯赛因·伊本·阿里（Husayn ibn Ali）在卡尔巴拉战役中被哈里发耶齐德一世的军队所杀

公元680年10月10日，先知穆罕默德的外孙侯赛因·伊本·阿里在卡尔巴拉战役中遇难，此役中先知家族的男性成员战死，妇女和儿童被俘。

耶齐德一世继任倭马亚王朝的哈里发之位后，穆斯林之间的派系之争引发卡尔巴拉战役。部分忠于穆罕默德外孙的穆斯林在库法叛乱，请侯赛因·伊本·阿里前来主政，并许诺会在伊拉克拥立他为哈里发。侯赛因闻此消息即同大部分家人从麦加出发，预期自己会受到库法市民的隆重欢迎。同时耶齐德一世派巴士拉总督乌拜答·安拉（Ubayd Allah）镇压库法叛乱。侯赛因抵达幼发拉底河西岸的小城卡尔巴拉时，遭遇据称人数多达四万的军队。侯赛因投身战斗，相信自己在库法的支持者会前来相助。而不幸的是，援兵并没有到达，侯赛因和他的不少家人遭到杀害。

穆罕默德外孙的死讯传到库法，邀请侯赛因的穆斯林对自己所促成的悲剧羞愧不已。耶齐德及逊尼派被认为是杀害侯赛因的凶手，其名永为什叶派所诅咒。侯赛因的横死是促进什叶派伊斯兰教传播的重要事件之一，侯赛因遇难日被定为阿舒拉节供公众哀悼和纪念。对什叶派穆斯林而言，被斩首的殉难者——侯赛因·伊本·阿里——位于卡尔巴拉的坟墓，是世界上最为圣洁的地方之一。TB

○ 《卡尔巴拉战役》，作者阿巴斯·穆萨维，现藏于纽约布鲁克林艺术博物馆

公元710年

日本首个都城
Japan's First Capital

元明天皇（Gemmei）认定日本需要一座固定首都

公元710年，元明天皇在现今奈良以西建立日本首个固定都城平城京。七世纪末以前，日本天皇没有固定都城。都城仅为天皇的宫殿，政府由皇室成员组成。天皇一旦去世，宫殿即因天皇之死被焚毁，另建新殿。但是效仿中国发展而来的皇家官僚机构令建造固定都城的需要日益突出。公元694年于藤原京（Fujiwara-kyo）兴建了宏伟的宫殿，先后有三位天皇定都于此，直至公元710年迁都平城京。

> "我们伟大的君主，女神，以其圣意建立宫殿。"
>
> 无名氏，《万叶集》（当代诗歌）

平城京仿效中国唐代都城长安的结构比例建造，面积远大于藤原京，东西向2.8英里（4.5千米），南北向2.5英里（4千米），约于公元720年建成，人口约达20万。

平城京的建成标志着日本进入长达七十年的政治稳定时期——奈良时期（公元710-784年），日本政府、文化及法律进一步效仿中国，同时日语吸纳了中国的汉字。此外，奈良时期佛教在日本迅速发展。JH

公元711年

阿拉伯人攻陷西班牙
Saracens Invade Spain

塔里克（Tariq）率阿拉伯大军入侵伊比利亚半岛

公元711年4月，阿拉伯将领塔里克率阿拉伯人和柏柏尔人（即摩尔人）组成的大军——欧洲人称之为撒拉森人——从摩洛哥穿越海峡，攻打西班牙的西哥特王国。塔里克登陆之地被称为Jebel al-Tariq，意为塔里克之山，抑或直布罗陀。

西哥特国王罗德里克（Roderic）赶来迎战塔里克，但于当年7月的瓜达莱特之战中战

> "（阿拉伯人对）西班牙的破坏，笔墨难以形容。"
>
> 《莫扎勒布编年史》，公元754年

败身亡。公元712年另一支阿拉伯军队抵达西班牙，西哥特王国组织的抵抗彻底崩溃，两年内塔里克的穆斯林势力便完全控制除西北山地之外的整个伊比利亚半岛，就此开启穆斯林对西班牙近八百年的影响。

关于西哥特王国迅速灭亡流传着这样的传说。西班牙古代的国王在一间上锁的密室内封藏了一个秘密，禁止后世的国王打开。二十六任国王都遵守了，但是罗德里克不顾劝阻，下令打开密室。他发现室内墙上画着阿拉伯战士，密室中央的金桌上放着一个瓮，瓮中的羊皮纸上写道："密室遭到亵渎之时，此瓮中的符咒即被打破，壁画中的人将入侵西班牙，倾覆其王权，征服整片大陆。" **JH**

约公元722年

山地伏击
Mountain Ambush

西班牙阿斯图里亚斯（Asturias）的科瓦东加战役中穆斯林军队战败

公元718年—724年间一个炎热的夏日，一支由阿拉伯人和柏柏尔人组成的穆斯林军队穿过西班牙北部山区的狭窄山谷。他们在科瓦东加遭遇基督教战士的伏击，后者备有弓箭和投石器，埋伏在山谷道路两旁。而穆斯林向伏击军发射的投弹反而击中己方，更是雪上加霜。西哥特贵族佩拉约（Pelayo）率领三百名基督教战士，突然从藏身的山洞中冲出攻打穆斯林，令其溃不成军，仓皇而逃。这一山地伏击虽然被穆斯林史学家轻描淡写为小规模战斗，但在西班牙历史上意义重大。

公元711年，穆斯林军队由北非入侵伊比利亚半岛。信奉基督教的西哥特王国自公元六世纪起统治伊比利亚半岛，在阿拉伯人面前完全溃败。佩拉约和其他基督徒躲在偏远的阿斯图里亚斯山区。他煽动当地村民进行游击战以抵抗穆斯林的统治，因此穆斯林派兵到科瓦东加镇压叛乱。

科瓦东加战役之后，佩拉约建立阿斯图里亚斯王国，成为抵抗伊斯兰政府的中心。基督教编年史将这一战描述为击败十八万穆斯林大军的伟大胜利，尽管十八万之数几乎可以肯定为夸大之辞。科瓦东加战役被视为收复失地运动的第一役——收复失地运动为基督教各国在伊比利亚半岛恢复基督教统治的运动，历时七世纪完成。**RG**

○ 西班牙希洪的佩拉约像，纪念其在科瓦东加战役中的胜利

公元732年10月10日

为法兰克王国而战
The Fight for the Kingdom of the Franks

图尔战役中，查理·马特（Charles Martel，铁锤查理）带领法兰克人击败阿拉伯人，阻止穆斯林北征

公元732年，法国图尔和普瓦捷之间的山顶上进行了一场欧洲历史上的决定性战役。先知穆罕默德去世后的数百年间，对伊斯兰教的信仰鼓舞着穆斯林军队从北非经伊比利亚半岛直抵西欧中部。公元732年，穆斯林征服的西班牙地区总督阿卜杜勒·拉赫曼（Abd ar-Rahman al-Ghafiqi）率军翻越比利牛斯山，征服阿基坦，踏平波尔多，之后向法兰克王国图尔市进发。

法兰克将领查理·马特将三万军队布于树木茂盛的高地，将步兵列为紧密方阵，严阵以待。尽管阿拉伯军队是法兰克人数的二倍，阿卜杜勒·拉赫曼七天仍未下令开战。他最终令骑兵出击，法兰克步兵严守阵地击退了穆斯林的进攻。鏖战过后，不少穆斯林骑兵撤退以守卫战利品，而遭部下遗弃的阿卜杜勒·拉赫曼被围后阵亡。

阿卜杜勒·拉赫曼可能并没有企图征服欧洲的基督教文明，而只是带兵劫掠一番。但若法兰克士兵失守，穆斯林便可长驱直入占领西欧。查理·马特巩固了加洛林王朝的统治，形成穆斯林北征的壁垒。**RG**

- 十九世纪彩色石印画：法兰克国王查理·马特想象图
- 《普瓦捷战役》局部图，（图尔战役又名普瓦捷战役），由查尔斯·奥古斯特·施托伊本（1788—1856）作于1837年

公元750年6月25日

血宴
Banquet of Blood

阿拔斯家族推翻倭马亚王朝

自公元661年起统治整个穆斯林世界的倭马亚王朝在公元八世纪逐渐式微,公元750年在血宴中覆灭。公元750年6月25日,阿拔斯将军阿卜杜勒·伊本·阿里(Abdullah ibn-Ali)于雅法附近的安提帕底(即Antipatris)宴请倭马亚家族八十名成员,筵席中途将所有人杀害。更为惨绝人寰的是,尸体被从墓中掘出并焚毁。

倭马亚王朝衰亡的原因之一,在于未能解决逊尼派和什叶派的分立,导致伊斯兰世界分裂。此外,阿拉伯人将哈里发的国土视为私有财产,令改信伊斯兰教的非阿拉伯信徒忿恨不满。非阿拉伯教徒认为哈里发统治是为了传播伊斯兰教,而非为阿拉伯人牟利。公元747年,波斯爆发反抗倭马亚王朝的叛乱,并迅速传到伊拉克。穆罕默德的叔父阿拔斯(al-Abbas)的后裔阿布·阿拔斯·萨法赫(Abu al-Abbas as-Saffar)被叛军拥立为哈里发,由此建立阿拔斯王朝(749–1258)。公元750年1月,阿卜杜勒·伊本·阿里在扎卜战役中击溃倭马亚军队,占领王国首都大马士革。倭马亚王朝末代哈里发马尔万二世(Marwan II)逃往埃及,八月遇害。阿卜杜勒举行了声名狼藉的血宴,以绝后患。

阿拔斯王朝的建立标志着伊斯兰世界重要的权力转移——非阿拉伯教徒也可以自由在政府中任职;同时标志着伊斯兰世界政治统一的终结。倭马亚家族只有一名重要成员得以幸存:阿卜杜·拉赫曼(Abd ar-Rahman)逃到西班牙建立伊斯兰教独立政权。**JH**

公元751年7月10日

怛罗斯战役
The Battle of Talas

阿拉伯人的胜利终止唐朝在中亚的扩张

公元751年怛罗斯战役中,阿拉伯人战胜中国人,奠定了伊斯兰教在中亚的统治地位,令唐朝势力退出中亚。

唐太宗(公元628–649年在位)统治时期,唐朝为控制丝绸之路——联通中国到中东和地中海地区的要道——将势力范围延至中亚。八世纪时,唐朝的突出阵线长达1000

> "其国男夫鼻大而长,瘦黑多须髯,女人端丽。"
>
> 杜环(怛罗斯战役中被俘),《经行记》

英里(1610千米),至兴都库什山。然而信仰伊斯兰教的阿拉伯人也计划着向中亚扩张,并于公元710年占领了大城市布哈拉和撒马尔罕。

公元750年,高仙芝(Gao Xianji)率唐军占领石国(译者注:西域古国,即塔什干)并斩首其土耳其国王,王子向阿拔斯王朝求援。公元751年,四万阿拉伯-土耳其联军进入唐朝领土,同高仙芝的军队在现今吉尔吉斯斯坦境内的怛罗斯河交战。唐军主要由步兵组成,阿拉伯-土耳其骑兵又以智取胜。唐军只有数千人生还。

据传说,怛罗斯战役后中国战俘在撒马尔罕修建造纸作坊,使用了中国悉心严守的造纸技术。虽然这也许是出于杜撰,但这一时期纸张传到了伊斯兰世界,之后于十三世纪传到欧洲。**JH**

公元754年6月

治国者称王
One Man to Rule and Reign

教皇斯蒂芬二世（Stephen II）膏立前宫相丕平三世（Pepin III）为法兰克国王

○ 十五世纪泥金装饰皮纸手稿局部图：法兰克国王矮子丕平

"我以教皇的权威，封你为法兰克国王。"

公元750年教皇圣匝加利亚给丕平三世的回复

公元753年11月，教皇斯蒂芬二世从罗马出发穿越阿尔卑斯山，迫切的向丕平三世（又称矮子丕平、小丕平）寻求军事援助。丕平三世之前任墨洛温王朝末代君王希尔德里克三世（Childeric III）的宫相。八世纪时，墨洛温君主手中大权所剩无几，由宫相——实为皇室之首——代理君主之职。公元750年丕平派两名使者向教皇圣匝加利亚（Zacharias）问询道："一人称王，另一人治国合理吗？"教皇的回复正中其下怀。丕平很快便废黜了希尔德里克三世，并于公元751年11月立教皇的使者大主教卜尼法斯（Boniface）为王，建立加洛林王朝。

圣匝加利亚教皇的继任者斯蒂芬二世亲往法国——开在位教皇穿越阿尔卑斯山的先例。意大利境内，伦巴第国王埃斯托（Aistulf）占领拜占庭教区拉文纳，罗马的安危系于一线。拜占庭人无力相助，走投无路的教皇只得向法兰克人求助。公元754年1月6日双方于巴黎以南的庞提翁会面，丕平同意发兵攻打伦巴第人。教皇也同意6月于巴黎的圣丹尼大修道院为丕平涂圣油和加冕，同时认可丕平之子查理（即未来的查理大帝）和卡洛曼（Carloman）为王位的继承人。

尽管丕平确实令埃斯托撤兵，停战并没有持续多久。随后的战役中，法兰克人将伦巴第人逐出拉文纳，将教区献给教皇，由此划出教皇国基本领土。**SK**

公元756年5月15日

争夺西班牙
The Fight for Control of Spain

阿卜杜·拉赫曼一世在西班牙脱离阿拔斯掌控，建立倭马亚酋长国。

公元756年5月15日，阿卜杜·拉赫曼一世于科尔多瓦骄傲地宣告成为倭马亚埃米尔（译者注：某些阿拉伯伊斯兰国家的首长、王公或统帅的称号）和穆斯林西班牙的统治者。这标志着伊斯兰世界政治统一告终。自公元632年先知穆罕默德逝世，所有穆斯林隶属于统一的国家，由掌握政教大权的哈里发统治。穆罕默德死后两年内，哈里发带领穆斯林开始大扩疆土，至八世纪帝国广阔的疆域已从印度河延伸至比利牛斯山。然而由于逊尼派同什叶派的分立、阿拉伯同非阿拉伯教徒间的紧张局势，穆斯林帝国最终四分五裂。公元750年，自公元661年起统治帝国的倭马亚王朝为阿拔斯王朝取代。

尽管阿拔斯家族极力试图将倭马亚家族斩尽杀绝，阿卜杜·拉赫曼仍然乔装逃至西班牙。由于西班牙和阿拔斯王朝在波斯和美索不达米亚的权力中心相距甚远，公元755年拉赫曼逃至西班牙时，阿拔斯家族鞭长莫及。西班牙有不少人同情倭马亚家族，并乐于在拉赫曼的领导下联合起来反抗不得人心的阿拔斯总督尤苏夫（Yusuf）。公元756年5月14日，拉赫曼在科尔多瓦附近的卡莫纳击败了尤苏夫的军队，次日未遇任何抵抗顺利占领科尔多瓦。阿卜杜·拉赫曼希望恢复倭马亚家族对帝国的控制，但其在位期间，阿拔斯的代理人不断煽动叛乱，将拉赫曼限制在西班牙。但到公元788年拉赫曼去世时，倭马亚家族已经牢牢掌握西班牙，而阿拔斯家族仍在艰难维持着对北非的控制。**JH**

● 《摩洛哥苏丹阿卜杜·拉赫曼》，法国画家欧仁·德拉克洛瓦（1798—1863）所作

> "我们起誓，若不能得胜，即战死沙场。不成功便成仁！"
>
> 阿卜杜·拉赫曼一世，卡莫纳战役前

公元762年6月30日

建立巴格达
Baghdad Founded

哈里发曼苏尔（al-Mansur）选址建造阿拔斯新都城

公元750年阿拔斯王朝取代倭马亚王朝，标志着穆斯林王权从阿拉伯地区向波斯地区转移。因此阿拔斯王朝首位哈里发阿布·阿拔斯，决定从大马士革暂时向东迁都至伊拉克幼发拉底河岸某处。

公元762年，第二任哈里发曼苏尔——阿布·阿拔斯的胞弟——选择底格里斯河西

> "只有这样的地方才能同时维持军事力量并保证百姓生计。"
>
> 哈里发曼苏尔，公元762年

岸的一个小村庄作为固定都城的新址。新都的正式名称为Madinat al-Salam（意为和平之都），但人们通常以其波斯名巴格达（意为神的恩赐）称之。巴格达设计为直径1.6英里（2.6千米）的圆形城市，外围设有城墙，等分为四个区域，历时仅四年便建造完工。

除位于帝国中心的优越地理位置外，巴格达还有不少优势。巴格达靠近一条东西向通商要道，又可以经底格里斯河到达巴士拉和波斯湾。巴格拉周边农田肥沃，易于供养大量城市人口。果不其然，巴格达兴盛发展起来，很快便拓展至城墙之外。八世纪末，巴格达成为世界第一大城市。显赫的阿拔斯王室吸引着远方的商人、学者和手工艺人慕名而来，巴格达孕育了伊斯兰文化发展的黄金时期。**JH**

公元768年9月24日

丕平遗产恩泽后代
Peppin Legacy Lives On

丕平尸骨未寒，法兰克王国便被卡洛曼和查理分割

法兰克加洛林王朝奠基人丕平三世的成就在其长子查理（即未来的查理大帝）面前黯然失色，但丕平为查理大帝的辉煌打下了坚实的基础。丕平凭借其法兰克贵族构建的军事强权，以及其同教皇的紧密联盟，将整个法兰克王国收入囊中，扩建军队并维持着一支庞大的常备军。丕平建立了封建主义国家的早期律法规则——后为中世纪欧洲大部分国家的行政蓝本——还制定了法兰克扩张的计划，将摩尔人逐出高卢，吞并纳博讷和阿基坦。欧洲当时最强大的国王丕平于公元768年去世，法兰克王国被丕平之子查理和卡洛曼分割。

不幸的是，兄弟二人在共治时期一直关系紧张。当查理废黜第一任王后——伦巴第国王西德里乌斯（Desiderius）之女，伦巴第国王图谋同卡洛曼联手击败查理。然而卡洛曼于公元771年去世，其国土转至查理治下。

查理大帝在丕平的功业之上建立法兰克大帝国，并入中欧和西欧的大片土地。此外，查理大帝发起了一系列政治和文化改革，史称"加洛林文艺复兴"。罗马教皇利奥三世（Leo III）力图复兴西罗马帝国，于公元800年12月25日在罗马圣彼得大教堂为查理大帝加冕为罗马皇帝。**TB**

▷ 画作，描绘查理大帝将最后的晚餐中所用的圣餐杯送至亚琛大教堂的情景

公元778年8月15日

巴斯克人令查理大帝威风扫地
The Basques Humble Charlemagne

龙塞斯瓦列斯战役中，巴斯克人摧毁查理大帝的后卫部队

▲ 描绘龙塞斯瓦列斯战役的十四世纪法国画作，现藏于英国伦敦大英图书馆

查理大帝当今最广为人知的一场战役当属龙塞斯瓦列斯战役——虽然是败仗一场。公元777年夏，西班牙城市萨拉戈萨的穆斯林总督伊本·阿拉比（Ibn al-Arabi）参加了法兰克王国的年度大会。伊本·阿拉比反叛其君主阿卜杜·拉赫曼，因而向法兰克国王查理献上萨拉戈萨以求保护。次年夏天查理大帝进军西班牙，却发现伊本·阿拉比背信毁约。查理大帝围攻萨拉戈萨，迫使伊本·阿拉比声明投降，经由比利牛斯山的龙塞斯瓦列斯隧道撤军。

8月15日，后卫部队由龙塞斯瓦列斯隧道下山时遭到巴斯克人伏击。救援部队赶到出事地点时，战斗早已结束，巴斯克人将补给劫掠一空后消失在茫茫山间。法兰克人伤亡惨重，值得注意的是，其中包括布莱顿区的罗兰（Roland）伯爵。这场败仗的实情被掩藏多年，查理大帝也没有再次亲征西班牙。然而这仅仅是暂时失利，公元802年法兰克王国攻取巴塞罗那，奠定了法兰克王权的基础。

龙塞斯瓦列斯的盛名始自《罗兰之歌》——《罗兰之歌》是约在1100年创作的英雄史诗，歌颂罗兰伯爵在龙塞斯瓦列斯战役中的英雄事迹，作者杜洛杜斯（Turoldus）将查理大帝在西班牙的这一役重新塑造成典型的十字军东征。**JH**

公元786年9月14日

奢华王宫赋予《一千零一夜》创作灵感
Sumptuous Court Inspires 1001 Nights

哈伦·拉希德（Harun al-Rashid）开创伊斯兰文化的黄金时代

△《哈伦·拉希德王宫内》，1895年法国画派系列版画《天方夜谭》

公元786年哈伦·拉希德即位，阿拔斯王朝进入全盛时期。哈伦年轻时在名义上领导了几场对拜占庭帝国的战争，并以此居功，自封为"拉希德"（意为正义之士）。哈伦之父于公元785年去世，哈伦的兄长哈迪（al-Hadi）承袭哈里发之位，但不到一年便染病，于786年9月14日身亡，年轻的哈伦立即被立为哈里发。

当时很多人认为哈迪死得颇为蹊跷——哈迪力图掌管自己的政府，并因此同其母发生激烈的争吵。很快便谣言四起：传闻太后毒杀哈迪未果，之后哈迪在其令下窒息而死。

哈伦极力资助艺术和学术的发展，无心参与政事，几乎将王国事务全部交给维齐尔（伊斯兰国家的高级官员或大臣）打理。哈伦在巴格达建造以奢华和精巧驰名的宫殿，后来许多《一千零一夜》中故事的创作灵感来源于此，而据传国王沙赫尔亚尔（Shayrar）——其妻莎赫扎德（Scheherazade）即是《天方夜谭》的讲述者——便是以哈伦本人为蓝本创作的人物。虽然哈伦使伊斯兰文化发展进入黄金时期，他疏于治理政事为其继任者埋下了隐患。哈伦在统治后期开始管理政府，但王朝衰落的迹象已颇为明显。**JH**

公元793年6月8日

海上强盗
Raiders from the Sea

维京海盗首次侵袭摧毁林迪斯法恩修道院

袭击来得毫无预警。极具威慑力的维京船头破浪,突然自海上出现。夏日的宁静迅速被修道士的惊叫打破,诺尔斯异教徒挥剑劫走修道院的财宝。

圣古柏的埋骨之所——林迪斯法恩岛上修道院被毁的消息传播开来,引起大面积恐慌和警惕。这是史书上记载的第一例维京海

> "……见到上帝的教士血溅圣古柏教堂。"
>
> 约克的阿尔昆(Alcuin)致埃塞雷德国王(Ethelred)的信,约公元793年

盗袭击——来自丹麦和挪威的海盗穿越北海四处劫掠。

公元794年,诺森布里亚的另一所修道院被焚毁,一年后苏格兰爱奥那岛上的圣高隆修道院遭到侵袭。从那时起,维京战船每年夏天便会沿英格兰、苏格兰和爱尔兰的海岸线劫掠,之后返回斯堪的纳维亚过冬。八世纪九十年代末期,维京海盗的袭击范围已扩大到法国西部。

维京海盗的成功得益于精湛的造船、航海技术及高超的战术。维京战船十分坚固,能经受海上风浪,而且吃水较浅,可以驶入内陆河道。修道院中藏有大量财宝以及镶嵌宝石的圣书,因而成为海盗袭击的主要目标,但很多教徒认为异教海盗的袭击正是上帝对其子民的怒火。**SK**

公元794年

平安时代的黎明
Dawn of Heian Era

桓武天皇(Kammu)两度建立日本新都

八世纪时,日本首都奈良受众多佛教寺院主导,桓武天皇(Kammu)为脱离僧侣势力,决定迁都。天皇的造宫使藤原种继(Fujiwara no Tanetsugu)选址长冈,并于公元784年动工,而如影随形的密谋和派系纷争最终在藤原种继暗杀事件中达到高潮。桓武天皇认为长冈为不吉之地,于794年放弃长冈,另迁新都。

新都名为平安京(意为和平宁静之都),后称京都。平安京在之后的千余年间一直是日本首都,直至1868年明治天皇(Meiji)迁都东京。平安京规模超过旧都奈良,但基本上仍然仿照唐朝都城长安建造。平安京的主要宫殿和寺庙几乎完全是木质结构,因而经常在火灾中受损。尽管桓武天皇禁止奈良的已有寺庙迁至新都,但允许在平安京建造新的寺庙,平安京很快便成为重要的宗教中心。

由此开启了平安时代(794-1185),这一时期演化出了华丽高雅的宫廷文化,艺术也繁荣发展,但天皇日益脱离朝政。政府由贵族藤原氏成员操控——藤原氏通过巧妙的联姻扩大势力范围,并通过损害皇家利益攒聚了大量免税地产。到1185年源赖朝(Minamoto Yoritomo)建立幕府时,天皇已成为毫无实权的挂名首领。**JH**

公元800年12月25日

查理大帝罗马加冕
Charlemagne's Historic Crowning in Rome

圣彼得大教堂圣诞日的弥撒中，教皇利奥三世出人意料地为查理大帝加冕。

公元799年，被反对者赶下教皇宝座的利奥三世向法兰克国王查理大帝求助。查理大帝亲往罗马主持会议，恢复利奥的教皇之位。圣诞节当天，查理到圣彼得大教堂做弥撒。当他跪下祈祷时，教皇利奥从圣坛上拿起王冠为查理大帝加冕，封他为罗马皇帝。

这是史无前例的举动，查理大帝的传记作者艾因哈德（Einhard）认为查理大帝并不知晓教皇里奥的真正意图。这似乎不大可能。有不少人认为查理大帝力图复兴西罗马帝国，但也没有确凿证据支持这一论点。这一时期统治拜占庭帝国的是伊琳娜女皇（Irene，公元791–802年在位），而教皇并不认可女皇之位。尽管教皇利奥无权授予罗马帝国王位，但他似乎利用法兰克国王身在罗马之机，创造了新的西方罗马天主教皇帝——而后者可以扩大教皇在意大利的势力。

查理大帝是一名虔诚的基督徒，这时统治法兰克王国已有三十二年，早已成为西欧大部分土地的君王。查理大帝经常被当做神圣罗马帝国的第一位皇帝，但实际上首先使用这一头衔的是一世纪以后奥托王朝的君主。查理大帝自称"统治罗马帝国之君"，同时保留"法兰克和伦巴第之王"的头衔。**SK**

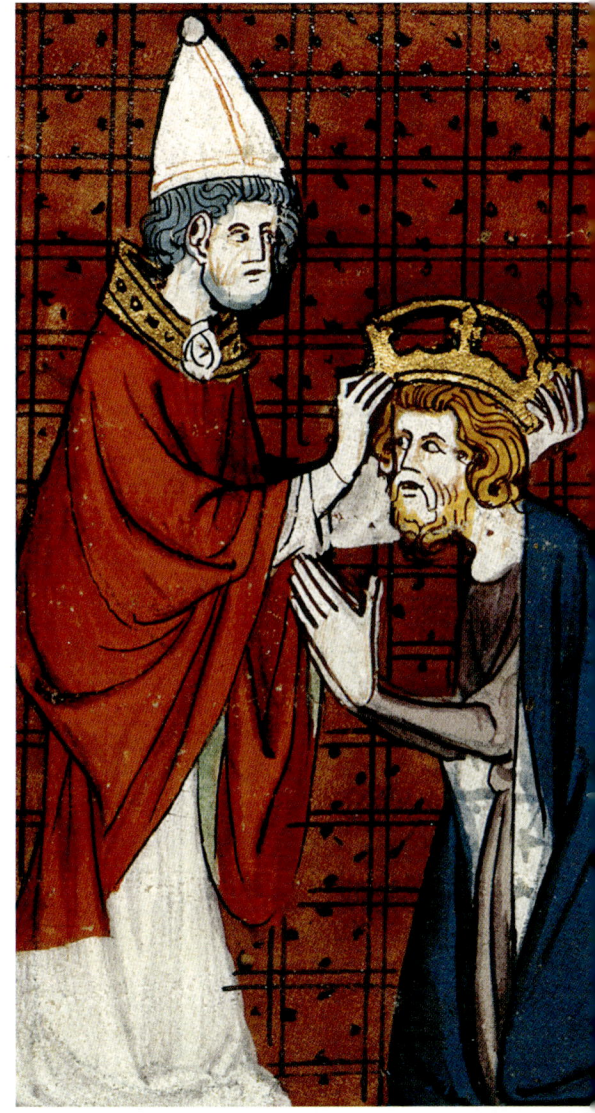

▶ 六世纪法国画作，描述罗马圣彼得大教堂内教皇利奥三世为查理大帝加冕的情形

公元813年

发现圣雅各之墓
Saint's Tomb Found

摩尔人杀手圣雅各的传说激励西班牙人收复失地

根据西班牙七世纪的传说,使徒圣雅各(西班牙文为"Sant' Iago")在世时曾到西班牙传播福音。公元44年,圣雅各在耶路撒冷殉道,天使将圣人原本身首异处的遗体奇迹般地合在一起,用石船运至西班牙加利西亚海岸的帕德龙。据传阿方索二世(Alfonso II,公元791年–842年在位)统治期间,在加利西亚新近收复的小镇孔波斯泰拉发现了圣雅各之墓。

八世纪时,阿斯图里亚斯王国——由佩拉约722年科瓦东加战役后建立——逐渐将国界扩展至西班牙西北部的山区,其作为抵抗穆斯林入侵中心的地位得到巩固。公元844年的克拉维霍战役中,传说圣雅各现身帮助基督教军队获胜。从此以后,圣雅各又称摩尔人的杀手。收复失地运动中,基督徒们在圣雅各的旗帜下冲锋,并以圣人之名为战斗口号。

圣雅各守护加利西亚的声名远扬,前来朝圣之人络绎不绝。十二世纪时,圣地亚哥孔波斯泰拉的大教堂已成为西方基督教世界仅次于耶路撒冷和罗马的第三大朝觐中心,有介绍四条主要朝圣之路的旅行指南,帮助朝圣者穿越比利牛斯山到达孔波斯泰拉。圣地周边兴起了庞大的产业,为朝圣者提供食宿,出售可证明其完成朝圣之旅的贝壳徽章。**SK**

约公元828年

巴格达的天文学家
Baghdad Stargazers

哈里发马蒙(al-Mamun)在巴格达建立第一座阿拉伯天文台

公元391年罗马帝国定基督教为国教后,属于"异教"文化的希腊文献便被尘封于图书馆的书架上。阿巴斯王朝哈里发马蒙(公元813–833年在位)在巴格达建立智慧馆,将希腊、波斯和印度书籍翻译为阿拉伯文。麦加方位的确定以及对伊斯兰阴历精确性的维持,都迫切要求天文学的发展,因此马蒙在巴格达的珊西娅门附近修建了一座天文台。

> "马蒙向拜占庭皇帝写信求索古籍。"
>
> 伊本·纳迪姆(Ibn al-Nadim),
> 《索引书》,公元938年

九世纪时,阿拉伯人几乎吸收了古希腊全部的科学文献,甚至向拜占庭帝国派出传教团收集长期无人阅读的古籍——若非如此这些文献恐怕会失传。欧洲人在十二世纪复兴希腊科学时,通常是借由阿拉伯译本。

哈里发马蒙大力支持阿拉伯人吸纳古希腊的学问。除建立智慧馆和巴格达天文台外,马蒙还在大马士革附近修建了另一座天文台。阿拉伯天文学家在古代世界的成果之上,提高了星表的准确性,改进了包括星盘在内的天文仪器。**JH**

○ 瓷盘,绘有孔波斯泰拉的圣雅各画像,很有可能是送给以雅各命名之人的礼物

公元843年

苏格兰开国之君
First King of Scotia

肯尼思·亚尔宾（Kenneth MacAlpin）建立苏格兰王国

  肯尼思·亚尔宾以武力强行统一苏格兰并自立为王，在这之前的几百年间，苏格兰并非以实体存在的国家。中世纪初期约公元500年左右，今天的苏格兰地区栖息着四个民族。最早的居民是占据大不列颠福思-克莱德河地峡以南地区的凯尔特布立吞人和居于北部高地和岛屿的皮克特人。二者的主要区别在于，罗马占领不列颠时期（公元43—410年），布立吞人被罗马人同化，而皮克特人未被征服。公元410年，罗马统治时期结束，不列颠迎来新的入侵者：北日耳曼的盎格鲁撒克逊人，以及此时被称为"苏格兰人"的爱尔兰人。盎格鲁撒克逊人占领以爱丁堡为界的苏格兰东南部，而"苏格兰人"占据西部沿海的阿盖尔，成立达尔里亚达王国。

  九世纪初期皮克特人的实力被维京人削弱，后于公元843年臣服于达尔里亚达国王肯尼思·亚尔宾。传说纪念征服苏格兰东北部地区的苏埃诺之石，可能表明当时处决了大量皮克特贵族。肯尼思一世在位时称苏格兰和皮克特之王，但其继任者均自称为苏格兰之王。但是直到十一世纪，战胜盎格鲁撒克逊人、夺取大不列颠福思-克莱德河地峡以南地区后，才确定苏格兰近代领土的雏形。而皮克特人被苏格兰征服后，其语言、文化和民族身份都没有保存下来，最终在公元900年后销声匿迹。**JH**

公元843年8月

帝国分裂
An Empire Fractured

《凡尔登条约》将查理大帝的帝国一分为三

  查理大帝一直打算在去世后将法兰克帝国平分给三个儿子。结果仅有一个儿子比查理大帝长寿——虔诚者路易（Louis the Pious）于公元814年继承了整个法兰克帝国。路易一世坚信基督教国家不应被分裂，决定废弃法兰克王室分割继承的传统。公元817年路易立长子洛泰尔（Lothar）为帝国的唯一继承人，而另两个儿子日耳曼人路易和丕平只分得附属国。

  公元823年这项决议土崩瓦解——虔诚者路易的第二任妻子朱迪思（Judith）产下一子秃头查理，朱迪思自然想让查理承袭一个附属国。路易的大儿子们予以反对，担心这会削减他们继承的领土。路易一世余下的任期内一直在争取折中方案，让妻子和日益反叛的儿子们都能满意。公元838年丕平去世，路易紧随其后，于840年去世，继位必然引发一场混战。

  路易一世尸骨未寒，洛泰尔便企图夺取整个帝国。日耳曼人路易和秃头查理暂时搁下嫌隙联合对抗洛泰尔，并于公元841年的丰特内战役将之击败。公元843年，加洛林帝国按照《凡尔登条约》一分为三：路易分得日耳曼尼亚大部分地区，西法兰西主要由查理获得，中间的领土属于洛泰尔。《凡尔登条约》标志着法兰克帝国开始分裂，此后的一个世纪内法国、德国和意大利逐渐成形。**JH**

▶ 约作于1850年的木版画，描绘虔诚者路易的妻子朱迪思及其子秃头查理（误作查理一世）

公元845年3月

维京人洗劫巴黎
Vikings Sack Paris

维京海盗不断劫掠，加速加洛林帝国的覆灭

公元845年3月，百艘维京战船驶入塞纳河，所到之处大肆屠戮和破坏，给摇摇欲坠的卡洛琳帝国以重创。西法兰克帝国的国王秃头查理几乎没有抵抗海盗，维京人得以直接驶入巴黎。

维京人洗劫巴黎，亵渎、破坏了很多教堂。国王查理献上大笔赎金，巴黎人民的苦难才终于结束。船上满载掠夺品和数百名俘虏的维京海盗撤出巴黎、驶回海岸，沿途劫掠并焚毁了不少滨海城镇。

太平的日子没有持续多久，维京人不断侵袭整个欧洲，巴黎还会被劫掠多次，这只是头一遭而已。对于日渐衰弱的加洛林帝国而言，低地（译者注：莱茵河、斯凯尔特河和默兹河三角洲地区，约为今荷兰、比利时、卢森堡三国）、高卢和日耳曼尼亚地区格外脆弱，可通航的河流为海盗们提供了方便的通道。

九世纪六十年代期间巴黎三次遭劫，海盗们得到了足够的战利品或赎金才会打道回府。几乎一年一度的海盗袭击令秃头查理终于主动反击。公元864年，依照Pistres法令西法兰克帝国建立骑兵大军，并在莱茵河上造桥，令维京战船难以通行。公元885年维京人再次围攻巴黎时，这些桥卓有成效的阻挡了海盗。加洛林帝国无力阻止维京海盗一再侵扰，是导致其最终覆灭的重要因素。**TB**

公元868年

赞吉奴隶起义
Zanj Slaves Revolt

非洲奴隶起义反抗阿拔斯王朝，并建立都城

公元868年的奴隶起义是多年矛盾积压的必然结果。东非和阿拉伯半岛间的奴隶贸易早在伊斯兰教兴起之前就已形成，但伊斯兰帝国的扩张极大地推动了奴隶贸易的发展。大多数奴隶被卖给家庭做佣工，但数千的非洲人——当时以东非海岸的阿拉伯名"赞吉"称呼他们——被遣至伊拉克南部排干巴士拉附近阿拉

> "赞吉们总是快乐的微笑着，毫无敌意。"
>
> 艾布·奥斯曼·贾希兹（Abu Uthman al-Jahiz），
> 《修辞与阐释》，约公元860年

伯河的盐碱地，另一部分赞吉在阿拔斯军队中服役。

起义首领为阿里·伊本·穆罕默德（Ali bin Muhammad）——据说他是第四位哈里发阿里的后裔（因而他本人并非赞吉）。尽管起义初期仅有为数不多的响应者，且多手无寸铁，王国军队内的非洲人叛变后起义队伍迅速壮大起来。叛军对伊拉克南部的不利地形十分熟悉，很快便发展成一支经验老到、装备完善的军队，并成功控制了部分阿拔斯舰队。阿里在巴格达东部建立了易守难攻的都城穆赫塔拉。阿里以宗教和军事领袖身份自居，以更为"纯净"的形式信仰伊斯兰教。

公元883年，赞吉叛军刚获得赦令便被击败。凯旋的阿拔斯将军穆瓦法克（Muwaffaq）拒绝将赞吉战俘返还之前的领主，而将他们编入自己的军队。**PF**

公元871年4月15日

阿佛列继任韦塞克斯国王
Alfred Becomes King of Wessex

新国王击退丹麦人,展示了贯穿其统治始终的强大决断力

一支丹麦维京军队对英格兰南部的韦塞克斯王国发起猛烈攻势,阿佛列就在这万分危急的时刻继位。公元870年冬至871春,阿佛列五次同兄长埃塞尔雷德一世(Ethelred I)并肩作战抵抗丹麦人。公元871年4月15日,埃塞尔雷德去世。埃塞尔雷德虽有二子,仍选择了阿佛列继承王位——当时阿佛列二十二岁,却已成为身经百战的领导者。阿佛列即位几个月内,又同维京人交战九次,直至维京人转而进攻邻国默西亚——阿佛列猛烈的反击无疑阻挡了丹麦人,后者五年之后才会再度攻打韦塞克斯王国。

阿佛列生于公元849年,是艾塞伍尔夫国王(Ethelwulf)的第五子,也是最小的儿子。韦塞克斯王国巩固了其在英格兰泰晤士河以南的统治地位,势力范围从西部的康沃尔延伸至东南的肯特。阿佛列有四个兄长,继位的可能性不大,但他接受的教育与其皇家血统相衬,并显示出当时英格兰和欧洲大陆的密切来往。阿佛列于公元853年和855年两度前往罗马求学,罗马人对知识的热爱感染了阿佛列,并成为其后半生的显著特点:阿佛列的译作包括教宗额我略一世《牧民职务》,以及波依提乌的《哲学的慰藉》。阿佛列也接受了军事训练,这对他在未来同丹麦人作战大有裨益。**SK**

▶ 描绘阿佛列时代的十九世纪画作,《阿佛列的舰队模型》,约翰·霍斯利(1817—1903)作于1851年

公元877年6月14日

王权式微
The Decline of the Crown

神圣罗马帝国皇帝秃头查理承认采邑世袭制

○ 秃头查理，被称为"法国首位真正的国王、神圣罗马帝国国王"，头上桂冠象征其身份

○ 中世纪泥金装饰手稿，描绘秃头查理生平的一个场景

秃头查理在兰斯大主教辛克马尔（Hincmar）的协助下同其治下的贵族谈判达成协议，将贵族终身享有的封地改为世袭制，由此欧洲进入封建制度发展的关键时期，西法兰克王国王权衰落。

秃头查理是虔诚者路易的幼子，于公元843年分得西法兰克王国。查理的侄子路易二世于875年去世后，查理继承皇帝的称号。查理去世（公元877年10月）前几年内承受了极大的压力，尤其是在几场重要的战役中（如公元876年查理领兵至意大利帮助教皇若望八世［John VIII］抗击入侵的撒拉森人），贵族们完全不听国王号令。查理授予世袭封地也印证了加洛林王朝式微的事实。

国王认可采邑世袭制的重要意义在于：首先，这是封建制度发展的重要阶段，令贵族对自己的领地获得更大的控制权，从而形成地方政权；其次，封建领主对君王的依赖性减弱，各方诸侯间互相征伐，王权衰落。

这种封建制度意味着法律的权利和管理效力被分散，而王权在一定程度上依赖于国王赐封的地方政权，而非国王集中掌握大权。采邑世袭后，加洛林王朝这样的大帝国将难以为继。**TB**

> "这一时代的机遇唤起了很多渴求名望和荣誉的人。"
>
> 《安茹公爵大事记》

公元878年5月

阿佛列的反击
Alfred Fights Back

艾丁顿战役中，韦塞克斯国王击退丹麦人

九世纪七十年代，丹麦侵略者大有夺取英格兰之势。他们自斯堪的纳维亚经海路抵达英格兰，已经征服了三个盎格鲁撒克逊王国：默西亚、诺森布里亚和东盎格里亚。只有英格兰南部的韦塞克斯仍属于盎格鲁撒克逊领土。公元878年初，连韦塞克斯国王阿佛列都在逃亡——他被迫逃离威尔特郡茨伯翰的据点。

> "阿佛列大帝发动了持久而猛烈的攻击，最终在神助下获胜。"
>
> 主教阿赛尔《阿佛列大帝传》，公元893年

然而阿佛列于公元878年春现身，在萨默塞特郡阿塞尔内建造防御工事，并于埃格伯特国王像处集结了汉普郡、威尔特郡、萨默赛特郡的军队。阿佛列率军开往茨伯翰，于艾丁顿遭遇古瑟罗姆（Guthrum）领导的丹麦人。据当代编年史家主教阿赛尔（Asser）记载，阿佛列大帝的军队经过一场恶战击退了丹麦人。

古瑟罗姆的残余部队遭到盎格鲁撒克逊人的奋力追击，在茨伯翰避难时被围。按照阿赛尔的记录，丹麦人十四天来历经"饥饿、寒冷、恐惧，最终是绝望"，只得求和。阿佛列令古瑟罗姆交还人质，承诺离开韦塞克斯，并皈依基督教。艾丁顿战役后，维京人被赶回丹麦律法施行地区（英格兰东部和北部），阿佛列加强了韦塞克斯的防御。**RG**

公元886年8月29日

阻止丹麦势力入侵
The Danes Contained

阿佛列和古瑟罗姆重新划定撒克逊英格兰和丹麦法施行地区边界

公元885年，丹麦领袖古瑟罗姆撕毁艾丁顿战役后同阿佛列订立的协议，率大军入侵肯特。阿佛列还以颜色占领伦敦，迫使丹麦人放弃南方的据点。双方达成新的协议——阿佛列和古瑟罗姆协议，伦敦归韦塞克斯王国所有，并重新划定撒克逊英格兰和丹麦法施行地区边界。

界线将英格兰一分为二。在英格兰的东部和北部，丹麦人形成上层武装统治阶级，推行丹麦法律和风俗，对这一地区及其人民造成了巨大影响——修道院的消失导致几乎无人识字的局面。英格兰北部的约克、林肯郡和东盎格里亚附近，斯堪的纳维亚地名随处可见，加之刻有独特的斯堪的纳维亚纹样的石制十字形建筑，都成为丹麦人在这一地区的印记，虽然丹麦人在此过程中吸纳了多少当地文化仍然是未知数。

分界线的西南方，韦塞克斯成为公认的实际统治政权。阿佛列大帝去世（公元899年）前采取了重要的防御手段确保韦塞克斯的安全，抵御丹麦人的不断威胁，包括设置一系列有常驻部队的据点，以便在战时为人民提供庇护。这类筑堡设防的据点是英格兰很多集市城镇的前身。阿佛列还建造了大量大型舰队抵御海盗袭击，因而他有时被称为英国海军的奠基人。**SK**

公元909年9月2日

克吕尼修道院激发修道复兴运动
Cluny Abbey Sparks Monastic Revival

勃艮第成为修道改革运动中心及西方基督教界最重要的修道院所在地

阿基坦公爵威廉一世（又称虔诚者）建立了很多修道院，其中最重要的是位于勃艮第的克吕尼修道院。在一众精明强干的修道院院长的领导下，克吕尼成为修道改革运动的先锋，在教会和教皇统治复兴运动中起了至关重要的作用。

九世纪末期，新修道院的建立依靠当地领主捐献土地，后者通常会过多干涉教会事务，一定程度上导致本笃会内教规废弛。威廉公爵别出机杼，作出将新修道院置于教皇直接统治下的重大决定，因为教皇远在罗马，修道院长能够更加自由的实行改革，包括在日常工作中更加注重祈祷。克吕尼修道院建立分院（小修道院）网络，后者直接由主修道院管理，从而进一步传播改革运动。克吕尼汇聚了大量财富，很快便先后修建了三座修道院。最后一座于公元1088年动工，直至十六世纪时罗马的圣彼得修道院建成之前，一直是世界上最大的修道院。

克吕尼的第二任修道院长圣奥图（St. Odo——逝于公元952年）推动了克吕尼运动的成功发展。另一位以博学闻名的修道院长伟大的圣休（St. Hugh the Great，逝于1109年）也被封为圣徒。四位克吕尼修士成为教皇：圣额我略七世，伍朋二世（Urban IV），贾利二世（Pascal）和伍朋五世。**SK**

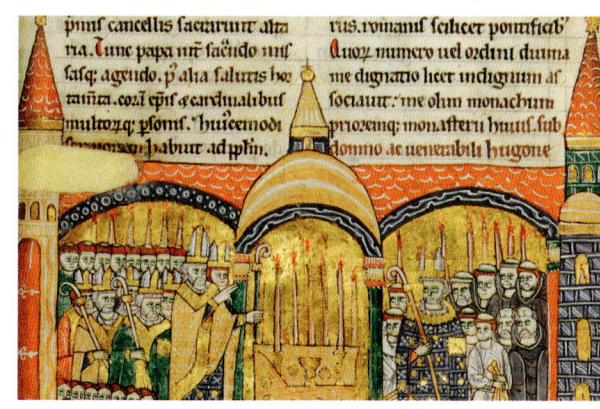

- 十八世纪版画《克吕尼修道院》局部图；十一世纪克吕尼修道院的大部分建筑得以保存至今
- 十二世纪画作，描绘1095年教宗伍朋三世主持的克吕尼修道院祭神仪式的情景

Sergent del.t   Et Sculp.t 1791.

ROLLON, SURNOMMÉ RAOUL,

Et nommé, en 912, lors de son baptême,
Robert, 1.er Duc de Normandie;
Né vers l'an 856; mort à Rouen en 917.

公元911年

强盗罗洛
Rollo the Raider

维京首领从天真汉查理手中获得一块法兰克土地

传说公元885年罗洛曾指挥维京舰队围攻并痛击巴黎。法兰克国王献上大笔赎金以求安宁，海盗们撤离巴黎立刻转而侵袭其他地方。公元911年，罗洛带领维京人袭击沙特尔地区，西法兰克国王天真汉查理（公元898—929年在位）尝试了新的手段。他封给罗洛王国北部的一块土地，条件是罗洛及其属下在此定居并击退之后来袭的海盗。

罗洛接受这一条件，并于圣·克莱尔-苏尔-埃普特签订了协议。他得到了塞纳河口岸边的土地（大小同今天的上诺曼底相当），作为回报，罗洛承认查理为自己的封建领主并受洗。起初罗洛遵守协议，尽职尽责地击退了几次海盗入侵。

对诺尔斯人而言，他们的维京领袖因身材太高不能骑马，被称为行者赫罗尔夫（Göngu-Hróflr）；而法国人称他为罗洛或罗伯特（教名）。六十余年来，维京人在罗洛的带领下劫掠法国北岸和内陆。罗洛同天真汉查理签订协议几年之后，又开始侵袭法兰克王国，并向西扩展其势力范围。公元933年，诺曼底（诺尔斯人之地）的边界已延伸至科唐坦半岛，形成了诺曼底今天的疆界。罗洛的后裔中首位使用诺曼底公爵头衔的是理查二世，即威廉公爵的祖父——征服者威廉（约1082—1087）后来成为英格兰首位诺尔斯国王。**SK**

▶ 罗洛肖像，法国艺术家安东尼·弗朗索瓦（1751—1847）作于十八世纪

公元919年5月

亨利一世统一德意志王国
King Unites Germany

亨利一世被选为法兰克尼亚国王，着手统一日耳曼公国

法兰克尼亚国王康拉德一世（Conrad I）弥留之际，祝福了他的敌人萨克森公爵（Saxony）亨利，希望他能团结日耳曼民众。传说亨利得知自己将继承王位时正下网捕鸟，因而被称为捕鸟者亨利。

亨利继位并没有得到所有公国的支持。四大公国中的萨克森和法兰克尼亚支持亨

> "亨利是王国内最有才干的统治者。选他为王，日耳曼将得享太平。"
>
> 国王康拉德一世，亨利一世的前任

利，而斯瓦比亚和巴伐利亚拒绝承认亨利为王。亨利希望以公国联盟的形式控制王国，而非取得绝对统治。亨利允许斯瓦比亚公爵布哈德（Burchard）继续管理其领地，但被迫于公元921年进军巴伐利亚，两番交战过后，巴伐利亚公爵阿努尔夫（Arnulf）接受了相似的条件。

亨利一世的成就包括征服洛林，并将其并入德意志王国，成为第五大公国。亨利于934年最后一次出战，入侵丹麦并夺取了石勒苏益格。公元936年亨利去世之前，已将所有日耳曼公国统一为一个王国。他被普遍认为是中世纪德意志王国的建立者，以及后来神圣罗马帝国的奠基人。其子奥托（Otto）继承了一个更为统一的联邦。**TB**

公元929年1月16日

西班牙的新继任者
Spain's New Successor

阿卜杜·拉赫曼三世挑战阿拔斯王朝,自立为哈里发

公元929年1月16日,科尔多瓦(Cordoba)埃米尔阿卜杜·拉赫曼三世自立为哈里发。这一头衔的变更意义重大。哈里发意为"继任者",通常仅由穆罕默德的后裔担任,掌管穆斯林世界的政教大权;埃米尔意为"统帅",没有宗教意味,在早期穆斯林王国内属于地方长官的头衔。九世纪时阿拔斯王国开始分裂,各地埃米尔纷纷独立。这虽然削弱了巴格达阿拔斯哈里发的政治权威,但没有挑战其作为精神领袖的地位,仍然维持着伊斯兰世界名义上的统一。

首先挑战阿拔斯王朝宗教权威的是埃及的法蒂玛王朝,后者于公元910年自立为哈里发。法蒂玛家族属什叶派,但仍被逊尼派穆斯林视为异教徒。阿卜杜·拉赫曼是首位明确反对阿拔斯哈里发政教领袖地位的逊尼派统治者。公元661年—750年间,统治整个穆斯林世界的哈里发来自倭马亚家族,因而倭马亚的后裔阿卜杜·拉赫曼继任哈里发名正言顺。公元750年阿巴斯王朝推翻倭马亚政权,倭马亚王子逃亡到科尔多瓦建立酋长国。

新任哈里发阿卜杜·拉赫曼仿照倭马亚王朝在大马士革的宫殿,在科尔多瓦建造了奢华的阿尔扎赫拉宫殿建筑群。西班牙的穆斯林政权在阿卜杜·拉赫曼统治下发展到巅峰,最终于公元1008年内战爆发后覆灭。**JH**

公元955年8月10日

征服马扎尔人
Magyars Subdued

奥托大帝在利岑菲尔德之战中击败四处劫掠的游牧民族

马扎尔人原本是中亚的游牧民族,九世纪末期迁至现代的匈牙利地区。半个世纪以来,马扎尔人凶悍的劫掠部队不断向西侵袭,穿过日耳曼,一直深入意大利和西班牙。欧洲的基督教统治者软弱又互相敌对,无力抵御马扎尔人。然而萨克森公爵、日耳曼国王奥托一世于公元955年成功的集结大军,率领一万骑士,同马扎尔人开战。

> "此战敌之凶悍,胜之惨烈,前所未有。"
>
> 科魏的维杜金德(Widukind),《萨克森英雄传》,约公元955年

自负的马扎尔人出阵挑衅,来到莱希河浅滩迎战日耳曼人。马扎尔人的兵力可能是对方的五倍之数,且骑兵迅速灵活,准备包围迟缓的基督教装甲骑兵。据日耳曼编年史家记录,马扎尔人败于军纪涣散。包围奥托军队两翼后,不少马扎尔人下马劫掠日耳曼辎重队,立即被日耳曼骑士消灭。奥托的骑兵在箭矢齐发后冲入敌军主力阵营,迫使其四散。

利岑菲尔德战役结束了马扎尔人侵袭欧洲的历史,此战后奥托声名大振,并于公元963年加冕为神圣罗马帝国皇帝。西欧的安定指日可待。**RG**

约公元960年

丹麦皈依基督教
Denmark Is Converted to Christianity

在多次传教失败后，日耳曼传教士通过火审神明裁判，顺利令丹麦国王蓝牙哈拉德（Harald Bluetooth）转信基督教

丹麦国王蓝牙哈拉德要求日耳曼传教士珀波（Poppo）证明基督教信仰的真实性。珀波拿起烧红的铁块却毫发无伤，国王宣布他相信上帝的力量，并立即下令所有丹麦人皈依基督教。

日耳曼修道士——科魏的维杜金德约于公元967年这样记录道，附言珀波"现为主教"。其他史料表明，名为珀波的教士于公元961年在日耳曼维尔茨堡晋升主教，则哈拉德可能刚好在不久以前改信基督教。

珀波并非首位前往丹麦传教的基督徒，此前布道者们劝说丹麦人放弃异教信仰均告失败。日耳曼国王及日后的神圣罗马帝国皇帝奥托一世可能资助了珀波的传教活动，而哈拉德也主要出于政治考量转信基督教：抱负不凡的哈拉德兴建道路、桥梁和堡垒以建立中央集权，在丹麦南部抵御日耳曼人的侵袭；基督教将成为哈拉德进一步巩固其统治、统一国家的有力手段。

哈拉德在位期间，在耶林——信仰异教的父亲高姆（Gorm）的坟冢附近——竖立了大型雕刻石碑。石碑的一面描述基督受难，一面绘有毒蛇缠绕角兽的异教图样，另一面是很长的铭文，以如尼文（runes）记录了哈拉德转信基督教的过程。SK

△ 十一世纪丹麦浮雕局部图，表现哈拉德国王在耶林申明自己信仰的情形

> "（哈拉德）为自己打下整个丹麦和挪威，令丹麦人信仰基督教。"
>
> 耶林石铭文

公元962年2月2日

奥托加冕
Otto Crowned Emperor

26年后，奥托一世得偿所愿，成为神圣罗马帝国皇帝

奥托被普遍认为是查理大帝宏伟功业的继承人他甚至在亚琛加冕为东法兰克国王。奥托亲自前往罗马便可称神圣罗马帝国皇帝，这不过是时间问题；但他不得不等上26年才能实现这一愿望。

萨克森丰富的银矿累积了大量财富，为奥托的统治打下基础，但尽管金融无虞，日

> "奥托在一众随行者的簇拥下到达意大利，他的军队扩充了……"
>
> 米兰的阿努尔夫，《近代事迹录》

子并不太平——王国内敌对公国持续反叛。直到奥托击败对手，将叛乱公国置于家族掌控之下，才重新恢复和平。然而日耳曼南部问题重重，马扎尔人频频入侵，直至公元962年，奥托才坐稳王位，有余力应教皇若望十二世之托救助教皇国。这是查理大帝时代以来教皇国首次获得保护承诺，作为回报，奥托被加冕为神圣罗马帝国皇帝。奥托因而成为首位神圣罗马帝国皇帝——这一头衔于公元1806年由拿破仑废止。

奥托统治初期，教皇阴谋和对抗不断。尽管如此，他的统治被认为是奥托复兴时代——这一时期修建了很多大教堂，大量泥金装饰的手稿也在此时创作完成。**TB**

公元986年

定居格陵兰岛
Greenland Is Settled

红胡子埃里克带领冰岛移民迁至西部的处女地

诺尔斯人埃里克的脾气和发色一样火爆。他是个被挪威放逐的亡命之徒，逃到冰岛的维京人中间避难。公元980年埃里克杀害数人后，又被驱逐出冰岛。既然无法返回挪威，他决定向西航行，搜索一个无名岛——60多年前，一位名叫贡比约恩·沃尔夫-克拉库森（Gunnbjorn Ulf-Krakuson）的维京船长从挪威驶向冰岛途中，被狂风吹离了航线，发现这个无名岛。

三年后，埃里克重返冰岛，吹嘘他发现的陆地草木繁盛，并称之为格陵兰岛（意为绿岛），邀请人们到彼处定居。冰岛上良田稀缺，因而有近千人决定跟随埃里克。公元986年，25艘船从冰岛出发，只有14艘成功抵达格陵兰岛南部峡湾的港口。这里有安全的港口，丰富的鱼类资源，丘陵低缓适于放牧，大部分维京人决定在此定居。有的人继续向北航行，在430英里（650千米）远处建立另一个拓居地。

格陵兰岛上气候相对温和的，居民们可以狩猎、捕鱼，种植饲料供牲畜过冬——一份十三世纪的记录提到格陵兰岛的"大型优良农场"。人们修建教堂，建立主教辖区，但十四世纪中叶，气象学上所谓的"小冰期"降临，西方世界边缘最偏远的拓居地——格陵兰岛上的生物逐渐灭绝。**SK**

○ 《格陵兰岛的红胡子埃里克》，昂格林·乔纳斯作于1688年，为纪录维京人发现美洲大陆的首项出版物

公元987年5月21日

卡佩王朝建立者加冕
France Crowns Its First Capetian King

法兰西公爵于格·卡佩（Hugh Capet）加冕为国王，建立卡佩王朝，标志着法国近代史的开端

新的统治王朝亟待建立——卡佩王朝始于于格·卡佩（约公元940-996年）。西法兰西亚的领土面积同今天的法国大致相当，在十世纪后期一直受到维京人频繁侵袭，而加洛林王朝统治者难以有效解决这一危机，导致其权势日渐衰落。他们向贵族不断分封大量土地以求取支持，最终王国实为一众独立公国的集合。同时，皇家领地缩为法兰西岛上巴黎周围的弹丸之地。

坐拥奥尔良的法兰西公爵于格·卡佩是最有权势的贵族之一。罗伯特家族以其创始人强者罗贝尔（逝于公元866年）闻名，而于格的三位父辈——叔祖父厄德（Eudes）、祖父罗贝尔一世和伯父拉乌尔（Raoul），都曾取代无力的加洛林王朝候选人，被贵族推选为国王。最后一任加洛林国王路易五世于公元987年5月逝世时没有留下子嗣，兰斯大主教阿德贝龙（Adalberon）不费吹灰之力劝服贵族们选举于格为国王。

于格在加冕礼后不久，也为其子罗贝尔安排加冕，保证了公元996年于格逝世后王位在卡佩家族内顺利传承。国王在世时加冕子嗣是保证卡佩王朝长存的有力措施之一——直至公元1328年，相继有十四位卡佩王朝国王统治了法国。因此于格登基被认为是法国近代史的开端。SK

○ 于格·卡佩画像，法国国王，公元987—996年间在位，画中于格身着全套象征王权的服饰

公元988年

基辅皈依基督教
Kiev Is Converted

大公弗拉基米尔一世（Vladimir I）受洗，基辅罗斯接受基督教。

虽然史学界普遍认为弗拉基米尔一世统治时期基督教在基辅崛起，但早在弗拉基米尔的前任亚罗波尔克统治时期，许多基辅罗斯人民已经接受基督教。然而公元980年亚罗波尔克被他同父异母的异教徒弟弟谋杀时，异教再一次盛行。

据说新大公弗拉基米尔一世有七位夫人和众多嫔妃，新建了异教庙宇并参加了包括活人献祭的异教仪式，然而最终他迫于子民与外国压力而采纳了一神教。传说弗拉基米尔派使者调查汇报各种宗教，以便他选择其一作为信仰。而最吸引他的是丰富多彩的基督教，而非愈加阴沉的日耳曼宗教。

政治也是影响弗拉基米尔选择信仰的重要因素。公元987年，拜占庭皇帝巴西尔二世（Basil II）被迫向弗拉基米尔求援，抵抗威胁皇位的篡权者。弗拉基米尔同意发兵，但要求娶巴西尔的妹妹安妮为妻。为加强谈判优势，弗拉基米尔率军进入现在的塞瓦斯托波尔地区，以武力威胁君士坦丁堡。巴西尔以弗拉基米尔受洗为条件同意联姻。因而弗拉基米尔为这场有利的政治婚姻于公元988年受洗。

弗拉基米尔开始责令拆除异教庙宇，毁坏异教神像，下令基辅罗斯人民受洗、信仰东正教。弗拉基米尔受洗决定了俄罗斯人民未来的宗教信仰方向，并中止了罗马天主教在东斯拉夫的传播。**TB**

公元998年

伽色尼的新埃米尔
A New Emir for Ghazni

逊尼派突厥人马哈茂德（Mahmud）极大地影响了伊斯兰世界

马哈茂德是南亚历史上最受争议的人物之一。他是突厥人苏布克勤（Sebutkigin）的长子——身为马穆鲁克（Mameluk，即出身为奴隶的骑兵）的苏布克勤夺取了阿富汗南部的伽色尼城。马哈茂德998年成为埃米尔，在位期间大肆征伐伊朗、中亚和印度，建立庞大的伽色尼帝国，资助艺术发展，促进波斯文学和

> "（马哈茂德是）世界之狮，旷世奇才。"
>
> 比鲁尼（Al-Biruni），伽色尼学者，约1030年

技艺的复兴，将伽色尼发展为伊斯兰世界重要的文化中心之一。

虽然马哈茂德去世后伽色尼帝国衰落，但从很多方面来看，马哈茂德的统治时期极为关键。伊斯兰世界被什叶派支配之时，马哈茂德的崛起是逊尼派势力恢复的首要标志。马哈茂德也是穆斯林历史上第一位卓越的突厥人，令伊斯兰教在印度北部地区产生深远影响——这一点颇受争议。马哈茂德在印度征战期间毁坏和劫掠了大量印度寺庙。依照印度史学惯例，马哈茂德被视为以宗教名义进行破坏屠戮的暴君。相反，在巴基斯坦和阿富汗，马哈茂德被当作为在印度次大陆传播伊斯兰教而奋战的英雄。**JH**

1000 年—1499 年

万年历，出自意大利僧侣于十一世纪末十二世纪初所著的《卡西诺山每日祷书》

Septima visio secunde partis.

Et inde vidi ardentem lucem tante magnitudinis ut alicui monti magno & alto s̄. in summitate sua velut in multas linguas divisa. Et coram luce ista quedam multitudo albarum hominum stabat. ante quos velut quoddam velum tanquam cristallus plucidum a pectore usq; ad pedes eorum extentū erat. S; & ante multitudinē istam. quasi in quadam via velut quidam vermis mire magnitudinis & longitudinis supinus iacebat. qui tanti horroris & insaniē videbat. ultra quā homo effari potest. Ad cuius sinistrā quasi torū erat ubi divicie hominum atq; delicie seculares & mercatus diversarū rerum apparuerūt. ubi etiā quidā homines multa celeritate currentes. nullum mercatū faciebant. quidā autē tepide euntes. & vendicioni & emptioni ibi insistebant. Vermis aut ille niger & hirsutus atq; ulceribꝰ & pustulis plenus erat. q̄q; varietates a capite p̄ ventrē suū usq; ad pedes

1000年

千禧之慌
Millennium Fears

人们认为种种迹象和凶兆预示着世界末日即将来临

人们普遍认为基督诞生后首个千禧年的来临，预示着世界毁灭和基督之敌（译者注：在世上传布罪恶、终将在基督复临之前被救主灭绝的基督大敌《约翰一书》2：18）的到来。基督教历史上一直不乏此类末世论观点，然而约在公元950—1050年间，尤其在法国和英格兰两地，频频出现"佐证"末世灾难的证据。根据编年史和其他史料，种种恶兆包括洪水、饥荒、日（月）食、彗星和暴风；尽管如此，有关千禧年来临之际"大恐慌"席卷整个欧洲的记录很有可能是夸大之辞。

以基督诞辰为元年的纪元体系为公历纪元，由修道士狄奥尼修斯·伊希格斯（Dionysius Exiguus）于公元525年发明。在此之前，人们使用东正教教徒的创世纪元，也就是以罗马建国、戴克里先登基之年为元年的纪元体系。

狄奥尼修斯推算基督生于罗马建国后754年，并以此作为公元元年。其实他的计算有误，基督极有可能在公元4年诞生。但到十世纪时，除东正教会外，西欧人大多已经接受狄奥尼修斯的纪元体系。而这时各地的新年之始也并不统一为1月1日。很多人认为新年始于3月25日，还有人认为是在12月25日。但处理这类历法问题是修道士和僧侣的任务，大多数人仍然像往常一样，以周而复始的春种秋收来计算时间的流逝。**SK**

○ 泥金装饰的手稿，描绘千禧年来临之际的末世恐慌

约1000年

维京人到达美洲大陆
Vikings Sail to America

莱弗·埃里克森（Leif Eriksson）从格陵兰出发，向西航行发现温兰德

莱弗·埃里克森的父亲是红胡子埃里克——格陵兰的维京拓居地建立者。船长布贾尼·赫约福森（Bjarni Herjolfsson）称自己在格陵兰西面发现了很长的海岸，陆地平坦，植被葱郁。听闻这一消息，莱弗便出发找寻这片土地。他向北行至格陵兰西岸，穿越今天的戴维斯海峡到达巴芬岛，之后向南

> "江河湖泊都盛产鲑鱼。"
>
> 无名氏，《红胡子埃里克传奇》，十三世纪

前进。他看到了拉布拉多海岸，正如布贾尼所描述的一样郁郁葱葱，继续航行到达长满青草的一处海角，并将之命名为温兰德。虽然根据约两百年后的英雄传奇记载，温兰德因当地的野葡萄得名（vin为葡萄），但其地名也有可能源于古诺尔斯语"vin"，意为草地。莱弗在温兰德过冬后返回格陵兰。传说后来维京人没能在此地定居，皆因当地土著的敌视和反对。

现代大多数史学家认为莱弗当年在纽芬兰最北端的兰塞奥兹牧草地登陆。而二十世纪六十年代，考古学家也在这里发现了维京拓居地遗迹，包括泥炭制房屋的地基——与格陵兰和冰岛的建筑极其相似——以及一枚无疑是诺尔斯风格的铜质像章。1965年，美国国会将10月9日定为"莱弗·埃里克森日"，以纪念第一位到达北美的欧洲人。**SK**

1001年

马哈茂德蹂躏旁遮普
Mahmud Plunders the Punjab

侵略印度十七次的伽色尼埃米尔马哈茂德首征旁遮普,至今仍以其亵渎印度教神庙之举闻名

1001年,阿富汗伽色尼埃米尔马哈茂德入侵印度,击败拉合尔王公贾伊帕尔(Jaipal),在旁遮普大肆劫掠。这次征战归来后,好战的穆斯林马哈茂德得到"加齐"的头衔(Ghazi,意为伊斯兰教的勇士)。这仅仅是马哈茂德对印度的首次侵袭——马哈茂德共对印度进行过十七次大劫掠。最后一次是在1025年,位于古吉拉特的索姆纳特的神庙遭劫,据称多达五万人丧生。马哈茂德亲自击碎了神庙中的湿婆林伽(Shiva lingram),将圣像碎片带回伽色尼,制成清真寺台阶,每日由信徒踩踏。

虽然马哈茂德最终征服了旁遮普,其征战的主要目的在于劫掠财物,而非扩大领土。每次征战后军队返回伽色尼时,其辎重队都满载战利品以及成群的战俘——后者将被发往穆斯林世界的奴隶市场。马哈茂德以战利品装饰伽色尼城,资助学者和工匠,为日后的征战积累资本。

在巴基斯坦和阿富汗,马哈茂德被视为英雄;而在印度,马哈茂德因破坏众多神庙而背负骂名。对于马哈茂德对印度教的憎恶程度,史学界分为两派:一派认为马哈茂德仅仅出于劫掠财物的目的攻打印度教神庙,但其在索姆纳特肆意破坏湿婆林伽及其他印度教偶像的行径,则难以支持这一论点。JH

- 伽色尼王朝马哈茂德在位期间建造的征服纪念柱,立于伽色尼至Rowza的路上
- 1899年印度古吉拉特的索姆纳特神庙遗迹

1002年8月8日

阿尔曼左尔之死
Death of Almanzor

穆斯林西班牙痛失领袖，科尔多瓦哈里发国从此衰落

穆斯林西班牙的实权领袖阿布·阿米尔·曼苏尔（Abu 'Amir al-Mansur）被敌对的基督徒称为阿尔曼左尔。1002年8月8日，他在对抗基督教国家——卡斯提尔和莱昂联军的卡拉塔纳索尔战役中去世。阿尔曼左尔一生至少对西班牙北部的基督教国家征战五十七次，而这是最后一场战役。一名编年

> "阿尔曼左尔前无古人，后无来者。"
> 《静默的历史》杂集，十一世纪

史家记录到，阿尔曼左尔"被魔鬼拘去葬于地狱之中。"

阿尔曼左尔出身低微，本名穆罕默德·伊本·阿布·阿米尔。年轻的倭马亚王朝哈里发希沙姆二世（Hisham，公元976–1009年在位）在位期间，据传秘书阿尔曼左尔得到太后宠幸而平步青云得掌大权，于公元978年推翻前任首相并接替其职位。为加强其对国家的控制，阿尔曼左尔在公元981年自称为"真主指定的胜利者"，掌管最高权力。公元994年他采纳"高贵的国王"之头衔，哈里发成为有名无实的国家领袖。

为同基督徒作战，阿尔曼左尔从北非征募数千柏柏尔雇佣军，无意中加剧了国内种族关系的紧张态势。尽管阿尔曼左尔迫使西班牙的基督教国家采取守势，其篡权行为仍然降低了哈里发的声望。阿尔曼左尔死后留下的权力真空最终导致了王国覆灭。**JH**

1009年10月17日

圣墓夷为平地
Holy Tomb Razed

哈里发哈基姆（al-Hakim）下令拆毁圣墓教堂

埃及法蒂玛王朝的第六任哈里发哈基姆是伊斯兰史上最为古怪偏执的统治者之一。法蒂玛王朝的前任统治者们在宗教上都极其宽容，而哈基姆是一名狂热的什叶派教徒，积极对基督徒、犹太教徒和逊尼派穆斯林施以野蛮迫害。有历史学家认为他患有精神分裂症。基督徒被迫在公众场合佩戴黑帽及笨重的十字架——十字架为木质，2英尺（0.5米）长，佩戴于脖颈周围。哈基姆武断专制，令人畏惧，他曾下令禁止下棋和吃葡萄，并同样随意处死官员、诗人、法官、医生、将军、厨子、洗浴侍从和奴隶。1005年，哈基姆下令杀掉埃及所有的犬只，因为吠叫声使其不悦。

1009年，哈基姆对基督徒的迫害达到顶峰：他下令拆毁耶路撒冷的圣墓教堂，拆除教堂围墙，以榔头和镐肆意破坏小神殿（基督之墓）。他还下令破坏伯利恒的降生教堂，但当地穆斯林拒绝执行他的命令。

1021年哈基姆神秘地消失了（几乎可以肯定他遭到谋杀），所有人都甚为宽慰——除了什叶德鲁兹（Druze）派穆斯林，他们将哈基姆视为真主的化身。现代德鲁兹派教徒认为哈基姆有朝一日将以救世主马赫迪（Mahdi）的身份回来审判世人。

尽管圣墓教堂于1048年重建，其遭难令不少基督徒相信耶路撒冷必须重新由基督徒控制，从而直接导致东征运动的发展。**JH**

1014年2月14日

日耳曼的圣徒皇帝
Germany's Saintly Emperor

亨利二世击败阿杜英（Arduin），顺利登上意大利王位，为其加冕为神圣罗马帝国皇帝铺平道路

亨利二世是萨克森奥托王朝的最后一位神圣罗马帝国皇帝，也是唯一被封为圣徒的日耳曼国王（1146年由教宗恩仁三世〔Eugenius〕封圣）。1014年，亨利二世击败艾维里的阿杜英，加冕为神圣罗马帝国皇帝。

尽管加入圣徒之列且笃信基督教，亨利二世绝非至善至爱的国王。首位日耳曼神圣罗马皇帝奥托一世开启了教会和政府的联系，而亨利二世的主要功绩在于加强了这一纽带。

1022年，亨利继承日耳曼王位时曾遭到反对，但他在堂弟奥托三世去世后立即取得皇帝的圣徽，迅速表明其合法继承人的地位。亨利在登基后两年内着力巩固日耳曼王位，并同阿杜英争为夺意大利王位开战——亨利轻易战胜阿杜英，1004年5月15日于帕维亚加冕为意大利国王。1013年，阿杜英再次反叛，很快遭到镇压，这场胜利后亨利二世加冕为神圣罗马帝国皇帝。

亨利二世统治的重要意义在于，这一时期内主教对修道院的管辖权得到加强，并取得拥有大片领地的世俗权力。亨利拥护教会改革，并坚决支持教士禁欲。据称亨利二世同妻子卢森堡的康根达（Cunigunde）订立了守贞的共同誓约，当然二者没有留下任何子嗣。1024年，亨利二世在将教会改革载入法律的过程中暴毙。**TB**

◐ 泥金装饰手抄本，描绘圣徒亨利二世一手持剑，一手托起基督教界

1054年

东西分立
East–West Divide

基督教分为天主教派和东正教派

1054年的一个夏日，君士坦丁堡圣索菲亚大教堂下午的礼拜仪式正要开始，红衣主教亨伯特（Humbert）和另外两名教皇使节进入了这座东正教堡垒，穿过前来参加圣餐仪式的人群。亨伯特拿出教皇的逐出教会诏书，宣布"上帝会注视并做出审判"，将诏书置于圣餐台上。虽然一名辅祭恳求红衣主教收回诏令，亨伯特拒不接受，而教皇诏令坠地。当晚君士坦丁堡一片混乱，东正教被逐出教会的消息迅速传播。

虽然这一戏剧性事件标志着基督教正式分裂为东正教派和天主教派——前者使用希腊语，后者使用拉丁文——但东西方基督教界的分歧由来已久，且日益加剧。双方几世纪来发展各自的文化和语言，逐渐疏远，但最终的分裂主要来自于对教皇权限大小的分歧。简单地说，罗马教皇利奥九世要求东方大主教听命于己，而后者认为教皇仅为荣誉领袖，无权代东方主教会议作出决定。

1274年和1439年有人尝试重新联合两个教派，均以失败告终，天主教和东正教派仍坚持各自为政。1965年双方开始和解，互相撤除了对对方的逐出教会令。2006年12月13日，克里斯托杜洛（Christodoulos）成为首位正式拜访梵蒂冈罗马教廷的东正教大主教。**TB**

1055年12月18日

突厥人占领巴格达
Turkish Baghdad

塞尔柱（Seljuk）突厥人攻占巴格达，登上历史舞台

阿拔斯王朝建立巴格达，这座城市的命运也随王朝兴衰而起落。九世纪时巴格达盛极一时，但在十世纪阿拔斯哈里发国分裂为六个独立的酋长国，巴格达也逐渐衰落。公元945年波斯的白益家族占领巴格达，终结了阿拔斯王朝的领土权，但余威仍令阿拔斯家族作为纯粹的精神领袖保持哈里发之位。

> "巴格达昔日辉煌，如今化为废墟。"
> Al Muqqadassi，阿拉伯地理学者，约公元1000年

尽管如此，什叶派白益家族毫不掩饰对逊尼派哈里发的轻蔑之情，并迫使其参与庆祝什叶派节日。虽然白益家族保留了巴格达几座宏伟的宫殿，但巴格达不再是伊斯兰世界重要的文化中心，到1000年为止，其地位被开罗、科尔多瓦和伽色尼取代。

塞尔柱突厥人的崛起为哈里发带来某种意义上的解放——塞尔柱突厥人是中亚的游牧民族，1000年左右皈依伊斯兰教逊尼教派。1054年，突厥首领图格里勒·贝格（Toghril Beg）应哈里发卡伊姆（Al-Qaim）请求攻打白益酋长国。1055年12月18日，哈里发迎接解放者图格里勒进入巴格达。虽然哈里发并不会比白益家族统治时期更加独立自主，至少逊尼派领主将给予更多的理解和支持。这一历史事件后，突厥人开始在伊斯兰世界发挥重要作用。**JH**

1066年10月14日

黑斯廷斯战役中，威廉击败哈罗德
William Defeats Harold at Battle of Hastings

哈罗德战死沙场，诺曼底公爵威廉征服英格兰

○ 征服者威廉加冕，十五世纪末佛兰芒泥金装饰手抄本

○ 哈罗德国王中箭致命（1066年黑斯廷斯战役），出自十一世纪贝叶挂毯

在英格兰土地上最为关键的战役中，诺曼底公爵威廉的骑兵大败英王哈罗德二世的军队——得知威廉入侵后，后者立即从南方的斯坦福桥战场赶来迎战。威廉称自己得到国王忏悔者爱德华（Edward the Confessor）的许诺，有权继承英格兰王位，而发誓支持威廉的哈罗德却于1066年1月爱德华死后加冕即位。因此威廉获得了教皇的支持后，率军队出征英格兰。

贝叶挂毯是1070年左右由威廉的异父弟贝叶主教厄德（Odo of Bayeux）制成的刺绣墙面挂饰。其中以长串戏剧性的场景，表现了著名的诺曼征服的成因以及黑斯廷斯战役。起初，哈罗德困乏的步兵在链锁交错的盾墙后，列成坚实的密集阵，而诺曼骑兵和弓箭手并未对步兵阵造成多大影响。混战中威廉转身举起头盔鼓励骑兵冲锋，下令弓箭手向盾墙上方射箭，哈罗德似乎眼睛中箭死亡，其军队溃逃。威廉开进伦敦，加冕为英格兰国王。

威廉公爵——史称征服者威廉——两年内控制了整个国家，暴力镇压西方和北方的叛乱。他以土地封赏追随者，令诺曼人、布列塔尼人、佛兰芒人取代英格兰贵族，引入诺曼法律及封建制度，宫廷中使用诺曼法语。英格兰从此改变。**SK**

> "哈罗德国王身亡，英格兰人转身溃逃。"
>
> 贝叶挂毯，约1070年

1072年1月10日

巴勒莫落于罗贝尔·吉斯卡尔之手
Palermo Falls to Robert Guiscard

诺曼人的胜利开启两西西里王国建国之路

▲ 十九世纪罗贝尔·吉斯卡尔画像，罗贝尔手指西西里方向

> "（意大利的诺曼人）极其渴望财富和权力……"
>
> 杰弗里·马拉特拉（Geoffrey Malaterra），编年史家，约1100年

十一世纪，一群没有地产、躁动不安的冒险家从诺曼底出发南下至意大利，寻求为自己开创大片领地的机会。这群维京强盗中最富有胆识和魄力的是罗贝尔·吉斯卡尔，他在十二兄弟中排行第六，父亲是奥特维尔的坦克雷德（Tancred of Hauteville）。罗贝尔的绰号吉斯卡尔意为"狐狸般的"、"狡猾的"，事实上罗贝尔不仅善用政治外交手腕，亦善于兵法诡道。1059年罗贝尔同教皇结盟，后者应允认其为阿普利亚和卡拉布利亚公爵，以及未来的西西里公爵——只要罗贝尔能攻占这些土地，并每年向教皇缴纳每片耕地十二便士的租金。

罗贝尔历时十年将拜占庭人逐出卡拉布利亚——1071年4月拜占庭人被赶出最后的据点巴里。罗贝尔继而将注意力转至当时被阿拉伯人控制的西西里。他同兄弟罗杰（Roger）迅速穿越墨西拿海峡，于1072年1月攻下巴勒莫。为保险起见，罗贝尔将兄弟封为"卡拉布利亚和西西里伯爵"，继续于1091年完全占领西西里岛。罗杰之子罗杰二世（约1095—1154）继续征战，最终统一意大利南部所有诺曼土地和西西里，开创两西西里王国；两西西里王国直至十九世纪一直是意大利独立的政治实体。

罗贝尔·吉斯卡尔最后的冒险事业是攻打拜占庭帝国，试图取代被废黜的迈克尔七世成为拜占庭皇帝。但在1085年7月17日，七十岁的罗贝尔在攻打凯法利尼亚岛途中死于高烧。**SK**

1077年1月25日

神圣罗马帝国皇帝立于寒风之中
Holy Roman Emperor Left Out in the Cold

亨利四世苦行赎罪，在卡诺莎屈服于教宗额我略七世

教宗额我略七世统治初期改变圣职叙任规则——教宗任命主教无须取得皇帝同意，令神圣罗马帝国皇帝亨利四世（1050—1106）大为恼怒，导致日耳曼国王和教皇发生激烈冲突。亨利予以反击，拒绝承认额我略的教皇之位，而额我略则开除亨利教籍，并不再支持亨利保有日耳曼王位。亨利必须重新回归教会并取得教皇的支持。

更为关键的是，额我略给予亨利一年的悔罪期限，一年之后将被永久开除教籍。于亨利而言，被施以惩罚的时机极其糟糕——日耳曼贵族纷纷叛乱。亨利认为在处理国内叛乱之前，有必要先解除教皇的处罚。

1077年1月亨利身着刚毛衬衫赤脚苦行悔罪，出发穿越阿尔卑斯山，于1月25日到达卡诺莎，请求拜访教皇。额我略拒绝会见亨利，国王赤脚在冰天雪地中等待三日。最终教皇同意召见国王，亨利在教皇面前屈膝请求宽恕，得以重返教会。但亨利掌握着最终决定权，1084年，亨利入侵意大利，围攻罗马，废黜额我略七世。

后来卡诺莎事件意义重大，尤其对十六世纪宗教改革者而言，亨利反抗教皇干预成为鼓舞其前进的战斗号角。于日耳曼人而言，卡诺莎代表着日耳曼不屈从于罗马公教会对本国的干涉。**TB**

◐ 《皇帝亨利四世立于卡诺莎》，Eduard Schwoiser（1826—1902）作于1862年，描述国王苦行悔罪的情形。

> "（亨利）赤脚站立，斋戒进食，从晨曦到日暮。"
>
> 赫斯菲尔德的朗伯（Lambert of Hersfeld），《编年史》，约1077年

1085年12月25日

编纂《英格兰土地财产清册》
The Domesday Book Is Compiled

征服者威廉下令调查英格兰全境，确定每人拥有的土地财产

◆ 原版《英格兰土地财产清册》已甚为脆弱，现藏于英国国家档案馆

> "威廉的清册中没有遗漏一头牛、一头猪。"
>
> 《盎格鲁-撒克逊编年史》

征服者威廉同家人在格洛斯特过圣诞时，决定向英格兰全国成批派出调查人员收集信息，他想调查何人拥有土地，及其资产和牲畜的价值。这是一项巨大的工程，相当于今天的政府人口普查，此前并没有进行过任何类似的调查。信息搜集工作在一月和八月间进行，结果记录于两本巨大的登记簿中。十八世纪哲学家大卫·休谟（David Hume）将《英格兰土地财产清册》评价为"国家最为珍贵的古代记录"。

《英格兰土地财产清册》（Domesday Book）的名字来源于古英语中的dom，意为"清算"、"记录"。无人知晓威廉下令编纂清册的原因。一种可能的解释为，威廉想通过提高税费来抵御丹麦人入侵的危险；或许他只是想尽可能了解英格兰——他二十年前便征服了这片土地，但最近才取得了有效控制。

历史意义重大的清册以郡为单位进行编目，每个郡的条目下首先记录土地拥有者，自国王开始，其次是所有封建领主。清册详细描述了当时英格兰每个采邑（一个村庄及其周围土地）的情况，甚至记录了猪和牛的数目。调查表明诺曼征服给英格兰带来了剧变。英格兰境内的土地由不到250人控制，所有封建领主中仅有两人为英格兰人，其余均为1066年随威廉进入英格兰的诺曼人和佛兰芒人。**SK**

1088年

博洛尼亚成为学问之都
Bologna Becomes a Student City

博洛尼亚法学院开始发展为欧洲第一所大学

1088年被普遍认为是博洛尼亚大学独立于教会控制的一年。博罗尼亚大学是世界上最早成立的大学之一，也是西欧的第一所大学。

据文献中记录，博罗尼亚大学最早的学者之一是依内里奥（Irnerius），他于1084年至1088年间建立了法学院。依内里奥在博洛尼亚大学任教，是研究罗马法典《民法大全》的专家——《民法大全》由拜占庭皇帝查士丁尼一世于公元529年至534年间下令编纂，十一世纪时重新被发现。依内里奥的学术成就高峰在于他总结了查士丁尼法典，写成《法令汇纂》，奠定系统而理性的成文法律体系基础，因而对欧洲社会文化发展意义非凡。

博罗尼亚大学以其卓越的学术成就闻名于世，是自然科学和人文科学的中心。为表彰其编纂罗马法律的工作，并将其权威性同神圣罗马帝国皇帝联系起来，1158年腓特烈一世（Fredrick I Barbarossa）授予博罗尼亚大学特许，承认其学术研究机构的地位，允许其不受外界干涉独立发展。这一时期博罗尼亚大学尤为开明。据说一个名为贝蒂西亚·郭札迪尼（Bettisia Gozzadini）的女性在十一世纪末就读于博罗尼亚大学，之后她继续在大学内任教，并向大量学生授课。

经过十九世纪的一段衰落期后，博罗尼亚大学于1988年被全球学术界代表尊为欧洲大学之母。**TB**

十五世纪意大利手抄本，描绘博罗尼亚大学法学课的场景

> "每所大学必须……确保学生的自由得到捍卫。"
>
> 《欧洲大学宪章》，1988年

1095年11月27日

"上帝的旨意！"
"God Wills It!"

教皇乌尔班二世（Urban II）发表慷慨激昂的演讲，发起第一次十字军东征

● 《1095年乌尔班二世驾临克勒芒宗教会议》；《乌尔班二世号召发起第一次十字军东征》，十四世纪法国泥金装饰画稿

　　法国中部克勒芒城外山腰的高台上，教皇乌尔班二世对群集而至的主教、贵族和市民发表演讲，号召西方基督教界的骑士们停止互相争斗，相反，他们应当为上帝而战，从穆斯林手中解救耶路撒冷。乌尔班的话语如燎原之火，人群中爆发"上帝的旨意！"（"Deus vult!"）的呼声，打断了教皇的演讲。

　　乌尔班的演讲正是对拜占庭求援的回应——拜占庭皇帝阿历克塞一世（Alexius II）向西方请求军事援助。此类请求之前有过先例。1071年塞尔柱突厥人在曼齐刻尔特战役中大败拜占庭军队，侵占安纳托利亚，不久之后教皇额我略七世号召集结"上帝之军"，以救援东方的基督教兄弟，但以失败告终。此后穆斯林袭击基督教朝圣者的消息在西方掀起了新一轮宗教狂热，人们热烈响应教皇的号召。1096年，法国、低地国家和日耳曼等国的数千人庄严宣誓，要历经漫长而危险旅程前往中东。

　　教皇乌尔班在克勒芒会议的演讲标志着十字军东征运动的开始——基督徒同中东、西班牙和巴尔干半岛的穆斯林战争长达几世纪。有的人报名参加第一次十字军东征，是出于世俗欲望，并希望从中获利，但大多数人是因虔诚的信仰和教皇许诺的升入天堂的奖赏而参战。**SK**

1096年8月

平民十字军
The People's Crusade

热情但毫无作战经验的民众在隐士彼得的带领下参加十字军

《海外旅程》局部图，由塞巴斯蒂安·马莫莱特1490年左右创作，表现平民十字军的一场战斗

　　隐士彼得是魅力超凡的牧师，他响应教皇乌尔班二世的号召参加圣战。1096年夏天，彼得带领由骑士和农民组成的混乱大军——史称"平民十字军"——在第一次十字军正式军队之前，穿越匈牙利到达中东。据史料记载，平民十字军多达十万人，其中包括妇孺之辈。他们在收获季节前出发，补给不足便四处行窃。早在平民十字军抵达君士坦丁堡之前，他们在途中无法无天的消息便传到拜占庭皇帝阿历克塞一世耳中，后者对这群肆意妄为的大军到来失望不已——这同他求援时预期的军队大相径庭。阿历克塞安排船只将平民十字军运过博斯普鲁斯海峡，他们于8月6日抵达尼科米底亚（现今土耳其的伊兹密尔）。刚到达小亚细亚，平民十字军内部便发生分歧，隐士彼得返回君士坦丁堡，彼得离去后，毫无作战经验的十字军被塞尔柱军队围攻歼灭。

　　彼得布道所感染的另一队十字军也没能到达耶路撒冷。日耳曼一支一万人的军队信服其领袖，认为犹太人同穆斯林都是基督之敌。他们袭击莱茵河畔几个城镇的犹太团体，屠戮拒绝改信基督教的犹太人。当时人们对杀戮犹太人充满恐惧和厌恶之感，这类杀戮标志着西欧反闪米特主义的早期发展。**SK**

1098年

修道士拒绝闲逸的生活
Monks Reject the Easy Life

一小队渴望改革的修道士建立熙笃会

● 《圣母玛利亚在圣伯尔纳铎面前显灵》，出自多联画屏《圣人传》，乔万尼·达·米兰诺作于1353—1363年

1098年，一群修道士不满于茂来斯木修道院闲逸的修道方式，离开勃艮第创建新修道院。他们在修道院长圣乐伯的带领下，希望更严格的遵循圣本笃会规——乐伯在茂来斯木修道院改革未果。

此前乐伯曾两次尝试离开茂来斯木修道院，均被教皇召回。这时乐伯在香槟地区的贵族亲戚——波恩子爵雷纳德（Renaud）许诺赠予一片土地，乐伯决定同其一众追随者再不复返。虽然土地仅仅是弃置的山谷，这并没有打消乐伯建立熙笃修道院的决心。一年后，茂来斯木修道院的僧侣同意按照乐伯更为严苛的方式践行本笃会规，乐伯重返勃艮第。

在圣乐伯两位追随者的领导下——圣雅伯里（Alberic）和圣德范·哈定（Saint Stephen Harding）——熙笃修道院成为熙笃会的母院，而哈定的《爱德宪章》成为西方隐修制度的雏形。十二世纪时，熙笃会影响力扩大，克勒窝熙笃修道院院长伯尔纳铎（Bernard）于1130年至1138年间极力调停教会分裂，其个人影响力也增添了熙笃会声望。1145年熙笃会取得重大胜利，罗马附近的熙笃修道院院长被选为教皇犹金三世（Eugene）。1130年到1145年间，欧洲共建立近100座熙笃修道院。尽管熙笃会十分保守，他们在传播先进农业技术方面功不可没。**TB**

> "他们还不是天使，但远胜凡人。"
> 圣蒂埃里（Thierry）的威廉如是描述熙笃会修道士，约1143年

1099年7月15日

十字军占领耶路撒冷
Jerusalem Falls

在惨烈的屠杀中，十字军攻占耶路撒冷

"十字军大肆屠杀，血泊深没脚踝。"《法兰克人功绩录》（约作于1100—1101年）的无名作者如此描述十字军攻破耶路撒冷城墙、进入圣城后的所作所为。

第一批十字军主要由法兰克骑士和贵族组成，还包括一队来自意大利南部的诺曼人。他们离开君士坦丁堡后，经过两年多的漫长跋涉到达耶路撒冷。十字军的进程因各种因素受到延误：他们在安提阿停留八个月，最终于1098年6月（据说是通过圣矛神迹）攻克安提阿；同拜占庭帝国无法达成一致；领袖内部又发生分歧。塔兰托的博希蒙德（Bohemund）尤为棘手，但他成功得到安提阿亲王之位，离开了十字军。这段时间十字军一直在同塞尔柱突厥人战斗，但这时他们进入了开罗法蒂玛王朝哈里发的领地，后者于1098年8月从突厥人手中夺回了耶路撒冷。

1099年6月7日疲惫不堪的十字军驻扎在耶路撒冷城下，东征出发时的七千名骑士只剩下一千二百人。7月15日，布永的戈弗雷（Godefroy of Bouillon）的部队攻下一段关键城墙，从而打开耶路撒冷城门。后来的两天内，十字军任意屠杀了几乎所有居民，无论穆斯林、犹太人还是东正教基督徒。连在阿克萨清真寺避难的人们都被残酷屠戮。布永的戈弗雷成为耶路撒冷新的基督教总督，并得到"圣墓守护者"的头衔。**SK**

《1099年十字军占领耶路撒冷后大肆劫掠》，1440年泥金装饰画稿

> "如果在安提阿没有耽搁的话，我们将于五周后到达耶路撒冷。"
>
> 布洛瓦（Blois）的史蒂芬写给妻子的信，1097年6月

1120年

叔父骇人的报复
Uncle's Awful Revenge

时代中最伟大的神学家、哲学家彼得·阿伯拉（Peter Abelard）同哀绿绮思（Heloise）的爱情产生可怕的后果

彼得·阿伯拉在《我的苦难史》中记录了这个故事。阿伯拉是巴黎圣母院教堂学校的讲师，教导教士富尔贝尔（Fulbert）十七岁的侄女哀绿绮思。阿伯拉为她的智慧和学识倾心，二人相爱、生子，并秘密地结婚。但富尔贝尔进行了骇人的报复，将阿伯拉阉割。

哀绿绮思在阿伯拉的请求下成为修女，

> "哀绿绮思……丰富的学识令其成为最杰出的女性。"
>
> 彼得·阿伯拉，《我的苦难史》，约1132年

而阿伯拉也入修道院出家。后来他先后于自己建立的保惠师修院和巴黎继续教学。阿伯拉于1142年去世，葬于保惠师修院。哀绿绮思死后同阿伯拉合葬。1817年，二人被重新葬于巴黎新建的拉雪兹神父公墓加以纪念。

阿伯拉同哀绿绮思的经历是历史上最著名的爱情故事之一，不少诗歌、小说、绘画和戏剧以此为蓝本进行创作。而在欧洲学问复兴时期，阿伯拉本人作为教师和思想家的重要功绩却经常被忽视。阿伯拉是诗人、音乐家和神学家，他的思想对中世纪的欧洲学者有重大影响。**SK**

○《阿伯拉和他的学生哀绿绮思》局部图，由艾德蒙·布莱尔·雷顿（1853—1922）作于1882年

1127年6月12日

南宋建朝
A New Song Era

宋高宗于杭州建立南宋

在宋朝（960—1279年）宽厚仁慈的统治之下，中国发展为世界上最繁荣、技术最先进的国家。但宋朝统治者在军事上不甚高明，其统治限于中原核心地带。宋朝的命运于1127年由高宗挽救。

宋朝建立之初便面对强大的外敌，统治者试图"分而治之"。契丹辽国的南部边境距北京仅几英里之遥，不断威胁着宋朝的安危，宋朝被迫频频向辽国进贡以求取和平。1114年，宋徽宗认为削弱契丹的时机到来——他支持役属辽国的女真族叛乱。1124年，女真人最终在多年战争后推翻了契丹统治，建立金朝。很快金对宋造成了更大的威胁，远胜于辽。1125年，金人挥兵南下，徽宗让位于儿子钦宗。钦宗未能征集军队，1127年1月，金兵占领宋国都开封，掳走徽宗钦宗二帝及三千皇室家眷终身囚禁。

徽宗之子高宗设法脱困，于1127年6月10日称帝。虽然无法收复北方失地，高宗在南方的杭州建都，中国进入南宋时期（960—1126年被称为北宋时期）。1279年蒙古人入侵，南宋灭亡。**JH**

1137年

哥特式建筑诞生
Birth of the Gothic

修道院院长苏格（Suger）主持重建圣丹尼斯修道院

1122年，农民家庭出身的苏格被选为圣丹尼斯修道院院长。苏格曾任国王路易六世的顾问，二人同由圣丹尼斯修道院的修士教导，儿时起便十分亲密。1137年路易六世去世，其继任者路易七世不再向苏格征求意见，卸任的苏格从先前的职责中脱身，将注意力转向圣丹尼斯教堂——教堂始于公元737

> "我们耗尽心力扩建教堂主体"
> 修道院院长苏格，《苏格记录》，约1148年

年，附属于圣丹尼斯修道院。其后五年中，苏格专注于监督教堂的重建工作。

苏格从教堂西边正面入手，将加洛林时期的石制建筑改为仿照罗马的君士坦丁凯旋门设计的新式建筑。教堂正面有三座大门，一扇大型彩色玻璃窗，首创此类布局结构。苏格保持教堂中殿原样，采用新式建筑结构（尖拱、肋架拱顶和集柱）重建唱诗席。飞扶壁的使用使教堂可以安装更多彩色玻璃窗。苏格创造了哥特式建筑风格。

新的丹尼斯教堂于1144年6月11日落成。一百年后中殿也以哥特风格重建。在金雀花王朝的影响下，哥特式建筑传遍欧洲，众多教堂皆按照哥特风格设计建造。**TB**

1148年7月24日

兵败大马士革
Debacle at Damascus

第二次十字军东征上演围攻穆斯林城市大马士革的闹剧

▲《围攻大马士革》和《巴拉达之战》,十五世纪法国塞巴斯蒂安·马莫莱特所作泥金装饰画

> "(他们)相信大军可以依靠园中果实饱腹……"
>
> 蒂尔(Tyre)大主教威廉,
> 《历史》,约1175年

1148年7月24日,第二次十字军抵达大马士革开始攻城,仅五天便告失败。摩苏尔(Mosul)埃米尔赞吉(Zangi)新近攻占了十字军的东方堡垒埃德萨(Edessa,今土耳其乌尔法),掀起了第二次十字军东征运动。克勒窝的圣伯尔纳铎以慷慨演讲激起了远征的热情,欧洲两位最有权势的天主教国王——法王路易七世和日耳曼国王康拉德三世(Conrad)御驾亲征。他们试图按照臭名昭著的第一次十字军的东征路线,1147年秋于达君士坦丁堡会军,之后穿越安纳托利亚高原到达圣地。

十字军穿过安纳托利亚高原时,被塞尔柱突厥人重创。由于损失惨重,路易和康拉德决定放弃夺回埃德萨的原计划,转而围攻大马士革。大马士革不仅富庶,且为战略要地,其埃米尔乌努尔(Unur)是这一地区内唯一不对十字军持敌对态度的穆斯林领主。进攻大马士革将是十分愚蠢的行动,但事已至此,十字军决心不惜一切代价同任何穆斯林开战。

十字军的进攻令大马士革人猝不及防,围攻第一天城市险些陷落。十字军本打算速战速决,而食物和水供给不足令攻城难以为继。7月28日晨,十字军拔营起寨,开始灰溜溜地撤军。第二次十字军东征适得其反,其显著"成果"为加强穆斯林恢复统一、摧毁十字军王国的决心。**JH**

1162年6月2日

贝克特担任大主教
Becket Becomes Archbishop

枢密大臣被任命为坎特伯雷大主教后同亨利二世发生危险的分裂

托马斯·贝克特（Thomas Becket）明白国王亨利的意图，并严词拒绝。坎特伯雷大主教之职空缺一年，亨利认为身为英格兰枢密大臣（皇家行政机构之首）的贝克特担任大主教将为自己带来政治利益。虽然贝克特也任会吏长（译者注：地位仅次于主教的牧师），但他以穷奢极欲的朝臣生活闻名，而非庄重的神职人员。但国王毫不在意这一事实，仍适时任命贝克特为大主教——这一举动对二人都造成巨大影响。

1118年，贝克特生于伦敦诺曼富商之家，他曾在巴黎求学，并为伦敦司法长官工作，之后任大主教西奥博德（Theobald）的会吏长，最终成为坎特伯雷大主教。1154年西奥博德向刚登基的英格兰国王亨利二世推荐贝克特担任枢密大臣，贝克特勤勉而高效，忠诚维护国王的利益，尤其擅长提升税收。亨利无疑认为贝克特担任坎特伯雷大主教后，将继续同样为自己服务，事实证明国王的打算全盘落空。

1162年，贝克特被任命为大主教之后，拒绝继续担任枢密大臣。不仅如此，他如同任职枢密大臣时一样，狂热维护教会利益。亨利渴望统治教会，但贝克特拒绝亨利将犯罪的教士交与世俗法庭审判之要求，二者的裂痕加深，以致大主教贝克特于1164年逃亡国外，多次尝试和解均以失败告终。SK

十四世纪初英国泥金装饰手稿，描绘英王亨利二世同托马斯·贝克特争论的情景

> "已知托马斯被判为……作伪证的邪恶叛徒。"
>
> 亨利二世反对贝克特的声明，1164年

1000年—1499年　183

诺曼人抵达爱尔兰
Normans Arrive in Ireland

1169年5月1日

诺曼人入侵标志着英格兰开始在爱尔兰历史上发挥重大影响

▲ 爱尔兰考马斯小教堂北门上方鼓面，表现诺曼半人马击杀凯尔特基督教之狮

> "盼君甚切，而东西风皆未将君送达。"
>
> 德莫特给强弓手的信，1170年

1169年，两艘船载着七十名全副武装的诺曼士兵和威尔士弓箭手抵达爱尔兰东南岸宁静的班诺湾。船上的军队是为帮助德莫特·麦克穆罗夫（Dairmait Mac Murchada）夺回伦斯特（Leinster）王位而来——德莫特几年前被废黜并驱逐，他先逃亡至威尔士，后在法国得到了英王亨利二世的政治和军事援助。罗伯特·菲茨斯蒂芬（Robert FitzStephen）同潘布鲁克（Pembroke）伯爵理查·德克莱尔（Richard de Clare，又名强弓手）帮助德莫特征集了一支雇佣军队。

德莫特的军队几未受阻，迅速在第二天占领维京聚居地韦克斯福德。但攻打爱尔兰高王所在地塔拉失败后，德莫特召集大量援军。1170年强弓手本人率大军抵达，在爱尔兰东南部韦克斯福德和沃特福德附近建立据点，之后攻下都柏林。强弓手娶德莫特之女奥伊弗（Aoife）为妻，并被选为伦斯特王位继承人。不久后德莫特去世，强弓手称王遭到人民起义反对，被迫逃回英格兰，向亨利二世交出了所有封地和城堡。

因此亨利二世本人于1171年领兵至沃特福德，将沃特福德和都柏林封为皇城，并游历爱尔兰岛，同时令所有爱尔兰统治者效忠于亨利，亨利之子约翰任爱尔兰领主（亨利死后成为爱尔兰国王）。1175年于温莎签署条约中确认了英格兰在爱尔兰的势力，影响持续至现代。**PF**

1170年12月29日

"至福的殉教圣人！"
"The Holy, Blissful Martyr"

四名骑士在坎特伯雷大教堂残酷的刺杀贝克特

四名骑士——雷吉纳德·菲茨乌尔斯（Reginald Fitzurse）、修格·德·莫尔维尔（Hugh de Morville）、威廉·德·崔西（William de Tracy）和理查德·勒·布莱顿（Richard le Breton）——冲进坎特伯雷大教堂，他们试图将正在晚祷的大主教拖出教堂，加以囚禁。但大主教拒绝离开教堂，于是四人拔剑出鞘，当场将大主教劈死。

恐遭教皇惩罚的亨利二世只得允许流亡国外的托马斯·贝克特回国。托马斯回国后丝毫没有停止同国王对抗之意，而怒不可遏的亨利问道："谁能帮我解决这个多事的僧侣？"骑士们决定伸张正义，立即出发前往坎特伯雷抓捕大主教。

托马斯遇刺后的几日内，普通民众蜂拥至其墓前祈祷，传闻很多人在此奇迹般痊愈，教皇亚利山大三世因而在托马斯·贝克特去世三年后将其封为圣徒。第二年，亨利赤足着丧服前往坎特伯雷悔罪，他公开遭受鞭笞，整夜在贝克特墓前祷告。托马斯成为中世纪后期最受人爱戴的圣徒之一——很多教堂建成后献给托马斯，坎特伯雷大教堂成为整个欧洲著名的朝圣地。英国文学杰作——杰弗里·乔叟（Geoffrey Chaucer）的叙事诗《坎特伯雷故事集》描述了十四世纪时一群朝圣者从伦敦前往坎特伯雷，"朝谒至福的殉教圣人"。1540年，亨利八世下令拆除坎特伯雷大教堂，可敬的圣人遗骨四散。SK

△ 十三世纪泥金装饰画稿，表现托马斯·贝克特在坎特伯雷大教堂被忠诚的骑士刺杀

> "……（骑士）挥剑……头顶被削去。"
>
> 爱德华·格里姆（Edward Grim）
> 《圣托马斯生平》，1172年

1174年10月

萨拉丁掌权
Saladin Takes Power

库尔德（Kurdish）将领占领大马士革，自立为苏丹

十五世纪泥金装饰手稿，出自《世界的六个时代》，描绘萨拉丁手持半月弯刀的情景

> "这名少年……需要导师和摄政者，而没有人比我更合适。"
>
> 萨拉丁，1174年

第一次十字军东征（1096—1099）成功的重要因素在于穆斯林世界的分裂。1144年摩苏尔埃米尔赞吉从十字军手中夺回埃德萨，开始穆斯林的反攻。其子努尔丁（Nur al-Din）于1154年统一叙利亚，1169年征服埃及。这时圣地的十字军小国在陆上被努尔丁的领土包围。征服埃及后，努尔丁继续在摩苏尔统治，并派库尔德将领萨拉丁到埃及任总督，代表自己行使权利。后来证明这是严重的判断失误。

埃及富庶且人口众多，为萨拉丁实现自己的野心提供了强有力的基础。1170年和1172年，萨拉丁蓄意破坏努尔丁对十字军耶路撒冷王国发动的战争。虽然萨拉丁与努尔丁同样渴望将十字军赶出圣地，他希望在自己夺权的时机成熟之前，十字军王国可以完整无损的充当埃及和叙利亚之间的缓冲地带。

1174年5月15日，努尔丁在准备讨伐萨拉丁途中死于大马士革。其子萨利赫（al-Salih）年仅十一岁，被立为继任者，由宦官古姆士图根（Gumushtigin）摄政。然而萨拉丁称自己才是合法的摄政王。十月末萨拉丁占领大马士革，自立为苏丹，又娶努尔丁的遗孀以巩固大权。1181年萨利赫在阿勒波暴毙——极有可能是中毒而亡——萨拉丁终于坐稳了王位。萨拉丁因其无情之举被普遍认为是篡位者，但他于1187年从十字军手中夺回耶路撒冷，轻易抵消了消极评价，令其成为穆斯林世界的英雄。**JH**

1176年5月29日

皇帝屈辱地战败了
Emperor Suffers Humiliating Defeat

莱尼亚诺战役中,伦巴第联盟击败红胡子腓特烈一世(Frederick I Barbarossa)

1176年5月29日拂晓,神圣罗马帝国皇帝红胡子腓特烈率军穿过奥兰诺河,对阵伦巴第联盟3500人的军队——教宗亚历山大三世遭到围攻,仍然忠于他的国家组成伦巴第联盟。日耳曼骑兵面对伦巴第步兵时,腓特烈一定感到胜券在握。

起初尽管伦巴第步兵英勇作战,腓特烈似乎将取得胜利。但布雷西亚骑兵赶来增援,突袭日耳曼军队后方,战事发生决定性转折。布雷西亚骑兵撕裂帝国军防线,冲向皇帝本人,斩杀旗手和御前侍卫,腓特烈的军队大乱。皇帝从马上坠地,帝国军以为首领阵亡,惊慌溃逃。伦巴第骑兵追击日耳曼逃兵,帝国将领们几次试图重组部队作战均告失败。战后伦巴第人俘虏众多日耳曼人,并缴获腓特烈的大笔黄金。

伦巴第人得胜决定了意大利未来的政治方向,战后腓特烈被迫签订威尼斯和约,尊重教皇在教皇国的君主权,且教皇对罗马城享有世俗权力。同时腓特烈不再支持伪教皇加里斯都三世(Calixtus III),结束了几年来的教会分裂。此外,腓特烈还同西西里的威廉二世签订和约,西西里进入一段和平繁荣时期。经过多次尝试,腓特烈终于在1183年放弃了控制伦巴第诸城的企图。**TB**

▲《1176年莱尼亚诺战役》局部图,马西莫·塔巴瑞里·德·阿泽利奥作于1831年

"皇帝……应发誓同教会停战。"

《威尼斯和约》,1177年

1185年4月25日

武士之暮
Samurai Sunset

坛之浦之战中，源义经（Minamoto Yoshitsune）击败平氏（Taira）武士家族，源氏建立幕府取代天皇统治

十二世纪日本史的主旋律是两大武士家族之争：平氏和源氏（Minamoto）争夺对京都皇室的控制权。双方的角逐在1180—1185年间的源平合战达到高潮。1159年平氏将源氏逐出京都，独掌日本大权，直至1180年源赖朝（Minamoto Yoritomo）发动起义反对平氏。源赖朝注重争取大名（封建领主）支持，将军权交予同父异母的弟弟——伟大的武士源义经。

1183年，平氏被迫离开京都后退到四国岛伺机反攻。1185年4月25日，源义经率舰队在坛之浦海湾同平氏开战。源氏兵力胜于平氏，将后者围困。平氏英勇抗战。眼见大势已去，平家大将纷纷投海自尽。中世纪日本文学最伟大的作品之一《平家物语》记录了平氏家族在坛之浦海战中覆灭的故事。

1192年源赖朝于镰仓（Kamakura）建立幕府，就任征夷大将军（shogun）。天皇继续在京都称帝，但实际上直至1868年，日本由幕府将军统治。源赖朝对源义经愈发猜忌敌对，将其排挤于幕府之外。源义经于1189年自尽。**JH**

◐ 1886年日本画作，表现马背上的武士源义经
◐ 木版画，描绘坛之浦海战中的源义经

1186年1月27日

日耳曼人统治西西里
Germans Rule Sicily

霍亨斯陶芬王朝的亨利同西西里的康斯坦斯（Constance）于米兰成婚

1186年1月27日，亨利——神圣罗马帝国霍亨斯陶芬王朝皇帝红胡子腓特烈之子——娶西西里的康斯坦斯为妻。这桩婚事最终破坏了霍亨斯陶芬家族势力，但在当时看来是极妙的政治联姻。亨利将继承神圣罗马帝国，得到意大利北部。而国土覆盖意大利南部的诺曼西西里国王威廉二世并无子嗣，其姑母康斯坦斯成为王位继承人。

教皇不希望神圣罗马帝国同西西里王国结盟。这时距教皇额我略七世同神圣罗马帝国皇帝亨利四世的续任权之争（对神职人员的任命权）不到一百年。依照传统，任命教会圣职需经由世俗统治者同意，而教皇额我略七世将这一权利重新夺回教会手中，并在随后的权力斗争中险胜。然而数十年来，教皇同皇帝一直关系紧张，若是亨利同康斯坦斯结婚，罗马将被霍亨斯陶芬的领地包围。西西里人也不希望受日耳曼人统治。威廉二世去世后，康斯坦斯兄弟罗杰的私生子——莱切（Lecce）的坦克雷德（Tancred）被拥立为王。1194年坦克雷德去世后亨利和康斯坦斯才控制西西里。

1197年亨利在墨西拿死于疟疾，神圣罗马帝国同西西里同盟破裂。而康斯坦斯代其幼子——未来的腓特烈二世摄政统治。令教皇失望的是，1212年腓特烈夺得帝国控制权。但教皇最终摧毁了霍亨斯陶芬家族在神圣罗马帝国和西西里的势力。**JH**

1187年10月2日

耶路撒冷陷落
Jerusalem Falls

哈丁战役中萨拉丁抓住时机击败十字军

支配穆斯林世界的埃及苏丹萨拉丁，将摧毁十字军的耶路撒冷王国视为首要的宗教和政治事务。但是只有每年夏季尼罗河洪水期的几个月内，劳动力不必务农，萨拉丁才能召集大军，这时十字军直接撤回其城堡，等待八月末萨拉丁再次撤军。

> "十字军首次进攻巴勒斯坦以来，从未如此大败。"
>
> 伊本·阿西尔（Ibn al-Athir），
> 《历史大全》，约1231年

1187年年初，沙蒂永的雷纳德男爵（Reynald de Châtillon）撕毁停战协议，攻击了穆斯林商队。萨拉丁还以颜色，攻打太巴列。耶路撒冷国王居伊（Guy）放弃了拿撒勒附近的坚固据点，带兵前来解围。十字军不断遭到穆斯林军队袭击，行军速度极慢，被迫于7月3日扎营过夜。他们的水已耗尽，穆斯林在周边的山上点火生烟令十字军备受折磨。7月4日破晓之时，十字军发觉被围。国王居伊（Guy）被囚，仅有少数十字军逃脱。这场完全可以避免的灾难导致耶路撒冷无人防守，只得于10月2日投降。

耶路撒冷陷落激发了第三次十字军东征，但即使集法兰西、英格兰和日耳曼国王之力，十字军仍无法将圣城夺回基督徒手中。**JH**

1190年6月10日

国王之死
Death of an Emperor

红胡子腓特烈一世在前往圣地的途中溺死

▲ 哥达手稿《盎格鲁撒克逊编年史》（作于十三世纪末期）表现红胡子腓特烈一世溺死的情形

1190年夏，大队日耳曼十字军——骑兵、步兵和随营人员——穿越安纳托利亚南部的平原（位于现今土耳其），在烈日的强光和炙热中饱受煎熬。队首骑行的是神圣罗马帝国皇帝、霍亨斯陶芬家族的红胡子腓特烈一世——腓特烈并不知道，这是他最后一次出征。

腓特烈是欧洲最强大的统治者。六十七岁的国王领兵出征巴勒斯坦，救援在穆斯林领袖萨拉丁的紧逼下陷入绝境的十字军国家。日耳曼人行军一年有余，但仍几未折损。这支军纪严明、装备精良十字军令萨拉丁忧心忡忡。

十字军行至萨列法河畔，河水深不及腰，但仍为腓特烈招致灾祸。腓特烈也许是在高温之下品尝清冽的河水，抑或是渡河时坠马，无论如何，他落水而亡。腓特烈身上的盔甲并不沉重，但他在坠马落水受惊之余难以身着甲胄脱困，很快便溺死了。

领袖去世后，日耳曼大军瓦解。腓特烈的遗体亦然。虽然下属尝试以醋保存国王的遗体，但当十字军抵达安提阿时，尸身已经开始腐烂。同时萨拉丁感谢真主赐予的神助。**RG**

1191年7月12日

攻陷阿卡城
The Siege and Fall of Acre

法兰西王和英格兰王合力从穆斯林手中夺下一城

▲《腓力二世率领十字军到达阿卡城外》，法兰西泥金装饰手稿，出自《法兰西大编年史》（约作于1335年）

1190年，英格兰狮心王理查一世同法兰西国王腓力二世·奥古斯都开始东征，前往巴勒斯坦——基督徒在伟大的穆斯林将领萨拉丁面前节节败退。英法双方互不信任，因而一同出发，以防发兵之后本国遭受对方攻击。腓力二世行军甚速，于1191年4月同基督教军队会和，围攻穆斯林控制的阿卡城。理查一世于6月8日抵达。

实际上这是一场双重围困。城内的穆斯林守军被封锁，城墙受到大型弩炮的轰击，而十字军后方遭到外围萨拉丁军队的侵袭，腹背受敌。十字军营地内卫生条件不良，理查同腓力都生了病。尽管如此，精力充沛的军事领袖狮心王的到来为十字军注入新鲜战力，同时令阿卡城陷入绝境。七月初，阿卡城墙出现缺口，守军同基督徒商定了投降条款，十字军应允穆斯林可以保全性命。

7月12日，饥饿的穆斯林走出阿卡城成为俘虏，其"风度和尊严"令十字军印象深刻。而十字军侵占阿卡城时便无任何风度可言了。腓力二世很快便返回法国，被英格兰人视为懦弱和背叛之举。8月10日，理查称穆斯林未满足投降条款，屠杀了所有穆斯林战俘——无论男女老幼——极不光彩的结束了阿卡围城战。**RG**

1191年

日本禅宗发展
Japanese Enlightenment

明庵荣西（Myo-an Eisai）大师将中国的禅宗佛教和饮茶引入日本

△ 日本画师Manotobu山水绢画《瀑布之下的禅师》

我们眼中独特的日本哲学——表现形式包括茶道、插花和武道等——于1191年由明庵荣西大师从中国传入日本。荣西在中国天台山居住四年，学习临济宗禅法，归国后大兴更为严格的佛教禅宗。

荣西在京都种下从中国带回的茶籽，他认为茶有助于冥想，且有益健康。荣西写下《吃茶养生记》，宣传茶具有滋补保健之效。

荣西一直自称为天台派僧人，但其教义为后来的临济宗（Rinzai）奠基。荣西是首位日本禅宗大师，他加强了日本和中国寺院的联系。天皇支持荣西，愿封其为大师，荣西婉拒。

临济宗讲究以"棒"、"喝"等爆发方式，或通过精神上的公案（koan，译者注：打坐沉思时以简短不合逻辑的问题使思想脱离理性的范畴）获得顿悟。同时临济宗也要求弟子参与公共事务、保卫国家，因而吸引了众多武士以荣西的教义传播武道。

荣西的弟子之一道元（Dogen）也曾到中国求法，1227年返回日本开创曹洞宗（Soto），强调打坐悟道。曹洞宗流传更广，成为目前日本禅宗的主要流派。**PF**

"今人渐下渐弱，四大、五藏如朽木……是不吃茶之所致也。"

明庵荣西（1141—1215），《吃茶养生记》

1192年12月21日

流亡国王被俘
Royal Fugitive Captured

狮心王理查一世遭奥地利公爵囚禁

1192年圣诞节前不久，一名蓄着胡子的外国人带着讲日耳曼语的仆从来到维也纳城外的埃德伯格村。他在一家小旅馆住下，发着高烧且极其疲惫，颤抖着爬上了床。这位旅行者正是人称"狮心王理查"的英格兰国王理查一世。

理查领军出征巴勒斯坦后，在返回英格兰途中船舶在克罗地亚海岸失事，他决定经由陆路前往萨克森。但不幸的是，他必须穿过死敌奥地利公爵利奥波德（Leopold）的领地。狮心王拣乡间小道乔装骑行，身边仅有几名骑士，不希望引人注意。但这群神秘的外国人不同寻常的举止和财富仍然逃不过敏锐的观察者。理查身份被猜出后遭到追捕，开始流亡，最终只带一名仆人日夜兼程，直至不堪忍受饥饿和劳顿才停下歇脚。

理查一世在埃德伯格村也没能隐藏多久。仆人外出买食物时所付的银币，和其主借与的精致手套引起了注意。三天后利奥波德的部队包围并搜查了旅馆，理查正在厨房烹肉，假装自己只是一名圣殿骑士。理查被俘，被押去与赶往维也纳的利奥波德会面。

利奥波德将理查囚禁在多瑙河上的杜伦斯坦堡，将其拍卖给出价最高者——神圣罗马帝国皇帝亨利六世。1194年2月，理查的母亲、阿基坦的埃莉诺（Eleanor）向英格兰征税筹得十五万马克，理查终于重获自由，重返祖国，而英格兰则由于理查长期在外实力大减。**RG**

▲ 十四世纪手稿的复制品，表现理查囚于维也纳的情形

> "监禁和死亡令人无缘与其亲友相见。"
>
> ——理查一世作于狱中

1194年6月10日

沙特尔的奇迹
Miracle at Chartres

历经大火却仍保存完好的圣物为沙特尔大教堂重建筹集了资金

1194年6月，将沙特尔大教堂燃烧殆尽的火焰逐渐熄灭，目睹火灾的人们意识到圣母玛利亚的长袍也在火中化为灰烬，由震惊转为沮丧。圣物吸引人们来朝觐，因而是收益的重要来源。

然而在火灾三天后，一群牧师带着著名的圣物走出冒烟的废墟。他们之前藏身于教

> "国王为教堂重建拨款两百磅。"
> 《沙特尔史》，十二世纪

堂地下室，等到安全时才出来。包括红衣主教比萨（Pisa）米利尔（Melior）在内的众人目睹圣物重见天日，都将牧师们火中逃生、圣物完好无损归于神的奇迹。尽管沙特尔人民反对征税筹建新教堂，但教皇的使节米利尔劝慰他们修建更为宏伟的大教堂，以纪念圣物完好的奇迹。神迹传扬开来后，资助教堂重建的捐款从欧洲各地纷纷涌入。

虽然大火中的神迹，有经人设计以挽救难以推行的教堂重建工作之嫌，但新建成的教堂是一座伟大的哥特式建筑，其富丽堂皇的飞扶壁和高拱门开创了全新的建筑技法，使沙特尔大教堂达到了空前的高度。**TB**

1204年4月12日

第四次十字军东征之耻
Shameful Crusade

十字军君士坦丁堡纵火泄愤

教皇英诺森三世（Innocent）发起第四次十字军东征时，并没有计划进军君士坦丁堡。1202年6月十字军在威尼斯会和，攻打控制耶路撒冷和叙利亚大部的埃及阿尤布王朝（Ayyubid），但他们无力支付舰队的费用。威尼斯人以战利品诱使十字军攻打克罗地亚的扎拉港口，继而十字军同威尼斯军队联手

> "他们摧毁圣像……将骡马领入教堂。"
> 尼基塔斯·科尼亚提斯（Nicetas Choniates），《君士坦丁堡之劫》，1204年

攻打君士坦丁堡，帮助皇帝阿历克塞四世（Alexius）复辟。但阿历克塞没有付十字军报酬，六个月后他遭到刺杀时，十字军再次攻陷君士坦丁堡。

十字军在君士坦丁堡大肆洗劫三日，将怒火发泄在希腊人身上——他们认为自己遭到希腊人背叛。之后十字军基于君士坦丁堡建立拉丁帝国，并在希腊和巴尔干半岛上建立了十字军的封建采邑，而拜占庭皇帝只剩下土耳其尼西亚附近的领土。君士坦丁堡之劫令西方天主教界同东正教界之间的关系彻底恶化，同时完全破坏了十字军东征的声誉。**SK**

○ 圣约翰教堂的镶嵌地板局部图，表现围攻君士坦丁堡的情景

1204年6月24日

第一位法兰西国王
The First King of France

腓力二世·奥古斯都占领鲁昂，并从英王手中夺过诺曼底

○ 泥金装饰手抄本，描绘法国人从英国人手中夺下鲁昂的情形

> "英王约翰俘获阿尔蒂尔后……亲手将其杀害。"
>
> 《马格姆编年史》，马格姆大修道院（Margam），十三世纪

1204年5月中旬，攻打诺曼底城市鲁昂的法王腓力二世·奥古斯都并非英雄人物。腓力二世同武力出众、行事高尚的骑士典范相去甚远，但他是极为英明的统治者，令英国的金雀花家族统治者相形见绌。

1180年腓力二世即位时，手中的法国国土甚至不及英王亨利二世——亨利控制的领土包括诺曼底。然而1199年理查一世去世后，不得人心的约翰继承王位，腓力二世的机会到了，他巧妙利用封建制度的迂回关系——约翰在某些情况下受腓力管辖，于1201年召约翰为其同昂古莱姆（Angoulême）的伊莎贝拉（Isabelle）的婚姻合法性辩护。约翰毫无疑问拒绝出席，腓力二世宣布没收约翰大部分法国领土。约翰年轻的侄子阿尔蒂尔一世（Arthur I）也有权继承英格兰王位，于1203年4月在鲁昂遇害，英属地的大部分法兰西贵族开始反对约翰。据说约翰谋杀了阿尔蒂尔，将石头缚于尸体后沉入塞纳河。

腓力二世领六千军队进军诺曼底，久攻之后拿下英格兰的加亚布堡，诺曼底余部不战而降。但是鲁昂同英格兰有紧密的贸易关系，腓力的军队行近时，鲁昂市民拆毁了塞纳河上的四曲拱桥，将腓力阻于港湾之上。鲁昂城有两重城墙、三重壕沟守护，但城内士气低迷。围城四日后，约翰仍未发兵救援，鲁昂于6月24日投降。腓力进入鲁昂城后，首次自称为"法兰西之王"，而非"法兰克人之王"。**RG**

1206年

成吉思汗统一蒙古部落
Genghis Khan Unites the Mongols

蒙古武士铁木真被尊为成吉思汗

1206年夏,蒙古各游牧部落在斡难河源头召开大会,组织建立第一个统一的蒙古帝国。大会上各部落正式拥立铁木真为最高领袖,尊其为成吉思汗(天下之主)。

铁木真约生于1162年,父亲也速该(Yesügei)是一个蒙古小部落的酋长,在铁木真九岁时遭最强大的塔塔儿部落杀害。年幼的铁木真无法继任酋长,铁木真一家被逐出部落,财产也被侵占。失去部族的保护后,铁木真一家苦苦求生,铁木真成长过程中被迫成为土匪和盗马贼。铁木真身手和胆识过人,身边很快便聚集起一群忠诚的年轻勇士,并于1195年被蒙古人承认为可汗。大概也在这一时期,他首次使用成吉思汗的头衔。1202年铁木真摧毁塔塔儿部落,1206年他统一了所有蒙古部落,将所有战士编入自己麾下。

汉人一向对蒙古部落采取分而治之的策略,成吉思汗知道对方会试图分裂蒙古各部,而这应该不难——蒙古人生活的一部分便是互相劫掠和长期争斗,这也是年轻的战士取得财富和名声的途径之一,铁木真便以此崛起。但成吉思汗将蒙古人的侵略转向外部,发起了一系列令人生畏的战争。他的一支部队横扫中东,另一支征服了格鲁吉亚和现在的俄罗斯地区。1227年成吉思汗去世,蒙古继续扩张,创造了世界历史上连续性疆域最辽阔的帝国。JH

◊ 拉希德·丁(1247—1318)所作波斯手稿,描绘成吉思汗及其妻孛儿帖在一众朝臣前登基的情形

> "他们升起九面三角旗,尊铁木真为'可汗'。"
>
> 《蒙古秘史》,十三世纪

1208年1月14日

清洁派遭到迫害
Cathar Persecution

卡斯特尔诺的修道士被杀,引发十字军征讨清洁派

1208年1月14日,卡斯特尔诺的多明我会修道士彼得在阿尔以北的罗纳河畔骑行。彼得是教皇派往法国南部朗格多克地区镇压异教的使节。突然有人骑马接近彼得,以长矛刺穿了他的身体。彼得的尸首被带往圣吉尔修道院埋葬,同时信使将这一消息传给了远在罗马的教宗英诺森三世。

> "让你们的灵魂中充满神圣的怒火,向亵渎上帝的异教徒报仇。"
>
> 教宗英诺森三世向法兰西贵族发表演说

教皇很早便主张取缔朗格多克的异教清洁派,又称阿尔比派(Albigensians)。清洁派认为世界由恶神创造,奉行素食主义,相信轮回转世。虽然他们自认为是基督徒,但并不承认教会的地位,这也令教会难以在朗格多克地区树立其权威。

彼得死前曾与图卢兹(Toulouse)伯爵雷蒙六世发生争执——雷蒙六世是朗格多克最有权势的人,他因拒绝制裁清洁派被开除教籍。因此彼得遇刺被认为是出于雷蒙的指使,雷蒙被谴责为谋杀者。3月10日,教皇征集法国贵族组织十字军,征讨清洁派以及图卢兹伯爵,开启了异教徒大屠杀之路,最终朗格多克地区被并入法兰西王国。**RG**

1208年2月24日

方济传道
Preaching the Word

圣方济得到神示,成立托钵修会方济会

1208年2月24日,方济在阿西西附近他亲手重建的宝尊堂内做弥撒,突然领悟《马太福音》中基督的话语:"你们随走随传,说:'天国近了!'……腰袋里不要带金银铜钱,行路不要带口袋,不要带两件褂子,也不要带鞋和拐杖。"方济除下鞋子,穿上粗布衣行路,向意大利中部的人民传道。

> "这是我的心愿,我从心底追寻的事业。"
>
> 圣方济听到《马太福音》时所言

很快便有信徒追随方济,他们仅仅栖身于阿西西附近麻风病人曾住过的房子,终生致力于传教布道。他们不是牧师,因而自称兄弟会成员(friar),源自拉丁语中的兄弟(frater)一词;他们依靠布施过活,也被称为行乞修道士和托钵僧。

1209年,方济到罗马请求教皇英诺森三世准许创办方济会。起初教皇迟疑不决,但他梦到穷人支撑起摇摇欲坠的教堂后,于1210年4月祝福了方济会。英诺森意识到在异教兴起之时,托钵修道士将成为教会有力的传道工具。1216年,下一任教宗霍诺留斯三世(Honorius III)批准圣多明我建立了另一支托钵修会多明我会(Dominican)以布道反对异教阿尔比派(Albigensians)。**SK**

1209年7月21日

贝济耶数千人遭到屠杀
Thousands Slaughtered at Béziers

征讨异端清洁派的十字军运动导致数千人遭到任意屠杀,紧张局势延续一个多世纪

1209年7月21日,教宗英诺森三世发起的阿尔比十字军包围了法国西南部的贝济耶城。军队首领西门·孟福尔(Simon de Montfort)和教皇使节阿诺德·阿莫利(Arnaud-Amaury)令贝济耶的天主教徒交出在城内寻求庇护的清洁派教徒,但遭到拒绝,据说城墙上还抛下了几本《旧约》。

贝济耶市民派出小规模军队试图冲出包围,但十字军将之击退并攻入了贝济耶。城内所有居民遭到屠杀,连在教堂中避难的人都未能幸免。圣纳泽尔大教堂遭人纵火倒塌,教堂内数百人遇难。讽刺的是,当代记录显示死亡人数在一万到两万之间,其中仅有两百人是清洁派教徒。

贝济耶的悲剧传遍法国,不少清洁派城市投降,教徒财产遭到剥夺后被驱逐出境。不少清洁派教徒选择回归天主教,不愿皈依者在火刑柱上殉道。尽管十字军采取了这种策略,后来仍有很多清洁派城镇反叛。结果罗马天主教会同清洁派教徒之争持续到十三世纪后期,史书记载的最后一例清洁派教徒处决发生在1321年。十字军令法国西南部地区陷入贫困,并摧毁了众多古代文化遗迹。**TB**

- 《驱逐清洁派异教徒》(约1390年—1430年),出自马斯特·布锡考特所作的《法兰西编年史》
- 十四世纪早期哥特风格绘画作品,表现阿尔比十字军征讨清洁派的情景

1212年7月16日

穆斯林西班牙陷落
Muslim Spain Falls

纳瓦斯德托洛萨战役中基督徒的胜利摧毁西班牙的穆斯林政权

公元711—713年间，阿拉伯人和摩尔人并没有完全征服西班牙，西北部仍有一片狭长的领土由基督徒控制。按照西班牙传统，公元719年基督徒在科瓦东加得胜，标志着收复失地运动的开端。尽管实际上直至十一世纪初倭马亚哈里发国解体，基督教在西班牙的据点才得以稳固。此后穆斯林同基督徒不断争夺西班牙控制权，但总体上基督徒占上风。

1160年穆斯林西班牙落入能征善战的摩洛哥穆瓦希德王朝之手。1195年，穆瓦希德人在对卡斯提尔的阿方索八世（Alfonso VIII）的阿拉科斯之战中，取得了压倒性胜利。1211年，基督徒在西班牙的形势极为严峻，以致教皇英诺森三世发起了一支十字军，征讨穆瓦希德王朝。在教皇的支持下，阿方索八世同纳瓦拉、葡萄牙和亚拉贡国王，以及圣殿骑士团和卡拉特拉瓦骑士组成联军。虽然穆瓦希德人的人数是基督徒的两倍之多，阿方索在不被对方察觉的情况下，成功侵入穆斯林领地。他们在纳瓦斯德托洛萨发动奇袭，歼灭或俘获十万穆斯林士兵。

西班牙的穆斯林政权再没能从这场灾难性的惨败中恢复元气。此后基督教国家逐渐稳步蚕食西班牙，到1294年时，穆斯林领地仅余格拉纳达，这一地区也于1492年陷落，收复失地运动胜利落幕。**JH**

○《1212年纳瓦斯德托洛萨战役中卡斯提尔国王击败穆瓦希德人》，作者弗朗西斯科·德保拉·范·海伦（卒于1887年）

1215年6月15日

国王权力受限
King's Power Restricted

大宪章——民主发展的重大里程碑

约翰继任英格兰王位之前，他对兄长亨利、理查和若弗鲁瓦设下的阴谋已成就了其背信弃义之徒的恶名。约翰的统治通常被认为是英国历史上最糟糕的时期之一。

这一评价并不是十分公正。约翰是出色的管理者，博学的统治者，也是皇家法庭上公正的法官。然而提起约翰，人们主要记得

> "约翰……通过了法律及自由权项，并加盖国王印信。"
>
> 温多弗的罗杰（Roger of Wendove），《历史之花》，约1215年

他同教皇的争端、对法兰西的战争令英格兰陷入灾难之中，对贵族征税过高导致内战爆发，以及1215年6月15日在兰尼米德被迫接受大宪章。

大宪章试图限制国王对贵族的权利，并禁止任意判处监禁。大宪章中的新内容不多，大部分抄自1100年亨利一世时所颁布的自由宪章。但是约翰是在胁迫之下签署通过了大宪章，他试图毁约的时候已做好了挑起内战的准备。1216年10月约翰去世，其九岁的儿子亨利三世即位。亨利统治时期大宪章几经修改，被编入英格兰法律。大宪章影响了美国宪法和《权利法案》，被认为是民主历史上意义最重大的法律文件之一。**TB**

1215年11月

另一场圣战
Another Holy War

教皇英诺森三世下令召开第四次拉特兰会议

1215年11月,约四百名主教、七十余名大主教,九百多名大小修道院院长参加拉特兰会议,教皇英诺森三世号召发起十字军东征时,天主教徒们群情振奋。同时拉特兰大会奉1213年的教皇诏令正式确立了天主教会的七项圣事。

> "十字军将于1217年6月1日在西西里王国集合。"
>
> 第四次拉特兰会议

英诺森三世召集教徒保卫巴勒斯坦的十字军国家,促成了命途多舛的第五次十字军东征(1217—1221年),试图征服埃及的阿尤布王朝从而赢回圣地。苏丹阿卡米尔(Al-Kamil)大败十字军,令其投降。

但对于教会而言,1215年的拉特兰会议在宗教方面取得了更多进展。英诺森提出抑制异教发展的措施,号召教众维护欧洲的天主教会,并规范了教规和宗教仪式,通过了六十余项教会法,包括将日耳曼国王腓特烈二世选为神圣罗马帝国皇帝。

最重要的进展是正式确立了七项圣事:圣洗、坚振和圣体圣事为基督徒入门圣事,告解和膏油礼为治愈圣事,圣秩和婚姻圣事为服务于共融使命的圣事。**TB**

1219年11月5日

十字军在埃及
Crusaders in Egypt

第五次圣战中,十字军攻陷达米埃塔,但未能夺取开罗

第三次十字军东征(1190—1192)未能从穆斯林手中夺回耶路撒冷,于是十字军决定采取更复杂的战术攻取圣地。基督徒们意识到若埃及仍是穆斯林政权的中心,他们就不能稳固的占有圣城;倘若能控制埃及,十字军便可夺回并守住耶路撒冷。

> "倘若有一名英明可敬的领袖,可能已经占领开罗。"
>
> 史蒂芬·伦西曼(Steven Runciman),《十字军东征史》,1954年

1204年第四次十字军东征时首次使用这一战术以失败告终——十字军改道洗劫了君士坦丁堡。1218年5月,第五次圣战中十字军的舰队终于到达尼罗河口的达米埃塔港——这里是攻打开罗的跳板。达米埃塔卫戍部队坚守阵地的同时,十字军也击退了埃及的援兵,开始围城。1219年,十字军发现达米埃塔城堞之上已无人把守,次日攻入城内后,发现一场疫病夺去了要塞内大半守军的性命,余者奄奄一息。

苏丹阿卡米尔主动提出以耶路撒冷同基督徒交换达米埃塔,但十字军拒绝。次年春十字军开始按计划向开罗进发,但行军速度过慢,因尼罗河夏汛受困,被迫交出达米埃塔以求全身而退。**JH**

1224年9月14日

圣方济领受五伤圣痕
St. Francis Receives the Stigmata

圣方济在阿西西附近的山中隐修，默想基督受难时，手、足和肋旁出现伤口

1224年秋，阿西西的方济退隐到距阿西西不远的拉维纳山中静修。9月14日——圣十字的庆日，传说方济在此获得神视，领受圣痕：他的手、足和肋旁留下类似耶稣受难时的五伤。圣方济去世后，包括教宗亚历山大四世在内的多人证明他们亲眼见过圣痕——这是圣方济虔诚事主的明证，也为新建立的方济托钵修会做了有力宣传。

圣方济是文献记录中首例获赐五伤的人——身体自然出现伤口（有时流血），通常伴有疼痛。然而在圣方济去世后的一个世纪内，出现二十余例圣痕，包括著名的锡耶纳的圣凯瑟琳，她体验了手脚被钉刺穿之痛而身上无可见伤。至今，罗马天主教会已确认三百余例圣痕，其中约六十位领受圣痕者被封为圣徒或接受宣福礼。圣痕几乎总是同神魂超拔相关。

圣方济领受五伤后的二十多年中，病痛不断，几乎完全失明，直至去世。方济严苛的对待自己的肉身，称之为"驴兄"，请求得到它的谅解。圣方济的很多传说——比如向鸟儿布道和驯狼的故事——都强调了他对自然的热爱，这也是他的诗作《太阳颂歌》中的一大主题，他在诗中赞颂了上帝的一切造物。**SK**

○ 《圣方济领受五伤圣痕》，由圣方济巴尔迪的画师约作于1240—1270年间

1239年8月11日

路易九世获得珍贵圣物
Precious Relic Obtained by Louis IX

法兰西国王路易九世（圣路易）将荆棘冕迎至巴黎，并为之兴建宏伟的圣礼拜堂

在这一时期，无论国家、城市、教堂或是修道院，皆因拥有圣物而享有盛誉，而法兰西国王路易九世获得了最为珍贵的圣物——传说中耶稣受难时所戴的荆棘冕。路易九世为荆棘冕同其他几件圣物——包括部分十字架，圣婴耶稣的尿布，一小瓶圣母玛利亚的乳汁——向君士坦丁堡的拉丁帝国皇帝鲍德温二世（Baldwin）支付了十三万五千里弗（livre）的巨款。两名多明我会修士将圣物护送至巴黎，在庄严的仪式中交予路易九世。

现在我们也许会怀疑这些圣物的真伪，但于中世纪的基督徒而言，到圣物所在地朝圣会带来巨大的精神回报，因而路易九世着手兴建同圣物相衬的安置圣所。圣礼拜堂建于1242—1248年间，是法国哥特式建筑的最高成就之一。圣礼拜堂依照圣物箱（装饰华丽的箱子，用以盛放圣物）的形式设计建造，建筑内部石工皆饰以明亮的彩绘，并以宝石镶嵌，再加上华美的彩色玻璃窗，令圣礼拜堂熠熠生辉。

路易九世代表了当代基督教君主的最高典范：他是公正的仲裁者以及教会的捍卫者。路易九世于1248年和1270年亲自率领两次十字军东征，第二次征途中在突尼斯死于痢疾。1298年路易九世被封为圣徒。圣礼拜堂在法国大革命期间严重受损，1846年重建，其中的圣物现藏于附近的巴黎圣母院大教堂。**SK**

○ 巴黎西岱岛上的圣礼拜堂，照片摄于十九世纪末

1240年7月15日

击退瑞典人
Swedes Repulsed

涅瓦河（Neva）战役中，大公亚历山大击败瑞典军队

1240年7月，载着瑞典人、挪威人和塔瓦斯特人联军的大型瑞典舰队入侵俄罗斯，在伊若拉河与涅瓦河汇流地带靠岸。入侵者可能企图攻取涅瓦河河口及拉贡达城，一旦成功，瑞典人将控制诺夫哥罗德（Novgorod）长期占有的商路。

听闻瑞典人入侵的消息，诺夫哥罗德

> "他们在两艘船上载满尸体……余下的投入深坑。"
>
> 《诺夫哥罗德第一编年史》，十四世纪

亲王亚历山大·雅罗斯拉维奇（Alexander Yaroslavich）迅速率小规模部队赶在瑞典人到达拉贡达城之前迎战敌军。1240年7月15日，亚历山大的军队同入侵者在涅瓦河开战。据十四世纪俄罗斯史书记载，亚历山大重创入侵者，很多瑞典贵族被杀，尸首被置于船上运回瑞典。亚历山大的军队将更多的尸体埋入深坑之时，不少瑞典伤兵不待俘便逃往乡间。在这次著名的胜仗后，亚历山大亲王被称为涅夫斯基（Nevsky），意即"涅瓦河的亚历山大"。

与之相反，瑞典史书中鲜有这场战役的记录。此战后涅夫斯基的政治影响力得到加强，涅瓦河战役可被视为成就莫斯科公国发展的重大胜利之一。**TB**

1241年4月9日

蒙古人胜利
Mongol Triumph

基督教骑士战败，欧洲面对来自东方的侵略门户大开

1241年春，蒙古人已从中国手中夺下大片欧亚大陆，领土延伸至乌克兰，发兵挺进匈牙利和波兰。匈牙利忙于自卫之时，波西米亚国王瓦茨拉夫（Wenceslaus）和西里西亚的亨利二世集结军队向北进发。驻扎波兰的蒙古人对基督教军队的动向十分清楚，立即发兵赶在亨利同瓦茨拉夫汇合之前攻打。

双方在列格尼兹（Liegnitz，今波兰的列格尼卡）交战。亨利麾下的部分骑士出自圣殿骑士团等军事修会，他们鄙夷蒙古骑兵为"野蛮"的游牧民族。但蒙古人的战术精妙绝伦，他们骑着壮实的战马机动灵活地袭击基督徒，马上射出的箭雨将后者淹没，再佯败诱敌追击；骑兵分队在烟幕的掩护下，由信号旗指挥协调分散出击。基督教重骑兵完全跟不上灵活机动的蒙古骑射手。虽然骑兵有盔甲防身，战马还是会中箭。一旦骑士失去坐骑，他便会成为俎上鱼肉，被蒙古人以刀、剑和狼牙棒斩杀。约两万基督教军队几乎全军覆没，亨利的头被挑在杆上游行。

很快匈牙利军队也被击败，蒙古人本可以长驱直入攻下西欧，但因大汗窝阔台（Ogatai）意外去世而中止。他们不得不返回遥远的首都哈拉和林选出新任可汗，此后蒙古人没有再次发动对欧洲的全面侵略。**RG**

1244年8月23日

耶路撒冷得而复失
Gained and Lost

花剌子模突厥人攻下圣城，基督教界永失耶路撒冷

耶路撒冷于1187年由萨拉丁占领，后因腓特烈二世同埃及阿尤布王朝苏丹阿卡米尔谈判，于1229年归于基督徒控制，但腓特烈并未因此获得赞誉——他没有取得足够的领地保证圣城之后不被穆斯林夺回。

1244年8月23日，耶路撒冷终于失陷，但攻击并非来自阿尤布王朝——分别据守大

> "花剌子模人突然闯入基督教领地采法特和太巴列。"
> 《洛塞林继承者》，约1250年

马士革和埃及的苏丹正忙于内战。花剌子模国领土包括中亚大部分地区和伊朗，二十多年前被蒙古人摧毁，其突厥国民只得向西流亡。1244年6月，约一万花剌子模骑兵进入大马士革，劫掠其穆斯林兄弟。大马士革太过坚固难以攻取，花剌子模人转而向耶路撒冷进发。

待到基督徒发觉危机，为时已晚。基督教主力部队前往埃及支援大马士革苏丹。7月11日，花剌子模军队攻入耶路撒冷。城内的小规模守军——圣殿骑士团和医院骑士团骑士苦苦支持，直至花剌子模人许诺基督徒可以安全到达海岸。8月23日，六千名基督徒离开圣城前往雅法，但还是在途中遭受袭击，仅有三百人抵达目的地。基督教界永失耶路撒冷。**JH**

1248年8月15日

科隆大教堂
Cologne's Cathedral

科隆大教堂奠基到建成耗时六百余年

1248年8月15日，大主教康拉德·冯·霍赫斯塔顿（Konrad von Hochstaden）为科隆的新教堂奠基——公元818年建成的五进式旧教堂于1248年4月被烧毁。二世纪末期这里建有一座罗马寺院，之后此地便没有闲置过。

1142年神圣罗马帝国皇帝红胡子腓特烈从米兰迎来了朝拜圣婴耶稣的东方三贤之遗骸，因而新的科隆大教堂一定要规模宏大。因此大主教康拉德的计划同这座将吸引全欧洲朝圣者的大教堂十分相衬。

1322年，东翼完工并封顶，以便新教堂投入使用。十四世纪中期西翼庞大的正面建筑动工，但于1473年中止，巨大的木制起重机俯视着未完成的教堂尖顶。一张摄于十九世纪中期、大教堂完工之前的照片清晰的显示，将近四百年后这架古老的中世纪起重机仍在原处。

在发现建筑计划原件之后，大教堂于1842年再次动工，1880年建成。科隆大教堂是哥特式建筑的典范，皇帝威廉一世参加了教堂的开幕式。科隆大教堂西翼正面建筑规模之大堪称世界教堂之最，直至华盛顿纪念碑和埃菲尔铁塔分别于1885年、1889年建成前，科隆大教堂的双尖塔——后来的科隆地标——令其成为当时世界上最高的建筑物。**TB**

▶ 1493年画作，描绘科隆市及科隆大教堂，出自哈特曼·舍德尔所作的《纽伦堡编年史》

1258年2月13日

焚毁巴格达
Baghdad Burns

蒙古人摧毁巴格达，处死阿拔斯王朝末代哈里发

1258年2月13日，蒙古人冲入巴格达，开始尽情杀戮、劫掠和恣意破坏，长达七日。1月29日旭烈兀（Hulegu）率蒙古军队围攻巴格达，但哈里发穆斯台绥木（Al-Musta'sim）除警告旭烈兀，攻打巴格达将招致安拉的怒火外，并无其他准备。旭烈兀并没有因此退却，反而洗劫巴格达城，摧毁阿拔斯哈里发国，犯下最令人发指的暴行。

蒙古人摧毁了智慧馆——五百多年前建成的大图书馆，藏有大量科学和哲学典籍——并将上万本书抛入底格里斯河，河水被墨染黑。据估计死亡人数达九万至二十万，蒙古人俘获哈里发穆斯台绥木，强迫其观看臣民被屠杀的过程，之后将其处死。蒙古人因迷信害怕令王族血溅大地，因而将哈里发卷入毯中后乱马踏死。传说旭烈兀被迫拔营至巴格达的上风处，以躲避腐尸的恶臭。

虽然这时的哈里发国仅仅依靠阿拔斯王朝过去的光辉存在，但蒙古人屠杀哈里发、摧毁伊斯兰教最兴盛的城市巴格达，还是令伊斯兰世界大为震惊。然而这可怕的暴行并没有取得蒙古人期待的效果：他们希望震慑和恐吓中东的其他统治者，令后者不战而降。但埃及的马穆鲁克（Mamluk）统治者没有被吓到，反而于1260年的阿音扎鲁特战役中令蒙古人损失惨重，结束了蒙古帝国向西扩张的步伐。**JH**

1260年9月3日

阿音扎鲁特战役
Battle of Ain Jalut

阿音扎鲁特一役的胜利使中东穆斯林免于被蒙古人征服的命运

1256年蒙古大汗蒙哥命其兄弟旭烈兀征服蒙古帝国西方的穆斯林领土。到1260年为止，旭烈兀已摧毁了阿拔斯王朝哈里发所在的都城巴格达，并占领的叙利亚首都大马士革，只有埃及仍然独立——1250年起埃及由奴隶兵出身的精锐部队马穆鲁克统治。旭烈兀派出使节令对方投降，马穆鲁克苏丹忽秃

> "'速速了结我。'忽秃思下令将其斩首。"
>
> 怯的不花之死，《蒙古史》，约1300年

思（Qutuz）将其处死。

忽秃思大胆出击，领兵越过巴勒斯坦。同时旭烈兀被迫带部分兵力返回蒙古，余部由怯的不花（Kitbuqa Noyen）统帅，在加利利东部的阿音扎鲁特同马穆鲁克军队开战。

双方各有约两万骑兵，但事实证明马穆鲁克是更为狡诈的兵法家。马穆鲁克将领拜巴尔（Baibars）率部分军队列阵于前，部分兵力隐藏在后。怯的不花上钩，正中伏击，蒙古军队被粉碎，怯的不花被斩首。马穆鲁克军队返回埃及途中，忽秃思遇刺——很可能是拜巴尔所为——之后拜巴尔取代他成为苏丹。

阿音扎鲁特战标志着蒙古帝国向西扩张的终点，同时确立了马穆鲁克王朝的统治地位。直至十九世纪，拜巴尔的继任者一直统治着埃及。**RG**

1265年1月20日

西门·德·孟福尔召开议会
Simon de Montfort Summons Parliament

英国历史上首次选出市民代表城镇，标志着议会民主制的开端

1265年1月20日，莱斯特伯爵（Leicester）西门·德·孟福尔召开议会，这是代议制政府发展历程中的里程碑事件。此前议会成员仅限于贵族阶级，这是首次要求每郡的骑士和特定自治市的市民各自选派两名代表参加议会。

西门·德·孟福尔在英法两国拥有大量地产，1238年娶亨利三世的妹妹为妻，但日益不满于亨利的统治。当时有些贵族要求限制国王权利，并在政府事务中更有发言权——尤其针对亨利野心勃勃，且花费甚巨的外交政策——西门联合他们于1264年发动叛乱，在刘易斯战役中击败了国王的军队，俘获亨利及王子爱德华。掌握国家实权后，西门的傲慢态度疏远了其他大贵族，其支持者主要为小贵族、骑士和市民，因而西门选派此类代表参与议会以巩固自己的地位。

西门失去最后一名贵族的支持时，爱德华率大军征讨西门，后者在1265的伊夫舍姆战役中身亡。但是爱德华登基后仍然确保议会中包括城镇和郡中代表，从而迈出了现代议会民主制发展的第一步。**SK**

○ 西门·德·孟福尔的起义引领代议制民主发展

1273年10月24日

鲁道夫成为国王
Rudolf Made King

哈布斯堡王朝的鲁道夫被选为日耳曼和神圣罗马帝国皇帝

传说有一天哈布斯堡的鲁道夫骑马回家时,碰到一位步行送圣餐给病人的牧师。牧师在河边停下,鲁道夫下马,将坐骑让给牧师,牵马过河并引至病人住所。鲁道夫将马送给牧师后步行回家。多年后,牧师成为美因茨大主教,帮助鲁道夫取得日耳曼国王之位。

1273年10月24日,鲁道夫在亚琛大教堂

> "其名令贵族恐惧、平民欢欣。"
>
> 当代颂词

加冕,其统治巩固了哈布斯堡家族在日耳曼和其他地区的统治。但鲁道夫同其争夺日耳曼王位的主要对手——波西米亚的奥托卡二世(Ottokar)依然关系紧张。1274年,鲁道夫要求奥托卡交还后者自腓烈二世在位时获得的所有皇家领地。奥托卡拒绝,两者的战争以1278年奥托卡战死告终。

鲁道夫用几年时间试图在奥地利建立自己的统治地位。1282年,他为两个儿子取得了奥地利公国和施第里尔(Styria),由此为哈布斯堡王朝打下基础,但鲁道夫从未能维持日耳曼的和平。1291年鲁道夫去世前,试图令其子艾伯特(Albert)成为日耳曼国王,但以失败告终,可能是由于日耳曼人忌惮崛起的哈布斯堡家族势力。**TB**

1274年5月1日

比阿特丽斯惊鸿一瞥
Beatrice Glimpsed

比阿特丽斯·波尔蒂纳里(Beatrice Portinari)赋予但丁灵感创作《神曲》和《新生》

但丁·阿利吉耶里(Dante Alighieri)生于佛罗伦萨的贵族世家,被称为意大利文艺复兴最伟大的作家之一,其作品包括诗歌、文艺理论、道德哲学和政治理论。但若但丁九岁时没有邂逅比阿特丽斯·波尔蒂纳里(Beatrice Portinari),他也许就无法完成其最伟大的作品。

但丁在五朔节庆典上遇见波尔蒂纳里家族的比阿特丽斯,他将为她倾慕一生——即使比阿特丽斯于1284年嫁给一位银行家,但丁本人也于1285年娶妻。但丁偶遇比阿特丽斯几次,对她的感情属于中世纪的宫廷式恋爱,即对另一方的单相思和尊重。

1290年比阿特丽斯去世,但丁在文学中寻求慰藉,从与比阿特丽斯在佛罗伦萨街中的第二次偶遇中汲取灵感,创作了一系列诗作。但丁在诗集《新生》中描绘了注视着自己的比阿特丽斯,宛若天神。《新生》标志着爱情这一文学主题逐渐盛行起来。但丁后来的著作也留下了比阿特丽斯的烙印:在其最著名作品《神曲》中,但丁在罗马诗人维吉尔(Virgil)的带领下游览地狱和炼狱,之后由比阿特丽斯引入天堂,但丁称她为"我心中的女神"。《神曲》是最早使用意大利语、而非拉丁文写成的作品之一,令意大利语作为成熟文学语言的地位得到确立。**TB**

▶ 十三世纪意大利流派手抄本,描述但丁同比阿特丽斯相见的情景

1281年8月15日

神风击退蒙古人
The Divine Wind Defeats the Mongols

一场强台风击退蒙古大汗忽必烈,拯救日本

▲ 忽必烈汗率领的蒙古侵略舰队被暴风摧毁,日本军队消灭幸存船只

自十三世纪初,原本居于亚洲大草原的蒙古小部落的领土已横跨欧亚大陆,扩张为世界历史上连续性疆域最辽阔的帝国。1264年,忽必烈汗攻取北京以控制中国北部,同残存的南宋博弈。南宋的盟友——日本执权(译者注:幕府实际上的最高领导人)北条时宗(Hojo Tokimune)成为忽必烈的下一个目标。

1274年11月,蒙古侵略舰队自高丽出发,击败了一队抵抗的日本武士,在九州岛的博多湾登陆。但蒙古军队回到船上,被一场突然的风暴打散——一夜之间大概两百艘船、一万五千人失踪。1279年忽必烈汗灭南宋,于1281年率约十五万大军转而攻打日本,击败守军向南航行至高岛。退位的日本天皇到神道教神社中朝拜,祈求胜利。次日晚一场剧烈的台风沉没了四千艘蒙古兵船,据估计十万人溺死。考古结果表明蒙古军队的平底船适用于河中航行,经不起海上风暴。

第二次战败结束了蒙古人扩张的野心,日本人认为这是"神风"相助的结果而加以庆贺,"神风"护佑国土的观念持续到第二次世界大战时期,日本人在截然不同的情形下复兴了"神风"这一概念。**PF**

1282年3月30日

西西里晚祷起义
Revolt of the Sicilian Vespers

西西里人以晚祷钟声为信起义，法国人强暴妇女掀起战争

○ 十九世纪末Erulo Eruli所作油画，描绘巴勒莫城外一座教堂内晚祷时分发生暴乱的情形

1282年复活节，巴勒莫居民在城外举行庆祝活动。当时以安茹国王夏尔一世之名占领西西里的法国人派兵确认节庆不会构成威胁。根据记录，法国人粗暴的对待西西里居民，并以搜查武器为由强暴西西里妇女。愤怒的西西里人开始暴动。

这一刻，整个巴勒莫的晚祷钟声大作，仿佛是西西里人起义的信号。起义的消息传遍西西里，很快便开始了全面暴动，数千名法国人被屠杀，墨西拿港口的法国十字军舰队被焚毁。西西里人请阿拉贡国王佩德罗三世（Peter III）担任西西里国王，西西里晚祷起义升级为战争。而夏尔一世为应对起义派兵前往墨西拿攻城，但法军遭到佩德罗的阿拉贡军队攻击，很快便放弃了西西里。

西西里晚祷战争在整个地中海持续了二十年，法国安茹国王、其亲族及教皇为一个阵营，同阿拉贡国王争夺西西里。双方于1302年签署科特伯勒特和约结束冲突，西西里王国被分为西西里岛和意大利南部（后为那不勒斯王国）。**TB**

1298年

旅行者的故事
A Traveler's Tales

备受欢迎的《马可·波罗游记》为欧洲人敞开新世界

▲ 马可·波罗记录的亚洲地图，由詹金森刻于1562年，现藏于伦敦大英博物馆

威尼斯商人、旅行家马可·波罗（1254–1324）游历亚洲二十五年返回欧洲，三年后他所在的贾列船（桨帆船）被热那亚人俘获，随即入狱。马可·波罗在狱中开始向浪漫文学作家鲁斯蒂谦（Rustichello）口述他在冒险中的所见的奇闻异事。《马可·波罗游记》十分流行，被翻译为十多种语言——当时印刷术还不为人知，每本书均由手工抄录。

《马可·波罗游记》为何引起巨大轰动？简单地说，马可·波罗讲述了令人惊奇的故事。他称自己游历过中亚，到达了蒙古大汗忽必烈的宫廷（位于今天的北京），并被封为外交使节出使多地，远至缅甸、印度支那和南亚。马可·波罗描述了宫廷生活，以及他去过城市和国家的风土人情。

几百年间，《马可·波罗游记》一直是西方人了解远东最重要的信息来源（直至十八、十九世纪欧洲旅行者才开始再次进入亚洲），哥伦布也利用其中的地理信息部署了1492年发现美洲的航行。有人质疑马可·波罗是否曾经到过中国——他可能从丝绸之路上的阿拉伯商人获取信息——但无疑《马可·波罗游记》极大地影响了中世纪欧洲人的想象力。**SK**

1305年8月23日

"自由存于每一击！"
"Liberty's in Every Blow!"

苏格兰传奇人物威廉·华莱士（William Wallace）在伦敦处决

苏格兰画派《威廉·华莱士爵士肖像》局部图，约作于1870年

　　1305年8月23日，民众对被裸体拖过街中的苏格兰人一无所知，只知他的死会是一场好消遣。项上绞索意味着他将被慢慢绞扼而死，但老练的刽子手在绞刑完成之前切断了绳子，之后在群众的欢呼中切下了受刑者的生殖器，割开躯干、扯出了心及其他脏器。头被割下，浸入树脂中以延迟腐化，挂在伦敦大桥上示众。余下的身体被分为四份送往北方以警示后来者威廉·华莱士的下场。

　　我们对威廉·华莱士所知甚少，只有一份史料记录了他的死亡以及英王爱德华一世处决他的原因。威廉·华莱士出身于埃尔郡的小地主家庭，他拒绝接受1296年"长脚"爱德华对苏格兰人的征服统治，集结军队于1297年9月11日打赢著名的史特灵桥战役，屠杀五千余人，凭苏格兰农民步兵击败了强大的英格兰人。爱德华一世最终于1305年俘获华莱士，后者被带到威斯敏斯特大厅进行公审——判决已事先决定。华莱士承认了除叛国罪外的所有罪状——他效忠的是苏格兰国王，何来叛国罪呢？

　　威廉·华莱士的惨死令其成为苏格兰爱国者的终极典范，他的英雄事迹有力地激励了众多苏格兰人反抗英格兰的统治。**RP**

1309年

教皇迁至亚维农
Pope Moves to Avignon

教宗克雷芒五世（Clement V）决定将教廷迁至奢华的亚维农

十四世纪初，罗马因贵族间的派系争斗和战乱动荡不安，因此教宗克雷芒五世将整个教廷迁至亚维农。此外，大火已摧毁了教皇古老的座堂，罗马实非安居之所。亚维农教廷时期始自1309年的这场大迁移，持续到1377年。

"看到这些人满载黄金，再回想起他们的前任，令我十分震惊。"

彼特拉克（Petrarch），1340—1350年

居于亚维农的七位教皇均为法国人，也许并非出于巧合。但法国并非统一的国家：法国北部由法兰西国王控制，而南部同神圣罗马帝国结盟。至教宗乌尔班五世（1362–1370）在位起，法兰西国王开始左右教廷。罗马教廷曾于1305年迁至亚维农，与克雷芒五世同样躲避罗马的派系纷争，这也是促成亚维农教廷时期的重要原因。

但是亚维农教廷时期损害了教皇的声誉——教廷如皇室般奢侈，教会的主要成员过着王公的生活。奢靡的生活和乌尔班五世时期的派系分裂削弱了教会的权威，因而令宣扬回归清贫和谦逊的修道会大行其道。**TB**

1314年3月19日

最后一任大团长
Last Grand Master

法兰西国王腓力四世令圣殿骑士团覆灭

1314年3月19日，巴黎圣母院大教堂前，圣殿骑士团第二十三任、亦为最后一任大团长雅克·德·莫莱（Jacques de Molay）因异端的罪名遭到酷刑处死，此举不义但达到了其政治目的。圣殿骑士团成立于第一次十字军东征后，宣誓保卫耶路撒冷的圣殿，是最有权势的军事修道会之一。圣殿骑士团拥有大量财产，是成功的商业和贷款组织。1291年阿卡城陷落，圣殿骑士团被逐出叙利亚，失去了其成立的意义，同时它的财富招致嫉恨，圣殿骑士团腐化堕落（甚至更糟）的传闻流传开来。

法兰西国王腓力四世向圣殿骑士团举债甚巨，他在这类传闻中看到解决财务困境的出路。1307年10月12日，腓力下令逮捕法国境内的所有圣殿骑士团成员，控告他们有渎神之举，如在秘密的入团仪式中践踏十字架或向十字架吐口水。包括雅克·德·莫莱在内的很多骑士都不堪酷刑而认罪，虽然他们之后又将认罪推翻，腓力四世仍于1310年将数十名圣殿骑士送上火刑柱。腓力不断向教皇克雷芒五世施压，迫使其解散圣殿骑士团，后者最终于1312年屈服。最后一幕是火刑处死雅克·德·莫莱和诺曼底教堂长杰弗里·沙尼（Geoffrey de Charney），二人死时均声明自己的清白，传说雅克·德·莫莱在火中高呼教皇和国王很快将接受上帝的审判。克雷芒五世一个月内身亡，腓力四世年底去世。**SK**

▶ 十四世纪法国画派手稿，描述雅克·德·莫莱因异端之罪被处以火刑的情景

1314年6月24日

苏格兰人的胜利
Triumphant Scots

罗伯特·布鲁斯（Robert Bruce）击败爱德华二世，维护苏格兰独立

1314年，令人生畏的战士和国王罗伯特·布鲁斯带领苏格兰人斗争脱离英格兰国王的统治，同时维护自己的统治地位——布鲁斯通过武力夺取了苏格兰王位。通常布鲁斯避免对阵战，但他于六月末决定在班诺克本直面英格兰的装甲骑士。

> "只要我们有百人存活，就永不会屈服于英格兰的统治。"
>
> 《阿布罗斯宣言》，致教皇，1320年

英格兰国王爱德华二世自负于己方的军事优势，率军前往苏格兰同布鲁斯的部队交战，后者当时正在围攻英属城堡史特灵。6月23日的小规模冲突立即显示出苏格兰人高昂的斗志。布鲁斯身先士卒，勇武非凡，挥战斧劈倒了英格兰骑士、爵士亨利·波鸿（Henry De Bohun）。次日苏格兰人摆出了长枪阵：他们赤足排成紧密的阵形，手持长枪，形成骑士冲锋无法攻破的壁垒。爱德华的王牌本应为弓箭手，但英格兰骑士胡乱发起冲锋、横冲直撞，阻挡了弓箭手的射程。不少骑士冲入长枪阵中被钉死。布鲁斯在一片混乱中发起反击，彻底消灭了战场上阵脚大乱的英格兰人。

又经历十四年的斗争后，英格兰才承认苏格兰的独立，但班诺克本一役被视为苏格兰历史上的重要转折点。**RG**

1325年

阿兹特克首都诞生
Aztec Capital Is Born

鹰衔蛇之所即是阿兹特克新城特诺奇提特兰

1325年阿兹特克人在墨西哥谷的特斯科科湖畔徘徊，寻求定居之地。约百年前他们迁入墨西哥谷，获准在库尔瓦坎城控制的土地上定居，但不幸发生了误会令他们失去家园：阿兹特克人在战争中表现出众，库尔瓦坎王考克斯考克斯（Coxcox）将自己的女儿赐予阿兹特克酋长为妻。阿兹特克人十分感激，立即将女孩献祭，相信她将变成女战神。

阿兹特克人邀请考克斯考克斯前来观礼，认为这可以取悦他。库尔瓦坎王本以为会参加一场婚礼，却惊骇不已。阿兹特克人被逐出库尔瓦坎，最终于特斯科科湖西岸附近多沼泽的小岛上建立了新家园。酋长下令建立的以自己命名的特诺奇提特兰城，城址位于今墨西哥城下。

特诺奇提特兰的城址符合阿兹特克古老的预言：若鹰栖于仙人掌上、口中衔蛇，这便是阿兹特克人建城之所。小岛上几乎没有扩展的余地，因此阿兹特克人开始建造"奇昂帕"（Chinampas）——以浮游水生植物制成地块铺就的人工小岛。以奇昂帕为基础形成了高产的农业体系，可以供养大量城市人口，在此基础上发展出令人生畏的战争机器，在后来的150年中征服了中美洲大部分地区。**JH**

○ 《门多萨抄本》封面，描绘建立特诺奇提特兰城的情景

1337年1月8日

乔托之死
Death of Giotto

开创文艺复兴的伟大画家去世

- 十五世纪的乔托肖像局部图，被认为是保罗·乌切洛（1397—1475）所作
- 《敬拜圣方济》，约作于1320年，意大利阿西西圣方济教堂乔托壁画局部图

> "乔托令希腊绘画艺术拉丁化。"
> 画家切尼诺·钱尼尼（Cennino Cennini），约1400年

乔托·迪·邦多纳（Giotto di Bondone）突破了拜占庭时期和中世纪绘画作品传统的固定模式，生前便以此闻名。1337年1月8日乔托去世之前，已经获得了财富和人脉，但依然缺乏对其生平的记录，不少作品是否出于乔托之手仍旧是争论的焦点。

1260年乔托生于佛罗伦萨城外的小村庄中，师从佛罗伦萨大画家契马布耶（Cimabue），在其画室中以异常逼真的画风而独负盛名。十四世纪早期，乔托在帕多瓦的斯科洛文尼教堂（又名竞技场教堂）作了一系列著名的壁画，这些宗教场景中的人物因其三维立体性尤其显著，风格自然，人物的布局和姿态极为写实。乔托的作品也因传神地表达人物情感而备受推崇。

乔托离开帕多瓦后游历意大利，并在阿西西（据说乔托曾在阿西西的上教堂描绘圣方济生平，尽管这一说法一直受到争议且缺乏证据支持）、佛罗伦萨、罗马和那不勒斯作画。十四世纪三十年代中期，乔托回到佛罗伦萨，设计了大教堂边的钟楼。

关于乔托生平的很多故事出自乔尔乔·瓦萨里（Giorgio Vasari）于十六世纪初著成的《艺苑名人传》。乔托去世时最有可能埋葬在佛罗伦萨大教堂——二十世纪七十年代那里发现了应属于乔托的遗骨，其骨骼显示乔托身高仅为4英尺（1.2米），长着大脑袋和鹰钩鼻。**PF**

1346年8月26日

克雷西会战中长弓凯旋
Longbow Triumphs at Crécy

百年战争的首场重大陆战中，英格兰和威尔士长弓手大破腓力六世的法军

1346年8月26日午后，两军于法国北部的克雷西附近交战。英格兰国王爱德华三世率军越过英吉利海峡，维护自己继承法兰西王位的权利。法王腓力六世征集了约三万大军迎战一万二千英军。冲突无法避免，爱德华在山上采取守势，等待法军到来。

法国人在酷暑中行军一天，接近傍晚时抵达战场。法王腓力主张休息，次日再战，但鲁莽的贵族坚持立即开战。腓力的十字弩手、热那亚雇佣兵被派到阵前为装甲骑士开道，英格兰和威尔士长弓手发出箭雨，很快便令热那亚人溃退，此时腓力之弟阿侬松伯爵（d'Alencon）率领骑士冲上山，但也在箭雨之下阵脚大乱。战争化为野蛮的混战，落马的骑士近身搏斗，英格兰步兵消灭法国伤兵。

当天战争结束时，法国人的尸体堆积如山，阿侬松伯爵、洛林公爵和佛兰德斯伯爵（Flanders）都在混战中身亡。克雷西会战标志着英格兰以长弓击败了骑兵。尽管得胜并大破法军，在夺取法兰西王位的目标上爱德华并未取得任何进展。**RG**

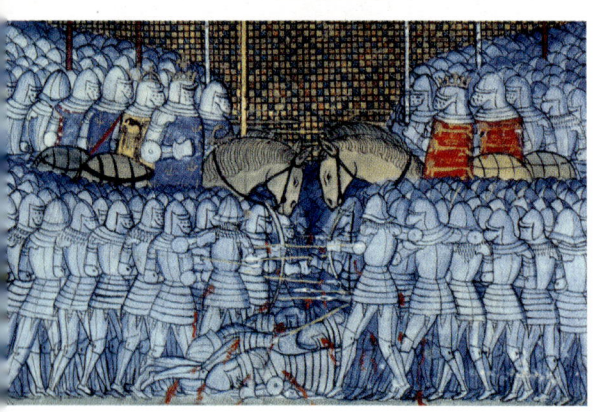

- 让·傅华萨（约1337—1404）所著《编年史》中的插图，描绘克雷西会战中黑太子爱德华大胜的情景
- 表现克雷西会战的十五世纪泥金装饰手稿局部图，左为法军，右为英军

1347年10月

鼠疫攻城
Plague Ends Siege

蒙古人围攻卡法时，以黑死病人为生化武器

中亚的金帐汗国围攻热那亚人控制的黑海港口卡法近一年。丝绸之路是横跨亚洲、通往中国的重要贸易线路，卡法正处于丝绸之路最西段之一，且拥有熙熙攘攘的码头和巨大的奴隶市场。1347年10月，卡法市民惊恐地挤作一团：蒙古人将鼠疫病人尸体以投石机投入城墙内。一年前黑死病在中国爆

> "没有敲丧钟，也没有人哭泣……人们说：'这是世纪末日。'"
> Agnolo di Tura，《锡耶纳的鼠疫》，约1349年

发，横扫亚洲，蒙古人正是以死于这种恶性洲际流行病的尸体攻城。

疾病迅速传播，几乎无人幸免，死尸只能像柴火一样靠墙堆积。有商人设法乘四艘船逃离卡法，但当他们到达西西里的墨西拿时，船上的大多数人已经死去。

黑死病沿主要商道从亚洲经中东到达欧洲北部，沿途吞噬着生命。几周之内，黑死病横扫意大利，于1348年6月传到法国、西班牙和英格兰。1351年，欧洲人口的四分之一到三分之二死于黑死病，村庄荒芜，城镇萧条，社会和经济遭到巨大破坏。其后的三百年间，黑死病反复侵袭人类上百次，最终于十八世纪销声匿迹。**SK**

1356年1月10日

选帝制度
Imperial Elections

查理四世重建神圣罗马帝国的选帝制度

1356年1月10日，卢森堡王朝君主查理四世（1346—1378年在位）召集日耳曼王公参加会议，提议建立选举神圣罗马帝国皇帝的新制度。新的选帝制度以金玺诏书颁布——诏书上加盖金印以强调其重要性，并因此得名。

此时四大日耳曼家族争夺选帝过程的控制权——巴伐利亚的维特尔斯巴赫家族（Wittelsbachs）、卢森堡家族、萨克森（Saxony）的维滕贝格家族（Wittenbergs）和奥地利的哈布斯堡家族（Habsburgs）。被选出的王位继承人需获得教皇支持，理论上应在日耳曼正式加冕为罗马人民的国王，再到罗马由教皇亲自加冕为神圣罗马皇帝——尽管鲜有皇帝经历这一完整的加冕礼。

查理四世力求结束四大家族纷争并削弱皇帝统治的局面，同时加强自己的家族势力，因而确立七名选帝侯：美因茨大主教，科隆大主教，特里尔大主教，波西米亚国王，维特尔斯巴赫家族的巴拉丁伯爵（Palatine）、萨克森公爵、勃兰登堡公爵（Brandenburg，勃兰登堡和波希米亚均属于卢森堡家族）。七名选帝侯将选出神圣罗马皇帝，选举结果不容置疑。

选举在法兰克福进行，获得多数选帝侯支持者立即行使王权，因而摆脱了教皇的干涉。若选帝侯三十天内未能作出决定，将仅以面包和水为食，迫使其选出皇帝。后来选帝侯中加入了巴伐利亚和汉诺威代表，其后的四个世纪内神圣罗马皇帝均通过这一制度选出。**SK**

1356年9月19日

法国的大凶日
Day of Disaster for France

黑太子爱德华以少胜多，击败法国国王

▲ 十四世纪泥金装饰手稿，描绘英军打败法国骑兵的普瓦捷战役

"赞美上帝，令敌军溃败，并俘获其国王……"

黑王子爱德华的信，1356年

　　1356年9月19日日落时分，小号及金属相撞的铿锵之声打破了法国普瓦捷（Poitiers）郊外的宁静——法兰西国王约翰二世的军队正在备战。而树木繁茂的山坡上，英格兰国王爱德华三世之子、黑太子爱德华率领骑士和长弓手忧忡忡地看着山下的大军。面对人数远胜己方的敌军，这支英国劫掠部队一直尽力避免正面冲突，而此时被迫开战。

　　法方选三百名骑士发起冲锋。英格兰的阵地设有藩篱和壕沟保护，法国骑兵被障碍引至英方弓箭手射程内。长弓手瞄准脆弱的骑兵侧翼，很快战场上堆积起落马骑士的尸体，马匹四散。

　　这场屠杀过后，十九岁的法国皇太子率一个营的骑兵徒步冲到英军阵前进行肉搏战，令英军损失惨重。但皇太子的部下后退重组时，明显的撤退令后方的阵营军心大乱、逃离战场。国王约翰仍然指挥着另一支完好无损的营部。英方大胆展开攻势，爱德华令骑兵同重骑兵正面冲锋，同时另派一队骑兵绕到法军后方攻击。约翰被围，他身旁的侍卫纷纷倒下，受伤的国王只得投降。

　　约翰同许多法国贵族俘虏被带往英格兰，英方索取了大笔赎金以交换人质。法国因战争一贫如洗，且困于国内的农民起义，无力筹集足够的钱赎回其国王，约翰于1364年在英格兰狱中去世。**RG**

1356年

商人行会形成强大势力
Merchant Guild Becomes Powerful Force

1356年，吕贝克（Lübeck）举行汉萨同盟第一次会议

1356年的汉萨会议上，汉萨同盟（译者注：Hansa意为商业同业公会）首次正式建立其组织结构，但历史学家认为汉萨同盟的起源可以追溯至德国北部城镇吕贝克1159年建城时——当时萨克森公爵狮子亨利占领了这一地区。其后的一百年间，吕贝克发展繁荣，成为波罗的海和北海的商业基地。

商人们在拓展业务的同时，形成汉萨同盟以维护共同利益，并抗击海盗，汉萨同盟逐渐控制了波罗的海贸易。尽管在1356年的会议后正式成形，汉萨同盟并未组成一个统一的政治机构。同盟定期举行会议，每次派代表参加会议的城市并不固定，而汉萨同盟最终形成了包含七十多个城和镇的非正式联盟网络。吕贝克仍然是最重要的同盟城市，被称作"汉萨皇后城"。

1368年，丹麦国王瓦尔德玛四世（Valdemar）试图打破汉萨同盟对波罗的海和北海贸易的垄断。汉萨同盟成员在一次会议上决定征集军队，最终击败了丹麦人，并短暂控制了丹麦。

汉萨同盟的影响力在十四世纪中期达到顶峰，但到十五世纪，同盟纽带因地区差异而弱化；十六世纪时，荷兰人崛起，同新大陆的贸易增加，商业对手进一步削弱了汉萨同盟的势力，令其迅速衰落，汉萨同盟大势已去。最后一次汉萨同盟会议于1669年举行。**TB**

▲ 十五世纪汉堡城市宪章中的插图，表现港口和贸易的重要性

> "每座成员城市应当尽力清除海盗……"
>
> 汉萨同盟法令，第一法令

1368年

明朝建立
Ming Dynasty Founded

农民朱元璋统一中国，建立明朝

由蒙古可汗忽必烈建立的元朝后期，统治阶级腐化堕落、骄奢淫逸，激化民族冲突，对官员监管不力，并征收重税。新的领袖应运而生：1368年，朱元璋建立明朝，开启"洪武之治"。

十四世纪四十年代末，各地纷纷起义，农商出身的起义领袖占领城市，自立为王，割据河山，其中一位安徽的领袖任命农民朱元璋为将领。一名谋士建议朱元璋"高筑墙，广积粮，缓称王"，则天下可定。

1368年，朱元璋控制中国南部，建立明朝，定都南京，中原再次回归汉族统治。朱元璋自称洪武帝，被认为是中国最伟大的皇帝之一。朱元璋和汉高祖刘邦二人是中国历史上仅有的平民皇帝。至1369年，朱元璋已清除了除四川和云南外的蒙古势力。

洪武帝重新加强皇权专制，重建科举制度，不允许学者持有异议，并废除宰相之职。中国在明朝时达到鼎盛，向西、南方扩张，并派远洋船队七下西洋，曾横穿印度洋抵达非洲。**NJ**

◐ 明太祖朱元璋肖像，现于南京展出

1378年9月20日

大分裂开始
Great Schism Begins

两位教皇分裂了天主教会及整个欧洲

1377年，教宗额我略十一世将教廷从亚维农迁回罗马，此时亚维农教廷时期已延续七十年之久。额我略去世后，罗马人涌上街头（正是他们的混战于1305年令教廷迁至亚维农），要求选出一位意大利籍教皇。枢机团选择了巴里（Bari）大主教，后者成为乌尔班六世，但很快大部分红衣主教改了主

> "他们通过暴力和恐吓，迫使我们推选一位意大利教皇。"
>
> 《反叛枢机声明》，1378年

意——新教皇主张严守戒律，1378年9月20日，枢机团选举了另一位教宗克雷芒七世，称上一次选举结果出于胁迫。

这时有两位教皇，乌尔班六世居于罗马，而克雷芒七世在亚维农建立教廷。这一史无前例的局面对教会和教廷的声誉造成了永久损害。欧洲被分为两大政治阵营，世俗君主被迫在两位教皇中选择其支持的对象。最初的两位教皇去世后均有继任者，大分裂的局面持续至1409年，在比萨召开大公会议以结束纷争，任命第三位教宗亚历山大五世（他很快便去世，继任者为约翰二十三世），但另两位教皇拒绝退位，这一权宜之计仅仅延长了大分裂的局面。**SK**

1381年6月15日

国王直面起义军
King Confronts Rebels

理查二世劝服农民起义领袖解散

▲ 表现瓦特·泰勒之死、年轻的国王理查二世向起义军演说的复式插图

　　1381年6月15日，十四岁的英格兰国王理查二世前往史密斯菲尔德会见农民起义首领。艾塞克斯农民抗议征收人头税，拉开农民起义序幕。随着起义浪潮蔓延，英格兰南部各地起义军开往伦敦，攻击富人的地产，包括国王的叔父——冈特的约翰（John of Gaunt）的宫殿。措手不及的政府开始同起义军谈判，但并未终止暴乱。6月14日，瓦特·泰勒领导暴民冲进伦敦塔，将坎特伯雷大主教和财政大臣斩首处决。

　　双方在史密斯菲尔德激烈的交流过后，伦敦市长击倒了瓦特·泰勒。年轻的国王十分沉着的骑马上前，直接向起义军演说，劝服他们解散。

　　农民起义吸收了农民和城市的工匠。起义军占有道德优势，且随军牧师约翰·鲍尔（John Ball）的平等主义思想煽动了他们的怒火。神职人员成为暴民的特定目标。黑死病爆发后的社会动荡，人口剧减，劳动力短缺，而1351年通过的《劳工法令》力图降低工资，因而受到痛恨，激起了农民起义。瓦特·泰勒死亡、其他领袖遭到逮捕，起义军土崩瓦解，6月25日，英国历史上第一场重大民众举事结束。**SK**

1385年8月14日

阿勒祖巴洛特战役的重大胜利
Vital Victory at Aljubarrota

国王若昂一世（João）击退卡斯提尔军队，保卫葡萄牙独立

▲ 十五世纪泥金装饰图，描绘葡萄牙国王若昂一世击败卡斯提尔的胡安一世的场景

1385年8月14日在葡萄牙中部进行的阿勒祖巴洛特战役被葡萄牙人视为本国历史上最重要的战役——此时葡萄牙这一独立王国正处于生死存亡之际。1383年国王斐迪南一世（Fernando）去世，其女比阿特丽斯成为唯一的合法继承人。比阿特丽斯的丈夫、卡斯提尔国王胡安一世认为自己有权吞并葡萄牙。许多担心受到卡斯提尔统治的葡萄牙人支持另一人继承王位：前任国王的私生兄弟、艾维兹骑士团大团长若昂。双方的斗争同百年战争相关联——英国支持若昂，法国支持胡安。

葡萄牙军中包含一支有长弓手在内的英国分队，而卡斯提尔军队有法国骑士随行，因而阿勒祖巴洛特战役的过程同克雷西会战、普瓦捷战役十分相似也就不足为奇。若奥的将军努诺·阿尔瓦雷斯·佩雷拉（Nuno Alvarez Pereira）采取守势，令骑士下马列于阵中，弓箭手组成侧翼，同时在阵前挖壕沟以抵御骑兵冲锋。尽管如此法国骑兵仍然发动猛攻，重演败局。傍晚时分，胜利的天平已向葡萄牙一方倾斜，卡斯提尔军队从撤退转为溃逃，当地农民以农具为武器攻击逃兵。若奥获得王位，建立统治葡萄牙近300年的艾维兹王朝。**RG**

1389年6月28日

科索沃战役
Battle of Kosovo

塞尔维亚人败给奥斯曼土耳其人，受后者统治四个世纪，为持续至今的塞尔维亚民族主义播下种子

1389年圣维塔日（St. Vitus，6月28日），科索沃战役在科索沃平原（黑鸟平原）打响，对战双方为大举扩张的奥斯曼帝国苏丹穆拉德一世（Murad I）统领的土耳其军队，和塞尔维亚大公拉扎尔（Lazar）率领的巴尔干半岛各国基督教联军。历史学家估计奥斯曼一方人数远胜塞尔维亚人。

战役初始，奥斯曼弓箭手万箭齐发，激起塞尔维亚人全面进攻。土耳其人因穆拉德之死而士气低落——大战前一晚，塞尔维亚人米洛什·奥贝利奇（Milos Obilic）混进奥斯曼军营，刺杀了奥斯曼苏丹。最终穆拉德的继任者拜亚奇一世（Bajezid I）率领土耳其人重整旗鼓，激战过后以兵力优势击败了塞尔维亚人。拉扎尔在战场上被斩首。

战败为塞尔维亚人带来了灾难性的后果，其国土被奥斯曼帝国吞并，并且被土耳其人统治四世纪之久。但塞尔维亚人保留了其东正教文化，科索沃成为塞尔维亚民族主义的基石，人们几世纪内每年纪念科索沃战役。1914年，一名塞尔维亚民族主义者选择在6月28日刺杀奥地利的弗朗茨·斐迪南大公（一战的导火索）也并非出于巧合。

科索沃成为塞尔维亚人的民族精神圣地。科索沃所代表的重大历史问题也激化了科索沃冲突——二十世纪九十年代，塞尔维亚人和阿尔巴尼亚人之间的冲突。**NJ**

◐ 奥斯曼土耳其军队首领苏丹穆拉德一世，他在科索沃战役前夜遇刺身亡

◐ 十八世纪版画，题为《黑鸟平原之战》

1401年7月10日

头骨塔
Towers of Skulls

跛子帖木尔洗劫巴格达，屠杀民众

1401年7月10日，跛子帖木尔围城六周后占领巴格达。尽管巴格达人英勇抵抗，帖木尔分别从七个方向发动进攻击溃了守军。史学界通常将帖木尔评价为最后一位伟大的蒙古征服者。虽然帖木尔称自己为成吉思汗的后裔且出身游牧民族，但他很可能生于信奉伊斯兰教的突厥家庭。1361年帖木尔成为

> "每当摧毁一座大城市，他会在庭院中建造宫殿……"
>
> 伊本·阿拉伯沙（Ibn Arabshah），
> 《帖木尔》，约1420年

撒马尔罕埃米尔，并在此基础上建立了囊括中亚大部、伊朗、伊拉克和阿富汗的短暂帝国。

攻破巴格达后，帖木尔命令每名士兵至少带回两颗人头，之后将人头堆垒在巴格达周围。据估计有九万人丧生，这场大屠杀也成为帖木尔血肉铺就的成功之路上，最令人发指的暴行之一。帖木尔下令焚毁巴格达除清真寺外的所有建筑，将之夷为平地。

帖木尔并不仅仅是野蛮人而已。他保全学者和神学家的性命，不少天文学家被送往撒马尔罕的天文台，撒马尔罕在帖木尔的统治下成为繁盛的文化中心。而巴格达却由此衰落，直至1921年巴格达成为英属伊拉克托管地首都，才终于开始复苏。**JH**

1405年

扬我国威
Flying China's Flag

提督郑和开始重建中国海事力量

1405年，宦官提督郑和统帅六十二艘船、两万七千余水军组成的舰队，携带大量珍宝从南京起航。其后两年间，郑和出使越南、暹罗（泰国）、马六甲、爪哇、印度和锡兰（斯里兰卡）。郑和并非探险家或水手，而是外交家。他的使命是向东南亚及印度洋诸"番邦"昭示：被蒙古人占据一个世纪后，中国已成为不可小觑的力量。

蒙古人征服和占领时期（1211—1368），战乱和大量贡金摧毁了中国经济。经过明太祖朱元璋的洪武之治（1368—1398），中国迅速恢复，但其在亚洲的威望和影响力已经大不如前。朱元璋之子永乐帝（1402—1424年在位）收获了其父治国的成果——国内太平，国库殷实，永乐帝以军事远征和水师远航来重建明朝的国际威望。

郑和的航行获得了巨大成功，又于1407—1433年间奉命六下西洋，令明朝的藩属国远布阿拉伯半岛和东非，并带回数十名使者朝觐明帝。1435年郑和去世，正统帝突然终止所有海事活动，集中资源守护北部边境，抵挡卷土重来的蒙古人。这一决定埋下祸患，导致中国海岸在倭寇和十六世纪初的欧洲商人到来时毫无防卫。**JH**

1415年7月6日

捷克改革家火刑柱上殉道
Czech Reformer Burned at the Stake

扬·胡斯（Jan Hus）被康斯坦茨大公会议判处为异端

❂ 生动表现扬·胡斯在火刑柱上殉难的木版画，胡斯的表情表明他无罪

"凭《福音书》的真理……我今日将欣然赴死。"
扬·胡斯拒绝最后一次宣布放弃其信仰的机会

在教会的高级教士们召开康斯坦茨大公会议之前，引起争议的捷克改革家扬·胡斯被召至神圣罗马皇帝——卢森堡的西吉斯蒙德（Sigismund，1410–1437在位）面前，为自己的宗教理念辩护。尽管西吉斯蒙德应允胡斯可以安全通行，1414年11月，胡斯到达湖边小镇后不久即被捕，并于1415年6月因异端之名受审。控告者们不允许胡斯解释自己观点，胡斯也拒绝公开撤回出于不实指证，且自己未曾宣扬的教义。宗教会议投票后判处胡斯有罪，当时规定异端将被处以火刑或水刑，1415年7月6日，胡斯被绑在火刑柱上烧死。

早在宗教改革运动一个世纪之前，扬·胡斯便提出了日耳曼改革家马丁·路德的很多神学论点。十四世纪九十年代，胡斯还在波希米亚的布拉格大学（现属于捷克共和国）担任教师而颇有名气，去世前胡斯曾在这里进一步挑战教会的力量。胡斯深受英国宗教改革先驱约翰·威克里夫（John Wicliffe，约1329—1384）影响，批判教会贪财、教士滥权，尤其反对教会授予赎罪券。胡斯对捷克语的贡献为其赢得了广泛支持，至今胡斯仍然被当做捷克的民族英雄。

胡斯之死在波西米亚激起民愤。其追随者自称胡斯信徒（Hussite），1419年西吉斯蒙德继承波西米亚王位时，爆发了长达十数年的激烈战争。胡斯信徒持续抵抗镇压，直至1436年签订协议，胡斯信徒控制了波西米亚教堂。**SK**

1415年10月25日

亨利五世"幸运的少数人"获得胜利
Victory for Henry V's "Happy Few"

阿金库尔战役中,英军大败法军,以少胜多

1415年圣克里斯宾节清晨,战局对法方极为有利。此前英王亨利五世轻率进军诺曼底,在攻打哈弗勒尔的持久战中,他的军队饱受疾病摧残,随后北上前往英方控制的安全之所加来(Calais)。但是由联合统帅查理·阿布莱特(Charles d'Albret)率领的法军运用计谋堵住了亨利的去路,迫使他应战。英军饥饿而疲惫不堪,以仅约六千人迎战二至三万法军,几乎必败无疑。

但阿金库尔战役结果出人意料,关键在于地形。英王选择了茂密的树林之间的狭长战场拉开防线,900名骑兵和重骑兵下马,长弓手分布在两翼。法军被迫在这一狭小的空间内作战,无法发挥其数量优势。一队密集的法国骑兵身着重装甲,艰难地穿过软而泥泞的战场,遭到箭雨侵扰,之后被英军剿灭——重骑兵进行激烈的近战,长弓手也抛下弓,以战斧和刀加入战局。英军的辎重队受到攻击,亨利五世为防遭到包围,残酷的下令处死多名法国贵族战俘,令这场伟大的胜利蒙上污点。

阿金库尔战役中法国惨败。约百名法国贵族被处死,包括三名公爵和七名伯爵。受到威胁的法王查理六世(Charles VI)承认亨利为自己王位的合法继承人,并将女儿瓦卢瓦的凯瑟琳(Catherine of Valois)嫁给亨利为妻。然而亨利于1422年去世,享年34岁,查理六世随即取消了之前的安排,阿金库尔战役因而并未造成任何长期影响。**RG**

◐ 中世纪表现阿金库尔战役的画作局部图,描绘了英法双方军旗

> "法国贵族被残酷的斩首,并切成碎块。"
>
> Jehan de Wavrin,《Recueil》,约1471年

1417年11月11日

天主教会大分裂结束
Great Schism Ends

康斯坦茨大公会议选出唯一的教皇马丁五世

经过三年的磋商后，1417年11月11日，康斯坦茨大公会议终于选出了名叫奥多内·科隆纳（Oddone Colonna）的罗马人担任新教皇，以当天节日纪念的圣人为名，成为马丁五世。

教廷大分裂（又称天主教会大分裂、西方教会大分裂）已经持续了四十年，令教廷日益名声扫地。自1409年起出现三位教皇共存的局面，三方拥有各自的枢机团、教廷和拥护者：约翰二十三世主要由日耳曼人拥护；亚拉贡教皇本笃十三世的支持范围缩小至苏格兰、西西里、亚拉贡和卡斯提尔；还有罗马教皇额我略十二世。神圣罗马皇帝西吉斯蒙德为结束这一混乱局面向约翰二十三世施压，迫使其于1414年11月在德国南部召开康斯坦茨大公会议。会议宣布大公会议的权力高于教皇（这一诏令被继任的教皇们忽略），并建议三位教皇退位，以便选出整个基督教界都能接受和承认的新教皇。

经过漫长的谈判和错综复杂的交涉后才达成令人满意的结果。1415年3月，约翰二十三世逃离康斯坦茨，被认为已经退位。7月，额我略十二世也递交了辞呈，他理解大公会议将选出一位新教皇。但本笃十三世拒绝服从，迫使大公会议废黜其教皇之位。这位不受约束的亚拉贡人本名为伯铎·陆纳（Pedro de Luna），他逃到巴伦西亚附近小岛上的潘尼斯科拉城堡，直至1423年以95岁高龄去世时，仍然自称教皇。**SK**

约1427年

"大汤姆"的《三位一体》
"Big Tom's" Trinity

佛罗伦萨艺术家马萨乔运用透视法画出三维空间关系

托马索·卡塞（Tommaso Cassai）生于佛罗伦萨郊外的小村庄，父亲是书记。他被昵称为马萨乔，意为"大汤姆"，以便同其合作者马索里诺（Masolino，即小汤姆）区分开来。马萨乔大半艺术生涯都在佛罗伦萨进行创作。马萨乔生平不详，据说是被对手下毒，在三十岁之前去世，很可能死时穷困潦倒。

> "他心不在焉，异想天开，对自己毫不在意。"
>
> 瓦萨里（Vasari）《艺苑名人传》，1550年

马萨乔的两大主要成就在于：在艺术中融合古典学识，并发展了建筑学的透视法和透视缩短技法来表现作品的实际深度。二者都在25英尺（7.6米）高的巨作《圣三位一体》中得到体现——《圣三位一体》是马萨乔于十五世纪二十年代中期为新圣母玛利亚教堂所作的壁画。马萨乔可能曾同佛罗伦萨大教堂的建筑师布鲁内莱斯基（Brunelleschi）合作，后者对于古典建筑的理解变革了当时的美学理念。

在《圣三位一体》中，人物周围是十分细致的古典拱廊，远处是以花格镶板装饰的筒形穹顶，令艺术家得以运用透视法。消失点与观赏者视平线等高，画面两侧的人物引人入画。《圣三位一体》影响了包括米开朗基罗在内的大批画家。**PF**

○ 马萨乔的《圣三位一体》（作于十五世纪二十年代中期）；画中透视法的运用影响了几代艺术家

1428年

血流成河
A Domain of Blood

伊兹科阿图（Itzcoatl）在墨西哥建立阿兹特克帝国，进行血腥的祭祀

⬆ 伊兹科阿图，阿兹特克君主特诺奇提特兰之子，身着兽皮和鸟羽以获得鸟兽的能力

> "他们掏出心和内脏，将他们烧掉献祭给神祇。"
>
> 荷南·科而蒂斯（Hernan Cortés）的信

十三世纪时，自称"墨西卡人"的阿兹特克人相信他们奉部落神祇维齐洛波奇特利之命，从北方迁至现今墨西哥中部。1325年左右，他们在特斯科科湖的湿地小岛上建立了特诺奇提特兰城——即今天的墨西哥城所在地。特诺奇提特兰城有自己的君王，但阿兹特克人仍然顺从的同阿斯卡帕萨科城结盟，并为这一控制整片区域的城邦担任副手。

但是到了1426年，阿斯卡帕萨科城年迈的统治者去世，引发了各城邦间复杂的密谋和权力斗争，导致阿兹特克君王特诺奇提特兰被谋杀。其继任者伊兹科阿图在主要军事将领蒙特祖马（Moctezuma）的支持下看准时机起义，且获得了地区中其他民族的支持，经过据说长达114天的围城之战后，于1428年成功的攻下阿斯卡帕萨科城。战败的阿斯卡帕萨科城首领被置于祭坛上，以黑曜石刀剜心，血被洒向四方。

这时，阿兹特克人及其联盟成为墨西哥中部的统治力量。1440年蒙特祖马继承伊兹科阿图之位，阿兹特克人继续建造国土面积达约七万五千平方英里（十九万四千平方千米）的大帝国，直至1519年科尔特斯（Cortés）和西班牙人到来。蒙特祖马统治五至六百万人口。

阿兹特克神似乎对人的血肉有着强烈的欲望。数以千计的人被献祭给维齐洛波奇特利和其他阿兹特克神祇，阿兹特克人食其肉以同神祇交流。**RC**

1431年5月30日

"奥尔良的少女"被判死刑
"Maid of Orléans" Condemned to Death

英国人以异端之名将圣女贞德绑在火刑柱上烧死

1431年5月30日,法国鲁昂的老集市广场上,一名十九岁的少女被绑在火刑柱上在众人面前烧死,如今这里建有一座教堂。火堆点燃后,她请求一名牧师将十字架高举在她眼前,并高声祈祷,让她在火焰的咆哮中也能听到。在她死后,英国士兵清除了她的遗骸,将骨灰撒入塞纳河。

来自栋雷米的农村少女自称圣米迦勒、圣凯瑟琳和圣玛加利大(Margaret)令自己逐出国内的英国人,于是她穿着白色的盔甲、带着自己的军旗,率领军队于1429年发动围攻奥尔良的战役,结果落于勃艮第将领、卢森堡的约翰之手。约翰将她出卖给英国人。她以异端的身份在宗教法庭内受审,审判由英格兰支持者、博韦(Beauvais)主教皮埃尔·科雄(Pierre Cauchon)主持。

审判持续了1431年整个春季,法庭威逼少女认罪。庭审记录上写道:"被问到她是否觉得自己受到上帝的恩典,她答道:'如果没有的话,希望上帝能赐予我;如果我已得到,希望上帝仍给予我。'" 5月29日,在重申自己信仰的文件上签名三日后,她改变了主意并脱下了被迫穿着的女式长袍,重新换上男装。这一举动决定了她的命运,她被交给了英国人。圣女贞德——两年前大败英国人并见证了皇太子加冕为法国国王的少女——被公开处决。

二十四年后,英国人被逐出法国,教皇为贞德平反。贞德成为法兰西民族勇气的象征,于1920年封圣。**SK**

▲ 描绘圣女贞德受火刑的书中插图,创作于贞德去世后53年

> "如果没有(得到上帝的恩典),希望上帝能赐予我;如果我已得到,希望上帝仍给予我。"
>
> 圣女贞德审判记录

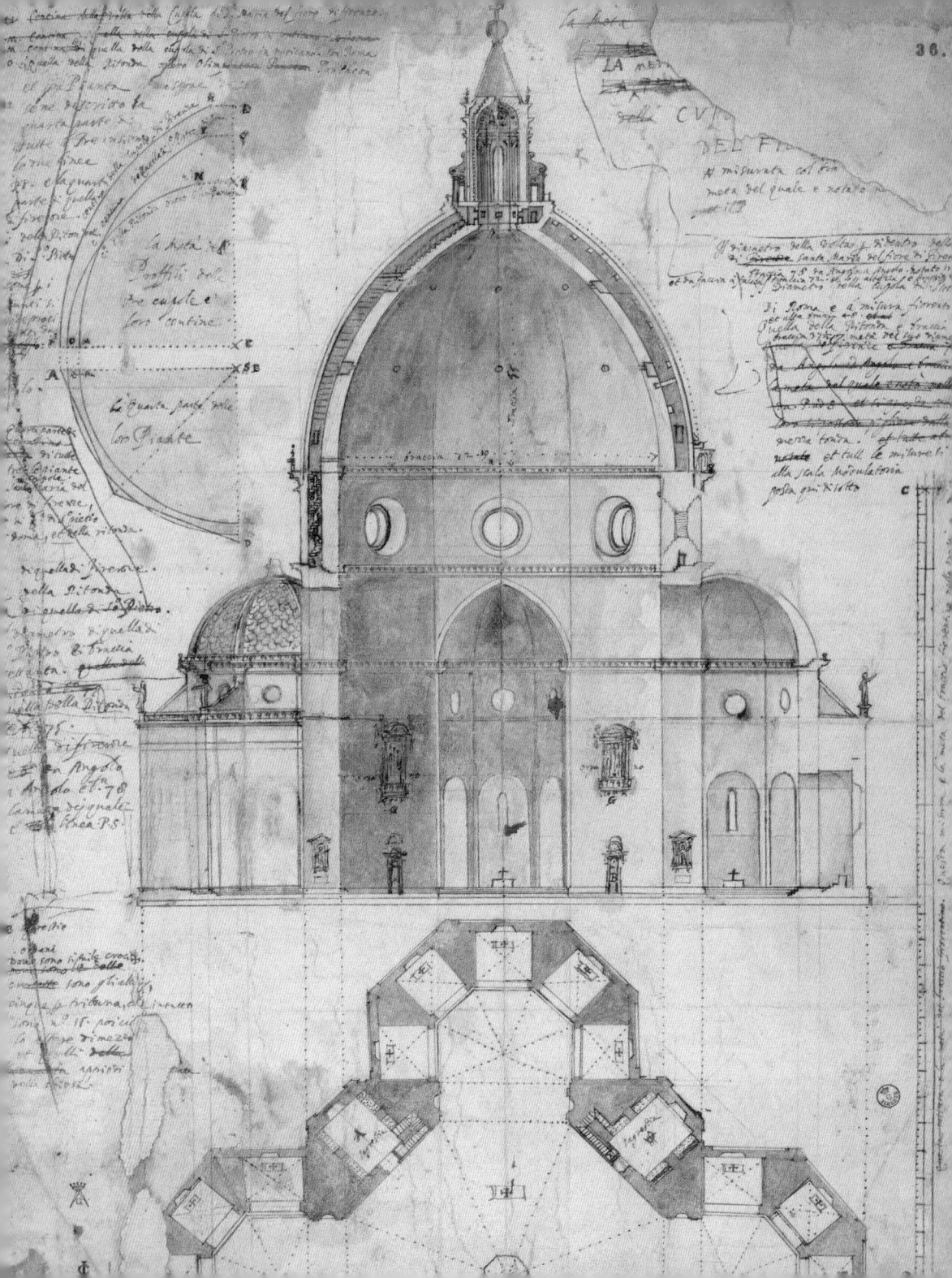

1436年3月25日

布鲁内莱斯基的穹顶
Brunelleschi's Dome

佛罗伦萨新建成的大教堂被教宗恩仁四世（Eugenius）封为圣地

如何在意大利佛罗伦萨的教堂东端建造穹顶是一大难题，考验着最足智多谋的建筑师们。教堂始建于1296年，为哥特式建筑，但七十年后主管团队决定新增建筑将以古罗马风格建造，以反映佛罗伦萨与日俱增的重要地位。这就要求建造直径达140英尺（42米）的八角形穹顶。修建穹顶的传统方法是使用木架将穹顶运上去，但过于庞大的八角形穹顶不可能如法炮制。五十多年来穹顶一直无法建成——1436年3月25日教堂最终完工后被教皇封为圣地。

解决难题的人是金匠和雕塑家菲利波·布鲁内莱斯基（Filippo Brunelleschi，1337–1446），他曾数次到罗马研究其古代遗迹的建筑结构，尤其是罗马万神殿的大拱顶。布鲁内莱斯基令当局相信他知道如何建造穹顶，并采纳他的计划，穹顶于1420年开始动工。

布鲁内莱斯基构架的穹顶质轻，分为内外两层以减轻重量；他设计了精巧的机器来运送建筑材料，砖石以鲱骨式排列——这是他研究古罗马建筑后学到的建筑技法。竞争对手们嘲弄布鲁内莱斯基的方案，并预言他注定失败，尽管如此，穹顶还是逐步建了起来。1436年，布鲁内莱斯基的穹顶建成，立于佛罗伦萨教堂上方，高达348英尺（106米）。穹顶屹立至今，象征着文艺复兴时期建筑的高超技法和艺术性。**SK**

○ 两幅表现布鲁内莱斯基穹顶的图，作者为托斯卡纳艺术家卢德威库·西格利

1438年

石头战士
The Warrior Stones

帕查库特克（Pachacutec）击败昌卡人，建立印加帝国

1438年，昌卡人袭击并威胁占领印加首都库斯科，但被印加帝国的主要建设者——帕查库特克（1438—1471年在位）及其军队击退。传说在战争的重要关头，战场上的石头一时变为士兵帮助帕查库特克击败敌军。之后印加人将石头收集起来，虔诚的供在神庙中。

帕查库特克在危急关头掌权：昌卡部落威胁着印加人的安危，而帕查库特克之父、印加王维拉科查（Viracocha）出逃。这场胜仗成为印加帝国扩张的跳板，帕查库特克的势力扩张到秘鲁高原大部分地区，他在库斯科重建了太阳神庙。马丘比丘大概原本是帕查库特克的乡间静养之所。多年以后到十六世纪时，西班牙人胡安·贝唐佐斯（Juan Betanzos）同帕查库特克的一名后裔结婚，了解这一家族的传说，写下帕查库特克同昌卡人战斗的故事。帕查库特克的传说至今在秘鲁仍然广为流传。

"印加"（Inca）一词原本表示十一世纪左右南美安第斯山脉中部部落酋长的头衔。这些部落显然来自的喀喀湖一带，北上至今天秘鲁境内的库斯科附近定居。他们相信统治者为太阳神的后裔，在统治者绝对权威之下，印加人在十五世纪前哥伦比亚时期建立了美洲最大的国家，国土沿美洲西岸从今天的哥伦比亚延伸至智利和阿根廷。帝国人口被认为高达千万。**RC**

1453年5月29日

君士坦丁堡陷落
Constantinople Falls

奥斯曼苏丹穆罕默德二世攻占拜占庭帝国首都

1453年5月29日下午，苏丹穆罕默德二世骑马巡行君士坦丁堡（今伊斯坦布尔），年仅二十岁的穆罕默德征服了世界上最伟大的基督教城市之一。奥斯曼士兵劫掠富人宅邸、大街上血流成河之时，穆罕默德走进有九百年历史的圣索菲亚大教堂，感谢真主赐予的胜利。

> "城中血流如同暴风雨过后排水沟中的雨水。"
>
> 尼科洛·巴巴罗（Nicolo Barbaro），当代日志

君士坦丁堡曾被称为"全世界所渴望的城市"，但此时仅余昔日荣光的影子。1453年4月穆罕默德的军队攻城时，君士坦丁堡仍由已矗立千年的高墙保护。穆罕默德征集八万突厥人和塞尔维亚人，以及一支强大的舰队攻打君士坦丁堡。而拜占庭皇帝君士坦丁十一世只能召到七千士兵防守。一名匈牙利炮术专家为穆罕默德铸造了巨大的加农炮来轰击城墙，这是拜占庭人负担不起的前沿技术。

5月29日凌晨，密集的炮火宣告最后一波进攻开始。黎明时分，苏丹的精锐部队、土耳其奴隶兵涌入要塞。拜占庭末代皇帝战死。之后的几天里，很多基督徒遭到奴役或屠杀。君士坦丁堡被穆斯林征服令整个基督教界大为震惊。对奥斯曼土耳其人来说，这是一场至高无上的胜利。**RG**

1455年

首批印刷书
First Printed Book

《谷登堡圣经》引发了学习及思想交流方式的变革

1450年，德国美因茨工匠、金工工人约翰内斯·谷登堡（Johannes Gutenberg）向投资家借贷。他一直在进行活字印刷的实验，通过手动模具批量铸造金属字模。他需要资金来进一步开发用具和设备，包括木质螺旋冲压机、印刷油墨和适于印刷的纸张，由此他发明了印刷机，得以在1455年之前完成其杰作《谷登堡圣经》的印刷工作。

《谷登堡圣经》又名《四十二行圣经》，因为每页上有四十二行文字，通常被认为是欧洲第一本印刷书，并标志着印刷书籍开始大批量生产。首版《谷登堡圣经》共印180本，每本1282页，约历时一年印完。很快便有多人效仿谷登堡，各个城市纷纷装配印刷机来印刷圣经、百科全书、神学著作、历史书和浪漫文学作品，以满足人们对印刷作品日益增长的需求。

活字印刷的发明被比作互联网的诞生。这一突破性技术推动了文艺复兴时期的思想传播和十六世纪初的人文主义知识爆炸。1999年，《时代》杂志将谷登堡印刷机列为千年来最重要的发明。**SK**

○ 《谷登堡圣经》中精美的泥金装饰页面，标志着印刷书籍开始大批量生产

1456年7月22日

击退穆斯林侵略者
Muslim Invaders Repulsed

贝尔格莱德之围中,农民十字军联合匈牙利勇士、骑兵和牧师击退奥斯曼军队

1456年7月,刚刚征服拜占庭帝国的奥斯曼苏丹穆罕默德二世领兵北上攻打基督教王国匈牙利。匈牙利的防御取决于两个人:匈牙利老将匈雅提·亚诺什(John Hunyadi),和七十岁的意大利托钵修士乔凡尼·达·卡皮斯特拉诺(Giovanni da Capistrano)。卡皮斯特拉诺是一名热情激昂的布道者,一向宣扬对犹太人和异教徒使用暴力。

穆罕默德的首个目标是贝尔格莱德,之后进攻匈牙利边境堡垒。尽管贝尔格莱德的三重城墙令人生畏,但人们也不期望它能抵挡攻陷君士坦丁堡的奥斯曼苏丹。土耳其人包围贝尔格莱德之时,卡皮斯特拉诺演讲发起一支十字军。数千以镰刀和大棒武装的农民同匈牙利骑兵、雇佣军联合组成救援军,沿多瑙河顺流而下,冲破奥兹曼帝国的封锁,同贝尔格莱德城内的守军会和。

7月21日,土耳其军队攻入堡垒但被击退。次日,卡皮斯特拉诺手下一批热情的农民十字军冲出城墙闯入土耳其营地作战。卡皮斯特拉诺曾全力阻止这一愚蠢行为,但正是这缺乏军纪的行动奇迹般令基督徒以不可阻挡之势突围。随着匈雅提的部下、老练的职业军人加入战局,苏丹穆罕默德受伤并失去知觉,被抬下战场。很快土耳其人全面撤退。不幸的是匈雅提和卡皮斯特拉诺几乎来不及品尝胜利的果实:两人都在年底之前得病去世。**RG**

◐ 十六世纪土耳其版画,描绘穆罕默德自豪的攻击贝尔格莱德——但没有表现他战败的结局

1469年12月3日

美第奇黄金时期
Medici Golden Age

洛伦佐·德·美第奇（Lorenzo de' Medici）掌控佛罗伦萨城邦

毫无疑问，两兄弟中洛伦佐称不上相貌英俊。朱利亚诺（Giuliano）以美貌轻易胜过兄长洛伦佐，在运动场上也是如此。洛伦佐的鼻子被狠狠的压扁贴在脸上，以至于他失去嗅觉；丑陋的洛伦佐也常常疾病缠身。但在1469年12月2日，皮耶罗·德·美第奇（Piero de' Medici）去世、留下两个儿子作为共同继承人时，佛罗伦萨人民寻求洛伦佐的领导。

皮耶罗去世次日，近七百名美第奇家族支持者前往佛罗伦萨中心的美第奇宫殿拜访年轻的兄弟俩，请求洛伦佐掌权。佛罗伦萨在洛伦佐的领导下开始了一段二十四年的黄金时期。很快许多人认为伟大的洛伦佐不仅仅是文艺复兴的理想统治者（这一点值得商榷），而且是佛罗伦萨王公（这完全不符合事实）。

美第奇家族已经是城中最富有的家族，但洛伦佐统治的佛罗伦萨是共和城邦，行政权由九人组成的执政团行使，执政团成员仍然每两个月由主要家族选出。洛伦佐必须十分努力且巧妙的影响、操纵选举人和委员。佛罗伦萨必然有对立的家族：1478年托斯卡纳贵族帕齐家族成功刺杀朱利亚诺，但洛伦佐活到1492年安然离世。

到洛伦佐去世时，佛罗伦萨经历了艺术发展的全盛期，部分得益于洛伦佐对学者和艺术家的资助——他将学者召集到他的柏拉图学院中，所资助的艺术家包括波提切利（Botticelli）和列奥纳多·达·芬奇（Leonardo da Vinci）。米开朗基罗年轻时曾在洛伦佐的宫廷中居住数年，被视为家人。**RP**

1483年10月17日

肃清异教徒
Heretics Rooted Out

斐迪南和伊莎贝拉在西班牙全国设立宗教裁判所

卡斯提尔的伊莎贝拉和亚拉贡的斐迪南将驱逐西班牙的异教徒视为自己的神圣使命——二者于1469年的联姻使中世纪西班牙的两个王国联合起来。伊莎贝拉已经取得教皇的许可，在卡斯提尔建立宗教裁判所，以查明假称自己改信天主教的犹太人和穆斯林；1483年10月17日，教宗西斯都四世

> "若没有宗教裁判所，我们将处于可悲的境地……"
>
> 西班牙国王腓力二世，1569年

（Sixtus）发布诏令，在斐迪南的领地、亚拉贡全境内设立宗教裁判所。

中世纪时教廷曾建立宗教裁判所对抗异端（起初是在1231年反对清洁派），但西班牙宗教裁判所有所不同：它被设为皇家法庭，诉讼过程秘密进行，十分依赖告密者，经常刑讯逼供，定罪的异教徒通过"信礼"在大群人面前受火刑。受害者被收缴的财产分给统治者、宗教裁判所及告密人。

后来（尤其在腓力二世统治时期）宗教裁判的目标转向人道主义者及清教徒。这被英格兰等西班牙的政敌加以宣传，在这一时期西班牙宗教裁判所得到了它施虐成性的残暴名声，这也许有所夸张。**SK**

约1485年8月22日

英格兰国王被叛军杀害
English King Slain by Rebels

博斯沃思战役结束玫瑰战争，亨利·都铎建立新王朝

十五世纪时英格兰为内乱所困：约克家族和兰开斯特家族为争夺王位而对抗冲突，又称玫瑰战争。1485年8月，这场内战迎来了决定性的终结：镇压叛乱却遭人背叛的约克王朝国王理查三世在战场上被劈倒。

叛军首领是亨利·都铎。亨利曾被流放至法国西北的布列塔尼，证明他有继承王位资格的证据十分薄弱，但这是理查的对手们能找到的最佳人选。8月7日，亨利率两千名法国雇佣兵在米尔福德港登陆，顺利进军至英格兰中部，一路吸收追随者入伍。不久理查便明显开始失去属下的忠诚。他本人继承王位的资格也令人起疑——传言他谋杀了自己年轻的侄子爱德华五世和约克公爵理查。特别是强大的斯坦利家族是否效忠仍为未知之数。

理查的兵力大体上超过亨利，但在8月22日双方交战时，斯坦利家族和诺森伯兰郡公爵（Northumberland）均按兵不动。理查想要亲手取得胜利，以狂暴的方式作战，身先士卒，在亨利的骑士卫队中杀出一条血路，在重要关头，威廉·斯坦利爵士阵前倒戈。理查被一斧击倒。亨利·都铎继承王位成为亨利七世，建立统治118年的都铎王朝，延续至1603年女王伊丽莎白一世去世。**RG**

◐ 无名艺术家所作的理查三世肖像，理查三世在博斯沃思战役中战死

◐ 十九世纪版画，表现理查三世身亡前的时刻

1488年1月

迪亚士越过好望角
Dias Rounds the Cape

开辟通往印度的海上航线，开启珍贵的香料贸易之路

1488年1月巴尔托洛梅乌·迪亚士（Bartolomeu Dias）初次航行经过时，甚至都没有看到好望角——风暴隐匿了著名的非洲大陆南端。迪亚士是一名富有经验的航海家、领航员和船舶设计师。1487年8月他率领两艘卡拉维尔帆船（即小吨位轻快帆船）和一只横帆补给船组成的船队从里斯本出发。"圣克里斯托旺号"和"圣潘塔莱昂号"载有三根刻有葡萄牙国徽的纪念石柱，以标识陆地点及领土归属。航行目的是开拓通往印度洋和诱人的亚洲香料贸易的航线。

迪亚士及船员将补给船安稳的锚泊之后，沿非洲西南海岸逆风航行，之后驶入深海以求更有利的风向。他们顺盛行西风向西南方前进，但很快遭遇暴风。暴风平息后，迪亚士驶向东方，想在非洲西海岸登陆，但并未发现大陆。这令迪亚士怀疑他已经越过了非洲最南端。他向北航行，于1488年2月3日抵达非洲南岸距好望角东端约250英里（400千米）处。

迪亚士意识到自己发现了非洲大陆南部的领土，他继续向东行驶，这时船员们因远离补给船而焦虑不安。全体会议后他们决定订立回程航线，在这一段航程中，他们终于抵达了出航时没有发现的海角。迪亚士竖起最后一块石柱，将此处命名为风暴角。但葡萄牙国王若昂二世对这个名字并不满意，将非洲南端的海角重新命名为"好望角"。**JJH**

1490年

恩济加皈依基督教
Nzinga Converted

葡萄牙统治者谋求开拓非洲帝国

恩济加·恩库武（Nzinga a Nkuwu）是刚果部落第五代世袭国王，其王国位于非洲中西部地区、今刚果所在地。1482年葡萄牙探险家迪奥戈·康（Diego Cao）首次同刚果部落取得联络，两三年后带着葡萄牙国王若昂二世的礼物重返刚果王国。恩济加欢迎迪奥戈来到首都姆班扎（Mbanza，后为圣萨尔瓦

> "投石者遗忘；被击中者却永远牢记。"
>
> ——安哥拉谚语

多），并向葡萄牙宫廷派遣使者请求援助。1490年葡萄牙人给予回应——探险家Rui de Sousa率载着礼物、军队和牧师的船队抵达刚果。恩济加很快便皈依基督教并受洗。

葡萄牙军队帮助恩济加推行基督教，镇压反对强制实行基督教化的叛乱。恩济加使用若昂二世的头衔以纪念葡萄牙国王，并将长子恩金格·恩本巴（Nzinga Mvemba）送到葡萄牙，训练他成为基督教统治者。十年后彻底西化的恩金格回国，改名阿方索（Afonso）。但阿方索率领的基督教"现代人"遵循一夫一妻制，传统刚果人实行一夫多妻制，恩济加只得流放阿方索，将另一子Mpanzu u Kitima定为继承人。1506年，幻想破灭的刚果国王恩济加临死前宣布放弃基督教信仰。恩济加去世后，阿方索夺得王位，继续推行基督教。**NJ**

1492年1月2日

格拉纳达的新时代
Granada's New Era

格拉纳达被占领标志着收复失地运动告终

1492年1月2日，摩尔统治者阿布·阿卜杜拉·穆罕默德十二世（即博阿布迪尔Boabdil）将格拉纳达城的钥匙交给斐迪南，穆斯林西班牙近八百年的收复失地运动告终。摩尔人曾经几乎完全统治伊比利亚半岛，但被逐步击退，到十五世纪初，只有南部的格拉纳达省仍由穆斯林统治。亚拉贡的斐迪南及其妻、卡斯提尔

> "你如同女人般哭泣，只因你未能像男人一样保卫国家。"
>
> 传为博阿布迪尔之母在儿子被流放时所言

的伊莎贝拉决心令西班牙统一由基督徒控制，于十五世纪八十年代向格拉纳达发起攻势。摩尔人为内部分歧牵制，1490年夏天，斐迪南在省内大部分地区使用焦土战术，将博阿布迪尔困于格拉纳达城内。

双方互相进行宗教侮辱：基督徒将祷告词"万福马利亚"钉在清真寺大门上，而摩尔人将"万福马利亚"绑在驴尾巴上还以颜色。之后在1491年7月进行了决定性战役。摩尔人被追击逃回城墙内，死伤两千人。

西班牙人加紧围城攻势，摩尔人面临饥荒。1492年1月开始谈判，博阿布迪尔同意有条件投降，要求斐迪南保证信仰自由，或允许不愿被基督徒统治的摩尔人付钱返回北非。**NJ**

1492年3月31日

驱逐犹太人
Jews Ordered Out

伊莎贝拉和斐迪南发布敕令，命所有犹太人离开西班牙

1492年3月31日，格拉纳达陷落不足三个月，伊莎贝拉和斐迪南发布阿尔罕布拉敕令，下令在西班牙大规模驱逐所有拒绝皈依基督教的犹太人。敕令由宗教法庭总审判官托马斯·托奎曼达（Tomás de Torquemada）起草。传说富有的犹太金融家、学者艾萨克·阿布拉瓦内（Isaac Abravane）曾以六十万克朗贿赂斐迪南，请他撤回阿尔罕布拉敕令，托奎曼达在国王和王后面前抛下一枚十字架，质问他们是否会像犹大一样为钱财背叛主。阿布拉瓦内是成千上万被迫离开西班牙的犹太人之一（具体人数在十六万五千人至八十万人间），他最终于1508年在威尼斯去世，死时贫困潦倒。

很久以来，伊比利亚半岛上有着庞大的犹太群体，他们通常同穆斯林统治者保持着良好的关系，但随着基督教收复失地运动的扩张，犹太人局势恶化。1300年，犹太人被迫佩戴特殊标识，1348年和1391年均爆发反犹暴动。数千犹太人被劝服转信基督教。

发布阿尔罕布拉敕令后，众多犹太人逃往葡萄牙或北非，其他人在奥斯曼帝国定居，受到苏丹的欢迎——讽刺的是，苏丹感谢斐迪南为他送来了一部分最有价值的臣民。大量犹太人迁至北欧，尤其是荷兰、英格兰和斯堪的纳维亚半岛。驱逐犹太人在西班牙国内被看做天主教的胜利，但主要结果是令西班牙失去了在经济上最成功和最重要的公民。**SK**

1492年5月9日

伟大的洛伦佐去世
Death of Lorenzo "The Magnificent"

洛伦佐·德·美第奇之死标志着佛罗伦萨黄金时代的终结,佛罗伦萨陷入混乱和冲突

1492年5月9日,五十三岁的洛伦佐·德·美第奇去世,佛罗伦萨作为意大利文艺复兴中心的最后一段时期结束。十五世纪七十年代以来,在意大利的众多城邦之中,洛伦佐·德·美第奇牢牢掌握佛罗伦萨的政权。他身兼诗人、审美家、银行家和政治家数职,引导佛罗洛萨进入发展高雅文化

> "啊,灾难降临!悲痛已极,悲痛已极!闪电击中了我们的月桂树。"
>
> 波利齐亚诺(Poliziano),
> 《悼洛伦佐之死》,1492年

的和平时期。他鼓励其他人雇佣佛罗伦萨的艺术家,列奥纳多·达·芬奇和薄伽丘都从洛伦佐的慷慨馈赠中受益。他还在圣马可园中开设雕塑学校,如同待家庭成员一般培养了十五岁的学生——米开朗基罗。

洛伦佐临终床前站着萨伏纳罗拉(Savonarola)。这名严苛的修道士激烈反对教会,迷恋世俗财富。他认为正是务实的大家长洛伦佐助长了这一风气。由于萨伏纳罗拉的努力,正统信仰在洛伦佐去世后很快便大行其道。不到两年,法国国王查理八世入侵并洗劫美第奇宫。百年积累的艺术发展几小时内遭到肆意蹂躏。洛伦佐去世后,意大利城邦陷入五十年的混乱时期。**JJH**

○ 伟大的洛伦佐、美第奇-里卡迪宫的壁画局部图,由贝诺佐·戈佐利作于1459—1460年间

1492年10月12日

哥伦布发现美洲
Columbus Discovers America

克里斯托弗·哥伦布（Christopher Columbus）没有意识到他发现了新大陆

十七世纪复制品，原作版画由西奥多·德·布里约于1594年创作，表现克里斯托弗·哥伦布发现美洲

1492年10月12日星期五，克里斯托弗·哥伦布抵达巴哈马的一个小岛——他以为这里属于亚洲，并将之命名为圣萨尔瓦多（San Salvador，意为神圣的救世主）。8月3日，为欧洲开启征服新世界之路的伟大航行始于西班牙的巴罗斯港。哥伦布被西班牙王室委以重任："发现并占有海中岛屿和大陆"，带领120名海员和三艘小船——"圣玛丽亚号"、"平塔号"和"尼尼亚号"——组成的舰队，向着中国和远东地区向西航行。

哥伦布感谢上帝后，为西班牙的斐迪南和伊莎贝拉占有这片土地。不久岛上土著出现，献上棉线、鹦鹉和烟草作礼物。哥伦布继续航行抵达今天的古巴和海地，次年三月返回巴罗斯港，受到隆重欢迎。哥伦布于1493年再次出航，率领二十艘船组成的舰队，发现了加勒比海中更多的岛屿。

欧洲人本来都同哥伦布一样，认为他到达了亚洲；伟大的航海家哥伦布在1498—1500年间的第三次航行中看到委内瑞拉大陆，才开始怀疑他可能发现了新大陆。1502年哥伦布最后一次出海，到达墨西哥湾，但未能发现通往中国的航线。哥伦布在西班牙默默无闻地度过晚年，1506年55岁时去世。**RC**

1494年6月7日

瓜分"新世界"
"New World" Carved Up

托尔德西里亚斯条约划分基本尚未发现的"新世界"

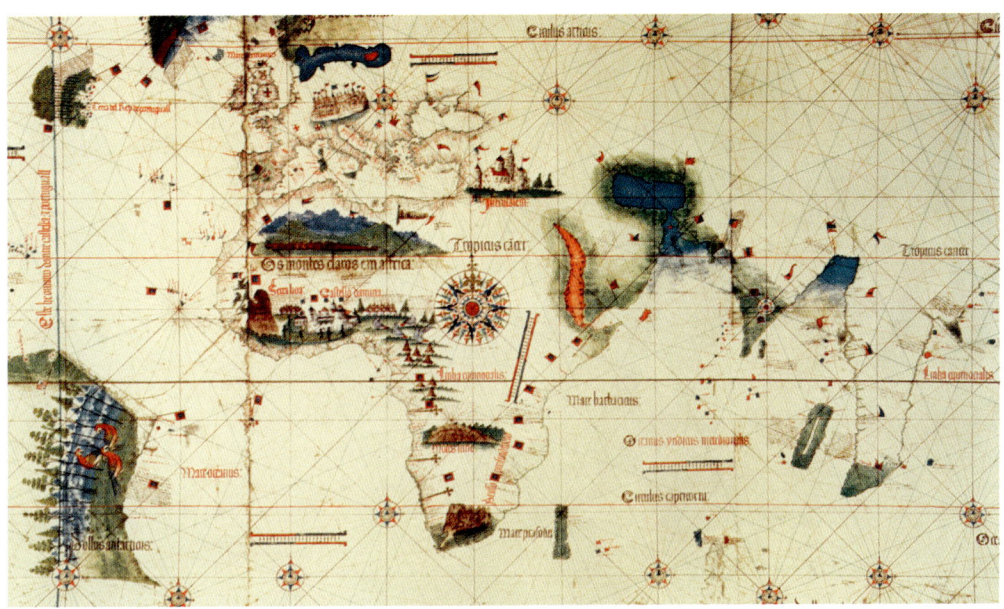

描绘教皇分界线的首幅地图（1502年绘制），新世界被西班牙和葡萄牙两国瓜分

494年6月7日，对"新世界"的所有权以一条穿越大西洋的子午线随意界定，这是在极其鲁莽的推定上做出的决定，也未充分考虑其影响范围。

哥伦布和他的大嘴巴成了事件导火索。他嘲弄葡萄牙国王若昂二世将资助自己进行划时代航行的机会拱手让给对头、西班牙斐迪南和伊莎贝拉，说话既不得体又不委婉。因担心西班牙将侵蚀他通过非洲开辟香料贸易之路的计划，若昂二世急忙派舰队开赴新世界。

但在1493年5月3日，斐迪南夫妇智胜若昂二世：教宗亚历山大六世允许西班牙王室占有哥伦布新近发现的陆地和海洋。教皇在佛得角群岛以西100里格处（300英里，480千米）划定一条假想边界，并赋予西班牙单独占领分界线以西领土的权利。葡萄牙国王大怒，但并没有发动战争，而是通过外交手段进行报复。他开始同斐迪南和伊莎贝拉协商，想将分界线向西移270里格（810英里，1296千米）。

在托尔德西里亚斯进行的谈判上，葡方使者包括海员和制图师，而西班牙则派出对大西洋所知无几的朝臣当代表。双方达成协议调整分界线，有效保障了葡萄牙在非洲的利益。重要的是，新的分界线将巴西划分给葡萄牙。葡萄牙人早已发现巴西的"阴谋论"从未被证实。**JJH**

1497年6月24日

寻找新渔场
In Search of New Fishing Grounds

约翰·卡博特（John Cabot）发现拉布拉多和纽芬兰

《约翰和塞巴斯蒂安·卡博特从布里斯托尔启程》局部图，欧内斯特·博德作于1906年

1497年6月24日，约翰·卡博特（John Cabot）在拉布拉多和纽芬兰之间的贝尔岛海峡入口处（今加拿大）发现陆地。他为英格兰和基督教世界占领了这片土地。卡博特仔细调查海岸线后返回布里斯托尔，迎接他的是海关官员理查·阿·梅里克（Richard a Meyric）——有些人认为美洲是以这位官员命名的。

约翰·卡博特是经验丰富的水手，似乎曾在1493年于西班牙结识哥伦布，激发了穿越大西洋的雄心壮志。一两年后他来到英国布里斯托尔，遇到有意发掘大西洋彼岸潜在机遇的商人——他们对发现新渔场尤为感兴趣。英格兰国王亨利七世授命卡博特寻找并征服先前"不为任何基督徒所知的"、属于"野蛮人和异教徒的"领土。首次尝试以失败告终；1497年5月20日卡博特率领约十五名船员乘"马太号"从布里斯托尔出发。

卡博特为布里斯托尔商人发现新渔场，但他相信自己到达了亚洲东北部。1498年卡博特再次出航，但迷失方向，再也没回来。布里斯托尔的布兰登山顶上为他建有纪念塔。

五百年前挪威冒险家莱弗·埃里克森（Leif Eriksson）从格陵兰出发发现北美洲，并曾在纽芬兰短暂的建立一片拓居地；但卡博特的发现，令英格兰迈出了影响加拿大和北美历史的第一步。**RC**

1498年5月20日

瓦斯科·达伽马到达印度
Vasco da Gama Reaches India

葡萄牙人打破威尼斯对利润丰厚的香料贸易的垄断

《1498年5月20日瓦斯科·达伽马抵达加尔各答》，十六世纪佛兰德派挂毯

瓦斯科·达伽马自马林迪启程向北穿越印度洋，于1498年5月20日抵达印度西南海岸的大港口卡里卡特。1497年7月8日，达伽马同170名船员庄重的列队走到里斯本码头。葡萄牙国王曼努埃尔一世（Manuel）选派达伽马为船员们打气，他们将历经漫长而艰苦的航行前往印度，同东方统治者们建立良好关系，为葡萄牙传教士和商人开道。

"圣加布里埃尔号"和姊妹号"圣拉斐尔"在巴尔托洛梅乌·迪亚士（Bartolemeu Diaz）亲自指导下为印度之行专程打造——迪亚士曾航抵非洲西海岸，他了解可能存在的危险。船上也载有枪支以对付抵抗的穆斯林。

达伽马选择宽下角的大横帆以应对逆境并利用有利洋流。1497年11月4日，达伽马抵达今开普敦北160英里（260千米）左右的圣赫勒拿湾。这是一场伟大的航行，是当时欧洲人在见不到陆地时进行的最长航程。达伽马沿地图上未标明的非洲东海岸航行，圣诞节时经过一地，将之命名为"纳塔尔"。

之后达伽马的船队在所到的各个港口遇到穆斯林商人，遭遇惊奇、怀疑和敌意等不同反应。他们在莫桑比克动用炮火以求安全通行。在蒙巴萨以北50英里（80千米）的马林迪，苏丹为他们派一名领航员，由其带领前往印度。**JJH**

1498年5月23日

萨佛纳罗拉为热情付出代价
Savonarola Pays the Price for His Zeal

佛罗伦萨的多明我会修士、布道者吉罗拉莫·萨佛纳罗拉（Girolamo Savonarola）被烧死在火刑柱上

▲ 十五世纪绘有萨佛纳罗拉头像的铜币，设计者为卢卡·德拉·罗比亚（1400—1482）和安布罗吉奥·德拉·罗比亚

▲ 十六世纪意大利画派油画《萨佛纳罗拉承受火刑，市政厅广场，佛罗伦萨》

"他是一个异教徒，持异端者，因此不再是教皇。"

吉罗拉莫·萨佛纳罗拉（Girolamo Savonarola）
评论教皇亚历山大六世

1497年，萨佛纳罗拉激烈谴责世人追逐财富、道德放纵，鼓舞佛罗伦萨人民将手边所有荒淫物事堆在市政厅广场上 点燃——镜子、异教书籍、伤风败俗的雕像、赌博用具、华美的长袍和乐器全部付之一炬。1498年5月23日，承受火刑的是这位多明我会修士本人。他曾寻求在佛罗伦萨建立基督教共和国，但被判有伪造预言和信仰异教之罪。他被铁链绑在十字架上，身边是两位最亲近的同伴，在他之前点燃"虚荣之火"的同一地点受火刑。

萨佛纳罗拉宣扬人死后将受炼狱之苦，在1490年到达佛罗伦萨后很快便吸引了众多追随者。他抨击腐败，在嫉恨富有的掌权者美第奇家族的佛罗伦萨人中引起共鸣。1494年皮耶罗·德·美第奇（Piero de' Medici）被法国人推翻后，萨佛纳罗拉成为建立基督教共和国的指明灯。

随着1500年的临近，千禧年的恐慌不断传播。起初佛罗伦萨市民对萨佛纳罗拉的末日降临启示论投以热情回应，开始斋戒和吟唱赞美诗，自愿通过反对堕落和轻浮生活的严苛法律。但到了1497年，人们开始厌倦了，酒馆重新开放，人们再次公开跳舞和赌博。1498年4月8日，一群人冲进圣玛尔谷大殿内袭击萨佛纳罗拉修士，数人死亡。萨佛纳罗拉将自己交给教会当局，由教皇亚历山大六世——萨佛纳罗拉恶意攻击的对象——下令审判。**SK**

1500年—1699年

◐ 三扇代表月份的系列屏风画,十六世纪日本狩野派(Kano)画家所作

1500年4月23日

卡布拉尔驶向巴西
Cabral Sails to Brazil

卡布拉尔为葡萄牙占领巴西，把它误认为小岛

1500年3月，佩德罗·阿尔瓦雷斯·卡布拉尔（Pedro Alvares Cabral）率领十三艘船、一千二百名海员从葡萄牙里斯本启程，被吹离航线飘往大西洋西南，于4月23日到达巴西海岸——今塞古罗港附近。尽管葡萄牙人很久以来一直怀疑卡布拉尔到达过巴西，但他们并无确凿证据。

1498年，克里斯托弗·哥伦布发现南美大陆，并于1499年代表西班牙出航探索现今的委内瑞拉。同年，瓦斯科·达伽马结束发现印度的划时代航行，回到葡萄牙。1500年葡萄牙王室派卡布拉尔领导后续探险。

卡布拉尔登陆巴西后认为自己到了一座岛屿，并将之命名为真十字。他尽职地举行了宗教仪式，竖起十字架，并派快船返回葡萄牙报告自己的发现。停留十天后，卡布拉尔在岸边留下几名罪犯（即巴西混血人口的祖先），穿越大西洋，绕过好望角，继续向印度航行。

亚美利哥·韦斯普奇（Amerigo Vespucci）自称曾于1497年在哥伦布之前到达南美洲，并发现巴西。他的确到过巴西——1501年由葡萄牙派遣。葡萄牙政府很久以后才进一步发掘新发现的巴西——一百年来，巴西的主要输出物资为硬木。十七世纪巴西引进甘蔗种植，带动经济发展，并因此从非洲进口奴隶，此后巴西成为新世界的重要殖民地。**RC**

1501年5月

确立新世界
New World Is Identified

韦斯普奇写下关于大西洋彼岸大陆的最早记录

亚美利哥·韦斯普奇（Amerigo Vespucci）对地理的热情，引领他在1499—1502年间随西班牙远征队多次前往新世界。1501年5月，他来到现今的南美洲沿岸。韦斯普奇根据自己深厚的地理知识推断——哥伦布于1498年发现的岛屿其实是大陆，即新世界，并非亚洲的一部分。他画出这片广阔大

> "他们共同生活，没有国王，也没有政府，每个人是自己的主人。"
>
> 亚美利哥·韦斯普奇

陆的轮廓，提议向西南方行驶可到达南亚和东南亚地区，为西方人指明前往东方的航线。

韦斯普奇具体的出航次数不详，但他探索了众多地区，从南美洲大西洋沿岸的大部分地区至南美南端海岸。他的日志和地图恐怕已经遗失，但他写给朋友皮耶罗·索德里尼（Piero Soderini）和皮耶罗·德·美第奇（Piero de' Medici）的书信被出版，信中描述了韦斯普奇的航程。韦斯普奇对船上所见之地做出的评价，激发了文艺复兴时代人们对新世界的兴趣。出版书信的来源尚存争议，但韦斯普奇无疑多次出海，并在对南美洲的记录上烙上自己的姓名——后来地图制作者马丁·瓦尔德泽米勒（Martin Waldseemüller）研究了这些记录。1507年，瓦尔德泽米勒制作了一份著名的印刷地图，其中首次以韦斯普奇之名将美洲命名为"亚美利加"（America）。**JJH**

1501年

萨非王朝掌控波斯
Safavid Dynasty Takes Control of Persia

什叶派穆斯林伊斯玛仪一世（Ismail）自立为波斯沙阿，并强迫波斯人皈依自己的宗教

伊朗被外族侵略者征服和统治几世纪后，由本族人建立的萨非王朝于1501年控制波斯。年轻的沙阿伊斯玛仪一世推翻奥斯曼白羊王朝。

虽然伊斯玛仪生于阿塞拜疆的阿尔达比勒镇，但也得到了安纳托利亚高原东部土库曼部落的支持——勇悍的土库曼人以佩戴红色的头巾闻名。伊斯玛仪年幼时丧失父亲和兄弟，1501年，十几岁的少年伊斯玛仪在大不里士自立为沙阿。1510年伊斯玛仪采用波斯语后，征服了今伊朗所有地区，之后又将阿塞拜疆、伊拉克、阿拉伯大部和安纳托利亚收入囊中。伊斯玛仪是一名虔诚的什叶派穆斯林，他强迫大多数波斯人皈依什叶派，令逊尼派邻国甚为惊恐。

1514年伊斯玛仪的战功在安纳托利亚高原东部的查尔迪兰战役中受到检验：奥斯曼苏丹塞利姆一世（Selim）的土耳其骑兵和炮术击败了伊斯玛仪的土库曼军队。尽管战败的伊斯玛仪险些被俘，并失去了安纳托利亚，他继续同奥斯曼人和其他逊尼派开战，击败了乌兹别克君主昔班尼（Shaybani），并在其头骨上镶嵌珠宝用作酒杯。

虽然伊斯玛仪晚年罹患忧郁症，他的萨非王朝持续繁荣发展。后世的萨非王朝沙阿阿拔斯一世于十六世纪末迁都至伊斯法罕，在这里实现了波斯伊斯兰艺术和建筑的伟大复兴。**NJ**

○ 十六世纪波斯画作《慷慨的接见》，现藏于法国巴黎卢浮宫

1504年9月8日

佛罗伦萨天才的杰作
Masterwork of Florentine Genius

米开朗基罗的大卫像在佛罗伦萨旧宫的梯级上展出

▲ 米开朗基罗的《持投石器的大卫-草图》局部图,绘于1503—1504年。

▷ 米开朗基罗的大卫像现藏于佛罗伦萨学院美术馆,已经成为全球公认的标志性雕塑。

1504年9月8日,米开朗基罗耗费三年时间完成其杰作。巨大的裸像《大卫》原本是为佛罗伦萨大教堂制作,但被置于旧宫的梯级之上。四十个人历时四天,通过特制的支架将大卫像从米开朗基罗的工作室运到展出地点。观众们一度对雕像扔石头,大概是抗议大卫如异教徒般赤身裸体(后来雕像被加上镀金铜带遮羞)。1502年,在大卫像创作期间,佛罗伦萨行政长官皮耶罗·索德里尼说大卫的鼻子太大了,米开朗基罗马上抓起凿子爬上脚手架,假装削减令长官大人不悦的鼻子。

佛罗伦萨人一直将《圣经》中击杀巨人歌利亚的英雄大卫视作其公民德行的象征。1501年,教堂官员们没有选择几位更知名、更有经验的雕塑家,而是请年仅二十六岁的米开朗基罗创作大卫像。雕像由一块14英尺高的(4.2米)卡拉拉大理石雕成,原石自十五世纪六十年代起立于教堂庭院中,原本是用来雕刻教堂东面半圆形扶垛的大型雕像的。

令当代人惊异的是,米开朗基罗雕刻时并没有使用全身模特,而是在雕刻前直接在大理石表面勾画,仅仅通过目测进行雕刻。大卫像是远古时代之后的第一尊裸体巨像,虽庞大却简洁而优美。大卫像现藏于佛罗伦萨学院美术馆,它不仅仅是文艺复兴时期的艺术瑰宝,更是有史以来的伟大杰作之一。SK

> "看过这座雕像后,没有人想看其他任何雕像了……"
>
> 乔尔乔·瓦萨里(Giorgio Vasari),《艺苑名人传》,1550年

1508年5月10日

赋予人灵感的天顶壁画
Ceiling Designed to Inspire

教宗尤里乌斯二世委派米开朗基罗为西斯廷礼拜堂天顶作画

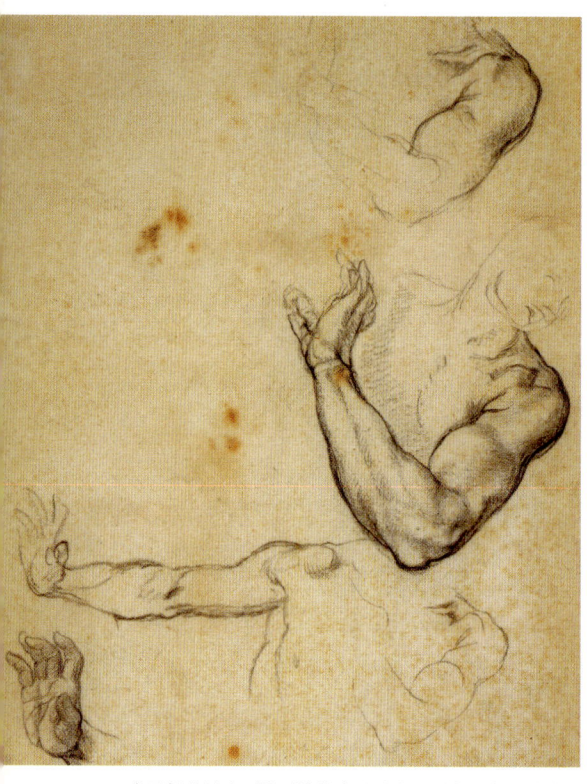

- 米开朗基罗为西斯廷礼拜堂天顶壁画研究亚当的手稿，天顶壁画于1512年完成
- 二十世纪八十年代《创世记》修复前西斯廷礼拜堂天顶全视图

> "《创世记》终于开放时，所有人……震惊得不发一言，默默凝视"
> 乔尔乔·瓦萨里，《艺苑名人传》，1550年

米开朗基罗并不想接这份工作。此前他在专心雕刻教宗尤里乌斯二世的墓碑——1505年他接受了这一委托；况且他不熟悉壁画技法。教皇请其他画家来做西斯廷礼拜堂的天顶画不是更好吗？但教皇尤里乌斯坚持令米开朗基罗接受这一光荣的任务，并于1508年5月10日提前向艺术家支付酬金。

原本的计划是绘制十二使徒巨像，但米开朗基罗抱怨这一方案太过贫乏，让教皇批准更复杂的设计：在穹顶中心四周绘制九幅连续壁画，描绘创造亚当和夏娃、逐出伊甸园、上帝选择诺亚一家应许救赎人类的主题。最初的方案要求作十二使徒像，而米开朗基罗加入了十二名先知预言弥赛亚的降临。《创世记》完成时画中有三百多个人物。

米开朗基罗于1508年冬天开始创作，1512年完成《创世记》。与人们的普遍期望不同，米开朗基罗并未仰卧在高台上作画，而是站在从墙上突出的托架台上工作。这是十分痛苦的过程。尽管米开朗基罗亲自画了最重要的人物，他让助手为每日的工作磨颜料、准备石膏。他对自己的绘画越来越自信时，便大胆勾勒出轮廓，画法愈加灵动而有力。乔尔乔·瓦萨里在《艺苑名人传》（1550）中满怀敬意地告诉读者，米开朗基罗只用一天便完成了《创造亚当》。如今《创造亚当》已成为《创世记》的标志，被用在全球的鼠标垫和冰箱贴上。**SK**

1510年

拉斐尔的胜利
Raphael Triumphs

拉斐尔完成其最著名的壁画《雅典学派》

1510年左右，罗马进入艺术极盛时期：文艺复兴盛期建筑师多纳托·伯拉孟特（Donato Bramante）正在修建新的圣彼得大教堂，米开朗基罗忙于创作西斯廷礼拜堂的穹顶画，拉斐尔·圣齐奥（Raffaello Sanzio，即"拉斐尔"）在梵蒂冈设计一套房间，创作了壁画《雅典学派》。大力资助艺术发展

> "此处埋葬着拉斐尔……大自然深恐其生前超越自己。"
>
> ——拉斐尔墓志铭，万神殿，罗马

的教宗尤里乌斯二世雇佣了以上艺术家。

拉斐尔英俊迷人且胸怀大志，曾在佛罗伦萨学习绘画，受到列奥纳多·达·芬奇和米开朗基罗的影响。但在1508年向尤里乌斯举荐拉斐尔的是伯拉孟特。教皇委任拉斐尔为其私人寓所装饰一套房间，这成为拉斐尔艺术生涯的转折点。尤里乌斯将签字大厅的主题定为天国和人间的智慧，于是拉斐尔在壁画杰作《雅典学派》中将远古时代的异教哲学家同文艺复兴时期的新柏拉图主义融合在一起。

画面中心是柏拉图和亚里士多德二人。拉斐尔以他十分敬仰的达·芬奇为原型创作了柏拉图，并在背景的希腊、罗马哲学家中加入了自己和米开朗基罗的肖像。**TB**

1511年

批评教会
Church Criticized

人文主义学者伊拉斯谟以《愚人颂》谴责教会

1509年荷兰学者德西德里乌斯·伊拉斯谟（Desiderius Erasmus）拜访英格兰政治家、人文学者托马斯·莫尔（Thomas More）爵士期间，用一周时间写完了其最有名的著作，并将它献给了莫尔。《愚人颂》的希腊文标题Moriae Encomium同莫尔之名构成双关（拉丁文标为题Stultitiae Laus）。《愚人颂》以拉丁文写作，1511年出版后立即备受欢迎，作者在世时便出版了四十三版。伊拉斯谟以讽刺的笔触审视罗马天主教会的腐败行径，影响了神圣罗马帝国改革家马丁·路德。伊拉斯谟也诙谐地讽刺了包括自己在内的愚人学究，最终以申明自己的基督教理念作结。

伊拉斯谟是其所在时期的人文主义学者代表。他曾是奥古斯丁修会修士，中世纪经院哲学死板的教条主义令他幻想破灭后，伊拉斯谟便离开了修道院，沉浸于古典研究。1500年他出版了畅销作品《格言集》（Adagia）。由于同莫尔等英格兰人文学者的友谊日益深厚，伊拉斯谟到英国度过了几年，并在那里开始编订于其著名的希腊文《新约圣经》（1516年出版）。伊拉斯谟的著作为马丁·路德的宗教改革打下基础。伊拉斯谟不愿看到教会分裂，虽然他起初赞同路德的观点，向教皇利奥十世将路德形容为"福音真理的有力号手"，但后来他大力反对路德，天主教派和新教教派都对他不甚信任。**SK**

○ 昆丁·马赛斯（约1466—1530）所作的画像《鹿特丹的伊拉斯谟》，创作日期不详。

1511年

西班牙占领古巴
Spain Takes Cuba

迭戈·贝拉斯克斯在古巴建立西班牙的新殖民地

1510年，西班牙人已经发现了加勒比海北部的古巴，但古巴群岛、墨西哥湾同广阔的墨西哥谷地、北美和佛罗里达尚未在地图中标明。近二十年前克里斯托弗·哥伦布首次登陆古巴；1511年他的兄弟迭戈·哥伦布派遣军队收服古巴。

迭戈·贝拉斯克斯·德奎利亚尔（Diego Velázquez de Cuéllar）和荷南·科尔蒂斯（Hernán Cortés）带领军队从伊斯帕尼奥拉岛经向风海峡航行60英里（100千米）。他们迅速在巴拉科阿建立殖民地，其后的征战也相当顺利——当地泰诺人的弓、箭和弹弓在西班牙人的盔甲、射手、炮术和致命的铁质长剑面前不堪一击。贝拉斯克斯深入内陆到达巴亚莫，在那里屠杀了约百名土著泰诺人，并处决了部落首领，由此建立血腥征服古巴的路线。他们结交了部分当地人，但屠杀是征服古巴的捷径。

建立帝国的方案也在古巴制定。西班牙人规划殖民地，将土著居民分配给西班牙士兵和地主。印第安人被迫淘金、种植木薯、玉米、甘薯和大米，以交换宗教教育——换而言之他们沦为奴隶，尽管当时禁止奴役古巴的印第安人。

殖民者引进了羊、猪、牛和黑奴，并请来了他们的妻子。西班牙人在古巴发展畜牧业、矿业及其他商业活动，如养龟和烟草种植。贝拉斯克斯成为古巴总督，相继于1514年和1515年建立圣地亚哥和哈瓦那。**JJH**

1513年4月2日

青春之泉
The Fountain of Youth

庞塞·德莱昂为西班牙王室正式占领佛罗里达

首先在今天的美国探索并建立殖民地的是西班牙人、英格兰人、法国人和荷兰人。1513年年初，西班牙军人胡安·庞塞·德莱昂（Juan Ponce de Leon）装配了三艘船，从波多黎各出发向西北方航行——庞塞·德莱昂曾于1493年随哥伦布航抵新世界，并在波多黎各发财致富。3月27日，他看到了陆地，

> "庞塞·德莱昂去寻访的正是约旦河，欢乐的源泉。"
> 赫南多·芳塔内达（Hernando Fontaneda），《回忆录》，1575年

将之命名为佛罗里达，以纪念登陆当天的复活节（西班牙语为Pascua de Flores）。4月2日，庞塞·德莱昂在现今圣奥古斯丁以北靠岸，正式为西班牙王室占领这片土地。他继续探索部分西海岸，不断遭到当地居民攻击，其后返回波多黎各。

庞塞·德莱昂似乎在追求黄金和奴隶，但谣传他寻访的是传说中的约旦河或青春之泉——他希望能够治愈自己的性无能并回复青春。1521年他再次从波多黎各出发前往佛罗里达建立殖民地，并在西海岸夏洛特港附近登陆。在同部下建造房屋时，庞塞·德莱昂受到当地卡卢萨人的攻击，身中毒箭而亡。西班牙人因此逃往古巴的哈瓦那，而庞塞·德莱昂在哈瓦那死于箭伤。**RC**

1513年9月9日

摧折"森林之花"
Cut Down Like Flowers of the Forest

弗洛登战役中苏格兰人惨败，苏格兰国王和众多贵族阵亡，盎格鲁人同苏格兰人间的敌对冲突在杀戮中达到高潮

弗洛登战役的死亡人数约为五千，是苏格兰人损失最惨重的败仗之一。传闻1513年9月9日，"苏格兰之花"凋亡——詹姆斯四世本人和几乎所有苏格兰贵族战死。

史学家爱德华·霍尔（Edward Hall）评价亨利八世"极度渴望向战神献祭"。1513年8月11日亨利八世坚称自己为"苏格兰之主"，必然引起了苏格兰人的警惕。但亨利的当前要务是同法国作战，仅出于防守目的向北方派兵。尽管如此，詹姆斯四世发起攻势。苏格兰国王率两万大军涉过特威德河，攻占英格兰边境城堡。9月8日晚，苏格兰人在诺森伯兰郡的弗洛登山上布阵，俯视山下兵力较弱的英格兰军。次日下午苏格兰人开火，发射的石头飞过英格兰人头顶。英方的武器更小但更精准，造成了巨大伤亡。亨特利伯爵（Huntly）和休姆勋爵（Home）进攻英格兰右翼，同时詹姆斯参战。战势有利于苏格兰一方，但亨特利伯爵和休目勋爵却突然莫名其妙地撤兵。这使得苏格兰人经历苦战后败北。

亨利忙于处理先前的事务，无暇对这场胜利采取进一步行动，但他可以确定，詹姆斯五世刚刚出生十八个月，苏格兰贵族又所剩无几，三十年内苏格兰无法对英格兰构成威胁。**RP**

- 十九世纪画作《弗洛登的消息，1513年》以浪漫手法表现这场战役，作者为威廉·布拉西·霍尔（1846—1917）。

- 十六世纪版画，描绘苏格兰国王詹姆斯四世；詹姆斯在弗洛登战役中阵亡

1513年9月26日

第一位发现太平洋的欧洲人
First European Sighting of the Pacific

巴尔博亚的发现为开辟到达东方的西向航道带来希望

《瓦斯科·努涅斯·德·巴尔博亚占领南太平洋》，1513年彩色铜版画

瓦斯科·努涅斯·德·巴尔博亚站在山顶，越过茂密的森林，审视圣米格尔湾的广阔水域。此时是上午十点钟，这名西班牙征服者刚刚成为第一个发现太平洋的欧洲人。

巴尔博亚不清楚太平洋的大小，但他同很多冒险家一样，推测太平洋延伸至整个美洲西岸。他还猜测他们脚下的土地（今巴拿马）是一条狭长的陆地，而此时西班牙人掌握了一条通往东方的航道。由于之前惹恼了几名有势力的贵族，巴尔博亚没有得到官方授权。他率领190名西班牙军人，乘双桅帆船和轻舟出海，后有数百名印第安人追随巴尔博亚。他们在地峡最窄处阿卡拉登陆，接着在潮湿而茂盛的丛林中开路，穿过宽阔的激流和蛇类出没的沼泽，击退当地部落的进攻。他们在艰苦的跋涉中表现出非凡的决心和勇气。

巴尔博亚高举皇家旗帜走入海中，直至海水没膝，为"强大的统治者堂斐迪南、堂娜乔安娜"占领南太平洋。历尽艰险的幸存者们同巴尔博亚一起建石堆，在临时凑用的十字架上刻上国王斐迪南之名。书记为他们的发现起草法律证明文件，写下在场人的姓名，包括前猪倌弗朗西斯科·皮萨罗（Francisco Pizarro）——他不久将依靠自身力量成为一名西班牙征服者。**JJH**

1515年9月14日

年轻的法国国王获得荣耀
Glory for Young French Monarch

马里尼亚诺（Marignano）战役中，国王弗朗索瓦一世（François I）击败瑞士人

《马里尼亚诺战役，1515年9月14日》，作者为Natale Tutti

1515年，二十岁的弗朗索瓦一世继承法国王位，将新抱负带入宫廷。弗朗索瓦是有修养的人文主义者，因资助包括列奥纳多·达·芬奇、本韦努托·切利尼（Benvenuto Cellini）在内的文艺复兴艺术家而享有盛名。但年轻的君王同样渴望在战场上证明自己的价值。在即位后的第一个夏天，弗朗索瓦领兵进入意大利——通过前人认为不可逾越的路线，携带约五十尊沉重的青铜加农炮翻越阿尔卑斯山——并于九月第二周，同当时称霸欧洲的瑞士长枪兵开战。

弗朗索瓦同威尼斯结盟，意欲夺取瑞士手中繁荣的米兰公国。经过漫长的僵局，瑞士军队冲出米兰，在马里尼亚诺村同法军交战。战斗激烈而残暴，双方实力伯仲之间。瑞士长枪兵决绝地冲向弗朗索瓦手下的日耳曼步兵雇佣军——他们将瑞士人视为死敌。法国的加农炮击倒一列列瑞士兵，弗朗索瓦率装甲骑士放平长矛发起中世纪式冲锋。双方鏖战二十四小时。次日晨，威尼斯迟来的援军雇用骑兵成为战争的转折点。面对新的战力，瑞士人离开战场，弗朗索瓦享受军事胜利的荣耀。**RG**

1516年1月23日

哈布斯堡王朝的查理继承西班牙王位
Charles of Habsburg Comes to Spanish Throne

西班牙迎来了新的非西班牙籍统治者,开始混乱的继位之争

 《马背上的查理五世》(1620),由巴洛克大师安东尼·凡·戴克(1599—1641)的工作室创作。

> "瘦的令人难以置信,面色忧郁苍白,总是微张着嘴。"
>
> ——威尼斯朝臣评价勃艮第公爵查理

1516年1月23日,斐迪南二世去世后不久,其外孙查理继承西班牙王位。查理五世血统显赫,三年后成为神圣罗马皇帝。勃艮第公爵查理是神圣罗马皇帝马克西米连一世(Maximilian)的孙子,"天主教君主"斐迪南和伊莎贝拉一世的外孙。查理十分虔诚,面色苍白而身材颀长,但仍然在骑士比武中击败了指控他喜好阴柔音乐的公爵。

1504年伊莎贝拉去世,斐迪南失去联合统治者的头衔,卡斯提尔由他们的女儿胡安娜(Juana)继承。胡安娜嫁给勃艮第大公腓力,因而将西班牙的命运同勃艮第王室相连。腓力同岳父斐迪南为争夺继承权使用宫廷阴谋。但斐迪南为支持他"最心爱的孩子们"退位。如果腓力没有突然去世,令胡安娜成为西班牙王位的唯一继承人,王位之争也许就到此为止了。由于公众担忧胡安娜的精神状况,其长子查理获权出任摄政王——因查理尚年幼,权力由大主教西斯内罗斯(Cisneros)行使。

年幼的摄政王成为内侍总管谢夫尔(Chievres)手中的棋子。费迪南去世时,谢夫尔写信给西斯内罗斯,说不再需要后者的服侍。查理对西班牙政务没有丝毫了解,出任西班牙国王并不被看好,他的政府于西班牙而言也同外邦人统治无异。朝臣们中饱私囊,还出现了这样的俏皮话:"达布隆(古西班牙金币)没有落入谢夫尔手中,可喜可贺。"

1518年,西班牙国王卡洛斯一世(即查理)成为神圣罗马皇帝查理五世。他的国土从菲律宾延伸至秘鲁和中欧、西欧大部分地区,但混乱的即位之争才刚刚开始。**JJH**

1517年7月17日

奥斯曼帝国领土扩大一倍
Ottoman Empire Doubles in Size

塞利姆一世（Selim）掌控阿拉伯世界，扩张奥斯曼帝国

1517年7月，马穆鲁克最后一名圣族后裔向苏丹塞利姆一世投降，奥斯曼帝国领土立刻扩大一倍。土耳其人夺取古老的伊斯兰教哈里发国，除伊朗和美索不达米亚外的所有领土，获得了巨大的利益。对阿拉伯世界施行有效管理后，伊斯坦布尔得以利用财富和资源解决其财政危机，从而令土耳其人将奥斯曼帝国发展为十六世纪最强大和富庶的国家之一。

此外，塞利姆一世及其继任者通过控制包括麦加在内的伊斯兰教圣地，令苏丹成为伊斯兰世界最重要的统治者，并因此有权利学习伊斯兰文明的知识、艺术遗产和行政智慧。而且奥斯曼人控制马穆鲁克王朝先前的领土，便掌控了欧洲和远东地区之间的古代商路。

土耳其人填补了阿拔斯王朝覆灭后在中东留下的权力真空，奥斯曼帝国国库收入也成倍增长，继任者苏莱曼一世（Suleiman）收获了塞利姆征战的丰硕成果，被誉为苏莱曼大帝。苏莱曼在位期间，奥斯曼帝国成为主要的欧洲强国，同法国、英格兰和荷兰结盟对抗西班牙和奥地利的哈布斯堡王朝。但在1566年苏莱曼去世后，西班牙海上实力日益强大，向奥斯曼帝国施压，双方冲突在1571年的勒班陀海战中达到高潮，奥斯曼帝国战败。**TB**

△ 十六世纪画作《麦加克尔白神庙前的信徒》，现藏于土耳其城市伊斯坦布尔的托普卡帕宫

> "真主的力量和穆罕默德的神迹与我同在。"
>
> 苏莱曼大帝铭文，1538年

1517年10月31日

张贴在维滕贝格教堂门前
Nailed to the Door at Wittenberg

马丁·路德的《九十五条论纲》激发宗教改革运动

▲ 马丁·路德肖像，老卢卡斯·克拉纳赫（1472—1553）作于1543年，现藏于佛罗伦萨乌菲兹美术馆

> "我们期盼由正义主宰的全新的天堂和人间。"
>
> 马丁·路德致菲利普·梅兰希通
> （Philipp Melanchthon），1521年

1517年，多明我会修士约翰·特策尔（Johann Tetzel）在德国四处筹集资金。教廷需要金钱来修缮圣彼得大教堂，而特策尔的敛财工具是屡试不爽的赎罪券——赦免罪行、免下地狱的证书。奥古斯丁修会修士、萨克森维滕贝格大学神学讲师马丁·路德对出售赎罪券的行为十分愤慨，向特策尔的上级、美因茨大主教写信列举反对意见。10月31日当天，据说路德将《九十五条论纲》张贴在德国维滕贝格城堡教堂门前，以便所有人阅读。特策尔宣称"钱币落入钱柜底响叮当，灵魂瞬间脱离炼狱升天堂"，令路德尤为愤怒。

之前路德并没有表现出他对教会权威逐渐失望。路德是一名勤奋的学者，他对《圣经》的翻译为确立标准德语打下基础。路德似乎在1511年访问罗马时便开始反对赎罪券，世俗化的罗马教廷腐化堕落令路德大为震惊。但是可能他已经形成了"因信称义"和"信徒皆祭司"的思想，成为他随后神学理念的基础。

马丁·路德开始抗议后，很快便使用了相对先进的印刷术。两周内《九十五条论纲》的印刷版传遍德国，两个月内流通至欧洲全境。路德和教会都只能背水一战。1521年5月25日，皇帝查理五世颁发沃尔姆斯赦令放逐马丁·路德。**SK**

1518年

奴隶贸易获得皇家许可
Trade in Slaves Given Royal Seal of Approval

神圣罗马皇帝查理五世首次批准奴隶贸易

年轻的神圣罗马皇帝查理五世继承西班牙王位后的首要举措之一，是于1518年正式颁布贩奴特许（西班牙文为Asiento，意为皇家许可），得到许可证的商人垄断奴隶贸易，从非洲绑架奴隶，横渡南大西洋，将他们运至拉丁美洲和加勒比海以及缺乏劳动力的西班牙殖民地。贩奴特许开启了极不人道的跨洋奴隶贸易，不久商人们便出海贩奴。特许颁布的同一年内，有文字记载的第一批非洲黑奴运抵西印度群岛。

后来查理五世撤销贩奴特许，于1542年颁布法律禁止奴隶贸易。查理五世受到天主教传教士巴托洛梅·德拉斯·卡萨斯（Bartolomé de las Casas，1474–1566）影响，后者生动记录了被奴役的印第安人在西班牙属地遭受的苦难。然而奴隶贸易丝毫没有受到影响。

葡萄牙商人从西非上几内亚和塞拉利昂地区的奴隶贩手中购买奴隶，将他们运往美洲。1575年建立葡萄牙殖民地安哥拉后，臭名昭著的葡萄牙总督本塔·班哈·卡多佐（Benta Banha Cardoso）联合奴隶商人牟取暴利——其继任者延续了这一传统。十七世纪初，抵达西班牙美洲港口的奴隶约85%是由葡萄牙人从安哥拉运来。

葡萄牙人抵制西班牙对奴隶贸易的直接控制，但随着十七世纪末伊比利亚势力衰落，新兴海上霸主英国和荷兰控制奴隶贸易。**NJ**

▲ 神圣罗马皇帝查理五世画像，他全权批准了奴隶贸易——尽管后来他曾试图加以禁止

> "每天奴隶商人都在绑架我们的百姓———这个国家的孩子。"
>
> 刚果国王阿方索致葡萄牙国王若昂三世，1526年

1519年5月2日

文艺巨匠去世
Death of a Great Artist

文艺复兴的天才列奥纳多·达·芬奇在弗朗索瓦一世怀中去世

○ 列奥纳多·达·芬奇自画像，画中为沉思的老者，约于1515年用红色粉笔完成

○ 列奥纳多笔记本中的一页，显示飞行器的设计，笔记以镜映文字写成

> "七十五岁时，他的灵魂……在国王怀中逝去。"
>
> 乔尔乔·瓦萨里，《艺苑名人传》，1550年

列奥纳多·达·芬奇晚年成为法国国王弗朗索瓦一世的宫廷画家，1519年5月2日，在法国国王位于卢瓦尔河畔昂布瓦斯的夏宫附近，文艺复兴时期最伟大的艺术家在住所克洛·吕塞城堡去世。根据乔尔乔·瓦萨里在《艺苑名人传》所述，弗朗索瓦一世将临终的列奥纳多抱在怀里。

1452年，列奥纳多生于佛罗伦萨附近，十八岁时师从佛罗伦萨艺术家安德烈·德尔·委罗基奥（Andrea del Verrocchio），接受绘画、雕塑、建筑和设计的全面训练。列奥纳多最初便对技术设计十分感兴趣。1482年，他以军事工程师身份致信米兰公爵卢多维科·斯福尔扎（Ludovic Sforza）希望为他服务，在信的末尾才提到他也会雕塑和绘画。列奥纳多直至1499年一直留在公爵府邸，在此期间创作了壁画杰作《最后的晚餐》。卢多维科被逐出米兰时，列奥纳多返回佛罗伦萨，在1504年左右完成了著名了架上画《蒙娜丽莎》。他在米兰和罗马成功地创作了一段时间，1515年受任为弗朗索瓦一世制作机械狮，次年正式受聘。

瓦萨里写到，六十名乞丐护送列奥纳多的灵柩至昂布瓦斯礼拜堂的安葬之所。列奥纳多生前便取得了卓著声名，直至今日也未曾衰落。他无穷的好奇心和对认识的探求，点亮了他所刻画和研究的所有事物——从手上的关节、花朵的螺纹到十字弓、加农炮和飞行器。**SK**

1519年6月26日

马丁·路德辩论
Luther in Debate

同约翰·埃克（Johann Eck）的辩论促使路德转变为清教徒

1519年6月26日，在教皇利奥十世的要求下，马丁·路德同因戈尔施塔特（Ingolstadt）大学神学教授约翰·埃克博士，于莱比锡市展开了长达十八天的公共辩论。教廷将不惜一切代价阻止教会分裂，这就意味着必须对马丁·路德做出回应。诚然，有些人文学家将埃克称为"喋喋不休的诡辩家"，但没有人质疑

> "他十分博学……掌握着大量语言和观点可以自如运用。"
>
> 莱比锡的一名观众描述路德

埃克的才智和辩论技巧。他不是已于1514年成功维护了放贷的做法、令从事银行业的富格尔（Fugger）家族十分满意吗？

辩论主题范围广泛，从赎罪券到上帝的恩宠、苦修、炼狱和教廷。埃克在辩论中无疑更胜一筹，他迫使路德承认其观点为符合逻辑的论断，并将路德归为异教徒。

路德于1517年在《九十五条论纲》中反对赎罪券而引人憎恶。很多天主教徒同意其观点，认为只能通过悔罪获得救赎，而不是购买赎罪券。路德在教义上并没有越界，他只是缺少顺从的品质。但同埃克的辩论帮助路德理清思想，尤其得到"因信称义"的结论（只能借由信仰获得救赎）。教皇确信路德将造成威胁，于1520年6月发布诏令将其开除教籍。宗教改革运动开始。**RP**

1519年11月8日

热烈欢迎
A Warm Welcome

科尔蒂斯和西班牙人进入特诺奇提特兰城，遇到蒙特祖马

1519年11月8日，西班牙殖民者荷南·科尔蒂斯在特诺奇提特兰城首次遇到阿兹特克君王蒙特祖马。哥伦布发现美洲后，西班牙人迅速占领新世界。他们在加勒比海地区和巴拿马开拓殖民地，1517年起探索尤卡坦半岛沿岸。西班牙人正接近阿兹特克帝国，而在阿兹特克人之间正流行着传言，说很久以前离开的神王羽蛇神将带领白皮肤的同伴重返王位。1519年，他们的确迎来了来自古巴的白种征服者。

科尔蒂斯率五百名士兵在墨西哥海岸登陆，并沉船以防属下逃走。阿兹特克统治者蒙特祖马献上金银片，以及嵌有宝石、用羽毛装饰的神祇装束。西班牙人向阿兹特克首都进发，发现受到阿兹特克人的欢迎。科尔蒂斯下马问候蒙特祖马，意欲拥抱皇帝，但被阿兹特克贵族阻止。西班牙人摘下珍珠和精致的威尼斯玻璃制成的项链，戴在蒙特祖马颈上；阿兹特克皇帝也向科尔蒂斯回敬金项链。之后他们一起走向为西班牙人预备的宫殿。

根据西班牙记录，科尔蒂斯告诉蒙特祖马，自己以真神之名而来，侍奉一位统治大半世界的强大国王，蒙特祖马表示他愿意成为这位国王的封臣。但蒙特祖玛在这件事上没有选择权。他对西班牙人的欢迎和款待将很快导致自己的死亡和阿兹特克帝国的覆灭。**RC**

1520年4月16日

公社起义
Revolt of the Comuneros

卡斯提尔爆发起义反抗重税，宣布建立新型政府，为即将来临的平民起义打下基础

1520年4月，卡斯提尔爆发公社起义，反抗神圣罗马皇帝查理五世对西班牙征收重税。查理选择了最糟的时机向卡斯提尔征税以支付其欧洲战争的高昂成本——这时卡斯提尔歉收，卡斯提尔女王伊莎贝拉一世去世后贵族们忙于重新确立自己的统治。

1520年查理五世离开西班牙，前往欧洲战场实现其抱负，由查理的盟友、乌德勒支的亚德（未来的教皇亚德六世）在西班牙进行摄政统治。然而查理为筹集战争资金征收的高税负在托莱多（Toledo）激起人民起义。不久其他城市加入，并建立革命大会为合法政府，罢免皇家议会。卡斯提尔公社战争开始，这一时期被称为"公社起义时期"。亚德镇压起义失败，动乱蔓延开来，农民开始加入叛乱，亚德的军队土崩瓦解。

1521年，查理五世不得不任命一名受贵族拥戴的人选来共同摄政。尽管查理的军队在托雷洛瓦通战役中被公社击败，但打赢了Villalar战役，部分革命首领被处决。起义城镇逐个向皇家军队投降，坚守到最后一刻的是革命发源地托莱多。**TB**

- 教宗亚德六世肖像局部图，作于1650年；原作者为扬·凡·斯霍尔（1495—1562）
- 《1521年帕迪拉及其公社在马德里被处决》，安东尼奥·吉斯贝特·佩雷斯（1834—1901）作于1860年

1500年—1699年 275

1520年5月30日

阿兹特克帝国覆灭
End of the Aztec Empire

蒙特祖马之死宣告"新西班牙"的诞生

《鹰擒走蒙特祖马》，作者为西奥多·德·布里（1528—1598）；十七世纪时成为流行版画

科尔蒂斯抵达特诺奇提特兰城一年内，阿兹特克皇帝蒙特祖马死亡。西班牙人到来后不久便囚禁了蒙特祖马，并劝服他向西班牙国王称臣。蒙特祖马力图安抚益发不满的阿兹特克贵族，但他的宫殿遭到袭击。蒙特祖马爬上宫殿屋顶，要求众人平静下来。他的兄弟库伊特拉华克（Cuitlahuac）被选为新皇帝，但人们依然发起攻击。蒙特祖马再次爬上屋顶，这次他迎来了石头和箭雨。被带回屋内的蒙特祖玛仍于1520年5月30日死亡，死因不明，可能是遭受攻击致死，抑或被西班牙人所杀。

科尔蒂斯及部下害怕受到牵连，深夜偷偷离开特诺奇提特兰城。阿兹特克人追击并杀死很多西班牙人，但科尔蒂斯没有因此畏缩。他同幸存的西班牙人安全抵达特拉斯卡拉城，招募了愿意加入的阿兹特克帝国臣民，率领数千名当地勇士围攻特诺奇提特兰。协助科尔蒂斯的阿兹特克人并没有发觉他们将促使祖国沦为西班牙殖民地。三个月后，1521年8月，特诺奇提特兰守军投降。

整个阿兹特克帝国土崩瓦解，落入西班牙人之手，次年科尔蒂斯被任命为新西班牙总督。移民自西班牙和加勒比海地区涌入，墨西哥和其后的秘鲁成为西班牙在新世界的主要中心。**RC**

1521年4月17日

路德被查理五世控为异端
Luther Accused of Heresy by Charles V

沃尔姆斯帝国议会上，马丁·路德坚持其著作中的观点

《沃尔姆斯帝国议会上的路德》，德国艺术家保罗·图曼（1834—1908）作于1872年

1520年12月马丁·路德烧掉了宣布开除其教籍的教皇诏令；神圣罗马皇帝查理五世年仅二十一岁，但已经明确其作为欧洲首要天主教君主的职责，他同改革派修道士路德之间的对抗在所难免。路德被命令出席沃尔姆斯帝国议会，回应对其信仰异教的指控，萨克森选帝侯腓特烈三世许诺保证路德的人身安全。

1521年4月17日，路德站在摆满其著作的桌前。他被问到这些书是否由他创作，他是否坚持其内容。他确认自己是作者，但需要时间来考虑第二个问题。次日他说自己无法撤销任何书中观点，"因为违背良心既危险又可耻"；但不能确定路德曾确实作出著名声明："这是我的立场。我别无选择。上帝助我。阿门。"

查理五世正式宣布放逐路德，下令逮捕这名"臭名昭著的异教徒"，打响了他对新教战争的第一枪。萨克森的腓特烈安排逮捕路德，并将他安置于埃森纳赫的瓦尔特堡加以保护。路德秘密地隐藏在瓦尔特堡近一年，这段时间开始将《新约全书》翻译为德语，令所有人都能阅读《圣经》。**SK**

1521年4月27日

麦哲伦去世
Magellan Killed

葡萄牙探险家斐迪南·麦哲伦（Ferdinand Magellan）在菲律宾的战斗中身亡

尽管人们通常归功于斐迪南·麦哲伦，但他并非环航全球的第一人；实际上他中途便去世了。

1520年9月20日，麦哲伦带领250人乘五艘船从西班牙起航，当时并没有打算环航全球。西班牙国王委托他寻找通往香料群岛（今印度尼西亚）更短的西方航线。绕过好

> "他们杀死了我们的明镜、光源、安慰者和真正的领航人"
>
> 安东尼奥·皮加费塔（Antonio Pigafetta），当代日志

望角后，麦哲伦及部下发现自己到达了太平洋的广阔海域。他们抵达菲律宾时船员减至150人。极具说服力的航海家令当地统治者拉贾·胡马邦（Rajah Huambon）皈依基督教并臣服于西班牙。作为回报，麦哲伦同意率兵进攻胡马邦的敌人、邻近的麦丹岛君主拉普拉普（Lapu-Lapu）。

由于水中多珊瑚礁，麦哲伦无法用船只运送加农炮；他率领部下五十人涉过浅滩，遭到一千五百名当地人攻击，对方投出竹制长矛、发射毒箭。失去头盔的麦哲伦中矛后被砍死。

麦哲伦身亡后，胡安·塞巴斯蒂安·埃尔卡诺（Juan Sebastian Elcano）在仅有大米为食的情况下指挥余下船员环绕好望角，更多的海员因风暴和食物匮乏丧生，出航两年后回到西班牙时船员仅余十八人。**NJ**

1523年1月1日

富有骑士精神的结局
Chivalrous Ending

圣约翰骑士团被苏莱曼一世斯文地请出罗得岛

1523年1月1日晚，约163名圣约翰骑士团成员在大团长Philippe Villiers de L'Isle-Adam的带领下全副武装离开罗得岛堡垒，团旗飘扬，战鼓隆隆。注视着他们的是奥斯曼苏丹苏莱曼一世和土耳其军队——苏莱曼曾率军队苦战五个月想要将基督教士兵逐出地中海的罗得岛。不愿受土耳其统治而选择流放的平民随骑士团出行，登上苏莱曼一世提供的五十艘船前往克里特岛。

圣约翰骑士团（医院骑士团）是十字军东征期间在巴勒斯坦建立的军事修道会之一，为反对伊斯兰教进行圣战。1291年，巴勒斯坦落于穆斯林之手后，医院骑士团以罗得岛为基地，生存两百余年。1522年，苏莱曼决定不再容忍基督徒占据其海域内的岛屿。7月末，苏莱曼率十万余士兵登陆罗得岛，以大炮轰击城墙，派工兵在地底挖隧道安置炸药，土耳其士兵对防线上出现的任何缺口发动猛攻。12月时，守军仍然坚持抵抗，而苏莱曼的士兵则饱受创伤和疾病的折磨。

围城之战没有在放纵的暴行中终止，而是以理智和骑士精神结束。奥斯曼苏丹和大团长建立信任关系，谈判后达成协议，医院骑士团在保证基督徒的生命、财产和声誉的条件下撤出堡垒。苏莱曼一世将为自己对医院骑士团的宽宏大量追悔莫及——后者经历一段政治动荡期后于1530年在马耳他岛建立新的基地，苏莱曼统治末期围攻马耳他岛时被医院骑士团重创。**RG**

1523年6月7日

瑞典选出新国王
Sweden Elects New King

古斯塔夫·埃里克松（Gustav Eriksson）成为瑞典国王古斯塔夫一世，迅速统一全国，为瑞典成为现代国家及施行新教打下基础

1521年，古斯塔夫·埃里克松终于将丹麦人成功赶出瑞典。因而他被立为摄政，并于1523年被选为国王。6月24日，国王古斯塔夫一世踏着胜利的步伐走进斯德哥尔摩。

传说年轻的古斯塔夫·埃里克松统帅瑞典人同丹麦人作战时，一次不得不藏在农场里躲避丹麦士兵。担心古斯塔夫被发现的女主人为转移注意力用炊具打他，仿佛斥责一个没用的雇农，丹麦人果然没能认出畏缩的农场雇工正是他们搜寻的对象。

后来学者将古斯塔夫称为古斯塔夫·瓦萨（Gustav Vasa），瓦萨为其姓氏。有人将古斯塔夫归为暴君，还有人视其为解放者。但史学界普遍赞同，古斯塔夫作为瑞典第一位真正的权威统治者，为建立稳定和中央集权的国家打下基础，并建立瑞典第一支正规军，令瑞典在十七世纪时成为地区性大国。

古斯塔夫的遗产不仅如此。他很快因大主教人选同罗马教廷发生冲突，因为教皇指定的大主教古斯塔夫·特罗勒（Gustav Trolle）被认为支持丹麦一方。尽管受到教廷抗议，古斯塔夫指定路德教会学者劳伦提斯·彼得里（Laurentius Petri）担任大主教，因而开始了在瑞典实施新教的举措。**TB**

▶ 古斯塔夫一世肖像，无名艺术家作于1542年，现藏于瑞典卡尔马城堡

1525年2月24日

法国惨败于帕维亚
Disaster for France at Pavia

法国军队败给查理五世的帝国军，弗朗索瓦一世被俘

▲ 布鲁塞尔的帝国挂毯局部图，表现弗朗索瓦一世的瑞典雇佣军试图逃离战场的情形，约制作于1530年

> "我失去了一切，只有荣誉和生命仍然安全……"
>
> 国王弗朗索瓦一世致其母萨伏依的路易丝
> （Louise of Savoy）

1515年，法国国王弗朗索瓦一世打赢马里尼亚诺战役，满载荣耀从意大利归来。十年后，2月24日，意大利的另一战场帕维亚却成为他战败和屈辱之地。在这十年间，哈布斯堡王朝国王查理一世（自1519年起改称为查理五世）统治神圣罗马帝国，并联合西班牙的丰富资源同神圣罗马帝国的权势，令欧洲的权力平衡发生决定性转变。

1524年10月，同神圣罗马帝国开战的弗朗索瓦围攻帕维亚城。查理五世派出援军，而法军在城外掘壕固守，双方隔溪对峙。1525年2月23日晚，帝国军在夜色的掩护下越过溪流。破晓后双方交战，场面十分混乱。法方努力向突如其来的猛攻发起反击，但晨雾进一步加剧了混战。弗朗索瓦一世率装甲骑士发起冲锋，尽管这样会阻挡其炮兵的射击区域。德国雇佣步兵为双方作战，极为凶悍地击倒彼此。法国贵族损失惨重，例如久经沙场的路易二世·拉特雷穆伊（Louis II de la Trémouille）被火绳枪（早期手枪）弹丸击中身亡。四小时后法国人战败，虽然法方雇佣兵黑色兄弟会激战至几乎全员阵亡。

国王弗朗索瓦一世在战场上受到包围后被俘。他被送至马德里，囚禁时期的困苦几乎将他折磨致死。1526年弗朗索瓦签署条约割让大量领土后，查理五世将其释放。恢复自由的弗朗索瓦立即宣布废除条约，法国同神圣罗马帝国间的对抗重新开始。**RG**

1525年5月15日

镇压德国起义
German Revolt Put Down

被称为德国农民战争的平民起义被粉碎

1525年5月15日，德国起义农民在弗兰肯豪森惨败，再洗礼派首领托马斯·闵采尔（Thomas Muntzer）被俘遇害。各城及贵族纷纷同神圣罗马皇帝查理五世达成和约，德国农民战争结束。

1524年德国爆发叛乱，并迅速传至金瑞士和奥地利。这是1789年法国大革命爆发前规模最大的平民起义，叛军来自社会各个阶层，上至贵族，下至农民。据估计参与起义人数达三十万人，十万人丧生。经济萧条和宗教狂热迅速激起反对封建制度的起义，起义军起草《黑森林十二条款》进行申诉，托马斯·闵采尔成为起义领袖之一。

当时帝国内社会、宗教和经济因素影响着日益增长的人口，导致起义爆发。十六世纪初食品和羊毛价格上涨，收入下降，农民在十五世纪末期受的良好生存条件逐渐恶化。此外，地主们加租以维持其生活水平，令农民雪上加霜。

但宗教因素可能也导致起义爆发，尤其是被称为再洗礼派的团体对宗教权威的挑战。再洗礼运动领袖闵采尔曾在1524年游历各地，宣扬其激进教义，逐渐在下层社会赢得支持者，起到关键作用。闵采尔对教会和国家权威的挑战甚至引起新教改革家马丁·路德的批评。**TB**

▲ 描绘弗兰肯豪森战役场景的版画，约创作于1861年

> "要记住叛乱是最恶毒、最有害的行为。"
>
> 马丁·路德，1525年5月

1526年4月20日

莫卧儿人击败洛迪王朝德里苏丹国
Mughals Defeat the Lodi Sultanate

巴卑尔（Babur）赢得第一次帕尼帕特战役，建立莫卧儿帝国

▲ 书中泥金装饰插图《1526年帕尼帕特战役》，Deo Gujurati约于1590年创作，现藏于伦敦大英图书馆

> "（官员们）在众多尸体中发现易卜拉欣的遗体，将其头颅带给我。"
> ——巴卑尔，《巴卑尔回忆录》

1526年4月，莫卧儿首领巴卑尔率一万五千大军开往德里，军队中包括游牧骑射手、奥斯曼土耳其炮兵及约二十门大炮（当时印度人尚未见识过这种武器）。易卜拉欣·洛迪（Ibrahim Shah Lodi）则派出四万士兵和一百头战象抵抗巴卑尔，但是没有炮队。

莫卧儿人自称为蒙古后裔（"莫卧儿"意即"蒙古"）。1501年，他们被乌兹别克人逐出中亚的故乡费尔干纳，在巴卑尔的带领下向东迁徙，1504年在喀布尔建立新公国。1515年，巴卑尔开始多次侵袭印度北部——当时这里由德里苏丹国洛迪王朝统治。旁遮普发生反对苏丹易卜拉欣的叛乱，巴卑尔趁机占领拉合尔，但很快被驱逐。1525年，巴卑尔率领更强大的军队卷土重来，征服整个旁遮普地区。

巴卑尔兵力不敌德里苏丹，在德里北部的帕尼帕特采取守势。他排出辎重车，在两车之间放置以铁链相连的奥斯曼大炮，以防骑兵冲锋轻易击破加农炮阵。双方僵持数天后，易卜拉欣于4月20日黎明率兵出击。巴卑尔的大炮至关重要：炮击令易卜拉欣的象群受惊四散，逃窜时踩伤德里军，使其阵形大乱。其后巴卑尔的骑兵进攻敌军侧翼取得完胜。易卜拉欣及一万五千名部下阵亡。虽然莫卧儿人也伤亡惨重，巴卑尔仍于一周后成功占领德里，由此建立统治印度两百年的莫卧儿帝国。巴卑尔在阿格拉庆祝胜利，有人献上著名的光之山钻石，钻石现镶嵌于英国王冠。**JH**

1526年8月29日

匈牙利丧失独立性
Hungary Loses Independence

第一次摩哈赤战役中，国王拉约什二世被苏丹苏莱曼击败

1526年8月29日，距布达佩斯仅115英里（185千米）的小镇摩哈赤成为匈牙利国王拉约什二世和奥斯曼苏丹苏莱曼大帝的战场。这场战役威胁到匈牙利的独立性，甚至是欧洲未来的方向。双方进行激战，战争初期匈牙利弓箭手几乎射杀苏丹，但匈牙利军队逐渐被土耳其精锐部队的反击拖垮。破晓时分，土耳其人包围匈牙利军队残部后，俘虏了两千人。国王拉约什二世在逃离战场过程中坠马身亡。战后，苏莱曼下令处死所有匈牙利战俘，其中有不少匈牙利贵族。

摩哈赤战役的失利为匈牙利招致灾难，导致国家被瓜分，匈牙利不再是独立王国。战败的直接后果是匈牙利被奥斯曼帝国、奥地利哈布斯堡王朝和特兰西瓦尼亚公国瓜分。其后的十年内，东方盟国奥斯曼帝国同西方盟国奥地利，因分割匈牙利发生多场战争。波西米亚和克罗地亚归属于奥地利，而奥斯曼帝国保持对匈牙利中部和特兰西瓦尼亚的控制。然而哈布斯堡王朝同土耳其人的战争持续了两百余年，对匈牙利农村及人口造成严重破坏。

摩哈赤战役被视为匈牙利的民族创伤及匈牙利历史最低点，其影响根深蒂固，以至于很多匈牙利人遭遇不幸时会说"在摩哈赤所失去的远比现时多"，借此勉励自己面对困难。**TB**

▲ 十六世纪泥金装饰手稿，描绘摩哈赤战役中的苏莱曼大帝

> "我是苏莱曼……我夺取匈牙利王冠，赏赐给我最卑微的奴隶……"
>
> ——苏莱曼大帝，铭文

1527年5月6日

查理五世之耻：帝国军洗劫罗马
Sack of Rome Brings Shame on Charles V

三天的暴乱之中，士兵们劫掠、屠杀，毫不留情

《1527年罗马遭受劫掠》，作者为荷兰画家约翰尼斯·林格贝兹（1622—1674）

1527年，帝国军暴动，占领并劫掠罗马，教皇克雷芒七世从梵蒂冈密道逃生，到圣天使堡避难，震惊整个欧洲，为查理五世带来耻辱。

波旁公爵带领德国、西班牙和意大利军队，到意大利驱赶科涅克联盟（Cognac）——由法国和罗马教廷领导的反帝国联盟。1527年4月，被拖欠军饷的帝国军发生暴动，进军罗马。日耳曼雇佣步兵率先发起进攻，其中很多人为路德教派成员，乐于劫掠腐败的教皇城。

教皇的瑞士侍卫队令他得以脱身——5月6日帝国军冲进梵蒂冈，两百名侍卫中仅有四十二人生还。在三天的暴动和杀戮中，教堂、修道院和宫殿被洗劫一空，红衣主教及高级教士受到攻击，修女遭到强暴。直至6月6日，教皇克雷芒同意支付四十万达克特赎金，帝国军终于撤兵。

尽管这场劫掠遭到查理五世谴责，且不受其控制，几乎无人同情缺乏威信的克雷芒七世的窘境。教皇被查理拘禁数月，释放后停止了对帝国的一切抗争。1530年，克雷芒七世在博洛尼亚为查理加冕，这是历史上最后一次由教皇为神圣罗马皇帝加冕。**SK**

1529年10月15日

解维也纳之围
Siege of Vienna Is Broken

奥地利发起抵抗，终止奥斯曼帝国向欧洲扩张

△ 描绘土耳其军队围攻维也纳的壁画局部图，约作于1540年，被认为出自马塞罗·福果里诺之手

　　1529年维也纳围城战结束，奥斯曼帝国对欧洲的侵略达到顶点。十六世纪时法国国王弗朗索瓦一世和神圣罗马皇帝查理五世之间的抗争削弱了欧洲。奥斯曼苏丹苏莱曼大帝利用二人不和占领布达，将匈牙利变为属国。警觉的奥地利大公斐迪南于1528年苏莱曼身在波斯之时鼓动匈牙利起义。

　　1529年，苏莱曼领军从君士坦丁堡出发，开往斐迪南的首都维也纳——维也纳指挥官尼古拉斯·萨尔姆伯爵赶忙修补城墙。奥地利一方有二万二千步兵，二千骑兵和七十二尊大炮。9月26日，约三十五万土耳其人抵达维也纳，但他们的攻城炮被陷在泥泞的路上，只得丢弃。奥斯曼人在城墙下安置地雷，奥地利长矛兵击退土耳其骑兵（被卖为奴隶的基督徒训练成的精英战士，用来吸引火力）。10月14日，折损两万士兵的苏莱曼一世下令发起最后一击。但大量地雷爆炸，城墙向外倒塌，堵住了土耳其人的道路。攻城战结束。萨尔姆伯爵受伤，次年去世；土耳其人烧死战俘，尽其所能四处纵火后撤军。

　　1683年，土耳其人再次围攻维也纳失败，其后奥斯曼帝国大势已去，进入长久的衰落期。**NJ**

1533年1月25日

亨利八世另娶
Henry VIII Remarries

英格兰国王迎娶安·波林（Anne Boleyn），公然违抗教皇和教廷

六年前，亨利八世请求教皇克雷芒七世废除其1509年同亚拉贡的凯瑟琳的婚姻，1533年他另娶安·波林——在化装舞会上吸引亨利视线的女侍官。亨利八世称他同凯瑟琳的关系违反了神圣的法律。实际上，他厌倦了四十岁的凯瑟琳，后者无法为他生育子嗣和继承人（他们唯一的女儿玛丽生于1516

> "我心爱的情人和朋友……无法结合的痛苦已经太过强烈。"
>
> 亨利八世致安·波林的信，1528年

年）。不幸的是，亨利申请之前罗马刚刚被帝国军劫掠，教皇克雷芒七世不敢触怒凯瑟琳的侄子查理五世。亨利被拒绝。三年来亨利劳而无功地寻求各种合法途径，以达到离婚目的，并称之为"国王的大事"，益发决心迎娶安·波林。最终亨利尝试了新的策略——若是教廷不满足他的愿望，英格兰教会当脱离罗马。

由此亨利八世公开违抗教皇迎娶安。五月，克兰默（Cranmer）大主教宣布亨利的第一桩婚姻无效，安·波林加冕为王后，并于九月为亨利诞下女儿伊丽莎白。1534年《至尊法案》宣布英王为"英格兰教会唯一最高权威"。亨利同亚拉贡的凯瑟琳离婚推动了宗教改革，确是他始料未及的。**SK**

1533年8月29日

阿塔瓦尔帕被处死
Atahualpa Is Executed

印加帝国国王死后，南美向西班牙敞开

1533年，印加帝国皇帝阿塔瓦尔帕本将被当做异教徒活活烧死，他在最后一刻皈依基督教，被勒死。1525年阿塔瓦尔帕击败同父异母弟瓦斯卡尔（Huascar）继承父位，统治支配秘鲁的印加帝国——印加帝国庞大且极其富庶。其后他处死了瓦斯卡尔全家。1523年阿塔瓦尔帕遭受天谴：西班牙探险家

> "他喃喃地说：'他们为何要杀我？……我做了什么？……'"
>
> 皮德罗·齐耶萨·迪里昂（Pedro Cieza de leon），《秘鲁史》，1553年

弗朗西斯科·皮萨罗(Francisco Pizarro)及其部下到来。尽管阿塔瓦尔帕拥有庞大的军队，他没有进攻兵力较弱的西班牙人，而是送上礼物并允许他们占领卡哈麦卡镇。之后他接受了皮萨罗的邀请，前往拜访卡哈麦卡。皮萨罗的大多数部下全副武装埋伏起来。一名西班牙牧师告诉印加皇帝，他的人民应当皈依基督教，并给他一本《圣经》，阿塔瓦尔帕却将之丢弃。

阿塔瓦尔帕的这一异端之举令皮萨罗的部下突然发难，杀死很多印加人并俘获阿塔瓦尔帕本人。印加军队没有采取任何行动，皮萨罗为印加国王要求大笔赎金——填满一间屋子的黄金和两倍的白银。印加人按时将金银交付西班牙人，但皮萨罗依然处死了阿塔瓦尔帕。此时整个印加帝国门户大开，南美洲大部分将被西班牙掌控。**RC**

1534年8月15日

建立耶稣会

依纳爵·罗耀拉（Ignatius Loyola）和六名同伴在巴黎宣誓，建立耶稣会，成为反宗教改革的力量

1534年8月，七名来自巴黎大学神学院的学生在隐修期间建立了耶稣会。耶稣会首领依纳爵·罗耀拉是巴斯克人，曾经参军，在负伤修养时皈依基督教。在巴塞罗那附近的曼雷萨退隐一年后，依纳爵致力于研究和教学，曾因此游历巴黎。七名同伴一同祈祷，庄严宣誓效仿基督守贫禁欲，并发誓前往耶路撒冷改变穆斯林异教徒的信仰。但他们在威尼斯未能找到愿意将他们送至巴勒斯坦的船只，因而前往罗马效忠于教皇。

1539年，依纳爵在罗马为耶稣会起草会规，并于1540年9月27日得到教皇保罗三世承认——虽然教皇规定耶稣会会员不得超过六十人。耶稣会被立为传教会，随时准备前往教皇指派的任何地方——"到土耳其人中去，到新世界，到路德教派成员中去，或任何信徒、异教徒中去"——依纳爵这样写道。

1548年，依纳爵在西西里的墨西拿为非神职人员的世俗学生开办学校，教育成为耶稣会最重要的活动之一。耶稣会的教育强调奉献和顺从，为天主教招募了不少年轻的信徒，且耶稣会的学校将在反对新教的反宗教改革运动中扮演重要角色，尤其是在低地国家和波兰地区。**SK**

◐ 《罗耀拉的圣依纳爵收到教皇保罗三世承认耶稣会的诏令》局部图，作者为胡安·德·巴尔德利尔（1622—1690）

1534年11月

亨利八世被授予"英格兰教会最高权威"称号
Ex-Papal Powers Conferred on Henry VIII

《至尊法案》将君主立为教会领袖

❶《亨利八世向廷臣介绍安·波林》，作者威廉·贺加斯（1697—1764）

> "国王……为……英格兰教会唯一最高权威。"
>
> 《至尊法案》，1534年

英国教会脱离罗马教廷后，如何填补教皇（这时仅为"罗马主教"）留下的权力真空？英国教会是否应该实行自治？众多神职人员无疑认为平信徒无法管理教会，但亨利八世另有想法。此前属于教皇的权力仅应归属于君王。1534年11月通过的《至尊法案》宣布亨利八世为英格兰教会的"最高权威"。

但仍然有潜在的问题：国会必然可以收回其所赋予的权力。亨利用以获其宗教领袖之职的手段是否可能削弱其地位，令上、下议院得以分享宗教权威的权力？亨利注意到这一隐患。《至尊法案》强调国王担任教会最高权威具有"正当的合理性"，暗指其地位为神授——新法不过是"证实"君王已有的地位而已。亨利的权威不容置疑。

1521年，利奥十世已经授予亨利"天主教捍卫者"的头衔；如果教皇克雷芒七世能够允许其离婚，亨利可能仍然忠于教廷。但"国王的大事"令亨利脱离罗马教廷，宣布自己为英格兰最高宗教领袖。后继的变革并非亨利所愿。

亨利不是新教徒，但他令英格兰教会同罗马教廷决裂无疑为改革者们提供更多机遇。亨利死后，其子正式令英格兰成为新教国家。此外，亨利广泛使用"宗教改革议会"，即使玛丽一世于1554年下令废除这一机构，宗教改革议会的地位依然得到提升——虽然尚未能主导英格兰政治。**RP**

"新耶路撒冷"不复存在
"New Jerusalem" Is No More

再洗礼派惨败明斯特（Münster），其政权终结

1535年6月24日，激进的再洗礼派（认为只有忏悔的成人才能受洗）控制威斯特法伦省的明斯特十八个月后被驱逐出境。

十六世纪二十年代，德国和瑞士出现若干再洗礼派团体，他们不断受到迫害。梅尔希奥·霍夫曼（Melchior Hoffman）是一名狂热的再洗礼派传道士，宣扬审判日即将到来，吸引了众多追随者，其中包括阿姆斯特丹的面包师马提斯（Jan Matthys）和博克森（Jan Bockelson，即莱顿的约翰），二人将霍夫曼的思想传播至明斯特，并宣布明斯特为新耶路撒冷。在其影响下，明斯特下令驱逐未受洗礼的成人，大批民众在集市上受洗。与此同时，遭到驱逐的主教带领天主教徒和路德教派成员组成的联军围攻明斯特。

马提斯相信自己是上帝派来消灭以色列之敌的另一位基甸（以色列士师，击败米甸人的领袖），于1534年复活节率军冲出城墙突围，但很快被击败；而博克森自立为国王。博克森立法允许一夫多妻制，并宣布所有物资公有化——这是食物逐渐耗尽时的必要举措。一年后博克森的统治在血腥中突然终结。因叛徒出卖，明斯特被占领，城内居民被屠杀殆尽。博克森和其他领袖被处决，其尸首被置于铁笼中示众，至今仍然悬挂在圣兰伯特教堂塔楼上。这场暴动的消息在整个欧洲引起恐慌，据估计，在明斯特陷落后的十年内，仅荷兰一处就有不少于三万再洗礼派教徒被处死。 SK

▲ 1890年印刷版画，表现博克森行刑前被关在铁笼中与明斯特游行示众的场景

> "为婴儿施洗是愚蠢、渎神而令人愤怒之举，违背《圣经》的原则。"
>
> 康拉德·格列伯（Conrad Grebel），苏黎世再洗礼派领袖

1535年7月6日

托马斯·莫尔在伦敦塔行刑
Thomas More Executed at Tower of London

托马斯·莫尔宁死不愿承认亨利八世的新宗教制度

▲ 小汉斯·荷尔拜因于1527年所作的托马斯·莫尔肖像十六世纪末复制品

"我们宁愿失去最好的城市……而非如此可敬的议员。"

神圣罗马皇帝查理五世评论莫尔的死刑

托马斯·莫尔是其所处时代中最杰出的人物之一，也曾任英格兰最有权势政治家之一。而此时失去要职及自由的托马斯，只剩下高尚的信念和非凡的勇气。1535年7月5日星期一，他给女儿的信中写道自己渴望"到上帝身边去"。次日上午，他在九点前登上伦敦塔外摇摇欲坠的断头台，并开玩笑说行刑长官应该护送他安全的上去，但"至于下来，让我自己来好了"。之后他敦促刽子手打起精神、无畏的行刑，但最好不要砍歪了，因为自己的脖子"很短"。国王要求莫尔受刑时不要说太多话，但莫尔未能克制自己。他将头置于木砧之前把胡子拨到一边，讽刺地说："这倒没有冒犯国王。" 托马斯·莫尔同莎士比亚笔下的考德领主一样，仿佛"把他最宝贵的东西视如草芥般的随便抛弃了"。

托马斯·莫尔是成功的律师，著名的人文学者，博学的神学家，并在1518年起为皇室服务，1529年当选大法官。1532年莫尔因反对亨利八世同亚拉贡的凯瑟琳离婚而辞职；他拒绝宣誓接受国王代替教皇担任教会首领，这一举动决定了他的命运。亨利八世决心统治英格兰教会，很快导致宗教改革大行其道，令亨利本人和托马斯·莫尔十分厌恶。莫尔成为忠于良心的殉道典范，1935年被封为圣人。

罗伯特·鲍特（Robert Bolt）曾在剧本《四季之人》中讲述托马斯·莫尔的生平，《四季之人》于1966年和1988年两度改编为电影。JJH

1536年5月19日

安·波林被处决
Anne Boleyn Executed

亨利八世的王后安·波林因不实罪名被送上断头台

宽松的深灰锦缎长礼服下是红色衬裙，安·波林走向绿塔的断头台。当她得知亨利将她的火刑减为砍头时，据传她开玩笑说这对刽子手而言没什么麻烦，"因为我脖子短"。斩首迅速完成，一击致命。

1月29日，安·波林嫁给亨利八世三年后，流产失去了男婴——她曾数次怀孕失败。此时亨利已经移情别恋，爱上安的女侍官珍·西摩（Jane Seymour），开始策划构陷安。四月末时，佛兰德音乐家马克·斯密顿（Mark Smeaton）被捕，在拷打下承认自己是安的情人。之后另有数人入狱，包括安的兄弟乔治·波林。5月2日安本人被捕，囚禁于伦敦塔，被控通奸、乱伦、使用巫术及叛国。安·波林被处决十一天后，亨利迎娶珍·西摩。

对于安·波林其人，各方看法仍存在较大分歧。很多人认为她仅仅是亨利八世始乱终弃的无辜受害者；但还有不少人主张安·波林结婚前便秘密支持新教，同欧洲各地众多激进的英格兰改革者有联系，是亨利同罗马教廷决裂的幕后主导力量。她的女儿伊丽莎白从小信仰新教，经历了危机四伏的童年，度过天主教徒·异母姐姐玛丽一世统治的危险时期，成为英格兰最伟大的女王。珍·西摩无疑是亨利最爱的妻子，1537年为亨利生下唯一成活的儿子爱德华六世后去世。众所周知，此后亨利八世又三次娶妻。

SK

◆ 皮埃尔-诺拉斯奎·贝热雷约于1814年完成的作品，表现安·波林被判死刑的场景

> "我到这里来领死……我祈求上帝保佑国王，令他长久地统治国家。"
>
> 安·波林于断头台上所言

1539年9月22日

锡克教创始人去世
Sikh Founder Dies

第一位锡克教古鲁（Guru，意为"上师"或"师尊"）拿那克（Nanak）古鲁六十九岁时去世

　　古鲁拿那克感到死期将至时，他的印度教徒和穆斯林追随者之间爆发争执。印度教徒视拿那克为罗摩（译者注：印度教毗湿奴神的三大化身之一），希望将他火化；而穆斯林认为他是真主安拉的化身，因而想将他埋葬。拿那克临终之前调停，提出折中之法：双方在他遗体旁分别放置花环，三天后花环更加鲜活饱满的一方有权决定拿那克的安葬方式。三天后双方去查看花环时发现古鲁拿那克的遗体不见了。继而印度教徒将他们的花环火化，穆斯林将花环埋葬。

　　拿那克早年便被宗教吸引，在王室任会计时，经常同那里的穆斯林仆人默尔达纳（Mardana）一同创作圣歌。拿那克建立了一座食堂，穆斯林和不同种姓出身的印度教徒可以一起吃饭并聆听圣歌。传说拿那克在苏尔坦浦时获得神的启示，神令他向世人布道。拿那克因遍行各地传道而闻名，在卡塔浦（Kartarpur，今巴基斯坦境内）度过晚年。

　　虽然受到印度莫卧儿帝国的残酷迫害，拿那克之后的九大古鲁进一步发展了锡克教。最后一位古鲁戈宾德·辛格（Gobind Singh）于1708年去世，他生前写下的锡克教圣典《格兰斯沙希伯》被尊为锡克教永恒的古鲁。**TB**

◉ 拿那克古鲁、默尔达纳和国王Shivanabh，由无名艺术家作于约1500年后

1541年5月8日

发现密西西比河
Mississippi Sighted

西班牙人寻找金银时发现"大河"

　　赫尔南多·德索托（Hernando de Soto）被派遣探索墨西哥以北的国家，于1539年从古巴出航驶向佛罗里达西海岸。之后他率领约六百名士兵北上到达今塔拉哈西附近。他们从这里启程，穿过佐治亚，到达西北卡地区，途中同当地居民发生激战。扎营过冬后他们继续向西北方前进。1541年5月8日，德索托的侦查员望见密西西比河。阿尔贡金方言中，"密西西比"意为"大河"，但德索托将之命名为圣灵之河。密西西比河河面宽广，河水深而泥泞，水流湍急，漩涡中卷着瓦砾顺流而下。

> "许多西班牙征服者认为这条河大过多瑙河。"
>
> 罗德里戈·兰赫尔（Rodrigo Rangel），当代记录

　　西班牙人越过密西西比河抵达欧扎克，但没有找到他们所盼望的金银，次年冬天返回密西西比河。这时德索托已经令当地人相信自己是神。但在1542年春天，年仅四十几岁的德索托因高烧去世。为了继续维持德索托愚弄当地人的诡计，午夜时其遗体被沉入密西西比河。西班牙人完成对美洲东南部的首次探索后，探险队造船顺密西西比河航行至墨西哥。尽管西班牙人付出努力，这片领土仍然在十七世纪时被法国占领。**RC**

1541年6月26日

皮萨罗被残忍谋杀
Pizarro Is Brutally Murdered

弗朗西斯科·皮萨罗在利马的宫殿内遭到仇杀,促使西班牙对南美洲实施严密控制

1541年6月26日,弗朗西斯科·皮萨罗在利马的宫殿遭到报复丧生。他杀死了两名袭击者,用剑刺穿了第三人,但他被刺中咽喉跌倒在地,又被连刺几刀。传说他用自己的血在地板上画出十字架,临终前向上帝求援。

弗朗西斯科·皮萨罗将印加帝国末代皇帝阿塔瓦尔帕囚禁在卡哈麦卡时,曾同后者进行长时间的友好谈话,了解了印加帝国的政治局势和派系纷争。精明的西班牙人在处决阿塔瓦尔帕后利用这一信息征服印加帝国,并发现有愿意帮助他的印加贵族。西班牙人拥有先进的武器,惯用诡计且手段残忍——皮萨罗及其手下认为为了向印加人传播基督教福音,这些是正当合理的必要手段——在帮助皮萨罗控制很多印加省份时起到关键作用。

皮萨罗夺取库斯科,扶植傀儡印加皇帝,并将利马设为总部。但他同得力部下迭戈·德·阿尔马格罗(Diego de Almagro)反目,后者于1537年占领库斯科。皮萨罗派他的三个兄弟赫尔南多、胡安和冈萨洛(Gonzalo)武力征服阿尔马格罗。1538年,阿尔马格罗在Las Salinas战败,赫尔南多·皮萨罗在库斯科的主要广场上将其处死。阿尔马格罗之子同名为迭戈,三年后率领部下冲入利马的宫殿杀死皮萨罗。

1542年,小阿尔马格罗被处决,西班牙政府开始更加严密的掌控其南美帝国。**RC**

◐ 1541年版画《弗朗西斯科·皮萨罗被反叛军队刺杀》,作者为西奥多·德·布里(1528—1598)

1541年10月

世界末日之景
Apocalyptic Vision

米开朗基罗为西斯廷礼拜堂完成《最后的审判》

1534年,米开朗基罗应教皇克雷芒七世邀请回到罗马,为西斯廷礼拜堂端墙创作壁画。不久后克雷芒去世,其继任者教皇保罗三世非常仰慕米开朗基罗,恳求艺术家开始作画。传说1514年保罗三世首次看到完成的壁画时,画中堕入地狱的罪人表露的绝望和强烈感情感染了教皇,令他跪下来请求上帝在审判日忘却其罪行。

自米开朗基罗为西斯廷礼拜堂创作天顶画《创世记》二十五年来,教廷权威遭到马丁·路德和亨利八世等统治者挑战,地位动摇。新教皇决心重新确立教会的权威统治,被认为是反宗教改革运动的主要领导人。对当代人而言,壁画《最后的审判》表达的主题是只有通过罗马教廷才能得到救赎。

《最后的审判》占据整面墙壁,壁画中心的人物是耶稣。耶稣举起右手指引得到救赎的灵魂上天堂,垂下左手引导罪人降入地狱。画中人物庄重而丰满,肢体扭曲——即便是手持刑具的殉道者们也形容惴惴。有人不满于米开朗基罗描绘的裸体,认为这会亵渎神明。保罗三世在众多攻讦面前忠诚地维护米开朗基罗,但后来有教皇命令曾师从于米开朗基罗的达尼埃莱·达·沃尔泰拉(Daniele da Volterra)为画中"渎圣"的部分画上衣饰,不幸的画家被谑称为"穿短裤的人"。**SK**

1542年

巴托洛梅的《西印度群岛毁灭述略》
Book of Bartolome

传道士著书维护新世界的土著美洲人

1492年,西班牙人到达美洲,从此为当地居民带来灾难。天花肆虐,令墨西哥至秘鲁的人口锐减,本土宗教和传统遭到巨大破坏,土著居民被大肆屠杀,或沦为殖民者的奴隶,被迫在金银矿中工作。1542年,巴托洛梅·德拉斯·卡萨斯(Bartolomé de las Casas)作《西印度群岛毁灭述略》,记述西班牙征服者的种族灭绝暴行,献给西班牙国王腓力二世,十年后出版,被翻译为多种语言,在欧洲产生巨大影响。

巴托洛梅·德拉斯·卡萨斯生于卡斯提尔,1504年18岁时移居至加勒比海地区。1511年他听神父安东尼奥·德·蒙特西诺(Antonio de Montesinos)在布道中公开抨击西班牙人在美洲的所作所为。不久后,巴托洛梅于1512年被授命为新世界的首位牧师,前往古巴传道,目睹了西班牙人的残酷暴行。1515年巴托洛梅返回西班牙,向国王查理一世(神圣罗马皇帝查理五世)为印第安人申诉。

十六世纪二十年代初,巴托洛梅在国王的支持下试图在委内瑞拉建立种族平等的社会,但因同胞煽动当地人反对而失败。这时他加入多明我会,1530年重返西班牙号召人们反对秘鲁的奴隶制。后来他成为危地马拉的恰帕斯(Chiapas)主教,抗议监护征赋制的强制劳役。四十年代时,他离开新世界,并于1550年同胡安·希内斯·德塞普尔韦达(Juan Ginés de Sepúlveda)就美洲土著居民是否有能力自治问题展开著名的辩论。**PF**

1542年7月21日

罗马宗教裁判所
Inquisition in Rome

教皇保罗三世期望以罗马宗教裁判所对抗日益盛行的异教

被视为违逆罗马天主教会的异端行为日益兴起，教皇保罗三世在罗马建立由枢机主教组成的永久法庭，以维护天主教的完整性。1542年7月21日，他批准成立罗马宗教裁判所。法庭迫害被控有施行魔法、巫术或有渎神之举的人，覆盖意大利大部及亚维农等教皇管辖的其他地区。

教皇任命枢机主教主持宗教裁判所会议，此外还选派富有经验的学者组成顾问团，为枢机主教在复杂的教会法规问题上提供建议。建立罗马宗教裁判所主要是为了对抗新教思想在意大利的传播，但由于教皇国的影响，宗教裁判所一直延续至十八世纪，众多意大利城邦开始禁止其集会。

顾问团被要求评估哥白尼的主张："太阳是固定的，地球绕太阳旋转"。神学们认为这样的观点愚蠢而荒谬，将哥白尼的《天体运行论》列为禁书。罗马宗教裁判所审判的最著名案例为1633年审判伽利略·伽利莱（Galileo Galilei）。伽利略因被怀疑有严重异端行为且拒绝放弃日心说而入狱——他相信太阳是太阳系的中心。审判官红衣主教贝拉明（Bellarmine）援引《圣经》诗篇中的段落"证明"日心说不可能。虽然伽利略相信自己以潮汐运动证明了日心说，最终还是宣布放弃自己的主张，于1642年在软禁中去世。**TB**

1543年5月24日

重要书籍出版
Key Book Published

哥白尼揭示地球同行星围绕太阳运行

1543年5月24日，波兰数学家和天文学家尼古拉·哥白尼（Nicolaus Copernicus）去世。传说他临终前几小时拿到了他等待许久才付印的书。1530年，哥白尼开始写《天体运行论》，阐释太阳中心论——太阳为宇宙中心，地球及其他行星围绕太阳运行。但他早在1508—1512年间发表的《短论》中便表达了这一观点。

> "一切的中心是太阳……仿佛位于御座之上……"
>
> 哥白尼，《天体运行论》，1543年

教会认为地球是宇宙的固定中心，接纳古希腊天文学家托勒密（约83—161年）在亚里士多德理论基础上发展的地心说模型。哥白尼在研究托勒密模型中的数学难题时，发展了自己的天文体系，但据说他因为害怕可能引起宗教争议并被同行数学家嘲笑，迟迟没有将研究结果公之于众。

1539年，天文学家乔尔格·雅基姆·雷蒂库斯（Georg Joachim Rheticus）拜访哥白尼，劝后者出版其著作。当时几乎没有人意识到哥白尼的发现将动摇整个世界。日心说之争将在七十年后开普勒和伽利略时代得到解决。**SK**

1545年7月19日

"玛丽·罗斯号"在索伦特海峡倾覆
Mary Rose Capsizes Off British Coast

都铎王朝战舰、英格兰皇家海军最强大的战船之一在岸边英格兰国王亨利八世的注视之下沉入大海

"玛丽·罗斯号"属于一支八十艘战船组成的英格兰舰队,从朴次茅斯出海在索伦特海峡迎战包含两百艘列船的法国侵略船队。国王亨利八世在附近的南海城堡上观战,但1545年7月19日这一天无风,英格兰舰队无法前进,而靠划桨驱动的法国贾列船可以令炮火逼近对方。下午风起,英格兰舰队开始追逐法方。其后"玛丽·罗斯号"倾覆,水涌入敞开的炮门,几分钟内"玛丽·罗斯号"及约四百名船员沉入海中。

战舰"玛丽·罗斯号"建造于1509年,船首和船尾建有高船楼,也是第一艘船体上设置炮门的大型帆船。岸上的观众亲眼目睹强大的战舰沉没,且船身没有造成明显损伤,在当时引起不小的恐慌。但"玛丽·罗斯号"约430年后的经历最令人印象深刻——一场强风过后人们发现了船骨,一队海洋考古学家开始在船骸发现地点打捞"玛丽·罗斯号",从青铜加农炮到游戏棋盘和炊具,数以千计的文物浮出水面。1982年10月11日,约六千万左右观众通过电视转播观看"玛丽·罗斯号"的船体打捞过程。此后,学者对沉船上约两百名遇难者遗体及其财物进行研究,得到了关于都铎王朝战舰情况前所未有的珍贵资料。

◐ 二十世纪画作《亨利八世的玛丽·罗斯号》局部图,作者为理查·威利斯

◐ 记录1982年10月11日打捞"玛丽·罗斯号"船体的照片;现藏于英格兰朴次茅斯

1549年8月15日

东方布道
Mission in the East

耶稣会信徒方济各·沙勿略（Francis Xavier）乘葡萄牙商船抵达日本鹿儿岛

　　葡萄牙贸易向印度洋和太平洋地区扩张，基督教也随之传进亚洲。1542年，和依纳爵·罗耀拉一同建立耶稣会的创始人之一方济各·沙勿略，在葡萄牙国王若昂三世的邀请下，前往葡萄牙在印度的贸易殖民地果阿邦，三年间令很多人皈依基督教，后前往马六甲和香料群岛布道。1548年，方济各在马六甲遇见了来自九州的日本商人弥次郎（Anjiro），后者认为日本将成为发展基督教的沃土。1549年8月15日，一艘葡萄牙海船载着方济各、刚刚受洗的弥次郎和几名传教士驶入鹿儿岛港口。

　　此时欧洲人基本上对日本一无所知——第一艘葡萄牙船只七年前抵达日本。方济各在鹿儿岛用近一年时间学习日语，翻译《教理问答》和《圣经》，其后访问京都和山口。他发现日本人看到耶稣会牧师的装束不为所动，也不像弥次郎所说的一样容易接受其布道内容。尽管如此，他将同行牧师留在日本负责照管两千名信徒，于1551年返回果阿邦。

　　这一次方济各将前往中国布道，但在1552年11月21日，他因高烧在中国海岸去世。其后的几十年中由其他人来进行方济各的未竟事业。三十年后，学识渊博的意大利耶稣会信徒利玛窦（Matteo Ricci）来到澳门。他几次访问中国期间，同中国学者讨论数学和天文学，并掌握了汉字。1601年，他成为第一位被请入北京紫禁城的西方人。SK

1555年2月5日

《奥格斯堡和约》
Peace of Augsburg

查理五世拒绝出席解决德意志宗教纷争的帝国会议

　　1555年2月，神圣罗马帝国会议在巴伐利亚的奥格斯堡召开，会议的唯一目标是终止在国内造成巨大破坏的宗教内战。1552年，萨克森选帝侯莫里斯（Maurice）发起新教联盟对抗查理五世。在其后的谈判中，天主教徒和新教徒想达成长期和解，而查理五世直到下一届的奥格斯堡帝国会议才同意签订和约。

　　查理五世因厌恶对新教作出妥协，拒绝

> "皇帝和选帝侯君不得损害帝国内任何诸侯属地。"
>
> 《奥格斯堡和约》

出席帝国会议，派弟弟斐迪南代表自己。斐迪南对宗教现状的判断远比查理现实。帝国会议颁布的《奥格斯堡和约》规定，在天主教和路德教派的争端解决前，日耳曼诸侯不得因宗教发生内战。同时由诸侯决定其属地内宗教，即"教随国立"原则。不认同其领主宗教选择的臣民可以移居他地。

　　和约中包括天主教徒和路德教派，却没有提到加尔文派（Calvinist）、斯文利派（Zwinglian）、再洗礼派和门诺派（Mennonite）。神圣罗马帝国因《奥格斯堡和约》五十余年免于内战。和约令日耳曼诸侯更为独立，成为最大的受益者。SK

1556年1月16日

西班牙国王交出权力
King of Spain Surrenders Power

查理五世将西班牙王位让给儿子腓力，退位隐居

没有君王曾掌握如此大权。作为西班牙国王，查理统治着在新世界不断扩张的西班牙帝国；此外，查理任神圣罗马皇帝控制着哈布斯堡王朝在欧洲的领土。1555年查理五世在布鲁塞尔的金羊毛大厅举行仪式将荷兰和勃艮第传给儿子腓力二世，又于1556年1月作出惊人的决定，将西班牙王位让给腓力。

查理五世为何会自愿交出权力？他的健康状况恶化，不断受到痛风折磨，但这不是他让位的唯一原因。查理是虔诚的天主教徒，将新教的传播视为其统治的最大败笔。因不满于1555年在奥格斯堡向新教诸侯作出的妥协，查理五世令其弟斐迪南治理神圣罗马帝国。此时让出西班牙王位后，查理五世只需同上帝和解。

神圣罗马皇帝查理五世正式退位，隐居在西班牙埃斯特雷马杜拉（Extremadura）偏远山区中的尤斯特修道院——他任西班牙国王四十年，却在这里居住过十六年。他在尤斯特修道院潜心于书画，照料花园，直至1558年去世。查理五世的帝国太过庞大，不适合一个人统治，此后哈布斯堡王朝分为奥地利和西班牙分支。1558—1740年间，奥地利哈布斯堡家族的九名成员被选为神圣罗马皇帝。**SK**

◐ 西班牙的腓力二世肖像，提香及助手绘于1548—1550年，现藏于佛罗伦萨碧提宫

1556年3月21日

天主教女王的报复
Revenge of a Catholic Queen

首位新教派坎特伯雷大主教托马斯·克兰默被处以火刑，女王玛丽一世在英格兰重新推行天主教

1556年3月21日，前坎特伯雷大主教托马斯·克兰默被判为异教徒，游行至牛津市的圣玛丽教堂。克兰默被囚禁两年多，剥夺职位并遭到公开羞辱，被迫签署六份文件承认自己为异端，此时被要求公开放弃新教。令听众惊异的是，他再次重申了自己的信仰，并宣布因右手"写下了违心之词"，他会首先将右手送入烈火之中。他被送往火刑柱时也确实践行其言，右手举在火中"以便人们看着它化为焦炭。"

托马斯·克兰默因其所受教育和偏好同欧洲大陆的宗教改革者们保持密切联系。在接到亨利八世的任命时，他并不愿接受大主教之职。克兰默曾主持英文版《圣经》的翻译工作，在为亨利八世之子、体弱多病的爱德华四世担任主教期间，他写下了英格兰教会《总祷文》，主笔起草了《公祷书》（1552年）。

女王玛丽一世因克兰默安排亨利同其母亚拉贡的凯瑟琳离婚怀恨在心。玛丽是虔诚的天主教徒，将重新推行天主教视为自己的神圣使命，并再度启用打击异教徒的法律。玛丽严苛的政策不仅没有达到复兴天主教的目的，反而催生了更多的殉道者。玛丽一世统治末期三百余名清教徒被处以火刑。**SK**

◐ 托马斯·克兰默画像版画；克兰默于1533—1556年担任坎特伯雷大主教

◐ 克兰默承受火刑，出自约翰·福克斯的《殉道史》（1563年）

1556年10月15日

少年皇帝
A Boy Emperor

十三岁的杰拉尔丁·穆罕默德·阿克巴（Jalaluddin Muhammad Akbar）成为莫卧儿皇帝

1556年2月12日，宣礼之声响起时，有权继承莫卧儿帝国王位的胡马雍（Humayun）正走下图书馆楼梯，他毕恭毕敬地鞠躬，跌下楼梯身亡。这一不幸令胡马雍之子、十三岁的阿克巴继承莫卧儿王位。但由于胡马雍曾同阿富汗沙西坎德尔（Sikandar）争夺帝位，阿克巴10月15日才正式加冕。

> "……如同马其顿王国的亚历山大大帝，他随时准备用生命冒险。"
>
> 阿布·法扎尔（Abul Fazal），《阿克巴本纪》，十六世纪九十年代

胡马雍去世第二天，阿克巴穿上金色长袍、头戴王冠，自立为"万王之王"。阿克巴统治莫卧儿帝国近五十年之久，他是开明、仁慈、有创见的君主。他消除了阿富汗的军事威胁，控制印度斯坦。他取消针对非伊斯兰教徒的税赋，获得这一群体的支持。阿克巴对宗教的宽容态度令印度教神庙得以保留，他的朝廷中也常常有穆斯林学者同锡克教、印度教和耶稣会代表进行辩论，他还为宗教辩论专门建造了"信仰之屋"。

也许阿克巴在艺术方面留下了其最伟大的遗产。他委派作家发展文学，用全世界的艺术作品装饰其宫殿，并建造了很多精美的建筑。**SK**

1556年11月5日

挽救莫卧儿帝国
Mughals Saved

第二次帕尼帕特战役中阿克巴大帝的胜利成为莫卧儿帝国的转折点

1556年11月，朝臣、波斯贵族白拉姆汗（Bairam）伴随莫卧儿皇帝阿克巴在德里北部的帕尼帕特开战。这时阿克巴年仅十三岁，一个月前刚刚加冕为皇帝，迎战北印度将领赫穆（Hemu）指挥的阿富汗军队。

1556年2月，莫卧儿帝国第二任统治者胡马雍去世，莫卧儿王朝在印度的统治遭到前所未有的质疑。胡马雍在位期间，将父亲巴卑尔征战所得的领地丧失大半，只剩下喀布尔周边和旁遮普地区。第二次帕尼帕特战役的胜利至关重要。

> "陛下……通过友好关系促成天下太平。"
>
> 阿布·法扎尔（Abul Fazal），《阿克巴本纪》，十六世纪九十年代

战势利于赫穆的大军，但赫穆被流箭射中眼睛，被带至白拉姆汗和阿克巴面前斩首。巴卑尔战胜最后一位德里苏丹易卜拉欣·洛迪三十年后，莫卧儿帝国在帕尼帕特取得第二场关键性胜利。阿克巴两年内控制恒河平原西部——莫卧儿帝国富庶的中心地带，到1605年阿克巴去世时，已大幅扩张其领土，东至孟加拉，南抵德干高原。

阿克巴大帝集中征税，同印度拉杰普特王公结盟，在首都法塔赫布尔·西格里（Fatehpur Sikri）鼓励神学论战，巩固莫卧儿王朝的统治。**SK**

1558年1月7日

法国收复加来
France Wins Back Calais

两百年后,玛丽一世失去"英格兰王冠上最耀眼的宝石"

《第二代吉斯公爵弗朗索瓦(1519—1563)收复加来》局部图,作者为弗朗索瓦·爱德华·皮柯特

1558年1月,法国军队在吉斯公爵的领导下收复加来。这一消息传到英格兰,传说女王玛丽一世叹道:"'腓力'和'加来'深深地印在我心中,至死不渝。"法国北岸的加来港自1347年为爱德华三世占领后一直属于英格兰——爱德华被加来的长期抵抗激怒,答应可以饶加来全城人不死,但六名领导者必须颈边系着绳索、光着头将自己交由英王处置。菲利帕女王为六人求情,爱德华才原谅他们。之后国王在城中安置英格兰商人,加来成为出口羊毛、布料、锡和铅的贸易中心港口,并向英格兰议会派出本城代表。1453年百年战争结束后,加来成为英格兰在法国的唯一领地。

1554年,玛丽一世嫁给西班牙国王腓力二世,开始一桩失败的婚姻。她比腓力年长十岁,无法为他生育子嗣,而腓力身在英格兰的时间极短。最糟糕的是,1557年这桩婚事将英格兰拖入意大利战争,玛丽同意支持西班牙,向法国宣战,民众对此非常不满。新教徒作檄文激起反对同天主教帝国西班牙联盟的主张,战事对英格兰不利并导致失去加来时,民众对玛丽的愤怒膨胀,以至于1558年11月17日传出玛丽去世的消息时,人们升起篝火、教堂鸣钟庆祝。**SK**

1559年7月10日

法国国王死于奇异事故
French King Dies in Freak Accident

亨利二世在巴黎的比武竞技中受伤，十天后去世

描绘在巴黎圣安托万街举行的比武竞技，亨利在比武期间受致命伤

为庆祝法国停止对西班牙战争，以及国王亨利二世之女伊丽莎白同西班牙国王腓力二世的婚礼，一场比武竞技在巴黎举行。比赛期间，国王的苏格兰侍卫队长加布里埃尔（Gabriel）的长矛裂片从亨利的左眼穿入大脑。十天后，亨利二世于1559年7月10日去世。

1547年，亨利二世继承父亲弗朗索瓦一世的王位。1533年亨利十四岁时娶凯瑟琳·德·美第奇为妻，虽然他们有八个孩子，其中包括三名未来的法国国王（弗朗索瓦二世、查理九世和亨利三世），在朝中行使权力的却是亨利的情妇狄安娜·德·普瓦蒂埃尔（Diane de Poitiers）。1559年，法国和西班牙均无力继续1551年亨利发起的战争，双方于4月3日签订卡托-康布雷齐和约，亨利二世宣布放弃对意大利的其他权利。

亨利希望终止所有军事活动，以专注于对抗新教——法国籍日内瓦改革家约翰·加尔文（John Calvin）的著作令新教在法国得到迅速传播。亨利残酷迫害新教徒，专门建立火焰法庭审问异教徒。1559年6月2日，他颁布了埃库昂敕令，向新教徒宣战。亨利在世时埃库昂敕令尚未制定为法律，但它开启了宗教战争，导致法国分裂达四十年。**SK**

1561年

皇都诞生
Birth of a Royal Capital

腓力二世将王宫迁至伊比利亚半岛中心的马德里

马德里阿尔卡拉街街景，安东尼奥·若利绘于1750年左右

1559年，腓力二世从荷兰返回西班牙定居。两年后，他决定将王宫迁至伊比利亚半岛中心的马德里。在此之前，王宫随君王流动，可能位于卡斯提尔、亚拉贡或者那不勒斯，但宫廷人数不断增长——1561年达一万五千人，迁移王宫变得越发不现实。

马德里气候恶劣，自然资源不多，不适于建都。而腓力二世选择这个偏僻小镇，远离西班牙塞维利亚、加的斯、巴塞罗那等发达中心城市，就是为了避开公众的视线。腓力迷恋于工作，无论大小事务都不愿委派他人决定，他每日伏于案前数小时为琐事操劳，改进当时不公开且效率低下的政府官僚体系，将朝中贵族远派海外完成外交或军事任务。

有一天腓力在打猎时，在马德里以北25英里（40千米）处发现埃斯科里亚尔修道院建筑群所在地。这一庞大的建筑群是腓力二世统治时期建造的最伟大建筑，历时二十年完工（1563—1584），其中收藏着腓力的大量藏书、手稿和圣物，也建有陵墓，自查理五世起的西班牙国王葬于此地。腓力长住于此，直至1598年去世。其子费力三世将马德里改为巴洛克式都城。**SK**

1563年12月6日

大公会议净化罗马天主教
Council Clarifies Roman Catholicism

历时十八年的特伦托大公会议成为反宗教改革运动的前沿阵地

《1563年特伦托大公会议》,被归为提香的作品,现藏于巴黎卢浮宫

1545年至1563年12月,教皇保罗三世、尤里乌斯三世和庇护四世曾在意大利阿迪杰河边的特伦托城三次召开特伦托大公会议,共有4名教宗使节、2位枢机主教、3位宗主教、25位大主教、168位主教签署颁布了17条诏令。特伦托会议阐明天主教教义、批判新教教义,改革教会会规,有力地支持了罗马天主教会反击新教的反宗教改革运动。

特伦托大公会议在圣餐变体论上立场坚定——坚持圣餐中经祝圣的饼和酒化成基督的体血,并支持路德及其他人反对的观点:可通过信仰和善行获得救赎(称义)。会议统一规定了特伦托弥撒仪式,作《教理问答手册》,重新确立了赦免、朝圣、礼拜圣人、圣物和圣母玛利亚等仪式。

特伦托会议加强了教廷权威,及天主教君主的专制倾向。天主教势力再度抬头,在宏大的巴洛克风格教堂中得到体现。天主教传道热情重新点燃,耶稣会、嘉布遣会等新兴宗教修道会迅速传播。**SK**

1565年9月8日

土耳其人被迫撤兵，解马耳他之围
Turks Forced to Lift Siege

圣约翰骑士团抵挡土耳其人的攻击，阻止奥斯曼帝国攻占马耳他

描绘1565年马耳他之围中土耳其人攻打卡斯提尔堡垒的画作

1565年9月7日，西西里派出的基督教援军到达，解马耳他之围。"我无法相信音乐对人类而言竟是如此美妙，三个月来我们听到的都是召唤我们武装抗敌的钟声。"9月8日奥斯曼人终于撤军后，西班牙士兵弗朗西斯科·巴比（Francisco Balbi）如是说。

1530年起圣约翰骑士团（医院骑士团）在马耳他岛定居。他们的基督教要塞处于奥斯曼帝国首都君士坦丁堡通往北非港口的航道之上，必然遭到土耳其人的进攻。1565年，将军穆斯塔法·帕沙（Mustafa Pasha）率约三万士兵攻打马耳他岛。医院骑士团大团长瓦莱塔（Jean de la Valette）带领550名骑士和八千杂兵迎战土耳其人。五月，奥斯曼大炮轰击马耳他港口的圣艾摩堡垒，不久城墙变为瓦砾，但六百人勉力支持近一个月，最终战死。奥斯曼人转而进攻港口的内层防线，阿尔及尔将领汉森（Hassan）带领小型舰队对临海防御工事发起冲击，伤亡惨重，被击退。城墙在地雷和炮火的轰击下倒塌，但土耳其人未能攻入城内。

马耳他一役阻止了奥斯曼帝国向西地中海扩张。1798年之前圣约翰骑士团一直控制着马耳他岛。**RG**

1566年3月9日

在女王面前被刺死
Struck Down Before the Queen

大卫·里齐奥（David Rizzio）遭到刺杀，苏格兰女王玛丽开始失势

《里齐奥之死》，约翰·奥佩作于1787年，现属于伦敦市政厅艺廊藏品

1566年3月9日，年轻的女王正在爱丁堡圣十字宫吃晚餐，突然闯入一群武装分子将她的私人秘书和密友大卫·里齐奥刺死，开启了一系列怪诞的连锁反应——而苏格兰女王玛丽跌宕起伏的人生早已充满悲剧色彩。

父亲詹姆斯五世去世后，出生仅六天的玛丽成为苏格兰女王，1542年起玛丽在法国宫廷中长大。1558年，她嫁给法国皇太子——体弱多病的十四岁男孩，次年亨利二世去世，玛丽突然成为法国王后。几个月内，她的丈夫弗朗索瓦二世也相继离世，1561年8月玛丽返回苏格兰，不久便同信仰新教的臣民发生冲突。

1565年7月，玛丽嫁给心爱的达恩利伯爵（Darnley），但这桩婚姻迅速变质，达恩利同一众新教贵族刺杀了里齐奥——人们怀疑他鼓励玛丽支持天主教。玛丽怀孕并于1566年6月生下一子——未来的詹姆斯六世（英格兰的詹姆斯一世），之后达恩利神秘死亡。玛丽的下一项糟糕决定是嫁给博斯威尔伯爵（Bothwell）——他可能同达恩利的死因有关。玛丽的举动为其招致灾难——苏格兰贵族起兵反叛，1567年，玛丽被迫投降，被正式罢黜。后来她逃出列文湖监狱，逃亡英格兰，在流亡中度过余生。**SK**

1568年5月23日

荷兰起义军击败西班牙军队
Dutch Rebels Quell Spanish Force

战胜西班牙军队为荷兰独立带来短暂的希望

▲ 《阿尔瓦公爵的迫害》，现为英国澈亭咸美术博物馆收藏品

　　1568年，荷兰人在格罗宁根省的海利赫莱战役击败西班牙军队，荷兰开始了漫长的独立战争之路。最终西班牙于1648年在《威斯特伐利亚和约》中正式承认荷兰共和国独立，史称"八十年战争"。经济困难和过高的赋税激起民众不满，加尔文主义传播开来，再加上当地贵族反抗西班牙政府对其权利的腐蚀，荷兰对西班牙统治的抵抗由来已久。1566年发生反对天主教的暴动，群众冲进教堂击碎圣像，腓力二世派阿尔瓦公爵带领一万名士兵遏止起义的声浪。

　　阿尔瓦公爵的严苛政策激起民愤。他为审判叛军专程设立的法庭不久因处死多人得到"血腥公堂"的骂名。无人幸免，即便是忠诚的天主教贵族、霍恩伯爵（Horne）和艾格蒙特伯爵（Egmont），也因叛国罪被捕斩首。阿尔瓦公爵来临时，最强大的荷兰省长（世袭地方官员）、奥兰治亲王沉默者威廉不在国内。这时他领导一支新教军队回国，打赢海利赫莱战役后，却因缺少资金而无力征战，威廉逃亡。阿尔瓦公爵加紧控制荷兰，"海上乞丐"（Geuzen，袭击西班牙船只的海盗）成为荷兰人唯一的希望。**SK**

1568年

火枪击败日本刀
The Gun Is Mightier than the Sword

织田信长占领京都，开始统一日本

▲ 无名艺术家作织田信长丝绢画像，现于日本神户市立博物馆展出

1568年，尾张领主织田信长占领皇都京都，开始重新统一日本。织田信长有生之年未能实现统一天下的抱负，但他在1582年去世前控制了半个日本。

十六世纪初，天皇和幕府将军都不掌握实权，权力移交至各地大名（封建领主）手中。实力强大的大名互相征伐，称霸某一地域以求统一全国。

第一个霸主是织田信长。1566年，信长在桶狭间之役中击败并俘获日本东部最强大的领主今川义元后一举成名。信长得胜的秘诀是采用火枪——1542年由葡萄牙人引进日本的武器。只有贵族阶级才有资格成为武士，训练成本高且极为耗时。相比之下，几乎所有人都可以在几周内训练成火枪手。三千人组成的火枪队分为三列轮番上阵，每十秒便能射击一次。今川义元仍然依靠武士组成的骑兵和长枪兵，被火枪战术轻易击垮。信长还在京都附近安土修筑新城，控制田地、村落、交通要道并防止农民起义，以巩固其政权。**JH**

1571年10月7日

勒班陀的圣战
Holy Battle at Lepanto

神圣联盟在勒班陀战役中击败奥斯曼人，划桨贾列船退出历史舞台

△ 十六世纪风格主义画作《勒班陀海战》，作者为保罗·卡里亚利·委罗内塞

> "……你们只不过剃掉了我们的胡子……（它）会长得更好。"
>
> 索库鲁·穆罕默德·帕夏总督

1571年10月7日星期日上午，十万人在希腊科林斯湾准备为信仰而战。奥斯曼帝国指挥官米埃津札德·阿里·巴夏（Pasha Ali Mouezinzade）率贾列船队从勒班陀向西方进发，真主安拉之名在奥斯曼战旗上出现28900次。神圣联盟一方由查理五世的私生子、奥地利的唐·胡安统帅，战旗上是耶稣受难像，教皇曾为之祈福。

基督徒们结成神圣联盟，主要从西班牙、威尼斯、热那亚等地征集到220艘划桨战船，其中有6艘威尼斯加莱赛战船——加莱赛战船大小为普通贾列船的两倍，配有多门火炮。奥斯曼帝国派出280艘船——虽然多为小型船。双方的贾列船均载满桨手和士兵，目标是靠近对方开火和射箭，再上船近战。威尼斯将领阿哥斯提诺·巴巴里哥（Agostino Barbarigo）和安德烈亚·多里亚（Andrea Doria）分布左右翼，支持唐·胡安的加莱赛战船挺进敌阵中心，巨大的混战中死伤甚重，将领们也未能幸免：巴巴里哥头部受伤死亡，而阿里·巴夏在西班牙士兵登上土耳其旗舰后被砍头。经过五小时的激战，奥斯曼人损失三万士兵和大部分战船。神圣联盟的死亡人数约为八千。

基督教界得胜，但这场胜利作用不大。神圣联盟出战是为了阻止奥斯曼人占领塞浦路斯、并阻断其地中海的奴隶贸易，但这两个目标都没有实现。奥斯曼帝国有足够的资源于次年重建舰队。两千年来在海战中扮演重要角色的贾列船在勒班陀一役后退出历史舞台。**RG**

1572年8月24日

巴黎血流成河
Paris Runs with Blood

天主教徒攻击雨格诺派，数千人横死街中

▲《亲历圣巴托罗缪日大屠杀纪实（1572）》局部图，作者为弗朗索瓦·杜波伊斯

1572年圣巴托罗缪日这一天清晨，教堂钟声成为杀戮开始的信号。巴黎爆发可怖的暴动，新教徒们被定位，惨死于家中，他们开的商店被打劫，全家遭到屠杀。雨格诺派（法国清教徒）贵族精英仍在巴黎，几天前刚刚参加婚礼——新教派纳瓦拉（Navarre）王子亨利迎娶法国国王查理九世的妹妹、瓦卢瓦的玛格丽特。全城局势十分紧张。国王的母亲凯瑟琳·德·美第奇安排了这桩婚姻，希望能弥合天主教徒同新教徒之间的裂痕，却遭到了天主教牧师的广泛抨击，巴黎反雨格诺派的情绪高涨。

一天前，有人试图刺杀雨格诺派领袖、海军将领科利尼（Coligny）。有关其后二十四小时内发生的事件记录十分混乱，但似乎在8月23日当晚，凯瑟琳害怕会发生反天主教的报复行动，劝服她所操纵的软弱国王杀死巴黎内所有雨格诺派领导成员。病床上的科利尼被惊醒，被人用剑刺穿。其他贵族也命不久矣。刚刚结婚的亨利假装皈依天主教免于一死。国王试图停止这场屠杀，但太迟了，暴行已经蔓延至其他城市。十月，屠杀终止，巴黎有约三千名雨格诺派教徒横死，法国境内新教派死亡人数高达三万。

西班牙国王腓力二世对大屠杀的消息表示满意，教皇额我略十三世铸造纪念章加以庆祝，并派遣艺术家乔尔乔·瓦萨里为大屠杀作画。但这场屠杀并没有扼杀雨格诺派的反抗，他们准备起兵，将法国卷入另一场内战。**SK**

> "目睹狂暴的人们高喊'屠杀雨格诺派！'，令我恐惧万分。"
>
> 《苏利公爵回忆录》，1638年出版

1576年8月27日

提香死于瘟疫
Plague Kills Titian

意大利文艺复兴中著名的威尼斯画派领军人物在威尼斯去世

1576年，提香在威尼斯死于瘟疫，他不仅因其伟大的艺术作品闻名，而且以长寿著称，他的年纪曾引起巨大争议。虽然提香称自己生于1477年，有些同代人认为他生于1473年——这可能性不大，而根据提香的艺术成就来判断，其出生日期更接近1490年。为表达对提香的尊敬，人们将他埋葬在圣方

> "（他正如）小星星中的太阳，不仅对意大利人、而是对所有画家而言。"
>
> 乔瓦尼·罗曼佐（Giovanni Lomazzo），1590年

济会荣耀圣母教堂——他是唯一一个死于瘟疫却仍被埋葬的人。但是对艺术家的敬意不足以阻止抢劫者们洗劫其豪华的宅邸。

提香是多才多艺的艺术家，擅长描绘神话和宗教主题，其肖像画和风景画颇有名气。提香的风格不断变化，虽然他早期和末期的作品用色都十分巧妙，前所未有。

提香在艺术生涯早期创作了杰出的壁画《圣母升天》，其中对色彩的运用令其成为罗马以北最伟大的画家。1548年，提香所作的马背上的查理五世画像开创了马背肖像的绘画类型，1562年的《诱拐欧罗巴》令提香走在巴洛克风格前沿。提香直至去世前一直接受作画委托。他最后的作品《圣殇》由小巴马完成。**TB**

1576年11月4日

安特卫普大屠杀
Antwerp Massacre

西班牙军队暴动，结束同荷兰叛军和解的一切可能

1576年11月4日安特卫普发生大屠杀，一名英格兰目击者将屠杀惨状比作米开朗基罗的《最后的审判》。西班牙军队的暴行及杀戮被称为"西班牙之怒"，令很多人奋起反抗西班牙哈布斯堡王朝。南方十省接受西班牙的统治，而北方七省决心为独立而战——后来北方成立荷兰共和国，南尼德兰仍从属于西班牙，今天我们所知的荷兰和比利时便起源于此。

十六世纪时，安特卫普是欧洲的商业和金融中心，英国羊毛、摩鹿加群岛（即香料群岛）香料和西班牙白银的贸易在此进行，其兴盛的实业将波罗的海的商品和产品运至巴西。安特卫普繁荣发展，直至哈布斯堡军队击杀八千左右安特卫普居民，并在港口纵火。此后，外国商人被迫寻求新的贸易途径。

众多使用佛兰德语和法语的城镇被迫组成十七省联盟，接受西班牙哈布斯堡王朝和腓力二世的统治，而安特卫普是其中之一。贵族、新教徒和商人对哈布斯堡王朝征收重税的不满发展为起义。腓力二世需要平定叛乱，而这需要保持对西班牙军队的控制。十六世纪七十年代，塞维利亚同美洲的贸易衰落，腓力无法按时支付驻尼德兰部队的军饷——他们决定洗劫安特卫普求取补偿。**JJH**

○ 《1576年11月4日安特卫普的西班牙之怒》局部图，作者不详

1578年8月4日

塞巴斯蒂昂失踪
Sebastião Disappears

据推测，葡萄牙国王死于悲惨的三王战役

葡萄牙国王塞巴斯蒂昂一世二十四岁时开始征讨穆斯林王国摩洛哥。这并非明智之举——1578年8月4日，他在战场的杀戮中消失，遗体不知所踪。

遭到废黜的摩洛哥统治者穆罕默德·穆塔瓦科尔（Muhammad Al-Muttakawil）请求塞巴斯蒂昂帮助其复辟。这在年轻的国王心中激起了大举进攻伊斯兰教领土的幻想，而西班牙国王腓力二世表明自己不会参与葡萄牙发起的圣战，此时塞巴斯蒂昂本应该清醒过来，但他仍不为所动。塞巴斯蒂昂征募西班牙、德国和爱尔兰的雇佣兵，6月25日率一万八千士兵从里斯本起航。

基督教军队于丹吉尔登陆，在夏日的酷暑下艰难行军。摩洛哥苏丹阿布德·马立克（Abd al-Malik）的军队有兵力优势，备有充足的火力在阿尔卡塞尔吉比尔（Alcazarquivir）以逸待劳。疲惫不堪的基督教军唯一的生还希望也被葡萄牙骑兵熄灭——他们缺乏军纪、草率冲动，而正是国王塞巴斯蒂昂为他们立下榜样，率先冲入敌军主力部队。基督教军队几乎全军覆灭。

失去塞巴斯蒂昂对葡萄牙造成重大影响。1580年腓力继承葡萄牙王位，葡萄牙不复存在，被并入西班牙王国达八十年。许多葡萄牙人坚持相信塞巴斯蒂昂会回来称王。塞巴斯蒂昂主义——失踪的国王还会归来，成为葡萄牙人一脉相承的传说，延续至二十世纪。**RG**

▷ 版画《三王战役中的国王塞巴斯蒂昂》，作于1578年；塞巴斯蒂昂落马，受伤且精疲力竭

1579年1月23日

荷兰起义
Dutch Rebellion

尼德兰北部行省联盟脱离西班牙统治宣布独立

1579年1月23日，尼德兰北方七省订立盟约，成立乌得勒支同盟，宣布脱离西班牙统治而独立。此前南方诸行省组成的阿拉斯联盟（Arras），同腓力二世达成和解。

1555年神圣罗马皇帝查理五世让位于腓力二世时，尼德兰是腓力所继承的最富有、最勤劳和城市化程度最高的领地。然而几年

> "（尼德兰北方七省）永为一体。"
>
> 乌得勒支同盟

之内，由于腓力二世官僚化的集权统治、西班牙宗教裁判所的暴行，及阿尔瓦公爵的镇压，尼德兰的十七个行省均起兵反抗西班牙的统治——其中包括荷兰、西兰、乌得勒支，以及安特卫普、根特和布鲁日等重要城镇。但没有英格兰和法国的有效援助，叛军几乎无法对西班牙构成军事威胁。成立乌得勒支同盟的目的是向外界宣布已成立统一战线，并寻求支持。

紧张局势不断升级，叛军首领沉默者威廉发表弃绝宣誓。因乌得勒支同盟拒绝承认西班牙国王的统治，弃绝宣誓实为"独立宣言"。**JJH**

1580年8月25日

西班牙控制葡萄牙
Spain Takes Control of Portugal

葡萄牙在阿尔坎塔拉会战中败给西班牙，被后者兼并

△ 阿尔瓦公爵费尔南多·阿尔瓦雷斯·德·托莱多肖像，安东尼斯·莫尔作于1549年

> "宗教事业应优先于一切"
>
> 腓力二世，1591年

1580年8月西班牙在阿尔坎塔拉会战中取得决定性胜利后，葡萄牙被并入腓力二世的庞大疆域——西班牙国土从秘鲁延伸至菲律宾，从巴塔哥尼亚扩展到北海。

1578年，葡萄牙国王塞巴斯蒂昂在一场误入歧途的圣战（攻打伊斯兰国家摩洛哥）中死亡，且没有子嗣。比他年长许多的叔父亨利继承王位，但其合法性受到其他王位竞争者的质疑，其中包括腓力二世。腓力试图在朝中游说并使用诡计获得支持，却令葡萄牙人的反对之声更加坚定。亨利突然去世，腓力派出令人生畏的阿尔瓦公爵，以战争赢得贿赂未能取得的王位。

6月27日，两万三千人组成的强大军队从巴达霍斯出发开往里斯本，腓力同时从加的斯派出拥有一百五十七艘船的舰队阻截可能沿塔霍河撤退的军队。西班牙陆军和海军一路上顺利无阻，直至到达距里斯本不到6英里（10千米）的阿尔坎塔拉小河西边，阿尔瓦公爵终于遇到克拉图执政官堂安东尼奥（Don Antonio）、葡萄牙王位的竞争者，后者率领五千里斯本市民组成军队抵抗西班牙军。其后的战斗中，葡萄牙军队战败，损失四千人，其中一千人战死，而西班牙一方只折损五百人。两天后阿尔瓦公爵占领里斯本，并缴获其印度归来的护航队所载的货物和香料。克拉图执政官成功逃脱，1580年年底时葡萄牙大部分领土落入西班牙之手。1581年3月25日，腓力二世加冕为葡萄牙国王，但在两国合并的八十年内，卡斯提尔和葡萄牙之间的裂痕进一步加深。**JJH**

1580年11月30日

英格兰探险家环航地球
English Explorer Circumnavigates the Globe

弗朗西斯·德雷克（Francis Drake）传奇般绕地球航行一周归来，受封为爵士

1580年11月，德雷克历经三年环航地球后停泊在伦敦德特福德，伊丽莎白一世亲自登上"金鹿号"赐封德雷克为爵士，这是英格兰故意怠慢其天主教敌国西班牙的表现。德雷克向女王提出远征计划时，伊丽莎白口头鼓励他对西班牙船只及沿途基地骚扰打劫。

1577年11月15日，德雷克指挥100吨位的旗舰"金鹿号"，即前"鹈鹕号"，以及另外四艘船，率领一百六十四名船员从普利茅斯起航。他沿麦哲伦的航线到达南美洲，1578年8月21日进入后来的麦哲伦海峡——德雷克仅仅用了十六天，这个纪录保持了一个世纪。

德雷克原计划横渡太平洋前往摩鹿加群岛（即香料群岛），以插足利润丰厚的香料贸易，而此时他意识到在当前纬度下原计划不可能实现，因而向北开辟新航线，沿智利和秘鲁海岸线航行，劫掠西班牙船只和港口。西班牙人措手不及，他们从未在这片海域遭遇敌船。德雷克俘获了"卡卡弗戈号"及船上的秘鲁金银珠宝，大发横财。船队满载着战利品，继续航行至今天的温哥华——德雷克成为第一个发现加拿大西岸的欧洲人——然后在加利福尼亚北部抛锚。

德雷克从这里顺信风横渡太平洋，抵达摩鹿加群岛，同葡萄牙开战的苏丹赠给他大量丁香。德雷克沿葡萄牙航线经好望角返回欧洲，同56名船员完成非凡的环球航行。**JJH**

▲ 弗朗西斯·德雷克爵士肖像局部图，作者为塞缪尔·莱恩（1780—1859）

> "……我们发现……不会飞的鸟……一天之内杀了三千只。"
>
> 关于企鹅的当时记录

1582年10月4日

重新设定历法
Calendar Reset

欧洲天主教国家采用额我略历

欧洲天主教国家（意大利、西班牙、葡萄牙和波兰）的人们1582年10月4日晚上床睡觉，醒来时已是10月15日。一夜之间，日历上少了十天。这一变动源自教皇额我略十三世颁布的额我略历，即现今大多数国家所采用的历法。

> "我们批准改革后更完善的新历法。"
>
> 教皇额我略十三世，教皇诏书，1582年

额我略改革历法的目的是调整教会最重要的节日、复活节的日期。根据尼西亚大公会议于公元325年作出的裁决，复活节定为春分后最接近满月的星期日，当时春分日为3月21日，但十六世纪时已变为3月11日。尤利乌斯·恺撒于公元前46年订立的儒略历的回归年误定为365.25天（365.2422天更为精确），尽管每四年增加一"闰日"，仍然每百年引起约一天的误差。额我略历的解决方式是直接从1582年中减去十天，并规定今后所有不能被400整除的世纪年都不设闰日（1600年、2000年可设闰日）。

新历首先被欧洲天主教国家采纳，后为新教国家逐渐接受。但1752年在英国和美洲殖民地引入额我略历时曾引起民愤。**SK**

1582年

哥萨克人入侵
Cossack Invasion

叶尔马克（Ermak）攻入西伯利亚，率领哥萨克人击败鞑靼可汗库丘姆

1582年，哥萨克首领叶尔马克在富商谢苗·斯特罗加诺夫（Semyon Stroganov）的经济和军事支持下，率领约一千六百人沿塔吉尔河和图拉河入侵西伯利亚，攻占并劫掠西伯利亚汗国都城伊斯克。沙皇残暴的伊凡为成功扩张赏赐斯特罗加诺夫家族大片领土。

> "……这是令沙皇大悦的节日，他举办了盛典加以庆祝。"
>
> 《西伯利亚史》，十七世纪中期

哥萨克人的主要目标是征服当时由库丘姆统治的西伯利亚汗国，令俄国得以向这一区域扩张。鞑靼人间或侵扰斯特罗加诺夫在乌拉尔的领地，这次征战也是部分出于自卫。从西伯利亚领地归来的劫掠部队经常带回大量珍贵的皮草，这项贸易也令俄国人垂涎。

但是库丘姆重整旗鼓，于1584年杀死叶尔马克，夺回被毁的都城伊斯克。但由于贵族内部派系对立，库丘姆无法重新确立其统治，只得将汗国南迁至俄罗斯大草原。

库丘姆南迁又同俄罗斯统治者发生冲突。1586年他尝试重返故土未果。1598年他终于在Urmin战役中败北，西伯利亚汗国灭亡，伊斯克就此消失，俄罗斯人在这里建立了新的城市——托博尔斯克。**TB**

1584年3月18日

残暴的伊凡去世
Ivan the Terrible Dies

第一位使用"沙皇"头衔的俄罗斯统治者经历令人捉摸不定的狂暴统治后神秘死亡

残暴的伊凡可能被近臣贝尔斯基（Belsky）和戈多诺夫（Godunov）毒死——伊凡被控试图强奸戈多诺夫的妹妹，双方发生激烈争执，三天后沙皇"命人拿来棋盘，摆下棋子，所有棋子均为保王而存在，而伊凡绝不可能和众臣建立如此关系"，这场争执令近臣们于1584年3月18日最终发难。

伊凡四世手段强硬——这一传统后来为彼得大帝和斯大林继承——通过建立残酷秩序令俄罗斯获得稳定。他打开国门同西方进行贸易，引进印刷术，设立自己的秘密警察组织，削减贵族权势，令版图扩张至西伯利亚和鞑靼。同时伊凡也是残暴、放纵、反复无常的君主，尤其是在其统治末期。

伊凡始终怀疑会被篡权，1533年经历重病后变得益发偏执。1560年他深爱的第一任妻子阿纳斯塔西娅（Anastasia）过世后，伊凡时而疯狂的敬神，时而纵酒无度，显示出其精神状态极不稳定。1581年，精神失常的伊凡殴打儿媳致其流产，之后用手杖击打儿子伊凡致死。二十世纪六十年代对伊凡的分析显示，其遗体中汞含量过高，可能是被人下毒，或者是服用含汞的药物治疗梅毒，进一步导致其精神错乱。**NJ**

● 残暴的伊凡肖像画，作于二十世纪，现属于私人收藏品

● 《伊凡四世朝中的特辖地区制（1530—1584）》，作者为Nikolai Vasilievich Nevrev（1830—1904）

1584年7月10日

沉默者威廉宫殿内遇刺
William the Silent Assassinated in Delft

腓力二世重创反宗教改革运动——但尚未致命

▲ 1890年木版画，出自《奥兰治公爵威廉在代尔夫特遇刺》，作者为Wilhelm von Lindenschmit

> "上帝啊，请怜悯我的灵魂。愿上帝怜悯这可怜的人。"
>
> 威廉受致命一击时所言

为反击威廉签署弃绝宣誓、宣布荷兰脱离西班牙统治而独立，西班牙宗教裁判所将威廉判为异端，1581年西班牙国王腓力二世悬赏两万五千克朗征人刺杀威廉，1584年7月10日奥兰治亲王威廉遇刺身亡。

沉默者威廉——因其谨慎的外交风格得名——本名为奥兰治亲王、拿骚（Nassau）的威廉，在反宗教改革运动中维护欧洲新教。1582年遭遇第一起刺杀，一名葡萄牙职员在手枪中装填了过多火药，威廉受伤、头发着火，但性命无碍。数次遇刺得以生还的威廉决定将安特卫普的王宫迁至人口较少的代尔夫特，但不屈不挠的刺客们尾随而至。1584年汉斯（Hans Hanzoom）因试图炸死奥兰治亲王被处决。

年轻的巴塔萨·杰拉德（Balthazar Gerard）是一名狂热的天主教徒，假扮成被剥夺财产的法国雨格诺派教徒来到代尔夫特。他用威廉给他的十二克朗买了手枪——讽刺的是手枪出自威廉自己侍卫之手。7月10日，在威廉的普林森霍夫宫内，杰拉德持枪射穿了奥兰治亲王的肺和胃部，水泥墙也大片碎裂。"你死前是否同救世主耶稣基督和解？"威廉对焦急的姐妹给出肯定答复，数分钟内去世。

杰拉德被捕并遭受惩罚——被烧红的铁钳一条条扯下皮肉——最终被处死。腓力二世劫持威廉之子索要大笔赎金后，将赏金给了杰拉德父母——荷兰人付钱给刺杀其大公的凶手。杰拉德的头被支持者保存了半个世纪——他们请求将杰拉德追封为圣人未果。**NJ**

1587年2月8日

殉道士，抑或同谋者？
Martyr or Conspirator?

苏格兰女王玛丽因反叛英格兰女王伊丽莎白一世的叛国罪名被斩首

1587年，苏格兰女王玛丽在英格兰北安普敦郡的佛斯里亨城堡大厅被处以极刑。据说刽子手行刑不力，砍了两斧才令苏格兰女王身首异处。这时玛丽四十四岁，一生充满浪漫和悲剧色彩。传说玛丽被处决后，爬到她裙子下的宠物狗无论如何不愿离开女王的遗体。

二十年前，玛丽轻率地逃往英格兰，令伊丽莎白女王如芒在背。玛丽通过母亲玛格丽特·都铎继承了亨利七世的血统，是英格兰王位的头号继承人。对英格兰的少数天主教信徒而言，玛丽才是正统的女王。只要玛丽依然自由，她便会卷入天主教徒在英格兰复辟的阴谋。因此伊丽莎白利用玛丽可能参与谋杀达恩利伯爵的借口将其囚禁。

1586年，英格兰天主教徒安东尼·巴宾顿（Anthony Babington）谋反事发，决定了玛丽的命运。伊丽莎白的国务大臣弗朗西斯·沃尔辛厄姆爵士（Francis Walsingham）称有证据表明玛丽事先知道谋杀女王的计划，审判后玛丽被判死刑。伊丽莎白的大臣们坚信："只要她还活着，就有希望；只要他们仍有希望，我们便生活在恐惧之中。"玛丽之子、苏格兰国王詹姆斯六世自幼没有见过母亲，并没有阻止玛丽的死刑，但他继承伊丽莎白之位、成为英格兰国王詹姆斯一世后，于1612年将玛丽的遗体从彼得伯勒大教堂迁至西敏寺亨利七世礼拜堂，离伊丽莎白之墓不远——玛丽生前同这位对手从未见过面。**SK**

△《苏格兰女王玛丽的处决》，罗伯特·比勒作于1587年，现为伦敦大英图书馆藏品

> "她忍受了两斧子……发出极小的声音——甚至根本没出声。"
>
> 关于玛丽死刑的当时记录

1587年4月19日

袭击加的斯
Raid on Cadiz

弗朗西斯·德雷克袭击西班牙舰队，延迟其入侵英格兰的计划

1587年4月19日，弗朗西斯·德雷克勇敢地驶入加的斯港口，光天化日之下对停泊在港口的众多船只进行破坏。西班牙国王腓力二世从不掩饰其"英格兰计划"——他征集无敌舰队运送侵略军队剿灭伊丽莎白统治的英格兰及其所庇护的异端新教。而伊丽莎白女王派出她最英勇的私掠船长德雷克乘"伊丽莎白·博纳

> "此等备战前所未闻……西班牙必将入侵英格兰。"
>
> 弗朗西斯·德雷克日志

文彻号"扰乱西班牙的入侵战备。

德雷克在一天半的时间内登船抢劫，四处纵火，共沉没、点燃和俘获约三十七艘船。满载着香料、酒、油和贵金属的德雷克沿原路返回。他不顾副官威廉·柏洛（William Borough）的劝阻，停下来摧毁据称无法攻破的萨基堡垒——威廉·柏洛回国后因反对德雷克被送交军事法庭受审。

德雷克返航途中破坏了一艘满载桶板（用以制作盛放食物和酒的容器）的西班牙船，可能是他对拖延、及最终摧毁西班牙无敌舰队作出的最大贡献。历史学家认为此举迫使西班牙人使用陈旧的劣质桶，导致无敌舰队上的食物和酒大量腐坏。**NJ**

1588年8月25日

击败西班牙无敌舰队
Armada Defeated

海战胜利标志着英格兰崛起成为海上霸主

1588年7月，西班牙无敌舰队首次出现在康沃尔。8月25日，英国人在海战中取得决定性胜利。1588年5月，一百二十八艘西班牙船（二十艘西班牙大帆船，一百零八艘改造商船）载着八千海员、一万九千士兵同驻扎在西属尼德兰的军队会合。英格兰舰队规模更大，查理·霍华德（Charles Howard）统率

> "（西班牙船）确实被风吹得四散。"
>
> 索尔兹伯里主教（Salisbury），英格兰获胜后

一百九十七艘船、一万六千名经验丰富的水手出战。

英格兰舰队从停泊在朴次茅斯的无敌舰队面前经过，险些酿成灾难。英舰沿英吉利海峡以长程舷侧火炮侵扰西班牙舰队，但破坏效果不大，无敌舰队的阵形完好无损。

8月6日，无敌舰队抵达多佛海峡，停泊在加来等待至关重要的会师。但军队尚未做好登船准备。实际上无敌舰队被困。次日德雷克派遣六艘纵火船驶入加来港，为西班牙人带来灾难。西班牙船只砍断锚链，防守阵形大乱。面对强风、沙滩和英舰，无敌舰队只能向北撤退，疏散时遭到英方的攻击，只有七十六艘船幸存，而英方舰队完好，仅仅在战斗中损失一百人。**JJH**

1590年8月12日

丰臣秀吉统一日本
Hideyoshi Unifies Japan

丰臣秀吉攻占小田原城，结束日本战国时期

1590年8月，小田原城终于投降，丰臣秀吉统一日本。农民出身的步兵丰臣秀吉曾被织田信长蔑称为"猴子"，他不仅在1582年织田信长遇害后继承了主公之位，而且完成了信长统一天下的未竟之业。

丰臣秀吉之前在短期之内武力征服了几乎所有大名，迫使他们称臣。他没有出任将军，但实质上成为最高首领，并取得天皇认可。但日本北部的北条氏（Hojo）坚持将秀吉视为低微的仆人，威胁着秀吉的统治。秀吉在京都等待时机，巩固自己的地位，1590年，率十万余大军围攻北条氏壁垒森严的小田原城。双方几乎没有交战——秀吉没有发动全面进攻，而是令敌军弹尽粮绝只得投降。围城的秀吉军有妓女、歌者和杂耍表演消磨时间，城外仿佛城镇市集一般。

后来秀吉陷入文禄·庆长之役，想攻占朝鲜继作为进攻中国的跳板，传说战争的僵局令秀吉几近崩溃。英明一世的将军未能看清朝鲜和朝鲜海军的实力，以及明帝国的残余力量。秀吉去世后留下无力的儿子控制各地强大的领主，为日本战国时代第三位枭雄德川家康统一天下埋下伏笔。**JJH**

◐ 《丰臣秀吉吹海螺图》，出自十九世纪艺术家月冈芳年的《月百姿》

1598年4月13日

宗教自由
Freedom of Worship

国王亨利四世给予法国雨格诺教派宗教自由

　　1598年4月13日，亨利四世颁布南特敕令（Edict of Nantes），采取宗教宽容态度。传说教皇克雷芒八世评论，"这令我备受折磨"，但敕令使宗教分歧地区重获和平与稳定，令法国大多数天主教徒满意。

　　1598年，法国国王亨利三世遇害，没

> "我们都是法国人，同一个国家的公民。"
> 亨利四世皈依天主教后恳求国民团结统一

有留下直接继承人，雨格诺派（新教）领袖、纳瓦拉国王亨利即位，成为亨利四世，建立了法国波旁王朝。亨利四世王位继承权源自父亲安托万·德·波旁（Antoine de Bourbon），但当时其地位并不稳固，法国仍然在宗教战争中苦苦挣扎，而强大的天主教联盟在西班牙国王腓力二世支持下反对亨利的统治。亨利不得不武力征服其领土，到1593年时只有巴黎尚未攻克。亨利称"巴黎值得做一场弥撒"，永久放弃其新教信仰。次年他正式成为国王。

　　1598年，天主教联盟被击败。亨利立天主教为国教，同时给予新教徒宗教自由，允许新教徒在二十个指定的"自由"城市内公开礼拜，新教徒享有所有公民权利，新教牧师的薪水由国家支付，且新教徒可以保留拉罗谢尔等堡垒作为安全地区。**SK**

1598年9月13日

腓力二世之死
Death of Philip II

西班牙帝国发展到巅峰时期，"反宗教改革运动的捍卫者"去世

　　1598年9月13日，西班牙帝国的统治者腓力二世在朴素的房间中去世，身旁是虔诚的宗教书籍和佛兰德语写成的杰作。对于腓力二世而言，鹅毛笔的力量不亚于刀剑。父亲查理五世留下丰富的笔记指导腓力，而腓力持续在备忘录中写下他的一切决定。在宏

> "（腓力的）微笑同匕首相去不远。"
> 卡布莱拉·德·科尔多巴
> （Cabrera de Cordoba），西班牙宫廷史官

伟而阴郁的埃斯科里亚尔陵墓-修道院高高的穹顶之下，书房中留下腓力孤独而佝偻的身影，他颁布诏令，阅读来自全球的报告，打理他统治四十年的大帝国，控制手下的代理人和大臣们采取的每一步行动。腓力不信任任何人；他甚至因为怀疑而批准谋杀了一名秘书。

　　他为世界留下的遗产毁誉参半。他派出命途多舛的无敌舰队试图征服英格兰，以失败告终，而他固执的信仰令其尼德兰人民起义反抗这位"南方恶魔"的统治。腓力利用西班牙经济和大西洋贸易为其帝国主义侵略提供资金，令国库亏空，西班牙经济资源消耗殆尽。然而腓力二世在勒班陀海战中阻止奥斯曼帝国向地中海扩张，统一了西班牙，且扼制异教在欧洲南部和南尼德兰的传播。**JJH**

1599年6月

阿克巴对印度南部造成威胁
Akbar Threatens Southern India

阿克巴进军阿西尔格尔,开辟入侵南印度之路,扩建莫卧儿帝国

阿克巴——其名为"伟大"之意——将莫卧儿帝国的版图扩张至空前规模,北起克什米尔,西北至阿富汗,东抵孟加拉,南达德干高原。阿西尔格尔堡垒把守着印度北部通往西南德干高原唯一一条便利的要道。阿克巴发起了历史上著名的长期攻城战,终于在1599年征服了阿西尔格尔堡垒,并在此任命总督。

这时距阿克巴登基已经过去了四十年。阿克巴十三岁时即位,在摄政白拉姆汗(Bairam)的辅助下进行统治,已经将莫卧儿帝国的势力延伸至印度北部、印度河和恒河之间的地区。帝国在王宫外的阿格拉(Agra)、阿拉哈巴德(Allahabad)、阿杰梅尔(Ajmer)和拉合尔(Lahore)设立堡垒,皇城十分坚固。1560年阿克巴成熟后,多次领兵征讨对帝国构成威胁的阿富汗舍尔沙后裔(舍尔沙曾驱逐阿克巴之父胡马雍),并击败了印度领袖希穆(Hemu)。

阿克巴富丽堂皇的王宫举世闻名,尽管王宫曾在阿格拉和设有城墙的新都法塔赫布尔·西格里(胜利堡垒)之间迁移。阿克巴建立中央集权的统治,通过宗教宽容政策带来活力,并鼓励印度艺术和文化发展,从而令一亿印度教徒、穆斯林和其他教徒团结在其统治之下。阿克巴甚至建立了自己的宗教,无疑拥有独特的价值观——他每天破晓时分站在窗前接受人民的朝拜。**JJH**

○《阿克巴传》插图,阿克巴在猎虎

1599年

环球剧场在伦敦开放
Globe Theatre Opens in London

威廉·莎士比亚的戏剧在户外的环形剧院上演

▲ 私人收藏的水彩画，描绘伦敦萨瑟克的环球剧场

1599年，环球剧场开放，成为伊丽莎白时代伦敦最受人瞩目的剧院。这一户外的环形剧场位于泰晤士河南岸，四周是熙熙攘攘的斗兽场（纵狗逗熊、牛）、赌场和酒馆。剧场可以容纳三千名观众，人们蜂拥而至观看威廉·莎士比亚的戏剧。《哈姆雷特》、《奥赛罗》、《李尔王》、《麦克白》等作品在这里首演，直至今日仍然令全世界的观众着迷。

十几年前莎士比亚从沃里克郡埃文河畔斯特拉特福德镇来到伦敦，加入宫内大臣剧团（后来的国王剧团），同一群演员定期在宫中表演，开始因创作通俗喜剧和历史剧闻名。环球剧院在肖尔迪奇（Shoreditch）产生租赁纠纷，演员们拆除剧场，将木材运至河对岸建造新的环球剧场。莎士比亚同剧团中的其他六名演员成为新剧场的合伙人。

伦敦市民成群结队前往环球剧场观看莎士比亚的新剧，很多站票观众站在舞台前的露天庭院中看戏，而剧场内的三列座位也是座无虚席。1613年，《亨利八世》剧中使用的大炮点燃了茅草屋顶，环球剧场化为灰烬，之后立即重建，但在1642年被清教徒关闭，再未开放。今天人们在伊丽莎白剧院附近重建了环球剧院，吸引大量观众前来欣赏莎士比亚的戏剧。**SK**

> "在这里挤下的所有盔甲，令阿金库尔战场的空气为之震荡。"
>
> 威廉·莎士比亚，《亨利五世》，约1599年

1600年2月17日

布鲁诺成为第一位"科学真理的殉道士"
Bruno Becomes the First "Martyr for Science"

焦尔达诺·布鲁诺（Giordano Bruno）因其哲学观点被判为异端，在罗马受火刑

"也许你们在宣判时，比接受判决的我更加恐惧。"布鲁诺对正式宣判其死刑的法官们如是说。几天后，1600年2月17日，布鲁诺嘴里塞着口衔被带往罗马的百花广场，作为异教徒被绑在火刑柱上烧死。

布鲁诺1548年生于意大利南部那不勒斯附近的诺拉。他加入多明我会，不久便日益反对正统神学理念，1576年被开除教籍。布鲁诺离开修道会，逃往日内瓦，一度接受加尔文主义，但发现新教对其思想的态度并不比天主教开明。他成为四处游历的学者，不同时期内曾于巴黎、牛津和法兰克福定居，作文论述广泛的主题，如数学、魔法和神秘学。布鲁诺的哲学理论受到泛神论的神秘主义影响，反对将地球视为宇宙中心的亚里士多德式宇宙观；他受哥白尼的日心说影响，进一步认为宇宙是无限的，且包含多个世界，开现代科学之先河。

1591年，布鲁诺来到威尼斯，被控为异端交给威尼斯宗教裁判所，一步步走入陷阱之中，1593年他被移交罗马宗教裁判所。布鲁诺在七年的审判过程中，放弃了神学主张，但坚持其哲学理念。他曾求助于教皇克雷芒八世，但拒绝完全放弃其观点，最终被判死刑。布鲁诺坚决维护其另类思想，因而很多人将他视为第一位"科学真理的殉道士"。**SK**

○ 十九世纪末版画，表现焦尔达诺·布鲁诺因其被视为异端的科学信仰受火刑

> "……如果地球沿地轴自转，何来日出和日落之说呢？"
>
> ——出自关于布鲁诺审判的梵蒂冈记录

1600年10月21日

阵前倒戈
Treachery on the Battlefield

关原之战开启日本统一之路

▲ 日本浮世绘，描绘关原合战中击败丰臣家族后的德川家康

关原之战是日本近现代史上最具决定性的事件，从此德川家族成为日本的实际统治者，日本进入和平稳定的江户时代，实行锁国政策，直至十九世纪六十年代。

1600年秋，经历了几十年的残酷内战后，德川家康派八万军队迅速西进，攻打西军丰臣家族的战略要地佐和山城，此举迫使西军首领石田三成率军队阻截德川军，双方兵力大致相当。十月一个飘着细雨的清晨，双方在本州岛的关原交战。虽然石田三成占据高地，但他的主要将领之一小早川秀秋在战前已经秘密决定叛变。手下有约两万五千军队的森氏和长宗我部氏一直按兵不动，观察战场局势。

双方激战几小时后难分胜负，小早川秀秋正午左右倒戈，改变战势，西军大乱撤退，约六万人阵亡，石田三成落入敌手被处以极刑。

关原合战后，丰臣家族再无力同德川家康争雄，但十五年后德川家族还是出兵捣毁了丰臣氏的大阪城。1603年，关原之战两年后，日本统一，德川家康接受将军之职，定都江户。除征讨丰臣家族的战争外，日本在其后的二百五十年间太平无事。NJ

"长夏草木深，武士梦留痕。"

松尾芭蕉，俳句，1689年

1601年11月30日

伊丽莎白的黄金演说
Elizabeth's Golden Speech

六十八岁的英格兰女王最后一次向议会致辞

伊丽莎白一世统治末期英格兰进入可叹的衰落期。女王明显老去,朝臣们私下最关心的话题是王位的继承人选。1598年主要谋臣伯利勋爵(Lord Burghley)去世后,继承父位的罗伯特·塞西尔(Robert Cecil)未能同伊丽莎白建立同等的信任关系,女王愈加孤立无援,似乎失去了其政治手腕。1599年她派宠臣艾塞克斯伯爵罗伯特·德弗罗(Robert Devereux)前往爱尔兰镇压叛乱,德弗罗惨败,且未获伊丽莎白准许便擅自返回英格兰,公开侮辱了女王。被逐出朝廷的德弗罗试图起兵反叛女王,1601年2月25日因叛国罪被处决。

同年,伊丽莎白召开她的最后一次议会。议会要求女王停止使用某些商品的贸易垄断权来封赏仆人——这是她不愿放弃的手段,会议气氛紧张。11月30日下午,一百四十名议会成员集合聆听女王的议会闭幕致辞。他们本以为女王会非难指责,但她就君臣关系发表了振奋人心的演讲。伊丽莎白一向注意创立及维持其君主形象,她取悦听众的能力也丝毫未减。

伊丽莎白的演讲从此被称为"黄金演说",演讲者虚弱的身体几乎无法撑起女王礼服的重量,但她保持"一贯的高贵与优雅"备受称赞。不到两年后,1603年3月24日,伊丽莎白一世去世,继任者是她的老对手、苏格兰女王玛丽之子——苏格兰国王詹姆斯六世。**SK**

△《伊丽莎白一世》,意大利画家费德里科·祖卡里所作;祖卡里曾于1574年来到英格兰为女王及朝臣们画像

> "能在你们的爱戴下统治英格兰,这是我身为女王荣耀。"
>
> 伊丽莎白一世,"黄金演说",1601年

1603年

统一日本
Japan Is Unified

德川家康统一日本，建立德川幕府

▲ 十七世纪日本画，德川家康（1543—1616）肖像

> "了解敌人必先与其结交。"
>
> 德川家康

1603年，德川家康被后阳成天皇任命为将军，由此建立德川幕府，对日本的统治延续至1868年。幕府由来已久。1568年织田信长开始统一日本，信长的盟友、本州岛东部小氏族领主德川家康崛起。1568年信长去世后，家康起先反对其继任者丰臣秀吉，但于1584年归顺。1590年，家康支持秀吉征讨日本最后的独立大名北条氏政（Hojo Ujimasa），战后北条氏的领地被转封给家康，以换取德川家族位于日本中心的领土。德川家康在江户城（后来的东京）巩固地位，通过经济改革获得当地人民拥戴；江户距京都相对较远，也令家康得以维持高度自治。

1598年丰臣秀吉去世前不久，任命德川家康为五大老之首辅佐其幼子丰臣秀赖。1599年家康占领秀赖所在的大阪城，五大老、五奉行组成摄政议会分裂，内战爆发。1600年10月21日，德川家康在关原之战击溃对手，获得决定性胜利，取得日本的绝对控制权。长期大权在握的德川家康出任已空缺四十年的幕府将军一职，名正言顺地掌握了统治实权。

德川家康宏伟的江户城成为日本的行政首都。1605年，家康正式让位于其子德川秀忠，但仍然以隐居将军的身份保持对日本的实际统治，直至1616年去世。1615年，丰臣秀赖起兵挑战德川家的统一天下，以失败告终。**JH**

1605年1月

大战风车
Tilting at Windmills

最伟大的欧洲文学作品之一《堂吉诃德》出版

传说米格尔·德·塞万提斯·萨维德拉（Miguel de Cervantes，1547–1616）因负债入狱，在狱中写下了《堂吉诃德》，这也许可以解释书中的疏忽，但堂吉诃德幽默的冒险故事出版后立即大获成功——来自拉曼恰的贫困贵族读了太多的骑士小说，穿上生锈的盔甲，带着愚笨的侍从桑丘·潘萨，骑着瘦马驽骍难得外出冒险。《堂吉诃德》出版几周内，盗版便风行于西班牙全国；七年之内被译为法语、德语、意大利语和英语。塞万提斯作品的魅力经久不衰，其概念已深植于西方人的思想之中，如提起习语"攻击假想敌"（tilting at windmills，字面意为"大战风车"），人们会想起堂吉诃德将一排风车视为凶残的巨人、上前大战一场的情节。

1571年，塞万提斯在对抗奥斯曼海军的勒班陀海战中受伤，导致左手残废。战后他被巴巴里海盗俘虏，囚禁在阿尔及尔达五年，直至家人将其赎出。塞万提斯回到西班牙后，创作戏剧并偶尔担任税吏来努力谋生。出版《堂吉诃德》后，他又继续创作了很多其他作品，成为西班牙黄金时代最伟大的作家。

1614年，有人假托阿隆索·费尔南台斯·台·阿维利亚内达（Alonso Fernandez de Avellaneda）之名出版了《堂吉诃德》续集，促使塞万提斯于1615年创作《堂吉诃德》第二部。1616年4月23日，塞万提斯同威廉·莎士比亚在同一日期去世（英格兰当时采用儒略历，二人并未在同一天去世）。**JJH**

塞万提斯的《奇情异想的绅士堂吉诃德·台·拉·曼恰》第一版，现藏于加泰罗尼亚国家图书馆

> "……他的矛架上有一支长矛，还有一面古老的盾，和一匹瘦弱的老马。"
>
> 《堂吉诃德》开场白

1605年11月5日

炸毁议院的计划流产
Plot to Blow Up Parliament Is Averted

盖伊·福克斯（Guy Fawkes）计划炸毁英格兰国王所在的议院未遂

● 版画，描绘盖伊·福克斯及其他计划炸毁议院的同谋者

午夜时分，一队武装人员冲入议院地下室，发现盖伊·福克斯畏缩的身影，不远处放着三十桶火药。几小时后，国王詹姆斯一世、皇室成员及英格兰所有主要官员将集中在议院参加议会开幕大典。炸毁议院、谋杀国王及所有政府官员的反叛阴谋被及时阻止。

虽然这场阴谋同盖伊·福克斯之名联系在一起，盖伊并不是主谋，只因对炸药的了解参与其中。罗伯特·盖茨比（Robert Catesby）等主要策划人是天主教贵族，眼见在英格兰复辟天主教无望，而詹姆斯一世对天主教的态度也并不宽容。他们策划了几个月，7月时将火药放在租来的地下室中，为定于10月3日举行的议会开幕大典做好准备。但瘟疫爆发令开幕大典延迟，在此期间参与策划的弗朗西斯·特瑞山姆（Francis Tresham）警告其亲戚、地位显赫的天主教徒蒙特伊格勋爵（Monteagle）远离改定于11月5日的开幕大典。蒙特伊格勋爵将这一消息传给政府。

英国人仍然于每年11月5日以烟火、篝火和燃烧人形"盖伊"的形式庆祝盖伊·福克斯之夜，纪念这场失败的计划，但其中的政治意义早已淡化。**SK**

1607年5月14日

弗吉尼亚的据点
A Foothold in Virginia

英国在新世界的首个永久殖民地詹姆斯镇建成

▲ 表现约翰·史密斯建立詹姆斯镇的铁版画（约作于1850年左右）；以詹姆斯镇为基础建立了弗吉尼亚殖民地

到达新世界的第一批英国殖民者打算"挖掘、开采和寻找所有金、银、铜矿"，并为这一地区的"异教徒和野蛮人"带去文明、传播基督教。1607年5月，三艘船——"苏珊·康斯坦号"、"发现号"和"幸运号"——载着约一百名殖民者抵达切萨皮克湾，从这里顺詹姆斯河向内陆行驶，到达免受西班牙人突袭的安全地带。殖民地以国王詹姆斯一世之名命名，但不幸的是，詹姆斯镇建在沼泽之上，痢疾肆虐。无能的殖民者们无止境的争吵和密谋也加剧了开拓的困难。半数殖民者在第一个冬天死去。

他们花费很多时间寻找不存在的金矿和通往中国的路线。拯救詹姆斯镇的是老兵和冒险家约翰·史密斯，他同当地美洲人交易换取食物，不久便被带至酋长波瓦坦（Powhatan）面前，在神秘的仪式中被部落接纳。

1608年，史密斯成为殖民地议会会长，迅速开始劝服其他殖民者同心协力清理地面、种植作物。一年后他返回英格兰，但他一直维持着詹姆斯镇的运作。后来史密斯探索美洲东北海岸，并将这片区域命名为新英格兰。**RC**

1608年7月3日

建立新法兰西
The Making of New France

萨缪尔·德·尚普兰（Samuel de Champlain）建立前哨魁北克堡垒

▲ 十九世纪画作，描绘魁北克第一所房屋，始建于萨缪尔·德·尚普兰创建魁北克时期

法国对新世界的早期开发集中于北美。1524年，探险队发现哈德逊河，抵达新斯科舍，进入后来的阿卡迪亚地区。1535年，雅克·卡迪尔（Jacques Cartier）深入圣劳伦斯河，到达今蒙特利尔。法国在佛罗里达建立的殖民地在十六世纪六十年代被西班牙人摧毁，但自1603年起，法国探险队探索圣劳伦斯河周边地区，曾先后两次在阿卡迪亚建立殖民地，均以失败告终。

萨缪尔·德·尚普兰是法国探险家之一，同当地人建立了重要联系，探索并勘测了阿卡迪亚和新英格兰海岸，并深入内陆希望发现通往中国的航线。1608年，尚普兰在魁北克设立商栈控制皮毛贸易。这是法国在加拿大建立的首个永久殖民地，也是新法兰西的首都，共有三幢建筑，外围设有壕沟，但二十八个法国居民中仅有八人在严冬中幸存。勇敢无畏的尚普兰建立贸易网络，令法国人同阿耳冈昆人和休伦人结盟共同抵御易洛魁人。1615年，尚普兰为魁北克引入第一批基督教传道士，十年后耶稣会信徒来到这里。1627年，红衣主教黎赛留（Richelieu）向美洲派出更多殖民者，但均被英国人俘虏——1629年英国人围攻魁北克，尚普兰迫于食物匮乏投降。1632年，法国重建其殖民地，法语至今仍然是魁北克省的官方语言。**RC**

1609年4月9日

摩里斯科人被逐出西班牙
Moriscos Expelled from Spain

西班牙政府命令所有摩里斯科人离开西班牙

▲ 十九世纪西班牙版画,描绘摩里斯科人被逐出西班牙（1609年起）

西班牙国王腓力三世（1598年—1621年在位）乐于将政务交给宠臣、总理大臣莱尔马公爵（Lerma）打理,后者决定将摩里斯科人逐出西班牙人——摩里斯科人是1492年格拉纳达陷落后转信基督教的穆斯林后裔。据估计,1609—1614年间多达三十万人（占总人口的4%左右）被迫乘坐从尼德兰战争中退役的船离开西班牙。许多仍然保持天主教信仰的摩里斯科人在意大利和法国定居,但他们大部分前往摩洛哥和奥斯曼帝国。

大多数西班牙人热烈响应这场无情的种族大清洗。十六世纪初,西班牙政府默许表面上信仰天主教的摩里斯科人居留——他们大多是勤劳的农民,得到政府保护免受地主的迫害。十六世纪六十年代,西班牙同奥斯曼帝国的战争愈演愈烈,摩里斯科人被怀疑勾结西班牙的穆斯林敌人,尤其是在地中海袭击西班牙商船的巴巴里海盗。1569—1571年间腓力二世下令禁止穿着穆斯林服装和使用阿拉伯语,引发安大路西亚的摩里斯科人起义,后来他们被迫迁至伊比利亚半岛的其他地区定居。四十年后,莱尔马公爵放逐国内所有摩里斯科人,根除伊斯兰文化九百年来在西班牙留下的最后一丝痕迹。**SK**

1609年5月20日

谁是"唯一的促成者"?
Who Was "The Onlie Begetter"?

莎士比亚的《十四行诗》出版,引发重重疑问

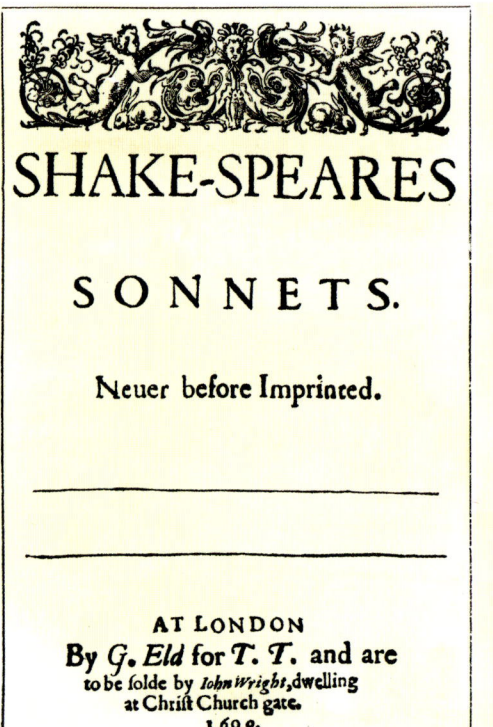

● 莎士比亚首版《十四行诗》扉页,1609年在伦敦出版

● 钱多斯肖像,约作于1610年,疑为约翰·泰勒的作品,据称画中人物为莎士比亚,但证据不足

> "我绝不承认两颗真心的结合/能够被阻挡"
>
> 十四行诗第116首

我们永远无从得知威廉·莎士比亚是否授权印刷商托马斯·索普(Thomas Thorpe)出版他生前的唯一一版《十四行诗》。《十四行诗》的主题包括爱情中的狂喜和绝望、时间的流逝、分离和背叛、名誉和死亡等,约于1592—1598年间完成。154首诗中大部分是献给一位无名青年,诗人以充满爱意的亲密语言表达对他的爱慕之情,人们纷纷猜测莎士比亚爱上了印刷商在题献中写到的身份不明的神秘人物,"献给以下十四行诗的唯一促成者——W.H.先生……"

关于W.H.先生的身份一事众说纷纭。这一缩写名倒过来可以指第三代南安普顿伯爵亨利·罗赛斯雷(Henry Wriothesley),莎士比亚曾将两首长诗《维纳斯和阿多尼斯》和《鲁克丽丝失贞记》献给他;还有学者认为W.H.先生是彭布洛克伯爵(Earl of Pembroke)威廉·赫伯特(William Herbert),甚至有人怀疑莎士比亚本人的缩写W.S.被误印为W.H.。

猜测并不仅限于此。约二十七首十四行诗献给一位女子,通称为黑夫人,诗人因爱慕黑夫人而深陷于痛苦和妒忌之中。很多人试图确定黑夫人的身份,但在诗中寻求太多关于作者生平的线索也许本来就不切实际,诗集是否按照莎士比亚的写作顺序排列也不确定。《十四行诗》同莎士比亚的戏剧一样,反映了作者剖析人类感情和心理的非凡才能,作品中充满悲伤和热情,其激动人心的语言至今仍引起读者的共鸣。**SK**

1610年1月7日

天文学重大发现
Astronomical Breakthrough

伽利略用自制望远镜发现木星的四颗卫星

🔵 1610年,伽利略对猎户座星团和鬼星团观测记录的十七世纪复制品

1610年1609年,伽利略听说一位佛兰德眼镜制造商汉斯·立浦喜（Hans Lippershey）发明了望远镜,可将远处的物体放大很多倍。伽利略当时是帕多瓦（Padua）大学的数学教授,因对运动研究做出的贡献而闻名——据说他曾在比萨斜塔做自由落体实验,证明落体速度不与其质量成正比。这时伽利略开始自己研磨透镜制作望远镜,并打磨出能将物体放大二十倍的透镜。

伽利略通过自制望远镜发现月球表面"粗糙、高低不平,同地球表面一样",月亮并不是亚里士多德和托勒密所描述的光滑、完美的星球。1610年1月7日—13日,伽利略观测木星附近不断变换位置的四颗星,推断它们为绕木星运行的卫星。伽利略在3月出版的短论文《星空使者》中发表了这一惊人的研究成果,扭转了亚里士多德的宇宙模型——亚里士多德认为所有天体环绕地球有序运行。

1611年,伽利略向罗马耶稣会学院的数学家们展示他的望远镜,当选意大利最重要的科学机构——山猫学会成员,但伽利略因维护哥白尼的日心说体系在教会中树敌。**SK**

1610年5月14日

狂人刺杀亨利四世
Act of a Madman

亨利四世乘车经过巴黎时遇刺身亡

▲ 版画，表现拉瓦雅克挥舞着长刀冲向国王亨利四世的马车

弗朗索瓦·拉瓦雅克（Francois Ravaillac）在国王必经的窄道上等候，迫使皇家马车停车，跳入车中刺杀亨利四世，后者当场毙命。

拉瓦雅克沉迷于宗教，是一名狂热的天主教徒，曾因"易受幻象蛊惑"被耶稣会拒绝。尽管拉瓦雅克受到精神上的折磨，而且没有帮手，但他的刺杀行动可能从属于一项更大的阴谋。亨利四世向德国北部派兵的计划在巴黎人尽皆知——亨利打算帮助一位加尔文派亲王反抗皇帝；有人利用精神错乱的拉瓦雅克，劝服他去行刺。拉瓦雅克被判弑君之罪，带往格列夫广场，以熔铅和滚油烫死后斩去手足，再被车裂分尸。

亨利四世开朗、精力充沛而富有才干，受到人民爱戴，最有名的是他曾说过法国每名劳工都应该在周日吃得上鸡肉。亨利四世在大臣苏利公爵的辅佐下，鼓励贸易和工业发展，重建在多年内战中受到严重破坏的法国经济。亨利四世建造的新桥至今仍然屹立在塞纳河上。1600年，亨利娶第二任妻子玛丽·德·美第奇（Marie de Médicis）——未来的国王路易十三世之母。但亨利最爱的是情人嘉布莉埃尔·德·埃丝特蕾（Gabrielle d'Estrées），他因众多风流韵事被昵称为"老风流、老色鬼"。**SK**

1610年7月18日

卡拉瓦乔去世
Death of Caravaggio

十六世纪末最伟大的画家三十八岁时去世，遗体不知所踪

- 卡拉瓦乔的《酒神巴克斯》，约作于1593年，有人认为这是卡拉瓦乔的自画像
- 《圣马太殉难》局部，绘于1599—1600年间，对圣人的现实主义表现手法震撼了世人

> "他没有任何先入为主的美丑观念。"
>
> 红衣主教德尔·蒙特（del Monte），1610年

1571年，米开朗基罗·梅里西·达·卡拉瓦乔（Michelangelo Merisi da Caravaggio）生于米兰。学习绘画一段时间后，1592年卡拉瓦乔来到罗马，在其后的几年内几乎露宿街头、穷困潦倒，但他开始了辉煌的艺术生涯，起先刻画社会底层人物（如1594年的《打牌作弊者》），自1597年起描绘宗教场景。卡拉瓦乔后期的很多作品颠覆传统，去除了文艺复兴末期及反宗教改革运动时期不自然的服饰。

卡拉瓦乔的杰作《圣马太蒙召》和《圣马太殉难》1600年完成后引起轰动，此前宗教人物从未被当做普通人、以现实手法表现，卡拉瓦乔被描述为罗马最著名的艺术家。尽管卡拉瓦乔接受了一系列作画委托，他的作品持续为赞助人和公众带来震撼和冲击——他善于刻画日常细节，在崇高主题中表现人性的弱点，且能够捕捉到一个故事中最富有戏剧性的时刻。

卡拉瓦乔刚到罗马便进入了一个暴力的亚文化圈——也许还和同性恋相关。1606年卡拉瓦乔在冲突中杀了人，先后逃往那不勒斯和马耳他，几年后被捕，被驱逐至西西里，在这里创作了大量作品，且妄想偏执的症状也越来越明显。之后卡拉瓦乔返回那不勒斯，在另一场争执中脸部受重伤，在《执施洗约翰头颅的莎乐美》和《手提歌利亚头颅的大卫》中两次描绘了自己受损的面孔。卡拉瓦乔最后的旅程是乘船偷渡至罗马，请求教皇原谅其杀人之过。他沿河岸拼命奔跑希望追回船上的财物，最终高烧病倒，孤独地死去。**PF**

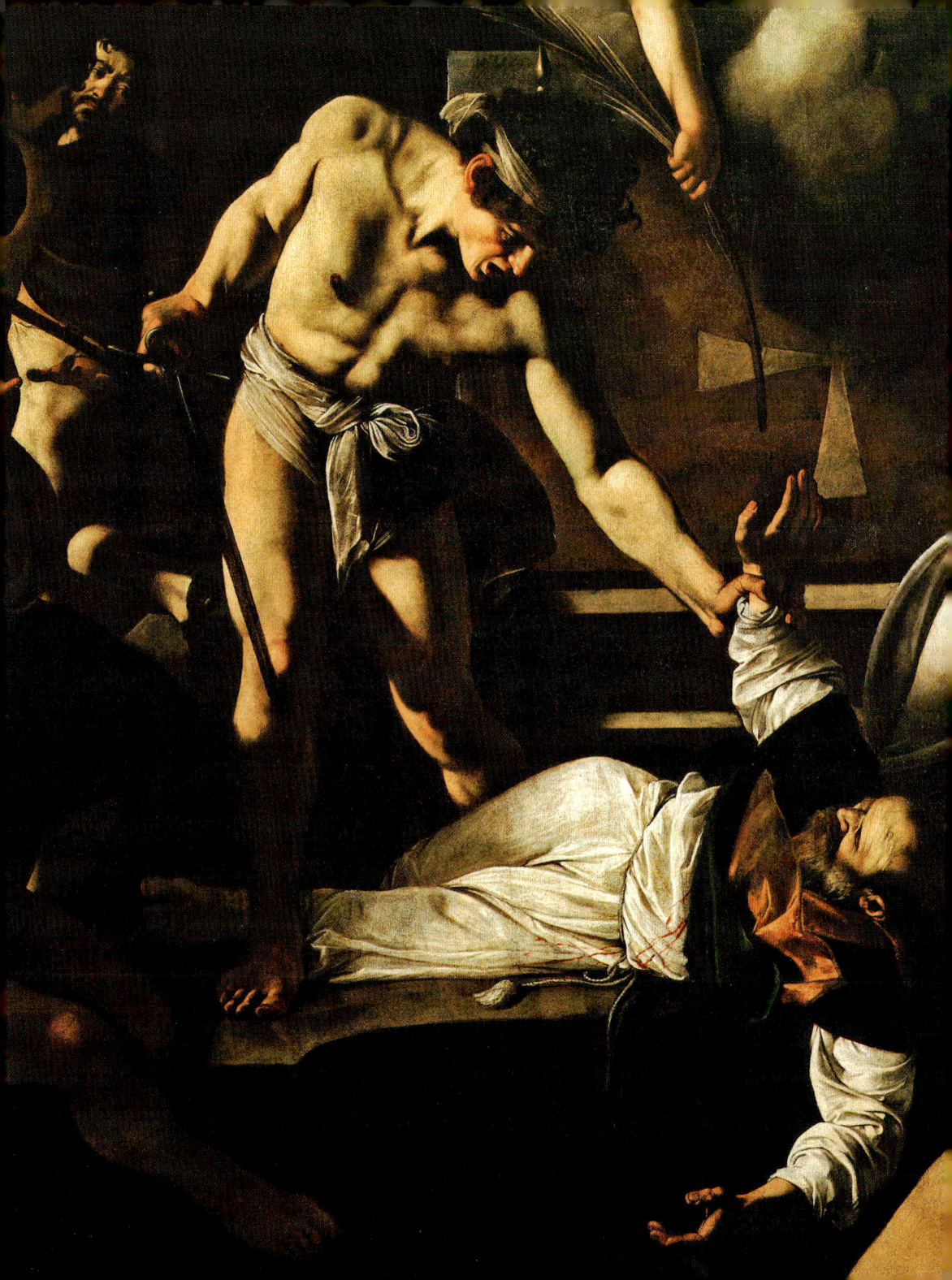

1614年4月5日

波卡洪塔斯结婚
Pocahontas Weds

波瓦坦之女嫁给詹姆斯镇殖民者约翰·罗尔夫（John Rolfe）

1609—1610年冬天，建立詹姆斯镇的殖民者被敌对的土著居民囚禁在堡垒中，被迫以猫狗充饥。有人甚至吃掉了自己死去的妻子。

1613年，当地酋长波瓦坦之女波卡洪塔斯十七岁左右。她友善的帮助新来的殖民者，还喜欢兴高采烈、一丝不挂地在堡垒四周横翻筋斗。但殖民者劫持了波卡洪塔斯以勒索她的父亲。遭到酋长拒绝后，殖民者们喜欢上了波卡洪塔斯，向她传授《圣经》，并为她施洗，洗名定为丽贝卡以纪念《圣经》中以撒勇敢而机智的妻子。次年，波卡洪塔斯在詹姆斯镇的礼拜堂中嫁给了英格兰殖民者约翰·罗尔夫，波瓦坦没有参加婚礼，但也不反对。殖民者和美洲土著居民早已厌倦了长期争斗，这场婚姻帮助双方和解——这也许正是联姻的目的。英国人希望波卡洪塔斯可以带领所有土著居民皈依基督教。1616年，她和丈夫带着刚出生的儿子托马斯来到英格兰募捐。英国人认为这位美丽的野蛮人很讨人喜欢，但波卡洪塔斯在返回弗吉尼亚途中得了重病，船行至格雷夫森德时去世，其坟墓至今仍位于圣乔治教堂。

一年后，波瓦坦去世，英国殖民者们更倾向于武力征服，而非和平共处。波卡洪塔斯之子托马斯·罗尔夫在英格兰长大，1640年移居弗吉尼亚，波卡洪塔斯的血统通过他遗传给千万白种美国人。**RC**

1618年5月23日

布拉格动乱
Trouble in Prague

天主教摄政者被抛出窗外，引发三十年战争

1618年5月23日，布拉格当地召开议会，贵族议员们决心对近来的政事发展提出抗议。施蒂里亚大公（Styria）、未来的神圣罗马皇帝斐迪南出任波西米亚国王，他不仅禁止非天主教徒担任公职，还下令拆除和关闭了克洛斯特格拉布和布洛瑙的新教教堂。议会没有听从当局的命令解散，反而按照图恩伯爵（Thurm）的建议冲进布拉格古堡的宫殿内，拘押两名天主教摄政马天尼（Martinitz）和斯拉瓦塔（Slavata），以无视国王赋予波西米亚宗教自由（1609）之罪对他们草草审判，宣布罪名成立，即决处罚以抛窗之刑——摄政者活了下来，天主教徒认为这是神干预的结果，而新教徒指出他们只是掉在了粪堆上才得以幸存。由此产生了"抛出窗外"（defenestration）一词。

十六世纪末，约有四分之三的德国人信仰新教，很多人认为天主教会被彻底取代，但反宗教改革运动发展加快。

5月23日的抛窗事件引发了持续三十年的冲突。"三十年战争"因宗教而起，但随着波西米亚卷入西班牙哈布斯堡王朝同荷兰的战争，"三十年战争"变得错综复杂，涉及各方政治势力。1648年签署《西发里亚和约》，"三十年战争"结束，日耳曼诸侯割据各自为政，哈布斯堡王朝的神圣罗马皇帝统治奥地利。**RP**

▷ 油画《布拉格抛窗事件》，"三十年战争"肇始

1619年8月

奴隶被拐卖至美洲
Slaves Stolen and Sold in North America

非洲人在弗吉尼亚的詹姆斯镇被当做契约奴卖给出价最高者

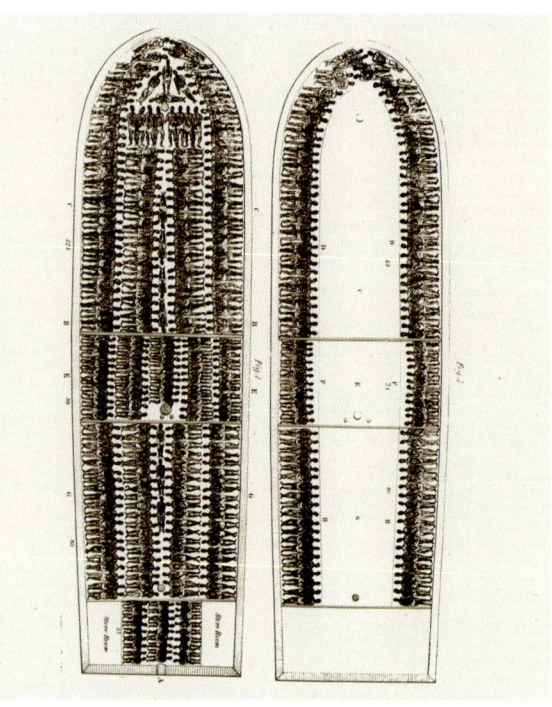

1607年英格兰殖民地詹姆斯镇成立后迅速发展。1620年，已有约一千人迁至弗吉尼亚。殖民者们虽然没有找到所期望的金矿，但发现了珍贵的烟草，英格兰已有现成的烟草市场且利润丰厚——尽管詹姆斯一世大力禁烟，曾于1604年出版《讨烟檄》，但收效甚微。大量种植烟草作物后，殖民地的劳动力很快便供不应求。

1619年8月，葡萄牙商船"圣胡安·波蒂斯塔号"将350名奴隶葡萄牙从安哥拉的罗安达运往墨西哥，途中被荷兰的"司库号"和英格兰的"白狮号"攻击和劫持。五十名非洲人被带往詹姆斯镇，"二十多人"被卖给殖民者当契约奴。

按照契约条款，非洲人被迫为雇主工作七年来换取食宿。这是史料记载中非洲人首次到达英国的北美殖民地，而同年早期的弗吉尼亚人口普查中也提到了另外三十名非洲人。殖民地奴隶制的首个明确证据可以追溯至1640年，名为约翰·潘奇（John Punch）的契约奴隶试图逃走，被判终身服役。1662年，殖民地的奴隶制度合法化。**PF**

◉ 扣押贩奴船的计划；成千上万非洲人被贩奴船运往新世界，从此陷入苦海

◉ 《弗吉尼亚人口密集区地图》局部图，由约书亚·弗里和彼得·杰斐逊于1775年绘制

1620年9月16日

"五月花号"起航
Mayflower Sails

"五月花号"的航行成为美国建国传说之一

　　一百六十吨的"五月花号"载着大约三十名船员和一百零二名清教徒。清教徒多为诺丁汉郡的青年男女和孩子，他们不堪迫害而脱离英格兰教会，流亡至尼德兰的莱顿寻求庇护。因担心被荷兰文化同化，他们在伦敦筹集资金租两艘船前往弗吉尼亚的殖民地。

> "他们感谢上帝带领自己渡过广阔而狂暴的海洋。"
>
> 威廉·布拉德福德（William Bradford），清教徒前辈移民

　　出师不利，清教徒们放弃小船"斯碧薇尔号"，全部挤进"五月花号"。他们在暴风雨中航行2750英里（4425千米），历时六十六天，途中威廉·巴登（William Butten）和一名船员去世，伊丽莎白·霍普金斯（Elizabeth Hopkins）生下儿子，取名为俄亥阿诺斯神（Oceanus，海洋之神）。

　　"五月花号"被吹离航线，11月11日于现今的马萨诸塞州的科德角着陆，12月21日建立永久殖民地。英格兰早期移民们平安抵达新英格兰后形成了强烈的清教徒风格——有敢于反抗权威的坚定的独立精神，并相信自己受到上帝的偏爱。**NJ**

1621年9月/10月

第一个感恩节
First Thanksgiving

清教徒前辈移民庆祝他们在新大陆度过的第一年

　　1620年，乘"五月花号"从英格兰普利茅斯前往新大陆的男女和儿童大多是清教徒，他们同英格兰教会意见相左，寻求可以信仰加尔文主义的自由之地。他们准备开往弗吉尼亚，但经过艰苦的航行后于11月在科德角登陆，找到一处免受风雨侵袭之地，将之命名为新普利茅斯，在此建造房屋并围有栅栏。

　　殖民者们在当地部落的帮助下设法度过了严冬——土著居民对殖民者的到来表示欢迎，认为可以联合殖民者对抗其他部落。夏季时，半数殖民者死亡；但到了秋天，殖民者首领威廉·布拉德福德邀请部落酋长及其勇士享用秋收宴，感谢上帝赐予丰盛的玉米、豆类、南瓜和大麦，庆祝他们在新大陆历尽艰辛、忧愁、心碎却坚忍不拔的度过了第一年。殖民者们猎捕飞禽，土著居民又带来了五只鹿和被殖民者称为"爆米花"的食物。他们在野外烹煮野鸡、鹅、鸭、鹿肉——也许还有鱼——尽情享用一番。当时叉子还没有发明，他们只能刀切后以手抓取食物。据传一名殖民者说："我们发现印第安人信守和约，富有爱心……"

　　如今美国人每年庆祝感恩节加以纪念。按照传统，感恩节定于每年11月的第四个星期四，是家庭团聚的节日。**RC**

1624年5月10日

荷兰西印度公司控制巴伊亚
Dutch West India Company Seizes Bahia

殖民地巴伊亚转手,成为奴隶贸易港

《荷兰舰队占领萨尔瓦多城(巴伊亚)》,安利斯·范·厄特沃特(1590—1652)绘于1624年

葡萄牙人在1500年发现巴西后,从容不迫地派出包含牧师和妓女在内的400名殖民者,于1549年建立了第一个殖民地巴伊亚(今萨尔瓦多),发展为巴西的首要港口。但法国人和荷兰人都想建立新帝国。1555年法国人占领里约热内卢港,但于1567年被葡萄牙人逐出,而荷兰船只不是攻击加勒比海地区的西班牙殖民地,就是同他们进行私下交易。

1624年5月,新近成立的荷兰西印度公司派远征队攻占巴伊亚,次年被西班牙-葡萄牙联军驱逐(1580—1640年间西班牙和葡萄牙由同一个君王统治),但1630年荷兰人卷土重来占领伯南布哥地区(Pernambuco),1637—1644年间由奥兰治家族的拿骚的莫里斯(Maurice)担任总督,并建立了省会累西腓。很多荷兰犹太人来此定居,开始大面积种植甘蔗。1640年,荷兰同西班牙-葡萄牙舰队进行海战,不分胜负。经过长期争夺后,1654年荷兰人被逐出巴西,殖民地重归葡萄牙统治。

殖民地从非洲进口了大量奴隶。当年巴西的主要奴隶贸易港口萨尔瓦多如今成为巴西-非洲文化传统中心,流行坎东布雷教(Candomblé,伏都教式的宗教)等教派。

RC

1626年5月24日

彼得·米努伊特买下曼哈顿
Peter Minuit Purchases Manhattan

荷兰人从美洲土著人手中买下曼哈顿岛

▲《购买曼哈顿岛》，阿尔弗雷德·腓特烈于1892年左右创作

第一个探索今纽约州的人是英格兰航海家亨利·哈德逊（Henry Hudson）——1609年他受雇于荷兰寻找通往亚洲的西北航线，驶入了以其名命名的哈德逊河。荷兰人于1624年在新尼德兰建立若干基地，包括在奥兰治堡的莫霍克人之间建立的皮毛贸易站，以及曼哈顿岛上的农业殖民地——曼哈顿岛由荷兰理事长、瓦隆人彼得·米努伊特从当地德拉瓦尔人手中买下。传说米努伊特以仅值24美元的珠子将土著人骗出曼哈顿，但这一说法遭到历史学家驳斥。保存至今的一份当代记录显示，他"以六十荷兰盾的价格从印第安人手中买下曼哈顿岛"。米努伊特斯购买塔恩岛时付给土著居民布、水壶、斧子、锄子、锥子、贝壳和犹太竖琴，可以推断曼哈顿也是以类似的方式购买。但德拉瓦尔首领是否了解土地的永久所有权，以及是否有权售卖土地也值得怀疑。

米努伊特在这里建立后来的新阿姆斯特丹，成为荷兰在这一地区的行政中心。他同德拉瓦尔人和莫霍克人保持友好的关系，并于1627年向新普利茅斯总督威廉·布拉德福德致信，荷兰和英格兰的美洲殖民地间开始通商。米努伊特还在1637—1638年间于今特拉华州的威明顿市帮助建立了新瑞典殖民地，1655年被荷兰吞并。**RC**

1626年11月18日

基督教界最大的教堂
Greatest Church in Christendom

教皇乌尔班八世为罗马新建的圣彼得大教堂祝圣

▲ 罗马画派作品，作于1665年，描绘罗马的圣彼得大教堂外观及贝尼尼设计的柱廊

▲ 《罗马的圣彼得大教堂十字建筑纵向部分》，十九世纪意大利画派版画

罗马新建成的长方形廊柱式圣彼得大教堂穹顶极其宏伟，高耸入云，彰显着反宗教改革时期教廷的力量和辉煌。教堂的重建工作始于1506年，由教皇尤里乌斯二世主持，一百二十年来，数代罗马人目睹了其建造过程。1626年，教皇乌尔班八世为教堂举行庄严的祝圣仪式，但此时教堂尚未完成。圣彼得大教堂前的广场和柱廊由济安·劳伦佐·贝尼尼（Gianlorenzo Bernini）设计，直至1667年才建成。

四世纪时君士坦丁大帝在传说中的使徒圣彼得之墓上建造了长方形廊柱式大教堂，十五世纪末，旧教堂已破败不堪，罗马教廷决定建立与圣彼得更相称的教堂，通过售卖赎罪券为新教堂募捐，引发路德的极力反对——路德于1517年在维滕贝格张贴《九十五条论纲》。

文艺复兴盛期伟大的建筑师伯拉孟特接受委派设计新的圣彼得大教堂，其后先后有拉斐尔和朱立阿诺·达·桑加罗（Giuliano da Sangallo）接替其位，将原计划的等臂希腊十字式建筑改为拉丁十字式，加长了中殿。1547年，教皇保罗三世劝服已过古稀之年的米开朗基罗勉强接管教堂建造，米开朗基罗吸收已有的构思，重新设计了教堂主体，被视为大部分建筑的主要设计者，他还主持了穹顶的建造，最终由雅各柏·德拉·波尔塔（Giacomo della Porta）完成。新教堂蔚为壮观，内径139英尺（42米），主祭台以上高达394英尺（120米），传说中主祭台之下安葬着圣彼得。**SK**

> "我要在这磐石上建立我的教会……我要把天国的钥匙给你。"
> 《马太福音》16:18—19，刻于圣彼得大教堂穹顶

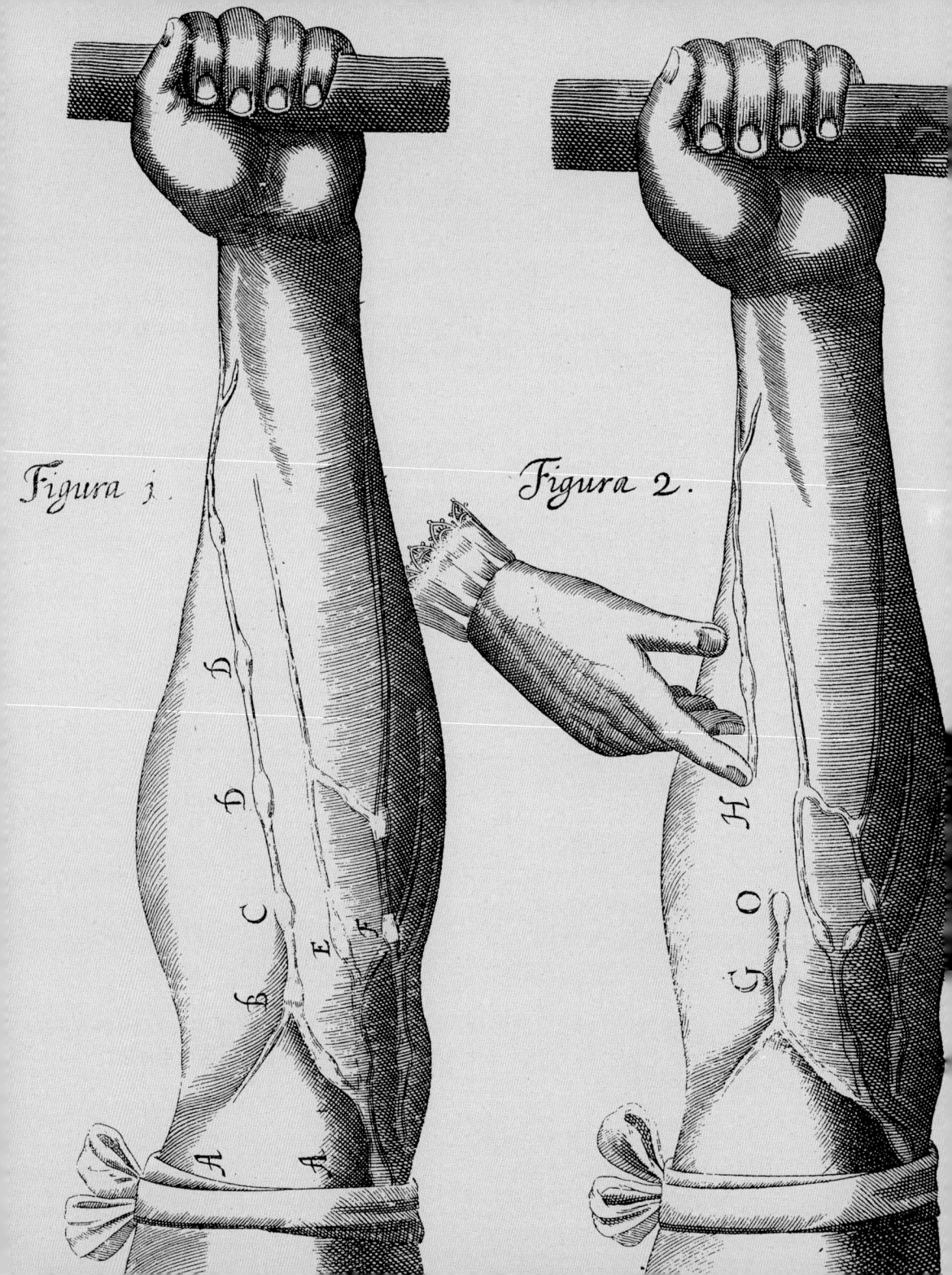

1628年

阐明血液循环原理
The Heart Explained

威廉·哈维（William Harvey）证明心脏为血液循环提供动力

1628年，威廉·哈维发表的心脏功能的研究结果具有划时代意义：他在《关于动物心脏与血液运动的解剖研究》指出，血液由心脏提供动力，在人体内循环后流回心脏。

1578年，哈维生于肯特郡福克斯顿，曾在帕多瓦大学学医——意大利当时被视为解剖研究的中心，据说帕多瓦大学拥有最好的医学院——师从于当时的首席解剖学家西罗尼姆斯·法布里休斯（Hieronymus Fabricius）。1602年，哈维返回英格兰，娶了御医的女儿，并由此获得伦敦圣巴托罗缪医院医生之职。

哈维热衷于解剖学研究。为研究血液如河流经心脏，哈维解剖了多种生物，从蚯蚓、昆虫到哺乳动物，最终正确阐述了血液循环系统的运作机理。尽管哈维的研究结果同医学界经典的伽林（Galen，约公元129—216年）著作结论相左，因而备受法国等地的传统医学家嘲弄，哈维依然扬名欧洲。1657年哈维去世，几年后马尔切洛·马尔皮吉（Marcello Malpighi）通过显微镜证实哈维所推断的毛细血管的确存在——肉眼难以识别的毛细血管连接着动脉和静脉。**SK**

◐ 1628年图解，出自哈维的《关于动物心脏与血液运动的解剖研究》，说明血管中存在着瓣膜

1630年9月17日

山上的城
A City Upon a Hill

约翰·温斯罗普（John Winthrop）和马萨诸塞海湾公司建立波士顿

清教徒前辈移民在新普利茅斯定居后，迎来了更多的英格兰移民，因而开始在附近建立其他小型聚居地。1628年，马萨诸塞海湾公司在英格兰成立。

表面上这是一家商业公司，但它掩藏着持不同政见的新教徒开辟新天地的计划。新教徒首领之一是格罗顿乡绅约翰·温斯罗普，他反对英格兰教会，视国王查理一世为暴君，被选为公司理事。1630年，温斯罗普乘"阿尔贝拉号"带领十一艘船上的殖民者横渡大西洋，选择一处定居，这里有查尔斯河的优良港湾，并以英格兰的林肯郡为之命名为波士顿。温斯罗普曾在"阿尔贝拉号"上向殖民者布道："我们将成为一座山上的城。所有人都在看着我们。"

> "你们是世上的光。城造在山上，是不能隐藏的。"
>
> 《马太福音》5:14

只有虔诚的"圣人"有权选举和加入波士顿政府，人们必须参加教堂礼拜，温斯罗普颁布诏令禁止赌博、渎神之举、不当性行为和纵酒，但他驳回了要求所有女性佩戴面纱的提案。十七世纪三十年代，更多的移民涌入；到1643年，已有两万余英国人来到马萨诸塞海湾。波士顿成为这一地区的中心港口和城市。**RC**

1631年5月20日

攻入马格德堡
Magdeburg Stormed

瑞典国王古斯塔夫·阿道夫（Gustavus Adolphus）未能巩固新教城市马格德堡，令其遭到神圣罗马帝国军洗劫

1620年，"三十年战争"的第一场重要战役——白山战役在布拉格城外进行。神圣罗马皇帝斐迪南二世率领的天主教同盟军击败腓特烈五世统帅的新教诸侯联盟。但瑞典国王古斯塔夫·阿道夫的介入拯救了新教联盟——他想在德国境内保留一个新教堡垒以抵挡南方帝国军的入侵。

1630年，神圣罗马帝国将军戈特弗里德·冯·巴本海姆伯爵（Gottfried von Pappenheim）率军围攻易北河上的新教重镇马格德堡。马格德堡等待着古斯塔夫的援军，挺过了一个冬天。为抵御即将到来的瑞典军队，约翰·蒂利伯爵（Johann Tilly）率两万六千帝国军于1631年4月同巴本海姆会师。

由于萨克森和勃兰登堡路德派选帝侯犹疑不决，既不愿接受帝国统治，也不想依赖瑞典军队，古斯塔夫无法迅速驰援马格德堡。最终巴本海姆会和蒂利攻入城内。

主要由雇佣军组成的帝国军大肆杀戮劫掠两天，直至马格德堡起火。部下的暴行令蒂利震惊，他在马格德堡焚毁的废墟之中静静地度过了整个夏天，萨克森和勃兰登堡路德派选帝侯最终同古斯塔夫结盟抵御帝国军的进一步侵袭。马格德堡成为"三十年战争"中骇人大屠杀的代称，德国在其后的一百年中发展也因此大为滞后。**NJ**

🔵 1631年5月20日，蒂利将军率领帝国军攻入马格德堡

1631年6月17日

爱的纪念
Monument to Love

沙贾汉（Shah Jahan I）建造泰姬陵纪念亡妻姬蔓·芭奴（Mumtaz Mahal）

统治印度大部分地区的莫卧儿帝国第五任皇帝沙贾汉，为他最爱的第三任妻子赐名姬蔓·芭奴，意为"心爱的王宫之光"。姬蔓·芭奴在第十四次分娩时去世，悲痛不已的沙贾汉下令在阿格拉建造泰姬陵。泰姬陵被视为印度伊斯兰建筑的明珠，也是世界七大奇迹之一。

> "永恒面颊上闪耀着一颗无瑕的泪珠。"
>
> 罗宾德拉纳特·泰戈尔
> （Rabindranath Tagore，1861—1941）

1593年4月姬蔓·芭奴生于阿格拉，出身波斯贵族家庭，十四岁时同当时身为库拉穆（Khurram）王子的沙贾汉订婚，1612年5月10日十九岁时成婚。1627年沙贾汉继承父位。诗人们盛赞姬蔓的美貌和德行，称颂她诚实、毫无政治野心，她是沙贾汉深爱并信任的妻子，他外出及征战时都要她陪同，甚至将皇家印信托付给她，委任她担任摄政之职。

传说沙贾汉因悲伤过度头发过早变白，他为亡妻正式服丧一年后，下令建造泰姬陵。两万人辛勤劳作二十年后于1653年完成了这一精巧的圆顶式建筑，高达180英尺（55米）。1666年沙贾汉去世后被安葬于泰姬陵内爱妻身旁。**NJ**

1632年11月16日

北方雄狮去世
Lion of the North Dies

吕岑会战中古斯塔夫·阿道夫战死，令得胜的清教徒陷入愁云惨淡之中

瑞典国王古斯塔夫二世·阿道夫（Gustavus Adolphus）因杰出的军事领导才能赢得"北方雄狮"之称。1630年，古斯塔夫领兵进军德国，扭转了"三十年战争"局势，为抵抗哈布斯堡帝国和天主教联盟的新教阵营注入生命力。古斯塔夫在战场上注重主动进攻和机动性，充分利用优势火力，以

> "我将和你们出生入死、共洒热血。"
>
> 吕岑会战中古斯塔夫·阿道夫对其军队的演讲

亲临前线带队冲锋著称。

1632年萨克森的吕岑会战中，古斯塔夫的对手是神圣罗马帝国指挥官瓦伦斯坦（Wallenstein）——傲慢的名将瓦伦斯坦已经打过多场胜仗。瓦伦斯坦准备撤军至附近的莱比锡驻地过冬，古斯塔夫视之为进攻良机，迫使瓦伦斯坦回军开战。近四万人在一片浓雾和硝烟之中交战，瑞典步兵伤亡惨重，陷入帝国军的火力区中——帝国军及一列重型火炮在壕沟后向瑞典军队开火。激战中没有人注意到古斯塔夫身亡。

尽管古斯塔夫去世，瑞典人依然获得胜利，约半数帝国军死于大屠杀中，瓦伦斯坦被迫撤出萨克森。但吕岑会战带给瑞典的悲痛远胜于胜利的喜悦，瑞典人将永远铭记战场上逝去的国王和六千名士兵。**RG**

1633年6月22日

伽利略在酷刑下被迫宣布放弃其主张
Galileo Recants His Views Under Torture

宗教裁判所传唤被控为异端的伽利略到罗马受审

《1633年梵蒂冈宗教法庭前的伽利略·伽利莱》，约瑟夫-尼古拉斯·罗伯特-弗勒瑞作于1847年

这是史上最著名的审讯之一：一边是从字面意义解读《圣经》的宗教裁判所，坚持认为上帝将地球置于固定基点；另一边是支持哥白尼日心说的伽利略。宗教裁判所命令伽利略宣布放弃其主张，后者在酷刑之下屈服。传说跪在地上的伽利略起身时低声说道，"地球的确在转动啊"，但缺乏确凿证据。

1616年，红衣主教贝拉明曾警告天主教徒伽利略不要"支持或维护"哥白尼的主张，然而教会从未正式批驳哥白尼学说。1623年，长期支持伽利略的枢机主教马菲奥·巴贝里尼（Maffeo Barberini）当选教皇乌尔班八世，他允许伽利略著书阐释其宇宙理论，但要求他在"在假设前提下"探讨哥白尼的观点。1632年伽利略出版《关于托勒密和哥白尼两大世界体系的对话》。这本书采用诙谐的对话形式，由萨尔维阿蒂（Salviatus，代表伽利略本人）和辛普利邱（Simplicius，彻头彻尾的亚里士多德派）进行交流——前者自然更有说服力，而后者显得愚蠢可笑。

伽利略被传唤至罗马，因异端之名受审，被判终身监禁，后改为软禁于佛罗伦萨附近阿切特里的别墅中。软禁之下的伽利略即便失明后依然坚持研究和写作，于1642年1月8日逝世。**SK**

1635年

日本选择闭关锁国
Japan Chooses Isolation

德川家光幕府禁止日本同外界的一切联系

《末吉帆船》，1633年彩色祭祀木版画；1635年日本闭关之前，经常使用这类船只经商

十六世纪时，日本支持本国同外界通商，精英统治阶层中流行进口而来的钟表、枪支等新事物。基督教也一并侵入日本传统的宗教信仰领域，十六世纪末，已有约五十万日本人皈依基督教。但自1600年起，德川幕府开始迫害基督教徒，成千上万的天主教传教士及信徒被送上十字架钉死，日本国内禁止信仰基督教。

德川幕府发布一系列诏令，最终于1635年颁发锁国令，全面禁止同外界的一切联系。日本国民禁止出国和同外界通商，违者以死刑论处。外国人只能在封锁的长崎出岛进出——这一位于日本西南部的港口曾是日本基督教中心，集中设立外国领土。两名葡萄牙人来到日本请求放松锁国令的限制，被处以极刑。

尽管这类仇外法令使得武术、茶道等日本文化及神道教蓬勃发展，也阻碍了科技和经济发展。直至明治维新时期美国舰队司令佩里来航，日本被迫于十九世纪五十年代逐渐恢复对外关系、开国通商。**NJ**

1635年2月22日

成立法兰西学术院
Académie Française Is Founded

规范法语的正式机构法兰西学术院近400年后依然在履行其历史使命

法国国王路易十三世的第一任首相、红衣主教黎赛留一手建立了法国君主专制制度。国王在黎赛留的敦促下创建了独一无二的法兰西学术院,在法国古典文学时期规范了法语语法和拼法,于1698年编纂出版了官方法语词典,其后修订了七版。

十七世纪时,皇室的资助引导和塑造了法国公众的品位,路易十四世的财政大臣让-巴普蒂斯特·柯尔贝尔(Jean-Baptiste Colbert)先后建立了同学术院相似的机构:绘画和雕塑学院(1648)、题铭与奖牌学院(1663)、科学院(1666)和建筑学院(1671)。以上机构在法国大革命时期被取消,后由拿破仑·波拿巴重建为法兰西学会(Institut de France)。法兰西学术院依然是管理法语用法、语法和词汇的权威机构,监督法语中外来词的使用。例如,法语坚持使用ordinateur(computer,电脑)、logiciel(software,软件),和courriel(e-mail,电子邮件)来代替大多数印欧语系语言中直接使用英语舶来词。

法兰西学术院由四十名院士组成,他们被称为"不朽者",院士由院内自行选举。自拿破仑时代起,他们在庆典中身着镶边制服并佩剑。院士多为作家,但杰出的政治家、外交官、律师和神职人员也曾入选。法兰西学术院建成以来共有七百名院士,包括四名女性"不朽者"。**SK**

◐ 布面油画《红衣主教黎赛留(阿尔芒·让·迪普莱西)肖像》,菲利普·德尚贝尼于1639年左右创作

1640年6月7日

加泰罗尼亚起义
Catalonia Rises

加泰罗尼亚独立，宣布成立共和国

加泰罗尼亚早已不堪忍受卡斯提尔的压迫统治。十二世纪时，巴塞罗那地区并入亚拉贡王国，但仍保持其自治权，成为中世纪盛期繁荣的文化和贸易中心，发展了强大的海上势力。这一地中海地区错失了西班牙在新大陆扩张带来的机遇，也躲过了腓力二世统治时期的社会和政治冲突。腓力二世曾试图剥夺加泰罗尼亚的自治权。"三十年战争"期间，加泰罗尼亚同马德里的关系愈发紧张——西班牙重臣奥立维尔斯伯爵（Count de Olivares）对这一地区征收重税；除此之外，西班牙同法国争夺加泰罗尼亚位于东比利牛斯区的鲁西荣，要求加泰罗尼亚供给支持庞大的西班牙军队。

1640年6月7日爆发动乱，这一天正是基督圣体节。自发农民起义军在加泰罗尼亚轻步兵的带领下进军巴塞罗那。数名王室官员被杀，其住所遭到洗劫。面对卡斯提尔发兵入侵的威胁，加泰罗尼亚自治议会主席保罗·克拉利斯于次年1月宣布在法国的保护下成立加泰罗尼亚共和国，1641年加泰罗尼亚军队在蒙特惠奇击败了西班牙军也进一步确立其主权。不久以后，克拉利斯去世，卡斯提尔军队即将攻占巴塞罗那之时，法王路易十三世成为巴塞罗那国王路易斯一世。其后的十二年中加泰罗尼亚人持续进行游击战，被称为收割者战争，最终于1659年签订比利牛斯条约后结束。鲁西荣被并入法国，而马德里获得了巴塞罗那的控制权。**PF**

1640年12月1日

葡萄牙重获自主权
Portugal Freed

第八任布拉干萨公爵（Braganca）被拥立为葡萄牙国王若昂四世

自1581年腓力二世入侵以来，葡萄牙被并入西班牙帝国达六十年，损伤了葡萄牙人的民族自尊心，但并没有阻碍葡萄牙的发展。西班牙建立几处要塞驻军，但没有对葡萄牙实行军事占领。葡萄牙人无需向西班牙国库纳税，且西班牙加强了葡萄牙的海岸防线，巩固了其通往巴西的大西洋航线。很多葡萄牙人利用西班牙在美洲的贸易发家致富。只要前哈布斯堡家族的葡萄牙贵族持续受封、担任要职，并从两国合并中获利，葡萄牙独立便遥遥无期。

但腓力四世为葡萄牙带来转机。西班牙在新大陆的经济衰退，而哈布斯堡王朝又卷入外国战争之中，腓力四世试图在葡萄牙政府中安插更多的卡斯提尔人，以减轻西班牙的困难。葡萄牙的利益被牺牲；更有甚者，葡萄牙人被迫纳税为对西班牙的外战争提供资金。

1637年葡萄牙爆发人民起义，很快遭到卡斯提尔军队镇压。葡萄牙贵族担心西班牙进一步侵略，策划发动政变。1640年，奥里维瑞斯伯爵（Olivares）迫使葡萄牙领地最多的布拉干萨公爵若昂征募数千葡萄牙士兵镇压加泰罗尼亚起义。反叛者安东尼奥·瓦斯·德·阿尔马达（Antonio Vaz de Almada）、米格尔·德·阿尔梅达（Miguel de Almeida）和若昂·平托·里贝罗（Joao Pinto Ribeiro）刺杀了国务大臣米格尔·德·瓦斯贡塞洛斯（Miguel de Vasconcelos），并软禁葡萄牙总督萨瓦的玛格丽特。布拉干萨公爵若昂被立为国王，西班牙驻军被逐出葡萄牙，忙于同荷兰和法国作战的西班牙只能眼睁睁地看着葡萄牙独立。**JJH**

1642年

杰作完成
Great Work Completed

伦勃朗完成其最大的名作《夜巡》

评论家一向将伦勃朗的《夜巡》视为北欧艺术最伟大的作品之一。伦勃朗受到委托，其作品将悬挂于阿姆斯特丹警备队宏伟的新总部中。他以弗兰斯·班宁·科克队长（Frans Banning Cocq）及其连队为对象创作了复杂群像，表现一队穿着考究的武装民兵从街中走过。这幅画在十八世纪时因清漆氧化变暗而被误认为夜景，因而得名"夜巡"。

伦勃朗全名为伦勃朗·哈尔曼松·范·莱因（Rembrandt Harmensz van Rijn），完成《夜巡》时正值其声誉鼎盛时期。1609年伦勃朗生于莱顿市，在阿姆斯特丹定居，擅长历史、圣经题材和肖像画，因其非凡天分而享有盛誉。伦勃朗不断尝试新技法，他在《夜巡》中颠覆了传统的群像画法：他没有将人物整齐的列为一排，而是创造了复杂宏大的动态场景，表现佩火枪、持长矛的警备队员走出昏暗的拱门，有人击鼓，旗手展开旗子，而前方的主要人物班宁·科克驱策部下前进。《夜巡》在动态的画面中体现了阿姆斯特丹的独立精神及其市民的自豪——商业中心阿姆斯特丹推动了荷兰共和国的繁荣发展。

《夜巡》代表了伦勃朗艺术生涯最高点；此后伦勃朗收到的作画委托日益减少。1669年伦勃朗去世，享年六十三岁。**SK**

1642年8月22日

内战开始
Civil War Begins

查理·斯图亚特举起王旗，引发英国内战

多暴雨的夏天即将结束时，矮小、冷漠而不得人心的英格兰和苏格兰国王查理一世在保皇派贵族的陪同下，来到诺丁汉堡最高的塔楼顶端树起了王旗，号召忠实的臣民同他一道与反对王权者斗争。这是传统的开战信号。

陪同国王的军团悉数亮出了军旗，但真正为查理出战的寥寥无几。议会党人几周前就已开始征集军队。"没有敌人的战争"已

> "英格兰内没有人比我更赞同和支持自由。"
>
> 查理一世，断头台上，1649年1月30日

经打响——有时被称为英格兰内战，但实为更长的英国内战，战场之后延伸至苏格兰和爱尔兰。查理一世表明决心后，曾在伦敦同议会党人再次进行和谈，但也敷衍了事、草草结束。查理一世并非战士，但相信他被赋予了向反对者开战的神圣权力。鉴于伦敦易于滋长人民的敌对情绪，内战期间查理在牛津建立新都。两个月后，10月34日，双方首次在沃里克郡的埃奇山进行大规模交战，不分胜负。1649年1月，查理一世在皇宫外被处以极刑，内战以史无前例的处决告终。**PF**

○ 伦勃朗1642年的作品《夜巡》局部，弗兰斯·班宁·科克队长及其警备队群像

1642年12月13日

欧洲人发现新西兰
Europeans Discover New Zealand

荷兰航海家亚伯·塔斯曼（Abel Tasman）发现以其名命名的塔斯马尼亚岛，继而看到了另一块更广大的陆地

亚伯·塔斯曼生于1603年，终身任职于荷兰东印度公司（VOC）——当时尼德兰依然是欧洲的主要海上贸易强国。1634年，塔斯曼担任副指挥的远征队最曾抵达福摩萨（Formosa，今台湾）；他也在1641年和1642年分别航抵日本和苏门答腊岛。1642年，塔斯曼率远征队寻找传说中位于太平洋的"南方大陆"——这片大陆的存在从未得到证实。

11月24日，塔斯曼望见塔斯马尼亚岛西岸，他以荷兰东印度总督安东尼·范·迪门（Anthony Van Diemen）为之命名。他本打算驶向北方，却被盛行风吹往东方，12月13日，他成为第一个发现新西兰南岛的欧洲人。塔斯曼误以为这里同阿根廷的斯塔恩相连，将新西兰命名为斯塔恩大陆。他继续向北方行驶，一艘船遭到岛上土著居民毛利人的攻击，四名水手被杀，塔斯曼将此处称为凶手湾（今黄金湾）。塔斯曼返航时又发现了汤加群岛。

1644年，塔斯曼绘制了澳大利亚北海岸地图。他在巴达维亚定居，富裕起来，成为当地荷兰人的领袖。塔斯曼后半生唯一的污点是未经审判便绞死一个水手，他也因此被罚款降职，后于1659年去世。塔斯曼的发现并没有使荷兰贸易大幅扩张。大约一百年后欧洲人才再次登陆塔斯马尼亚和新西兰。但塔斯曼依然是最伟大的航海家之一。NJ

◐ 十七世纪荷兰画派亚伯·塔斯曼肖像（1603—1659年左右）

1643年5月19日

西班牙败退
Spain Is Quelled

罗克鲁瓦战役中，法国击败西班牙，巩固其在欧洲的地位

丰特斯伯爵（Fuentes）法兰西斯科·马勒（Francisco de Melo）统领两万七千西班牙大军从西班牙领地佛兰德斯出发，经由阿登高地入侵法国，围攻罗克鲁瓦。二十一岁的昂基安公爵（Enghien）率两万三千士兵前来解围。从逃兵口中得知，西班牙六千援军将至，昂基安公爵下令在黎明发动攻击，

> "（西班牙国王们似乎）不仅没有保护其王国，反而加以破坏。"
>
> 路易十四

经过毗邻密林和沼泽的隧道，在罗克鲁瓦城外的山岭上布阵。西班牙军队反应迅速，列出传统方阵。法国人攻击敌阵中心，左翼被击退，但昂基安公爵利用右翼骑兵优势一举包围了西班牙士兵，从后方发起攻击。西班牙骑兵惨败，但步兵方阵在法方炮火轰击之下顽强抵抗。西班牙人的投降信号被曲解，令更多人在大屠杀中丧生。西班牙人伤亡一万五千人，法国损失四千人。

罗克鲁瓦战役令西班牙陆军遭遇一个世纪以来的首场重创，标志着法国成为强国，也开启了昂基安公爵（即后来的大孔代）辉煌的军事生涯。1659年的比利牛斯条约结束了法西战争，确立了法国的地位。**NJ**

1644年4月25日

明朝灭亡
Ming Dynasty Falls

叛军占领北京，明崇祯帝自杀

明朝末代皇帝崇祯于1628年即位，继承了腐败无能的政府。重建长城导致明朝国库亏空，又逢饥荒，各地盗匪与农民叛乱并起，中国陷入社会动乱之中。

1644年，满洲人突破长城，洗劫四十城。4月，人称"闯王"的叛军首领李自成顺利无阻攻入北京。崇祯醉酒、跑遍王宫令

> "……逆贼直逼京师……朕死无面目见祖宗。"
>
> 崇祯临终前于王袍上书

所有人自杀。皇后自尽，崇祯手刃公主及嫔妃。4月25日破晓时分，他爬上王宫后山，脱下皇袍，在树上自缢而亡。李自成自立为顺朝首任皇帝。

明朝将领吴三桂的爱妾被李自成夺去，又见中原陷入混乱之中，心灰意冷，向满洲皇帝多尔衮求援镇压叛军，开长城山海关。6月，清军击败李自成攻占北京，"闯王"自杀。多尔衮立十几岁的侄子福临为清代首位皇帝顺治帝。清政府统治中国直至1911年。**JH**

1645年6月14日

纳斯比战役中保皇党溃败
Royalists Routed at Naseby

托马斯·费尔法克斯爵士（Thomas Fairfax）率领新模范军在英格兰纳斯比重创查理一世的保皇党军队

　　1645年6月在北安普敦郡纳斯比进行了英国内战中的决定性战役。议会新近建立的新模范军在托马斯·费尔法克斯爵士的统帅下从牛津北上，阻截洗劫莱斯特后南下的保皇军队。保皇军以九千兵力对阵新模范军的一万四千人。

　　两军对阵，持火枪和长矛的步兵列于阵中，骑兵分布两翼。查理一世的将领鲁伯特亲王率领骑兵向议会军左翼发起猛烈攻击，王军步兵冲锋，双方步兵交火后转入白刃战。此时鲁伯特若派骑兵包围议会军步兵便可得胜，但王军骑兵冲向敌阵后方。费尔法克斯的副将奥利弗·克伦威尔（Oliver Cromwell）果断率兵稳步快速前进，从右翼向保皇党步兵发起攻击。步兵遭到屠杀之时，查理一世没有率领后备部队冲入败局已定的战场，而是逃往安全之所。

　　新模范军得胜后毫无约束，斩杀王军及其营妓，四处徘徊劫掠死者和将死之人。数千人逃离战场以藏匿战利品。保皇党的大业在战场上已然失利，但查理一世很久以后才意识到这一点。**RG**

● 托马斯·费尔法克斯将军、卡梅伦第三代费尔法克斯男爵（1645年左右），出自1754年插图

● 1645年英国内战中纳斯比战役场景

1647年10月28日

帕特尼论战
Debates at Putney

迈向英格兰议会民主制的第一步

议会党人在英国第一次内战中取得胜利后，于1647年10月28日—11月11日在伦敦帕特尼教堂举行会议。与会者为议会党新模范军的两个主要派别——掌权的独立派，主要代言人为奥利弗·克伦威尔的女婿亨利·艾尔顿（Henry Ireton）；以及激进的平等派，他们派出位代表参加辩论：托马斯·雷恩斯

> "我认为英格兰最贫穷者与最伟大者同样有权生活。"
>
> 托马斯·雷恩斯波洛上校，帕特尼会议

波洛上校（Thomas Rainsborough）及其兄弟威廉、约翰·维尔德曼（John Wildman）和爱德华·谢客斯比（Edward Sexby）。克伦威尔亲自主持帕特尼会议。

平等派以短论《人民公约》和《军队建议纲目》为论据，提出激进的变革要求：以议会权威代替国王统治，议会每两年改选一次；实行成年男子普选权，选民拥有平等权利。

经过十四天的激烈论战，会议因国王逃亡的消息中止——查理一世从汉普顿宫逃往怀特岛。后来新模范军中的平等派发动兵变，被费尔法克斯、克伦威尔和艾尔顿迅速镇压。托马斯·雷恩斯波洛被不明攻击者刺死，平等派大势已去。但在其后几百年中，为民主权利而战的激进人士继承了平等派的理想。**NJ**

1648年8月26日

第一次福隆德运动
The First Fronde

两场起义加剧了法国的冲突

8月20日，大孔代路易二世·德·波旁率领法国皇家军队于朗斯击败西班牙人，消息传到巴黎后，法国的实际统治者红衣主教尤勒·马萨林（Jules Mazarin）感到必须采取行动。马萨林主教为支持"三十年战争"征税，遭到最高法院抵制，便下令逮捕其领袖——最高法院并非现代意义上的议会，而

> "可惜我等正派之人将为恶徒自相残杀。"
>
> 孔代亲王对代表红衣主教马萨林出战的蒂雷纳元帅说

是保护贵族权利的机构。

贵族们煽动巴黎人民暴动，引发"最高法院福隆德运动"；"福隆德"有投石之意，因暴民们曾投石砸破马萨林的窗子而得名，枢机主教被迫让步。

1648年10月马萨林成功签署《威斯特伐利亚和约》，解除了"三十年战争"的负担，重新确立法国王室的权威。1653年结束的第二场"贵族福隆德运动"持续时间更长，造成了更大的伤亡和混乱，分别代表贵族和王室的两员大将孔代亲王和蒂雷纳被迫兵戎相见，结果王军占领巴黎，加强了王权统治，路易十四世开始对法国的长期专制统治。马萨林直至1661年去世前一直控制政府，而两场福隆德运动令路易十四世对人民起义心有余悸。**NJ**

1648年10月24日

签署《威斯特伐利亚和约》
Treaty of Westphalia Ratified

《威斯特伐利亚和约》标志着三十年战争结束，确立国际关系准绳

▲《1648年明斯特条约签署宣誓仪式》局部图，作者为杰拉德·泰尔博赫（1617—1681）

天主教派神圣罗马皇帝斐迪南三世为争取宗教和政治大权，同新教派日耳曼诸侯、波西米亚、萨克森和莱茵－普法尔茨选帝侯展开"三十年战争"。双方相持不下，西班牙、瑞典及法国先后卷入战争。《威斯特伐利亚和约》规定，日耳曼诸侯恢复确立国教的权利，且国内少数派享有宗教自由，承认加尔文派及路德派为合法教派，令外国势力难以干涉其他国家内政；法国得到位于边境的阿尔萨斯—洛林地区，瑞典控制北方日耳曼港口，巴伐利亚、波西米亚和奥地利仍归神圣罗马帝国统治。

《威斯特伐利亚和约》的幕后策划人是手腕高明的枢机主教马萨林、法国少年国王路易十四世的摄政统治者。和约由两部分组成，签署时间相隔五个月：5月15日达成《奥斯纳布克条约》，又经过五个月的漫长会议，于10月24日签署《明斯特条约》——天主教和新教代表不愿见面，外交会议只得在两地分别举行。西班牙、法国、瑞典、神圣罗马帝国以及日耳曼诸侯、尼德兰联邦和瑞士联盟均派代表出席会议。这是首个涉及整个欧洲的外交会议，欧洲国家首次尝试全面解决其长期纠纷。NJ

1649年1月30日

查理·斯图亚特被斩首
Charles Stuart Loses His Head

国王查理一世因叛国罪斩首，英格兰由君主制转为共和制

版画《1649年英格兰国王查理一世在白厅处决》，伯纳德·皮卡尔作于1730年

1月的早晨，簌簌发抖的国王查理一世多穿了一件绸衫御寒，被送上白厅宫宴会厅外匆匆搭建的木质断头台。国王在庞大的人群面前发表庄严演说，原谅了蒙面的刽子手——其身份仍然存在争议——之后将头置于断头台上。当时的记录显示，刽子手干净利落、一刀砍下国王的头，全场一片失望叹息声。据说有人将手帕蘸入国王的血泊之中。刽子手一击之下，英格兰成为共和国，但对于依然忠于君主制的人们而言，查理是一名殉道者。

此前一周，英格兰组建特别法庭在威斯敏斯特大厅进行了史无前例的审判，审判对象是被控有叛国罪的国王查理一世。但查理相信君权神授，拒绝承认议会的合法性，且认为人为组建法庭无权对自己进行审判；七天后查理被判有罪，五十九人签署通过了处死国王的决议，他们后来被称作弑君党人——约翰·布拉德肖（John Bradshaw）率先签字，奥利弗·克伦威尔是第三个。

国王被斩首十天后，一本据称为查理所作的回忆录《圣容》流传开来。共和国期间君主制的思想得以保存，《圣容》功不可没，最终斯图亚特家族、查理之子查理二世于1660年复辟。**PF**

1649年4月

出清皇家藏艺术品
Royal Art Sold Off

新政府卖掉查理一世的艺术收藏品筹集资金

英格兰国王查理一世尽管有着明显的过失，但他真心热爱和欣赏高雅艺术，且极具收藏家的眼光。查理曾长时间追求西班牙公主未果，1623年他因此来到西班牙，点燃了对艺术的热情。西班牙人以戏谑的态度向查理展示、出借、进而出售了几幅意大利大师提香的华丽作品，不少画面中展示了大量女

> "（查理的艺术收藏品）充斥着罪恶、偶像崇拜，极为恶劣。"
>
> 清教牧师威廉·普林
> （William Prynne），1649年

性胴体，仅覆以极少的皮毛或丝绸。查理只身返回英格兰，但带回了不少收藏品。

到英国内战时期，查理的收藏品已多达一千二百余件，包括达·芬奇、委罗内塞、鲁本和他自己的宫廷画家安东尼·范·戴克（Anthony Van Dyck）的作品。1649年，查理被处决后不久，其所有藏品被资金紧张的新政府匆匆出售。有些艺术品被当做赔偿赠予议会党阵亡士兵的遗孀，还有的被玩笑般的送给了被裁员的王室供应商和仆从——宫廷布商得到了部分挂毯，皇家水管工得到了巴萨诺（Bassano）的《大洪水》。1660年查理二世复辟后，依靠暴取豪夺的部下，尽全力收回了除三百幅画外的所有收藏品，组成了如今英国皇室的核心收藏品。**NJ**

1649年9月11日

德罗赫达遭劫
Drogheda Sacked

奥利弗·克伦威尔组织军队洗劫爱尔兰天主教城镇

1649年，反抗英格兰统治的天主教爱尔兰联邦及其盟友、英格兰保皇党控制着爱尔兰城镇德罗赫达。英格兰议会派奥利弗·克伦威尔率新模范军镇压天主教徒起义。

德罗赫达位于博因河畔，外围设有雄伟壮观的城墙。克伦威尔兵临城下，保皇派总督亚瑟·阿斯通爵士（Arthur Aston）拒不投

> "我相信这是上帝对这群可怜的野蛮人作出的公正审判。"
>
> 奥利弗·克伦威尔于德罗赫达

降。克伦威尔用重炮猛烈轰击城墙，令士兵攻入城中。新模范军重创爱尔兰和保皇党军队。一队人到教堂中避难，但整座建筑被焚毁，教堂内的人被活活烧死。传说阿斯通被人用自己的木腿打死。

德罗赫达三千守军中几百人被杀，生者沦为战俘，被运往巴巴多斯。平民死亡人数不详。克伦威尔替新模范军的杀戮开释，说这是为之前被天主教徒屠杀的新教徒报仇，且可以通过向爱尔兰人灌输恐惧而缩短战争。克伦威尔的铁拳并没有迫使爱尔兰投降。但克伦威尔在德罗赫达犯下的暴行及其持续采取激烈的反天主教政策被爱尔兰人铭记，为日后爱尔兰反抗英格兰统治埋下伏笔。**RG**

1650年2月11日

勒内·笛卡儿逝世
René Descartes Dies

杰出的哲学家留下大量精神遗产,为启蒙运动的飞跃发展打下基础

1650年,法国哲学家和科学家勒内·笛卡儿、欧陆理性主义哲学及笛卡儿数学思想奠基人,在瑞典斯德哥尔摩的寒冬中去世。笛卡儿一生四处游历,1649年应求学心切的年轻女王克里斯蒂娜之邀来到瑞典首都,教授数学——尤其是几何学。女王坚持要求声名卓著的导师配合她早起,五十四岁的思想家被迫放弃在床上工作至中午的终生习惯,早上五点穿过阴暗冰冷的街道,开始为王室学生授课。

陌生的作息和北方阴冷的天气令哲学家原本不佳的健康状况恶化,最终患肺炎去世。笛卡儿之前曾成功调养好了法国大使的肺炎,也可能因此被传染。笛卡儿对科学和哲学发展产生重大影响。笛卡儿称"我思,故我在",认为应当以理性而非信仰作为知识的基础,且应当明确区分物质世界和精神世界——前者可通过理性方式认知,而后者不可知。

笛卡儿的遗体葬在斯德哥尔摩,法国大革命时期改葬于巴黎先贤祠,后迁至圣日耳曼德佩教堂。**NJ**

- 笛卡儿肖像复制品,弗兰斯·哈尔斯1649年左右所作的原画遗失
- 皮埃尔-路易·杜梅斯尼尔(1698—1781)描绘的笛卡儿在瑞典教导克里斯蒂娜女王的场景

1650年4月6日

定居开普敦
Cape Town Settled

赞·范里贝克（Jan van Riebeeck）建立开普敦定居

南非的海角曾有三位著名的葡萄牙航海家探索过：巴尔托洛梅乌·迪亚士（1486）、瓦斯科·达伽马（1497）和将此地命名为桌山的安东尼奥·达·沙丹那（Antonio da Saldanha, 1503）；但是直至1650年，欧洲人才首次尝试长期定居，荷兰人赞·范里贝克建立了这一地区首个欧洲殖民地，引进亚洲奴隶，赋予聚居地十分强烈的荷兰风格，并为日后的种族冲突埋下伏笔。

赞·范里贝克的任务是建立殖民地，为来往于荷兰和荷属东印度地区的船只补给食物和淡水。他的旗舰"卓米达里斯号"于4月6日着陆。范里贝克一行人——包括他的妻子玛利亚（Maria de la Quellerie）建造木屋，开垦菜畦。他们同土著科伊人交换所需，获得了牛羊，殖民地发展起来。十七世纪五六十年代爆发英-荷战争，促使范里贝克建造泥墙堡垒Djinhoep，外围设有多刺的杏树藩篱保护——人们今天可以在开普敦植物园看到当年流传下来的杏树藩篱。

1657年殖民者们获得允许，可以自由开垦农田以增加食物产量；欧洲入侵引起了科伊人的警惕，次年发生殖民者和土著居民间的首场武装冲突。1679年，范里贝克的继任者西蒙·范德斯特尔（Simon van der Stel）首次引入葡萄藤，开启了南非今天发达的葡萄酒产业。1688年，法国清教徒雨格诺派为逃离宗教迫害来到开普敦，欧洲人口进一步增加。发展开普敦市的条件已经成形。**NJ**

1652年

天才之作
A Work of Genius

贝尼尼完成伟大的雕像《圣特蕾莎的神迷》

圣特蕾莎头戴兜帽，身着宽松的长袍，心醉神迷的瘫卧，站在云端的天使箭尖直指她的心脏，金色光芒从上方的窗中倾泻而出，令他们沐浴在圣灵的光辉之中。济安·劳伦佐·贝尼尼为罗马胜利圣母教堂的科纳罗礼拜堂设计的雕像构思精巧、极具戏剧性，成为巴洛克艺术的杰作，描绘了西班牙修女和神秘主义者、阿维拉的特蕾莎在其自传中提到的幻象——特蕾莎称天使以圣爱之矛刺穿了她的心。

贝尼尼是造诣高深的建筑师和画家，也是杰出的雕塑家，其才华推动罗马转变为巴洛克风格城市。1598年贝尼尼生于那不勒斯，八岁时来到罗马，十几岁时已进入教廷，为枢机主教和富有的资助人服务。除1663年短期访问巴黎的不快经历外，贝尼尼终生在罗马建造、装饰教堂和宫殿。他对圣彼得大教堂众多贡献包括主祭台之上富丽堂皇的铜和大理石制镀金天篷，以及围绕圣彼得广场的柱廊。

然而贝尼尼最为罗马人民称道的作品是他为街道和广场精心设计的喷泉，尤其是贝尼尼广场的特里同喷泉和纳沃纳广场的四河喷泉。贝尼尼于1680年去世。**SK**

○ 罗马胜利圣母教堂科纳罗礼拜堂：祭坛上贝尼尼创作的《圣特蕾莎的神迷》局部

1635年6月5日

女王退位
Queen Abdicates

瑞典女王克里斯蒂娜转信罗马天主教并退位

　　克里斯蒂娜生于1626年，是瑞典新教国王古斯塔夫·阿道夫唯一成活的孩子。在能征善战的古斯塔夫令下，克里斯蒂娜被当做男孩抚养长大，她一直穿着男性服饰，被授以"非女性化"的行事风格。1632年古斯塔夫为新教在吕岑战役中战死后，克里斯蒂娜继位，即位仪式几乎没有对其女性身份作出任何调整，她按照父亲的命令被加冕为"国王"。最初古斯塔夫睿智的大臣阿克塞尔·奥克森谢纳（Axel Oxenstierna）提出建议，令克里斯蒂娜的兴趣专注于学问，她也因此邀请哲学家笛卡儿担任她的私人教授。

　　但在1651年后，克里斯蒂娜日益对国事政务失去兴趣，越发醉心于秘密研究天主教。女王的新信仰、奢侈生活以及对外臣的偏爱令其退位成为流行的话题。最终克里斯蒂娜退位，使用多纳伯爵（Dohna）的假名离开瑞典前往罗马，因其皈依天主教的名人身份成为教皇亚历山大七世的座上宾。

　　克里斯蒂娜因挥霍无度而破产后来到法国，但因在隔壁房间下令杀害奸诈的廷臣蒙纳尔德希（Monaldeschi）失去公众的青睐。她试图返回瑞典，但于1689年中途在汉堡去世。史上获得葬于梵蒂冈圣彼得大教堂殊荣的女性仅有四人，而克里斯蒂娜是其中之一。她被广泛视为女同性恋的代表以及跨性别者的英雄，但她更有可能是一名冷淡的异性恋者，同她之前的伊丽莎白一世一样，不愿与配偶分享权力和公众的关注。**NJ**

1656年

不可思议的场景
An Enigmatic Scene

委拉斯开兹的《宫女》刻画错综复杂的西班牙王室

　　技艺精湛的葡萄牙籍画家迭戈·委拉斯开兹（Diego Velázquez）生于塞维利亚，是十七世纪中期西班牙黄金时代腓力四世的首席宫廷肖像画家。委拉斯开兹早年在宫中获得国王的青睐，1643年其主要支持者奥里维瑞斯伯爵失势后，依然保持了他的地位。

> "……以正确的记录满足其王室主顾是（委拉斯开兹的）职责。"
> 肯尼思·克拉克（Kenneth Clark），《绘画观赏》，1960年

　　委拉斯开兹为国王和王后作过几幅著名的肖像，并创作了《布雷达投降》（1634—1635）等描绘西班牙军队获胜的作品。然而他的名作是以国王的小女儿及其侍从为对象的《宫女》，成为西班牙黄金时代的标志。画面布局神秘莫测、纷繁复杂，中心是五岁的玛格丽特公主和两名侍女、两名侏儒、女主管和一条狗；左侧是站在画架前的画家本人（委拉斯开兹唯一已知的自画像），观众只能看到画架背面；后方墙上镜中映出国王腓力四世和奥地利的玛丽安娜王后。《宫女》常被称为"画中画"，其复杂难解的布局令几世纪以来的艺术家和评论家为之陶醉。**PF**

◯ 委拉斯开兹著名的《宫女》（1656），表现腓力四世一家人，现藏于马德里普拉多博物馆

1658年7月31日

兄弟争夺王位
Brothers Fight for Imperial Crown

奥朗则布（Aurangzeb）铲除兄弟，赢得王位争夺战，继承父亲的莫卧儿帝国

1657年，莫卧儿皇帝沙贾汉患病，国王驾崩的谣言迅速传开，诸子相争，奥朗则布以弟弟穆拉德的名义取得一系列胜利，宣布长兄达拉（Dara）篡权。而沙贾汉决意立长子为继承人，将帝国传给达拉。

继而发生了血腥的战争，最终奥朗则布在Samurgah战役中击败达拉的军队，身在阿格拉的皇帝被奥朗则布的军队包围，只得投降。其后奥朗则布不再支持穆拉德，并将后者处决。1658年7月，穆拉德的支持者转而拥立奥朗则布为皇帝。

奥朗则布又用一年时间击败了长兄达拉和菽查（Shuja），最终于1659年加冕。奥朗则布直至1707年八十八岁时去世前一直统治莫卧儿帝国，被评为最后一位伟大的莫卧儿皇帝。尽管在奥朗则布的统治下，莫卧儿帝国进入鼎盛期，但有人认为奥朗则布过度扩张导致帝国西北部最终被崛起的马拉地帝国夺去。

奥朗则布信仰伊斯兰教逊尼派，并试图在帝国内推行伊斯兰教教法，因而受到很多穆斯林的崇敬。他放弃了先辈们的宗教宽容政策，压迫印度教徒。奥朗则布的批评者认为他的分裂政策导致莫卧儿帝国在其去世后开始衰落。**TB**

◀ 十八世纪印度莫卧儿派袖珍画，表现达拉及其军队

1660年5月29日

查理二世复辟
Charles II Restored

议会邀请查理·斯图亚特回国登上王位

查理·斯图亚特三十岁时得到了极其盛大的生日礼物：斯图亚特王朝复辟。英国内战期间，少年查理被送往法国以保证其人身安全，但1649年其父王被处决后，查理被拥立为苏格兰国王，并于1650年前往苏格兰即位。1651年，查理的军队在伍斯特战役中失利，查理被迫乔装出逃，传说他有时还会藏在树丛中躲避追兵。查理及其追随者移居荷兰布雷达等待时机。

> "议会下令……将国王的生日定为感恩节。"
>
> 塞缪尔·佩皮斯（Samuel Pepys）的日记

1660年，奥利弗·克伦威尔去世十八个月后，人民开始对继承父位的不幸的理查感到失望，查理的机会终于来了。掌管苏格拉军队的乔治·蒙克（George Monck）将军为解决混乱的政局，召开了新一届议会，不少保皇党人入选。议会请查理回国，后者于五月第三周起航，5月25日抵达多佛。5月29日理查生日这一天，他在盛大的游行队列簇拥下走过肯特、回到伦敦。

当年签署处死查理一世决议的人中有三十一人在世，查理二世处死了其中十二人，克伦威尔及另外两名弑君者的尸体被挖出来示众。查理二世在后半生的统治中努力确保无论自己陷入怎样的政治困境，都不必再次被迫流亡。**PF**

1661年9月5日

富凯被捕
Fouquet Arrested

富凯盛大的烟火奇景点燃了法国国王路易十四世的怒火

路易十四(1638—1715)五岁时即位，统治法国共72年。路易十四统治初期，其宫廷受困于动荡的证据和薄弱的财政基础，他因金钱问题逐渐依赖富有的尼古拉斯·富凯（Nicolas Fouquet），后者自1653年起担任财政大臣。

富凯极具个人魅力且多才多艺：他相貌英俊，学识渊博，风趣健谈。富凯在政治上也十分精明，支持路易的宰相、红衣主教马萨林——马萨林遭到流放期间依然如是。富凯斥巨资重建家族的沃-勒-维贡特城堡，将它装饰得富丽堂皇。相比之下，财政上捉襟见肘的年轻国王路易十四世睡磨破的床单，穿旧衣服。1661年3月马萨林去世后，国王越来越担心富凯剥削自己的钱财，命人密切注意财政大臣的举动。

1661年8月17日，富凯在其城堡中盛情款待路易十四，引发国王的妒忌。国王下午六点钟抵达，休息过后参观了花园，用餐时有二十四架小提琴为其演奏，其后人们向路易致敬，献上喜剧芭蕾表演。凌晨一点路易观赏了运河之上的烟火表演，返回城堡途中，映入眼帘的是穹顶上发射的烟花奇景。

三周后富凯被捕。路易开设特别法庭审讯有贪污嫌疑的财政大臣。富凯巧妙地为自己辩护，但经过三年的审判，其罪名落实，富凯被流放，财产被没收。富凯在狱中度过了人生中最后十五年。**PF**

1664年8月27日

荷属殖民地投降
Colony Capitulates

新阿姆斯特丹一枪未发，向英军投降

　　装有木腿的彼得·斯特伊弗桑特（Peter Stuyvesant）自1647年起担任新阿姆斯特丹总督，尽管他做出了种种努力，新阿姆斯特丹的规模依然不大。斯特伊弗桑特建造了城墙（今华尔街所在地），他的小镇吸引了英格兰、法国和斯堪的纳维亚的移民，并引入了非洲奴隶。尽管如此，1660年时，这一地区的居民仅有1500人左右。同年，英格兰斯图亚特王朝复辟，查理二世即位，决定收复荷兰的新尼德兰，令其两端的新英格兰及南方的英属殖民地连为一体。

　　1664年，查理二世将北美洲的大量土地（包括荷兰领土）授予弟弟约克公爵詹姆斯——未来的国王詹姆斯二世。四艘英格兰船载着300名士兵驶入新阿姆斯特丹港口，大炮瞄准摇摇欲坠的堡垒。英军的将领是上将理查·尼考尔（Richard Nicoll），他曾参加英国内战，是精明的保皇党人以及约克公爵信任的盟友。他命令荷属殖民地投降，许诺保护市民的人身和财产安全，并保证殖民地今后将继续同荷兰通商。总督斯特伊弗桑特尽力召集兵力，但市民们不愿开战，恳求总督保全他们的性命，直接投降，数日之后，心有不甘的总督只得照做。英国人未发一枪便夺取了殖民地。

　　尼考尔信守承诺。荷兰守军获得战败军优待坐船回国。斯特伊弗桑特在曼哈顿的农场上默默生活，直至1672年去世。此时英格兰在美洲东海岸的殖民地从缅因延伸至弗吉尼亚，1665年6月，新阿姆斯特丹更名为纽约市。**RC**

1666年9月2日

伦敦大火
London's Burning

大火持续数日，焚毁伦敦城

　　拥挤不堪、杂乱无章的伦敦有两万五千居民，城内多为木制建筑。1666年9月2日星期日，伦敦桥附近普丁巷的一家面包铺失火，大火在强东风推动下迅速蔓延，而附近房屋多用茅草搭建屋顶，几小时之内火势已无法控制。尽管人们拼命洒水灭火，大火持续了五天。

> "教堂和房屋顷刻便起火燃烧起来，一片可怕的声响……"
>
> 塞缪尔·佩皮斯的日记

　　伦敦城五分之四的建筑——约13000所房屋、88座教堂（包括中世纪的圣保罗教堂）——在大火中化为灰烬。数以千计的人逃往城北的摩菲尔兹避难。尽管大火造成了巨大破坏，仅有几人丧生。无论如何，人们以此为契机用砖重建了伦敦城。曾提出几个街道规整重建计划，但因地块所属权问题被搁置，保留了大部分旧有街道布局。克里斯多佛·雷恩（Christopher Wren）成为伦敦大火后的设计师，主持重建了包括圣保罗大教堂在内的54所教堂。

　　1644年，人们在最先起火的地点竖立纪念碑，最初的铭文将大火归罪于罗马天主教徒，后被除去。纪念碑屹立至今。**PF**

○ 十七世纪英格兰画派木版画（后上色），描绘1666年的伦敦大火

1667年8月20日

《失乐园》出版
Paradise Lost Published

约翰·弥尔顿出版史诗获得五磅的丰厚酬金，《失乐园》如今被视作最伟大的英语作品之一

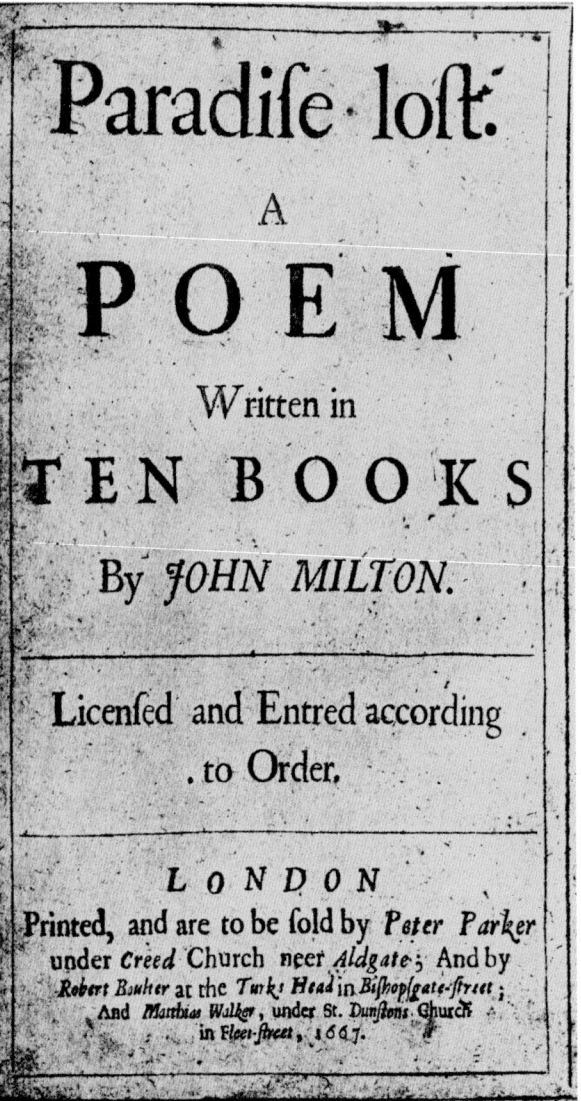

约翰·弥尔顿是清教徒革命时期奥利弗·克伦威尔手下最有力的宣传者，但机缘巧合之下只得回归其早年所热爱的诗歌创作。弥尔顿为共和国作大量宣传材料而失明，两任妻子相继去世。1660年君主制复辟，仿佛以色列人突然决定离开应许之地，返回埃及继续做奴隶。弥尔顿退出政坛，得以致力于他于1639年起计划的诗作。1663年《失乐园》完成，1667年出版。

弥尔顿为"向世人昭示天道的公正"，以《旧约》为主题，仿照荷马和维吉尔创作史诗《失乐园》，戏剧性地表现了人类堕落过程：堕落天使路西法（撒旦）接掌地狱，进而诱惑人类，令亚当和夏娃被逐出伊甸园，最终弥赛亚到来，宣告人类可以获得"内心的天堂"。《失乐园》以上帝的视角看待人类的堕落，但实际上有些评论家将撒旦视为主角。

弥尔顿融合了圣经故事及古典和异教神话，以阐述其激进的新教观点，探讨偶像崇拜等问题——对于弥尔顿而言，国王的君权神授也属于偶像崇拜。他因此批判了保皇党的政权，但在君主制下度过了后半生。《失乐园》被视为最伟大的英语作品之一，成为威廉·布莱克（William Blake）等众多作家的灵感之源。**RP**

◉ 弥尔顿的《失乐园》第一版扉页，1667年于伦敦出版

1668年9月17日

第一家现代银行
First Modern Bank

瑞典设立中央银行进行存、贷款业务

斯德哥尔摩银行是一家由荷兰商人约翰·帕姆斯特鲁奇（Johan Palmstruch）四年前成立的私人银行。斯德哥尔摩银行以其一半的利润向瑞典王室换取了瑞典银行业三十年的垄断权。起初帕姆斯特鲁奇以短期存款支持长期贷款，但在存款者要求支取时陷入困境。他为提高银行的流动性发行了不同面额的纸币，结果大为流行——实际上已经过于流行：纸币发行过多，1664年银行停止运营，三年后倒闭，帕姆斯特鲁奇入狱。

1668年9月，在瑞典经营银行的特权转移至新的机构手中，成立国会银行。新银行由国会直属公务员管理，导致银行事务成为十九世纪中期以前瑞典内政的重要内容。银行最初办理个人存、贷款业务，但随着十八世纪初期北方大战的爆发，向政府提供大宗贷款的需求基本取代了银行的前期功能。

虽然起初并未获准发行纸币，但1701年起，国会银行开始发行"流通票据"，并在Tumba Bruk设立造纸厂以减少伪钞的可能性；同时批准商业银行发行纸币，而国会银行持有同发行量等值的存款。1886年，国会银行更名为瑞典中央银行，1897年成为中央银行，是如今世界上历史最悠久的国家银行。**PF**

1682年4月9日

拉萨尔为法国国王占领路易斯安那
French Claim Louisiana

拉萨尔占领密西西比流域领土，但路易十四世完全不为所动

拉萨尔爵士热内-罗贝·卡瓦利尔（Rene-Robert Cavalier, 1643–1687）出身于富有的鲁昂家庭，曾当过牧师，1666年前往加拿大，在蒙特利尔附近建立设有防御工事的村庄。十七世纪六十年代末期，他几次探索美洲南部和西部，发现了俄亥俄河，以法国国王的名义探索五大湖，想通过北美东部沿海地区英格兰殖民地以西的未知地带寻找通往太平洋和加勒比海地区的路线。

拉萨尔走过密歇根湖，使用雪橇沿结冰的伊利诺斯河前进，于1682年2月到达密西西比河，乘独木舟顺流而下；4月9日一行人抵达墨西哥湾，拉萨尔在此处立起十字架，并在木桩上固定了以炊具铸造的法国国王盾形纹章。拉萨尔为法国占领了整个密西西比河流域，将之命名为路易斯安那。其后他经过艰辛的旅程北上返回法国，而传说路易十四将拉萨尔的发现评价为"毫无用处"。

1684年7月，拉萨尔再次带领小舰队和200名船员出航前往新大陆，打算在密西西比河口附近建立殖民地。他们在密西西比三角洲以西德克萨斯的马塔戈达港登陆，其后苦苦支持着他们所建立殖民地——圣路易斯堡垒。1687年3月拉萨尔率领远征队沿密西西比河搜寻通往法属加拿大殖民地的路线，但拉萨尔在完成任务前就被反叛者杀害了。

法国人的出现令西班牙人重新开始在墨西哥湾北岸活动，且法国人不断同英国殖民地发生冲突，导致路易斯安那发展缓慢。1803年拿破仑将路易斯安那所有领土售予美国。**PF**

1682年4月25日

佩恩的宪法
Penn's Constitution

威廉·佩恩（William Penn）在宾夕法尼亚确立思想自由的原则

▲ 十九世纪艾伦·斯图亚特的作品，描绘国王查理二世授予威廉·佩恩宾夕法尼亚特许状的情景

> "未经本人同意，任何人无需屈从于他人政见。"
>
> 《宾夕法尼亚政府结构》，1682年4月25日

1681年，英格兰国王查理二世将面积几乎同英格兰相当的大片土地封给贵格会教徒威廉·佩恩，以偿还欠其父上将威廉·佩恩爵士的债务。佩恩为纪念父亲将之命名为宾夕法尼亚，并为当时在英格兰遭到迫害的贵格会教徒及其他新教徒建立了宾夕法尼亚殖民地。主要的拓居地成为费城，佩恩设计了棋盘式街道布局，成为日后众多北美城市的常见结构。一年后，一支舰队载着约两千名英格兰人抵达宾夕法尼亚，日耳曼、法国和其他地方的移民接踵而至。

为保证殖民地依照贵格会宽容的教义原则发展，佩恩制订了《宾夕法尼亚政府结构》。这份文件规定了土地持有者及其他公民的权利，确立殖民地依法统治，设立选举议会，规定议会及佩恩本人作为总督的职责，在西方世界首次确立思想自由原则，申明所有教派的教徒有权自由选择其信仰。死刑仅适用杀人犯和叛国者。

世界上第一部宪法《宾夕法尼亚政府结构》于1682年4月25日正式签署，公民可以通过修改宪法和平改革——其后的十年中确实如此——1701年又通过《公民权利纲领》加以补充，限制总督权力。最终《宾夕法尼亚政府结构》证明了成文宪法的优越性，成为一个世纪后美国国父起草宪法的依据。**PF**

1682年5月6日

太阳王的宫殿
Court of the Sun King

国王路易十四世在凡尔赛宫设立宫廷

巴黎西南郊外的森林中坐落着路易十四世为自己设计和建造的凡尔赛宫，法国宫廷正式迁至宏伟的新宫殿，标志着法国绝对君主制发展至巅峰。路易年幼时目睹了两次福隆德叛乱，以及贵族们为争夺国家机器的控制权而结党争斗。1661年，路易亲政那一日起，便亲自控制政府，花大量精力确立其对贵族的统治。被归为其名言的"朕即国家"很有可能并非出自路易之口，但它精准的总结了路易王权政纲的精髓——令君主凌驾于贵族之上，处于巴黎暴民遥不可及的崇高地位。

因此路易聘请当时最伟大的艺术家——建筑师路易·勒沃（Louis Le Vau）、画家夏尔·勒·布朗（Charles Le Brun）和庭院设计师安德烈·勒诺特尔（André Le Nôtre），为其展示绝对王权设置最豪华的背景——凡尔赛宫不仅仅是宫殿，也是皇家政府的中枢。凡尔赛宫镀金的镜厅中举行华美壮丽的舞会和芭蕾舞剧，室外以庆典和烟火庆祝路易的赫赫战功，都仅仅是路易自我崇拜的表达方式。

路易以太阳为个人象征，因而获得著名的"太阳王"称号，其标志随处可见，对路易的个人崇拜也彻底主导了宫中的日常生活，朝臣们为获得参与国王每日的起身礼和就寝礼展开极其严肃的竞争，甚至因争相托起国王的衬衫而互相推搡。**SK**

▲《法国国王路易十四世在凡尔赛宫的庭院中漫步》局部图，艾蒂安·阿莱格兰于1688年左右创作

> "他（国王）喜欢一切壮丽、宏伟、奢华的事物。"
>
> 圣西门公爵，《回忆录》

1683年9月12日

解救维也纳
Vienna Saved from the Turks

波兰国王约翰·梭毕也斯基（Jan Sobieski）救援哈布斯堡都城，阻止奥斯曼帝国向欧洲扩张

1683年9月，神圣罗马帝国哈布斯堡王朝的奥地利首都维也纳陷入危亡之境。七月中旬以来，奥斯曼帝国的二十万土耳其士兵围困维也纳。大多数市民及皇帝利奥波德一世出逃，城中只有一万两千名士兵留守。卡拉·穆斯塔法·巴沙（Kara Mustafa Pasha）统领的土耳其军队驻扎在丝绸帐篷中，嘲弄食

> "这是一场前所未有的胜利，敌军完败……"
>
> 约翰·梭毕也斯基致妻子的信，1682年

物匮乏、睡眠不足的维也纳守军。

9月10日，维也纳即将失守。但次日山边出现了波兰国王、立陶宛大公约翰三世·梭毕也斯基率领的基督教援军。9月12日黎明，两条战线上同时开战。梭毕也斯基进攻奥斯曼军队后方，而卡拉·穆斯塔法对维也纳疲弱的守军发起最后一击。华丽的波兰鹰翼轻骑兵作先锋，攻破土耳其防线震慑对方，奥斯曼军队大乱溃逃，留下大量战利品。

土耳其人在维也纳失利标志着伊斯兰势力对欧洲基督教界的威胁终止，奥斯曼帝国开始衰落。**RG**

● 《第二次维也纳之围：卡伦贝格战役》，Franz Geffels作于十七世纪末

1685年10月18日

雨格诺派教徒逃离法国
Huguenots Flee France

路易十四世废除雨格诺教徒的权利,迫使大批技艺高超的手工艺人离开法国

据说路易十四世在第二任妻子、虔诚的曼特农夫人(Madame de Maintenon)影响之下,宣布法国禁止信仰新教。枫丹白露敕令废除了路易的祖父亨利四世在1598年的南特敕令中赋予法国新教徒(雨格诺派)的一切权利,并下令放逐雨格诺派大臣,关闭新教学校,摧毁其教堂,并为雨格诺派教徒的孩

> "他们将马匹牵入书店,用书作褥草。"
>
> 托马斯·布若(Thomas Bureau,雨格诺书商),1685年

子施洗为天主教徒。

撤销南特敕是路易十四持续施行镇压新教政策的高潮。对路易十四世而言,雨格诺派对国家统一和建立强势政府构成威胁。自称卡米扎尔(Camisard)的新教徒在法国南部塞文山脉发起了最猛烈的抵抗,反叛持续至1705年,最终遭到镇压。

虽然枫丹白露敕令正式禁止雨格诺派教徒出国,但还是有二十至五十万人(约为新教徒总人数的一半)离开法国。雨格诺派教徒中有很多手艺精良的丝织工、玻璃工、细木工和银匠,这批法国技艺最高超的手工艺人们将其技术带往新教国家,造福了法国的商业竞争对手英格兰、荷兰和丹麦等。这场人才流失令法国付出昂贵的代价。**SK**

1686年

吞并比贾布尔
Bijapur Annexed

不断扩张的莫卧儿帝国臻至极盛,埋下衰败的种子

沙贾汉和姬蔓·芭奴的儿子奥朗则布年轻时便掌控政治和军事权力,但与父亲不和,同三个兄弟进行了惨烈的王位争夺战——他处死了达拉和穆拉德,并流放了菽查。1659年奥朗则布即位,将父亲沙贾汉囚禁在阿格拉红堡,直至其1666年去世。

奥朗则布在位时间长,对莫卧儿帝国进行了强有力的统治,他是一名虔诚的逊尼派穆斯林,严厉推行伊斯兰教教法。他禁止音乐、舞蹈和艺术发展,摧毁印度教神庙,因锡克教精神领袖古鲁巴哈杜(Bahadur)拒绝皈依伊斯兰教将其处以极刑。奥朗则布在位期间不断四处征战,扩充其领土并镇压反抗其严苛政策的叛乱。

奥朗则布征讨锡克教徒、拉其普特人,以及德干高原上信仰印度教的马拉地人,获得"阿拉姆吉尔"的头衔(意为"世界征服者")。其统治后期连续进行无益的战争,但于1686年毁灭阿迪勒·沙阿王朝,吞并比贾布尔,疆域扩张至极盛。奥朗则布携周长达30英里(48千米)的流动城市出战,城中有五十万士兵及随军服役人员,五万头骆驼和三万头战象。

持续的战争耗资甚巨,掏空了莫卧儿帝国国库。1707年奥朗则布临终前对其穷兵黩武感到忏悔,告诫儿子们不要效仿自己;但诸子依然激烈争夺帝位,并继续征讨德干高原的马拉地人,最终毁灭性地削弱了莫卧儿帝国。**NJ**

1687年7月5日

牛顿定律
Newton's Laws

艾萨克·牛顿（Isaac Newton）出版伟大著作《自然哲学的数学原理》

对手罗伯特·胡克（Robert Hooke）全力阻止牛顿的作品出版，导致《自然哲学的数学原理》在最后一刻仍受到质疑，但英国皇家学会在伦敦出版了艾萨克·牛顿的著作。尽管如此，牛顿的作品似乎不大可能造成巨大影响。《自然哲学的数学原理》以经典拉丁文写成，递进式构建了一系列命题，令读者难以稍作涉猎。作者曾私下评论道，他有意写得晦涩艰深，只有精英才能读懂。

不久，剑桥大学的数学教授牛顿的书被人评论为无人能解之作，十年间果然只卖出了几百本。但《自然哲学的数学原理》最终出版一百余版，几乎拥有所有语言的译本，大概是有史以来最重要的科学著作。它以基本简单的命题精妙、复杂的描述了宇宙的运行机理。牛顿确立决定物体及天体运行方式的三大运动定律，以万有引力定律揭示了苹果落地的过程和行星的运动。

1703年，牛顿被选为英国皇家学会会长，两年后成为首位受封爵位的科学家。他的著作对科学方法产生深远影响，改变了物理学界及整个科学界。**RP**

◐ 戈特弗雷德·内勒1710年的作品，剑桥大学三一学院收藏的几幅牛顿肖像之一

1692年2月13日

格伦科大屠杀
Carnage at Glencoe

格伦科的残酷屠杀助长苏格兰民族主义

1692年2月13日星期六清晨五点，一队士兵敲响约翰·麦克雷恩（John Maclain）的房门，他们在格伦科受到热情款待后正要启程。麦克雷恩匆忙穿上裤子，叫家人拿点威士忌来为他们送行，突然头部和背部各中一枪，屋中的另外两人也被杀害。格伦科村中共有三十八人遭到屠杀，最小的男孩仅仅

> "士兵们……被可怜的人们当成朋友一般招待。"
>
> 《恶行终将败露》，1695年

四五岁。士兵们受命杀死所有村民——侥幸逃脱者也大多在严寒中死去。

这场大屠杀源自英格兰所谓的"光荣革命"——1689年新教徒威廉三世接替天主教徒詹姆斯二世登上英格兰王位。在苏格兰地区，詹姆斯二世的拥护者势力更强大，他们起兵反抗威廉党人。政府决定强迫肇事者接受其意志，命令苏格兰所有部落首领于1692年元旦宣誓效忠新国王。麦克唐纳家族的首领因暴风雪耽搁，错过了期限，苏格兰事务大臣约翰·道尔林普爵士（John Dalrymple）派兵至格伦科灭口——军队多由坎贝尔家族成员组成，他们同麦克唐纳家族积怨已久。

其后的调查宣布国王无罪，但道尔林普获刑，詹姆斯党人将永远铭记苏格兰历史上最令人激愤的暴行。**RP**

1692年8月19日

塞勒姆处死六名女巫
Six Witches Executed in Salem

对巫术的非理性恐慌大爆发,横扫马萨诸塞,造成致命后果

《审判乔治·雅各布,1692年8月5日》,作者为汤普金斯·H. 马特森(1813—1884)

早期的新英格兰清教徒相信世上存在撒旦的邪恶力量和黑魔法,1620—1690年间五人被当做巫师处死。然而塞勒姆事件波及面更广,破坏性更大。

1692年2月起,两个女孩——当地牧师缪尔·帕里斯(Samuel Parris)的女儿和侄女——突发癔症,医生认为她们被人施了妖术,帕里斯的黑人女奴提图芭(Tituba)成为主要怀疑对象——她曾用咒语预言女孩的结婚对象。其他女孩也开始发作,归罪于提图芭及另外五名女子,以及更多的人——几名男子也包括在内。特别法庭对他们进行了疯狂审判,甚至断定他们曾骑扫帚飞行并崇拜撒旦。

1692年夏天,这场对巫术的非理性恐慌爆发达到高潮。8月19日,马莎·卡利尔(Martha Carrier)、乔治·雅各、布乔治·布尔福斯爵士(George Burroughs)、约翰·威拉德(Sir John Willard)和约翰·普洛克特(John Proctor)被绞死。塞勒姆的前任牧师布尔福斯在行刑前准确背诵了主祷文,尽管人群发出抗议,布尔福斯依然被绞死了。

到10月为止,一百多人被控为巫师,十九人被绞死,一人被重物压死。直至领导人遭到起诉局势才转变。1693年年初,特别法庭拒绝审理新的巫师案件,塞勒姆的混乱帮助人们破除对巫术的迷信。**RC**

1692年3月16日

彼得大帝的大使团
Peter the Great's Great Embassy

彼得以技术、海军和军备探索俄国现代化之路

◆《彼得大帝于德特福德码头》,作者为丹尼尔·麦克利斯(1806—1870)

在沙皇彼得一世的时代,拥有海军相当于获得今天的核武器,而彼得希望俄罗斯步入强国之林,打造舰队的紧迫需要令彼得着手建立"大使团"。他正式寻求欧洲盟友抵抗俄罗斯的对手土耳其——这是出人意料的外交策略,俄罗斯当时在欧洲政坛还是无足轻重的小角色。

大使团游历欧洲,彻底同俄国背景决裂,彼得一世甚至使用化名以回避可能的保守反对意见。他在荷兰东印度公司位于荷兰萨尔丹的大型造船厂工作四个月。1698年1月9日乘船前往英格兰,受到新国王威廉三世的热烈欢迎,并获赠有24门火炮的"皇家运输号",船只的设计者百富勤·奥斯本侯爵(Peregrine Osborne)同彼得结交,并在皇家海军位于伦敦的德特福德码头向彼得传授造船技术。

此行令沙皇更加渴求技术知识。而精明的欧洲人表现出慷慨大方是为了进入俄罗斯市场,获取潜在利润。彼得最终获得750名技艺高超的造船专家、制作桅杆和帆的技工、船长、舵手、炮手和工程师,在打造俄国海军和军备中发挥重要作用。二十五年后,彼得大帝威震四方。**JJH**

1700 年—1899 年

以猫咪列队游行为主题的北美柔情风格日历,为1897年的集市所创作

1703年5月27日

圣彼得堡崛地而起
St. Petersburg Arises

彼得大帝在穷山恶水间建立俄罗斯新都城

十八世纪版画,描绘彼得大帝监管圣彼得堡建造的场景

1703年5月,俄罗斯军队抵达涅瓦河河口。彼得大帝所痴迷的战争和西化此时配合得天衣无缝。哪里适合建造新的城市和港口、为俄罗斯打开彼得计划已久的"欧洲之窗"?5月27日,彼得亲自为兔岛(zayachy)上的新堡垒奠基,开始计划在对面建造船厂。圣彼得堡诞生。

但还存在很多疑问。城市还能建在更糟糕的地点吗?俄罗斯同瑞典的战争尚未结束,瑞典国王查理十二世仍可能夺回这片土地——倘若他确认为散布于沼泽之中的众岛值得一战。周期性很强的西南风令小岛不断被淹没,且十一月到四月为冰封期,深冬中一天仅有几小时日照。

圣彼得堡以残酷无情的惊人速度崛地而起,约两万五千名农民在建造过程中丧生,而第一批船于1703年11月泊入港口。圣彼得堡的通行费为瑞典港口的一半,不久俄罗斯北部的阿尔汉格尔港的部分贸易便转移至此。但彼得一世想要的不仅仅是港口,而是一座伟大的城市。他征募建筑师多明尼哥·特列辛尼(Domenico Trezzini),赋予圣彼得堡华丽非凡的巴洛克风格。彼得命令人民自费迁往圣彼得堡。1712年,圣彼得堡成为俄罗斯首都,到1725年已拥有四万居民。**RP**

1704年8月13日

布伦汉姆血战
Slaughter at Blenheim

反法大联盟赢得西班牙王位继承战争中的关键战役

▲ 布伦汉姆战役,维也纳城免遭法国统治

1704年,法国国王路易十四时的军队控制欧洲。不列颠、荷兰共和国和奥地利神圣罗马帝国结成大联盟抵抗太阳王,但法国同巴伐利亚联军正威胁着奥地利首都维也纳。英格兰马博罗公爵(Marlborough)和哈布斯堡王朝的萨伏依欧根亲王主动出击,率五万六千士兵攻打巴伐利亚。8月13日晨,法国瞭望员惊恐地发现,浓雾散去后,平原上有大批军队正在逼近。

元帅卡米耶·德·塔拉尔伯爵(camille de tallard)统领的法国-巴伐利亚联军兵力上稍占优势。塔拉尔没料到人数及火力都受到压制的欧根亲王会发动进攻——他的步兵和骑兵只能冒着炮火穿过泥泞的溪流,攻打设防的布伦汉姆、奥贝尔格劳和鲁特青根村,被击退且伤亡惨重。塔拉尔的大量兵力被牵制在各村中,马博罗尽力安抚部下,率骑兵在开阔平原上重创塔拉尔的马队,马队仓促逃窜,留下身后的步兵惨遭屠杀。傍晚时分,连英勇抵抗布伦汉姆的士兵也投降了。

法国-巴伐利亚联军损失近四万人,巴伐利亚退出战争,维也纳之围得解。安妮女王奖励马博罗一座牛津郡乡间别墅,马博罗以其著名的胜仗为之命名为布伦汉姆。**RG**

1707年5月1日

英格兰和苏格兰联合王国
Union of England and Scotland

《联合法案》将两国合并为大不列颠王国

▲ 1707年签署的《联合法案》条款，现藏于英格兰国会大厦

1603年苏格兰国王詹姆斯六世继承英格兰女王伊丽莎白一世之位，成为詹姆斯一世，自此英格兰和苏格兰由同一个君主统治，但仍分别为独立国家。英格兰迫切渴望与旧敌苏格兰统一战线，深恐苏格兰不接受其新教派安妮女王，另立斯图亚特家族的天主教派君主，因而推动《联合法案》于1707年5月1日签署。

而苏格兰一方纯粹出于利益目的。苏格兰人企图在中美洲建立殖民地，即达伦计划，但苏格兰投资者因经营不当损失惨重——而《联合法案》中包括对苏格兰大量损失的补偿。此外，格拉斯哥伯爵和女王的专员、第二任昆斯伯里公爵詹姆斯·道格拉斯等苏格兰上层人士得到了大量金钱向各处要人行贿，确保法案顺利通过。

宰相罗伯特·哈利（Robert Harley）派作家丹尼尔·迪福（Daniel Defoe）汇报苏格兰民意，后者称，"每有一名苏格兰人赞成，即有九十九人反对"。苏格兰詹姆斯党人曾于1715年和1745—1746年间两次起义失败，苏格兰民间仍有不满和怨恨；但随着苏格兰日益繁荣起来，到十九世纪时，苏格兰大部分地区已经接受并顺从于联合王国。这一舆论一直持续至苏格兰民族主义崛起，二十世纪末苏格兰在爱丁堡建立国会。**NJ**

1709年6月28日

波尔塔瓦战役
Battle of Poltava

瑞典战败，波尔塔瓦战役成为北欧权力争夺战的转折点

▲ 描绘波尔塔瓦战役的画作；此战中俄国彼得大帝战胜瑞典国王查理十二世

　　1709年6月28日的波尔塔瓦战役，标志着俄国彼得大帝令瑞典失去欧洲军事强国的地位。瑞典年轻的国王查理十二世是军事天才，尽管他曾率兵击败波兰、丹麦、挪威和俄罗斯，查理未能终结始于1700年的北方大战。因此他于1707年率领三万两千名士兵攻入俄罗斯，意图占领莫斯科。但由于缺乏供给和天气恶劣，查理只得挥师南下，到乌克兰搜寻食物。查理在这里足部受伤，无法在其后的战役中亲自统帅部队，只能从担架上发号施令。他的下属将领出现内部纷争，也难以填补强势的查理留下的空白。

　　查理下令进攻波尔塔瓦堡垒，希望瑞典部队的军纪可以弥补人数及火力的不足。俄方布下森严的防守，且拥有一百门大炮，但约一万八千名瑞典士兵依然冲向人数两倍于己的俄罗斯军。炮火在瑞典阵线中撕开巨大的缺口，其不断攻击也未能对俄方造成影响。上午十一点，战斗结束。约七千名瑞典人丧生，而俄方仅损失一千四百人。查理撤退至奥斯曼帝国领土摩尔达维亚，在此消沉了五年，最终蹒跚回国。沦为战俘的瑞典人被迫帮助建造圣彼得堡——彼得的新首都，象征着俄罗斯一跃成为波罗的海新兴强国。NJ

1711年

伦敦的新圣保罗大教堂
London's New Cathedral

议会宣布克里斯多佛·雷恩爵士的圣保罗大教堂竣工

○ 圣保罗大教堂内富丽堂皇的圣坛和主祭台，由建筑师克里斯多佛·雷恩设计

○ 雷恩原始设计方案中的圣保罗大教堂截面图（十九世纪）

"读者啊，如果你在寻找他的不朽作品，你已置身其中。"

雷恩的墓志铭，圣保罗大教堂

克里斯多佛·雷恩爵士同艾萨克·牛顿、罗伯特·胡克、罗伯特·波义耳、托马斯·霍布斯和亨利·普赛尔生活在同一时代，是王政复辟时期的"文艺复兴式人物"——他精通科学、数学和天文学，最光荣的成就在于1711年完工的建筑杰作——伦敦的圣保罗大教堂。

雷恩是牧师的儿子，就读于牛津华德汉学院。他曾到过巴黎，深受贝尼尼作品的影响，开始学习建筑，设计了剑桥彭布罗克学院小礼拜堂及牛津谢尔登尼亚剧院。雷恩自1661年起开始修复腐朽的圣保罗老教堂。

1666年8月，雷恩提交教堂重建计划一周后，大火摧毁了圣保罗大教堂及伦敦大部分建筑。雷恩连续几天置身于阴燃的废墟之中，策划重建方案。1669年，查理二世任命雷恩为总监，次年开始重建圣保罗大教堂，历时三十六年完成，大部分工作由雷恩亲自指导。议会对缓慢的进度失去耐心，连续十四年扣留雷恩一半薪水，且神职人员不断挑剔雷恩为新教堂设计的三个方案。但雷恩还是坚持完成工作，1697年，新教堂中举行了第一场礼拜。1710年，同为建筑师的雷恩之子克里斯多佛主持了教堂的落成典礼，次年，议会宣布圣保罗大教堂正式竣工。

雷恩晚年时为威廉和玛丽设计了肯辛顿宫，扩建汉普顿宫，最后一项重要作品为格林威治医院。雷恩于1723年感染风寒去世。**NJ**

签署《乌得勒支和约》
Signing of the Treaty of Utrecht

《乌得勒支和约》结束旷日持久的西班牙王位继承战争

▲ 安妮女王的大使托马斯·文特沃斯和约翰·罗宾逊签署的《乌得勒支和约》。

> "欧洲决不允许法国和西班牙合并,由一个国王统治。"
>
> ——《乌得勒支和约》

1701年波旁王朝和哈布斯堡王朝争夺西班牙王位,法国国王路易十四世和奥地利神圣罗马帝国间爆发战争。战争持续十余年,最终于1713年4月14日签署《乌得勒支和约》后结束。

奥地利反对路易十四的孙子腓力五世任西班牙国王,担心这将进一步扩张法国的庞大势力,西班牙和法国甚至可能联盟,对奥地利不利。英国、荷兰诸省、萨伏依和丹麦也逐渐加入战局,形成反法大同盟。战争造成极大的破坏,同萨伏依欧根亲王结盟的马博罗公爵连续赢得布伦汉姆、拉米伊、奥德纳尔德和马尔普拉凯战役,令法军节节败退。

战争带来的财政消耗和人员伤亡与日俱增(四十万人死亡),英国未从中获得任何战略收益,导致执政的主战派辉格党下台,被支持和平的托利党取代,托利党领袖牛津伯爵和博林布鲁克伯爵从1710年起同法国秘密谈判以结束战争。《乌得勒支和约》承认腓力五世为西班牙国王,但规定法国和西班牙永不得合并。奥地利获得西属尼德兰(大致相当于今天的比利时)。法国承认新教派汉诺威王朝继承不列颠安妮女王之位,正式宣布不再支持天主教派斯图亚特王朝,并将加拿大的哈得逊湾和纽芬兰让与英国。西班牙将直布罗陀和米诺卡岛割让给不列颠,并让出其垄断的利润丰厚的跨大西洋奴隶贸易。**JJH**

1715年9月9日

詹姆斯党人在北不列颠起义
Jacobites Incite Trouble in Northern Britain

马尔伯爵（mar）发起1715年詹姆斯党起义帮助詹姆斯王子夺取王位

虽然1745年至1746年小王子查理发起的叛乱因其悲惨的结果和浪漫色彩更为著名，但查理的父亲、詹姆斯·爱德华·斯图亚特王子于1715年9月发动的起义在英格兰和苏格兰获得支持，对统治不列颠的汉诺威王朝造成了更大的威胁。

1689年新教徒发起光荣革命，詹姆斯二世被废黜，携其子詹姆斯·爱德华流亡法国，等待复辟的时机，他们在苏格兰和英格兰的支持者被称为詹姆斯党人，多为身居高位的天主教徒。1714年，不得人心的汉诺威家族乔治一世即位，苏格兰和英格兰的詹姆斯党人借此机会策划起义。9月9日，马尔伯爵约翰·厄斯金（John Erskine）正式宣布拥立詹姆斯王子为国王，征募一万两千士兵于9月14日占领珀斯，并派出一千五百人的苏格兰分遣队帮助北方的英格兰詹姆斯党人。

詹姆斯党军队来到信仰天主教的兰开夏郡，几未得到任何支持，在普勒斯顿受困，经过两天断断续续的战争后，向强大的汉诺威军队投降。与此同时，马尔伯爵未能攻占苏格兰——马尔伯爵因其犹豫不决的性格得名"摇摆不定的约翰"。11月13日，阿盖尔公爵率兵力较弱的汉诺威军队同马尔伯爵在雪利弗缪尔进行了惨烈的战争，但对战局影响不大，此后马尔伯爵逐渐失去其支持者。即便是来迟的詹姆斯·爱德华在十二月现身也无法令詹姆斯党人重振士气。阿盖尔公爵可能发兵攻打珀斯，加之严寒刺骨，詹姆斯和马尔伯爵乘船返回法国，令其支持者自生自灭。其后几名苏格兰詹姆斯党领袖被关入伦敦塔，处以极刑。JJH

《释放令（1746）》，约翰·埃弗里特·米莱斯作于1852—1853年间，描绘詹姆斯党士兵得以返还同家人团聚的场景

> "此刻好男儿当为效忠陛下献出热忱……"
>
> 马尔伯爵的宣言，1715年9月9日

1717年8月17日

土耳其人被逐出巴尔干半岛
Turks Repelled from the Balkans

萨伏依欧根亲王突围失败后占领贝尔格莱德

△ 十八世纪萨伏依欧根亲王肖像,地球仪和地图集标志着其荣耀的军事生涯

1717年8月17日,萨伏依欧根亲王对贝尔格莱德的围城之战结束,从此奥斯曼帝国势力开始退出巴尔干半岛。欧根的胜利确保土耳其人无法再威胁任何欧洲国家的安全。

奥斯曼帝国自1683年第二次围攻维也纳失败后,一直渴望报复奥地利。西班牙王位继承战争(1701—1713)削弱了奥地利的实力,1716年土耳其人借机向奥地利宣战。奥斯曼大维齐尔(vizier,即首相)达马德·阿里(damad ali)在贝尔格莱德集结十五万大军,挥师北上。然而欧根亲王已经加固了多瑙河畔壁垒森严的petrovardina堡,欧根凭此优势击败并斩杀了达马德。

土耳其人迅速返回贝尔格莱德。1717年6月,欧根亲王率十万人围攻穆斯塔法·帕夏(Mustafa Pasha)统领的三万守军。但在8月5日,围城的奥地利军被二十万奥斯曼援军包围,此时欧根的兵力损耗,仅余六万人,但他果断决定突围,在浓浓的晨雾掩护下,欧根的军队逐渐击败土耳其人。不久,被围困的贝尔格莱德城投降,次年土耳其求和。

萨伏依欧根亲王经常被视为其盟友、伟大的军事领袖第一代马尔博罗伯爵约翰·丘吉尔的副手,但在击退土耳其大军的决定性战役中,欧根亲王证明自己至少与马尔博罗伯爵实力相当,且欧根亲王无疑为欧洲留下了更为持久的遗产。**JJH**

> "令人生畏的奥地利军队列阵/勇猛的发起攻击,围攻贝尔格莱德。"
>
> 《轻佻者》中的无名诗作,1817年

1721年3月24日

才华横溢的巴洛克大师巴赫
Bach's Baroque Brilliance

巴赫的《勃兰登堡协奏曲》为管弦乐和室内乐设立新标准

1721年3月24日,六首管弦乐组曲的乐谱和作曲家的题献是否令勃兰登堡侯爵满意呢?历史给出了否定的答案,但勃兰登堡侯爵手下的乐师人数的确过少,无法为他演奏这部作品,于是巴赫的乐谱被束之高阁。但约翰·塞巴斯蒂安·巴赫(Johann Sebastian Bach)并没有为此烦扰。巴赫平时似乎一本正经,暴躁易怒,但《勃兰登堡协奏曲》创作于巴赫人生中最快乐的时期之一,此时他被热爱音乐的利奥波德亲王聘请至柯登任宫廷管风琴师。利奥波德亲王是加尔文教派教徒,因此柯登的礼拜仪式不甚注重音乐。这对巴赫来说倒是个好消息,此前巴赫因"过度演绎"了简单的教堂音乐而失去了几份工作。利奥波德亲王反而鼓励巴赫为世俗娱乐而创作。《勃兰登堡协奏曲》的确极富娱乐性——典雅、活泼、奔放而幽默,且大胆新颖,令人惊叹。

巴赫受管弦乐作曲家维瓦尔第(vivaldi)和其他意大利作曲家影响,但他在独奏中所采用的乐器种类远比前人丰富,包括竖笛和小号(也是巴赫常用的组合);且巴赫运用对位法写出了更加丰富多彩的旋律。羽管键琴的独奏为巴赫首创,令第五勃兰登堡协奏曲成为世界上第一首键盘协奏曲,而巴赫在第六勃兰登堡协奏曲中完全没有使用小提琴。巴赫打破了所有规则,或者我们应该说,他创立了更好的新规则。

巴赫拥有超群的音乐才能,对和声的把握能力极佳。他是巴洛克时期的伟大人物,现代音乐在这一时期萌芽。巴赫的《勃兰登堡协奏曲》是巴洛克音乐中最通俗易懂的杰作。**RP**

◊ 手持乐谱的巴赫肖像,由著名肖像画家埃利亚斯·戈特洛布·豪斯曼(1695—1774)作于1746年

"音乐的唯一宗旨是赞颂上帝。"
约翰·塞巴斯蒂安·巴赫(1685—1750)

1722年1月24日

俄国设立职级表制度
The Table of Ranks Established

彼得大帝彻底改革军事体制，论功行赏，使俄罗斯走上现代化道路

彼得大帝在位时长期极力推行俄罗斯改革。1722年1月，彼得引进职级表制度，令俄罗斯的军事机构和行政部门此后仅凭功绩、而非世袭特权决定晋升，这也许是彼得大帝为削弱贵族阶级波雅尔（boyar）势力所采取的最激进措施。

彼得统治初期曾广泛游历欧洲，深受西方影响，创建新海军，令俄国军队现代化。他为所有官员设立十四个级别，每个等级有各自的制服，并颁发法令宣布任何达到第八等级者——即便是农奴之子——将自动成为世袭贵族。

职级表改革没有完全成功，其长期施行导致新的世袭官员阶级诞生，抑制了社会底层人民的积极性，直至1917年尼古拉斯二世退位。彼得因其成就而自豪，传说他临终前曾说："我希望上帝会因我努力为人民做的善事而宽恕我的罪孽。"彼得还建造了新都圣彼得堡作为欧洲之窗，击败俄国的对手——瑞典和土耳其，改革地方和中央政府，创立议会和内阁，废止贵族蓄须的传统，推行西方的服饰和风俗。此外，彼得大帝解放妇女，鼓励她们参与公共事务。**NJ**

◁ 气势宏大的彼得大帝肖像；彼得大帝在位期间尝试令广阔的俄罗斯实现现代化

1722年4月5日

太平洋中的岛屿
Island in the Pacific

雅可布·罗赫芬（Jacob Roggeveen）启程寻找澳大拉西亚，发现复活节岛

六十二岁的雅可布·罗赫芬受荷兰西印度公司委派，率三艘船——"阿伦德号"、"提恩霍芬号"和"afrikaansche galey号"——出海寻访澳大拉西亚，实现儿时的梦想——其身为天文学家的父亲获准探寻传说中未知的南方大陆，激励了年幼的罗赫芬。罗赫芬1721年8月起航，绕过南美洲最南

> "那远古石像如此大气磅礴，却粗犷而原始……"
>
> 罗伯特·弗罗斯特（robert frost），
> 《恶岛——复活节岛》

端后驶入太平洋，于1722年4月5日复活节发现拉帕努伊岛。

罗赫芬将它命名为复活节岛。尽管岛上的巨型火山岩石像摩艾令罗赫芬惊叹，他没有对整岛进行彻底探索，仅记录了岛上人口为二至三千，几年前曾多达一万，但因过度砍伐森林和其他生态问题导致人口锐减。罗赫芬抵达巴达维亚时被捕入狱，因为他破坏了荷兰东印度公司在这一地区的垄断政策。罗赫芬恢复自由后返回尼德兰，记录了他的航程。

由于天花等传染病肆虐以及西班牙奴隶商人不断袭击，复活节岛上人口持续减少，最少时仅有100人左右，1888年复活节岛被并入智利，此后在旅游业帮助下人口逐渐恢复增长。**NJ**

1722年10月12日

伊斯法罕陷落
Fall of Isfahan

阿富汗军队发起令人生畏的攻击，颠覆波斯帝国

1719年，勇悍的阿富汗统治者米尔·马哈茂德（mir mahmud）发兵入侵波斯。1722年3月，马哈茂德在Gulnabad战役中击败兵力两倍于己的波斯军队，占领法拉赫巴德城，进而围攻伊斯法罕。马哈茂德蹂躏周边地区，将其居民赶入伊斯法罕——城中人口增至六十万，食物很快耗尽。围城之战持续七个月后，守军甚至被迫同类相食，伊斯法罕于10月12日投降。

十六至十八世纪期间，本土的萨非王朝是自远古时期的大流士和薛西斯后，第一个为波斯（今伊朗）带来稳定和繁荣的王朝，他们强迫臣民皈依伊斯兰教什叶派。萨非王冠上的明珠是伊斯法罕城，城内的清真寺、尖塔、宫殿桥梁及荫蔽的街道展示了伊斯兰教什叶派艺术和建筑的杰出成就。

1709年波斯入侵阿富汗遭受惨败后，仅有1000波斯士兵从坎大哈返还，萨非王朝迅速衰落，沙阿苏丹侯赛因统治期间尤甚——侯赛因遗弃伊斯法罕，大部分时间流连于后宫。1722年阿富汗人占领伊斯法罕后，侯赛因被俘，被迫退位。但他的儿子逃往大不里士，自立为塔赫玛斯普二世（Tahmasp II），获得俄国彼得大帝和土耳其人的支持。1725年，米尔·马哈茂德发疯，遭到神秘谋杀。到1729年，塔赫玛斯普已控制波斯大部分地区，但最终被军事天才纳迪尔沙（Nader Shah）废黜后自杀，纳迪尔沙于1736年称王。萨非王朝灭亡。**JJH**

1733年5月26日

飞梭
The Flying Shuttle

约翰·凯（John Kay）申请专利，其发明将为纺织业带来变革

1704年约翰·凯出生于伯雷（Bury）附近，处于兰开夏郡棉纺工业的中心。1730年，青年发明家为一种纺织机申请专利。三年后，其革命性发明"飞梭"面世，这一机械装置加快了工业革命的脚步。

凯发明飞梭之前，以手摇纺织机纺棉布是效率低下、笨重累赘的工作，纺织工人需要用手传递梭子，使之带着纬线穿过经线之下的梭道，织出的布幅受限于织工的手臂长度。

凯的发明增加了梭子的速度及其运行的距离。他在织布机两侧安置落梭箱，以木制走梭板相连，纺织工人推拉投梭栓，令梭子沿走梭板快速来回运动。

飞梭的成功改变了整个棉纺织业，令精纺棉的需求大幅增加，为詹姆斯·哈格里夫斯（James Hargreaves）和萨缪尔·克朗普顿（Samuel Crompton）等后继发明者打下基础，推动了纺织业的机械化进程。令人遗憾的是，凯本人并没有从发明中受益。贪婪的制造商拒绝为使用飞梭付专利税。1753年勒德派成员将约翰·凯赶出了他的房子——他们害怕机械化将导致其失业而捣毁机器。凯被迫逃往法国，在贫困潦倒中死去。他留在英格兰的儿子罗伯特继承了其发明天分，发明了用来纺织复杂彩色织物的升降梭箱。**NJ**

1735年

为自然分类
Classifying Nature

《自然系统》的出版开启生物分类学

1735年，卡尔·冯·林奈（Carl von Linné，又名卡罗卢斯·林奈乌斯）出版十一页长的《自然系统》，这一重大拉丁文著作将自然界分为动物界、植物界和矿物界。

林奈将自己视为新亚当——在伊甸园中为动植物命名的第一人。瑞典植物学家林奈收集了数百种新植物，创造了科学的命名体系，为生物分类并确定其亲缘关系。林奈以雄蕊数目为植物分类，并将智人归入猿属，引起广泛争议。

《自然系统》出版后立即大受欢迎，林奈定期对其进行修改和扩充，在1770年的第十三版（终版）《自然系统》中收录了4400种动物和7700种植物，采用了林奈于1749年发明的双名法命名系统，每种生物的命名由属名和种名两部分组成，双名法成为沿用至今的标准分类方法。林奈虚心改正错误，如之前被划为鱼类的鲸重新归入哺乳动物之列。

虽然林奈热衷于为生物分类、而没有解释不同种间的差别，但其成果产生了重大影响，对后来的进化论学者很有帮助。现今已经发现太多的物种，即便是最大的书也无法将它们全部分类归纳，但林奈的分类方法和双名体系经过修正后依然不可或缺。**RP**

1739年4月2日

卫斯理宣扬循道宗教义
Wesley Preaches Methodism

约翰·卫斯理（John Wesley）在英格兰布里斯托尔首次举行露天布道会，之后在全国布道约四万场，令成千上万人加入循道公会

1739年4月2日，循道宗的创立者约翰·卫斯理首次在户外布道，从此以后他不知疲倦地走遍英格兰，宣扬通过信仰得救赎和赦免，令一万五千人皈依循道宗。到1791年卫斯理去世时，循道宗已成为英国国教的主要教派之一，但循道宗终将违背卫斯理的愿望、脱离圣公会而独立。

卫斯理是名出人意料的革命者。他性情温和，从小受到农村的圣公宗教义熏陶。尽管如此，他同路德一样，将个人经历视为神性的体验——卫斯理五岁时被救出于熊熊燃烧的房屋，他说自己就像"从火堆中抽出的燃木"。卫斯理在牛津大学时同弟弟查理和激进的加尔文派教徒乔治·怀特腓（George Whitefield）建立了"圣洁会"。他被授命前往佐治亚的萨凡纳担任教区牧师，所乘的船在横跨大西洋的过程中险些失事，卫斯理被同行的日耳曼摩拉维亚教徒们平静沉着的信仰所打动。卫斯理来到伦敦后参加了一场摩拉维亚派的集会，感到他本人受到上帝的召唤。怀特腓邀请卫斯理前往布里斯托尔进行了首场露天布道。

十八世纪末，循道宗的巨浪席卷英格兰及广阔的基督教界，其宗教复兴力量堪比宗教改革运动和清教的崛起。循道宗使新教复兴并回归早期的朴素教义，其影响流传至今。JJH

- 约翰·卫斯理，他在全国各地向大批民众布道，宣扬循道宗教义

- 描述著名场景的版画：艾普沃斯墓园中，约翰·卫斯理在父亲的墓碑旁讲话

1740年12月16日

腓特烈大帝兼并西里西亚
Frederick the Great Annexes Silesia

第一次西里西亚战争标志着普鲁士成为军事大国

▲《普鲁士国王腓特烈大帝（1746）》，安东尼·皮斯尼（1683—1747）将国王描绘为军事领袖

> "我（的统治）始于占领。后世的学者会证明，这是我正当的权利。"
>
> 腓特烈大帝（1712—1786）

1740年12月，普鲁士新国王腓特烈二世（腓特烈大帝）攻占奥地利统治的日耳曼省西里西亚，引发波及整个欧洲的奥地利王位继承战争（1740—1748）。腓特烈通过这一纯粹的投机之举，计划将西里西亚的土地及新教徒为主的一百五十万人民并入贫穷而人口稀少的普鲁士。腓特烈借同样经验不足的玛丽亚·特蕾西亚（Maria Theresia）刚刚继承奥地利王位之机，率领两万七千名训练有素的普鲁士士兵，大胆地在冬天攻占了西里西亚。但尼斯和格洛高等堡垒奋力抵抗，1741年春天奥地利元帅亚当·奈伯格（Neipperg）领兵驰援，解尼斯之围（此时格洛高已经失守）。

缺乏经验的腓特烈落入对方的计划，于4月10日在莫尔维茨同奥地利开战。双方兵力大致相当，各有两万人左右，最初奥方占据优势，重创普鲁士骑兵，迫使腓特烈本人逃离战场。但腓特烈的瑞典军事导师库尔特·冯·施维林（Kurt von Schwerin）重整军纪优良的普鲁士步兵，险胜奥地利。此战后腓特烈逐渐成熟，成为历史上杰出的军事将领之一。莫尔维茨会战保住了腓特烈占领的西里西亚，其后尽管欧洲多国结盟反抗普鲁士，腓特烈在位期间几乎连胜奥地利和法国，极大地加强了普鲁士的尚武传统，变革了半个世纪内欧洲的军事战略，直至拿破仑出现。**NJ**

1742年2月11日

罗伯特·沃波尔爵士辞职
Sir Robert Walpole Resigns

不列颠史上最受争议的首相之一退出政坛

罗伯特·沃波尔的政治生涯得益于其家族关系网，以及同辉格党乡绅阶层的共同利益。沃波尔当政的腐败本质迫使其于1742年2月辞职。

安妮女王统治末期，沃波尔因托利党政敌构陷，被囚禁在伦敦塔一阵，但这并没有阻碍沃波尔的政治生涯。1721年，沃波尔巧妙地平息了南海泡沫丑闻余波，成为政府首要当权者，即"首相"——尽管沃波尔生前并未使用首相的头衔，历史学家将沃波尔视为不列颠第一任首相，而且他是唐宁街10号最早的主人。

沃波尔采用无耻堕落的手段操纵人们的野心和贪欲，二者成为其执政的两大基石。沃波尔的名言——"没有人是不可以收买的"——精确地概括了这一点。沃波尔对内通过低税率维持经济稳定，为英国带来繁荣，对外则尽力避免战争。十八世纪三十年代，沃波尔开始失势，杜松子酒增税引发暴动，其和平政策也因詹金斯耳朵之战遭到破坏。1731年，英国商船"丽贝卡号"船长罗伯特·詹金斯在哈瓦那附近，被西班牙海岸巡逻队拦截，称对方割下了他的耳朵。1738年，詹金斯向下议院展示了他腌在罐子里的耳朵，激起众怒，人们要求向西班牙开战，沃波尔被迫于1739年10月23日宣战。

然而引发沃波尔辞职的是一场被人操纵的递补选举，演变为下议院对沃波尔的不信任动议，最终沃波尔失势。乔治二世授予沃波尔奥福德伯爵之位，任上议院议员，沃波尔隐退至霍顿庄园——沃波尔以其长久任期中得到不完全合法收益将这里装修得富丽堂皇。**NJ**

○《罗伯特·沃波尔》，画中沃波尔身着伯爵礼服，约翰·海因斯（1732—1771）作于1743年——沃波尔辞职一年后

> "巴斯议员，你我现在同英格兰最无足轻重之人别无二致。"
>
> 沃波尔同巴斯伯爵评论后者成为上议院议员一事

1746年4月16日

卡洛登战役
Battle of Culloden

坎伯兰公爵（cumberland）在苏格兰的关键战役中镇压反抗汉诺威王朝的最后一次詹姆斯党人起义

1746年4月6日，查理·爱德华·斯图亚特王子（小王子查理）率詹姆斯党军队余部迎战的坎伯兰公爵领导的汉诺威王朝军队，后者兵力、武器和体力都占上风，卡洛登战役持续了不到一小时。

1745年8月，查理·爱德华王子和少数追随者来到苏格兰。在天主教派苏格兰高地氏族的支持下，小王子查理占领爱丁堡，在普雷斯顿潘斯击败英格兰军队，南下抵达德比。他在这里未能集结英格兰詹姆斯党的力量，因而重新退回苏格兰，在福尔柯克再次击败英格兰军队。

1746年4月中旬，詹姆斯党军队被迫退至因弗内斯。王子下令进行危险的夜间袭击，但军队在沼泽中迷路，筋疲力尽地返回原点。汉诺威军队以猛烈的炮火打响了卡洛登战役，小王子查理犹疑不决，他手下得力干将乔治·美利勋爵（george murray）命骑兵冲锋，持双刃宽剑的詹姆斯党苏格兰高地步兵紧随其后，但泥泞的地面减慢了苏格兰军队的速度，被汉诺威军队包围并一举歼灭。汉诺威骑兵一现身，小王子查理便逃离战场。汉诺威军队入侵之余，坎伯兰公爵还采取焦土策略，破坏了苏格兰高地氏族体系，造成了长期的仇恨和不满。卡洛登战役终结了詹姆斯党人的复辟大业。**NJ**

- 坎伯兰公爵威廉，又名坎伯兰屠夫，远处是血腥的战场
- 卡洛登战役后躲藏起来的小王子查理，守卫他的人中包括弗洛拉·麦克唐纳

1748年3月23日

发掘庞培古城
Excavating Pompeii

查理三世下令全面挖掘被掩埋的庞培城。

1738年,一名在赫库兰尼姆附近挖井的农民重新发现了被埋藏的庞培古城,十年后,那不勒斯的波旁王朝国王查理三世下令对庞培进行全面挖掘,挖掘工作由生于瑞典的军事工程师卡尔·韦伯(karl weber)主持。

公元一世纪时,庞培是那不勒斯附近一座繁荣的罗马港口城市,人口两万左右。公元79年8月24日,附近的维苏威火山爆发,戏

> "老板啊,我尿了床。我承担我的过失。你问为什么?屋里没夜壶啊。"
>
> 庞培卧室墙上的涂鸦

剧性地摧毁并掩埋了整座城市,12英尺(3.7米)厚的火山灰和浮石掩盖了庞培和无法逃脱的市民。尽管当时的小普林尼等作者记录了这场灾难,但庞培和遭遇同样命运的姐妹城赫库兰尼姆逐渐被世人所遗忘。

1748年起开始进行零星的发掘工作,史上最完整的罗马城镇遗迹逐渐展现在世人眼前,有一座圆形剧场、两座剧院,还有古罗马广场、棋盘式布局的商店和住宅街道、餐馆、酒吧、大型旅店、酒坛、壁画、不计其数的涂鸦(其中包括色情艺术),以及具有阳具崇拜意味的祭祀物品。最打动人心的是重现了庞培居民临终情态的石膏模型——近两千年前他们因火山爆发突然丧生。**NJ**

1751年

启蒙之作
Enlightened Work

狄德罗的巨著成为"欧洲启蒙运动的圣经"

狄德罗接受耶稣会的教育后拒绝信仰宗教,又因其激进观点被父亲剥夺继承权,决心走写作之路的波西米亚作家狄德罗在贫穷中熬过多年,直至被俄罗斯女王凯瑟琳大帝任命为图书管理员。1751年,狄德罗原本接受委托将伊弗雷姆·钱伯斯(Ephraim Chambers)1728年出版的《通用百科全书》从英文翻译成法文,但他说服出版商勒布雷顿资助一项更伟大

> "直至最后一名国王被人用最后一名牧师的肠子勒死,人类才能获得自由。"
>
> 传为狄德罗所言

的计划——在一部著作中收录启蒙运动时期艺术和科学界所有新知识和新思想,涵盖的作家包括孟德斯鸠、卢梭和狄德罗本人。第一卷发行后受到好评。

但《百科全书》的后继出版并不顺利。1752年狄德罗完成第二卷后,被控煽动暴乱遭到拘留,其住所被搜查。讽刺的是,负责搜查的官员秘密崇拜狄德罗,将不利的手稿藏在自己家中。1775年,狄德罗终于完成了《百科全书》,也付出了高昂的代价——狄德罗双目失明,持续受到当局的侵扰,被合作者抛弃,狄德罗被迫聘用低级撰稿人。出版商审查《百科全书》最后一卷后认为其中包含部分危险言论。**NJ**

1752年6月

富兰克林发明避雷针
Franklin Becomes a Lightning Conductor

本杰明·富兰克林（Benjamin Franklin）在宾夕法尼亚的暴雨中进行雷电实验

△《本杰明·富兰克林从天空中引下雷电》，伟大的历史画家本杰明·魏斯特（1738—1820）1816年左右创作

> "他夺取神明手中的雷电，暴君手中的权杖。"
>
> ——1790年富兰克林去世后雅克·杜尔哥（Jacques Turgot）评价道

1706年，本杰明·富兰克林生于马萨诸塞波士顿的一个大家庭中，家中至少有十七个孩子。他十岁时辍学，长大后取得非凡的成就，成为记者、出版商、邮局官员、外交家、发明家和科学家。他在美国建国过程中功不可没，同时为电学研究作出了杰出贡献，其雷电实验及避雷针的发明尤为人称道。1752年，富兰克林进行了他最著名、最富有戏剧性的实验。

富兰克林将金属钥匙系在风筝线上，利用它捕捉雷雨云中的雷电。多年后富兰克林的密友、同事和科学先锋约瑟夫·普利斯特里（Joseph Priestley）记录了整个实验过程。富兰克林住在宾夕法尼亚，一直在等待基督教堂尖塔完工，以便验证闪电由放电产生的理论，但他突然想到，同尖塔相比，风筝可以令他"更容易、更好的接触雷电区"。

富兰克林和儿子急切地盼到一场暴风雨，放飞了风筝。富兰克林将大张丝绸方巾固定在两个木质十字架上，系上长麻绳。起初似乎没有任何现象，之后富兰克林注意到，随着一朵雷雨云从上方经过，风筝线上的纤维竖立起来，他用指关节接触线上的金属钥匙时会产生明显的电火花。

1752年10月，富兰克林出版了其风筝实验的简要记录，为世界提供了其迫切需要的雷电知识及预防雷击的方法，令富兰克林成为当时最著名的人物之一。**RC**

1752年9月14日

飞速流逝的十一天
Fast Forward in Time

英格兰采用额我略历，一夜之间过了十一天

英格兰及其北美殖民地终于同欧洲大部分地区统一步调，于1750年通过《历法（新型）法令》，除采用新历法外，还规定将元旦从3月25日改为1月1日，因此1751年始于3月25日，12月31日结束，仅有短短的二百八十二天。1752年被删去了十一天，9月2日之后便是9月14日。

此前英格兰使用古老的儒略历——尤利乌斯·恺撒于公元前46年订立的儒略历平均将一年定为365.25天，比回归年的实际长度略长。几个世纪后，日历已经提前了数日，复活节的日期偏离了春分日。1582年，教皇额我略十三世颁布新历法，减去十天，并采用更复杂的方法设立闰日以调整偏差。十六世纪时，大多数欧洲大陆国家采用额我略历，但英格兰继续使用儒略历。1750年，议会同意旧历法造成了"种种不便，不仅与邻国不同，还体现在苏格兰法律事务的计算及全国的日常生活中，因此频繁引发误解……造成纠纷"。

历法的改变带来了不满，威廉·贺加斯（William Hogarth）在其不朽的作品中表现了这一主题：支持采用新历法的辉格党候选人麦克莱斯菲尔德伯爵（Macclesfield），因剥夺英格兰十一天而遭到谴责，诈取了按季度付租金者应得的工钱。**NJ**

▲ 版画，出自威廉·贺加斯的《选举》系列，涉及人民希望要回十一天的内容

> "报纸顶端写着9月14日星期四……我在七小时内睡了十一天吗？"
>
> 《绅士杂志》，1752年9月

1754年6月10日

向联邦迈进
Toward Union and Confederation

本杰明·富兰克林提出建立不列颠美洲殖民地联邦的计划

⊙ 本杰明·富兰克林中年时期的肖像，英格兰艺术家、德比的约瑟夫·怀特（1734—1797）作于1767年

"我们的敌人得到进攻一个目标的优势。"

富兰克林，《宾夕法尼亚公报》，1754年5月

本杰明·富兰克林除发明避雷针、双焦眼镜和里程表外，为美国建国大业做出了卓著贡献。1754年6月，富兰克林为联合不列颠殖民地由统一政府管理起草了计划，但他提出的内容对不列颠政府和各个殖民地而言都过于冒进，可能导致权威丧失。

十八世纪五十年代，美洲东海岸不列颠殖民地西向的道路被法国阻挡，殖民地间的敌对令局势更加复杂，英格兰政府敦促各殖民地"开始探讨彼此结成联邦的章程"，以便共同抵御外敌并确保美洲土著居民的支持。一项共同战争基金负责出资支持。

为此纽约、马萨诸塞、康尼狄克、新罕布什尔、罗得岛、宾夕法尼亚和马里兰派出代表在奥尔巴尼举行会议，代表们讨论了富兰克林起草的计划，被称为"殖民地合作的里程碑"，会议决定由不列颠君主任命总主席，殖民地选派48名代表组成大议会，每年至少举行一次会议。议会有权颁布法律、征募军队及收税。各殖民地的议会成员人数由该地人口决定。大议会负责国防，并同美洲土著居民和殖民地外所有地区保持关系，议会通过对新地区土地征税以维持其运转。富兰克林的计划超前于时代，但被证明是一项目光过于远大的提案。**RC**

1755年4月15日

权威英语字典出版
Authoritative English Dictionary Published

塞缪尔·约翰逊的字典是英语史的里程碑。

塞缪尔·约翰逊是个笨拙的大个子,幼时罹患瘰疬而耳目不聪,因图雷特氏综合症经常不由自主的抽搐,按照詹姆斯·鲍斯威尔(James Boswell)的描述,约翰逊有时还"发出母鸡一样的咯咯声"。陌生人容易将约翰逊误认为疯子,不过当约翰逊打算单枪匹马编纂字典时,他的朋友也认为他发了疯。尽管如此,1755年4月15日,约翰逊的巨著完成,两卷巨大的对开本《英文字典》出版了两千份,2300页中包含42773个词条和十万余引例。约翰逊字典不是第一部英语字典,但它以全面、影响力深远和个人色彩强烈著称,改变了英语语言。

1746年一群书商有了编纂一部权威英语字典的想法,他们以1575英镑聘请约翰逊于三年内完成这项工作,而法兰西学术院请四十名学者耗费四十年才完成类似的工作!约翰逊雇佣一队抄写员,在伦敦高夫广场40号(Gough Square,今约翰逊博物馆)开始工作。编纂工作实际历时九年,约翰逊坚持不仅给出词条定义,而且追溯词源,并从文学作品中援引示例说明词语的用法。

约翰逊决心确定词语的意义,从而为混乱的语言确立秩序,但他很快发现语言有自己的生命——人类可以为语言编目分类,但无法控制它。约翰逊生前四次修订《英文字典》。1928年出版的第一版《牛津英语字典》便是《约翰逊字典》的修订版,最新版《牛津英语字典》中收录了约翰逊的1700条词条。**RP**

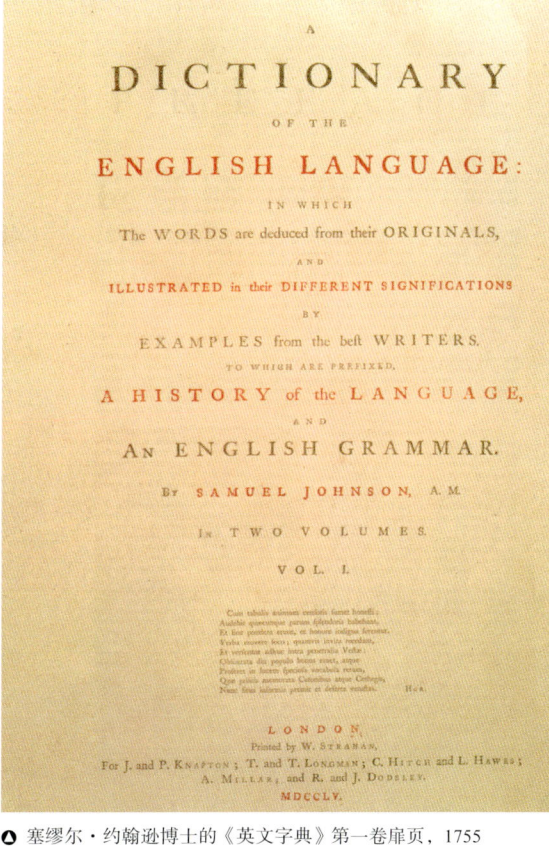

▲ 塞缪尔·约翰逊博士的《英文字典》第一卷扉页,1755年出版

"字典好比手表……最好的都不太准确。"

塞缪尔·约翰逊,1784年

1755年11月1日

地震摧毁里斯本
Earthquake Destroys Lisbon

历史上破坏性最大的地震之一对欧洲启蒙运动的关键思想家产生重大影响

1755年11月1日诸圣日上午九点四十分，里斯本发生大地震。初震持续五分钟左右，摧毁里斯本大量建筑。现代科学家估计这场地震震级达到里氏9级，震中位于200英里（320千米）以外大西洋中佛得角群岛附近。地震发生四十分钟后，一场海啸接踵而至，席卷塔霍河，造成了更大的破坏和伤亡（海浪甚至越过欧洲太平洋沿岸，波及爱尔兰的戈尔韦［galway］及英格兰沿海地区）。里斯本未受海啸影响的地区燃起持续五天的大火。

据估计，里斯本的27.5万人口中有六到九万人在地震和海啸中丧生；此外，灾难摧毁了城中85%的建筑，包括皇宫及其宏伟的图书馆，馆藏的七万卷书籍和提香、彼得·保罗·鲁本斯（Peter Paul Rubens）和卡拉瓦乔的画也化为灰烬。

地震令整个欧洲陷入恐慌之中，促使伏尔泰写下了小说《憨第德》，有力讽刺了启蒙运动时期知识界的骄傲自满；卢梭开始倡导回归质朴的田园生活；康德也因此创立现代地震学。葡萄牙国王约瑟夫二世安然无恙地逃过了地震，同朝臣们睡在帐篷中，直至其统治结束，但他积极的首相彭巴侯爵（Marquis of Pombal）一年之内开始重建里斯本。**NJ**

◐ 格奥尔格·路德维希·哈特维希（1813—1880）生动的表现了里斯本大地震中建筑物倒塌的场景

1756年6月20日

加尔各答暴行
Cruelty in Calcutta

黑洞成为不列颠在印度建立统治的残酷标志

不列颠东印度公司为将孟加拉收为殖民地、并驱逐与之竞争的法国人，建造威廉堡守卫加尔各答，并不顾孟加拉统治者西拉杰·乌德·达乌拉（Siraj-Ud-Daulah）的反对持续修筑防御工事。因此西拉杰于1756年6月20日率军围攻威廉堡，将代理指挥官约翰·霍尔威尔（John Holwell）、幸存的士兵

> "如同层层推进的海浪般，我们被迫……进入牢房。"
>
> 约翰·霍尔威尔（1711—1798）

和平民锁在被称为"黑洞"的狭小土牢中。

在唯一一份目击证人的叙述中，霍尔威尔称牢房仅有14乘18英尺见方（4.3米乘5.5米），只有两个带栅小窗通风，146人被塞入牢房中过夜，狭窄的空间和高温令人窒息，俘虏们乞求得到自由或者饮水——守军递进了两帽子的水，但撒了大半。霍尔威尔挤到窗前并吸取袖子上的汗水才生存下来。

早上六点钟，牢房的门终于打开。霍尔威尔称一百二十三人因中暑衰竭、干渴或挤压致死，得到其他幸存者的证实。后世的历史学家认为这一数字被故意夸大，真实的死亡人数为四十三人。罗伯特·克莱芙（Robert Clive）以这一暴行为借口于次年击败西拉杰，为不列颠征服孟加拉。霍尔威尔后来成为孟加拉总督。**NJ**

1757年6月23日

贿赂之战
Battle of the Bribes

克莱芙主要通过事前行贿打赢普拉西战役

孟加拉统治者西拉杰·乌德·达乌拉在法国的援助下同东印度公司开战。罗伯特·克莱芙率领东印度公司驻孟加拉军队中途攻占加尔各答，继续向北前往西拉杰的都城穆希达巴德。克莱芙的军队由八百英国人和两千二百印度人组成，有九门大炮，在小村庄普拉西的芒果林对阵兵力远胜于他们的孟加拉军——西拉

> "以上帝之名……我的节制令我本人吃惊。"
>
> 罗伯特·克莱芙，被控贪污之罪

杰有五万士兵，十一门火炮和约四十名法国炮手。尽管克莱芙已事先贿赂了西拉杰的叔父、军将领米尔·贾法尔（Mir Jafar），令后者不战而降，克莱芙仍不愿开战。

猛烈的季风带来一场暴雨后，印度的大炮无法使用（孟加拉军的火药被淋湿），副官艾尔·库特爵士（Eyre Coote）劝服克莱芙发动进攻，西拉杰的军队依照事先安排逃离战场。克莱芙仅折损约五十名士兵便"赢得"胜利。米尔·贾法尔及时废黜西拉杰并将他处决，东印度公司控制孟加拉。克莱芙吞占西拉杰国库中的十六万英镑，作为普拉西战役的私人战利品。

东印度公司征服印度后，将印度的主要产品鸦片大量运往中国，垄断了非法鸦片贸易，获取丰厚的利润。**NJ**

1759年9月13日

法军战败,沃尔夫去世
Wolfe Killed as French Troops Defeated

沃尔夫将军身亡,英国赢得魁北克战役并占领加拿大

《沃尔夫将军之死》局部图,作者为本杰明·魏斯特(1738—1820),表现英雄死于致命伤的情景

"不要为我悲伤。几分钟后我就会获得幸福。"

詹姆斯·沃尔夫临终遗言

魁北克战役的胜利令詹姆斯·沃尔夫将军得到英雄的美名,并为不列颠取得加拿大,在1763年的《巴黎和约》中得到正式承认。1756—1763年间的七年战争有时被称为真正的第一次世界大战,英法两国在欧洲、印度和北美开战,战场横跨三个大陆。

1759年5月沃尔夫抵达布雷顿角岛的路易斯堡,统帅英军入侵加拿大。沃尔夫十三岁从军,相当特立独行——他敏感、神经质、异常活跃,且不按常理出牌。有人向国王进言说沃尔夫疯了,乔治三世做出了著名的评论,说倘若果真如此,他希望沃尔夫去咬某些将军。

部队沿圣劳伦斯河航行,6月末在魁北克北部登陆。魁北克处于海角之上,俯视着劳伦斯河。法国将领蒙特卡尔姆侯爵(Marquis de Montcalm)已在河北岸筑起防御工事——他估计了地形,认为敌军必将从北岸发动进攻。经过长时间的耽搁——下属将之归因于沃尔夫犹豫不决的性格——英军在劳伦斯河南岸登陆。在不断进攻之下,法军的要塞岿然不动。沮丧的沃尔夫情绪失去控制,决定卧床休息。9月初,沃尔夫恢复健康和理智,亲自侦查后确定从弗伦湾登陆——英军在夜间爬上陡峭、狭窄、防守薄弱的林间小路,进入魁北克北部的高地亚伯拉罕平原,法军终于被迫交战,迅速被击溃。沃尔夫本人胸部中弹死亡,五天后蒙特卡尔姆侯爵投降。

RC

1762年7月9日

凯瑟琳成为俄国女皇
Catherine Proclaimed Empress of Russia

出身低微的日耳曼公主成为俄罗斯最伟大的统治者之一

凯瑟琳生于什切青，原名安哈尔特-策布斯特（Anhalt-Zerbst）的索菲亚公主，被许配给俄罗斯王位继承人彼得王子，尽管她同固执而不成熟的彼得的婚姻破裂，但依然得到婆婆、强大的伊丽莎白女皇的支持。凯瑟琳迅速学习俄语并皈依东正教。

彼得于1762年1月即位，同普鲁士和解，并试图推行普鲁士习俗和服饰，偏爱外国人，引起俄军不满。凯瑟琳同意支持阿列克谢和格里高利·奥尔洛夫兄弟的计划，废黜彼得亲自掌权。7月彼得离开圣彼得堡时凯瑟琳发动政变。

凯瑟琳亲自请求一流的伊斯麦洛夫斯基军团护驾，获得军队支持。她颁布公告称彼得的政策令俄国陷入危机，身着戎装率领军队从首都出发。彼得退位，几天后在阿列克谢·奥尔洛夫监禁下被害。

尽管凯瑟琳以这种方式夺得大权，她仍是俄罗斯最伟大的统治者之一，令帝国向南扩张至黑海，以卓越的艺术收藏品提高了俄罗斯的声望，但普通民众为此付出了代价。凯瑟琳曾考虑过解放农奴，但很快估发现进一步束缚农奴对统治更为有利，且农民的被迫劳役为凯瑟琳实现其文化和政治抱负提供金钱支持。凯瑟琳没有再婚，有若干年轻的情人，但同波将金大公（potemkin）一直保持着密切关系。**NJ**

○ 《正义之殿中身着立法者装束的凯瑟琳二世肖像》，作者为德米特里·列维茨基（1735—1822）

> "我将做专制君主，这是我的职责；而上帝将宽恕我，那是他的工作。"
>
> 凯瑟琳大帝

1764年10月15日

吉本孕育杰作
Gibbon Conceives a Masterpiece

爱德华·吉本在古老的朱庇特神庙遗迹中得到灵感，创作《罗马帝国衰亡史》

吉本觉得意大利之旅令人愉快，但不得不承认都灵的建筑"平淡乏味"，热那亚的大理石宫殿相当无趣；再者，看过伦敦后谁还会被米兰打动呢？爱德华·吉本曾在其经典的保守结论中承认自己"不易受热情感染"。但他来到永恒之城罗马时却受到强烈震动。吉本没有失望；尤其是置身于朱庇特神庙遗迹之中时，他"沉醉了数日"。他感受到了栩栩如生的历史场景：罗慕路斯建城、塔利演讲、恺撒遇刺身亡的画面"同时出现在眼前"。1764年10月15日，吉本在这里构思一部罗马城的历史，后来发展为罗马帝国史。

从吉本的个人经历来看，他似乎不适合承担如此重任。他将自己描述为"弱小的孩子，母亲不理，保姆不喂"；而他在牛津度了"一生中最无所事事、毫无益处的时光"；父亲反对他唯一一段爱情，父子关系恶化；而吉本所受的主要教育来自神学辩论。倘若吉本没有以极大的热忱实现其梦想，他可能被评价为浅尝辄止的业余爱好者。

1776—1788年间，吉本出版其伟大成就——六卷《罗马帝国衰亡史》。这是一部里程碑式的学术著作，叙事宏大、生动详尽、妙趣横生，可能是史上最优秀的历史著作。**RP**

◐ 亨利·库克所作的一系列罗马皇帝头像，出自《罗马帝国衰亡史》

1765年3月22日

印花税引发骚动
Tax Causes Uproar

引起众怒的《印花税法案》点燃美国独立战争第一把火

不列颠对报纸、宣传册、纸牌、财产转让契约及法律、商务文件征收印花税,政府将之视为成本低廉的良税。不列颠需要金钱支持七年战争,首相乔治·格伦维尔(george grenville)于1764年建议在美洲和西印度殖民地征收印花税。1765年下议院同意并通过《印花税法案》。

> "美洲几乎公开叛乱。我很高兴美洲予以抵抗。"
> 老威廉·皮特(William Pitt the Elder),
> 1766年1月

《印花税法案》在美洲造成了惊人的影响,点燃了美洲居民积聚已久的怨恨之火。他们自觉没有被视为不列颠公民,权利受到侵犯,而且没有议会代表,打出"无代表不纳税"的口号。

波士顿等地爆发叛乱。部分叛乱由自称"爱国之子"的组织领导。城镇集会抵制《印花税法案》,报纸和宣传册上满是反对之声,批判有人"邀请专制统治远渡重洋入驻这篇曾经的乐土"。帕特里克·亨利(Patrick Henry)在弗吉尼亚会议上慷慨陈词,称"不自由,毋宁死!",鼓动弗吉尼亚取得独立立法权,而罗得岛宣布法案违反宪法。九个殖民地宣布不列颠议会无权对美洲殖民地征税。1766年《印花税法案》撤销,但它造成的损害已无可挽回。**RC**

1769年4月13日

观测金星
Venus Observed

库克船长抵达塔希提岛观测金星凌日现象

从英格兰出发八个月后,统领英国皇家海军"奋进号"的詹姆斯·库克中尉望见塔希提岛高耸入云的山峰。1769年4月13日,库克船长在matuvai bayon停锚后,好奇且友好的岛上居民划着独木舟出现。两年前,搭乘英国皇家海军"海豚号"的萨缪尔·沃利斯(samuel wallis)为不列颠占领了这座太平洋

> "……他们的表情至少表明我们并非不受欢迎的不速之客。"
> 库克船长,1769年4月13日

岛屿,一年后路易斯·德·布干维尔(louis de bougainville)又代表法国占领了塔希提岛。岛上居民在同欧洲人的早期接触中首次见识了铁器——他们只有贝壳、石头和鲨鱼牙齿制成的工具,但他们偷窃钉子和鱼钩的行为激怒了库克一行人。英国人没有质疑任何欧洲国家占领塔希提岛的权利。

英国皇家学会出资委派"奋进号"前往塔希提岛,观测6月3日的金星凌日现象,以计算地球与太阳间的距离。一队博物学者和艺术家随船同行,研究动植物群并收集标本。天才航海家库克测量海水温度、风强度、洋流及水深,为他所到的海岸绘制详尽的地图,借此跻身于现代海洋学先驱之列。

库克一行人观测金星凌日后不久便继续启程,向南驶入未知的太平洋海域。**SK**

1770年4月19日

发现未知的南方大陆
Terra Australis Comes into View

库克船长发现澳大利亚,为不列颠王室勘测东海岸并绘制地图

▲ 阿尔杰农·塔尔梅奇的油画局部图,表现库克船长在澳大利亚海岸上升起英国国旗的情景

▲ 植物湾铜版地图,复制自库克所作原版地图

詹姆斯·库克按照英国海军部密令指示,访问塔希提岛后继续探索太平洋,寻找传说中未知的南方大陆,并以乔治三世之名占领任何可能发现的岛屿。1770年4月19日,"奋进号"成为第一艘抵达澳大利亚东海岸的欧洲船——尽管荷兰人一百多年前就发现了澳大利亚西部沿海地区,并将之命名为新荷兰。

1769年7月13日库克从塔希提岛出发,驶向南方和西南方,10月7日抵达新西兰东海岸——1642年荷兰航海家亚伯·塔斯曼(Abel Tasman)曾到访这里。库克在新西兰停留六个月,为南北两岛的全部海岸线绘制了详尽的地图,于1770年3月31日继续向正西方航行。两周半后,库克首次看到澳大利亚,决定沿海岸向北探索。

4月29日,"奋进号"驶入宽阔的水道,约瑟夫·班克斯(Jospeh Banks)等博物学者在这里收集了众多植物标本,因此库克为之命名为"植物湾",同时船员们第一次同一群当地土著居民接触,后者拒绝了库克一行的礼物并向他们投掷长矛,探险家们被迫使用步枪驱赶土著居民。6月11日,"奋进号"意外地在大堡礁触礁,被迫上岸,修整近七周。库克最终于8月21日环绕约克角半岛,在托雷斯海峡中的"占领岛"登陆,宣布为英国王室占领了他刚刚在地图上标出的3000英里(5000千米)海岸线。**SK**

> "我们之前从没有欧洲人发现或到过东海岸。"
>
> 詹姆斯·库克,1770年8月21日

1770年12月5日

日耳曼人掌控丹麦大权
German Seizes Danish Rule

约翰·弗里德里希·施特林泽医生（Johann Friedrich Struensee）成为丹麦独裁者

▲ 约翰·弗里德里希·施特林泽肖像，约瑟夫·弗里德里希·雷恩（1720—1785）所刻

> "……我愿意赦免他们两人……"
> 　　　　　　丹麦国王克里斯蒂安七世

　　日耳曼医生施特林泽不讲丹麦语，且蔑视丹麦的国民和风俗，但他于1770年12月成为丹麦的主人，按照启蒙运动的先进思想推行改革。施特林泽非凡的政治生涯是一出关于野心和权力的经典戏剧，主人公在放纵的追求中自取灭亡。

　　施特林泽生于德国哈雷，父亲是神学家和牧师。他早年接受了卢梭的平均主义和无神论思想，成为医生后随一支流亡国外的政党前往丹麦，后者急于重新控制患有精神分裂症的年轻国王克里斯蒂安七世，因而任命施特林泽为国王的御用医师。施特林泽令国王的病有了起色，逐渐支配了发疯的国王；他成为年轻的王后卡洛琳·玛蒂尔达（英格兰国王乔治三世的妹妹）的情人，权力进一步得到巩固。

　　施特林泽起初通过傀儡政治进行统治，于1770年12月成为丹麦独裁者，提出数千项激进的改革方案，其中不乏进步的举措，比如建立孤儿医院、废除刑讯逼供和死刑；但有些改革十分古怪，比如大幅削减官员的薪水以举办舞会和化妆舞会。

　　施特林泽的统治令丹麦保守派贵族大为不满，他们策划逮捕施特林泽、王后及其盟友、国王的监护人勃兰特（Brandt）。王后生下路易莎·奥古斯塔（Louisa Augusta），被普遍认为是施特林泽之女，贵族们趁机发动宫廷政变。1771年1月三人被捕。尽管已经废除了刑讯逼供和死刑，施特林泽和勃兰特被砍下了右手，之后被斩首。**NJ**

1772年2月19日

强国瓜分波兰
Powers Partition Poland

俄罗斯、普鲁士和奥地利同意在三国间瓜分波兰

十八世纪中期，曾经强大的波兰立陶宛联邦陷入政治瘫痪状态，部分"得益于"自由否决政策——任何一名波兰贵族都有权否决任何他不同意的法令。波兰的三个邻国俄罗斯、普鲁士和奥地利趁机瓜分了波兰领土。三国于1772年2月19日在维也纳签订了瓜分协议，被称作"三黑鹰协约"——取自三国的民族象征。

波兰贵族组成巴尔联盟抵抗外国干涉波兰内政，但他们的起义被俄国镇压。贵族们试图求取国际社会的支持以失败告终——他们已明显不再效忠于国王。俄、普、奥三国于八月派兵入侵波兰，尽管波兰人奋力抵抗，1773年4月克拉科夫（Krakow）失守宣告一切结束。俄罗斯将军苏沃洛夫（Suvorov）将所有幸存的守军放逐到西伯利亚。约十万波兰人在抵抗军事占领的过程中丧生。

根据9月签署的协议，奥地利占领波兰南部行省加利西亚和克拉科夫周边地区，以及丰富的盐矿。腓特烈大帝统治的普鲁士获得格但斯克港（Gdansk，即但泽）附近的北部海岸地区、瓦尔米亚和托伦。俄罗斯的凯瑟琳大帝得到利沃尼亚和白俄罗斯。波兰丧失30%的领土和约四百万人口，但这场瓜分令波兰民族爱国精神复兴，在后来的几百年中为征服者们带来诸多问题。**NJ**

○ Noel Le Mire所作的《国王的蛋糕》，描绘了俄罗斯女皇凯瑟琳、普鲁士国王腓特烈和奥地利国王约瑟二世

"凯瑟琳女皇和我是纯粹的强盗……她盗取（波兰）时哭了。"

腓特烈大帝评论瓜分波兰一事

1772年6月22日

解放奴隶
A Slave Is Freed

曼斯菲尔德勋爵推动英格兰奴隶解放运动

1772年5月，詹姆斯·萨默塞特（Somersett）——一名被主人斯图亚特先生从弗吉尼亚带到英格兰的奴隶——向法院提起诉讼要求恢复自由。萨默塞特逃跑后再次被捕，并被强制送上开往牙买加的船，但因其教父教母取得人身保护令而获救。6月22日，当时最伟大的法官曼斯菲尔德勋爵作出释放萨默塞特的判决，并援引伊丽莎白女王在相似的案件中所作的评论："英格兰的空气太纯净，不适合奴隶呼吸"曼斯菲尔德勋爵认为奴隶制"如此丑恶"，即便斯图亚特先生在弗吉尼亚"拥有"萨默塞特，后者一踏上英格兰国土，便立即成为自由人。经过合理的论证后，大法官总结道："因此这名黑人必须得到释放。"

> "纵然天塌下来，也要伸张义。"
> 曼斯菲尔德勋爵引述
> 卢基乌斯·卡尔普尼乌斯（Lucius Calpurnius）

不列颠当时的商业财富是以奴隶和奴隶贸易积累而来，因此萨默塞特案引起了广泛关注，奴隶解放运动也加快了步伐。曼斯菲尔德勋爵十分清楚他的判决将在社会和政治领域引发翻天覆地的变革，里程碑式的萨默塞特案推动不列颠帝国最终于1807年废止奴隶贸易，1833年全面废除奴隶制度。**NJ**

1773年12月16日

波士顿倾茶事件
Boston Tea Party

波士顿人拒绝《茶税法案》，强烈反对不列颠政府

1773年12月16日的波士顿倾茶事件是美国历史上最著名的事件之一。自《印花税法案》以来，不列颠政府的每项措施都受到质疑，美洲殖民地变得难以管制。波士顿向来十分独立，不列颠政府试图从波士顿的港口和贸易中分一杯羹。受到当地人的怨恨和抵制。1770年，不列颠海关守卫向发动袭击的暴民开火，导致五人丧生，被称为"波士顿大屠杀"事件。

三年后，波士顿人于11月5日的城镇会议上通过决议抵制新的《茶税法案》——《茶税法案》赋予东印度公司在美洲销售茶叶的垄断权。11月28日，第一批运茶商船抵达波士顿港口。12月16日的大型抗议集会上，约翰·罗（John Rowe）问："谁知道海水泡茶味道会怎样？"有备而来、乔装成土著印第安人的群体高呼："今晚波士顿港就是茶壶！"他们率领数百名波士顿人喊着战斗口号、持手枪和斧子冲上停泊在港口的三艘英国商船"达特茅斯号"、"埃莉诺号"和"海狸号"，劈开箱子将所有茶叶倒入海中。晚上九点，波士顿港的水面上漂浮着茶叶。无人受伤，波士顿人继续在城中进行胜利游行。"倾茶事件"的消息迅速传遍美洲，激励各殖民地抵抗不列颠的统治。4月纽约也发生了倾茶事件。**RC**

▷ 十八世纪版画，描绘1773年反叛的波士顿人将成箱茶叶导入波士顿港口的情景

1773年

发明家得到王室认可
Inventor Receives Royal Recognition

约翰·哈里森发明航海经线仪，受到国王乔治三世奖励

钟表师约翰·哈里森正装肖像局部图，背景物品表明他的职业

1773年，英格兰钟表匠约翰·哈里森（John Harrison,1693—1776）发明航海经线仪（一种准确测定海上船舶东西位置的仪器），令航海事业发生重大变革，解决了困扰欧洲人数百年的难题。

不列颠议会悬赏征人解决经线难题，哈里森晚年因发明经线仪得到其两万英镑（相当于今天的一千两百万美元、六百万英镑）奖金的一部分。哈里森经过三十年的研究，提出三种十分新颖的设计方案，试制出经线仪4号（H4），在首次跨大西洋试航中误差仅为五秒，其后的试航中误差三十九秒。如此精确的经线仪将使海上航行达到前所未有的精度。

哈里森的发明遭到不少质疑和反对。虽然他因H4勉强得到了一万英镑奖金，但英国皇家天文学家内维尔·马斯基林（Nevil Maskelyne）反对哈里森——马斯基林本人通过细致观察天体运动也提出了另一种解决经线问题的方案，尤其还错误地声称，经线仪的飘移率（drift rate，地球自转导致的时间差）是由于仪器本身的缺陷造成。哈里森向国王请愿，乔治三世亲自测试经线仪后于1773年劝服议会另行授予哈里森八千七百五十英镑，哈里森八十岁时得到了这笔奖金，三年后去世。库克船长在航程中使用了哈里森的发明后，经线仪的价值得到广泛认可。十九世纪时，船只出航都要使用经线仪。**NJ**

> "忠实可靠的向导，带领我们度过所有变幻无常的天气。"
>
> ——库克船长评价哈里森的经线仪

1774年

歌德成名
Goethe Becomes a Literary Celebrity

歌德的名作《少年维特的烦恼》造成"维特热",数千名青年模仿作品情节自杀

1774年,《少年维特的烦恼》出版造成轰动,作者约翰·沃尔夫冈·冯·歌德(Johann Wolfgang von Goethe)几乎一夜成名。这部半自传性的小说描述了维特的单恋,他的倾慕对象、美丽的绿蒂同比自己年长十一岁的阿尔贝特订婚。

小说中,绿蒂同阿尔贝特结婚后,告知维特他们要减少来往,但在最后一次见面时二人情不自禁地接吻。正直的维特认为不能继续发展下去,决定用绿蒂给他的两把手枪自杀。

《少年维特的烦恼》是德国文学狂飙突进运动的代表作,通过表达极端的情绪对启蒙运动的理性界限作出回应。小说出版后大获成功,许多人深受影响,引发了"维特热"——数千人穿着小说中描述的维特装束,并发生了多达两千起模仿性自杀。

尽管歌德本人后来表示厌恶这部作品,但《少年维特的烦恼》对推动歌德的写作生涯功不可没。歌德成为德国最伟大的作家之一,同时被描述为最后一名擅长多种题材的大师。**TB**

◐ 巴黎国家歌剧院上演的儒勒·马斯内的歌剧《维特》宣传海报

> "沉浸在她通过那句口令倾泻在我心里的感情流之中。"
>
> 歌德,《少年维特的烦恼》

1775年6月15日

时代之子
The Man for the Moment

乔治·华盛顿率领大陆军驱逐英国人

莱克星顿和康科特的小规模战斗拉开美国独立战争序幕,英军在波士顿被叛军围攻,威廉·豪(William Howe)将军率英军赢得邦克山战役,但死伤惨重,如此再"胜"几场必定全军覆没。在宾夕法尼亚召开的大陆会议创建了自己的军队,并于1775年6月任命乔治·华盛顿为指挥官。华盛顿预计战争会在圣诞节之前结束,接受将军之职,并婉拒了报酬。

事实证明,华盛顿是统帅大陆军的不二人选。四十三岁的华盛顿生于弗吉尼亚拥有土地的上流家庭,职业军人出身,曾担任不列颠军官同法国人作战。华盛顿身材惊人,约6英尺3英寸(1.9米)高。他性格坦率镇静,令人安心,沉默寡言,判断力精准。正如一位同代人评价的,华盛顿最大的政治财富是其"沉默的天赋"(Gift of Silence)。他北上来到波士顿,认为马萨诸塞州民兵"极其肮脏下流",但他率军作战,并从其他州调集援军和武器,令英军彻底失势,只得在3月撤军,很多亲英派也随之离开美洲。

但独立战争才刚刚开始。华盛顿占领曼哈顿和布鲁克林,而纽约成为不列颠的下一个目标。7月初,三万余不列颠士兵和庞大的舰队抵达,大陆军被迫撤退。华盛顿险些被俘,美军接先后撤往新泽西和宾夕法尼亚,士兵逐渐失去信心。**RC**

○ 乔治·华盛顿接掌将军之职,骄傲的统领大陆军

1776年7月4日

生命和自由
Life and Liberty

大陆会议签署《美国独立宣言》

殖民地应当宣布独立，还是同不列颠和解？经过令人心焦的艰难选择，美国历史上最著名的文书于1776年7月4日签署。曾任教师的英格兰知识分子托马斯·潘恩（Thomas Paine）撰写宣传册《常识》鼓舞北美民众独立，将乔治三世称为"大不列颠的高贵禽兽"。

> "上帝赐予我们生命的同时，也赋予我们自由。"
>
> 托马斯·杰斐逊，1774年

独立宣言最终由在宾夕法尼亚举行的大陆会议通过，但此前已经删去了谴责奴隶制的内容——不仅为了安抚南方，也由于北方很多人对废除奴隶制并不热衷。托马斯·杰斐逊以经久不衰的语言主笔起草了《美国独立宣言》，宣告"不证自明的真理"——"人人生而平等，造物主赋予他们若干不可让与的权利，其中包括生存权、自由权和追求幸福的权利。" 殖民地的所有不公被归咎于大不列颠国王乔治三世，却完全不切实际地对不列颠议会只字未提。

独立宣言在末尾声明，所有联合一致的殖民地"解除一切对英国王室效忠的义务"。虽然真正实施宣言内容更难，且独立战争持续了多年，《独立宣言》对美国民族观念及生活产生了深远影响，持续至今。**RC**

1776年12月25日

"狐狸"发动攻击
"The Fox" Attacks

华盛顿率军渡过特拉华河转败为胜

英国人将华盛顿称作"狐狸"，因为他躲起来过冬。但在1776年圣诞节夜里，华盛顿现身，率领大陆军取得胜利。

之前华盛顿"几乎疲倦至死"，担心独立之路就此终结。英军指挥官威廉·豪不赞同英国对殖民地的政策，规劝美洲民众，说他们独立无望，希望和解。不少大陆军的民

> "最后的号声响起时……将是一片仓皇、惊恐和混乱。"
>
> 亨利·诺克斯（Henry Knox）少将

兵叛逃，接受威廉·豪的特赦，而亲英派武装部队在新泽西的几场激战中也成功击败了起义军。

华盛顿集结军队渡过特拉华河进入新泽西。他们在特伦顿的雹暴中迅速击败日耳曼雇佣军——华盛顿预计日耳曼人庆祝圣诞后会放松警惕。传说他们的将领果真醉倒在床上，鼾声大作。1月3日，华盛顿集结军队再次穿过特拉华河，将英军逐出普林斯顿和新泽西大部分地区。

大陆军重振士气，再次从亲英派手中夺回新泽西。与此同时，本杰明·富兰克林被派往巴黎，劝服秘密支持起义军的法国公开参战。**RC**

1777年10月17日

大陆军掌握战略主动权
Americans Gain the Advantage

伯戈因将军在萨拉托加投降,扭转战局

🔺 纪念伯戈因投降的明信片,作者为约翰·特朗布尔

　　1777年10月17日,萨拉托加大捷成为美国独立战争的转折点。英军从此无力击败同法国公开联盟的大陆军。

　　1777年,失去耐心的英国政府部署新的战略,派遣伯戈因将军率军南下占领新英格兰并同威廉·豪将军会和——伯戈因勇敢、鲁莽,且能力值得怀疑。但威廉·豪无视新计划,乘船从纽约南下,于9月17日攻占宾夕法尼亚。伯戈因的军中有英国人、日耳曼人、加拿大人、美洲亲英派分子和土著印第安人,他们慢条斯理地向南行进,不断遭受大陆军狙击手的袭击。10月,伯戈因在萨拉托加驻军并修建防御工事,但遭遇兵力远胜于己的起义军,起义军将领为霍雷肖·盖茨(Horatio Gates)。传说伯戈因军中的爱尔兰海盗和一名大陆军隔着小河招手,并跳入水中互相拥抱:两人是兄弟。两场激烈的战役过后,伯戈因伤亡惨重,战斗力和供给不足,退路也被截断,只得耻辱地投降了。

　　1778年,英军撤离宾夕法尼亚,派代表同大陆会议进行和谈,因不承认美国完全独立和谈破裂。萨拉托加大捷后有人建议盖茨取代华盛顿任将军,结果不了了之。2月,法国同美国结成军事同盟,实现美国独立,其后西班牙也加入同盟。**RC**

1779年

陶瓷制造步入新纪元
Pottery Making Enters a New Age

约书亚·威治伍德（Josiah Wedgwood）建立伊特鲁里亚工厂，开创陶瓷大批量生产方式

▲ 版画，表现威治伍德在斯塔福德郡汉雷附近的伊特鲁里亚工厂工作的情景

约书亚·威治伍德生于英格兰斯塔福德郡的制陶匠人家庭，是第一位大实业家，他将英格兰的小规模陶瓷生产发展为大批量制陶工业。威治伍德家族也因此自1779年起成为在业界和政界颇具影响力的显赫世家。

威治伍德家族不信仰主流宗教。约书亚将关爱职工视为其社会责任，开创了仁慈的家长式管理传统，后为贵格会凯德伯里（Cadbury）、朗特里（Rowntree）和弗莱（Fry）家族沿袭。尽管约书亚得到王室的资助——包括远在俄罗斯的凯瑟琳大帝——他是一名改革论者，极力宣传废除奴隶制度，分发描绘奴隶挣脱其枷锁的陶瓷浮雕，后来成为废奴运动的标志。威治伍德开凿曼彻斯特船舶运河，得到了开办伊特鲁里亚工厂的部分资金，并结识了商业伙伴伊拉斯谟斯·达尔文（Erasmus Darwin）。两大家族通婚，形成强大的达尔文-威治伍德家族，最有影响力的成员包括查尔斯·达尔文。

威治伍德重视品质，他击碎次品，称"这不符合约书亚·威治伍德的标准"，在斯托克的伊特鲁里亚工厂开始大批量生产瓷器，工厂运行了180年，直至因开采沉陷被迫搬迁。1795年威治伍德在他亲手创办的工厂对面的伊特鲁里亚大厅去世。**NJ**

1779年2月14日

库克被刺死在海滩之上
Stabbed to Death on the Beach

库克船长在同夏威夷岛民的激烈冲突中丧生

《库克之死（1779）》，作者为约翰·韦伯，表现探险家被人数远胜于己的岛民包围的情景

一天前，库克一行在海滩上搭建铁匠铺修理"决心号"的前桅，但工具失窃，导致海员同夏威夷岛民关系紧张。当晚"决心号"的一条大型独桅纵帆船被盗，这是一项重大损失，次日库克船长上岸抗议，冲突一触即发，库克身边的夏威夷人开始扔石头。库克正从岸边上船时，离岸的水手开枪射击，库克高声阻止，但被打倒在地，岛民用匕首将他刺死，库克的脸还埋在浪花中。

这是库克第三次出航太平洋，返回夏威夷。此前他探索加利福尼亚到阿拉斯加的北美海岸，寻找穿越北极区通往大西洋的西北航道。经过一年徒劳无功的航行和海上粗劣的饮食，库克疲惫不已，对船员也异常暴躁。但夏威夷人的行为也难以解释——不久以前岛民将库克奉若神明。

库克的卓著成就在其生前便得到认可。尽管1779年美洲殖民地同不列颠开战，本杰明·富兰克林向美国战船船长致信，要求他们"礼貌、友好地对待库克船长及部下……视其为人类共同的朋友"。**SK**

1780年5月4日

首场德比赛马大会
Inaugural Race of the Derby

德比伯爵首次举行其著名的赛马会

◊ 1781年德比赛马大会的冠军伊柯丽斯及骑师

第十二代德比伯爵爱德华·史密斯·斯坦利热爱赛马、斗鸡和赌博。1779年，德比伯爵在萨里的埃普瑟姆丘陵举办一场赛马会，他和朋友们的三岁牝马在1.5英里（2.4千米）的赛道上竞赛，德比伯爵以其当地庄园为之命名为欧克斯马赛。1780年5月4日，他举办了杜马和牝马比赛，寻找当年最优良的赛马。德比伯爵和朋友查理·班伯里爵士（Charles Bunbury）、当时赛马界的领军人物抛硬币决定比赛的命名权，德比伯爵获胜。

首场比赛的冠军是班伯里的狄俄墨德（Diomed），他的另外两匹赛马在其后几年中接连得胜。德比本人的彼得·蒂亚泽爵士（Sir Peter Teazle）于1787年夺冠。

早期的德比赛马大会在星期四举行，设有1英里（1.6千米）的直线赛道，起点在如今的5弗隆标记线外。1784年比赛引入了急转坡路托顿罕弯角（Tattenham Corner），并将赛道延长至1.5英里（2.4千米），沿用至今。U形赛道和陡峭的坡度极大考验了幼马的体力。

德比赛马大会成为世界上最受欢迎、最豪华的平地赛。十九世纪时，改至星期三举行的德比赛马会是令所有伦敦人外出参加的盛事，通常英国君主也会到场。大赛在两次世界大战中照常举行，也是奖金最丰厚的马赛之一。如今德比赛马大会的赛马多为杜马。**PF**

1780年6月2日

戈登暴动中伦敦失火
London Torchings in the Gordon Riots

放松压迫天主教徒政策激起新教暴民怒火

▲ 骚动的暴民点燃王座法庭监狱

　　1780年6月2日，五万名新教徒打出"反对天主教！"的标语在圣乔治广场游行示威，发展为暴动，喝醉的新教徒点燃天主教教堂、英格兰银行及伦敦的三大监狱。《天主教解放法案》恢复了天主教徒于1689年被威廉三世取消的大部分权益，而乔治三世拒绝撤回《天主教解放法案》遭到抗议。1778年，不列颠在美国独立战争中兵力严重不足，政府在国王的许可下被迫通过法案征天主教徒入伍。

　　苏格兰小贵族乔治·戈登勋爵起草了新教联盟请愿书，要求撤回《天主教解放法案》，获得了广泛的支持。请愿书十分庞大，连强壮的男子也无法独自举起。但戈登试图向议会展示请愿书时遭到拒绝，他觐见国王时也受到冷遇。政府拒绝听取新教徒的意愿引发了一周的暴动，伦敦完全陷入混乱，被暴民占领。

　　6月7日，国王下令派出军队镇压暴动。285—850人在骚乱中丧生，二十一名闹事者被处决。戈登入狱，最终转信犹太教。查尔斯·狄更斯以戈登暴动为背景创作了《巴纳比·拉奇》。**NJ**

1781年1月1日

世界上第一座铁架桥开通
World's First Iron Bridge Opens

什罗普郡的铁架桥展示了新的建筑技术

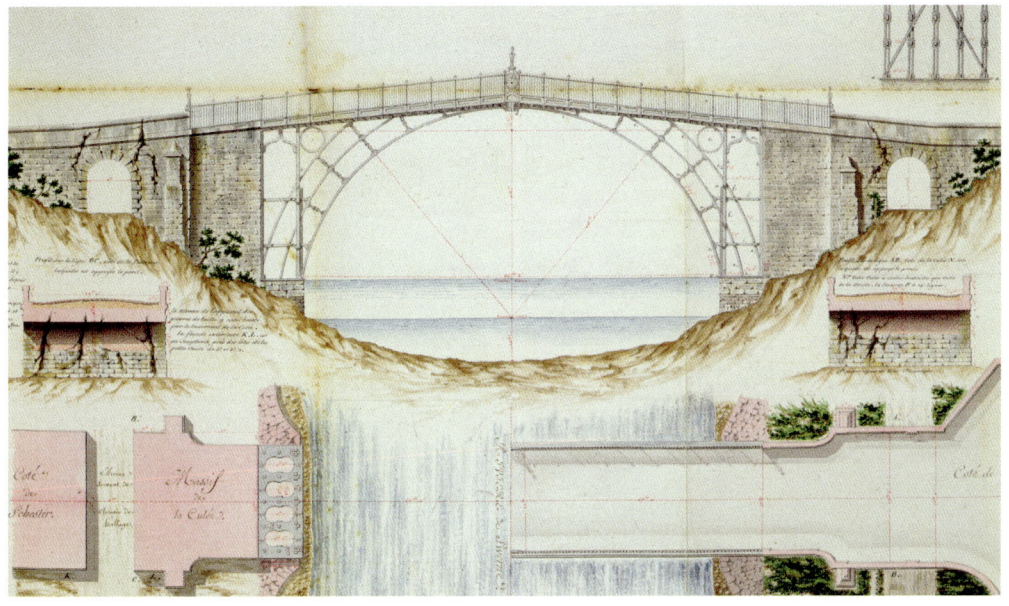

铅笔、墨和水彩画成的设计图,展示了塞汶桥剖面

1781年元旦,铁架桥建成开通。青年建筑师托马斯·普瑞查(Thomas Pritchard)设计了英格兰科尔布鲁代尔附近横跨塞汶河谷的铁架桥。普瑞查请年仅二十九岁的贵格派铁器制造商亚伯拉罕·达比三世(Abraham Darby iii)建造这座开拓性单跨桥。达比的祖父亚伯拉罕·达比一世发明焦炭炼铁法引发工业革命,如今他的孙子将用大型的铁质构件建造120英尺(37米)、378吨的铁架桥,最大的构件长达70英尺(21米)。

塞汶桥用铁来代替传统的木制连接方法,如榫眼和凸榫、楔形榫头和楔子。虽然普瑞查于1777年去世,另一名当地铁器制造商约翰·威尔金森(John Wilkinson)出资继续建造塞汶桥。1779年大桥完工,而桥头引道两年后建成。塞汶桥的建造过程没有留下记录,人们无从得知其具体细节,直至2002年在瑞典发现了伊利亚斯·马丁(Elias Martin)的水彩设计图。铁架桥大受欢迎,周围渐渐发展出一个新的城镇——铁桥镇。

达比为建桥过度开支,一生负债,而过于笨重且桥墩出现裂痕的塞汶桥屹立至今,已成为世界工业化的里程碑。1987年,铁架桥被列为世界遗产,吸引了纪念工业革命的旅游业。**NJ**

1781年5月18日

西班牙人处死图帕克·阿马鲁二世
Spanish Execute Tupac Amaru II

印加帝国后裔起义反抗西班牙的暴虐统治惨烈牺牲，西班牙在秘鲁重新确立其统治

印加帝国末代皇帝的曾孙、接受耶稣会教育的何塞·加夫列尔·孔多尔坎奇（José Gabriel Condorcanqui）于1781年5月18日被处以极刑。西班牙摧毁秘鲁的印加帝国后，土著印第安人几乎完全沦为奴隶，但某些地区还保留着印加帝国贵族帮助维持统治。孔多尔坎奇以贵族身份继承了廷塔行省，开始使用印加名——图帕克·阿马鲁二世。

1780年11月4日，阿马鲁在库斯科地区发动大规模起义，处死西班牙总督。11月16日他发表自由公告，宣布解放所有奴隶。他将六百名西班牙士兵困在桑卡拉的教堂，将整座建筑焚毁，只有二十八人幸存；此外，他要求改革税法，提倡印第安人、梅斯蒂索混血儿和克里奥耳人和平共处，吸引了数千人加入起义。1781年1月他围攻库斯科，但于4月遭人背叛被捕，全家人被扯掉舌头，之后他被迫在死前观看家人被一一处决。起初他被判车裂，但最终在库斯科广场人群面前被处以绞刑，之后被掏出内脏、切成四块。

阿马鲁的兄弟继续领导起义了两年，但最终投降，并被处以极刑。阿马鲁的起义动摇了西班牙的统治，后者试图根除印加民族身份，并消灭所有残存的印加王族后裔。这场起义极大地鼓舞了许多南美解放运动成员及马克思主义者，影响持续至二十世纪末期。**PF**

◁ 二十世纪图帕克·阿马鲁二世画像，作者为奥古斯托·迪亚兹·莫里

1781年10月19日

英军在约克镇战败
Defeat at Yorktown

康沃利斯（Cornwallis）投降，标志着美国独立战争中最后一场战役结束

1781年10月英军在约克镇投降，即使不算独立战争的终点，也标志着重大陆战结束。

不列颠政府任命亨利·克林顿爵士取代威廉·豪担任英军最高统帅，独立战争继续。康沃利斯率领一支英军入侵佐治亚和南北卡地区，手下有前起义军将领本尼迪克特·阿诺德（Benedict Arnold），及骑兵伯纳斯特·塔尔顿（Banastre Tarleton）、不列颠亲英派军团领袖——塔尔顿之名后来用来代指"野蛮"，而"阿诺德"成为"背叛"的代名词。

康沃利斯继续向北方进军，华盛顿抓住时机率军南下，法国援军的到来令大陆军实力大增。康沃利斯发现危机，在弗吉尼亚约克河畔的约克镇掘壕固守，等待英国皇家海军的救援。但法国海军上将孔蒂·德·格拉塞（Comte de Grasse）率强大的舰队从加勒比海赶来，封锁切萨皮克湾，阻止不列颠海军开往约克镇。

康沃利斯被兵力远胜于己的大陆军围困和轰击，10月16日晚试图乘船渡河逃走，但因猛烈的暴风雨无法成行。10月17日，一名英军鼓手出现在不列颠堡垒的城墙上，击鼓要求停战谈判，不列颠军官举着白色手帕现身。双方经过谈判，两天后康沃利斯正式投降，下午两点钟英军在路旁美国人的注视下列队走出营地，传说不列颠军乐队演奏着《天翻地覆》。**RC**

1783年3月4日

终于迎来和平
British Seek Peace

《巴黎和约》结束美国独立战争

康沃利斯投降后，海军在独立战争中的胜利为不列颠在和谈中赢得更有利的地位，但英国人已经受够了。1783年伦敦代表向下议院请愿要求停战，3月4日下议院毫无异议地通过了反对继续进行战争的提案，余下的任务便是和平谈判了。

> "……我以美国友人的身份祝贺你；我相信你并非英格兰之敌。"
>
> 埃德蒙·伯克（Edmund Burke）
> 对本杰明·富兰克林，1782年

大陆会议任命在英法两国都受到尊敬的本杰明·富兰克林为美国主要谈判代表。法国和西班牙都垂涎北美殖民地，富兰克林必须确保美国的利益。在同不列颠的单独谈判中，富兰克林利用英国人对法国的怀疑，为美国划定了更广阔的边界，超出法国和西班牙的预期。鉴于美英已保证在法国面前统一战线，法国只得接受了英美预先达成的协议。1783年9月3日签署的《巴黎和约》中，美国独立得到承认，美国国土从大西洋延伸至密西西比河，但加拿大归属于不列颠。1784年1月14日大陆会议正式通过《巴黎和约》。**RC**

1783年6月4日

首次气球飞行
First Balloon Flight

孟戈菲兄弟的第二只气球飞上了法国的天空

约瑟夫和雅克·孟戈菲兄弟（Jacques Montgolfier）出身于法国富有的造纸商家庭，他们发明的热气球于1783年6月首次试飞成功。哥哥约瑟夫是一名隐居的发明家，注意到洗好的衣物在火上晾干时会因热浪鼓起，因而设计了气球；弟弟雅克是经营家族企业的实业家，他动手制作了约瑟夫的发明。两兄弟都误认为烟中包含令气球升空的气体。

1782年12月他们的第一只气球试飞，被惊恐的农民捣毁。次年6月，他们的第二只以纸作衬里的粗布气球重500磅（225千克），气球内有2800立方英尺（79立方米）空气，在法国昂诺内作公开表演，气球升至600英尺（180米）的高度，飞行了1.2英里（2千米）。

孟戈菲兄弟造了更大更好的气球，其中一只还以蓝色和金色装饰了十二宫标志，在凡尔赛为宫廷表演，路易十六世和玛丽·安托瓦内特王后（Marie Antoinette）到场。国王建议派罪犯乘坐热气球升空，但孟戈菲兄弟选择了一只羊、一只鸭子和一只公鸡作为第一批乘客。所有动物安然无恙。首次热气球载人飞行于11月21日进行，二十六岁的物理学家皮拉特瑞·德·罗奇埃（Pilatre de Rozier）和军官达尔朗德侯爵（Marquis d'Arlandes）从布洛涅森林起飞，他们在3000英尺（900米）的高空飞行了5.5英里（9千米），越过巴黎，最终因气球的布料烧焦被迫着陆。两兄弟中只有约瑟夫·孟戈菲敢乘坐他们发明的飞行器——一次热气球栓在地上时约瑟夫爬了上去。**NJ**

○ 蚀刻版画局部图，原画作者为Claude Louis Desrais，表现孟戈菲兄弟发明的气球升空的时刻

1787年9月17日

统一的国家
A Single Nation

最终签署《美利坚合众国宪法》

美国已赢得独立战争，此时需要决定如何管理新的国家。1787年5月费城召开制宪会议，仅有罗得岛一州未派代表出席。经过几个月的讨论、协商和妥协，1787年9月17日，华盛顿等39名代表签署通过了宪法。

> "每个字……解决权力和自由之争。"
> ——詹姆士·麦迪逊

全体成员毫无异议地选择华盛顿来主持会议，但在其他方面很少达成一致。部分人想建立强大的中央集权政府，同维护各州权利者发生分歧。制宪会议同意施行三权分立原则，将国家权力分为立法、行政和司法三部分，且不受选民一时之兴影响。

制宪会议同意形成总统领导的行政机构、两院制立法机构和以最高法院为首的联邦司法机构，制定了选举和修订宪法的程序，而各州的投票权因奴隶问题变得复杂，而洲际贸易规范也是一项议题。经过广泛的激烈辩论，各州批准通过了美国宪法，佛蒙特州于1791年最后一个接受宪法。**RC**

1788年1月1日

丑闻报
Scandal Sheet

《泰晤士报》历经长期发展成为新闻界标杆

第一家英国日报是始于1702年、运营三十三年的单页报纸《每日新闻》。但《泰晤士报》是如今世界上历史最悠久的日报，1785年诞生之初名为《世鉴日报》，约翰·沃尔特发行这份两页半的大报是为了宣传他的专利——新型的印刷术，铅字以单词或词根代替传统的字母。但宣传毫无成效，

> "《泰晤士报》有时被称为'工作日的圣经'。"
>
> 伊丽莎白·盖斯凯尔（Elizabeth Gaskell），1864年

沃尔特转而试图以报纸本身谋利。1788年元旦，他将报纸重命名为《泰晤士报》，开始专注于挖掘丑闻，并发现这对报纸的发展很有利——公众乐于阅读，而名人们有时也愿意付钱了事。但英国王室的诽谤诉讼令沃特尔入狱两年，沃特尔开始专注于真正的新闻。

1817—1841年间托马斯·巴恩斯担任总编，《泰晤士报》名气大增。它被谑称为"雷神（Thunderer）"，是英国上层阶级中最受欢迎的报纸。1854年克里米亚战争期间，威廉·霍华德·拉塞尔（William Howard Russell）在英国政府得到消息之前报道了俄罗斯的和平提案。1981年新闻界巨头鲁伯特·默多克（Rupert Murdoch）收购了《泰晤士报》，1984—1985年发生罢工导致《泰晤士报》史上唯一一次停印。**RP**

1788年1月26日

开往植物湾
Botany Bay Bound

载着不列颠囚犯的第一支舰队在澳大利亚建立罪犯流放地

1788年1月26日，亚瑟·腓力船长在今天的悉尼宣布建立新南威尔士拓居地，1月26日被定为澳大利亚国庆日。1787年5月，亚瑟·腓力率领十一艘船从英格兰开往澳大利亚，船上有约七百五十名罪犯——五百六十八名男人、一百九十一名女人和十九个孩子——和二百五十名水手、士兵和

> "唱着嘟啦啦呜啦啦啊嘀嘀/我们开往植物湾。"
>
> 流行歌曲

海军。不列颠的监狱拥挤不堪，政府急于建立罪犯流放地。曾随库克船长出航的植物学家、杰出的英国皇家学会会长约瑟夫·班克斯爵士向议会建议，植物湾将是罪犯们理想的去处。

舰队最终于1788年1月抵达植物湾，但腓力船长对这里评价不高——土地平坦、灌木丛生，且不适合船只停泊。他驶向植物湾以北约5英里（8千米）的杰克逊港，发现了"世界上最优良的港湾之一"。

从"地狱船"的残暴虐待中幸存下来的囚犯们，要面对杰克逊港流放地的艰苦环境。尽管从未在澳大利亚建立过流放地，1788—1868年间，共有约十六万"适于流放"的罪犯被英国政府强制送上船前往"植物湾"（澳大利亚的代称）。**SK**

1789年2月4日

战争中的第一人,也是和平时代的第一人
First in War, First in Peace

乔治·华盛顿全票当选为美国总统,他出于责任感只得接受了这一职位

五十六岁的华盛顿带领美国赢得独立战争,他是担任美国首任总统的最佳人选。这位最受公众信任的人物对总统的重任感到忧愁,他说这是他被号召作出的"最大的个人牺牲",但无人同他竞选,2月4日华盛顿得到了总统选举团中的所有选票。选举程序复杂,需要每州批准通过,华盛顿于4月14日才正式得到当选通知。华盛顿从家乡弗吉尼亚北上前往纽约途中,人们夹道欢呼致敬、赞颂其功绩,成群的少女向他撒花。

华盛顿站在纽约市参议院议事厅的阳台上,头戴假发,身着黑色西装(美国出产的布制成),身侧长剑入鞘,发誓"保持、保护、保卫美国宪法",庞大的纽约人群中爆发出震天的欢呼声,参议院上方升起联邦旗帜,教堂鸣钟,美军鸣枪十三响致敬。

新总统在演说中态度不明朗,让人感觉他宁愿另行他事。华盛顿祈求上帝对"政府成功必不可少的明智举措","慈祥地加以赞许",而没有明确指出"明智举措"的具体内容。正如他事后所说,他毕竟走在前人未曾踏足的领域。**RC**

○ 《乔治·华盛顿在普林斯顿》,查理斯·威尔森·皮尔作于1779年、华盛顿当选总统之前

1789年7月14日

叛军攻占巴士底狱
Rebels Storm the Bastille

普通民众突然冲入巴黎，引发法国大革命

《1789年7月14日的巴士底狱》，作者为让·迪布瓦（1789—1849）；巴士底狱事件标志着法国大革命的开端

> "这是叛乱吗？""不，陛下，这不是叛乱，是革命。"
>
> 路易十六世和拉罗什富科—利昂库尔
> （La Rochefoucauld-Liancourt）

1789年7月14日，普通民众突然加入法国当时的混乱政局，在喧嚣的动乱中推翻封建君主制，并根据天赋人权和"自由、平等和博爱"原则建立共和国，成为史上最著名的事件之一。一年前，债台高筑的法国国王路易十六世要求重新召开一个世纪以来的首次三级会议，造成紧张的政治局势。1789年6月20日，第三等级的代表（贵族和神职人员以外的阶级）郑重宣告要维持其政治组织——国民议会，阻止政府将之关闭的企图。

7月12日，国王解雇了相对更有同情心的财政大臣雅克·内克尔（Jacques Necker），引起民众恐慌，担心保守派将强势镇压动乱，无套裤汉（sans-culottes，即普通民众）冲上巴黎街道，而法国部队奉命维持秩序，双方已呈剑拔弩张之势。7月14日，示威群众攻入荣军院，发现武器，但没有弹药。

之后约一千人继续冲向巴士底城堡——传统上用来关押政治犯的监狱，尽管当天狱中仅有七人，主要是伪造犯和"疯子"。巴士底狱守军有六十人，首领为洛奈侯爵（Launay）。下午一点半左右，人群攻破大门，进入庭院中开始交火。四小时后，几十名市民死亡，人们运来大炮轰击城堡，洛奈侯爵投降，暴民以私刑将之处死，并在街中设置路障。象征着专制统治的巴士底狱被迅速拆除，法国大革命开始。**PF**

1789年8月26日

法国人发表《人权宣言》
French Declare the Rights of Man

历史性宣言成为法国大革命里程碑

拉法耶特侯爵（Marquis de Lafayette）等人起草、托马斯·杰斐逊指导的《人权和公民权宣言》迅速完成——拉法耶特侯爵曾参加美国独立战争，而杰斐逊是美国革命的杰出创始人之一，十年前起草了《美国独立宣言》，此时代表美国出使巴黎。1789年8月26日，国民制宪议会发布《人权宣言》，此时距掀起法国大革命的攻占巴士底狱事件仅一个多月。

《人权宣言》废黜封建制度和绝对君主制，宣言人人平等且公民权利不可分割，成为法国新宪法的基础、及后继宪法的参考依据。《人权宣言》的哲学背景思想来自英国的托马斯·潘恩和法国的让-雅克·卢梭等作家——前者参与了美国独立战争和法国大革命，而后者的格言"人生而自由，却无所不在枷锁之中"在《人权宣言》第一条中得到体现。第二条宣告"所有政治联盟的目的"皆为保护"自由、财产、安全和反抗压迫"的权利。

激进主义者批评宣言中没有提到妇女和奴隶的权利。几个月之内雅各宾派（Jacobin）便实行恐怖政策建立专制独裁统治，公然违背了《人权宣言》。

《人权宣言》的影响范围远远超出法国，它证明平等、自由等普世权利适用于所有国家，因此法国革命者们立即引起了欧洲所有君主制国家的敌意，后者害怕如此激进的观点传入本国。**NJ**

▲ 1789年制定的《人权和公民权宣言》，至今依然是法国法律的基础

> "人们生来是而且始终是自由平等的。"
>
> 《人权宣言》第一条

1700年—1899年　439

1791年12月5日

天才陨落
Art and Reality Meet in Death

音乐天才莫扎特三十五岁去世,被埋在无名墓中

● 路易斯·卡罗吉斯（1717—1806）所作的水彩画,描绘列奥波尔德·莫扎特和钢琴旁年幼的沃尔夫冈

● 无名奥地利艺术家所作的十八世纪肖像,描绘年长的沃尔夫冈·阿马德乌斯·莫扎特

"他临终前努力发出《安魂曲》中定音鼓的声音。"

苏菲·韦伯（Sophie Weber）,莫扎特的小姨

他回顾人生时是否觉得自己八岁起便一直在走下坡路？八岁时他已经奔波于欧洲各大音乐厅,得到大群听众的欣赏和赞扬。莫扎特才华横溢而名声大噪,他是令所有神童黯然失色的少年天才。而三十五岁的莫扎特依然是音乐奇才——还有谁能够在改编复杂乐曲的同时在脑中另行创作？但莫扎特的最后几场音乐会遭到冷遇、损失惨重。现代的音乐理论家认为莫扎特1780年后的每首作品均为技艺高超的杰作,但在当时没有得到认可。"过于悦耳",神圣罗马皇帝约瑟夫二世这样评价一部作品,还不明智地加了一句,"音符太多了,亲爱的莫扎特"。1791年11月中旬起,沃尔夫冈·阿马德乌斯·莫扎特（Wolfgang Amadeus Mozart）在维也纳的家中感染风寒卧病在床,不久出现风湿热的迹象——莫扎特可能长期郁郁寡欢,尤其在《安魂曲》的创作陷入困境后。莫扎特卡在《末日经》这一章,他是否感到自己也将不久于人世？后来有人认为莫扎特预见了自己的死亡,尽管他生病前运气开始有了些许起色,连他的对手萨列里（Salieri）也对他的《魔笛》大加赞赏。

12月4日下午,莫扎特召集四名歌手到病床前演练《安魂曲》,却总是止步于《末日经》中的"为那日垂泪",最终莫扎特放下乐谱开始哭泣。当天牧师来主持了最后的仪式,莫扎特很快便陷入昏迷状态,偶见嘴唇翕动。1791年12月5日星期一12点55分,莫扎特溘然长逝,被埋入无名的多人墓中。**RP**

1792年1月9日

俄罗斯吞并克里米亚
Crimea Annexed

根据《雅西和约》，奥斯曼帝国将克里米亚割让给俄国

从乌克兰南部突入黑海的钻石形半岛克里米亚一直是各国垂涎之地，这里气候温和，拥有暖水区港口。俄罗斯在第一次俄土战争中（1768—1774）击败奥斯曼帝国，夺取了克里米亚。土耳其人在第二次俄土战争中（1787—1792）被迫再次承认战败，签订屈辱的《雅西和约》，正式将克里米亚割让

> "得不到国民信任的权力毫无价值"
> 传为凯瑟琳大帝的名言

给俄国，作为后者从巴尔干半岛撤军的交换条件。

凯瑟琳二世（凯瑟琳大帝）意欲将俄罗斯帝国向南扩张至君士坦丁堡，攻占克里米亚只是扩张计划的一部分。女皇为此施行了种族大清洗政策，驱逐克里米亚半岛本地信仰伊斯兰教的突厥语系鞑靼人，引进瑞典和日耳曼基督徒。克里米亚的鞑靼人口从五百万降至三十万。

1853—1856年间爆发的克里米亚战争是为了阻止俄罗斯势力向至巴尔干半岛延伸，十九世纪中，克里米亚继续成为欧洲各国阻止俄罗斯扩张的战场。**NJ**

1792年3月16日

蒂普战败
Tippoo Defeated

迈索尔苏丹向康沃利斯投降，英国赢得重大胜利

1782年蒂普继承父亲海达尔·阿里（Hyder Ali）之位成为迈索尔苏丹，他奋勇抵抗不断扩张的不列颠东印度公司，获得"迈索尔之虎"的绰号。他参加第一、第二次迈索尔战争，反抗东印度公司及其盟军，于1789年联合法国人攻打不列颠的附庸国特拉凡哥尔（Travancore），挑起第三次迈索尔战争。

> "蒂普阁下的信仰/世人无权审判。"
> 亨利·纽伯特爵士（henry newbolt），
> 《塞林伽巴丹》，1898年

他的对手是查理·康沃利斯勋爵——后者是印度总督，曾在美国独立战争中投降、交出约克镇。1792年康沃利斯击败蒂普，占领邦加罗尔（Bangalore）并迫使蒂普求和，和约剥夺了蒂普一半的领地，而且他的两个儿子成为不列颠手中的人质以牵制其行动。

尽管如此，迈索尔苏丹仍然同拿破仑统治的法国建立新联盟，康沃利斯的继任者、亚瑟·韦尔兹利勋爵（Arthur Wellesley）因此得到充分理由发动第四次迈索尔战争。1799年，蒂普的首都塞林伽巴丹被英军包围和占领，蒂普本人在保卫都城时英勇牺牲。当时在蒂普的宫殿中发现了老虎吞噬不列颠士兵的机械模型，象征了这位印度英雄对侵略其国家的殖民者奋起抵抗的大无畏精神。**NJ**

1792年8月10日

暴民攻入杜伊勒里宫
Mob Storms the Tuileries Palace

法国大革命失去其最后一丝宪法合理性，落入极端主义者的暴力统治之中

在激进的雅各宾俱乐部的精心策划下，巴黎贫困地区的两万民众以警钟为信号向杜伊勒里宫进发，要求国王路易十六世退位。杜伊勒里宫有九百名瑞士卫兵和两千名国民自卫军，而后者对王室的忠诚遭到强烈怀疑。一身紫装、头发撒粉的路易十六世检阅国民自卫军，以坚定其效忠王室的决心。但暴民接近王宫时，国民自卫军立即宣布效忠于前一晚成立的革命公社。

犹豫良久后，国王一家逃往经选举产生的制宪议会寻求庇护，议会辩论时被安置在观众席后。而杜伊勒里宫中部分瑞士卫兵向暴民开火，引发血腥屠杀。约六百名卫兵丧生，被暴民分尸，而后者在战斗中损失二百六十人左右。民众肆意抢劫和破坏之时，王室成员被带往中世纪监狱圣殿塔分别单独囚禁。

律师和雅各宾派领导人马克西米连·罗伯斯比尔（Maximilien Robespierre）代表了全新的政治和道德理念，他为因洗劫杜伊勒里宫遭到起诉的杜比尼（Daubigny）辩护时说："8月10日帮助法国的任何人都不是窃贼。"9月大屠杀的条件已经成熟。**NJ**

- 十八世纪革命领袖罗伯斯比尔肖像，他被追随者称为"不可腐蚀者"
- 当时画作，描绘占领杜伊勒里宫事件，表现了事后的破坏和暴力

1793年1月21日

法国国王被送上断头台
King Louis XVI Goes to the Guillotine

路易十六之死令法国和惊恐的欧洲各国间产生无可挽回的裂痕,法国大革命进入最血腥的时期

1792年,路易十六世三十八岁,8月起同家人被囚禁在圣殿塔。12月11日被传至掌权的国民公会前答辩,他被控曾计划"在自由的废墟上重建专制统治"。路易及其三名律师对各项罪名进行了充分驳斥,但国民公会已事先决定,全员一致通过判处路易有罪。

但国民公会对国王的刑罚产生分歧,意见不一的温和派吉伦特派提倡监禁或流放,至少延期执行死刑,以便组织公民复决投票决定路易的命运;而持极端主义的雅各宾派——他们得到巴黎贫苦的激进阶层无套裤汉的支持——要求处死路易,死刑以361∶319票通过。观众为支持死刑的投票者欢呼,对赞成较轻处置者则辱骂恫吓。

1月21日,国王早上五点钟起床,同其爱尔兰牧师埃奇沃斯·德·费尔蒙(Edgeworth de Firmont)祷告,随后费尔蒙陪同路易乘车前往革命广场(今协和广场)上的断头台。国王的双手绑在背后,颈后的汗毛被剃掉,他试图向人群致辞,宽恕判他死刑的人,但他的声音被人蓄意以鼓声淹没。铡刀落下后,革命领袖乔治·丹敦(Georges Danton)宣布,法国敢于将国王斩首,挑战欧洲各国。**NJ**

- 《圣殿塔中路易十六的家人向其道别,1793年1月20日》,作者为让-雅克·霍尔(1751—1829)
- 无名画家所作版画,描绘路易十六世在断头台上行刑的场景;断头台成为法国大革命期间臭名昭著的杀人利器

1793年2月12日

《逃奴法案》
Fugitive Slave Act

美国政府决定惩罚帮助奴隶逃亡的行为

美国宪法明确规定了蓄奴的权利，且奴隶主有权重新占有逃往别州的奴隶，但没有建立捕捉逃奴的机制，且帮助奴隶逃亡并不犯法——《逃奴法案》填补了这一漏洞。

美国独立前各州曾达成协议归还逃亡的奴隶。十八世纪九十年代初，名为约翰·戴维斯（John Davis）的奴隶从蓄奴州弗吉尼

> "……或在本州内保护犯罪的逃亡者、仆人或奴隶。"
> 《逃奴法案》第4条，1793年

亚逃到实行废奴主义的宾夕法尼亚，引发纠纷。三名弗吉尼亚人来到宾州捉回了戴维斯，而宾夕法尼亚州长托马斯·米夫林（Thomas Mifflin）以绑架为由要求引渡戴维斯，遭到弗吉尼亚州长拒绝。

乔治·华盛顿总统于1793年2月12日签署了《逃奴法案》，规定联邦地区法官、巡回法官或地方法官有权对逃奴的身份作出判决。法案将协助奴隶逃亡规定为犯罪行为，并催生了专门抓捕逃奴的产业。联邦法律中确认奴隶主的权利激起北方各州的反对，自由州纷纷出台地方法律阻碍《逃奴法案》的施行，赋予被控的逃奴更多的合法权利。同时秘密的自由之路、"地下铁路"网络形成，帮助奴隶逃往北方自由州和加拿大。**PF**

1793年4月6日

恐怖委员会
Terror Committee

罗伯斯比尔带领雅各宾派试图重新控制法国大革命

国民公会成立的公安委员会是众多委员会之一，但它成为法国大革命的主导力量和战时内阁，阻止外国侵略，并造就了大革命中最血腥的阶段——恐怖统治时期。

公安委员会在革命的危机中成立——法国面对外国军队的武装干涉，国内爆发反革命，食物紧缺，国民公会中雅各宾派和吉伦特

> "我能够理解每天发生的罪行。"
> 罗伯斯比尔评价加入公安委员会一事，
> 1793年7月

派不和，大革命到了生死存亡的危急时刻。

公安委员会定期在杜伊勒里宫召开会议，为确保自身安危建立独裁统治，推行征兵制度——创建革命军击退了奥地利入侵者，并专程派遣圣茹斯特（St Just）、富歇（Fouche）和卡里尔（Carrier）等人加强部队军官实力，镇压旺代、诺曼底和里昂的反革命起义，还进行血腥的大清洗，将数千人送上断头台。

吉伦特派、埃贝尔派和丹敦派等派系被定罪和肃清，最终罗伯斯比尔的雅各宾派取得最高统治权。但罗伯斯比尔变得日益偏执，1794年7月，富歇和塔利安领导雅各宾党人发动政变，罗伯斯比尔及其追随者被斩首，恐怖统治结束，不久后公安委员会解散。**NJ**

1793年6月24日

法国第一共和国宪法
First French Republican Constitution

法国督政府宣布:"人们生来是而且始终是自由平等的。"

○《庆祝宪法通过,1793年8月10日》,伊波利特·德·拉·沙勒尔和琼纳德完成的版画

法国1793年宪法又称"山岳党宪法",因雅各宾派下属的主要激进派山岳党得名,他们通过执政的国民公会推动确立了第一宪法。法国国王路易十六世被处决,君主制被废除后,法国大革命创立了法兰西第一共和国,而1793年宪法形成共和国的法律体制。

1789年大革命初期国民议会颁布的《人权宣言》吸收了激进思想家让-雅克·卢梭和托马斯·潘恩的平等主义思想,深刻影响了第一宪法。第一宪法确立民众主权至高无上的地位,规定若干人权不可剥夺,包括人身自由、集会自由、就业权、受教育权和反抗不公暴政的权利。

第一宪法诞生于不同革命派系间激烈内战的熔炉之中,不到两年便被新宪法代替。更温和的雅各宾派推翻罗伯斯比尔的独裁政治,结束血腥的恐怖统治,建立掌权的督政府,颁布了1795年宪法。但第一宪法的指导思想——自由、平等、博爱的理念依然指引着后继的法国共和国发展,影响了其他国家的制宪思想。**NJ**

1793年9月17日

法国陷入恐怖统治
France Enters the Reign of Terror

法国大革命的高贵理念沦落为极权迫害

夏尔-路易·穆勒（1815—1892）的作品，表现恐怖统治的受害者在巴黎古监狱等候其命运的辛酸场面

　　1793年3月成立的革命委员会被法律赋予了无限的权力，可以凭十分勉强、甚至不存在的证据肆意逮捕、审讯、判罪并处死任何有一丝嫌疑的"反革命分子"，目的是恫吓所有实际和潜在的"爱国主义"之敌，使之不敢轻举妄动；同时，革命党雅各宾派已掌权，不认同其政策者都要遭到报复。

　　这直接造成了1793年秋天的恣意杀戮，不仅处死了法国王后玛丽·安托瓦内特，失势的吉伦特派的二十一名领袖也一并受害，其中瓦拉塞（Valaze）试图通过自杀逃避斩首的命运，但他的尸体还是被送上断头台。前巴黎市长让·西尔万·巴伊（Jean Sylvain Bailly）、路易十六的情妇杜巴利夫人（Madame Du Barry），以及才智出众、百折不挠的吉伦特派领袖罗兰夫人（Madame Roland）也沦为恐怖统治的牺牲者。

　　1793年末，巴黎有三千人左右被斩首，法国其他省份的受害者有一万四千人。不久以后，大革命开始吞噬自己的子女。自由、平等和博爱的革命精神在大面积爆发的残暴行径中无可挽回地丧失殆尽。正如罗兰夫人评价的："预言中的时刻已经到来——人们要面包，却得到死尸。"罗拉夫人行刑前发表了其名言："自由，多少罪恶假汝之名以行！" **NJ**

1793年10月16日

王后玛丽·安托瓦内特被处决
Queen Marie Antoinette Is Executed

法国王后为过往生活的"荒淫无度"付出终极代价

- 玛丽·安托瓦内特肖像，雅克·法比安·戈迪埃（1710—1781）于王后在位初期所作
- 无名画家的作品，表现处决后法国王后的头被人挑着游行、群众欢呼雀跃的场景

> "我只剩下鲜血，拿去吧，但不要让我受苦太久。"
>
> 玛丽·安托瓦内特行刑前说

1792年8月，暴民袭击杜伊勒里宫，国王一家沦为囚犯，玛丽·安托瓦内特的特权被剥夺，从优越的生活步入苦难之中。王后被单独囚禁，同路易十六分开；国王被处决后，她同八岁的儿子路易·夏尔（Louis-Charles）分离，夏尔被迫嘲笑和辱骂他的母亲，并控告她曾对自己做出众多极其恶劣的虐待行为。

王后被从圣殿塔转移至塞纳河畔小岛上潮湿的巴黎古监狱，在法庭上她被控有一系列罪名——政治上她同哥哥、奥地利皇帝密谋侵略法国，还有若干个人罪行，尤其是同儿子乱伦。她拒绝回应后一项指控，声明："因为自然本身不会接受如此指责一位母亲，我请求在场的所有母亲证明。"法庭无可避免地因叛国罪判处王后死刑，她离开时"脸上没有丝毫情绪起伏"。

10月16日行刑这一天，玛丽·安托瓦内特头戴软帽，身着白色套裙、黑色长袜和红色鞋子。刽子手之子亨里·桑松（Henri Sanson）将王后的手反绑在背后，并剪掉了她的白发。看到囚车时她害怕地发抖，在监狱院子的角落里解手后镇定下来，上车被运往十个月前处决路易十六的断头台。画家雅克-路易·大卫（Jacques-Louis David）——显要的雅各宾党人、罗伯斯比尔的盟友——画下了最后一段路上的王后。她临终前对刽子手夏尔·桑松道歉时说了最后一句话——她在登上断头台时无意踩了他的脚。**NJ**

1793年12月31日

托马斯·杰斐逊辞职
Thomas Jefferson Resigns

强烈反对联邦强权的美国国务卿辞职

▲ 托马斯·杰弗逊总统肖像，作者为著名肖像画家吉伯特·斯图尔特（1755—1828）

> "反抗政府的精神如此宝贵……未来也是如此。"
>
> 托马斯·杰斐逊致艾碧该·亚当斯（Abigail Adams），1787年

乔治·华盛顿曾是经验丰富的议员，他担任总统期间网罗了大批人才：亚历山大·汉密尔顿管理财政部，托马斯·杰斐逊任国务卿负责外交事务，詹姆士·麦迪逊主持众议院。与华盛顿同样出身于弗吉尼亚贵族家庭的杰斐逊，忧心忡忡地接受了国务卿的职位。他钦佩华盛顿，但二人之间存在分歧。

杰斐逊出使巴黎期间，目睹了法国大革命的初期发展，他相信革命有助于将美国独立的自由理念传播至欧洲大陆，应该予以支持。而华盛顿是更为谨慎的孤立派，认为美国外交政策应以美国利益为导向。亚历山大·汉密尔顿及其支持者倡导建立强大的中央集权联邦，他们似乎意欲将总统政府转变为美国君主制，引起杰斐逊的高度警惕。杰斐逊强烈反对汉密尔顿建立国家银行，认为它处于"自由的对立面"，极力劝说华盛顿予以否决，但以失败告终。

此时美国形成了两大政党：以汉密尔顿为首的联邦党，以及支持州权、要求限制联邦政府权力的共和党（民主共和党），后者以杰斐逊为发言人，即当今民主党的前身（现代共和党多年以后才成立）。杰斐逊成为内阁的少数派后辞职，返回弗吉尼亚的蒙蒂塞洛，不久以后出山，先后担任副总统和总统。**RC**

1794年7月28日

罗伯斯比尔被处决
Robespierre Is Executed

法国大革命恐怖统治的缔造者未经审判被送上断头台

马克西米连·罗伯斯比尔被苏格兰历史学家托马斯·卡莱尔（Thomas Carlyle）评价为"异常坚定的不可腐蚀者"。他曾任地方律师，在法国大革命初期因其激进的民主立场，批判政治倒退、违背雅各宾俱乐部信条的革命党人迅速得势。法国宣告成立共和国、并于1793年1月处死路易十六之后，奥地利等君主制国家派兵入侵，革命岌岌可危，罗伯斯比尔专注于剿灭内敌。

1793年6月，无产阶级革命派无套裤汉推翻政府，以罗伯斯比尔为核心的公安委员会成立。9月，公安委员会颁布《嫌疑犯法令》，赋予政府广泛逮捕权，并通过紧急法令暂时取消公民权利。恐怖成为政府的行政工具，其后的半年内，一万六千余人被处决，其中不乏罗伯斯比尔从前的朋友和同事，如乔治·丹敦和卡米尔·德穆兰（Camille Desmoulins）。

罗伯斯比尔以冷血的铁腕政策维护恐怖统治的价值观念，成为试图推翻公安委员会人群的首要目标。1794年7月28日（法国共和历中的热月8日），罗伯斯比尔被禁止在国民公会中发表演讲，其后发出罗伯斯比尔的逮捕令，并剥夺其法律权益。罗伯斯比尔逃往巴黎市政厅，早晨被捕，似乎还开枪打中了自己的下颚。次日罗伯斯比尔及其二十一名追随者未经审判便被送上革命广场（今协和广场）的断头台。**PF**

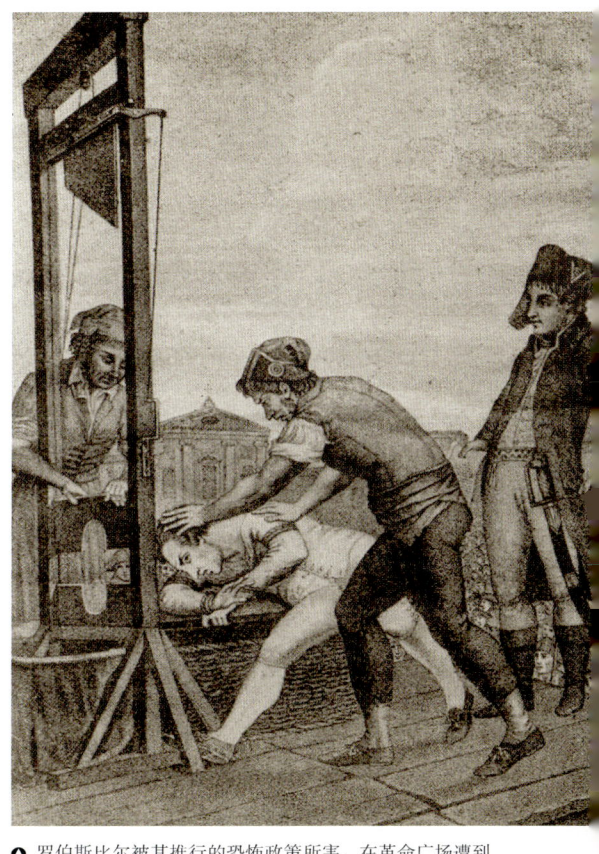

△ 罗伯斯比尔被其推行的恐怖政策所害，在革命广场遭到处决

> "恐怖政策不过是即刻施行的正义，因此散发着道德光辉"
>
> 罗伯斯比尔面对国民公会的发言，
> 1794年

1795年4月23日

黑斯廷斯无罪释放
Hastings Acquitted

上议院宣判沃伦·黑斯廷斯（Warren Hastings）无罪

英属印度第一任总督沃伦·黑斯廷斯弹劾案，因其所代表的政治和个人冲突成为十八世纪轰动一时的案件，与黑斯廷斯在印度任职期间的作为无关。

黑斯廷斯生于1732年，在罗伯特·克莱芙的支持下从东印度公司职员成长为才干出众的管理者，担任印度总督共十二年

> "这是难以说清、但令人无法保持沉默的事件。"
>
> 埃德蒙·伯克评价黑斯廷斯弹劾案

（1773—1785）。他尊重印度传统和宗教，任孟加拉总督时建立穆斯林学校，并维持了印度的种姓制度。他请当地印度人——而非欧洲人——负责收税，并率兵击败了法国和荷兰殖民者。

但黑斯廷斯遭到腓力·弗朗西斯爵士的反对——野心勃勃的弗朗西斯是有权势的东印度公司顾问，他挑战黑斯廷斯，在决斗中受伤，返回英格兰构陷黑斯廷斯。弗朗西斯令埃德蒙·伯克相信黑斯廷斯贪污，并推动议会正式举行弹劾诉讼，七年后黑斯廷斯终于无罪释放。他花费八万英镑维护自己的名誉，但东印度公司为打击他已买下其家族领地、乌斯特郡的戴尔斯福特。黑斯廷斯于1814年当选枢密院委员，1818年去世。**NJ**

1795年10月24日

第三次瓜分波兰
The Third Partition

领土被大幅削减的波兰在第三次瓜分中失去主权

波兰第一共和国于1772年第一次遭到瓜分后灭亡，波兰被迫同西边的敌国普鲁士结盟，以抵挡东面俄罗斯的入侵。在1790年的波普协约的支持下，波兰议会废除了莱普宁改革的亲俄政策。波兰贵族唯恐即将爆发革命，组成塔戈维查联盟，请俄罗斯派兵干涉。1793年凯瑟琳大帝派出十万大军，同普

> "有时必须牺牲所有以拯救一切。"
>
> 塔德乌什·柯斯丘什科（Tadeusz Kościuszko）

鲁士一道击败波兰军队，第二次瓜分波兰，波兰国内的塔戈维查联盟和激进的波兰民族主义者产生对立。

次年，波兰爱国者在民族英雄、美国大陆军前将领塔德乌什·柯斯丘什科的领导下起义反抗俄国统治。俄罗斯以兵力优势镇压起义，柯斯丘什科及两万部下被囚禁于俄国。1795年10月24日，三国代表再次签订瓜分条约：俄国得到4.6万平方英里领土（12万平方千米）、120万人口及威尔诺（Wilno，今维尔纽斯）；普鲁士分得2.1万平方英里土地（5.5万平方千米）、100万人口及华沙；奥地利获得了1.8万平方英里（4.7万平方千米）土地和120万人口及卢布林和克拉科夫。**NJ**

1796年5月4日

发明天花疫苗
Smallpox Vaccination Invented

英国医生爱德华·詹纳（Edward Jenner）发现接种牛痘可以预防致命的天花病毒

1796年，爱德华·詹纳在家乡格洛斯特郡的伯克利乡下行医，大多数病人是农场工人。詹纳发现，挤奶工患上无害的普通牛痘后，不会感染毁容且致命的天花。

5月14日，伯克利天花肆虐，名为莎拉·芮姆（Sarah Nelmes）的挤奶女工向詹纳抱怨手上的牛痘水疱，詹纳将水疱割开并保留其脓液，其后劝服农民菲普斯（Phipps）同意为他的幼子詹姆斯"接种疫苗"（vaccinate）——这是詹纳以牛痘的拉丁文"vaccinia"创造的词。詹纳在詹姆斯·菲普斯的手臂上划了两道小切口，滴入牛痘脓液，再用绷带包扎伤口。不久詹姆斯感染牛痘，六周后詹纳大胆为詹姆斯接种天花"病毒"（virus，詹纳发明的另一个词）。正如詹纳所料，男孩对致命的天花免疫。詹纳由此发现牛痘病毒同天花病毒相关——接种牛痘可以预防天花。

经过进一步实验后，詹纳于1798年发表了其成果，尽管遭到激烈、甚至歇斯底里的反对，詹姆斯·吉尔雷（James Gillray）在其著名的讽刺漫画中描绘了詹纳的病人身体各处长出奶牛的景象。1800年天花疫苗已经在欧洲普及。英国议会为表彰詹纳的功绩，奖励他三万英镑（十五万美金）。1823年1月26日詹纳去世，享年七十四岁。NJ

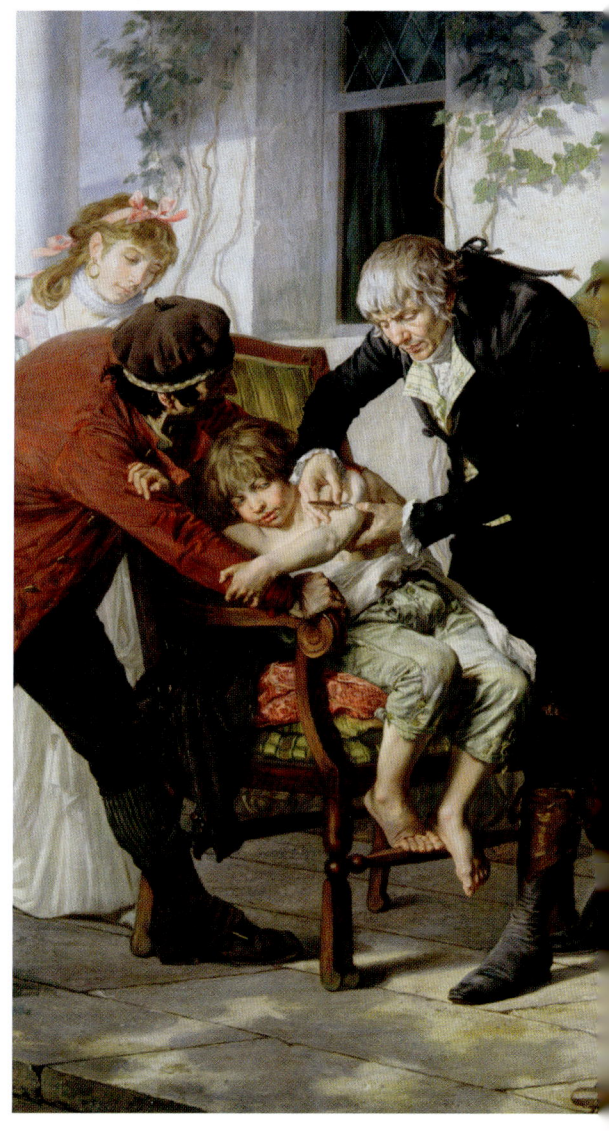

◐ 加斯顿·梅兰格（1840—1914）所作油画，表现1796年詹纳接种第一只天花疫苗的场景

1796年7月21日

探索尼日尔河
River Niger Traced

苏格兰医生、植物学家蒙戈·帕克（Mungo Park）代表非洲协会探险时成为第一个发现尼日尔河的欧洲人

蒙戈·帕克曾作为随船医生前往苏门答腊岛。1795年，他提出代表非洲协会探索尼日尔河。帕克沿冈比亚河到达不列颠贸易站皮萨尼，于12月出发进入未知的非洲内陆。他穿越塞内加尔北部和卡塔沙漠，但被摩尔部落酋长俘获，囚禁四个月。7月1日，帕克骑马逃走，仅以袖珍指南针辨别方向，于7月21日到达尼日尔河畔的塞古，他沿河行走80英里（130千米），抵达西拉（Silla）后返回皮萨尼。

帕克携重大发现归来的消息引起轰动，他出版了探险日志，结婚、组建家庭，在皮布尔斯定居，并向阿拉伯人学习其母语，准备重返尼日尔河。1806年，帕克在政府资助下进行第二次探险，试图探明尼日尔河流经之地——他认为尼日尔河同刚果河相汇。帕克和一队欧洲人追溯尼日尔河，走了几百英里。但很多人在探险途中死于疾病，或被敌对的土著居民杀死，帕克本人也在一场袭击中落入湍流，葬身于他心爱的尼日尔河。唯一幸存的非洲向导讲述了帕克的命运，1825年由探险家理查德·兰德（Richard Lander）和休·克莱普顿（Hugh Clapperton）证实；帕克的儿子们来到非洲探寻父亲的结局，但其中一人同克莱普顿在探险途中染病身亡。

NJ

◆ 蒙戈·帕克探索尼日尔河谷时从当地非洲人处获得饮食
◆ 帕克描绘的巴芬河桥（塞内加尔），他将自己绘于画面右下角

1796年9月19日

告别演说
Farewell Address

乔治·华盛顿向美国发表最后的意见

1793年，乔治·华盛顿极不情愿地第二次接受总统职位，但任期结束后他拒绝继续连任，因而确立总统任职不得超过两届的传统，直至1940年富兰克林·D.罗斯福破例。华盛顿厌恶党派政治，假牙也令他困扰不已。

1796年，华盛顿总统最后一次向美国致

> "对所有国家保持善意和公平的态度……全面建立和平关系。"
>
> ——乔治·华盛顿的告别演说

辞。他号召所有人为公共利益同心协力。华盛顿痛恨派系争斗、自我标榜和党派政治，他在演讲中谴责了"党派精神的恶劣影响"，警告美国人民提防"煞费苦心、不择手段的少数派"政客令其野心凌驾于美国人民的利益之上；对"国外势力的阴谋诡计"和意图参与欧洲战争的政治家保持警惕。华盛顿将欧洲视为次要事务。

华盛顿认为美国的安全、繁荣和幸福取决于对国家利益的贯彻，且应避免缔结"永久同盟"。华盛顿倡导强势的总统政府，"在每个公民有义务服从现行政府的前提下，人民有权建立政府"。在自由之地上，美国总统得以行使比立宪君主更为宽泛的权力，成为历史的一大讽刺。**RC**

1798年5月19日

拿破仑前往埃及
Napoleon Goes to Egypt

尽管军事远征失败，拿破仑获得了巨大的学术成就

5月19日，拿破仑率领三万五千人乘四百艘船从法国南部港口土伦出发前往埃及，其中五名军官后来被他任命为元帅。拿破仑梦想成为第二个亚历山大大帝，在东方开创帝国，为之带去欧洲的先进技术，汲取东方的古代智慧。因此他的军中有一百六十七名艺

> "我们一定要到东方去——所有无上荣耀都属于东方。"
>
> ——拿破仑

术家、科学家、学者和专家随行。这些博学之士将带着珍宝从埃及返回，包括罗塞塔石碑，上面的象形文字将由让-弗朗索瓦·商博良（Jean-Francois Champollion）破译——他们才是这场远征中的真正赢家。他们将见闻和研究提炼为二十二卷的《埃及记述》，在欧洲引发长期的"近东热"。

而在军事上，拿破仑只取得了平淡的胜利。7月，拿破仑在金字塔战役中分散了埃及的统治集团马穆鲁克，但他的舰队在尼罗河战役中被纳尔逊歼灭。拿破仑率军开往巴勒斯坦，洗劫雅法、围攻阿卡城，之后军中疾病肆虐。拿破仑于1799年秘密乘船返回法国。法军余部三年后向英国投降时，拿破仑为自己加冕为皇帝——他带往埃及的部队只有三分之一幸存。**NJ**

1798年5月23日

爱尔兰人联合会起义失败
The United Irishmen Are Defeated

不列颠政府镇压法国支持的爱尔兰人联合会,最终在爱尔兰击败叛军

爱尔兰人联合会是在美国独立战争和法国大革命影响之下,形成的自由主义团体,从事辩论和宣传工作,要求进行议会改革,鼓励爱尔兰天主教徒和新教徒脱离英国国教,联合所有教派建立不受英国统治的独立爱尔兰联邦。

不列颠政府唯恐法国的革命传入爱尔兰,派兵取缔爱尔兰人联合会。1796年,奥什(Hoche)将军和联合会领袖西奥伯德·沃尔夫·托恩(Theobald Wolfe Tone)率领的法国大军在班特里湾登陆失败后,联合会领导人被迫在都柏林仓促起义遭到镇压。起义军(又称短发军)成功控制爱尔兰大片农村地区,在阿尔斯特和韦克斯福德建立了三周的革命政权。北方叛军大部分由长老会教徒组成,他们重创英军,最终被剿灭。6月21日,英军在韦克斯福德北部的维尼格山击败了起义军最后一支两万人的大部队。

8月和10月在梅奥郡和多尼戈尔郡登陆的法国军队均被击败,沃尔夫·托恩行刑前在狱中自杀。英军和起义军在战争中都恣意杀戮,死亡人数多达三万。**NJ**

◉ 维尼格山战役,1798年6月21日于韦克斯福德的恩尼斯科西镇外进行

◉ 詹姆斯·吉尔雷1798年所作的英格兰征兵宣传漫画,讽刺正在进行训练的爱尔兰人联合会

1798年8月1日

尼罗河战役
Battle of the Nile

纳尔逊摧毁护送波拿巴来到埃及的法国舰队

护送拿破仑·波拿巴的大军开往埃及的法国舰队停泊在亚利山大港附近阿布基尔湾浅水区。法国舰队一字排开,船间以铁链相连,以防敌舰进入其阵线中。

霍雷肖·纳尔逊(Horatio Nelson)麾下的不列颠舰队自法国人从土伦出航起便在地中海搜寻其踪迹。纳尔逊认为法军的目标

> "唯兄弟连效命,余不胜荣幸之至。"
>
> 霍雷肖·纳尔逊致舰队船长

是埃及,于8月1日发现了法国舰队。他立即率军上前同法国海军交战,主舰英国皇家海军"歌利亚号"找到机会越过铁链从近陆一侧发起攻击。不列颠海军占据主动,加之船艺精湛,令法军舰队司令的防御策略失效。虽然双方战舰数量相当,但法国舰队难以调动,而不列颠海军沿法国阵线两面夹击。黎明时法国舰队被全歼,一千七百名法国海员阵亡,三千人被俘;英方二百人死亡,七百人受伤,一船未沉。

不列颠舰队大获全胜,令法国的埃及计划化为泡影,英国海军取得对法军的心理优势,纳尔逊扬名欧洲。**NK**

1798年10月14日

新诗
A New Poetry

《抒情歌谣集》(Lyrical Ballads)标志着浪漫主义文学运动的开端

威廉·华兹华斯(William Wordsworth)同塞缪尔·泰勒·柯勒律治(Samuel Taylor Coleridge)共同完成《抒情歌谣集》,有意脱离主流诗体——华兹华斯认为传统诗歌充斥着"浮华空洞的辞藻"——他们描写受压迫的底层人民生活、人们之间的平等和友爱,以及日常生活的动人之处;依照今天的

> "诗歌是强烈感情的自然流露。"
>
> 《抒情歌谣集》序言,1802年版

标准,华兹华斯和柯勒律治的语言极其自然真挚。《抒情歌谣集》遭到批评界的攻击,但很快人们发现它开辟了文学的新纪元。威廉·哈兹里特(Hazlitt William)认为《抒情歌谣集》相当于文学界的法国大革命。

1797年华兹华斯初遇柯勒律治,不久二人开始共同创作,他们将这段关系戏称为"职责",仿佛二人是专门制造诗句的生产商。柯勒律治作《古舟子咏》和三首短诗,而华兹华斯负责书中的大部分内容,包括不可言喻的《丁登寺杂咏》。

尽管《抒情歌谣集》于1801年和1802年再版,但并非畅销之作。此后柯勒律治开始吸食鸦片成瘾,创作极为有限;而华兹华斯尽管多产,却质量不一,但二人依然开创了浪漫主义诗歌运动。**RP**

1799年1月9日

推行所得税
Income Tax Introduced

英国引入前所未闻的税种以负担昂贵的拿破仑战争

　　1798年12月，小威廉·皮特首次在英国的年度预算中引入所得税，并于次年1月9日立法通过。皮特依照二十年前亚当·斯密在《国富论》中倡导的累进税制，提出分级征收所得税，年收入不足60英镑（280美元）者上缴不超过1%的所得税，超过200英镑（950美元）者上缴10%。皮特计划通过此举增加

> "贫穷固然不足为耻，但十分令人不快。"
>
> ——小威廉·皮特

一千万英镑的收入，但1799年所得税的实际收入刚刚超过六百万英镑。

　　英国需要以所得税收入负担庞大的军费开支：维护英国全球利益的舰队、马特洛炮塔等沿海防御设施、抵御法国入侵的威胁、皮特广阔的间谍网络以及支持欧洲大陆上的反法同盟国家。

　　1802年英法签订了短命的《亚眠和约》，在此期间短暂出任首相的亨利·阿丁顿（Henry Addington）取消了不得人心的所得税。1803年，英法再次开战，皮特重新上台，恢复所得税，但1816年拿破仑战争结束后所得税又一次被废止。1842年，罗伯特·皮尔爵士（Robert Peel）重新永久性推行所得税，但他没有向年收入少于150英镑者征税。**NJ**

1799年7月19日

破译埃及象形文字的关键
Key to the Code

发现罗塞塔石碑，解密古埃及文字

　　1798年拿破仑入侵埃及，希望设法打破英国对印度的束缚。他的军队中有167名专家随行——这批学者和艺术家挖掘、记录并研究了尼罗河神秘的古代遗迹。但要真正理解伟大的埃及文明，必须破译复杂难解的象形文字。

　　1799年7月19日，一队陆军工程师在拉希德港（Rashid，即罗塞塔）尼罗河西岸挖地基设置要塞，发现超过3英尺长（1米）的玄武岩石碑，上面刻有希腊文、埃及象形文字和埃及世俗体三种文字。从希腊文来看，这块石碑制于公元前196年。人们很快便意识到罗塞塔石碑的重要价值，将它送往开罗，交付雅克·德·门努瓦将军（Jacques de Menou）。石碑拓本迅速在欧洲学者间流传开来。

　　两年后，不列颠军队将法国人逐出埃及。德·门努瓦将军努力隐藏石碑，但还是被英国人夺去，运往伦敦，供古物专家学会研究后，于大英博物馆保存至今。

　　学者们逐渐发现石碑以三种文字表达了同一内容，记录了古埃及使用希腊语的托勒密王朝（公元前305—前30年）颁发的一系列法令，由此让-弗朗索瓦·商博良于1822年宣布成功破译埃及象形文字。**PF**

▶ 罗塞塔石碑，1822—1824年间破译，是现代人得以解读埃及象形文字的关键

ΑΙ ΠΑΡΑΛΑΒΟΝΤΟΣ ΤΗΝΒΑΣΙΛΕΙΧΝ ΠΑΡΑΤΟΥ ΠΑΤΡΣΚΥΡΙΟΥ ΒΑΣΙΛΕΙΩΝ ΜΕΓΑΛΟΔΟΞΟΥ ΤΟΥ ΤΗΝΑΙΓΥΠΤΟΝ ΚΑ

1799年11月9日

拿破仑掌权
Napoleon in Power

一场拙劣的政变令拿破仑攀上法国权力巅峰

1799年9月,拿破仑从埃及狼狈归国,处于人生的低谷。大革命后督政府掌握法国最高政权,五名督政官之一的西哀士(Sieyès)从恐怖统治中幸存,惯于策划阴谋和政变。西哀士决定利用拿破仑挫败其他督政官,帮助雅各宾派复辟。

11月8日,督政官中的西哀士及两名非雅各宾派成员杜克洛(Duclos)和巴勒斯(Barras)辞职,但雅各宾党人戈伊尔(Gohier)和穆林(Moulin)拒绝退位,拿破仑率部下冲入元老院时受到诘难,试图以武力逼迫元老院交付大权。拿破仑在五百人院中遭遇更激烈的反对,甚至被人袭击。拿破仑的弟弟——前雅各宾党人吕西安任五百人院议长,他戏剧性地夺剑指向兄长,宣称倘若拿破仑违背革命原则便亲手刺死他。拿破仑的精锐部队在未来的缪拉元帅带领下清除了橘园代表,以拿破仑为第一执政、西哀士为第二执政的三人执政府掌权,史称"雾月18日政变"(政变发生于法国革命历中的雾月18日)。

拿破仑自立为皇帝后吕西安遭到流放,反被利用的西哀士退隐。1815年以滑铁卢战役告终的百日政权时期,二者又被拿破仑重新启用。**NJ**

1799年

惊世骇俗的新作
Shock of the New

戈雅的《狂想曲》(Los Caprichos)系列显示了艺术震撼人心的力量

1746年,弗朗西斯科·戈雅(Francisco Goya)生于萨拉戈萨,父亲是镀金匠人。戈雅于十八世纪八十年代担任宫廷画家,九十年代成为西班牙国王查理四世最爱的艺术家。1792年,一场大病令戈雅永久失聪,他在独居期间开始专注于创作天马行空的《狂想曲》系列版画和绘画,对其身处的时代进

> "(《狂想曲》描绘了)……所有文明社会都会出现的愚蠢行为。"
> 戈雅形容《狂想曲》,1799年

行深刻反思,讽刺了人们的处境。《狂想曲》的常见主题为天主教会(尤其是宗教裁判所),同时涉及巫术和人类的堕落本性。

这一系列同时探索了版画的新发展方向——凹板腐蚀制版法,取得了比传统版画更为柔和、开放的效果。《狂想曲》共印三百套左右,戈雅在两天内卖了二十七套便将余下的所有作品撤出市场,概因作品引起公众敌意,也可能是担心遭到宗教裁判所的迫害。

1808年拿破仑入侵西班牙,其后发生半岛战争。戈雅创作《战争的灾难》系列蚀刻画,但直至他去世多年后才出版。1819—1823年间戈雅在家中墙上绘制的《黑色绘画》系列也探索了同样阴暗恐怖的主题。**PF**

○ 表现雾月政变最著名的作品,作者为弗朗索瓦·布绍(1800—1842)

1799年7月

笑气
Laughing Gas

汉弗里·戴维（Humphry Davy）证明一氧化二氮的性质

虽然约瑟夫·普利斯特里（Joseph Priestley）早在1793年通过加热铁屑发现了一氧化二氮（N₂O）——一种无色的氮氧化物——但直至六年后，英国化学家汉弗里·戴维证明其性质，笑气才得到实际应用。

戴维生于康沃尔郡，曾担任外科医生助手，后加入布里斯托尔的气体学会研究气体。戴维请实验者吸入少量一氧化二氮，证明其令人愉悦的效果，评价它拥有"酒精能

> "我相信天堂的空气就是这种创造奇迹的美妙气体。"
>
> 罗伯特·骚塞（Robert Southey）评价笑气，1799年7月

赋予的所有益处，而全无其缺陷"，他将这种物质命名为"笑气"，并预言它将被用作麻醉剂。

"既然它似乎有消除物理疼痛的作用，或许可以在无大出血的外科手术中利用笑气"，戴维在1800年发表的《化学和物理研究》中这样写道。

后来戴维在伦敦担任皇家科学研究所教授和皇家学会会长，发明了矿用安全灯（戴维灯），使用金属网罩隔离灯焰，从而防止爆炸。1813年，戴维和助手迈克尔·法拉第（Michael Faraday）前往法国和意大利，分离碘元素，并证明钻石是碳单质。戴维在一次实验室爆炸中视力受损，他吸入的化学物质导致其于1829年在日内瓦去世。**NJ**

1800年11月17日

新都
New Capital

尽管遭到重重反对，美国仍将首都迁至华盛顿哥伦比亚特区

十年前美国政府决定将首都从宾夕法尼亚迁至华盛顿特区，但很多人后悔了。大雪令东岸交通不便，因而议员们经常迟到。新的政府大楼也尚未建成。白宫于1792年奠基，总统官邸已经完工，而国会大厦还没有完成。议员们抱怨新环境远不如宾州那样"便捷而典雅"。

国会大厦仅有北翼建成，这里要容纳参议院、众议院、最高法庭、国会图书馆和地

> "……条件不像我们期望的那样完备……"
>
> 亚当斯总统向国会致辞

区法庭。尽管如此，国会于1800年11月17日在这里举行会议。五天后总统约翰·亚当斯（John Adams）在参议院议事厅中祝贺众位政客赢得议席。

新都以乔治·华盛顿总统命名——华盛顿亲自选址，但他称之为"联邦城"。首都建设进展缓慢，但华盛顿繁荣发展，二十世纪末时已拥有五百万居民。如今白宫、国会大厦坐落于华盛顿，世界银行和国际货币基金组织也在此设立总部。**RP**

1801年1月1日

建立联合王国
United Kingdom Is Established

联合不列颠和爱尔兰的《联合法案》不仅没有促成和谐局面，反而加深了宗教和政治分裂

1801年1月1日，随着《联合法案》的签订，大不列颠与爱尔兰联合王国成立。都柏林的爱尔兰议会取消，爱尔兰选出一百名议员加入下议院，两名神职议员和二十八名世俗议员加入上议院。两国希望通过联合来结束二者间的常年争端。

联合王国从1798年的起义中诞生：爱尔兰人联合会希望借鉴法国大革命经验来断绝同英格兰的政治联系——爱尔兰人称之为"为我们带来政治灾难的不竭源泉"。"解放之年"令两国深信必须改变现有关系。不列颠首相小威廉·皮特认为建立联合王国将推动爱尔兰发展，为英国带来和平，且爱尔兰的新教徒在新教占主导地位的联合王国中可以获得足够的安全感，从而给予天主教徒平等权利。皮特许诺在《联合法案》中加入解放天主教徒的条款，赋予他们加入议会和担任公职的权利，但国王乔治三世拒绝予以考虑。最终法案能否通过取决于爱尔兰议会的投票，而不列颠政府已将爱尔兰议员收买。

法案通过后似乎没有任何改变，总督在都柏林城堡，爱尔兰依然由新教徒统治。天主教徒们感觉遭到背叛，民族和宗教分裂加深，埋下祸患。**RP**

- 小威廉·皮特肖像（约1785年），老威廉·皮特次子，英国史上最年轻的首相
- 凹板蚀刻画《爱尔兰天主教徒解放闹剧的结局》，詹姆斯·吉尔雷（1757—1815）创作的讽刺漫画

1801年3月23日

沙皇保罗一世遇刺
Assassination of Tsar Paul I

保罗沙皇遇刺身亡，罗曼诺夫家族内斗持续削弱俄罗斯

△《马耳他骑士团大团长肖像》，弗拉基米尔·卢基奇·博罗维科夫斯基（1757—1825）作于1800年

"父王毫无计划；今天的命令一个月后就会取消。"

亚历山大太子对其导师说

1801年3月23日夜里，命途多舛的沙皇保罗一世遇刺。保罗八岁时，母亲谋杀了他软弱无能的父亲彼得三世，之后以凯瑟琳大帝的身份统治俄国，无暇顾及、也并不关心保罗——种种迹象表明她十分厌恶儿子。凯瑟琳几乎将保罗流放至加特契纳，后来抚养长孙亚历山大，并倾向于立后者为继承人。最终保罗于1796年继位，但他反复无常又缺乏才干，在位时间不长。

之前刺杀保罗的阴谋以失败告终，但1801年的主要策划者是圣彼得堡总督Peter van Pahlen伯爵，而且他的支持者正是太子亚历山大。他们的残酷计划于寒冷的周一晚上，在圣彼得堡的米哈伊落夫斯基宫执行。晚饭过后，沙皇回到自己的房间，刺客们制服两名侍卫破门而入，用围巾勒死了保罗一世。但他们也许本没有打算杀死他——他们带了要保罗签署的退位书。

保罗统治初期进行开明的改革，释放政治犯，减轻农奴负担，削减贵族特权。但他反复无常，且在外交中有疏远其他强国的致命倾向。亲切的保罗可能会瞬间变得冷酷无情，有人认为他患有精神疾病。人人自危的情况下，发动政变仅一步之遥。保罗的继任者亚历山大一世一直因参与刺杀父亲深感内疚，无法释怀。他的统治也同保罗一样从自由改革发展为反对镇压。**RP**

1801年7月7日

奴隶共和国
The Slave Republic

杜桑·卢维杜尔（Toussaint L'Ouverture）为圣多米尼加写下新宪法

黑人领袖杜桑·卢维杜尔曾率领奴隶军解放海地，建立短暂的独立国家，效仿法国和美国革命，在西半球首次成功发起黑人反抗白人的起义。1801年杜桑占领最后一个西班牙行省圣多明各，以法国大革命期间雅各宾派制定的宪法为模型，于7月7日在海地颁布平等主义宪法。

杜桑的祖辈被当做奴隶从非洲黄金海岸（今加纳）绑架至海地（当时称作圣多米尼加），杜桑诞生于布雷达的种植园，生而为奴，说着非洲方言长大。他聪明、有文化修养，是天生的领导者，信奉天主教，同时是共济会成员。1791年杜桑参加奴隶起义后，首次在西班牙军中统帅四千人的黑人部队。杜桑及其部下深受法国大革命理念影响，法国议会承认海地黑人拥有完全平等的权利后，杜桑转而效忠法国，攻打英国和西班牙——英、法、西三国此时正在争夺海地控制权。1795年西班牙正式将海地让予法国。

杜桑凭借其杰出才能迅速成为奴隶叛军领袖，正式以绰号"卢维杜尔"作为姓氏——"卢维杜尔"意为"楔子"，因为杜桑擅长发现敌军的缺口。杜桑击败占领海地沿海城市的英军，1798年在七天之内连胜七场战役，迫使英国撤兵。1802年，法国大革命已经结束，拿破仑派出远征军夺回海地，签订和约，但谈判期间杜桑被劫持到法国，最终于1803年4月在侏罗山脉的地牢中死去。**NJ**

△ 1797年法国彩色版画中描绘的杜桑·卢维杜尔，他被称为"黑色拿破仑"

> "你的同伴是狂喜、痛苦，/爱，以及人类不可征服的理智。"
>
> 华兹华斯，《杜桑颂》，1803年

Convention
Entre les Etats unis d'Amérique et la République Française.

Le Président des Etats unis d'Amérique et Le Premier Consul de la République française au nom du peuple français, par suite du traité de cession de la Louisiane qui a été signé aujourd'hui, et voulant régler définitivement tout ce qui est relatif à cette affaire, ont autorisé à cet effet, des Plénipotentiaires

Savoir :

Le Président des Etats unis, par et avec l'avis et le consentement du Sénat des dits Etats, a nommé pour leurs plénipotentiaires Robert R. Livingston, Ministre plénipotentiaire des Etats unis et James Monroe, Ministre plénipotentiaire et envoyé extraordinaire des dits Etats unis, auprès du Gouvernement de la République française, et Le Premier Consul de la République française, au nom du peuple français, a nommé pour plénipotentiaire de la dite République le Citoyen françois Barbé-Marbois Ministre du Tresor public, lesquels en vertu de leurs pleins pouvoirs dont l'échange a été fait aujourd'hui, sont convenus des articles suivans :

Art. 1er

Le Gouvernement des Etats unis s'engage à payer au Gouvernement français de la manière qui sera spécifiée en l'article suivant, la somme de Soixante millions de francs, indépendamment de ce qui sera fixé par une autre convention, pour le paiement des sommes dûes par la france à des Citoyens des Etats unis.

Art. 2.

Le paiement des Soixante millions de francs mentionnés au

1803年4月30日

美国扩张
U.S. Expansion

从法国手中购得路易斯安那属地后,美国领土倍增

1803年4月的路易斯安那购地案令美国得以扩张至太平洋。美国以稍多于两千三百万美元的价格购得阿肯色州、爱荷华州、堪萨斯州、路易斯安那州、密苏里州、内布拉斯加州、俄克拉荷马州、科罗拉多州部分地区、南北达科他州、明尼苏达州、蒙大拿州、德克萨斯州、怀俄明州。

1801年,托马斯·杰斐逊是第一个在首都华盛顿举行就职典礼的美国总统,路易斯安那购地案是他在总统任期内最著名的成就。讽刺的是,杰斐逊声明自己反对强大的联邦政府,却在购地案中令总统权力空前膨胀,超出宪法规定的权限。

1783年,承认美国独立的《巴黎和约》将美国的西方边境设置在密西西比河,而拿破仑·波拿巴曾考虑在北美建立法兰西帝国,并迫使西班牙让出密西西比河以西的新奥尔良和路易斯安那,后因欧洲的复杂局势改变计划,向杰斐逊在巴黎的使者提出出售82万平方英里(210万平方公里)的土地,与当时的美国国土面积大致相当,东起密西西比河,西至洛矶山脉,南临墨西哥湾,北达加拿大。

美国宪法中没有规定并购领土的条款,但杰弗逊总统认为购买路易斯安那对美国利益十分重要,不顾国会反对,令使者签署购地条约。**RC**

○ 规定美国为购买路易斯安那向法国支付六千万法郎的文件

1803年9月20日

埃米特的遗赠
Emmet's Legacy

罗伯特·埃米特(Robert Emmet)为爱尔兰民族主义事业牺牲

每个英雄都需要奋斗目标;每项独立解放运动都需要英雄来领导。9月20日,为爱尔兰独立而牺牲的罗伯特·埃米特成为爱尔兰民族的新英雄。埃米特本没有希望成为主角,他在哥哥托马斯·阿迪斯·埃米特(Thomas Addis Emmett)面前黯然失色——托马斯于1798年参加爱尔兰人联合会起义,起义失败导

> "爱尔兰民族最值得纪念的言辞。"
> 帕特里克·皮尔斯(patrick pearse)
> 评价埃米特受审时的演讲

致1801年的《联合法案》,爱尔兰议会被废除。1803年7月23日,罗伯特·埃米特发动起义——实际上应该称之为街头暴动。

1803年,埃米特在等待时机,储存武器,希望得到法国的支持,但武器库爆炸迫使他提前行动。埃米特率领起义小部队开往都柏林城堡,期待得到增援,但他们唯一的成果就是杀掉了首席法官基尔沃登勋爵(Kilwarden)及其侄子。埃米特被捕,因叛国做被处以绞刑,年仅二十五岁。

埃米特在十小时的审判中发表了爱尔兰民族史上最伟大的演讲之一。他要求任何人都不要为他写墓志铭,因为真正了解其动机的人不敢予以宣布。"当我的祖国能够跻身于世界民族之林,只有到了那时,再为我写墓志铭。"这一刻传奇人物诞生,激励了后世的民族主义者,其中包括于1916年策划复活节起义的帕特里克·皮尔斯。**RP**

1804年2月21日

铁路机车
Railway Locomotive

蒸汽机车的发明为铁路发展打下基础

理查·特里维西克（Richard Trevithick）没受过多少教育，但在机械发明方面颇有建树。他在康沃尔的Illogan长大，父亲管理锡矿，从小着迷于卷绕装置和蒸汽机。特里维西克本人为矿业工程师，他使用"强蒸汽"提高功率，改进了詹姆斯·瓦特的冷凝式蒸汽机。1801年特里维西克本制作了试验机

> "我们载着十吨铁、五架马车和七十名乘客。"
>
> 理查·特里维西克的信，1804年

车，这是世界上第一台自力推进的载人工具，但它在高地不平的路上翻车，其后他又加以改进。特里维西克本的最高成就是1804年2月21日推出的铁路机车。

荷弗瑞的铁厂已经按照特里维西克的设计生产发动机，后者又为威尔士的潘尼达伦轨道（pen-y-darren）制作机车，可以牵引十吨的载荷，运送七十人行驶近10英里（14千米），已经具备了蒸汽机车的特性：通过重量咬紧铁轨，同车轮连接的活塞以及排气装置提供充足的空气，提高火焰温度。

然而特里维西克的发明没有商业价值，他被迫在伦敦以其新奇发明载人娱乐来谋生。1816年他前往秘鲁，十年后回到不列颠发展蒸汽机驱动的运输工具，最终于1833年在穷困潦倒中死去。**RP**

1804年3月

《拿破仑法典》
Napoleon's Law

法国开始执行混合了多种法律体系的《拿破仑法典》

1804年3月颁布的新编《民法典》包含2281项条款，代表世界上第一部民法典，由法国律师起草，在拿破仑的主持下经过国务院讨论，最终以法国皇帝之名命名。它在革命思想和旧制度间取得折中，融合了革命理性主义和独裁主义原则。《拿破仑法典》对法国近期废除封建制加以肯定，给予有产者

> "丈夫有义务保护妻子，妻子有义务服从丈夫。"
>
> 《民法典》第213条，1804年

固定资产所有权契约，同时采纳了革命性的继承原则，在男性继承人之间分割遗产，取代长子继承制。但法典也赋予妇女次等公民的地位，允许父母阻止子女二十岁之前结婚，禁止成立工会，重新在法国殖民地引入奴隶制，将工人置于警察的监视之下。

革命前法国没有统一的法律体系，北方主要使用习惯法，南方实行罗马法。大革命期间引入了14400条新法令，重新编纂法典变得十分必要。新《民法典》标志着法国根据明确法律进行统治。其后颁布了商业和刑事法典，而《拿破仑法典》在全欧洲产生了最深远的影响。**RP**

1804年12月2日

拿破仑加冕
The Coronation of Napoleon

华丽宏大的加冕礼不遗余力的将小个子将军塑造成崇高的半神君王形象

一切就绪。1804年12月2日，拿破仑的加冕礼将不计成本。荣军院教堂太小，因而征用巴黎圣母院，且周边不合标准的建筑一律拆除。圣母院不够宏伟，于是在西翼门脸前建满仿哥特式建筑；教堂的内坛和两座祭坛也代之以庄严的中央讲堂。新的马车和服饰已齐备，拿破仑也获得了一系列最完美的王权象征物，包括来自亚琛的查理曼大帝之剑。

无可否认的是，加冕礼并不顺利。教皇庇护七世要求拿破仑和约瑟芬在典礼前到教堂完婚；拿破仑不愿接受教皇加冕、宣誓突出自己依附于教廷、抑或在弥撒中领受圣餐。他拒绝"被人塑造成虔诚的天主教徒"，但加冕仪式庄严肃穆，最终拿破仑为自己戴上了王冠，法兰西第一执政官由此成为君王。

拿破仑委派雅克-路易·大卫为自己做了绝妙的宣传。在这幅描绘加冕礼的夸大之作中，拿破仑比实际更高；他为王后加冕——从未发生；教皇举起右手为拿破仑祈神赐福——并非实情。科西嘉人拿破仑此时已被神化，权力明显左右了他的大脑。拿破仑在滑铁卢战役失势之前骄矜之气显露无遗。**RP**

○ 《身着加冕礼服的拿破仑》，弗朗索瓦·热拉作于1804年，现藏于法国巴黎卢浮宫

1805年4月7日

开创新音乐风格
A New Style of Music

贝多芬的《英雄交响曲》首次公演，音乐界褒贬不一

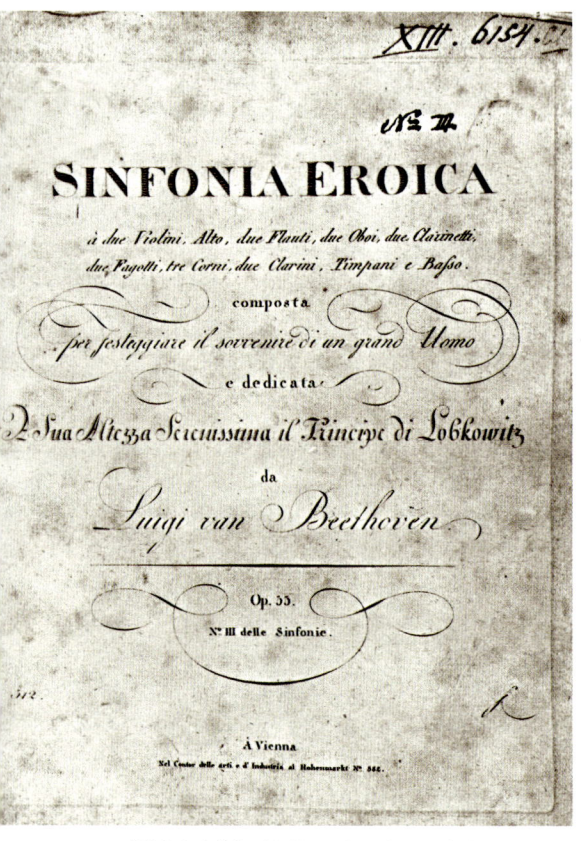

▲《英雄交响曲》首版封面，标明献给洛布科维茨亲王弗朗茨·约瑟夫·马克思。

> "他只不过是个凡夫俗子！……现在居然成了独夫寡头！"
>
> ——贝多芬评论拿破仑称帝一事

对于二十一世纪熟悉贝多芬的《英雄交响曲》（即《降E大调第三交响曲》）的听众而言，1805年4月7日《英雄交响曲》在维也纳河畔剧院首次公演造成的轰动是难以想象的，其长度、结构、直率的感情表达和丰沛活力在1805年均属史无前例。同海顿的交响乐相比，《英雄交响曲》虽然保留了相同的结构，但长度超过前者的1.5倍，加入了很多新元素，尤其是第三乐章中以活泼有力的谐谑曲代替了传统上更加安静和克制的小步舞曲，加长的第四乐章以变奏曲勾勒主题。但最有影响力的是第二乐章，贝多芬大胆加入了交响乐中从未采纳过的葬礼进行曲。贝多芬有意开创全新的音乐风格，《英雄交响曲》首次公演时他亲自担任指挥。

贝多芬最初将《英雄交响曲》献给法兰西第一执政拿破仑·波拿巴——推进欧洲改革的政治家赢得了作曲家的钦佩。但拿破仑称帝令贝多芬极其愤怒，传说贝多芬撕下题献页，改为"纪念一位伟大人物"，以《英雄交响曲》之名出版。

维也纳音乐界对这部强有力的新颖作品褒贬不一。有人为之欢呼，还有人认为它空洞浮夸、毫无意义。不久《英雄交响曲》就被视为杰作，成为浪漫主义艺术运动的代表作，反映了法国大革命后的政治和社会动荡。**NK**

1805年10月21日

特拉法加海战
Battle of Trafalgar

英国海军巩固欧洲海上霸主之位

自1803年英法再度开战以来，特别是法国和西班牙结盟令其舰队取得数量优势后，不列颠海军一直寻求确立统治地位的机会。英国人担心法西联合舰队集结于英吉利海峡，帮助拿破仑进攻英国本土。1805年10月21日的特拉法加海战确立了十九世纪英国的海上霸主地位。

英国海军同法西联合舰队于西班牙南部大西洋海岸加的斯港附近的特拉法加海角交战。英军主帅霍雷肖·纳尔逊策划了这场遭遇战。尽管英国海军在接近敌舰的过程中将遭到攻击却无力还手，纳尔逊谋划了一场决定性胜利。他在开战前指示各船长，"如果看不到信号或是无法明确理解其意图，船长即使要求船只与敌舰并排靠拢也不算大错"，允许船长在必要时打破阵形。纳尔逊相信英军凭借精湛的航海技术及火力优势定能在近战中重创数量占优势的联军。

纳尔逊的计划成功了，21日晚英军未损失一条船，俘获二十一艘敌舰，摧毁一艘，但旗舰英国皇家海军"胜利号"上的纳尔逊不愿脱下制服，因星徽和勋章暴露目标，令他被法国"可畏号"上的射手击中。被抬下甲板的纳尔逊临终前得知英军赢得胜利。法国和西班牙幸存的战舰返回加的斯，法军上将维伦纽夫（Villeneuve）在返回巴黎向皇帝拿破仑报告途中离奇死亡。**NK**

▲ 上将维伦纽夫的旗舰被击沉，法军损失惨重。

> "哈迪，吻我。现在我满足了。感谢上帝让我履行了我的职责。"
>
> 纳尔逊临终遗言

1805年11月7日

向美国西海岸远征
Expedition to the West Coast of America

刘易斯与克拉克远征队越过落基山脉，抵达太平洋

▲ 托马斯·米克尔·伯翰的作品，表现梅里韦瑟·刘易斯上尉和威廉·克拉克于横跨大陆远征途中

杰弗逊总统于1803年完成路易斯安那购地案后的首批举措之一，是派遣韦瑟·刘易斯和威廉·克拉克和率领远征队穿过落基山脉一路探索至太平洋沿岸。1805年11月7日，刘易斯首次望见太平洋，在日志中写道："看到海洋！真高兴！"

探险队有大约四十名成员，大部分是军人，还有克拉克的黑奴和刘易斯的狗——希曼，他们在圣路易斯附近过冬。1804年5月"探险军团"顺着克拉克所称的"一阵轻风"从密苏里河出发。他们同曼丹人印第安人在今北达科他州过冬期间，建造了独木舟，请肖松尼族妇女做向导穿过落基山脉，渡过克利尔沃特河、斯内克河和哥伦比亚河后，来到太平洋沿岸的俄勒冈，在今天的阿斯托里亚附近建造堡垒挨过下一个冬天。1806年3月探险队踏上归途，返回圣路易斯时受到英雄般的礼遇。

杰斐逊指示刘易斯和克拉克记录下沿途的一切事物，他们照做了，并带回了关于土著印第安人、地理、矿藏和野生动植物的信息——虽然拼写极其糟糕。远征队发现了灰熊，一种巨大无比的动物，为美国征服西部铺平道路。1809年，三十五岁的刘易斯去世（很可能死于自杀）。克拉克成为密苏里州长，1838年去世，享年六十八岁。**RC**

1805年12月2日

奥斯特里茨战役
Battle of Austerlitz

法国皇帝拿破仑·波拿巴击败奥地利和俄罗斯君王

《奥斯特里茨战役后拿破仑同奥地利皇帝弗朗茨会面》，安托万-让·格罗作于1806—1812年间

1805年12月2日，奥斯特里茨红日初升之时，尼古拉斯·苏尔特（Nicolas Soult）指挥法国步兵攻占普拉钦高地，由此控制整个战局。前一天黄昏开始，兵力处于劣势的法国军队顽强抵抗奥地利和俄罗斯联军，此刻占领高地后，战势发生逆转。两万余俄国和奥地利士兵阵亡，另有两万人被俘，俄、奥两国的皇帝被迫同拿破仑和解，后者此时在政治和军事上主导整个欧洲——未被征服的普鲁士国王紧张不安，称霸海上的英国孤立无援。不列颠首相小威廉·皮特发起的反法同盟瓦解。12月6日，奥地利签订了耻辱的《普雷斯堡和约》，俄国从奥地利领土撤军。

这是近代最杰出的军事战役之一，拿破仑将原本准备攻打英国的大军从英吉利海岸调至神圣罗马帝国南部，在乌尔姆（Ulm）俘虏奥地利士兵三万人，入侵奥地利，最终击败人数众多的俄奥帝国联军。奥斯特里茨战役的精妙战术令欧洲人为之倾倒。拿破仑成为欧洲真正的主人，法国军队受人敬仰。拿破仑开始重新划分欧洲版图，在意大利、德意志和尼德兰为自己的兄弟创建新王国。**NK**

1807年3月25日

自由宪章
Charter of Freedom

不列颠在国内取缔奴隶贸易，但奴隶制度本身依然合法

英国宣布跨大西洋奴隶贸易违法后，威尔特郡的伍顿巴西特举行庆祝游行活动

废除奴隶贸易迫在眉睫，英国国内舆论迅速高涨。两年前下议院通过了废除奴隶贸易法案，但被上议院阻截。1807年，英国首相格伦维尔勋爵（Grenville）抨击奴隶贸易"有违正义和人道原则，有违健全的政策体制"，最终法案以41票对20票通过。废除奴隶贸易法案于3月25日生效，正式在不列颠帝国全境内取缔奴隶贸易，但奴隶制度本身依然合法。不列颠商船上每发现一名奴隶，将被处以100英镑的罚款。道德改革在推动废除奴隶贸易上功不可没，但其他动机也起了作用——拿破仑恢复了奴隶贸易，这是不列颠政府向法国展示道德优越感的大好时机。

1771年，不列颠有效废止了国内的奴隶制，其后废奴主义者们开始攻击奴隶贸易本身，改革家们在这一过程中发明了政治游说的手段。威廉·威伯福斯（William Wilberforce）不断在议会中提出这一议题，直至1807年废除奴隶贸易法案成功通过——虽然这带来了一些无从料及的后果，比如十九世纪初体格健全的男性奴隶在美国的价格涨到四倍。部分英国船长仍然在利益驱使下违法贩奴，倘若商船有可能遭到搜查，他们会将奴隶推入海中。因此英国政府于1827年宣布奴隶贸易与海盗按同等罪行论处，贩奴者可以被判处死刑。1833年，不列颠全境内取缔奴隶制度。**RP**

1807年6月25日

欧洲之主拿破仑
Napoleon, the Master of Europe

掌握无上权力的拿破仑会见俄国沙皇亚历山大,决定欧洲的未来

▲ 十九世纪版画《拿破仑一世同沙皇亚历山大一世在涅曼河会面》

1807年6月,拿破仑同俄国沙皇亚历山大一世在提尔西特(立陶宛)的涅穆纳斯河(Nemunas,涅曼河)中的木筏上会面,标志着拿破仑在欧洲的权力达到巅峰。

拿破仑于1805年的奥斯特里茨战役中击败奥地利人,1806年在耶拿战胜普鲁士,不久前在弗里德兰战役中令俄军蒙羞。拿破仑是欧洲的主人,比利牛斯山和意大利到波罗的海,英吉利海峡和北海道俄国边境,尽皆是拿破仑的领土。俄法两国皇帝在身着军装的侍卫陪同下,于涅曼河木筏上的大帐下决定欧洲大陆的未来。亚历山大同意法国重新划分欧洲版图,并加入拿破仑对不列颠的经济封锁,而拿破仑将支持俄国对奥斯曼帝国的政策。

两天后法国进一步同普鲁士签订协议,普鲁士被剥夺一半领土,军队人数被限制在十万。拿破仑没有如愿获得一切。为巩固同俄罗斯的关系,拿破仑提出同王后约瑟芬离婚,迎娶亚历山大的妹妹,但沙皇及俄国宫廷无法接受。俄法成功结盟为未来的灾难埋下伏笔。羞辱普鲁士的同时,拿破仑为自己创造了难以和解的仇敌。俄罗斯人并没有从对英国实施经济封锁中真正获利。俄法两国的良好关系没有持续多久,1812年,拿破仑决定侵略与征服是对付俄罗斯的唯一手段。**NK**

1808年3月23日

法国军队进驻马德里
French Troops Enter Madrid

拿破仑迫使西班牙国王卡洛斯四世和斐迪南七世让位于他的兄长约瑟夫·波拿巴

西班牙陷入混乱之中。西班牙和法国已正式结成同盟,但拿破仑不信任西班牙国王卡洛斯四世及他的大臣戈多伊(Godoy)。1807—1808年冬,法国以向葡萄牙援军的名义增派军队进入西班牙北部,并就地驻扎下来。3月19日一场宫廷政变推翻了卡洛斯和戈多伊,卡洛斯之子斐迪南被立为国王。拿破仑命令妹夫缪拉进军马德里,穆拉率部下于3月23日抵达。

卡洛斯和斐迪南被召至法国,拿破仑要求他们让位于长兄约瑟夫·波拿巴,斐迪南拒绝。5月2日,马德里人民起义反抗法国军队,穆拉元帅清楚处理民众动乱的手段——起义遭到暴力镇压。戈雅在系列画中作了生动刻画。斐迪南七世在拿破仑的威胁之下屈服退位,约瑟夫·波拿巴成为西班牙国王。

5月25日,西班牙西北部边远行省阿斯图里亚斯公国向法国入侵者宣战,加利西亚、埃什特雷马杜拉、卡斯提尔、亚拉贡和安大路西亚纷纷加入。约一万七千名法国士兵在拜伦向起义军投降。国王约瑟夫惊慌失措逃离马德里。法国军队重新控制马德里及主要城市,但西班牙人民拒不接受拿破仑及法国士兵的统治。**NK**

- 木版画《马德里起义》局部,作者为保罗·吉拉德特(1819—1880)
- 《处决马德里守卫者,1808年5月3日》,弗朗西斯科·戈雅作于1814年

1811年3月1日

剿灭马穆鲁克
Mamluks Murdered

穆罕默德·阿里（Mehmet Ali）消灭竞争者巩固政权

拿破仑击败马穆鲁克后留下权力真空，令穆罕默德·阿里得以获取埃及的最高统治权。穆罕默德·阿里生于阿尔巴尼亚，从军为奥斯曼帝国服务。阿里负责遣送法国军队余部，其统治正式得到奥斯曼宫廷认可，于1805年被任命为埃及总督。阿里宣布同马穆鲁克休战，1811年3月1日宴请马穆鲁克贵

> "事实上，当天的混乱和恐怖无法用言语形容。"
> 《乔凡尼·菲纳蒂历险记》（Giovanni Finati），1830年

族，将他们全部杀害。这场屠杀遭到谴责，但确实成功确立了阿里的统治地位，标志着埃及就此改朝换代。

阿里余生致力于扩张其势力，长期统治埃及。他对埃及的主要产品棉花进行个人垄断，建设道路和船坞，推行公立学校和医院，征募埃及农民入伍。阿里的儿子们攻占叙利亚，威胁奥斯曼哈里发国，直至1839年伦敦会议承认阿里家族对埃及有世袭统治权，奥斯曼终于恢复和平。阿里晚年变得昏聩偏执，导致埃及经济混乱。1849年8月2日阿里去世，其侄阿拔斯继位。阿里创建的王朝在英国的保护下统治埃及百余年，至1953年纳赛尔共和革命时终结。**NJ**

1812年6月24日

最后一搏
The Final Gamble

拿破仑入侵俄罗斯，最终率领所剩无几的军队回国

1807年提尔西特协约破裂后，拿破仑认为在军事上击败俄罗斯帝国才能确保后者加入对宿敌不列颠的经济封锁。1812年6月24日，拿破仑率军越过俄罗斯边境涅曼河，向莫斯科进军。

这是拿破仑最大的部队，由六十九万人组成。士兵多为法国人，也有其他欧洲部

> "……近卫兵匆匆看他一眼……'陛下，即将牺牲的士兵向您致敬。'"
> 海因里希·海涅，《游记》，1826—1831年

队，如波尼亚托夫斯基元帅（Poniatowski）麾下的九万波兰士兵，以及施瓦岑贝格元帅（Schwarzenberg）指挥的三万五千奥地利士兵。法国皇帝此次出征带上了英勇善战、久经沙场的达武（Davout）、内伊（Ney）和苏尔特（Soult）元帅。

巴克莱·德·托利（Barclay de Tolly）和米哈伊尔·库图佐夫（Mikhail Kutuzov）率领俄国军队在法军攻击前撤退，他们明白保存俄军实力至关重要，法军自然会因长途跋涉、缺乏供给和恶劣天气败退。9月的博罗季诺战役中双方不分胜负，拿破仑攻入莫斯科，但俄罗斯人既不投降，也不提出谈判。莫斯科燃起熊熊大火之际，拿破仑迫于供给不足、疾病和严寒只得撤兵，仅有两万两千法军于12月井然有序的离开俄罗斯。**NK**

1812年9月7日

博罗金诺之战
Battle of Borodino

拿破仑经过血腥战役未能剿灭俄国军队,最终无功而返

▲ 弗朗茨·鲁博1913年的作品《博罗金诺之战》,俄罗斯圣彼得堡中央炮兵博物馆收藏品

1812年,开往莫斯科途中的法军终于同米哈伊尔·库图佐夫将军(Mikhail Kutuzov)统帅的俄军交战。俄国人曾避免正面冲突,但他们在博罗金诺村拥有天然防线,又增加了棱堡以掩蔽炮兵和步兵。

拿破仑没有制定精妙的作战计划,他一整天指挥军队在炮兵支持下向俄国防线发起正面攻击。双方展开激烈的棱堡争夺战(因列夫·托尔斯泰的《战争与和平》而广为人知),阵地多次易手,也令俄法双方伤亡甚重。清晨太阳破云而出,拿破仑回想起1805年重创奥地利人的伟大胜利,高呼"这是奥斯特里茨的太阳",但拿破仑没有如愿取得他所追求的胜利。俄罗斯人撤离战场,库图佐夫的军队损失五万两千人,二十二名将领伤亡,而法方折损两万八千名士兵,二十八名将领伤亡,也无力追击俄国军队。经计算,法军共炮击六万轮,发射火枪子弹两百万枚,平均每分钟俄法双方有一百四十人受伤或阵亡。

这是拿破仑军事生涯中最血腥的战役,但他一无所获。法军继续开赴莫斯科,最终沿四个月前进军俄罗斯的原路返回德意志。**NK**

1813年6月21日

维多利亚之战
Battle of Vittoria

威灵顿公爵追击西班牙战场上溃逃的法国军队

▲ 私人收藏品《维多利亚之战》，作者为约翰·奥古斯塔斯·阿特金森

　　欧洲各地欢庆维多利亚战役的胜利，它标志着半岛战争终结。维多利亚主广场树立了刻有"西班牙独立"字样的纪念碑，而身在维也纳的贝多芬有感而发创作了管弦乐曲《威灵顿的胜利》。

　　拿破仑的帝国面临日益紧张的局势，1813年他从俄国撤军时，已经无法调用西班牙的资源对抗英国。英国人经过五年开始驱逐西班牙的法军。西班牙国王、拿破仑的哥哥约瑟夫随儒尔当（Jourdan）元帅旗下的法军带着洗劫而来的艺术品和财宝离开马德里，北上开赴法国边境。

　　约瑟夫在通往比利牛斯山和法国途中，同威灵顿率领的追兵在维多利亚郊外交战，法军在山上列成弧形阵。威灵顿指挥英军分三列发起攻击，冲破敌阵中心。约瑟夫的军队溃逃，留下了其积聚的财宝、家具、画、钱币和珠宝——当时价值百万余英镑。英军大肆攫取所有财物（英国的一个骑兵军团至今仍使用名为"皇帝"的容器饮水，那其实是国王约瑟夫的银便壶）。英军恢复秩序后，威灵顿北上开赴法国边境，不列颠士兵踏上法国领土。**NK**

1814年3月31日

拿破仑退位
The End for Napoleon

拿破仑被老友背叛,联军进入巴黎市

《联军在圣德尼门前经过》居中描绘了俄国皇帝和奥地利将领

1814年3月31日,俄国沙皇亚利山大一世、普鲁士国王腓特烈·威廉三世、奥地利将领施瓦岑贝格亲王及三国军队顺利无阻的进入法国首都。曾任拿破仑手下外交部长的塔列朗亲王(Talleyrand)交出了城门钥匙。

拿破仑的兄长约瑟夫率领军队在蒙马特高地守卫巴黎,也被马尔蒙元帅(Marmont)瓦解。马尔蒙是拿破仑的老战友,早在军校读书时已经相识。他同联军首领秘密联络后,将军队调动到容易被围的阵地,法军被迫投降。尽管拿破仑在先前的战役中迎头痛击了入侵者,但他在巴黎南部的枫丹白露宫中制定未来的作战计划时,无法阻止俄罗斯、普鲁士和奥地利联军直接开进法国首都。拿破仑意识到属下不再一心追随自己,向侍卫道别,于4月5日退位。他想让儿子罗马王继承王位,但联军政府决定复辟波旁王朝,路易十八世即位,他的哥哥路易十六于1793年被斩首。

普鲁士将领布吕歇尔(Blucher)要向法国首都报仇,并摧毁纪念1807年拿破仑击败普鲁士人的耶拿桥,但被加以劝阻。**NK**

1814年8月24日

不列颠入侵美国
The British Invade America

英军攻打华盛顿和巴尔的摩，赋予《星条旗之歌》创作灵感

△ 英军攻打华盛顿，后方的白宫被大火吞没

英国皇家海军干涉美国贸易，扣押其商船，并强征美国海员入伍，引发1812年英美战争，席卷欧洲的拿破仑战争波及美国。1813年，美国人入侵加拿大，焚毁多伦多的公共建筑。不列颠于1814年反击，四千英军从切萨皮克湾登陆，决意摧毁当时有大约八千居民的美国首都华盛顿。仅有的少数守军分散在城外的布莱登斯堡，其中麦迪逊总统匆匆送信给妻子多莉，警告她逃出总统官邸（后被称为白宫）。多莉带出了吉伯特·斯图尔特所作的华盛顿肖像。攻入白宫的英军发现一桌盛宴，摆满大块烤肉和美酒，他们高兴地坐下来享用一番，之后点燃了整座房子。

英军继续放火将国会大厦、财政部大楼和其他公共建筑化为灰烬。目睹大火的乔治·格雷戈（George Gleig）描述道："房屋、船只和商店熊熊燃烧，弹药库传来爆炸轰鸣，屋顶砰然坠地"。英军未能沉重打击美国士气，不久英国将军罗伯特·罗斯（Robert Ross）在激战中阵亡，美军成功保卫巴尔的摩堡垒激发弗朗西斯·斯科特·基（Francis Scott Key）创作《星条旗之歌》。1815年战争结束时，美国维护了其独立地位，变得更加团结。**RC**

1815年2月26日

拿破仑逃出厄尔巴岛
Napoleon Escapes from Elba

皇帝避开岛上守卫，返回法国

▲ 《拿破仑从厄尔巴岛回归（1815年3月1日在戛纳登陆）》，卡尔·冯·斯托本（1788—1856）于1818年创作

1814年4月拿破仑退位，被联合政府流放到厄尔巴岛。他保留了"皇帝"的头衔，在奥地利人和法国人的严密监视下管理他的小岛。但是组建学校和医院、为岛上一万两千人口提供饮水并不能令拿破仑的才智和能力得到满足。他得知法国在波旁王朝统治下动荡不安，拿破仑决心回国。2月26日，拿破仑避开守卫登船，绕过不列颠海军，抵达法国海岸，在弗雷瑞斯登陆。

拿破仑登陆顺利无阻，第一批授命逮捕拿破仑的士兵被他纳入旗下，拿破仑向北方进军途中，支持者们如潮水般集结到拿破仑身边。米歇尔·内伊（Michel Ney）曾是拿破仑的得力干将之一，此时效忠于波旁君主路易十八世，他许诺用笼子把拿破仑带回巴黎。但当他意识到自己的部下比起复辟的国王更爱戴被废黜的皇帝拿破仑，内伊也转而效忠旧主。3月20日，路易十八逃往比利时，皇帝拿破仑夺回杜伊勒里宫。

拿破仑建立百日政权，再次管理法国，最终在滑铁卢被威灵顿公爵击败。他将自己交给英军，希望留在英国，但得知自己被安排在南大西洋偏远荒凉的圣赫勒拿岛上度过余生。**NK**

1815年6月8日

维也纳会议结束
The Congress of Vienna Ends

击败拿破仑的胜利者们规划战后欧洲未来格局

《狐狸和鹅》（又名《瘦子出逃》），描绘1815年维也纳会议的同时拿破仑逃出厄尔巴岛的漫画

1814年11月维也纳会议召开，这时拿破仑还在厄尔巴岛流放，法军被逐出欧洲各国。大不列颠、俄罗斯、奥地利和普鲁士元首聚集在维也纳，商定欧洲未来格局，并讨论如何防止欧洲再度陷入1793年以来的动荡战争。

1815年6月8日，维也纳会议达成了极为保守的协议，而拿破仑已经返回法国。会议规定法国恢复1792年的边境，拿破仑新建的欧洲国家——意大利王国、莱茵联邦和华沙大公国——均不予以考虑。奥地利、普鲁士和俄罗斯重新控制被拿破仑夺取的中欧和意大利领土。但列强依然畏惧法国，需要增强法国周边国家的力量，因此建立了由奥属低地国家和尼德兰形成的联合王国，由荷兰国王统治。同时维也纳会议将德意志邦国的数量从三百减至三十八个，形成由奥地利和普鲁士领导的德意志邦联。普鲁士取得莱茵兰和威斯特伐利亚地区。

维也纳会议保障欧洲获得四十年的和平。尽管它强调了保守思想和政治合理性，却忽略了法国大革命起多年战乱中酝酿出的革命和自由理念。**NK**

1815年6月18日

拿破仑兵败滑铁卢
Napoleon Defeated at Waterloo

拿破仑皇帝最终惨败于威灵顿公爵和布吕歇尔元帅联军

► 《辉煌的滑铁卢战役战术图》,十九世纪英国依照盟军前线地图制作的版画

► 丹尼斯·迪顿(1792—1827)所作的《1815年6月18日的滑铁卢战役》右半幅

> "令人狂喜——这是以最微弱优势取得的险胜。"
>
> 威灵顿致其兄弟裘恩(June),1815年6月19日

1815年6月18日,威灵顿公爵阿瑟·韦尔斯利(Arthur Wellesley)在滑铁卢以南的圣让山上部署不列颠、比利时、和汉诺威多国联军,阻挡进军布鲁塞尔的拿破仑,粉碎其攻占低地国家的计划。威灵顿在兵力上落于下风,且部分士兵的忠诚值得怀疑,在他事先勘察后选择在圣让山等待法军的攻击,利用地形优势阻挡拿破仑。

拿破仑从厄尔巴岛回国后,大部分旧部下和军队重新集结在这位强大的将军旗下。拿破仑带兵迅速开往布鲁塞尔,在四臂村击退威灵顿的军队,并于利格尼挫败威灵顿的左翼普鲁士军队。

战役前整夜大雨倾盆,拿破仑上午一直按兵不动,等待地面变干。法军发动密集的炮火攻击宣告开战,其后步兵进攻,最终骑兵向英军阵地发起大规模冲击。英国士兵在盟军的支持下挺过了一天的猛烈攻击,坚守阵线并保住了两个重要据点——乌古蒙和圣拉海,后来圣拉海因守军弹药用尽而失守,威灵顿的阵线似乎即将崩溃。但法国皇帝没有得到命运垂青。布吕歇尔元帅调动普鲁士军队驰援威灵顿,进攻法军左翼。拿破仑孤注一掷,派出近卫军攻打联军阵地——这是拿破仑手下久经沙场的最后一支后备军。但不列颠火枪队令近卫军转身溃逃。拿破仑输掉了最后一场战役。**NK**

1816年7月2日

梅杜萨之怖
Medusa Horror

籍里柯以《梅杜萨之筏》描绘海难

经过改造的战舰"梅杜萨号"于1816年带领四艘船去占领塞内加尔的圣路易港。拿破仑在滑铁卢折戟，波旁王朝再度复辟，而"梅杜萨号"的主人肖马雷是从未指挥过船只的保皇党老成员。7月2日，"梅杜萨号"在沙滩上搁浅。

享有特权的乘客被安置在救生船中，其余150人登上帆桅等捆扎而成的木筏。肖马雷许诺会拖动木筏，但切断了绳索任其漂流。

> "我们从狂喜陷入深深的绝望和悲伤。"
>
> 幸存者亚历山大·科雷亚尔
> （Alexandre Correard）

肖马雷一行人最终着陆，在撒哈拉获救。不幸的人们挤在木筏上，被迫以皮革、纤维和彼此为食。在两周的恐怖地狱中，残杀并吃掉弱者成为生存法则，最终有十五名幸存者被"阿耳戈斯号"搭救，其中三人是在"梅杜萨号"发现的。

两名幸存者亚历山大·科雷亚尔和亨利·萨维尼（Henri Savigny）对这一恐怖经历的描述深深打动了籍里柯，后者开始以停尸室中的尸体和残肢为模型创作《梅杜萨之筏》。籍里柯的巨型画作以浪漫现实主义手法表现了骇人场景，1819年在巴黎沙龙展出时引起轰动。籍里柯认为梅杜萨海难是对反动派的控诉，暴露了波旁王朝统治不力的本质，并无情讽刺了人类的野蛮。**NJ**

1819年8月16日

彼得卢屠杀
Peterloo Massacre

不列颠的"彼得卢"象征着工人阶级的抵抗

1819年8月16日周一，六万余人举着标语在曼彻斯特的圣彼得广场集会抗议，他们期待亨利·亨特发表激动人心的演讲——亨利·亨特曾批评当局"只知压迫人民、从他们的苦难中榨取钱财供养自己"。类似的集会曾以暴力收场，因此地方官员派出义勇骑兵队逮捕亨特，后者陷入困境，佩剑骑兵赶来增援。激战中十一人死亡，四百多人受伤。

> "骑兵一片混乱……有残肢断臂。"
>
> 萨缪尔·班福德（Samuel Bamford），
> 《激进分子的人生经历》

拿破仑战争带来了经济萧条、高失业率和低工资，英国积聚四年的不满在彼得卢屠杀达到高潮。首相利物浦勋爵担心海峡对面的革命思想传入国内，杯弓蛇影的英国政府没有下达屠杀命令，但反映出政府决意压制激进言论。大臣们祝贺地方官员的行动。亨特被囚禁两年，政府限制公众集会。但媒体认为，虽然威灵顿公爵于1815年滑铁卢战役中取得了辉煌的胜利，但利物浦政府面对手无寸铁的民众胜之不武，将1819年的事件讽刺为"彼得卢"。屠杀推动了几十年的激进改革。**RP**

1819年12月17日

玻利瓦尔的南美解放战争
The Liberator's South American Crusade

解放者击败西班牙和保守党军队，宣布成立大哥伦比亚共和国

1800年，南美洲大部分地区受到西班牙和葡萄牙统治。拿破仑征服西葡两国，切断了它们同南美殖民地的联系，南美谋求政治和经济独立的改革运动迅速发展。拿破仑失势后，复辟的西班牙政权决定重新控制其南美帝国，引发玻利瓦尔领导的南美解放战争。

"解放者"出身于富有的西班牙裔委内瑞拉克里奥尔贵族家庭，在国外接受教育，1807年二十四岁时返回南美，发动起义反抗西班牙统治。玻利瓦尔自立为委内瑞拉独裁者，但遭到驱逐逃往加勒比海地区。1819年他率领军队回归，重创哥伦比亚的西班牙和保守党军队，建立哥伦比亚、委内瑞拉和厄瓜多尔组成的大哥伦比亚共和国，并担任独裁者（当时委内瑞拉和厄瓜多尔仍然受西班牙统治被认为是合情合理之事）。1820年，玻利瓦尔同副手安东尼奥·何塞·苏克雷（Antonio José de Sucre）击败保守党，占领委内瑞拉和厄瓜多尔，二人继续解放了秘鲁和玻利维亚。

后来玻利瓦尔在大哥伦比亚和秘鲁的专断独裁遭到反对，1828年有人试图刺杀玻利瓦尔未果。1830年苏克雷遇刺身亡。玻利瓦尔变得体虚多病，他的南美联邦计划失败，委内瑞拉和厄瓜多脱离哥伦比亚。1830年四十七岁的玻利瓦尔因肺结核逝世。**RC**

○ 玻利瓦尔（1783—1830）戎装肖像，作者为阿图罗·米切莱纳（1868—1898）

1820年3月6日

密苏里作为蓄奴州加入美国
Missouri Joins the Union as a Slave State

《密苏里协议》为分裂美国的奴隶问题提供三十年的折中方案

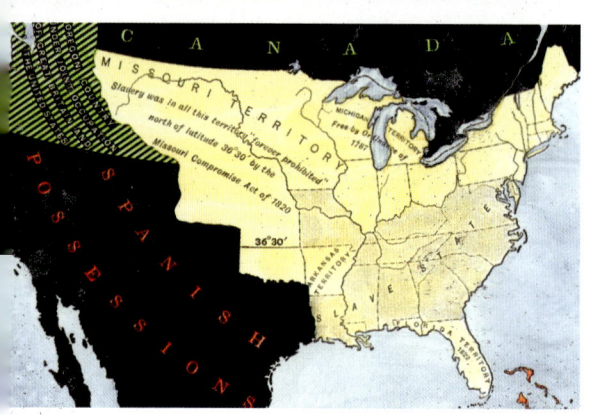

美国建国以来，奴隶制度一直是引起争议的复杂问题。1803年的路易斯安那购地案为美国开拓了密西西比河以西的大片领地，但也提出了一个棘手问题：加入美国的新州是否可以实行奴隶制度。北方激烈反对蓄奴，而南方希望保持奴隶制，一定程度上是因为，相比之下，修正宪法在全国彻底废除奴隶制度将更为艰难。1819年，美国的二十二个州中有半数承认奴隶制。

同年，密苏里申请作为蓄奴州加入美国，激怒了北方的废奴主义者。纽约的国会议员詹姆斯·塔尔梅奇（James Tallmadge）建议密苏里必须接受一项逐步解放奴隶的计划才能加入美国。国会内部因激烈争吵分为两派，但在众议院议员亨利·克莱（Henry Clay）的努力下双方和解，允许密苏里作为蓄奴州加入美国，同时将马萨诸塞州北部地区立为新的自由州缅因；以北纬36度30分为分界线，分界线以南的新州定为蓄奴州。这并非长久之策，但保证了暂时的和平。

詹姆斯·门罗总统（James Monroe）对密苏里协议心存疑虑，但依然通过了协议防止美国分裂。1857年，最高法院宣布密苏里协议违宪，美国内战在所难免。**RC**

◐ 亨利·克莱（1777—1852）肖像，塞缪尔·奥斯古德（1808—1885）作于1834年

◐ 十九世纪美国地图，表明密苏里协议导致蓄奴范围扩张

1820年11月18日

冰雪覆盖的南方大陆
The White South

纳撒尼尔·帕默（Nathaniel Palmer）等人发现南极洲

　　帕默地得名于南极洲大陆的发现者之一。1819年，威廉·史密斯指挥的英国船"威廉号"在合恩角被吹往南方，发现了南极洲大陆北部的南设得兰岛，吸引了海豹捕猎者的注意——他们令巴塔哥尼亚和福克兰的海狗濒临灭绝，正在寻找新的猎场。英美船只徘徊于南设得兰水域，猎杀数千只海豹获取毛皮。

> "阁下，您发现了新的领土，因此它应该被命名为帕默地。"
>
> 别林斯高晋船长同帕默见面时所言

　　与此同时，英国海军部派爱德华·布兰斯菲尔德（Edward Bransfield）和威廉·史密斯调查这一地区，后者报告于1820年一月发现多山的南极半岛。俄国沙皇也派出两艘船，船长撒迪厄斯·别林斯高晋（Thaddeus Bellingshausen）称于1821年1月发现南极洲大陆。2月，俄罗斯人在南极半岛沿岸遇到海豹捕猎船船长纳撒尼尔·帕默，后者坚称自己于前一年11月率先发现了南极洲大陆。大概最先在南极洲大陆留下足迹人来自约翰·戴维斯统帅的海豹捕猎船"塞西莉亚号"，他们曾于1821年短暂登陆。史学界承认纳撒尼尔·帕默为南极洲的发现者。**RC**

1821年3月25日

希腊独立
Greece Resurrected

希腊宣布独立，十年的独立战争开始

　　独立起义并不起源于希腊本土，而是由奥斯曼帝国其他地区的希腊人发起。佩特雷大主教杰曼努斯（Germano）在今罗马尼亚的教堂中树立圣母玛利亚的旗帜，号召所有希腊人奋起反抗土耳其领主，成为起义的历史性时刻。行动已经开始。2月22日，俄罗斯南部秘密协会友谊社成员亚历山大·伊普西兰蒂斯（Alexander Ypsilantis）率领三千人穿过

> "世界厌倦过往，哦，愿它最终死亡或安歇。"
>
> 珀西·比希·雪莱（Percy Bysshe Shelley），《希腊》，1822年

普鲁特河，但被奥斯曼军队击败。倘若没有更多人加入，希腊民族主义者获胜的机会极其渺茫。但起义传至伯罗奔尼撒。双方都大肆屠杀过后，土耳其军队退回沿海堡垒。希腊独立战争正式开始。

　　希腊自1453年被奥斯曼人接管以来，不平之事日益增加，但直至美国和法国革命爆发，受到鼓舞的希腊人才开始谋求独立。这不仅是为希腊人民奋斗，更是为全欧洲的友人争取自由。1824年奥斯曼苏丹向埃及的统治者穆罕默德·阿里求援，后者派其子易卜拉欣重创起义军，若不是一场基督徒大屠杀引来列强干涉，希腊起义可能就此被镇压下去。1832年，克里特岛和塞萨利仍受奥斯曼帝国统治，但希腊其他地区独立，希腊民族主义时代到来。**RP**

1821年5月5日

波拿巴陨落
The Sun Sets on Bonaparte

拿破仑在圣赫勒拿岛上去世,为法国留下强大的遗产

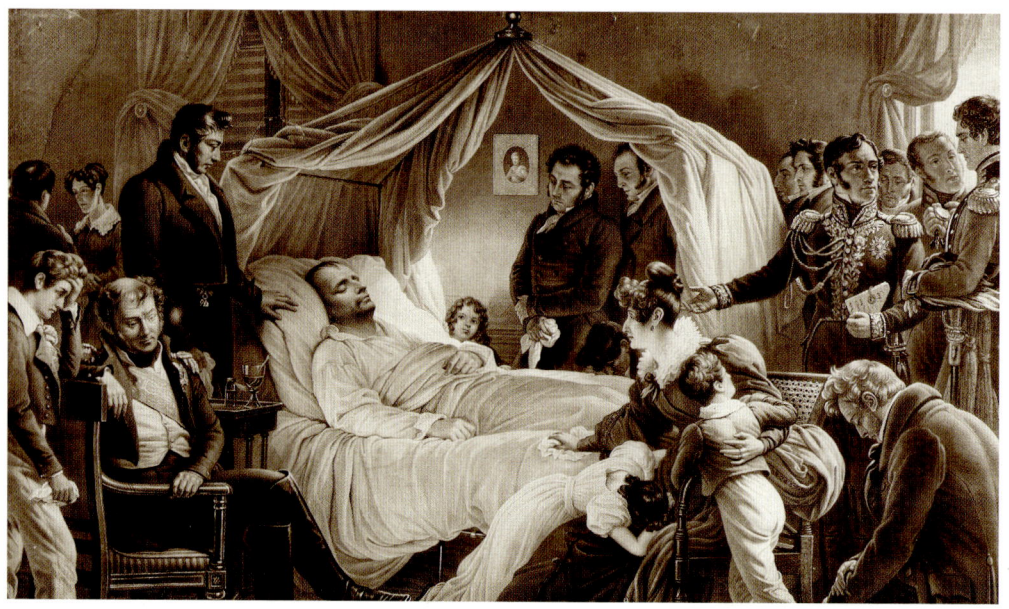

◐ 《法国皇帝拿破仑·波拿巴(1769—1821)去世》,效仿卡尔·冯·斯托本(1788—1856)风格的版画

"皇帝万岁"的呼声长期不绝于耳,拿破仑即便在圣赫勒拿岛上,也坚持其他人称自己为"皇帝",并行谒见之礼。拿破仑尽管遭到流放,却坚持认为:"整个世界都在注视我们;我们是不朽事业的殉道士。"在1821年5月5日,拿破仑明显只剩下几小时光景。他已经立下遗嘱,并加入数项遗赠,包括赠予威灵顿公爵的刺杀者五百英镑。最后的仪式已在5月1日举行,四天后传说拿破仑同死尸无异。下午5时49分,拿破仑发出四声叹息后与世长辞。

拿破仑的命运急转直下,被流放到圣赫勒拿岛上度过悲惨的五年。圣赫勒拿岛距非洲1200英里(1930千米),距南美洲1800英里(2895千米),是绝佳的监狱,拿破仑插翅难逃。他开始写回忆录;此时他是"人民的皇帝",同反动政权斗争,通过欧洲联邦建立和平,但随着时间的流逝,拿破仑卧床的时间越来越长——他厌倦了,还生了病。

关于拿破仑的死因众说纷纭,英法互相指责,但两国都不认同恶性胃溃疡为真正死因。拿破仑的遗体供人瞻仰两天,于5月9日埋葬在天竺葵山谷。可以预计拿破仑的灵柩将几经辗转返回法国,而波拿巴的形象将长久的萦绕于法国人心头。**RP**

1821年7月28日

秘鲁的新时代
A New Era for Peru

秘鲁宣告独立,独立战争三年后取得胜利

《1821年7月28日何塞·德·圣马丁在利马阿马斯广场宣告秘鲁独立》,作者不详

何塞·德·圣马丁是在西班牙军中成长起来的阿根廷将军,于1816年解放了西班牙统治下的阿根廷,之后率领军队翻过安第斯山脉帮助贝尔纳多·奥希金斯(Bernardo O'Higgins)解放智利。1820年,圣马丁为巩固战果,带领麾下的四千五百名黑人和梅斯蒂索混血士兵北上驱逐秘鲁的西班牙人。

圣马丁抵达皮斯科,向北方的秘鲁首都利马进军。但秘鲁的克里奥耳人不愿支持圣马丁,他们有欧裔血统,习惯了西班牙的统治。圣马丁同西班牙将领何塞·德·拉·塞尔纳(José de la serna)公开谈判,但未能就秘鲁建立君主立宪制度达成一致,拉·塞尔纳离开利马返回库斯科总部。

此时圣马丁得以占领利马,在市中心广场举行庄严仪式宣告秘鲁独立,此后秘鲁每年在7月28日庆祝独立,但经过三年奋战后秘鲁才真正获得自由——玻利瓦尔及其得力干将安东尼奥·何塞·苏克雷连续战胜支持西班牙的保守党,他们所代表的克里奥耳统治阶级是秘鲁独立战争的主要反抗对象。黑人和印第安人的解放计划被克里奥耳人挫败,但历史上秘鲁一直是西班牙在南美洲实行帝国主义统治的中心,因而秘鲁独立具有重要的象征意义。**RC**

1822年12月1日

佩德罗一世违抗里斯本
Pedro I Defies Lisbon

民族自豪感高涨的巴西独立,佩德罗一世被加冕为皇帝

十九世纪平版画,效仿让·巴普蒂斯特·德布雷的《圣安娜郊外民众拥戴国王佩德罗一世》

巴西的独立之路同西班牙南美殖民地国家不同。拿破仑入侵西葡两国时,葡萄牙的实际统治者是布拉干萨王朝未来的若昂六世,他代表其精神失常的母亲玛利亚女王摄政。1807年,若昂全家离开葡萄牙,乘船来到殖民地巴西,在里约热内卢定居,他们带来了皇家金库中两千两百万英镑的财产(相当于今天的十亿余英镑),里约热内卢发展为繁荣的国际化都市。

精明的若昂王子鼓励巴西国民自豪感,进一步发展巴西民族文化,支持人民海泳,并于1815年宣布新建葡萄牙和巴西联合王国。1816年,玛利亚女王去世,1821年,若昂返回葡萄牙继承王位,其子佩德罗留在巴西任摄政。里斯本的葡萄牙议会表决通过将巴西重新降为殖民地,但佩德罗拒绝按照议会要求回国。他戏剧性的挥剑高呼"不独立,毋宁死!",不久被加冕为巴西国王。

但沉溺女色的佩德罗并不受欢迎,他被迫于1831年让位于五岁的儿子佩德罗二世,后者经历多次摄政于九年后被立为皇帝和巴西永久保护者。佩德罗二世的统治见证了巴西历史上最兴盛的时期之一,但舆论开始反对君主制,巴西于1889年成立共和国。**RC**

1823年12月2日

东西半球分离
Separation of New and Old Worlds

门罗主义树立美国外交政策准则

克莱德·德兰的作品,描绘门罗主义的创始人

詹姆斯·门罗于1817年—1825年间担任美国总统,他同国务卿约翰·昆西·亚当斯(John Quincy Adams)密切合作,二人均对南美的独立运动持同情态度。1823年,不列颠政府为保护其南美商业利益提出同美国发表联合声明,反对欧洲国家干涉南美事务,但亚当斯说服门罗单独行动,而非"充当不列颠战舰舰艉之供应艇"。

门罗于国会发表的国情咨文中称,"美洲大陆,凭借其业已实现并保持的自由独立地位,今后不得再被欧洲任何国家视作未来殖民的目标。"

门罗认为旧世界的政治体系同新大陆不同,欧洲国家向美洲扩展其制度的任何企图都将被美国视为"危及我们的和平与安全"。同时美国不会干涉欧洲现有的殖民地和属国,也不会干预欧洲事务。门罗原则起初并无重要影响,而维护南美独立的也不是美国,而是不列颠海军。但门罗原则依然为美国建立美洲霸权埋下伏笔。**RC**

1824年4月19日

拜伦勋爵去世
Death of Lord Byron

被英国排斥的拜伦客死希腊,未能实现驱逐土耳其人、解放希腊的梦想

拜伦在本国名誉扫地,"疯狂、邪恶和危险"的名声已经代替了《恰尔德·哈罗尔德游记》创作者的美誉。1816年,拜伦婚姻失败,被控乱伦,彻底离开英国。欧洲大陆上追求自由的人们热烈欢迎拜伦,他抵达希腊米索朗基时受到英雄般的礼遇。1824年1月,他组建"拜伦部队",计划攻打勒班陀堡垒、驱逐土耳其人。这将为1810年拜伦泅渡赫勒斯旁海峡(即今达达尼尔海峡)以来便抱有的希腊解放之梦画上圆满的句号。

但现实远非如此浪漫。欢迎英雄的大部分是水手,他们为拜伦带来了工资而欢呼。而且希腊人争吵不休,无法团结一致对抗土耳其人。雨水连绵不绝,拜伦的健康状况恶化,他开始感到不适——很可能是疟疾导致——之后被咳嗽和呕吐不断折磨。医生为他放血,这是当时令他保持神志清醒的唯一途径,但很快拜伦出现谵妄症状,于4月19日去世,死时水蛭吸出的血顺着他的头颅滴下。

圣保罗大教堂和威斯敏斯特修道院提出安葬拜伦的遗体,均遭到拒绝,但诗人以如此浪漫而悲情的方式结束生命——至少他的浪漫派作家同伴这样描述——依然无损于拜伦的传奇事迹以及希腊独立事业。**RP**

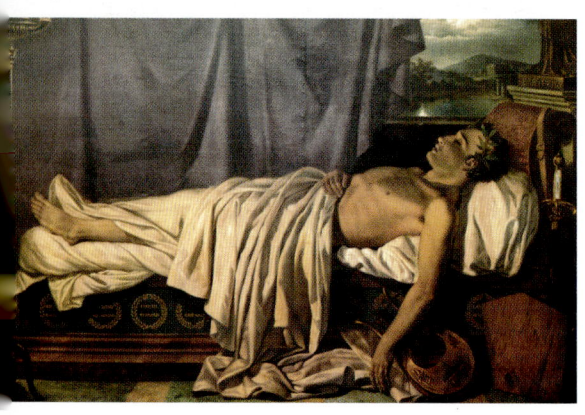

▶ 第六代拜伦男爵乔治·戈登·拜伦肖像,理查德·韦斯托尔(1765—1836)作于1813年

▶ 《拜伦勋爵之死(1824年4月19日,米索朗基)》,Joseph-Denis Odevaer(1778—1830)绘于1826年

1824年6月17日

动物权利
Animal Rights

英国建立世界上第一个防止虐待动物组织

理查·马丁（Richard Martin）被称为"仁慈的家伙"，他担心役用动物被虐待，再遭到骇人的屠杀。他也谴责斗鸡等使用动物的娱乐项目。马丁有足够的财力以改变现状——他在爱尔兰拥有二十万英亩的土地（8.094万公顷），而且身为议员和乔治四世的朋友。虽然规范动物生存条件的早期法案被驳回，理查·马丁的《虐畜法案》于1822年通过。之后亚瑟·布鲁姆牧师（Arthur

> "问题不在于'它们会思考吗？'或'它们会说话吗？'而是'它们会感到痛苦吗？'"
>
> 杰里米·边沁（Jeremy Bentham），1789年

Broome）集结废奴主义者威廉·威伯福斯（William Wilberforce）等支持者进行宣传，号召执行法案，这一群体于1824年6月17日成立防止虐待动物协会。

不久协会开始报道和检举违反《虐畜法案》的行为。其后的十年中，协会雇用督察员，并于1835年劝服议会通过一项更宽泛的法案。1840年维多利亚女王资助协会，而皇家学会推进动物权利的影响遍及整个英国。十九世纪三十年代美国通过了防止虐待动物法案，1866年亨利·伯格（Henry Berg）成立美国防止虐待动物协会。这类组织是维护动物权利运动的里程碑。**RP**

1825年8月6日

玻利维亚独立
Bolivia Independent

玻利维亚经过多场起义后宣布独立

玻利维亚以西蒙·玻利瓦尔之名命名，但后者宁愿这个国家不存在。玻利维亚起初由印加人统治，后被西班牙人征服，西班牙人从波托西银矿中攫取了大量财富。这一地区隶属于西班牙殖民地秘鲁，被称为上秘鲁。十九世纪初人民开始要求独立，1809年，西班牙人镇压了上秘鲁革命，起义领袖佩德罗·多明戈·穆里略（Pedro Domingo Murillo）被绞死。

> "我可能死去，但我留下的自由之火永远不会熄灭。"
>
> 佩德罗·多明戈·穆里略（Pedro Domingo Murillo），1809年

其后的十年中，上秘鲁通过多场起义建立了短暂的独立共和国。十九世纪二十年代，西蒙·玻利瓦尔及其副手安东尼奥·何塞·苏克雷解放秘鲁，苏克雷告知玻利瓦尔上秘鲁人要求自治，但玻利瓦尔想建立南美联邦。1825年，苏克雷召开会议决定上秘鲁的命运。

游击队领袖米盖尔·兰扎（Miguel Lanza）主持会议，上秘鲁有三种选择：独立（45人赞成）、同秘鲁结盟（获得2票）、或同阿根廷结盟（无人支持）。代表们签署独立宣言，将新国家命名为玻利维亚，希望通过纪念玻利瓦尔以保证国家的存续。但自1825年起，玻利维亚被邻国剥夺了大半领土。**RC**

1825年9月27日

铁路热潮兴起
Railway Mania Begins

乔治·斯蒂芬森（George Stephenson）的斯托克顿-达灵顿线成为第一条成功运营的铁路

▲ 十九世纪英国画派平版画，表现斯托克顿-达灵顿铁路和早期机车

商人们设想以马匹和固定蒸汽机沿铁轨拖动火车，从英格兰东北部达灵顿附近的煤矿开往25英里（40千米）外蒂斯河畔的斯托克顿港口，提供比河运成本更低廉的交通方式，他们聘请工程师乔治·斯蒂芬森加以实现。斯蒂芬森建议火车除搭载乘客外还可以运送货物。1835年线路开通时，斯蒂芬森亲自驾驶他的蒸汽机车"动力号"牵引75吨的载重以每小时5英里（8千米）的速度运行。火车下山时速度会加快一倍多，令乘客大为恐慌，但费用比河运低三分之一。火车经常发生故障，因此马匹并非完全多余，但斯蒂芬森的蒸汽机车依然沿用了二十五年，斯托克顿-达灵顿线成为第一条成功运营的铁路。

斯蒂芬森是自学成才的典型，八岁起努力工作，对工程技术有着天生的领悟力。1812年他成为"发动机工匠"，负责几家煤矿的机械装置。他发明一种煤矿安全灯，并制作其第一台蒸汽机车。斯蒂芬森在其子罗伯特的协助下，在斯托克顿-达灵顿线的轨道上使用锻铁替代较脆的铸铁，并将轨距设置为4英尺8英寸（1.43米），不久被采纳为标准轨距。英国全境内的运河公司和公共马车降价，但无济于事，火车热潮的时代即将到来。**RP**

1826年7月4日

两位前总统于独立日逝世
Ex-Presidents Die on Independence Day

美国前总统约翰·亚当斯和托马斯·杰斐逊在同一天去世

▲ 约翰·特兰伯尔（1756—1843）作品《独立宣言，1776年7月4日》局部图，表现独立宣言的签署者

美国第二和第三位总统恰巧同于《独立宣言》发表五十周年去世。来自马萨诸塞的约翰·亚当斯是创建美国的中流砥柱，担任乔治·华盛顿的副总统，并于1797—1801年间出任总统。托马斯·杰斐逊同亚当斯总统针锋相对，但二人双双退休后又成挚友。亚当斯到八十几岁依然精神矍铄，目睹其子约翰·昆西·亚当斯成为总统，九十岁时于1826年7月4日去世。亚当斯的遗言是"托马斯·杰斐逊还活着。"

杰斐逊几个钟头前的确还活着。1809年，杰斐逊退休返回他心爱的家园——弗吉尼亚蒙蒂塞洛。他的妻子玛莎（帕蒂，Patty）于1782年去世，临终前请求他不再续弦，杰斐逊应允并信守诺言，由女儿玛莎（帕特茜，Patsy）打理家事。杰斐逊度过了黯淡的晚年，负债累累，受前列腺增生折磨，可能还患有结肠癌。他曾试图发行彩票以保全蒙蒂塞洛。

7月1日，杰斐逊失去知觉，但数次清醒过来询问独立日到了没有。7月3日他多数时间在睡觉，但晚上问医生："现在是4号吗？"医生带来了杰斐逊常用剂量的鸦片酊帮助他安眠，但他说："不，医生。不需要了。"他又醒了几次，第二天下午一点后不久便停止了呼吸，享年八十三岁。**RC**

1827年6月

第一张照片
The First Photograph

搜寻定影剂多年后，尼埃普斯成功拍出第一张照片

○ 世界上第一张照片复制品，为尼埃普斯拍摄的法国勃艮第家中窗外之景

法国人约瑟夫·尼瑟福·尼埃普斯（Joseph Nicéphore Niépce）二十六岁时创造了照相技术，这是十九世纪初最伟大的发明之一。尼埃普斯和兄弟于1798年发明了内燃机驱动船"Pyrelophore号"。1816年起，尼埃普斯尝试"固定"暗箱产生的影像——暗箱以小孔成像原理将影像投射到平面上，部分暗箱中使用镜子和透镜。尼埃普斯用卤化银涂覆的纸张实验，得到了窗外之景的影像，但在日光下曝光后负像消失。

尼埃普斯探索制作正像的方法，于1822年使用覆有朱迪亚沥青的玻璃板成功得到一幅版画的接触印相照片。两年后他以暗箱拍出首批永久影像——尽管曝光时间长达数小时。尼埃普斯试验了多种底片材料，并于1827年访问英国，在邱园向皇家学会展示他的摄影技术，但因不愿披露成像使用的化学物质而没有得奖。几乎与此同时，尼埃普斯成功拍出一张照片，经过八小时曝光后蚀刻在锡板上，拍摄对象为窗外的景色——这成为世界上第一张真正的照片。尼埃普斯1829年起同路易·达盖尔（Louis Daguerre）合作，于1833年7月去世；1839年达盖尔发明达盖尔银版照相法。**PF**

1827年10月20日

纳瓦里诺战役
Battle of Navarino

联合海军击败奥斯曼舰队,保障希腊独立

1827年10月20日的纳瓦里诺海战,是希腊独立战争的一部分

欧洲政治家战胜拿破仑后希望在国际和国内事务中建立稳定、合理和有序的环境,但希腊人抵抗奥斯曼土耳其帝国的独立战争引发了欧洲人的兴趣。不列颠不愿插手,但俄罗斯皇帝尼古拉斯一世想加入东正教教友的战争。

1821年,希腊人开始反抗奥斯曼统治,1827年时独立起义已濒临瓦解。奥斯曼苏丹请埃及统治者穆罕默德·阿里出兵镇压希腊起义军,应许为阿里之子建立公国。随着俄罗斯加大对希腊战争的投入,英法两国认为支持俄国加入战局有助于扩大其影响力。

1827年10月20日,科德林顿（Codrington）上将指挥英、俄、法联合舰队进入土耳其大型舰队所在的希腊纳瓦里诺湾。奥斯曼战舰率先开火,战役开始。科德林顿的舰队虽然在数量和火力上都处于下风,但联军对己方优势颇为自信,摧毁敌军舰队,并阻断了埃及的援军和补给。欧洲国家及奥斯曼帝国五年之内承认希腊独立。**NK**

1828年9月22日

夏卡国王遇害
King Shaka Murdered

祖鲁国王夏卡遇刺身亡，祖鲁民族步入衰落期

○《祖鲁国王夏卡》，英国艺术家威廉·巴格1836年所作的祖鲁领袖像

很少有人如此受人尊崇、憎恨和畏惧。夏卡将卑微的祖鲁部落发展为有二十五万子民的善战国家，统治者南非的大幅领土，是令人崇敬的国王。他热衷于权力、破坏和残杀，因而受人憎恨——部下仅仅低声抗议就可能会被劈开头颅；1827年夏卡的母亲去世，十名女子被活埋殉葬，夏卡还下令乱棍打死七千人。人们必然畏惧夏卡，其同父异母兄弟丁冈（Dingane）和姆兰加纳也是如此。1828年他们决定挑战夏卡，等到9月部落战士到北方参战、王宫守备松懈时发难。日落临近，夏卡在皇家牲畜圈栏中等待会见茨瓦纳代表。身材魁梧的夏卡有着非凡的体格，力大无比，但刺客们出其不意，同伙分散夏卡的注意力，丁冈和姆兰加纳刺死了他们的兄弟。

1816年，约三十岁的夏卡称王，开始了他辉煌和残暴的统治。夏卡凭借其军事天赋发明了新的武器和战术，建立可怕的祖鲁军队，而历史学家认为夏卡的冷酷无情源于其不幸的童年。就我们所知，夏卡的国民没有哀悼其死亡，他们将夏卡的遗体裹着牛皮抛入深坑。

不久祖鲁民族的昌盛期结束。夏卡的继任者丁冈在大迁徙中挑战布尔人，1838年在血河失利。他的侄子Cetawayo于1879年的乌伦迪之役中被英国人彻底击败。**RP**

> "他是不可动摇的夏卡，门兹（Menzi）之子，坐着即能发出雷鸣之声。"
>
> 祖鲁传统颂歌

1829年9月29日

警察开始巡逻
Bobbies on the Beat

内务大臣罗伯特·皮尔（Robert Peel）建立英国第一支专业警察部队

十九世纪二十年代，法度不完善、执法不严的情况极为普遍。内务大臣罗伯特·皮尔以迅速发展的肯辛顿为例，指出"三名醉醺醺的教区执事"（教区治安官）无法阻止入室偷盗案增加。实际上，"三个好人在这种情况下也不足以保护周全"。但1822年内务大臣首次要求建立新的警察机关，议会因公民自由予以驳回。罗伯特·皮尔的伦敦警察发展法案最终于1829年通过，他在大伦敦建立伦敦警察厅，这是英国第一支配备制服的专业受训警察部队。警官们有固定收入，但与此前的机构不同，破案及收回被盗财物不会获得额外津贴。两名伦敦警署长官负责一千名警察，警察聘任仅仅取决于"入选者的品性、资质和能力。"

在先前的体制下，1798年创建的泰晤士河警局仅打击伦敦港的犯罪案件，而1748年设立的鲍街治安队负责在主要道路上巡逻，薪酬不高且腐化堕落，治安任务主要依靠教区官员（包括教区执事）和无偿警察。内政大臣皮尔发动了至关重要的改革，他删除了过时的法律条令，为近一百项罪责废除死刑，但其主要成就在于建立伦敦警察厅。

开始巡逻的新警察遭到公众嘲笑，但他们为英国建立新警察机关建立榜样，降低了犯罪率，并且在1848年欧洲大部分地区卷入革命时，帮助镇压英国暴动。**RP**

◊《警察皮尔斯》（1850年左右创作），英国警察（peeler或bobby）得名于罗伯特·皮尔（Robert Peel）。

> "盗贼团伙组织起来入室抢劫，自由便无从谈起。"
>
> 罗伯特·皮尔致威灵顿致公爵，1829年

1829年10月8日

"火箭号"蒸汽机驶入历史舞台
The Rocket Steams into History

斯蒂芬森的"火箭号"赢得雨山大赛,为机车订立新标准,推动铁路发展

1825年斯托克顿-达灵顿线成功运行,向企业家们展示了铁路的可行性。利物浦和曼彻斯特的商人认为两地之间的布里奇沃特运河运费过高——每吨货物需15先令(3.5美元),且速度太慢,据说从利物浦港到"棉都"曼城的时间同美国越洋发货相差无几。1829年,两地间的铁路在乔治·斯蒂芬森主持下建成,火车机车将通过比赛选出,获胜者将得到五百英镑奖金以及为新线路提供机车的合约。这场盛事为雨山吸引了一万余名观众。

参赛机车需拖动重量为自身三倍的货物在雨山的小段铁路上行驶,平均时速要达到10英里(16千米),赛程长达70英里(112千米),相当于利物浦和曼城间的往返距离。大部分竞争者遭到淘汰,四辆机车进入决赛:"毅力号"未能达到要求的速度,"创新号"两次发生故障,"无双号"太过笨重,而斯蒂芬森的"火箭号"轻易胜出——"火箭号"的设计最为精良,锅炉中有25条独立管道,蒸汽量达到特里维西克标准蒸汽机的二倍。10月8日,"火箭号"的平均时速达14英里(22千米),最高时速近28英里。

1830年9月铁路正式开通时,斯蒂芬森亲自驾驶"火箭号"。利物浦-曼彻斯特线是首条完全采用蒸汽机车的铁路,它的成功标志着铁路时代到来。**RP**

◗ 1860年斯蒂芬森的"火箭号"照片;"火箭号"在雨山比赛中胜出,赢得了新铁路的合约

◗ 十九世纪版画《雨山比赛》,描绘了"火箭号"和"无双号"的竞争场面

1830年4月6日

斯密的新教派
Smith's New Church

约瑟·斯密（Joseph Smith）建立耶稣基督后期圣徒教会

"这是上帝的功劳。"约瑟·斯密在纽约宣布成立耶稣基督后期圣徒教会时如是说。斯密已成为先知及摩门教第一位长老，由此开启了其向世人传授救世主之声的"非凡工作"。与会五人感受到"长老显现了光辉的力量"。

> "让所有男女和孩童意识到这一工作的重要意义。"
>
> 约瑟·斯密，《教会史》，1839—1856年

约瑟·斯密是贫苦农民的第四子，其母露西回忆，他是"异常安静、友好的孩子"。

斯密不满于东正教，十四岁时经历了"第一场神示"，他称上帝和耶稣基督向他显灵。基督告知斯密其罪孽已被宽恕，而上帝说所有的基督教派都在宣扬错误的教义，要斯密等待进一步指示。十九世纪二十年代，天使摩罗乃向斯密展示了神秘的金叶片，上面刻有古代《摩门经》，讲述了耶稣复活后在美洲出现的事迹并记录了正确的基督教教义。1844年，斯密在伊利诺伊州因叛国罪被捕，在狱中被暴徒杀害。因争夺领导权和对一夫多妻制存疑，摩门教派发生分裂——1843年出现神示后摩门教开始推行一夫多妻制度。布里根姆·扬（Brigham Young）成为耶稣基督后期圣徒教会领袖，率领教徒移居犹他州，于1827年建立盐湖城。2007年，全世界有一千三百万摩门教徒。**RP**

1830年7月29日

查理十世被废
Charles X Deposed

法国国王查理十世过于反动，被迫退位。

尽管7月29日星期四对于大约一千名遇害者来说并不值得称颂，但它是法国"光荣三日"的第三天。起义军在周二袭击巴黎武装卫兵，数十人被杀。星期三稍为宁静，自由主义者们向刚愎不仁的查理十世递交请愿书，但大多数在第三日的防守、动乱和激烈暴力冲突中死去。巴黎的重要地区接连失陷，最终行政中心巴黎市政厅也被占领。政治家们立刻组织起临时政府，几乎一切都已就绪，而最后的国王退位仪式也于次日举行。

> "……炮火声比以往任何时候都更加响亮。"
>
> 朱斯特·奥利维尔（Juste Olivier），《巴黎日志》，1830年7月28日

查理十世于1824年即位，是极端保皇主义者。他在兰斯进行了传统加冕礼，为亵渎神明之罪引入死刑。查理似乎信奉"君权神授"，仿佛1789年的大革命及拿破仑从未出现过。1830年的选举巩固了多数自由派在议会中的势力，查理十世压制媒体并减少代表和投票者数量，令局势恶化，波旁王朝气数已尽。有人希望以波旁贵族取代查理，或成立共和国。最终建立了资产阶级君主立宪制政权，奥尔良公爵路易·腓力（Louis Philippe）担任国王。**RP**

1831年8月24日

世界上第一台发电机
The World's First Dynamo

法拉第发现电磁感应现象，取得电学研究的突破性进展

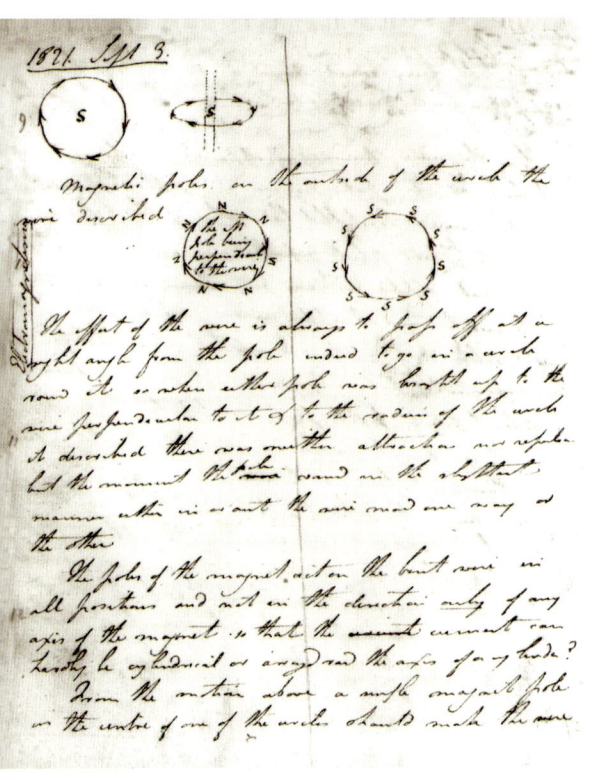

▲ 法拉第笔记第74页，记录了1821年9月3日的电磁旋转实验。

▲ 迈克尔·法拉第照片，拍摄于1860年左右；法拉第发现了电解定律和电磁感应原理。

"……但依然要尝试，为了未知的可能性。"
　　　　　　　　　传为迈克尔·法拉第名言

　　一年前法拉第任科学顾问，年薪高达一千英镑；此时他开始专职从事研究工作，薪水不到原来的一成，但减薪是值得的。法拉第一直相信电与磁密切相关，并已知电流能产生磁场。法拉第在伦敦皇家学会进行了长达九天的划时代实验，于1831年8月24日证明可以利用磁场发电。法拉第使用极为简单的仪器——磁铁、铜线圈和安培计——证明在磁场内移动导体可产生电流，且电压强度正比于导体移动速度。实际上这就是世界上第一台发电机。法拉第电磁定律奠定了现代大多数发电机的工作原理。法拉第不仅是优秀的实验者，也是最讲究实效的科学家之一。

　　法拉第生于1791年，父亲是约克郡的穷铁匠。令人惊奇的是，法拉第几乎没有受过正规教育。法拉第曾是书本装订商学徒，后来引起汉弗里·戴维爵士注意，成为敬业的化学家和物理学家，以及出色的讲师。法拉第是苯的发现者，发明了氧化值体系以及早期的煤气灯，发展电解定律，并促进纳米科学诞生，为我们带来"法拉第屏罩"、"法拉第常数"和"法拉第效应"。

　　迈克尔·法拉第为实现发电做出了最大的贡献，尽管其发现三十年后才得到全面应用，但法拉第造福了全人类。**RP**

1831年12月27日

引起巨大变革的进化论者
Revolutionary Evolutionist

达尔文找到其真正的使命,他在"小猎犬号"航行中的发现为进化论打下基础

1831年12月27日,船长罗伯特·菲茨罗伊(Robert Fitzroy)率领十门火炮的双桅横帆船英国皇家海军"小猎犬号"从英格兰港口德文波特起航,执行为南美海岸和南太平洋诸岛绘制地图的任务。尽管没有找到新的土地,由于船上有博物学者查尔斯·达尔文随行,"小猎犬号"依然完成了发现之旅。此前达尔文没有找到合适的职业,他曾学医和领受圣职,但他真正的兴趣在于收集海洋生物和昆虫标本。

达尔文经常晕船,但也充分享受了他的冒险活动。他打猎、钓鱼、乘大海龟漂游、测量山峰高度,还遇到了充满敌意的土著居民。但航行也十分严肃,达尔文提高了观察力,开始习惯于"积极、勤奋地专注于我所从事的所有任务",并收集了用以发展理论的数据和标本。达尔文正式献身于科学。

达尔文阅读阿尔弗雷德·莱尔(Alfred Lyell)的著作后接受陆地逐渐成形的理论,此时他自己的观察结果令达尔文相信:动物和鸟类以某种方式进化而来;否则应如何解释化石中的骨骼同现代的同种动物相异,而加拉帕戈斯不同的岛屿上有四种雀类?

当时没有理论可以解释达尔文的观察结果,而1839年发表的《小猎犬号航海记》中包含了大量的信息,也没有理论阐述。这仅仅是个开始,但意义重大。**RP**

- 查尔斯·达尔文的划时代著作《物种起源》扉页,1859年于伦敦出版
- 彩色版画,表现达尔文所乘的英国皇家海军"小猎犬号"在南美洲岸边

1833年8月24日

管理工厂
Factories Regulated

《工厂法案》力图限制声名狼藉的资本主义生产方式

工厂主们将提案视为耻辱。力织机提高了生产效率,政府理应允许新纺织厂继续引领不列颠工商业发展。但托利党博爱主义者安东尼·阿什利·柯柏（Antony Ashley Cooper）等人认为真正的耻辱源于剥削压榨的工厂体系,令儿童被迫从事长时间的低薪劳动。《工厂法案》颁布,禁止工厂雇佣九岁以下儿童,规定九至十三岁童工每日的工

> "……儿童因其从事的工作受到这类伤害。"
>
> 工厂调查团,1833年

作时限为八小时,十三至十八岁者为十二小时,十三岁以下童工需每天在厂设学校内接受两小时教育。

1819年颁布的《工厂法案》执行不力,此后纺织厂的童工大幅增加。1832年的一项报告内,极端的工作条件被漠视为普遍现象,而另一项报告称英国工厂与其他地方相差无几。立法者们认为自由市场可以调节成人的工作时间和境遇,但儿童需要保护。1844年、1847年和1867年的法案进一步减少了童工工作时间,增加教育规定款项,限制妇女工作时间,并扩展至其他工作场合。人道主义管理在资本主义发展中变得势不可挡。**RP**

1833年8月24日

彻底取缔人口贸易
Human Trade Ban

废奴法案在不列颠帝国内取缔奴隶制度

奴隶贸易就此结束。西非、美洲和英国之间的大型奴隶贸易有时被称为"三角贸易",一千万余非洲人被运过大西洋沦为奴隶。《废奴法案》宣布不列颠帝国内所有奴隶应该"被释放和获得自由,而此前有权获得奴隶服务者应得到合理的赔偿"。加勒比海地区有多达六十六万八千名奴隶被释放,英国为此支付了两千万英镑。

> "英格兰愿意为废除奴隶制付出两千万英镑。"
>
> 威廉·威伯福斯,1833年

这是长期斗争的结果。1787年,威廉·威伯福斯和托马斯·克拉克森（Thomas Clarkson）成立废除奴隶贸易协会,两年后威伯福斯在下议院进行长达四小时的演讲,慷慨激昂的批判奴隶贸易。但直至1807年不列颠才禁止奴隶贸易,但商人经常规避法律。因此废除奴隶制本身才能彻底取缔奴隶贸易。《废奴法案》投票通过三天后威伯福斯去世。

英国立法废除奴隶制度产生了深远影响。1862年,美国废除奴隶制。后来的宪章派、支持妇女参政权运动者及争取公民权利者皆受到鼓舞。《废奴法案》开启了世界人权运动。**RP**

1834年10月16日

议院起火
Houses of Parliament Ablaze

英国威斯敏斯特宫大半化为灰烬

《1834年10月16日议院大火》，P. T. 卡梅伦约于1834年创作的同时代画作

不列颠议院安然躲过1605年的火药阴谋及1666年的伦敦大火，但因一叠燃烧的账本遭难。目击者安妮·里克曼（Anne Rickman）称，上议院西面高层建筑下午6:20最早起火。人们很快聚集到附近的桥和泰晤士河堤上观看壮观的大火，大多数人难以置信地凝视火景，而约瑟夫·玛罗德·威廉·透纳（Joseph Marroad William Turner）受到启发开始创作系列水彩画。凌晨时分，火势得到控制。

威斯敏斯特宫只剩下圣斯蒂芬礼拜堂地下室、宝石塔和威斯敏斯特大厅——首相墨尔本勋爵安排几辆救火车进入大厅内部，拯救了威斯敏斯特大厅。

新威斯敏斯特宫有一千二百个房间，一百座楼梯，十一个庭院，走廊和通道总长2英里（3.2千米），1840年奠基，1860年完工。新威斯敏斯特宫大部分出于查理·巴里（Charles Barry）之手，巴里的哥特式设计从九十七项方案中脱颖而出，火灾中保存下来的威斯敏斯特大厅和附近的威斯敏斯特修道院同巴里的建筑完美的融为一体。室内设计大部分由巴里的助手奥古斯塔斯·普金（Augustus Pugin）完成。二者的杰作屹立至今，尽管下议院议事厅于1941年遭到炸毁后重建。**RP**

1836年3月6日

阿拉莫失陷
Fall of the Alamo

传奇般的围攻战役成为美洲历史上的里程碑

《阿拉莫战役》，在这场德克萨斯圣安东尼奥的围攻战役中，几乎美国男性移民全部被杀

1835年，人烟稀少的德克萨斯隶属于墨西哥共和国，新近涌入的美国移民要求按照墨西哥宪法在德克萨斯实行自治。墨西哥以军队回应，桑塔·安纳（Santa Anna）将军统帅六千士兵在阿拉莫围攻约两百名守军——阿拉莫堡垒位于圣安东尼奥，由废弃的基地改造而成。德克萨斯守军的主要领袖有威廉·特拉维斯（William Travis）、吉姆·鲍维（Jim Bowie）——鲍维刀的发明者、及戴维·克罗克特（Davy Crockett）——戴浣熊皮帽的田纳西人，后来他的形象在歌谣和屏幕上出现。阿拉莫战役持续了十四天，近两千墨西哥人发起最后一轮攻击，一小时后守军们终于不支投降，除部分奴隶、妇女和儿童外所有人遭到屠杀。

阿拉莫被攻陷一两天之前，威廉·特拉维斯在沙地上画了条线，要求所有准备奋战到底的人跨过它。传说只有一个人照做，他成为唯一幸存的德克萨斯人，后来出版了关于阿拉莫战役的记录。

墨西哥付出极大的代价占领了阿拉莫，但德克萨斯叛军首领山姆·休斯顿将军（Sam Houston）也因此赢得时间征募士兵，后来在圣哈辛托战役中击败墨西哥人。德克萨斯由此获得独立，但不久以后加入美国。**NJ**

1836年3月31日

狄更斯的小说分期出版
Dickens's Novel Published in Parts

《匹克威克外传》分期发行，改变了文学和阅读习惯

🔺 《匹克威克外传》第一册，其中的版画为第一位插画家西摩所作

> "即使能活到一百岁……也不会比创作《匹克威克外传》更有成就感。"
>
> 查尔斯·狄更斯1836年对出版商说

《匹克威克外传》第一册于1836年3月31日面世，有三十二页及四幅插图，绿色封皮，售价一先令。查普曼和霍尔公司最初谨慎的出版了约四百册——知名著作以1先令分册按月发行获得成功，但《匹克威克外传》尚未完成，作者还默默无闻。出版商起初想请狄更斯为体育图画配文字解说，但狄更斯坚持以图画配合他的故事。四百册销售成绩不佳，加之第二册完成后插画家自杀，《匹克威克外传》似乎前景黯淡。

二十四岁的查尔斯·狄更斯（Charles Dickens）出于经济需要接受了这份工作，稿酬仅为一万两千字十四英镑多一点。他2月18日动笔，一天内写完了第一本。狄更斯因此得以结婚，但创作并没有停止。尽管起初销路不畅，这部才华横溢的作品在第二位插画家"费兹"的配合下如虎添翼，不久便声名远播。《匹克威克外传》最终出版二十册，最后一册于1837年11月发行，售出四万册。狄更斯的第一位传记作家曾描述道，一名工人从流动图书馆以两便士借来一本《匹克威克外传》，读给二十名不识字的热切听众。1837年分册结集出版。

《匹克威克外传》活泼、滑稽、温暖人心，是十九世纪最幽默的作品之一。狄更斯展现了他对社会问题的思考，作品触及贫困以及孩子们在生活中缺少游戏的现状。狄更斯辞去记者之职，专心从事写作，从此改变了读者、文学和狄更斯本人。**RP**

1837年2月10日

俄罗斯文学明星在决斗中陨落
Duel Kills Russian Literary Star

俄罗斯文学创始人亚历山大·普希金（Alexander Pushkin）英年早逝

虽然鸦片及腹部的水蛭缓解了疼痛，但医生们清楚，亚历山大·普希金正在痛苦中慢慢死去。普希金创作了诗体小说《叶甫盖尼·奥涅金》和戏剧《鲍里斯·戈都诺夫》，无疑是俄国最伟大的诗人。普希金索要手枪希望自杀，但只得到了圣礼，他匆匆立下遗嘱，将一切留给妻子娜塔丽娅（Natalya）和四个孩子。最后一晚他经历严重的痉挛，早上已经认不出娜塔丽娅。普希金躺在沙发上，支起一条腿，双手枕在脑后，以平日作诗的姿势等待死亡来临。似乎入睡的普希金突然要云莓，不久以后他轻声说："生命结束了。"1837年2月10日下午2点45分，普希金撒手人寰。

去世的两天前，普希金同连襟乔治·丹特士（Georges d'Anthes）决斗，因传闻后者与美丽的娜塔丽娅关系暧昧。普希金首先中弹，但他推开副手、坚决还击。丹特士只有手臂受伤，但普希金不太走运。

普希金的成就在于以母语俄语创作诗歌和散文，由此开创近代俄罗斯文学。此前俄国贵族以法语作为第一语言。普希金儿时随家仆学会俄语，他作俄语诗歌引发了当时的文学革命。普希金去世后，沙皇尼古拉斯一世为表彰他对俄国文学作出的贡献，还清了普希金的债务，向娜塔丽娅发放抚恤金，并流放了乔治·丹特士。三十九岁的普希金在激情中死去，因此被评价为浪漫的近代俄罗斯文学创始人。**RP**

◊ 《亚历山大·普希金肖像》，作者为瓦西里·安德烈耶维奇·特罗皮宁（1776—1857），现藏于圣彼得堡俄罗斯国家博物馆

> "我注定在何处死去？战场、旅途、还是海上？"
>
> 亚历山大·普希金，无题诗，1829年

1837年6月20日

维多利亚成为女王
Victoria Becomes Queen

维多利亚即位，开始英国历史上最长的统治

○ 十九世纪画作，以艺术氛围表现维多利亚得知她已成为女王

> "我将尽全力履行我对国家的职责。"
>
> 维多利亚在日志中写道，1837年6月20日

1837年6月20日早上六点钟，她被母亲的吻唤醒，得知坎特伯雷大主教和宫务大臣求见。她穿着拖鞋和晨衣来到客厅，两位大人说她的叔父、国王威廉四世凌晨两点十二分"极为安详"地去世了，他"对死亡早有准备"，因此十八岁的维多利亚成为女王，宫务大臣跪下亲吻了她的手。年轻的维多利亚经验不足，她在日记中也坦率地承认；但她满怀信心。维多利亚自1830年被定为王位继承人起，一直谨慎耐心地等待着这一天到来。

由此开始了不列颠历史上最长的统治，其间发生了重大变革——科技飞速发展；普通人的生活条件得到改善；不列颠帝国大幅扩张，并实行民主化——更多人得到投票权，而君主几乎失去了所有政治权力。维多利亚女王其实不关心机械或民众福利，且决定保留、而非让渡政治权力，即便如此，又有什么关系呢？她也憎恶怀孕、不喜欢孩子，但依然孕育了九个儿女。维多利亚时代因她得名，有些人——虽然是出于不切实际的幻想——逐渐相信维多利亚女王象征了这一时代的进步。

维多利亚"邪恶的叔父们"已令君主制度步入低谷，她的即位对此至关重要。这位绝无腐化堕落之气的优雅青年女子改善了时日无多的君主政体。**RP**

1838年1月6日

摩尔斯展示其电码
Morse Demonstrates Telegraphic Code

萨缪尔·摩尔斯（Samuel Morse）引发电讯革命

少数人拥有一项真正的才能，但有人有两种天赋，如萨缪尔·芬利·布里斯·摩尔斯（Samuel Finley Breese Morse）。摩尔斯到华盛顿和伦敦学习绘画，曾在皇家艺术学院举办画展，不久成为富有创见的成功肖像画家，1835年在纽约担任艺术系教授。但摩尔斯同时热衷于研究电学及电讯，1838年1月6日他终于取得成功，发明摩尔斯电码。

1825年摩尔斯感到加快通讯速度的紧迫需求——他的妻子卢克丽霞（Lucretia）去世，而家中的摩尔斯尚未得到她生病的消息。几年后他设想以新近发现的电磁原理收发电报。此前摩尔斯和莱昂纳德·盖尔（Leonard Gale）已经发明了短程电报。1836年他们使用分程递送电路取得突破，电缆可以远距离传输信号。其后摩尔斯完善了电码，以点、划组合代表字母、数字和标点，发出长短不一的电脉冲。摩尔斯的合作者艾伯特·维尔（Albert Vail）发明将点和划记录在纸带上的仪器。

摩尔斯无法为电报申请专利——欧洲人已经抢先注册，但他于1837年申请了摩尔斯电码专利，并于1837年10月在纽约以每分钟十个词的速度成功演示了电码。尽管人们几年后才真正意识到这项发明的重要价值，但世界通信革命即将到来。**RP**

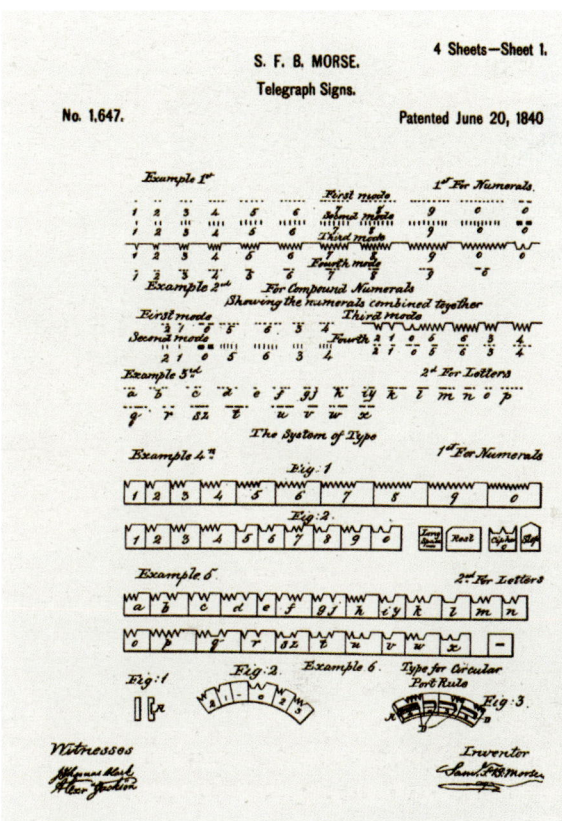

解释摩尔斯电码的图表；1840年摩尔斯电码依此形式取得专利

> "当今社会英才迭出，我欲跻身其中。"
>
> 萨缪尔·摩尔斯对父母说，1815年5月2日

1838年2月6日

雷迪夫在南非遇害
Retief Murdered in Southern Africa

南非开拓者进行大迁徙经过新的土地，导致流血和杀戮，数千人在战斗中丧生

1838年2月6日，布尔人领袖彼得·雷迪夫（Pieter Retief）及其麾下的一群开拓者被祖鲁人杀害。开拓者们离开南非开普殖民地，希望通过协议获取土地，雷迪夫带领一队追随者为此同祖鲁人谈判遇害。因而荷兰布尔人将马车绑成圆形防御阵进行反击，在血河战役中杀掉数千祖鲁人。但屠杀过后，敌对的英国人将纳塔尔占为殖民地，布尔人只得继续迁徙。

雷迪夫率领开拓者们驾着三十二辆牛车从温特堡开始大迁徙，先向远方的山脉进发。雷迪夫也许认为他正带着新的"选民"前往"应许之地"，但他的追随者们只是想远离不列颠政府和平地安身立业。雷迪夫在声明中写道，"我们不会骚扰任何人，也不会夺取任何财产，但倘若受到攻击，我们有权尽全力保卫自己的人身财产安全。"

开拓者们同祖鲁人交涉之前也曾会见其他使者，雷迪夫被暂时选为"非洲东南部新荷兰"总督。雷迪夫去世后，布尔人成立两个共和国——奥兰治自由邦和德兰士瓦。但遭到围困的开拓者们并没有盼来和平，反而被迫战斗；这是历史影响下的悲剧。**RP**

◐ 南非布尔开拓者领袖彼得·雷迪夫画像（常被称为彼耶特·雷迪夫）

◐ 开拓者们（试图逃离不列颠统治的布尔农民）向北迁移至德兰士瓦

1838年4月8日

跨越大西洋的记录
Atlantic Record

第一艘横跨大西洋的汽船"大西方号"从布里斯托尔驶向纽约

伊桑巴德·金德姆·布鲁内尔（Isambard Kingdom Brunel）身高仅5英尺4英寸（1.62米），但他是名副其实的"小巨人"。他主持修建了布里斯托尔到伦敦的大西方铁路。为何不通过轮船将线路延伸至大西洋彼岸的纽约呢？此前海运以帆船为主，因为汽船需要大量煤，船上几乎没有空间来运送货物或乘客。但布鲁内尔计划建一艘大船。

> "为何不延长线路，令轮船从布里斯托尔发往纽约？"
>
> 伊桑巴德·金德姆·布鲁内尔，1835年10月

"大西方号"是最大、最重的轮船，212英尺（64.6米）长，重达1320吨，双缸发动机有四个锅炉，可提供450马力的功率。橡木船底以铁栓加固，船体以铜包覆。

3月底，发动机舱起火，布鲁内尔本人受伤。"大西方号"本来只有五十七名乘客报名，大火后五十人匆忙要求退票。也许702吨重的"天狼星号"会先行抵达目的地——她的航线更短，四天前从科克启程。

1838年4月8日，"大西方号"从布里斯托尔起航，每分钟加入1英担（50千克）煤。她十五天后驶入码头，几小时前"天狼星号"刚刚搁浅。"大西方号"横跨大西洋的速度比帆船快一倍。从此以后，蒸汽机驱动的轮船定期往返于大西洋之上。**RP**

1838年5月8日

民主萌芽
Seeds of Democracy

工人阶级鼓动舆论，要求在民主体制中获得更大的参政权

宪章由威廉·洛维特（William Lovett）和弗朗西斯·普雷斯（Francis Place）起草，发行前未经宣传。即便是在苏格兰格拉斯哥绿园举行的"怪物会议"上，亚瑟·韦德（Arthur Wade）挥舞着宪章向欢呼的人群宣布他持有"人民的宪章"，材料也没有印刷分发。宪章运动的政治理念是口口相传、而非书面传播的，大多数人知道其六个要点：男

> "（宪章运动是关系到）刀叉、面包和奶酪的问题。"
>
> 约瑟夫·雷纳·斯蒂芬森（Joseph Rayner Stephens），循道宗牧师

子普选权；取消议员财产限制；议院每年举行会议；选区人数相等；向议员发放俸禄；选举通过秘密投票进行。

宪章运动的起源可以追溯至十八世纪末，但在1838年蓬勃发展，可以归结为三大原因：1843年的《改革法案》令人失望，工人们进行了不屈的斗争，但只有中产阶级被赋予选举权；第二个因素为经济萧条；此外，政府通过了大量不人道的法案，如1834年的《济贫法（修正案）》。无产阶级联合起来鼓动舆论似乎是唯一的出路。全国约一百三十万人签署请愿书，1839年召开全国会议。

请愿书被议院回绝。十九世纪五十年代宪章运动逐渐衰落，但除年度普选外的所有政治要求都在二十世纪前得到认可，成为民主制度不可或缺的部分。**RP**

1839年8月19日

第一张负像照片问世
First Photographic "Negative" Created

达盖尔将世界上第一种实用摄影技术公之于众

▲ 现存最早的达盖尔银版法照片,摄于1837年;这项发明是摄影技术的巨大进步

路易·雅克·曼德·达盖尔(Louis Jacques Mand Daguerre)展示了一种摄影方法,仅曝光二十分钟即可得到耐久照片:用经过抛光、碘化的银版拍摄,之后暴露于汞蒸气中,再以食盐或硫代硫酸钠溶液"定影"。以达盖尔银版法在银版玻璃面上得到的图像非常清晰。早期照片中有望远镜中的月亮,显微镜下的蜘蛛,以及贝壳、化石和石膏模型。1839年1月,达盖尔在法国科学院演示了其突破性发明;8月,达盖尔银版法公之于众,广受赞誉。

舞台设计师达盖尔因工作接触到暗箱,并结识了约瑟夫·尼瑟福·尼埃普斯,后者曾以白蜡版涂覆朱迪亚沥青拍摄照片,曝光时间长达八小时。两人痴迷于研究如何用感光材料拍摄出曝光时间更短的照片。1833年尼埃普斯去世,达盖尔继续独自研究。

1839年。银版摄影法的成功为达盖尔带来国际声誉和六千法郎年金。达盖尔银版法特别适合拍摄人像,但照片存在光影逆转的缺陷,而且拍摄出的是镜像。英国人威廉·塔尔博特(William Talbot)将以银版法得到的"负像"置于感光相纸上,解决了达盖尔的两大问题,进一步发展了摄影技术。**RP**

1839年11月3日

鸦片战争
The Poppy War

林则徐驱逐英国人，第一次鸦片战争爆发

▲ F. J. 怀特所作的彩色平版画，表现鸦片战争中英军攻占穿鼻堡垒和防御工事的场景

林则徐是清朝的铁腕人物。他任湖广总督期间销毁大量鸦片，扬名天下。此时皇帝派他到广东禁烟。林则徐迫使外商签订协议，声明不再贩烟；不列颠官员查理·义律上校（Charles Elliot）上缴20282箱鸦片，被林则徐销毁。但当地一名村民被外国水手杀死，义律拒绝交出凶手，林则徐驱逐英国人出境，后者前往香港岛避难。

林则徐禁止英国人在九龙购买供给品，爆发冲突；11月，不列颠舰队同清朝海军交战，第一次鸦片战争开始。英国人断言应当开放贸易，一旦贸易自由实现，全球将在经济上互相依存，因此不会有战争。这同英国的利益几乎完全吻合——英国从孟加拉殖民地的鸦片出口中获利良多。但对中国人而言，开放贸易是帝国主义的矫饰之词，有证据表明鸦片容易成瘾，清朝计划全国禁烟。

英国首相帕默斯顿爵士（Palmerston）派出轮船和军队。这是一场不平等的战争，1842年双方签署《南京条约》，开放五个通商口岸同外国进行自由贸易，香港成为英国殖民地。英国商人因1856—1860年间第二次鸦片获得更多利益。多方推测衰弱的中国将被西方列强瓜分。**RP**

1840年2月6日

新不列颠殖民地
New British Colony

根据《怀唐伊条约》，英国政府接管新西兰

1840年1月29日，威廉·霍布森船长（William Hobson）抵达新西兰北岛，他立即邀请毛利酋长参加会议，并准备供其签署的协议。协议几天内完成，由传教士亨利·威廉姆斯（Henry Williams）及其子爱德华2月4日之前迅速翻译成毛利语。两天后，四十位酋长在岛屿湾的怀唐伊签署了毛利版本。《怀唐伊条约》保障了毛利人控制其领地及其他财产的权利，但作为交换，他们向维多利亚女王出让主权。其后的几个月中，另有五百名酋长签署了《怀唐伊条约》，英国宣布协议同样适用于尚未签约者。不列颠帝国得到了新的殖民地。

1642年第一批欧洲人抵达奥特亚罗瓦岛，1830年以前仅有少数英国人在毛利人的默许下定居。但之后发生了改变，移民增多，引发土地所有权纠纷，而欧洲传染病也导致毛利人口减少。传言法国将兼并新西兰，不列颠该采取行动了。

怀唐伊日是新西兰的公共假日，《怀唐伊条约》通常被视为新西兰建国文书，但条约内容长期备受争议。毛利人曾在1845—1872年间发动五场战争进行抗议英方忽略条约内容，但收效甚微。二十世纪中期，毛利人的抗争开始得到认真对待。1975年起《怀唐伊法案》设立特别法庭，毛利人得以向违反《怀唐伊条约》者索赔。**RP**

1840年5月1日

一便士邮资制
Penny Post

黑便士成为世界上最早的黏附邮票

几年前邮政局长嘲弄罗兰·希尔（Rowland Hill）提出的"狂妄而不切实际的计划"，邮局秘书认为它"荒谬可笑"。但英国的邮政服务质量过于低劣，在商人的极力要求下，罗兰·希尔获任施行邮政改革。

1840年5月1日，世界上最早的黏附邮票发行。凡重量在半盎司及以下的标准信件可使用黑便士邮寄——这是一小张证明邮资已付的票据，上面印有维多利亚女王头像，背面有"粘胶"。现代邮政体系诞生。

十七世纪时查理一世使邮递服务为皇家垄断，十八世纪末期交通发展，信件可以快速送达英国主要城镇。但邮费取决于送信距离及信件重量，由收信人支付邮费——除非他们拒收；邮局对寄送的每封信都要记录。因此邮政体系效率低下、成本高。1837年，教育家罗兰·希尔在其短论《邮政改革》提出改进邮政服务的建议，引起广泛关注。

罗兰·希尔进行改革，邮资统一取决于重量，且由发信人预付，令十年内的信件数量增加三倍，并迅速扩展了邮政服务。一年后发行红便士取代黑便士，令盖销邮戳更易识别。**RP**

○ 世界上最早的黏附邮票黑便士，带有1840年的邮戳

POSTAGE

C ONE PENNY. K

1842年1月6日

不列颠受挫
Defeat for Britain

英国军队惨遭屠杀,第一次英阿战争达到高潮

英国人从未承认他们在1839年"侵略"或"占领"阿富汗;他们认为——即便是沙阿·舒贾(Shah Shuja)的亲俄派对手多斯特·穆罕默德(Dost Muhammad)被流放至印度后——英方不过是帮助舒贾取回其应得之物。但阿富汗人不信任英军,发动起义进行抗争。1842年1月6日,埃尔芬斯通将

> "布赖登……来到这里……孤身一人,讲述了可怕的经历。"
> 尤里乌斯·布鲁克曼上尉(Julius Brockman)

军(Elphinstone)同阿方商定安全撤离,率领解除武装的喀布尔驻军撤退,遭遇满怀敌意的阿富汗人。4500名印度和英国士兵及大约一万名亲眷和随行人员经过喀布尔河边的隧道和峡谷,开始遭到当地战士袭击。1月13日,甘达玛关口的攻击发展为大屠杀,只有四十人幸存,但他们生还的希望相当渺茫——他们在厚厚的积雪中无处栖身,且食物稀少。只有威廉·布赖登医生(Dr. William Brydon)一人逃回贾拉拉巴德。

英国在东方的名声受挫——此前人们以为英国士兵无懈可击。1842年沙阿·舒贾遇刺,多斯特·穆罕默德掌权。第一次英阿战争是英俄大博弈的一部分,不列颠为控制印度,以阿富汗为缓冲区抵御俄国扩张。英国分别于1879和1919年再度入侵。英国可以轻松击败阿富汗,但征服它并非易事。**RP**

1842年3月30日

麻醉剂乙醚
Ether as Anesthetic

手术中首次使用乙醚作为麻醉剂

早在数百年前,人们就开始寻找手术和口腔医疗中的镇痛药物,酒精、鸦片和大麻都收效甚微,后来也使用催眠术,但现代麻醉药物是这样诞生的:佐治亚杰斐逊的全科医生克劳福德·威廉森·朗(Crawford Williamson long)的朋友们想在派对上尽兴玩乐,向他要一氧化二氮以享受其令人愉悦的效果,但他建议朋友们吸入乙醚,并注意到他们即便受到严重的瘀伤,也确实感觉不到疼痛。

1842年3月,朗在为詹姆斯·M. 维纳博(James M. Venable)摘除颈部囊瘤时,成功使用乙醚作为麻醉剂,后来几年中他在截肢手术和接生过程中数次使用乙醚,包括1845年其妻第二次生产。1848年他在佐治亚医学院进行演讲,次年才在《南方医学和外科期刊》中发表了这项成果。

朗对乙醚的应用未能及时发表引发了混乱和猜忌——多人宣称自己做出了开创性工作。康涅狄格牙医霍勒斯·威尔士(Horace Wells)说他曾于1844年成功应用一氧化二氮,他的同事威廉·T. G. 莫顿(William T.G. Morton)认为自己是使用乙醚的先驱,而约翰·C. 沃伦(John C. Warren)称曾于1846年在马萨诸塞总医院的手术中使用了乙醚。但现在已经证明朗最早在手术中使用乙醚作为麻醉剂。美国国会大厦地下室中树立着两尊代表佐治亚的雕像,朗是其中之一。**RC**

1842年8月29日

中国被迫签订《南京条约》
China Forced to Sign Treaty of Nanking

衰败的清政府被迫签订欧洲列强施加的第一个不平等条约,中国开始从属于西方

不列颠向中国输出极易成瘾的鸦片,清政府禁烟失败,1840年爆发第一次鸦片战争,中国战败,被迫签署《南京条约》。中国自1729年起开始取缔鸦片,但禁烟令被英国无视——不列颠在印度殖民地大面积种植鸦片,东印度公司垄断了利润丰厚的鸦片贸易。1839年林则徐在广州收缴销毁鸦片,随后鸦片战争爆发。在这场不均衡的冲突中,英国人炮击广东、控制香港、占领上海。

中国人被迫求和。1842年8月29日,璞鼎查爵士(Henry Pottinger)和耆英在泊于南京港的英国皇家海军"康沃利斯号"上谈判签署了《南京条约》,共有十三条款项,中国被迫开放广州、上海、厦门、福州、宁波五个口岸同外国自由通商——包括鸦片贸易。大清帝国让出贸易垄断权,同意中英间实现自由贸易。中国被迫付出两千一百万美元的战争赔款,以抵偿其收缴的鸦片。最后,中国割让香港,成为英国出口(主要是鸦片)的集散中心。条约口岸的开放令西方列强开始通过修建铁路等方式竞相在中国沿海及内陆扩张势力。NJ

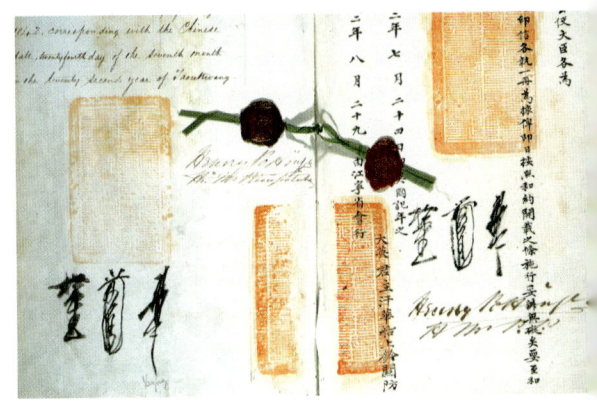

- 版画,表现1841年英军在查理·义律上校的指挥下炮轰广州的情节
- 1842年8月29日《南京条约》中的两页;条约规定建立和平、友好关系、通商及赔款事宜

1843年7月15日

第一幅名为"卡通"的讽刺画
The First Self-Styled "Cartoon"

《笨拙》（Punch）推出抨击社会不公的讽刺漫画——卡通

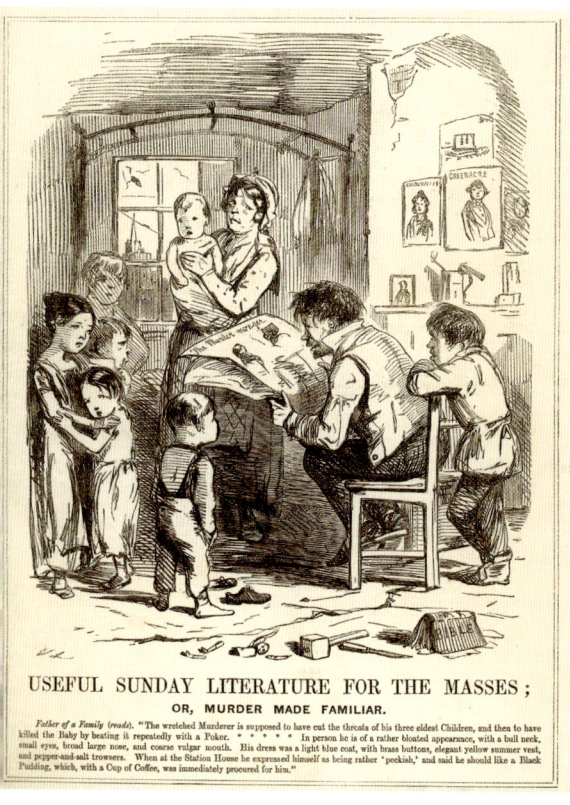

卡通《有益于民众的周日读物》，又名《广为人知的谋杀》，出自1849年的一期《笨拙》

> "穷人要求得到面包，而政府的慈善机构赠予了——画展。"
>
> 《笨拙》，1843年7月15日

第一幅卡通的作者是谁？这取决于"卡通"一词的定义。起初"卡通"指为后续完整的图画、织锦或镶嵌画而作的草图。达·芬奇留下的几幅素描可以被称作"卡通"。编纂词典的约翰逊博士（Dr. Johnson）于1755年将"卡通"定义为"作于大幅纸张上的图画"；"卡通"的近代含义起源于十八世纪，用以代指幽默讽刺画，尤其是威廉·贺加斯的作品。但第一幅名为"卡通"的图画是约翰·李奇（John Leech）创作的《卡通1号：物质和影像》，刊登于1843年7月15日出版的英国周刊《笨拙》（Punch）。

这幅画的主旨是伦敦威斯敏斯特大厅举行壁画设计展览，以便为仍在建设在的议会大楼选出装饰画。政府甚至安排了"免费日"供穷人们参观。《笨拙》的编辑们认为在民众普遍贫穷之时，画展浪费了公款，李奇完美阐释了这一观点。他描绘了一群衣衫褴褛、瘦弱不堪的穷人和残疾人愁眉苦脸的凝视画中丰衣足食的显贵人士。《笨拙》在评述中强调，政府"认为既然无法给予缺衣少食者所渴求的物质，至少要让他们看到影像"。

这是《笨拙》最早刊登的六幅卡通之一，均抨击社会不公现象。"卡通"一词迅速普及，专门代指讽刺画。**RP**

1844年5月24日

电报通讯
First Telegraph Message

摩尔斯推行最早的电报服务，全新的通讯方式诞生

十九世纪初欧洲人率先发明电报，但近代电报之父是美国人萨缪尔·摩尔斯。他在耶鲁时痴迷于电学课程。摩尔斯开始成为专职画家，但报酬差强人意，因而四十几岁时转而研究电讯。1837他为高效的莫尔斯电码体系申请专利，并于1844年在巴尔的摩和华盛顿特区间开通电报服务。摩尔斯发出的

> "我为一项发明牺牲了（艺术家的）职业……"
>
> 萨缪尔·摩尔斯，1864年1月20日

第一条信息是："上帝创造了什么！"

电报系统延伸至新泽西，吸引了重视即时通讯的金融业客户摩尔斯被与之竞争的发明家拖入法律纠纷，但电报系统迅速发展，截至1852年，美国东部已有超过18000英里（29000千米）电线。1861年加利福尼亚开通电报，费用为每个词1美元。美国境内铁路（及铁路地役权）的发展为架设电线杆带来机会。

1858年，英国皇家海军阿伽门农（Agamemnon）在大西洋铺设水下电缆，但不久后失效；1866年伊桑巴德·金德姆·布鲁内尔的"大东方号"铺设英国制造的跨大西洋电缆，为欧洲和美洲之间建立可靠的电报通路。**RP**

1846年2月19日

兼并德克萨斯
Annexation of Texas

孤星州加入美国，成为第28个州

尽管于1821年脱离了衰落的西班牙帝国，但在北方邻国面前，墨西哥一直处于弱势。十九世纪三十年代起，美国着力于向西方和南方扩张，两国冲突在所难免。美国移民迁入墨西哥北部行省德克萨斯，压制当地的西班牙人口；1834年墨西哥独裁者桑塔·安纳下令驱逐北方（盎格鲁）殖民者，引发战争。

尽管1836年3月墨西哥赢得阿拉莫战役并进行了著名的大屠杀，德克萨斯人脱离墨西哥，宣布成立德克萨斯共和国。4月，他们在圣哈辛托战役中击败了桑塔·安纳。美国和英国承认德克萨斯独立，墨西哥不然。1837年美国总统马丁·范布伦（Martin Van Buren）担心引发美墨战争，拒绝了兼并德克萨斯的提案。

1845年2月，美国国会通过决议，允许孤星州加入美国，德克萨斯人也赞成新宪法，其中特别认可了奴隶制。12月国会批准兼并案，德克萨斯（包含部分新墨西哥和科罗拉多）成为美国第28个州。1846年2月19日正式举行主权交接仪式。

次年春天，詹姆斯·诺克斯·波尔克总统（James Knox Polk）派兵侵占了部分仍属于墨西哥的德克萨斯领土，由此引发美墨战争，1848年战争结束后墨西哥丧失了更多土地。美国政府对兼并孤星州的巨大热忱催生出美国主张的——如记者约翰·奥沙利文（John O'Sullivan）所述——"在美洲大陆上传播自由民主之昭昭天命"。**PF**

1846年6月28日

英国议院废除《谷物法》
U.K. Parliament Abolishes the Corn Laws

《谷物法》的撤销令自由派在议院中的地位得到提升，但终止了皮尔的政治生涯

▲ 卡通《皮尔的廉价面包店，1846年1月22日开张》，载于《笨拙》周刊（约1846年）

"我将为所有垄断者所憎恨。"

　　罗伯特·皮尔，下议院，1846年6月29日

　　罗伯特·皮尔爵士二十一岁时成为议员，二十四岁晋升部长，四十六岁出任首相，此时再度担任首相已有六年，在经验和能力上都远胜于其保守派同僚。皮尔明辨是非，做了正确的选择：《谷物法》必须废止。爱尔兰发生饥荒，为什么还人为抬高粮食价格？为何要牺牲普通人和生产商的利益来增加农民收入——前者被迫购买昂贵的食物，而后者被迫为通货膨胀额外支付工钱。议院进行了旷日持久的激烈辩论，皮尔在这一重大问题上以九十七票赢得了多数支持。但三分之二的保守党人反对皮尔，《谷物法》的撤销凭借反对党的支持通过。

　　《谷物法》规定了针对进口粮食的保护性关税，在1815年的确有意义。拿破仑战争期间生产大幅提升，自由贸易可能导致农业崩溃。但这一理论基础逐渐失效，很多人认为《谷物法》是地主反对实业家和群众的阴谋。1842年皮尔降低进口粮食关税；1846年爱尔兰发生马铃薯疫病，皮尔将关税一并废除。皮尔的父亲是伯里棉花加工厂主，在自己的政党内一直人气不高。有些人嘲弄他的兰开夏郡口音，还有人认为他相当冷漠而严肃（如同"表面稍为消融的冰山"）。此时剑已出鞘。

　　《谷物法》的废除令英国食物价格降低，促进工业发展，并开启自由贸易。但皮尔受挫，遭到罢免，最终于1850年去世。许多皮尔派保守党员成为自由主义者，三十年后保守派才再次占有多数席位。**RP**

1847年7月24日

耶稣基督后期圣徒教众建立城市
Latter-Day Saints Found City

布里根姆·扬率领摩门教徒建立盐湖城

在教徒们等待基督重返美洲时，摩门教创始人和先知约瑟·斯密曾多次尝试为他们建立定居之所，但遭到激烈抵制，1844年斯密在伊利诺伊州纳府为暴徒所害。斯密的继任者是才干出众的布里根姆·扬，他率领摩门教徒驾牛车西迁，有军乐队随行，晚上为人们跳舞伴奏。耶稣基督后期圣徒最终来到犹他州，占用理论上属于墨西哥的领土建设新家园，创建新的都城和制度严谨的社会，度过了一段与世隔绝的生活。

摩门教徒大迁徙分两段进行。第一段征程中,他们在内布拉斯加州今奥马哈附近临时搭建木屋，度过了1846年的冬天；春天再度出发，翻过洛基山脉，抵达今犹他州的大盐湖（西半球最大的盐湖）。当时有人提议继续前往加利福尼亚，但1847年7月24日摩门教徒们抵达今天的盐湖城所在地时，布里根姆·扬高声宣布："就是这里了。"

盐湖城的建立得益于摩门教令人惊叹的组织，教徒们努力在沙漠中挖掘灌溉渠、种植庄稼，修建壁垒和新城市。城市中心建立起新的教堂，令更多的移民涌入德瑟雷特（Deseret，即犹他）。不久殖民者们探索并创建了新的拓居地，1850年菲尔莫尔总统（Fillmore）任命布里根姆·扬为犹他地区总督。扬1877年去世，同二十多个妻子留下了众多子嗣。**RC**

▲ 摩门教徒开拓的犹他盐湖城建成（约1850年）

> "我仰慕和尊敬约瑟·斯密之名；乐于听到并热爱这个名字。"
>
> 《布里根姆·扬语录》

1847年7月26日

自由非洲
Freedom in Africa

动乱的利比里亚宣布独立

位于非洲撒哈拉沙漠以南的利比里亚,是为安顿自美国遣返回非的前奴隶所建立的国家。利比里亚始建于1821年,当时美国军舰"短吻鳄号"在船长理查德·菲尔德·斯托克顿（Richard Field Stockton）的带领下,代表美国殖民协会（ACS）远航西非。美国殖民协会由白人理想主义者建立,旨在遣送前奴隶回非

> "……愿那些长期遭受虐待的人们即将迎来幸福的曙光。"
>
> H. L. 埃尔斯沃思（H. L. Ellsworth）
> 致美国殖民协会, 1842年5月8日

洲故乡。斯托克顿说服当地部落首领出售普罗维登斯岛附近一段长36英里（60千米）的沿海地区,即后来的利比里亚首都蒙罗维亚。

起初殖民者和当地人之间冲突频发。黄热病等致命疾病经常袭击初来乍到的移民。在殖民初期二十年间,约四千五百名移民中仅有一半幸存下来。1839年,利比里亚更名为利比里亚联邦,建国白人将政权移交给黑人。约瑟夫·詹金斯·罗伯兹（Joseph Jenkins Roberts）成为第一任黑人统治者。1847年,美国殖民协会因援助殖民地濒临破产,因而鼓励利比里亚宣布独立。英国和法国相继于1848年和1852年承认利比里亚独立,令后者得以存续。但少数非裔美国人和大多数非洲人之间关系紧张,导致了内战及暴力冲突频发,局势极不稳定。**NJ**

1848年1月24日

西部淘金！
Gold in the West!

加利福尼亚爆发淘金热,人口开始大规模增长

他自称为约翰·A.萨特上尉（John A.Sutter）,是一位瑞士服装商人,为了躲避债主和妻子于1834年移民美国。加利福尼亚墨西哥当局给予他一块名为新赫尔维蒂的农牧拓居地,就在今天的萨克拉门托附近。他建造了一座堡垒,由身着二手俄军军服的印第安人和各色白人守卫。但令萨特沮丧的

> "突然发现金矿对我而言何其不幸！"
>
> 约翰·A.萨特,《加州杂志》, 1857年

是,他的领地内发现了少量金矿,尽管他尽力封锁消息,秘密最终不胫而走,拓居地迅速被摧毁。

接下来的几年里,淘金者（也被称为"49年人"）蜂拥而至,不放过每一条小溪、每一寸土地。

第一批淘金者来自美国东部。墨西哥人、其他拉丁美洲人、夏威夷人、中国人、澳大利亚人、新西兰人和欧洲人接踵而至,小贩、商人、骗子也跟风到来——在这场淘金热中,后者通常比淘金者更为成功。例如李维·史特劳斯（Levi Strauss）的第一条裤子便是卖给了采矿者。1850年起加利福尼亚日益繁荣。到了1860年,人口已从一万四千增至三十八万。城市初具规模,公路、铁路已经建成。淘金热开发了美国西部,金银矿的发现也同样影响了内华达、科罗拉多、俄勒冈州、蒙大拿和达科他州的发展。**RC**

1848年2月2日

美国扩张，入侵墨西哥
United States Expands into Mexico

根据《瓜达卢佩-伊达尔戈条约》，美国兼并墨西哥大半领土，引发未来的强烈抵抗

詹姆斯·诺克斯·波尔克总统（James Knox Polk）称美国的扩张为昭昭天命。在1846—1848年的美墨战争中，美国国土扩大、财富增加。1848年2月2日，终结美墨战争的条约于墨西哥城外的小镇瓜达卢佩-伊达尔戈签订。条约划定格兰德河与希拉河为美墨边界，墨西哥割让52.5万余平方英里（135.6万平方公里）土地，大约占其战前领土的55%。美国获得了如今加利福尼亚、内华达、犹他的全部地区，以及科罗拉多、亚利桑那、新墨西哥和怀俄明的部分地区。墨西哥获得一千五百万美元，所欠的三百二十五万美元债务取消。战争也结束了关于德克萨斯州所有权的纠纷。

美墨冲突始于美国吞并德克萨斯州。1846年1月，波尔克总统命令扎卡里·泰勒挥军南下，取得了一系列胜利，占领众多墨西哥城市。直至1847年9月14日，墨西哥城沦陷，战争平息。其后这片地区由美国支配。

此时美国领土从亚特兰大延伸至大西洋，由于占有东部港口，美国与东方的贸易迅速发展。1853年，盖兹登购地案又使美国占有了亚利桑那和新墨西哥的剩余地区。但毫无疑问，丧失大片领土不利于墨西哥。十九世纪五十年代，作为反条约抵抗的一部分，贝尼托·华雷斯（Benito Juarez）借助反条约情绪掌权，这项协议令美墨关系恶化。**RP**

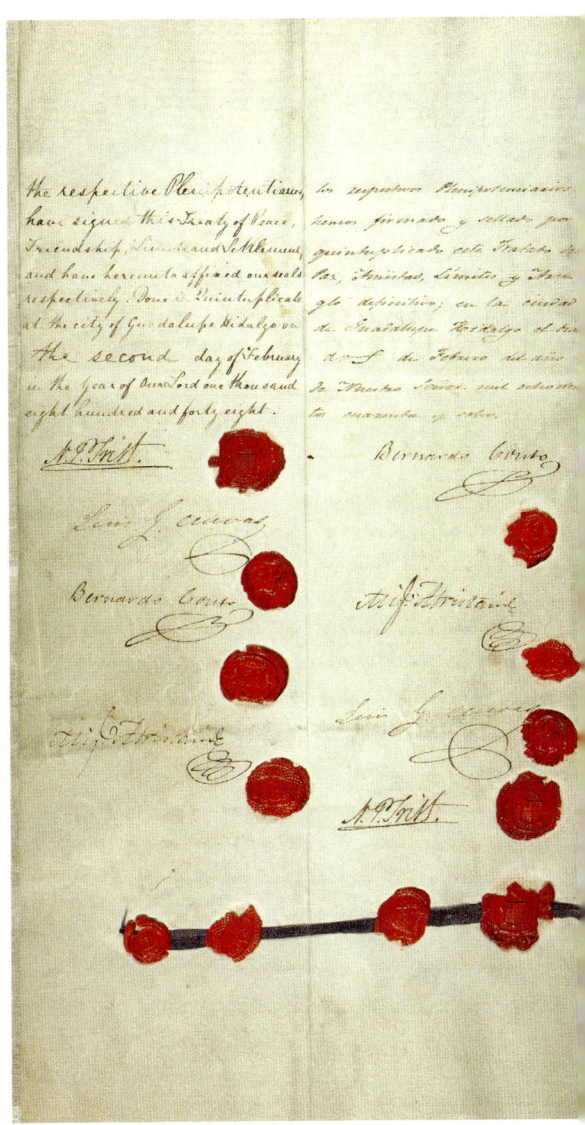

● 《瓜达卢佩-伊达尔戈条约》中的一页；这项协议终结了美墨战争

1848年2月21日

马克思与恩格斯改写历史
Marx and Engels Redefine History

《共产党宣言》的出版为未来革命运动播下种子

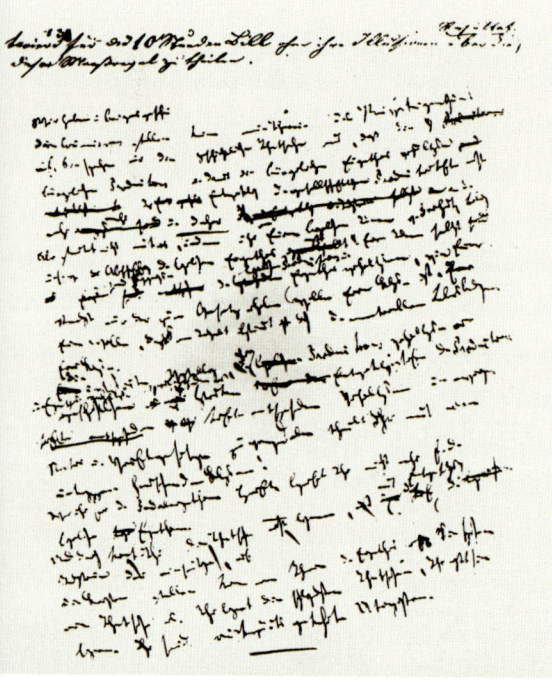

"迄今一切社会史皆为阶级斗争史。"《共产党宣言》开篇语振聋发聩，无论是视野、新意还是政治寓意都动人心弦。历史见证了生产资料拥有者与雇佣工人争斗不休。一个阶级统治另一个阶级的实质手段就是国家：武装军队，警察与司法系统，辅之以学校和教会——前者负责灌输和教化，后者通过承诺来世的奖励以维持不平等现状。但是任何系统都不是稳定的。封建主义让位于资本主义，资本家压榨工人、自掘坟墓，终有一天，工人将奋起反抗进行血腥革命，进入人类社会新阶段——共产主义社会。

《共产党宣言》由弗里得里希·恩格斯（Friedrich Engels）于1847年起草，由其同胞卡尔·马克思（Karl Marx）修订，随后递交至伦敦并不起眼的共产主义同盟会，1848年2月以德语发表，适逢当年的欧洲革命浪潮，但对其影响甚微。

《共产党宣言》是对资本主义社会的社会学分析，在政治上呼吁革命。它深入浅出，浅显易懂。也有分析家认为其低估了民族认同的重要性，且忽略了阶级内部冲突。但它依然是十九世纪最重要的革命文本，被马克思主义者奉为新"圣经"。**RP**

- 《共产党宣言》（1848年）初稿末页原稿
- 卡尔·马克思（右）及其女燕妮、劳拉和艾琳娜，与弗里得里希·恩格斯合影，约摄于1865年

1848年2月24日

意外起义
Surprise Revolt

1848年法国群众抗议意外发动革命

1830年革命期间，国王路易·菲利浦二世（Louis PhilippeII）即位，立志巩固权势。这位资产阶级国王通过减少审查、拓展公民权、允许当选议会立法成为"平民国王"。1848年2月22日，民众与军队发生冲突，推翻公共汽车并竖起路障。翌日上午，暴民势力壮大，八万国民警卫队很多士兵拒绝遵守

> "我们在沉睡在火山上，刮起了革命之风。"
>
> 阿列克西·德·托克维尔（Alexis de Tocqueville），下议院，1848年

命令。下午，首相弗朗索瓦·基佐（Francois Guizot）辞职。当晚恐慌的军队在嘉布遣大道上开枪射击了五十二人。2月24日，城内设立1500处路障。国王试图任命反对党领导管理政府，遭到拒绝。路易·菲利浦退位后，乔装逃离法国。

尽管十九世纪四十年代政局混乱，但真正改变局势是因为经济凋敝，粮食歉收，食品价格高，失业率攀升。路易·菲利浦退位燃起了欧洲其他地区的革命热情，法国时局日下。6月革命期间，一千五百余名群众在巴黎遇害。1848年选举时大部分民众转而支持拿破仑·波拿巴（Napoleon Bonaparte）的侄子路易·拿破仑（LouisNapoleon）也就不足为奇了。**RP**

1848年3月13日

奥地利动乱
Unrest in Austria

梅特涅（Metternich）辞职带来自由主义和民族主义胜利的曙光

学生们在维也纳赫雷恩大街游行示威，要求颁布新宪法和保障自由。阿波切特皇太子（Archduke Albrecht）指挥军队出动预警，是枪声突然响起，四名学生被枪杀，游行演变成一场动乱。维也纳群众要求军队撤离、政要克莱门斯·冯·梅特涅亲王（Klemens von Metternich）下野，无能的斐迪南国王

> "我们不能……毫无风险地开展内部变革。"
>
> 克莱门斯·冯·梅特涅（Clemens von Metternich），1848年10月29日

（King Ferdinand）屈服于国务院的建议，满足了这些要求。

法国革命的消息让统治精英们异常紧张，要求改革的呼声似乎难以遏制。自1809年来出任外交部长的梅特涅处境危急。也许此时革命即将爆发，多民族的奥地利帝国得以幸存。

不久伟人登上奥地利的历史舞台。她既不是另一个革命者，也不是另一个梅特涅，而是巴伐利亚的索菲（Sophie of Bavaria）。在她的领导下、意大利、布拉格、匈牙利和维也纳的王权复辟。1848年12月，她的儿子加冕为国王弗朗茨·约瑟夫（Franz Joseph）。然而在梅特涅全盛期稳定大局的哈布斯堡王朝，将在第一次世界战争爆发前引发众多欧洲冲突。**RP**

1848年3月17日

革命彩排
Revolutionary Dress Rehearsal

米兰人民起义反抗奥地利统治,取得短暂而虚幻的胜利

浪漫主义作品《钦昆·吉欧那特系列:起义者攻打托萨门(1848年3月22日)》,现藏于米兰博物馆

革命即将到来。法国国王已于2月出逃,此时意大利众邦国开始沸腾。自由派要求获得政治自由,而民族主义者们争取脱离奥地利而独立。在奥地利控制的伦巴第,米兰的自由主义者们早已被意大利半岛其他地区的成功所鼓舞,3月17日得知维也纳发生起义,米兰市长加布里奥·卡萨蒂(Gabrio Casati)立刻为游行做好准备,不久大约一万名武装人员包围了政府大楼。两名守卫死亡,副总督奥唐纳伯爵(O'Donnell)对抗议者的要求作出让步。

由此开始了米兰赫赫有名的"五日暴动"。已入耄耋之年的奥地利老将拉德茨基(Radetzky)决心开战并夺回城中的战略要地,但到3月22日,即便是拉德茨基也决定撤军。新建的临时政府请求皮埃蒙特的查理·阿尔贝特(Charles Albert)出兵将余下的奥地利人逐出意大利北部,5月底后者赢得一场著名的胜利。

好景不长,拉德茨基并非因战败而撤军,而是家中有事,7月他率援军归来,在库斯托扎赢得重大胜利。"五日暴动"留下两条经验:革命成功不仅依靠精英,还必须有大众参与;击败奥地利需要强国同盟。"五日暴动"为1861年意大利成功统一铺平了道路。**RP**

1849年2月21日

古吉拉特邦战役
The Battle of Gujarat

不列颠赢得古吉拉特邦之战，锡克教徒被纳入英属印度

《1849年2月21日古吉拉特邦战役》，1850年约翰·哈里斯依照亨利·马汀的原作绘制的版画

1849年2月21日的古吉拉特邦之战在第二次英锡战争中具有决定性意义。兰吉特·辛格（Ranjit Singh）带领锡克教教徒在旁遮普开辟了强大的王国，其继任者警惕于英国东印度公司的扩张，于1845年发动战争。英国赢得了第一次英锡战争，但强大的锡克军队实力未损。1848年再度开战。1849年1月的祁连瓦拉战役中双方战平，均伤亡惨重。

高夫（Gough）将军麾下的两万三千不列颠士兵对阵六万锡克教徒。这一次刺刀正面拼杀不可行，高夫必须利用其优势：九十六门野战炮和六十七门攻城炮，其中十尊重型炮可发射八千克的炮弹，还有六尊二十厘米榴弹炮。英方进军，锡克教徒开火，从而暴露了其所在位置。高夫令部队停止前进，炮兵开火，持续轰炸两个小时，造成巨大破坏，其后步兵占领锡克阵地。战役三小时内结束。据估计锡克教徒一方损失三到五千人，而英方九十六人阵亡，六百八十二人受伤。

古吉拉特邦之战惨败过后，锡克教徒于1849年3月11日停止敌对。三天后，锡克军队正式向吉尔伯特将军投降，旁遮普被吞并，尚在襁褓之中的锡克统治者杜雷普·辛格（Duleep Singh）遭黜，锡克教徒成为效忠于英属印度的臣民及令人生畏的战力。**RP**

1850年

家用缝纫机面世
Domestic Sewing Machine Launched

胜家发明首获商业成功的缝纫机

▲ 年代不详的胜家缝纫机广告，出自《时尚芭莎》

"我需要梭子往复运动，取代其圆形轨道。"

艾萨克·胜家评价一台缝纫机样机，1850年

"胜家"几乎成为缝纫机的代名词，但在艾萨克·胜家将缝纫机成功引入百姓家之前，多位先驱作出了贡献。1755年，德国人查尔斯维森塔尔（Charles Wiesenthal）为重要部件双头针申请专利；法国人巴特勒米·蒂莫尼耶（Barthelemy Thimonnier）于1830年开始生产缝纫机，但工厂被裁缝捣毁——他们以手工缝纫为生；1846年，名为伊莱亚斯·豪（Elias Howe）的美国人申请缝纫机专利，其发明被伦敦束身衣生产商采用。

艾萨克·梅里特·胜家（Isaac Merritt Singer）来自原名雷胜家（Reisinger）的日耳曼家族，他们于十八世纪六十年代移民至美国。年轻的艾萨克几乎没有受过教育，他热爱戏剧界，希望兼任演员和经理为生，但未能成功。艾萨克在机械和发明上的天分为他带来了更多回报。他发明了凿岩机和铅字机，最终从纽约市迁至波士顿，转而研究缝纫机。

1850年，胜家制作了高效、实用的机器，以脚踏板驱动，缝纫机针由之前的往复式改为上下运动。但胜家不久便因侵犯伊莱亚斯·豪等发明家的专利卷入法律纠纷。1856年"缝纫机战争"终于尘埃落定，冷酷的商人胜家在缝纫机市场上建立主导地位，获得巨额利润。胜家的爱情生活也极其复杂，传说他有28个孩子。1875年，已过花甲的胜家去世，身家超过一千三百万美元。胜家公司继续于1889年生产出最早的电动缝纫机。**RC**

1851年5月1日

第一届世界博览会
The First World's Fair

大博览会展示了英国的技术和设计

上午11点,"万国工业产品博览会"在伦敦海德公园和煦的春光中开幕;它的确收罗了世界各国展品,但英国人确信本国将超越所有参展国、主导这场盛事。他们的期待没有落空——英国展品达7381件,其他国家共计6556件。但博览会的核心部分是展厅本身,被讽刺周刊《笨拙》称为"水晶宫",长1848英尺(563米),宽408英尺(124米),高66英尺(20米),占地面积约为罗马圣彼得大教堂的四倍。

来自德比郡查茨沃思的前主管园丁约瑟夫·帕克斯顿(Joseph Paxton)设计了水晶宫。它是世界上最早的预制建筑,以钢架为承重结构,表面覆盖炫目的玻璃板,三棵大榆树被纳入建筑内部。逾六百万人(英国人口的三分之一)在5月1日至10月15日之间到伦敦观看博览会,很多人搭乘了新建的短程火车。维多利亚女王的丈夫——阿尔伯特亲王牵头组织了这场现代技术和设计盛典,应当为其成就骄傲。不久其他国际博览会相继举行。

大博览会盈利达186437英镑,用以购置伦敦南肯辛顿土地,建设长期教育机构,包括维多利亚和阿尔伯特博物馆、自然历史博物馆和科学馆。1854年,水晶宫迁至施登楠山(当时属于肯特郡),直至1935年被大火摧毁。施登楠山地区如今被称为"水晶宫"。**RP**

▲ 海德公园的大博览会内景:主展道,表明水晶宫由钢架支撑

> "这是我们一生中最伟大而光荣的日子。"
>
> 维多利亚女王的日记,1851年5月1日

1851年10月16日

《白鲸》出版
Publication of Moby-Dick

梅尔维尔的捕鲸船经典历险小说未能引发公众兴趣

▲ 梅尔维尔的《白鲸》插图，A.伯纳姆·舒特1851年左右创作

"谁会想读有关鲸鱼的哲学，或者关于鲸脂的诗歌……"

《伦敦杂志》，1851年

《白鲸》在当代被视为美国文学史诗级作品，作者赫尔曼·梅尔维尔（Herman Melville）令人崇敬。但小说刚刚出版时似乎前景堪忧，它先由理查·本特利（Richard Bentley）在伦敦分三卷出版，1851年11月14日哈珀兄弟公司于纽约发行了整本《白鲸》。就公众的阅读口味而言，梅尔维尔的哲学思考与其说是融入了捕鲸历险，不如说是强加入故事情节之中。主人公以实玛利及其来自南太平洋小岛的朋友魁魁格乘坐楠塔基特的捕鲸船"裴庞德号"，在阴险的船长亚哈（Ahab）指挥下一同捕鲸，书中不乏圣经典故。但《白鲸》销量不佳，加速了梅尔维尔文学声誉的衰落。

梅尔维尔曾任教师，通过一系列历险小说建立了其文学地位，如《泰皮》（Typee，1846）、《欧穆》（Omoo，1847）、和《白外衣》（White Jacket，1850）。同《白鲸》一样，这些小说均出自作者的真实经历——梅尔维尔曾在南太平洋捕鲸、观察食人族，任海军水手。梅尔维尔春风得意之时赚得足够的钱，在马萨诸塞州皮茨菲尔德市阿罗黑德购买农场，13年中沉浸于莎士比亚的作品，并结交邻居、小说家纳撒尼尔·霍桑（Nathaniel Hawthorne）。但债台高筑的梅尔维尔最终被迫变卖家产，成为纽约的海关检查员。满世界漂泊的快活日子结束，作家每天领着四美元的薪水，被困在桌前工作了二十年。

美国咖啡连锁店星巴克得名于《白鲸》中热爱咖啡的大副，但恐怕小说对于其常客的影响微乎其微。**JJH**

1851年12月2日

路易·拿破仑发动政变
Louis Napoleon Masterminds a Coup

路易·拿破仑1851年12月发动的政变削弱法国民主制

1851年12月1日，巴黎政府印刷工人别无选择，只能连夜工作；警察被授命射杀所有早退者。他们在赶制一份机密公告，每人只负责几句话。早上五点钟公告完成，在警察局局长莫帕（de Maupas）的指挥下分发，几小时内巴黎贴满了告示，市民得知议会已被解散，实行军事戒严，但普选制度恢复，他们很快可以投票选出新政体。12月2日是拿破仑奥斯特里茨大捷周年纪念，在这一天发动政变的正是波拿巴的侄子——路易·拿破仑。1848年12月路易·拿破仑当选法国总统，任期四年，但他无意下野。公告张贴出来时，他已经集合了七十八名主要政治人物，包括保皇党、将军、激进派领袖及其他不良分子。不久五百名持不同政见者遇害。

政变极其顺利，这要归功于周密策划。路易·拿破仑努力塑造其形象，赢得议会内外的支持者。最重要的是，他在巴黎拥有五万忠诚的士兵。路易·拿破仑在公民复决投票中以91%的支持率当选总统，任期十年。次年他自立为皇帝拿破仑三世。

欧洲历史从此改写——路易·拿破仑不仅轻率干涉外国事务，帮助意大利和德国统一，而且削弱法国实力，为后世的独裁者篡权提供借鉴。**RP**

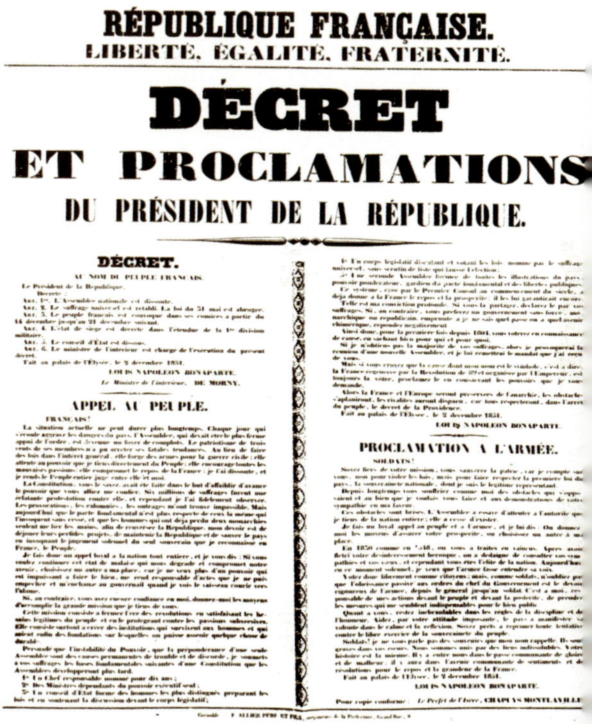

▲ 1851年12月2日路易·拿破仑的诏令和公告，他因此成为独裁者

> "我的职责是维护共和国、拯救法国。"
>
> 路易·拿破仑的宣言，1851年

1853年7月8日

日本被迫开放国门
Opening Up Japan

海军准将佩里抵达东京湾，迫使日本人接受条约

海军准将佩里率领四艘战舰（包括两艘明轮船）来势汹汹地驶入东京湾，岸上的日本民众惊恐不已，他们将冒出大量黑烟的汽船当做漂浮的火山。佩里来航以前日本政府严格实行闭关锁国政策。但由菲尔莫尔总统领导的美国派出佩里，要求日本签订协议，同美国建交和通商。

五十七岁的马休·卡尔布莱斯·佩里（Matthew Calbraith Perry）被朋友称作卡尔布莱斯，在海军中绰号"老熊先生"。这位声名显赫的军官支持美国扩张并推行帝国主义。1852年，佩里被授命出航日本。美军上岸时乐队演奏着《美国万岁》，但日本人不接受协议，佩里撤军并声称将再访日本。

次年佩里率领更大的舰队如约而至，此次登陆时海军乐队演奏《星条旗之歌》。内部分裂的幕府迫于压力于1854年3月签订《神奈川条约》，给予美国最惠贸易国待遇，保证安全遣送遭遇海难的美国海员。不久日本同英国、俄国和荷兰签订了相似条约。佩里受到国会表彰，公开敦促美国人"将统治和势力延伸至大西洋之外"和太平洋地区。佩里1858年在纽约去世。**RC**

1854年7月6日

新政党建成
New Party Formed

共和党因反对奴隶制而兴起

共和党在抵制奴隶制中诞生。1854年《堪萨斯-内布拉斯加法案》打破了由《密苏里协议》确立的自由州与蓄奴州平衡，允许堪萨斯和内布拉斯新领地的居民自行决定其境内是否施行奴隶制度。南方蓄奴派的反对者在北方建立政党，坚持人人应当享有追求幸福生活的自由，并要求为定居移民开放西部。

> "一个人能力再强，也不得未经他人同意就以统治者自居。"
>
> 亚伯拉罕·林肯（Abraham Lincoln），伊利诺伊州皮奥瑞亚（Peoria），1854年

1854年，一万人在密歇根的杰克逊集会，正式建立共和党，消息迅速传开。共和党的领导人物之一是亚伯拉罕·林肯，他批判奴隶制度违反了《独立宣言》。

1854年的国会选举中，共和党赢得众议院多数席位。1856年，共和党总统候选人约翰·C. 弗里蒙特（John C. Fremont）在十一个州获得多数选票。1860年共和党派林肯竞选总统，而分裂为南北派系的民主党有两名代表参选。林肯得到北方各州选举团的支持，但仅获得40%的大众选票。民主党和共和党从此主导美国政界。**RC**

○ 海军准将佩里的彩色木版画肖像，出自三木光斋的《异国落叶笼》（约1854年）

1854年10月25日

轻骑兵进击
Charge of the Light Brigade

巴拉克拉瓦战役中骑兵冲锋遭遇惨败，突出英国军队的缺陷

▲ 巴拉克拉瓦战役中著名的"轻骑兵进击"

英法联合发起克里米亚战争，阻止俄罗斯向巴尔干半岛扩张，战争转变为旷日持久的塞瓦斯托波尔围城战，周边地区偶尔发生血腥战役。1854年10月25日的巴拉克拉瓦战役中，统领五个不列颠轻骑兵军团的卡迪根将军（Cardigan）收到命令攻打山谷尽头的俄罗斯炮台，他亲自打头阵，率领673名龙骑兵、枪骑兵和轻骑兵夺取一英里以外的火炮。起初他们缓步而行，接着小跑、慢跑，进而发起冲锋，攻入敌阵，并将炮兵赶下炮台。完成任务后，他们沿山谷原路返回，但途中两翼和前方遭到炮兵连的轰击。

轻骑兵旅冲锋过后再度集合时，仅有195名骑士保有坐骑，118人阵亡，127人受伤，余者步行返回。卡迪根骑马离开战场返回其轻舟，按照惯例享用盛宴。

轻骑兵旅官兵因其英雄事迹声名远播，但由于命令不明确及其他误解，他们攻击了错误的炮台，收效甚微。丁尼生勋爵（Tennyson）在名诗《轻骑兵进击》中写道，"有人铸成大错"。

这次冲锋暴露了英军当时强项和弱点——年老的指挥官和将领通过金钱、势力和社会地位得到提升。不列颠军制亟待改革。**NK**

> "十分壮烈，但这不是战争，是发狂。"
>
> 皮埃尔·波苏克（Pierre Bosquet）将军，
> 目击法国军官

1854年11月4日

护理学先驱
Nursing Pioneer

克里米亚战争中弗罗伦斯·南丁格尔（Florence Nightingale）组织护士照料英国士兵

南丁格尔率领38名护士来到土耳其斯库塔里军营，这里被改造成战地医院，容纳克里米亚战场上抗击俄军的不列颠伤兵，但条件严酷、寄生虫肆虐，远远超出南丁格尔等人的预期：到处都是生病和濒死的士兵，他们大部分患有霍乱或痢疾。在斯库塔里，因战伤导致的死亡仅占六分之一。而军医们并不欢迎他们的到来，尤其在南丁格尔派护士彻底清扫医院并重新组织护理病人之后——他们认为这是对自己职业水准的侮辱。

南丁格尔1820年生于意大利富有的上流家庭。当时护士被视为下层社会妇女从事的低贱职业，南丁格尔被迫克服父母的阻挠从事护理业，她是不折不扣的战士。最先向英国民众发出霍乱警告的《泰晤士报》也支持南丁格尔，称她为"提灯女郎"，报道她在战地奋斗的事迹，并发起公众捐款资助南丁格尔。

卫生条件改善后，斯库塔里的死亡率迅速下降。1856年南丁格尔返回英格兰，被视为民族英雄，受到维多利亚女王接见——而生于牙买加的克里奥耳人玛丽·西戈尔（Mary Seacole）在克里米亚战场前线上护理伤员，却默默无闻。南丁格尔在国内利用其影响力争取战地医院改革，提高护理标准，1860年在伦敦圣托马斯医院成立了南丁格尔护士学校。1907年，南丁格尔成为首位荣获丰功勋章的女性。**NK**

▲ 弗罗伦斯·南丁格尔肖像，她运用在克里米亚战争中的经验建立现代护理学

> "……她提着灯，独自巡视。"
> 《泰晤士报》，1854年

1857年5月9日

印度爆发兵变
Outbreak of the Indian Mutiny

印度士兵起义反抗不列颠军官

▲ 英军夺回起义者占领的德里，迅速实施报复，绞死叛军领袖。

5月9日，德里北部的密鲁特军营中，孟加拉第三轻骑兵团指挥官因85名印度骑兵拒绝射击演习，判处他们服十年劳役。次日密鲁特本地军团叛变，释放被判刑者，开始屠杀不列颠上级军官，之后开往德里，帮助退位的莫卧儿皇帝巴哈杜（Bahadur）复辟，重归印度统治者之位。德里军团加入叛变行列，起义迅速传遍印度北部。

暴动的直接原因是新近引入的恩菲尔德步枪，士兵需要咬扯上油的弹匣。印度教信徒认为枪上的牛油将使其堕落，而穆斯林士兵拒绝猪油。印度士兵对英国人的不信任暴露出统治阶级同臣民间日益疏远。不列颠士兵和管理者早期对印度文化的尊重消失，代之以更为激进的基督教派观点，且开始干涉传统的种姓制度。

印度士兵并未全部加入叛乱。尽管如此，英国暴力镇压起义者，重新推行其统治，双方在真实或假想中犯下的暴行令两大群体间的分歧进一步加深，也巩固了不列颠统治者凌驾于印度臣民之上的危险优越感。**NK**

1858年2月11日

露德圣母
Our Lady of Lourdes

伯尔纳德·苏比鲁（Bernadette Soubirous）的幻觉令露德成为基督教朝圣地

人们聚集在露德玛沙比尔山洞观看圣母玛利亚向苏比鲁显灵

14岁的伯尔纳德·苏比鲁坚持外出拾柴，尽管当时的天气会加重她的哮喘。她需要逃离"牢笼"——露德弃置的监狱中一个条件恶劣的小房间，她同父母、兄弟姐妹挤在其中过活。她游荡到石崖下方的山洞，听到"仿佛有一阵风"。她转身看到"柔光"，接着一名美丽的白衣女子温柔地张开双臂。伯尔纳德试图划十字，但无法控制双手。女子划了十字后消失。伯尔纳德在强大的吸引力下不顾父母的反对，一次次返回山洞观看幻象，但同行者一无所见。3月25日，白衣女子称自己为"始孕无玷者"（Immaculate Conception），即圣母玛利亚。

人们谴责伯尔纳德想入非非、谎话连篇，或是仅仅是得了精神疾病。但在1862年，教皇宣布伯尔纳德所见真实可信，批准祭拜露德圣母，并宣布地下泉水有神奇的功效。露德很快成为朝圣地，每年吸引三百万访客，其中不乏病患和残疾人。

1958年，露德建立有两万坐席的地下教堂。至于伯尔纳德，她成为修女，在祈祷和隐修中度过余生，因其才智、善心和对痛苦的坚忍而深受爱戴，于1879年去世，1933年被追封为圣女。**RP**

1859年5月20日

微生物理论起源
Origins of Germ Theory

路易·巴斯德（Louis Pasteur）反对自然发生理论

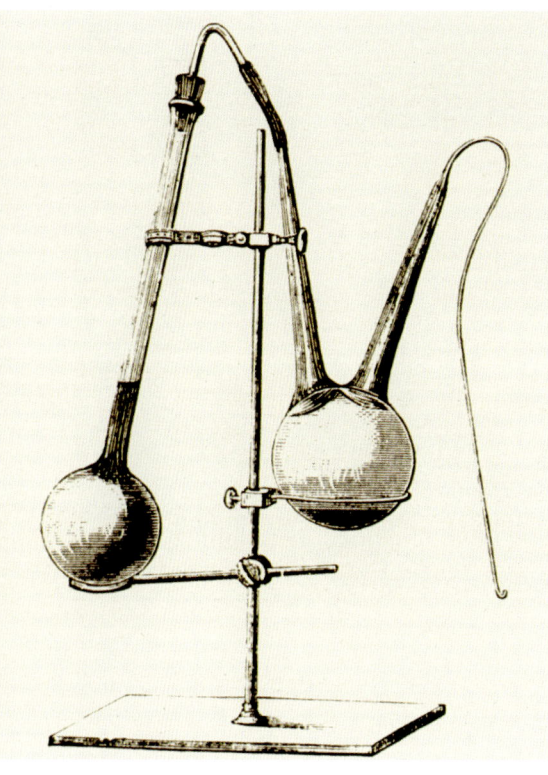

○ 路易·巴斯德早期实验中使用的仪器，用以制作不会变酸的啤酒

○ 化学家路易·巴斯德在其实验室中工作

人人都知道瓶中的牛奶或酒会变"酸"，表面会出现微生物，但产生变化的原因是什么呢？新近被评为巴黎高等师范学院教授的路易·巴斯德确信，被普遍接受的自然发生理论是错误的。费利克斯·布谢（Felix Pouchet）提出自生说，认为发酵属于化学变化，因此生命（仅限于微生物）可以从物质中产生。巴斯德相信自己可以通过实验驳斥这一观点。他将空气鼓入导管，通过硝棉塞，再将硝棉塞溶解，发现残渣中出现同发酵液体相同的微生物；但如果空气经过充分预热，则残渣中没有微生物。巴斯德认为是空气中的生物导致发酵腐败，而加热致使微生物死亡。这是一项重大发现。

巴斯德在初期进展的基础上继续研究，发现醋生膜菌导致酒变酸，可以通过高温加热来解决。将物质加热至特定温度的巴氏灭菌法成为保存食物的突破性技术。

巴斯德证明化学过程同生物体有本质区别。人类认识到空气中含有大量细菌，为治疗疾病和发展免疫扫清了障碍。巴斯德本人于1881年发明炭疽疫苗，其后着手研究狂犬病，1895年葬于巴黎巴斯德研究所。**RP**

> "酒中含有大量微生物，部分助其发酵，部分致其腐败。"
>
> 路易·巴斯德

1859年6月30日

尼加拉瀑布上的明星
A Star Above Niagara

法国杂技演员查理·布朗丁（Charles Blondin）在尼加拉瀑布上走钢丝

▲ 1859年法国杂技演员查理·布朗丁在尼加拉河上走钢丝

"大布朗丁"是最著名的走钢丝表演者，本名让-弗朗索瓦·格拉沃莱（Jean-Francois Gravelet），1824年生于法国。他陶醉于马戏团表演，以父亲的鱼竿作为平衡杆，开始用绳子练习。父母令其接受训练，成为杂技演员，五岁时首次公开表演。他以金发自称为"布朗丁"。

布朗丁的最大成就是在35岁时第一个跨越尼加拉瀑布。绷索通过划艇拉过水面，直线距离仅千余英尺（305米），但绳子因自重在中部下沉约60英尺（18米），产生陡坡。由于事先在报纸、海报和传单上广为宣传，当地旅馆提价，大群观众兴奋地赶来观看身着紫马甲、白马裤的布朗丁跨越瀑布。布朗丁提出背一名志愿者走钢丝（直径超过3英寸，即7.5厘米），但无人响应；下午5:15布朗丁开始表演，他从容不迫的进行这项"简单的任务"，用整整17.5分钟走完全程，观众热烈欢呼。

7月4日，布朗丁再次跨越尼加拉瀑布，躺在绷索上小睡一番。后来他走钢丝时加了各种花样——蒙住眼睛，背着戴礼帽的经纪人，推着独轮车，甚至还踩着高跷。他生前持续表演，直至1897年在伦敦去世，享年72岁。**RC**

1859年10月16日

自由精神长存
His Soul Goes Marching On

约翰·布朗（John Brown）突袭弗吉尼亚哈珀斯费里，未能如愿掀起大面积奴隶叛乱

▲ 约翰·布朗率众突袭哈珀斯费里的美国军工厂掠取武器

1854年的堪萨斯-内布拉斯加法案允许两州居民自行决定施行奴隶制与否。附近密苏里的奴隶主迁入堪萨斯，但其他移民——肯塔基和田纳西等地的农民——没有且不需要奴隶，事实上内战已经开始。五十多岁的约翰·布朗注意到紧张的局势——他是热切的废奴主义者，认为美国的奴隶制度延迟了基督再临于世。他的五个儿子先行搬到堪萨斯，1855年约翰·布朗带着武器前来会师。第二年，他率众屠杀了波特瓦托米河拓居地的所谓"奴隶制走狗"，但没有人因此遭到起诉。

布朗希望煽动奴隶叛乱，他将为奴隶提供武器，带领他们前往阿巴拉契亚山脉的据点，他相信南方所有奴隶将在那里加入他的叛军，奴隶制度将土崩瓦解。为实行这一计划，布朗率领十五名白人和五名黑人袭击了弗吉尼亚哈珀斯费里的美国军工厂，并俘虏了多名当地奴隶主，武装其奴隶。但第二天，未来的罗伯特·爱德华·李将军（Robert Edward Lee）指挥美国海军攻入了军工厂，布朗受伤被俘，两个儿子及另外八人战死。布朗被处以绞刑，成为废奴事业的殉道士，其精神永存。RC

1859年11月24日

自然选择
Natural Selection

达尔文出版《物种起源》，在知识界掀起轩然大波

约翰·默里公司（John Murray）在伦敦出版了装有绿色布面封皮、502页的《物竞天择、适者生存之物种起源论》，售价高达14先令。第一版仅发行了1250册，出版当日售罄。查尔斯·达尔文的畅销著作将引发知识界革命。

达尔文发现有必要解释动物和鸟类随时间发生的变化。但他终于得到了喜爱的工

> "我完全承认，有很多疑点尚未得到充分阐述……"
> 查尔斯·达尔文，《物种起源》

作，从事细致的研究，不愿将其理论付诸笔端——他知道这将在知识界掀起轩然大波。

达尔文提出生物间存在激烈的生存竞争，拥有自然优势、更适应环境者更有可能生存繁衍，将优势遗传给后代，最终进化出新的物种。批评者认为达尔文在非难上帝，诋毁造物者的概念，将人类与禽兽相提并论。《物种起源》遭到强烈反对，也得到大量支持，引发多场激烈论战。支持进化论的例证逐渐增多，但自然选择的机理需要近代的基因学来阐明。**RP**

1860年5月11日

加里波第的意大利
Garibaldi's Italy

加里波第率军占领西西里，推进意大利统一

统一意大利是加里波第最大的军事成就，但他险些未能成行。起初加里波第决心从法国人手中夺回家乡尼斯，但统一北意大利的维托里奥·埃马努埃莱（Victor Emmanuel）和加富尔（Cavour）态度并不乐观，他们无法阻止加里波第，后者成功的话也许会给予支持，但他们建议加里波第采取极端谨慎的措施。朱塞佩·加里波第（Giuseppe Garibaldi）依然决定前往西西里，当地爆发了反抗那不勒斯国王的起义。1860年5月6日，加里波第带领部下乘明轮船"伦巴多号"和"皮埃蒙特号"驶离日内瓦，5月11日抵达马沙拉。加里波第的征程本可能就此结束——他的两艘轮船遭遇强大的那不勒斯战舰；幸运的是，当地指挥官以为加里波第受到两艘停泊在港的英国战舰保护，犹豫不决，最终下令开火时加里波第的大部分船员已经撤离，仅有一人肩膀受伤、一条狗腿部受伤。意大利统一过程中激动人心的高潮即将上演。

加里波第麾下的红衫"千人队"（实际上两艘船上共有约1200人）攻下巴勒莫，随即获得支持，不久占领了西西里和那不勒斯。10月，加里波第将领土移交给皮埃蒙特国王维托里奥·埃马努埃莱，后者于次年加冕为意大利国王。而意大利的民族英雄加里波第退隐至卡普雷拉岛，除一年份的通心粉外别无所获。没有人可以功高盖主。**RP**

▶ 多梅尼科·因杜诺（1815—1878）所作的《加普亚前的加里波第》，现存于米兰

1860年6月17日

钢铁巨轮
Iron Leviathan

世界上最大的轮船、布鲁内尔的"大东方号"跨越大西洋

"大东方号"仅用十五天横渡大西洋，但这并不能满足伊桑巴德·金德姆·布鲁内尔，他将继续奋斗。布鲁内尔已经掌握了北大西洋航线，但澳大利亚航线呢？他决心打造更大、更好、更快的轮船。"大东方号"长达620英尺（189米），重达8915吨，看起来像座火车站，通过明轮和钢铁旋桨驱动，有双层铁制船壳，因此确实无沉船之虞。

据《纽约时报》评论："似乎这艘巨轮从始至终就是一场大错。"这毫不夸张。"大东方号"财务困难不断，下水仪式堪称灾难：起初船体突然倾斜，造成一人死亡，之后完全动弹不得，几个月后才终于下水。1859年9月9日轮机舱爆炸，五人遇难。其他船在同样情况下必将失事，而"大东方号"没有沉没，但已身患中风的布鲁内尔在这最后打击之下告别人世。

1860年6月17日，"大东方号"驶离南安普敦。还能出什么差错呢？无畏的记者专程坐船记录，结果到纽约的航程却平静无事。他们在大西洋中部遭遇大风，但只有三人晕船。6月27日，"大东方号"成功入港，尽管船体撞到码头，使之凹陷5英尺（1.5米）。

"大东方号"令众人的期待落空，不适于运送乘客。1866年起，"大东方号"在印度洋和大西洋执行铺设电缆的任务。尽管如此，她是"卢西塔尼亚号"（1906年入水）之前世界上最大的轮船，也是所有现代班轮的原型。**RP**

1861年2月18日

意大利重新统一
Italy Is Reunited

意大利重新统一后召开代表全国的第一届议会

意大利重新统一主要归功于四个人：冰冷严肃的理想主义者朱塞佩·马志尼（Giuseppe Mazzini），他提出了革命理念；魅力超凡的爱国者加里波第，他提供了军事力量；皮埃蒙特国王维托里奥·埃马努埃莱，他是集结民众的王室领袖；埃马努埃莱的首相加富尔伯爵卡米洛（Camillo），这位狡诈的政治家经常采取迂回的手段达到目的。

意大利分裂为奥地利占领的东北地区、罗马附近的教皇国，以及波旁王朝统治的那不勒斯和西西里。意大利民族复兴之火由拿破仑三世重新点燃——他征服奥地利领土，鼓励意大利统一。法国同加富尔合谋，入侵意大利北部，将奥地利人拖入僵局，但令意大利人失望的是，法国同奥地利订立和约，意大利北部和中部未能全部统一。

1860年加里波第率领红衫千人队从波旁王朝手中解放西西里和那不勒斯。先前支持共和政体的加里波第同皮埃蒙特国王维托里奥·埃马努埃莱在罗马城外汇合，承认后者为统一的意大利国王——仅余教皇国和威尼斯尚未归顺。2月意大利全境代表参加议会，3月意大利正式统一。1866年加里波第领兵驱逐威尼斯的奥地利人，1871年，教皇国向意大利国民军投降。正如奥地利外交大臣克莱门斯·梅特涅（Klemens Metternich）所言，意大利不再是"一个地理学概念"，她在盟友的帮助下建国。**NJ**

1861年3月3日

俄国废除封建制度
Russian Feudalism Abolished

沙皇亚历山大二世不顾贵族反对,颁发法律解放农奴,推进俄罗斯现代化进程

沙皇亚历山大二世充满了矛盾。他最著名的成就在于彻底改革——主要是废除了封建农奴制度,但他紧握独裁大权,对1863—1864年间的波兰起义进行血腥镇压,最终遭到革命分子刺杀。

亚历山大二世在克里米亚战争中登基,决心改革俄国体制,大胆着手彻底废除农奴制。他认为这一落后的中世纪制度令数百万俄罗斯农民实际上沦为地主的私有财产,阻碍了现代化进程。亚历山大即位六周年时,其废除农奴制的声明生效。

但两年后世人见到了亚历山大性格无常的另一面——他残酷镇压谋求民族独立的波兰起义,数千人被流放到西伯利亚。沙皇在广大的国土上推行现代化,修建铁路,引入资本主义企业,但仅仅令革命者对他的温和改革感到失望。亚历山大躲过了数次刺杀——他的冬宫曾被炸毁了整层楼——但1881年3月在圣彼得堡的多重炸弹袭击中丧生,实施者是一群名为"人民意志"的青年革命分子,距亚历山大颁发诏令、赢得"解放者"之美誉刚好二十年整。其子亚历山大三世目睹了父亲在长久的痛苦中死去,决定处理革命威胁的唯一方式是进行铁腕镇压。

NJ

○ 俄国沙皇亚历山大二世,积极推行改革,于1861年废除农奴制度

> "上层废除农奴制度,好过农奴自下而上的进行自我解放。"
>
> 亚历山大二世声明

1861年4月12日

南方邦联军攻打萨姆特堡
Confederates Attack Fort Sumter

北方控制的萨姆特堡要塞被新美利坚联盟国攻陷

▲ 这张复合照片由一名邦联摄影师于1861年4月拍摄,展示了萨姆特堡遭到的破坏。

> "后代子孙永远也不会知晓南北战争造就的沸腾地狱……"
>
> 沃尔特·惠特曼(Walt Whitman),
> 《散文集》,1892年

1860年亚伯拉罕·林肯当选总统,南卡罗莱纳脱离联邦,次年其他南方各州纷纷随之退出,美国内战一触即发。1861年2月于阿拉巴马州蒙哥马利召开会议,宣布成立美利坚联盟国,杰弗逊·戴维斯(Jefferson Davis)任总统。

当时南卡罗莱纳查尔斯顿港的萨姆特堡掌握在华盛顿的联邦政府手中,令南方政府如鲠在喉。萨姆特堡有大约七十名守军,将领为罗伯特·安德森少校(Robert Anderson),根本无法对新邦联造成军事威胁,但挑战了南方政府的尊严。查尔斯顿当局拒绝继续向堡垒守军出售食物,林肯总统在华盛顿就任次日(3月5日)得知4月15日前军需尚未运抵,守军就要挨饿,林肯派军队从海上运送食物和供给。

杰弗逊·戴维斯令守军投降,但安德森拒绝。4月12日清晨4点30分,南方邦联军开始轰击堡垒,三十四小时之后,几近弹尽粮绝的安德森投降。萨姆特堡降下星条旗,守军得到战败军优待,安全走出堡垒。无人丧生。

林肯和戴维斯都不想率先开战,但此时林肯召集了七万五千志愿军镇压南方"叛乱";5月6日,邦联国会宣布进入战争状态。南北战争开始。**RC**

1861年

米肖推出自行车
Michaux Introduces the Velocipede

巴黎铁匠打造当时最便捷的交通工具

以发明者卡尔·德莱斯男爵（Karl Drais）命名的德莱斯式自行车1817年面世，骑车人跨坐、用双脚蹬地前进，但在十九世纪中期以前一直属于新奇事物。1839年，苏格兰铁匠科科帕德里克·麦克米兰（Kirkpatrick Macmillan）设计了突破性的传动系统，以踏板驱动后轮，但他的发明未能流行起来。

1861年，来自法国东部的皮埃尔·米肖（Pierre Michaux）——也有资料称是南锡的皮埃尔·拉勒蒙（Lallemont）——添加了踏板，令骑车人可以直接转动前轮，他称之为双轮自行车，也是得到广泛承认的第一台真正的自行车。依照米肖的原始设计，自行车骨架以铸铁制造，但曾在米肖手下短暂工作的拉勒蒙倾向于采用锻铁，结果证实锻铁更强韧和实用。1865年拉勒蒙移居美国，1866年11月为双轮自行车申请专利，但没能找到生产商。两年后他返回法国。

自行车的发明引发第一波骑车环游欧洲的短暂风潮，米肖的大批量生产满足了市场需求，生产量一度达到每日二百辆。新发明的自行车被大众戏称为"颠散架"，因为车身完全由铁和木头制作，又没有弹簧，骑车时非常不舒服。法国举行了自行车比赛，其中1869年巴黎到鲁昂的赛道总长超过75英里（120千米），胜者十一个小时内抵达终点。但自行车风潮很快消退，1870年普法战争爆发，包括米肖在内的欧洲大陆铁匠都有了其他优先事务，自行车设计的焦点转移至英国。**PF**

▲ 1869年水彩，描绘米肖的双轮自行车，以铸铁制成，踏板可以直接转动前轮

> "连跳蚤都会遗弃（草原狼）而选择一辆自行车。"
>
> 马克·吐温，《苦行记》，1871年

1861年12月14日

王室悲歌
Royal Typhoid Tragedy

阿尔伯特亲王死于伤寒，维多利亚女王开始长达四十年的哀悼期

1861年12月1日，不列颠女王维多利亚的丈夫阿尔伯特亲王感到不适，称自己虚弱到拿不起一支笔。第二天御医威廉·詹纳（William Jenner）预计亲王不久后会发烧，但坚称"不需要恐慌"。

发热如期而至，但阿尔伯特亲王的身体状况堪忧——他因饮水被污染感染伤寒，这种对人类一视同仁的疾病带走了可敬的亲王。对维多利亚而言，12月14日星期六是"可怕的一天"。早上，她惊恐地发现阿尔伯特眼睛明亮、呼吸急促；下午她意识到丈夫即将离世，维多利亚弯下腰、用德语轻声说"我是你的小妻子"，向阿尔伯特索吻，但他已经无法回应。晚上，亲王的呼吸不再吃力，但双手冰冷。维多利亚跪在他身边，握着他的左手，而全家人和御医们簇拥在床前。阿尔伯特长舒几口气后撒手人寰。

阿尔伯特亲王四十二岁去世，同维多利亚女王二十一年前结婚。最初有人担心小国萨克森-科堡的阿尔伯特王子只是为了钱财娶维多利亚为妻，但事实证明阿尔伯特英明勤勉，擅长管理，资助艺术发展并极具鉴赏力。他无疑是忠诚又顾家的男人，为维多利亚所钟爱。失去阿尔伯特对于维多利亚"如同一半的肉体和灵魂被生生扯去"。

政客们很快将女王陛下重新包装为大英帝国荣耀的象征，但维多利亚在心爱的阿尔伯特去世后深陷于悲痛之中，在长长的余生中一直穿着黑衣表达对亡夫的哀悼。**RP**

1862年5月20日

甜蜜的家
Home Sweet Home

《宅地法》令中西部人口大量增加

十九世纪四五十年代，越来越多的家庭迁至密苏里河以西，开拓农场，能够建起木屋之前暂居在茅草房中。密苏里议员托马斯·哈特·本顿（Thomas Hart Benton）年复一年为小户移民争取廉价的土地，终于得到民主党领袖斯蒂芬·A.道格拉斯（Stephen A. Douglas）支持，但由于遭到南方蓄奴州反对而流产。小农场主不需要奴隶，而南方认为西部建立新的自由州将威胁到整个体制。

南北战争爆发后，共和党占有了这个提案，华盛顿国会通过了《宅地法》，规定任何连续定居满五年的美国公民可以免费或以极低的价格从公共领地中得到160英亩土地（65公顷），仅六个月后就可以每英亩1.25美元的低价买下它，因此投机商通过雇佣员工假扮成农民买进了大片土地。国会也通过法案向横贯美洲大陆的铁路提供了1.3亿英亩土地（5200万公顷）。

这些措施促使美国中部人口大量增加，密苏里到洛基山脉之间的农场和城镇如雨后春笋般涌现，现代中西部地区得以成型。尽管对当地土著居民造成了巨大影响，但1870—1920年间，美国农场的数量从270万增至650万，平均面积仅约150英亩（60公顷）。十九世纪六十年代的措施也令共和党主导美国政治达五十年。**RC**

1862年9月17日

北部的巨大人员伤亡
Massive Casualties on Northern Soil

安提耶坦战役在美国内战中造成了最大的人员伤亡，也是美国军事史上单日牺牲人数最多的战役

1862年夏天，罗伯特·爱德华·李将军（Robert Edward Lee）率领南方邦联军北上，渡过波拖马可河（Potomac）进入马里兰，从弗吉尼亚发起攻势。他原本准备攻打宾夕法尼亚，却遭遇了美国内战中最血腥的战役。

李在宾州边境附近夏普斯堡的安提耶坦溪后方山脊上采取守势。乔治·B.麦克莱伦将军（George B. McClellan）旗下的北方联邦军于9月15日下午和晚上抵达。麦克莱伦为人谨慎，且没有意识到己方极具兵力优势。他犹豫再三，两天后黎明时分战役才正式开始。倘若麦克莱伦集中兵力发起大规模攻势，也许已经取得胜利；但他只展开零星攻击，被邦联军挡下。

共四千人死亡，另有一万七千人受伤。北方军队伤亡人数更多，但兵力较弱的邦联军相应的伤势更重。第二日战场上横尸遍野，濒死和受伤的士兵比比皆是。联邦的下一轮进攻迟迟未至，于是李撤军返回弗吉尼亚。麦克莱伦的追缉令过于迟缓，因而11月被林肯总统解职。尽管安提耶坦战役明显未取得任何战绩，但令林肯宣布解放奴隶，欧洲国家也不再承认南方邦联。**RC**

- 林肯总统在安提耶坦联邦营地会见艾伦·平客顿上校和麦克莱伦将军
- 路易斯安那旅战死的士兵，他们在安提耶坦战役中包围了黑格斯敦路围栏

1862年9月22日

解放南方奴隶
Freeing the South's Slaves

林肯总统颁布《解放奴隶宣言》

▲ 1862年林肯内阁会议,会议上林肯宣读了《解放奴隶宣言》初稿

美国爆发内战以维护国家统一,但南北方长期以来僵持不下的焦点在于奴隶制存废问题。1862年,华盛顿国会通过法案,宣布南方"叛乱"支持者的奴隶自动得到解放,但毫无可行性。尽管北方强烈支持废奴,黑人依然受到广泛歧视,被视潜在的廉价劳力,可能导致白人失业。林肯总统从容不迫,但安提耶坦战役中南方邦联军战败几天后,他在《解放奴隶宣言》初告中声明,倘若南方邦联不停止叛乱,他将于1863年1月1日宣布南方领土内"所有奴隶""立即得到解放且今后永享自由"。

1863年的《解放奴隶宣言》开启了美国全面废奴进程,并批准黑人加入联邦军队。当时已有逃亡的黑奴在联邦军中服役,担任劳工、司机、厨师和护士,还有部分士兵。但自1863年起,大量黑人加入联邦陆军和海军,被单独编制为黑人分队,几乎全部由白人军官指挥,且待遇低于白人。但在几场激战中黑人的勇猛和功绩令北方人刮目相看。**RC**

1863年1月10日

地铁
Trains Under the Ground

第一条载客地铁开通，标志着维多利亚时期工程技术发展进入全盛期

△ 世界上最早的地铁——伦敦大都会线试通车

1851年大北方铁路公司建造的国王十字车站落成后，伦敦地铁方案首次提出，但大北方对地铁服务毫无兴趣，这项任务便交给了新近成立的北方大都会铁路公司，地铁新线路于1854年获得许可。

大都会公司历时十年克服技术困难，开凿和建设法灵顿到帕丁顿的第一段地铁——帕丁顿是伊桑巴德·金德姆·布鲁内尔的大西方铁路终点站。他们设计了新型铁轨，能同时适应布鲁内尔的宽轨距列车和伦敦普通列车。1月10日，万众瞩目的地铁开通，十分钟一班，当天运送乘客四万一千人。不久到穆尔盖特的新线路开通，二十年内大都会线每年的客运量高达四千万，如今隶属于汉默史密斯及城市线。1884年伦敦地铁环线建成。

最早的地铁列车使用开放式车厢，由蒸汽机车提供动力，第一批乘客包括首相威廉·格莱斯顿（William Gladstone）。第一条深层地铁隧道（现为北线地铁的一部分）于1890年开通。不久以后莫斯科和巴黎等首都纷纷仿效伦敦建造地铁，都市交通进入快速便捷的新纪元。NJ

1863年5月15日

新画派的冲击
The Shock of the New

"落选作品展"解放法国艺术,提升印象派地位

《草地上的午餐》局部图,爱德华·马奈作于1863年,现藏于巴黎奥赛博物馆

1667年法兰西高等艺术学院在巴黎创建一年一度的沙龙,长期主导着法国艺术界。一项作品必须具备相当的艺术价值、并保证能带来商业回报,才有资格在沙龙展出。这一机构淘汰了低劣作品,但同时也阻碍了艺术创新。

1863年,提交给沙龙评审团的五千项作品中有半数以上被拒。喜爱表现其开明态度的皇帝拿破仑三世来到沙龙,宣称落选的作品同沙龙所认可的一样优秀,并下令在附近的巴黎工业宫举行"被拒美展"(Salon des Refusés)。许多艺术家担心被沙龙评审团迁怒或遭到公众的嘲弄,但也有人接受了挑战。进入"被拒美展"需通过沙龙的十字转门,正如一位评论者所述,"仿佛走进了杜莎夫人蜡像馆的荣誉室"。

展览第一天有七千余名观众,他们欣赏到了马奈、惠斯勒、毕沙罗、塞尚等艺术家的作品。最受争议的是马奈的《草地上的午餐》,它描绘了无拘无束的波西米亚式生活,受到部分批评家指责,认为其现实主义风格毫无艺术感,且有伤风化,但也有人支持其新颖性。落选作品展重创沙龙的权威性,为印象派等艺术家举办展览开创先例。艺术得到解放,向全新的方向发展。**RP**

1863年7月1日

内战转折点
Turning Point in the Civil War

葛底斯堡战役中联邦军队阻止南军北上

▲ 约翰·理查的作品《葛底斯堡战役，1863年7月1—3日》

1863年春末，邦联军队向北方发起惊人的攻势。罗伯特·爱德华·李麾下的北弗吉尼亚军队在弗吉尼亚钱瑟勒斯维尔击败入侵的波托马克军团，但李痛失得力部下"石墙"杰克逊——杰克逊被己方哨兵误伤致死。李挥师北上进入宾夕法尼亚西部，意图攻占重要的铁路枢纽哈里斯堡，以切断联邦供给线，其后可能继续占领费城、甚至是华盛顿特区。敌对的北方联邦军队由乔治·戈登·米德将军（George Gordon Meade）统帅。双方均未掌握敌军的具体位置，直至在距安提耶坦战场不远的葛底斯堡相遇。南军将联邦士兵逐出城镇，却不幸令后者登上南部山脊，占有绝佳的防御优势。

邦联以7.5万兵力对抗9万北方军队。战局同安提耶坦战役相反——李向山上发起一系列攻势，而联邦军队坚持了两天。双方英勇作战，伤亡惨重。共有8000人战死，2.7万人受伤，双方损失相差不大。暴雨中两军都已疲惫不堪，李将军率兵返回南方。

葛底斯堡是美国内战的关键转折点，但这一点在当时尚不明确。还有更多士兵将在战场上送命。**RC**

1863年11月19日

"八十七年前……"
"Four Score and Seven Years Ago..."

林肯总统发表葛底斯堡演说——历史上最伟大、最短的演讲之一

尽管取得节节胜利,北方民众对战争的厌倦与日俱增,也强烈敌视征兵制度。7月中旬,纽约市发生暴动,数百人遇害,大部分是爱尔兰工人所为。暴动由对征兵的不满引发,但主要针对黑人,他们被吊死在街灯柱上,一家黑人孤儿院也遭到焚毁。

纪念阵亡将士的葛底斯堡国家公墓落成,林肯总统受邀致辞时将人民的厌战情绪记在心上。落成典礼包括音乐、赞美诗和祷告,前马萨诸塞州州长爱德华·埃弗里特(Edward Everett)进行了长达两小时的演讲,但在林肯总统面前相形见绌——林肯在两分钟内以不到三百个词发表了历史上最伟大的演说之一。林肯以"八十七年前"开篇,简要说明内战目的和美国的建国之基。

林肯称,先辈们"创建了一个新的国家,她孕育于自由之中,奉行人人生来平等的信条。"在葛底斯堡战场上阵亡的勇士们"为国家的存续而捐躯"。他总结道,"我们在此下定最大的决心,不让死者白白牺牲;我们要使国家在上帝福佑下得到自由的新生,令民有、民治、民享的政府与世长存。" RC

- 著名的葛底斯堡演说林肯亲笔手稿第一页
- 从远处拍摄的照片——林肯参加葛底斯堡国家公墓落成仪式并发表演讲

1864年7月21日

"中国人戈登"
"Chinese Gordon"

太平天国起义失败，巩固了清朝的统治

南京死者甚众，但太平天国运动自十四年前诞生以来，已有两千万人左右为之丧命。南京失陷第三天，约十万人在激烈的巷战中牺牲。起义领袖洪秀全自封为耶稣基督的兄弟，建立太平天国，令无能的清政府和强取豪夺的外国人利益遭到损害。洪秀全定都南京已有十载，但在上个月死于食物中毒。清兵获胜得益于英国人的支持，尤其是查理·戈登（Charles Gordon）和"常胜军"。

曾国藩和李鸿章重新组织清兵，1860年起叛军开始防守。欧洲人为保护其在中国的经济利益援助清政府。戈登于1860年自愿加入不列颠驻华军队，创建"常胜军"的美国军官去世后，1863年3月李鸿章说服英军令戈登担任统帅。戈登治下军纪严明，醉酒者以死刑论处。他率军冲锋，挥舞着藤杖取得一系列胜利，为清军攻陷南京打下基础。戈登得到御赐黄马褂，被称为"中国人戈登"。

人类历史上最血腥的冲突之一尚未结束——二十五万余太平军依然在逃。但清朝已胜券在握，清政府将继续在欧洲的持续影响之下统治中国数十年。**RP**

1864年8月22日

救死扶伤
Help the Wounded

1864年的《日内瓦公约》促进建立国际红十字会

1864年8月22日，瑞士政府主办的会议在日内瓦召开，十六个与会国家中有十二个签署了《日内瓦公约》以"改善战地伤员境遇"，这是世界上首个向战场上伤兵和医护人员提供中立保护的公约，对十二个签署国有法律效力。公约规定以白底红十字旗帜标识中立医院、救护车和疏散中心。瑞士商人亨利·杜南（Henri Dunant）的梦想实现了。

1859年6月，杜南目睹了法国和奥地利间索尔弗利诺战役结束后的惨状，数千士兵缺乏医疗救助，在战场上因伤致残。杜南几天来尽其所能帮助伤员。回到日内瓦的家中后，他写下了《索尔弗利诺回忆录》，倡议成立志愿救援组织以救护战场伤员。杜南为此于1863年促成建立了红十字国际委员会，向各国游说保护战争中的平民，次年这项提案被瑞士政府成功采纳。

杜南无心处理自己的生意，以致1867年宣布破产，此后过着拮据的生活。但1901年杜南获得诺贝尔和平奖，二十世纪他的工作取得丰硕的成果：红十字会与红新月会国际联合会最终成为发达的组织，在战争和和平时期提供人道主义救援，《日内瓦第四公约》的签署国超过一百九十个。**RP**

1864年9月28日

国际工人联合会
International Brotherhood

第一国际成立，加快共产主义发展

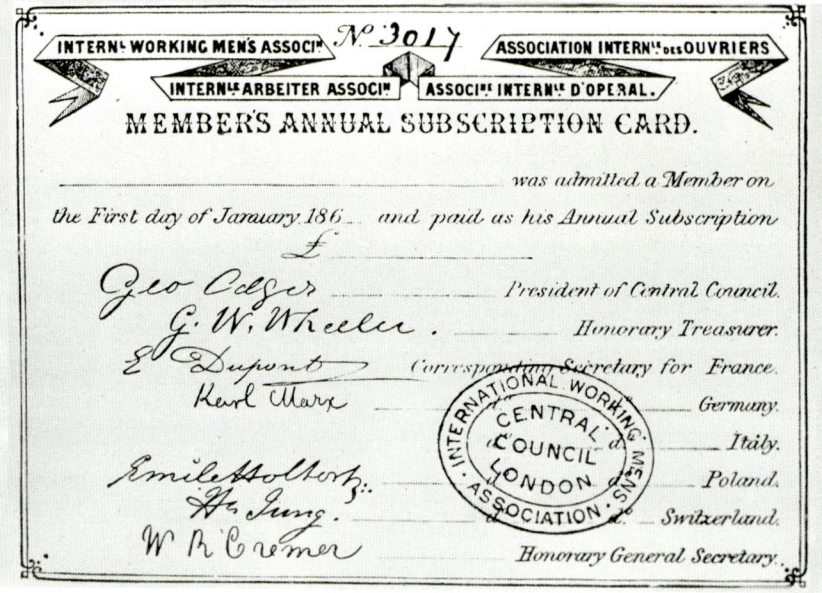

△ 国际工人联合会（又称第一国际）会员卡，由卡尔·马克思创建

卡尔·马克思相信资本主义时日无多。一旦无产阶级除枷锁外一无所有，他们将发起血腥的革命。马克思自1849年起定居伦敦，他持以上观点参加了科芬园圣马丁堂的欧洲社会主义者和共产主义者会议。工人阶级必须联合起来，左翼知识分子也要统一战线，因此马克思赞同爱德华·斯宾塞·比斯利教授（Edward Spencer Beesley）在演讲中的观点——应当成立世界工人联合会。

工会主义者们予以支持，会议一致决定建立国际工人联合会（即第一国际），总部设在伦敦，委员会有马克思等二十一名成员。马克思兼任分委会成员，负责起草联合会章程和会规。集会在马克思家中进行，他很快成为领导人。马克思写下《成立宣言》，阐述第一国际的存在目的，并被选为常任委员。

建立第一国际不难，但使其有效运行极为艰辛，原则立场不同的群体不断发生碰撞和争吵。马克思同无政府主义者米哈依尔·巴枯宁（Mikhail Bakunin）多次冲突后，终于意识到组织难以为继。第一国际于1876年解散。第二国际1889年成立，但也不长久。**RP**

1865年4月9日

李将军承认战败

罗伯特·爱德华·李在阿波马托克斯投降,结束美国内战

士兵们驻扎在阿波马托克斯郡府前,李将军在这里向格兰特将军投降

1865年3月末,尤利西斯·S. 格兰特(Ulysses S. Grant)麾下的波托马克联邦军于弗吉尼亚州彼得斯堡向罗伯特·爱德华·李统率的南方邦联军发起攻势。李将军试图逃往西方避免冲突,但被格兰特阻截。李的军队缺乏士兵、弹药和武器,但另一支联邦军队正从南方迅速赶来。4月7日,格兰特致信李,建议后者投降以免更多人牺牲。两位将军下午一点钟左右在阿波马托克斯郡府麦克林宅邸中会面。令人惊奇的是,他们惺惺相惜,进行了愉快的交谈,再着手谈正事。格兰特开出慷慨的条件。他不想羞辱对手,而是希望南方重回联邦怀抱。李的部下将放下武器返回家园,联邦军队不会对他们采取进一步行动。南军可以保有马匹,联邦士兵也会同他们分享给养。

李将军接受格兰特的条件后出门上马。格兰特向他脱帽致意,李回礼,返回军中通知其部下。其他邦联军队不久纷纷投降。南北战争中联邦损失约三十六万士兵,邦联阵亡人数为二十六万,但北方人口基数远大于南方,占有关键优势;且北方因工业化拥有更先进的装备。毫无疑问,战争持续时间越长,则南方邦联获胜的希望越渺茫。**RC**

1865年4月14日

领袖之死
Death to the Chief

北方在内战中获胜后林肯遇刺

邦联军队在阿波马托克斯投降五天后，北方联邦获胜的主要功臣亚伯拉罕·林肯总统遭到暗杀。林肯几天前梦见白宫中有一具盖着裹尸布的遗体，并被告知总统去世。林肯不以为意，跟妻子玛丽说"我们今后要更乐观"。受难节当晚，他们计划去福特剧院观看喜剧《美国表亲》，林肯说自己需要开怀一笑，劝服玛丽勉强出门。

与此同时，狂热支持南方邦联的演员约翰·威尔克斯·布斯（John Wilkes Booth）密谋暗杀总统和其他政要。林肯夫妇的到来令剧院全场起立鼓掌欢迎，响起阵阵欢呼声。林肯夫妇到包厢中就座，但警卫员溜去看戏了。布斯悄声潜入包厢，一枪击中林肯头部，跳到舞台上高呼弗吉尼亚州铭词——"这就是暴君的下场！"后逃离剧院。

不省人事的总统被送到街对面的公寓中，再也没有恢复意识，几小时后于4月15日上午7点22分逝世。北方民众悲痛不已，并燃起了复仇的怒火。布斯很快被发现，拒捕时中弹身亡。他的同谋者们大部分遭到围捕，被处以绞刑。林肯的副手、田纳西的安德鲁·约翰逊（Andrew Johnson）继任总统，但美国南方、黑人和白人之间和解的希望随着林肯去世而破灭。RC

◭ 约翰·威尔克斯·布斯刺杀亚伯拉罕·林肯总统几年之前的照片

◮ 林肯遗体置于敞开灵柩中在纽约市市政厅中供公众凭吊，周围是政府守卫

> "最终真正重要的不是生命里的岁月，而是岁月中的生活。"
>
> 传为林肯总统名言

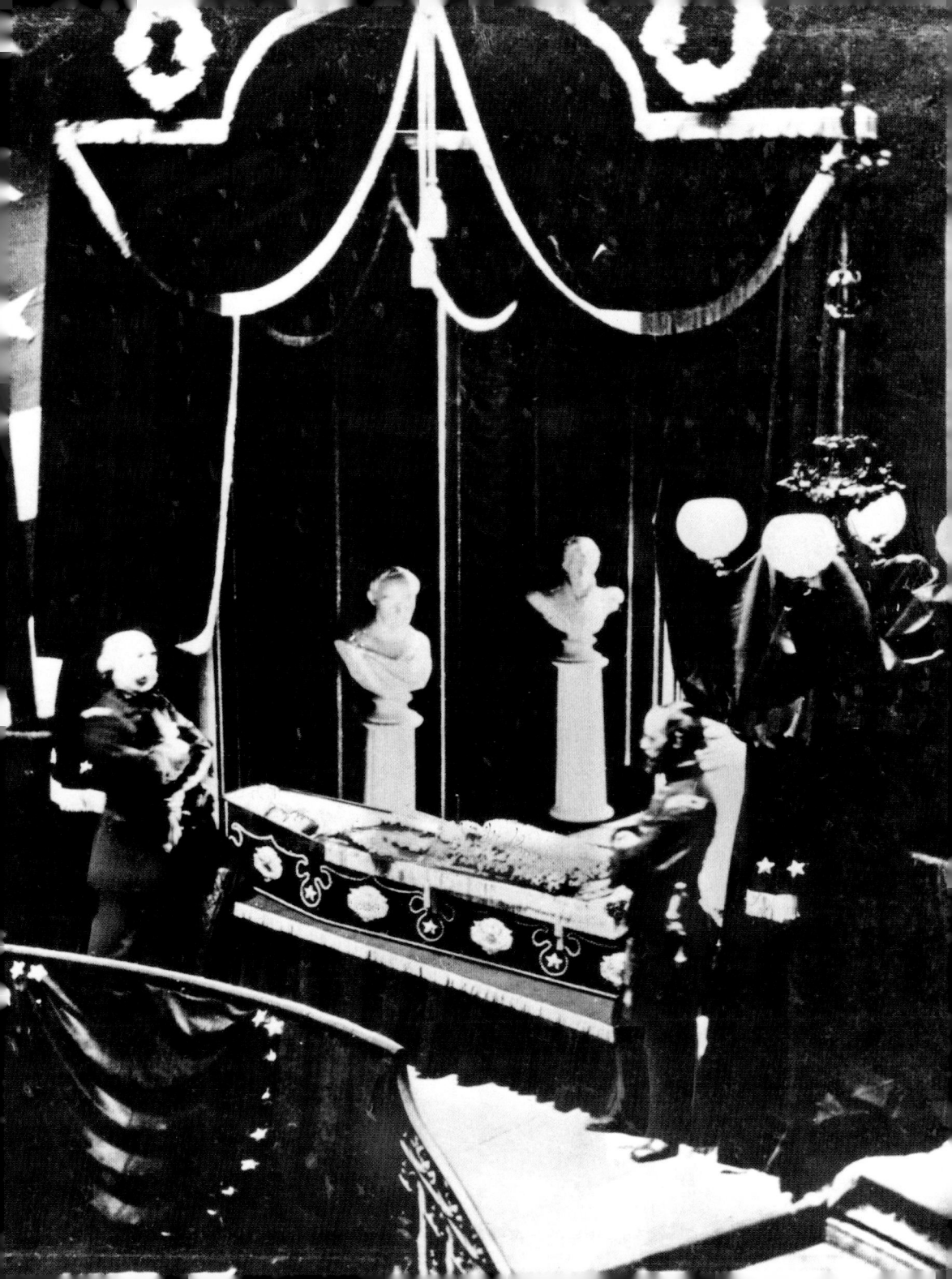

1865年

《战争与和平》出版
War and Peace Published

列夫·托尔斯泰史诗般的俄语巨著《战争与和平》第一卷出版，彻底变革俄罗斯和欧洲文学

列夫·托尔斯泰用五年时间完成《战争与和平》第一部分，七易其稿，于1865年出版第一卷。英译本1866年面世，其余六卷1869年出版。这部卷帙浩繁的巨著引发俄国和欧洲文学界革命，前所未有地描写了近五百个人物，上至沙皇、下至农奴，众人的命运在多重主线之下交织于残酷的战场、复杂的社交晚会和农民家中。托尔斯泰加入了他对人类境遇的深刻思考，表达了自由意志同命运对抗的主题。

《战争与和平》描绘了两大俄罗斯家族——贫困的乡绅罗斯托夫和高尚的贵族保尔康斯基——于1812年拿破仑入侵俄国时的命运。托尔斯泰以亲身经历创作——他曾于十九世纪五十年代的克里米亚战争中担任炮兵。他笔下的战斗场景生动描绘了战争中的混乱和残酷屠杀，似乎表达了托尔斯泰的宿命论观点：人类面对历史大潮只能随波逐流。《战争与和平》令莫罕达斯·甘地（Mahatma Gandhi）备受鼓舞，开始和托尔斯泰通信，最终采纳了后者的和平论和不抵抗主义信条。托尔斯泰同其他俄罗斯贵族一样拥有农奴，但他关心自己广大领地之上农奴的境遇和教育。托尔斯泰晚年试图放弃世俗财产，过清简的生活。**JJH**

▶ 伟大的俄罗斯作家列夫·托尔斯泰在亚斯纳亚波良纳的家中，他终生居住于此

▶ 亚历山大·艾普希特1964年为列夫·托尔斯泰的《战争与和平》所绘插图

1865年12月6日

废除奴隶制
Slavery Abolished

美国宪法修正案保护曾身为奴隶者的权利

奴隶制存废是南北战争中的决定性问题。1862年9月，在这场漫长而悲惨的消耗战中，林肯总统颁布了至关重要的《解放奴隶宣言》，宣布组成邦联各州的奴隶获得解放，同时有效取缔北方的奴隶制度。但这项总统法令并不全面：地处边境的肯塔基、密苏里、马里兰、特拉华和西弗吉尼亚，以及已被联邦控制的田纳西州并没有废除奴隶制。

被《解放奴隶宣言》免除在外的几个州同意在内战进行期间废除奴隶制。但肯塔基和特拉华拒不屈服。只有修正宪法，才能合法取缔奴隶制。林肯1864年重新竞选总统时的一大宣传内容，是许诺他将修正宪法、彻底废奴。这将是1804年以来首次修正宪法。1865年初林肯在国会中推进宪法修正案，尽管林肯遇刺，提案继续实行。12月6日佐治亚州成为接受修正案的第二十七个州，达到获得全国（三十六州）四分之三支持的条件，修正案通过。1865年12月18日，国务卿威廉·亨利·苏厄德（William Henry Seward）宣布美国及其领土内终于废除奴隶制度。但肯塔基1865年仍有四万奴隶，直至1976年才认可修正案；特拉华坚持到1901年，而密西比直至1995年终于承认修正案。

美国宪法第十三至十五条修正案被合称为《重建修正案》，它们彻底废除奴隶制度，并保护曾身为奴隶者的公民权和投票权。**PF**

1866年7月3日

普鲁士掌控大局
Prussia Gains Control

奥地利军队在克尼格雷茨战役中惨败

1866年夏天，约四十万人为德意志的未来备战。当时三十九个小国组成松散的德意志邦联，由奥地利帝国和普鲁士王国领导。普鲁士首相奥托·冯·俾斯麦（Otto von Bismarck）诱使奥地利开战——他确信普军必胜。

> "我永远不会仅为解决国内困难而卷入对外冲突。"
>
> 普鲁士首相奥托·冯·俾斯麦，1862年

普鲁士总参谋部棋高一着，使用铁路以空前的速度调动大军。普方的两支军队发动正面攻击，第三部队运用策略袭击敌军侧翼。正面攻击属于孤注一掷之举，也令奥地利将领路德维希·班尼迪（Ludwig Benedek）不再犹豫——他先前本可以发动决定性反击。但普鲁士士兵装备着德莱赛步枪，其射击速度是奥方的五倍。奥地利人已经伤亡惨重，而普鲁士又从侧面击中要害。此后的战势走向毫无悬念。奥地利损失四万五千士兵，而普鲁士的伤亡人数为九千人。奥方无力再战，只得签订停战协定。根据和约，普鲁士控制德意志北部，奥地利无权插手德意志事务。普鲁士向统一德意志迈出了一大步。**RG**

1867年

揭露资本主义弱点
Weaknesses of Capitalism Exposed

卡尔·马克思出版《资本论》第一卷

1867年,卡尔·马克思的德语著作《资本论》第一卷出版,远远落后于原定计划。《资本论》是一本全面的政治经济学专著,马克思在书中强调,资本主义发展的动力源于对劳动者的剥削和异化。他认为资本家按照市场价格支付劳动者工资,但劳动者所生产的商品在市场中的实际价值超过了所得工资,这部分剩余价值被垄断生产资料的资本家无偿占有,令其资本扩充,固定生产模式,资本主义得以继续压榨劳动者。

《资本论》主要着眼于资本主义的结构性矛盾,而非阶级对立。就其本身而言,《资本论》并不主张革命。马克思反而认为在正常情况下,经济危机、崩溃和增长会交替发生,为革命创造条件,至少会引发生产方式的转变。马克思称他试图以《资本论》辩证的分析政治经济学,并为现代劳工运动提供科学解释。他的目标是阐明资本主义将自然被新的社会主义生产方式取代,工人们将控制生产资料。

马克思最著名的作品是同弗里得里希·恩格斯合著的《共产党宣言》(1848年发表),他在其中提出的观点最终形成了《资本论》框架——虽然《资本论》后几卷于1883年和1885年出版时马克思已经离世。**TB**

◐ 卡尔·马克思的巨著《资本论》扉页,1967年于汉堡出版

> "资本是无生命的劳动力,如同吸血鬼一般,只依靠压榨劳动者生存。"
> ——卡尔·马克思,《资本论》

1867年6月19日

待宰羔羊
A Lamb to the Slaughter

墨西哥皇帝马克西米连出逃失败,遭到枪决

1864年,奥地利皇帝御弟、马克西米连大公携年轻的妻子卡洛塔(Carlota)满怀善意地来到墨西哥,加冕为皇帝。他误以为自己已经被墨西哥人接纳,此后将他们视为"其子民"。实际上马克西米连是在法军的支持下来到墨西哥——法国为推行其帝国主义计划,勾结富有的墨西哥地主和天主教会,准备利用新皇帝除去威胁到其财富和权力的总统贝尼托·胡亚雷斯(Benito Juárez)。

令支持者愤慨和失望的是,马克西米连关心饱受压迫的农民福祉,拒绝取消胡亚雷斯的改革。但法国军队几乎将胡亚雷斯驱逐至美国境内的德克萨斯,美国政府坚持门罗主义,要求法国撤军。1866年,拿破仑三世正式宣布撤兵,卡洛塔王后返回欧洲向他求援,但一无所获。1867年法军撤离墨西哥。但马克西米连绝不退位出逃——他认为这是可耻的行径。他的九千名士兵在墨西哥北部的克雷塔罗被Juarista军队包围,在饥饿和背叛之下被迫投降。

马克西米连被囚禁在女修道院中,计划在廷臣的帮助下逃走——美国出生的Agnes zu Salm-Salm公主将色诱名为帕拉西奥斯(Palacios)的陆军上校,但计划落空。三十四岁的马克西米连被判处死刑,清晨遭到枪决。胡亚雷斯次月返回墨西哥城,墨西哥再度成为共和国。**RC**

◐ 1867年拿破仑三世从墨西哥撤军,马克西米连遭到驱逐,最终被处决

> "……除美国外任何人都无权鞭打墨西哥。"
>
> 阿特穆斯·沃德(Artemus Ward),1865年

1868年1月3日

东洋道德，西洋技术
Eastern Ethics, Western Technology

明治维新开启日本现代化进程

△ 月冈芳年1877年作品《读报》，这幅讽刺画将读报的妇女比作发情的猫

　　1853年，海军准将佩里率美国舰队来航，日本被迫向世界敞开国门，其后的十五年间日本保守派和维新派争夺大权。十九世纪五十年代，日本仍处于封建社会，由江户的德川幕府统治。天皇是尊贵的形式领袖，在京都宁静的皇宫中长期权力架空。

　　幕府无力阻止美国打破日本的闭关锁国政策，威信受损。加强海防带来财政负担，且开国后日本经济受到冲击，引发严峻困境，各地纷纷爆发起义。1863年，德川家茂被迫前往皇宫寻求天皇支持，距上一次幕府将军进京已有两百余年。1867年年末，将军退位，装备着西式步枪的武士起义，推翻幕府，还政于年轻的明治天皇，后者的统治持续到1912年。1868年1月3日明治天皇颁布诏书，政变生效。如佐久间象山提出的"东洋道德，西洋技术"所述，天皇当政后施行了大批变革，废藩置县，取消武士的特权身份，建立现代教育和征兵体制，制定成文宪法，在二十年内推行了西式服装、用电、铁路、所得税、邮政系统和议会政府。专制的军国主义政府自上而下实行西化，但仍利用古老的神道教将明治天皇神格化。**JH**

"广兴会议，万机决于公论。"
《五条御誓文》，1868年4月

1869年3月6日

元素分类
Classification of the Chemical World

门捷列夫发表元素周期表

1869年德米特里·伊万诺维奇·门捷列夫首次正式向俄罗斯化学学会展示他的元素周期表，他预言将会发现更多放射性元素，遭到部分会员讥笑。但笑到最后的是门捷列夫——镓和锗分别于1875年和1886年发现，证实了门捷列夫的元素周期律理论。

门捷列夫的列表说明了元素的周期性。元素按照原子数升序排列，化学性质相似的元素列于同一纵列。

虽然学界公认门捷列夫为第一版元素周期表的发明者，但至少另有两名科学家也在研究各自的元素表。1864年，洛塔尔·迈耶尔（Lothar Meyer）发表的方案覆盖二十八种元素。但与门捷列夫不同的是，迈耶尔并未用其列表预测新元素。约翰·纽兰兹（John Newlands）于1865年发表其元素八音律——他发现原子序数差值为8的元素拥有相似的物理和化学性质，因此用音乐中的八音律做类比。但纽兰兹的想法有两大缺陷：不适用于原子量高于钙的元素，且列表中没有为新元素（如惰气元素）预留位置。

元素周期表是现代化学的重大发现，为化合物特性的分类和比较提供了重要框架。随着新元素的发现和理论的发展，周期表不断进行修正，在科学和工业的众多分支领域内也极具实用价值。**TB**

○ 德米特里·门捷列夫（1834—1907）照片，摄于二十世纪初、门捷列夫卓越的化学生涯即将结束之时

> "原子量不属于煤或钻石，它是碳元素的属性。"
>
> 德米特里·门捷列夫解释元素周期表

1869年5月10日

金道钉
The Golden Spike

美国首条横贯大陆铁路于犹他州接轨

犹他金道钉仪式标志着第一条横贯大陆铁路完工

　　有学者认为美国发展过程中,铁路的重要性不亚于政党。在如此广阔的国土之上维持统一的国家,铁路确实发挥了关键作用。美国于十九世纪二三十年代修建了第一批铁路;五十年代中期,铁路从东海岸向西部延伸;六十年代,中央太平洋铁路公司和联合太平洋铁路公司雇佣中国和爱尔兰劳工,分别从东面的加利福尼亚和西面的奥马哈开工,修建第一条横贯大陆铁路。

　　两条铁路在犹他州普瑞蒙托里峰接轨,这是美国铁路史上最动人心弦的一刻。为最后一段铁轨专程打造的金道钉将被钉入加州桂木制成的枕木。接轨当日,八名华工在欢呼声中铺设了最后一段铁轨。两台机车——联合太平洋119号和中央太平洋60号——面对面停下,中间仅隔一段铁轨。中央太平洋总裁利兰·斯坦福(Leland Stanford)将金道钉轻敲入铁轨,美国首条横贯大陆铁路正式完工。

　　据估计,目睹金道钉仪式的观众多达三千人。不久金道钉和桂木枕木被撤下,换成普通枕木和铁钉。

　　中午12点47分,"完工"一词经电报传遍全国。金道钉国家历史遗址于1957年建成,其中有两台可发动的机车复制品。**RC**

1869年11月17日

苏伊士运河通航
Inauguration of the Suez Canal

欧亚间更短的新航路建成

1869年11月17日,一支舰队驶入刚刚通航的苏伊士运河

连通红海和地中海的苏伊士运河计划终于实现,得益于高瞻远瞩的前法国外交官斐迪南·德·雷赛布(Ferdinand Marie de Lesseps)。雷赛布读到古人在沙漠中开辟道路的记录,备受鼓舞。其旧相识塞伊德·帕夏(Said Pasha)继任埃及总督时,雷赛布立即为实现梦想而奔走,几天之内取得特许,之后着手集资,得到了法国国家贷款的帮助。

1859年雷赛布本人在沙漠中下了第一铲,数千埃及农民被迫劳作十多年后,苏伊士运河完工。运河全长101英里左右(163千米),大幅削减了欧洲同近东、远东地区的贸易量——人们不必绕过非洲南端的好望角了。1869年苏伊士运河通航时举行了盛大的国际庆典。

起初不列颠反对法国的管理,但首相本杰明·迪斯雷利(Benjamin Disraeli)借助罗斯柴尔德家族的财力为英国购买了埃及手中的运河股份,苏伊士运河由英法联合经营,不断为两国盈利,直至1956年埃及总统贾迈勒·阿卜杜·纳赛尔(Gamal Abdul Nasser)宣布将运河收归国有。1956年苏伊士战争、1967年和1973年的阿拉伯-以色列战争期间,苏伊士运河停航,如今再度成为国际航道。**NJ**

1870年7月18日

宗教真理，还是世俗策略？
Spiritual Truth or Temporal Tactic?

庇护九世以教宗无误原则进一步对抗民主和自由

圣保罗曾教导人们不向世俗标准妥协，教皇庇护九世也绝无此意，尤其是当时社会日趋世俗化，民族主义和反教廷思想盛行。庇护九世早在1864年将之谴责为"发展……及现代文明"的"恶果"，1870年又在第一次梵蒂冈大公会议中颁布教宗无误原则——反对自由主义的有力武器。这是一项容易遭人误解的教义，教宗无误不代表教宗一向正确，而是指教宗以宗座权威——履行其身为所有基督徒的牧首和导师之职，凭借其至高无上的教宗权威——就信仰或道德事务发言时，他的观点绝无谬误，信徒必须遵守。1870年7月18日，庇护九世以宣布永恒真理、而非新发现的形式颁布了教宗无误原则，但同一时期的一系列事件令教皇在罗马权威扫地。

1846年，庇护出人意料的当选教皇。奥地利领导人梅特涅曾戏称："我们做好了一切准备，但不包括一位开明的教皇。"但随着1848年爆发暴力革命、1861年教皇国被新成立的意大利王国吞并，庇护九世的自由主义信仰迅速终结。1870年7月。法国驻军撤离罗马，永恒之城不久成为意大利新都。

有些德语系天主教徒宁愿分裂，但大部分信徒接受了极少采用的教宗无误原则。教皇的世俗权力衰微——1871年他在罗马仅占有109英亩（44公顷）土地，但在虔诚信徒中间其威望大增。**RP**

● 教皇庇护九世全身像，摄于1860年左右，此后他失去教皇国及世俗权力，因此召开了第一次梵蒂冈大公会议

1871年1月18日

俾斯麦凯旋
Bismarck Triumphs

欧洲最强大的国家——新德意志帝国宣布成立

正午时分,在阵阵军鼓声中,普鲁士国王威廉一世入场,其余德意志诸侯和将军紧随其后。简短的宗教仪式过后,普鲁士首相奥托·冯·俾斯麦宣读公告,大功告成。普鲁士的威廉一世成为德意志皇帝,俾斯麦担任德意志宰相。吊诡的是,举行新帝国成立仪式的地点不在德意志境内,而是法国凡尔赛镜厅。事实上,尽管德意志统一问题讨论了多年,帝国最终由普法战争促成:1870年7月法国宣战,俾斯麦才能利用强烈的民族主义情绪令各方接受德意志帝国成立——威廉一世、德意志诸侯及德意志自由主义者均对此结果不满。

普鲁士国王威廉一世因前所未有的帝号踌躇不决。他决不会接受平民赋予他王位,因此俾斯麦只能贿赂巴伐利亚君主向威廉献上王冠。但登基当天,威廉一世不理睬他的宰相。而日耳曼诸侯则不得不出让权力,至少在新的封建体制下他们依然保有王公地位。大概自由主义者们所得最少:帝国推行普选权,采取民主的形式,但实权掌握在皇帝的大臣、而非国会议员手中。

德国统一历史意义重大。通过战争统一的新帝国将继续在欧洲扩张,成为政治上不甚成熟的军事巨人。**RP**

1871年5月28日

公社社员战败
Communards Defeated

当政两个月的巴黎公社被法国政府捣毁

1871年5月28日,巴黎东郊的一名守军独自打完最后一发子弹后黯然离去,法国政府军占领公社在巴黎最后的据点。

1870年拿破仑三世战败,巴黎遭到普鲁士军队围困,人民对法国未来的政府毫无信心,3月28日,部分巴黎人民在动荡之中创建了自己的市政府——巴黎公社。巴黎公社融合了雅各宾派、社会主义和无政府主义思想,回归1792年和1845年的革命传统,创建了新型政府,赋予妇女选举权,实行政教分离政策。

> "这是寄生虫和工人、剥削者同生产者之间的全面战争。"
>
> 国民自卫军中央委员会

但自立的市政府所推行的革命性活动威胁到法国的统一和统治阶级的权威,不可能为法国政府所接纳。法国政府首脑阿道夫·梯也尔(Adolphe Thiers)派出军队占领巴黎。在政府军和公社成员的激战中,巴黎部分地区起火。双方都劫持了人质,不少人遭到枪杀。如此规模的流血事件在法国近代史上前所未有,令法国政界的左右翼两极分化达数十年。**NK**

1871年10月8日

芝加哥大火
Chicago on Fire

风之城火势一发不可收拾

10月8日芝加哥起火，造成十九世纪破坏性最大的灾难之一。火灾原因不明；传说移民凯瑟琳·欧莱瑞（Catherine O'Leary）的奶牛踢翻了油灯引发大火，但这纯属记者杜撰。人们提出多种可能性，但任何说法都没有得到普遍认可。

前一周处理了二十起火灾的消防部门反应迟缓，消防队员到场时很多木屋和畜棚已经着火，加之城中有大量木制建筑、木材和木制人行道，火势在强风之下一发不可收拾，大火蔓延过芝加哥河，摧毁供水系统，令灭火变得益发困难。截至10月9日星期一早晨，大火已经摧毁了芝加哥中央商业区及新建的歌剧院和法院。数千人逃生，大火焚毁了城中三分之一的建筑，终于燃尽熄灭，十万人无家可归，三百人丧生。所谓"焦烧区"大约4英里长（6.4千米），3/4英里宽（1.2千米），面积超过2000英亩（8平方千米），内有约34幢楼、28英里（45千米）的街道、120英里（190千米）的人行道，及两千余街灯柱。

重建工作迅速展开，事实证明芝加哥十九世纪末的发展始于这场大火。十五年后，城中几乎没有遭受火灾的痕迹。**PF**

○ 芝加哥大火后，被焚毁的菲尔德-李特联合商铺大楼立于一片废墟之上。

1871年11月10日

利文斯通医生吗?
Dr. Livingstone?

斯坦利找到并拯救了传教士戴维·利文斯通（David Livingstone）

戴维·利文斯通第三次探索非洲，追溯尼罗河源头，传扬基督教和反奴隶制的信念，这也是他最后一次探险。利文斯通死亡的消息未免夸大，但他确实病情严重：他被痔疮折磨，不断流血，脚上感染了溃疡，患有肠内出血和痢疾，先前的肺炎也导致他呼吸不畅。利文斯通在班巴里休息七个月，通读《圣经》四遍，于1871年11月5日设法通过坦噶尼喀湖抵达乌吉吉。但利文斯通的前景凶多吉少，直至11月10日，他遇到《纽约先驱报》的亨利·莫顿·斯坦利。

> "我上前……摘下帽子说：'敢问阁下是利文斯通医生吗？'"
>
> 亨利·莫顿·斯坦利，探险家

斯坦利十五岁时逃出威尔士济贫院，漂洋过海来到美国，得到新奥尔良商人照顾，成为一名记者。寻找失踪的传教士不失为独家新闻，因而斯坦利同另两名欧洲人及192名非洲脚夫从桑给巴尔岛出发，但同行者大部分死去。斯坦利走近利文斯通，看到"他面无血色，疲惫不堪"。

斯坦利接管利文斯通的饮食，令后者逐渐恢复体力。二人相处得异常融洽，但利文斯通拒绝返回英国。他们在1872年3月14日分手，利文斯通继续在非洲工作，直至1873年5月去世。**RP**

1872年12月4日

随波逐流的幽灵船
Unmanned and Adrift

玛丽·赛勒斯特号的神秘遭遇成为航海史上的一大传奇

▲ 一位自称Abel Fosdyk的提供了一份可能是虚构的记录，称自己以外的所有船员落海，遭到鲨鱼吞噬

> "火炉倒在一旁……餐具撒了一地。"
> 奥利佛·狄佛（Oliver Deveau），
> 发现"玛丽·赛勒斯特号"之后

1872年11月7日，小型双桅货船玛丽·赛勒斯特号从纽约开往意大利热那亚港，船上载着工业酒精和十名乘客，包括船长本杰明·布里格斯（Benjamin Briggs）、其妻莎拉和两岁的女儿苏菲。船上的所有人都不知所踪。

12月4日，晚一周从纽约出发的英国商船德·格瑞第亚号在直布罗陀海峡附近再次发现玛丽·赛勒斯特号。船长大卫·莫尔豪斯（David Morehouse）认得布里格斯，看到后者的船风帆尽张却无人驾驶。他派部下登船查看，发现玛丽·赛勒斯特号状态良好，但浸了很多水，少了一艘救生船，显然是突然被离弃，但没有惊慌或暴乱的迹象。基本船员驾驶玛丽·赛勒斯特号抵达直布罗陀，调查法庭提出德·格瑞第亚号的船员应对玛丽·赛勒斯特号船员失踪负责——这一说法被大多数历史学家否定。莫尔豪斯只拿到了部分应得的奖金。

人们对玛丽·赛勒斯特号的命运做出多种推测，从暴动到突如其来的暴风雨或地震，不一而足。但很多现代作家认为布里格斯船长下令匆忙弃船，是担心船上不稳定的工业酒精可能爆炸。后来救生船及全体船员在海上失踪。

玛丽·赛勒斯特号之谜成为阿瑟·柯南·道尔的小说原型，他因夏洛克·福尔摩斯系列享誉全球。他描写了水手登船后发现温热的茶和熟睡的猫，但这类细节纯系杜撰。**NJ**

1875年8月25日

首次成功泳渡英吉利海峡
First Successful English Channel Swim

马修·韦布（Matthew Webb）的水中壮举令其一夜成名

胸肌发达的马修·韦布生于英格兰什罗普郡道利，是一名医生的第十二子，在塞汶河中学会游泳。他在丘纳德班轮"俄罗斯号"上担任二副时首次展示了其水中技能——他跳入大西洋中试图营救落水者，但以失败告终。这一举动赢得了一百英镑奖金和皇家人道协会的斯坦霍普金质奖章。

1873年，韦布得知J. B. 约翰逊泅渡英吉利海峡未果，他决心超越前辈，向商船队辞职，开始在伦敦兰贝斯泳池训练。1875年8月12日，他第一次尝试，但遭遇强风折返。

8月24日韦布从多佛海事码头入水，退潮时出发，以稳定的节奏连夜蛙泳前进。韦布身上涂有海豚油，在三条船的支持下以牛肉汤维持体力，被水母严重蜇伤，在海中经过21小时45分钟后于加来附近登陆，全程从未倚靠或碰触支援船。他没有借助任何人造游泳设备，第一个成功泳渡英吉利海峡。

这一成就令韦布迅速成名，他以条纹泳衣、髭须浓密的形象为火柴盒到专利成药的各种商品代言。伦敦证券交易所的表彰基金为韦布筹集了近两千五百英镑，他周游美国表演水上特技赚钱。他著有《游泳之技》一书，但1883年7月23日他试图横渡大瀑布下的尼亚加拉河、赢取一万英镑奖金，被卷入漩涡之中溺水而亡。他横渡英吉利海峡的记录保持到1911年。NJ

▲ 韦布船长泳渡成功后，一家报纸称他"大概是世界上最著名、最受欢迎的人物。"

"我四肢的感觉类似于板球赛季第一天后。"

韦布船长评价横渡海峡

1700年—1899年 577

1876年3月7日

电话里传出的第一声
First Words Transmitted by Telephone

电话机取得专利，现代社会通讯诞生

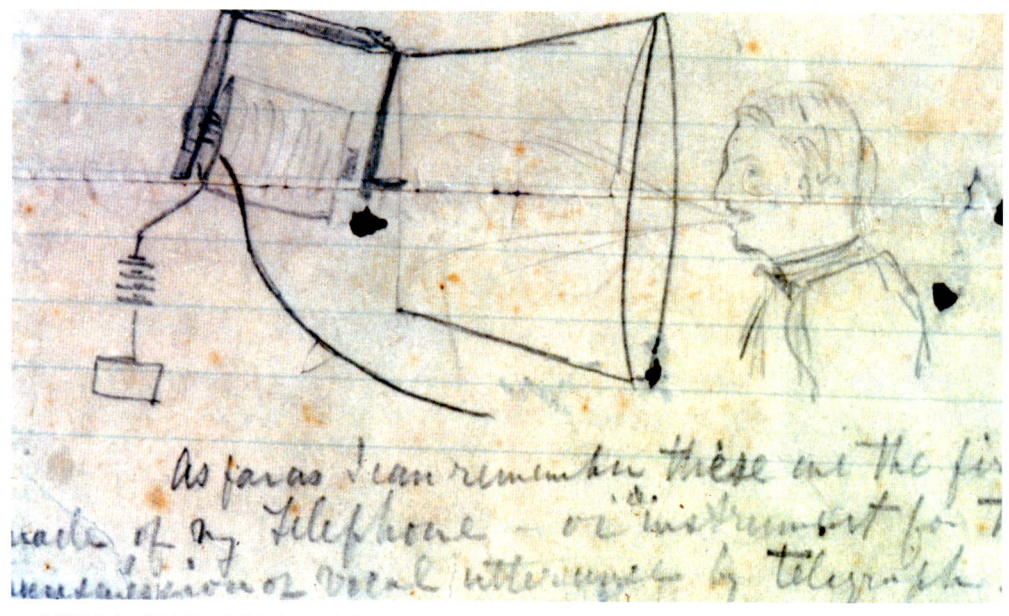

△ 此简图出自亚历山大·格拉汉姆·贝尔之手，用以解释其新发明的工作原理

亚历山大·格拉汉姆·贝尔获得了电话机专利，专利号为175465，被誉为有史以来最宝贵的发明专利。贝尔刚庆祝了二十九岁生日。这位来自爱丁堡的苏格兰人同他的父亲一样，热衷于研究通信系统。年少时期，他就尝试教宠物斯凯狗说话，还曾和哥哥一起发明了一台"说话机"。"说话机"模拟羊的喉部，向管中吹气时就会发声，虽然声音毫无意义，但听起来的确像人类发声。

1870年，贝尔随双亲移民至加拿大，致力于聋哑儿童语言教学。他终身将其职业简单列为聋哑人语教师。1871年，贝尔迁至美国波士顿，担任声学生理学教授，晚上做实验。1874年贝尔初步构思了电话工作原理。1875年，他借鉴了芝加哥发明家埃利萨·格雷（Elisha Gray）的同类工作，加倍努力工作，并雇用了助手托马斯·A.沃森（Thomas A. Watson）。

1876年，贝尔获得了电话机专利。三天后，他与隔壁房间的沃森通话，说出了世界上最早通过电话传输的句子。同埃利萨·格雷等发明家的纠纷数年后，贝尔于1877年度蜜月时，贝尔电话公司由波士顿商人伽德纳·格林·赫巴德（Gardiner Greene Hubbard）组织成立。那时，电话语音只能传递100多英里（160千米）。**RC**

1876年6月25日

小大角大捷
Victory at Little Big Horn

卡斯特将军（Custer）阵亡，印第安人完胜，但无法改变其悲惨命运

▲ 小大角战役组图之一，由米尼康有族苏族首领红马所作

这是大平原上印第安人击溃白种人的光辉战役。印第安人在白人势力的进逼下陷入绝境——白人农民淘金者涌入，他们建设城镇、修建铁路，令水牛灭绝。1874年，南达科他州黑山发现金矿后，白人矿工的入侵引发了大规模战争。在南北战争中声名卓著乔治·阿姆斯特朗·卡斯特（George Armstrong Custer）率第七骑兵团绥剿由坐牛（Sitting Bull）、疯马（Crazy Horse）率领的三千名苏族人和夏延人联军。

虽然以寡敌众，卡斯特命令雷诺少校（Major Reno）带领部分骑兵袭击印第安人在小大角河边的营地，而他领五支部队从后包抄，击退他们的矮种马。这一策略正中印第安人下怀。卡斯特及其部下被疯马麾下的勇士迎头痛击，而其他人被高尔酋长（Gall）切断了后路。前后夹击之下，卡斯特的部队全军覆没，雷诺一方损失惨重，退回山中又遭到围困，直至三十六小时后援军抵达。

大胜卡斯特成为传奇，但印第安人依然难逃厄运。很多人被囚禁在保留地中，他们的勇士——包括坐牛本人——被迫以出演野牛比尔（Buffalo Bill）《西部大荒野》演出谋生。**RC**

1876年8月16日

《尼贝龙根的指环》首演
Debut of the Ring Cycle

威廉·理查德·瓦格纳（Wilhelm Richard Wagner）创作的史诗四联歌剧《尼贝龙根的指环》在拜罗伊特的节庆大剧院首演

节庆大剧院位于巴伐利亚的拜罗伊特，由理查德·瓦格纳（Richard Wagner）亲自设计。当上演第一幕《莱茵的黄金》时，剧院座无虚席，但非常安静。之后两晚，观众会观赏到《女武神》和《齐格弗里德》。最后，在8月16日将上演长达五小时的歌剧《诸神的黄昏》。这场终演为《尼贝龙根的指环》的首次完整演出画上圆满的句号。

1849年瓦格纳由于参与革命起义被迫离开德国。1851年他在苏黎世期间，根据零散的挪威神话和中世纪德国史诗《尼伯龙根之歌》，构思了歌剧组剧。长年的流放生活使瓦格纳濒临破产。1864年，疯王路德维希二世邀请他去慕尼黑。路德维希痴迷于中世纪传奇故事，他后来还在巴伐利亚阿尔卑斯山上建造了童话式城堡新天鹅堡。他资助了瓦格纳，令后者得以完成《指环》的创作——即便瓦格纳因同已婚妇女柯西玛·冯·彪罗（Cosima von Bulow）发生丑闻、被迫离开慕尼黑时。1870年，瓦格纳与柯西玛结婚，在拜罗伊特成家。他专心致力于筹措资金建造节庆大剧院以上演其歌剧。1883年，在其收官之作《帕西法尔》在拜罗伊特首演后不久，瓦格纳于威尼斯逝世。每年夏天拜罗伊特都会专门举办瓦格纳歌剧节。**NK**

- 瓦格纳的《尼贝龙根的指环》中布伦仑希尔德（奥丁神的侍女之一）最早的扮演者是奥地利女高音阿玛丽娅·玛特纳
- 拜罗伊特的节庆大剧院由瓦格纳亲自设计，1876年落成后首映剧目为瓦格纳的四联歌剧《尼贝龙根的指环》

1879年1月22日

祖鲁胜利
Zulu Triumph

装备精良的英国军队惨败于伊桑德尔瓦纳

英军在伊桑德尔瓦纳遭遇滑铁卢，不仅起源于英军傲慢轻敌、将领切姆斯福德勋爵（Lord Chelmsford）指挥不力，也因为祖鲁人英勇善战、战术精湛、兵力充足。

祖鲁国的奠基人沙加（Shaka）于十九世纪二十年代健民强军，将军队打造为"胜仗机器"。1873年其侄塞斯瓦约（Cetshwayo）

> "当你们侵略我国，蚕食我族时，会心存怜悯吗？"
>
> 索尔·大卫（Saul David），祖鲁族，2004年

继位时，祖鲁国遭到不列颠威胁，后者企图统一南非，建设白人殖民地。塞斯瓦约拒绝英方最后通牒，坚守祖鲁主权，随后英军入侵。切姆斯福德率领一万七千强兵于伊桑德尔瓦纳山脚下驻扎临时营地。但他疏于调度，并未组建辎重车防御车阵来保护临时营地。切姆斯福德分派兵力驰援遭遇一千五百名祖鲁士兵的骑兵侦察连营，在伊桑德尔瓦纳留下一千七百名士兵，由陆军中校普雷恩指挥。

1月22日，普雷恩得知祖鲁人挥兵前往临时营地。两万祖鲁大军扑向毫无防备的英军，一举将其击溃，只有约三百五十名幸存者。祖鲁人依照其传统举办仪式上取出亡者的内脏，以解救其灵魂。祖鲁军队约牺牲一千五百人。伊桑德尔瓦纳之战沉重打击了维多利亚时期正值巅峰的帝国主义，这几乎完全因切姆斯福德轻敌所致。**NJ**

1879年2月14日

海鸟粪之争
Struggle for Guano

秘鲁、玻利维亚与智利之间爆发了海鸟粪资源争夺战。

十九世纪二十年代，拉丁美洲解放运动如火如荼，以至于直到十九世纪晚期，许多边境问题都没有解决。其中，玻利维亚的入海口横穿了智利和秘鲁之间的阿塔卡马沙漠，那里海鸟粪资源丰富，而海鸟粪是宝贵的硝酸盐的主要来源，可以用于生产硝石和肥料。

1879年2月，由于玻利维亚对智利安托法加斯塔的硝酸盐与铁路公司征税罚没，遭到了智利军方的军事反击。秘鲁曾于1873年与玻利维亚秘密签署盟约，也卷入了这场战争，智利被迫同时对两个国家宣战。

玻利维亚的军队难以开展有效战斗，但制海权迅速成为矛盾的关键。六个月来，秘鲁军队在兵力悬殊的情况下，仍给予南面敌军沉重打击。但在10月8日，智利击败了秘鲁海军上将格劳（Admiral Grau），并夺取了至关重要的制海权。智利军队乘胜追击，入侵秘鲁，最终于1881年1月占领秘鲁首都利马。（在此期间秘鲁国家图书馆有三万册图书被掠走运往智利，其中约四千卷于2007年归还）。

这场战争持续数年，秘鲁在美国的暗中援助之下顽强抵抗，直到1883年签订了和平条约。条约规定，玻利维亚和秘鲁割让矿产丰富的土地给智利，塔卡纳省和阿利卡省将在十年内进行公投以决定其归属。这场战争令秘鲁和玻利维亚元气大伤，参战国间至今依然关系紧张。**PF**

1879年10月21日

最早的电灯泡
The First Electric Light Bulb

白炽灯泡也许是托马斯·阿尔瓦·爱迪生（Thomas Alva Edison）最伟大的发明

托马斯·爱迪生展示他首个白炽灯泡成品复制品，照明度达16坎德拉（发光强度单位）

托马斯·阿尔瓦·爱迪生是其所在时代的首要发明家，1847年生于美国俄亥俄州米兰。他几乎没有接受过学校教育，但十岁时在自己地下室搭建实验室。1866年爱迪生十九岁时因电子投票计数器取得第一项专利，此后其名下积累了一千余项专利。他发明证券报价机，赚得足够的钱，在新泽西建立自己的研究实验室。尽管1876年亚历山大·格拉汉姆·贝尔抢先发明了电话，爱迪生对电话系统做了重要改进，并于1877年发明留声机（及后来的唱机），开启了录音新时代。

其后爱迪生开始研究电灯泡，当时主要的人工照明来自煤气灯。电灯泡的电极上是缝纫用棉线制成的碳化细灯丝，可持续发光四十五小时而不过热。爱迪生及助手们继续尝试了六千种材料，最终发现竹丝灯泡寿命可达一千小时。他们继续率先发明了高效的发电机、输送电力的电缆，以及电表。

爱迪生后来帮助发明了电影放映机。1931年八十四岁的爱迪生去世时，《纽约时报》用了整整四页半的版面介绍其生平及成就。**RC**

1881年3月13日

解放者遭到暗杀
The Emancipator Is Assassinated

1881年亚历山大二世遇刺，加快革命终审日的步伐

🔺 暗杀沙皇亚历山大二世是十九世纪最具野心的恐怖活动

于部分人而言，他是曾在1861年赋予农奴自由的"伟大解放者"；但对人民意志党而言，他不过是另一名罗曼诺夫家族成员，为少数寄生虫剥削贫苦民众。亚历山大二世知道自己有遇刺的危险，他正着手改革以平息反对之声，包括确立选举产生的议院。但沙皇于3月13日前往冬宫途中，刺客将炸弹投到其装甲马车下方，部分随从受伤，行凶者Nikolai Rysakoff被捕。亚历山大下车走向Rysakoff，另一名恐怖分子Ignacy Nryniewiecki突然投了第二枚炸弹，导致他本人和沙皇同时受伤。练兵场归来的军校学员将亚历山大抬到雪橇上，用外衣盖住颤抖的沙皇，后者几小时内去世。

人民意志党由几十个年轻人组成，他们建立秘密基层组织，无条件服从其领袖。其目标是摧毁君主制度，还政于民。暗杀亚历山大二世是人民意志党最成功的恐怖活动。

亚历山大二世也许是名畏怯的改革者，但他是十九世纪最开明的俄罗斯沙皇。他的继任者取消议会计划，此后再没有沙皇主动推行改革，而革命之火传递给比人民意志党更系统、更有群众基础的政党，后者拥有具体的社会主义目标。俄罗斯正加速走向革命之路。**RP**

1881年7月2日

射杀
Gunned Down

加菲尔德总统等待火车时被一名狂热分子刺杀

相对政绩平平的美国总统之一詹姆斯·A.加菲尔德（James A. Garfield）上任仅四个月，正在华盛顿特区的巴尔的摩和波托马克火车站等车准备度假，突然中枪失去行动能力，不久身亡。

刺客是三十九岁的查尔斯·J.吉特奥（Charles J.Guiteau），曾加入纽约州的一个至善论教派，相信罪孽与死亡皆为虚幻，并

> "我相信总统是基督徒，他在天堂中会更幸福。"
>
> 查尔斯·J.吉特奥，加菲尔德刺杀者

对乱交持包容态度。吉特奥在教派中不受欢迎，最终退出。吉特奥无力还债，并即将因欺诈罪服刑，他试图打入政界，加入共和党，并为加菲尔德写讲稿，谋求外交官之职未果。这时他自以为蒙上帝召唤，要"除去"加菲尔德，避免美国再次爆发内战。

吉特奥买了一把44口径手枪，开始执行计划。当时的总统们没有任何防护或保镖，吉特奥得以在车站候车室向加菲尔德背部连开两枪。警察在吉特奥打车逃走之前将其捕获，1882年6月，吉特奥被绞死，彼时加菲尔德已经去世——他一直撑到1881年9月。**RC**

1882年7月11日

亚利山大港起火
Alexandria Burns

炮击亚利山大港后英国开始控制埃及

英法保护下的少数欧洲人及科普特基督徒同阿拉伯穆斯林的关系日益趋紧，以致后者拥护的军事领袖阿拉比·帕夏（Arabi Pasha）率民兵发动袭击，令埃及的名义统治者——陶菲克（Tewfik）总督左右为难。1869年苏伊士运河完工，英法在埃及的利益增多，穆斯林抵制外国势力，阿拉比·帕夏趁势崛起。

> "……仿佛一座死亡之城。让人想起庞培。"
>
> 威廉·吉尔（William Gill），在亚利山大港旅行的英国人

1882年，阿拉伯民兵组织占领古老的亚利山大港，英法舰队驶入港口时加盖防御工事，加剧了紧张局势。6月爆发血腥动乱，穆斯林暴民袭击了城中的基督教区域，造成五十名欧洲人和一百二十五名埃及人死亡。不列颠海军上将比亚查普·西摩（Beauchamp Seymour）要求埃及人停建堡垒，否则将炮轰港口。其后法国没有参战。

阿拉伯人不予回应，6月7日英军向堡垒开火，约七百埃及人及一名英国军官死亡，堡垒受损，周边地区化为一片废墟。埃及人焚毁了亚利山大港的欧占区加以报复。英军登陆，实行军事管制，其后加内特·沃尔斯利（Garnet Wolseley）将军在泰勒凯比尔战役中击败阿拉比·帕夏，埃及沦为英国的保护领地。**NJ**

1882年9月2日

创立"骨灰杯"
Creation of the Ashes

澳大利亚队在英格兰本土上击败英国队,开启最早的板球对抗赛。

1882年伦敦南部肯宁顿椭圆形球场举行系列赛之前,两国间的比赛已有五年历史。但当年的一场比赛中,弗莱德·斯佩佛德(Fred Spufford)的各轮投球迅速完成,令英格兰跑垒手连续七轮无所事事——6名击球手出局却仅得到12跑分。观众大为震惊,媒体称之为世人记忆中最糟糕的比赛。两天后《体育时报》上发表了讽刺讣告:"深情缅怀英国板球,它于1882年8月29日椭圆形球场上去世,受到大批知交好友的深切悼念,愿它安息。注意:遗体将火化,骨灰运往澳大利亚。"

次年英国队赴澳大利亚比赛前,队长布莱(Hon. Ivo Bligh)说要"取回骨灰"(他成功了),就此确立传统。

实际上没有"骨灰",但1882—1883年在澳大利亚比赛期间,英国队长得到了一只丝绒布袋来装"假想骨灰",其后布莱之妻弗罗伦斯·墨菲(Florence Murphy)交给他一个高约6英寸(15厘米)的赤陶瓮,里面的具体内容不明,但很有可能同板球相关。陶瓷外粘着纪念布莱获胜的短诗,出自《墨尔本潘趣》。

布莱去世前一直保留着赤陶瓮,但1927年他的妻子将陶瓷赠予当时主管英国板球运动的玛丽勒本板球俱乐部,陶瓷通常在罗德板球场博物馆展出,"骨灰杯"以陶瓷的复制品作为正式奖杯。**PF**

◯ 根据不同报道,赤陶瓮中可能是板球、三柱门门柱或横木的灰烬。

1883年8月26日

喀拉喀托火山爆发
Eruption of Krakatoa

喀拉喀托火山大爆发撼动世界

英国皇家学会的彩色平版画《喀拉喀托火山爆发及后续现象》(1888)

> "我站在那里……感到自然界响起无止境的尖叫。"
>
> 爱德华·蒙克，喀拉喀托火山爆发后

爪哇和苏门答腊之间的喀拉喀托岛向来以猛烈的火山喷发著称，公元416年、535年，以及十七世纪八十年代均有爆发记录。但1883年8月发生了举世震惊的大爆发，导致喀拉喀托岛分裂，其剧烈声响冠绝现存历史——据估计，相当于广岛原子弹爆炸的1.3万倍。

几个月以来，喀拉喀托岛上的三个火山锥喷活动频繁，最终出现四次猛烈喷发，引发高达百余英尺（30米）的海啸，冲击波传至2200英里（3500千米）以外澳大利亚的珀斯，烟柱盘旋50英里（80千米），直上云霄。苏门答腊岛降下滚烫的火山灰雨，令千人当场毙命。喀拉喀托岛大部分沉入海中，形成巨大的破火山口，其余地区的生物悉数死亡。海啸令3.5万人丧生，并彻底摧毁165个村庄和拓居地，遭到破坏之地数量相当。

喀拉喀托火山大爆发引起全球气候剧变，一年后全球均温下降2华氏度（1.2摄氏度），直至十九世纪八十年代世界气候才稳定下来。积聚于高空大气的火山灰及气体造成了壮观的赤色天空，距爆发点很远的地方都能看到——远在奥斯陆的爱德华·蒙克（Edvard Munch）以此景画出名作《尖叫》。这场灾难成为众多电影和书籍的主题，如1969年的《爪哇之东的喀拉喀托（火山情焰）》（命名拙劣，喀拉喀托岛实际上在爪哇西面）。**NJ**

1885年1月26日

喀土穆失守
Khartoum Falls

"中国人"戈登在喀土穆丧生,维多利亚女王大怒

查理·戈登将军才干出众、精力充沛,是性情古怪的军事工程师,持神秘主义基督教信仰,曾在中国镇压了太平天国起义,并在伦敦的贫苦儿童间传教,因而深受英国公众喜爱。1884年1月他被格莱斯顿政府派往苏丹,抵达开罗后任总督,职责为疏散喀土穆的妇女和儿童——魅力超凡的宗教领袖马赫迪(救世主)穆罕默德·艾哈迈德(Mahommed Ahmed)率伊斯兰军队正向喀土穆进军。

马赫迪包围喀土穆之前,戈登帮助两千余平民沿尼罗河撤离,当地政府本以为戈登会离开,但他超越职责范围,令喀土穆进入防御状态,筑起城墙及城中的瞭望塔,戈登经常亲自看守。

英国政府迫于民意终于派遣沃尔斯利将军率军营救戈登,尽管远征队急行穿过沙漠,还是迟来一步——喀土穆被围已超过320天,两天前戈登的埃及部下之一向伊斯兰军队打开城门。戈登中枪或被长矛刺死,其头颅被砍下进行庆贺游行。愤怒的维多利亚女王责怪格莱斯顿组织援军不力,戈登被视为烈士。

欧洲列强"瓜分非洲"的竞赛正值白热阶段,自信的西方帝国主义同复兴的伊斯兰教之间爆发冲突,而戈登之死正是其中关键的代表性事件。**NJ**

○《戈登将军坚守最后的防线》,乔治·威廉·乔伊作于1885年,视戈登为英雄的典型英国作品

> "我担心……要塞内有人变节,圣诞节之前一切都会结束。"
>
> 戈登将军,1884年12月

1886年1月29日

卡尔·本茨取得第一台汽车专利
Karl Benz Patents the First Motorcar

本茨发明并推销现代汽车前身

▲ 卡尔·本茨的机动车内有单缸内燃机,时速约为9英里(14.5千米)

　　汽车的发明者是两位相差十岁的德国人,出生地相隔60英里(100千米)。他们同时工作,但完全不了解对方,于十九世纪八十年代初发明了汽车。戈特利布·戴姆勒(Gottlieb Daimler)和卡尔·本茨的内燃机汽车并非最早的机动车——一百多年前已经有了蒸汽和电力驱动的精巧装置,但以汽油或柴油为燃料的发动机极具实用性,因而本茨和戴姆勒开始大批量生产汽车。可以说汽车变革了人类的交通方式,其影响超过任何一项发明。1926年,素未谋面的两大天才之名联合——他们的公司合并为戴姆勒-奔驰,现为德国最大的企业。

　　戴姆勒同助手威廉·迈巴赫(Wilhelm Maybach)在斯图加特巴德卡恩斯塔特的温室内秘密工作,发明了内燃机,于1885年将他们的半马力二冲程"老爷钟"发动机安在自行车上,创造了最早的摩托车。

　　几个月后,卡尔·本茨于数英里以外的曼海姆展示了第一辆三轮汽车。本茨发明了现代汽车的很多部件,如汽车电池、火花塞、油门、变速器和离合器。戴姆勒和本茨为快节奏的现代社会打下基础。**NJ**

1886年5月4日

芝加哥暴乱
Violence in Chicago

资本主义体系的紧张局势引发秣市广场暴乱

表现秣市广场上警察冲向抗议者的版画，上方是7名殉职警察的肖像

随着美国工业化和都市化的发展、欧洲移民涌入，工人运动日益兴起。工人运动领袖被怀疑为决心破坏美国制度的外国革命者，从而引发了若干激烈冲突。1886年5月1日，美国多个城市发生示威游行，要求确立八小时工作制，如有必要将展开总罢工。芝加哥针对麦考密克收割机公司的抗议激化，罢工者袭击了试图穿越纠察线的工贼。5月3日警察介入调停，导致至少一名罢工者死亡、若干人受伤。次日工人们在秣市广场和平抗议警方的残暴行为，但后者赶来驱散人群，有人投掷炸弹，一名警察丧生。警方开火，引发暴乱，最终另有六名警察死亡，大约六十人受伤，示威者受伤人数不明。

尽管缺乏证据，八位劳工领袖被判有与杀人犯同谋之罪——他们都是社会主义或无政府主义者，大多是国外出生，这对陪审团有重要影响。1887年11月，四人被处以绞刑，一人自杀。其余三人于1893年得到赦免，但那时美国劳工联合会已经成立，工会成为美国经济和政治中的合法组成部分。**RC**

1886年10月28日

自由女神像落成
Statue of Liberty Is Dedicated

法国赠予象征自由和民主的巨像

○ 弗雷德里克·奥古斯特·巴特勒迪可能参照其母的面容制作了这座最初的陶土模型

○ 巨像的各部分集中在巴黎制造点，再被运往纽约

"归来吧，疲惫、贫苦、瑟缩、且希冀自由呼吸的民众……"

爱玛·拉扎露丝，《现代巨像》

纽约港港口的一座小岛上竖立着美国最著名的雕像，也是全世界最容易辨识的标志之一。它象征自由和民主，代表了十九世纪寻求改善生活而涌入美国的大批欧洲移民，基座上所刻的爱玛·拉扎露丝（Emma Lazarus）的名诗称之为"流亡者之母"。

雕像以欢迎的姿态举起火炬，高度超过45米，其构思源于一群法国知识分子，他们非常欣赏美国，计划庆祝《独立宣言》（1776）颁布一百周年，其中领导者为爱德华·雷内·列斐伏尔·德·拉沃拉叶（Édouard René Lefebvre de Laboulaye），他著有三卷美国史，希望以美国原则在法国建立共和国。1875年，拉沃拉叶及部分友人掌权，建立法兰西第三共和国。拉沃拉叶将自由女神像的火炬称为"指路明灯"。

自由女神像由雕塑家弗雷德里克·奥古斯特·巴特勒迪（Frédéric Auguste Bartholdi）在巴黎组建。巴特勒迪先制作赤陶模型，分四阶段放大，形成如今的巨像。著名的埃菲尔铁塔建筑师居斯塔夫·埃菲尔（Gustave Eiffel）为神像设计了支撑铁架。1884年巨像正式被美国政府接受，拆分后装入集装箱运往纽约。报业巨头约瑟夫·普利策（Joseph Pulitzer）为建设雕像基座筹集资金，1886年，格罗弗·克利夫兰（Grover Cleveland）总统为自由女神像举行落成典礼。通往巨像王冠之路有354级台阶，这里每年接待六百万游客。**RC**

1888年8月31日

穷凶极恶
Murder Most Foul

伦敦白教堂凶杀案为开膛手杰克的累累罪行揭开帷幕

1888年8月31日清晨，查理·克罗斯（Charles Cross）步行上班，走在伦敦白教堂车站后的巴克街。绕过水坑之际，他偶然发现一具尸体，之后被确认为玛莉·安·尼古拉斯（Mary Ann Nichols）。死者身高1.57米，棕色眼睛，五颗牙齿脱落。脸部与颈部被殴成瘀伤，喉部有两道利刃切口，刀伤延伸至下腹部。验尸官认为，被害者可能被一名深谙解剖学知识的左撇子男性在五分钟内袭击杀害。

> "可怕的切口……深至隔膜，肠从伤口中拖出来。"
>
> 《伦敦东区目击者》，1888年9月1日

玛莉·安生于1845年，绰号"波莉"。1880年离婚，孩子随父亲生活。她有时做女佣或妓女谋生。8月30日，她走在白教堂路上，午夜后要去煎锅酒馆喝酒。其因为付不起一晚的房费，她被赶出了出租房。几小时后曝尸街头。

这可能是开膛手杰克首次作案。1888年8月至11月间，他至少杀害了五名女性。搜查凶手成为媒体关注热点，轰动全球，成为书籍、小说、音乐剧甚至歌剧的创作灵感之源。其身份之谜激起了全球"开膛手学家"的研究热情。**RP**

1889年5月6日

光荣的象征
Symbol of Glory

富有争议的埃菲尔铁塔成为世界博览会的关注焦点

自1889年5月起，巴黎为纪念法国大革命一百周年而举办世界博览会，约三千万人参加。但是人们谈论的焦点只有一个，即埃菲尔铁塔。埃菲尔铁塔当时是世界最高的人造建筑，高320米，由两千盏瓦斯灯照明。它包含一万五千个焊接金属构件，重七千吨。从塔顶鸟瞰，视野可及方圆72千米。

铁塔的设计师居斯塔夫·埃菲尔（Gustave Eiffel），在正式开幕时将法国三色旗升至塔顶，他说，还有什么能比这更好地象征法国光荣的历史和更繁荣的未来呢。铁塔象征了现世、科学和工业步入现代的新纪元。它也重挫了法国的竞争对手——还有哪个首都坐拥此等建筑？但即使在巴黎，这也不能使人人信服。怀疑论者预言，游客可能眩晕，甚至遭雷击。一群德高望重的法国艺术家在建造铁塔时反对："……倾全力反对在首都建造大而无用的埃菲尔铁塔。"但它依然是博览会的关注焦点，游客蜂拥而至。

铁塔原定于1909年拆毁，但得以幸免，因为新兴科技无线电报需要架设天线，而它是天线架设的理想位置。在之后的几十年里，它一直是巴黎的标志，直至今天，它依然是世界最著名的旅游景点之一。**RP**

◯ 埃菲尔铁塔（于1888年10月17日拍摄）于1889年3月31日建成，塔顶国旗飘扬。

1890年7月29日

麦田中的自杀
Suicide in the Wheat Fields

梵·高悄无声息地早早结束艰辛、悲惨而富有戏剧性的一生，为其新颖非凡的绘画生涯画上句号

周日梵·高很快吃完午餐，因为还有工作要做。他只卖出了一幅画，被很多人视为失败的艺术家，但他不为所动。他走到奥维城堡取回他的画架，其后沿着城堡边上的小路踱步，拿出一把左轮手枪。他告诉别人需要用它吓走乌鸦，但这一次他对准自己的胸口开枪。

梵·高自杀尚属意料中事，这位荷兰人的生活一直风波不断。十九世纪七十年代，梵高放弃了世俗财产，试图像耶稣一般生活。1880年起，他以绘画为"使命"，短期内完成数百幅色彩绚烂的油画。但他有严重的抑郁和幻觉，1888年12月割下一只耳朵后主动进了精神病院。

受伤的梵·高踉跄返回城镇。医生们确信子弹并未伤及心脏等重要器官，没有送他去医院。第二天梵·高的弟弟和资助人西奥赶到。伤口开始感染，梵·高呼吸困难。西奥将哥哥的头抱在怀中，梵·高说："我希望就这样死去。"半小时后，1890年7月29日星期二凌晨1点30分，三十七岁的梵·高去世。

鲜为人知的艺术家悄无声息的死去了，但不久以后梵·高被认可为最伟大的后期印象派画家之一，及现代卓越的文化英雄。**RP**

- 梵高的精神疾病发作期间割下大半耳朵之后，于1889年创作的《包扎着耳朵的自画像》
- 《麦田群鸦》（1890）调和了不祥之兆以及对大自然的强烈感情

1890年12月29日

最后的战役
The Last Stand

伤膝河大屠杀标志着对印第安人的战争结束

对印第安人生活方式的破坏导致鬼舞信仰兴起。印第安人相信可以通过鬼舞重建印第安世界，召回水牛，令死者复生。南达科他州黑山的苏族人认为伟大的日子来临时，白人将会消失，世界将仅属于印第安人。部分印第安人穿着他们认为具有防弹效果的特殊鬼服。这令移民及印第安事务局十分紧张。

> "我们的安全决定于能否完全铲除印第安人。"
>
> L. 弗兰克·鲍姆（L. Frank Baum），《阿柏丁周六先锋》，1891年

12月15日，南达科他州警方在立岩保留地试图逮捕坐牛时，导致这名杰出的苏族领袖死亡。12月29日，美军第七骑兵团的一个营在伤膝河包围了三百五十名苏族人，他们准备将后者集合起来送往内布拉斯加州。但一名苏族男子拒绝交出步枪——除非他得到补偿，导致双方突然交火，骑兵团动用霍奇基斯机关枪。

最终二十五名骑兵、一百五十名苏族男女和儿童死亡，部分士兵被友军的子弹射杀。骑兵们被授予二十枚荣誉奖章。**RC**

1893年9月19日

女性获得选举权
Female Suffrage

新西兰成为第一个赋予妇女投票权的国家

十九世纪时新西兰拥有世界上最先进的政治体系。新西兰1853年起确立由选举产生的众议院。尽管选举权限于有产欧洲男性，多达四分之三的欧洲男性人口符合条件。十九世纪六十年代涌入的数千淘金者也被赋予投票权，土著毛利人有四个议员选区。1878年施行成年男子普选制度。1893年的

> "女士们的笑容奇妙的点亮了投票站。"
>
> 《基督城新闻报》，1893年

《选举法案》令新西兰成为最早赋予女性投票权的国家这得益于长期不懈的努力。六十年代起妇女在地方选举中投票，七十年代中为妇女争取议会投票权的提案距成功仅一步之遥。

议会之外的妇女选举权运动主要由凯特·谢帕德（Kate Sheppard）领导的世界基督教妇女戒酒联合会发起。谢帕德组织了多次请愿活动——1839年收集到近三五两千签名，约占新西兰欧洲成年女性人口的四分之一。法案实施后的第一次选举于1893年11月28日举行。有妇女不愿独自前往投票站，建议女性应通过邮件投票。最终这次活动被描述为新西兰有史以来"最有秩序"的选举。

PF

1894年12月22日

满城风雨的德雷福斯事件
Cause Célèbre

德雷福斯上尉一案令法兰西第三共和国裂痕加深

德雷福斯上尉（右侧，站在椅前）在雷恩的军事法庭受审，最终被放逐至恶魔岛

1894年12月22日，法国军中的犹太军官阿尔弗雷德·德雷福斯（Alfred Dreyfus）因"泄露军机"被判终身放逐。尽管他抗议高呼"我是无辜的！法兰西万岁！军队万岁！"但依旧被剥夺军衔，在一片"肮脏的犹太人"的骂声中被遣送至恶魔岛，成为除看守外岛上的唯一居民，而守卫们被禁止同德雷福斯交谈。最终这一事件在法国造成了1789年大革命以来最大的分歧。

家人和记者伯纳德·拉扎尔（Bernard Lazare）都相信德雷福斯是清白的。有人认为德雷福斯只是反犹主义的牺牲品。皮卡尔上校（Picquart）发现另有隐情，认为泄露军事机密的是埃斯特哈齐少校（Esterhazy）。但皮卡尔被迫保持沉默，1898年军事法庭判定埃斯特哈齐无罪。1月，小说家埃米尔·左拉（Emile Zola）发表致法国总统的公开信《我控诉》，掀起轩然大波，令法国社会分裂为"德雷福斯派"和"反德雷福斯派"。

德雷福斯象征着法国分裂的原因，因而他虽先后于1899年和1906年得到赦免和平反，也无济于事。第一次世界大战期间法国人团结一致——德雷福斯重新入伍，并荣获法国荣誉军团勋章。但在1946年，贝当元帅（Pétain）因参与通敌的维希政府事务而获罪时，他坚称"这是德雷福斯的报复！" **RP**

1895年5月25日

奥斯卡·王尔德获罪
Oscar Wilde Found Guilty

剧作家、小说家和诗人奥斯卡·王尔德因严重猥亵行为罪入狱

▲ 奥斯卡·王尔德考究的服饰及精致的生活方式因"在年轻人间助长了阴柔的纨绔习气"遭到批评

1895年5月25日星期六,中央刑事法庭的审判室拥挤而闷热。著名剧作家、才子奥斯卡·王尔德因数项严重猥亵行为罪遭到起诉,此案令公众异常兴奋。下午3点30分陪审团退场考察证据;两小时后,法庭宣布王尔德的七项罪名成立。威尔斯法官宣称这是他所审判的最恶劣的案件,而王尔德是"以骇人听闻的方式腐蚀广大青年的中心人物"。威尔斯决定不对王尔德的堕落行径进行训诫,因为"能做出这类事的人必然毫不知廉耻",断然判处最高刑罚——令王尔德强迫劳役两年。

王尔德的运势急转直下。当年2月他的杰作《不可儿戏》首演,大获成功,但王尔德在危机之下写出了最为诙谐和才华横溢的英语戏剧。他爱人的父亲威胁要公开斥责其同性恋身份,而王尔德不理智的听从他人劝说、起诉对方诽谤,他毫无悬念的败诉,其后因同性恋之罪被捕。苦难令王尔德写下了更多的杰作:包括他最好的诗作《瑞丁监狱之歌》,及卓越的忏悔信集《深渊书简》。此时他的健康状况严重恶化,后于1900年去世。**RP**

1895年11月8日

威廉·伦琴探测到X光
Wilhelm Röntgen Detects X-rays

物理学家的发现彻底变革诊断医学

- 威廉·伦琴放弃了以X光谋利的权利,认为所有人应当免费从这项发现中受益
- 威廉拍摄的伯莎·伦琴手部X光片;戒指等物不透光

"哦,上帝啊……我仿佛看到了自己的死亡!"

伯莎·伦琴评论她手部的X光片

巴伐利亚维尔茨堡大学物理学教授威廉·康拉德·伦琴(Wilhelm Conrad Röntgen,1845–1923)开辟了医学史的新天地,首次在不借助侵入性外科手术的情况下,成功勘察了人体内部结构。同许多重大突破一样,X光的发现出于偶然。

一天晚上,伦琴在实验室研究阴极射线时发现了这种新射线——越过包覆着黑色硬纸的真空玻璃放电管,他意外发现工作台上的小屏幕上发出绿光。伦琴很快意识到放电管发射出了某种不可见光,透过黑纸后引起屏幕发光,他将之命名为X光,因为数学中以X代表未知量。不久伦琴证明这种射线可以轻易透过木材、布、纸张,但无法穿过密度更大的材料。1895年,伦琴拍摄了妻子伯莎的手,证明X光可以透过皮肤展示骨骼,这是他的早期实验之一。

伦琴发现X光的消息迅速传遍世界,各地的科学家都可以重复其实验,因为当时阴极射线管已经广为人知了。1895年年底前,苏格兰格拉斯哥皇家医院设立了放射科,拍摄了第一张肾结石X光片,并照出一个孩子喉咙中卡着硬币。同年,美国人沃特·坎农(Walter Cannon)以钡餐结合X光追踪食物在消化系统中的进程。不到五年,X光就应用到布尔战争战场上,为伤兵探明子弹位置。X光机甚至开始成为剧院表演中的新奇事物。**JJH**

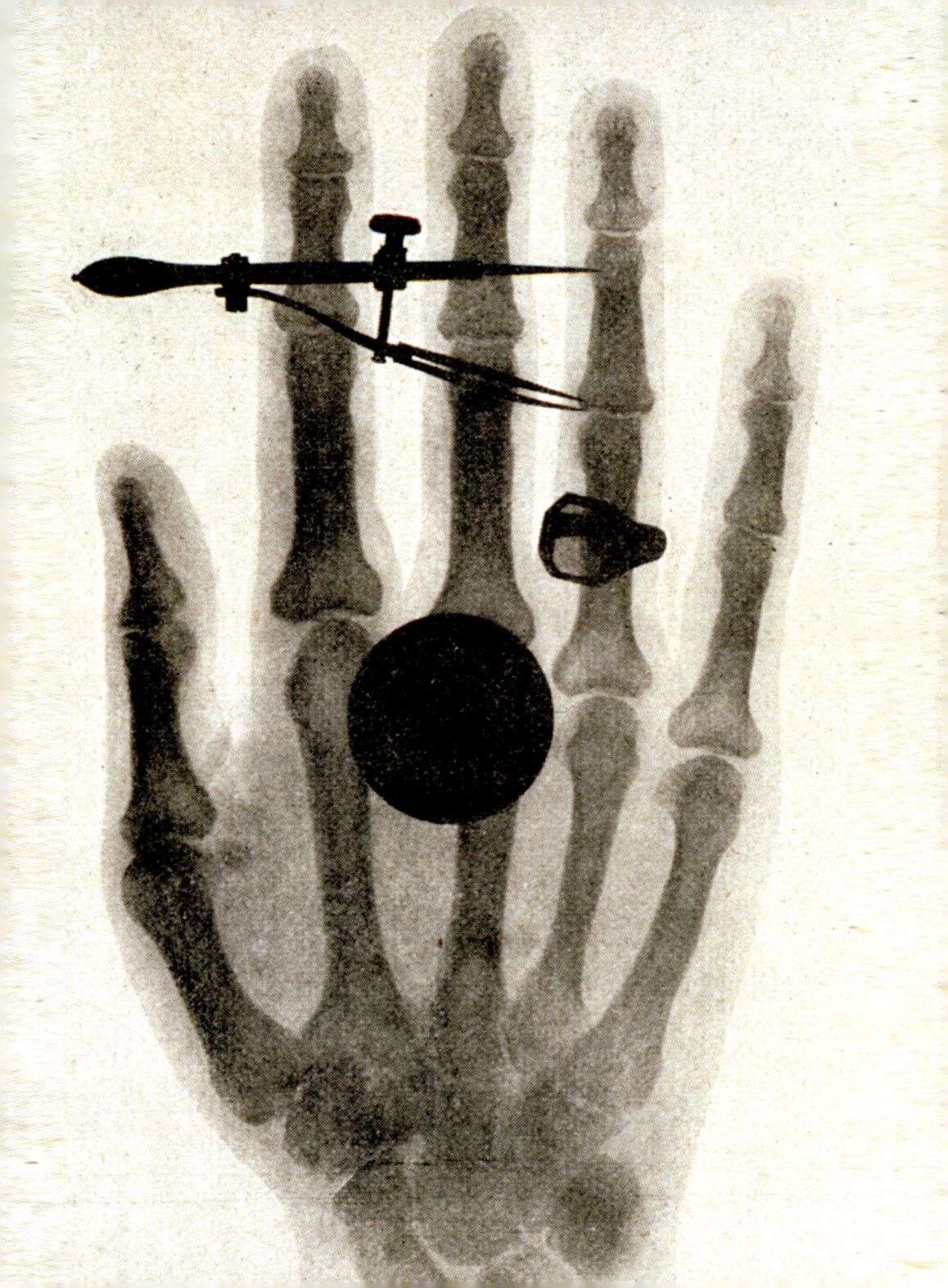

1895年12月28日

放映首场电影
The First Moving Pictures Show

卢米埃尔兄弟展示了活动影像技术,最终回归静止摄影

○ 奥古斯特(左)和路易·卢米埃尔,他们发明了电影和彩色摄影技术
○ 卢米埃尔兄弟的早期电影之一表现火车抵达拉西约塔、乘客上下车的情景

> "电影娱乐大众……我们还能做什么?"
> ——路易·卢米埃尔,电影创始人

大群人聚集到巴黎卡普辛路大咖啡馆拥挤的地下室,付费坐在黑暗中观看十部各长四十秒左右的短片,主题包括"毯上跳"、"婴儿进食"、"海中沐浴"等,既有直接拍摄,也不乏滑稽剧。当晚的电影大获成功,后续场次的售票长队排到一条街之外。这次历史性首映之后拍摄了另外一部短片,表现一列火车从银幕对角线方向驶入,令观众惊叫着落荒而逃。

电影的发明者为三十出头的阿方索(Alphonso)和路易·卢米埃尔,他们的父亲是里昂的摄影师和肖像画家,1894年从爱迪生的窥孔活动电影放映机中大受启发,鼓励两个儿子尝试制作电影,他们很快便发明了能够放映电影的齿孔体系。早在1895年,卢米埃尔兄弟申请"电影放映机"专利——它结合了摄像、冲洗、放映三重功能。他们的第一部电影表现工人们下班,于1895年3月22日非公开放映;但电影的首次商业放映是在大咖啡馆中进行。

卢米埃尔兄弟聘用助手在全世界展示他们的电影技术,开设电影院以放映他们的电影,1900年还在巴黎世博会上播放电影。尽管发明取得成功,路易很快宣布电影放映机为"毫无前景的发明",最终卢米埃尔兄弟卖掉了专利权,转而研究彩色摄影技术。**PF**

1896年3月1日

战败之耻
A Humiliating Defeat

阿杜瓦战役中埃塞俄比亚人有力打击了意大利对非洲的觊觎之心

十九世纪欧洲帝国主义国家瓜分非洲达到高潮之时，埃塞俄比亚是除利比里亚外唯一独立的非洲国家。意大利已经占有索马里和厄立特里亚殖民地，为在非洲东北部继续开辟其帝国而入侵埃塞俄比亚。意大利指挥官奥莱斯特·巴拉蒂里将军（Oreste Baratieri）不愿率1.77万士兵攻打兵力远胜于

> "意大利宁可损失两三千人，也不愿承受撤退之耻。"
>
> Vittorio Dabormida指挥官，
> 阿杜瓦战役中阵亡

己的埃军，但被孟尼利克二世（Menelek）的8—15万大军挡住去路。巴拉蒂里经不起属下奚落，下令兵分三路连夜行军，穿过多山地区，但在黎明时遭到攻击——间谍向孟尼利克报告意大利人已经出动，因而埃军被调动至理想的埋伏之所。

意大利人迷失方向，天亮时闯入敌人的埋伏圈。意大利士兵及其埃塞俄比亚土著雇佣军英勇奋战但依然惨败，7000人死亡，1500人受伤，3000人被俘，而当地军队有5000人死亡，8000人受伤。巴拉蒂里带领余部撤回厄立特里亚，将武器和装备都留给胜利者。意大利战俘获得优待，但被俘的土著雇佣兵被视为埃塞俄比亚的叛徒，斩去一手一足。阿杜瓦战役的胜利令埃塞俄比亚的独立地位保持四十年，直至墨索里尼于1936年发动阿杜瓦复仇之战。**NJ**

1896年4月6日

恢复奥林匹克运动会
The Olympics Revisited

重建伟大传统赛事，第一届现代奥运会开幕

法国男爵皮埃尔·德·顾拜旦（Pierre de Coubertin）希望发展体育事业、促进世界和平。在当时希腊奥林匹亚考古发现的启发下，顾拜旦决定借鉴古希腊的奥林匹克运动会。1894年，顾拜旦发起国际奥委会组织奥运会，1896年4月第一届奥林匹克运动会在雅典开幕，长达十天，来自14个国家的241名运动员参加竞技——所有运动员均为男性业余选手，以个人名义自行负担费用参赛，而未组成国家队。

商人乔治·阿维洛夫（Georgios Averoff）在亚历山大港筹集资金，修复了始建于公元前四世纪的帕那辛纳克体育场（Panathenaic），并购置了其他设施。3月25日的奥运开幕式吸引了八万观众涌入帕那辛纳克，参赛选手以国家为单位在场上集合，唱诗班在乐队伴奏下演唱奥运圣歌，希腊国王乔治出席开幕式。当时还没有奥运圣火，这项仪式于1928年引入开幕式。首项赛事三级跳由美国运动员詹姆斯·康诺利（James Connolly）夺冠。

奥运会大获成功。希腊的奖牌数仅比大赢家美国少一枚（当时各项目冠军获得银牌，而非现在传统的金牌）。最著名的马拉松比赛中，此前默默无闻的希腊牧羊人斯皮里东·路易（Spiridon Louis）夺冠。**PF**

▶ 在希腊雅典举行的首届奥运会中，德国体操运动员赫尔曼·魏因加特纳练习吊环

1896年8月16日

克朗代克淘金热
Gold Is Struck in the Klondike

美国淘金者开始关注北部的加拿大

① 1896—1898年间短暂的克朗代克淘金热时期，开矿者于契尔库山顶摆造型拍照

> "午夜阳光下，辛劳淘金的人们行事怪异。"
>
> 罗伯特·塞维斯（Robert Services），
> 《山姆·迈吉的火葬》

　　1896年8月，三名垂钓者在克朗代克河钓鱼时清楚地看见兔子河底金光闪耀。后来兔子河因此更名为博南札河（Bonanza Creek，意为丰富的金矿）。次日，美洲原住民斯"强壮的吉姆"曼森·基切（Mason Keish）、他的妹妹凯特（Kate）和妹夫乔治·卡麦克（George Carmack）以卡麦克之名声明对金矿的所有权。发现金矿的消息一传开，十天内便有1500人从西雅图出航北上。在圣弗朗西斯科，开往寒冷北方的船票售价高达一千美元。首次声明金矿所有权后附近的道森市几乎一夜成形；到1898年，人口数高达四万，成为温尼伯以北最大的加拿大城镇。这给城市带来了巨大的压力，偏远地区粮食匮乏（盐卖得几乎和金矿一样贵），有时还面临饥荒的危机。果敢的山姆·斯蒂尔（Sam Steele）领导当地皇家骑警队员维持法治。

　　当然有发财的——道森市一名理发师一天之内挖出价值四万美金的金矿；在哈里·阿什（Harry Ash）酒吧里，一位富有开拓精神的淘金者仅靠清扫掉落在地板上的金粉就赚了275美元。据估计，十万人前往克朗代克，只有一半到达。约五千人成功声明所有权，而只有几百人发了财。很多人死于过度劳累、疾病、饥荒和食人野兽。传说加拿大边境的斯卡格威司法长官——油滑的杰弗逊·史密斯"欺骗剥削所有外来人，有意见者格杀勿论"。淘金者若没有至少一年份的食物，在关隘就会被骑警队挡回。淘金热来得快去得也快，1900年，淘金高潮已过去，但商业挖掘仍持续到1966年。**NJ**

1896年12月10日

炸药大王离世
Death of Mr. Dynamite

阿尔弗雷德·诺贝尔（Alfred Nobel）通过遗嘱在其身后留下了重大积极影响

瑞典实业家、化学家及慈善家阿尔弗雷德·诺贝尔在意大利圣雷莫度假寓所因中风病逝，其一生成就卓著但私人生活却并不如意。

工业家诺贝尔将博福斯钢铁厂改造为军工厂，大获成功；而身为化学家的诺贝尔于1867年发明了较硝化甘油更为安全的硝酸甘油炸药。诺贝尔的弟弟艾米尔（Emil）及另外四名工人因工厂的一起爆炸身亡后，诺贝尔发明了更安全、威力更强的葛里炸药。诺贝尔通过武器制造、炸药和石油聚积了大笔财富，同时他也十分敏感，创作了戏剧和诗歌。

1888年一起提前刊出的讣告以"死亡商人去世"为题，称诺贝尔通过不断发明大面积屠杀人类的便捷手段而致富，令诺贝尔大为震惊；加之同奥地利作家、和平主义者贝尔塔·冯·苏特纳（Bertha von Suttner）通信的影响，他决心以其巨大财富创立诺贝尔奖，支持和平及科学、文学的发展。诺贝尔奖每年颁发一次，分设和平、文学、物理、化学、生理或医学及经济学奖，诺奖获得者包括文学奖类的温斯顿·丘吉尔、阿尔贝·加缪（Albert Camus）和萨缪尔·贝克特（Samuel Beckett），物理学奖的阿尔伯特·爱因斯坦，化学奖的莱纳斯·鲍林（Linus Pauling），和平奖的美国总统西奥多·罗斯福、伍德罗·威尔逊（Woodrow Wilson）、特蕾莎修女、亨利·基辛格（Henry Kissinger）和马丁·路德·金。诺贝尔和平奖首批获得者包括红十字会创办者亨利·杜南（Henri Dunant），以及积极参与国际激进和平运动的贝尔塔·冯·苏特纳本人。**NJ**

意大利化学家阿斯卡尼奥·索布雷洛1846年发明了硝化甘油，但诺贝尔发明了安全使用硝化甘油的方法，并申请了专利

> "阿尔弗雷德·诺贝尔——可怜又可鄙的半人，本该被勒死。"
>
> 诺贝尔致其兄路德维希的信，1887年

1897年6月22日

天佑女王
God Save the Queen

英国君主制随维多利亚女王的登基60周年大典达到巅峰

- 维多利亚女王登基60周年大典存照；女王激发了臣民狂热的忠诚和爱
- 维多利亚的马车经过伦敦国家艺术馆和特拉法加广场上的欢庆人群

> "欢呼声震耳欲聋,每张脸上……洋溢着真诚的喜悦。"
>
> 维多利亚女王在日记中写道

维多利亚女王的钻禧庆典能否达到1887年女王金禧的盛况?似乎不大可能——78岁的女王脾气越来越差,她坚持自己在队列行进过程中不会下车,也不为庆典花费自己的钱,而且决不能邀请任何一位欧洲君主。6月20日星期日——维多利亚女王世纪登基周年纪念日当天,按照女王的命令,庆祝活动无声进行。上午11:00,英国所有教堂、礼拜堂和犹太教教堂举行了特殊的礼拜仪式,女王本人在温莎圣乔治礼拜堂祈祷。她在日记中承认,她"对未来感到相当紧张,担心能否一切顺利。"她根本不必担心,因为接下来是一派灿烂壮观的威严景象。

维多利亚女王将6月22日(庆典的高潮)描述为"永志难忘之日"。从她按下按钮、向全国发出钻禧电报那一刻起,辉煌的庆典顺利展开。太阳初升,同时海德公园内鸣枪宣布女王离开王宫。女王的队列经过了伦敦部分较贫困地区,但引发了剧烈反响。"经过那6英里长的街道时人们热烈欢迎,我想,没有人曾得到如此热切的礼遇。"这是英国历史上最盛大的庆典。

社会学家凯尔·哈迪(Keir Hardie)认为,这是"无面包的面包和马戏"(译者注:"面包和马戏"即免费的粮食和娱乐,指政府或其他统治集团以小恩小惠来缓和人民不满的手段)。但庆典卓有成效。另一位社会学家比阿特丽斯·韦布(Beatrice Webb)评价民众"沉浸在忠诚中不可自拔"。英国正发展为民主政体,君主的政治权力几乎所剩无几,但君主制却获得了民众的空前拥戴。**RP**

Deuxième Année. — Numéro 87

Cinq Centimes

JEUDI 13 JANVIER 189[8]

Directeur
ERNEST VAUGHAN

ABONNEMENTS

	Un an	Six mois	Trois mois
Paris	20 »	10 »	5 »
Départements et Algérie	24 »	12 »	6 »
Étranger (Union postale)	35 »	18 »	10 »

POUR LA RÉDACTION :
S'adresser à M. A. BERTHIER
Secrétaire de la Rédaction

Adresse télégraphique : AURORE-PARIS

L'AURORE

Littéraire, Artistique, Sociale

Directeur
ERNEST VAUGHAN

LES ANNONCES SONT REÇUES :
142 — Rue Montmartre — 142
AUX BUREAUX DU JOURNAL

Les manuscrits non insérés ne sont pas rendus

ADRESSER LETTRES ET MANDATS :
à M. A. BOUIT, Administrateur

Téléphone : 102-88

J'Accuse...!

LETTRE AU PRÉSIDENT DE LA RÉPUBLIQUE

Par ÉMILE ZOLA

LETTRE
A M. FÉLIX FAURE
Président de la République

Monsieur le Président,

Me permettez-vous, dans ma gratitude pour le bienveillant accueil que vous m'avez fait un jour, d'avoir le souci de votre juste gloire et de vous dire que votre étoile, si heureuse jusqu'ici, est menacée de la plus honteuse, de la plus ineffaçable des taches?

Vous êtes sorti sain et sauf des basses calomnies, vous avez conquis les cœurs. Vous apparaissez rayonnant dans l'apothéose de cette fête patriotique que l'alliance russe a été pour la France, et vous vous préparez à présider au solennel triomphe de notre Exposition universelle, qui couronnera notre grand siècle de travail, de vérité et de liberté. Mais quelle tache de boue sur votre nom — j'allais dire sur votre règne — que cette abominable affaire Dreyfus! Un conseil de guerre vient, par ordre, d'oser acquitter un Esterhazy, soufflet suprême à toute vérité, à toute justice. Et c'est fini, la France a sur la joue cette souillure, l'histoire écrira que c'est sous votre présidence qu'un tel crime social a pu être commis.

Puisqu'ils ont osé, j'oserai aussi, moi. La vérité, je la dirai, car j'ai promis de la dire, si la justice, régulièrement saisie, ne la faisait pas, pleine et entière. Mon devoir est de parler, je ne veux pas être complice. Mes nuits seraient hantées par le spectre de l'innocent qui expie là-bas, dans la plus affreuse des tortures, un crime qu'il n'a pas commis.

Et c'est à vous, monsieur le Président, que je la crierai, cette vérité, de toute la force de ma révolte d'honnête homme. Pour votre honneur, je suis convaincu que vous l'ignorez. Et à qui donc dénoncerai-je la tourbe malfaisante des vrais coupables, si ce n'est à vous, le premier magistrat du pays?

∴

La vérité d'abord sur le procès et sur la condamnation de Dreyfus.

Un homme néfaste a tout mené, a tout fait, c'est le colonel du Paty de Clam, alors simple commandant. Il est l'affaire Dreyfus tout entière, on ne la connaîtra que lorsqu'une enquête loyale aura établi nettement ses actes et ses responsabilités. Il apparaît comme l'esprit le plus fumeux, le plus compliqué, hanté d'intrigues romanesques, se complaisant aux moyens des romans-feuilletons, les papiers volés, les lettres anonymes, les rendez-vous dans les endroits déserts, les femmes mystérieuses qui colportent, de nuit, des preuves accablantes. C'est lui qui imagina de dicter le bordereau à Dreyfus; c'est lui qui rêva de l'étudier dans une pièce entièrement revêtue de glaces; c'est lui que le commandant Forzinetti nous représente armé d'une lanterne sourde, voulant se faire introduire près de l'accusé endormi, pour projeter sur son visage un brusque flot de lumière et surprendre ainsi son crime, dans l'émoi du réveil. Et je n'ai pas à tout dire, qu'on cherche, on trouvera. Je déclare simplement que le commandant du Paty de Clam, chargé d'instruire l'affaire Dreyfus, comme officier judiciaire, est, dans l'ordre des dates et des responsabilités, le premier coupable de l'effroyable erreur judiciaire qui a été commise.

Le bordereau était depuis quelque temps déjà entre les mains du colonel Sandherr, directeur du bureau des renseignements, mort depuis de paralysie. Des « fuites » avaient lieu, des papiers disparaissaient, comme il en disparaît aujourd'hui encore; et l'auteur du bordereau était recherché, lorsqu'un *a priori* se fit peu à peu que cet auteur ne pouvait être qu'un officier de l'état-major, et un officier d'artillerie : double erreur manifeste, qui montre avec quel esprit superficiel on avait étudié ce bordereau, car un examen raisonné démontre qu'il ne pouvait s'agir que d'un officier de troupe. On cherchait donc dans la maison, on examinait les écritures, c'était comme une affaire de famille, un traître à surprendre dans les bureaux mêmes, pour l'en expulser. Et, sans que je veuille refaire ici une histoire connue en partie, le commandant du Paty de Clam entre en scène, dès qu'un premier soupçon tombe sur Dreyfus. A partir de ce moment, c'est lui qui a inventé Dreyfus, l'affaire devient son affaire, il se fait fort de confondre le traître, de l'amener à des aveux complets. Il y a bien le ministre de la guerre, le général Mercier, dont l'intelligence semble médiocre; il y a bien le chef de l'état-major, le général de Boisdeffre, qui paraît avoir cédé à sa passion cléricale, et le sous-chef de l'état-major, le général Gonse, dont la conscience a pu s'accommoder de beaucoup de choses. Mais, au fond, il n'y a d'abord que le commandant du Paty de Clam, qui les mène tous, qui les hypnotise, car il s'occupe aussi de spiritisme, d'occultisme, il converse avec les esprits. On ne croira jamais les expériences auxquelles il a soumis le malheureux Dreyfus, les pièges dans lesquels il a voulu le faire tomber, les enquêtes folles, les imaginations monstrueuses, toute une démence torturante.

Ah! cette première affaire, elle est un cauchemar, pour qui la connaît dans ses détails vrais! Le commandant du Paty de Clam arrête Dreyfus, le met au secret. Il court chez madame Dreyfus, la terrorise, lui dit que, si elle parle, son mari est perdu. Pendant ce temps, le malheureux s'arrachait la chair, hurlait son innocence. Et l'instruction a été faite ainsi, comme dans une chronique du quinzième siècle, au milieu du mystère, avec une complication d'expédients farouches, tout cela basé sur une seule charge enfantine, ce bordereau imbécile, qui n'était pas seulement une trahison vulgaire, qui était aussi la plus impudente des escroqueries, car les fameux secrets livrés se trouvaient presque tous sans valeur. Si j'insiste, c'est que l'œuf est ici, d'où va sortir plus tard le vrai crime, l'épouvantable déni de justice dont la France est malade. Je voudrais faire toucher du doigt comment l'erreur judiciaire a pu être possible, comment elle est née des machinations du commandant du Paty de Clam, comment le général Mercier, les généraux de Boisdeffre et Gonse ont pu s'y laisser prendre, engager peu à peu leur responsabilité dans cette erreur, qu'ils ont cru devoir, plus tard, imposer comme la vérité sainte, une vérité qui ne se discute même pas. Au début, il n'y a donc de leur part que de l'incurie et de l'inintelligence. Tout au plus, les sent-on céder aux passions religieuses du milieu et aux préjugés de l'esprit de corps. Ils ont laissé faire la sottise.

Mais voici Dreyfus devant le conseil de guerre. Le huis clos le plus absolu est exigé. Un traître aurait ouvert la frontière à l'ennemi, pour conduire l'empereur allemand jusqu'à Notre-Dame, qu'on ne prendrait pas des mesures de silence et de mystère plus étroites. La nation est frappée de stupeur, on chuchote des faits terribles, de ces trahisons monstrueuses qui indignent l'Histoire, et naturellement la nation s'incline. Il n'y a pas de châtiment assez sévère, elle applaudira à la dégradation publique, elle voudra que le coupable reste sur son rocher d'infamie, dévoré par le remords. Est-ce donc vrai, les choses indicibles, les choses dangereuses, capables de mettre l'Europe en flammes, qu'on a dû enterrer soigneusement derrière ce huis clos? Non! il n'y a eu, derrière, que les imaginations romanesques et démentes du commandant du Paty de Clam. Tout cela n'a été fait que pour cacher le plus saugrenu des romans-feuilletons. Et il suffit, pour s'en assurer, d'étudier attentivement l'acte d'accusation lu devant le conseil de guerre.

Ah! le néant de cet acte d'accusation! Qu'un homme ait pu être condamné sur cet acte, c'est un prodige d'iniquité. Je défie les honnêtes gens de le lire, sans que leur cœur bondisse d'indignation et crie leur révolte, en pensant à l'expiation démesurée, là-bas, à l'île du Diable. Dreyfus sait plusieurs langues, crime; on n'a trouvé chez lui aucun papier compromettant, crime; il va parfois dans son pays d'origine, crime; il est laborieux, il a le souci de tout savoir, crime; il ne se trouble pas, crime; il se trouble, crime. Et les naïvetés de rédaction, les formelles assertions dans le vide! On nous avait parlé de quatorze chefs d'accusation : nous n'en trouvons qu'une seule en fin de compte, celle du bordereau; et nous apprenons même que les experts n'étaient pas d'accord, qu'un d'eux, M. Gobert, a été bousculé militairement, parce qu'il se permettait de ne pas conclure dans le sens désiré. On parlait aussi de vingt-trois officiers qui étaient venus accabler Dreyfus de leurs témoignages. Nous ignorons encore leurs interrogatoires, mais il est certain que tous ne l'avaient pas chargé; et il est à remarquer, en outre, que tous appartenaient aux bureaux de la guerre. C'est un procès de famille, on est là entre soi, et il faut s'en souvenir : l'état-major a voulu le procès, l'a jugé, et il vient de le juger une seconde fois.

Donc, il ne restait que le bordereau, sur lequel les experts ne s'étaient pas entendus. On raconte que, dans la chambre du conseil, les juges allaient naturellement acquitter. Et, dès lors, comme l'on comprend l'obstination désespérée avec laquelle, pour justifier la condamnation, on affirme aujourd'hui l'existence d'une pièce secrète, accablante, la pièce qu'on ne peut montrer, qui légitime tout, devant laquelle nous devons nous incliner, le bon dieu invisible et inconnaissable. Je la nie, cette pièce, je la nie de toute ma puissance! Une pièce ridicule, oui, peut-être la pièce où il est question de petites femmes, et où il est parlé d'un certain D... qui devient trop exigeant, quelque mari sans doute trouvant qu'on ne lui payait pas sa femme assez cher. Mais une pièce intéressant la défense nationale, qu'on ne saurait produire sans que la guerre fût déclarée demain, non, non! C'est un mensonge; et cela est d'autant plus odieux et cynique qu'ils mentent impunément sans qu'on puisse les en convaincre. Ils ameutent la France, ils se cachent derrière sa légitime émotion, ils ferment les bouches en troublant les cœurs, en pervertissant les esprits. Je ne connais pas de plus grand crime civique.

Voilà donc, monsieur le Président, les faits qui expliquent comment une erreur judiciaire a pu être commise; et les preuves morales, la situation de fortune de Dreyfus, l'absence de motifs, son continuel cri d'innocence, achèvent de le montrer comme une victime des extraordinaires imaginations du commandant du Paty de Clam, du milieu clérical où il se trouvait, de la chasse aux « sales juifs », qui déshonore notre époque.

∴

Et nous arrivons à l'affaire Esterhazy. Trois ans se sont passés, beaucoup de consciences restent troublées profondément, s'inquiètent, cherchent, finissent par se convaincre de l'innocence de Dreyfus.

Je ne ferai pas l'historique des doutes, puis de la conviction de M. Scheurer-Kestner. Mais, pendant qu'il fouillait de son côté, il se passait des faits graves à l'état-major même. Le colonel Sandherr était mort, et le lieutenant-colonel Picquart lui avait succédé comme chef du bureau des renseignements. Et c'est à ce titre, dans l'exercice de ses fonctions, que ce dernier eut un jour entre les mains une lettre-télégramme, adressée au commandant Esterhazy, par un agent d'une puissance étrangère. Son devoir strict était d'ouvrir une enquête. La certitude est qu'il n'a jamais agi en dehors de la volonté de ses supérieurs. Il soumit donc ses soupçons à ses supérieurs hiérarchiques, le général Gonse, puis le général de Boisdeffre, puis le général Billot, qui avait succédé au général Mercier comme ministre de la guerre. Le fameux dossier Picquart, dont il a été tant parlé, n'a jamais été que le dossier Billot, j'entends le dossier fait par un subordonné pour son ministre, le dossier qui doit exister encore au ministère de la guerre. Les recherches durèrent de mai à septembre 1896, et ce qu'il faut affirmer bien haut, c'est que le général Gonse était convaincu de la culpabilité d'Esterhazy, c'est que le général de Boisdeffre et le général Billot ne mettaient pas en doute que le fameux bordereau fût de l'écriture d'Esterhazy. L'enquête du lieutenant-colonel Picquart avait abouti à cette constatation certaine. Mais l'émoi était grand, car la condamnation d'Esterhazy entraînait inévitablement la revision du procès Dreyfus; et c'était ce que l'état-major ne voulait à aucun prix.

Il dut y avoir là une minute psychologique pleine d'angoisse. Remarquez que le général Billot n'était compromis dans rien, il arrivait tout frais, il pouvait faire la vérité. Il n'osa pas, dans la terreur sans doute de l'opinion publique, certainement aussi dans la crainte de livrer tout l'état-major, le général de Boisdeffre, le général Gonse, sans compter les sous-ordres. Puis, ce ne fut là qu'une minute de combat entre sa conscience et ce qu'il croyait être l'intérêt militaire. Quand cette minute fut passée, il était déjà trop tard. Il s'était engagé, il était compromis. Et, depuis lors, sa responsabilité n'a fait que grandir, il a pris à sa charge le crime des autres, il est aussi coupable que les autres, il est plus coupable qu'eux, car il a été le maître de faire justice, et il n'a rien fait. Comprenez-vous cela! voici un an que le général Billot, que les généraux de Boisdeffre et Gonse savent que Dreyfus est innocent, et ils ont gardé pour eux cette effroyable chose. Et ces gens-là dorment, et ils ont des femmes et des enfants qu'ils aiment!

Le colonel Picquart avait rempli son devoir d'honnête homme. Il insistait auprès de ses supérieurs, au nom de la justice. Il les suppliait même, il leur disait combien leurs délais étaient impolitiques devant le terrible orage qui s'amoncelait, qui devait éclater, lorsque la vérité serait connue. Ce fut, plus tard, le langage que M. Scheurer-Kestner tint également au général Billot, l'adjurant par patriotisme de prendre en main l'affaire, de ne pas la laisser s'aggraver, au point de devenir un désastre public. Non! le crime était commis, l'état-major ne pouvait plus avouer son crime. Et le lieutenant-colonel Picquart fut envoyé en mission, on l'éloigna de plus loin en plus loin, jusqu'en Tunisie, où l'on voulut même un jour honorer sa bravoure, en le chargeant d'une mission qui l'aurait fait sûrement massacrer, dans les parages où le marquis de Morès a trouvé la mort. Il n'était pas en disgrâce, le général Gonse entretenait avec lui une correspondance amicale. Seulement, il est des secrets qu'il ne fait pas bon d'avoir surpris.

A Paris, la vérité marchait, irrésistible, et l'on sait de quelle façon l'orage attendu éclata. M. Mathieu Dreyfus dénonça le commandant Esterhazy comme le véritable auteur du bordereau, au moment où M. Scheurer-Kestner allait déposer, entre les mains du garde des sceaux, une demande en revision du procès. Et c'est ici que le commandant Esterhazy paraît. Des témoignages le montrent d'abord affolé, prêt au suicide ou à la fuite. Puis, tout d'un coup, il paye d'audace, il étonne Paris par la violence de son attitude. C'est que du secours lui était venu, il avait reçu une lettre anonyme l'avertissant des menées de ses ennemis, une dame mystérieuse s'était même dérangée de nuit pour lui remettre une pièce volée à l'état-major, qui devait le sauver. Et je ne puis m'empêcher de retrouver là le lieutenant-colonel du Paty de Clam, en reconnaissant les expédients de son imagination fertile. Son œuvre, la culpabilité de Dreyfus, était en péril, et il a voulu sûrement défendre son œuvre. La revision du procès, mais c'était l'écroulement du roman-feuilleton si extravagant, si tragique, dont le dénouement abominable a lieu à l'île du Diable! C'est ce qu'il ne pouvait permettre. Dès lors, le duel va avoir lieu entre le lieutenant-colonel Picquart et le lieutenant-colonel du Paty de Clam, l'un le visage découvert, l'autre masqué. On les retrouvera prochainement tous deux devant la justice civile. Au fond, c'est toujours l'état-major qui se défend, qui ne veut pas avouer son crime, dont l'abomination grandit d'heure en heure.

On s'est demandé avec stupeur quels étaient les protecteurs du commandant Esterhazy. C'est d'abord, dans l'ombre, le lieutenant-colonel du Paty de Clam qui a tout machiné, qui a tout conduit. Sa main se trahit aux moyens saugrenus. Puis, c'est le général de Boisdeffre, c'est le général Gonse, c'est le général Billot lui-même, qui sont bien obligés de faire acquitter le commandant, puisqu'ils ne peuvent laisser reconnaître l'innocence de Dreyfus, sans que les bureaux de la guerre croulent sous le mépris public. Et le beau résultat de cette situation prodigieuse, c'est que l'honnête homme là-dedans, le lieutenant-colonel Picquart, qui seul a fait son devoir, va être la victime, celui qu'on bafouera et qu'on punira. O justice, quelle affreuse désespérance serre le cœur! On va jusqu'à dire que c'est lui le faussaire, qu'il a fabriqué la carte-télégramme pour perdre Esterhazy. Mais, grand Dieu! pourquoi? dans quel but? Donnez un motif. Est-ce que celui-là aussi est payé par les juifs? Le joli de l'histoire est qu'il était justement antisémite. Oui! nous assistons à ce spectacle infâme, des hommes perdus de dettes et de crimes dont on proclame l'innocence, tandis qu'on frappe l'honneur même, un homme à la vie sans tache! Quand une société en est là, elle tombe en décomposition.

Voilà donc, monsieur le Président, l'affaire Esterhazy : un coupable qu'il s'agissait d'innocenter. Depuis bientôt deux mois, nous pouvons suivre heure par heure la belle besogne. J'abrège, car ce n'est ici, en gros, que le résumé de l'histoire dont les brûlantes pages seront un jour écrites tout au long. Et nous avons donc vu le général de Pellieux, puis le commandant Ravary, conduire une enquête scélérate d'où les coquins sortent transfigurés et les honnêtes gens salis. Puis, on a convoqué le conseil de guerre.

∴

Comment a-t-on pu espérer qu'un conseil de guerre déferait ce qu'un conseil de guerre avait fait?

Je ne parle même pas du choix toujours possible des juges. L'idée supérieure de discipline, qui est dans le sang de ces soldats, ne suffit-elle à infirmer leur pouvoir même d'équité? Qui dit discipline dit obéissance. Lorsque le ministère de la guerre, le grand chef, a établi publiquement, aux acclamations de la représentation nationale, l'autorité absolue de la chose jugée, vous voulez qu'un conseil de guerre lui donne un formel démenti? Hiérarchiquement, cela est impossible. Le général Billot a suggestionné les juges par sa déclaration, et ils ont jugé comme ils doivent aller au feu, sans raisonner. L'opinion préconçue qu'ils ont apportée sur leur siège est évidemment celle-ci : « Dreyfus a été condamné pour crime de trahison par un conseil de guerre; il est donc coupable, et nous, conseil de guerre, nous ne pouvons le déclarer innocent; or nous savons que reconnaître la culpabilité d'Esterhazy, ce serait proclamer l'innocence de Dreyfus. » Rien ne pouvait les faire sortir de là.

Ils ont rendu une sentence inique qui à jamais pèsera sur nos conseils de guerre, qui entachera désormais de suspicion tous leurs arrêts. Le premier conseil de guerre a pu être inintelligent, le second est forcément criminel. Son excuse, je le répète, est que le chef suprême avait parlé, déclarant la chose jugée inattaquable, sainte et supérieure aux hommes, de sorte que des inférieurs ne pouvaient dire le contraire. On nous parle de l'honneur de l'armée, on veut que nous l'aimions, que nous la respections. Ah! certes, oui, l'armée qui se lèverait à la première menace, qui défendrait la terre française, elle est tout le peuple et nous n'avons pour elle que tendresse et respect. Mais il ne s'agit pas d'elle, dont nous voulons justement la dignité, dans notre besoin de justice. Il s'agit du sabre, le maître qu'on nous donnera demain peut-être. Et baiser dévotement la poignée du sabre, le dieu, non!

Je l'ai démontré d'autre part : l'affaire Dreyfus était l'affaire des bureaux de la guerre, un officier de l'état-major, dénoncé par ses camarades de l'état-major, condamné sous la pression des chefs de l'état-major. Encore une fois, il ne peut revenir innocent, sans que tout l'état-major soit coupable. Aussi les bureaux, par tous les moyens imaginables, par des campagnes de presse, par des communications, par des influences, n'ont-ils couvert Esterhazy que pour perdre une seconde fois Dreyfus. Ah! quel coup de balai le gouvernement républicain devrait donner dans cette jésuitière, ainsi que les appelle le général Billot lui-même! Où est-il, le ministère vraiment fort et d'un patriotisme sage, qui osera tout y refondre et tout y renouveler? Que de gens je connais qui, devant une guerre possible, tremblent d'angoisse, en sachant dans quelles mains est la défense nationale! et quel nid de basses intrigues, de commérages et de dilapidations, est devenu cet asile sacré, où se décide le sort de la patrie! On s'épouvante devant le jour terrible que vient d'y jeter l'affaire Dreyfus, ce sacrifice humain d'un malheureux, d'un « sale juif »! Ah! tout ce qui s'est agité là de démence et de sottise, des imaginations folles, des pratiques de basse police, des mœurs d'inquisition et de tyrannie, le bon plaisir de quelques galonnés mettant leurs bottes sur la nation, lui rentrant dans la gorge son cri de vérité et de justice, sous le prétexte menteur et sacrilège de la raison d'État!

Et c'est un crime encore que de s'être appuyé sur la presse immonde, que de s'être laissé défendre par toute la fripouille de Paris, de sorte que voilà la fripouille qui triomphe insolemment,

1898年1月13日

《我控诉!》
"J'accuse!"

埃米尔·左拉发表文章揭露德雷福斯事件中真正的罪人

埃米尔·左拉在《曙光》（L'Aurore）报上发表了著名文章《我控诉!》引发轩然大波——这一轰动性标题出自激进派政客乔治·克列孟梭（Georges Clemenceau）之手。左拉在这封致法国总统菲利·福尔（Félix Faure）的公开信中表达了反教会的自由主义观点，控诉军队高官参与构陷犹太军官阿尔弗雷德·德雷福斯为德国间谍，将无辜者流放至恶魔岛，其后掩盖其罪行。

这封信导致德雷福斯事件流传开来，迫使法庭进行长期重审——尽管其间法国内部分裂，政府数次换届——最终德雷福斯沉冤得雪，而暴露出法国保守军方和教会联合保护的真正间谍埃斯特哈齐。

《我控诉!》为左拉的个人生活招致灾难。1899年他被判有诽谤罪，被迫逃往伦敦以躲避牢狱之灾。他同情人和孩子在伦敦度过一年的流放生活，直至证明德雷福斯清白的证据增多，他才得以回国。正如左拉所言："真相正以不可阻挡之势到来。"

但在1902年，左拉在巴黎的寓所中因煤气中毒去世。后来据推测，反德弗雷斯派故意堵塞火炉烟囱，导致小说家死亡。1908年德弗雷斯终于重新入伍后，左拉的遗体迁至巴黎先贤祠，与法国最伟大的英雄们葬在一处。**NJ**

● 左拉致总统的公开信占据1898年1月13日《曙光》报头版整个版面

1898年2月15日

"缅因号"沉没
Maine Is Sunk

"缅因号"失事成为美国争夺古巴统治权、向西班牙宣战的理由

服役多年的美国军舰"缅因号"被总统威廉·麦金莱（William McKinley）派往哈瓦那巡视，保护当地美国公民——古巴首都爆发动乱，西班牙当局同谋求独立的古巴民族主义者陷入游击战的泥潭中，造成约十万名古巴人死亡。

> "请继续。你美化这些图片，我来点燃战火。"
> —— 威廉·鲁道夫·赫斯特对其出版社艺术家说

"缅因号"于1月25日抵达，暴动逐渐平息。2月15日船首发生大规模爆炸，导致"缅因号"数分钟内沉没。大约260人当场死亡，多为入伍水手，其后六人因伤致死。船尾的查理上校及大多数军官得以幸存。

在媒体的煽动下，美国国内群情激愤，将"缅因号"失事归咎于西班牙。传媒界两大巨头威廉·鲁道夫·赫斯特（William Randolph Hearst）和约瑟夫·普利策间的争论也令主战情绪升温；海军调查宣布"缅因号"沉没系水雷所致，美国正式向西班牙宣战。

其后的美西战争终结了西班牙在古巴的统治，代之以美国势力，直至1959年卡斯特罗掌权。尽管1976年美军上将里科弗（Rickover）调查后认为煤仓中发生自燃，导致船上的火药库爆炸，但"缅因号"失事原因尚不明确。**NJ**

1898年9月2日

毁灭性新武器
A Deadly New Weapon

恩图曼战役展现了机关枪的杀伤力

1885年戈登将军在喀土穆战役中死于马赫迪军手中，同年马赫迪穆罕默德·艾哈迈德自然死亡，十四年后不列颠才着手重新控制苏丹。1898年，英埃联军将领赫伯特·基钦纳爵士（Herbert Kitchener）率领2.76万埃及士兵及8000名英国正规军，携12艘尼罗河炮艇攻打喀土穆城外的恩图曼——马赫迪继任者哈利法·阿卜杜拉（Khalifa Abd Allah）在此建都。炮艇轰击城墙，还象征性地将马赫迪之墓夷为平地以炫耀武力。

> "无论怎样，我们还有马克沁机枪，而对方没有。"
>
> 海莱尔·贝洛克（Hilaire Belloc），
> 诗人、作家和历史学家

持长矛和步枪的马赫迪信徒德尔维希战士在恩图曼以北的山上集合，破晓时分发起攻击，但在新运抵的马克沁机枪面前不堪一击。其后第21枪骑兵团发起冲锋，将伊斯兰军彻底击溃——这也是欧洲骑兵最后一次大规模冲锋，年轻的温斯顿·丘吉尔也在其中。约两万名马赫迪士兵死亡，而英军损失极低，三人获得维多利亚十字勋章，基钦纳受封为男爵。

丘吉尔在其第一本著作《河上战争》中颇为夸大地记录了恩图曼战役，将之标榜为不列颠帝国主义达到鼎盛的标志。**NJ**

1898年9月19日

法绍达事件
The Fashoda Incident

英法之间的最后一次殖民地争端和平解决

英法两国都计划建立横贯非洲大陆的殖民地，而苏丹东部白尼罗河畔的小镇法绍达正是二者目标的交集和冲突所在。英国人极其渴望建立开罗-开普敦路线，从而令中南非殖民地同北部势力范围（埃及和苏丹）连为一体。而法国人也同样热衷于通过撒哈拉商路连接其西非帝国和东部领土索马里半岛

简-巴普迪斯特·马尔尚（Jean-Baptiste marchand）少校携150名雇佣兵从法属刚果布拉柴维尔出发，十四个月后于1898年7月10日抵达法绍达，并为法国迅速占领了小镇。9月19日，更为强大的不列颠军队在赫伯特·基钦纳爵士的指挥下沿尼罗河抵达法绍达，此时距基钦纳在恩图曼战役大败马赫迪军不到三周，基钦纳绝不向殖民地竞争对手妥协之意。双方在剑拔弩张的气氛中僵持数周后，马尔尚迫于巴黎的命令，率法国军队于11月3日撤出法绍达。

新任法国外交部长泰奥菲勒·德尔卡塞（Théophile Delcassé）明白法国已经因臭名昭著的德雷福斯事件四分五裂，实力处于下风，力排众议避免同英国开战。德尔卡塞计划建立反德联盟，于1899年3月以协议平稳解决了这场殖民地之争。英法同意以尼罗河和刚果河为界划定势力范围。德尔卡塞的外交政策促成了英法协约，这一联盟最终在第一次世界大战中获胜。**NJ**

1899年11月4日

挖掘潜意识
Pathway to the Unconscious

西格蒙德·弗洛伊德（Sigmund Freud）的观点彻底改变了人类对心理和性的认知，至今依然影响着我们的思维方式

◐ 被问到其抽雪茄的习惯有何意义时，传说弗洛伊德回答道："有时候雪茄不过是雪茄而已。"

1898年9月《梦的解析》（Die Traumdeutung）完成，并于11月4日迅速付印，超过出版商的预期——扉页上的日期为1900年。但这部维也纳心理学家的著作毫无商业前景——首印的600册八年才卖完——因此日期之误无关紧要。但《梦的解析》令西格蒙德·弗洛伊德博士欣喜若狂，他评价道："如此顿悟，一生中经历一次，已属荣幸之至。"他对梦的兴趣由来已久，认为梦有着深层的心理学意义。经过多年的临床实践和研究后，弗洛伊德准备发表成果，他提出"夜晚的梦与白日梦同样都是对愿望的满足。"

弗洛伊德认为，性本能（如俄狄浦斯情结）构成了人类的源动力，但仅仅隐约为人所察。性欲即便在睡梦中也在寻求释放途径。因此，所有梦——有的梦经过前意识稽查后会变得相当令人费解——在本质上都是对某种欲望的实现。关于人类心理学的整套理论由此诞生。

弗洛伊德的研究飞速发展，他的理论不仅解释了精神疾病，还探索了人类意识及文化的各个方面。十年后他的著作广为人知，《梦的解析》再版，译本在全世界发行。公众发现弗洛伊德是出色的散文体作家，他的作品通俗易懂、令人愉悦，是不错的谈资，而且人人都可以简化和曲解其观点。RP

"我本性上是一名纯粹的征服者和冒险家……"

西格蒙德·弗洛伊德对威尔赫姆·弗里斯（Wilhelm Fliess）说，1890年2月

DECEMBER

A Merry Christmas to you all!
I'm off to join the WAACs,
And serve the country that I love
Until the Axis cracks!

S	M	T	W	T	F	S
		1	2	3	4	5
6	7	8	9	10	11
12	13	14	15	16	17	18
19	20	21	22	23	24	25
26	27	28	29	30	31

1900 年—1949 年

◐ 艺术家阿尔伯托·瓦格斯（Alberto Vargas）在1943年的年历中以性感尤物传达爱国情怀

1900年7月2日

飞艇首航
Airship Makes Its First Flight

齐柏林伯爵对飞艇的信心改变了二十世纪的飞行技术

▲ 第一艘齐柏林飞艇LZ1飞越德国博登湖上空的纪念明信片

普鲁士贵族斐迪南·冯·齐柏林伯爵（Ferdinand von Zeppelin）曾入伍，1863年美国内战期间接触了轻型飞行器——他随北方联邦军队目睹了侦查气球的应用。1891年齐柏林回到德国后提前退休，设计民用和军用飞艇。1900年7月2日齐柏林飞艇首航。

齐柏林依靠妻子伊莎贝拉的财力在腓特烈港建立工厂，制作了长达420英尺（128米）、最大直径为38英尺（11.5米）的庞大飞艇，内部有十七个独立的橡胶布气囊，共充入39.9万立方英尺（11298立方米）氢气，轻金属支架由棉布固定。齐柏林飞艇通过首尾两舵控制方向，由两个215马力的戴姆勒驱动螺旋桨提供动力。飞艇下方有两个吊舱容纳乘客。

齐柏林飞艇由五人驾驶、在1300英尺（396米）的高度下完成了十八分钟的首航，飞行距离近4英里（6千米）。到第一次世界大战爆发前，齐柏林飞艇已经在德国各地安全运输了3.5万名乘客。尽管在一战中承担了轰炸英美两国的任务，但事实证明齐柏林飞艇易受攻击。1917年齐柏林去世，其后R101号于1924年坠毁，1937年又发生了"兴登堡号"空难，航天事业的重心转向飞机方向，但最初的腓特烈港工厂直到1997年之前依然在生产齐柏林飞艇。**NJ**

1901年1月22日

维多利亚时代终结
The End of an Era

英国举国哀悼维多利亚女王逝世

▲ 大批民众赶来目送维多利亚女王出殡

1900年，八十一岁高龄的维多利亚女王视力衰退、行动不便，但依然孜孜不倦地履行其职责。她同大臣们保持大量通信阐明自己的观点，比如爱尔兰自治的前景令她感到不悦；她还对扩张不列颠帝国格外感兴趣：对维多利亚女王而言，布尔人是"残忍可怖、气势汹汹的民族"，而且她一向支持英国参与南非战争。然而1900年12月，她在怀特岛的奥斯本宫度过了痛苦的日子。1月12日，她写下了最后一页日记，记录了"美好的夜晚"。几天后她已不能言语，不久儿孙聚集到她床前。1901年1月22日周二晚6点30分，维多利亚女王逝世。

十天后举行了宏大的出殡仪式，数千名陆海军将士庄严护送女王的灵柩，从奥斯本宫越过索伦特海峡来到朴次茅斯，经过伦敦——在海德公园中默哀的群众排成半英里长队——最终抵达温莎，2月2日在圣乔治礼拜堂举行葬礼。两天后，维多利亚女王下葬于佛洛哥摩尔皇陵，长眠在四十年前过世的丈夫阿尔伯特亲王身边。

维多利女王同样有着人性的弱点，但无论生前还是死后，她都被王室宣传几乎塑造成女神。这一幻象及其引发的崇敬之感是英国君主政体得以存续的关键。**RP**

1901年9月6日

麦金莱遇刺
McKinley Assassinated

无政府主义者射杀麦金莱总统，子弹不知所踪

1901年12月12日

无线电传输
Radio Transmission

马可尼发送无线电信号，开辟通信新纪元

    美国第25任总统威廉·麦金莱（William McKinley）——1891年当选俄亥俄州州长，在1896年的总统大选中代表共和党大获全胜。麦金莱的第一次任期中，美西战争以西班牙舰队在古巴覆灭告终，美国兼并菲律宾和波多黎各。1900年，麦金莱再次赢得绝大多数选票出任总统。次年，麦金莱总统来到尼加拉瀑布旁的水牛城参加泛美博览会，亲切接见民众时遭到枪击。

    音乐殿中等待同总统握手的长队中有一名28岁的无政府主义者——来自俄亥俄州克利夫兰的里昂·乔戈什（Leon Czolgosz），连其他政府主义者也视之为危险的狂人。他的右手缠着厚厚的绷带，其中暗藏枪支，总统微笑着伸出手时乔戈什开枪，子弹因麦金莱的马甲扣偏转，乔戈什立即再次扣动扳机。第二发子弹击中总统腹部，乔戈什高呼：“我完成了使命”，被总统的护卫队擒获、夺下枪支，并受到拳打脚踢，虚弱的麦金莱说：“对他宽容点，伙计们。”

    9月14日，总统在水牛城去世，年仅58岁。医生们无法找到麦金莱腹中的子弹，因为他实在太胖了。继任者为副总统西奥多·罗斯福（Theodore Roosevelt）。乔戈什被判有谋杀罪，于10月平静地走上电椅，他说：“我暗杀总统，因为他是辛勤劳动的善良民众之敌。” **RC**

    1899年，古列尔莫·马可尼（Guglielmo Marconi）的信号传到了英吉利海峡对岸。同年，他以无线电技术发出了真正的SOS紧急呼救信号，并拯救了北海中几乎沉没的船只。1901年12月，马可尼宣布他凭借400英尺长（121米）的天线和箱形风筝，成功将莫尔斯电码S从康沃尔的波杜传输到纽芬兰圣约翰。通讯革命迎来了曙光，一个世纪内将彻底变革整个世界。

    马可尼生于博洛尼亚，父亲是意大利人，母亲来自苏格兰。他十几岁时在父母的花园中设立天线传送电信号。马可尼早期在本国发展无线电报技术受挫，21岁时同母亲来到英国寻求资助，获得邮政局电机总工程师威廉姆·普利斯爵士（William Preece）支持——普利斯帮助宣传了马可尼的"无线电报"系统。此外，马可尼开始在一系列水陆莫尔斯电码传输实验中发展出了强大的无线电技术。

    无线电令马可尼致富，但技术和商业纠纷如影随形。1912年，马可尼股份的内部交易几乎导致英国政府垮台。后来马可尼返回意大利，成为法西斯主义的狂热支持者——1927年马可尼的第二场婚礼中，独裁者贝尼托·墨索里尼（Benito Mussolini）担任伴郎。1937年，马可尼死于癌症，享年六十三岁。 **NJ**

1902年3月12日

卡鲁索录制第一张唱片
Caruso Records His First Disc

卡鲁索是最早以唱片留声的歌手之一，掀起全新的娱乐风潮

1902年，恩里科·卡鲁索（Enrico Caruso）在纽约留声机和打字机公司所属录音室中灌制了个人首张唱片。他于1907年发行的《粉墨登场》是全球第一张销量过百万的白金唱片，确立了唱片在所有留声技术中的霸主地位。

1875年，卡鲁索生于意大利那不勒斯，是其所在时代一流的男高音歌唱家，并连续十七年担任纽约大都会歌剧院的首席男高音。卡鲁索演练《波西米亚人》中的鲁道夫一角时，拜访了作曲家乔柯摩·普契尼（Giacomo Puccini），请后者指点其表演。卡鲁索唱了几小节，普契尼问道："是谁派你来的？全能的上帝吗？"

率先尝试唱片技术也巩固了卡鲁索的盛名。1877年爱迪生在蜡筒唱片上录下了《玛莉有只小绵羊》，此后多种录音技术得到发展。爱米尔·贝利纳（Emile Berliner）发明了以扁圆形唱片记录声音的系统，克服了蜡筒唱片和第一部留声机的多种缺点，尽管音质相差无几，但可以通过模制和压制量产，而且无需过多调试，唱片正反面都可以记录信息。卡鲁索的四百五十余张唱片都采用了这种技术，唱片也成为二十世纪前半叶最出色和最受欢迎的家庭娱乐系统。

依照今天的标准来看，卡鲁索的唱片保真度不高，无法完全展示这位杰出歌唱家强大而精致的歌声，以及广阔的音域。NK

◐ 卡鲁索身着《弄臣》中公爵的戏服，照片拍摄于1903年左右

1903年7月1日

第一届环法自行车赛开赛
The First Tour de France Begins

极其困难的自行车赛挽救了一家濒临破产的报纸

法国自行车赛手毛瑞斯·盖利，1903年第一届环法自行车赛冠军

《机动车报》编辑、一流的自行车手亨利·德斯格朗吉（Henri Desgrange）同竞争对手《自行车报》陷入苦战，因而发起了一项被誉为世界上最大的自行车赛事。德斯格朗吉的助手亨利·列斐伏尔（Henri Lefevre）设计了自行车赛，并担负了大部分组织工作。

1903年7月1日，第一届环法自行车赛在巴黎的闹钟咖啡馆外开赛。行程全长1500英里（2400千米），选手们十九天内完成六个艰难的赛段，有时候还需要连夜骑行——巴黎到里昂（至少467千米），再到马赛、图卢兹、波尔多、南特，之后返回巴黎——每个赛段之间有休息日。六十名参赛者来自法国、比利时、德国和瑞士，其中既有组队的专业选手，也不乏自由业余选手，但仅有二十一人骑完全程。法国人毛瑞斯·盖利（"小烟囱清洁工"）一路领先，约一万名观众目睹了他在巴黎王子公园体育场率先抵达终点的时刻。盖利领先第二名赛手三小时，全程平均时速达15.5英里（25千米），得到六千法郎的奖金。完成比赛的最后一名选手两天后抵达终点。

《机动车报》的庆祝专版售出数万份，次年《自行车报》倒闭。第二届环法自行车赛伴随着暴动和行贿，盖利再次获胜，但他及另外三名选手因作弊被取消荣誉——调查表明盖利比赛中途搭乘了火车。**PF**

1903年12月17日

莱特兄弟试飞
The Wright Brothers Take Flight

维修自行车的两兄弟创造历史，实现第一次动力载人飞行

▲ 奥维尔·莱特驾驶飞机，威尔伯在旁注视第一次成功飞行

十九世纪九十年代，俄亥俄州代顿市本地的自行车维修工程师奥维尔和威尔伯·莱特开始研究动力飞行。他们的重大成就在于设计了翘曲机翼，飞行员可以通过扭曲机翼来控制方向——他们在观察海鸥飞翔时得到了灵感。莱特兄弟用滑翔机在本地的风洞中多次进行测试，以简单的原材料制作了飞机，造价不到一千美元，又于1903年12月在机身上添加特制发动机，之后前往北卡罗来纳州小鹰镇偏远的沙丘上进行飞行试验。12月14日，威尔伯首次试飞，但飞行者1号起飞时失速，需要修理。12月17日上午10:35，奥维尔在一阵劲风中首次成功飞行12秒，飞行距离为120英尺（39米）。当天的第四次飞行中，威尔伯的飞行高度达10英尺，59秒中内飞行了852英尺（279米），之后狂风将飞机掀翻，造成严重损毁。仅有五个路人见证了飞行，翌日一家当地报纸简要报道了莱特兄弟的成就。

第二年，莱特兄弟的后续试验结果不一，但他们在飞行中学会控制飞机，并尝试用弹射装置解决恼人的起飞问题。莱特兄弟因担心被人效仿而秘密行事，再加上当地无人对飞机感兴趣，直到1908年在法国勒芒进行了飞行表演，二人的成果才得到应有的关注。**PF**

1904年2月23日

巴拿马运河重新开工
Work on the Stalled Panama Canal Restarts

美国接管巴拿马运河工程

▲ 1915年7月巴拿马运河中，美国军舰"俄亥俄号"（左）超过"密苏里号"

十六世纪起人们便开始计划建造横穿巴拿马地峡的运河，建成后行程将比绕行合恩角缩短8000英里（12875千米）。1898年"缅因号"在古巴沉没后，美国对开通巴拿马运河产生了格外迫切的需求。法国建造运河的计划搁浅后，1902年美国总统罗斯福开始同控制巴拿马的哥伦比亚谈判以购买开通运河的特权。

1903年11月，巴拿马人脱离哥伦比亚宣布独立，将运河区的控制权以一千万美元的价格售予美国。1904年2月双方签订协议，5月美国接管法国未完成的运河项目。四万工人开凿运河，每月挖出的土石方量超过七千万立方英尺（两百万立方米），同时美国大力整治蚊虫肆虐的沼泽、为工人提供适宜的起居条件（蚊子传播的黄热病和疟疾，导致超过五千五百名法国工人死亡）。

51英里长（82千米）的巴拿马运河于1913年末提早一年竣工。因欧洲爆发战争，原定于次年举行的盛大通航仪式取消，但1914年8月15日第一艘船"安肯号"通过，标志着巴拿马运河开始通航。1999年12月30日，美国将运河控制权交还给巴拿马。**PF**

1905年1月22日

圣彼得堡的血腥星期日
Bloody Sunday in St. Petersburg

军方在冬宫屠杀工人,引发俄罗斯革命

血腥星期日,冬宫广场的士兵向四散的示威者开火

　　1904—1905年的日俄战争期间,圣彼得堡居民的境况相当悲惨,薪资微薄的工人们被迫加班。普提洛夫工厂的罢工活动蔓延开来,到一月中旬时,共八万人加入罢工行列,圣彼得堡停电,所有报纸停刊。成立工人组织的东正教牧师乔治·加邦(Georgi Gapon)宣布于1905年1月在冬宫广场示威,向沙皇尼古拉斯二世请愿,要求结束战争并恢复八小时工作日。雄心勃勃的加邦尽管受雇于沙皇的秘密警察组织——奥克拉那警备队,却似乎真心希望改善贫苦大众的生存条件。他们采取温和的抗议方式,工人及妻子儿女携带圣像,唱着颂歌表达对沙皇的忠诚——加邦剔除了队伍中的极端主义者。

　　游行队伍接近冬宫时,沙皇的皇家护卫队由于惊慌向人群开枪。枪杀和踩踏造成的死亡人数范围在九十人(官方数字)到四千人(据加邦估算)之间。大多数历史学家认为约有一千人丧生。这场屠杀引起公愤,推动罢工浪潮发展为1905年的革命;同时令沙皇的统治名誉扫地,加剧俄国国内的仇恨情绪。加邦逃往瑞士,但他于10月返回俄罗斯时,其秘密警察身份曝光,他的社会主义革命同志私设法庭对他进行审判,加邦被吊死在一座芬兰别墅中。**NJ**

1905年5月27日

对马海峡海战
Battle of Tsushima

日本挫败波罗的海舰队，确立其世界强国地位

对马海峡海战暴露了俄罗斯薄弱的军事实力，令其声誉受损，导致俄国最终在日俄战争中失利，并激发了1905年革命。但日本却由此以强国的姿态登上历史舞台。

俄罗斯驱逐日本、独占中国东北的资源后，日本海军司令东乡平八郎发动日俄战争，在中国旅顺港、韩国仁川港以炮火和鱼雷压制

> "皇国兴废在此一战，各员一同奋励努力。"
>
> 海军司令东乡平八郎，1905年5月27日

俄国太平洋舰队；沙皇尼古拉斯二世大怒，命齐诺维·罗杰斯特文斯基（Zinovy Rozhdestvensky）率波罗的海舰队绕过半个地球，反攻日方舰队。俄国人结束在北海的闹剧后——英国渔船被误认为日本船，遭到俄方炮火袭击——罗杰斯特文斯基抵达日本以西，其舰队由八艘战船、八艘巡洋舰及九艘驱逐舰组成；而东乡平八郎麾下有四艘战舰、八艘巡洋舰、二十一艘驱逐舰及六十艘鱼雷艇，且均比俄方军舰先进。

俄罗斯人在本州岛和对马岛之间遭到东乡平八郎伏击，一小时内"苏沃洛夫号"失去战斗力，罗杰斯特文斯基本人受伤，另外三艘俄国战舰沉没后，日本鱼雷艇开始袭击俄军残部。大约一万名俄罗斯海员死亡，俄方仅余一艘巡洋舰、两艘驱逐舰幸存，而日本损失三艘鱼雷艇和一千名士兵。**NJ**

1905年6月30日

相对论
It's All Relative

爱因斯坦的狭义相对论改变人类的时空观

阿尔伯特·爱因斯坦（Albert Einstein）为弥合经典力学和电磁学之间的鸿沟，于1905年6月发表狭义相对论，改变了牛顿提出的宇宙观，以更为复杂的模型取代了线性时间观。爱因斯坦提出，假设光速相对于任何参照系恒定不变，则所有其他时空维度都不是绝对的，而是随观察者和观察对象的运动而变化。这一体系在低速下同牛顿力学模型相符，但在高速下同后者相距甚远。

狭义相对论的推论包括，任何物体的速度都无法达到或超过光速，以及质能互换定律——即核能发展的理论基础。

爱因斯坦在瑞典专利局任普通职员时，在一家物理学期刊中发表了狭义相对论——这是他在1905年发表的三篇开创性论文之一——但当时极少有人关注。直至爱因斯坦在布拉格和柏林获得职位、并于1916年建立了广义相对论后，其理论才变得广为人知。

1933年纳粹掌权后，犹太人爱因斯坦离开德国前往美国，余生在普林斯顿大学度过，支持世界和平和犹太复国主义，并继续从事其改变世界的科学研究工作。**NJ**

▶ 世界上最伟大的物理学家之一阿尔伯特·爱因斯坦工作照，摄于1905年

1906年2月9日

海上霸权
Mastery of the Seas

英国皇家海军"无畏号"令英国掌握世界海上霸权

▲ 1906年明信片,展示了强大的皇家海军轮船

1906年英国新打造的皇家海军战列舰"无畏号"在朴次茅斯船坞下水,成为海军舰船发展的分水岭——令当时所有已有的战舰遭到淘汰,"无畏号"也因其革命性的设计成为一种全新战舰的代名词。曾任地中海舰队总司令的皇家海军首领、第一任海军军务大臣费舍尔(Fisher)上将在设计方案中集结了最先进的推进系统、装甲和大炮,创造了敏捷而强大的"无畏号",足以摧毁任何船只。其后英国所有战舰均以"无畏号"为模型建造。

美国、法国、日本、意大利及俄罗斯等国展示其海上实力时,也不得不效仿"无畏号"的设计。但德意志帝国对此产生了最强烈的反响——威廉二世在其海军元帅提尔皮茨上将(Tirpitz)的支持下,推行同英国海上对抗的政策,希望借此挑战后者的海上统治地位。两国开始对这种设计复杂的战列舰加大投入,而德国皇家战舰项目成为英国的心腹大患。第一次世界大战期间,两国的舰队最终在日德兰海战中交锋——尽管结果不分胜负。

"无畏号"系列战舰在潜水艇、航空母舰等新技术出现之前一直是全球海军的主导力量。二战末期时,"无畏号"遭到淘汰。**NK**

1906年4月18日

旧金山大地震
Earthquake in San Francisco

旧金山遭受美国二十世纪最严重的自然灾害

▲ 1906年大地震之后，海德附近的金门居民继续处理日常事务

4月18日上午5点12分，圣安德烈亚斯断层最先出现震感。两分钟后，大地震袭击旧金山市，震中位于旧金山湾区，距市中心2英里（3千米）。据一名幸存者描述，地震有如海洋的巨浪，迅猛而汹涌，隆隆巨响堪比庞大的火车过境。木制建筑坍塌，地面缆车轨道遭到破坏，街道塌陷。煤气总管道爆炸，大火熊熊燃烧四天四夜，摧毁五百座街区，造成的死亡人数高于地震本身，达到两万人左右——但当时旧金山政府担心潜在的公关危机，报道的死亡人数仅为五百六十七人。大多数建筑都有防火措施，但并不抗震，且在地震中受损的大量房屋被人纵火。政府严加控制，消防部门炸毁部分房屋以防火势蔓延。数百名劫掠者遭到枪决。最终旧金山市无家可归的人口约占二分之一到三分之二，只得暂居在公园中，但重建工作仅仅经过数月便得以完成。

尽管不少底片经过修描以掩藏受灾程度，大地震的照片在全世界流传，这是大型自然灾难后首次留下照片记录，为新生的地震学科留下了大量数据。研究表明断层长度近300英里（483千米），地震强度达里氏地震规模7.8级。**PF**

1906年7月12日

澄清德雷福斯事件
Dreyfus Cleared

导致法国分裂的政治丑闻告终

阿尔弗雷德·德雷福斯因"担任德国间谍"被判叛国罪，并因此于1894年被流放至恶魔岛。1906年7月12日，巴黎三级法庭共同撤销对德雷福斯的判决。

尽管表明德雷福斯清白的证据与日俱增，军队、教会和反犹媒体的强大势力极力阻挠重审德雷福斯案件。这一政治丑闻已经

> "不要这样，先生们，我恳求你们。'法兰西万岁！'"
> 德雷福斯劝阻高喊"德雷福斯万岁！"的拥趸

令几届政府倒台。支持者们成功证明此前对德雷福斯的不实指控皆为军中高官的阴谋——既因为德雷福斯是反犹军队中的犹太军官，也旨在保护真正的间谍查理·埃斯特哈齐。

法庭裁决后，法国议会和参议院投票决定德雷福斯上尉和乔治·皮卡尔上校官复原职——皮卡尔是首先证明德雷福斯清白的军官，并因此遭到罢免。德雷福斯曾在暴民的骂声中被剥夺军衔，十一年后他在当年的阅兵场附近被授予法国荣誉军团勋章。这一次人群高呼："德雷福斯万岁！皮卡尔万岁！"10月15日，距德雷福斯初次被捕十二年，德雷福斯在巴黎温森斯附近重新入伍。德雷福斯事件结束。**NJ**

1907年2月20日

移民管制
Immigration Controls

美国发布《移民法案》控制移民大潮

1815年后的几世纪内，大约三千五百万人口移居美国，休·布罗根（Hugh Brogan）称之为"史书上规模最大的和平移民潮"。美国人开始感觉受到威胁，要求政府严加控制。1907年国会颁布法案，在亚利桑那州建立新的边界地区——新墨西哥，将德克萨斯州设为阻挡墨西哥人的边界，并授权有关部

> "倘若人类渣滓都有权投票，我们的困难会因此减少吗？"
> 亨利·乔治（Henry George），
> 美国经济学家，1883年

门拒绝中国和日本劳工入境。

1890年人口普查显示，六千三百万人口中共有九百万移民。大批涌入的东欧、南欧人和墨西哥人令美国人焦虑，此外，数千名中国和日本苦力还藏身在整车土豆下、大捆干草中潜入美国。1907年的法案规定，因任何心理或生理缺陷而无法工作的移民及无人照管的儿童将被驱逐出境。有修正案赋予总统西奥多·罗斯福（Theodore Roosevelt）拒绝任何人入境的大权。

1917年的法案要求移民有能力读写本民族语言。二十世纪三十年代的限额体系按照美国当时已有的各国移民数量规定准入人数。但美国政府成功令新移民融入美国的同时，保持其原有的民族传统。**RC**

1908年5月26日

发现石油
Drillers Strike Oil

波斯钻探到大量石油，对世界政治和经济而言可谓喜忧参半

英国企业家威廉·诺克斯·达西（William Knox D'Arcy）是英国石油公司（BP）前身、英波石油公司（APOC）的创始人之一，他组建的财团于1908年在波斯（今伊朗）南部发现众多油田，储量仅次于沙特阿拉伯。

律师出身的诺克斯·达西因参加澳大利亚淘金联合组织发家，他答应出资在波斯寻找石油和矿藏。1901年5月，他获得波斯国王的特许，开始钻探。这项事业耗资甚巨，且最初毫无收益。1903年，诺克斯·达西已为钻井付出五十万英镑（二百五十万美元），次年他被迫以自己的大量股份向伯麦石油公司（Burmah）换得十万英镑资金。

1908年钻探工作在波斯南部的马斯吉德-苏莱曼地区进行，但到五月为止依然徒劳无功，诺克斯·达西濒临破产。5月26日，钻探工终于在地下1180英尺（369米）处发现石油。1911年时建立起通往波斯湾的输油管，将石油运往阿巴丹的精炼厂。

此后的一个多世纪内，石油成为伊朗及广阔的中东地区政局的主导因素。二十世纪五十年代摩萨台首相（Mussadiq）政府将英波石油公司国有化，英美联合发动政变导致摩萨台下台、支持西方的礼萨·巴列维（Reza Pahlavi）掌权，后者在1979年的伊斯兰革命中被推翻，伊朗建立反对西方的伊斯兰共和国，此后伊朗油井中的石油流向益发成为问题之源。**NJ**

○ 二十世纪初，波斯马斯吉德-苏莱曼地区成功钻探到石油，油柱喷涌至高空

1908年6月30日

"太空来客"
It Came from Outer Space

巨型陨石在西伯利亚爆炸

△ 拍摄于1910年的照片，表现了陨石大爆炸两年后通古斯河地区受损的地貌

早上7点15分，西伯利亚中部通古斯河附近的猎人们看到一道光线划破天际，紧接着白光骤降、轰然作响，一系列爆炸带来的阵阵冲击波摧毁森林，点燃了方圆50英里（80千米）内的近一亿棵树。这场爆炸在远方被记录为大地震规模的事件，连欧洲的夜空都几天之内亮如白昼。

经计算，这次爆炸释放的能量相当于广岛原子弹的一千倍，因此冠绝近代地质学史。幸运的是，爆炸发生在偏远地区。直至二十世纪二十年代，科学家们才做了调查，提出爆炸是由大型陨石撞击造成——尽管他们发现了少量陨石中常见的矿物，但几十年来都未能找到陨石坑。地质学家认为，陨石（具体是冰彗星、抑或岩石小行星尚未成定论）可能距地球表面数英里时发生爆炸。通古斯地面留下的图案同核弹爆炸相仿。

通古斯大爆炸令西伯利亚人相信世纪末日即将到来，而针对爆炸原因也形成了众多理论——有的涉及不明飞行物，以及小型黑洞等地球外天体，也令众多科幻作家纷纷猜测其成因。**PF**

1908年10月1日

推出通用汽车
Launch of the Universal Car

福特T型车首次发售

▲ 1908年生产的首批T型车之一

　　汽车是二十世纪的重大发展之一，而令原本为奢侈品的汽车走入寻常百姓家的伟大人物是亨利·福特。福特出身于密歇根农民家庭，所受教育有限，学徒期间掌握技术，开始在底特律自家后院中打造汽车。1896年他的第一辆车成型，采用了双缸汽油发动机、木制底盘、自行车机座和轮胎，时速为20英里（30千米），而当时的竞争车辆罕有时速超过5英里（8千米）者。

　　1905年，他成立福特汽车公司；1908年推出钢铁底盘的T型车，定价825美元，发动机马力20匹，巡行速度达每小时25英里（40千米），福特称之为"大众的汽车"，在宣传中打出"通用汽车"的牌子，并声称"2000美元以下的汽车不会有更强大的功能，2000美元以上的汽车无非多些华而不实之物"。

　　T型车制作精良，也十分畅销。福特改进和完善其大批量流水线生产方式，工人精细分工，生产周期缩短——1913年末时生产汽车底盘所需时间已经从12.5小时缩短为2小时40分钟，从而降低了成本。福特提高工资，缩短工作时间。生产线上每隔24秒便产出一台T型车，1927年T型车停产时价格降低至290美元。T型车共售出1500万余辆；世界开始进入汽车时代。**RC**

1909年4月6日

皮里抵达北极
Peary Reaches North Pole

尽管遭到质疑，罗伯特·皮里自称最早抵达北极

美国海军军官罗伯特·埃德温·皮里（Robert Edwin Peary）于十九世纪九十年代、二十世纪初探索格陵兰，并因此冻掉了八个脚趾，但他决心前往北极。1909年3月1日，在数次失败后，皮里一行从埃尔斯米尔岛的哥伦比亚海角乘狗拉雪橇出发。其探险队由二十二人组成，包括助手马修·汉森（Matthew Henson）及几名因纽特人。皮里、汉森和四名因纽特人完成了为时五天的最后一段旅程，于出发三十七天后抵达北极——至少皮里这样说。

皮里于九月返回拉布拉多，宣布自己达成目标，但同另一名美国人腓特烈·库克（Frederick Cook）陷入激烈纠纷，后者称早在一年前已到达北极。库克所言的真实性十分可疑，但皮里也未获得信任——三十七天内抵达北极的可能性微乎其微。1926年，发现南极的挪威人罗尔德·阿蒙森（Roald Amundsen）率队乘飞艇到达北极。

但在2005年，五人组成的英国探险队在皮里留下的路标下出发，沿皮里的原路开往北极。他们的狗队拉着同种雪橇，同样在三十七天内、比皮里提前几小时抵达北极，当时温度达到零下17华氏度（零下27摄氏度）。皮里在去世六十五年后终于得以正名。**RC**

◉ 极地探险家罗伯特·皮里的照片，大约拍摄于其前往北极之时

◉ 探险队部分成员：奥古耶、奥塔、汉森、伊奎因卡和席格鲁

1909年4月27日

帝国分崩离析
An Empire Crumbles

奥斯曼土耳其苏丹阿卜杜勒·哈米德遭到废黜

在土耳其人民的印象中，1909年下野的阿卜杜勒·哈米德（Abdul Hamid）是加速奥斯曼帝国灭亡的残酷暴君；而现实中他通过操纵欧洲列强相争，从而延缓了国家分崩离析的命运。他曾试图在不牺牲自己权力的前提下，诱使帝国进行现代化改革。据历史学家F. A. K. Yasamee记载，哈米德"集决断力与

> "真主在乱世中给我力量；真主助我……"
> ——阿卜杜勒·哈米德的诗

怯懦于一身；极其讲求实效，并由此统一了远见和幻想"。

1875年，阿卜杜勒·哈米德强势镇压奥斯曼巴尔干行省（保加利亚、波斯尼亚和马其顿）的叛乱，但在1877—1878年间的战争中败给俄国，被迫签订了为害甚巨的《圣斯蒂法诺条约》，令巴尔干地区获得独立。阿卜杜勒·哈米德也无力阻止英国控制土耳其前领土埃及、苏丹和塞浦路斯。

不久之后，由大学生和年轻军官组成的青年土耳其党人发起运动，要求回归宪政——阿卜杜勒·哈米德曾在1876年允诺施行宪政，此后搁置不提。1909年青年土耳其党军队开往伊斯坦布尔，阿卜杜勒·哈米德被其兄弟、青年土耳其党的傀儡穆罕默德取代。之后土耳其同德国结盟抵抗英法协约国，这一决策导致奥斯曼帝国在一战中失利，并以解体告终。**NJ**

1909年4月29日

激进的预算案
Radical Budget

劳合·乔治的"人民预算"在英国议院中掀起轩然大波

英国下议院议员们期待大臣大卫·劳合·乔治（David Lloyd George）1909年的预算能够不同凡响。劳合·乔治的演讲历时四小时，他要争取的内容的确太多了——他开场便提出需要提高税收：必须打造新的战舰；1908年推行的养老金制度支出超过了预期；还需要更多资金救助病人和失业者。结果税

> "筹集资金正是为了毫不妥协地向贫穷宣战……"
> ——大卫·劳合·乔治

率提升，所得税增加，并对高收入人群征收特别附加税。此外还有土地税等增税手段。这是英国历史上最激进的预算案。

自由党人在下议院中占据多数席位，但上议院由保守党把持，后者有权否决除预算案外的所有议案。预算案引发强烈反响，地主们认为这是针对自身的攻击。贵族们否决了预算，令他们后悔的是，劳合·乔治立法令贵族们无权干涉预算，且后者对议案的否决权仅有两年期限。

1910年经过两次大选、且国王威胁在上议院中加入更多议席后，贵族们终于通过预算及新的议会法案。"人民预算"是福利国家及英国宪政发展的里程碑。**RP**

1910年7月31日

克里平医生海上缉拿归案
Dr. Crippen Arrested at Sea

大显身手的新技术使爱德华七世时代的杀妻案落下帷幕

克里平（右，戴手铐和面罩者）逃往国外未遂、遭到拘禁

克里平夫妇极不相衬。克里平太太是兼有俄罗斯、波兰和日耳曼血统的三流影星，艺名贝尔·埃尔莫（Belle Elmore），身材魁梧、脸色红润，而羞涩的克里平先生来自美国中西部，是一名采用顺势疗法的近视庸医。但在1910年7月31日，克里平医生因杀害其妻被捕。陪审团不到半小时便判他有罪，克里平医生于11月23日在伦敦普顿维尔监狱执行绞刑。

克里平夫妇住在北伦敦霍洛威区希尔德罗普-克雷森特街39号。贝尔以婚外情嘲弄着她的丈夫，直至苗条的黑皮肤美人埃塞尔·勒尼夫（Ethel Le Neve）成为克里平的接待员和情人，而贝尔突然消失了。克里平说她回到美国后去世了。警方及探长沃尔特·狄友（Walter Dew）三次搜查克里平的房屋都空手而归，但克里平慌了。他将勒尼夫伪装成男孩，登上汽船"蒙翠丝号"前往纽约。狄友再次搜查，在地下室中发现了贝尔被肢解的尸体。多亏了不到十年前发明的跨大西洋无线电通信技术，身材矮小的医生逃到海上但依然被捕。"蒙翠丝号"船长乔治·肯德（George Kendall）看到克里平抱着男孩外貌的勒尼夫，便发出无线电信息，表明对这两名乘客的怀疑。狄友打扮成领航员，乘快船超过了"蒙翠丝号"，在加拿大圣劳伦斯航道上出现在克里平面前，后者同以往一般温顺，伸出双手戴上手铐。**NJ**

1910年11月20日

墨西哥革命开始
Mexican Revolution Begins

迪亚斯总统下台，墨西哥进入混乱的革命阶段

△ 簇拥在支持者中间的潘图·维拉和埃米利亚诺·萨帕塔

1876年起波费里奥·迪亚斯（Porfirio Diaz）担任墨西哥总统。他推动墨西哥工业发展，引进外资令基础设施项目成倍增长。但迪亚斯为达到"以稳定为前提的进步"，令社会不公根深蒂固——贫富分化加剧，国家出资支持暴力。

弗朗西斯科·I. 马德罗（Francisco I. Madero）试图同迪亚斯竞选总统，但被投入监牢，马德罗越狱逃往美国。1910年11月20日，马德罗推翻迪亚斯，发起土地改革。他赢得1911年大选，但未能通过其社会经济改革的提案。1913年，迪亚斯的支持者、军官维克托里亚诺·韦尔塔（Victoriano Huerta）推翻马德罗。墨西哥国内冲突加剧，几大集团都可能发动军事政变，其中包括潘图·维拉、保守党人贝努斯蒂亚诺·卡兰萨（Venustiano Carranza），以及埃米利亚诺·萨帕塔——萨帕塔是美洲土著人，他率领农民游击军谋求激进的土地改革。1914年，韦尔塔遭到流放，而许诺进行政治经济改革的卡兰萨成为总统。卡兰萨最终食言，未能实现改革，并于1920年遇刺，被视为墨西哥革命的终点，但动荡和暴力一直持续至二十世纪四十年代。革命令墨西哥民族主义兴起，人民开始反对他国干涉墨西哥政治和经济，并抵制天主教会。除此之外，各位领导人革命理念目标不甚明确。**PF**

1911年7月24日

安第斯山脉间发现令人惊叹的要塞城市
Amazing Fortress Discovered in the Andes

秘鲁发现"失落城市"马丘比丘

马丘比丘高耸于秘鲁安第斯山间，是知名度最高的印加遗址，也是南美洲最著名的考古地点之一，其发现引起轰动。时年三十五岁的耶鲁大学学者、拉丁美洲历史专家海勒姆·宾厄姆（Hiram Bingham）无疑因发现马丘比丘而成名。宾厄姆出身于夏威夷传教士家庭，同蒂芙尼珠宝公司的继承人结婚，婚后得到大笔资金得以探索南美。继哥伦比亚和委内瑞拉的考察后，宾厄姆转而关注秘鲁，并幸运的在当地向导带领下进入了一处被世人遗忘达几世纪之久的神秘遗址，这里有令人惊叹的堡垒、宫殿和庙宇。

宾厄姆仔细思考了多种关于"失落城市"的理论。他认为这可能是印加文化的原始中心，抑或是神秘的比尔卡班巴——印加人面对西班牙侵略者最后的庇护所，也可能是印加圣女的住所。如今人们认为马丘比丘极有可能是十五世纪印加帝国君主帕查库特克（Pachacutec）的乡间修养地，帕查库特克去世后遭到荒废。毫无疑问，马丘比丘代表了印加人杰出的建筑技艺。

宾厄姆后来在南美多处探险，但其职业生涯后期的成就同发现马丘比丘相比都微不足道。宾厄姆成为了拉丁美洲历史和地理领域受人尊敬的权威人士，二十世纪二三十年代担任美国康涅狄格州参议员。他的重大发现先后在美国和全球范围内引起更多学者对南美历史的关注。**RC**

○ 1925年办公桌前的宾厄姆，此时他已宣誓成为了康涅狄格州参议员。

○ 探险队沿乌鲁班巴峡谷前往马丘比丘

> "墙壁和庙宇……堪称世界一流石制建筑。"
>
> 海勒姆·宾厄姆，《印加失落之城》，1948年

1911年12月14日

罗尔德·阿蒙森抵达南极
Amundsen Reaches the South Pole

罗尔德·阿蒙森着因纽特人服装，以雪橇犬为食，领先竞争对手英国探险队三十五天抵达南极

罗尔德·阿蒙森从挪威同胞、探险家弗里乔夫·南森（Fridtjof Nansen）手中租下"前进号"时，并未计划成为第一个到达南极的人。他最初的目标是北极，但他听说1909年美国人罗伯特·皮里已经先率先到达北极，便驶向南方。

船行至马德拉群岛，阿蒙森才告知船员他挑战南极的计划，并向致力于同一目标的英国探险家罗伯特·斯科特上尉（Robert Scott）发出著名的电报。1911年1月14日阿蒙森到达鲸湾的罗斯冰架后，为南极之旅留下了多个补给站。同年10月19日，他和四名同伴带着52只格陵兰雪橇犬出发。他们取道Axel Heibig冰川，一路上宰杀雪橇犬为食，12月14日抵达南极，领先斯科特35天，此时还剩下16只雪橇犬。他们留下一顶帐篷、一封信和挪威国旗作为证据，于1912年1月25日返回基地，往返极地共耗时九十九日。

阿蒙森击败斯科特出于多方面原因：阿蒙森没有停下进行科学考察；他穿了因纽特皮衣；他选择了更快的路线；他未曾遭遇英国人回程中遇到的致命暴风雪。而且斯科特没有宰杀牲畜，因此额外担负了食物的压力。阿蒙森继续乘飞机探索极地，直至1928年法国飞艇在白令海上空失事，阿蒙森搜救幸存者时飞机坠毁。**NJ**

- 阿蒙森抵达南极，竖起挪威国旗，证明其胜利
- 摄于1912年1月17日的照片——斯科特及其探险队发现了阿蒙森的帐篷

1912年2月12日

皇帝退位
Emperor Abdicates

中国末代皇帝经历牢狱之灾后，以紫禁城园丁的身份去世

清朝自1634年起统治中国，末代皇帝溥仪生于1906年，是清朝第十二位皇帝。慈禧太后临终前立溥仪为帝，年幼的溥仪在乳母王氏和一朝官吏、太监的陪同下来到紫禁城。他连续六年都没有见过自己的母亲。

1912年，孙中山在中国南方领导共和革

> "世上除了你，我一无所有，你就是我的生命。"
>
> 溥仪致最后一任妻子李淑贤

命运动，摄政太后隆裕被迫退位。但溥仪保留皇帝尊号及北京的寓所，苏格兰帝师庄士敦对其产生稳定影响。

1917年，军阀张勋拥护溥仪复位；二十年代溥仪在日本控制下迁至满洲；三十年代被扶持为日本保护国伪满洲国傀儡皇帝，年号康德。二战后溥仪被流放至日本，后被软禁在苏联乡间宅第。斯大林送溥仪回国后，溥仪因同日方合作被监禁十五年。

1959年得到释放后，溥仪被毛泽东领导的共产党人当做"珍奇人物"，在他曾经统治的紫禁城当了园丁。溥仪前几任高贵妻子皆由他人选定，经历了数次不幸福的婚姻后，他得到准许同"普通"中国护士李淑贤结婚。1967年10月16日，溥仪去世。**NJ**

1912年3月29日

极地探险家去世
Polar Explorer Dies

南极竞赛失利后，斯科特上尉壮烈牺牲

英国海军军官罗伯特·斯科特上尉第二次南极探险途中，先后被愁云和悲剧笼罩。斯科特得知挪威人罗尔德·阿蒙森向着南极全速前进的消息为时已晚，但他拒绝加快速度，仍然在科学考察上花费大量时间——表面上科考是这次探险的主要目的。斯科特还

> "这应该是最后一段了。上帝保佑我的伙伴。"
>
> 斯科特日志上最后的记录

坚持使用多种交通方式：使用矮种马和人力拖车，以及挪威人所采用的、速度更快的雪橇犬。英国人不忍屠杀其牲畜，也减缓了斯科特的速度——他和队友们必须携带全程的食物补给。

斯科特和队友爱德华·威尔森（Edward Wilson）、亨利·鲍尔斯（Henry Bowers）、劳伦斯·奥茨（Lawrence Oates）、爱德加·埃文斯（Edgar Evans）在走出南极的归途中遭遇了致命一击——异常糟糕的天气。英国探险队发现挪威人已率先抵达南极后，伤口、冻伤和暴风雪接踵而至。埃文斯死去之后，虚弱的奥茨自我牺牲——他离开队伍、独自走向死亡，以免耽误队友。余下三人在帐中孤立无援又无法脱困，却不知道他们距离一处补给救援站仅有几英里远。他们最终在饥寒交迫中死去，斯科特的日志为其不朽的英雄传奇提供了素材。**NJ**

1912年4月15日

"泰坦尼克号"首航沉没
Titanic Sinks on Maiden Voyage

"泰坦尼克号"同冰山相撞,携船上1517人葬身大西洋

▲ 卖报人在伦敦白星公司总部门外散布"泰坦尼克号"沉没的消息

▲ 描绘"泰坦尼克号"首航(也是唯一一次航行)出发场景的水彩明信片

"……海难……震惊世界……带来的绝非平静、满足或幸福。"

杰克·B. 泰耶尔(Jack B. Thayer),
"泰坦尼克号"幸存者

白星航运公司新近打造的5.2万吨位旗舰"泰坦尼克号"是当时海上最大的船只。1912年4月10日,"泰坦尼克号"首航从英国南岸的南安普敦出发,驶向她无法抵达的目的地——纽约。4月14日夜里11点40分,天气晴朗,这艘象征着技术进步和爱德华七世时代富贵华丽的巨型油轮正在平静的海面上高速前进时,撞上了冰山,在船侧留下长而深的裂缝,本应保持巨船永不沉没的防水密封舱被逐一淹没。

恐慌逐渐升级,2小时40分钟后,"泰坦尼克号"船身竖起65度,船头首先滑入大西洋冰冷的海水中。船上仅配备20艘救生艇,船员和乘客共2200人,只有半数能乘船逃生,而部分救生艇尚未满员便下了水。次日清晨"卡柏菲亚号"营救了705名幸存者,但包括"泰坦尼克号"船长爱德华·史密斯在内的1517人随船沉入海底。出事地点附近的"加利福尼亚号"船员因将"泰坦尼克号"的求救信号误读为庆祝烟花而受到指责。部分幸存男性,如白星公司的常务董事布鲁斯·伊斯梅(Bruce Ismay),因抢在妇女儿童之前逃生而遭到诘难,而遇难死者多为下等舱的乘客——他们准备移民美国寻找新生活。

1985年,罗伯特·巴拉德(Robert Ballard)领导的美法财团在水下约2.5英里(4千米)处发下了"泰坦尼克号"船骸。此后,数千件物品被打捞起来,其中包括一大块前侧船体残骸,关于海难的照片和电影层出不穷。 NJ

1913年5月29日

芭蕾舞剧导致群情激愤
Ballet Evokes Outrage

伊戈尔·斯特拉文斯基（Igor Stravinsky）的《春之祭》在巴黎首演，引发暴动

▲ 伊戈尔·斯特拉文斯基的《春之祭》由俄罗斯芭蕾舞团首演

二十世纪初，二十八岁的俄罗斯人伊戈尔·斯特拉文斯基流亡国外，是巴黎炙手可热的作曲家。尽管其手法颇为先进，但斯特拉文斯基似乎与同胞柴可夫斯基一样，坚持注重音调，《火鸟》和《彼得鲁什卡》便是代表作。但斯特拉文斯基于1913年5月掀起了音乐革命，影响延续至二十一世纪的今天。

俄罗斯芭蕾舞团的演出奇异而华美，首席舞蹈家尼金斯基（Nijinski）的跳跃令西方世界惊叹，其醒目的经理人谢尔盖·狄亚基列夫（Sergei Diaghilev）委派斯特拉文斯基创作一出新的芭蕾舞剧，世界即将为之震惊。乐谱极其复杂——需要彩排一百场，首演被迫延后一年之久。5月29日《春之祭》首演时，引发了一场名副其实的暴乱。《春之祭》讲述了残酷的异教农民将少女献祭，迎接春天再临，在这野蛮的故事及不和谐的音乐面前，即便是见多识广的巴黎观众也被激怒了，他们喊叫、喝倒彩，最终全面升级为互殴。音乐淹没在暴动之中，斯特拉文斯基冲出剧院，演出在混乱中结束。次年《春之祭》再次上演时，平静完成，这一革命性作品立即走红，并成为音乐剧中的传世经典。NJ

1913年6月4日

争取女性参政权者死于铁蹄下
Suffragette Trampled to Death

德比赛马大会上埃米莉·戴维森（Emily Davison）的牺牲彰显了妇女参政权论者不可动摇的意志

△ 埃米莉·戴维森试图抓住国王的赛马所配缰绳时受致命伤；赛马安然无恙

1913年德比赛马大会上，一名穿着素淡的中年妇女钻过埃普索姆赛道围栏、冲向奔跑中的赛马，这一举动震惊全场。她跑到国王的赛马安盟前方，被踏身而过。赛马安然无恙，骑手受轻伤。警方试图用报纸为她的头颅止血，但她未能恢复意识。她的衣服内侧别着两枚妇女社会政治联盟（WSPU）的标志。埃米莉·威尔丁·戴维森是第一位为争取女性参政权殉道的烈士。

戴维森生于1872年，在牛津求学后担任教师。1906年她作为第一批会员加入艾米琳·潘克赫斯特（Emmeline Pankhurst）所创建的妇女社会政治联盟，由此找到了生存目标。其后几年中戴维森数次入狱，并进行绝食抗议。她曾为抵抗强迫进食堵住自己的牢房，即便房间被水龙带完全打湿，戴维森依然固守。1912年戴维森最后一次被捕，一男子被她误认为财政大臣而遭到马鞭抽打。

对很多人而言，埃米莉·戴维森不过是名精神错乱的妇女参政权论者，她在德比赛马大会上的自杀是典型的疯狂举动。但她拦截国王的赛马可能是为争取女性参政权而引起公众关注。验尸报告称她"遭遇不幸而去世"。毫无疑问，戴维森随时准备为她的奋斗目标献身，她的决心令英国妇女于1918年赢得投票权。**RP**

1914年6月28日

弗朗茨·斐迪南大公遇刺身亡
Archduke Franz Ferdinand Dead

萨拉热窝事件成为宣战理由

弗朗茨·斐迪南大公及其妻索菲,照片拍摄于二人中弹丧生一小时前

萨拉热窝街头上午十点五十分,十九岁的加夫里洛·普林西普(Gavrilo Princip)走向奥匈帝国法定继承人弗朗茨·斐迪南大公所乘车辆,向车内开枪。普林西普是一名塞尔维亚民族主义者,隶属于恐怖组织"黑手会"——"黑手会"的目的在于为奥匈帝国南部的斯拉夫人民争取独立,由塞尔维亚秘密情报组织上校领导,后者组织了刺杀计划。费迪南大公夫妇乘车前往招待会途中,一枚炸弹从车上弹开,在后面的车厢下爆炸。尽管发生了如此骇人听闻的危险事故,回程的预警安全措施依然计划不周。驾驶员没有在正确的路口转弯,刚好停在普林西普及其同伙身旁。普林西普抓住时机,开枪击中大公颈部和公爵夫人腹部,令两人双双身亡。其后普林西普尝试自杀,但被路人阻止,他被判终身监禁,四年后在奥地利狱中死于肺结核。

同时奥匈帝国指控塞尔维亚政府参与刺杀案,并获得德国支持,向塞尔维亚发出最后通牒,实质上剥夺后者对外独立权。四十八小时的最后期限仅剩两分钟时,塞尔维亚人几乎同意了奥匈帝国的所有要求,并提出接受国际调停,但遭到拒绝。第一次世界大战拉开帷幕。**JJH**

1914年8月4日

德国入侵比利时
Germany Invades Belgium

中立国比利时遭到侵犯,第一次世界大战开场

▲ 一战之初,德国军队穿过布鲁塞尔

8月4日,德国军队潮水般用过比利时边境,第一次世界大战的噩梦开始。英国要求德国撤军未果,于晚上十一时宣战。

1914年分裂欧洲的两大武装阵营已经成形。同盟国(德、奥匈)担心遭到围攻,且俄罗斯日益强大的军事实力令人忌惮,但他们相信只要在英国加入俄、法组成的协约国阵营前先发制人,足以赢得战争。德国在阿加迪尔危机中表现出的侵略性令英国担忧,而且德国组建公海舰队挑战英国的海上霸主地位。英法于1904年缔结了松散的《英法协约》,双方达成协议,倘若德国入侵,英将对法提供军事援助。

塞尔维亚民族主义者刺杀奥匈帝国法定继承人弗朗茨·斐迪南大公,早已拟定作战计划的德国以此为开战理由煽动塞尔维亚的同盟国俄罗斯参战。德国计划侵略中立国比利时进而攻打法国,并占领英吉利海峡沿岸港口。英、德两国均为比利时中立地位的担保国,而德国总理特奥巴登·冯·贝特曼·霍尔维格(Theobald von Bethmann-Hollweg)此时轻蔑地将这项协议称为"一纸空文"。德国赌英国不会宣战——即便后者参战,德国也将有能力在英国影响战局之前击溃法国。**NJ**

1914年12月25日

圣诞节休战
Christmas Truce in the Trenches

无人区的紧张局势暂时因足球和交流有所缓解

▲ 1914年圣诞节暂时休战期间和平共处的英德士兵

第一次世界大战第一年冬天，英德士兵在双方阵线间的无人区自然休战，成为这场人间悲剧中最动人的片段之一。

战争打响后战场快速推移，双方加固战壕。1914年圣诞节时，以新上任的教皇本笃十五世为代表的众人要求暂时休战。尽管遭到各交战国政府拒绝，休战要求在冰冷的战壕间引起强烈共鸣，曾担任伦敦警察的瓦伦丁・弗莱明上校（Valentine Fleming）告知朋友温斯顿・丘吉尔："双方的每名士兵都希望它（战争）立刻终止。"平安夜这一天战争的确暂时中断了。

后来成为作家的亨利・威廉姆森（Henry Williamson）当时在伊普尔南部服役，见到德国人的胸墙上出现一棵圣诞树。不久圣诞颂歌《平安夜》的旋律飘过了无人区。胆子大的高声喊着圣诞祝福，走入无人区，同敌军握手，分享雪茄。前线的大部分地区，休战持续至圣诞节一早，而且有人注意到：更为随和的萨克森、斯瓦比亚和巴伐利亚军团比好战的普鲁士人更倾向于加入停战阵营。圣诞节下午，英德之间举行了一场临时足球比赛。休战持续到节礼日（传统上为圣诞节的次日），在某些地区甚至延续到元旦。这一消息令最高指挥部不满，同敌军建立此类友好关系遭到严令禁止。**NJ**

1915年4月25日

加里波利战役
Allies Land at Gallipoli

协约国军队在土耳其的澳新军团湾登陆

◐ 军队在澳新军团湾登陆，勉强在狭窄的海岸上推进，但几乎毫无进展。

加里波利战役属于温斯顿·丘吉尔典型的大胆战略计划，但在执行中产生了致命缺陷。协约国计划控制加里波利半岛，由此隔离土耳其及其同盟、德国和奥地利，也许还能令土耳其退出一战。一旦成功，协约国将得以在巴尔干半岛上开辟新战线，以攻击同盟国的"软肋"。英国内阁于一月通过了作战计划，但关键的奇袭未能发动——攻击达达尼尔海峡堡垒的舰队触发水雷，令土耳其人有时间加强守备。

协约国军队主要由澳新军团和英国皇家海军分队组成，他们于1915年4月25日在澳新军团湾登陆。土耳其军队奋勇抵抗，炎热而恶劣的条件下，峭壁上的血腥战斗陷入胶着。在海丽丝岬登陆的英法联军也毫无进展，战役转为血腥僵局。苏弗拉湾的登陆行动同样以失败告终。1915年11月内阁屈服，无可避免地下达撤军命令。协约国在撤离中的表现堪称典范，同混乱的战役形成鲜明对比。

加里波利战役中，英国有20.5万人战死、受伤、失踪或死于疾病，法国死伤4.7万人，而土耳其损失25万人。这场战役令澳大利亚人对英国的军事失误长期怀恨在心，同时导致丘吉尔暂时退出其光辉的政治生涯。**NJ**

1915年5月7日

"卢西塔尼亚号"沉没
Lusitania Sunk

德国潜水艇发射鱼雷击沉"卢西塔尼亚号",给予美国参战理由

一战的第二年,从基尔港和布莱梅港出发的德国潜艇在大西洋等地击沉的协约国船只总吨位高达数百万。大洋彼岸的美国政府保持中立政策。但在1915年5月7日,"卢西塔尼亚号"的沉没促使美国加入战局——尽管直至1917年美国才正式参战。

> "无论如何,我无法再发一枚鱼雷……"
>
> 传说沃尔特·舒维格在战争日志中这样写道

就华盛顿特区的德国大使馆而言,发动海上攻击的原则十分明确。战区及英国诸岛附近海域内,挂着协约国成员旗帜的船舶都容易遭到攻击,其中一艘是3.15吨重的英国客轮"卢西塔尼亚号"。她从纽约港出发,载着接近两千乘客和海员前往利物浦。德国潜艇活动日益频繁的消息促使英国海军部发出电报,警告船只按之字形路线行驶、并采用其他措施躲避攻击。但警告未能引起重视,德国潜艇U—20的海军大尉沃尔特·舒维格(Walter Schwieger)下令发射鱼雷,击中"卢西塔尼亚号"右舷中部,继而轮机舱锅炉发生更大的爆炸。仅仅二十分钟后,"卢西塔尼亚号"携1198名乘客葬身大海,其中128人为美国公民。**JJH**

1915年10月12日

爱国者之死
Death of a Patriot

伊迪斯·卡维尔遭到枪决,令英国民众群情激愤

诺福克郡牧师之女伊迪斯·卡维尔于1907年被任命为布鲁塞尔一所护理学校的女总监。1914年,德国军队占领比利时大部分地区后,卡维尔自发组织了一条逃亡线路——她以救援工作为掩护,将数百名可能被强制征召入伍的比利时人送往中立国荷兰,后来帮助范围扩大到出逃的协约国战俘和脱离部队的士兵。由于忽视基本的安全问题,受卡维尔照顾的人到附近的小酒店饮酒,毫无意外,被德国人发现。1915年8月5日,一战爆发一年后,卡维尔被德国人逮捕,依照军事管制法进行审判。她对自己的行为供认不讳,被判处死刑。

尽管驻布鲁塞尔的美国外交官代表英国发出强烈警告,指出处决卡维尔将对中立群体产生的不利影响,德国依然坚持原判,并于10月12日在布鲁塞尔射击场上行刑。枪决前一晚,英国牧师加恩记下了卡维尔的名言:"仅有爱国主义是不够的。我绝不会怨恨任何人",这句话如今被铭刻在伦敦的卡维尔塑像上。证实卡维尔死亡的德国医生是表现派诗人戈特弗里德·贝恩(Gottfried Benn)。

协约国一方媒体大肆批判处死卡维尔这一"暴行",但正如英国外交官私下所承认的,依照军法德国人有权处死她。尽管如此,卡维尔成为一战中最著名的殉道者。她的死刑是轰动一时的案件,证明了德国人的"丑恶"。为了纪念她,战争期间出生的很多孩子被命名为伊迪斯,包括法国歌手伊迪斯·皮雅芙(Édith Piaf)。战后,卡维尔的遗体被运回诺福克郡,重新葬在诺威奇大教堂。**NJ**

1916年2月21日

德国人攻打凡尔登
German Attack on Verdun

法国境内打响历史上最长的战役：为时十个月的凡尔登战役残忍血腥，造成了巨大破坏

第一次世界大战中德国人攻打凡尔登，尽管矛头对准法国，但据策划人埃里希·冯·法金汉将军（Erich von Falkenhayn）称，战役的真实目的是通过将法国拖入消耗战，令其"流血致死"，从而"移除英格兰手中最有力的剑"。法金汉选取了默兹河畔的凡尔登要塞发起进攻。凡尔登四周有一批堡垒，但很多大炮已经遭到破坏。

德国人在8英里（13千米）长的短战线上架起1220门大炮，开始猛烈轰击要塞。法金汉的计划令西线变为"绞肉机"——因炮火丧生者不计其数。但不久德国的损失同法方不相上下，尽管德国人占领了两大关键堡垒，仍未能攻陷凡尔登。坚守凡尔登的时间越长，其象征意义对德法双方越发重要。法国汇集了新鲜兵力和补给，并任命了防御型老将贝当。到了秋天，英国进攻索姆，解除了凡尔登的压力，两位提倡进攻的法国将领——尼维尔（Nivelle）和曼金（Mangin）——准备反击，最终几乎夺回了被德国人占领的全部土地。

法金汉的计划失败，但凡尔登战役削弱了法军士气，导致次年的大批兵变。长远来看，1940年同德国的另一场战争中，法国人的作战决心也因凡尔登战役受损。**NJ**

- 这场长期战役中，在法方进攻中死去的德国士兵及其武器填满战壕
- 战火纷飞的沙场上，暴露在外的法国士兵矮身躲避附近的爆炸

1916年4月24日

复活节起义
Sharing Arab Lands

起义点亮爱尔兰脱离英国统治之路

爱尔兰共和兄弟会（IRB）是致力于通过暴力手段创建爱尔兰共和国的地下组织，反抗英国统治的复活节起义便是其一手策划。爱尔兰志愿军是爱尔兰议会党多数派的法定准军事组织，以合宪手段维护地方自治，而爱尔兰共和兄弟会渗入其中，取得统帅之要位。

爱尔兰共和兄弟会自一战爆发之时开始策划起义，英国敌国德国许诺提供支持。1916年初，社会主义者詹姆斯·康诺利（James Connolly）加入秘密计划，并入选指挥起义的七人军事委员会。

4月24日，1250人在都柏林起义，夺取邮政总局作为总部，并占领其他战略要地。爱尔兰共和兄弟会领袖帕德里克·皮尔斯（Padraig Pearse）宣读爱尔兰独立宣言。六天的激战中，英国炮火摧毁了都柏林市中心大部分地区，双方各损失数百人。爱尔兰起义军最终被迫投降后，皮尔斯和康诺利等十四名领袖被枪决——战斗中受伤的康诺利被支在椅中行刑。此前遭人鄙夷的叛军因枪决获得了大众的同情和支持，在1918年的战后选举中，埃蒙·德·瓦莱拉（Eamonn De Valera）、迈克尔·柯林斯（Michael Collins）等幸存的复活节起义军被英国释放返回家乡，入选爱尔兰众议院，掀起通往爱尔兰独立的最后一场战役。尽管英军在一周内予以镇压，但复活节起义如同星星之火，迅速引燃了爱尔兰脱离英国统治、谋求独立之势。**NJ**

1916年5月16日

瓜分阿拉伯土地
Easter Rising

英法秘密签订《赛克斯-皮科协定》

《赛克斯-皮科协定》是英法两国在一战期间签订的外交协定，将奥斯曼土耳其帝国领土划归至英、法、俄的势力范围。欧洲列强私自瓜分阿拉伯土地之举，至今仍令中东人对欧洲抱持不信任的态度。

英国中东专家、外交官马克·赛克斯爵士（Mark Sykes）和法国外交官弗朗索瓦·皮

> "我承认，我们也许只能为大盟友的利益出卖小盟友……"
>
> T. E. 劳伦斯致马克·赛克斯爵士的信

科（François Georges-Picot），即后来的法国总统季斯卡·德斯坦（Giscard d'Estaing）的叔祖父，在伦敦谈判达成协议，后于1922年正式签署为圣雷莫协定，规定叙利亚、黎巴嫩、土耳其东南部、伊拉克北部（库尔德）为法国势力范围，而英国控制伊拉克中部和南部、约旦及巴勒斯坦，同时为俄国打开通往波斯湾的道路。

起初三国对协定秘而不宣，以免激怒阿拉伯人——英国曾诱使阿拉伯人起义反抗土耳其，但俄国革命后列宁公开了协定，令协约国成员陷于窘境。《赛克斯-皮科协定》因其无视阿拉伯人自治的愿望、推行帝国主义而遭到非难，但它仍然成为中东战后协议的蓝图。**NJ**

1916年5月31日

两大海军强国交锋
Two Mighty Navies Clash

日德兰海战中，尽管英德双方均损失惨重，德国仍无法撼动英国的海上霸主之位

1916年5月31日，海军上将约翰·杰利科爵士（John Jellicoe）率领英国皇家海军大舰队迎战莱茵哈特·舍尔（Reinhard Scheer）上将指挥的德国帝国海军，一战中唯一一次舰队全面出动的海战拉开帷幕。一战爆发前的二十年间，德国积极打造新型"无畏号"战列舰，在北海等地不断挑战英国的海上霸主地位。

双方在丹麦附近海域展开持久战，皇家海军损失三艘战列巡洋舰、三艘重巡洋舰、八艘驱逐舰，六千余名海军牺牲。德国损失两艘"无畏号"战列舰，三艘巡洋舰、四艘驱逐舰，阵亡人数达两千五百人。德国皇帝威廉二世宣告取得重大胜利——纳尔逊曾在特拉法加海战中取得辉煌胜利，而继承了这一伟大传统的英国人的确未能按预期取得决定性战果。日德兰海战令英国战舰设计、武器及传信系统的缺陷暴露无遗。

尽管如此，杰利科于6月2日从奥克尼群岛基地发出报告，称舰队可以四小时后出港。但舍尔向皇帝报告德国舰队八月初才能行动。同年德国帝国舰队再次从基地突围，均在英国舰队出现后被迫折返。日德兰海战令英国一战期间在北海地区保持其战略统治地位及心理优势。**NK**

○ 1916年5月31日，第一次世界大战日德兰海战中的一支海军护航队

○ 1916年5月31日，日德兰海战中德国战舰开火

1916年7月1日

血色清晨
The Bloodiest Morning

索姆河战役开始

自1066年的黑斯廷斯一战以来，1916年7月1日是英国军事史上最黑暗的一天。尽管筹备达数月之久，英方攻打德国索姆河以北阵地依然所获无几。黄昏时伤亡人数达5.7万，其中1.9万余人死亡，大部分为德国机关枪的牺牲品——德国人将机关枪架在掩体上发起初步轰击，向一列列缓慢前进的英国步兵扫射。大部分伤员出自1914年响应基钦纳号召的志愿军——新军。

7月1日，协约国取得的主要胜利出自法国战场。法国吸取了凡尔登战役的教训，多次派遣小分队在炮火掩护下迅速攻占并守住地盘。最终英国人也学会了这一战术。索姆河战役的战略目标为减轻法国在凡尔登的防御压力，并通过消耗战削弱德国。为实现这一目标，英国将领海格不顾己方的惊人损失，下令持续进攻。战役持续了四个月，英方攻下了几平方英里的树林和开阔地区，以及少数被战火摧毁的村庄，并付出了惨重的代价。

值得注意的是，索姆河战役后期引入了第一批坦克，但在战场上进展有限。新军得到南非、澳大利亚、加拿大和新西兰军队的增援。海格在十一月中旬的连绵阴雨中取消攻击行动时，他的军队仍未抵达原定目标巴波姆镇。英国伤亡人数达41.4万，法国19.5万，德国的损失与协约国不相上下。**NJ**

▲ 索姆河战役第一天，一名德国士兵准备向逼近的英国部队投掷手榴弹

▼ 英国军队跳出壕沟进攻，许多人被机关枪扫射

> "前线与我方交战的敌军遭到痛击。"
>
> 道格拉斯·海格爵士，1916年12月23日

1916年8月30日

救援成功！
Rescued!

沙克尔顿返回象岛，救出被困的同伴

欧内斯特·沙克尔顿（Ernest Shackleton）富于激情，也爱出风头。他是不计后果的冒险家，同时是杰出的领袖。沙克尔顿完美体现了爱德华七世时代人们热衷于极地探险的精神，也诠释了"过程重于结果"的理念。即便阿蒙森已经征服南极、斯科特在前往南极的征途中去世，沙克尔顿依然在一战期间设法筹集资金，再次组队穿过南极洲。

沙克尔顿容易领部下步入困境，但他也十分擅长解救同伴。他们尚未抵达南极洲海岸，所乘坐的"坚忍号"与积冰相撞、深陷其中。一行人被困在荒无人烟的象岛，沙克尔顿和几名同伴乘小船"詹姆斯·凯尔特号"出发寻求救援。经过长达700英里（1126千米）的海上航行，他们抵达了南乔治亚岛，最近的捕鲸站之前还横着险峻的山峰。他们成功抵达捕鲸站，沙克尔顿从智利找来"叶尔丘号"，历尽艰险返回象岛。他再一次奋力救出了探险队的余下二十二名队员——他们几乎已经耗尽了食物，但从没放弃希望，坚信队长一定会来解救他们。讽刺的是，探险脱困后，沙克尔顿的几名部下返回饱受战火蹂躏的欧洲，在战壕中死去。1921年，沙克尔顿在另一次探险中死于心力衰竭——这一次他试图环航南极洲。他被安葬在南乔治亚岛上。**NJ**

◐ "坚忍号"陷入积冰的戏剧性时刻，沙克尔顿决定弃船

1916年12月31日

"颠僧"遇害
"Mad Monk" Murdered

虽则多次死里逃生，神秘的拉斯普京最终遇刺身亡

未受过任何教育的西伯利亚农民格里高利·叶菲莫维奇·拉斯普京据称拥有治愈和预言的神秘力量，并深受俄国皇室喜爱。同时他有着强大的生存能力——针对拉斯普京的多次行刺均以失败告终，直至1916年12月31日他最终遇害。

> "他对生的执念如恶魔般骇人可怖。"
>
> 费利克斯·尤苏波夫亲王

拉斯普京熟知宗教戒律，但仍以酗酒、污秽和纵情声色而著称。1904年拉斯普京以圣人的身份来到圣彼得堡，其地位更因得到部分东正教牧师资助而提升；尽管他行事粗鲁（抑或正因如此），但他吸引了一众贵妇追随。沙皇的长子阿列克谢处于生死边缘之际，拉斯普京成功为其止血，从而牢牢掌握了固执而愚蠢的亚历山德拉皇后，并通过后者控制了沙皇尼古拉二世。

俄国加入一战战局后，拉斯普京对政事的干预益加显著，因而成为保守民族主义集团的目标。在费利克斯·尤苏波夫（Prince Felix Yusupov）亲王和官员弗拉基米尔·普利希克维奇的带领下，密谋者们将拉斯普京引入尤苏波夫的宫中痛下毒手——拉斯普京的求生欲极其旺盛，令这一过程困难重重。拉斯普京吃下掺杂氰化物的蛋糕，多次中枪并遭到毒打但仍未气绝，最终被投入涅瓦河的坚冰之下。**NJ**

1917年3月1日

破译密码
The Code Is Broken

德国企图将墨西哥引入战局，这一轻率之举适得其反

齐默尔曼电报事件标志着解密工作的成就，也立即成为重大外交失误。派发电报者是德国外交大臣阿瑟·齐默尔曼（Arthur Zimmermann），信息指向德国驻墨西哥大使海因里希·冯·厄卡德特（Heinrich von Eckardt）。功勋卓著的英国海军情报部门——伦敦海军部40号房间破解德国外交密码为时已久，因此早在冯·厄卡德特了解齐默尔曼挑拨墨西哥向美国开战的鲁莽意图之前，协约国早已掌握了这一情报。

德国为阻拦美国加入战局铤而走险，发出了齐默尔曼电报。德国宣布进行无限制潜艇战后，柏林一方明白，击沉包括美国在内的中立方船只必将对华盛顿的耐心构成极大的考验。而齐默尔曼电报终于令美国忍无可忍。新近上任的齐默尔曼在电报中表明，一旦美国因无限制潜艇战参战，德国将鼓励墨西哥向其北方邻国宣战。德国放出的诱饵，是许诺帮助墨西哥夺回十九世纪中被美国攻占或兼并的"失地"：德克萨斯、新墨西哥和亚利桑那。

电报被密码专家破解后，海军上将"眨眼者"雷金纳德·霍尔（Reginald Hall）——英国卓越的间谍组织首脑——将之交付外交部长亚瑟·贝尔福（Arthur Balfour）。狂喜的贝尔福将电报传给美国驻伦敦大使沃尔特·佩奇（Walter Page），后者适时传达信息回华盛顿。伍德罗·威尔逊总统（Woodrow Wilson）暴怒，四月对德宣战。历史学家认为，电报中奸诈的预谋正是促使不情不愿的威尔逊总统加入战局的决定性因素。**NJ**

1917年4月16日

领袖归来
Leader Returns

列宁抵达圣彼得堡，掌控俄国革命

1917年俄国的二月革命令很多人始料未及，尤其是弗拉基米尔·伊里奇·乌里扬诺夫（列宁）——俄国马克思主义革命党派"布尔什维克"领导人。列宁多年前便做出了革命的预言，但认为革命在其有生之年未必会实现。

"第一场"俄国革命发生时，列宁身在苏黎世——他逃亡至中立国瑞士等待一战结束，参加社会主义和平会议，撰写犀利的反战文章，愤懑不得志。沙皇政权被推翻、建立稳健的社会主义政府后，列宁开始同德国人谈判，希望借助后者的力量与他的一众布尔什维克同志秘密回国，掀起另一场革命，令俄国彻底退出战局。

双方达成一致，列宁等人将乘坐"密封列车"返回圣彼得堡。秘密协议由支持布尔什维克的富人从中斡旋，而憎恶列宁革命计划的德国政府也予以认可——德国急于在美国参战前移除俄国这一对手。

4月16日晚，列宁历尽艰辛后抵达圣彼得堡的芬兰站。他蔑视欢迎宴会以及同志的逢迎之辞，向自己的党派发难。在国内同克伦斯基的议会政体合作的布尔什维克领袖，包括斯大林在内，遭到列宁的猛烈抨击。列宁认为，他们应当立即以布尔什维克的"指引"为唯一准绳，发动"土地、和平和面包"的革命。起初作为笑柄的《四月提纲》成为六个月后布尔什维克武力夺权的纲领性文件。**NJ**

1917年10月15日

玛塔·哈里遭枪决
Mata Hari Executed

特务，双重间谍，抑或是替罪羊——尤物玛塔·哈里终究难逃命运的审判

不少历史学家认为，玛塔·哈里只是替罪羊。1917年10月15日她被处以死刑；此时法国战场上屡次遇挫，又逢兵变不断，正迫切地寻求可归咎的对象。

1876年8月玛塔·哈里出生，原名玛格丽莎·泽莱（Margarethe Zelle），十八岁时嫁给荷兰官员鲁道夫·麦克劳德（Rudolf MacLeod），从阿姆斯特丹移居荷属东印度群岛的爪哇。婚姻破裂后，她于1905年迁至巴黎，在马戏团表演，取艺名为"玛塔·哈里"（爪哇语，意为"太阳"），在印度尼西亚舞蹈的基础上发展出一套性感的脱衣舞，追求轰动效应的媒体对其表演大加追捧。

玛塔·哈里大胆张扬，几近全裸的性感舞蹈也令她声名大噪，有了众多身居高位的情人。第一次世界大战爆发时，她凭借同众多军官的亲密关系、中立国荷兰的国籍——她也因此可以自由出入所有参战国——开始秘密从事谍报活动。她也许的确是法国特务，但也可能是同时效命于德国的双重间谍。玛塔·哈里在伦敦被英国情报机关逮捕并审讯时，声称自己为法国从事谍报工作，得到释放。但1917年2月她在巴黎被捕——据称法国人截获了德国军官从马德里发出的情报，玛塔·哈里被指认为德国间谍。她愤怒地否认了这一罪名，仍然被判叛国罪，在温森斯遭到枪决。NJ

- 1917年10月15日，玛塔·哈里行刑前的侧面照片
- 印度锡塔尔琴演奏者为表演爪哇庙堂之舞的玛塔·哈里伴奏

1917年11月2日

《贝尔福宣言》
Balfour Declaration

英国政府支持犹太人在巴勒斯坦建立"家园"

▲ 巴勒斯坦的犹太人聚居地,《贝尔福宣言》发表后建立

　　在所有影响深远的重要文件中,1917年的《贝尔福宣言》堪称简明扼要之典范。宣言始于一页信——英国外交大臣贝尔福爵士致信英国犹太人领袖罗斯柴尔德爵士,告知后者内阁将支持在巴勒斯坦建立犹太"家园"(而非明确的"国家"):"英皇陛下政府赞成犹太人民在巴勒斯坦建立民族家园⋯⋯但需明确指出,不得损害巴勒斯坦现有非犹太族群体的公民权利和宗教权利。"自此以后,文中模棱两可的措辞及明显的自相矛盾令中东的发展困难重重。

　　《贝尔福宣言》在一战的重要时机出台:此时英国正与阿拉伯领导人及哈伊姆·魏茨曼(Chaim Weizmann)为首的锡安主义说客同时会谈,并鼓励阿拉伯人对抗英国敌国——奥斯曼土耳其。魏茨曼发明了一种合成丙酮的方法——丙酮是无烟炸药的重要原料,而炸药又是战争中的必要物资。作为回报,魏茨曼请求英国支持犹太人在巴勒斯坦建立家园。

　　战后,英国在国际联盟委托下控制巴勒斯坦,并准许犹太人迁入。二十世纪三十年代犹太移民增多,而欧洲反犹主义抬头,加之巴勒斯坦发生阿拉伯人暴动,英国试图限制犹太人移民巴勒斯坦,但收效甚微。**NJ**

1917年11月7日

布尔什维克党掌权
Bolsheviks Take Control

十月革命：少数派武装夺取政权

▲ 圣彼得堡的暴力巷战引发恐慌

1917年4月流亡在外的列宁归来。此后布尔什维克党决意武力推翻克伦斯基领导的临时政府，夺取政权。布尔什维克党7月夺权失败，史称"七月流血事件"，其后便蓄势准备再次发难。11月7日，以巡洋舰"阿芙乐尔号"的炮声为号，布尔什维克水手、士兵及工人武装占领圣彼得堡内要地。

临时政府未能结束战争，也无力改善俄国危急的经济危机，日益失去民心。在左翼社会主义革命者的支持下，布尔什维克中央委员会以十比二票通过再次夺取政权的决议，筹备工作由列夫·托洛茨基主持——不久前，魅力超凡的托洛茨基由温和的孟什维克党派改投布尔什维克。托洛茨基领导军事委员会，坐镇斯莫尔尼宫（原为女子寄宿学校）的布尔什维克总部指挥大局。

临时政府所在地冬宫由年轻的士官生和女兵营守卫，而十月革命最大的成功在于占领了冬宫。7日晚，布尔什维克控制了圣彼得堡，完成接掌俄国的第一步。**NJ**

1917年12月6日

法国轮船爆炸
French Ship Explodes

加拿大发生当时最大的人为爆炸事件

爆炸后码头工人在雪中跋涉评估损失

新斯科舍的哈利法克斯是一战时期的重要港口，来往商船络绎不绝。其中发往纽约的挪威轮船"伊莫号"将为比利时运送救援物资。1917年12月6日，出发较晚的"伊莫号"从内港驶出，船速也许比平时快，同纽约发出的法国轮船"勃朗峰号"相撞，后者满载致命的货物——TNT烈性炸药、硝棉、苦味酸（炮弹原料），以及若干桶优质燃料。

两船相撞时，火花四溅，引燃了"勃朗峰号"上的燃料桶。船员们奉船长命令弃船，"勃朗峰号"在港口内沿码头漂流，突然爆炸，发出炫目的白光。整艘船被炸得粉碎，爆炸夷平了整片地区，摧毁了周围325英亩土地（132公顷），镇中的窗玻璃大多被声波击碎。

爆炸令大约一千六百人丧生，几千人受伤，引发巨大的气压波，导致港内部分小型船只沉没。弹片从天而降，很多人因此遭难。同时关于德国齐柏林飞艇轰炸哈利法克斯的谣言流传开来。救援队十分英勇，但当晚多年未遇的暴风雪来临，导致更多人死亡。据估计总死亡人数超过2000人。**RC**

1918年3月3日

签订《布列斯特-立陶夫斯克和约》
Treaty of Brest-Litovsk Is Signed

布尔什维克支付高昂代价退出一战

▲ 同意签订和约的军官们在布列斯特-立陶夫斯克（位于今白俄罗斯）互相致意

1918年3月3日，最终签订的《布列斯特-立陶夫斯克和约》对俄方条件十分苛刻：俄国失去四分之一的领土、半数产业，以及十分之九的煤矿业生产量。

1917年11月布尔什维克党掌权，决意退出世界大战。德国人也决定令苦苦挣扎中的俄国革命政权为和平付出毁灭性的高昂代价。双方在布列斯特-立陶夫斯克的协商陷入僵局。德国军事将领马克斯·霍夫曼（Max Hoffmann）将军坚持苛刻的条件——俄国放弃波兰、乌克兰、芬兰及波罗的海诸国。苏俄外交代表列夫·托洛茨基中断会谈，宣布俄军不会同德国人交战，也不讲和。

德军继续向俄罗斯进发，两周之内便占领了条约中要求的所有领土，进而威胁到苏俄政权本身。俄国匍匐在地，新任布尔什维克领导们匆忙签订了《布列斯特-立陶夫斯克和约》。

不到九个月后，和约成为一纸空文。德国战败，国内爆发革命，国家遭到严重破坏；德军撤离东部地区后，波兰人、俄国人及当地民族主义者间爆发激烈内战。俄国人重新占领乌克兰和白俄罗斯，但波兰、芬兰及波罗的海诸国勉强脱离俄国统治获得独立。**NJ**

1918年4月21日

红男爵之死
Death of the Red Baron

里希特霍芬阵亡，扫除协约国空军的心腹大患

◉ 里希特霍芬是普鲁士小贵族；众多人士为他送葬

曼弗雷德·冯·里希特霍芬（Freiherr Manfred von Richthofen）是令敌人胆寒的杀手，因其飞行编队所开血红色飞机得名"红男爵"。1918年4月21日他的飞机被击落，红男爵身亡，但英国对他极其尊重，为里希特霍芬举行了军葬礼。

里希特霍芬热衷于运动，一战开始时投身空军，其射击技术精准致命。他是德国击落敌机数最多的王牌飞行员。这位风趣幽默、魅力四射的领袖时常携其丹麦猎犬莫里茨飞行，以博好彩头。里希特霍芬最后一次驾机升空前曾数次死里逃生——尤其在1917年7月，红男爵的战斗机被击落，头部受伤严重。8月，他继续率领著名的空军中队"飞行马戏团"歼灭敌军。但红男爵最终因本人判断失误及对手超凡的射击能力而毙命。英国新手飞行员威尔弗雷德·梅（Wilfred May）中尉同红男爵空中缠战，脱身后他驾驶的索普维斯骆驼战斗机航炮突然卡壳。里希特霍芬追击威尔弗雷德，将后者逼至地平面。加拿大飞行员罗伊·布朗（Roy Brown）上尉驾骆驼战机在后追踪。"向正对梅中尉开火的大红色三翼飞机俯冲。我对他持续连击，他垂直跌落后坠地。"一支澳大利亚机关枪部队称自己是击落红男爵的功臣——他们在地面专门向低空飞行的战斗机开火。**NJ**

1918年7月17日

末代沙皇全家遇害
Tsar and His Family Murdered

皇室的恐怖死刑在俄国历史上留下一行血迹

▲ 1915年拍摄的沙皇全家福：尼古拉二世、亚历山德拉及其五个子女

尼古拉二世在俄国革命序幕——二月革命之中退位，其后沙皇全家被先后监禁在不同的乡村居所。布尔什维克掌权后，关押条件愈发严格，沙皇一家被转移至沙皇叶卡捷琳堡附近的伊帕切夫别墅，1918年7月被执行死刑。

白军接近叶卡捷琳堡一带，布尔什维克领袖列宁和斯维尔德洛夫（Sverdlov）向当地盟友电报传讯，下令处死皇室成员。7月17日凌晨0点30分，罗曼诺夫一家被唤醒，引入地下室，被告知将会拍照。行刑队开火，但公主们服饰上的宝石令不少子弹弹开。射击队转而用刺刀和手枪了结沙皇一众。皇室成员的尸首遭到肢解以使身份难以辨别，并投入矿井。后来尸首被草草移入附近坟墓。1991年苏联解体后，人们找到沙皇、皇后及三位公主的尸体，通过在世的皇室亲眷DNA样本证明身份后，于1998年重新葬入圣彼得堡的彼得保罗大教堂。2007年8月有报道称在叶卡捷琳堡发现了余下两位罗曼诺夫——血友病患者皇储阿列克谢及玛利亚公主的尸骸。

鲍里斯·叶利钦（Boris Yeltsin）下令拆除了伊帕切夫别墅，原址上建造了一座大教堂，沙皇全家遇害的地下室如今是东正教神祠。**NJ**

1918年10月1日

攻陷大马士革
Damascus Falls

协约国军队占领叙利亚首都，土耳其统治结束

▲ 1918年1月艾伦比将军正式进入耶路撒冷；此时距大马士革沦陷还有七个月

"我们疯狂杀戮，仿佛死亡和鲜血可以抚平痛苦。"

托马斯·爱德华·劳伦斯，《智慧七柱》

1918年9月20日，协约国驻中东将领艾伦比（Allenby）将军，向土耳其控制的北巴勒斯坦及叙利亚地区发起最后一轮攻势。10月1日，协约国一方获胜——艾伦比本人两天后才抵达大马士革，没有亲睹城内的混乱。

率领阿拉伯骑兵部队打头阵的是托马斯·爱德华·劳伦斯上校（Thomas Edward Lawrence）和埃米尔费萨尔（Faisal）——劳伦斯不顾《赛克斯-皮科协定》，希望帮助费萨尔登上叙利亚王位。劳伦斯下令占领德拉，切断土耳其人的退路，但他实际打算攻占大马士革，以示阿拉伯独立，帮助费萨尔掌权。

但是阿拉伯部队军纪松懈。土耳其逃兵留下的种种残暴行迹激怒了劳伦斯手下，因而阿拉伯人将土耳其战俘一律杀害。与此同时，艾伦比向大马士革发动钳形攻势——同时从城市东、南方进攻，在空军和骑兵的帮助一举夺下大马士革。9月30日澳大利亚轻骑兵三团首先进入城内，大马士革人献出食物和雪茄欢迎他们。次日，劳伦斯的阿拉伯部队抵达，但兵力不足，且只顾劫掠和击杀土耳其人，难以维持秩序。10月2日，澳大利亚军队结束了骚乱，协约国军队举行游行以庆祝胜利，正式宣告一战中土耳其战败，而奥斯曼帝国对阿拉伯人长达五个世纪的统治就此结束。

失望的劳伦斯获艾伦比准假返回英国；他怀着满腔热情视阿拉伯独立为自己的事业，决心为其四处奔走游说。NJ

1918年11月9日

德国皇帝威廉二世退位
Abdication of Kaiser Wilhelm II

公告标志德意志帝国灭亡

尽管公开宣言于1918年11月9日正式发表"我在此宣布,永远放弃普鲁士及德意志帝国王位",但严格地说,威廉二世并非在当日退位。威廉退位的决定在未征得本人同意的情况下由其远房亲戚巴登大公马克思正式宣布。巴登大公是德意志帝国最后一任总理,一战末期正在奋力延缓柏林革命的成熟期,而威廉二世其时身处遥远的比利时森林小镇斯帕——威廉军队的战时总部。

威廉在德军再次向德国边境发起攻击时,其典型的优柔寡断性格展露无遗。他钟爱的公海舰队船员正大面积举兵起义,而罢工工人和革命分子袭击了柏林的政府大楼。威廉起初怒称自己将领军武力镇压革命,但不久就改了主意——他被婉转告知,二十名将领中只有两位可以担保其属下的忠诚。皇帝提醒道,将军们曾发誓效忠于自己,威廉·格勒纳将军(Wilhelm Groener)简短地答道:"当前,陛下,誓言不过是字句罢了。"即便是忠心耿耿的总司令兴登堡(Hindenburg)也默默承认,事实上皇帝的存在妨碍着和平与稳定。

大怒之下,威廉二世返回皇家列车,入夜后下令火车穿过中立国荷兰边境。11月28日,他正式"停用皇家特权"。威廉一直流亡在外,直至1941年6月在另一场战争中去世,再未能看到德国一眼。**NJ**

▲ 身着军装的德国皇帝威廉二世正式肖像照

> "……一个民族所能令自己蒙受的最丑恶的刻骨之耻……"
>
> 德国皇帝威廉二世如此评价其被迫退位

1918年11月11日

放弃所有
Goodbye to All That

法国的一节火车车厢内签订停战协定，第一次世界大战结束

- 兴高采烈的群众聚集在巴黎市中心庆祝一战结束
- 停战协定正式生效前夕，军用卡车载着士兵穿过伦敦

> "无论停战协定达成与否，我势必触及莱茵河。"
>
> 福煦元帅致德国代表团

1918年11月11日清晨五点刚过，法国西北部贡比涅森林中，铁路侧轨上的一节车厢内签订了结束一战的停战协定。协定将在当日上午11点——"11月11日11点"——正式生效。

11月7日，保罗·冯·兴登堡领导的德国最高指挥部要求休战。德军尚未失利，德国领土也未被入侵，但德国经济已千疮百孔，同时军队瓦解、海军兵变及国内革命的威胁也令政府不堪重负。天主教中央党政治家马提亚·冯·艾尔兹贝格（Matthias von Erzberger）率领的德国代表团乘小型车队越过临近拉卡佩勒的边境，其后乘火车穿过法国北部战场。

法国元帅斐迪南·福煦（Ferdinand Foch）和英国上将罗斯林·威姆斯（Rosslyn Wemyss）为首的协约国代表团提出的要求毫无商量余地，包括德军撤出法国和比利时，解除对莱茵兰的军事管制，并交出德国舰队。艾尔兹贝格闪烁其词，但迫于柏林新政府压力只得签约——社会民主党政府取代退位的威廉二世进行统治。起初停战协定的有效期为三十天，但协定不断续签，直至1919年6月28日签署了《凡尔赛和约》。

英国人大举庆祝的同时——正如当时身为下士的希特勒后来写道——许多德国人感到极度失望，因为所有德国占领的土地将被放弃，之前同俄国、罗马尼亚签订的条约（如《布列斯特-立陶夫斯克条约》）被取消，德国人还被迫放弃大量物资、铁路货车，以及所有的潜艇舰队，而大部分海上舰队遭到扣留。**NJ**

1919年1月5日

斯巴达克斯之周
Spartacus Week

深受布尔什维克鼓舞的柏林起义遭到政府及自由军团迅速镇压——后者发誓不惜一切代价扑灭革命之火

1919年1月5日，本应是德国重演1917年俄国布尔什维克革命的日子，但起义却彻底失败，开启了血腥的斯巴达克斯之周。脆弱的德国共产主义运动引来准军事部队自由军团对德国左翼的全面镇压。

第一次世界大战末德国轰然倒下后，互相竞争的革命左派势力——叛变士兵、水手、罢工工人及名为"斯巴达克斯同盟"的小型共产主义革命团体——填补了权力真空。他们的对手是新近成立的社会民主党政府——手腕高明的新政府得到军队和准军事部队"自由兵团"的支持。

斯巴达克斯同盟建立了德国共产党（KPD），领导者卡尔·李卜克内西（Karl Liebknecht）不顾其同志罗莎·卢森堡（Rosa Luxemburg）的保守意见，1月5日宣布成立政府，并攻占柏林城内要地。国防部长古斯塔夫·诺斯克（Gustav Noske）派军队及自由军团五千人包围柏林，向市中心进逼，彻底击溃共产党势力。政府军动用火焰喷射器、大炮和机关枪重新占领各据点，最终攻克了斯巴达克斯同盟总部。诺斯克于1月11日写道："笼罩城市的噩梦终于被驱散。"斯巴达克斯之周结束后，数十名左翼分子（包括李卜克内西和卢森堡）遭到逮捕和残酷谋杀，预示着德国的未来危机四伏。**NJ**

- 卡尔·李卜克内西为柏林动乱中的部分死者主持大型葬礼
- 柏林街头，斯巴达克斯同盟成员同政府军发生激烈冲突

1919年4月13日

阿姆利则血案
Amritsar Massacre

英国人屠杀示威者，煽动印度民族主义之火

札连瓦拉园是旁遮普圣城阿姆利则中心的公共广场。对众多印度人而言，这里也是远离阿姆利则喧嚣集市的庇护所。1919年4月13日，一万印度人聚集在札连瓦拉园抗议英国当局禁止公众集会。不久后戴尔将军及其麾下尼泊尔步枪兵赶到，引发无尽的恐慌和大屠杀。

> "是的，我认为当时不开枪驱散人群也是可行的。"
>
> 戴尔将军在亨特（Hunter）主持的调查中所述

戴尔命令属下单膝跪地、瞄准、向人群开火。射击持续十分钟，直至弹药量不足。英方称397人死亡，而印度一方称至少800人丧生。时年四十岁的雷吉纳德·戴尔（Reginald Dyer）将军坚信英国必须在民族主义抬头的印度（尤其是阿姆利则）重新树立权威——阿姆利则近期有五名英国人和一名英国传教士被杀，而舍伍德女士（Sherwood）被人强奸。据称戴尔曾说："他恨不得将造反的城市化为一堆灰烬。"后来戴尔被迫离职，但未因其暴行受到指控。

阿姆利则血案的消息令英国在印度进行宪政改革的努力付诸东流，不少同英国合作的温和的中产阶级印度人也因此转变为坚定的民族主义者。英国统治的道德基础土崩瓦解——正如甘地所言，此时已是"邪恶凶暴的政权"。英属印度的殖民统治大限将至。**RP**

1919年5月29日

广义相对论得到证实
Einstein Verified

亚瑟·爱丁顿证明爱因斯坦的广义相对论

阿尔伯特·爱因斯坦在一战前提出了划时代的广义相对论，但这一理论一直默默无闻，直至1919年5月英国天体物理学家亚瑟·爱丁顿（Arthur Eddington）予以证实。爱丁顿在日食期间观测了太阳周围天体，以照片阐释爱因斯坦的理论。

1887年，爱丁顿生于中等收入的贵格会家庭，幼年丧父。他在科学上表现出超前的天分，因而得到奖学金完成了学业。爱丁顿在剑桥大学三一学院获得学位，1913年担任剑桥天文台台长。一战中爱丁顿坚持其贵格会信仰，拒绝服兵役。

一战后，爱丁顿前往印度洋的普林西比岛（Principe）观测1919年5月29日的日食。他的系列照片证实了爱因斯坦的假设——光线在太阳引力场中的偏折，将导致太阳周围的天体位置似乎稍有变动。而这一现象只有在日食期间、太阳的强光不再遮蔽其四周天体时才能观测到。

爱丁顿的研究结果得到广泛报道，广义相对论首次进入公众视线。爱丁顿善于以简单通俗的语言解释复杂的广义相对论，爱因斯坦本人也大加称赞，称之为"所有语言中对这一主题的最佳介绍"。

爱丁顿的后期事业中致力于创造"基本理论"，以统一量子力学、相对论和引力理论——他认为三者遵循相同的基本原则。爱丁顿受封为爵士，获得功绩勋章，于1944年11月去世。**NJ**

1919年6月15日

艰辛航程
Through a Difficult Sky

阿尔科克和布朗直航横越大西洋

▲ 摄于1919年6月15日的照片，阿尔科克和布朗在纽芬兰上空转弯

约翰·阿尔科克（John Alcock）和亚瑟·惠顿·布朗（Arthur Whitten Brown）乘配备劳斯莱斯双联发动机的维克斯维梅轰炸机完成了史上首次直航横越大西洋的壮举。带头人阿尔科克说服维克斯公司为他们提供飞机；这位二十六岁的英国飞行员在一战中驾驶轰炸机，由此获得了大部分飞行经验。年长六岁的苏格兰领航员布朗同阿尔科克都曾以战犯身份入狱。

6月14日，他们吃了三明治、喝了一点威士忌和一瓶啤酒以保持体力，在纽芬兰圣约翰斯的莱斯特平原起飞。经过近十六小时约1900英里（3040千米）的艰辛航程，他们在爱尔兰康尼马拉的克利夫登附近一块沼泽地里紧急降落。他们的平均时速为115英里（185千米），飞行高度从海平面到1.2万英尺（3658米）不等。途中他们不仅要处理发动机故障，还要面对浓雾和冰雪。布朗曾爬到机翼上清除堵塞发动机进气口的冰，而阿尔科克所在的开放驾驶舱中满是积雪，能见度极低。沼泽地从空中看来好像一片绿野，但着陆时二人都平安无恙。当地人问他们自哪里来，他们答"美洲"，受到了英雄般的礼遇，并被英王乔治五世封为爵士。遗憾的是，阿尔科克当年年底前因飞机坠毁在法国去世。布朗于1948年去世。**RC**

1919年6月28日

《凡尔赛条约》
Treaty of Versailles

德国勉强签署令本国经济陷入瘫痪的《凡尔赛条约》

乔治·克列孟梭在法国凡尔赛宫镜厅签署条约

1919年春，德国被迫接受的《凡尔赛条约》得到了两种评价：过于苛刻和不够严厉。协约国主要战胜国首领——美国总统伍德罗·威尔逊（Woodrow Wilson）、英国首相大卫·劳合·乔治（David Lloyd George）和法国总理乔治·克列孟梭（Georges Clemenceau）——决定了《凡尔赛条约》主要条款，结束第一次世界大战。条约剥夺了德国海外殖民地及东西方大片德语区。德国失去海军和空军，军队人数被限制在十万。条约禁止德国制造或使用坦克或重型火炮，并规定德国赔付巨款，戴上沉重的经济枷锁。最为耻辱的是，条约要求德国承担引发战争的全部责任。

《凡尔赛条约》的内容在德国激起民愤，引发公众抗议。外交部长不愿签署条约而辞职。协约国作出确凿威胁要恢复军事敌对行动、占领德国，压力之下国民会议勉强就接受条约发起投票。在6月28日——引发一战的萨拉热窝事件周年纪念日，德国人终于签署条约。英美两国舆论认为条约过于严苛。只有曾遭德军占领四年的法国怨恨情绪依然高涨，法国人认为《凡尔赛条约》太过温和。德国国内对《凡尔赛条约》不满情绪帮助希特勒崛起；希特勒掌权后，逐一践踏条约各项内容，重整军备，最终通过发起第二次世界大战而复仇。**NJ**

1919年11月11日

默哀纪念两分钟
Two Minutes' Silence of Remembrance

澳大利亚记者倡议每年向阵亡军人默哀致敬

◐ 1919年11月11日，伦敦帕丁顿站的乘客停下默哀两分钟

战争公墓、各地纪念馆和"无名战士"之墓（尸首下落不明者的象征性墓地）为阵亡军人举行的庄严纪念仪式，以及一年一度的公众缅怀仪式，是第一次世界大战给各参战国留下的重要遗产之一。纪念活动在停战一年后开始。

每年默哀纪念死者的传统由生于澳大利亚的记者、老兵爱德华·乔治·哈尼（Edward George Honey）发起。1918年11月11日停战协定的庆典令哈尼大为震惊，他视之为无礼而野蛮的活动。1919年5月8日，他在《伦敦晚报》上发表一封公开信，倡议每年默哀五分钟以缅怀死者："只是五分钟。全国默哀五分钟的纪念活动。"哈尼称之为"极其神圣的和解。"他的想法受到欢迎，并得到南非政治家珀西·菲兹帕特里克爵士（Percy Fitzpatrick）响应，珀西于10月致信英王乔治五世，提出此类默哀活动"可以帮助子孙后代深刻认识到，为保障他们的自由所做出的伟大牺牲，有着怎样的意义同高尚无私的精神"。国王的谋士们支持这一看法，但将默哀时间缩短至两分钟。

1921年，美国阿林顿国家公墓中埋葬了一位无名军人，也开始了类似的纪念活动；1954年起，11月11日更名为退伍军人纪念日。**NJ**

1920年1月16日

街头巷尾令人愉悦的地下酒吧
Your Friendly Neighborhood Speakeasy

美国进入禁酒期

▲ 联邦特派员公开将一瓶瓶威士忌倒入下水道

1919年1月16日生效的美国宪法第十八修正案——禁止所有致醉酒类的生产、销售、交易、运输及进出口。十九世纪起逐步兴起的戒酒运动取得成效。戒酒事业联合了圣经地带（美国南部的部分地区，因深受有强烈宗教信仰的基督教基要派影响而得此名）的新教徒、商人同关心公众事务的公民——后者亲眼目睹了工人阶级醉酒所导致的贫穷、工时损失以及令人堪忧的家庭暴力。戒酒的呼声顺利发展为全面禁酒的要求。截至1861年，十三个州已经禁酒，而禁酒党于1820年首次提名候选人竞选总统。

第一次世界大战也为禁酒党提供了武器。禁酒党称全民清醒理智对赢得战争至关重要。历史学家对禁酒令导致酒类消费量增多还是减少说法不一，但无人怀疑它引发了可怕的灾难。犯罪率飙升，人们在地下室私酿酒，走私到美国，在地下酒吧内非法销售。数百万美元落入犯罪者手中，犯罪集团因此掌握权力，至今仍未失势。禁酒令持续到1933年，第二十一修正案生效，恢复了酒类的销售和消费。**RC**

1922年1月7日

都柏林众议院通过《英爱条约》
The Dublin Dail Approves Anglo-Irish Treaty

《英爱条约》将爱尔兰分为南北两部分，令爱尔兰政局恶化

埃蒙·德·瓦莱拉反对《爱尔兰自由邦条约》（即《英爱条约》）的演说在都柏林吸引了大批支持者

爱尔兰众议院辩论后同意签订《英爱条约》，建立爱尔兰自由邦，结束了反抗英国的爱尔兰独立战争，但引发了1922—1923年的爱尔兰内战。以首相大卫·劳合·乔治和军政大臣温斯顿·丘吉尔为首的英方代表同亚瑟·格里菲思（Arthur Griffith）、迈克尔·柯林斯（Michael Collins）领导的爱尔兰全权大臣，在伦敦就协约内容进行协商。《英爱条约》于1922年1月签订，保证了爱尔兰独立于英国，但爱尔兰仍为英国君主的领地，而非爱尔兰共和国；同时令清教徒为主的北方省份阿尔斯特得以退出新成立的爱尔兰自由邦，而后者把握了这一机会。

总统埃蒙·德·瓦莱拉为首的爱尔兰主战共和派认为条约背叛了他们的艰辛抗争，而支持条约的一方认为这为今后争取全面自由创造了机会。都柏林众议院（不愿参加英国下议院的爱尔兰议员组建的非正式"爱尔兰议会"）经过一周的激烈辩论后，以64票对57票的微小差距通过签订《英爱条约》的决议。

柯林斯和格里菲思在内战中去世，但最终支持条约一方赢得内战。其后二十年内，德·瓦莱拉领导共和派走出非法境地，并巧妙利用爱尔兰自由邦制度建立共和国。《英爱条约》支持和反对党分别形成如今爱尔兰政界的两大党派：爱尔兰统一党和爱尔兰共和党。**NJ**

1922年10月28日

墨索里尼的政变得到大肆宣传
Mussolini's Propaganda Coup

"向罗马进军"并非法西斯所宣传的英勇政变

▲ 墨索里尼（中）在其黑衫党党徒簇拥下带头"向罗马进军"

10月28日的历史意义重大——1922年因这一天被重新标定为法西斯时代之始。根据法西斯的宣传版本，贝尼托·墨索里尼的大批男性支持者列队向罗马进军，从堕落的民主体制手中夺取政权；多达三千人在奋战中牺牲，意大利才有机会复兴，墨索里尼将建立新罗马帝国。但这与现实相去甚远。

进军罗马的确是事先计划好的，但法西斯支持者不多，墨索里尼计划在国王维托里奥·埃马努埃莱三世（Vittorio Emanuele）宣布戒严时逃走。但国王担心引发内战，拒绝实行军事管制，反而于10月28日邀请墨索里尼造访罗马。前一年大选中墨索里尼的政党仅赢得三十五个议席，且墨索里尼尚未完全掌握法西斯党，国王不大可能请墨索里尼在内阁任职，但在10月29日，他任命墨索里尼为首相。次日，约三万名黑衫党党员抵达意大利首都。墨索里尼掌权后才进行了所谓"向罗马进军"，没有人为此流血牺牲。

1926年，墨索里尼已成为意大利独裁者，法西斯出色的宣传机器将其美化为意大利救星。他的重大失误在于加入二战。宣传中可以虚构出场场胜利，但最终无法掩饰意大利彻底战败的事实，以及墨索里尼耻辱的死亡。**RP**

1922年11月26日

发现图坦卡蒙之墓
Discovery of Tutankhamun's Tomb

霍华德·卡特（Howard Carter）打开图坦卡蒙陵墓内门，发现尘封数世纪之久的大量珍宝

　　三周前发现了陵墓，但直至卡尔纳冯勋爵（Carnarvon）抵达卢克索（译者注：Luxor，古称底比斯）的帝王谷，进一步挖掘才继续进行。霍华德·卡特早在1899年发现了被盗空的女法老哈特谢普苏特（Hatshepsut）之墓，这次也是一座空墓吗？1922年11月26日下午两点钟左右，卡特在陵墓内门左上角打开很小的缺口，点燃蜡烛后，墓穴内部隐约可见，卡特惊讶得说不出话来。其后开口扩大，直至两个人能够目不转睛地望着"数目惊人的大批珍宝"。毫无疑问，这就是图坦卡蒙之墓。

　　霍华德·卡特少年时便着迷于古埃及文物，1907年起在业余考古学家卡尔纳冯勋爵的资助下工作。1922年，卡特得到了额外一季的资金。11月发现陵墓后，两人为前厅物品分类编目。1923年2月16日，他们打开了图坦卡蒙的石棺。

　　1923年春，卡尔纳冯勋爵死于败血症。不久后关于"图坦卡蒙之诅咒"的传说流传开来。卡尔纳冯将图坦卡蒙墓葬的独家报道权交给《泰晤士报》，其他报纸报复性地散布诅咒的传说，被卡特反驳为"无稽之谈"。卡特的发现具有重要的历史意义，其价值不在于所谓超自然力量，而是令世界得以欣赏到保存最完整的法老墓。**RP**

◐ 考古学家从圣陵门口首次见到石棺
◐ 霍华德·卡特即将撬起图坦卡蒙石棺棺盖，令木乃伊面世

1922年12月30日

苏联建国
Creation of the U.S.S.R.

苏维埃社会主义共和国联盟正式在莫斯科成立

    1922年，共产党作出成立苏维埃社会主义共和国联盟（苏联）的决定，就此结束党内关于赋予俄国治下各民族多大程度自治权的讨论。苏联在本质上再现了失去波兰和芬兰的沙俄帝国——1917年布尔什维克革命后的内战中，波兰和芬兰获得独立。

> "我们主张建立……绝无民族间压迫的联盟。"
>
> —— 弗拉基米尔·伊里奇·列宁提议建立苏联

    一向由俄国主导的苏联起初仅有四个加盟共和国——俄国、乌克兰、白俄罗斯和外高加索。随着布尔什维克党巩固其统治，更多共和国加入苏联：亚美尼亚、阿塞拜疆、格鲁吉亚、哈萨克斯坦、摩尔达维亚、乌兹别克斯坦、塔吉克斯坦、土库曼斯坦。第二次世界大战期间，波罗的海的爱沙尼亚、拉脱维亚、立陶宛也被强行并入苏联。

    1929年斯大林成为独裁者后，尽管国家因饥荒、强行集体化、工业化及二战的破坏而日趋混乱，苏联仍然崛起，成为世界第二大超级大国。共产党的统治延伸至东欧，共产主义影响力波及全球。

    同美国进行军备竞赛的高昂代价，以及共产主义计划经济固有的低效率问题，最终令苏联逐步瓦解。二十世纪八十年代戈尔巴乔夫对僵化体制进行改革失败后，其继任者鲍里斯·叶利钦于1991年允许各加盟共和国独立。**NJ**

1923年9月1日

关东大地震
Japanese Quake

地震、火灾、海啸摧毁横滨和东京大部分地区

    熙熙攘攘的横滨港，数以千计的人力车在街头穿梭，码头工人、异国外交家、水手、商人、旅行者络绎不绝。居民区满布脆弱的木制餐馆和住宅，当地居民正点起煤气炉准备午饭。中午11:58发生大规模地震，地震强度达里氏震级7.9级，震中位于东京湾西

> "大火似乎吞没了整座城市，日夜燃烧。"
>
> —— 目击者记述

南的相模湾。

    地震冲击波引发毁灭性的连锁反应，波及范围从箱根山山巅延伸至相模湾航线，向北扩展到东京市。输气管道断裂；点燃的木炭从灶中洒落，在老旧而拥挤的社区引发数百场火灾；输水总管道损坏，几乎无法救火；公园和空地尺寸过小，无法令火势自然中断。热风助长大火燃烧了三天，热风还引发了闪着火光的旋风。

    尽管关东大地震并非日本史上最大的地震，但由于震中靠近东京和横滨造成了毁灭性后果。逾三百万人无家可归，约10.45万人丧生，5.2万人受伤。重建工作以引人注目的惊人速度展开，1932年，东京和横滨已经成为生机勃勃的现代化城市。**JJH**

1923年11月8日

德国马克一文不值
The German Mark Becomes Worthless

1923年恶性通货膨胀摧毁德国马克，破坏德国政治稳定

- 1923年德国马克作为废纸的价值高于货币价值
- 德国儿童在游戏中使用毫无价值的纸币

经济学家无法告诉我们，通货膨胀具体在何时变为恶性通胀，但德国人民确定无疑地发现，他们的货币和存款变得毫无价值。1918年半马克一条的面包在1923年11月要花费一千亿马克左右。当时四万亿马克可以兑换一美元，且汇率仍在下降。局势恶化已有一段时间。但此时竟是荒唐可笑：买一杯咖啡的人发现，咖啡喝完的时候，价格已经翻了一倍。毫不夸张地说，货币的价值不及印钞纸。以物易物流行起来也不足为奇——可以用鸡蛋购买理发服务，用煤换电影票。街头乞丐随处可见。

原因何在？很多德国人归咎于《凡尔赛条约》，以及德国被迫向一战战胜国赔款；纳粹党人责难犹太金融家；但真正的罪人是连续几届德国政府。他们在战争中征税过低，印钞过多，1918年后依然如此行事。1923年1月法国占领鲁尔区（Ruhr），德国政府主张消极抵抗，轻率地为罢工者印制工资，由此令通胀演变为灾难性的恶性通胀。

1923年9月古斯塔夫·施特雷泽曼（Gustav Stresemann）组成联合政府后着手解决通胀问题。消极抵抗被取消，1924年实施道威斯计划后，德国愿意继续支付赔款，并发行了新货币。德国克服了危机，但政局依旧不明朗，人们对痛苦记忆犹新，魏玛共和国摇摇欲坠。**RP**

> "德国正以骇人的方式逐步瓦解……"
>
> 维克多·克莱普勒（Victor Klempere）日记，1923年10月9日

1924年4月23日

无线电播送国王的演讲
King's Speech Broadcast on Radio

乔治五世首次广播致辞，英国王室人气大增

1934年乔治五世在桑德林汉姆某房间内通过无线电致圣诞贺词

大英帝国展览会在温布利特别建造的场馆举行，规模超过1851年的万国工业博览会，观众人数是第一届世博会的四倍。帝国展览会于1924年4月23日开幕，国王乔治五世致辞。"我们相信展览会将帮助英国人民更好地了解如何相互满足彼此的需求和渴望，"他缓缓吟诵道，"此外我们希望展览会的成功将为大英帝国、乃至全人类带来长期利益。"发言虽则陈词滥调，但公众热情高涨，因为这是国王首次广播演讲。人们聚集在街头收听，庄严的法庭暂时休庭；收听人数共计一千万。尽管乔治厌恶新奇的广播设备，演讲大获成功。

在王室需要出席的场合中，乔治五世的帝王威严不亚于他的前任君王，但他从未试图赢得民众爱戴，也不愿利用广播这种新兴媒体。1923年10月，一年前成立的英国广播公司（BBC）总编辑约翰·瑞斯（John Reith）力劝乔治五世通过广播向人民致圣诞贺词，尽管国王拒不接受，但乔治五世也无法拒绝在声名卓著的帝国展览会开幕式上广播致辞。

由此开启了国王在庆典场合上广播致辞的先例。广播立即获得大众欢迎，促使乔治让步，同意在1932年圣诞节通过BBC广播演讲，创造了延续至今的传统。此后公众不仅可以瞻仰君主仪容，也能听到他们的声音。任何政治人物都无法忽视广播的力量。**RP**

> "广播非常顺利……是我们当前最大的成就。"
>
> 约翰·瑞斯，日记内容，1924年4月23日

1924年10月20日

攻占圣城
Holy City Seized

伊本·沙特进入麦加，为沙特阿拉伯王国奠基

1924年阿卜杜勒·阿齐兹·伊本·沙特做足准备，率军占领伊斯兰教圣城麦加，这一事件在当时意义不大。但从二十一世纪的视角来看，随着伊斯兰教复兴、石油的重要性在全球范围内与日俱增，伊本·沙特占领麦加堪称近百年来的关键事件之一。

1880年，伊本·沙特生于沙漠省份内志利雅得市一个强大的统治家族。但在1891年伊本·沙特十一岁时，沙特家族失势——其统治权遭到竞争的拉希德家族质疑，伊本·沙特出逃科威特。1902年，二十一岁的伊本·沙特率领六十名战士在其出生地附近劫掠。他仅凭二十人之力攻下利雅得，并亲自斩杀拉希德家族首领，报仇雪恨。

伊本·沙特巩固其统治，同伊斯兰教极端保守教派瓦哈比派结盟，沙特家族成为阿拉伯半岛的首要势力。同时他将追随者组织成训练有素的军队——兄弟会（Ikhwan）。1915年12月，英国想将伊本·沙特拖入同奥斯曼帝国的斗争，遂与之结盟。一战后，伊本·沙特攻击对手哈希姆家族，将后者逐出汉志，并于1924年10月攻占麦加，为其征战锦上添花。

1932年伊本·沙特自立为沙特阿拉伯首任国王。二十世纪三十年代后期境内发现大量石油，伊本·沙特如虎添翼。他允许美国阿美（Aramco）石油公司开采石油，后者向沙特王室上交大量资金。1953年伊本·沙特去世，他一手建立的王国至今仍由其子统治。**NJ**

△ 阿卜杜勒·阿齐兹·伊本·沙特1917年相片，他承认英国在阿拉伯半岛上的保护国，同英国结盟

> "……他在混沌初生的土地上建立王国。"

莱斯利·麦克劳林（Leslie McLoughlin），作家

1925年1月1日

宇宙膨胀
The Expanding Universe

爱德温·哈勃宣布发现其他星系，宇宙远比我们想象中要大

直到二十世纪二十年代，人们普遍认为太阳和其他天体所组成的星系是世上存在的唯一星系。但是天文学家已经开始怀疑太空更远处也许有其他星系。年轻的美国天文学家爱德温·鲍威尔·哈勃（Edwin Powell Hubble）便是其中之一，他生于密苏里州，专攻星云——尘埃和气体聚集而成的星际云，1919年起在加利福尼亚州威尔逊山天文台进行研究。他发现某些"星云"其实是大型恒星聚集体，类似于我们所在的星系。例如，1923年哈勃在仙女座星云内发现三十六颗恒星，后来他计算出这些恒星距地球九十万光年，离银河系边缘极其遥远。哈勃于1925年1月1日发表了他的研究成果。

哈勃将星系主要分为三类：漩涡星系、椭圆星系和不规则星系。他不仅证明，宇宙远比我们想象中大，并进一步揭示宇宙正在膨胀，即其他星系在远离我们。1929年，哈勃发现星系退行速度随其到地球的距离线性增加（哈勃定律），并确定了速度同距离比（哈勃常数）。后续研究显示哈勃常数并非恒定，而是随时间变化。

在1953年去世之前，哈勃持续在威尔逊山工作。哈勃太空望远镜是为纪念他而命名。**RC**

▸ 爱德温·哈勃事业早期在朋友约翰·罗伯茨印第安纳州银山的家中在望远镜旁边摆造型

1925年7月10日

猴子和祖先
Apes and Ancestors

"猴子审判"：进化论同《创世记》当堂对质

田纳西州《巴特勒法案》规定讲授进化论违法。代顿市的生物老师约翰·斯科普斯（John Scopes）在美国公民自由联盟（ACLU）的支持下挑战此法案的合宪性，继而引发了1925年7月全美瞩目的"猴子审判"。

> "与其了解岩石的年代，不如相信耶稣基督。"
>
> 威廉·詹宁斯·布莱恩

当时两大风云人物在法庭上交锋。被告方头牌律师克莱伦斯·丹诺（Clarence Darrow）是美国最著名的辩护律师。而控方请到了经验丰富的威廉·詹宁斯·布莱恩（William Jennings Bryan）——民主党前总统候选人、反进化论斗士。7月16日，布莱恩首次陈词获得了热情的掌声。但事实证明布莱恩绝非丹诺的对手——丹诺请布莱尔以《圣经》专家身份走上证人席，并可谓把布莱恩"当猴儿耍"了一番。丹诺无情地暴露出布莱恩在地理、考古学和现代《圣经》批判学方面知识匮乏。布莱恩只得承认他怀疑太阳是否曾为约书亚停在空中。旁观审判的一名记者形容道："丹诺毫不手软。场面精彩，但也惨不忍睹。"

然而1月26日陪审团仍然裁定斯科普斯罪名成立。尽管布莱恩五天后在代顿市去世，基督教基要派的事业远没有失败——田纳西最高法院坚持《巴特勒法案》合宪。**RC**

1925年7月18日

希特勒的奋斗
Hitler's Struggle

《我的奋斗》展现了希特勒混乱的邪恶思想

"世界上每一项伟大运动的成功，大都归功于出色的演说家，而非伟大的作家。"这是阿道夫·希特勒在为他言过其实、缺乏条理、且偶尔晦涩难懂的自传《我的奋斗》含蓄的道歉吗？完全不是。书中的其他部分不乏自我褒扬之辞，比如他写道，他在学校里是"青年领袖，学习轻松且成绩优秀"——与事实相去甚远。就自传而言，《我的奋斗》既不精确也不真实。书中的观点未经深思熟虑，且缺乏真凭实据。内容主要是热烈激昂的观点：希特勒仇视犹太人，憎恨共产主义，厌恶民主。德国选民"大多愚蠢而健忘"。但希特勒成功地表达出他相信德国血统纯粹化的历史必然性。未来道路很明确：所有日耳曼人联合到同一个国家，之后获取东方的生存空间，发起大型战争，决定世界的命运。

《我的奋斗》献给1923年11月啤酒馆政变的"烈士"。希特勒企图夺取政权，在流血牺牲中结束，他本人被囚禁在兰兹堡。希特勒在狱中重新考虑了纳粹策略，"我们要捏住鼻子进入国民议会"，并口述了他的自传。1925年7月《我的奋斗》第一卷首印仅五百册，次年第二卷出版。

纳粹党得到支持并掌权后，《我的奋斗》成为畅销书，希特勒的观点因此广为人知——甚至包括潜在的敌人。自传并非纳粹政策的蓝图，但它揭示了希特勒最邪恶的意图，令人不寒而栗。**RP**

1926年1月26日

实时传播动态图像
Transmission of Live Moving Images

约翰·罗杰·贝尔德（John Logie Baird）首次向公众展示电视

电视这项改变世界的发明得益于很多人的努力，但最有资格被称为"电视之父"的是苏格兰工程师约翰·罗杰·贝尔德（John Logie Baird）。1926年1月26日，贝尔德首次在伦敦索霍区弗瑞斯街22号的实验室公开展示动态图像传输，他的观众是皇家科学研究所的五十名科学家和一位《泰晤士报》的记者。信号扫描速率为12.5帧/秒。

贝尔德近一年前在英格兰贝克斯希尔的家中完善了一种可行的电视系统。他使用帽盒、剪刀、织补针、自行车灯透镜、茶叶箱、大量封蜡和胶水制造了他的第一台电视机。1925年3月贝尔德在伦敦塞尔福里奇百货公司用半机械模拟系统播送了动态轮廓像。10月，他在实验室内成功传输了电视图像，展示了被他称为"Stooky Bill"的腹语术表演用木偶。他的邻居威廉·泰顿（William Taynton）是第一个上电视的人。

1927年，贝尔德用电话线在伦敦和格拉斯哥之间成功输送了长程电视信号。1928年他在伦敦和纽约之间首次传输了跨大西洋电视信号。同年7月，他展示了首例彩色电视机。贝尔德的机械式电视迅速被美国马可尼公司发明的电子阴极管系统赶超，1935年英国广播公司对二者进行比较试验后选择了电子式电视。贝尔德成立了自己的电视公司，但几乎没有从他的发明中获利。贝尔德发明成癖，还通过实验发明了雷达、玻璃剃须刀、充气鞋以及保温内层袜。**RP**

▲ 助手展示腹语术表演用木偶的头——贝尔德通过电视信号播送的对象

▲ 贝尔德在设备前；他曾在完全黑暗的环境中向皇家科学研究所成员展示其发明

> "屏幕上形成的图像清晰得不可思议。我成功了！"
>
> 约翰·罗杰·贝尔德，《回忆录》

1926年3月16日

首次发射火箭
First Rocket Launched

第一支液体燃料火箭令宇宙航行有望实现

早在中世纪，中国就有人进行火箭实验。但现代火箭技术先锋首推俄国数学家康斯坦丁·齐奥尔科夫斯基。他于1903年发表了使用火箭进行太空旅行的论文，成为这一主题的首篇科学论述。但他的研究工作在俄国以外几乎无人知晓，而1926年发射世界上第一支液体燃料火箭的人是罗伯特·戈达德（Robert Goddard）。

戈达德是腼腆的美国物理学家，在马萨诸塞州克拉克大学担任教授。他多年从事火箭和航天研究，获得二百余项发明，并设计了早期的巴祖卡火箭筒。1919年，史密森尼学会发表了戈达德的重要论文《到达超高空的方法》。文章通过计算论证了火箭可以携带成套仪器进入高层大气，受到广泛关注，评价褒贬不一。戈达德表明火箭可以飞抵月球，被《纽约时报》斥为无稽之谈。1926年，戈达德尝试用液氧和石油作推进剂，在马萨诸塞州奥本附近发射了液体燃料火箭，火箭长10英尺（3米），水平方向位移184英尺（56米），耗时2.5秒，曾到达41英尺（12米）的高空。

在飞行员查尔斯·林德伯格（Charles Lindbergh）的鼓励和丹尼尔·古根海姆（Daniel Guggenheim）的资助下，戈达德于二十世纪三十年代在新墨西哥州罗斯威尔建立了自己的火箭测试站点。1935年时，戈达德最好的火箭能以时速550英里（885千米）升至7250英尺（2210米）的高空。他生前持续研究，直至1945年去世，享年62岁。**RC**

1926年5月3日

大罢工
General Strike

英国历史上第一次（也是最后一次）总罢工开始

1926年5月3日午夜前两分钟，英国工会联盟（TUC）批准"全国罢工"。一百万矿工已经罢工，此时铁路工人、码头工人、道路交通工人、印刷工、煤气和电力工人也拒不工作。工程师和造船工人加入罢工行列后，除矿工外，罢工人数总计二百五十万，引发英国历史上最彻底的罢工。罢工第一天，铁路、公交车和有轨电车停运。数以千计的志愿者提供基本服务，而决心赢得全面胜利的政府采取措施控制广播，并开办了自己的报纸。

> "众志成城！约翰奥格罗茨到兰兹角的工人们群起响应……"
>
> A. J. 库克，矿工领袖，1926年5月4日

大罢工是矿业劳资关系长期恶化的结果。工资削减、工时延长，英国工会联盟许诺不会坐视不理。政府退出谈判时，工会联盟虚张声势地下令罢工——但工会不赞成罢工，且准备不足。政府将罢工描述为对民主的挑战，而工会担心罢工将演变为暴力革命。工人们依然顽强罢工，但工会在5月12日叫停，只剩下矿工们继续独自战斗。1927年政府宣布今后罢工属违法行为，进一步宣告其胜利。**RP**

1926年8月23日

死亡、名望和歇斯底里
Death, Fame, and Hysteria

全民——至少是所有女性——哀悼鲁道夫·瓦伦蒂诺（Rudolph Valentino）

鲁道夫·瓦伦蒂诺短暂的演艺生涯因死亡告终，随之产生的激烈反应为我们了解默片时代的好莱坞提供了重要信息。《纽约每日新闻》称瓦伦蒂诺为"战后时期的典型男演员"。1913年他从意大利来到纽约，做舞伴以谋生。1917年他进驻好莱坞，继而将自己打造为皮肤黝黑、英俊迷人的拉丁情人。1921年《酋长》上映时电影院里有女性为之晕厥，但《芝加哥论坛报》总结了广大男性的反应，以"粉色的娘娘腔"为题攻击瓦伦蒂诺。

瓦伦蒂诺到纽约突然染上重病，被送到医院，做急性阑尾炎和胃溃疡穿孔手术。他醒来便问自己的朋友："我表现得像粉色的娘娘腔还是堂堂男子汉？"很多人聚集在医院外祝愿瓦伦蒂诺康复，医院被迫聘请额外的总台接线员接听电话。而瓦伦蒂诺的情况急转直下，性命堪忧。

据估计，殡仪馆有五万人列队经过了这位好莱坞巨星的灵柩。8月30日，灵车驶向圣马拉基教堂时，送行人数又增加了几千，同时代明星波拉·尼格丽（Pola Negri）、玛丽·毕克馥（Mary Pickford）、康斯坦斯·塔玛芝（Constance Talmadge）悉数到场。瓦伦蒂诺的遗体被运到洛杉矶。葬礼上众星云集，飞机从空中向陵墓抛洒玫瑰，有谣言称瓦伦蒂诺遭到嫉妒的情妇谋杀。瓦伦蒂诺成为狂热崇拜的对象，好莱坞连续多年在他的忌日举行纪念仪式。**RC**

◐ 鲁道夫·瓦伦蒂诺在克拉伦斯·布朗1925年执导的默片《鹰》中扮演俄军中尉

1927年5月21日

"圣路易斯精神号"
Spirit of St. Louis

查尔斯·林德伯格独自飞越大西洋，在巴黎着陆，开始痛苦的名人生涯

　　阿尔科克和布朗首次直航飞越大西洋八年后，被媒体冠名"孤鹰"的飞行员查尔斯·奥古斯都·林德伯格（Charles Augustus Lindbergh）于1927年5月独自从纽约飞到巴黎，铸就航空史上的另一座里程碑。为此他获得了国际声望和2.5万美元。林德伯格二十几岁时是特技飞行员，人称"冒险家林德伯格"。后来他担任航空邮政飞行员，往返于密苏里州圣路易斯和芝加哥，征募到一批圣路易斯市商人资助其传奇般的飞行。

　　不少飞行员曾经尝试独自飞越大西洋，有人因此坠机丧命。5月20日，林德伯格驾驶特别定制的单引擎单翼飞机"圣路易斯精神号"在长岛的罗斯福机场起飞。飞机装载着大量燃料，甚至令起飞困难，因而被形容为"两吨重的飞行油箱"。他带了五份三明治，但没有无线电设备或降落伞。林德伯格飞越大西洋用时33.5小时，有时还要应对迷雾和冻雨；经过3600英里（5794千米）的航程，林德伯格抵达巴黎勒布尔热机场，受到英雄般的礼遇。法国总统授予他荣誉勋章，而纽约市举行盛大的欢迎仪式，当他走过第五大道时抛洒彩带。

　　这次飞行和媒体宣传促进了航天产业发展，令航空旅行需求增加，但林德伯格成名后并不自在。他和妻子（婚前名为安·莫洛 Ann Morrow）被记者和崇拜者包围，1932年经历了可怕的悲剧——他们的长子遭到绑架和谋杀。**RC**

▷ 显示林德伯格驾驶"圣路易斯精神号"飞过巴黎埃菲尔铁塔的集成照片

1927年8月23日

无政府主义者受审
Anarchists on Trial

萨课和万泽提在可疑情况下被处以极刑

尼古拉·萨科（Nicola Sacco）与巴尔托洛梅奥·万泽提（Bartolomeo Vanzetti）有罪与否仍然有争议，但二人被冠以谋杀罪名七年后执行死刑引发国际社会强烈谴责。萨科和万泽提出身于意大利农民家庭，1908年移民美国，成为热诚的无政府主义者，以及鲁奇·加里尼（Luigi Galleani）的门徒——加里尼主张为实现革命进行暗杀和使用暴力手段。美国当局对革命分子的敌意与日俱增，1919年加里尼及其部分追随者被驱逐出境。他的信徒通过对政治家、法官和官员发起恐怖活动进行报复。1919年美国司法部长的家遭到炸弹袭击，而1920年的华尔街爆炸事件导致三十余人死亡。

1920年4月马萨诸塞州南布伦特里一家工厂发生工资抢劫案，两名员工死亡，而萨科和万泽提在抢劫案中的参与程度尚不明晰。警方将无政府主义嫌疑人聚在一起，萨科和万泽提受到大法官韦伯斯特·泰耶尔（Webster Thayer）审讯——泰耶尔后来将二人描述为"那些无政府主义杂种"。辩方律师完全无法胜任其职责，且部分检举证据受到暗中操纵。

当时不少人认为萨科和万泽提并非因证供获罪，而是其政治立场所致。1921年7月二人罪名成立，被判处死刑。大法官泰耶尔否决了很多要求重审的动议，而马萨诸塞州政府特别成立的委员会裁定审判公正合理。萨科和万泽提在位于查尔斯镇的州立监狱上了电椅，萨科36岁，万泽提39岁。**RC**

1927年10月6日

第一部有声电影
The First Talkie

阿尔·乔森（Al Jolson）有幸在首部有声电影中说出第一句台词

首部在美国全国公映的有声电影（至少部分片段有声）是华纳兄弟公司出品的《爵士歌王》，使用了新颖的维塔风为电影伴音。大部分画面无声，但歌舞场景和部分对话有配音。《爵士歌王》大获成功意味着默片大势已去。

> "等等，你还什么都没听到呢！等等，我说了！"
>
> 阿尔·乔森在《爵士歌王》
> 中的第一句有声台词

影片讲述了一个犹太男孩（阿尔·乔森饰）的故事：他演唱流行情歌走红，但保守的父亲对此极力反对——父亲在犹太教堂唱诗班领唱，希望他可以子承父业。乔森是当时最受人瞩目的舞台演员，在表演中加入活泼的动作、同观众互动，改变了相对拘束的轻歌舞剧歌唱艺术。他的舞台表现很有感染力，在百老汇大型节目中有时还会在表演当中停下，问观众是否愿意听他唱歌而放弃余下的表演，观众们高喊"愿意"（他们一向如此）时，乔森会用接下来的一个小时左右为观众举行演唱会。1928年乔森出演《愚人歌手》，片中他演唱的《宝贝》成为美国首张销量过百万的唱片。**RC**

1928年11月18日

《汽船威利号》发行
Steamboat Willie Cartoon Released

首部声像同步动画短片标志着迪士尼工作室晋升为国际品牌

▲ 米老鼠系列突破性电影——动画短片《汽船威利号》剧照

　　步入有声时代仅一年的电影业迎来了转变的契机——时长不足八分钟的黑白动画片上映,主角是米老鼠。《汽船威利号》并非米老鼠系列的第一部卡通片,在此前还有《飞机狂》,也不是采用同步声轨的首部动画短片——创造贝蒂娃娃(Betty Boop)的马克斯·佛莱雪(Max Fleisher)制作过有声卡通,而几个月前保罗·特里(Paul Terry)在《晚餐时间》中首次在动画片中使用有声电影系统。引发公众兴趣的是可爱的拟人化老鼠形象,和他的滑稽冒险。赛璐珞动画技术的出现令画师们不必为电影的每一帧画面重复绘制角色、环境和背景,令卡通片在二十世纪二十年代成为影院播放的重要片种,卡通片也经常支持正片的放映。

　　华特·迪士尼(Walt Disney)同乌布·伊沃克斯(Ub Iwerks)成立的工作室破产,因此二人决定到好莱坞碰碰运气。迪士尼在火车上信手画出新角色——米老鼠诞生。伊沃克斯负责摄制动画,一个小型团队绘制画面,迪士尼迅速指导创作了三部米老鼠卡通片。但前两部默片没有销路,迪士尼在第三部卡通片的后期制作中加入同步声轨。除成功地塑造了米老鼠的人物形象之外,迪士尼的动画有效利用了音乐,证明音乐不只是背景的一部分,它在电影画面节奏中的作用不容小视。**JJH**

1929年2月14日

芝加哥大屠杀
Slaughter in Chicago

情人节大屠杀是美国历史上最著名的黑帮火拼事件

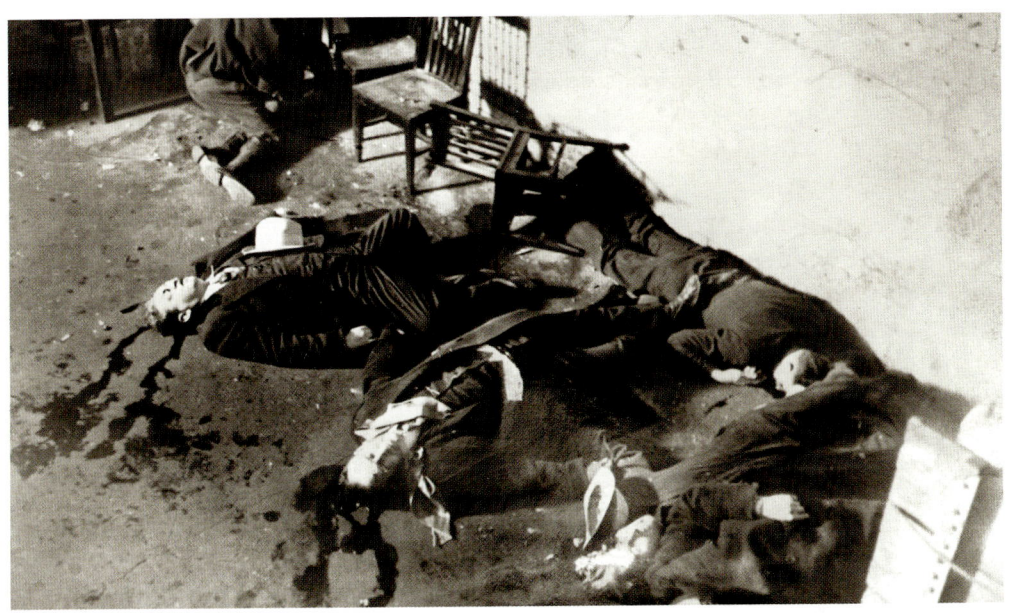

▲ 芝加哥警方将惨案归因为禁酒期间黑帮争夺酒类非法交易控制权

芝加哥一间储酒仓库内七人靠墙列成一排,四人(其中两人装备着汤普森冲锋枪)开枪扫射,七人惨遭屠杀。臭名昭著的黑帮成员"机关枪"杰克·麦格鲁(Jack McGurn)招募了杀手,其中两人身着警察制服,到达仓库所乘车辆外表酷似警车,误导了潜在受害人——他们认为自己遭到逮捕,也令芝加哥警察局局长尤为发火。屠杀过后,两名普通衣着的杀手高举双手在"警察"带领下走出车库。六名死者是"疯子"莫兰(George "Bug" Moran)所领导的北区爱尔兰帮派成员,而第七名受害人是恰巧在场的机械工,他是否全然无辜则依然存疑。

"疯子"莫兰本人逃脱,显然他在惨案结束后才到达现场。莫兰因性情极度暴躁易怒得名"疯子",长期同南区以艾尔·卡彭(Al Capone)为首的意大利黑帮对抗。尽管事发时卡彭住在佛罗里达州迈阿密海滩,人们普遍认为他策划了这起谋杀,或者至少他予以认可。"机关枪"杰克·麦格鲁是卡彭帮派里的重要成员,而莫兰的团伙不久前曾试图谋杀麦格鲁。尽管发生惨案,莫兰在二十世纪三十年代初期依然继续控制着他的领地。**RC**

1929年5月16日

首届学院奖颁奖
First Academy Awards Presented

道格拉斯·菲尔布克斯（Douglas Fairbanks）颁发十五座金像奖——后称奥斯卡奖

道格拉斯·菲尔布克斯为珍妮·盖诺颁发最佳女演员奖；光彩夺目而动人心弦的奥斯卡之夜即将到来

> "容纳大脑的一半头颅，被完全削掉了。"
>
> 弗朗西斯·马里昂（Frances Marion）
> 形容奥斯卡金像奖

大名鼎鼎的美国电影艺术与科学学院（AMPAS）发起颁发学院奖的公众活动，旨在提升电影的总体形象。后来奥斯卡奖成为表彰电影业成就的全球最知名奖项之一，奥斯卡颁奖典礼是每年公众翘首以待的盛事。第一届奥斯卡颁奖典礼在洛杉矶好莱坞罗斯福酒店的二百人晚宴上举行。备受尊敬的好莱坞演员道格拉斯·菲尔布克斯为1927—1928年间制作的影片颁发十五座金像奖——站在电影胶片卷轴上手持骑士之剑的镀金人像。1931年以前金像奖一直被称作"学院奖雕像"，据传学院的图书管理员玛格丽特·赫丽克（Margaret Herrick）说小金人很像她的叔叔奥斯卡，自此金像奖得名奥斯卡。

当年获得最佳影片奖的是默片《铁翼雄风》，讲述两名美国空军飞行员一战期间的经历，在饱受战火摧残的法国上演了动人心弦的飞行特技场面，争夺克拉拉·鲍（Clara Bow）的芳心。影片由威廉·威尔曼（William Wellman）执导，年轻的加里·库柏（Gary Cooper）饰演飞行员短暂出镜。《铁翼雄风》有音效和背景音乐，但没有对白，是当时获得奥斯卡最佳影片奖的唯一一部默片。《铁翼雄风》之后的获得最佳影片奖的是音乐剧《红伶秘史》和宏大的《西线无战事》。

1929年，埃米尔·杰宁斯（Emil Jannings）凭借在《血肉之路》和《最后命令》中的表现获得奥斯卡最佳男主角奖，而珍妮·盖诺（Janet Gaynor）因出演《第七天堂》、《马路天使》和《日出》赢得最佳女主角奖。**RC**

1929年10月24日

华尔街股灾
Wall Street Crash

股市崩盘，"咆哮的二十年代"转入"萧条的三十年代"

1929年10月24日星期四这一天，阴郁而凉爽，上午十点钟股市开盘时气温只有50华氏度（10摄氏度）。但投资者总体情绪稍为乐观。当年9月道琼斯指数达到381点的历史高点，此后股价便踟蹰不前，但最坏的似乎已经过去，先前平仓者庆祝自己得以再次低价买进。

股市开盘时变化不大，头先半小时内适度下跌，之后股市崩盘，众人纷纷抛售股票。不久人们急切地聚集在交易所外百老汇大道和华尔街交叉口，银行界要人紧急碰头，承诺救市，但已经太迟了，市场信心枯竭。也许这正是市场需要的修正？事实上，空前的熊市就此开始。跌势持续到1932年7月，美股市值蒸发90%。

股灾起源于"咆哮的二十年代"，小说家弗朗西斯·斯科特·菲茨杰拉德（Francis Scott Fitzgerald）将之形容为"史上最浮华的大狂欢"。投机导致无论挂牌公司业绩如何、股价大面积上涨。市场信心高涨、投资者买进时这似乎不成问题，然而一旦失去信心，便会有大面积投资者争先恐慌性抛售。

华尔街股市崩盘催生了美国经济萧条和失业潮，1933年起罗斯福推行新政。欧洲的状况甚至更为严峻。美国贷款被召回，欧洲在美国的出口市场不复存在，脆弱的民主制度土崩瓦解，纳粹、法西斯和战争的时代来临。**RP**

▲ 股灾的消息传出，人群聚集在纽约证券交易所外

> "跌势将全国各处大大小小的投机者一并拖下水……"
>
> 《纽约时报》，1929年10月25日

1930年4月6日

盐路长征
The Salt March

甘地反抗盐税法，印度向独立迈出重要一步

丹地（Dandi）是印度西海岸的普通渔村，但1930年4月5—6日这里发生了意义非凡的事件。第一天丹地迎来了莫罕达斯·卡拉姆昌德·甘地——身形佝偻的甘地握着手杖，从阿默达巴德（Ahmedabad）一路走来无疑已经双脚酸痛，他惊声叹道古吉拉特的泥土感觉像天鹅绒一样。但真正引人注目的是甘地的大批随行人员。出发时他有78名同伴，而此时队伍多达数千人——妇女、孩童，步行的，骑车的，开车的，吟游诗人，商贩，摄影师，新闻摄像师。他们来亲眼目睹有着重大历史意义的运动。第二天早上，沼泽地退潮后，甘地拾起海水沉积出的盐块，由此公开反抗强大的英国殖民政府。

1929年（不到一年前）印度国民大会党投票支持印度独立，但将争取独立的任务留给甘地。甘地号召其信徒追随自己，反抗强迫印度人从政府手中买盐的法令。他推断，倘若印度人不合作，英国的殖民统治终将瓦解——英国殖民政府依赖于印度的合作。真理坚固（Satyagraha，即非暴力公民不服从运动）将终结英国的统治。甘地果然入狱，而不久以后监狱便人满为患。

英国的殖民统治没有因盐路长征而终结，但国际舆论被调动起来，次年英属印度总督迫于压力只得同甘地私下谈话。英国人发现他们面对着圣人般的对手，在印度独立前一直如芒在背。**RP**

1930年5月24日

凭一架飞机和一句祷告
On a Wing and a Prayer

艾米·约翰逊（Amy Johnson）独自从英国飞到澳大利亚，成为家喻户晓的人物

"詹森号"是一架二手单引擎德哈维兰毒蛾式飞机，由木材和布制成，开放式驾驶舱，并配置有测高仪、空速仪、罗盘、转向和斜飞指示器，没有无线电装置。飞行员是艾米·约翰逊，英国首批获得地面工程师执照的女性之一，当时在飞机驾驶上仍然是新手。她带了少量必需品，包括一个备用螺旋桨、一把左轮手枪和一把刀。1930年5月5日约翰逊起飞，5月24日抵达澳大利亚北部港市达尔文，完成了1.1万英里（1.76万千米）的传奇飞行，用时十九天，成为第一位独自从英国飞到澳大利亚的女性。

> "……我从没有飞越过英吉利海峡。我也没想到自己会有如此魄力。"
>
> ——艾米·约翰逊

第一次世界大战令航空变得广为人知，媒体也会报道飞行成就。伯特·辛克勒（Bert Hinkler）曾用十六天从英国飞到澳大利亚，艾米·约翰逊希望打破他的记录，证明女性可以在男人主宰的世界里占有一席之地。约翰逊由乔治五世授勋，获得《每日邮报》的一万英镑奖金。她荣归故里时约有一万人夹道欢迎。**RP**

▶ 艾米·约翰逊，照片拍摄于1930年5月5日、约翰逊进行传奇般的空中冒险之前

1931年5月1日

宏伟的摩天大楼
Magnificent Skyscraper

帝国大厦——当时世界上最高的建筑——正式落成

△ 帝国大厦建成后，纽约的天际线大为不同

> "他们称之为'空州大厦'……没人租得起办公室。"
>
> 帝国钻石公司总裁Irven Brod

装饰派艺术风格的宏伟建筑帝国大厦高达1250英尺（381米），俯视着曼哈顿街区，是美国在大萧条时期仍抱有信心的绝佳证明。帝国大厦坐落于第五大道和三十四大街夹角，以纽约州命名（纽约州别称帝国州）。纽约前州长阿尔·史密斯（Al Smith）主持正式落成仪式，他的孙辈剪彩。另一位前州长阿尔弗雷德·E. 诺伊曼（Alfred E. Neumann）任施工公司主席，而赫伯特·胡佛（Herbert Hoover）总统在华盛顿按下电钮，点亮大厦灯光。

帝国大厦始建于1930年的圣帕特里克节，需要三千多名建筑工人，所用材料包括400吨不锈钢和一千万块砖。帝国大厦锥形顶原本被设计为飞艇停泊点，但最终无法实现——大厦排出的上升气流令飞艇几乎无法停靠。帝国大厦的设计者是史莱夫、兰布与哈蒙建筑公司的格里高利·约翰逊（Gregory Johnson），大厦能承受的最大风速高达100英里/小时（160千米/小时）。建筑有6400扇窗，七十多座电梯，可以为逾两万人提供办公室，截至1954年前一直是世界上最高的建筑。

在1945年的一场浓雾中，一架B-25米切尔型轰炸机意外撞向大厦第79层，导致14人丧生。一名电梯操作员在电梯内跌落75层楼的高度而幸存，并讲述了她的经历。三十多人曾在帝国大厦上试图自杀，1979年一名从86层跳楼的女性被强风吹回下一层楼，仅髋骨骨折。**RC**

1931年10月17日

"疤面"被判入狱十一年
"Scarface" Sentenced to Eleven Years

联邦陪审团判处艾尔·卡彭逃税罪名成立

胡佛总统领导的联邦政府决意扳倒艾尔·卡彭,终于在1931年成功以逃税罪名将他逮捕入狱。

美国最恶名昭彰的黑帮分子卡彭于1917年在科尼岛一家酒吧当保镖时面部受刀伤,因此媒体给他起了"疤面"的绰号。卡彭的朋友称他"风度翩翩"。1920年左右卡彭来到芝加哥后开始成名,他加入另一位纽约意大利人强尼·托里奥(Johnny Torrio)麾下——托里奥在芝加哥南区经营色情业务,禁酒时期非法售卖私酒大发横财。不久后托里奥退休,1925年起卡彭接掌黑帮,扩展赌博业,且在芝加哥政界的影响力与日俱增。

卡彭愿意同记者交流,不少记者私下倾慕其为人,但他的坏名声日益发展,警方盯上了卡彭。1928年他在佛罗里达州的迈阿密海滩买下大厦,到芝加哥的次数越来越少。1929年卡彭到大西洋城参加其业内犯罪会议后被捕,因秘密携带武器入狱一年。国家税务局对卡彭财务状况的调查最终导致其落马。1931年卡彭被控逃税,一联邦陪审团裁定其二十三项罪名中五项成立,卡彭被判入狱十一年。美国最高法院拒绝其上诉请求,卡彭在亚特兰大开始服刑,之后转入旧金山湾的恶魔岛监狱。1938年,医生诊断卡彭脑部感染梅毒,次年,他被释放出狱,返回佛罗里达修养,但病情进一步恶化,于1947年去世。**RC**

○ 逃税审判期间,离开法院的卡彭向等待他的摄影师俏皮地眨眼

> "象征着一个可耻的时代……卡彭令人难以置信,仿佛出自噩梦。"
>
> 《纽约时报》评价卡彭之死,1947年

1933年1月30日

纳粹总理
Nazi Chancellor

希特勒就任总理，德国民主制度步入末路

▲ 1933年6月希特勒总理在埃尔福特重整军队

任命仪式定在上午11点。兴登堡总统对这种场合并不陌生——前五年里他已经任命五人担任总理。他对"波西米亚下士"毫无好感；随着时间一分一秒地流逝，兴登堡明显暴躁起来。正午过后议员团姗姗来迟。兴登堡发表简短致辞，新人宣誓不考虑党派利益，而为国家福祉尽职尽责。兴登堡点头赞许。阿道夫·希特勒成为德国总理，他立即发表演讲，承诺维护宪政。兴登堡不屑于回应，一句话结束了仪式："现在，先生们，让我们与上帝同行。"

在某种程度上，希特勒是总理一职的唯一人选。纳粹党毕竟是魏玛共和国国会中的第一大党，获得三分之一的选票支持。轮到希特勒了。让他去设法解决不切实际的民主体制，让他去面对处于崩溃边缘的经济。但他曾公开反对民主制，他的爪牙褐衫党多年来在街头寻衅滋事。兴登堡自然不愿起用希特勒，但惧怕共产主义的工业家们要求希特勒上任。

希特勒能造成什么危害呢？他的支持者在议会和内阁都占少数。但几个月内希特勒成了独裁者，不久全世界都了解了希特勒的手段。**RP**

1933年2月27日

民主制度失火
Democracy Goes Up in Flames

柏林国会大厦起火，希特勒趁势独揽大权

🔥 国会起火是德国历史上的关键时刻；希特勒牢牢掌权，民主不复存在

当晚9点45分，柏林消防站收到紧急呼叫——国会大厦起火。消防车赶到国王广场，几分钟后到达起火地点。消防队无疑已竭尽全力，但凌晨12点30分大火扑灭时，议事厅已经遭到严重破坏，玻璃穹顶（柏林人称之为"欧洲最大的圆形奶酪"）受热碎裂，而镶嵌橡木板的大会堂燃起熊熊大火，蔚为壮观。赫尔曼·戈林（Hermann Göring）是首先赶到现场的纳粹党人，其次是阿道夫·希特勒。戈林在新任总理面前断定，这场大火必然是共产党策划的结果，正中希特勒下怀。当时正进行一场民主投票活动，共产党人企图夺取政权。必须以铁腕手段将其一举击溃。

大火来得正是时候——有人认为纳粹党人自己放了火。但极有可能纵火者只是荷兰人马里努斯·凡·德尔·卢贝（Marinus van der Lubbe），他是一名左翼分子，希望煽动工人阶级起义。

次日，公民自由被暂时取消，共产党领导人被捕。在恐慌和压抑的环境下，纳粹党不仅赢得了3月5日的大选，代表会面时还得到了足够的选票通过《授权法》，令希特勒获得独裁大权。国会大厦和德国民主制度同时失火。**RP**

1933年3月4日

传递希望
Message of Hope

罗斯福就任美国总统，重大变革的时代到来

尽管美国经济萧条，在国会大厦举行的就职典礼尽量同繁荣时期保持一致。1933年3月4日正午时分军号响起，新总统必须在他人协助下才能从军事委员会办公室走到参议院。十二年前他患上脊髓灰质炎，因而需要儿子支持。总统宣誓所用的《圣经》是罗斯福家族保存了300年的荷兰《圣经》。罗斯

> "美国需要行动，立即行动……我们必须迅速行动。"
>
> ——富兰克林·德拉诺·罗斯福

福说："我们唯一需要畏惧的事物，是恐惧本身"。他许诺立即大胆行动，必要情况下采取非传统手段，以解决经济萧条和贫困问题。他坚定、洪亮而自信的声音向数百万美国人传达了他们迫切需要的希望——当时逾一千三百万人失业，大部分银行停止营业，农民陷入令人绝望的困境，产值不足1929年的一半。如果说有人担心罗斯福可能会独揽大权，更多人则希望他能阻止大规模饥荒，令美国回复常态。

富兰克林·罗斯福上任后推行百日新政，带领美国走出大萧条，回复繁荣，几乎迎来二战胜利。美国第32任总统罗斯福连任十二年，破历史纪录。**RP**

1934年6月30日

长刀之夜
Night of the Long Knives

希特勒谋杀其最后的潜在对手，完全掌控德国

恩斯特·罗姆（Ernst Röhm）和冲锋队（Sturmabteilung，又称褐衫队）其他成员在巴伐利亚的巴德维塞假。早上6点30分冲锋队一众还在睡梦中，希特勒及其私人保镖突然冲入酒店将前者拖下床，希特勒持枪同罗姆对峙。褐衫军被送入慕尼黑施塔德海姆监狱等候发落。宣传部长约瑟夫·戈培尔

> "好家伙希特勒！他为我们演示了对付政敌的手段。"
>
> ——约瑟夫·斯大林

（Joseph Goebbels）向柏林发加密电报，纳粹党亲信派出分队处理其他冲锋队成员。希特勒列出名单：他的前助理格雷戈尔·斯特拉瑟（Gregor Strasser），德国前总理冯·施莱谢尔（von Schleicher），罗姆，以及另外一百人左右。冲锋队曾帮助希特勒掌权，但希特勒不愿赋予前者他们所觊觎的权力。部分褐衫队成员——人称"牛排"，外褐内红——呼吁发动社会主义革命。其他人主张控制军队。冲锋队领导人、丑闻缠身的同性恋硬汉罗姆甚至批评过希特勒。希特勒必须采取行动了——尤其是得知冲锋队正筹划起义之后。

希特勒在国会宣布，意图谋反的罗姆及其密友遭到处决，赢得一片掌声。兴登堡总统去世时，希特勒担任魏玛共和国元首，德国军队宣誓对希特勒"无条件服从"。此时希特勒势不可挡。**RP**

1935年10月3日

法西斯入侵非洲
Fascist Aggression in Africa

墨索里尼的意大利军队出征埃塞俄比亚，迫使埃君主流亡

海尔·塞拉西一世统治着独立的非洲国家埃塞俄比亚。1935年10月3日，亚的斯亚贝巴（埃塞俄比亚首都）战鼓隆隆，民众赶往皇宫。一内臣宣布所有埃塞俄比亚人必须参战。"倘若你坚持不流血，"民众被如此告知，"你将受造物主谴责，遭子孙咒骂。"早上五点，十万意大利士兵从意属厄立特里亚和索马里进入埃塞俄比亚。他们的使命是为独裁者贝尼托·墨索里尼的法西斯政权扩张意大利的非洲殖民帝国。

尽管海尔·塞拉西的军队拥有若干现代武器，大多数埃塞俄比亚战士使用着过时的步枪和长矛。意大利人完全掌握制空权，使用高能炸药和毒气攻击埃塞俄比亚军民。意大利以其空军为荣——墨索里尼的儿子维托里奥（Vittorio）和布鲁诺、女婿加莱阿佐·齐亚诺（Galeazzo Ciano）以飞行员身份参战。埃塞俄比亚人英勇抗战，但1936年5月亚的斯亚贝巴沦陷，海尔·塞拉西逃往英国。

埃塞俄比亚是国际联盟成员国。非洲国家参加联合军事行动抵抗侵略，却丝毫不见国联宪章所许诺的益处——"集体安全"政策彻底破产。意大利所受经济制裁执行得过于拖沓，促使墨索里尼同希特勒结盟。意大利连续五年占领埃塞俄比亚，1941年英国在东非击败意大利军队后，海尔·塞拉西回国。**RG**

◯ 埃塞俄比亚部落成员自愿抗击意大利侵略军时领到武器

◯ 埃塞俄比亚北部，意大利军队向阿迪格拉特进发——阿迪格拉特是第一批屈服于法西斯政权的城市之一

1935年10月22日

长征结束
End of the Long March

毛泽东领导红一方面军跨越大半个中国，历时一年，在延安站稳脚跟

△ 周恩来，中国共产党领导人之一；拍摄于长征后，陕西

　　同蒋介石领导的国民党政府进行旷日持久的内战期间，中国共产党及红军以惊人的毅力完成了长征壮举。6000—7000英里（1万—1.2万千米）的征程过后，毛泽东的红一方面军于1935年10月抵达延安，成功在陕甘宁边区站稳脚跟。

> "长征……向全世界宣告，红军是英雄好汉。"
>
> 毛泽东，1935年

　　连续五次围剿几乎造成灭顶之灾，共产党领导人于1934年夏天下令8.4万有生力量在朱德元帅领导下从中国东南部的江西根据地向西突围，转移到北部的陕甘宁边区，重新组建坚实基地。其他中共部队也已被迫向陕西长征。

　　长征极为艰苦。共产党人穿过沙漠、河流和山脉，不断受到国民党军队的袭击。在红军长征的一年里，毛泽东取得了共产党内绝对的领导地位。他在长征途中使用迂回战术，奠定了他及其接班人此后的行事风格。

　　长征保存了共产党的有生力量，为中国共产党在1949年建立新中国打下了基础。**NJ**

1936年7月18日

佛朗哥加入西班牙叛军
Franco Joins Spanish Revolt

佛朗哥决定加入西班牙内战，最终统治西班牙四十年

他究竟会不会加入战局？弗朗西斯科·佛朗哥将军（Francisco Franco）是加利西亚人，同这一地区出生的很多人一样神秘莫测。也许正因如此，埃米利奥·莫拉将军（Emilio Mola）策划政变时，佛朗哥犹豫不定，没有人能真正揣测他的心理。佛朗哥无疑对共和政府不满——他刚从总参谋部首长降职到加那利群岛军政长官。他认为叛乱会以失败告终？或者共和政府会依靠他拯救西班牙？无论佛朗哥有怎样的疑虑，1936年7月17日莫拉发出起事号令时，佛朗哥已经下定决心。7月18日早上6:10，佛朗哥发电报声明支持莫拉，并命令手下军队围攻拉斯帕尔马斯的政府大楼。下午三点钟，他搭乘英国租机"速龙"从加那利群岛飞往西属摩洛哥——这里相对而言少有抵抗，但仍有189人中枪。

1910年佛朗哥加入西班牙军队，两年后被派往摩洛哥。他以专业技能和纪律磨砺出职业军队——非洲军团，因此迅速成名。此时非洲军团出现在西班牙本土对战局至关重要。西班牙舰队被共和政府控制，但在墨索里尼和希特勒的帮助下，佛朗哥成功将整支军队运过海峡。

政变迅速发展为西班牙内战。叛乱初期的颓势帮助佛朗哥登上国民军领导人之位，他在1939年5月的血腥内战期间主持大局赢得胜利。真正长期在西班牙实行独裁统治的人也是佛朗哥——直至1975年去世。**RP**

● 西班牙托雷洪，佛朗哥的部下对战俘搜查武器

> "接受这热情的致意……盲目迷信胜利而已。西班牙万岁。"
>
> 佛朗哥致莫拉，1936年7月18日

1936年8月3日

杰西·欧文斯夺金
Jesse Owens Wins Gold

奥运会上欧文斯大获成功，证明希特勒主张的白人至上主义为伪命题

纳粹德国无疑借奥运会展示其实力，精心举行了开幕式，盛况空前。莱尼·里芬斯塔尔（Leni Riefenstahl）后来拍摄纪录片《奥林匹亚》重现了奥运会盛况，以及雅利安青年的拼搏精神，和德国精神领袖阿道夫·希特勒的风采——希特勒被视为"令国家和民族成形的至高无上的存在"。德国占据奖牌榜榜首自然不足为奇。但美国黑人运动员杰西·欧文斯（Jesse Owens）赢得四块金牌——非雅利安人在五十三个参赛国的五千名运动员中脱颖而出，令纳粹分子颇为失望。欧文斯以10.3秒的成绩获得100米金牌；20.7秒打破200米世界纪录；跳远以8.06米（26英尺5英寸）的成绩夺冠，创造另一项奥运记录，令德国运动员卢茨朗（Lutz Long）屈居亚军；率领美国队在4X100米接力赛中刷新世界纪录。

欧文斯夺冠后，希特勒怒气冲冲地离开体育场，新闻记录经过剪辑后极具误导性，欧文斯以为希特勒向他挥手致意，因而对自己在德国的经历相当满意——确实不少德国选手和公民热情的祝贺这位美国运动员。

杰西·欧文斯凭借其体育成就，以及魅力、谦虚和修养，有力反驳了希特勒的种族优越论和黑人属劣等人种的谬见。但希特勒的意见不为事实所动摇。优等民族的主张引发第二次世界大战，导致纳粹德国全面破产。**RP**

◯ 赢得跳远比赛的欧文斯站在冠军位置，田岛直人获得银牌，Wilhelm Leichum位列第三。

1936年8月19日

大清洗
Murder in Moscow

斯大林的公审开启苏联专制时期

1936年8月，第一场作秀公审在莫斯科工会大楼的豪华舞厅——十月大厅举行。出席审判的包括被控叛国罪的十六名被告、三位身着制服的最高法院法官、检察官安德烈·维辛斯基（Andrei Vyshinsky）、多名法庭官员，以及水晶吊灯下的衬垫长椅上的三百五十个公众席位。国际媒体和苏联领导人约瑟夫·斯大林也到场。

> "我要求将这批疯狗处决——一个也不留！"
>
> 安德烈·维辛斯基

必须要伸张正义。但维辛斯基在毫无证据的情况下指责被告们为"骗子和小丑"、"可鄙的侏儒"时，西方人感到坐立难安。但被告们招供，有时甚至会彼此揭发。《纽约时报》写道："刽子手的阴影下之方有言论自由。"被处以极刑的知名人士包括格列高利·季诺维耶夫和列夫·加米涅夫——二者曾在1917年革命中发挥重要作用——及另外十四名布尔什维克老党员。

审判期间，被告们检举了另一个"托洛茨基集团"。审判和整肃运动接踵而至，镇压成为斯大林生活的一大主题。需要的仅仅是供状而已，要人们招供的手段多种多样。直至1956年苏联才承认斯大林对人民犯下了罪行。**RP**

1936年12月10日

国王退位
King Abdicates

爱德华八世放弃英国王位，迎娶辛普森女士

英国广播公司总干事在温莎城堡的演播室介绍下一位发言人为"爱德华王子陛下"。前国王爱德华八世向全国民众致辞，说明自己让位于胞弟，以迎娶沃利斯·辛普森女士。"我现在退出一切公众事务，卸下重任……天佑吾王。"宪政体制也如释重负。

> "我无法肩负国王的重任。"
> 1936年12月10日爱德华的广播

据传记作家记录，乔治五世大概是残酷的父亲——他几十年来除狩猎和集邮外心无旁骛，但在婚姻生活方面堪称楷模，不像他的长子——1936年继位的花花公子爱德华。很多人认为爱德华过于同情英国的失业群体，同希特勒的纳粹德国过从甚密；爱德华想要迎娶辛普森女士时突破了他们忍耐极限——她是"平民"和美国人，且被首相评价为"绝不可能"的人选。她曾两次离婚，但英国国教会坚持婚姻"至死方休"，而国王正是国教会的最高领袖。爱德华拒绝继续独自统治英国，选择了辛普森女士，以及大笔财产。

倘若爱德华以国王身份迎娶沃利斯，将引发一场宪政危机。但最终乔治六世即位，爱德华同沃利斯结婚，共度余生。**RP**

1937年4月26日

格尔尼卡大轰炸
Guernica Bombed

格尔尼卡的暴行表明佛朗哥对巴斯克人冷酷无情

1937年4月26日是集市日，西班牙的中世纪城镇广场上人头攒动。下午4点30分，教堂敲钟发出空袭警报，人们藏进指定的地下室避难。秃鹰军团一架He51战斗机出现，投下炸弹后离去。格尔尼卡似乎损失不重。人们走出地下室帮助伤者，但接着整支空军中队接近格尔尼卡，弹如雨下。防空洞强度不足以承受重磅炸弹，人们疯狂跑向田野，当时He51战斗机编队向民众低空扫射。最终，下午5点15分，三个容克52型轰炸机中队抵达现场，不间断地轰炸格尔尼卡，长达2.5小时。巴斯克政府后来发表公告称1654人死亡，889人受伤。

格尔尼卡大轰炸在西班牙内战中并无战略意义。佛朗哥的真实目的是打击巴斯克民族主义，因为当地语言中格尔尼卡为巴斯克地区的中心。对于希特勒而言，这场轰炸为他的飞机提供绝佳的试练场。

佛朗哥将军否认自己曾发动攻击；后来他归咎于巴斯克人自身。但当时有四名外国记者在场，不久便传出真相，国际舆论大为震惊。毕加索无疑感到惊骇，两个月后他完成了惊世骇俗的杰作《格尔尼卡》。对很多人而言，这场以平民为合理攻击目标的大屠杀标志着二十世纪出现了全新的野蛮行径。**RP**

▶ 大轰炸后格尔尼卡萧索的街道上，一条幸运的狗成为唯一的活物

1937年5月6日

齐柏林飞艇爆炸
Zeppelin Bursts into Flames

"兴登堡号"发生大型爆炸,飞艇自此停产

▲ 有人从这场爆炸中生还简直不可思议;但飞艇上三分之二的乘客奇迹般地幸存下来

齐柏林飞艇的出现一度造成恐慌——一战期间这种充气硬式飞艇曾作空袭之用。而此时飞艇成为一种常规客运工具。德国豪华的"齐柏林伯爵号"在1928年飞越大西洋,1929年环航地球,飞行里程数逾百万英里,从未发生意外。

史上最大的飞行器"兴登堡号"从法兰克福出发,1937年5月6日接近新泽西州雷克霍斯特。人们赶来围观奇景,广播里对飞艇降落实况直播。随后的灾难被一名乘客形容为"刻画地狱的中世纪图画中的场景"。飞艇着陆因雷雨延迟,"兴登堡号"在机场上空盘旋,等待天气好转。飞艇从几百英尺的高空抛下系泊缆绳时,传出低沉的隆隆声,巨型火球腾空而起,远近皆见。不到三十秒内,"兴登堡号"已经坠地,缓缓燃烧。共有三十三人遇难,而令人惊讶的是,另有六十四名乘客在失事现场的一片混乱之中获救。

希特勒认为"兴登堡号"曾遭人蓄意破坏,但更有可能是静电引燃了飞艇的氢气燃料。无论失事原因为何,这场灾难令齐柏林飞艇工业难以为继。飞艇中的金属被熔化,用于打造战斗机。**RP**

1937年6月12日

斯大林整肃军队
Stalin Attacks the Military

八名高级军官遭到处决,红军大清洗开始

▲ 斯大林及其信任的政治家:维亚切斯拉夫·莫洛托夫、阿那斯塔斯·米高扬、伏罗希洛夫和米哈伊尔·加里宁,摄于1937年

副陆海军人民委员米哈伊尔·图哈切夫斯基及另外七名红军军官经过秘密审讯后,被判策划背叛苏联投靠德国罪名成立,遭到处决。图哈切夫斯基曾任沙皇军队将领,1918年加入共产党,帮助红军从一支农民军转变为现代化机械部队,1935年被任命为苏联元帅。1935—1938年间的莫斯科公审期间的供词来源于折磨、殴打和剥夺睡眠,斯大林发起政治运动,从高层开始清除军中的"政治上不可信任分子"。

军队高层官员损失之巨令人震惊:红军中五位元帅中的三位、十五位将军中的十三位、九位海军上将中的八位、五十四位军长中的五十位、一百八十六位师长中的一百五十六位、全部十六位军部人民委员、二十八位军政治委员中的二十五位均遭到迫害。据估计,遭到处决或被送入劳改营的军事人员共计三万。

大清洗削弱了红军的实力,希特勒可能因此决定于1941年6月发动巴巴罗萨行动。老将的缺失导致德国入侵初期红军频频失利,直至年轻的新将领经过战争洗礼接替前辈之位。**NK**

1937年7月7日

卢沟桥事变
Marco Polo Bridge

日军驻扎在北京城外，引发第二次中日战争

　　1937年7月，北京城西南永定河上的中世纪石桥附近爆发战争，成为八年抗日战争导火索，最终导致二十世纪三四十年代日本征服中国的计划破产。卢沟桥在西方被称为马可波罗桥，因为伟大的威尼斯旅行家在日记中将之描述为"美妙绝伦的桥"。

　　自1931年"九·一八"事变以来，日本通过其建立的满洲国傀儡政权，逐步扩大在中国北部的势力范围。1932—1933年间，日本攻占长城附近的热河省，1937年中旬控制了从北、东、西方进出北京城的通道，而守城的中国人手中仅余西南的卢沟桥——有空军支持且装备精良的日军驻扎在卢沟桥西端，而在对面坚守的中国军队未经过严格训练，仅兵力占优势。

　　7月7日清晨，日方派发电报，要求过桥搜寻一名失踪的日本士兵，中方拒绝。午夜时分，日军开始轰炸一千名卢沟桥守军。日方迅速占领卢沟桥，但得到增援的中国军队次日夺回失地，其后双方休战。

　　中方代表张自忠同日本将领桥本群谈判，日方下最后通牒，要求中方道歉，且日军获权进驻北京。张自忠退出谈判，日军于8月18日向北京发动进攻。**NJ**

1937年12月13日

南京大屠杀
Rape of Nanking

日军屠杀中国平民，奸淫妇女，不分老幼

　　在暴行数不胜数的二十世纪，中华民国首都南京沦陷后，日军的残酷屠杀堪称战争时期针对平民犯下的最野蛮暴行。

　　港口城市上海失陷后，大将松井石根率领军队向南京（蒋介石国民政府首都）进发，撤军时下令执行焦土政策，日军领命后在长江流域大规模屠杀中国人。12月13日南京无抵抗陷落后，发生了空前的大屠杀。起初日军针对中国士兵，但很快他们开始屠杀平民，并大规模奸淫女性——从婴孩到老人都不放过。据估计，被强奸的女性人数在两万到八万人之间。

　　日军的屠杀方式包括集体射杀、砍头、活埋、钉死，还有用铁钩钩住舌头吊起受害人。婴儿被抛入空中刺死，一家人遭到谋杀前被迫乱伦。目睹大屠杀的西方人包括传教士、记者，以及受雇于西门子的德国商人约翰·拉贝（John Rabe）。拉贝在南京西部设立安全区，表面上庇护外国人，实际上拯救了许多中国人。

　　大屠杀和集体强奸持续了六周，1938年2月方才结束。据估计死亡人数高达30万。松井及另外两名中将因其战争罪行被判处绞刑，但遭到惩处的其他战犯寥寥无几。日本拒绝承担责任，中国持续要求日方道歉并为日军在南京犯下的暴行作出赔偿，但收效甚微。**NJ**

1938年3月12日

德奥合并
Anschluss

希特勒无视《凡尔赛条约》，将奥地利并入德国版图

一战末期，哈布斯堡王朝统治的奥匈帝国因《凡尔赛条约》解体，奥地利成为德国边境上的小国。日耳曼民族主义主张所有德语民族应该统一，1938年由奥地利裔的希特勒通过德奥合并实现。

> "谢天谢地，奥地利不碍事了。"
> 亚历山大·贾德干（Alexander Cadogan），
> 英国外交部

尽管《凡尔赛条约》明令禁止，但德奥合并在两国都得到广泛支持。1938年希特勒强迫奥地利总理库尔特·许士尼格（Kurt Schuschnigg）为奥地利纳粹党解禁，任命纳粹大臣，并罢免总参谋部部长。许士尼格就奥地利独立问题举行公民投票。希特勒以举兵入侵威胁奥地利总理组建纳粹政府，许士尼格辞职，奥地利纳粹党接管政府。3月12日，奥地利向德国军队敞开大门。由纳粹操纵的全民公投支持德奥合并，奥地利成为大德意志的行省——东部边境。**NK**

- 1938年4月4日，奥地利的KdF（Kraft durch Freude，欢乐产生力量）组织成员抵达柏林
- 英国的日耳曼居民乘船出海，为德奥合并问题投票

1938年9月30日

慕尼黑协定
The Munich Agreement

英国首相同意希特勒兼并苏台德地区

▲ 内维尔·张伯伦（身着黑色大衣）在慕尼黑会议召开前抵达德国

英国首相内维尔·张伯伦同希特勒的慕尼黑会议结束返回英国，在唐宁街受到隆重欢迎。张伯伦挥舞着有关苏台德地区的文件，宣布他"体面地取得和平"——"一个时代的和平"。

1938年3月希特勒成功吞并奥地利后，开始要求兼并日耳曼人占多数的捷克斯洛伐克领土——苏台德地区。英法不少民众不愿同纳粹德国对抗，希望避免武装冲突。他们认为英法尚不足以应对卷土重来的德国军队。慕尼黑会议上德国、意大利、英国和法国政府达成协议，向德国割让捷克斯洛伐克的主要工业生产力（包括重要的斯柯达军工厂）以及西部的防御工事。孤立无援的捷克政府无力抵抗，德国人立即占领苏台德地区。不出六个月后，德军进驻布拉格，捷克被宣布为德国保护国，希特勒对张伯伦的许诺不过是一纸空文。

对法西斯独裁政府实行绥靖政策遭到温斯顿·丘吉尔强烈反对。丘吉尔相信英国急需重新武装，同希特勒和墨索里尼开战。**NK**

1938年10月30日

火星人入侵
The Martians Are Coming

奥逊·威尔斯（Orson Welles）播出广播剧《星际战争》，在听众间造成恐慌

◆ 奥逊·威尔斯指挥广播剧《星际战争》彩排

广播史上最著名的广播剧之一是美国的一期圣节特辑，出自"空中水星剧场"系列节目，由赫伯特·乔治·威尔斯（Herbert George Wells）的小说《星际战争》改编，讲述火星入侵地球的故事。奥逊·威尔斯导演的广播剧效果十分逼真，以至于部分听众以为听到了火星真实入侵的实况新闻报道。广播剧时长六十分钟，在一系列"新闻简讯"和"公告"间穿插舞曲。开篇报道了火星上的异常爆炸，之后有消息称有陨石落在新泽西一农场。陨石被证实为火星火箭，"无法描述的"火星人向旁观者发射死亡光线。更多的火星飞船降落，喷射毒气，拆毁输电线。以上事件由所谓普林斯顿教授和政府发言人点评。抗击军队在火星人面前不堪一击，据称入侵者向纽约进发时人们慌乱逃命。最终火星人被地球细菌（而非武力）击败。

广播剧造成的恐慌被同时代的新闻报道夸大，但威尔斯凭此一举成名，而当时全世界的极权主义政府以广播为宣传工具。《星际战争》证明具有说服力的谎言可以借助现代传媒得到有效传播。**RC**

1938年11月9日

水晶之夜
Kristallnacht

德国和奥地利的犹太人群遭到纳粹袭击

1938年11月9日大量水晶（碎玻璃）散落街头，暴动因此得名。希特勒在一次旧友晚宴上得知，赫舍·格林斯潘（Herschel Grynszpan）针对一万两千犹太裔波兰人被德国遣送回波兰的抗议无效，怒而射杀了身在巴黎的德国外交家恩斯特·冯·拉特（Ernst vom Rath）。希特勒的发言人约瑟夫·戈培尔宣

> "水晶之夜到来……一切都变了。"
> ——马克斯·雷恩，历史学家

布，希特勒并未批准示威游行活动，但自发进行的示威也不会受到干预。全国以此为信号发生了反犹暴动。纳粹冲锋队（SA）和护卫队（SS）成员着便装持斧子和大锤，率先攻击犹太人住宅和犹太人经营的商号。

七千家商店、二十九座百货大楼和众多私宅被毁。德国和奥地利的犹太教堂被洗劫一空，犹太人墓地遭到亵渎。德国国内逾三万犹太人被送往达豪、布痕瓦尔德和萨克森豪森集中营。

德国称暴乱是民众自发的反犹情绪导致，但史料表明水晶之夜是经人策划的暴动。**NK**

○ 1938年11月10日水晶之夜后的早晨，柏林的一家犹太教堂仍在燃烧

1938年12月17日

发现核裂变现象
Nuclear Fission Found

奥托·哈恩（Otto Hahn）打开通往核能和核武器的大门

德国科学家、"原子时代奠基人"奥托·哈恩于1938年发现核裂变现象，当时紧张局势不断升级，最终导致二战爆发。幸运的是，哈恩是反纳粹主义者，未被收入希特勒麾下。

哈恩生于1879年，1904年毕业于马尔堡大学，在伦敦大学学院工作期间发现了钍的放射性同位素钍228。1905年哈恩转至蒙特利尔市麦吉尔大学，在欧内斯特·卢瑟福爵士（Ernest Rutherford）领导下进行研究，后于1906年成为柏林大学教授。他在柏林发现了镭的"母料"——锕，并开始了同奥地利化学家莉泽·迈特纳（Lise Meitner）长达三十年的合作。一战期间哈恩被征召去研发毒气后，写下《应用放射化学》一书，成为美国进行曼哈顿计划开发原子弹所参照的"圣经"。

哈恩最重要的研究成果在于，他以中子轰击铀原子，导致铀原子核分裂为两个质轻原子核，即发现核裂变现象。1934年哈恩从柏林大学辞职，以抗议莉泽·迈特纳及其他犹太同事所受到的迫害。他设法为迈特纳办护照，帮助她移民。战争末期广岛遭到原子弹轰炸时，哈恩在剑桥郡附近遭到拘禁。哈恩于1945年获得诺贝尔化学奖，1968年去世之前一直致力于预警核武器竞赛和核污染的危害。**NJ**

1939年3月15日

希特勒入侵布拉格
Hitler Invades Prague

阿道夫·希特勒扩张势力范围，纳粹德国逐渐摧毁捷克斯洛伐克民主共和国

奥匈帝国解体后，捷克斯洛伐克独立为民主共和国，1938年3月被迫将其苏台德地区（德裔居民占多数）割让于德国，另有部分领土被并入匈牙利和波兰。时隔仅仅一年，觊觎着捷克斯洛伐克之心的希特勒和德军于3月15日侵占了布拉格。

1938年，捷克斯洛伐克共和国遭到致命打击，新总统伊米尔·哈卡（Emil Hácha）只得给予斯洛伐克人更多的自主权。急于掌控中欧的希特勒正计划着摧毁波兰、将其部分领土并入德意志帝国，而残存的捷克斯洛伐克成为必须扫除的障碍。此时捷克斯洛伐克无力抵抗——1938年它因慕尼黑会议失去前线防御工事，其工业生产主力苏台德地区也被希特勒吞并。3月13日，共和国东部的斯洛伐克地区宣布独立，两天后德国武装部队占领布拉格。纳粹德国空军以发起大规模空袭相要挟，伊米尔·哈卡下令捷克军队不得抵抗。

次日，希特勒宣布捷克共和国为德属保护国，并承认斯洛伐克的独立国家地位。1945年，捷克和斯洛伐克地区再度合并。**NK**

◐ 希特勒的党卫队进驻布拉格；捷克斯洛伐克军队受命不得抵抗

◐ 1939年3月德国士兵乘摩托车进入布拉格，数月后第二次世界大战爆发

1939年3月28日

佛朗哥攻占马德里
Franco Takes Madrid

马德里沦陷标志着西班牙内战结束,佛朗哥成为合法统治者

佛朗哥将军旗下的国民军进驻马德里,宣告令西班牙分裂三年之久的内战结束。4月1日,佛朗哥政府得到德国、意大利、法国和英国承认,通过广播发表胜利演说。敌对终于结束。

1936年起马德里被围。国民军将领莫拉将军曾夸口,他的四支部队将在城内支持者

> "马德里沦陷……法西斯主义赢得另一场惊人的胜利。"
>
> 卡萨多(Casado)伯爵,意大利外交部长

组成的"第五部队"协助下攻占马德里。但共和斗士(大多未经训练)得到苏联指挥官和国际纵队的支持,击退了进犯的正规军。

尽管马德里尚未完全同外界隔绝,食物、燃料和弹药供应日益趋紧。马德里经常遭到国民空军轰炸。国民军支持者遭到暴力袭击,导致一万多人遭到处决。1939年,佛朗哥对马德里的控制加强。3月,共和派发生内讧,共和国首相和苏联参谋撤离马德里,当地将领卡萨多(Casado)将军只得进行投降谈判,遭到佛朗哥拒绝——佛朗哥坚持令马德里无条件投降。其后的四年中,很多守卫马德里的共和派成员遭到囚禁和处决。**NK**

1939年8月2日

核威胁
Nuclear Threat

阿尔伯特·爱因斯坦严正警告罗斯福,警惕前方的毁灭之路

阿尔伯特·爱因斯坦是二十世纪最著名的科学家。他也是和平主义者,寄望于国际联盟来终止战争,但二十世纪三十年代的纳粹德国改变了他的态度。爱因斯坦放弃德国国籍,定居美国。1939年7月,匈牙利物理学家莱奥·齐拉德(Leo Szilard)提醒爱因斯坦德国人可能制造核弹,后者简短作答:"我

> "我们终结人类,还是人类退出战争?"
>
> 阿尔伯特·爱因斯坦

从未想过这点。"但爱因斯坦认为事态紧急,应该通知美国总统。

齐拉德起草了致富兰克林·德拉诺·罗斯福总统的信,并同爱因斯坦和另一位匈牙利物理学家爱德华·泰勒(Edward Teller)商讨内容。他们决定以爱因斯坦的名义于1939年8月2日寄出信件,说明核研究可能产生破坏力惊人的炸弹,建议美国增加核能研究的资金,并暗示德国人已经着手开发核能项目——事实的确如此。

9月,罗斯福总统设立铀咨询委员会,邀请齐拉德和泰勒(但不包括爱因斯坦)加入。这一举动最终导致第一颗原子弹研制成功。**RC**

1939年8月24日

苏德条约
Nazi-Soviet Pact

苏德重归于好，震惊欧洲

二十世纪三十年代，纳粹德国同苏联相互对立，人尽皆知。斯大林怀疑德国对其东部边境虎视眈眈，不安地目睹德国先后吞并奥地利和苏台德地区，并于1939年3月入侵捷克斯洛伐克。因此1939年8月两国签订苏德条约令欧洲各国大为震惊。

> "希特勒自以为算计了我，但事实上是我算计了他。"
>
> 斯大林致尼基塔·赫鲁晓夫

协议的公开内容包括一项七年的贸易协定，和十年的互不侵犯条约。双方同时签订秘密协议，同意瓜分苏德之间的国家：大多数波罗的海国家——爱沙尼亚、拉脱维亚和立陶宛——归俄国控制，而波兰将由两者瓜分。

苏德条约令德国得到原材料，且保证德国入侵波兰时不受俄国干预。而斯大林得以顺利扩张领土，有望收复1917年革命之前俄罗斯帝国的领土。他也许同时寄望于欧洲的自由民主政体同法西斯国家两败俱伤，共产主义势力可以趁机向西欧扩张。苏德两国固守条约两年，直至1941年6月——德国进攻苏联。**NK**

1939年9月1日

希特勒入侵波兰
Hitler Invades Poland

德国进攻波兰，同英法开战

希特勒的外交政策一向以矫正"不公的"《凡尔赛条约》为目标，包括将欧洲的德语区纳入大德意志帝国版图和统治中欧的斯拉夫人口。1939年，希特勒成功兼并奥地利和捷克斯洛伐克之后，开始打起波兰的主意，尤其要夺回但泽市和波兰走廊——前者为波罗的海港口，后者分隔了德国和东普鲁士行省。

同英法两国政府谈判的经历使希特勒确信，英法无意开战。1939年3月，两国保证支持波兰政府，但未在领土问题上作出承诺，因此希特勒相信德国西线不必开战便可以达到目的。随着局势日趋紧张，希特勒同苏联签订互不侵犯条约，其行动将不受苏联干涉。

波兰政府否决德国提议，纳粹党伪造波兰进犯德国的假象，德军从三条战线向华沙发动进攻。波兰军队面对在空军和装备上均占优势的敌人，向东南边境撤退。9月17日，苏联按照苏德秘密协议从东方向波兰派兵。波兰境内划出了苏德边境，波兰不再独立。

英法于9月3日对德宣战，履行对波兰的承诺，但没有立即采取军事行动拯救波兰人民。**NK**

1939年9月9日

《乱世佳人》上映
Gone With the Wind Released

迄今为止制作成本最高（390万美元）的电影为所有的好莱坞大片树立标尺

1939年好莱坞电影大丰收，《绿野仙踪》和《史密斯游华府》首映，但最令人期待的影片是史诗级巨作《乱世佳人》——改编自玛格丽特·米切尔（Margaret Mitchell）的小说，以美国内战为背景。制片人大卫·O.塞尔兹尼克（David O. Selznick）在1935年以五万美金买下版权，同包括弗朗西斯·斯科特·菲茨杰拉德在内的十五位编剧、三名导演探讨过后，才将故事搬上大屏幕。

> "我要去哪里？……""坦白讲，亲爱的，我一点都不在乎。"
> ——斯佳丽·奥哈拉和瑞德·巴特勒

公众投票选择克拉克·盖博（Clark Gable）饰演痞气十足的男主角瑞德·巴特勒，但"寻找斯佳丽"（斯佳丽·奥哈拉，桀骜不驯的南方美人）则没那么容易。贝蒂·戴维斯（Bette Davis）、凯瑟琳·赫本（Katharine Hepburn）等一线女星试镜，但最终脱颖而出的是英国戏剧演员费雯·丽。

这着险棋获得成功，时长近四小时的史诗级巨作全球范围内总收入超过3.9亿美元。《乱世佳人》卖座的关键在于盖博和斯佳丽纠结的感情、电影中恢弘的场景（如亚特兰大大火），以及动用了当时世上仅有的七台彩色摄像机。JJH

- 1939年电影拍摄期间克拉克·盖博和费雯·丽激情相拥
- 美国观众排长队以观赏年度最令人期待的电影

1940年5月10日

丘吉尔出任首相
Churchill Becomes Prime Minister

丘吉尔走出政治荒野，成立联合政府

▲ 温斯顿·丘吉尔身着标志性的三件套，戴着帽子；照片摄于他出任首相几天后

德国攻打荷兰和比利时、即"假战"（战争打响但并未全面开战）结束之日，温斯顿·丘吉尔出任首相接掌英国。内维尔·张伯伦自1937年起担任首相，深受同僚尊敬；但"假战"持续六个月后，人们开始认为他无法有效领导内阁。挪威战场失利后，对首相的不满激化。在一场下议院辩论中，张伯伦的前同僚里奥·艾默里（Leo Amery）引用奥利弗·克伦威尔讲话："你坐在这里长期无所事事。走吧，我建议，我们不必再与你共事。以上帝的名义，走吧。"显而易见，英国需要新首相。

5月10日，国王请丘吉尔组建内阁。丘吉尔邀请其他党派成员——尤其是克莱门特·艾德礼（Clement Attlee）领导的工党——加入联合政府。

丘吉尔曾任内政大臣、财政大臣和第一海军大臣，二战爆发前的几年间在政坛遭到排挤，因坚决反对对法西斯独裁者希特勒和墨索里尼采取绥靖政策而被逐出内阁。但9月他恢复第一海军大臣之职（一战初期丘吉尔曾任此职），公开表明他随时同德意海军开战的决心。此时丘吉尔全面掌控了战争走向，拒绝向敌人作出任何妥协；他承诺给英国民众的，除短期痛苦外，只有取得最终胜利的坚定信念。**NK**

> "……我们会保卫领土，不计代价……"
>
> 丘吉尔，下议院，1940年6月4日

1940年5月10日

德国入侵荷兰和比利时
Germany Invades Holland and Belgium

德国发动闪电战,二战战事升级

1940年5月9日晚9点,德国武装部队最高指挥部发出代号"但泽"。这是事先约定的作战代号,表明次日清晨5点35分将在西线发起攻势。德军不顾荷兰和比利时的中立国地位,派出强大的装甲兵团打头阵,向辽阔战线进击。英法联军开往比利时迎战。

原定作战计划是德军将盟军逼退至索姆河沿线,之后德军南下向法国中心进军。但这一计划辗转落入盟军手中——一架载着德国参谋的飞机误降在中立国荷兰。德国参谋部只得重新筹划。冯·伦德施泰特将军(von Rundstedt)的参谋长冯·曼施坦因(von Manstein)提出"镰刀收割"计划——将装甲部队集中于战场左侧,突破阿登森林(Ardennes),跨过法国-比利时边境,插入法国北部、直抵英吉利海峡港口,有效令盟军一分为二。这一计划得到希特勒的热情支持。

权宜之计"镰刀收割"计划取得出人意料的效果。德国装甲部队从色当穿过默兹河,发起攻势并突破法国防线。开战十天后,古德里安将军(Guderian)麾下的第二支装甲部队——第19装甲兵团抵达海峡沿岸的努瓦耶尔。北部的法国军队和英国远征军同南方的法国主体军队被割裂。**NK**

△ 德军袭击过后,士兵坐视鹿特丹市的大火

> "……我们的士兵已经习惯于德军的进攻模式……"
>
> 《巴黎晚报》,5月20日的法国报纸新闻

1940年8月19日

敦刻尔克大撤退
Dunkirk Retreat

戈特勋爵（Gort）将英国远征军撤出欧洲大陆

1940年5月德国军队突破法国-比利时边境的法军阵线，直接向西挺进英吉利海峡沿岸，令盟军一分为二。英军无路可退，被困在法国北岸。英国指挥官、陆军元帅戈特勋爵判定其首要任务为保存军队实力，计划从法国北岸和比利时海岸撤离。

戈特要求位于军队左翼的加来市和布伦港作出牺牲，阻挡德军坦克，保卫滨海撤离区。戈特同法军建立不断缩小的环形防线，令士兵从敦刻尔克港口和邻近区域安全撤离。尽管不断遭到德国空军袭击，且撤退部队和船只几乎没有任何掩护，5月28日至6月4日间的"发电机"行动成功令超过33.8万士兵（包括12万法国人）转移到英国。

困境中令英国人团结一心的"敦刻尔克精神"在一艘艘"小船"上得到了最好的体现：私人游艇和渔船纷纷加入转移行动。尽管军队撤退途中失去了坦克、交通工具、重型武器，且无力抵抗德国入侵，戈特勋爵的决策令英军免于在欧洲大陆遭到剿灭的命运，保存有生力量，为日后重建军队打下基础。**NK**

1940年6月14日

德军占领巴黎
Germany Takes Paris

纳粹兵不血刃占领法国首都

德国参谋同两位法国官员会面，确认巴黎将敞开大门、不做任何抵抗，其后冯·施图德尼茨将军（Studnit）旗下的第87步兵师进驻巴黎。士兵经过香榭丽舍大道，设立机枪阵地，占领市政厅和国防部等战略要地。1940年6月14日，巴黎静默无声。法国政府已经逃往图尔市，其后继续南下迁至波尔多。外交官也离开巴黎，许多商店和事务所关闭。大批巴黎市民早已逃离。

当晚德国广播中播放着胜利的音乐，教堂鸣钟，阿道夫·希特勒亲自下令德国全境内升国旗。一战中德军奋战四年未能攻占的法国首都，经过四周的闪电战后向德军投降。

巴黎迅速恢复生气——德国士兵游客般带着相机四处游览，咖啡馆和饭店重新开业，城市表面上恢复正常。法国总理保罗·雷诺（Paul Reynaud）领导的政府明白巴黎不具军事价值，三天后辞职，政府被托付给老将贝当元帅。贝当立即要求停战。6月22日，在德国1918年向协约国投降的同一节火车车厢内（此时车厢装饰着纳粹万字旗），洪齐格将军（Huntziger）代表法国政府签订停战协定。仅余领导自由法兰西部队的戴高乐将军在伦敦继续号召法国人民抗击侵略者。**NK**

◐ 救援船无法接近敦刻尔克沿岸，士兵们被迫涉水——水位高达领口

1940年8月20日

托洛茨基遇刺
Trotsky Assassinated

斯大林扫除其最后一名在世对手,俄国革命气数已尽

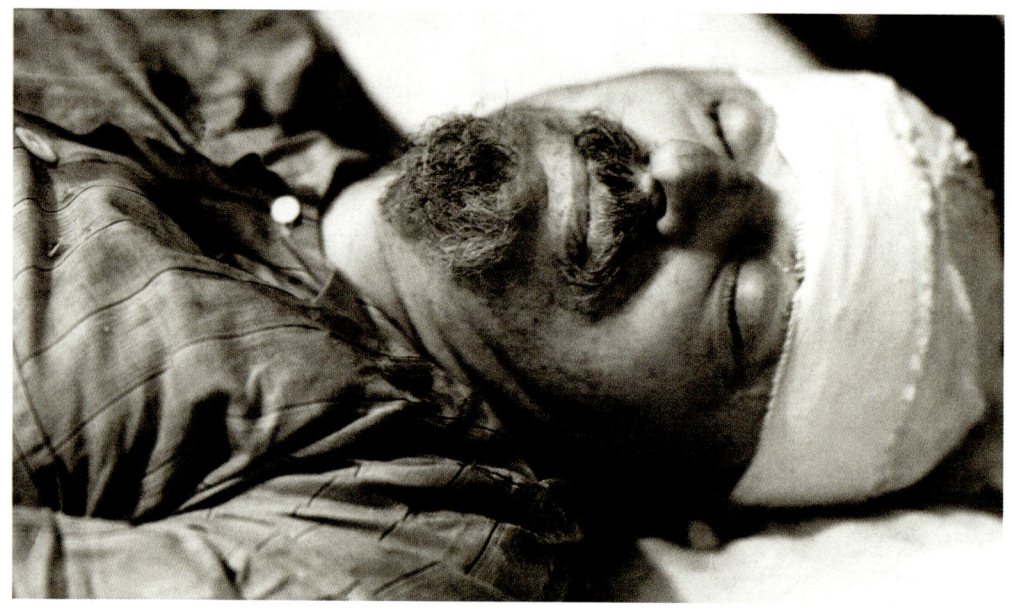

▲ 托洛茨基被斯大林的支持者以冰镐劈中,在墨西哥城的医院中去世

　　斯大林曾说过,他安排刺杀敌人后会睡得无比香甜。1940年8月20日,这位苏联独裁者一定做了美梦——他得知手下拉蒙·麦卡德(Ramon Mercader)找到并铲除了列夫·托洛茨基——列宁的副手、斯大林最强的对手和意识形态上最激烈的反对者。

　　托洛茨基是特立独行的革命党人,1917年组织了布尔什维克政变,其后在俄国内战中功不可没。列宁去世后,托洛茨基在权力斗争中输给斯大林,遭到流放,多年来四处藏身,躲避斯大林坚决无情的报复,并组织自己的追随者实践"不断革命论"。托洛茨基定居在墨西哥城外一座设防建筑内,在一次目标明确的刺杀行动中逃生——他的卧室遭到机关枪扫射;但1937年其子死于斯大林的刺客之手。

　　最终,斯大林的一名特工——生于西班牙的麦卡德与托洛茨基的秘书西尔维娅·阿奇洛芙(Sylvia Ageloff)私通,顺利潜入其住所,以请托洛斯基修改文章为名,将冰镐凿入他的头颅。托洛茨基控诉斯大林派人行刺后陷入昏迷,次日去世。1960年,麦卡德被释放出狱,成为苏联的英雄。1978年,他在古巴去世,葬于莫斯科。NJ

1940年9月12日

发现拉斯科洞窟壁画
Discovery of Lascaux Cave Art

法国拉斯科洞窟内发现石器时代壁画

▲ 拉斯科史前壁画中动物形象占主体

1940年9月12日,法国西南部多尔多涅地区有四名少年走在雨后湿滑的山路上。他们的小狗"机器人"落入洞中,少年们随之入洞,继续探索,进入一个大型洞窟。一个孩子用灯照亮墙壁和洞顶,发现了成片的彩色图画——他们偶然发现了最华丽的旧石器时代壁画群之一。

少年们进入的洞穴后来被称为"野牛群大堂",是拉斯科洞窟的七大石室和通道之一。拉斯科洞窟内有600幅壁画和近1500幅岩石雕刻,保存得异常清晰,估计为1.5万—1.7万年前的古人类用红、橙、黑色的矿物颜料创作。石壁上成群的马、鹿、野牛和牲畜栩栩如生。最令人惊奇的是长度逾16英尺(5米)的四头黑牛,是旧石器时代已知的最大艺术形象。

发现神奇洞窟的消息迅速传开,1948年拉斯科洞窟向公众开放,1963年关闭——每年十万游客进洞参观显然破坏了壁画,石壁上出现令人担忧的青苔和白色结晶。1983年完全复制拉斯科洞窟内容的游客中心开放,如今当局严令禁止进入拉斯科洞窟。**SK**

1940年12月29日

伦敦大轰炸的噩梦之夜
Worst Night of the Blitz

圣诞节刚过，伦敦遭到三小时的猛烈轰炸

◐ 在轰炸过后仅余空壳的大楼之间，伦敦工人走过一片残砖断瓦的福尔街

◐ 令人惊奇的是，地标性建筑圣保罗大教堂在燃烧弹轰炸中并未受损

1940年9月7日起，德国纳粹空军将火力从英国皇家空军基地转移至英国各大城市，伦敦几乎每夜都遭到轰炸。伦敦人开始习惯于空袭警报，在公共防空洞内听着隆隆炮声过夜，工作和交通中断，许多市民丧命、建筑物被炸毁。

圣诞期间战火暂时平息，但在12月29日星期日，德军以英国首都伦敦为目标发动了最具破坏性的空袭。伦敦市民在炮火和恐惧中度过的三小时内，纳粹空军投下了120吨烈性炸药和2.2万枚燃烧弹。输水总管断裂，而当晚泰晤士河水位极低，消防员无法抽取河水灭火。1666年大火后，设计师克里斯多佛·雷恩爵士以石制建筑为主重建伦敦，他的作品在空袭中遭到最严重的破坏。雷恩爵士设计的八所教堂被毁，包括舰队街上圣布里奇教堂美丽的"婚礼蛋糕"尖顶。雷恩的杰作圣保罗大教堂虽然遭到直接轰炸，但奇迹般地幸免于难——幸好神父做好了防火措施。

其他建筑就没有这么走运了——人们撤离盖伊医院，坎农街一带和面包街东区被夷为平地。500人受伤（半数为消防员），160多人死亡；当晚16名消防员在舰队街救火，围墙倒塌被埋，8人丧生。这场空袭成为大轰炸的高潮，1941年5月中旬，德国空军再次转移火力——这次他们转而攻打东欧，准备袭击俄国。伦敦挺过了最严峻的考验。**NJ**

> "……同很多人一样，我感到既然圣保罗大教堂能撑过这场浩劫，我们也能。"
>
> 桃乐丝·巴顿（Dorothy Barton），
> 《二战时期的英国》

1941年5月9日

截获恩尼格玛密码机
Enigma Machine Captured

英国皇家海军从下沉的U型潜艇上截获德国绝密通讯密码机和密码本

德国军队在无线通信中使用"恩尼格玛"系列密码机进行加密和解密。二战期间，德军始终认定恩尼格玛加密系统绝对安全。但波兰情报人员在战前成功破解德军部分信息，并将情报同英法同盟共享。这一信息源被冠名为"超级机密"（ULTRA），令同盟国掌握了德军战斗序列和行动计划的重要信息。

"超级机密"的关键作用之一是在大西洋战役中为护航队指引方向，避开德国潜艇的"狼群"攻击。但德国海军使用的恩尼格玛密码机是最难以破解的版本，令布莱切利园的英国情报人员颇费周章。战斗白热化阶段，德军对密码机作出改动，导致德国潜艇和岸上指挥部之间的通信完全无法解读。

1941年5月9日，海军少校弗里茨-尤利乌斯·伦普（Fritz-Julius Lemp）指挥的德国潜艇U—110在北大西洋攻击护航船时遭到深水炸弹袭击，被迫浮上海面，伦普认为潜艇会下沉，下令全员弃船。英国皇家海军"大斗犬号"船员在U—110沉入海底前登上潜艇，获取德军密码机和密码本。盟军得以重新解读德国情报，并最终赢得大西洋战役——否则英国将无力继续作战。**NK**

- 德国信号部队使用电传打字密码机，机器上有多个"0"和"1"键，非常适于加密
- 破译恩尼格玛密码机发出的信息平均用时一小时，而其他密码机则需要数日

1941年5月10日

赫斯飞往苏格兰
Hess Flies to Scotland

希特勒的左膀右臂飞往英国，进行纳粹德国并未授权的和平谈判

1941年5月10日，希特勒的副手、纳粹党第三号人物鲁道夫·赫斯（Rudolf Hess）飞往英国的原因成为不解之谜。赫斯驾驶Bf 110战斗机降落在苏格兰格拉斯哥南部农田，被当地人发现时脚踝受伤，后被英军俘虏，二战结束前被关押在英国乡下。

> "赫斯被关在极密监狱……全面封锁消息。"
>
> 《美国信使》的匿名作者，1943年

显然赫斯是为和平谈判而来。希特勒即将入侵苏联，倘若英国放下武器，德国的地缘政治局势将大为改观。赫斯提议德国和同盟国各自从所有占领国家撤军，条件是英国在未来的苏德冲突中保持中立。

赫斯是否奉希特勒之命行事人们无从得知。希特勒立即同赫斯撇清关系，宣布后者精神失常。赫斯可能被英国情报部门诱骗去同战前支持纳粹的哈密尔顿公爵谈判。英王乔治五世的兄弟肯特公爵（同为战前纳粹支持者）也有可能是诱饵之一。赫斯前往英国的官方文件成为绝密资料，因此事件始末成为谜团。丘吉尔决不会接受和谈。赫斯在纽伦堡审判中被定罪，于1987年在施潘道监狱中去世。他是最晚去世的纳粹领导人。**NK**

1941年6月22日

发动巴巴罗萨计划
Barbarossa Launched

希特勒为击垮苏联发动奇袭

希特勒计划以巴巴罗萨行动征服斯大林治下的苏联。黎明时分，超过四百万德国士兵跨过苏联边境。德军分为三大集团军，开往主要目标。北方集团军由陆军元帅威廉·里特尔·冯·里布指挥，经过波罗的海诸省向列宁格勒（今圣彼得堡）进军。陆军

> "我们只需破门而入，整栋建筑便会轰然倒塌。"
>
> 阿道夫·希特勒评价入侵苏联

元帅费多尔·冯·博克领导中央集团军，目标为莫斯科。陆军元帅格尔德·冯·伦德施泰特麾下的南方集团军开往俄罗斯南部的油田、工农业和经济资源。

苏联措手不及。斯大林认为希特勒征服英国前不会向东方派兵，并拒绝相信德军即将入侵的情报。红军在坦克、火力和空军数量上占优势，但军队素质和战略战术逊于德军。希特勒的部队穿过俄罗斯南部，直逼列宁格勒和莫斯科大门。

希特勒坚信日耳曼民族需要更多领土，应该奴役低等的斯拉夫民族来生产食物、提供经济资源，而发动巴巴罗萨计划正是为了实现这一理念。苏联人顽强抵抗，补给问题和俄罗斯的严冬也令希特勒的大军未能达成任何基本目标。**NK**

1941年9月1日

列宁格勒围城战开始
Siege of Leningrad Begins

按照希特勒的巴巴罗萨计划，德军封锁列宁格勒

▲ 1942年列宁格勒市民离开被轰炸的家园。当年约65万平民死于饥饿、寒冷和炮击

波罗的海沿岸城市列宁格勒（今圣彼得堡，原沙俄帝国首都）是1941年6月德国入侵苏联、发动巴巴罗萨行动的三大首要目标之一。8月31日，德国北方集团军切断列宁格勒通往外界的最后一段铁路，次日长达二十九个月的列宁格勒大封锁开始。一周后，城市被德国和芬兰军队包围，斯大林认为列宁格勒已失。

列宁格勒遭到无休止的炮击和空袭，据估计破坏程度超过广岛和长崎的原子弹袭击。公共交通停止；供水系统遭到破坏；几乎没有食物供给。无业平民的食物配额减少至每天4.5盎司（125克）面包。冬天到来之前燃料储备已经消耗殆尽。

列宁格勒没有遭到全面封锁：大批市民通过冻结的拉多加湖（Ladoga）逃生；工人也被疏散到苏联的未被占领区重建工厂。围城战之初，城内人口大约为三百五十万；战役结束时仅余七十五万人，其中半数为士兵。列宁格勒坚守至1944年1月，终于解围。

NK

1941年9月29日

巴比雅尔大屠杀
Massacre at Babi Yar

纳粹在基辅郊外进行连续36小时的大屠杀，数万人死亡

纳粹分子在巴比雅尔峡谷行刑，防止杀戮的消息传回基辅城内犹太人耳中

1941年9月19日，东侵苏联的德军经过45天的战役进入乌克兰基辅市，市区发生一系列爆炸案，导致多名德国士兵死亡。

这很有可能是苏联内务人民委员部（NKVD）成员的"杰作"，但纳粹护卫队错误地归咎于犹太人，决定向基辅犹太人报复。德军命令所有犹太人于9月29日周一上午携带身份证件、贵重财物和保暖衣物，在Melnikovsky和多赫托洛夫街街角的犹太公墓附近报到。犹太人认为他们将被驱逐出境，男女老幼一整天排着队等待通过犹太公墓的大门，在门口时却被告知要留下行李。这之后，他们十人一组被带往基辅郊外巴比雅尔大峡谷边缘，遭到机关枪扫射。

杀戮持续三十六小时，近三万四千人死亡，死尸堆积如山，乱葬岗匆匆掩埋时还有受害者活着；仅有几个人逃脱。这是党卫队的机动行刑队——特别行动队所犯下的最令人发指的暴行之一。据估计，德军从东欧到苏联途中，特别行动队杀害了多达一百五十万犹太人、罗姆人（吉普赛人）、共产主义者和政治激进主义分子。**NK**

1941年12月7日

珍珠港
Pearl Harbor

日本偷袭珍珠港，摧毁部分美军舰队，美国放弃中立立场

夏威夷时间上午7点48分，日本轰炸机开始第一轮袭击，目标为美国珍珠港的舰队、岸上设施和空军基地。约九十分钟后第二波攻击的最后一组轰炸机起飞。此时日军已经击沉或重创八艘战舰、三艘巡洋舰、三艘驱逐舰；共一百八十八架飞机被摧毁，另有一百五十五架受损。日本仅承受了最小限度的损失——二十九架飞机和五艘袖珍潜艇。

日本联合舰队司令、海军上将山本五十六发起了偷袭珍珠港计划。山本熟知美国情况，他本人也担忧向其挑衅将唤醒沉睡的巨人。但日本毫无缘由向美国海军基地发起攻击，意在阻挠美国对日的干涉——日本即将入侵英国和荷兰殖民地，夺取对于称霸东亚至关重要的石油和橡胶资源。

袭击珍珠港取得了卓越的战术成就，但也为日本带来战略灾难，促使美国加入战局，同英国及其盟友并肩对抗日德。日军偷袭时美国航空母舰不在港内，潜艇也并未受损——美国海军的两大主力得以保留，并在太平洋战争中发挥重要作用。美国工业生产迅速修复了日军偷袭所造成的损失。**NK**

▸ 小船营救"西弗吉尼亚号"船员——美国军舰"西弗吉尼亚号"在日军偷袭珍珠港时被击中

1942年1月20日

最终解决方案
The Final Solution

万湖会议通过对犹太人实施种族灭绝计划

柏林郊外举行的万湖会议持续了九十分钟，由纳粹德国国家安全部部长莱因哈德·海德里希（Reinhard Heydrich）主持。海德里希证实纳粹党魁决定在德占东欧和苏联地区肃清欧洲犹太人。

> "海德里希……喝了科涅克白兰地。他多年来滴酒不沾。"
>
> —— 阿道夫·艾希曼，于万湖会议

纳粹党党卫队、德国外交部等机构的十五名官员和当地官员出席会议，海德里希回顾了近期加强的反犹举措，并说明由于战争和资源趋紧的原因，余下的一千一百万犹太人不能继续留在欧洲，也不能移民。海德里希委婉地解释道（没有用过"消灭"、"根除"等字眼），犹太人将被运往东方，在建筑工地工作，直至犹太种族灭绝或"得到相应处置"——除非他们生出下一代犹太人。作会议记录的阿道夫·艾希曼（Adolf Eichmann）写道："科涅克白兰地上桌后，人们开始肆无忌惮，讨论对犹太人进行大屠杀的方法。"六个月后，海德里希在布拉格被捷克爱国者刺杀。其他几位代表去世、自杀或在战争结束后被处决。最后两位代表于1982年去世。万湖会议标志着纳粹德国将"犹太问题的最终解决方案"定为大屠杀。**NJ**

1942年2月15日

大英帝国之耻
Humiliation for the British Empire

英国驻新加坡海军基地向处于弱势地位的日军投降

日本卫兵用刺刀指向高举双手的战俘

1942年2月15日,白思华中将(Arthur Percival)同部下携白旗在日军注视下走向新加坡武吉知马(Bukit Timah)的福特汽车厂。白思华即将签署投降协议——温斯顿·丘吉尔称之为"英国史上最大的投降"。

新加坡的海上防线十分坚固,而陆上防御准备则不尽如人意。1941年12月起,侵入马来西亚的日军智取与强攻并用,击败了英国、澳大利亚和印度军队。1942年1月31日丛林战的残余部队退守新加坡。2月8日晚,日军乘木筏登陆新加坡岛,开始侵袭防线。丘吉尔下令死战到底,但将领们对此并不热衷。新加坡遭到炮击和空袭,且一半的水源被日军控制。白思华的部下建议投降,日军指挥官山下奉文将军欣然接受——日军以寡敌众,且弹药不足。

除加入亲日派印度国民军的印度士兵外,八万人沦为战俘。很多人都无法生还。日军占领新加坡前两周内,屠杀了大约三万当地中国人。白思华以战俘身份幸存下来,但新加坡沦陷彻底击碎了大英帝国和白人至上的神话。**RG**

1942年6月6日

中途岛战役
The Battle of Midway

美国海军战胜日军,赢得太平洋战争中的首场重大胜利

▲ 1942年6月美国"约克城号"航空母舰中弹,被鱼雷击中后沉没,是中途岛战役中美军损失的唯一一艘航空母舰

1942年6月6日晚,太平洋上的美国海军在上将切斯特·尼米兹(Chester Nimitz)指挥下击败日本海军,取得重大胜利。珍珠港袭击破坏了美军战舰实力,但航母舰队完好无损。因此摧毁美军航空母舰成为日本海军上将山本五十六的主要目标。

山本计划袭击夏威夷最西方的中途岛,料定美军必定全力救援。但他不知道美国密码学家已经破解了日本海军密码,掌握了日军的目标和作战部署。中途岛战役持续了三天,双方舰队在对方视距之外以舰载机发动远程攻击。交战过后,日本投入战斗的四艘航空母舰全部沉没,而美国仅损失一艘航母。更重要的是,日军损失了两百余架战斗机和经验丰富的飞行员。

日本工业相对较弱,无法如美国般迅速补充战争中损失的军舰和飞机,而训练有素的飞行员和海员更是无可替代。尽管三年后日本才被迫投降,中途岛大捷令太平洋海战的主动权易手,日军迅速取得决定性胜利的希望彻底破灭。NK

1942年10月3日

V-2火箭发射
Launch of the V-2

希特勒掌握无法防御的导弹，威胁全球安全

▲ 1946年V-2火箭（又名复仇武器二号）升空照片，此时火箭创造者效力于美国政府

杰出的青年工程师沃纳·冯·布劳恩（Wernher von Braun）儿时起就着迷于火箭。1935年纳粹利用他的天赋，研发出世界上最早的弹道导弹——V-2火箭。以波罗的海沿岸佩内明德的研究中心为基地，布劳恩的试验火箭于1942年首次发射成功。有关推进方法、航空动力学和导航的设计问题尚未解决，但1944年9月V-2火箭已经可以投入战场。这些致命武器的发射地点不定，毫无预警地以超音速从天而降。

很多火箭以安特卫普为目标——安特卫普是英军在北欧重要的供应基地。德国向伦敦发射了一千四百余枚V-2火箭，导致超过两千七百名平民死亡，另有六千人受伤。英方唯有逼退德国战线，使英国位于V-2射程之外。希特勒希望新式火箭及德国其他恐怖武器——无人操纵的火箭飞机V—1、喷气战斗机和新型潜艇可以扭转乾坤。但仅凭这些武器不足以左右战局。

1945年沃纳·冯·布劳恩及其团队大多数成员向美军投降，被带往美国，开始开发美国火箭项目，为威慑性武器核导弹和搭载宇航员登月的火箭打下基础。**NK**

1943年2月2日

德军在斯大林格勒投降
German Army Surrender at Stalingrad

德国第六军团不顾希特勒反对向苏军投降

▲ 许多德国士兵在斯大林格勒经历过苏德战争中最为残酷的战斗后，遭到长期监禁

德国第六军团自11月22日起被苏军围困于斯大林格勒（今伏尔加格勒），弹尽粮绝，又无援军，突围无望，指挥官弗里德里希·保卢斯（Friedrich Paulus）最终向苏军投降。对于苏德双方军队而言，斯大林格勒象征着两国之间的斗争。第六军团投降之前，德军虽然从未达成占领苏联主要城市或击垮红色政权的目标，但在战场上保持着不败纪录。

希特勒决心令第六军团坚守到底，并提拔保卢斯为陆军元帅——德军历史上这一军阶的指挥官从没有一人投降。但德军以寡敌众，加之天气恶劣、饥寒交迫、疾病肆虐，第六集团无力继续抵抗。德军约九万一千人（包括二十二位将军）被押往西伯利亚囚禁。十二年后仅有五千人生还，他们成为苏联于1955年释放的最后一批德国战犯。

斯大林格勒战役是二十世纪最残酷的战役之一。战场上二等兵的寿命不到二十四小时，而下级军官不超过三天。马马耶夫山争夺战中，苏联的一个师一天之内全军覆没。双方至少各有七万五千人伤亡。**NK**

1943年7月4日

库尔斯克会战
Battle of Kursk

苏军示范：如何中止恐怖的德国闪电战

信号弹引导苏军在库尔斯克发动夜袭；在这场史上规模最大的坦克战中，双方共投入约六千辆坦克

斯大林格勒战役后，德国最高指挥部需要夺回主动权，因此决定发动卫城行动，兵分两路进攻库尔斯克的苏联军队。德国集结了二战中规模最大的军队：八十万士兵，两千七百辆装甲战车和一千八百架飞机。

苏联得到了德军行动的有效情报，在德军可能进的攻地区搭建全面的防御工事：他们布下大面积雷区，部署了数量空前的反坦克炮。苏军比对手多三千六百辆坦克和两千四百架飞机。7月4日，第4装甲兵团在南线发起攻击；北线的第9军团7月5日行动。这是第二次世界大战东线战场上最激烈的装甲战，德国装甲部队和步兵部队有所进展，但无法突破苏联防线。7月13日，党卫队第2装甲兵团同苏联第5近卫坦克军在普罗霍罗夫卡村附近进行了最惨烈的战斗。

7月20日，希特勒中止战役。英美部队入侵西西里，希特勒准备抽调兵力支援盟国意大利。库尔斯克战役可算作平局，但苏联将领们展示了抗击闪电战的方法，且1943年苏军的反击迫使德军退出俄罗斯中部和南部。**NK**

1944年1月27日

列宁格勒之围得解
Leningrad Siege Lifted

第二大城市脱困，苏联抵抗获得胜利

🔺 列宁格勒的英雄们激动地拥抱，欢庆长达879天的围城煎熬结束

德军自1941年冬天起封锁苏联第二大城市列宁格勒，但在1944年1月，红军解列宁格勒之围，德国撤军。

列宁格勒围城战中，食物储备消耗一空，城市不断遭到轰炸和炮击，学校、医院、水电系统、公共交通全部遭到破坏，疾病肆虐。据估计超过一百二十万平民丧生。但列宁格勒并未同外界完全断绝联系。冬季苏联人打通冰冻的拉多加湖结冰，百万平民得以疏散，食物、燃料和装备也由此运入列宁格勒，而夏季则利用水路。

所有年龄层的平民都被征召守卫列宁格勒，一万五千儿童因此授勋。列宁格勒的文化生活也没有因战争中止：列宁格勒电台交响乐团继续广播和举行音乐会；1942年8月，肖斯塔科维奇前一年为列宁格勒所作的第七交响曲现场演奏并通过喇叭播送。音乐家们得到额外的食物配给以增强体力。列宁格勒象征着卫国战争中苏联积极抵抗德国侵略者，苏联举国庆祝围城战结束。列宁格勒在1945年被授予列宁勋章，1965年获得"苏联英雄城市"称号。

NK

1944年6月6日

最漫长的一天
The Longest Day

史上规模最大的两栖部队于D日登陆法国海滩

△ 美军黎明登陆诺曼底奥马哈海滩；记录这一历史性时刻的是马格兰摄影通讯社摄影师罗伯特·卡帕

6月6日，在65英里（105千米）长的战线上，盟国远征军三个空降师和五个海军师派出的先头部队，在美国将军德怀特·大卫·艾森豪威尔（Dwight David Eisenhower）指挥下，向诺曼底塞纳河沿线的德占法国海岸发起攻击。当天傍晚，12.5万余美、英和加拿大士兵在史上最大舰队的掩护下登陆。敦刻尔克大撤退四年后，盟军重新在欧洲大陆上建立牢固阵地。

欧洲海岸沿线的德军将领在陆军元帅埃尔温·隆美尔（Erwin Rommel）的有力指挥下，连续六个月在西线（尤其是可能的登陆点）加固防御工事——纳粹宣传者们称之为"大西洋铁壁"。德军在兵力、坦克、武器和交通上都落于下风，且面对着同盟国强大的空军，因此隆美尔决定在盟军登陆时将其一举击败。

尽管德军重创盟军，隆美尔的士兵无法击退上岸部队，傍晚时盟军成功登陆。接下来的十周内，德军在诺曼底损失45万人，其后失去法国和比利时控制权，最终纳粹帝国分崩离析。**NK**

1944年7月20日

针对元首的炸弹袭击失败
Bomb Plot on the Führer Fails

希特勒在总部遭遇德国人刺杀而生还

◊ 贝尼托·墨索里尼同希特勒一起在狼穴评估刺杀行动所造成的损失

7月20日天很热，希特勒没有像往常一样在地堡中举行日常会议，而是选择了腊斯登堡总部的地上小木屋。从柏林赶来参加会议的参谋克劳斯·冯·史陶芬柏格上校（Klaus von Stauffenberg）将炸弹藏入公文包，但炸弹没有发挥在地堡等封闭体系内应有的威力。木屋倒塌，但希特勒没有受伤。

尽管战争意味着伤亡和贫穷，大部分德国人依然忠于希特勒及其纳粹政权；但少数军官、教士和官员认为德国的唯一出路是刺杀希特勒、发动政变，并同英美和解。很多人知道有刺杀行动，少数人愿意积极参与；而一旦政变成功，会得到不少支持者。

史陶芬柏格目睹了炸弹爆炸，相信元首已经死亡，便飞往柏林发动政变。但希特勒迅速重新确立其统治。当晚史陶芬柏格及其同谋者被处决。希特勒从不信任军官和德国老派权威人士，当即下令清除参与政变者及其家人和支持者。德国最著名的将军埃尔温·隆美尔因知情不报而被迫自杀，而各个军阶的很多军官稍有嫌疑便遭到逮捕，通常以耻辱且痛苦的方式死去。**NK**

Ik begin met de foto
van Margot en eindig
met mijn eigen.
Dit is ook Januari
1942. Deze foto is
afschuwelijk, en ik
lijk er absoluut niet op.

1944年8月4日

安妮·弗兰克被捕
Anne Frank Is Taken

一个家庭以悲剧向世界传递希望

1944年8月4日清晨，德国安全部警察从不知名人士处得到消息，突袭了阿姆斯特丹一座办公大楼的隐秘房间，逮捕了八名犹太人——弗兰克一家和范·佩尔斯（Van Pels）一家在此藏匿，生活了两年之久。所有人被押往集中营。十五岁的安妮·弗兰克被认为适合工作，没有被立即送进毒气室。但这不过是缓期执行——这里的工人们遭到非人虐待。安妮在盟军解放集中营仅两周前在伯根-贝尔森（Bergen-Belsen）去世，很可能死于伤寒。她的父亲奥托生还，返回阿姆斯特丹途中得到女儿的日记——安妮在1942年6月起写下的日记被同情者保存下来。

女儿在文字中表现出的成熟和深刻见解令奥托·弗兰克震惊，他设法于1947年出版了《安妮日记》，立即引起轰动。《安妮日记》记录了一位少女在隐秘而拥挤的生活中所承受的压力，同年轻的彼得·范·佩尔斯（Peter van Pels）初次体味爱情，并写下了她对未来的希望。安妮单纯而乐观，在令人绝望的苦难中依然相信人性之光，令《安妮日记》产生巨大影响。这本书表达了无辜受害者的心声，鼓舞了面对残酷对待的弱者。《安妮日记》被翻译为多种语言，改编为电影、舞台剧和电视节目。全世界的人们援引《安妮日记》及安妮·弗兰克之名以反对不容异见和不公平待遇。**JS**

▶ 奥托·弗兰克完全不知道女儿写了日记，以及她所表达的深刻感情

1944年8月26日

解放巴黎
Paris Liberated

法国第二装甲师攻入首都

8月26日，巴黎人民庆祝解放。巴黎被占领达四年之久；德军从诺曼底撤退时，巴黎要求解放。希特勒命令守军将领冯·肖尔蒂茨将军（von Choltitz）摧毁巴黎。地下抵抗组织准备起事，从城内解放巴黎，而巴顿将军希望领军进入巴黎，为美军争光。

> "要么死守巴黎，要么将之化为废墟。"
>
> 希特勒致冯·肖尔蒂茨，1944年8月23日

巴黎具有至关重要的政治意义，盟军将领艾森豪威尔将军决定将解放巴黎的任务交给麾下唯一一支法国部队——曾在北非和诺曼底作战的法国第二装甲师。步兵和坦克组成的三个战斗群，突破巴黎西郊和南郊的德国防线，8月25日攻入巴黎，以占领凯旋门、国防部、市政厅等战略要地为目标。巴黎平民欢庆之时，部分德国部队继续抵抗。但冯·肖尔蒂茨没有摧毁巴黎，并拒绝执行希特勒炸毁桥梁和大型公共建筑的指令；他将巴黎完好无损地交还给法军将领勒克莱尔将军（Leclerc）。

夏尔·戴高乐（Charles de Gaulle）率领部下走过凯旋门，到巴黎圣母院参加感恩节礼拜。**NK**

1944年12月15日

葛伦·米勒失踪
Disappearance of Glenn Miller

红极一时的爵士乐手被认定已死亡；米勒正要去为美国军队表演，但飞机从未抵达巴黎

美国乐队指挥葛伦·米勒搭乘常规航线的飞机神秘失踪，这一不解之谜甚至令米勒辉煌的人生相黯然失色。米勒之名正盛，他的飞机飞往巴黎途中在英吉利海峡上空消失。他所领导的摇摆乐大乐团令米勒成为家喻户晓的人物，并留下一系列轰动一时的曲目，如"In the Mood"、"Little Brown Jug"和"Moonlight Serenade"。二战爆发，米勒入伍，他带领空军乐团为驻英美军演奏音乐，鼓舞士气。

中校诺曼·巴塞尔（Norman Baessell）提出以诺戴因－诺斯曼C-64轻型飞机载米勒到巴黎。飞行前一晚米勒在贝德福德郡的特温伍德皇家空军机场打牌。黎明时浓雾弥漫，米勒心存疑虑，但巴塞尔和飞行员约翰·摩根（John Morgan）向他保证没有危险，三人便起飞了，但再也没有出现在公众视野中。

1985年英国潜水员克莱夫·沃德（Clive Ward）在法国海岸发现一架诺戴因－诺斯曼残骸，但既无编号，也无尸体，因而无法确定这就是米勒的飞机。米勒失踪被正式归结为机翼结冰所致，但遗体缺失之下产生了不少牵强附会的阴谋论，如飞机没有坠毁，米勒在妓院中作乐而死或是死于肺癌。而较为可靠的观点认为，英国皇家空军轰炸机空袭归来途中投弃炸弹，米勒的飞机恰被友军击中。**NJ**

◯ 米勒的名作"Chattanooga Choo Choo"，三个月内销售量逾百万

1945年1月27日

发现滔天罪行
Horrors Revealed

红军西进,发现波兰集中营里的骇人罪证

阿纳托利·夏皮罗少校(Anatoly Shapiro)指挥一支苏联部队进入波兰小镇奥斯威辛和比克瑙村一带的集中营区,发现证据表明这里曾是犹太人大屠杀中最大的杀戮工厂之一。德国人原本为波兰、德国和苏联囚犯建立了一个集中营,但在1941年10月在比克瑙开设了奥斯威辛二号集中营,以毒气室和火葬场灭绝犹太人。其后设立奥斯威辛三号为苦力劳动营,犹太工人受到剥削,直至他们因虐待、饥饿和疾病死去。一百万到四百万人在这里遭到杀害。

> "我看着被解放者的面容,他们经历了人间地狱。"
> 阿纳托利·夏皮罗少校,2005年1月

纳粹军队在撤兵之前,曾试图隐藏罪证,但罪行昭彰。火葬场和毒气室被摧毁,但也可能是苏军盛怒之下所为。大部分囚犯被迫西进时,数千人虚弱得无法走动,被留在原地;其中有人经历过人体医学实验,成为约瑟夫·门格勒(Josef Mengele)之流的手术对象。堆积如山的眼镜、头发和鞋保留下来。1947年,波兰政府将部分集中营改为国家博物馆;1979年联合国教科文组织确认其重要性,将奥斯威辛集中营列为世界遗产。**JS**

1945年2月11日

雅尔塔会议
Yalta Conference

同盟国领袖会晤,决定欧洲战后局势

二战时期三大领袖——美国总统富兰克林·德拉诺·罗斯福、苏联领导人约瑟夫·斯大林和英国首相温斯顿·丘吉尔——在雅尔塔会面,决定德国投降后的欧洲未来走向。

罗斯福和丘吉尔有具体要求:罗斯福希望苏联对日宣战,丘吉尔希望恢复波兰领土和政权。而斯大林想将苏联势力扩展至东欧。三国最终协议将德国分区占领(法国获得同等地位后分为四大占领区):苏联占领东部,英国占领北部,美国和法国分占中部和南部。分属苏联辖区的柏林由四国共同控制。西欧各国边界线恢复至战前形势,而德国失去东部大部分领土,新疆界定为奥德河-尼斯河线。波兰重组,其版图向西移入原德国境内,波兰东部大半地区归苏联所有。

雅尔塔会议的真正结果,是令斯大林得以在东欧国家推行共产主义制度。自1939年起常驻伦敦的波兰流亡政府虽然得到英美认可,也是大多数波兰人眼中的合法政府,但其却被斯大林排除在外,无法在华沙重建政权。雅尔塔会议所订立的政治局势一直持续到二十世纪八十年代——苏联霸权在东欧失势。**NK**

1945年2月14日

德累斯顿大轰炸
Bombing of Dresden

盟军火力强攻，摧毁德国最具历史意义和最美丽的城市之一

🔺 依然运行的有轨电车载着乘客从德累斯顿的废墟中驶过

英国皇家空军对东德的德累斯顿发动夜袭，达成了轰炸部队的战略目标——火力强攻。轰炸机混用高能炸药和燃烧弹，引发持续燃烧的大火。次日接踵而至的美国空军进一步空袭，德累斯顿城内13平方英里（33平方千米）的地区被摧毁，2.5万—4万人死亡。此前几乎没有遭到轰炸的德累斯顿，拥有大量精美的十八世纪建筑，曾是萨克森王国的首都，也是巴洛克风格的代表。

德国最终投降十四周前，盟军对德累斯顿进行大轰炸，引发舆论声讨。纳粹宣传部长约瑟夫·戈培尔（Joseph Goebbels）抓住机会，声称盟军所摧毁的城市并无军事工业，并将平民伤亡人数夸大到二十万，以控诉同盟国的野蛮行为。

关于德累斯顿遭到破坏和民众伤亡的报道传回英国，有人开始质疑"恐怖"轰炸的道德性。人们在议会中讨论；连温斯顿·丘吉尔都向其顾问质疑空袭德累斯顿是否出于必要。德累斯顿大轰炸的军事考虑在于，这个城市有工业生产能力，是德军的交通枢纽和指挥中心，是一个合理的攻击目标。二战结束很久以后，关于德累斯顿的争议仍未平息。1945年起，人们精心令德累斯顿恢复昔日的辉煌。**NK**

1945年2月23日
美国海军占领硫磺岛
United States Marines Take Iwo Jima

二战中日本领土上首次竖起星条旗

▲ 罗森塔尔的摄影作品出现在大量杂志封面上,并为他赢得普利策奖

美国海军陆战队和美国海军横扫太平洋诸岛,被授命攻占日本领土硫磺岛,作为前方空军基地,支援对日轰炸。

硫磺岛是日本领土的一部分,因而日军指挥部决心尽可能重创美国袭击者,死战到底,将军队扩充至2.1万人。

1945年2月19日上午九点,美军随行舰队和空军发动猛烈轰炸后,海军陆战队第3、4、5师登陆,没有立即发生对抗。但走向内陆,他们遭遇了日方步兵和碉堡的密集火力,掀起太平洋战争中最为激烈的战斗。双方激战35天,美军伤亡2.8万人;日本士兵仅有216人被俘,逾2万人战死。

折钵山耸立于硫磺岛南端。硫磺岛战役第四天,美军陆战队便将折钵山同其他地区隔离。2月23日,一个小型侦察队、后来有一整排的人抵达折钵山山顶,树立星条旗——这是日本领土上升起的首面外国国旗。这一刻被美联社摄影师乔·罗森塔尔(Joe Rosenthal)记录下来,成为太平洋战争中最著名的照片。**NK**

1945年4月12日

富兰克林·德拉诺·罗斯福去世
Franklin Delano Roosevelt Is Dead

白宫宣布总统富兰克林·德拉诺·罗斯福去世

⬢ 罗斯福总统葬在纽约州达奇斯县海德帕克旧居的玫瑰园中

3月1日，罗斯福总统从雅尔塔会议归来后向美国国会致辞。他坐着发表演讲，因为"这样腿部不必拖着十磅重量，让我轻松得多"。总统虚弱的样子令许多听众震惊：战时总统的压力腐蚀着他的健康。即便如此，少有人对1945年4月12日的消息做好了准备——前一年11月史无前例地第四次当选总统的罗斯福，在佐治亚州沃姆斯普林斯的度假屋因大规模脑出血逝世。

罗斯福在说"我头痛得要命"后两小时去世，他的情人露西·默瑟·拉瑟弗德（Lucy Mercer Rutherfurd）一直陪伴左右。白宫内埃莉诺·罗斯福（Eleanor Roosevelt）通知副总统哈利·S·杜鲁门（Harry S. Truman），杜鲁门宣誓就职，成为美国第33任总统。

罗斯福去世的公告发布不过几秒钟，消息已经传遍美国。一名报纸记者写道："人们不知道如何表达悲痛，漫无目的地走出家门，同邻居谈话，走向酒吧，突然一片静默，男男女女无法迅速接受总统去世的事实。"对百万人而言，没有罗斯福的美国是难以想象的。三周后纳粹德国投降，杜鲁门将美国庆祝活动献给前总统，缅怀罗斯福以及他为结束欧洲战火做出的贡献。**NK**

1945年4月30日

希特勒自杀
Hitler Commits Suicide

红军包围地堡，元首夫妇自杀

据估计，希特勒的遗体葬在柏林总理府后的花园中

盟军深入德国西部和中部之时，阿道夫·希特勒留在柏林，身边有参谋官、保镖、秘书、厨师、医生、情人爱娃·勃劳恩（Eva Braun）和他的狗。在柏林中心总理府地下坚实的元首地堡之中，希特勒等待着苏军攻打德国首都。他无视顾问的恳求，拒绝离开见证自己权力巅峰之地，决心死战到底。他命令残存（或者说是不存在）的德军消灭准备攻入柏林的围城部队。

4月29日，苏联军队接近元首地堡，希特勒立下遗嘱，任命德国海军司令邓尼兹（Dönitz）为下一任元首，同爱娃·勃劳恩结婚，做好死亡的准备。次日希特勒的副手注射处死了元首的狗。同饮食学家和秘书吃过午饭后，希特勒和他的新娘回到起居室——她服下毒药，他饮弹自尽。

希特勒曾下令，要求其尸首不能落入敌军手中。在苏军的漫天炮火和柏林熊熊燃烧的大楼之间，保镖将元首夫妇遗体移出地堡，浇汽油焚化，埋入弹坑。他们的遗骸再未被发现。不出九天，欧洲所有德国部队向盟军投降。**NK**

1945年7月16日

首次核试验
First Nuclear Bomb Tested

新墨西哥州进行核试爆，证实核武器的威力

- 倘若核弹未能爆炸时，用来收集钚原料的巨大钢制容器
- 新墨西哥州"三位一体"核试场的第一颗原子弹爆炸时产生著名的蘑菇云

曼哈顿计划首席科学家罗伯特·奥本海默（Robert Oppenheimer）断定，尽管已有完备理论，还需要进行首次核试爆以确保内爆引发机制的可行性。7月16日，新墨西哥州阿拉莫戈多的偏远沙漠中、洛斯阿拉莫斯武器实验室附近成功进行了代号为"三位一体"的钚原子弹试爆。

二十世纪三十年代，欧洲和北美的物理学家研究核裂变，探索其在能源和毁灭性战争武器方面的潜在应用。随着法西斯势力的崛起，许多科学家（包括移民美国的德裔科学家）认为，必须确保民主国家在墨索里尼和希特勒政府之前开发出核技术。

美国联合英国和加拿大发起紧急而机密的大型项目，代号为"曼哈顿计划"，进行核武器的理论研究、技术开发，建设生产核武器的工业基地，最终雇佣了十三万人。研发团队致力于开发以钚235为裂变材料的新型核武器生产方法，并更新精密工程技术确保内爆引发机制可行。政府担心纳粹科学家和工程师也在发展核武器，将曼哈顿计划交给美国陆军工程兵团的莱斯利·格罗夫斯将军（Lesley Groves）负责，格罗夫斯管理项目及必要的工业资源。物理学家罗伯特·奥本海默负责主持理论研究和领导实验室。**NK**

> "原子弹令人不忍想象战争的前景。"
>
> ——罗伯特·奥本海默

1945年7月26日

丘吉尔在选举中落败
Churchill Voted Out

战后英国大选，工党取得压倒性胜利，表明人民要求变革

纳粹德国投降两个月后，丘吉尔在大选中遭遇滑铁卢。英国人为何不支持带领他们赢得二战的领袖？

关键在于人们寻求变革。英国人民正处于窘迫之境：煤气灯照明，闪电战摧毁的城镇，粗糙的石子路，凭配给票定量供应物资，户外厕所，没有流动热水。代表上流社会、脱离民众的保守党依然执政。人们感到需要有所改变，摆脱过去。

> "政治和战争同样刺激，同样危险。"
>
> ——温斯顿·丘吉尔

工会领袖欧内斯特·贝文（Ernest Bevin）宣扬社会主义对于工人阶级的好处，引起共鸣。1942年的《贝弗里奇报告》强调了提高福利标准的要求，提出实行免费公共医疗服务、全民就业和儿童津贴，在国会中被提上议程——保守党一致投票反对立即执行。

工党火力全开。2700万人在大选中投票，工党赢得47%的选票，保守党和自由党分获38%和10%的支持率。保守党曾保持180—200个席位的优势，但工党在大选中大获全胜，赢得146个多数席位。这次大选标志着英国的变革——民众希望有工作保障、社会正义和体面的居住环境。**JJH**

1945年8月6日

广岛市原子弹爆炸
Hiroshima Bomb

美军轰炸机在日本城市上空投下原子弹，引发灾难

当地时间上午8点15分，首枚核武器"小男孩"在日本本州岛广岛市上空1900英尺（580米）发生爆炸。广岛此前从未遭到空袭，因此被选为核弹轰炸目标。上校保罗·蒂贝茨（Paul Tibbets）驾驶B29型轰炸机"艾诺拉·盖伊号"投弹，另有负责拍照和进行科学监测的两架飞机随行。核弹在空中装上引爆装置，飞机抵达目标半小时前机组人员移除了保护装置。日方追踪到三架飞机接近其领土，发出空袭警报，但后来撤销。他们认为如此规模的小分队不足以构成威胁，也没有派出战斗机阻截敌机。

原子弹从3.2万英尺（9750米）的高空掷下，57秒后自动引爆，蘑菇状云腾空而起，高达11英里（18千米），爆炸中心1英里（1.6千米）范围内建筑物被完全摧毁，4.4平方英里（11平方千米）的地区遭到破坏或起火，90%的建筑物完全或部分被毁。日本当局估计当时广岛居民有25.5万人，原子弹爆炸初期有7万人丧生；1945年末，另有7万人死于核辐射。"小男孩"所造成的死亡和疾病持续至今。**NK**

▶ 广岛市几乎被夷平；只有抗震建筑依然屹立

1945年9月2日

二战结束
War Is Over

日军向盟军投降，第二次世界大战结束

　　日本政府和军队在美国战舰"密苏里号"上正式签署《降伏文书》，向同盟国投降。

　　8月15日，日本停战。7月26日，杜鲁门总统发出通告：日方倘不接受《波茨坦公告》及其投降条件，将被彻底击溃。日本拒不投降，但在广岛和长崎分别于8月6日和9日遭受原子弹轰炸后，日本发出信息接受条件，屈服于美国。

　　两周后，在东京湾内英美舰队的重重包围中，日本外务大臣重光葵和日本帝国陆军司令部参谋总长梅津美治郎登上美国战舰"密苏里号"上正式签署投降文书，会见了以道格拉斯·麦克阿瑟将军（Douglas MacArthur）、温莱特将军（Wainwright）和白思华将军为首的盟军将领（温莱特率领美军在菲律宾进行了英勇抵抗，白思华是新加坡战场上的英军将领，二者近期刚刚从战俘营中得到释放）。之后所有同盟国的指挥官代表其政府在《降伏文书》上签字：英国、法国、荷兰、澳大利亚、新西兰、加拿大、中国和苏联。日本满目疮痍，经济基础设施被摧毁，两大城市被夷为平地。此时麦克阿瑟将军为日本的实际统治者，开始起草和执行新的民主宪法，重建日本经济。**NK**

1945年10月24日

成立联合国
United Nations Created

为防止第三次世界大战爆发，在战争的废墟之中建立联合国

　　联合国的前身彻底失败。欧洲爆发二战时，国际联盟坐视不理。新的联合国当然要有所进步。1944年华盛顿附近敦巴顿橡树园和1945年旧金山的两次会议已经完成了联合国成立筹备工作。签署《联合国宪章》的五十个国家通过了由美国、英国、苏联和中国制定的提案。

> "倘若几年前我们有《联合国宪章》……数百万人根本无需送命。"
>
> ——美国总统哈利·杜鲁门

　　1945年10月24日，联合国诞生。联合国大会为主要协商机构，安全理事会为主要执行机构。所有爱好和平的成员国均有一票投票权，而安理会有五大常任理事国（美国、英国、苏联、中国和法国）和六个任期两年的非常任理事国。联合国大会中以多数投票通过决议案；安理会可以要求实施制裁（包括军事行动），而常任理事国有否决权。联合国各大机构将促成国际合作，解决社会、经济和人道主义问题。但联合国因偏袒二战胜利国而权力失衡，又在冷战初期建成。问题依然是：不完美的机构能否经过一段时间后有效发挥效用。**RP**

◀ 小意大利（意大利移民区）的纽约市民以五彩纸屑和旗帜庆祝二战结束

1990年—1949年　753

1946年1月10日

联合国首届会议
First Meeting of the United Nations

联合国大会举行首届会议，各国迫切希望展开和平合作和会谈，但冷战的紧张局势初现端倪

伦敦经过空袭而千疮百孔，实行食物配给，艰难地招待数千名来宾。会议在威斯敏斯特区的中央礼堂举行——这里是英国最大的循道宗教堂之一，此时改造为会议室。下午4点钟，大会临时主席、哥伦比亚的苏莱塔·安杰尔博士（Zuleta Angel）落槌，五十一国的二百二十四名代表肃静，宣告联合国大会首届会议开始。英国首相克莱门特·艾德礼（Clement Attlee）对代表和媒体发言称，联合国必须成为"外交政策中的首要因素"，以免世界陷入战争和贫穷的灾难。

联合国近二战结束时筹备，1945年10月24日成立。许多人期待迎来正义、自由、和平的新纪元，联合国首届会议中明确提出了以上要求，但也发生了意料之外的冲突。美国和西欧国家内定的联合国大会主席人选是保罗-亨利·斯巴克（Paul-Henri Spaak），但苏联提名了另一位候选人。投票表决后，斯巴克以28：23票当选主席。1月19日安理会首届会议上也发生了类似的东西分歧。

联合国面对其艰巨使命并无简单易行的良策。1949年联合国迁至纽约时，冷战的紧张局势不断升级。但联合国延续下来，如今有一百九十二个成员国。**RP**

▶ 苏联大使安德烈·格洛米柯在联合国会议向各国代表致辞

1946年2月24日

贝隆任总统
Peron as President

胡安·贝隆（Juan Peron）携深受民众喜爱的情人伊娃掌握阿根廷大权

阿根廷最初在二战中保持中立，但支持英美——两国在阿根廷国内有经济利益。但1943年政变后军政府掌权，谋求阿根廷经济和政治独立，采取极权手段取得全国统一。胡安·贝隆将军是执政集团成员之一，1946年2月当选阿根廷总统。

> "藏书……是资本主义的荒谬之举。我直接把钱花在穷人身上。"
>
> 伊娃·贝隆

贝隆也是劳动部长。他通过提高工资、扶持工会、发起福利改革的手段赢得工人支持，取得坚实的权力基础。他魅力四射的情人、女演员伊娃更令贝隆人气大增；他在二战末期、当选总统不久前同伊娃结婚。

贝隆的政策包括将外国资产收归国有、扩大福利范围；他的妻子伊娃成为福利项目的负责人。但1950年的金融危机迫使政府频繁出兵镇压，也导致了1951年的操纵选举。1952年7月伊娃死于癌症，一场血腥的起义迫使贝隆流亡巴拉圭，1955年逃往西班牙。

贝隆的秘书赫克托·坎波拉（Hector Campora）在1973年当选总统，但贝隆10月回国竞选时坎波拉辞职。贝隆的第二个总统任期中党内冲突不断，他于1974年7月去世。**PF**

1946年3月5日

铁幕演说
Iron Curtain Speech

丘吉尔在富尔顿演讲，号召英美团结一致，全力合作

丘吉尔称这不过是普通公民的演讲，在"令人焦虑而困惑的时代"提供建议。他谈到人类面对的两大威胁——战争和暴政，后者在"相当多的国家"里横行。美国和英国保持"特殊关系"十分重要，并为欧洲的"安定大局"合作——横贯欧洲的"铁幕"

> "这肯定不是我们奋战所要建立的自由欧洲。"
>
> 温斯顿·丘吉尔于密苏里州富尔顿

已经落下。共产党在东欧实行极权统治，而共产主义间谍在法国和意大利影响力扩大。英美必须团结而坚定地维护联合国宪章。

1945年，丘吉尔意外在大选中落败，开始在国际场合发表一系列重要演说，主要是关于欧洲形势，以及他本人对三十年代的理解。此时决不能采取绥靖政策，也不能在军事实力上示弱。哈利·杜鲁门总统完全同意。

斯大林坚称丘吉尔的演讲实为英美宣战的隐喻。西方国家同苏联关系已然冷淡，但铁幕演说很有可能让冷战提早开始，也许还阻止了一场更大的灾难。**RP**

1946年7月5日

模特在巴黎展示比基尼
The Bikini Modeled in Paris

比基尼首次展示，传递战后的自由主义思潮

△ 路易斯·里尔德设计的比基尼展示，记者和摄影师们十分专注

> "能从结婚戒指中穿过的，才算是比基尼。"
>
> 路易斯·里尔德，比基尼发明者

女性两件式的装束虽颇为暴露，但古已有之——西西里卡萨尔的罗马别墅中距今1700年的壁画即是明证。二十世纪三十年代第一套现代两件式泳衣面世，但我们今天熟知的比基尼于1946年7月26日在巴黎时装表演上首次亮相。此时所有国家都在奋力摆脱战后阴郁的严格节制消费阶段。

这是两位法国人的发明：工程师路易斯·里尔德（Louis Reard）和时装设计师雅克·海姆（Jacques Heim），二人以当月美国在太平洋的核试爆地点——马绍尔群岛的比基尼环礁为泳衣命名。海姆推断新泳衣的轰动效果应该不亚于原子弹爆炸，事实正是如此。专业模特不愿大胆展示他们性感的新发明，最终里尔德雇佣了巴黎赌场的裸体舞女米歇琳娜·贝尔纳迪尼（Micheline Bernardini）在莫利特游泳池展示比基尼。

1947年，女性时尚再次发生了重大转变：克里斯汀·迪奥（Christian Dior）推行"新风貌"——毫不夸张的肩部线条、自然的腰身和裙摆加长的伞裙。凸显女性特质的风潮回归。

其后的几十年间，比基尼逐渐为西方世界追求时尚的年轻女性（和其他年龄段女性）所接受，成为流行的泳装和沙滩装。保守人士对此愤慨不已，西班牙和马耳他等天主教国家还禁止穿着比基尼，但电影令比基尼更为流行——1957年碧姬·巴铎（Brigitte Bardot）在《上帝创造女人》中着比基尼出镜，而1963年的《诺博士》创造了高挑健美的乌苏拉·安德丝（Ursula Andress）身着白色比基尼芙蓉出水的经典画面。NJ

1946年7月22日

耶路撒冷发生恐怖袭击
Terrorist Outrage in Jerusalem

大卫王酒店爆炸案迫使英国将巴勒斯坦问题移交联合国管理

世界一流的大卫王酒店几乎与巴黎里兹酒店为同一水准。但1946年几乎没有人愿意住在大卫王酒店——除非是迫不得已，因为耶路撒冷正上演着日益狂暴的恐怖袭击。英国行政和军事人员占据了酒店的一侧；几乎无人怀疑中午送入厨房的7只牛奶桶同饮食无关。事实上牛奶桶中装满了炸药，送货人实为着阿拉伯服装的犹太准军事组织伊尔根成员。中午12点37分发生爆炸，导致酒店六层建筑倒塌、91人死亡，其中包括41名阿拉伯人、28名英国人和17名犹太人；大多为酒店职员，但也有遭人憎恨的英国统治集团成员。

阿拉伯人抱怨迁入巴勒斯坦犹太人数量过多，而锡安主义分子及其支持者无法接受英国不允许所有大屠杀幸存者及其他犹太人进入巴勒斯坦的事实。英国无法令任何一方满意，同时暴力冲突逐渐升级。锡安主义领导人、年事已高的哈伊姆·魏茨曼（Chaim Weizmann）尽力阻止可能正在进行的大型恐怖袭击。但伊尔根组织首脑梅纳赫姆·贝京（Menachem Begin，1977—1983年间任以色列首相）心意已决：必须摧毁大卫王酒店。

爆炸案令巴勒斯坦全境的局势更加紧张，无疑也促使英国勉强对巴勒斯坦放手。1947年2月，巴勒斯坦问题移交给联合国，次年，以色列建国。**RP**

▲ 大卫王酒店爆炸前曾收到电话预警，但被忽视

"7月22日发生了最卑鄙懦弱的罪行之一。"

英国首相克莱门特·艾德礼

1946年9月30日

纽伦堡审判
Nuremberg War Trials

纽伦堡审判上，纳粹主要战犯被判处绞刑

四国主导的国际军事审判（又名纽伦堡审判）在纽伦堡的司法殿举行。美、苏、英、法指派法官和检察官。被告为二十三名在世的纳粹领袖，他们被控有破坏和平罪、战争罪和反人类罪。正如一名英国代表所预测的，这是"史上最重要的审判"；但也引人争议——审判几乎称不上公正。尽管如

> "……如果……无罪，那么'战争没发生过'也说得通。"
>
> 罗伯特·H. 杰克逊（Robert H. Jackson），美国检察官

此，法庭宣判三人无罪。另有十一人被处以极刑，余者监禁。

被告辩称他们不过是执行命令，并不了解实情。赫尔曼·戈林坚称自己对纳粹德国的种族大屠杀行径毫不知情。他们归咎于已经去世的纳粹党人。汉斯·法郎克（Hans Frank）提出，真正的罪犯是希特勒——他是"恶魔，因而引领我们走入歧途"。

戈林服氰化物自杀，十名战犯处以绞刑。次要纳粹战犯在1949年受审。纽伦堡审判并不完美；被告坚决主张胜利者们同样犯下了恣意破坏的罪行，也不无道理；但它为审判反人类罪开先例并设立标准。**RP**

1947年2月

死海古卷
Dead Sea Scrolls

《旧约》和古代犹太社会研究因经卷的发现而彻底变革

年轻的贝都因人穆罕默德·艾哈迈德·艾尔·哈麦德（Mahommed Ahmed el-Hamed）在悬崖上寻找丢失的羊，向山洞中扔了一枚石子。他听到碎裂的声音，发现一批陶罐，有的还装着古老的羊皮和纸莎草卷轴。学者们调查了山洞及周边地区，其后的十年间发现了八百多卷经卷。

> "愿你对我的信念永不动摇。我永远与你同在。"
>
> 3号洞中发现的残卷

部分卷轴为《旧约》手抄本，制作时间比任何已知的《旧约》手稿早千年以上。大多数以希伯来文写就，少数使用了公元一世纪犹大地区的阿拉姆语。据推测，大约公元前200年到公元一世纪之间经卷在附近的库姆兰地区完成，七十年代被藏在山洞中——当时犹太人起义反抗罗马帝国、最终耶路撒冷被毁。库姆兰的沙漠中居住着虔诚的犹太教派艾赛尼派（意为圣人），他们坚持神秘主义，也许还禁欲。也有学者认为经卷的作者是以祭司长为中心的撒都该派。

死海古卷尽管没有直接提到耶稣及其门徒，但成为研究《旧约》和耶稣时代的犹太社会的新资料。对许多学者而言，死海古卷证明耶稣同当时的犹太宗教领袖所宣扬的教义是一脉相承的。**PF**

1947年6月5日

开展马歇尔援助计划
Marshall Aid Is Launched

美国国务卿乔治·卡特莱特·马歇尔（George Catlett Marshall）提出经济援助，帮助西欧战后重建，抵制共产主义扩张

哈佛大学第296届毕业典礼星光闪耀。获得荣誉学位的有著名诗人T. S. 艾略特，他曾写道世界"不会轰然毁灭，而是呜咽着消亡"。但美国国务卿乔治·卡特莱特·马歇尔正为相反的灾难而担忧。马歇尔被介绍为"自由欠之良多、永远感激"的人物，而演讲后他为自由做出了更大的贡献。他强调国际事务的严峻局势，战后西欧经济凋敝。马歇尔称，只要欧洲国家同意美国的条款、并为重建经济团结合作，美国将慷慨相助。马歇尔计划启动。

美国伸出援手出于多重原因。有人道主义动机，也考虑到欧洲消费市场与美国经济息息相关。但最主要的原因，是担心美国若不分享财富，陷入绝境的西欧将投入社会主义怀抱。马歇尔计划补充了几个月前出台的杜鲁门主义，支持"自由民族……抵抗奴役"，成为冷战一大武器。

英国外交部长欧内斯特·贝文热切地接受了美国的提议，并帮助成立欧洲经济合作组织。他评价马歇尔计划"如同抛向溺水者的救生索"。1948—1951年间十六个国家得到美国的援助，总计超过一百三十亿美元。

RP

○ "繁荣：合作之果"，宣传欧洲和美国团结一致的海报

1947年8月15日

英国对印度的殖民统治终结
Death of the Raj

1947年英属印度解体，印度教徒和穆斯林之间剑拔弩张

◐ 印巴分治时，数百万的印度教徒和穆斯林离开家园，迁入各自的领地。

德里政府大楼举行的壮观仪式上，英属印度末任总督蒙巴顿勋爵（Mountbatten）宣誓成为印度独立后的首任总督；立法会议上发表了礼貌的演讲；晚上8点30分，英国国旗降下，代之以印度国旗。乔治六世不再是印度君主，英属印度不复存在。焰火点亮了德里的夜空，狂欢持续到第二天。新闻报道将当天的狂欢人群描述为人们记忆中最大的集会，他们"欣喜若狂"。

1857年东印度公司移交权力，英国正式开始统治印度；此刻英国人认为其统治就此完成——两场世界大战、印度民族主义兴起后，英国人才撤离。但英国定下撤离日期时，印度的政治家已经明显分为两派。印度国民大会党和全印穆斯林联盟最终打破僵局，同意将印度一分为二。伊斯兰教国家巴基斯坦以星月旗代替英国国旗。庄严肃穆的权力交接仪式在很大程度上只是装点门面而已，掩饰着两大群体剑拔弩张的事实——百万人匆匆赶往各自领域途中，动乱和屠杀比比皆是。

之前半独立的土邦可选择加入任意一个新国家。印度成为世界上最大的民主国家，而巴基斯坦的自治之路更为艰辛，东巴于1971年独立，建立孟加拉国。**RP**

1948年1月30日

圣雄甘地遇刺
Mahatma Gandhi Is Slain

印度教狂人分子刺杀非暴力不合作运动创始人甘地

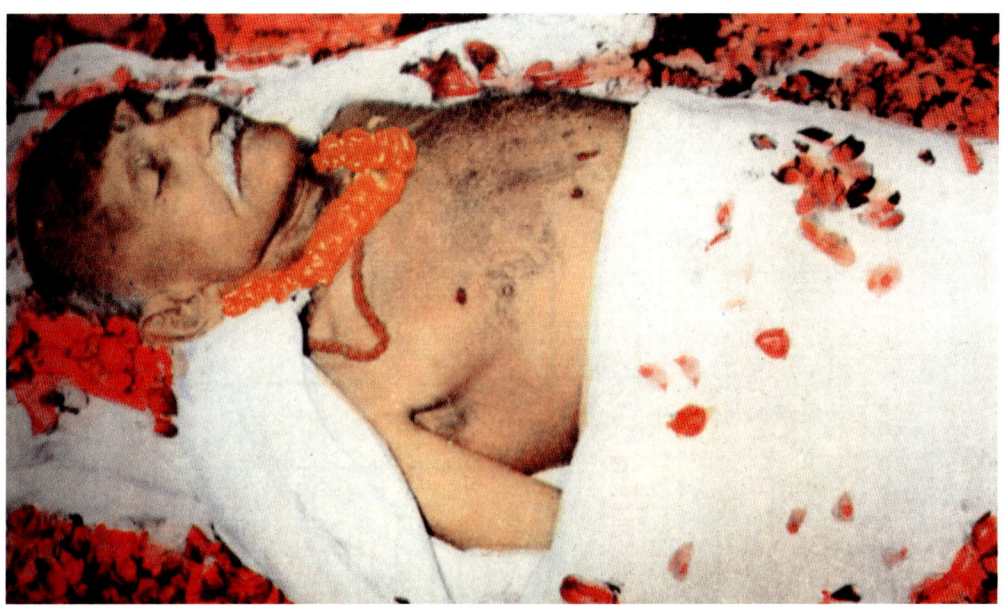

甘地沉睡在花朵和花瓣之间

圣雄莫罕达斯·甘地走出德里的贝拉（Birla）宅邸，前往例行的祈祷会时已经迟到。这位年迈的政治家一直在印度总理和副总理之间斡旋奔走。七十八岁的甘地无法疾行，斋戒令他虚弱无力——他最近一次禁食是为了鼓励印度教徒同穆斯林和解。甘地在两个侄孙女的搀扶下穿过人群，有人上前躬身触摸圣雄双脚，甘地合十微笑；但这名男子起身、拔枪、近距离发射三枚子弹。甘地默念罗摩（印度教毗湿奴神的三大化身之一）之名，他虚弱的身体突然倒地。

甘地知道自己有生命危险。十天前的祈祷会上发生了爆炸。自1919年首次发动非暴力不合作运动开始，甘地便与死亡同行，"在混乱中寻求平静"。印度独立后，印度教徒同穆斯林之间的争端日趋白热化，人们担心甘地被伊斯兰教徒刺杀，但事实上杀手南度拉姆·高德西（Nathuram Godse）出自右翼组织印度教大会。

甘地遇刺举世震惊，大国领导人纷纷向不担任政治职务、几乎没有任何财产的圣雄致敬。印度总理尼赫鲁（Nehru）呼吁各界平静对待此事取得成效——流血事件只会侮辱这位象征着非暴力的圣人。**RP**

1948年5月14日

以色列建国
State of Israel Is Born

以色列宣布建国,中东暴力冲突升级

特拉维夫的罗斯柴尔德大道戒备森严,哈加纳宪兵部队仔细搜查了博物馆大厅的所有人。犹太民族为这一天已等待了上千年。大厅内拥挤而闷热。下午4点,戴维·本-古里安(David Ben-Gurion)走进博物馆敲响了木槌。高唱国歌《希望曲》过后,本-古里安宣读独立宣言,国会三十七名成员签署通过,

> "……我们在此宣布……成立以色列国。"
>
> 戴维·本-古里安

以色列正式成立,本-古里安任首位总理。英国早在1917年提出在巴勒斯坦建立犹太人"民族家园"的目标,一战后英国在国际联盟委托下管理巴勒斯坦。但英国担心激怒当地阿拉伯人及其同盟,即便在二战的种族大屠杀之后也不允许犹太人无限制移民。两大民族发生暴力冲突,联合国出手调停,建议分割巴勒斯坦,犹太人乐于接受,另一方则不然。因此以色列建国引发多重问题。

美国杜鲁门总统比苏联提前三天承认以色列独立,但中东的阿拉巴伯人不认可犹太王国。战争将主导以色列的地缘政治格局,为巴以地区带来长期创伤。**RP**

1948年5月26日

白人至上
White Supremacy

阿非利卡人(Afrikaner)组成的南非国民党赢得大选,敞开种族隔离之门。

这是南非历史上双方最势均力敌的大选之一。使用英语的联合党由简·克里斯蒂安·斯穆茨(Jan Christian Smuts)领导,斯穆茨于1939年起任首相,是支持英国的阿非利卡人。对手为说阿非利堪斯语的国民党,党魁丹尼尔·马兰(Daniel Malan)二战期间公开支持纳粹,此时拥护共和政体。两党均主张白人

> "过去我们感觉像外人……但现在南非属于我们。"
>
> 1948年马兰博士评价出任首相一事

至上,但马兰赞成"本土政策"和种族隔离,认为只有白人才配授予南非公民资格。

大选几乎全部由白人操控,国民党赢得了最多的席位。斯穆茨失去其议席。国民党虽仅有五个多数席位,但这次选举是至关重要的转折点。

新政府全部由阿非利卡人组成。马兰竭力将军队、警方、司法部和行政部"阿非利卡化",以确保他的新法令不会受到妨害。1949年和1950年的立法同1935年《纽伦堡法案》的部分条款极其相似,1951年当局又为十个黑人宗族划出"家园"。此时南非联邦在全境内推行种族隔离。1959年马兰去世,但种族隔离直到1994年的多种族大选才告终。**RP**

1948年6月22日

牙买加移民抵达英国
Immigrants Arrive from Jamaica

"帝国疾风号"抵达英国蒂尔伯里港,引发忧虑,标志着英国文化、民族进入多元时期

她曾是纳粹运兵船,改装后重新命名为"帝国疾风号"。她从巴勒斯坦出发,途径墨西哥、牙买加、特立尼达岛、古巴和百慕大群岛,即将抵达目的地。她驶入泰晤士河口,几个偷渡者跳下船,但"帝国疾风号"继续前行,最终抵达蒂尔伯里港的公共停靠点,周围满是载着观光客和媒体的船只——492名牙买加人乘船抵达英国堪称新闻。歌手"基钦纳勋爵"阿尔德温·罗伯茨(Aldwyn Roberts)顺势对着摄像机表演了他最新的卡吕普索歌曲"伦敦就是我家"。

西印度移民的迁居原因多种多样。部分为休假归来的英国皇家空军飞行员。乐观的年轻人希望找到高薪工作。他们从小被教育为英国公民,希望亲眼一睹"母邦"风采。但很多英国政治家担心这违逆了"自然"顺序。传统上白种英国人前往殖民地定居,而此时殖民地的黑人向英国移民。这种态度导致1962年英联邦公民原有的入境权被取消。

"帝国疾风号"的西印度人很快找到了工作——尽管不是他们有资格从事的技术性工作,而他们入境所引发的紧张情绪也逐渐平息。但"帝国疾风号"的到来标志着英国开始转变为种族和文化多元化的社会。**RP**

○ 前军队运输船"帝国疾风号"载着492名牙买加移民驶入英国蒂尔伯里港
○ 西印度移民在蒂尔伯里港走下"帝国疾风号"时畅想未来

1948年6月24日

盟国向西柏林空运物资
Allies Airlift Supplies to West Berlin

盟国空运大批物资帮助柏林挨过苏联封锁期，为北大西洋公约组织成立埋下伏笔

苏联封锁西柏林通往德国西部的所有公路铁路。1948年6月24日星期四，英美发动"运粮行动"，通过1945年指定给盟国使用的航线空运物资。但空运是否可行？西柏林有二百五十万人，每天至少需要两千吨食物，而此前西柏林的每日食品输入量高达一万两千吨。但英美只能各派出一百架和六架C-47运输机，每架飞机最多载重两吨半。燃料怎么办？西柏林现有燃料只能支持几个月。柏林封锁的第一天，市民们得到了口头保证和几吨补给。

英国外交部长欧内斯特·贝文坚持空运必定奏效——事实确实如此。盟国7月末平均每天向西柏林空运两千吨物资，任何时间空中走廊内都有约一千架飞机。斯大林决定止损，于1949年5月取消封锁行动。

斯大林的封锁策略旨在阻止西方国家在西德建立民主政体。1949年德意志联邦共和国成立、并在柏林驻军，斯大林只得接受现实。盟国没有屈服于苏联的压力——他们再也不会屈服，因为同年北大西洋公约组织成立。**RP**

○ 柏林市民在废墟中等候，美国C-47运输机运送物资抵达
○ 阿斯托里亚的约翰·科诺普中尉执行援助行动，扮作圣诞老人分发圣诞礼物

1948年7月5日

国民医疗服务体制诞生
Birth of the NHS

英国建立国民医疗服务体制（NHS），提供免费医疗

方案早在1946年11月得到乔治六世同意。英国的所有公民不久以后便可免费享受医院会诊医生、全科、牙科和眼科医生的医疗服务。医疗费用从税收中支出，因此贫困不再是健康的阻碍。任何有需求的人都能得到免费的医疗服务，包括会诊、治疗、住院、药品、假牙和眼镜。

> "国民医疗服务必须不断改善；一定总有不足之处。"
>
> 安奈林·贝文，1948年6月25日

7月5日起实行的国民医疗服务令人民生活发生了巨大转变。此前医疗服务分布不均，水平不一。工人（不包括其配偶）凭借国家保险可以得到医生的免费治疗，而医院治疗则依靠商业保险、当地政府或慈善机构。为劝服医生参与，卫生部部长安奈林·贝文（Aneurin Bevan）作出妥协——准许私人医疗与国家医疗并存，于是国立医院中出现了需要额外付费的"特殊病床"。

英国成为首个提供全民免费医疗的西方国家。人民急需这项服务，但其开支经常超出预期。1951年起医疗开始征收部分费用。贝文曾满怀信心地推断，面对优越的国民医疗服务，英国的私人医疗将"逐渐消失"，但令人遗憾的是，贝文判断错误。**RP**

1948年12月10日

世界就人权达成共识
Human Rights Agreed

联合国通过《世界人权宣言》

联合国的早期成就之一在于将已有的人权法案——如法国的《人权宣言》（1789），美国的《权利法案》（1791）——集成为国际共同纲领。二战后尤为需要有关人权的声明，但《联合国宪章》没有明确定义个人权利。

联合国秘书处人权部门管理人约翰·彼得·汉福莱（John Peters Humphrey）、联

> "我们这个时代中人类良知最崇高的表述之一。"
>
> 约翰·保罗二世（John Paul II），1995年

合国人权理事会主席埃莉诺·罗斯福支持起草了《世界人权宣言》，其中的三十项条文规定了基本人权，如法律面前人人平等的权利、人身自由、受教育权和宗教自由。宣言写出了各国政府可参照的目标和原则，并向走上歧途的政府施加道德压力。

《世界人权宣言》表决时没有反对票——六个苏联阵营国家、沙特阿拉伯和南非弃权。1976年宣言被采纳为国际法，但有时也因欠缺灵活性、没有充分考虑文化差异而受到批评，如没有考虑伊斯兰教教法。即便如此，《世界人权宣言》是全世界赞成个人权利、反对暴虐统治的里程碑，发挥了关键的积极作用，也扩大了人权相关法律的发展范围。**PF**

1948年12月23日

战犯受审
War Criminals on Trial

东条英机及其他战时日本领导人作为战犯处决

拥挤的东京审判室中,东条英机被控在战争中犯下了令人发指的暴行

东条英机因为人冷酷无情被称作"剃刀"。二十世纪三十年代,极右政治团体大政翼赞会首脑东条英机主张日本侵华,加入德意日三国同盟。他于1941年担任内阁总理大臣,下令偷袭珍珠港,发起野蛮的侵略战争。1944年7月,东条英机因战争失利被迫辞职。也许他唯一的可取之处在于,东京法庭上他没有逃避罪责。1948年12月23日,东条英机同另外六名战犯在巢鸭监狱处以绞刑。

日本投降后,同盟国于1945年9月起对其实施占领,战争审判始于1946年5月。远东国际军事法庭传讯二十八名甲级战犯,他们的罪名有"谋杀、伤害致残和虐待"战俘及平民,"无任何军事必要的情况下恣意摧毁城市、城镇和村庄","大规模屠杀、强奸、劫掠、折磨,及其他野蛮暴行"。美国检察官约瑟夫·凯南(Joseph Kennan)揭露被告本质为"纯粹的凶手"。两名战犯审判期间自然死亡,一人精神崩溃,七人判处死刑,十六人终身监禁,其余两人有期徒刑。1952年盟国对日占领结束时,日本建立民主宪政,天皇走下神坛,军国主义偃旗息鼓。东条英机很大程度上成为不合时宜的回忆。**RP**

1949年10月1日

中华人民共和国成立
Formation of the People's Republic of China

毛泽东打赢国共内战，于1949年创建世界上第二个共产主义国家

△ 北京天安门城楼上，毛泽东宣布中华人民共和国成立

1949年10月1日下午2时，中华人民共和国举行开国大典，毛泽东在北京天安门城楼上宣告中华人民共和国中央人民政府成立了。

1949年6月，中国人民政治协商会议筹备会议决定于1949年10月1日在天安门广场举行开国大典。10月1日下午3时，大地欢声雷动。刚刚就职的中华人民共和国中央人民政府主席的毛泽东和朱德一前一后，最先登上了天安门城楼。当林伯渠宣布开始后，在国歌《义勇军进行曲》的乐曲声中，中央人民政府主席、副主席和委员就位。毛泽东庄严宣布："同胞们，中华人民共和国中央人民政府在今天成立了！"

毛泽东亲手按动电钮，第一面五星红旗在天安门广场上冉冉升起。与此同时，代表参加中国人民政治协商会议第一届全体会议的五十四个单位的五十四门礼炮齐鸣二十八响。升旗之后，毛泽东宣读了《中华人民共和国中央人民政府公告》，紧接着举行了规模浩大的阅兵式和群众游行。庆祝活动于当天晚上9点多结束。

中华人民共和国的成立开辟了中国历史新纪元。从此，中国结束了一百多年来被侵略、被奴役的屈辱历史，真正成为了独立自主的国家。RP

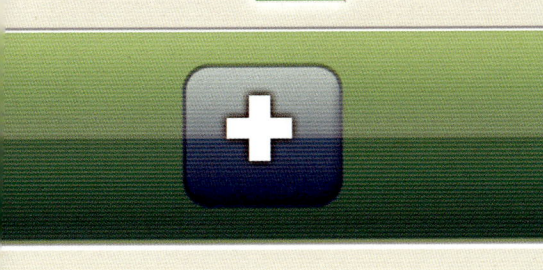

1950 年至今

◉ 可随时访问的日历是二十一世纪智能手机的初级功能

1950年2月9日

共产主义者名单
List of Communists

参议员麦卡锡在惠灵的演讲发动反共政治迫害

约瑟夫·麦卡锡出身于美国明尼苏达州某农场，投身法律界，成为共和党政治家。1946年三十八岁的麦卡锡当选美国参议员，是当时参议院最年轻的成员。1950年，他在西弗吉尼亚惠灵向共和党妇女群体演讲时挥舞着名单，称榜上有名者为在政府部门任职的共产主义分子。参议院某委员会予以调查，发现麦卡锡的言论并无事实根据。

共产主义者在中国等地大获成功，在美国引发了无理性的怀疑——共产主义支持者影响着美国决策，且愈演愈烈。众议院的非美活动调查委员会于1938年成立，此时趁势再度活跃起来，举行听证会，极度依赖可疑的线人和莫须有之罪。他们的行动演变为政治迫害，自由主义和左翼组织及个人被污蔑为叛国的"赤色分子"。1950年1月，前国务院官员阿尔杰·希斯（Alger Hiss）上庭宣誓说真话后，否认自己为苏联间谍，被判伪证罪。

1953年，麦卡锡担任常设调查附属委员会主席，利用职位之便进一步发起"亲共派"政治迫害运动。尽管批评者不愿承认，麦卡锡的部分怀疑还是有理有据的；但麦卡锡及其委员会首席顾问、纽约律师罗伊·科恩（Roy Cohn）不考虑证据，无情抹黑无辜人士的名誉。麦卡锡对其反共政治迫害运动的信仰程度，以及他是否明白他对美国造成的损害依然未成定论。**RC**

1950年6月25日

朝鲜战争爆发
North Korea Strikes

"联合国"出击

朝鲜人民反对美国侵略、捍卫国家统一和独立的战争，终于在1950年6月25日正式爆发。

6月27日，美国正式参战并以武力霸占中国领土台湾。7月7日，美国盗用联合国旗帜，纠集十五国，组成以美军为主并由美国指挥的所谓联合国军。朝鲜人民军奋起反击，至8月中旬，将美韩军驱至釜山一隅，解放了朝鲜半岛南部90%的土地。9月15日，美军在仁川登陆，开始北犯，并不断轰炸扫射中国东北，严重威胁中国的安全。中国人民为抗美援朝，保家卫国，拯救和平，组成中国人民志愿军，并于10月25日跨过鸭绿江，与朝鲜人民军并肩作战。朝中部队连续进行了五次战役，把敌军从鸭绿江边逐回三八线附近，迫使美国于1951年7月接受停战谈判。在谈判期间，美国先后发动多次攻势，并进行细菌战，均被朝中人民粹碎。

1953年5月，朝中人民军队发动夏季攻势，取得胜利，迫使美国于同年7月27日在板门店签订停战协定。三年战争中，朝中两国人民军队共歼敌一百多万多人，其中美军三十九万多人。**BD**

○ 两个韩国军人将一朝鲜士兵从掩体后拖出，同时防范狙击手

1950年10月7日

解放西藏
China Liberates Tibet

中国人民解放军进入鲜为人知的偏远地区

为了完成中国统一,解放西藏的问题被提到议事日程上来。考虑到西藏地区民族关系的特殊情况,1950年5月17日,中共中央致电西南局,提出:"在解放西藏的既定方针下和军事进攻的同时,利用一切可能以加强政治争取工作,是完全必要的。这里的基本问题,是西藏方面必须驱逐美英帝国主义侵略势力,协助人民解放军入藏。我们方面

> "我们恭敬请求……派兵解放西藏人民。"
>
> 西藏人民向毛泽东发出的请求,1950年1月

则可承认西藏的政治制度,连同达赖的地位在内,以及现有的武装力量、风俗习惯概不变更,并一律加以保护。"但西藏地方政府中一部分顽固势力不但拒绝谈判,杀害解放军派出的联络人员,还将藏军三分之二的兵力布防于昌都地区,企图凭险阻止解放军渡金沙江西进入藏。10月间,解放军渡过金沙江,发动昌都战役,歼灭藏军主力,解放昌都地区,打开了入藏大门。

1951年春,西藏地方当局派出以阿沛·阿旺晋美为首的代表团到北京,同中央政府代表团开始谈判。5月23日,双方签订《中央人民政府和西藏地方政府关于和平解放西藏办法的协议》,西藏宣告和平解放。**BD**

1951年5月25日

苏联间谍丑闻
Soviet Spy Scandal

"剑桥间谍"伯吉斯和麦克林叛逃苏联

这个星期五一切照旧,唐纳德·麦克林(Donald Maclean)在伦敦白厅外交部度过一天,下午5点30分下班,乘坐从查令十字车站发往塔兹菲尔德的火车。但这是不同寻常的日子。当天不仅是他的生日,麦克林也几乎被确定为向苏联泄露机密的间谍"荷马"。周一上午麦克林将被审讯,军情五处(MI5)特工尾随他到查令十字车站,但无后续行动。麦克林的妻子不久将临盆,当局认为他不会叛逃。当晚另一名间谍盖伊·伯吉斯(Guy Burgess)来到麦克林宅邸,向麦克林太太自我介绍为罗杰尔·斯戴尔斯(Roger Styles)。之后唐纳德告知妻子他有重要任务,也许不能回来过夜,并带上行李袋。两人迅速渡过英吉利海峡、前往法国、之后消失。不久有消息称他们叛逃苏联。

二十世纪三十年代,伯吉斯和麦克林在剑桥大学读书期间被招募为苏联间谍,他们的同伴还有金·费尔比(Kim Philby)。麦克林于1944—1948年间在美国大使馆工作,其间向苏联泄露情报,因而斯大林得以估计西方核武器库的实力。身在华盛顿的费尔比得到消息,得知麦克林的身份即将被揭穿,派伯吉斯向他预警。

英国已经发生过几起著名的间谍丑闻。而麦克林事件促使当局对关键人员进行更严格的背景彻查。费尔比直到1963年才公开投敌,1979年另一名剑桥间谍安东尼·布伦特(Anthony Blunt)的身份暴露。伯吉斯和麦克林均在苏联去世。**RP**

1952年7月26日

艾薇塔去世
Death of Evita

阿根廷之宝伊娃·贝隆去世，其夫阿根廷总统失去民众支持

玛丽亚·伊娃·杜阿尔特·德·贝隆（Maria Eva Duarte de Peron），昵称为艾薇塔，刚过三十岁便死于癌症。她魅力逼人、光芒四射，嫁给独裁者胡安·贝隆后对阿根廷政局产生重大影响。她也因在广播剧和电影中的表演而知名。1943年，她同贝隆上校相遇、相恋，后于1945年成为贝隆的第二任妻子。1946年贝隆当选总统起伊娃伴其左右，创建了自己的慈善组织——社会福利联合会，慷慨救助劳苦大众。阿根廷贫民相信她真正关心他们的幸福，成为贝隆关键的权力基础。在伊娃的影响下，阿根廷妇女在1950年获得投票权。广受民众爱戴的伊娃周游全国，成为贝隆与各地支持者重要的沟通渠道。

艾薇塔是阿根廷第一个接受化疗的人。她去世后遗体作了防腐处理，其忠诚的支持者们恳求教廷追封艾薇塔为圣人，但徒劳无功。伊娃亡故后贝隆迅速失去民众支持，1955年被迫逃离阿根廷。艾薇塔的遗体失踪，多年来下落不明，传说被留在一辆卡车中或藏在某人的阁楼内。1971年，大篷货车将她的遗体运往贝隆在西班牙的住所。最终艾薇塔的遗体在1976年被送回阿根廷，安葬在布宜诺斯艾利斯的利柯拉特墓园。**RC**

- 艾薇塔去世后其海报挂在某房间墙上，表明她永存于阿根廷人民心中
- 默哀群众走过伊娃·杜阿尔特·德·贝隆的水晶棺

1952年11月1日

太平洋试爆氢弹
Hydrogen Bomb Explodes in Pacific

埃内韦塔克环礁的无人岛上进行了氢弹试验

● 世界上首次氢弹爆炸（代号"迈克行动"）完全摧毁伊鲁吉拉伯岛

苏联开始试制核武器后，美国总统杜鲁门于1950年通过了氢弹开发项目，其中的关键人物是曾参与研制首枚原子弹的物理学家爱德华·泰勒（Edward Teller）。世界公认的氢弹首次成功试爆为常春藤行动的部分内容——该行动在太平洋中的埃内韦塔克环礁进行，岛上居民几年前撤离。

这次骇人的试验涉及1.1万余平民及军队人员。当地时间上午7：15在伊鲁吉拉伯岛进行，氢弹爆炸后该岛完全消失，爆炸当量达10.4兆吨，产生了直径超过3英里（5千米）的火球，蘑菇云高达23英里（37千米），顶部宽度达100英里（161千米）。成块的珊瑚礁落在30英里（48千米）开外的船只上，埃内韦塔克环礁被放射性尘埃严重污染。

11月16日美国原子能委员会发表保守声明报告氢弹试爆成功："世界和平面对威胁，且缺乏控制军备的切实可行计划的大前提下，美国政府必须继续研究核能，准备卫自由世界。"

最终埃内韦塔克环礁得到清理，1980年部分岛上居民被允许返回家园。**RC**

1953年3月5日

统治者之死
Death of a Tyrant

世界舞台的伟岸人物离场,不少苏联公民因悲伤而恐慌

数百万哀悼者向死去的斯大林致敬;送葬群体过于庞大,导致部分哀悼者被踩死

2月28日,约瑟夫·斯大林同亲信看过一场电影,之后就寝,并下令属下不得打扰。次日警卫进入其房间,发现斯大林瘫倒。尽管最终召来医务人员,斯大林于3月5日在以他本人为中心的权力斗争中去世,同时斯大林遭人毒害的传言四起。数百万人前去为苏联领袖送葬。

经过二十五年的统治,斯大林的死讯令大多数苏联公民对未来极为忧虑不安。据称,连西伯利亚政治犯集中营中的部分犯人都为斯大林落泪。尼基塔·赫鲁晓夫赢得了权力斗争。苏联长期以一人的兴致和欲望为中心,此时赫鲁晓夫必须重新确立赤色政权的合法性。斯大林个人崇拜及其绝对正确的神话必须破除。

苏联统治经历了一段相对自由的时期,不少政治犯得到释放,文化管制也较为宽松。1956年苏共二十大上,赫鲁晓夫发表秘密演讲,全面批判了斯大林,但他注定不可能继承斯大林的绝对权力。**JS**

1953年4月25日

破解遗传奥秘
Structure of Life Decoded

克里克和沃森提出DNA分子结构模型

詹姆斯·沃森（左）、弗朗西斯·克里克（右）及他们的DNA片段分子模型，照片摄于1953年

1953年4月25日，英国科学家弗朗西斯·克里克和美国科学家詹姆斯·沃森宣布重大发现，改变了人类对遗传的理解。他们向世界展示了脱氧核糖核酸分子（DNA）的双螺旋结构模型，说明生物特性如何在代际间复制和传递。

克里克时年三十五岁，沃森仅二十二岁。克里克起初为物理学家，后转入生化方向；而鸟类学家沃森改行研究病毒。沃森研究DNA分子X射线衍射图像时取得了突破性发现。

生物技术迎来了曙光，其他学者也得以在克里克和沃森工作的基础上做进一步研究。二十世纪七十年代，保罗·伯格（Paul Berg）和赫伯特·博耶（Herbert Boyer）发明一种技术，可以截取和连接同一物种的不同DNA片段，为结合不同物种的DNA打下基础。克里克和沃森的成功也推动了后来的基因组（某物种的全部基因序列）解码计划，从最初的细菌基因组开始——技术发展填补空白后——发展到人类基因组解码及后来的遗传图谱，确定导致遗传病的基因，最终可能发现影响普通疾病和人类行为的基因。**JS**

1953年5月29日

征服珠穆朗玛峰
Mount Everest Is Scaled

希拉里和诺盖登上世界最高峰峰顶

▲ 丹增·诺盖和艾德蒙·希拉里在珠穆朗玛峰的营地休息

他们在最后的山脊上连续几小时用冰镐开辟台阶,双腿几乎无力迈步。最初的兴奋已经消退,只剩下艰苦挣扎。希拉里突然意识到前方不再是高耸的山峰,而是陡直的下坡。几级阶梯过后,他们到达峰顶。此时是上午11点30分,希拉里看到丹增脸上——尽管后者戴着巴拉克拉瓦盔式帽、护目镜和氧气面罩——出现"纯粹喜悦所带来的、极具感染力的笑容",两人握手,互拍对方背部,兴奋得几乎喘不上气。他们拍了十五分钟照片,其后在峰顶竖起英国、尼泊尔和联合国国旗。

藏民称之为"珠穆朗玛",尼泊尔人称之为"萨迦玛塔",均意为"大地之母"。英国人原本以"15号峰"指代之,但为纪念印度测量局局长乔治·埃佛勒斯(George Everest)将之命名为"埃佛勒斯峰"。它海拔高度为8848米,随峰顶积雪厚度稍有变化。珠穆朗玛峰是世界上最高的山峰,诱惑着所有登山者。许多准备周全的登山探险以失败告终。几天前一支队伍尽管使用了新式供氧设备和特制的绝热服,也为强风所阻。而英国探险队的新西兰人希拉里和夏尔巴人丹增幸运地遇到登山的理想天气。征服珠峰的消息在伊丽莎白二世加冕礼前夜传到英国,人们满怀希望地谈论着"新伊丽莎白时代"到来。**RP**

1953年6月17日

东德起义
East German Uprising

东德全境内，工人罢工反对共产主义政府

1953年6月，东德工人起义反抗共产党统治，而这不过是开端而已——匈牙利、捷克斯洛伐克和波兰分别于1956年、1968年和1970年爆发类似的起义。人民对东欧的苏联式傀儡国家心怀不满。

当政的德国统一社会党（SED）提高10%的工作定额，同时保持工资不变，以向东德共产主义领导人瓦尔特·乌布利希（Walter Ulbricht）的"六十大寿献礼"，此为起义之始。1953年6月16日，柏林某建筑工地约七十名员工自发罢工，反对新政策。这一消息迅速传播，次日十万罢工者聚集在首都，有人高喊道"共产主义去死！"抗议活动范围扩大，波及约四百个城市、城镇和乡村。

当局迅速应对，派出十六支苏联部队（两万人）和一万东德"人民警察"，下令不惜一切代价镇压起义。坦克驶过东柏林的街道，军队和警察在菩提树下大街中部和波茨坦广场一带向示威群众开火。至少五十五人丧生。起义镇压过后，超过一百零六名示威者被定罪并处以极刑，数千人在监狱和劳动营内长期服刑。

斯大林去世仅三月后东德爆发起义，此时苏联仍在进行权力斗争。抗议严重动摇了德意志民主共和国领导人的地位，他们下令镇压，导致大量人才流向西德，最终在1961年筑起柏林墙。**NJ**

1953年8月19日

摩萨台下野
Mossadeq Out

中央情报局策动伊朗政变，并将之包装成人民自发革命

已有伊朗警察局局长遇刺、当地官员住宅被炸。此时愤怒的群众在德黑兰街道上示威，很像是场革命。伊朗沙选择避难，从里海的避暑地逃往罗马——实为英明之举，因为暴民已经推倒了他的塑像。后于1953年8月19日传出消息称，伊朗沙罢免了首相穆罕默德·摩萨台博士，安排法兹卢拉·扎赫迪将军继任。民众的怒火立即转移方向，要求摩萨台下台，冲突变得更加激烈。事件平息后，共三百人死亡，摩萨台出逃，扎赫迪走出美国大使馆出任总理，伊朗沙胜利归国。似乎是人民意志取得胜利；但实为英美政府幕后操纵。

美国人称之为"阿贾克斯行动"；温斯顿·丘吉尔更愿意代之以"靴子行动"。一切始于1951年，伊朗沙迫于压力任命摩萨台为新任首相，后者将英国的大型企业英伊石油公司收归国有。美国担心共产主义势力渗入伊朗，英国政府联合美国中央情报局策划政变。包括扎赫迪在内的许多伊朗人在大量金钱收买下同意共谋。中央情报局评价伊朗沙为"优柔寡断的人，为飘忽不定的疑虑和恐惧所困"，"必须在威逼利诱下完成其任务"。于是他们采取了威逼利诱的手段。新政府得到五百万美元，英伊石油公司重归英国控制，摩萨台被判叛国罪，遭到监禁。伊朗沙继续统治，直至1979年，由伊斯兰教原教旨主义领导人、大阿亚图拉霍梅尼取而代之。**RP**

1954年4月12日

摇滚金曲
Rock 'n' Roll Hit

比尔·海利与彗星合唱团的《昼夜摇滚》雄踞美国单曲排行榜八周之久

摇滚乐起源于美国早期乡村音乐和节奏布鲁斯，二十世纪五十年代早期开始流行。摇滚乐最初的目标受众为黑人，但它所代表的青年叛逆新兴文化对白人也颇具吸引力。1951年，歌手、吉他手比尔·海利（Bill Haley）及其乐队"骑马人"录制了《Rock the Joint》，他们认为这是首张摇滚唱片。1952年，乐队因哈雷彗星更名为"彗星合唱团"，并于1953年创作了首张打入排行榜前20的摇滚唱片《疯了，疯了》，由此同迪卡唱片公司签约。

他们在迪卡推出的首张单曲《昼夜摇滚》起初默默无闻，但1955年在以年轻人疏离感为主题的卖座电影《黑板森林》中被用作主题曲，之后红极一时，连续八周为美国最畅销单曲，成为青年文化的新标志。五十年代中期，比尔·海利与彗星合唱团创作了《再见鳄鱼》等一系列佳作，1956年出演了两部摇滚电影——《昼夜摇滚》和《摇滚乐无罪》。

自五十年代末起，海利的事业每况愈下。猫王埃尔维斯·普雷斯利（Elvis Presley）、小理查（Little Richard）等后辈才俊取代他引领流行音乐和青年文化。他极其奢侈、负债累累，开始酗酒，最终于1981年死于心脏病。那时《昼夜摇滚》的销量已逾2500万。**RC**

- 彗星合唱团成员：乔伊·安布罗斯、约翰·格兰德、比尔·海利（最后排）、比利·威廉森、马歇尔·雷特尔和迪克·理查斯
- 《黑板森林》由理查德·布鲁克斯指导，获得四项奥斯卡提名

1954年5月6日

打破4分钟大关
Four-Minute Barrier Is Broken

牛津大学田径赛上,英国运动员罗杰·班尼斯特(Roger Bannister)首次在4分钟内完成一英里赛

多年以来,一英里赛的4分钟时限一直是中长跑的一大难关。1923年,伟大的芬兰运动员帕沃·鲁米(Paavo Nurmi)仅用4分10秒跑完全程。十九世纪三四十年代中,这一纪录不断被刷新;1945年,瑞典人贡德尔·黑格(Gunder Hagg)的成绩为4分01秒零3,几乎触及4分目标。

1954年一个多风的周五下午,有消息称牛津大学和业余田径总会之间的比赛上将有人再度挑战4分钟大关,吸引了大批观众来到牛津田径场。一英里赛事中业余田径总会的三名重要选手为罗杰·班尼斯特、克里斯·查特维(Chris Chataway)和克里斯·布拉舍尔(Chris Brasher),三人赛前煞费苦心地制定了战术。布拉舍尔头两圈领跑,1分58秒抵达半程点。第三圈跑到一半,身形矮小的查特维跃居首位,高大的班尼斯特紧随其后。查特维保持领先地位,但最后半圈时班尼斯特突然加大步幅,轻松赶超查特维,兴奋地高吼着冲过最后一个弯道,到达重点线。查特维紧追在后。

观众们焦急等待,而播音员故意不紧不慢地宣读"用时……"——还停顿一下、吊足人们的胃口——"3分……"余下的语句被欢呼声淹没,但班尼斯特的成绩实为3分59秒零4。这足以被列为整个田径史上最振奋人心的事件之一。**RC**

◁ 罗杰·班尼斯特挑战一英里赛4分钟大关打破纪录的时刻

1954年5月7日

法军失利
French Lose Siege

共产主义在越南节节胜利,美国出手干预东南亚

胡志明认为他领导的越南独立同盟会游击队同法国殖民军对抗,好比"蚱蜢同大象相争"。1953年法军在奠边府设防时,亨利·纳瓦尔将军(Henri Navarre)也许不会对此提出异议。法军的目标是将游击队引入一场精心设计的战役,凭借火力取胜。武元甲将军迎战。多达五万农民协助中国军队开

> "贫穷的封建国家击败了强大的殖民国家……"
>
> 武元甲将军

往越南北部,武元甲将军率兵包围奠边府,炮击两个小型机场,无情地逐一射杀法国士兵。包围战持续了五十五天,3月7日最后一座法国堡垒沦陷。一万六千法国守军中仅有三千人生还。

奠边府失守标着着法国为收复其前殖民地付出的八年努力付诸东流。法国人对印度支那的"龌龊战争"毫无热情,决定转而以阿尔及利亚为首要目标。法国在日内瓦会议上同意撤出东南亚,越南被一分为二:胡志明和武元甲领导的共产党控制北越,南越建立美国扶植的反共共和国,为六十年代的血腥越战埋下伏笔。**RP**

1954年12月2日

麦卡锡垮台
McCarthy Condemned

美国参议院判定议员麦卡锡有罪

约瑟夫·麦卡锡在美国引发了所谓"大恐慌"。他彻底破坏了美国政府,且被苏联宣传部门借为口实。1945年麦卡锡攻击美军,终于导致其落马。

1953年,麦卡锡旗下的非美调查委员会在美国通信军中调查所谓间谍团体。麦卡锡不但未能拿出任何有力证据证明间谍团体存

> "麦卡锡主义代表迎难而上的美国精神。"
>
> 议员约瑟夫·麦卡锡,1952年

在,他对战争英雄拉尔夫·兹维克(Ralph Zwicker)的轻蔑态度更是激怒了艾森豪威尔总统在内的爱国者。

1954年3月,受人敬仰的爱德华·R.默罗(Edward R.Murrow)在广播种猛烈抨击麦卡锡。4月—6月间的听证会通过电视直播,据估计观众有两千万人,军队律师约瑟夫·N.韦尔奇(Joseph N. Welch)揭露麦卡锡本质为恶霸和骗子,给予其致命一击。他斥责麦卡锡的经典语句——"您终究连一点羞耻心都没有吗,先生?一点羞耻心都没有吗?"——赢得满场掌声,并最终摧毁了麦卡锡所剩无几的声誉。

9月,参议院委员会发布其成员一致通过的报告,抨击麦卡锡的行为"不可原谅"和"应该谴责",12月参议院以67:22的票数正式判定他有罪。麦卡锡仍然担任议员,但他大势已去,于1957年死于急性肝炎。**RC**

1955年7月17日

迪士尼乐园开放
Disneyland Opens Its Doors

华特·迪士尼在加利福尼亚创建其第一个主题公园

▲ 加州安纳海姆迪士尼乐园正在建筑梦境——今日大名鼎鼎的睡公主城堡

华特·迪士尼长期占据美国和国际卡通片领军地位，在漫画、书籍和电视领域也占有一席之地。他计划在洛杉矶的工作室附近建设一座"米老鼠公园"，让游客和小朋友们亲身游历迪士尼世界，感受"迪士尼魔力"。他在洛杉矶以南的安纳海姆置地，于1954年开始动工。公园造价1700万美元，在1955年7月17日完工时举行了"国际媒体预展"。后来担任美国总统的罗纳德·里根（Ronald Reagan）是报道迪士尼乐园开幕的电视新闻主持人之一，而开幕当天主题公园出现技术故障，天气炎热但缺乏饮用水，柏油大面积融化。

次日，迪士尼乐园向公众开放，兴奋的人群凌晨2点起开始排队，第一位顾客买到了编号为2的门票——华特的兄弟罗伊（Roy）已经拿走了1号票。迪士尼乐园一夜成名、大受欢迎，目前已经吸引了超过5亿游客。睡公主城堡位于主题公园正中央。米老鼠、唐老鸭及其他迪士尼卡通形象经常出现。迪士尼乐园刚刚开业时有五个主要区域：西部牛仔主题的美国小镇大街、丛林主题的探险世界、西部垦荒时代、梦幻王国以及明日世界。迪士尼乐园的经营模式获得成功，迪士尼先后在佛罗里达、巴黎、东京、中国香港和其他地区建立主题公园。**RC**

1955年9月30日

詹姆斯·迪恩去世
Death of James Dean

影星、文化偶像詹姆斯·迪恩因车祸去世

△ 詹姆斯·迪恩的银色保时捷斯派德550残骸——他将爱车命名为"小混蛋"

詹姆斯·拜伦·迪恩（James Byron Dean）是唯一一位死后获得奥斯卡最佳男主角奖的演员。他24岁时去世，因1955年在《无因的反叛》中扮演的不羁少年形象，成为二十世纪五十年代叛逆青年文化的阴郁代表。《无因的反叛》中有青少年帮派、未成年人饮酒和危险的赛车场景，深受年轻观众喜爱。迪恩主演的另外两部电影为《伊甸园之东》（1954）和《巨人传》（1956）。

迪恩喜爱跑车，并热衷于赛车。1955年9月，他同机械师驾着大马力保时捷斯派德550新型跑车到萨利纳斯赛车。途中，他在时速55英里（90千米）区域飙到65英里，被开了罚单。之后迪恩向西开上美国466号公路，突然一辆1950年款福特汽车试图插到保时捷前方拐入支路。福特车主23岁，名字令人难以置信——唐纳德·特纳普西德（Donald Turnupseed）。救护车抵达现场时迪恩仍有呼吸，机械师被甩出车外，颌骨碎裂。福特车主仅体表擦伤和淤伤，没有因事故受到起诉。救护车下午6点前抵达巴索罗布列斯市医院时迪恩死亡。他被葬在儿时的家乡印第安纳州费尔芒特。詹姆斯·迪恩之死引发了影迷歇斯底里的狂潮，同鲁道夫·瓦伦蒂诺不无相似之处。**RC**

1955年12月1日

公交车上的种族隔离
Bus Segregation

罗莎·帕克斯（Rosa Parks）拒绝让座，掀起阿拉巴马州联合抵制公车运动

美国的黑人民权运动开始波及南方。阿拉巴马州蒙哥马利市不允许"有色"乘客在公交车前排就座，而必须到车尾部去。1955年12月，名为罗莎·帕克斯的黑人女性无视了这条规定。这位值得尊敬中年妇女积极参与民权运动。她在克利夫兰大道汽车上拒绝给一名白人男子让座，因为她的"脚酸疼"。公交车停车，帕克斯被逮捕并处以罚款。

无论是出于巧合，还是事先计划，帕克斯引发了惊人的效果。蒙哥马利市黑人领袖任命默默无闻的浸信会牧师马丁·路德·金（Martin Luther King, Jr.）领导抵制公交运动，并争取最大的宣传效果。帕克斯是抵制运动的契机，而结果证明马丁的非暴力抵抗原则是正确的。蒙哥马利市超过90%的黑人市民加入抵制行动，并设法以其他方式上班。公交公司和市区商店抱怨生意渐失。1956年4月，美国最高法院否决公交车上实行种族隔离的政策，而意图顺从的蒙哥马利公交公司被当地警察局局长阻挠。6月，蒙哥马利联邦地方法院宣判当地的种族隔离条例违宪，11月最高法院维持原判。蒙哥马利市让步屈服，罗莎·帕克斯在公交车前由摄影师拍照。

蒙哥马利市抵制运动的胜利极大地促进了美国全境内的黑人民权运动，而马丁·路德·金由此走上历史舞台，成为美国和国际知名人士。**RC**

1956年2月25日

批判斯大林
Stalin Denounced

赫鲁晓夫抨击斯大林，试图同过去决裂

1956年2月，克里姆林宫的1355名普通代表和81名无投票权代表对苏共第二十届代表大会内容毫无头绪，这是斯大林在1953年去世后举行的首届大会。大会开幕日上出现了明显提示——第一书记尼基塔·赫鲁晓夫要求代表们起立缅怀近期去世的共产主义领袖们。但2月25日面对秘密会议上的四小时演讲，无人做好了思想准备。赫鲁晓夫谴责斯大林一手打造的个人崇拜，揭露了1924年列宁曾反对斯大林，并抨击斯大林在大清洗中处决了许多无辜者。赫鲁晓夫称这位表面上绝对正确的领导人实为专制君主，对苏联人民犯下累累罪行。代表们自然惊诧不已。

古拉格的数千名罪犯得到释放，斯大林的雕像被撤下。似乎新黎明已经到来，但强烈的对抗反应随之而来。不少人认为赫鲁晓夫的演讲为不实之词，不过是为推动其事业发展的自私举动。赫鲁晓夫向匈牙利派兵，宣称自己为斯大林主义者、决心同阶级敌人斗争，成为转折点。他前进了两小步，后退了一大步。

赫鲁晓夫的演讲很有误导性。西方领导人以为冷战局势将有所缓和，但事实上柏林和古巴的外交氛围转冷。1956年受到冲击后，斯大林的声誉再未能完全恢复，而赫鲁晓夫因在苏联创建了稍为开放的社会，成为八十年代开放政策和经济改革的先驱。**RP**

1956年4月21日

埃尔维斯雄踞榜首
Elvis Is Number One

《心碎旅店》走红,令埃尔维斯从地方歌手一跃成为美国歌星,摇滚乐也因此知名度大增

埃尔维斯·普雷斯利(Elvis Presley)凭借单曲《心碎旅店》打入主流乐坛。《心碎旅店》由梅·阿克斯顿(Mae Axton)创作,1956年4月21日登上最畅销唱片排行榜首位,蝉联八周冠军。传说阿克斯顿告知埃尔维斯:"你需要销量过百万的歌,我会为你写的。"单曲于1月27日发布。

埃尔维斯·亚伦·普雷斯利生于1935年1月8日,他早期所受影响包括当地教堂福音音乐、黑人邻居的节奏布鲁斯以及电台和学校里播放的白人乡村音乐。1954年,担任卡车司机的埃尔维斯灌制了第一张唱片——为母亲庆生制作的私人唱片,两天后他满21岁。1956年埃尔维斯在RCA唱片公司的那什维尔工作室首次录音。擅长操纵他人的汤姆·帕克(Tom Parker)上校任埃尔维斯的经理人,以四万美元的价格从地方唱片公司挖走了埃尔维斯,后者即将大展宏图。

《心碎旅店》以一篇年轻人自杀的新闻报道为蓝本创作。4月3日,埃尔维斯在《米尔顿·伯利秀》上为大批观众(可能多达美国人口的25%)表演《心碎旅店》。他迅速成为白人青少年偶像、摇滚风潮代表人物。埃尔维斯轮廓鲜明、急于取悦听众,但他同当时电视上身着燕尾服或牛仔装束的中年表演者不同,散发着新奇而危险的气息。他在表演中摇摆臀部、转动膝盖、翘起嘴唇,不久即被批评为粗俗猥亵。"电臀猫王"震撼全国。**JJH**

◐ 埃尔维斯手持金框唱片《心碎旅店》,照片摄于1956年4月

1956年7月26日

纳赛尔将苏伊士运河收归国有
Nasser Nationalizes the Suez Canal

苏伊士运河国有化令埃及同英法对立

印度籍联合国士兵在苏伊士危机期间监视运河区域,照片拍摄于1956年

法鲁克一世(Farouk)遭到流放四周年纪念日,多达五万人聚集在亚利山大港主广场听纳赛尔总统讲话,更多民众守在收音机前。纳赛尔重视的阿斯旺高坝可能会被迫停建,有人推断总统会因此低声下气。但纳赛尔满怀自信、慷慨陈词。他阐明斐迪南·德·雷赛布的苏伊士运河公司如何掠夺了本属于埃及人的财富,而这一切即将结束——他准备将运河收归国有,以运河的利润支持大坝项目。他向人群宣布,倘若帝国主义者对此不满,"他们大可以活活气死"。演讲结束时,苏伊士运河已经收复。埃及军队以"斐迪南·德·雷赛布"为信念控制了运河及运河公司。

1869年苏伊士运河完工,船只可以从地中海直达亚洲。英国在1875年成为运河最大的股东,并于1882年入侵埃及以保护其资产。1952年,国民军官发动政变后,运河区的英国驻军备受争议。1956年6月最后一批英国军队撤离埃及。同时纳赛尔同苏联交好,导致美国停止其对阿斯旺大坝的经济援助。纳赛尔的反帝行为立即激起英法的敌意。1956年年末,纳赛尔挺过英法入侵,成为中东英雄。**RP**

1956年10月23日

匈牙利民众起义反抗苏联
Hungary Rises Up Against the Soviets

1956年10月匈牙利起义,为终结苏联统治带来虚幻的希望

▲ 兴高采烈的匈牙利自由斗士们站在缴获的苏联坦克上挥舞匈牙利国旗

匈牙利政府明令禁止游行,但这并不能阻挡学生、工人和当地士兵。1956年10月,他们公开反抗苏联统治,高呼"红军滚出去"并要求选举。新任独裁者格罗(Erno Gero)通过广播谴责示威者,激起民众围攻当地广播站。布达佩斯的斯大林巨像被推倒。这无疑为匈牙利开启了新黎明,也许苏联治下的东欧也会因此受益。

二战后,斯大林向匈牙利派兵,实施共产主义统治。赫鲁晓夫批判斯大林后,苏联对匈牙利的控制似乎有所放松,匈牙利总理纳吉·伊姆雷(Imre Nagy)推行若干进步改革措施,但其后遭到镇压,纳吉被开除党籍。匈牙利一片混乱。赫鲁晓夫下令从布达佩斯撤军,希望借让步平息骚乱。纳吉组建新政府,宣布匈牙利即将退出华沙条约组织,莫斯科终于按捺不住了。11月4日,约二十万苏军和两千五百辆坦克开往匈牙利,重新确立苏联统治。

1956年匈牙利起义中至少三千人死亡,一万三千人受伤。纳吉被古拉格逮捕,审讯后遭到射杀。10月23日只是虚幻的黎明,或是为1989—1990年的预演。**RP**

1956年10月29日

苏伊士运河战争
Conflict at the Suez Canal

以色列入侵埃及，启动推翻纳赛尔政权计划

▲ 联合国军队抵达塞得港，企图帮助该地区恢复和平

1956年10月29日，以色列军队趁天黑出击，以捣毁恐怖主义基地为目标进入埃及西奈半岛。不久后他们向西开往苏伊士运河地区。当天英国首相安东尼·艾登向其内阁强调了局势的严峻性。艾登称，6月埃及总统纳赛尔将运河收归国有，从而"扼住了我们的咽喉"；但当前埃及卷入战争，对英国和国际航运造成了更大的威胁。英国具有保护运河安全的权利，因此艾登坚持英国有义务出兵调停、重塑秩序。法国将协助英国完成这一合理任务，执行国际法。

英国皇家空军轰炸埃及机场。11月5日，八千多名英国和法国士兵进驻埃及。战场上一切顺利，但美国在联合国大会上要求停火，而纳赛尔将注满混凝土的船只沉入水中，封锁运河。艾登坚称他事先并不知道以色列发兵，但很多人怀疑英国、法国和以色列曾串通编造入侵借口。艾登希望铲除纳赛尔，并打击中东新兴的阿拉伯民族主义运动。

英镑大幅贬值，英国被迫中止调停行动并撤军。苏伊士运河战争对艾登和不列颠帝国主义造成重大打击，二者均未能恢复元气。**RP**

1957年3月6日

加纳独立
Ghana Gains Independence

加纳独立，宣告欧洲势力匆忙撤出非洲

△ 加纳脱离英国独立后，政府官员扛着夸梅·恩克鲁玛总理穿过人群

　　1957年3月6日，多国代表满怀期待地来到加纳首都阿克拉克里斯钦堡参加盛典。午夜12点，英国国旗降下，黑星旗升起，黄金海岸不复存在，首个独立的非洲殖民地国家加纳诞生。"喜悦如山洪爆发"，媒体如是报道。"随着欢声鼎沸、热情爆发，以及5百万胜利民众欢欣鼓舞，113年的帝国主义殖民统治就此终结。"

　　一系列民主选举过后，双方和平实现权力移交。英国人和加纳人都为圆满完成任务而自豪。加纳最后一任总督查理·阿登-克拉克爵士（Charles Arden-Clarke）向夸梅·恩克鲁玛总理祝贺道："你的努力终成正果"。对方答："是我们的长期努力终成正果，查理先生。"加纳无疑为非洲其他国家——乃至全世界——树立了榜样。

　　二战前，黄金海岸的英国人难以想象任何非洲殖民地有能力实行自治。1948年2月，阿克拉暴动导致恩克鲁玛等民族主义者被捕，此后发生了惊人的政治进步。加纳已今非昔比。遗憾的是，1966年局势改变。此时非洲大多数殖民地已迅速独立，但加纳因政府腐败而陷入贫困，独裁者恩克鲁玛被民众推翻。**RP**

1957年3月25日

欧洲六国自由贸易
Free Trade Across Europe

《罗马条约》建立欧洲经济共同体

▲《罗马条约》签订现场——德国代表在文书上签字

欧洲一体化运动由来已久，但在1957年的罗马会议上，真正重要的是现实，而非对历史的抽象研究。各国政客及其所代表的民众已经痛苦地意识到二战中大屠杀的恶果。此时他们要摆脱令人不快的过去，法国、西德、意大利、比利时、荷兰和卢森堡代表签署协议，准备建立"更为紧密的联盟"——欧洲经济共同体。六个成员国间废除所有关税，实现商品、资本和公民自由流动。

《罗马条约》起源于一系列事件。最初比利时、荷兰和卢森堡于1944年创建比荷卢同盟，三国产业和贸易一体化。1951年，根据《巴黎条约》创建欧洲煤钢共同体以及理事会、议会和司法机构。其后，1955年西西里的墨西拿会议为《罗马条约》打下基础。目标在于成员国之间永不开战，共建繁荣未来。牺牲部分国家主权似乎是微不足道的代价。

欧洲经济共同体的成员国迅速增加。2004年，这个名为欧洲联盟的组织有27个成员国。其前景是世界政局中最引人深思的问题之一。**RP**

1957年10月4日

苏联卫星升空
Soviets Reach Space

苏联的科技实力震惊世界

▲ 创造"斯普特尼克1号",照片拍摄于1957年,正值苏联领导人尼基塔·赫鲁晓夫事业高峰期

世界首颗人造卫星"斯普特尼克1号"出自苏联人之手。卫星发射在西方引起巨大轰动,也令苏联领袖尼基塔·赫鲁晓夫扬眉吐气,严重动摇了美国对其技术优势的自信心。苏联卫星升空似乎造成了灾难性的战略后果。表面来看,苏联在洲际弹道导弹上遥遥领先。美国总统艾森豪威尔被批评为浪费了本国的科技优势。

但凭借U-2侦察机搜集的情报,艾森豪威尔非常清楚,美国在这场战略对抗中具有压倒性优势。但为保护U-2项目,他无法宣布这一结果,只是保证美国没有受到威胁,且美国的火箭研究进展顺利,但收效甚微。另一方面,赫鲁晓夫将利用苏联的技术优势,在西方事务中谋利。他希望和平共存,并削减苏联的军事开支,但按捺不住大肆吹嘘苏联的导弹实力。赫鲁晓夫出国访问时苏联进行航天发射,已成定势,虽为虚张声势,却相当有说服力。结果适得其反。美国人相信本国国防不足,导弹实力落后于苏联,要求投入资金改变局势。最终形成了真正的导弹实力差距,美国稳操胜券。**JS**

1958年5月3日

毛泽东发起"大跃进"运动
Mao Announces "Great Leap Forward"

毛泽东下令通过民众力量立即实现工业化

▲ 毛泽东的"大跃进"导致极度贫困（农村地区尤为严重）和饥荒

由于对社会主义经济发展规律和中国经济的基本情况认识不够，进行社会主义建设经验不足，毛泽东等人在胜利面前滋长了骄傲自满情绪，急于求成，夸大主观意志和主观努力的作用，因而在社会主义建设总路线提出之后，没经过认真的调查研究，就轻率地发动了"大跃进"运动。

5月，中共八大二次会议提出要使中国在15年或更短的时间内，在主要工业产品产量方面在十年内超过英国、十五年内赶上美国。会后，全国各条战线掀起了"大跃进"的高潮。8月，中共中央政治局北戴河会议，确定了一批工农业生产的高指标，提出1958年钢产量翻番，作为实现"大跃进"的重要步骤，达到1070万吨。

运动中，以高指标、瞎指挥、浮夸风和共产风为主要标志的"左"倾错误严重泛滥。中共中央从1958年11月第一次郑州会议到1959年7月庐山会议前期，曾努力领导全党纠正已经察觉到的错误。但庐山会议后期，由于对彭德怀等人的错误批判，在全党开展了"反右倾"的斗争，使错误延续了更长时间，造成了国民经济的重大损失。**BD**

1959年2月16日

卡斯特罗出任古巴国务委员会主席
Castro Becomes Prime Minister of Cuba

卡斯特罗率军进入哈瓦那，受到大部分古巴民众欢迎

◎ 政变成功后，大获全胜的菲德尔·卡斯特罗及其游击军巡游哈瓦那街道

1959年2月，在极端逆境中崛起的菲德尔·卡斯特罗出任古巴国务委员会主席。1956年末卡斯特罗携区八十人在古巴西南岸登陆，其计划被人泄露给古巴当局，遭到政府军攻击，大部分成员丧生或被捕。卡斯特罗、其弟劳尔（Raul）和埃内斯托·切·格瓦拉（Ernesto "Che" Guevara）等人设法逃入马埃斯特腊山脉中藏身，卡斯特罗在此宣布："现在起胜利属于我们。"

不可思议的是，其预言成真了。革命者们有效利用广播进行宣传，攻击巴蒂斯塔政权，获得国际舆论同情。他们发动游击战，同时古巴国内的反政府情绪日益高涨。1958年7月，各政府组织在加拉加斯会面，推举卡斯特罗为领导人。巴蒂斯塔在马埃斯特腊山剿灭叛军的行动以失败告终，卡斯特罗的军队发起反攻。巴蒂斯塔失去美国支持时，革命军人数已增至五万人左右，在古巴民众间获得压倒性支持。

新年前夕，巴蒂斯塔逃亡。军政府取而代之，但迅速垮台。士兵们放下武器，卡斯特罗的革命军进入哈瓦那。卡斯特罗利用国务委员会主席之位建立政权，令古巴同苏联结盟。**RC**

1959年2月3日

巴迪·霍利死于飞机失事
Buddy Holly Dies in Plane Crash

私人飞机在爱荷华州起飞数分钟后坠毁,摇滚巨星巴迪·霍利丧生

飞机在爱荷华州坠毁提前终结了一代摇滚巨星巴迪·霍利的音乐事业,失事地点树起了吉他和唱片造型的钢质纪念碑。去世时年仅22岁的巴迪·霍利,创造了流行音乐的永恒基调,对披头士乐队、鲍勃·迪伦和布鲁斯·史普林斯汀等大批音乐人产生深远影响。

1959年2月寒冷刺骨,冬日狂舞派对巡回演出来到爱荷华州克利尔莱克市,在冲浪舞厅为一千名观众表演。此时正值摇滚乐首个高潮期,演出的主打歌手包括巴迪·霍利、"大博普爵士乐手"、J. P. 理查森和里奇·瓦伦斯。乘大巴四处巡演令霍利身心俱疲,他为其乐队贝司手威伦·詹宁斯(Waylon Jennings)、吉他手汤米·奥萨普(Tommy Allsup)包租小型私人飞机,准备飞往下一场演唱会。但瓦伦斯和理查森上飞机抢占了乐队成员的位置。他们凌晨一点钟在暴风雪中起飞,霍利坐在副驾驶位,飞行员是尚未取得资格证的新手。几分钟后,天气条件极其恶劣。飞机坠毁,所有人死亡。

1955年,霍利曾在德克萨斯州卢博克市的演出中为埃尔维斯·普雷斯利暖场。同猫王一样,霍利受到布鲁斯、节奏布鲁斯和乡村音乐影响。1957年霍利携其蟋蟀乐队到新墨西哥州,同制作人诺曼·培第合作录制唱片,由此走红,创作了一系列流行单曲。霍利去世后《不要紧》在全球大获成功。**JJH**

- 霍利所乘的飞机残骸;一名乘客被甩出飞机落入雪中
- 尽管霍利的音乐事业仅有18个月,他的创造性作品为早期摇滚乐留下永恒的烙印

1959年3月31日

达赖喇嘛逃往印度
Dalai Lama Flees

西藏反革命叛乱失败，达赖喇嘛逃往印度

1959年初，西藏局势日益动荡不安。1959年3月初，拉萨市发生数次针对人民解放军的游行，游行中提出"西藏独立"等口号。3月10日，西藏地方政府武装包围了人民解放军拉萨驻军司令部，酿成叛乱。17日，达赖喇嘛离开拉萨。叛乱藏军杀死自治区筹

> "达赖喇嘛转世灵童将在自由国度诞生，不受中国政府控制。"
>
> 达赖喇嘛声明，1999年7月

委会藏族官员堪穷索朗降错，打伤军区干部多人。19日，藏军同人民解放军驻藏部队交火。20日，藏军溃败。

1959年8月28日，国务院发布命令，自即日起解散策动叛乱的原西藏地方政府，西藏自治区筹备委员会行使西藏地方政府职权，由班禅额尔德尼·确吉坚赞代理筹委会主任委员，并命令西藏军区彻底平息叛乱。其后，人民解放军驻日喀则、江孜、黑河、阿里等地的部队，分别解除当地藏军的武装。4月8日，人民解放军进军山南地区。下旬，控制整个西藏地区。

3月31日，达赖喇嘛抵印度北部达兰萨拉。

BD

1960年2月3日

变革之风
Wind of Change

麦克米伦在开普敦的演讲标志着英国政策发生彻底变革

英国首相哈罗德·麦克米伦（Harold Macmillan）以沉着冷静著称。即便如此，他在造访南非首相维沃尔德（Verwoerd）期间也颇为不安。维沃尔德博士提出"骇人听闻的主张"，一心追求种族隔离，且确信"他本人正确无误"。但在2月3日，麦克米伦向南非议会发表演讲，公开挑战这一白人政府。登台前麦克米伦紧张得想吐，但已为演讲做了充分准备。麦克米伦断言，非洲正兴起"变革之风"，民族意识成为决策必须考虑的政治因素。他赞扬阿非利卡人在非洲首开维护民族利益之风，并称其他民族也会纷纷效仿，非洲黑人必须得到公平对待，否则将转而投入共产主义阵营。他没有直接提到种族隔离，但断定政府应该尊重个人权利。麦克米伦明确指出，英国在非洲其他地区的政策开始改变，可能会"对你们造成障碍"。

南非人对这场50分钟的演讲致以掌声，但他们对随之而来的事件深感痛惜。麦克米伦的演讲成为白人殖民者主导的中非联邦解体的先兆。1959年的动乱和官方谴责报告已令英国确信，尼亚萨兰（马拉维旧称）和北罗得西亚（赞比亚旧称）应当立刻施行黑人自治。1969年南非自动脱离英联邦，以免遭到开除。

某种程度上来讲，麦克米伦的演讲是对非洲局势飞速变化的延期认可，但依然加强了非洲黑人的奋斗决心，同时巩固了阿非利卡人的固守抵抗心态。RP

1960年3月21日

残忍大屠杀
Ruthless Massacre

沙佩维尔警方射杀平民，遭到国际舆论谴责

种族隔离时期，剑拔弩张和暴力冲突皆为平常事。即便如此，约翰内斯堡西南发生的沙佩维尔事件令人咋舌。起初人们游行反对《通行证法》。法令要求非白人随身携带通行证；即使在"白人区"工作，也不得逗留过夜。当局无疑使用了威胁恐吓手段，少数非洲人也被迫助纣为虐。虽然也发生了暴力冲突和破坏财物事件，但无人预料到大屠杀的发生。

抗议发展到高潮，数千人包围当地警察局。群众至少手无寸铁，而警察局内的起十五名警察配有自动武器。人群拒绝解散集会，而尚无理由采取武力行动。但警方依然决定开火，导致六十九人死亡，近两百人受伤。男女老幼逃散时背后中枪。有警察向记者描述，惨案现场如同"世界大战战场，尸体横七竖八。"

政府坚称事件由泛非主义者大会引发——这一组织成立于1959年，比非洲人国民大会的立场激进许多——多达两万名非洲武装分子包围警察局，且率先开火。没有人相信。4月1日，联合国安理会要求南非停止种族隔离。南非政府会否让步？首相维沃尔德回应道："我们将如花岗石墙般岿然不动。"南非政府禁止泛非主义者大会和非洲人国民大会，将约翰内斯堡主教驱逐出境，并脱离英联邦。遭到孤立的南非白人政府继续在日益激化的种族矛盾间苦苦挣扎。**RP**

1960年11月2日

查泰莱夫人被审判
Lady Chatterley Trial

陪审团判定大卫·赫伯特·劳伦斯（D. H. Lawrence）的小说不属淫秽读物，可以出版

被告证人的证词过了头，将《查泰莱夫人的情人》描述为"健康"和"卫生"的。伍利奇（Woolwich）主教甚至称查泰莱夫人和猎场看守人的通奸属于"圣洁的交融行为"。而检察官默文·格里菲斯·琼斯（Mervyn Griffith-Jones）竟然表现得更加滑稽荒唐。他没有请专家出庭作证，笨拙地试图

> "你愿意自己的妻子或佣人读到这本书吗？"
>
> 默文·格里菲斯·琼斯致陪审团

证明小说毫无任何补偿性文学价值。三小时后陪审团判定《查泰莱夫人的情人》不属淫秽出版物，企鹅出版集团印制小说无罪。

1928年大卫·赫伯特·劳伦斯改完《查泰莱夫人的情人》最后一稿，称之为"史上最不合体统的小说"。它不是色情文学，仅仅"揭示了阳具崇拜的现实"。英国当局认定此书过于离经叛道，将之设为禁书。1955年，一书商因囤积此书入狱。企鹅出版集团于1959年印制二十万册《查泰莱夫人的情人》，纪念劳伦斯忌辰三十周年。检察长发起了这场作秀审判。

审判带来的宣传效果自然令《查泰莱夫人的情人》大为畅销——两年内企鹅售出三百万本。英国的性观念和性行为开始改变，审判和小说将人们引入"摇摆的六十年代"。**RP**

1961年4月11日

艾希曼因战争罪行受审
Eichmann Stands Trial for War Crimes

艾希曼审判表明二战结束很久以后战犯依然面临诉讼，宣告纳粹政权彻底终结

所有视线聚集在阿道夫·艾希曼身上；他同"邪恶的化身"之名并不相称。他五十几岁，身材矮小，头发稀疏，外表平平，令人失望。他被控迫害犹太人、反人类罪和战争罪等十五项罪状，任何一项罪名成立皆可判处死刑。艾希曼如何申辩？对于每项罪状，他都坚称自己"在诉讼意义上无罪"。

这场审判延期已久——1946年被囚禁的阿道夫·艾希曼出逃。1960年以色列情报人员重新逮捕艾希曼，审判才得以进行，由三名法官在以色列人民院主审。审判公开进行，听审席上坐满记者，全球直播。法官们决定，即便是作秀公审，也要严格执行法律程序。首席检察官亲自担任公诉人，而被告也有律师。法庭检视了约一千五百份文件，逾百名证人出庭，大多为集中营幸存者，证实艾希曼是将他们送入集中营的决策者。

艾希曼坚称自己不过是"奉命行事"，也不足以洗脱罪名。他被判全部罪名成立，于1962年5月执行绞刑。审判发出明确信号：在逃纳粹战犯终将受审。**RP**

- 全球大部分地区经过艾希曼审判后才充分了解到纳粹对犹太人的迫害程度。
- 犹太人聚集在艾希曼受审的法庭外，等待其著名迫害者的审判结果。

1950年至今 797

1961年4月12日

首次载人航天成功
First Man in Space

尤里·加加林代表苏联在空间竞赛中拔得头筹

宇宙飞船"东方1号"在哈萨克斯坦的拜科努尔发射，其任务为运载首位宇航员进入太空。尤里·加加林将在89分钟内环行地球一周，飞行高度最高达187英里（301千米）。航天器没有着陆计划，加加林再次进入大气层后跳伞到达安全地点，并证明"宇宙飞行会对人体造成致命影响"为伪命题。加加林相貌英俊，又经常面带微笑，迅速成为苏联和国际巨星。

加加林的成就令美国总统肯尼迪颇为头痛。自从1957年"斯普特尼克1号"发射成功，美国民众认为本国在航天领域落后于苏联，深感威胁。人们担心取得太空控制权后，也许可以通过操纵天气或引发气候变化来控制地球。肯尼迪参选总统时，曾谴责共和党在空间竞赛中落后于苏联，此时他被迫有所作为。1961年5月，肯尼迪宣布进行阿波罗计划，预计在1970年载人登月。阿波罗计划的科学价值受到质疑，也有人建议这笔资金应作他用。但毫无疑问，登月计划极具戏剧性。简而言之，其政治价值远超科学价值，且一大优势为苏联航天项目中没有登月内容。这场比赛美国赢定了。**JS**

1961年4月17日

古巴击退入侵者
Cuba Repels Invaders

卡斯特罗军队在猪猡湾击退美国资助的古巴侵略军

菲德尔·卡斯特罗成功夺取古巴政权，成为苏联在美洲的可靠同盟。任何一届美国政府都无法容忍苏联在如此近距离内建立军事基地，美国还担心其他拉丁美洲国家效仿古巴、投入社会主义阵营。

不少古巴流亡者在美国得到庇护，两国因此于1961年1月断绝外交关系。4月，反对卡斯特罗的古巴流亡者计划入侵古巴，得到新任总统肯尼迪的同意和资助。肯尼迪将侵略军的目标包装为苏联在古巴建立的现代化军事设施，而美国军方没有直接参与。前任政府领导中央情报局策划了这次行动，极不光彩地以失败告终。古巴人已有所准备。尽管4月15日古巴流亡者驾驶美国飞机轰炸了多个古巴机场，但收效甚微。两天后，侵略军从尼加拉瓜出发，在古巴南岸猪猡湾海滩登陆。美国期待的反卡斯特罗起义没有实现，而古巴军队在菲德尔·卡斯特罗本人的有力指挥下，48小时内击溃入侵者，俘获1000多名战俘，美国在1962年末最终将他们赎回。

入侵行动彻底失败，令肯尼迪颜面尽失，而卡斯特罗更是因此人气大增，且同莫斯科的关系愈加密切。猪猡湾事件可能最终导致苏联领导人赫鲁晓夫决定加注，在古巴岛上部署核弹头。**RC**

◀ 拜科努尔发射台，苏联东方3KA航天器上，尤里·加加林准备升空

1961年8月13日

开始修筑柏林墙
Construction of the Berlin Wall Begins

建起柏林墙不为拦阻西方人入境,而是为防止东德人出逃

△ 东德军队开始建造柏林墙,最终将西柏林完全包围

8月13日凌晨,饮酒狂欢者发现火车停运;柏恩瑙街居民被军用卡车声惊醒;街上传来工人使用气钻的噪音。不久以后,装有倒刺的铁丝网在柏林街道间蜿蜒而过。手持机关枪的士兵宣布:"边境关闭。"西柏林被长达113英里(182千米)的铁丝网包围。柏林墙的分界线经过住宅区,建筑的门开向东德,窗面朝西德,后来窗子被砖砌封死。

1958年,苏联领导人赫鲁晓夫曾评论柏林是"西方的睾丸……每次我想让西方尖叫,我就捏它一捏"。1949年斯大林封锁西德时,西方的确尖叫过;但此时坐立不安的是苏联人。1949—1960年间多达三百万公民通过柏林离开东德,而近期移民潮更有如决堤之水。赫鲁晓夫强调,建造柏林墙是为了防止西方进行间谍活动,但实际上是为阻拦东德公民出逃。

西方只能抗议,后来双方都逐渐适应了这一新体制。柏林墙是冷战的鲜明标志,正如1989年推倒柏林墙象征着冷战终结。**RP**

1961年9月6日

鲍勃·迪伦纽约初次登台
Bob Dylan's New York Debut

明尼苏达小伙凭借个人表演在大城市立足

▲ 鲍勃·迪伦（中）为格林布瑞尔男孩伴奏，其后他凭借个人表演走红

二十世纪六十年代初，格林尼治村已经成为纽约的"左岸地区"（译者注：巴黎塞纳河左岸是作家、学者和艺术家的聚集地）。这里的反传统派诗人、民权运动者和反战人士集中在民谣俱乐部，又名"篮子咖啡馆"——人们在表演时将报酬放入篮中传递。地下俱乐部"燃气灯"在1958年开业，是最早和最重要的俱乐部之一，年轻的迪伦在这里对演唱产生兴趣，吹口琴、弹民谣吉他，磨砺舞台技巧，试唱新歌。9月6日，迪伦首次上了节目单，演奏组曲，包括他的四首原创歌曲"街头死者"、"他是我的朋友"、"Talking Bear Mountain Picnic Massacre Blues"和"献给伍迪"。

根据报道（以及非法录制的磁带），迪伦唱得极为动情，尤其是向大萧条时期民谣歌手致敬的"献给伍迪"。迪伦从偏远的明尼苏达州来到纽约，就是为了同伍迪·伽瑟里（Woody Guthrie）见上一面，他由此走入了喧扰的现场音乐表演和录音棚。起初迪伦有意模仿伽瑟里，但不久后他吸收了其他风格，调整其舞台形象，唱腔中加入独特的鼻音。

1961年9月，罗伯特·谢尔顿（Robert Shelton）在《纽约时报》发表乐评，令鲍勃·迪伦成为全国知名艺人。这篇乐评的高度评价帮助迪伦拿到哥伦比亚唱片公司合约，成为其早期事业的关键转折点。**JJH**

1961年9月18日

爆炸疑云
Mystery Explosion

达格·哈马舍尔德（Dag Hammarskjöld）去世，联合国痛失领导人

  DC-6商用客机突然爆炸时距离今赞比亚境内的恩多拉机场不远。飞机直接坠地，机上15名乘客和机组人员中14人死亡，其中包括史上最出色和最富有争议的联合国秘书长。哈马舍尔德代表小国权益，推动联合国为和平发挥积极作用，主张秘书长成为主动执行者。近期苏联曾要求哈马舍尔德辞职，自然有人推测他所乘的飞机遭到蓄意破坏。

  达格·亚马·昂内·卡尔·哈马舍尔德（Dag Hjalmar Agne Carl Hammarskjöld）获得斯德哥尔摩大学博士学位及众多荣誉学位。不少人认为这位精通多国语言、多才多艺的秘书长是当代文艺复兴式人物。他曾任学者、银行家、行政人员，后于1951年进入瑞典内阁。1949年他也首次参加联合国大会，1953年4月哈马舍尔德当选秘书长，1957年9月以全票连任。任职期间他十分活跃，且卓有成效。1955年，哈马舍尔德亲自谈判，令朝鲜战争中被俘的美国士兵得到释放；他还倡导启用联合国紧急部队和观察组。1960年起哈马舍尔德热心解决刚果内战危机，在第四次访问刚果途中去世。

  1961年，哈马舍尔德被追授诺贝尔和平奖，"感谢他所做的一切努力、他的成就以及他致力于各国和人类间和平友好的奋斗目标。"他在人们的记忆中永存，但联合国从此失去了重要的领航员。**RP**

1962年7月3日

阿尔及利亚独立
Algeria Independent

历经132年的殖民统治，阿尔及利亚终于脱离法国，取得独立

  1830年法国首次入侵阿尔及利亚，其后阿尔及利亚被并入法国，但当地人民毫无政治权利。阿尔及利亚首波阿拉伯民族主义思潮兴起于两次世界大战之间，1945年后成燎原之势，最终民族解放阵线（FLN）于1954年11月1日掀起第一场叛乱。法国当政的社会主义和共产主义党派支持阿拉伯民族诉求，而右

> "阿尔及利亚人可以自主决定其命运……"
>
> 夏尔·戴高乐，1960年1月29日

翼党派力主阿尔及利亚从属于法国。法国军队镇压起义长达八年之久，双方手段都日趋残忍，法军同民族解放阵线的武装部队直接开战，冲突达到高潮。法军控制了大部分地区，但无法赢得政治战争。

  1958年夏尔·戴高乐将军重返政坛，被授权解决阿尔及利亚危机，稳定法国政局。戴高乐认识到阿尔及利亚独立在所难免，在埃维昂小镇同民族解放阵线谈判。超过125万法国人返回宗主国后，阿尔及利亚新政府开始清算曾为法国效力和合作的本国公民。**NK**

1962年7月10日

卫星首次传输电视信号
First Television by Satellite

电视卫星1号（Telstar 1）升空，将电视信号发回地球，缩短各国间的距离

　　航天卫星通讯如今已成为广告业欣欣向荣的基础，也是军事行动的重要因素。卫星通讯的概念于1945年由科幻作家亚瑟·查理斯·克拉克（Arthur Charles Clarke）首次提出，五十年代率先实现这一设想的包括贝尔电话公司的美国工程师约翰·R. 皮尔斯（John R. Pierce），他领导的团队分别于1960年和1962年成功发射了埃科通信卫星和电视卫星1号。

　　埃科卫星通过其铝制表面反射微波无线电信号，传送回地球，但电视卫星更为复杂；后者首次实现太空传输电视信号。美国电话电报公司同贝尔电话公司、英法两国邮政部合作，发射电视卫星1号。缅因州境内（近安多佛）设立巨型天线，自动追踪卫星，其后电视图像跨大西洋传送，英法通讯站接收。

　　电视卫星1号发出的第一幅画面展示了安多佛站的旗子，不久后转播了芝加哥小熊队和费城费城人队间的棒球赛，肯尼迪总统也利用电视卫星1号举办了跨大西洋实时新闻发布会。电视卫星1号在1963年失效，概因受到核武器试爆辐射影响，电视卫星2号取而代之。研发工作继续进行，1964年辛柯姆通讯卫星（Syncom）实现了东京奥运会跨太平洋实况转播。**RC**

○ 电视卫星1号在设计上同三角洲系列运载火箭配套，长度为33.5英寸（880毫米），重达170磅（77千克）

○ 副总统林登·约翰逊观看卫星传输的首场法国电视节目

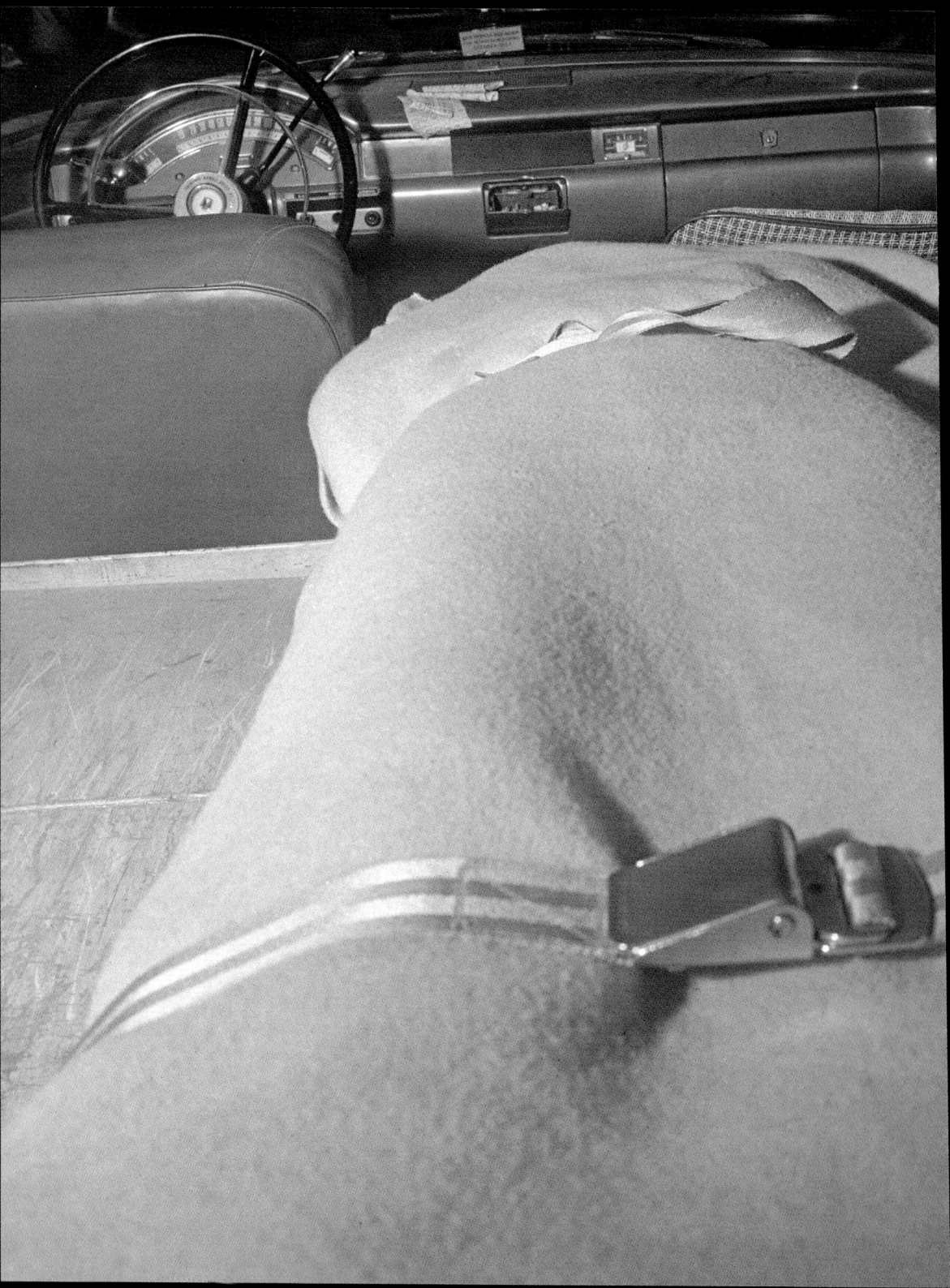

1962年8月5日

性感女神香消玉殒
Death of a Goddess

影星玛丽莲·梦露在洛杉矶家中死于服药过量

原名平淡无奇的诺玛·简·贝克（Norma Jeane Baker）儿时在寄养家庭和孤儿院中长大，日后成为世界最著名的人物之一。她在加利福尼亚某工厂工作时被摄影师发掘，1946年同二十世纪福克斯影片公司签约。连续扮演多个头脑简单的金发女郎角色后，她改名为玛丽莲·梦露，出演了一系列卖座电影，包括《巴士站》（1956）、《游龙戏凤》（1957）和《热情似火》（1959）。梦露美貌出众、性感撩人、楚楚可怜，被奉为国际公认的性感女神；但她承受的压力过大，私生活混乱不堪。

结束短暂的第一段婚姻后，梦露嫁给了卓越的棒球手乔·狄马乔（Joe DiMaggio），其后同知名剧作家亚瑟·米勒（Arthur Miller）结婚。米勒为梦露创作了她最后一部电影《乱点鸳鸯谱》（1961）。梦露最后一次重要的公众演出，是于1962年为约翰·F. 肯尼迪献上一曲《生日快乐，总统先生》，她身着紧身礼服真空上阵。当时她签约出演《濒于崩溃》。梦露在拍摄现场出了名的难相处，而此时其所作所为已经令人无法容忍——她依赖着大量处方药——导致她遭到解雇。不久以后，有人发现梦露在洛杉矶布伦特伍德家中床上死去，终年36岁。自此梦露的死因成为争论焦点，有自杀和意外服药过量致死两种假设。也有不少理论推断联邦调查局或中央情报局奉肯尼迪之命谋杀了梦露。**RC**

○ 玛丽莲·梦露在家中过量服用巴比妥类药物死亡后，遗体被运抵停尸间

1962年10月11日

教宗若望二十三世推行改革
Pope Urges Reform

第二次梵蒂冈大公会议暴露天主教会亟待改革

时移世易，天主教会亦然。1959年1月，教宗若望二十三世主张"打开教会之窗，让我们认识外界，人民也能了解我们"。为此他于1962年10月11日召开第二次梵蒂冈大公会议。天主教2400名主教、要员和其他基督教派学者，86个政府和国际机构代表齐聚罗马圣彼得大教堂，若望二十三世发表题为《母教欢欣》的演讲。他否决一众预言灾难降临世界和教会的"末世先知"。陈旧的思想必须改变，传统教条需要重新规划，促进基督教界团结一致。教皇认为关键在于牧师职能，即如何在日新月异的现代世界传达基督的永恒真理。

第二次梵蒂冈大公会议是第21届大公会议，也是自1870年以来的首届大公会议。1963年6月若望二十三世亡故时会议仍在进行，1965年12月由保禄六世结束；后来的教宗若望·保禄一世、若望·保禄二世和本笃二十六世也参加了会议。但由于保守派同革新派相争，会议所推行的改革未能达成部分人期待的显著效果。

大公会议成员起草了四部章程、九条法令和三项公告，回顾以往过失，承认天主教之外同样存在"不少神圣和真理"，并将部分《弥撒曲》从拉丁文译为当地语言。第二次梵蒂冈大公会议无疑证明，天主教改变了十六世纪宗教改革以来的封闭自守态度。**RP**

1962年10月14日

肯尼迪面对导弹危机
Kennedy Faces Missile Crisis

古巴岛上出现苏联导弹，美国实行海上封锁

▲ 美国公民在百货公司的电视前观看肯尼迪总统宣布美国对古巴实行海上封锁

▲ 导弹危机过后，一架美国海军巡逻机监视苏联导弹运载舰"Potzunov号"离开古巴

谣言流传已久：10月14日周日上午，得到确凿证据。中央情报局局长约翰·麦科恩（John McCone）指派U-2侦察机执行一系列侦察任务，照片显示苏联人正在圣克里斯托瓦尔地区建设中程弹道导弹发射站。这不是在苏联或其东部卫星国境内，而是在古巴岛上。其统治者为美国在西半球头号敌人、共产主义者菲德尔·卡斯特罗。导弹（每一颗威力相当于百万吨TNT烈性炸药）部署于美国海岸线仅仅90英里（145千米）外，一众美国城市均在其打击范围内。

总统肯尼迪得知此消息后大为震惊。不久前，美国决定在土耳其部署导弹时，他的反应如出一辙。尽管土耳其已经部署导弹，很多人依然认为肯尼迪应当先发制人，以空袭摧毁古巴导弹——即使苏联可能会反击。全世界屏息以待。

10月24日，肯尼迪对古巴实行海上封锁，开战与否由苏联人负责。三天后，运载军事设备的苏联军舰撤离古巴，10月28日尼基塔·赫鲁晓夫同意撤回所有导弹。根据美苏秘密协定，美国次年从土耳其撤回导弹。古巴导弹危机几乎将人类推入骇人的核战争，两大超级大国了解到，生存需要坚强和妥协并重。**RP**

> "我恳请赫鲁晓夫主席停止这项……威胁世界和平的举动。"
>
> 约翰·F. 肯尼迪，电视演讲，1962年10月22日

1962年11月6日

沙特阿拉伯解放奴隶
Slaves Freed

最后一个主要国家正式废除奴隶制

王储费萨尔颁布法令废除奴隶制，正值沙特阿拉伯推行现代化时期，女性开始有受教育权。得到解放的奴隶有一万人左右，约为整个国家奴隶人数的三分之一；其中70%的奴隶属于皇室成员，余者出自富裕家庭。大多数为佣人。

> "伊斯兰教教法主张解放奴隶，废除当代奴隶制……"
>
> 皇太子费萨尔，1962年11月

首批获得自由的奴隶是塔拉勒王子的三十二名男性奴隶和五十名情妇。费萨尔早在1956年便解放了自己的奴隶。他斥巨资赔偿奴隶主。

二战结束后波斯湾地区奴隶制依然盛行，但为国际石油公司工作的奴隶坚持保留其所得。卡塔尔于1952年废除奴隶制并补偿奴隶主，而特鲁西尔酋长国（阿拉伯联合酋长国旧称）废除时未作补偿。英军撤出亚丁地区（南也门）后，新建立的赤色政权取消奴隶制。阿曼国内发生英国操纵的政变，于1970年废除奴隶制。

当今许多沙特阿拉伯移民工作条件与奴隶相差无几。2005年，美国政府发布《人口贩运报告》，称沙特阿拉伯等全球十五个国家的"政府没有完全遵守最低标准，且未努力作出改善"。**PF**

1963年6月16日

进入太空的第一位女性
Space's First Lady

瓦莲京娜·捷列什科娃成为进入太空的首位女性

1963年6月16日，瓦莲京娜·捷列什科娃走入"东方6号"。检查过通讯和生命维持设备后，"东方"火箭升空，捷列什科娃成为进入太空的首位女性。她三天内环绕地球四十八周，通讯呼号为"海鸥"，她在这次任务中的飞行时间超过所有美国宇航员之

> "一旦你进入太空，你就会理解地球是多么的微小和脆弱。"
>
> 瓦莲京娜·捷列什科娃

和，在冷战高峰期为苏联提供了绝佳的宣传。

1961年苏联当局决定选派女性进入太空，热爱跳伞的捷列什科娃因此加入苏联宇航员项目。在逾四千名的候选人中，捷列什科娃及另外四人脱颖而出，她们共同的爱好是跳伞。最终选定捷列什科娃，是因为她出身于工人阶级，而且父亲是1939年的苏芬冬季战争中殉国的英雄。

五名女性宇航员连续几个月进行高强度训练，包括失重飞行、长期隔离、离心测试、一百二十多场跳伞训练，以及驾驶米格喷气式战斗机飞行训练。捷列什科娃被选中，其他女性宇航员与太空无缘。十九年后，美国计划令女性飞行员乘坐太空梭，苏联不甘落后，派斯韦特兰娜·萨维茨卡娅飞入太空。**TB**

1963年6月26日

"我是柏林人"
"Ich Bin ein Berliner"

肯尼迪总统公开支持西柏林，为苏联占领整座城市的计划画上句号

肯尼迪总统出现在西柏林市政厅阳台上时，十二万柏林市民已经等待了几个小时。肯尼迪演讲过程中，人们的欢呼声越来越响亮，因为他的话如音乐般悦耳。柏林被分割和围困达十八年之久，此时柏林墙横立于柏林人之间，令无数家庭分隔两地。肯尼迪认为，这是对历史和人性的侮辱。但柏林人民没有被遗忘——他们的自由之岛是自由大陆的一部分，他们的斗争象征着自由世界整体对共产主义的反抗。自由是不可分割的，因此包括肯尼迪本人在内的所有自由人，都以"我是柏林人"的宣言为荣。肯尼迪发表极其挑衅的声明——西方将鼎力支持柏林人，直至其城市和国家再度统一。美国总统演讲后，西柏林市长致辞，自由钟响起，最终人群沉默下来。

这是肯尼迪最为出色的表现之一。他在演讲前临时决定加入"我是柏林人"以概括其立场，并按照发音将它写在提示卡上。

肯尼迪鼓舞了西柏林市民的士气，为苏联占领整座城市的计划画上句号。演讲并没有直接促成1990年的德国统一，但倘若西方没有公开表态，统一之路将更加艰难。**RP**

- 约翰·F.肯尼迪面对数万渴望变革的柏林人，就政治自由发表了激情洋溢的演讲。
- 肯尼迪的演讲提示卡片之一，按照发音标出了著名的"我是柏林人"。

1963年8月28日

"我有一个梦想"
"I Have a Dream"

马丁·路德·金和民权运动者向华盛顿进军

▲ 林肯纪念堂前，马丁·路德·金发表其最为人熟知的演讲

▷ "为工作和自由向华盛顿进军"活动吸引了数千请愿者，他们聚集在倒影池四周

20万请愿者聚集在华盛顿特区，美国民权运动的进展有目共睹。民权运动领导团体精心策划了此次游行，同时获得白人和黑人的支持，并确保共产党和其他左翼组织不会趁势混入请愿行列。受邀的组织仅从"知名民权组织、主要宗教团体和互助团体，以及工会"中选出。依照计划，马丁·路德·金同其他领导者（六位黑人、四位白人）率众向林肯纪念堂进军，抵达后发表演讲，再到白宫同肯尼迪总统本人当面会谈。

游行领导者的演讲内容已事先向媒体发布，但马丁·路德·金最后一刻弃置讲稿，向游行民众即兴演讲，主题为"我有一个梦想"，每次重复此句都收获掌声如潮。"朋友们，今天我对你们说，虽然我们今后面对种种困难和挫折，我仍有一个梦想。它深植于美国梦中。我梦想有一天，这个国家会站立起来，真正实现其信条的真谛——我们认为下述真理是不言而喻的：人人生而平等。"马丁·路德·金预见了白人和黑人相亲相爱的美国，上帝的儿女都"终获自由，终获自由，感谢全能的上帝，我们终获自由"。

听众的热情不断高涨，这是二十世纪最著名的演讲之一。无论如何，马丁·路德·金就此成名。**RC**

> "没有发现值得一死之事的人，不适合生存。"
>
> 马丁·路德·金，1963年

1963年11月22日

约翰·F. 肯尼迪总统遇刺
President John F. Kennedy Assassinated

车队经过德克萨斯州达拉斯市，肯尼迪总统遭到射杀

- 刺杀案三天后，在华盛顿举行的总统葬礼上，家人为肯尼迪默哀。
- 总统的豪华轿车疾驶而去，随扈保护肯尼迪不再遭到枪击。

> "无与伦比的希望之感……突然在半空中消失。"
>
> 以赛亚·伯林（Isaiah Berlin）
> 致亚瑟·史列辛格（Arthur Schlesinger），
> 1963年11月28日

达拉斯总统遇刺案发生后，各种阴谋论盛行，黑手党、中央情报局、苏联和古巴的卡斯特罗政权都被怀疑为刺杀案的幕后真凶。首席大法官厄尔·沃伦（Earl Warren）主持的官方调查得出结论，认为同所有美国总统刺杀案一样，约翰·F. 肯尼迪被一名狂热分子独自谋杀。但超过一名刺客参与本案的理论得到有力证据支持。

总统和第一夫人杰奎琳的车队经过达拉斯市中心，民众夹道欢迎。同乘一辆车的还有德克萨斯州州长约翰·包登·康纳利（John Bowden Connally）及其妻。突然三声枪响，射击者埋伏在俯视街道的德克萨斯教科书仓库大楼。总统背部和头部各中一枪，康纳利州长也受伤。惊叫的人群四散躲避，六神无主的第一夫人将肯尼迪的头枕在膝上，抱入怀中，汽车火速赶往3英里（5千米）开外的帕克兰纪念医院。下午1点，医院宣布肯尼迪死亡。与车队同行的副总统林登·贝恩斯·约翰逊（Lyndon Baines Johnson）下午2点41分返回华盛顿特区途中，在空军一号总统专机内宣誓就任总统，体现了美国政治体制的效力；杰奎琳站在约翰逊身边，穿着溅有肯尼迪鲜血的衣服。

美国全境内举行了史无前例的哀悼活动。据称每个人都清楚地记得，得知肯尼迪总统遇刺那一刻自己在做什么。11月25日肯尼迪遗体葬于华盛顿附近的阿林顿国家公墓。同时达拉斯警方逮捕了刺杀总统的李·哈维·奥斯瓦尔德（Lee Harvey Oswald），后者被另一名狂热分子杰克·莱昂·鲁比（Jack Leon Ruby）射杀。**RC**

1963年11月24日

鲁比击毙奥斯瓦尔德
Ruby Kills Oswald

李·哈维·奥斯瓦尔德在百万观众面前遭到射杀

　　李·哈维·奥斯瓦尔德名垂史册，只因他刺杀肯尼迪总统——也许成名正是其动机。奥斯瓦尔德学生时代经常旷课，十六岁辍学，加入美国海军，开始热衷于马克思主义。1959年他前往苏联，试图成为苏联公民，但徒劳无功。1962年他携俄罗斯妻子返回美国，在新奥尔良定居，公开支持古巴的共产主义政权。1963年3月，他从邮购服务公司定购了一支曼里契-卡尔卡诺步枪。

　　1963年10月，奥斯瓦尔德在德克萨斯州达拉斯教科书仓库找到工作。根据首席大法官厄尔·沃伦主持的调查结果，奥斯瓦尔德中午12点30分从教科书仓库大楼第六层开枪射杀肯尼迪总统，打伤康纳利州长。警方在仓库地面上发现了他的步枪。奥斯瓦尔德还射杀了一名试图逮捕他的达拉斯警官，但下午2点钟在电影院被逮捕归案。

　　11月24日，奥斯瓦尔德被转移到达拉斯另一所监狱，当地夜总会老板杰克·鲁比突然在冲出，在押送囚犯的警察、媒体记者及百万电视观众面前近距离向奥斯瓦尔德开火，后者当天在医院中死亡。鲁比被逮捕，但不久后于1967年去世。奥斯瓦尔德死亡前尚未承认自己谋杀了肯尼迪总统，有人推测他之所以遇刺，是为免暴露谋杀肯尼迪的幕后主谋。**RC**

○ 尽管全身而退的可能性微乎其微，但杰克·鲁比还是冲上前去，射杀了李·哈维·奥斯瓦尔德

1964年1月5日

耶路撒冷的拥抱
Jerusalem Embrace

教宗保禄六世努力解决天主教和东正教持续几世纪的积怨

　　耶路撒冷的橄榄山上，教宗保禄六世拥抱了东正教普世牧首阿西纳哥拉斯一世（Athenagoras）。这一举动象征着天主教和东正教之间的和解——自从1054年的东西教会大分裂、1204年十字军东征洗劫君士坦丁堡之后，两大教派便渐行渐远。保禄六世通常较为保守，他在节育、教士独身、教会中

> "双方同意……放下分歧，再度统一。"
>
> 《天主教-东正教联合声明》，1965年12月

女性作用等问题上重申了教宗的权威立场；但他在促进不同教派大团结方面堪称先锋。保禄六世是一百五十年以来首位离开意大利的教皇，他到巴勒斯坦朝圣，向犹太教和东正教伸出橄榄枝。他前往约旦首都安曼拜访侯赛因一世，同英国教会和路德教派就教义达成统一。其后教宗访问非洲和东南亚，改善罗马教廷同共产主义国家的关系。

　　保禄六世同阿西纳哥拉斯一世的拥抱，成为东正教和天主教几世纪以来宗教和象征意义上最亲密的时刻。1054年大分裂时普世牧首和罗马教廷重要人物曾互相开除对方教籍，这一决定也最终被撤销。1965年12月，天主教和东正教发表联合声明，许诺消除隔阂。部分东正教教徒对此颇为不满，大分裂并没有就此结束，但两大教派表达了和解的愿望。**JS**

1950年至今

1964年2月9日

披头士登上美国电视直播节目
The Beatles Live on U.S. Television

披头士乐队在美国的宣传开启"英国入侵",其单曲同时称霸大西洋两岸音乐榜

披头士乐队凭借其璞玉般的天赋、自嘲式幽默,几乎已经红遍欧洲,但在1963年末他们还没有"征服"美国。事实上,他们在美国的名义唱片公司国会唱片拒绝经营披头士的英国唱片。乐队经理人布莱恩·爱普斯坦(Brian Epstein)在1963年年末跨过大西洋打破僵局。美国一音乐节目主持人从英国空姐手中骗得唱片,美国听众便在电波中欣赏到披头士的第四支单曲《我想牵你的手》。爱普斯坦从国会唱片公司拿下价值5.6万美元的宣传合约,更重要的是,安排披头士以头牌嘉宾身份登上次年2月9日、16日的《埃德·沙利文秀》现场直播。同时强大的市场需求推动国会唱片发行唱片,披头士于1964年2月7日抵达纽约,同3000歌迷见面。

两天后,披头士为大约7300万观众演唱了《我全部的爱》、《她爱你》、《我看到她站在那儿》、《我想牵你的手》和《直到有你》。演播室内有728个座位,求票人数多达5万。这是披头士在美国最大的电视宣传活动。《埃德·沙利文秀》收视率极高,而披头士为陷于肯尼迪遇刺和越战阴霾中的美国带来乐趣和生气。

四月,《我想牵你的手》成为同时称霸英美音乐榜的首支单曲,披头士的另外四首歌也打入美国十佳金曲之列。**JJH**

- 同埃德·沙利文的诙谐对话令披头士在美国的发展如虎添翼
- 2月9日,埃德·沙利文在节目上介绍披头士乐队,正式掀开"英国入侵"帷幕

1964年6月12日

曼德拉入狱
Mandela Found Guilty

纳尔逊·曼德拉免于死刑，但遭终身监禁

1964年6月12日，南非的比勒陀利亚没有执行死刑，但被禁党派南非非洲人国民大会（ANC）前总书记纳尔逊·曼德拉等八人被判有罪，罪名为蓄意破坏国家安全、策划暴力推翻政府。所有人遭到终身监禁。多年来致力于反对种族隔离制度的曼德拉原本提倡非暴力抵抗。但1960年发生了沙佩维尔惨案，警方枪

> "全民普选并不会导致种族专制。"
>
> 纳尔逊·曼德拉庭上发言

杀了超过69名示威民众。曼德拉成立非洲人国民大会的武装组织"民族之矛"，开始反抗行动。曼德拉已经因非法离境入狱，此时里约翰内斯堡附近的沃尼亚警方临检，发现一批私藏武器，曼德拉等人因此受审。

曼德拉在法庭上对抗权威的过程中，始终保持尊严，提出人民必将反抗压迫。曼德拉入狱象征着所有南非黑人对自由的追求遭到打击。在长达27年的监狱生涯中，曼德拉的声望与日俱增。当局曾提出以一定条件释放曼德拉，但他对自己的信仰寸步不让，均拒不接受，并在狱中成为被压迫人民的国际领袖。曼德拉之名推动了一场全球性反种族隔离运动，令南非政府及其种族主义政策难以为继。**JS**

1965年1月4日

"伟大社会"
"Great Society"

总统林登·贝恩斯·约翰逊（Lyndon Baines Johnson）发表国情咨文演讲

出身低微的德克萨斯人林登·贝恩斯·约翰逊是参议院中的民主党领袖，后于1960年约翰·F. 肯尼迪参选时任副总统候选人。肯尼迪遇刺后，约翰逊继任总统之位，计划继续推行肯尼迪的"新边疆"提案，重点解决贫困和种族问题。1964年，约翰逊在一次演讲中宣布，他希望并打算"将伟大社

> "总统最困难的任务不是行正确之事，而是分辨对错。"
>
> 约翰逊总统，1965年国情咨文

会定为目标"。

当年约翰逊本人竞选总统时，获得61%的民众选票，以绝大多数支持当选。他在向国会作国情咨文演讲时，提出其理念，"伟大社会建立在所有公民充分自由的基础之上，需要消除贫困和种族不平等现象——这也是我们坚定不移的奋斗目标。"

史学界对约翰逊的政绩存在争议。他的民权运动政策帮助了黑人和印第安人，向"向贫困宣战"行动投入了数十亿美元，联邦对教育的支持力度有所增加。约翰逊还推行针对老年人、残疾人和低收入人群的医疗福利项目，被批评为引入社会主义制度。但是越战耗资甚巨，限制了政府在"伟大社会"上的投入，且令约翰逊失去民心。希望彻底破灭的约翰逊在1968年拒绝再度参选，理查德·米尔豪斯·尼克松（Richard Milhous Nixon）继任总统。**RC**

1965年3月2日

重击北越
Hammer Blows Strike North Vietnam

美国试图通过轰炸北越避免南越政府失势

美国空军轰炸北越的行动名为"滚雷",最初目标为切断越共游击队的补给和援军。"滚雷"行动计划持续八周,实际长达三年,最终行动目标简化为迫使北越政府接受美方条件、停止战争。事实上,越共从南越农民的拥护中汲取力量,并不依赖北越的支援。有人提出二战中空袭无法瓦解一国士气,被美国当局忽视;同时表明越共顽强抵抗在美国国内引起的挫折感和无力感与日俱增。

北越有严密的民防组织,并在苏联援助下建造了日益强大的防空系统,美国为此付出沉重代价——约七百架飞机被击落。北越士气高昂,其军队仅能维持最低限度的物质需求,但依然相当有战斗力。而南越的越共袭击美国空军基地,美军被迫派出大量地面部队保护基地。战争升级的速度出人意料,且染上了日益浓烈的美国色彩。美国在战场上承担的责任越多,南越人越不愿参战。滚雷行动中,美军向越南投下一百万吨炸弹,包括凝固汽油弹和杀伤性炸弹。空袭造成的大屠杀令美国和国际舆论转变,越战也因此失去民众支持。**JS**

○ 俯视图,美国B-52轰炸机袭击油汀北部留下的弹坑和炸弹破坏效果

1965年11月11日

罗得西亚宣布独立
Rhodesia Declares Independence

罗得西亚的少数白人政府宣布独立，坚持不接受多数人主政，挑起英国的外交和经济制裁

伊恩·史密斯（Ian Smith）主导的罗得西亚政府特地选在英国停战日发表《单方面独立宣言》。当天英联邦为二战中阵亡的将士举行纪念活动。此举公开表明前英联邦殖民地罗得西亚不再忠于英国女王，目标受众定为支持罗得西亚少数白人政府的英国人——白人殖民者主要为英国后裔。

然而英国工党政府和多数民众认定这是场叛乱；英国在罗得西亚施行民主前不会承认其独立，且立即进行了外交和经济制裁。联合国安理会也对罗得西亚予以谴责，并实施制裁。很多非洲民族主义者强烈要求英国军事干涉，但希望渺茫。

制裁的直接效果微乎其微。罗得西亚得到葡萄牙的支持，后者决意同非洲民族主义者对抗，保住其莫桑比克殖民地。施行种族隔离政策的南非政府也视罗得西亚为民族主义浪潮前的防洪堤。但莫桑比克于1975年独立，南非在国际制裁和国内非洲人的对抗中苦苦支持，再无力资助罗得西亚。1979年，孤立无援的白人少数政府别无选择，只得妥协接受多数人主政。**PF**

◐ 在罗得西亚官员注视下，伊恩·史密斯总理签署饱受争议的《单方面独立宣言》

1966年5月16日

发起"文化大革命"
Cultural Revolution Launched

新一轮革命动乱席卷中国,毛泽东发动年轻人"斗垮走资本主义道路的当权派,批判资产阶级的反动学术权威"

毛泽东主席号召中国青年组成红卫兵,批判当权者,实质上向自己领导的中国共产党宣战。1958年大跃进活动的惨败令毛的个人声誉和威信受损,他认为失败原因在于中共党内缺乏革命精神。同苏共类似,中共党内必然渗入了过多资产阶级分子,同无产阶级和农民失去联系,只顾享乐,无心履行职责。毛决定发动年轻人——他们依然是真正的革命者。红卫兵受到鼓励,痛斥教师、作家、文艺工作者以及有资本主义思想的党员。不久后谴责发展为羞辱、监禁、折磨和谋杀。

"文化大革命"名义上是直接依靠群众,实际上既脱离了党的组织,又脱离了广大群众。运动开始后,党及各级组织普遍受到冲击并陷于瘫痪、半瘫痪状态,党的各级领导干部普遍受到批评和斗争,广大党员被停止了组织生活,党长期依靠的许多积极分子和基本群众受到排斥。

历史已经判明,"文化大革命"是一场由领导者错误发动,被反革命集团利用,给中国共产党和中国各族人民带来严重灾难的内乱。**BD**

○ 毛泽东主席试图重燃中国革命之火,同一名年轻的红卫兵握手

○ 北京的一次游行中,红卫兵和学生们挥舞着《毛主席语录》

1966年9月6日

维沃尔德遇刺
Verwoerd Assassinated

南非种族隔离体制的铁腕人物被刺死

开普敦的一次议会会议上，南非首相亨德里克·弗伦施·维沃尔德（Hendrik Frensch Verwoerd）在数百人面前被刺死。维沃尔德是南非国民党纯粹派成员，被视为南非现代种族隔离制度的建筑师，1950年主持国内事务，1958年出任首相。确立种族隔离制度的大部分立法过程在维沃尔德的监管下进行。维沃尔德主持了仅有白人参加的公民复决，成立南非共和国，最终导致南非脱离英联邦。他下令镇压国内反抗，促成沙佩维尔惨案——1960年3月至少六十九名手无寸铁的示威者被警方射杀。南非非洲人国民大会被禁，1964年6月纳尔逊·曼德拉遭到终身监禁。

讽刺的是，尽管维沃尔德四处树敌，其刺杀案并非明显的政治阴谋。攻击者——议会通信员Demetrio Tsafendas作案动机不明。Tsafendas的父亲是希腊人，母亲是斯威士人，他莫名其妙地被归为白人；倘若不重新划归种族，他不能合法迎娶他心爱的女人——后者被正式划分为有色人种。传说Tsafendas不满于种族隔离制度，但他声称自己在体内的巨型蠕虫命令下行事。政治暗杀会令南非政府陷于尴尬之境，因此Tsafendas被判精神失常，关押在精神病院，直至1999年去世。无论其真正动机为何，Tsafendas的举动揭露了严酷现实：种族隔离不得人心，政权难以长治久安。**JS**

1967年5月30日

比亚法拉独立
Birth of Biafra

比亚法拉共和国宣布脱离尼日利亚，引发冲突

尼日利亚东部地区军事首领、埃梅卡·奥朱古上校（Emeka Ojukwu）单方面发表声明，宣布比亚法拉独立。这一地区是尼日利亚唯一的重要港口和石油产地，中央政府必然会极力反对。

冲突起源于尼日利亚的殖民时期，英国殖民者划分统治区时未曾考虑种族因素。

> "天佑比亚法拉……我们击败所有敌人胜出……"
>
> 出自爱国歌曲《比亚法拉万岁》

1960年尼日利亚独立时，人口由穆斯林、基督徒和泛灵论民族组成，种族冲突由来已久。尼日利亚起初实行平民统治，不久后军政府于1966年夺权。但经济问题和种族矛盾同时恶化。北方信仰伊斯兰教的豪萨人和东南方信仰基督教的伊博人之间爆发了最激烈的冲突；伊博人宣称他们多年忍受着不公平待遇和种种暴行，因此建立比亚法拉、谋求独立。

这注定是非洲后独立时期最早和最残酷的战争之一。战争长达三十个月，百万难民逃离家园，据估计战争和饥荒所造成的死亡人数为一百万到三百万人，但引发冲突的根源问题仍未解决。几十年后，伊博人依然抱怨遭到歧视，随时可能爆发新的冲突。**JS**

1967年6月7日

以色列人攻占东耶路撒冷
Israelis Storm East Jerusalem

六日战争中以色列大获全胜，举世震惊

▲ 开往西奈沙漠的以色列护卫队经过一辆卡车，车上的埃及士兵被剥下制服

　　以色列同阿拉伯邻国再次开战的第三日，以色列军队击溃约旦人，占领耶路撒冷旧城，这里有圆顶清真寺和第二圣殿仅存的遗迹——西墙。在以色列的猛烈攻势前，看似锐不可当的阿拉伯联盟分崩离析。以色列人得知阿拉伯国家即将发动联合攻击，便先发制人，摧毁敌方地面上的大量战斗机，由此占据关键优势。在六日战争中，以色列攻破三方防线，从约旦手中夺过西岸地区，攻下叙利亚戈兰高地，占领埃及的加沙地带和整个西奈半岛。以色列取得决定性胜利。

　　战果颇丰。美国宣布中立，但实际上同以色列结成战略同盟关系，向后者提供无条件援助。埃及和叙利亚在1973年的赎罪日战争中再次出击，但埃及的新领导人安瓦尔·萨达特（Anwar Sadat）愿意放弃剿灭以色列的宏愿，同以色列协商收回西奈半岛。但此时以色列统治着大量巴勒斯坦人，约旦河西岸被大多数民众视为以色列不可分割的国土（而且是凭借压倒性军事实力夺取而来），以色列没有理由作出妥协。但以方占领遭到反抗，暴力冲突不断升级，中东矛盾似乎无法找到一劳永逸的解决方案。**JS**

1967年10月9日

革命英雄遭到枪决
Revolutionary Hero Shot Dead

共产主义标志性人物切·格瓦拉在玻利维亚被捕并遭到枪决

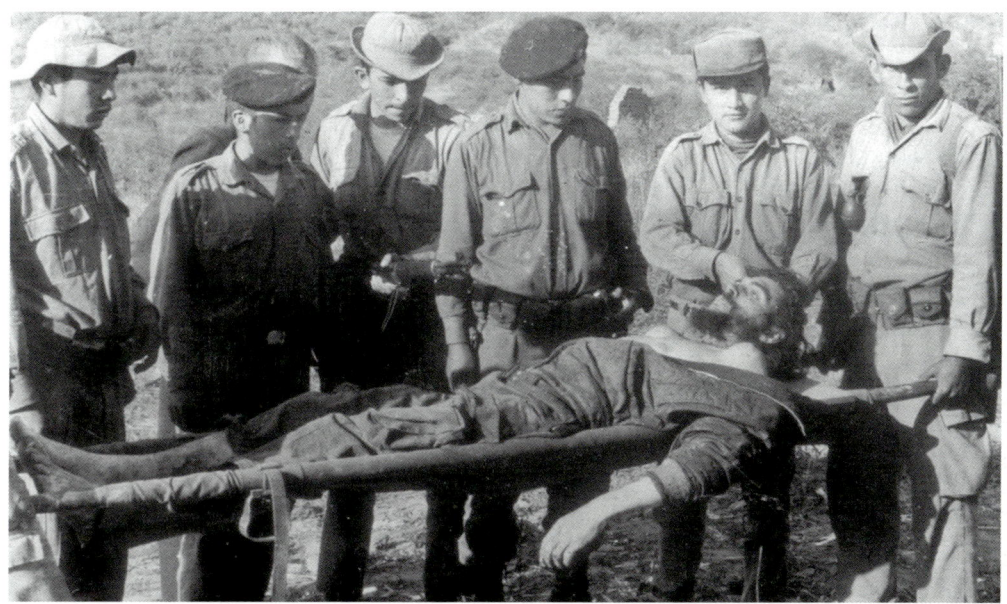

▲ 切·格瓦拉的遗体在镜头前游街——有人泄密导致格瓦拉遭玻利维亚军队处决

埃内斯托·切·格瓦拉在拉伊格拉村被一名玻利维亚中士枪决，时年三十九岁。他在布宜诺斯艾利斯完成医学学位，但对革命情有独钟。格瓦拉在墨西哥遇到菲德尔·卡斯特罗，1959年协助后者建立古巴的共产主义政权，并在卡斯特罗政府中担任要职。苏联在古巴导弹危机中作出退让，格瓦拉对此并不赞同。1965年格瓦拉离开古巴，试图向刚果输出共产主义，以失败告终。1966年他率领小型游击队来到南美洲，在玻利维亚的Nancahuazu地区建立训练营，后转战巴耶格兰德一带。

但革命队伍没有招募到新成员。当地民众多疑而充满敌意，格瓦拉的队伍人数从不超过五十人。美国支持玻利维亚军队（但不直接参与），将格瓦拉及其部下逼入拉伊格拉村附近的峡谷。在当地校舍中，格瓦拉受伤被俘。玻利维亚士兵抽签决定格瓦拉的行刑人。传说格瓦拉的遗言是："要知道，你们不过杀了一个人。"他的遗体被直升机运往巴耶格兰德，死亡消息向媒体公布。其头像被印在T恤衫上风靡全球，也许是格瓦拉最著名的遗产。**RC**

1967年12月3日

首例心脏移植手术成功
First Successful Heart Transplant

南非外科医生克里斯蒂安·巴纳德（Christiaan Barnard）成功实施首例人类心脏移植手术，一夜成名

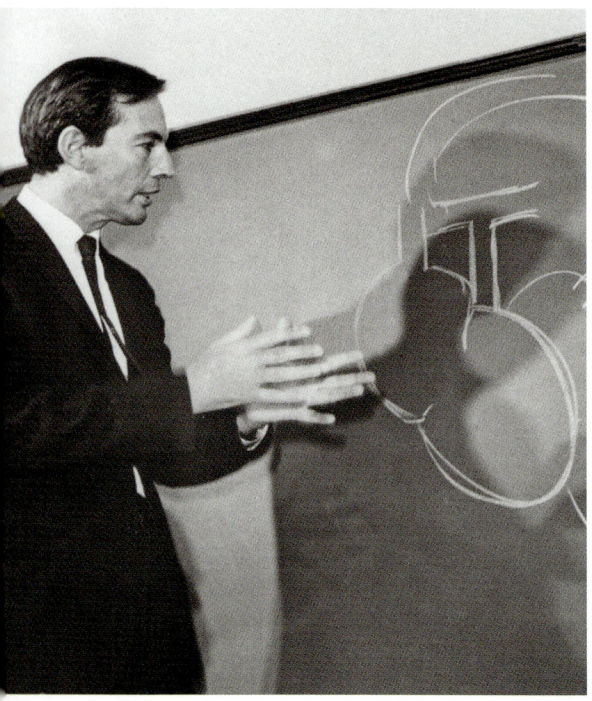

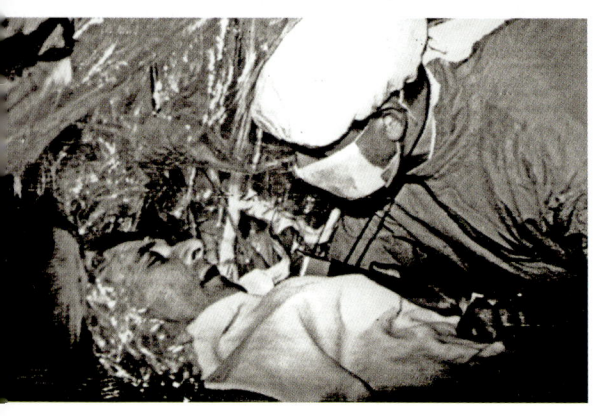

外科医生克里斯蒂安·巴纳德在开普敦大学获得医学学位，后于明尼苏达大学学习心脏外科。他从事动物器官移植已有多年经验，认为应用技术的时机成熟。心脏受体为五十五岁的路易斯·沃什坎斯基（Louis Washkansky），而器官供体是在车祸中丧生的丹尼斯·达维尔（Denise Darvall），时年二十五岁。移植手术长达九小时，由三十人组成的外科团队进行。巴纳德没料到手术会受到关注，甚至没有将计划告知医院主管；但当时人们认为所有心脏手术都有相当的风险，因而巴纳德的成就引起轰动。他惊讶地发现，自己一夜之间成为国际知名人士，受到影星、政客、甚至是教皇的盛情款待。

沃什坎斯基接受移植后仅仅生存了十八天；抑制排异反应的药物同时降低了他的免疫力，沃什坎斯基感染肺炎致死。1974年挪威研究者合成了环孢素药物，才有效避免了此类并发症。巴纳德的开创性工作为心脏移植技术不断完善奠定基础，他继续研究，于1974年实施世界首例异位心脏移植手术。巴纳德首次手术二十年之内，心脏移植已成为常规手术。1983年巴纳德因关节炎永远离开了手术室，2001年去世——讽刺的是，他死于心脏病。**JS**

◐ 克里斯蒂安·巴纳德在新闻发布会上阐释他首创的心脏移植手术过程

◐ 在开拓性的心脏移植手术后，巴纳德监测路易斯·沃什坎斯基身体状况

1968年1月30日

发动春节攻势
Tet Offensive Begins

南越爆发春节突袭，美军溃退

越共游击队在南越各城市同时发动突袭，庆祝南越春节。越共的猛烈攻势和战争规模令美军大为震惊——西贡的美国大使馆也沦为战场，数以千计的平民死亡。春节攻势计划已久，目标为彻底瓦解南越。此前美国领导人认为越战中己方尚有胜算，即便未能掌控农村，但城市属于安全地带。北越将军武元甲计

> "局势日益明晰……唯一合理的解决之道……是谈判。"
>
> 沃尔特·克朗凯特（Walter Cronkite），
> 美国电视节目主持人

划颠覆美国人的观点。做最乐观的估计，春节攻势会掀起全民起义，将美国人逐出越南；再不济也可以迫使美国人谈判。

从军事角度来看，美国成功抵挡了春节攻势。越共损失更大，因此北越军队只得承担主要作战任务。但在政治角度上，结果大相径庭。美国舆论认为美军失势，开始反对越战——如今被美国视为无望的战争。尽管1973年签订和平协议后战争才终止，但自春节攻势起，美国人无疑试图从战局中抽身，同时尽力保全颜面。**JS**

1968年3月16日

越南大屠杀
Massacre in Vietnam

美莱村大屠杀激起国际社会反越战声浪

美国派出威廉·凯利中尉（William Calley）麾下部队铲除越共游击队及其支持者，他们相信后者藏匿在美莱村中。美军毫无缘由地对美莱村男女老幼不加选择一律屠杀。其后的军事调查称死亡人数为347人，但越南政府称多达504人丧生。美方起初隐瞒屠杀事实，将之报道为双方交战导致128名敌军死亡。但谣言四起，士兵罗恩·莱登豪尔（Ron Ridenhour）向尼克松总统在内的多名政要报告了美莱村暴行。罪行无可掩盖，但被判罪的只有凯利一人。凯利因蓄意谋杀罪被判终身监禁，但他不过被软禁了三年半而已。

美军动用脱叶剂、燃烧汽油弹，发起大型轰炸活动。于许多越南人而言，美国人拯救南越手段无异于摧毁南越。越南人普遍憎恶美军，后者所到之处尽受敌视。这种环境下，美军倾向于将死去的所有越南人自动列为越共。美军找不到其无形之敌，怀疑所有农民同越共串通，便容易痛恨所有越南人。发生美莱村大屠杀几乎不足为奇。这一骇人消息最终曝光时掀起轩然大波，美国反战运动由此统一，并促使美国公众舆论倒向反战一方。可以说，美莱村大屠杀令许多南越人相信，也许施行共产主义统治终究要好过充当美国战场。**JS**

1968年4月4日

马丁·路德·金遇刺
Martin Luther King Jr. Assassinated

美国失去值得敬畏的领导人,群情激愤

▲ 马丁·路德·金遇刺五天后,佐治亚州亚特兰大迎来逾5万人为之送葬

美国民权运动最著名、最有力的领导人马丁·路德·金坚持圣雄甘地的非暴力原则,于1964年获得诺贝尔和平奖,但在田纳西州孟菲斯被人射杀。他多次到孟菲斯支持黑人环卫工人罢工;4月3日,谈及威胁其生命安全的谣言时,马丁·路德·金说:"同大家一样,我也希望能活许多年。长寿自有其魅力,但现在我不再关心此事。我只想履行上帝的意旨。"

第二天傍晚,金站在洛林汽车酒店二楼阳台上,突然传出类似汽车回火的巨响,其实是有人在附近窗后开枪。不久后,人们发现金倒在阳台上,头上中致命枪伤。朋友们给他盖上床单,但金的生命力逐渐流失,在救护车赶到前离世,时年三十九岁。

金去世的消息掀起悲痛和愤怒的巨浪。华盛顿特区和其他城市发生暴乱,贫民区的黑人暴动,四处劫掠和纵火。当局出动数千军人才得以恢复秩序。金本人必定会反对暴动,暴力本身也不能起到任何作用。

刺杀者是田纳西州出身低微的南方白人詹姆斯·厄尔·雷(James Earl Ray)。他逃往英国,在伦敦被捕,遣送回孟菲斯,1969年被判九十九年徒刑,1998年去世。**RC**

1968年5月13日

巴黎暴动
Riots in Paris

法国首都再现革命暴动

愤怒的学生走上巴黎街头抗议——学生暴动揭开持续两周的巴黎总罢工帷幕

法国新一轮革命即将到来。巴黎学生和防暴警察持续冲突数日后,罢工工人加入抗议行列,政府面对的局势愈发严峻。危机源于3月的一系列冲突,学生不满于干预性监管和学校讲授的资产阶级保守过时思想,同高校和中学当权者对抗。法国政府采取粗暴强硬措施,巴黎大学被警方包围。学生们遭到逮捕、殴打和催泪弹攻击。巴黎拉丁区的巷战激起广大工人阶级义愤,反对警方,非正式总罢工呈蔓延之势,逾千万工人加入。巴黎连续两周陷入瘫痪,政府似乎濒临崩溃。

当局评估了军队的忠诚度,据传还在巴黎近郊部署了坦克,无疑作了最坏的打算。但危机来得快,去得也快。事实证明,法国工人对学生闹革命的虚华辞藻共鸣有限。政府在薪酬、工作条件和工会权力上作出重大让步,即得以结束总罢工、平息暴动。戴高乐总统迅速发起普选,其支持率大涨,学生陷入孤立无援之境。然而对教育和年轻人的传统态度受到冲击,在全欧洲引发变革。**JS**

1968年6月5日

罗伯特·肯尼迪中枪身亡
Robert Kennedy Shot

加利福尼亚州洛杉矶：参议员罗伯特·肯尼迪遇刺

美国五年内连续发生刺杀案，先后夺去三位领导人：约翰·F. 肯尼迪、马丁·路德·金和罗伯特·F. 肯尼迪。1957年，罗伯特·肯尼迪任参议院委员会首席顾问，调查工会诈骗案。1960年他帮助兄长约翰·F. 肯尼迪成功当选总统，在后者任期内出任司法部长，支持民权运动，有力打击集团犯罪。

> "我哥哥不需要被理想化……身后评价不必超过生前所为……"
> ——参议员爱德华·肯尼迪

1964年约翰·F. 肯尼迪去世后，他当选纽约州民主党参议员，不久即成为重要政治人物和首要反战人士。

1968年，肯尼迪宣布参选总统一职。截至6月4日，六场民主党初选中肯尼迪已经赢得五场，包括当天的加州初选。他在洛杉矶国宾饭店向支持者致辞，仿佛肯尼迪家族又有一人会入主白宫。但罗伯特·肯尼迪走出拥挤的通道时中枪，次日在医院中死亡，时年四十二岁。

刺杀者是巴勒斯坦籍移民瑟罕·瑟罕，他不满罗伯特·肯尼迪支持以色列的立场。1969年瑟罕被判死刑，但参议员爱德华·肯尼迪为之求情，改判为终身监禁。**RC**

1968年7月25日

反对避孕
Birth Control Rejected

教宗谴责避孕行为，教廷权威遭到动摇

教宗保禄六世发表通谕《人类生命》，着重谴责所有人为避孕措施，令当时信奉自由主义的天主教徒相当失望。教宗认为避孕有违自然规律，本质邪恶。他警告道，避孕会诱发婚姻不忠，降低道德标准，令女性沦为纯粹的肉体娱乐工具。婚姻的基本目的是生育，人为避孕的婚内性行为违背了自然规律。

这一立场令不少人颇为震惊——他们期待教会对推行避孕药的政策采取更为开明的态度。全球范围内（尤其是欠发达地区），节育的确被视为减轻贫困的重要手段。后来艾滋病传播，推行避孕以减轻贫困变得愈发紧迫。西方世界里，避孕日益成为个人选择，而并不取决于梵蒂冈教廷的判断。人们认为生育并非婚姻的唯一目的。教皇对避孕的态度遭到忽视。

尽管有很多天主教徒赞同保禄六世的观点，并宣称教皇的警告是正确的——流产及非婚生育率飙升，但《人类生命》引起普遍反对，保禄六世十分沮丧，此后再未发表过通谕。1984年教宗若望·保禄二世重申反对避孕的立场，支持节育者被要求服从教会权威。但教廷在性伦理方面威信已失，《人类生命》的反对意见推动梵蒂冈权威在其他领域开始瓦解。**JS**

1968年8月20日

苏联军队进驻捷克斯洛伐克
Soviet Troops Enter Czechoslovakia

亚历山大·杜布切克（Alexander Dubcek）的捷克政府推行改革，威胁欧洲共产主义阵营稳定局面，苏联出动联军镇压

苏联领导联军入侵捷克斯洛伐克，镇压亚历山大·杜布切克的自由主义改革，布拉格之春终结。捷克经济萧条，政治改革呼声高涨，拒绝改革的斯大林派领导人安东宁·诺沃提尼1月被迫下台，杜布切克取而代之，宣布推行大批改革政策。尽管杜布切克从未计划令共产党对捷克彻底放手、威胁苏联安全或是退出华约组织，他主张社会主义人性化，提出允许合法反对党存在。杜布切克取消审查制度，希望恢复同西德的外交和贸易关系。不幸的是，杜布切克不明白捷克改革会对共产主义世界造成怎样的冲击。

波兰人游行示威，要求施行同类改革；苏联担心骚动会波及乌克兰，不能容忍事态如此发展，要求杜布切克改革措施放缓，但后者不以为意。杜布切克认为自己在7月的华约领导人峰会上表忠心便可以平息苏联的不满，但后者选择直接发兵。西方谴责联军入侵，但并未采取行动。共产主义世界得到明确启示：真正的改革同共产主义统治水火不容。倘若共产主义无法自我改革，也许只有抛弃红色旗帜才能实现变革。**JS**

○ 布拉格民众渴望实施杜布切克的改革政策，表现他们对军事入侵的不满

○ 苏联主导的入侵军队乘坦克进入布拉格市内，从杜布切克手中夺过捷克控制权

1968年12月24日

从月球看地球
Earth Seen from the Moon

人类首次登月八个月前,宇航员拍摄了地球"初升"照片

△ 地球出现在月球有利观测点时,威廉·安德斯拍摄的激动人心的照片

阿波罗8号飞行任务载三位宇航员弗兰克·博尔曼（Frank Borman）、威廉·安德斯和吉姆·洛弗尔（Jim Lovell）进入环月轨道。这是人类首次脱离地球、进入其他天体引力场。宇航员的任务是拍摄月球表面照片,但是当他们驾驶航天器绕过月球远端时,看到在月球广袤而毫无生气的地平面上,远方的地球冉冉升起。指挥官博尔曼和安德斯都在胶片上捕捉到了这一刻。博尔曼的黑白照片显示地球刚刚出现在月球地平面上,而安德斯拍摄的地球布满蓝白色漩涡,在漆黑的天空中升高了几度。这是太空中远距离拍摄的首张地球照片,小小的星球部分掩藏在黑暗之中,形成一个脆弱、流动而完整的世界,令人着迷和沉醉。而单调、灰暗、毫无生机的月球与之形成鲜明对比。根据洛弗尔的描述,月球"类似于熟石膏或灰色海滩沙",而月球上"无边无际的孤独感令人生畏,让人认识到自己在地球上所拥有的一切。"

事实上,月球正对地球的是同一面,地球不会在月球表面"升起"或"落下",而是停留在天空中的固定位置。

地球"初升"照片被兴起的环保运动采纳,并成为盖亚假说的有力图像——詹姆斯·洛夫洛克（James Lovelock）提出,地球有自我调节功能,几乎无异于智能有机体。**PF**

1969年3月2日

航空史上一大成就
Aeronautical Triumph

世界首架超音速客机协和号（Concorde）升空

▲ 安德烈·杜加德驾驶协和飞机首航，从图卢兹机场起飞

法国图卢兹一个寒冷刺骨的下午，安德烈·杜加德驾驶英法联合研制的客机"协和号"首次试飞。这场短程飞行中"协和号"并没有达到超音速。这是迄今为止欧洲最具雄心的技术项目，人们对"协和号"首航抱以极大的热情。超音速客机的研究始于二十世纪五十年代，但不久后人们发现研究成本过高，需要国际合作。1962年11月英法政府签订协议，联合开发项目。造价不断提升，一度有人怀疑"协和号"能否投入使用。英法当局为"协和号"首航进行了大量宣传，就是为打消两国纳税者疑虑，证明他们的税金创造了价值。

结果项目损失惨重，数次超出预算。商用超音速客机仅生产了十四架，英国航空公司在政府资助下才买下7架，余者由法国航空公司购得。客机生产延迟，1976年才投入使用。但"协和号"能够在不到3.5小时内飞越大西洋，成为航空业标志。遗憾的是，"协和号"燃料容量有限，无法往来利润丰厚的太平洋航线，且美国几大机场有环保人士反对超音速飞机降落造成的噪声污染。"协和号"持续服役至2003年10月——"9·11"事件后成本上涨、利润下降，超音速客机失去商业价值。**JS**

1969年7月21日

人类的一大步
Mankind Takes a Giant Leap

尼尔·阿姆斯特朗（Neil Armstrong）成为踏上月球的第一人

- "阿波罗11号"登月任务中，登月舱驾驶员巴兹·奥尔德林的靴印留在月球表面
- 宇航员巴兹·奥尔德林在月球表面行走，照片由尼尔·阿姆斯特朗拍摄

"休斯敦，这里是静海基地。'鹰号'已着陆。"

尼尔·阿姆斯特朗驾驶登月舱着陆时所说

格林尼治标准时间上午2点56分，在全世界4.5亿观众的注视下，黑白图像模中有个模糊的身影走下阶梯，无线电传来机械音："这是一个人的一小步，但却是全人类的一大步。"

38岁的美国国家航空航天局试飞员尼尔·阿姆斯特朗左脚迈上了月球，成为踏足地球之外自然天体的第一人。他拍摄照片，采集尘土样本。20分钟后，巴兹·奥尔德林（Buzz Aldrin）也登陆月球。他一踏上月球地面便惊呼："美，太美了，壮丽的荒芜之境。"二人在月球的低重力场中试跳，留下美国国旗和有尼克松总统签名的纪念牌，上书："1969年7月，来自地球的人类首次登上月球。我们为全人类的和平而来。"不久后阿姆斯特朗和尼克松通话。

7月16日，他们乘坐"阿波罗11号"从肯尼迪航天中心起飞，3天后进入环月轨道。阿姆斯特朗和奥尔德林驾驶登月舱"鹰号"，降落在静海表面。而第三位宇航员迈克尔·柯林斯（Michael Collins）驾驶大型指令舱"哥伦比亚号"留在环月轨道中。由于登月舱似乎错过了预定着陆点，阿姆斯特朗忽略电脑指令，手动操作降落，最后仅余30秒的燃料储备。

在月球上停留了21小时后，"鹰号"再次起飞，进入轨道同"哥伦比亚号"会合，准备返回地球。7月24日，航天器降落在太平洋面。阿姆斯特朗职业生涯后期大部分在辛辛那提大学航空航天工程学系度过，不愿借助登月经历谋取个人名望或政治权力。**PF**

1969年8月15日

伍德斯托克摇滚音乐节开幕
Woodstock Rock Festival Begins

逾45万人参加六十年代声势最为浩大的反主流文化盛事

▲ 音乐节结束时大批观众散去，一对情侣在车上小憩

1967年的蒙特利国际流行音乐节，将嬉皮士的"爱之夏"理念推向更广阔的舞台，而伍德斯托克节将这一氛围带入全国人的视野。美国长期深陷于种族暴动、政治刺杀和越南战争的阴霾之中，而伍德斯托克国度燃起了希望和乐观之光。

伍德斯托克节的组织者只有二十几岁：流行音乐宣传者阿蒂·考菲尔德、迈克尔·朗、富商之子约翰·罗伯茨和律师乔尔·罗森曼。他们从新墨西哥州飞往"滚沸肉汤"养猪场，准备了小型安全措施、劣质大屏显示设备、医疗帐篷、流动厕所以及水。他们打造了当时世界上最大的户外舞台。事先制定的计划大半失

效，组织者只得宣布音乐节免费——大约18.6万张门票已经提前售出。

音乐节的31位表演者的出场费从1.8万美元（吉米·亨德里克斯）到2500美元（死之华乐队）不等。于某些艺人而言，伍德斯托克节是一跃成名的机会，而其他歌手将之视为其摇滚实力的证明。尽管音响系统严重失真、天气不佳、时间安排不尽如人意，但伍德斯托克音乐节大获成功，成为摇滚音乐史上的关键事件。虽然泥浆深及脚踝、首尾相接的汽车长龙长达17英里、用水和卫生条件匮乏，据传出生和死亡者有3人，但伍德斯托克成功创造了"三日的和平和音乐"。**JJH**

1970年4月13日

"休斯敦，我们有麻烦了"
"Houston, We Have a Problem"

"阿波罗13号"发生爆炸，被迫中止登月计划

▲ 宇航员弗莱德·海斯、约翰·斯威格特和吉姆·洛弗尔降落在太平洋中，等待被带往安全区

1969年人类首次登上月球后，又进行了一系列航天任务，探索月球表面、采集土壤和岩石样本。大多数任务顺利进行。但1970年4月11日，从肯尼迪角发射的"阿波罗13号"发生重大故障。两天后，航天器飞离地球20万英里（32.2千米），接近月球时突然传出"轰然巨响"——指令舱的氧气罐爆炸，氧气、电和水储量急剧减少。休斯敦任务控制中心决定放弃原定的登月计划。

宇宙飞船继续绕月航行几周后，开始25万英里（40万千米）的返航旅程。三名宇航员暂居在登月舱中。4月17日，"阿波罗13号"再次进入地球大气层。令所有人甚感宽慰的是，飞船巧妙地降落在太平洋中，距离回收船美国军舰"硫磺岛号"仅4英里（6.5千米）。

登月任务主要出于政治原因——苏联的航天成就似乎令美国相当难堪。但随着美-苏关系的改善，加之阿波罗计划支出不断增加，美国开始重新评估其航天项目。1972年，"阿波罗17号"顺利返航后登月任务终止。**RC**

1970年9月18日

吉米·亨德里克斯去世
Death of Jimi Hendrix

吉他手吉米·亨德里克斯对电声布鲁斯的全新演绎成为宝贵遗产，其形象象征了整个六十年代

亨德里克斯是惯用左手的黑人吉他手，他在有生之年创造了全新的摇滚语言。但是亨德里克斯生活得并不轻松自在——他的摇滚乐听众多为白人，同黑人的联系相对较少，他努力试图在两者间取得平衡。

1942年11月27日，詹姆斯·马歇尔·亨德里克斯生于华盛顿州西雅图，12岁时获得第一把吉他。他同B. B. 金、艾斯里兄弟和小理查在内的南方布鲁斯乐手、都市黑人节奏布鲁斯乐队、灵魂乐乐队合作，录制了早期唱片并演出，由此磨砺了魅惑人心、光芒四射的摇滚风格，迄今无人能与之比肩。

动物乐队的前贝司手蔡斯·钱德勒在一家纽约夜总会看到亨德里克斯的表演后，陪伴他来到英国，为他物色了鼓手米奇·米歇尔和贝司手Noel Reading组成三人乐队吉米·亨德里克斯体验乐队。现场表演中，亨德里克斯会反背着吉他弹奏，甚至用牙齿弹吉他，令英国吉他手们自愧不如。他表演风格流畅优美，多即兴演奏，声线独特，还经常利用扩音器的杂音表演，完全重塑了摇滚乐风貌。

亨德里克斯的死亡相当混乱——他因醉酒兼药物中毒而致命，去医院的途中呕吐窒息而亡。摇滚时代最富有革新精神的电音吉他手就此离世令人叹惋，但亨德里克斯的深远影响流传至今。**JJH**

- 亨德里克斯去世两周前曾在英国怀特岛音乐节上演出，他对这次堪称传奇的表演并不满意
- 在怀特岛音乐节上同台演出的迈尔士·戴维斯偕妻子（左）和朋友参加亨德里克斯的葬礼

1970年11月13日

飓风来袭
Cyclone Strikes

飓风和大洪水席卷东巴基斯坦，造成重大损伤

侵袭东巴的飓风时速达到115英里（185千米），相当于3级飓风。风暴潮席卷人口稠密的恒河三角洲地区，导致逾三十万人死亡。广播对飓风进行过预警，但没有提到洪水。据估计，Tazumin地区45%的人口丧生。

共有三百六十万人受到飓风影响。渔船队提供了东巴基斯坦蛋白质的主要来源，

> "已经和即将采取一切措施，我感到十分满意。"
>
> 叶海亚·汗总统，1970年11月

而大部分船只严重受损。如此规模的自然灾害面前，迅速救援至关重要，但在这一方面位于西巴的巴基斯坦政府饱受诟病。只有一架直升机可用，而政府迟迟未能提供更多的救援直升机——当局归咎于印度阻挠，印度政府对此激烈反对。巴基斯坦政府还拒绝空运印方援助入境，援助只能通过陆路缓慢送达。东巴有喷洒农药的飞机请求加入救援工作，但政府两天后才批准。巴基斯坦政府的不作为令人民联盟等独立主义政党的支持率大涨，东巴由此坚定地走上解放战争和孟加拉独立之路。**JS**

1970年12月7日

勃兰特默哀
Brandt Pays Homage

总理华沙一跪，德国正视其过去的纳粹行径

维利·勃兰特（Willi Brandt）在波兰首都华沙下跪为纳粹受害者默哀。尽管此举在德国本国内引起相当大的争议，但它标志着德国同希特勒时代彻底决裂，东西德重新建立友好关系，最终促成1989年两德统一。

1913年，勃兰特生于吕贝克，原名Herbert Frahm，青年时期即为反对纳粹主义的社会主义者。1933年纳粹掌权后，他逃亡挪威，加入挪威国籍，开始使用新名字。战后勃兰特以德国公民身份重返祖国，在德国社会民主党内迅速晋升。1961年，勃兰特担任柏林市长期间接待了美国总统肯尼迪的来访。

1969年勃兰特出任西德总理，推行饱受争议的东方政策，同东德和其他社会主义国家签订合约，希望能够借此机会传播民主。勃兰特政府险些因东方政策垮台。议会一关键部门认定，勃兰特全靠东德史塔西（Stasi）情报机关四处行贿才保证得到足够的选票。

东西德签订协议、关系缓和，东方政策就此告终。勃兰特象征性地为纳粹罪行忏悔，跪在1944年华沙起义纪念碑前——当年反叛的波兰爱国者遭到纳粹的血腥镇压。部分德国人将华沙一跪视为国家之耻，甚至"左倾"的《明镜》周刊也提出疑问："勃兰特是否应该下跪？"但《时代》杂志因这一态度将勃兰特评选为1970年年度风云人物，次年勃兰特被授予诺贝尔和平奖。**NJ**

1971年3月26日

孟加拉宣布独立
Bangladesh Declares Independence

东巴退出巴基斯坦，西巴派兵镇压

印度军队进入达卡市，新近成立的孟加拉国国民为胜利者们欢呼

东巴政治领袖宣布脱离巴基斯坦独立，当属意料中事。巴基斯坦自1947年建国以来，就是相当勉强的政治实体——东、西巴基斯坦被逾1000英里（1600千米）的印度领土分割开来。东、西巴除伊斯兰教外少有共同点，后者把持国家政治大权。东巴人口更为稠密，但用于东巴的政府支出远远不到二分之一，在军队中少有话语权，政府合同方面也遭到区别对待，东巴政治领导人被边缘化。1970年飓风来袭时，巴基斯坦政府救灾不力，许多人对当局再不抱任何希望。东巴选举中，主张独立的人民联盟获得压倒性胜利，在国民议会中占据多数席位。但军队拒不接受这一结果。毫无意外，东巴宣布独立。

西巴政府必定不会对挑战毫无反应——当局已经开始发动残酷的镇压战争，受害者主要为印度教徒少数族裔。匆匆成立的解放军（Mukti Bahini）以游击战术反击。最终左右战局的是印度——印度对西巴打压印度教徒之举忍无可忍，此外东巴兵力激增也不能坐视不理，于12月出兵干涉，数日之内占领达卡市。孟加拉实现独立。**JS**

1972年1月30日

北爱尔兰屠杀
Bloodbath in Northern Ireland

英国军方向示威群众开枪，"流血星期日"引发国际舆论强烈抗议

▲ 流血星期日冲突中，年轻人向英国军用车辆投掷石子

　　北爱尔兰统一派人士将北爱尔兰城市德里称为伦敦德里，英国伞兵进入城中共和派势力范围——伯格赛德区，向民权示威者开火，造成十四人死亡。英国军方称他们持续遭到爱尔兰共和军（IRA）的炮火和长钉炸弹攻击，开火仅仅是出于自卫。但没有士兵受伤，当地民权运动者坚称英军无缘无故开枪杀戮，而示威者手无寸铁。4月首席法官威杰里（Widgery）主持的司法调查报告为伞兵们开脱罪责，即便在英国本土也遭到相当的质疑。

　　1969年英国军队被部署在北爱尔兰，以应对教派间冲突。起初他们受到天主教共和派群体欢迎，后者视之为保护者，但双方关系恶化。1972年初，天主教派支持的民权示威活动经常发展为暴力冲突。流血星期日事件中，伞兵在冲突几乎已经平息时赶到德里实施拘捕。他们得到警告称，爱尔兰共和军经常借此类示威活动掩护狙击手，但不知道暴力冲突近乎结束。流血星期日与灾难无异。英国军方的做法遭到国际舆论声讨，暴民狂怒之下纵火烧掉都柏林的英国使馆。教派间愈发敌对，爱尔兰共和军支持率大涨，政治僵局已成定局，恐怖袭击将延续数十年。**JS**

1972年2月21日

尼克松访华
Nixon Meets Mao

美国总统取得惊人的外交成就

　　理查德·尼克松总统飞往中国同毛泽东会晤之前，美国尚未正式承认中华人民共和国地位。尼克松的反共态度强硬，似乎不大可能担任向中国伸出橄榄枝的友好使者。但相对于冷战期间的前几任美国总统而言，尼克松的优势在于，他认识到共产主义世界同外界揣测的不同，并不是莫斯科领导的统一阵营——1969年乌苏里江边境一带的交战暴露出中苏交恶，正是美国的可乘之机。与此同时，毛泽东意识到同另一超级大国建交可以制衡敌对的苏联。1971年4月首次出现态度转变的迹象：北京出人意料地邀请美国乒乓球队访华。不久后美国发言人暗示总统本人愿意受邀。

　　当然，外交进程不会自发进行。美国国家安全顾问亨利·基辛格（Henry Kissinger）提前赴华集中协商。主要问题在于台湾。鉴于中美都无法退让，双方同意对台湾问题避而不谈。实际上，这为中华人民共和国得到正式承认打下基础，中国也因此成为联合国安理会常任理事国。这场外交博弈中，莫斯科突然发现自己被孤立，成为最大的输家，被迫在战略性军备限制等问题上对美国作出让步。尼克松访华令冷战的紧张局势大为缓和。**JS**

1972年6月17日

水门事件
Spies in Watergate

水门事件成为尼克松总统下台导火索

　　1968年美国总统选举中理查德·尼克松险胜，许多自由主义者和反越战人士对此相当失望。面对反对派，尼克松及其团队变得偏执多疑，1971年成立名为"水管工"的特殊间谍小组，监视并挫败政敌的阴谋。间谍包括戈登·里迪（Gordon Liddy）和霍华德·亨特（Howard Hunt），二人都曾为中央情报局

> "不必光明正大。这是他们、也会是我们的游戏规则。"
> 　　　　H. R. 霍尔德曼（H. R. Haldeman）

效力。1972年6月，美国陷入国内危机，几名"水管工"成员在华盛顿特区水门大厦的民主党全国委员会总部被捕，他们在水门大厦安装了窃听器。里迪和亨特均涉案。

　　美国人民认为总统并不知情，11月的大选中尼克松以绝对优势再次当选总统。但是《华盛顿邮报》的调查开始揭露政府的不正当手段，令人颇感不安。1973年1月，水门"水管工"们被判非法入侵建筑罪名成立，但其中一人向初审法官致信，称白宫一直在掩盖其在水门事件中的作用。真相浮出水面，白宫参与其中，水门丑闻最终导致尼克松下台。**RC**

1972年9月6日

慕尼黑惨案
Massacre in Munich

和平盛典奥运会上发生恐怖袭击,运动员遭到劫持,救援行动彻底失败

慕尼黑奥运会发生流血惨案——慕尼黑警方同巴勒斯坦恐怖分子交火,导致9名遭到劫持的以色列运动员全部遇难。奥运村安全措施松懈,八名"黑色九月"组织成员突击以色列选手驻地,击杀两名运动员后劫持人质。恐怖分子们要求释放以色列监狱中的二百余巴勒斯坦人。西德政府担心再次令犹太人血溅德国,最初准备为绑架者提供脱身途径,但最终作出灾难性的决定——尝试救援。当时欧洲警方大多没有处理恐怖袭击或救援人质的经验,慕尼黑警方也不例外。此次救援行动处理不当,狙击手位置不佳,飞机上的警队未能履行职责,且缺乏沟通。所有人质、一名警察和五名恐怖分子丧生,三名恐怖分子被捕,但拘禁时间不长——几周后,其同伙劫持德国客机,三人得到释放。

尽管颇有争议,奥运会继续进行,而慕尼黑惨案敲醒了警钟,西方国家开始针对现代恐怖活动制定对策。巴勒斯坦问题也由此开始长期占据西方和阿拉伯世界关系的焦点。**JS**

- 一名巴勒斯坦解放组织成员在以色列运动员住宿区阳台上
- 悲伤的遇害者家属抵达慕尼黑扶灵返乡

1950年至今 841

1973年1月22日

堕胎合法化
Abortion Legalized

罗诉韦德一案中，最高法院判决美国堕胎合法化

二十世纪六十年代，美国的女权运动同民权运动一道稳步发展，部分原因在于女性更加独立——更多女性此时走上了职业岗位；此外，新兴的包容文化之下，人们得以更加公开地讨论与性有关的话题，如堕胎、强奸和同性恋。

美国最高法院在1971年和1972年依据《1964年民权法案》相关法律维护了女性平等地位。1973年，在罗诉韦德一案中，最高法院作出了相当引人争议的裁决。德克萨斯州法律禁止除因医学需要保护母亲而进行的堕胎手术，美国大多数州也是如此规定。达拉斯一年轻女性未婚而孕，化名珍·罗，挑战德克萨斯州法律的合宪性。罗同其他原告要求最高法院撤销达拉斯地方检察官亨利·韦德（Henry Wade）继续起诉非法堕胎者的决定。最高法院承认此案的敏感性，双方的立场都相当激烈，但最终裁定，依据美国宪法第14条修正案，女性怀孕前六个月内，不可仅凭孕妇生命是否受到威胁而合法阻止堕胎行为。

其后卡特总统声明，尽管他本人反对堕胎，但他更反对干涉最高法院判决。因此卡特遭到美国反堕胎人士的强烈抨击，后者称堕胎无异于谋杀，堕胎问题也成为促使共和党和罗纳德·里根（Ronald Reagan）大选获胜的重要因素。**RC**

1973年1月28日

越南停战
Cease-fire in Vietnam

美国和北越达成停战协议

美国和北越为结束越战展开和谈，经过漫长的五年后终于修成正果。美国曾发动大面积轰炸，双方均遭受严重的人员伤亡。与此同时，美国国内的反战抗议活动进一步向尼克松总统施压，迫使后者同北越达成协议。美国一向以从战场脱身为目标，同时要保证撤兵后南越安定而独立。北越希望美国

> "我们已经达成协议，问心无愧地结束战争、带来和平。"
>
> 理查德·尼克松总统，1973年1月

撤军，整个越南命运的决定权便完全落入北越手中。起初停战协议内容似乎有利于美国。双方立即停火，同意南越人民拥有选择其政治体制的绝对自主权，且协商是达成南北越统一的唯一方式。

但停战协定中并未提及北越在南越驻军一事。这意味着北越部队可以对南越的稳定和安全造成永久威胁；一旦确定美军不会因任何原因重返东南亚，北越便可随意推翻协议内容，凭借武力统一越南。1975年4月，越共果然武力统一全国。**JS**

1973年9月11日

智利流血政变
A Brutal Coup in Chile

社会党总统阿连德被迫下台，智利开始在皮诺切特将军的领导下施行严酷统治

萨尔瓦多·阿连德（Salvador Allende）青年时代起便是马克思主义者，1933年创建了智利社会党。二十世纪五六十年代他曾数次竞选总统，1970年终于以人民团结联盟候选人身份出任总统。此党派主要由社会主义者和共产主义者支持。在阿连德的领导下，智利同赤色国家古巴和中国交好，1971年菲德尔·卡斯特罗曾长期访问智利。但阿连德尝试将智利转变为社会主义国家，导致经济严重受损，引发激烈的反对和暴动——阿连德于1973年8月宣布智利处于内战边缘。美国对阿连德下台事件中的参与程度仍未成定论，但中央情报局无疑受命斥数百万美元搞垮阿连德。

9月初，智利首都圣地亚哥发生大型对抗游行，最终智利海陆空军和警方领导人成功发动政变。他们以"解放桎梏下的祖国"之名，逮捕了许多左翼领导人，对大城市中工厂和无产阶级聚集区实行军事管制，宣布戒严。阿连德被困总统府，下令竖起白旗投降。两声枪响过后，阿连德身亡，尸首旁是据传为菲德尔·卡斯特罗所赠的机关枪。总统府内人员停止一切抵抗，军队之首奥古斯托·皮诺切特将军（Augusto Pinochet）被拥立为智利新任总统。**RC**

- 阿连德总统遭到谋杀7个月前（1973年2月）的照片

- 萨尔瓦多·阿连德担任总统的最后一日——照片摄于他被政变推翻数小时前

1973年10月6日

阿拉伯人发动赎罪日战争
Arabs Strike During Yom Kippur

宗教节日期间以色列人遭到突袭,狼狈溃退

● 短暂的赎罪日战争中,被以军俘获埃及士兵处于监守之下

　　埃及和叙利亚军队利用犹太人宗教节日赎罪日,对以色列发动突袭。叙利亚军队挺进戈兰高地,而埃及通过苏伊士运河进驻西奈半岛。最初的几天内,以色列人似乎陷入绝境——他们损失惨重,疯狂动员后备军;但阿拉伯联军缺乏协作,美国空运大批物资,且及时提供敌军部署情报,令以色列幸免于难。叙利亚人被击退;以军在苏伊士运河发起反击,埃及第三军团被困。战争进行了不到三周,双方便达成了有利于以色列的停火协定。

　　赎罪日战争虽短,但意义重大。以色列人明白,轻易获胜的时代一去不复返了。阿拉伯人本希望夺回1967年六日战争的失地,此番失败无异于刺背之芒。但重要的是,阿拉伯人打破了中东地区1967年起的战略和外交僵局。赎罪日战争险些激发美苏正面对峙,而双方都不希望中东地区冲突再起。石油输出国组织(OPEC)对西方施行了石油禁运的严酷制裁,令欧洲确信中东和平大有必要。连立场强硬的以色列也承认,至少必须同其最可畏的对手埃及协商和解。**JS**

1973年10月17日

停止原油供应
Crude Oil Supplies Halted

石油输出国组织（OPEC）令西方为支持以色列付出高昂代价

△ 石油输出国组织禁止向美国及其盟国出售石油期间，纽约布鲁克林区一家加油站的汽车长龙

赎罪日战争中以色列压制其阿拉伯邻国获胜，阿拉伯世界予以还击。由中东国家主导的国际石油联盟——石油输出国组织欧佩克（OPEC）——首次以石油资源为武器，宣布对美国全面禁止原油供应。石油禁运范围迅速扩大，石油价格立即上涨70%，西方盟国经济陷入萧条。事实上，欧佩克的举措不仅是为了表现与埃及和叙利亚同仇敌忾，更出于对西方剥削的积怨。西方经济增长向来依赖于价格低廉的能源，而石油基本上是阿拉伯国家唯一的出口商品，长期价格偏低。因此成立石油输出国组织，以便成员国一致对抗西方打压石油价格的压力。阿拉伯国家认为，石油价格早该作出重大调整了。

欧佩克的石油禁运举措短期内造成了严酷后果。西方国家通货膨胀、经济萧条，失业率上升，石油价格涨了三倍。石油出口国积聚大量财富，大部分落入于政治精英囊中、或用于军备。但美国并未因此停止支持以色列，转而开辟能源新渠道。一个月之内，美国国会通过建造阿拉斯加输油管道的决议，后者每日可输送200万桶原油。十年之内欧佩克势渐衰落。**JS**

1974年4月25日

康乃馨革命
Carnation Revolution

左派发动军事政变，结束葡萄牙独裁统治时期

▲ 政变三天后，里斯本的武装力量运动（MFA）士兵佩戴红色康乃馨，象征葡萄牙和平革命

1974年4月25日午夜刚过，葡萄牙国家电台播放反对派民谣歌手泽卡·阿方索（Zeca Afonso）的《格兰朵拉，褐色的小镇》。碰巧收听到的听众颇感意外，因为首相马塞洛·卡耶塔诺（Marcelo Caetano）领导的右派政府认定阿方索为共产主义分子，将之封杀。但对于葡萄牙武装部队的中下级军官而言，这是期待已久的时刻：此曲标志着革命政变开始。

武装力量运动（MFA）趁夜间占领了全国战略要地。葡萄牙民众醒来后，听到通告称发生政变，请求民众保持镇静并留在家中，但里斯本市民聚集在市中心，许多人从花市带来红色康乃馨，街头士兵的佩枪上插着数百朵花。这场革命几乎完全未采用暴力手段，康乃馨成为其象征。卡耶塔诺逃往巴西，受人尊敬的安东尼奥·斯皮诺拉（António Spínola）被推举为领导人。

四十多年来，在安东尼奥·萨拉查（António Salazar）所推行和主持的新政下，葡萄牙经济停滞不前，维持非洲殖民地帝国，同安哥拉、莫桑比克和几内亚比绍的游击队作战，军费支出不菲。此时要改变政体并不容易。不久后斯皮诺拉同左派武装力量运动组织发生分歧，但一段动荡时期过后，1976年葡萄牙形成自由民主政体。**RG**

1974年8月9日

尼克松因水门事件被迫辞职
Nixon Forced to Resign Over Watergate

即将遭到弹劾的尼克松总统辞职

▲ 理查德·尼克松总统发表电视辞职演讲期间所摄照片

国会已成立委员会调查水门事件，发现尼克松总统手中的录音带可证明他本人参与其中。尼克松拒绝交出录音带，并试图阻挠官员受审；但总统的顾问之一约翰·迪恩（John Dean）交代其所掌握的信息，并表明尼克松的两大亲密助手约翰·D. 埃利希曼（John D. Ehrlichmann）和H. R. 霍尔德曼也涉及丑闻。两人尽力否认自己同总统参与本案，但尼克松明显说了谎。1974年7月，众议院司法委员会投票决定进行三项指控。

游戏结束，尼克松总统辞职，副总统杰拉尔德·福特（Gerald Ford）继任。福特完全赦免前任总统的罪行。与此同时，国会、联邦调查局（FBI）和媒体的调查显示，政府部门和官员参与了一系列违法活动——从竞选中使用卑鄙手段、诈骗，到动用联邦调查局、中央情报局和税务机关监听"政府之敌"——同时揭露了过去的违法行径，如中央情报局曾策划刺杀菲德尔·卡斯特罗等他国政治领导人，且同黑手党暗中勾结。人们发现，多年来美国高层暗中进行着无法无天的勾当。公众的敌对情绪日渐加深，帮助吉米·卡特（Jimmy Carter）在1976年大选中击败福特。**RC**

1950年至今 847

1975年4月4日

创立微软
Microsoft Founded

可以说，史上最强大的"软"实力由此诞生，创造财富

▲ 1981年同IBM公司签约后的保罗·艾伦和比尔·盖茨

一切始于1975年——十九岁的哈佛大学生同中学校友为刚面世的牵牛星8800计算机编写了BASIC编译器。为能专心编写程序，二人搬到新墨西哥州阿尔伯克基，成立微软（Micro-soft）公司，并于1976年正式注册微软商标（Microsoft）。

1980年有了突破性进展：计算机巨头IBM邀请微软为其新型个人电脑开发编译器。最终微软赢得IBM的合约，为后者提供MS-DOS操作系统，IBM个人电脑及其仿制品大为流行，令微软公司一举成为软件市场主导者；1985年微软发售首版Windows后，其地位更是无可动摇。微软的许多产品同个人电脑捆绑销售。微软不久即在全球计算机操作系统、个人和商用电脑软件领域占领主要市场份额。尽管有投诉称微软钳制软件市场、其产品也存在种种缺陷，但微软依然空前流行，风靡全球各个角落。

微软公司的创始人是保罗·艾伦和比尔·盖茨。艾伦身体状况不佳，八十年代中期不再密切参管公司事务，但仍是微软的主要股东。盖茨后来成为世界首富，而艾伦仅为美国一大富翁。**PF**

1975年4月17日

波尔布特掌控柬埔寨
Pol Pot Takes Control in Cambodia

红色高棉占领金边，开始向反对者复仇

▲ 柬埔寨共产党游击队控制柬埔寨当日，驾吉普车驶入金边的赤柬士兵

二十世纪七十年代初，美国为切断越共游击队供给线，曾对柬埔寨进行地毯式轰炸，令柬埔寨陷入混乱。再加上1973年越南战场停火后，美国停止援助柬埔寨政府，红色高棉游击队趁势夺下柬埔寨首都金边。红色高棉1月展开攻势，抵抗势力迅速崩溃；到2月，柬共已经控制湄公河沿岸，切断首都供给。弹尽粮绝之际，政府抵抗土崩瓦解。

起初人们期待红色高棉施行温和的统治政策，但希望迅速破灭。柬共领导人波尔布特宣布元年到来，同过去彻底划清界限；柬埔寨人民将建设农民社会——波尔布特所定义的完美革命社会。城市居民全部撤离，被集中到巨型集体农场上受到奴役，忍饥挨饿。柬共废除货币、教育，禁止保留私人财产或宗教信仰。在波尔布特的短暂统治期间，红色高棉谋杀了一百万到三百万柬埔寨人民。但最终柬共政权颠覆的原因并不在于其残酷犯罪本质，而是它对抗越南所致。1978年12月，越军入侵，红色高棉被迫退回山区，再次发动游击战。**JS**

1975年4月30日

美国撤兵
U.S. Withdrawal

美军撤出西贡，任南越自生自灭

美国组织了史上规模最大的直升机撤退行动，大使馆撤出西贡，同时北越军队包围西贡。数千名曾支持美军的南越公民也随之撤离，但更多的人被迫留下。事实上，南越已是朝不保夕。1973年达成停战协议后，北越军队便进驻南越，此时越共尚未武力统一全国，唯一的忌惮便是美军重返越南。1974

> "我们几乎别无选择……我们不可以……抛弃盟友。"
>
> 杰拉尔德·福特总统，1975年4月

年美国对南越的援助大幅减少，显然美方无意再度参战。同年12月，北越发动攻势，不久后南越军队情势危急。

尽管杰拉尔德·福特总统多次提出要求，国会显然不会批准美军重返南越。美国的公开放弃已经足以摧毁南越士气。尽管北越军队没有试图阻止美方撤离，但疯狂的南越人群拼命挤向美国大使馆和离开越南的直升机，记录此景的照片成为美国失败的象征。世界上最强大的军事大国在仅有轻型武器的农民军面前败下阵来。**JS**

1975年10月1日

马尼拉的震颤
Thrilla in Manila

穆罕默德·阿里改写职业拳击赛规则

两大世界拳王——乔·弗雷泽（Joe Frazier）和三十三岁的穆罕默德·阿里再度交手，是为史上最负盛名的拳击赛之一。在1971年和1974年较量中，二人各有胜负，一切从平局开始。

1960年，阿里还被称为卡修斯·克莱（Cassius Clay）时，赢得奥运会金牌，奠定其杰出拳击手的地位。但他桀骜不驯、坦率直言，引来不少白人的抨击。阿里皈依伊斯兰教、不再使用其"奴隶名"卡修斯·克莱，谴责之声更如潮水般涌来。其后他拒绝服兵役，因此于1967年被剥夺拳王头衔。

弗雷泽和阿里的战斗早在首场比赛前开始——阿里是反战派代表，弗雷泽为支持越战的当权者发声。阿里赛前有点准备不足。而弗雷泽在阿里的语言侮辱之下愤恨不已（阿里称其为"白人拥护者"，并表示对手不过是头大猩猩），一直在坚定地训练。

积怨之战开场，弗雷泽撑过阿里的猛攻，待后者露出疲态时发起攻击。但第十回合过后，两名拳击手几乎力竭之时，阿里得以重新掌握主动权。第十四回合，弗雷泽实际在盲目地出拳和躲闪，坚决拒绝认输，但本回合结束时比赛终止。获得历史性胜利后，阿里本人力竭倒地。**PF**

▷ 弗雷泽头部中拳，阿里开始毫不犹豫地猛攻，最终结束战斗

1975年11月22日

西班牙开始实行民主
Spain Embraces Democracy

胡安·卡洛斯一世（Juan Carlos I）加冕为西班牙国王，多年的独裁统治结束

◆ 马德里民众读到佛朗哥的死讯；独裁者弥留之际请求西班牙人们支持新任国王

"（重建民主制度，成为）所有西班牙人的国王。"

胡安·卡洛斯首场国会演讲，1975年

二战后，西班牙在长寿独裁者佛朗哥的统治下经历了漫长的发展停滞期。1975年胡安·卡洛斯登基之际，西班牙已经问题重重。全球经济萧条令西班牙集中型经济大受打击；其主要贸易伙伴英国在1973年加入欧盟，无异于雪上加霜。国内通胀愈演愈烈，平日里沉默的中产阶级损失惨重，大学生和体力劳动者群体沸腾起来，工人们尝试成立工会，对抗国家掌控的企业联合组织、保护自身权益。民众也极力反对美国在西班牙的空军基地（扶植西班牙法西斯政权反对共产主义符合美国利益）。依据教宗若望二十三世的教义，大批牧师公开支持工人游行示威。与此同时，巴斯克分离主义军事组织埃塔（ETA）推进其暴力活动，据称于1973年暗杀了佛朗哥的副总统卡雷罗·布兰科（Carrero Blanco）。再加上1974年佛朗哥盟友、葡萄牙法西斯政权倒台，令健康每况愈下的佛朗哥颇感压力。身为极端保守分子的首相卡洛斯·阿里亚斯·纳瓦罗（Carlos Arias Navarro）在改革之路上摇摆不定，令局势进一步恶化。

在某种意义上，1975年11月20日佛朗哥去世不过是序曲而已。佛朗哥早在6年前已经选定胡安·卡洛斯·德·波旁（Juan Carlos de Borbón）为继任者，后者是王位合法继承人胡安·德·波旁之子。胡安·卡洛斯支持佛朗哥政策，且曾发誓效忠西班牙法西斯党。但同时他有志于改革。尽管自三十年代以来西班牙首次进行公开政治讨论和党派活动，转变不会一夜间实现。JJH

1976年4月1日

苹果电脑公司成立
Apple Computer Company Founded

苹果公司挑战微软的计算机市场霸主地位

1976年，苹果公司成立，创始人为疯狂迷恋电子产品的史蒂夫·盖沃兹尼亚克（Steve Wozniak，他在旧金山附近的硅谷效力于惠普公司）和当时身为电子游戏设计师的史蒂夫·乔布斯。盖沃兹尼亚克使用集成电路板设计了一款供个人使用的电脑，乔布斯说服前者共同开发商业化产品。1976年4月，二人创建苹果电脑公司进军计算机市场。

公司名称定为苹果（Apple），是为了在电脑公司字母索引列表上位居榜首，位列规模庞大的雅达利（Atari）之前。公司的首款产品"苹果I"在乔布斯的卧室和车库中完成，是率先进行市场推广的个人电脑之一。"苹果I"的新特色包括显示屏和键盘，售价666.66美元。升级版"苹果II"于次年推出，拥有高分辨率的图形显示模式。

1984年1月，苹果公司发售首版麦金塔电脑，将显示器和机身集成一体，加入图形用户界面和鼠标，而当时个人电脑还普遍使用难以上手的DOS操作系统。相对于价格低廉的个人电脑，苹果麦金塔电脑操作更直接，且更时尚。苹果从此奠定并保持其产品设计精良、服务于特定市场的坚实信誉，纵向整合软件和硬件，令产品在创意产业内尤为引人瞩目。

1981年4月，盖沃兹尼亚克飞机失事后暂时失忆。遗憾的是，他只得放弃苹果产品开发总裁之职。1987年盖沃兹尼亚克辞去苹果公司的专职工作。1986年乔布斯离开苹果，但在1997年重返公司担任首席执行官。**PF**

△ 1979年，史蒂夫·乔布斯在"苹果II"显示器上展示棋类游戏

"……苹果所代表的一切，健康，个人化，家中可享。"

史蒂夫·盖沃兹尼亚克

1976年6月16日

索韦托学生游行
Student Protests in Soweto

南非学生抗议学校中强制使用阿非利加语,警方反应过激

原计划在索韦托各小镇中举行的学生和平集会以暴力收场,并导致二十三人丧生。学生集体抗议的对象是1974年颁布的《阿非利加语媒介法》。荷兰裔白人殖民者的语言使用率降低,忧心忡忡的南非政府下令所有学校必须以阿非利加语作为半数课程的教学语言。阿非利加语不仅实际使用范围有限,而且被广泛视为压迫者的语言。4月,奥兰多西初中学生为此罢课,抗议活动传播开来。学生秘密策划集会,令警方措手不及;后者动用催泪瓦斯,前者投掷石块。警方胡乱开枪。

示威活动以某种形式挑战种族隔离当属意料中事。民族主义运动(如1975年的莫桑比克解放阵线)捷报频传,证明非洲人可以战胜白人殖民统治者。南非的年轻人生出反抗和自信的新精神。语言问题体现了非洲年轻人的失望和怨恨情绪,令一整代人关心参与政事,南非保安部队不能再维持从前的和平安定局面。当年年底,多达七百人在国民动乱中死去。南非遭到国际舆论谴责,抵制活动愈演愈烈,经济陷入混乱。**JS**

◐ 索韦托学生手持石头走上街头,加入暴动

1976年7月4日

恩德培大捷
Victory at Entebbe

以色列突击队向全世界展示应对人质劫持案的方法

以色列突击队凭借杰出的军事实力结束了乌干达恩德培机场的人质劫持案。一周前四名武装分子劫持了从以色列飞往巴黎的法国航空公司客机，其中二人为巴勒斯坦人民解放战线（PFLP）成员，另外两人出自德国赤军旅（RAF）。飞机抵达恩德培后，乌干达独裁者伊迪·阿明（Idi Amin）予以接见，并

> "此次行动必然会被载入军事史册。"
> 以色列总理伊扎克·拉宾（Yitzhak Rabin），
> 1976年7月

发表演讲支持巴勒斯坦人民解放战线。武装分子释放多数乘客，但扣留以色列公民和犹太人，关押在航站楼。他们以杀害人质相要挟，要求释放拘禁在五个国家的五十三名武装分子。以色列军方迅速策划救援行动。

三架大力神运输机载着二百名士兵，向恩德培机场发起奇袭。以军以雷霆之势猛攻航站楼，所有武装分子和大约二十名乌干达士兵被击毙。以军仅有指挥官约纳坦·内塔尼亚胡中校一人殉职，部分伤员在内罗比住院。以军取道内罗比飞回以色列之前，摧毁了地面上的十一架米格17战斗机以绝后患。奇袭救援行动的辉煌战果成为以色列民族自豪感的一大来源；而对于阿明而言，此次行动宣布他的独裁统治即将告终。**JS**

1977年1月31日

向现代文化致敬
Salute to Modernity

巴黎蓬皮杜艺术中心开幕

公众期待已久、但也遭遇诸多批评的蓬皮杜中心于1977年在巴黎波堡区落成开幕。一切源于的乔治·蓬皮杜（Georges Pompidou，1969—1974年间担任法国总统）的点子——他希望打造集视觉艺术、音乐、戏剧、电影和文学为一体的现代中心，供大众欣赏。主要建筑师伦佐·皮亚诺（Renzo Piano）、理查德和苏珊·罗杰斯当时还名气不大，但其设计无疑极具开创性。

为尽可能扩大室内空间，七层的蓬皮杜中心在建筑外以色彩明亮的管道布置电缆和水管等。自动扶梯也建在室外的透明塑料管道中，扶梯上可以看到绝佳的巴黎街景。批评者称蓬皮杜中心内外颠倒，而欣赏者对建筑设计所展现的想象力和激进风格大加赞美。

蓬皮杜中心内有一座占据三层楼的巨型公共图书馆，还有藏品多达五万件的现代艺术博物馆，以及音乐中心、会议中心、多个餐馆和儿童活动区。中心外的广场是巴黎市民钟爱的聚会场所，也以街头艺人表演著称。中心成立的最初目的是为不同年龄段和所有背景的民众提供平等享受现代文化的场所；从多种层面来讲，蓬皮杜中心都相当成功。它成为巴黎最受欢迎的旅游景点，平均每天接待2.5万游客。事实上，过多游客光顾，导致蓬皮杜中心九十年代中被迫关闭超过两年以进行整修，包括将办公室外移来扩大展区面积。即便很多人对蓬皮杜中心不以为然，它依然是现代世界的国际标志。**JS**

1977年5月25日

《星球大战》上映
Star Wars Opens

乔治·卢卡斯（George Lucas）的史诗传奇系列电影在美国发行

好莱坞顽童指代一批雄心勃勃的年轻导演，包括斯蒂芬·斯皮尔伯格（Steven Spielberg）、弗朗西斯·福特·科波拉（Francis Ford Coppola）和乔治·卢卡斯，后者编写并指导了太空冒险科幻电影系列，塑造了史上最成功和最有影响力的电影概念之一。《星球大战》是星战系列的首部电影（但在叙事结构中是第四部）。星战系列分为两个三部曲，前者包括《星球大战》（后更名为《星球大战：新希望》）、《星球大战：帝国反击战》（1980）和《星球大战：绝地归来》（1983）。后三部电影1999—2005年间上映。

卢卡斯从大量书籍和电影的神话和冒险故事中汲取灵感，1974年构思了星战主题，但难以找到愿意投资的好莱坞工作室，最终得到二十世纪福克斯公司支持。就根本而言，星战系列属于冒险电影，但剧情中加入大众心理学和架空神话。故事围绕神秘而无所不在的绝地武士展开，守护正义的卢克·天行者等人同达斯·维达（Darth Vader）所代表的邪恶势力相抗衡，而后者竟然是天行者的父亲。星战系列掀起粉丝对于宇宙正义之军绝地武士的狂热崇拜。

1983年3月星球大战的概念超越流行文化，走入全球政局——美国总统罗纳德·里根（Ronald Reagan）宣布发动战略防御计划（SDI），在太空部署防卫系统，抵御苏联导弹袭击。因为战略防御计划涉及不少未经试验的技术，有人认为它仅仅在科幻领域才能实现，因此称之为星球大战计划。**PF**

1977年8月16日

埃尔维斯·普雷斯利去世
Death of Elvis Presley

"摇滚乐之王"心脏病发作，在雅园家中去世

四十二岁的"摇滚乐之王"（或称"猫王"）不光彩地死去——他倒在田纳西州孟菲斯雅园家中浴室地板上，腹中塞满垃圾食品、止痛药、安眠药和镇静剂，死因为心脏病发。他有多年肠道和肝脏疾病史。

次日，五万人赶到雅园，埃尔维斯的遗体置于大厅的铜棺中供默哀者瞻仰。当日猫

> "埃尔维斯·普雷斯利去世，美国的一部分随之消亡。"
>
> 吉米·卡特总统，1977年

王的唱片销售量达两千万。起初埃尔维斯被葬在母亲身旁，但9月有人意图盗墓，因此灵柩迁葬雅园。同时有歌迷称猫王并未去世，只是藏匿起来，多年来美国各地都有人声称见到埃尔维斯。

猫王去世不久前还在持续录歌和表演。这位密西西比青年成为五十年代青少年叛逆和性解放的终极象征。他令黑人音乐为百万白人青年所接受，是美国保守派心中的光芒四射偶像——他极力反对披头士所代表的英国入侵，视之为危险信号。据称1973年埃尔维斯表演的全球电视转播收视率甚至超过"阿波罗11号"登月。**PF**

1977年9月12日

史蒂夫·比科被警方拘禁期间去世
Steve Biko Dies in Police Custody

积极反对种族隔离人士史蒂夫·比科在比勒陀利亚遭到监禁期间去世,南非警方否认谋杀

国际社会所敬仰的反种族隔离制度活动家史蒂夫·比科在比勒陀利亚遭到警方拘禁期间去世,是十八个月来第二十起同类死亡案件。比科在纳塔尔大学修读医学期间已经是政治活跃分子,也因此被开除。他凭借出众的口才和写作能力,宣传以非暴力手段抵抗种族隔离,但仍与安全部门发生冲突。1973年3月,比科收到禁令,活动受限,被禁止出版任何文字作品,一次最多与一人谈话,且任何人都不准引述比科所讲内容。但比科的影响力如此之大,他被视为1976年索韦托暴动等抗议活动的精神领袖。

1977年8月,警方设置路障,以恐怖袭击的罪名逮捕比科。他被剥去衣服锁在伊丽莎白港的监狱中,其后转入比勒陀利亚,在接受治疗期间死去。警方声称比科因绝食抗议而死,但他的头部大面积受伤,应为野蛮殴打所致。警方坚称,比科所受的任何损伤都是他自己造成的。南非首席检察官判定,鉴于没有目击证人,没有理由起诉任何一位警官谋杀。但南非依然受到国际谴责。更重要的是,南非当局胁迫反对派的企图破产。比科提出的"非洲人当自豪"主张,在他过世后依然鼓舞着南非人民进行抵抗。**JS**

▶ 一名抗议者在比勒陀利亚司法殿门前,此时正进行史蒂夫·比科死亡案司法调查

1977年10月26日

征服天花
Smallpox Conquered

最后一例自然感染的天花病例得到控制且被治愈

人类苦难的一大来源——天花，成为首项在全球范围内正式绝迹自然病种。在新进展层出不穷的二十世纪，消灭天花被视为百年内最伟大的医学成就。

二十年前，天花流行于大约二十五个国家，每年全球有一千万新增病例，半数出现在印度。1958年，世界卫生组织发起防治天花行动；1967年项目正式开始，内容包括监控、控制疫情，隔离病患，广泛接种疫苗。拉丁美洲、西方国家和中非进展迅速，但南亚国家和印度起初极为勉强，项目支出为部分原因。七十年代障碍扫除，1975年世界卫生组织官员惊讶地发现印度已经进入"零天花"状态。1977年10月，非洲索马里出现最后一位天花患者——二十三岁的医院厨师阿里·马欧·马阿林（Ali Maow Maalin）感染天花，确诊后两周内近5.5万人接种疫苗，疫情得到控制，马阿林痊愈。

1980年5月，世界卫生组织最终宣布全球范围内天花绝迹。整个项目耗资三亿美元，但消灭天花节省了大量医疗费用。讽刺的是，几个国家保存了少量天花病毒——可用于生产疫苗，以防天花卷土重来，也可用于制作生化武器。二十一世纪初，不少人担心天花病毒落入恐怖组织或"流氓国家"之手。**PF**

1978年9月17日

戴维营谈判
Camp David Talks

从表面上看，戴维营协议为中东冲突提供了解决方案

1977年1月吉米·卡特当选美国总统，他将中东和平问题定为最高优先级。同年11月，埃及总统安瓦尔·萨达特（Anwar Al Sadat）出人意料地访问以色列，至少意味着埃及在外交上承认以色列的国家地位，带来真正的突破性进展，并打开双边谈判之门。1978年9月，美国、埃及和以色列在戴维营举

> "……这一区域会成为不同国家共存和合作的典范……"
>
> 戴维营协议，1978年9月

行三方会谈，卡特总统绝不允许谈判破产，功不可没。谈判中的最大障碍为巴勒斯坦地区（约旦河西岸和加沙地带）。以色列总理梅纳赫姆·贝京（Menachem Begin）愿意以归还西奈半岛为代价换取和约，但坚决拒绝从以方的巴勒斯坦占领区撤兵。最终萨达特决定弃阿拉伯民族整体利益于不顾，而谋求埃及的国家利益。双方签署两份主要文件，为埃以和平奠定基调。1979年西奈半岛归还埃及，双方签订和约。

中东问题框架体系一度涉及巴勒斯坦自治。以色列受益良多——没有埃及的参与，任何敌对联盟都不可能消灭以色列——但东方边境并未因此安定下来。萨达特背负了背叛阿拉伯民族的罪名，1981年10月被伊斯兰教徒刺杀。**JS**

1978年11月18日

琼斯镇集体自杀
Mass Suicide at Jonestown

"人民圣殿基督徒教会"邪教教众在圭亚那琼斯镇集体自杀，令美国公众惊骇不已

吉姆·琼斯（Jim Jones）带领"人民圣殿基督徒教会"教众在圭亚那琼斯镇集体自杀，包括276名儿童在内的913名美国公民身亡。此前人民圣殿教不断衰落，直至1972年琼斯转移到旧金山，发展多种族信徒，并进行了大量慈善工作，赢得美名，但同时丑闻迭出，还涉嫌逃税而遭到调查。因此琼斯在圭亚那丛林中租赁了一块土地，建立琼斯镇。

劳动艰苦外加食物不足，引起教众不满。据称琼斯并用药物、威胁和残酷刑罚等手段，对心生叛意者进行压制。传言少数试图逃离琼斯镇的教徒遭到谋杀。美国国会议员里奥·瑞恩（Leo Ryan）得知后开展调查，率领媒体、政府代表、和教徒亲属赶往琼斯镇。

有关后续进展的报道混乱而令人费解，但表面上来看，有几名邪教成员坚持同瑞恩一道离开琼斯镇。但是一行人抵达当地小型机场时遭到攻击，瑞恩等5人丧生。随即教众顺从地排队喝下混有安定和氰化物的饮料，集体自杀。成功逃脱者屈指可数，部分教徒逃亡途中被射杀。邪教领袖对信徒的控制强大到如此程度，令美国公众惊骇不已，也令其他地区的异教名誉扫地。**JS**

- 人民圣殿教教徒拉里·莱顿站在警察身旁，他因在琼斯顿小型机场开枪袭击而被捕
- 教众自杀情形相当诡异；琼斯镇事件是现代历史上规模最大的集体自杀事件

1979年2月1日

阿亚图拉鲁霍拉·霍梅尼归国
Ayatollah Khomeini Returns

流放多年的阿亚图拉霍梅尼归国领导伊朗革命

经过十五年的流放生涯，阿亚图拉鲁霍拉·霍梅尼返回德黑兰

阿亚图拉鲁霍拉·霍梅尼回国，在德黑兰受到狂热欢迎。他长期领导伊斯兰教众，站在反对伊朗沙穆罕默德-礼萨·巴列维的第一线。1963年巴列维推行"白色革命"，内容包括土地改革、赋予女性选举权、允许非穆斯林在政府任职，遭到霍梅尼的强烈抨击。1964年11月霍梅尼被流放，辗转定居巴黎，通过宣传册和布道向伊朗沙不断发起轰击。此类内容在伊朗遭到封禁，但依然广泛流传，影响力与日俱增。二十世纪七十年代末，反对之声遍及各地，巴列维越来越依赖于镇压手段。但是在1979年1月发生多起民众示威，局势愈加混乱，镇压已经不足以维持统治。巴列维宣布他同家人将离开伊朗度假，实际上就此退位。

伊朗革命的发展方向尚不明朗。伊斯兰教徒的确站在抗争前线，但与他们并肩作战的还有自由主义者、社会主义者和共产主义者，不少人希望实行民主、建立世俗国家。巴列维出逃后，世俗主义者沙布尔·巴赫蒂亚尔（Shapour Bakhtiar）领导的临时政府当政。但霍梅尼决定独自掌控伊朗的命运，任命其支持者迈赫迪·巴扎尔甘（Mehdi Bazargan）为总理同巴赫蒂亚尔对立，且宣称违抗巴扎尔甘即是违抗真主。霍梅尼扫除障碍，令伊朗义无反顾地踏上伊斯兰教神权国家之路。**JS**

1979年3月28日

三里岛核泄漏事故
Breakdown at Three Mile Island

宾夕法尼亚州发生美国核电史上最严重事故

▲ 疏散决策过程相当混乱,部分妇女儿童转移至当地一处运动中心

清晨4点钟,宾州米德尔敦附近的三里岛核电站2号反应堆主给水泵和备用泵同时发生故障,具体原因不明。堆芯的循环冷却水供应中断,反应堆自动关闭,但一连串的故障外加人为失误导致堆芯冷却水大量减少。堆芯开始融毁,并释放放射性气体。

令人惊讶的是,几乎没有放射性物质进入大气,事故并未引发直接不良后果。核电站员工和附近5英里(8千米)以内的2.5万居民没有受伤,当局认为没有必要进行疏散。但这场核事故依然令人胆寒,7座同类反应堆立即被暂时关闭。卡特总统和宾州众议院均下令对事故进行调查,短期内停止授权建设新的核反应堆。核泄漏事件所造成的阴霾笼罩美国核工业多年三里岛核电站1号反应堆未受影响,1985年才再度启动。1990年当局放弃2号反应堆的修复计划——反应堆内部过于危险,无法进入。

核泄漏事故必然令美国和其他地区对核能使用更为担忧,引发公众抗议,为核能反对者添加了有力论据。**RC**

1979年5月3日

撒切尔夫人当选首相
Thatcher Elected Prime Minister

玛格丽特·撒切尔（Margaret Thatcher）成为首位入主唐宁街的英国女首相

1975年，玛格丽特·撒切尔（Margaret Thatcher）运用策略击败同僚，出任保守党领袖，成为英国政界首位女性党魁。四年后，五十三岁的撒切尔更进一步，率领保守党执政，成为欧洲历史上第一位当选首相的女性。

在丈夫——富商丹尼斯的支持下，撒切尔孜孜从政，1959年当选议会议员。七十年代撒切尔晋升，在泰德·希思（Ted Heath）内阁中担任教育及科学大臣，但全无下任领袖之相。

但此刻她挑战工党及其领袖、首相卡拉汉（Callaghan），巧妙地表达出中产阶级的失望和不满：工会权力过大、通胀率居高不下、失业人数增加、昔日的大英帝国逐渐没落。一巨型布告板展示了排成长队的失业者打出"工党无力解决失业问题"的标语，取得绝佳的宣传效果。同时撒切尔承诺削减所得税和公共开支，减轻民众购房负担，抑制工会权力。

撒切尔在竞选中大获全胜，但其民众支持率依然下跌，因而有人推测称撒切尔当选首相的原因不在于她赢得民心，而是工党的表现太过令人失望。JJH

◐ 玛格丽特·撒切尔笑容满面地抵达新居；她将赢得"铁娘子"之名

◐ 撒切尔连续三次出任首相，图为她在伦敦切尔西庆祝首场普选胜利

1979年6月2日

荣归故里
Proud Pilgrimage

波兰籍教宗荣归故里

教宗若望·保禄二世是首位波兰籍教宗，也是自1522年起第一位出任教宗的非意大利人。他抵达奥肯切空军基地、踏上祖国国土时，跪下亲吻了大地。二百万波兰人在道旁列队欢迎教皇，后者在华沙为二十五万余人主持了一场露天弥撒。

> "好似狂欢、运动、战争，和一场巨型波兰婚礼。"
>
> 《时代杂志》，1979年6月

若望·保禄二世原名卡罗尔·约泽夫·沃伊蒂瓦（Karol Jósef Wojtyla），1920年生于克拉科夫附近的瓦多维采，青年时期是运动健将，有志于成为演员或剧作家。1939年德国占领波兰，改变了他的人生轨迹。他察觉自己的使命，1942年秘密开始神学研究。1946年他被授以圣职，迅速晋升，1967年成为枢机主教。

在这一特定时期选定波兰籍教皇，具有非凡意义。共产主义统治之下，经济和政治停滞不前，东欧民众对此日益失去耐心，他们渴望变革。波兰政府对教皇归国的态度相当矛盾。他们绝不愿意给予这位严苛的批评者英雄般的礼遇，但又不能敷衍堂堂教皇。若望·保禄二世坚称自己归国完全出于宗教原因，但显然他了解此行的政治意义。天主教的信任和支持率大涨。1980年8月波兰独立工会团结工会成立，也被归为教皇访问之功。**JS**

1979年11月4日

伊朗人质危机
U.S. Embassy Stormed

阿亚图拉霍梅尼的信众向伊朗的美国大使馆发起袭击

一群伊朗学生（均为阿亚图拉霍梅尼的狂热追随者）发起暴动，高喊着攻占了德黑兰的美国大使馆，劫持了六十六名外交官和大使馆工作人员。事件起因为吉米·卡特政府允许被废的伊朗沙穆罕默德·礼萨·巴列维到美国治疗癌症。巴列维一直是华盛顿的忠实盟友，但此举激怒了伊朗舆论，伊朗民众要求巴列维归国受审、并处以死刑。

美国当局不会展开直接军事报复行动的局势明朗后，霍梅尼立即公开支持暴动学生群体，后者要求美国遣送伊朗沙及其财产回国、承认过去对伊朗犯下的过错、道歉并承诺不再重蹈覆辙。遭到劫持的大多数女性和非洲裔美国人得到释放，但另外五十二名人质被扣押达444天之久。

伊朗人质危机令卡特总统颜面尽失——他除了冻结美国境内的伊朗资产外无能为力。1980年4月，美国特种部队发动鹰爪行动。此次救援行动计划不周，以混乱的悲剧收场——飞机相撞坠毁，八名美国士兵牺牲。伊朗人认为这是神的安排。

霍梅尼利用这场危机扫除对手，在伊朗建立伊斯兰教神权政体。于卡特而言，人质危机对其信誉造成最后一击，导致他在几个月后的总统大选中一败涂地。最终为求人质平安归来，美国被迫承诺不再干涉伊朗内政，并将美国境内的伊朗财产解冻。1981年1月20日，卡特总统任期的最后一天，人质得到释放。**JS**

1979年12月25日

苏联出兵干涉阿富汗
Soviet Intervention in Afghanistan

苏联入侵阿富汗，开始军事冒险

▲ 穆斯林游击队士兵站在苏军遗弃的直升机上

　　苏联入侵阿富汗，开辟冷战新战场。1978年亲苏的阿富汗人民民主党（PDPA）发动政变夺取政权，苏联开始干预阿富汗事务。人民民主党决心清除封建势力，却丝毫不顾宗教敏感性和阿富汗农村传统。伊斯兰教徒发起强烈反对，阿富汗迅速陷入混乱，人民民主党朝不保夕。莫斯科无法坐视不理。1979年伊朗革命已经充分展示了伊斯兰教原教旨主义的危险性，倘若不加以抑制，原教旨主义可能传播到乌兹别克斯坦、土库曼斯坦等苏联共和国的伊斯兰民族中。尽管出兵干涉颇为冒险，但在阿富汗建立亲苏政权可以充当对抗伊斯兰教的缓冲区。苏方决定入侵，扶植巴布拉克·卡尔迈勒上位后撤军。

　　军事行动取得成功，但莫斯科对政治局势判断有误。阿富汗首批抵抗团体出现，而美国热切地为他们提供武器。整个伊斯兰教世界的志愿军（包括奥萨马·本·拉登）赶来参加这场圣战。苏联军队陷入游击战的泥潭之中，败象日益明显，令莫斯科政权名誉扫地，对苏联最终失败解体起到关键作用。通过战争，对美国和苏联同样敌视的伊斯兰教原教旨主义得到传播和统一。**JS**

1980年8月14日

格但斯克船厂罢工
Strike in Gdańsk Shipyard

波兰工人团结一致，向当局统治发起严峻挑战

罢工领导人莱赫·瓦文萨在波兰格但斯克列宁船厂大门前向支持者发表演讲

酝酿已久的怨恨和不满终于爆发——格但斯克列宁船厂发生未经官方批准的违法罢工。工人们要求加薪和提高家庭补贴。电工莱赫·瓦文萨很快成为罢工领导人。他敦促罢工者继续占领船厂，并且在天主教会的帮助下将罢工发展为全国运动，成立独立的新工会——团结工会。团结工会组织总罢工，要求政治自由，表达对经济的不满。波兰动荡不安，政府开始谈判。

但团结工会本身已经对当局统治构成挑战。共产党自称代表工人阶级利益，而此刻遭到否定。这是莫斯科不能接受的结果，苏联领导人表态：倘若波兰当局不能恢复秩序，苏联将代为行动。波兰军方领导人沃依切赫·雅鲁泽尔斯基（Wojciech Jaruzelski）将军担心苏联入侵，于12月出任总理，实行军事管制。团结工会被禁，数千人入狱，几人在同警方冲突过程中丧生。但团结工会继续地下活动，依然得到普通波兰民众的拥护。而雅鲁泽尔斯基政府少有人支持，1989年已无力推行必需的改革，开始同团结工会谈判，不知不觉中开始瓦解波兰的政权。**JS**

1980年12月8日

约翰·列侬纽约遇害
John Lennon Killed in New York

前披头士成员、著名和平运动家遭到枪杀

▲ 数千名歌迷与和平运动者聚集在纽约，为约翰·列侬守夜祈祷

同保罗·麦卡特尼（Paul McCartney）关系恶化令约翰·列侬颇为沮丧，列侬参加和平活动、接受尖叫疗法、安心持家，努力走出阴影，却突然被歌迷刺杀。列侬和麦卡特尼是音乐史上最成功的创作组合，二者同披头士乐队引发全球流行音乐风潮；列侬同日裔美籍视觉艺术家小野洋子结合，开始自毁艺术生命。乐队无法容忍这位强势的女性闯入者；1970年披头士正式解散时，列侬和洋子已经结婚，二人在纽约创建了新乐队。

1980年12月8日晚上10点50分，列侬返回纽约达科他公寓。几小时前得到列侬签名的歌迷马克·大卫·查普曼（Mark David Chapman）接近偶像，向他大喊，并对其背部连开四枪，列侬抵达医院时死亡。

查普曼称听到声音，指使自己杀死列侬。他等待警方抵达现场期间阅读杰罗姆·大卫·塞林格（Jerome David Salinger）所著《麦田里的守望者》，后来表示书中主角霍尔顿·考尔菲德（Holden Caulfield）引起他的强烈共鸣。查普曼认罪，被判终身监禁。列侬去世三周后，《重新开始》登上英美单曲榜榜首。**PF**

1981年1月25日

"四人帮"受审
"Gang of Four" Face Trial

"四人帮"受审标志着"文化大革命"结束

▲ 法庭上王洪文认罪,而江青坚持自己无罪

1981年,"四人帮"成员,包括毛泽东的遗孀江青,以及王洪文、张春桥和姚文元,因"反党活动"而受审。"文化大革命"期间,"四人帮"以毛的忠实追随者身份上位之后兴风作浪,引发暴力和混乱。"四人帮"迫害的党内要人包括邓小平,后者遭到清洗,其子邓朴方受到折磨。

1973年,毛泽东健康状况恶化,邓小平重返统治集团。在其后的政治混战中,邓成为胜利者。1976年,毛泽东去世后,"四人帮"被控试图篡权,遭到逮捕。

受审过程中,江青态度尤为强硬,她同张春桥拒不承认任何罪名,王洪文和姚文元认罪并表示悔过,但结局区别不大——四人均被判长期监禁,但几年后得到释放,权力被彻底粉碎。

"文化大革命"让邓小平认识到国家需要稳定和繁荣。1978年起,他推行"社会主义市场经济"。中国成为世界上发展速度最快的经济体。**JS**

1981年8月12日

个人电脑流行
First Personal PC

IBM开始生产个人电脑,立即大获成功

电脑是二十世纪最重要的发明之一。电脑逐渐从巨型的笨重机器发展为适用于办公室和家庭的小型个人电脑。1981年国际商业机器公司(IBM)推出了新款个人电脑5150,成为电脑发展史上的关键事件。5150并非首款个人电脑,但IBM注重质量和可靠性的口碑令5150热卖,个人电脑的使用率因而大大提升。电脑不再是新潮事物,越来越多的人希望拥有一台个人电脑。

IBM是老牌计算机制造商。IBM于1967年创造了世界上最早的软盘,1975年推出5100便携式电脑(大概是第一个独立便携式计算机系统)。1980年左右,IBM发售Datamaster集成桌面文字处理器;同5100一样,Datamaster价格高昂(约1.5万美元),销量不佳。但5150完全是另一番光景。它价格合理,在3000美元上下,内存容量超过其他品牌产品。IBM的竞争对手们迅速开始仿制5150,生产"IBM克隆机",后来简称为个人电脑。1982年8月,经过一年的大规模生产后,第20万台5150出厂。

最早的5150采用Intel 8088中央处理器(CPU),单个软盘驱动器,随机存取存储器(RAM)容量达64KB,由工程师唐·埃斯特利奇(Don Estridge)发明。IBM决定在5150中使用微软的DOS操作系统,帮助后者奠定软件市场的统治地位。**RC**

1982年4月2日

马尔维纳斯群岛战争
Malvinas Invaded

阿根廷铤而走险

阿根廷经济形势严峻、国内日益动荡不安,莱奥波尔多·加尔铁里(Leopoldo Galtieri)领导的军政府认定,对马尔维纳斯群岛采取军事行动是转移民众不满的绝佳机会。十九世纪起,英国和阿根廷就马尔维纳斯群岛的主权问题便存在争议。1965年两国开始协商,但英国并未表现出诚意。但1981年英国最后的海军部队撤出马尔维纳斯群岛,且议院通过法案,取消岛上1800名居民的正式英国公民权。

加尔铁里推断,收复马尔维纳斯群岛将为军政府赢得广泛支持,而英国人似乎对群岛毫无兴趣,不会反对马尔维纳斯被阿方占领。加尔铁里严重判断失误。当时英国首相玛格丽特·撒切尔因其饱受争议的经济改革而支持率大跌,她同样可以通过军事行动成功来赢得民心。英国皇家海军急于证明其价值,提出强烈要求,撒切尔夫人派出特遣舰队收复群岛。

战争长达74天,以阿根廷彻底失败而告终。超过900名英国和阿根廷士兵死亡,2000余人受伤,约1.1万阿根廷军人投降。战败的耻辱令军政府难以为继,1983年阿根廷重新建立民主制度。当年撒切尔在大选中获得压倒性胜利。**JS**

▶ 5月24日,英国皇家海军"羚羊号"执行拆弹任务时船上发生爆炸

1982年9月16日

贝鲁特大屠杀
Massacre in Beirut

以色列否认参与巴勒斯坦难民营大屠杀

▲ 无辜的受害者被残忍地枪杀、刺死或砍死,遗体留在热浪中腐烂

黎巴嫩内战始于1975年。1982年6月以色列出兵驱逐巴勒斯坦解放组织(PLO),包围查提拉难民营及附近的萨布拉一带,黎巴嫩基督教长枪党民兵组织进入难民营,开始连续三天的肆意大屠杀,将恐怖演绎到极致。约3500名手无寸铁的平民丧生。黎巴嫩长枪党认为其领袖巴席尔·贾梅耶(Bashir Gemayel)遭到巴勒斯坦人刺杀,而贾梅耶实际在叙利亚遇害。以色列国防部长阿里埃勒·沙龙(Ariel Sharon)称,已从贝鲁特撤军的巴解组织留下了地下游击队。以色列军方表示对当时的大屠杀并不知情,但幸存者称前者主动参与屠杀。其后有人推断沙龙意欲将所有巴勒斯坦难民同巴解组织一道逐出黎巴嫩。

无论真相如何,大屠杀引发国际舆论的强烈声讨,欧洲反应尤为激烈。特拉维夫市有三十万以色列人示威表达愤怒。12月,联合国大会谴责贝鲁特大屠杀的种族灭绝行径。1983年2月,以色列官方调查委员会宣布以色列军队无罪,但沙龙个人因疏于职守负有责任。沙龙被迫辞职,但于2001年重返以色列政坛,出任总理。次年,对沙龙的起诉以失败告终。**JS**

1983年3月23日

里根宣布发动"星球大战"计划
Reagan Announces "Star Wars" Initiative

美国推出尖端国防政策

里根提出"星球大战"计划，迫使戈尔巴乔夫同美国谈判，结束冷战

　　1983年3月，罗纳德·里根宣布发动战略防御计划（SDI），俗称"星球大战"计划，提议在外太空部署导弹。里根曾是好莱坞电影演员，担任加利福尼亚州州长期间卓有成效。1980年很多选民认为美国表现软弱、令人失望，里根代表共和党出战，赢得大选。复杂精密的国防政策至关重要。

　　新政府认定，苏联（被里根评价为"邪恶帝国"）及其盟友已近乎于不宣而战。总统决心向全球的反共势力提供援助；在里根的力促下，美国军事实力大增。1980年国防部预算定为1360亿美元，五年后增至2440亿美元。美国开发了新一代威力强大的核导弹和核武器，其中一批部署在欧洲。"星球大战"计划的技术可行性依然存疑，但令苏联领导集团颇为忧虑。世界几乎处于核战争边缘，但里根的威胁策略奏效，苏联让步——新任苏联最高领导人米哈伊尔·戈尔巴乔夫意识到苏联无力继续承担军备竞赛的高昂支出，同里根成功协商，结束冷战，同时苏联体制摇摇欲坠，逐渐崩溃。RC

1983年10月22日

欧洲抗议
European Protests

全欧洲爆发游行,反对部署巡航导弹

10月22日,欧洲各地数以百万计的民众走上街头,抗议美国在欧洲部署"潘兴2号"巡航导弹。约120万德国人排成64英里(102千米)的长队,从斯图加特绵延至新乌尔姆。据称伦敦有100万人加入游行队伍。罗马、维也纳、斯德哥尔摩、巴黎、布鲁塞尔、马德里和都柏林均有示威活动。1982年初开始有人抗议部署巡航导弹,当时英国政府决定在格林汉康蒙部署96枚"潘兴2号",抗议者在军事基地外建起长期和平营(仅限妇女和儿童居住),令当局颇为头痛。"潘兴2号"的问题在于,它体积小,仅35英尺(10米)长,可通过流动发射器运载。由于难以核实其数量和位置,"潘兴2号"成为控制军备的噩梦。预计共有572枚"潘兴2号"导弹部署在欧洲境内。此外,和平活动者们普遍认为美国总统罗纳德·里根及其忠实盟友、英国首相玛格丽特·撒切尔在冷战问题上立场过于强硬且好战,不适于交付此类武器。

欧洲的示威活动表明人们强烈反对冷战局势进一步升级。但各国政府不为所动,继续配置"潘兴2号"。1987年美苏签订《中程核力量条约》(讽刺的是,谈判者正是里根)之后,1991年3月导弹终于移除。但格林汉康蒙和平营保留至2000年,继续激励着全球的和平活动者。**JS**

1983年10月23日

贝鲁特发生自杀式炸弹袭击
Suicide Bombings

黎巴嫩自杀式袭击者粉碎西方努力

两名黎巴嫩什叶派自杀式炸弹袭击者造成美法两国军队大面积死伤,后者所属的多国部队来到黎巴嫩维和,并帮助结束这场造成严重破坏的内战。不少什叶派激进团体(后组成真主党)认定外国军队为帝国主义者,并且会维护黎巴嫩的死敌以色列。一名炸弹袭击者开车冲入贝鲁特国际机场的美国

> "拥有一支无力自保的军队。灾难降临只是时间问题。"
>
> 卡斯帕·温伯格,2001年9月

海军基地主楼大厅——大多数将士在此熟睡,其后引爆强力炸弹。建筑倒塌,242名士兵丧生。这是第二次世界大战以来美国海军单日内死亡人数最多的事件。与此同时,同类炸弹在法军基地地下车库爆炸,导致58名伞兵死亡。

美国国防部长卡斯帕·温伯格(Caspar Weinberger)坚称美国不会被恐怖分子吓倒,其中东政策不会改变。法国总统弗朗索瓦·密特朗(Francois Mitterrand)也表达了相同立场。但1984年2月美国海军撤出黎巴嫩,其他国家部队4月撤离。倘若美国态度强硬,会引起阿拉伯世界更深的敌意。2003年,美国一法院裁定伊朗政府对炸弹袭击负有责任,但并未归咎于个人。**JS**

1984年6月6日

攻入金庙
The Golden Temple Is Stormed

旁遮普邦的锡克教圣殿遭到暴力攻击，引发印度及各地锡克教徒的强烈对抗

金庙位于印度旁遮普邦阿姆利则，是锡克教最重要的圣地。印度军队为追捕锡克教分离主义激进派团体Damdami Taksal及其领袖贾奈尔·辛格·宾德兰瓦勒攻入金庙。宾德兰瓦勒长期倡导建立独立的锡克教国家，在锡克教徒间支持率和影响力不断增加，印度当局不能坐视宾德兰瓦勒继续威胁国家统一。印度军方包围金庙数日，全面切断供给，数千名锡克教朝圣者被困。其后总理英迪拉·甘地批准蓝星行动，军队攻入金庙后，双方发生激烈战斗，造成大面积死伤和巨大破坏。

记者已事先被逐出阿姆利则，因而蓝星行动的具体经过存在激烈争议。军方称83名士兵同金庙内的492人（包括宾德兰瓦勒）死亡，而锡克教徒强调大多数居民遭到屠杀，金庙内外部分建筑遭到故意破坏，如无法修复的锡克教典籍收藏馆和永恒王位（金庙附近的锡克教世俗权力传统王位）。此举激怒了各地锡克教徒，也令不少稳健派惊骇不已——蓝星行动只能煽动极端主义，毫无益处。军方攻入金庙后，数千名锡克教徒被捕，其后数年内恐怖行动和镇压轮番上演，但甘地本人无缘得见——她被自己的锡克教保镖刺杀。JS

○ 锡克教圣殿金庙遭到攻击后，愤怒而狂热的锡克教抗议者

1950年至今 873

1984年10月31日

英迪拉·甘地遇刺
Indira Gandhi Assassinated

印度总理为亵渎锡克教圣殿付出代价

○ 尽管英迪拉·甘地遇刺后民众暴动,其葬礼依然庄严肃穆。

印度总理英迪拉·甘地被自己的保镖本特·辛格（Beant Singh）和萨特曼特·辛格（Satwant Singh）枪杀。同年6月,甘地批准攻打阿姆利则的锡克教圣殿——金庙,令这两名锡克教保镖异常愤怒。对宗教领地用兵向来是冒险之举,但甘地确信蓝星行动的必要性。锡克教分离主义组织Damdami Taksal及其领袖贾奈尔·辛格·宾德兰瓦勒要求建立锡克教神权共和国,长期为此而奔走,当时正在金庙中寻求庇护。宾德兰瓦勒挑战印度国家统一,当局必须镇压。蓝星行动无可避免地导致多人死亡,并对金庙建筑群造成破坏。许多锡克教徒相信印度军队屠杀了数千教众,并故意破坏摧毁了部分建筑。其后政府对锡克教分离主义组织的打击和镇压反而引发了恐怖和报复行动,二者不断循环。甘地对于自己的人身安全问题,采取平静的宿命论态度。她被问及保留锡克教保镖是否明智时,指向保护了自己十年之久的本特·辛格说,这是她完全信任的人。

甘地在花园中散步时,两名保镖对她开了31枪。本特·辛格被当场击毙,萨特曼特·辛格受伤,之后遭到处决。甘地遇刺的消息公布后,印度全境内发生宗派暴动,愤怒的印度教徒追捕锡克教徒,令锡克教分离主义斗争再添新怨。**JS**

1984年12月3日

博帕尔毒气泄露
Poisonous Gas at Bhopal

联合碳化物公司一家工厂毒气泄露,导致数千名印度人死亡

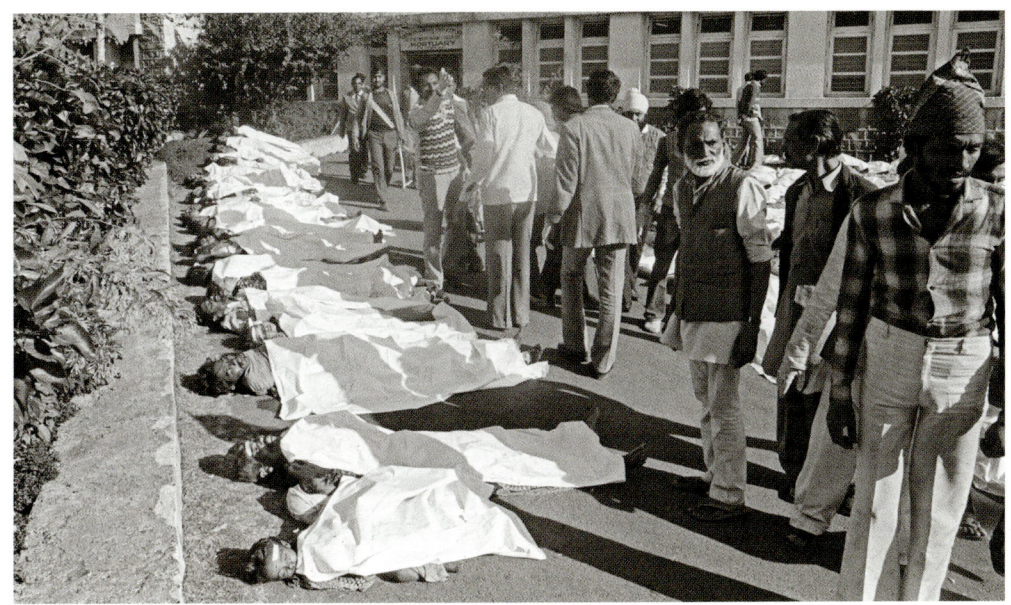

收集尸体准备群葬或火葬的工人很快便记不清受害者数量

美国跨国公司联合碳化物公司在印度博帕尔市的杀虫剂工厂毒气泄露,一夜之间造成数千人死亡。博帕尔市还在睡梦之中,约30吨剧毒气体异氰酸甲酯意外泄露,可能还混有氰化物气体以及一战中最为致命的气体——光气。最终死亡人数存在争议,但大致有3万人因这场史上最严重工业灾难丧生。约15万人因毒气致残,多达50万人出现不同程度的中毒症状。引用水源受到污染,导致癌症、呼吸系统疾病和新生儿先天缺陷比率过高。传说联合碳化物公司为节约成本坚持将工厂建在城市附近。二十世纪八十年代,杀虫剂需求量减少,据称工厂大幅降低开支,致使维修不力、安全标准降低。

联合碳化物公司为避免赔偿损失进行了漫长的法律诉讼,1989年才同意与印方和解。大多数遇难者家庭仅仅得到2200美元的赔偿金,许多致残人士几乎或完全未得到赔偿。1992年,博帕尔法院向灾难发生时担任联合碳化物首席执行官的沃伦·安德森(Warren Anderson)发布逮捕令——毒气泄露导致大批民众死亡,安德森难辞其咎。美国政府未能成功引渡安德森。但是博帕尔毒气泄露事件,对西方跨国公司在欠发达地区的所作所为提出严峻质疑。**JS**

1985年3月3日

矿工工会认输
Miners Admit Defeat

英国全国矿工工会（NUM）投票决定终止罢工

▲ 矿工领袖阿瑟·斯卡吉尔宣布未能通过罢工争取减少煤矿关闭数量后面对摄像头

坚持51周之后，全国矿工工会（NUM）终于取消全国总罢工。工会特别代表会议以98：91的表决结果结束此次劳工行动。多处煤矿工人均在军乐队的伴奏下返回岗位，表现得若无其事；但也无法掩盖英国最强大工会惨败的事实——全国矿工工会曾于1974年扳倒希思领导的保守党政府。

事实上，玛格丽特·撒切尔内阁早已有所准备，甚至欢迎此类工会对抗。击溃全国矿工工会，便可以瓦解所有工会对撒切尔产业改革激进政策的实际抵抗。英国政府储备了大量煤；警方得到大批资源以应对全国矿工工会的"飞速纠察队"策略，有能力突然封锁目标群体行动。工会领袖阿瑟·斯卡吉尔进一步自毁长城，他担心投票结果不利于罢工而拒绝举行投票，构成违法。

罢工失败造成了严峻后果。不到20年内，雇佣18.7万矿工的产业被缩减至区区6个煤矿，保住工作者不足4000人。英格兰中东部的现代化煤矿盈利状况良好，矿工对罢工行动毫无热情，但也未能幸免于难。全国矿工群体在经济上极度依赖于煤矿，遭到重大打击，而撒切尔一举打压了所有工会。**PF**

1985年7月10日
"彩虹勇士号"沉没
Rainbow Warrior Sunk

法国军方的蓄意破坏活动致使其核试验项目被迫终止

▲ 新西兰总理戴维·朗伊谴责沉船之举为"由国家支持的、卑劣的国际恐怖主义活动"

半夜11点45分,新西兰奥克兰港口闪起铁青色光芒,发生两起爆炸。四分钟后,131英尺长(40米)的前拖网渔船"彩虹勇士号"沉没。十名船员成功逃生,但葡萄牙摄影师费尔南多·佩雷拉(Fernando Pereira)返回船舱取设备时不幸溺毙。"彩虹勇士号"属于绿色和平环保组织,后者抗议法国在波利尼西亚穆鲁罗阿环礁的核弹头试验计划。

"彩虹勇士号"准备从新西兰起航——新西兰为法国盟国,但推行无核政策——前往穆鲁罗阿妨碍核试验项目。

几天前,两名法国特工登上"彩虹勇士号",在船体上安置两枚水下爆破弹,准备炸沉船只,但没意料到会造成人员死亡。二人承认杀人罪,辩称"彩虹勇士号"上载有间谍设备,而佩雷拉是克格勃的特务。他们被判十年徒刑,但几年后便返回法国。

"彩虹勇士号"被炸沉引发强烈抗议,私人船只组成小型舰队,从新西兰开往穆鲁罗阿环礁,法国核试验项目被迫中止十年。新西兰的无核立场愈发坚定,绿色和平组织的国际声誉和形象大幅提升。后来有报道揭露法国总统弗朗索瓦·密特朗(Francois Mitterrand)亲自批准了沉船行动。**PF**

1985年7月13日

拯救生命演唱会援助埃塞俄比亚
Live Aid Helps Ethiopia

鲍勃·格尔多夫（Bob Geldof）发起国际慈善演唱会，力促音乐人无偿献演

● 伦敦温布利球场举行的拯救生命演唱会全球直播，现场观众摩肩接踵

7月13日天气晴朗。中午12点20分，现状乐团的弗朗西斯·罗西（Francis Rossi）在伦敦温布利球场7.2万歌迷面前开始演出。大西洋对岸，宾夕法尼亚州肯尼迪体育场内，9万歌迷下午1点51分迎来了在美国本土进行的演唱会。据估计，两场表演的全球直播吸引了160个国家的15亿观众。这是拯救生命演唱会，以启动"全球点唱机"的方式为埃塞俄比亚的可怕饥荒筹集资金，唤起世人关注。

演唱会现场气氛极为热烈：U2乐队的波诺（Bono）跳入人群中拉起一名舞伴，而皇后乐队主唱弗雷迪·默丘里（Freddie Mercury）狂飙多首经典曲目。但不愉快的画面也深植于集体意识之中：视频中挨饿的埃塞俄比亚儿童令人心痛（这正是举办演唱会的原因），主办人之一、32岁的爱尔兰歌手鲍勃·格尔多夫情绪激昂，劝说人们打电话捐款时经常爆粗口。

没有格尔多夫的努力，拯救生命演唱会不可能举行。1984年10月，新城之鼠主唱格尔多夫在看到埃塞俄比亚儿童因饥荒而面临死亡的揪心报道，而国际政坛和乐坛均少有人关注此事后，使原本漠不关心的各国政府向不屈不挠的他屈服。拯救生命演唱会大获成功，全球观众无偿提供人力物力，共为埃塞俄比亚人民筹集到4800万英镑（6200万美元）。**PF**

1985年10月22日

洛克·哈德森去世
Rock Hudson Dies

当红影星去世，艾滋病的严峻威胁走入公众视野

1996年在华盛顿举行的纪念艾滋病受害者活动中，洛克·哈德森之名出现在拼缀布单上

洛克·哈德森相貌异常英俊，就外表来看完全是异性恋，他在好莱坞成功的演艺事业很大程度上要归功于其经纪人和电影公司。甚至连他的名字也是经过精心选择而来——洛克取自直布罗陀巨岩，哈德森取自哈德逊河。好莱坞盛传1984年哈德森拍摄首部电影《战斗机中队》时，仅有一句台词还需要重拍37次；但五六十年代中他成功出演了一系列赏心悦目的喜剧，同多丽丝·黛（Doris Day）多次合作。

哈德森私下里沉默腼腆，曾说过不喜欢自己的荧幕形象。极少有人知道哈德森的同性恋身份，公众对此更是毫不知情。1955年，哈德森同经纪人的秘书结婚，是电影公司策划的假象，将窥探者引至其他方向。婚姻持续了三年。哈德森罹患艾滋病即将离世时，其性向才被公布。他在贝弗利山（Beverly Hills）的家中有尊严的死去，去世时不到60岁。

哈德森是首位死于艾滋病的娱乐界知名人物。很多媒体报道极尽讽刺挖苦之能，但当时其死讯有助于越来越多的人接受同性恋，推动了自七十年代起力量不断壮大的同性恋权益运动，并唤起公众对于这种毁灭性疾病严重危害的关注和同情。**RC**

1986年1月28日

"挑战者号"升空后爆炸
Space Shuttle Explodes on Takeoff

"挑战者号"航天飞机任务悲剧收场

◐ "挑战者号"航天飞机在佛罗里达州肯尼迪航天中心起飞，任务名为STS-51-L

◐ "挑战者号"升空73秒后，火箭助推器和外部燃料箱脱落解体

> "……他们挥手道别，'挣脱地球的束缚、触摸上帝的面颊'。"
>
> 罗纳德·里根引用诗歌《高高飞翔》

"挑战者号"航天飞机上午11点30分左右起飞，约70秒后解体。"挑战者号"升空高度达9英里（14.5千米），飞行时速接近2000英里（3220千米）。七名机组人员全部死亡。他们是首批在航天器升空后殉职的美国人——1967年三名宇航员因发射台起火而丧生。

也许最为引人注目的是，"挑战者号"机组成员包括教师克丽斯塔·麦考利夫（Christa McAuliffe），她是第一位入选进入太空项目的普通公民。事故发生时，麦考利夫的丈夫和子女、其他宇航员的家人都在观看发射直播，悲剧格外揪心。航天事故在媒体和公众间引起巨大反响，一项研究显示事故发生不到一小时内，85%的受访美国公众已经得知"挑战者号"失事。

由于天气不佳和机械故障，佛罗里达东海岸的肯尼迪航天中心已经数次推迟"挑战者号"发射。1月28日气温极低，航天飞机必须进行除冰，发射再度推迟两小时。"挑战者号"升空后，右侧的外部火箭助推器立刻出现烟火，不久即被火焰吞没。其后航天飞机变为红、橙、白色火球。同时机组人员并未发觉异样。调查结果显示，火箭推进器上未安装传感装置以检测故障，发射时右侧推进器的O形环密封圈失效，最终导致爆炸。

这场灾难对已经因成本过高而陷入困境的航天项目造成严重打击。航天飞机发射计划暂停三年。**RC**

1986年3月1日

瑞典首相遇刺
Swedish Prime Minister Assassinated

奥洛夫·帕尔梅（Olof Palme）看完电影回家途中被射杀

▲ 如今斯德哥尔摩市中心奥洛夫·帕尔梅遇刺的人行道上有铜质纪念匾

寒冷的冬夜，瑞典首相奥洛夫·帕尔梅和妻子莉斯贝特（Lisbet）在斯德哥尔摩一家电影院看戏后步行回家。一名男子突然从背后接近两人，拔枪、连发数枪。帕尔梅背部受致命伤；莉斯贝特也中枪，但幸存下来。

附近的出租车司机叫了救护车，两名女孩也赶来试着帮忙。帕尔梅被火速送往医院，但3月1日午夜过后送抵医院时死亡。关键的是，事发时没有保镖在场（尽管首相经常不带保镖出行）。刺客逃遁，融入茫茫夜色之中。两年后克里斯特·佩特松（Christer Pettersson）被判为凶手，后经上诉得到释放。人们提出多种解释，但震惊全国的首相刺杀案至今依然是未解之谜。

二十多年后，帕尔梅的功过依然未成定论。尽管大部分瑞典人认为帕尔梅支持和维护了瑞典民众的社会和经济诉求，也有很多个人公开对他表示仇恨。帕尔梅是激进直言、魅力四射的领袖，他反对越战，并积极为全世界许多受压迫民族争取权益。作为瑞典首相，他维护这个福利国家，并推行一众被称为"经济民主"的法律。**TB**

1986年4月15日

里根的反击
Reagan's Retaliation

美国报复利比亚的恐怖袭击，发起空袭

美国称其向的黎波里的军事目标发动空袭，遭到轰炸的民居内受损物品成堆

美国总统罗纳德·里根下令执行"黄金峡谷"行动，向利比亚的黎波里和班加西市内几处发起空袭。美国当局坚称空袭针对军事目标，如海军学院、军用机场和的黎波里的军营。但空袭导致部分平民伤亡，最引人注目是，利比亚独裁者穆阿迈尔·卡扎菲上校尚在襁褓之中的养女因空袭遇难。美国同利比亚成剑拔弩张之势。几周前两国海军在锡德拉湾发生冲突，35名利比亚海军丧生。两周之后，西柏林一家美国军人经常出入的迪斯科舞厅发生炸弹袭击，导致三名美国人和一名土耳其妇女死亡，230名伤者中有50名美国公民。美方称截获情报，证明利比亚人参与爆炸事件。美国以合理反击之名发动空袭，完全符合《联合国宪章》第51条有关国家正当防卫的规定。

很多欧洲人对美国的出师理由持怀疑态度。空袭引发利比亚民愤，利比亚得到阿拉伯世界的同情和支持。名为阿拉伯革命基层组织的激进团体为报复"黄金峡谷"行动在黎巴嫩杀害了3名英国和美国人质。2001年，四人（包括一名利比亚外交官）被判对爆炸案负有责任，但在遏制中东恐怖主义活动方面，进展寥寥。**JS**

1986年4月26日

切尔诺贝利核电站爆炸
Chernobyl Nuclear Plant Explosion

乌克兰切尔诺贝利核反应堆爆炸，放出放射性烟云，造成长期深远影响

深夜，乌克兰切尔诺贝利核电站4号反应堆发生爆炸。缺乏经验的夜班工人对反应堆的安全系统进行测试失败，引发爆炸，反应堆侧壁和顶部被炸穿，巨型反应堆顶盖腾空而起。致命的放射性核污染烟云进入大气层。起初核电站员工不了解灾难的严重性，留在原位试图控制核反应堆。当地消防队员赶来灭火。没有人穿防护服，许多人将死于放射性疾病。当局反应迟缓，似乎有关官员都不愿相信和面对事故。

放射性烟云将核污染传到欧洲多地。苏联政府处理灾难的速度极为缓慢，事故发生36小时后才决定撤离附近普里皮亚季市的5万居民，后者被告知这仅仅是暂时性措施。乌克兰首都基辅的五一游行按原计划进行，苏联当局未发出任何警告。最终切尔诺贝利一带的大片区域被隔离，4号反应堆被罩上石棺以暂时抑制核污染扩散。反应迟缓、善后工作不力以及事故导致的长期健康问题果然令苏联领导集团名誉扫地，乌克兰和白俄罗斯政府遭到尤为严厉的抨击。**JS**

○ 核辐射专家乘直升机评估切尔诺贝利无顶4号反应堆各部的核辐射情况

1987年4月11日

普里莫·莱维身亡
Primo Levi Dies

纳粹大屠杀幸存者死因存疑

意大利犹太籍作家普里莫·莱维（Primo Levi）在其都灵公寓的楼梯井死去；验尸官判断为自杀，可能同抑郁症有关，但有学者指出并无明显的自杀证据。现场没有留下遗书，因此有人推断莱维是失足从三楼跌下致死。

> "为了命运之轮能够转动，为了继续生存，杂质是必要的……"
>
> 《元素周期表》，1975年

莱维的死亡方式意义重大——他积极倡导和维护生命在暴力和压迫面前的价值，并以此著称；在其作品中他深入探讨了自己在奥斯维辛集中营的经历。1941年莱维毕业于都灵大学化学专业，1943年加入意大利党派运动，同墨索里尼的傀儡政权萨罗共和国抗争。1944年2月，莱维被捕后被送往奥斯维辛，关押11个月后迎来解放，是从奥斯维辛幸存下来的20名意大利籍犹太人之一。

二战过后，莱维的作品（尤其是1947年的《如果这是一个人》和1963年的《休战》）赢得国际赞誉——它们探讨了非人境遇下人类生命的价值，见证了纳粹企图灭绝犹太民族的恐怖罪行。尽管莱维没有具体表现出反德情绪，他成为意大利反法西斯主义的重要发言人，并带头反对否认纳粹大屠杀的行径。**PF**

1987年6月25日

苏共奋力一搏
Battle for the Party

戈尔巴乔夫推行激进而冒险的经济改革项目

苏联领导人米哈伊尔·戈尔巴乔夫推行经济改革（perestroika，字面义为'重建'）和开放政策（glasnost，开放审查和言论），以期解决国内的种种问题，保证苏联的长期存续。二十世纪八十年代，苏联经济和社会越来越无力承担美苏军备竞赛的压力，不少

> "经济改革，即我国改变的过程，自上而下推行……"
>
> 米哈伊尔·戈尔巴乔夫，
> 《回忆录》，1995年

产业一片萧条，多地形成酗酒风气。人民尽管尚未抵制苏联体制，但对其缺陷日益失去耐心。对于戈尔巴乔夫而言，彻底转变国家和政党体制是唯一出路。政府必须对民众的诉求给予更加迅速和积极的反应，乐于接受公开批评。经济体制要走向现代化，减少国家管制。苏共保守派反对改革，担心改革只会动摇苏共的执政地位。他们决意阻挠经济改革，给戈尔巴乔夫造成了巨大障碍。经济改革实为苏共生死存亡之战。

最终只施行了一系列折中政策，激怒了保守派，也未能满足改革派。更糟糕的是，保证传统经济体制运转的约束条件被改革撤销，而新的动力尚未形成。**JS**

1987年12月8日

街头对抗
Defiance on the Streets

巴勒斯坦大起义对以色列军事占领构成重大挑战

▲ 青年投掷石块，表达他对以色列军事占领的不满；为防止被起诉，他用围巾裹住脸

　　以色列军用车辆压死了贾巴利亚难民营中的四名巴勒斯坦人。这场交通事故引发以色列占领区暴动狂潮。但大起义（Intifada，字面意为"抖落"）的原因远比交通事故复杂。自从1978年以色列和埃及签订《戴维营协议》以来，通过另一场中东战争结束以色列占领的希望化为泡影。巴勒斯坦人感到其抗争事业被人遗忘。人口激增、失业率居高不下，加之以方施行羞辱性管制措施，令巴勒斯坦人懊丧不已。1987年暴乱最早出现在贾巴利亚，迅速发展为民族起义。起义形式多样，从简单的公民不合作（如拒绝向以色列纳税），到攻击以色列军人、处决涉嫌通敌者。1989年7月，以色列首次遭到自杀式炸弹袭击。

　　巴勒斯坦首次大起义长达六年，其间巴方造成160名以色列人和大约1000名涉嫌通敌者死亡。据估计以色列保安部队杀死了1162名巴勒斯坦人。以方几乎没有控制暴动人群的经验，对投掷石块的青少年使用致命性武器，遭到国际舆论谴责。经过巴勒斯坦大起义，许多以色列人相信，同巴勒斯坦人直接协商毫无必要。巴勒斯坦人已确立其民族身份，此时正奋力争取独立国家地位。1993年，巴以双方签署协议，结束这场起义，但巴勒斯坦国的许多问题依旧悬而未决。**JS**

1988年3月16日

哈拉布贾惨案
Horror in Halabja

伊拉克对本国平民动用化学武器,人类的野蛮永无止境

萨达姆·侯赛因对哈拉布贾动用化学武器,库尔德人尸横遍野

　　1988年3月16日是深深植入库尔德人民族记忆的"血腥星期五",这一天伊拉克军队对本国城市哈拉布贾使用了致命性毒气。据称毒气应为沙林、塔崩和维克斯混合神经毒气,导致五千人左右丧生,七千人罹患慢性疾病。库尔德人聚居的哈拉布贾有7万人口,接近伊朗边境。库尔德民族主义者长期抵抗伊拉克的统治。两伊战争期间(1980—1988),萨达姆·侯赛因的表弟"化学阿里"——阿里·哈桑·马吉德(Ali Hassan al-Majid)下令对库尔德人发动种族灭绝的安法尔行动(Anfal,意为战利品)。共有18万库尔德人丧失。1988年,美国扶植伊拉克以抗衡伊朗的伊斯兰原教旨主义,战争局势对伊朗相当不利。急于开辟新战场的伊朗军方支持库尔德民族主义阵线游击队占领哈拉布贾。常规炮击宣告无效后,伊拉克动用化学武器。

　　哈拉布贾惨案的消息传到西方,美国国防情报局起初称暴行系伊朗所为。但不利于侯赛因政权的证据日益增加,伊拉克遭到联合国安理会谴责。但当时没有国家愿意出手将犯罪者绳之以法。2003年,美国以哈拉布贾惨案为理由之一发起伊拉克战争。**JS**

1988年9月27日

兴奋剂丑闻
Drug Cheat Disqualified

本·约翰逊（Ben Johnson）违禁药物检测呈阳性，奥运会金牌被取消

▲ 汉城奥运会上，本·约翰逊以惊人的速度夺得胜利——遗憾的是他使用了违禁药物

100米决赛中，加拿大短跑运动员本·约翰逊撞线的慢镜头照片，连续三天成为汉城奥运会的轰动新闻。约翰逊创造9.79的新世界纪录，领先对手一米有余——百米短跑中一厘米之差通常足以区分金牌和铜牌。

每一届奥运会的百米决赛都是最引人瞩目的赛事。1987年9月，约翰逊在罗马以9.87秒的成绩打破世界纪录；此次汉城奥运会上，约翰逊和美国短跑传奇选手卡尔·刘易斯（Carl Lewis）之间的竞争趋于白热化。但赛后立即采集的尿样检测结果表明，牙买加出生的约翰逊服用了合成代谢类固醇司坦唑醇。三天后，他声名狼藉，返回加拿大，并禁赛两年。刘易斯成为冠军，英国选手林佛·克里斯蒂（Linford Christie）获得银牌。讽刺的是，两人后来在职业生涯中均被查出使用违禁药物（1988年美国奥运预选赛中刘易斯三次被查出服用常见于感冒药的兴奋剂，但自称是出于疏忽，被允许参加汉城奥运会）。1993年，约翰逊再次被发现使用违禁药物，终生禁赛。

约翰逊的事例成为反兴奋剂之战中知名度最高的成就，令各界关注高水平竞技中兴奋剂滥用问题，引发运动员沦为竞技牺牲品的控诉。**PF**

1988年12月21日

美国客机爆炸
U.S. Airliner Blown Up

身份不明的恐怖分子埋下的炸弹在洛克比上空爆炸，摧毁泛美航空103号班机

▲ 泛美航空103号班机被炸毁，炸弹藏在交给乘客的收音机中，令各国政府警惕新型威胁

从伦敦希思罗飞往纽约肯尼迪机场的美国客机泛美航空103号班机被恐怖分子炸毁。升空后第38分钟，前部货仓上1磅（450克）的塑胶炸药被引爆，机上259人遇难。飞机四分五裂，残骸和尸体的分布范围长达81英里（103千米）。部分机翼冲向苏格兰小镇洛克比，引发次生灾难——在镇中留下155英尺（47米）长的撞击坑，造成另外11人死亡。

调查人员迅速判定，利比亚独裁者卡扎菲上校为报复美国1986年4月轰炸的黎波里而发动对此次恐怖袭击。两名利比亚情报人员——阿卜杜拉·巴塞特·阿里·迈格拉希（Abdelbaset Ali Mohmed al-Megrahi）和阿明·哈里法·费希迈（Al Amin Khalifa Fhimah）——被控为凶手。面对连续几年的制裁和威胁报复，卡扎菲执意坚称利比亚无罪，但同意移交两名特工到荷兰依照苏格兰法律受审。经过长达84天的审判，费希迈被无罪释放，但迈格拉希被定罪，判终身监禁，但也继续坚称自己是无辜的。迈格拉希一案的确存在疑点，2007年6月，苏格兰法院允许他再次上诉。有人认为伊朗同样有作案嫌疑——1988年7月美国军舰"文森斯号"击落了伊朗客机。**JS**

1989年2月14日

追杀令
Under Sentence of Death

阿亚图拉霍梅尼对《撒旦诗篇》的作者萨尔曼·鲁西迪下追杀令

▲ 阿亚图拉霍梅尼颁布法特瓦（即宗教判决）后，英格兰布拉德福德的伊斯兰教众点燃一本《撒旦诗篇》

印度裔英国作家萨尔曼·鲁西迪被伊朗宗教领袖阿亚图拉霍梅尼宣判死刑。霍梅尼颁发法特瓦，号召穆斯林诛灭亵渎伊斯兰教的鲁西迪。鲁西迪在第四部小说《撒旦诗篇》中探讨了东西方关系，他对先知穆罕默德的评价深深冒犯了许多穆斯林。伊朗政府悬赏刺杀鲁西迪，全球穆斯林愤怒游行。英国法律不允许《撒旦诗篇》禁发，进一步激怒了伊斯兰教徒。鲁西迪藏匿起来，英国因伊朗鼓励谋害英国公民而同后者断绝外交关系。

最终鲁西迪在警方保护下生活了十年。1998年9月，伊朗政府不再支持鲁西迪的死刑判决，英国与之恢复外交关系。但法特瓦只能由颁布者本人撤销，而霍梅尼已于1989年6月去世，其继任者阿亚图拉阿里·哈梅内伊（Ali Khamenei）事实上重申了追杀令，激进派穆斯林表示，一旦时机成熟他们一定会暗杀鲁西迪。2007年6月争端再起——鲁西迪受封爵位，突出了伊斯兰和西方世界日益紧张的关系。针对伊斯兰教的攻击得到西方传统言论自由的保护，令一代穆斯林政治化和激进化。**JS**

1989年3月24日

"埃克森·瓦尔迪兹号"漏油事故
Exxon Valdez Oil Disaster

阿拉斯加湾发生大型石油泄漏事故，人类意识到环境的脆弱性

1989年3月油轮"埃克森·瓦尔迪兹号"在威廉王子湾触礁，近1100万加仑（4200万升）原油进入水体，对环境造成的影响触目惊心。

在阿拉斯加荒野进行石油钻探、铺设输油管道、承担石油泄露的风险本已引发激烈争议。3月23日晚"埃克森·瓦尔迪兹号"从瓦尔迪兹市油港出发，载着5300万加仑原油开往华盛顿，三小时后触礁，大面积浮油在威廉王子湾扩散。埃克森公司起初试图分散浮油，但由于水面过于平静而失败。点燃原油、使用浮动栅栏限制其扩散的效果都不甚理想。但几天后刮起暴风雨，将浮油集中到崎岖多礁石的偏远海岸，大型油污清理行动势在必行。约有五十万只海鸟和数百只海豹死亡，多处鲑鱼繁殖区被毁。蛤、鲱、海豹数量锐减，对当地渔业造成重大打击。

就漏油事故和清理行动对环境的影响进行了大量研究，并开发了新的处理技术。尽管一年后浮油的痕迹已经消失，二十年后不少油依然存留在土壤中。埃克森公司因最初对事故处理不及时遭到批评，但负起了大型清理活动的责任。埃克森公司就其应付的损害赔偿金额提出诉讼，持续至今。**PF**

1989年8月23日

自由之链
Chain for Freedom

波罗的海三国联手谋求独立

8月23日，拉脱维亚、立陶宛和爱沙尼亚约有200万人（占波罗的海三国总人口的四分之一）手拉手组成历史上最长的人链，长达375英里（600千米），连接三国首都。这场和平示威活动的目的为纪念1939年的《苏德互不侵犯条约》——苏德签订秘密协议，默许苏联吞并此前独立的波罗的海三国——唤起国际舆论关注三国遭受的不公待遇。苏联领导人米哈伊尔·戈尔巴乔夫推行经济改革（'重建'）和开放政策（开放审查和言论）之后，三国出现反对苏联统治的小型示威活动，遭到警方驱散。但苏联逐渐崩溃令示威者得到鼓励。

戈尔巴乔夫对示威活动颇为震惊。尽管他打算承认秘密协议存在，但坚称波罗的海三国是自愿加入苏联，且毫无脱离苏联的理据。但波罗的海三国人民对当年的伤痛经历记忆犹新：1939年大批民众被逮捕和驱逐出境；1941年德国入侵时受到解放者般的欢迎；德国战败、苏联重新确立残酷统治后，大量俄罗斯殖民者涌入。波罗的海国家决意独立，而莫斯科将三国留在苏联的立场同样坚决。戈尔巴乔夫试图通过经济制裁和武力手段控制三国，但1991年的8月政变令波罗的海三国得以脱离苏联。**JS**

1989年11月9日

柏林墙倒塌
Berlin Wall Tumbles

民众推动两德统一

○ 一男子在同道示威者的注视下，以大锤重击人们深恶痛绝的柏林墙

○ 东西德人民在柏林象征性建筑——勃兰登堡门共同庆祝1990年元旦

"攻占巴士底狱外加欢庆元旦般的喜悦……"

《时代》杂志，1989年11月

柏林墙是冷战的象征，建成二十八年后被东西德民众拆除。东德赤色政府坚称柏林墙为"反法西斯墙"，是为保护东德人民而建，但无人相信。建造柏林墙显然是为了阻止东德公民大批迁往更为繁荣的西德，而公民大规模出逃，已经威胁到东德的存续。尽管多年来不断有人成功翻越柏林墙，但很多人在出逃过程中被杀，而柏林墙的确令东德稳定下来。

二十世纪八十年代末，稳定局面面临威胁。迫切渴求变革的东德民众因米哈伊尔·戈尔巴乔夫的苏联改革骚动起来，但德国统一社会党领导人埃里希·昂纳克（Erich Honecker）明白改革会瓦解共产主义统治，因而拒绝效仿戈尔巴乔夫。民众益发不满，大型示威活动和新一轮出逃热潮爆发——这一次数千人通过开放的奥地利边境进入匈牙利，逃往西德。1989年10月，统一社会党为挽救东德孤注一掷，以埃贡·克伦茨（Egon Krenz）取代了昂纳克。

危机形势日益严峻，而克伦茨政府应对之不力令人震惊。当局宣布将放松对公民前往西德的规定，但没有作详细说明。柏林墙即将开放的谣言传播开来，数千人聚集到检查站，强烈要求通过。守卫未收到指示，予以放行。东德权威土崩瓦解，1990年10月德意志民主共和国不复存在。**JS**

1989年12月25日

暴君之死
Death of a Despot

罗马尼亚独裁者尼古拉·齐奥塞斯库（Nicolae Ceausescu）被秘密军事法庭处以极刑

统治罗马尼亚二十四年后，尼古拉·齐奥塞斯库拒绝效仿苏联领导人米哈伊尔·戈尔巴乔夫发起改革，因此同妻子埃琳娜（Elena）被处以极刑。齐奥塞斯库长期倚仗其令人生畏的秘密警察镇压反对势力。仅仅几天前，齐奥塞斯库的地位似乎还牢不可破，但民怨沸腾已久——齐奥塞斯库严格定

> "其所作所为有违人类尊严和社会共识。"
>
> 齐奥塞斯库审判的首席检察官，1989年

量配给食物，极度压抑文化活动，强制向城市迁移农村人口，罗马尼亚民众贫穷而绝望。齐奥塞斯库为巩固政权在布加勒斯特（罗马尼亚首都）举行集会，专车请进一批忠诚的特别听众，但他演讲时依然遭到嘘声和讥笑。革命之时已降。

布加勒斯特大乱，齐奥塞斯库出逃。救国阵线仓促之间成立，立誓建立民主制度，并要求军队支持。几天后，军队大部分投入革命阵营。齐奥塞斯库被捕，由来历不明的军事法庭匆匆审判，其罪名包括反国家罪、屠杀民众和破坏国家经济，并被处以极刑。反对革命的抵抗势力分崩离析，罗马尼亚走上漫长而痛苦的民主之路。**JS**

1989年12月29日

哈维尔当选总统
Havel Elected

著名异见人士瓦茨拉夫·哈维尔（Václav Havel）当选捷克斯洛伐克联邦共和国首任总统

尽管没有举行民主选举，且议会依然由共产主义者把持，剧作家、政治异见人士瓦茨拉夫·哈维尔被一致推选为后共产主义时期捷克斯洛伐克首位总统。

哈维尔当选总统实在是出人意料。1936年哈维尔生于富有的资产阶级家庭，共产党统治时期一直受到怀疑。1968年哈维尔已成为著名剧作家，但批评共产党的统治。他支持1968年亚历山大·杜布切克领导的"布拉格之春"，公开批判苏联入侵，其作品因此遭到禁演，但哈维尔反而在政事上更加活跃。他数次服刑，赢得国内和国际声誉。1989年"天鹅绒革命"期间，他是支持民主改革的首要发言人。

哈维尔在1989—1992年间出任捷克斯洛伐克总统，后于1993—2003年任捷克共和国总统，国际声望极高，而国内评价毁誉参半。哈维尔治下，斯洛伐克同捷克分离；经济私有化完成（哈维尔本人更倾向于部分私有部分国有的混合经济体制）。他大赦囚犯、废除死刑、向1945年以后遭到驱逐的苏台德日耳曼人道歉，在部分地区引起强烈不满。但是他也领导捷克过渡到民主制度，加入北大西洋公约组织。总体而言，哈维尔卸任时其政治表现得到积极评价。**JS**

1990年2月11日

漫漫自由路终成正果
End of the Long Road to Freedom

南非当局释放纳尔逊·曼德拉，标志着种族隔离制度走到尽头

下午4点14分，瘦削的曼德拉同当时的妻子温妮·马迪基泽拉（Winnie Madikizela）手牵手走出开普敦附近帕尔维克多·维尔斯特监狱大道。这位71岁的老人享誉全球，但他不见天日已近三载——1964年曼德拉被控叛国和蓄意破坏，被判炸毁输电线路罪名成立而入狱。曼德拉行至门口，握拳振臂，一言不发地驱车离去。当天曼德拉在开普敦市政厅阳台上发表了一小时的演讲——也许这不是世界所期待的激昂演说，但听众们确信曼德拉会一如既往地支持南非非洲人国民大会（ANC）——对非国大长达34年的禁令在同一天解除。曼德拉同时强调了继续同种族隔离体制抗争的重要性。

纳尔逊·曼德拉被囚禁达27年之久，其中18年在臭名昭著的罗本岛监狱度过。当局以曼德拉宣布放弃暴力手段为释放条件，但后者始终保持尊严，在政治和个人问题上拒绝妥协，成为反种族隔离运动的英雄和象征。其后的几个月间，曼德拉同总理弗雷德里克·威廉·德克勒克（Frederik Willem de Klerk）协商，结束种族隔离制度，推动南非首场多种族选举。曼德拉在1994—1999年担任总统期间，达成不可思议的成就——引导南非和平进入多数统治时期，并由此成为世界上最受尊敬的政治家。**JS**

▶ 纳尔逊·曼德拉在开普敦出狱后同当时的妻子握拳振臂庆祝胜利

1990年4月20日

发射哈勃望远镜
Hubble Launched

欧洲和美国合作发射哈勃空间望远镜

研究和探索外太空是二十世纪下半叶的一大主题。1957年苏联发射首颗轨道卫星，次年美国总统艾森豪威尔建立美国国家航空航天局（NASA），进行多个大型空间探索项目。1975年，欧洲航天研究组织（ESRO）和欧洲运载火箭发展组织（ELDO）合并为欧洲空间局（ESA），进行太空和技术研究。欧洲空间局的13个成员国包括奥地利、比利时、丹麦、法国、德国、爱尔兰、意大利、荷兰、挪威、西班牙、瑞典、瑞士和英国，芬兰为准成员国。

历经多次推迟和预算困扰后，美国国家航空航天局和欧洲空间局联手将天文望远镜送入太空轨道。望远镜以美国天文学家爱德温·哈勃（他最早发现了银河系外的其他星系）命名，口径为95英寸（241厘米），拍摄图像不会受到地球大气的干扰。它是唯一一架需要宇航员维护的望远镜。

哈勃望远镜进入预定轨道，距地高度约为360英里（580千米），但不久后发现主镜有球面像差，严重影响望远镜性能。1993年的首次维护任务解决了主镜问题。此后哈勃望远镜促成多个重大发现，向人类展示了清晰而深远的宇宙图景——从我们所在的太阳系，到数十亿年前形成的遥远星系。**RC**

据报道，哈勃空间望远镜比地基望远镜的灵敏度高50倍

1990年8月2日

伊拉克入侵科威特
Iraq Invades Kuwait

伊拉克攻打石油资源丰富的科威特，挑战国际秩序

8月2日凌晨，十万伊拉克士兵和七百辆坦克浩浩荡荡开过邻国科威特边境。科威特猝不及防，当日沦陷，数百人死亡，数千名外籍人士被困。伊拉克独裁者萨达姆·侯赛因威胁称倘若有人干涉其征服和兼并科威特，他会对科威特市屠城。伊拉克政府认定科威特自古属于其领土的一部分，长期要求在科威特行使主权。

发动战争的原因并无特别之处。经过1980—1988年的两伊战争，伊拉克经济支离破碎，负债累累。伊拉克唯一的重要出口物资为石油，此时提高油价对于挽救经济至关重要。伊拉克称科威特石油充斥全球市场，压低了石油价格；同时指控科威特从伊拉克的Ramailah油田盗取石油，并在伊领地驻军。事实上，萨达姆·侯赛因清楚，伊拉克控制科威特的石油储备便能够主导世界石油市场。不幸的是，国际社会同样明白这一点。

中东地区大国及领导人一致反对伊拉克入侵科威特。联合国安理会谴责伊拉克侵略行径，要求其立即撤军。有报道揭露伊拉克军队在科威特的暴行，进一步激起国际舆论声讨。以美国为首的国际联合部队集结在沙特阿拉伯——激怒了伊斯兰教原教旨主义者奥萨马·本·拉登——以防沙特同样沦为伊拉克的目标，并准备在谈判破裂时发兵将伊拉克军队逐出科威特。1991年1月，"沙漠风暴行动"启动。**JS**

1990年11月19日

冷战结束
End of the Cold War

《欧洲常规武装力量条约》有效缓解冷战的紧张局势

22个国家在巴黎签署《欧洲常规武装力量条约》，结束冷战。东西方在1969年首次就限制军备进行谈判，签署了一系列协议，对战略武器进行限制。但常规武装力量协议一向难以达成，尤其是苏联为保持其数量优势坚持"等量裁军"，而美国要求将军备削减至同一水平。此外，苏联武装力量是否撤出乌拉尔山脉也未成定论——严格意义上来说乌拉尔山位于欧洲境外，但此处的军备可以轻易调至欧洲。

二十世纪八十年代末期，米哈伊尔·戈尔巴乔夫的改革政策引发经济危机，这位苏联领导人认识到必须大幅削减军事支出，由此为东西方最终达成协议奠定基础。《欧洲常规武装力量条约》明确限制了北约和华约在欧洲的军队和武器数量。例如，双方各可以保留2万辆坦克、2万门炮、6800架战斗机和2000架武装直升机。其余全部武器将依照严格的核查程序销毁。1991年12月苏联解体后，各独立国签署并认可《欧洲常规武装力量条约》，东西方关系进入新纪元。

2007年7月，俄罗斯总统弗拉基米尔·普京宣布暂停履行《欧洲常规武装力量条约》，以抗议美国通过最新的导弹防御系统在中欧布置雷达设备。JS

1991年2月27日

驱逐伊拉克军队
Iraqis Ousted

国际联合部队驱逐入侵科威特的伊军

经过数周的空袭和四天的地面战，科威特解放行动取得全面胜利。1990年，伊拉克入侵并占领科威特，伊方领导人萨达姆·侯赛因原本希望国际社会接受这一既成事实。但联合国不能坐视一个国家把持大量世界石油资源，批准在沙特阿拉伯组建多国联军，控制战局，最终驱逐伊拉克军队。萨达姆唯

> "他乱了阵脚，下令撤军。但对联军而言这还不够。"
>
> 萨达姆·侯赛因讣告，《卫报》

一的希望在于瓦解联军。他计划将战争包装为阿拉伯世界共同对抗公敌以色列，以赢得阿拉伯国家支持。萨达姆在空袭中向以色列城市发射了多枚苏联产飞毛腿导弹，寄望于以色列的还击会令其他阿拉伯国家退出联军。为此美国大力施压阻止以色列反击。

击败伊拉克的代价不菲。伊拉克人在中东引发环境灾难，数百万加仑的原油进入波斯湾水体，六百口油井被点燃。伊拉克民众认为联军会攻打伊拉克、推翻萨达姆，南部的什叶派和北方的库尔德人纷纷起义。但联合部队判定，向伊拉克发兵会造成不利影响，并未支援叛军。JS

1991年4月6日

联军救助库尔德人
Coalition Forces Aid Kurds

联合部队不得不出手干涉，解救困境中的库尔德难民

伊拉克北部多达170万库尔德人的苦难遭遇未得到应有的重视。危急形势得到报道后援助行动姗姗来迟，开始向萨达姆·侯赛因政府的受害者提供物资和保护。

库尔德人长期遭到血腥镇压。他们一战后未能在库尔德斯坦建国，人口被伊朗、伊拉克、土耳其和叙利亚瓜分，而四国均对库尔德人持怀疑态度。两伊战争期间（1980—1988）伊拉克的库尔德人被视为叛徒，遭到骇人的迫害。伊拉克政府为剿灭库尔德游击队发动臭名昭著的安法尔（战利品）行动，杀害了约18万库尔德人。更为著名的是，1988年3月伊拉克对库尔德人聚居的哈拉布贾镇动用神经毒气。

因而库尔德人自然寄望于联合部队解放科威特后推翻伊拉克独裁者。而联军按兵不动，陷入绝境的库尔德难民逃往同土耳其接壤的北部边境；但是土耳其人自1984年起同库尔德分离主义者斗争，拒绝难民入境。

严冬中，库尔德人在山区无处栖身，没有干净水源、食物和药品。新闻报道令难民们的苦难遭遇大白于天下，联合部队终于出动。伊方军队被禁止在伊拉克北部执行飞行任务。30个国家提供援助。但对库尔德人而言，联军的保护也许首次为他们点亮了自治、甚至是建国的希望。**JS**

○ 土耳其士兵将小女孩带往安全的库尔德难民营

1991年6月25日

南斯拉夫联邦解体
Collapse of a Nation

克罗地亚和斯洛文尼亚宣布脱离南斯拉夫，同地区主导国塞尔维亚爆发冲突，掀起内战

1945年铁托领导南斯拉夫共产党登上权力巅峰，1980年铁托去世后共产主义政权前途未卜。八十年代末，南斯拉夫经济停滞，共产党失去民心，中层党员斯洛博丹·米洛舍维奇借机利用固有的民族敌意和恐惧，打着塞尔维亚极端民族主义的旗号上位，将南斯拉夫联邦军队塞尔维亚化，废除科索沃和伏伊伏丁那两个自治省的自治权。显而易见，米洛舍维奇意图打造塞族人统治的南斯拉夫；倘若这一目标难以实现，他也会尽力扩张版图，创造大塞尔维亚。克罗地亚和斯洛文尼亚拒绝任人宰割。米洛舍维奇指控克罗地亚策划对其境内的少数塞族人实行种族大屠杀。

克罗地亚和斯洛文尼亚宣布独立，立即引发内战。联邦军队在斯洛文尼亚意外受挫，但在克罗地亚进行激战，双方损失惨重。英文中甚至出现了新术语"种族清洗"，用以描述残酷驱逐民族出境的情况。1992年1月终于实现停火。塞尔维亚人将注意力转移至波黑联邦，不断犯下种种暴行，而世界各国袖手旁观，直至1995年，克罗地亚人发动攻势收复所有失地，各方签订《代顿协议》终止波斯尼亚战争。**JS**

- 身穿新军装的士兵执斯洛文尼亚国旗，进行脱离南斯拉夫的独立仪式演习
- 1980年5月约瑟普·铁托的葬礼在贝尔格莱德举行；对许多人而言，这标志着南斯拉夫联邦走到尽头

1991年12月25日

苏联解体
End of the Soviet Union

三国领导人简单发表公告，苏联不复存在

1991年年底，俄罗斯总统鲍里斯·叶利钦、乌克兰总统列昂尼德·克拉夫丘克和白俄罗斯总统斯坦尼斯拉夫·舒什克维奇一致同意苏联解体。八月政变失败以来，苏联共产党的名誉扫地，权力尽失。

苏联及其领导人米哈伊尔·戈尔巴乔夫成为叶利钦的绊脚石，而瓦解苏联就需要推翻戈尔巴乔夫，并巩固叶利钦在俄罗斯联邦的地位。叶利钦设想以独立国家联合体（CIS）代替苏联，并继承其国际地位。但以乌克兰为首的多数前苏联共和国加入独联体，不过是为了结束其从属于俄罗斯的历史。波罗的海三国爱沙尼亚、拉脱维亚和立陶宛甚至拒绝加入独联体。

不少俄罗斯人为失去苏联的影响力深感痛惜，很多人无法接受同乌克兰彻底分离的事实。俄罗斯同前苏联成员国的关系问题重重，不少国家痛恨俄罗斯干涉其内政。苏联解体后约2500万俄罗斯人住在别国，通常受到严重歧视。留在俄罗斯联邦内的部分民族强烈要求独立。1994年，车臣人宣布独立，残酷战争爆发。俄罗斯国内出现极端民族主义团体和种族暴力冲突事件。前苏联成员国强烈地感受到俄罗斯人重建帝国的渴望。**JS**

1993年9月13日

和平的曙光
Prospects of Peace

巴勒斯坦解放组织和以色列签订《奥斯陆协议》，试图结束冲突

以色列总理伊扎克·拉宾和巴勒斯坦解放组织领导人亚西尔·阿拉法特最终在华盛顿签署《奥斯陆协议》，但协议内容已经在奥斯陆确定。拉宾担任以色列国防部长阶段经历了首次巴勒斯坦大起义（1987—1993），判断以色列别无选择，只能同巴勒斯坦人谈判。但《奥斯陆协议》仅仅是和平

> "这是具有重大历史意义的事件，开启和平共存的新纪元。"
>
> 亚西尔·阿拉法特

进程的开端。巴解组织承诺放弃暴力手段，并承认以色列合法存在。以色列承认巴解组织代表巴勒斯坦民族，并认可巴勒斯坦人的自治权。以色列军队将撤出加沙地带和约旦河西岸部分地区，由巴勒斯坦权力机构（PA）接管。双方在其后的五年间商定永久性解决方案。

阿拉法特如期当选民族权力机构主席，但除此之外进展寥寥。《奥斯陆协议》留下了太多问题有待解决，长期进展缓慢终于令和平的美梦破灭。以色列在占领区的移民数量迅速增长。巴勒斯坦游击队再度袭击，而民族权力机构无力——或者说是不愿意——加以阻止。1996年，以色列新总理本雅明·内塔尼亚胡要求巴勒斯坦终止暴力行动，作为以方履行《奥斯陆协议》的条件，实际上全面中止了和平进程。**JS**

1994年4月6日

卢旺达种族大屠杀
Rwandan Genocide

总统遇害激化卢旺达种族对立，引发大屠杀

"我们眼睁睁地看着恶魔控制了人间乐土……"

罗密欧·达莱尔（Roméo Dellaire）中将，联合国

卢旺达总统朱韦纳尔·哈比亚利马纳所乘的飞机在首都基加利上空被击落。革命组织卢旺达爱国阵线（RPF）主要代表少数民族图西族，胡图族总统哈比亚利马纳曾与之签订暂时和平协议。总统卫队认定图西族为凶手，对后者进行大屠杀，疯狂行径从基加利扩散到其他地区。在政府和军队要人的鼓励下，胡图人四处杀戮图西人和胡图族温和派。约有八十万人死亡。战友会等胡图族民兵组织以残忍著称，将受害人用乱棍打死或弯刀砍死。

图西族和胡图族间的敌对由来已久，根源在于二者经济地位的差异。传统上图西族为地主阶级，而胡图族多为农奴。1916年起比利时殖民统治者坚持区别对待二者，并认为图西族较为优越。得到特殊待遇的图西族迅速招致强烈仇恨。

大屠杀之初，国际社会几乎无所作为。许多西方国家拒绝向联合国维和部队提供兵力。事实上，维和人员遭遇小面积伤亡后便撤出了卢旺达。此后联合国在推动停火协议方面的作用有限。卢旺达爱国阵线占领基加利，扶植新任胡图族总统保罗·卡加梅，大屠杀方才终止。卢旺达爱国阵线图西族领袖保罗·卡加梅出任副总统。二百万胡图人立即出逃，导致邻国动荡不安。种族敌对问题远没有解决。JS

- 取材于卢旺达种族大屠杀事件中真人真事的电影《卢旺达饭店》海报
- 白骨散落在教堂外——这里是卢旺达大屠杀的地点之一

1994年4月26日

南非民主胜利
Democracy Triumphant in South Africa

南非举行首场多种族选举

纳尔逊·曼德拉当选总统,两名女性庆祝这一历史性胜利

没有血腥革命,仅仅通过和平投票的方式,南非的白人统治终于结束。南非国民党(NP)首脑、南非总统弗雷德里克·威廉·德克勒克和南非非洲人国民大会(ANC)领导人纳尔逊·曼德拉的谈判最终将南非引入民主时代。实现权力和平移交并非易事。对于即将到来的多数统治,白人群体或表示愤怒,或为压力减轻而感到宽慰。白人极端主义者可能武装暴动,而非国大(ANC)同祖鲁人主导的英卡塔自由党之间的公开冲突也令人忧心。选举持续三天,所有人都有权投票。

非国大(ANC)得到超过1200万张选票,成为最大的赢家。国民党(NP)的票数近400万,而英卡塔的票数大约为200万。众少数党各获得数千选票。根据此前的协议,三大主要党派组成联合政府,统一执政。南非国民对新政府寄予厚望。南非面临严重的失业、贫困和不平等问题。新近获得选举权的非洲人,期待此次大选能够迅速显著提升其生活水平,着重解决住房、就业和教育问题。最终新政府未能实现所有期望,但它为南非建立并维持民主体制,已经取得重大成就。**JS**

1995年3月20日

东京地铁沙林毒气事件
Subway Gas Attack

奥姆真理教成员在东京地铁上释放致命的沙林毒气

◢ 沙林神经毒气袭击过后，东京急救组织成员准备进入地铁

1995年3月20日早高峰期间，以拥挤不堪著称的东京地铁共有五列列车成为致命性神经毒气袭击的目标。列车关门即将出站之时，充满沙林毒气的塑料袋被戳破，导致12人死亡，逾1000人受伤，其中50人受重伤，另有多人暂时性失明。东京各医院挤满了伤患，数小时后毒气成分才被鉴别出来。

犯罪者出自奥姆真理教——1984年，麻原彰晃创办时将之定位为瑜伽组织。其后的十年间，奥姆真理教在日本赢得大批信徒，但其吸纳成员和资金方式一向存在争议。九十年代初，奥姆真理教同俄罗斯建立密切关系，同时向日本宪政宣战，开始收集大量常规武器并自行制作化学和生化武器。1994年，奥姆真理教对松本市发动沙林毒气袭击。如今人们推测，东京地铁毒气事件的诱因为警方将对奥姆真理教总部进行搜查。

东京地铁沙林毒气事件过后，麻原彰晃继续发动数次恐怖袭击，最终被捕，因大规模谋杀罪被判死刑。如今奥姆真理教依然存在，但已更名为阿雷夫。**PF**

1995年4月19日

俄克拉荷马市爆炸案
Bombing in Oklahoma

右翼极端主义者蒂莫西·麦克维（Timothy McVeigh）和特里·尼克尔斯（Terry Nichols）轰炸俄克拉荷马市政府大楼，是为美国历史上最严重的本土恐怖袭击案之一

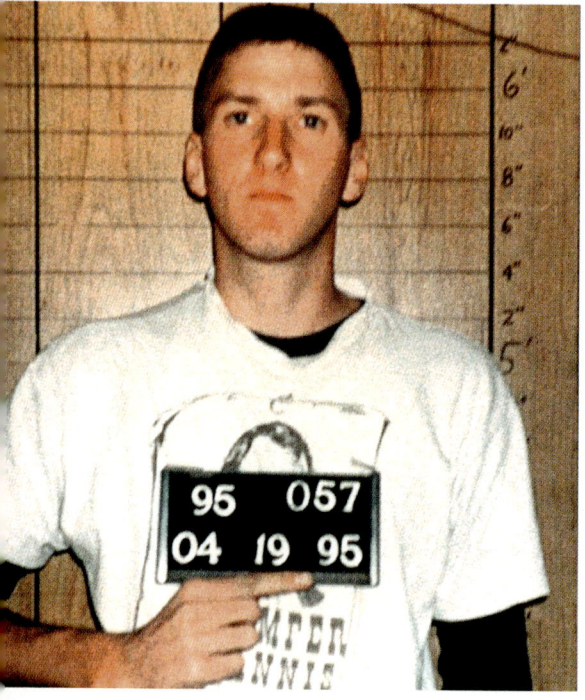

为报复美国政府两年前对德克萨斯州韦科围攻事件的不力处置，右翼极端分子在俄克拉荷马城联邦政府大楼外引爆汽车炸弹。大楼炸出巨型裂口，数十人被埋入废墟之中。据报道，死亡人数为168人，但可怕的是，一条来历不明的断腿证明尚有另一名遇害者，逾800人受伤。

数千名美国人（多为白人）加入激烈反对联邦政府的狂热组织。两名极端分子被迅速锁定为嫌疑人：蒂莫西·麦克维和特里·尼克尔斯。4月15日麦克维在堪萨斯州章克申市租了一辆卡车；次日二人在俄克拉荷马市留下逃亡用车，之后返回堪萨斯州，用塑料桶和体重秤制作了重约5000磅（2268千克）的炸弹，放入卡车中。炸弹原料包括硝酸铵化肥和硝基甲烷等。4月19日一早，麦克维驱车赶往俄克拉荷马市，身穿印有"这就是暴君的下场！"字样的T恤——正是约翰·威尔克斯·布斯刺杀亚伯拉罕·林肯时所高喊的语句。麦克维将卡车停在政府大楼前，设定炸弹两分钟后启动，点燃引信后离去。

2001年麦克维遭到处决，尼克尔斯终身监禁。爆炸案令右翼极端主义得到抑制。**RC**

▷ 警方为蒂莫西·麦克维拍摄的照片；麦克维因俄克拉荷马市爆炸案入狱并最终遭到处决

▷ 麦克维的汽车炸弹威力极强，摧毁了正面为玻璃结构的艾尔弗雷德·P. 默拉联邦大楼的一侧

1995年7月4日

斯雷布雷尼察大屠杀
Muslims Massacred in Bosnia

塞尔维亚军队在斯雷布雷尼察屠杀数千名穆斯林，联合国束手无策

1993年4月，联合国宣布斯雷布雷尼察市为"安全地带"，但1995年7月，这里被代表波斯尼亚塞尔维亚人的塞族共和国军队占领，其后超过八千名穆斯林惨遭屠杀。

斯雷布雷尼察一带为塞族人占领区域内的穆斯林飞地，自1993年3月起遭到围攻。但联合国代表、菲利浦·莫里永将军（Philippe Morillon）向受困民众保证，后者受到联合国的保护。联合国划定安全区域，并派驻荷兰维和部队。1995年初，波斯尼亚塞族领导人拉多万·卡拉季奇（Radovan Karadzic）决心在屈服于压力结束战争之前，扫除穆斯林飞地，委派拉特科·姆拉迪奇（Ratko Mladic）率领塞族军队包围斯雷布雷尼察。

斯雷布雷尼察严重缺乏各类供给，穆斯林部队装备不足，军纪涣散，难以抵挡正式攻击。而维和部队仅装备有轻武器，也没有接到如何应对攻击的明确指示。塞尔维亚人发现首波攻势几未遭遇抵抗，趁势攻入斯雷布雷尼察。北约军队计划发动空袭，但塞方以荷兰士兵相要挟——维和部队完全沦为人质，只能坐视穆斯林遭到屠杀。惨案令联合国蒙羞，而卡拉季奇和姆拉迪奇尚未得到制裁。**JS**

○ 地下防空洞的墙壁两侧堆满出自斯雷布雷尼察乱葬岗的运尸袋

○ 图兹拉的一面纪念墙上记录了二战以来欧洲规模最大的种族屠杀——斯雷布雷尼察大屠杀的受害者，多为男性

1995年10月3日

O. J. 辛普森无罪释放
O. J. Simpson Acquitted

经过长达九个月的电视转播审判，O. J. 辛普森无罪释放

奥兰苏·詹姆斯·辛普森（Orenthal James Simpson）是他这一代最杰出的橄榄球球员之一，职业生涯的大部分时间效力于水牛城比尔队，担任跑锋。他是全美偶像，曾经被评价为"所有白人最喜爱的黑人"。辛普森手术后膝部大不如前，1978年退役。1985年他同白人女性妮可·布朗（Nicole Brown）结婚，但二人于1992年离婚，妮可指控前者有暴力虐待行为。1994年，妮可和朋友罗纳德·高曼（Ronald Goldman）被利器刺死。辛普森被捕，以谋杀罪进行审判，成为二十世纪最为轰动的刑事案例。审判长达九个月，媒体进行了大规模报道，俨如一场现实版肥皂剧盛宴。

审判在洛杉矶举行，反映出美国的种族关系依然紧张。陪审团由十名男性和两名女性组成，黑人和白人各占一定比例。大多数美国白人似乎认定辛普森有罪，但部分黑人坚持辛普森在洛杉矶警局遭到固执的种族主义者陷害。最终一名警官的证词成为合理疑点，陪审团抓住这一点无罪释放了辛普森，完全符合程序。

后来受害者家属对辛普森提起民事诉讼。1997年，民事陪审团一致判定辛普森过失致死和殴打罪名成立，完全推翻了先前刑事审判的结果。受害者家属判得3350万英镑的赔偿金，但实际所得寥寥。之后辛普森的经历跌宕起伏，出版令人反感的畅销书《假如我做了》之时正是其人生低谷之一。**RC**

△ 审判中，O. J. 辛普森及其律师罗伯特·夏皮罗思考辩护内容

◁ 1994年6月17日，面临警方追捕的谋杀嫌疑犯辛普森驾驶白色福特野马（左）逃亡，晚上投案自首

"（这）于理不通。无法自洽。如果无法自洽，就应该无罪释放。"

约翰尼·科克伦（Johnnie Cochran），向陪审团所作的结辩陈词

1997年8月31日

戴安娜王妃在车祸中丧生
Princess Diana Killed in Car Crash

戴安娜王妃和多迪·法耶兹（Dodl Al Fayed）所乘汽车撞入巴黎某隧道柱子上

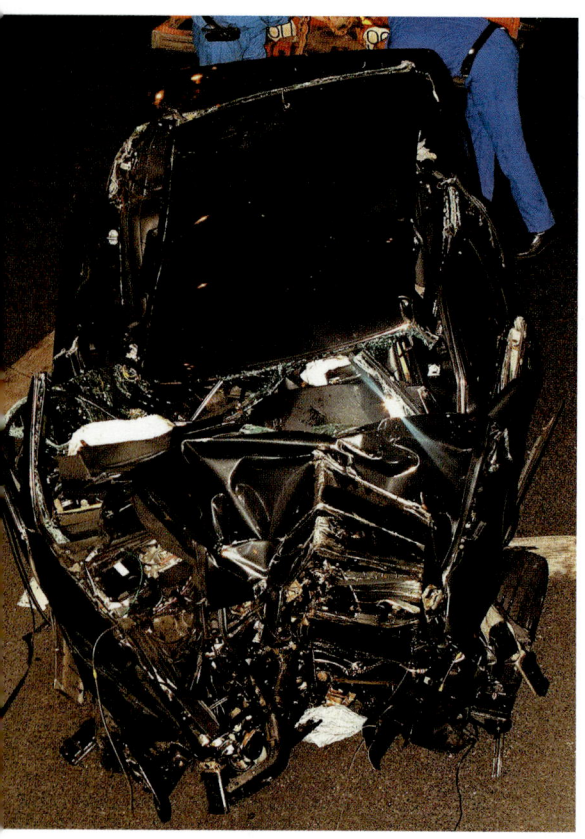

▲ 戴安娜王妃和多迪·法耶兹被狗仔队追踪而遇难，他们所乘豪华轿车的残骸

"不存在对该车上任一名乘客的蓄意谋杀。"

史蒂文斯勋爵（Lord Stevens），2006年12月

威尔士王妃戴安娜孜孜不倦地参与慈善事业，帮助儿童、流浪者和艾滋病患者，因此享誉世界。她的个人魅力为她赢得了数百万拥趸，却一直被媒体纠缠，不胜其扰。自从1981年她与查尔斯王子（Prince Charles）订婚以来，媒体似乎就已准备好挖掘曝光她的私生活，无所不用其极。

戴安娜王妃在巴黎一场交通事故中丧生，遇难者还有她的同伴，埃及裔大亨穆罕默德·法耶兹（Mohammed Al Fayed）之子多迪·法耶兹和司机亨利·保罗（Henri Paul）。保镖特雷弗·里斯（Trevor Rees）幸免于难。他们深夜由巴黎的里兹酒店驱车前往多迪·法耶兹的公寓。为了摆脱狗仔队追踪，他们乘坐的梅赛德斯奔驰S280高速行驶，突然撞上了阿尔马桥隧道的柱子。事后调查员报告称保罗酒后驾驶。戴安娜王妃的死讯让英国沉浸在深深的悲痛之中，各地的临时纪念场所都摆满了鲜花。全球大约有25亿人在电视机前观看了在威斯敏斯特大教堂举行的葬礼。

戴安娜为人蓄意谋杀的阴谋论很快传出，极度悲伤的穆罕默德·法耶兹无法接受其子的死因如此俗套，在一定程度上助长了阴谋论蔓延。有人认为戴安娜王妃被英国特工暗杀，因为她威胁到了英国君主政体——因为她怀上了多迪·法耶兹的私生子，或是她要与之结婚，再或者她计划转信伊斯兰教，或是以上原因的一切可能组合。然而2008年4月，戴安娜王妃死亡调查得出结论，死因确定为"司机亨利·保罗和狗仔队共同造成的重大过失"。**JS**

1997年9月6日

特蕾莎修女逝世
Death of Mother Teresa

特蕾莎修女逝世,世界各地为之哀悼

特蕾莎修女援助和照料印度贫苦大众四十年之久,于印度加尔各答心脏病发作去世,享年89岁。

1910年,特蕾莎修女生于斯科普里(今马其顿共和国首都),原名艾格尼丝·刚察·博亚丘(Agnes Gonxha Bojaxhiu)。她18岁时加入了爱尔兰罗雷托修会,成为天主教修女,在印度传教。此后她再也未能与家人相见。在爱尔兰一所修道院短暂停留期间,她学会了英语,后于1929年抵达印度。特蕾莎修女在修道院教书,度过几年的安逸生活后,于1946年选择投身于加尔各答环境最恶劣的贫民窟工作。她将一所废弃的印度教寺庙改造成免费收容所,令穷人们可以体面离世,其后她也以照料麻风病患者和孤儿为己任。

1950年,梵蒂冈教廷准许特蕾莎修女建立新的女修道会——仁爱传教修女会。起初修女会只有13名成员;至特蕾莎修女去世时,仁爱传教修女会已经拥有4000名成员及10万余名世俗志愿者,在世界各地开办多处救济院、孤儿院和慈善中心。特蕾莎修女鞠躬尽瘁,享誉全球,获得了许多国际奖项,如1979年的诺贝尔和平奖。1996年,她成为美国荣誉市民。

尽管特蕾莎修女也遭到批评,例如有人称她的诊所重复使用注射器针头,但反对之声寥寥无几。许多人称她为"活圣人"。在她去世后,教宗若望·保禄二世(Pope John PaulⅡ)为她行宣福礼(追封圣者的重要步骤),她被封为"加尔各答的真福特蕾莎"。**JS**

◐ 仁爱传教修女会的成员凭吊修道会的创始人——特蕾莎修女

> "我在每个人身上都看到了主的光辉……这难道不是很美妙的体验吗?"
>
> ——特蕾莎修女,1974年

1998年4月10日

和平宣言
Declaration of Peace

《贝尔法斯特协议》为北爱尔兰结束冲突带来曙光

▲ 伯蒂·埃亨和托尼·布莱尔宣布和平协议的新闻发布会

经过三十年的冲突和两年的谈判,英国首相托尼·布莱尔和爱尔兰总理伯蒂·埃亨为解决北爱问题签订《贝尔法斯特协议》。协议涉及很多富有争议的问题,包括北爱尔兰恢复分权自治政府,建立议会,并同爱尔兰共和国共同建立新的跨境机构;爱尔兰共和国将修正宪法,不再要求对北爱行使主权;重组北爱警察部队,准军事组织解除武装。

北爱尔兰政党普遍赞成《贝尔法斯特协议》,但民主统一党领导人伊恩·佩斯利(Ian Paisley)表示谴责,称其为背叛行为。但是5月在边境两侧举行的公民复决投票结果显示,爱尔兰和北爱民众均热情支持协议内容。6月,北爱尔兰统一党党魁大卫·特林布尔(David Trimble)出任北爱首席部长。问题随之而来,争议焦点在于准军事组织——爱尔兰共和军解除武装问题。统一党指责新芬党未能推动爱尔兰共和军弃械进程,而新芬党予以否认,称其没有权力或责任执行此任务,并指责英国没有撤出北爱尔兰驻军。北爱议会因解除武装问题第三次被迫取消时,《贝尔法斯特协议》似乎难以为继。**JS**

2000年6月26日

人类基因组草图完成
Human Genome Draft Completed

人类遗传信息图谱绘制成功

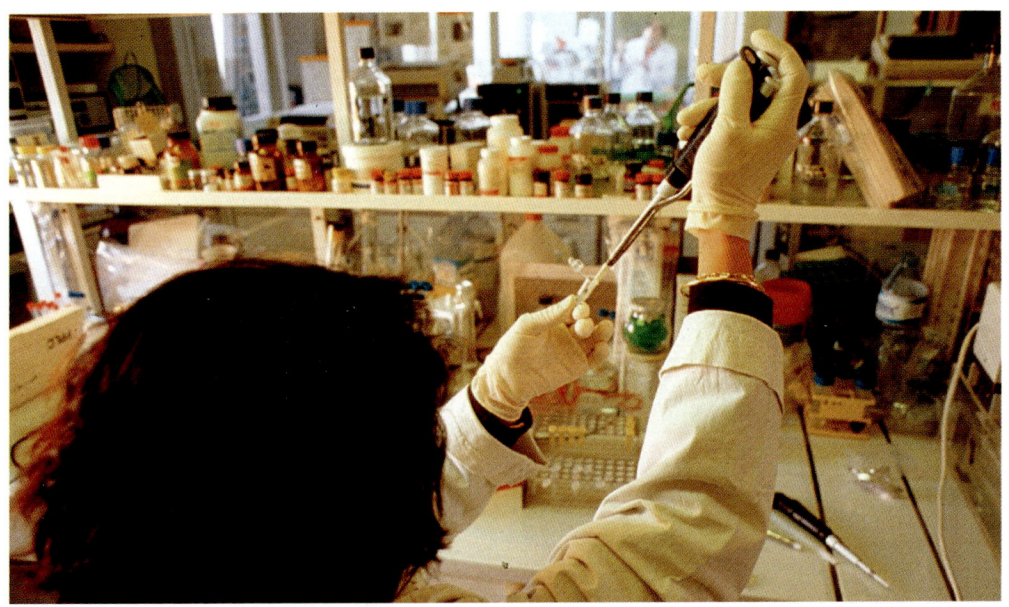

▲ 人类基因组研究证明了基因对于大多数疾病及个体免疫力的作用

二十世纪五十年代初，詹姆斯·沃森和弗朗西斯·克里克作出重大发现，提出DNA双螺旋结构；八十年代中期，沃森提出绘制人类基因组图谱的计划。1990年人类基因组项目正式启动，多国通力合作，主要由美国能源部和国家卫生研究院资助。

1998年，克雷格·文特尔（Craig Venter）领导的私人项目塞雷拉基因组开始同人类基因组竞争，采用更为快捷的测序方法，并保留部分成果的商用权利。竞争加快了基因测序进展，2000年6月26日比尔·克林顿和托尼·布莱尔共同宣布，公费支持的国家人类基因组研究所提前两年完成人类基因组"草图"。草图涵盖了大约97%的碱基对——人类每个细胞内有24种染色体，大约2万个基因，由30亿碱基对构成，它们为有机体构建提供基本指令。克林顿和布莱尔强调了基因和疾病关系研究的飞速发展将推动医学长足进步。

完整基因谱图三年后发表，基因组项目于2006年完成，为科学家深入研究基因的相互作用及其在人体内的表达方式提供了大量数据。**PF**

2001年9月11日

"9·11"恐怖袭击事件
9/11

恐怖分子袭击美国,大约三千名无辜民众丧生

◐ 双子塔倒塌后,纽约消防员经过世贸中心的废墟
◑ 世贸中心北塔燃烧之际,第二架遭劫客机发动袭击,南塔被火球吞没

> "恐怖袭击可以破坏钢铁,但不能削弱美国人民钢铁般的决心。"
>
> 乔治·W. 布什总统(George W. Bush)

"9·11"事件是美国历史上最严重的恐怖袭击事件,伊斯兰教恐怖组织——基地组织鼓动一批穆斯林极端分子发动袭击,导致大约三千名无辜民众丧生。9月11日上午,4组恐怖分子(均有专业飞行员)分别劫持从不同机场飞往加利福尼亚的客机;其中两架驶向纽约市,依照计划撞向世界贸易中心的双子塔。美国东部时间上午8点46分,美国航空波音客机撞入北塔,9点03分联合航空客机击中南塔。楼内办公的许多人当场死亡,双子塔倒塌时另有多人(包括急救人员)遇难或被困。双子塔被火焰和烟雾笼罩、绝望之下人们从高层跳下坠亡的电视画面在世界各地引发恐慌。

第三架飞机飞往华盛顿特区,冲向五角大楼。据说第四架客机以华盛顿的国会大厦为目标,但乘客奋勇抵抗劫机者,试图重新控制飞机,争斗之中飞机在宾州坠毁,无人生还。

大多数恐怖分子来自沙特阿拉伯。1979年苏联入侵阿富汗,催生了基地组织,创始人奥萨马·本·拉登为沙特富商,曾在美国的资助下领导游击队抗击苏军。1998年,本·拉登号令其追随者"消灭各地的美国人"。"9·11"恐怖袭击事件引发美国正式向伊斯兰教恐怖主义宣战。**RC**

2001年12月2日

安然破产
Enron Bankrupt

安然公司申请破产，暴露资本主义的阴暗面

"9·11"恐怖袭击事件后不久，美国爆出最惊人的破产丑闻之一。安然公司虽为能源公司，但其业务涉及众多领域——通信、天然气、电力、纸张、塑料、石油化工产品、钢铁，甚至还包括"气候风险控制"。安然公司1931年成立于内布拉斯加州奥马哈市，原名为北方天然气公司，二十世纪八十年代公司规模扩大后更名为安然。

安然公司连续多年被《财富》杂志称赞为"美国最具创新精神公司"，2000年入选美国前百名最佳雇主，拥有两万员工，在德克萨斯州休斯敦市总部奢华气派。但在2001年8月，权威金融分析师丹尼尔·斯科托（Daniel Scotto）发表报告，称安然公司"面临巨大压力，已入绝境"，建议公司持股人抛售股票尽早脱身。其后安然申请破产，证明斯科托判断无误。安然的盈利和资产数据多为假造——有些被极力夸大，还有的完全是凭空捏造而来，而负债和亏损被转移至海外公司。安然公司最有价值的资产和最大的真实收入来源是最初的北方天然气公司。

备受尊崇的安然公司竟然依赖于精心策划的财务造假，令"安然"成为企业贪得无厌、彻底腐败的代名词，用以形容资本主义的阴暗面。安然部分高层人员遭到起诉，为安然提供会计服务的著名公司安达信会计师事务所被迫关闭。**RC**

2002年2月14日

米洛舍维奇受审
Milosevic on Trial

塞尔维亚领导人下台，因战争罪行走上法庭

塞尔维亚前总统斯洛博丹·米洛舍维奇统治南联盟期间，南斯拉夫爆发内战、最终解体。米洛舍维奇在海牙受审时被控有66项罪名，包括战争罪行和在科索沃（1991）、克罗地亚（1991—1992）和波斯尼亚（1992—1995）犯下的种族屠杀暴行，如著名的斯雷布雷尼察大屠杀。米洛舍维奇曾是共产党干部，通过煽动塞尔维亚民族主义情绪上位，并侵蚀前南斯拉夫联邦成员国领土、极力扩张版图。他在国内备受尊崇，但2000年塞尔维亚人战败，经济遭到严重破坏。当年秋天米洛舍维奇在总统大选中失利，不愿交出大权。新总统沃伊斯拉夫·科什图尼察急于走出窘境，将米洛舍维奇交给前南斯拉夫问题国际刑事法庭，而法庭的公正性存在疑问——建立并资助海牙法庭的北大西洋公约组织对米洛舍维奇持反对立场。

事实上，米洛舍维奇案是场极为复杂的持久战，远超人们的预期。米洛舍维奇拒绝聘请辩护律师，而是亲自辩护，同时否认海牙法庭的合法性、拒绝答辩。米洛舍维奇健康状况恶化，审判因此不断延期。首席检察官卡拉·德尔蓬特（Carla Del Ponte）不久便发现证明米洛舍维奇个人对战争罪行负有责任相当有难度，由于缺乏证据、证人可信度不足，起诉米洛舍维奇一案濒临破产。然而2006年3月，米洛舍维奇心脏病发身亡，审判告终。其支持者立即称米洛舍维奇为北约毒害而死，但当时大多数塞族人已不再关心他的遭遇。**JS**

2002年10月12日

巴厘岛炸弹袭击
Bomb Attacks in Bali

热带天堂巴厘岛遭遇恐怖袭击,举世震惊,对旅游业造成打击

这是印度尼西亚历史上最惨重的恐怖袭击案。度假胜地巴厘岛遭到炸弹袭击,造成202人死亡,209人受伤。38名印尼人遇难,但死者多为外国游客,包括88名澳大利亚人,26名英国人和7名美国人。人口稠密的库塔海滩上,一名自杀式恐怖袭击者在帕蒂酒吧外引燃了背包中的炸弹,与此同时,对面萨里俱乐部门外的汽车炸弹爆炸,建筑物大面积被毁,并引发恐慌。很多受害者遭到严重烧伤,被飞机送往澳大利亚接受专家治疗。

犯罪者出自伊斯兰教基要派组织——伊斯兰祈祷团。美国和澳大利亚政府立即断言伊斯兰祈祷团同基地组织有关联,但遭到质疑——印度尼西亚已有明显的伊斯兰原教旨主义基础。伊斯兰祈祷团首脑阿布·巴卡·巴希尔受审,但否认其同恐怖袭击有关。最终其叛国罪名不成立,仅因较轻罪行被判服刑30个月,美国和澳大利亚对此表示强烈不满。另外三人因恐怖袭击案被判死刑,其中被视为幕后主使的安罗兹于2003年4月被判死刑时欢快地竖起了拇指。毫无疑问,伊斯兰祈祷团等伊斯兰原教旨主义恐怖组织不为死刑所动。**JS**

- 2002年巴厘岛爆炸案发一个月后,游客为恐怖袭击受害者默哀
- 萨里俱乐部门外的汽车炸弹爆炸后,车辆和建筑被火海吞没;这里距离第一场炸弹袭击相去不远

2003年2月1日

"哥伦比亚号"失事
Columbia Is Lost

"哥伦比亚号"航天飞机解体，七名宇航员全部遇难

美国航天项目是二十世纪人类最伟大的成就之一，但灾难也难以避免。1986年"挑战者号"航天飞机坠毁，2003年"哥伦比亚号"航天飞机解体。灾难由一块仅3英尺（1米）长的泡沫绝热材料引起，它从外部燃料箱上掉落，引发一系列连锁反应。此前"哥伦比亚号"发生过泡沫脱落问题，美国国家

> "他们为之献身的事业将继续进行。我们的航天之旅不会就此止步。"
> 乔治·W. 布什总统，2003年2月1日

航空航天局已经习以为常，并未给予应有的重视——后来这被正式归结为"异常现象正常化"。

2月1日凌晨2点30分，坐镇任务指挥中心的是负责"哥伦比亚号"重返大气层的团队，他们同7名宇航员对航天飞机及降落任务均信心十足。上午8点15分，"哥伦比亚号"时速为175000英里（28164千米），在印度洋上空175英里（282千米）减速点火脱离轨道，8点44分，在太平洋上空76英里（122千米）处重新进入大气层，飞越加州海岸。9点左右开始在德克萨斯上空解体。地面目击者称听到巨响，天空中出现烟迹和残骸。七名宇航员全部遇难。**RC**

2003年4月7日

巴格达陷落
Fall of Baghdad

联军占领巴格达，萨达姆·侯赛因政权垮台

以美国为首的多国联合部队攻打伊拉克，2003年4月占领巴格达，取得重大胜利。联军遭到伊拉克国民的强烈反对，战争初期遭遇狂暴抵抗。他们自视为解放者，但伊拉克南部的什叶派民众并未如预期般发动起义帮助联军——1991年2月科威特解放后，南部什叶派起义，联军却将之抛弃。英国部队以两周时间攻占巴士拉，已经做好在巴格达苦战一番的准备。但伊拉克首都迅速沦陷，仿佛所有抵抗已经土崩瓦解。伊拉克领导人萨达姆·侯赛因已携其主要支持者逃亡。巴格达街头一片欢欣景象，但西方记者的描述多少有些夸张。美国装甲车拉倒广场上的萨达姆雕像，民众报以欢呼；而雕像被盖上美国国旗时，观众沉默以对。

经过多年的战争灾难和经济制裁，痛惜萨达姆失势的伊拉克人寥寥无几。但被别国征服和占领远非易于接受之事。联军能否迅速恢复秩序、改善生活条件、建立平民政府成为关键。但问题立即涌现，骚乱爆发。伊拉克国家博物馆遭到洗劫，数千件重要文物失踪；国家图书档案馆被烧毁。美军只保住了石油部。暴动迅速蔓延，武装抵抗占领军的部队崛起。**JS**

○ 萨达姆·侯赛因的胜利雕像被美国占领军拖倒，成为伊拉克战争的一大象征

2004年3月11日

马德里连环爆炸案
Madrid Bombed

恐怖袭击动摇西班牙政府执政根基

　　连环爆炸案在西班牙首都引发恐慌。共十起爆炸案发生在主站阿托查车站、圣欧亨尼娅和厄尔·波索火车站一带，恐怖分子为造成大面积伤亡而在交通高峰期发动袭击。遇难者总计191人，逾1800人受伤。伤势极其严重，医院被迫呼吁公众献血。警方表示，遇害者尸体可能无法与残肢完全匹配。寝食难安的家属们疯狂寻求亲人平安的消息，电话通讯系统几近崩溃。

　　西班牙政府似乎对犯罪者身份把握十足，内政部长安赫尔·阿塞韦斯（Angel Acebes）宣布恐怖袭击必定为巴斯克分离主义组织埃塔所为，立即引起怀疑。事先没有电话警告以及爆炸案的规模均不符合埃塔的一贯作风。西班牙政府大力支持美国入侵伊拉克，因此归结为伊斯兰原教旨主义恐怖袭击更为合理。次日，马德里附近一辆大篷货车中搜查出的证据表明爆炸案同伊斯兰教有关，引发民愤。看来西班牙政府归咎于埃塔，是为了掩饰其并未认真对待伊斯兰教恐怖袭击的威胁。

　　连环爆炸案三天后举行的大选中，当政的人民党意外失利，工人社会党首相何塞·路易斯·罗德里格斯·萨帕特罗（José Luis Rodriguez Zapatero）上任后立即实现其竞选承诺，撤回伊拉克的西班牙军队。**JS**

2004年12月26日

恐怖巨浪
Wave of Terror

印度洋海啸之灾波及多地

　　海啸所到之处，摧毁沿海聚居地，夺去生命，恐慌席卷印度洋沿岸。印度洋海底发生里氏震级8.9级的大地震，印度尼西亚亚齐省附近的海床抬高33英尺（10米）左右，引发破坏力极强的海啸，时速近500英里（800千米），是四十年来规模最大的海啸。

　　亚齐省沿岸及省会班达亚齐被完全摧毁。部分村落中，70%的人口遇难；约50万人流离失所，一无所有。印度尼西亚遇难者总数超过13万。海啸席卷缅甸、泰国、斯里兰卡、印度，甚至波及东非，造成200名索马里人死亡。据估计，海啸造成的死亡人口总数约为20万。印度洋沿岸多旅游胜地，因而遇难者来自全球各地。灾难发生数月后仍然不断发现尸体，有人担忧遭到污染的海水和腐尸会引发传染病。

　　印度洋海啸震惊全球，六个月内各地向受灾民众承诺的援助物资共计120亿美元。受灾地区政府同意建立海啸预警系统。多国鉴证专员合力鉴定死者身份。尽管多方伸出援手，贫困灾民重建家园依然进展缓慢，令人沮丧——最穷困的灾民通常得到最少的救援物资。**JS**

▶ 泰国安达曼群岛上，人们难以置信地盯着海浪冲上岸来

2005年7月7日

伦敦遭遇自杀式炸弹袭击
Suicide Bombing in London

恐怖分子发动自杀式炸弹袭击,伦敦遭到重大打击

▲ 卢顿火车站的闭路电视拍到恐怖分子正在往伦敦执行自杀式袭击任务途中

▲ 塔维斯托克广场的汽车爆炸,顶层被掀翻,车后部被炸毁

> "他们屠杀无辜民众,借以恫吓我们……"
>
> 英国首相托尼·布莱尔,2005年7月

2005年7月7日,伦敦首次经历恐怖的自杀式炸弹袭击。恐怖分子发动四次袭击,其中三起爆炸案发生在地铁上——列车分别行至利物浦街车站附近、埃奇威尔路车站、国王十字车站和罗素广场站之间,炸弹被引爆;塔维斯托克广场上的一辆汽车也遭到袭击。共有五十六人遇难,七百余人受伤。伦敦交通系统瘫痪,人们疯狂探寻亲人的消息,通讯网络拥堵不堪,进一步妨碍了救援行动。

爱尔兰共和军三十年来不断在大不列颠岛发动恐怖袭击,但这场爆炸案造成的破坏超过前者的任何劣行。案发不久后,先前不为人知的伊斯兰组织称其对恐怖袭击负责。两周后,另有四人试图仿效恐怖袭击。次日,严阵以待的伦敦警方在斯托克韦尔地下车站击毙了一名疑犯,但后者是无辜的巴西公民让·查尔斯·德梅内塞斯(Jean Charles de Menezes)。

令英国公众震惊不解的是,发动炸弹袭击的四名恐怖分子——穆罕默德·西迪基·汗(Mohammed Sidique Khan)、谢赫扎德·坦维尔(Shehzad Tanweer)、杰曼·林赛(Germaine Lindsey)和哈西卜·侯赛因(Hasib Hussain)——均在英国出生,从未因激进的伊斯兰教观点引起警方注意,在朋友的印象中他们对运动的兴趣远胜于《古兰经》。其中汗和林赛都抛下了身怀六甲的妻子。

事件过后英国人深入思考,何以英国普通的穆斯林会同祖国如此疏远,甚至选择发动自杀式袭击。而炸弹袭击者的行动表明,英国对伊斯兰世界的外交政策将对本国穆斯林的行动产生重大影响。**JS**

2005年8月29日

飓风来袭
Hurricane Strikes

卡特里娜飓风袭击新奥尔良，当局救灾不力

▲ 卡特里娜飓风登陆前增强为5级飓风（时速达160千米）的卫星图片

美国历史上最强飓风之一——卡特里娜飓风正面袭击爵士乐诞生地新奥尔良市。8月28日，卡特里娜在墨西哥湾上空从3级增强为5级飓风，最大持续风速达175英里每小时（280千米每小时）。市长雷·纳金（Ray Nagin）下令疏散，新奥尔良市数十万居民在飓风临近之际仓皇逃命，留在城中的多为穷人和老者，超级巨蛋体育场被选为他们最后的避难所。

卡特里娜飓风中心经过奥尔良市东部，摧毁了防洪堤。洪水涌入城中，许多留在市内的民众只得游到安全地带，或被困在阁楼和房顶上。当天傍晚，街中已有浮尸，废墟中也散落着尸首，有些经过多日腐烂后，已难以鉴别死者身份。

新奥尔良市没有清洁水源，电力中断。大多数建筑成功挺过了飓风，但不少窗子被打破，凯悦酒店的外层玻璃结构被彻底摧毁，据传酒店的床被卷出窗外。飓风过境后，出现个人和团体持枪劫掠行凶的严重问题。警方忙于营救难民，商店店主们只得自行保卫个人财产。甚至有狙击手射杀救援人员和警察的传闻，但未得到证实。当地政府遭到猛烈抨击，被指灾难面前反应迟缓、应对不力。**RC**

> "8月31日，新奥尔良市至少80%的地区被洪水淹没……"
>
> 美国国家气象数据中心总结

2006年12月30日

顽抗到底
Defiant to the End

前伊拉克独裁者萨达姆·侯赛因遭到处决

1979—2003年间统治伊拉克的独裁者萨达姆·侯赛因，黎明前在巴格达市卡迪米亚一栋建筑内处以绞刑，这里曾是其警卫部队以萨达姆之名行刑之地。2006年11月，萨达姆因1982年谋害什叶派城镇杜贾尔的148名男性被判死刑。实际上萨达姆犯下的暴行不计其数，单以杜贾尔屠杀为其定罪反映出，长达一年的萨达姆审判本质上相当混乱，有时甚至荒谬可笑。三名辩护律师遇刺，一人逃往国外。萨达姆偶尔会抵制审讯；一次他称法庭为"婊子养的"，被拖出庭外。人权组织对审讯颇有微词，而伊拉克民众漠不关心。

萨达姆面对死亡时比很多旁观者更有尊严和气度，后者出言讥讽并违法录像。萨达姆克制情绪，手捧一本《古兰经》，表示毫不后悔。宣布行刑的一刻，巴格达省什叶派城市萨德尔举行庆祝活动，而萨达姆的故乡提克里特爆发抗议。伊拉克总理努里·马利基宣布萨达姆被处决结束了一段黑暗的伊拉克历史。萨达姆的遗体由美国军方直升机运往其出生地——提克里特附近的奥贾村，葬入家族土地。

美国总统乔治·W. 布什宣布，这是伊拉克民主进程的重要一步。但大多数伊拉克人不为所动，他们不相信美军占领之下伊拉克的暴力冲突会因为萨达姆死亡而终结。的确，当天巴格达发生三起汽车炸弹爆炸案，导致三十七人丧生，伊拉克境内四名美军士兵死亡。**JS**

△ 伊拉克录像片段，绞刑前几分钟的萨达姆

> "你毁了我们，夺去我们的生命，令我们一无所有。"
>
> ——刑场上一名卫兵喊道

2008年9月15日

信贷危机
The Credit Crisis

雷曼兄弟公司破产，标志着全球金融危机到来

预警信号几个月前便已出现：次级贷款（为信用评级低于惯常标准者提供的贷款）违约率上涨，威胁到大型金融机构，后者发现集资难度增加。前十年中，华尔街运用其魔力传递风险，提高低价值抵押品的信用等级，造成经济形势一片大好的表象，但银行对即将到来的金融风暴几乎毫无准备。

拥有150年历史的雷曼兄弟是声望极高的华尔街金融机构，在信贷危机中遭到严重打击。2008年第二季度，雷曼兄弟亏损28亿美元，股价大跌。雷曼未能找到买家，9月15日申请破产保护。雷曼匆匆召开会议，员工得知公司破产，许多曾经拿六位数奖金的高薪人士纷纷抱着箱子离开办公室。

雷曼公司破产对全球金融体系造成进一步打击，银行同业借贷几乎停止，英美等国投入大量税金以防其他大型金融机构崩溃。但危机的连锁反应之下，全球范围内向企业和私人发放贷款的银行中有相当一部分遭到冻结，政府救市并不足以阻止冰岛银行等金融机构破产。最终全球经济开始大幅衰退——一切源于银行家为逐利而转售不良资产，而全世界人民为前者的狂妄和贪婪买单。**PF**

2009年1月20日

奥巴马当选美国总统
U.S. President Obama

贝拉克·奥巴马就职，标志着美国执政风向转变

寒冷的冬日上午，200万人聚集在华盛顿特区国家广场，这是美国历史上人数最多的集会。前一天是马丁·路德·金纪念日，刚好是六十年代民权运动领袖诞辰80周年。在这特殊的日子，贝拉克·奥巴马成为美国首任黑人总统——这在几十年前几乎绝无可能。就职典礼也宣告乔治·W. 布什的总统任期结束。尽管"9·11"恐怖袭击后布什的认可度极高，美国民众普遍认为布什执政削弱了美国实力——国内经济衰退，又同时开辟两个海外战场。

从很多层面来讲，奥巴马带来了全新的开始。他以"我们可以信任的变革"为竞选口号，着手重塑美国政治体系，并为之注入活力。奥巴马曾任芝加哥律师和伊利诺斯参议院，民主党初选阶段同希拉里·克林顿的经典之战打造了奥巴马激昂雄辩、沉着冷静的形象。奥巴马家庭背景复杂——同德克萨斯、堪萨斯、夏威夷，以及肯尼亚和印度尼西亚都有关联——帮助其在2008年11月4日的大选中击败共和党候选人约翰·麦凯恩当选总统。

就职典礼上，艾瑞莎·弗兰克林（Aretha Franklin）在乐队伴奏下献唱，马友友演奏大提琴。中午首席大法官约翰·罗伯茨（John Roberts）主持了总统宣誓就职仪式，奥巴马发表公众期待已久的就职演讲，提到所面临的挑战象征着美国的新起点。**PF**

▷ 2009年1月20日晚，贝拉克·奥巴马在就职舞会上向支持者致意

2009年6月25日

迈克尔·杰克逊逝世
Michael Jackson Found Dead

"流行音乐之王"即将踏上长期巡演之旅几周前溘然长逝

印度邦加罗尔市歌迷悼念流行音乐之王；杰克逊逝世，全球哀思弥漫

美国歌手、舞者迈克尔·杰克逊，在洛杉矶家中逝世，享年五十五岁。表面上看来，杰克逊因过量服用私人医生康拉德·默里（Conrad Murray）为治疗其失眠症所开的麻醉剂丙泊酚致死。去世前杰克逊正在准备多年来的首次巡演，演唱会原本定于三周后在伦敦O2体育馆开演。

杰克逊六岁时出道，任杰克逊五人组主唱，长期雄踞排行榜榜首。八十年代杰克逊的个人事业蒸蒸日上，1982年的专辑《颤栗》令其成为国际巨星和全球知名度最高的人物之一。但是他做了整形和皮肤漂白手术，行事越来越怪异，返回加利福尼亚的梦幻庄园，沉醉于童年幻想中，性侵儿童的指控也随之而来，2005年杰克逊受审后无罪释放。此后他的声誉一落千丈，收入大减。

医院宣布杰克逊死亡十八分钟后，名人八卦网站TMZ首先公布死讯。全球哀思弥漫，堪比1963年约翰·F.肯尼迪遇刺和1997年戴安娜王妃遇难。家庭哀悼仪式之后，7月7日举行了全球转播的公众纪念活动，一众明星致悼词，收看观众多达十亿人。**PF**

2010年1月22日

灾难降临海地
Devastation Strikes Haiti

岛国海地发生大地震

⬥ 太子港的一座教堂,这是地震中被夷为平地的数千座建筑之一

　　1月22日下午,加勒比海岛国海地发生人类历史上最具破坏性的地震之一,全球最贫困的部分民众流离失所。

　　海地首都太子港的大片地区被完全摧毁。最初有报道称死亡人数接近25万人,另有25万人受伤,100万人无家可归。海地大量基础设施遭到破坏,许多政府建筑、公用设施和医院被毁。

　　国际社会立即展开紧急救援行动,但大量不同组织间缺乏协作,反而阻碍了援助进程。规模不大的海地机场也在地震中遭到破坏,为接收和分发救援物资带来困难。美军迅速进驻太子港维持秩序,但不少受灾民众一周或更久后才领到基本物资——食物、帐篷和水。

　　地震令大批灾民无处栖身,加之海地本为最不发达国家之一,快速及时救援有着相当的难度。几个月后许多灾民依然在城市的废墟周围住着帐篷。美国等国接收海地难民,多个国际银行提供数亿美元的援助物资,世界银行将海地的贷款偿还期限推迟五年。**PF**

2010年4月10日

波兰总统坠机身亡
Polish President Killed in Plane Crash

波兰一众政要和高级军官遭遇空难，举国震惊

飞机在俄罗斯斯摩棱斯克附近失事，波兰总统莱赫·卡钦斯基、第一夫人以及数十名波兰政要、高级军官悉数遇难。他们原计划参加卡廷大屠杀70周年纪念活动——1940年苏联红军杀害了2.2万波兰战俘、军官和知识分子。浓雾中，超期服役的图波列夫—154客机试图在斯摩棱斯克机场降落，发生事故坠毁，共96人遇难。调查将事故归咎于飞行员食物，但卡钦斯基本人可能不顾地面控制台的指令，执意要求降落。这是有史以来，一个政府在和平年代所经历的最惨重伤亡。

支持教会的右翼民族主义者莱赫·卡钦斯基及其孪生兄长雅罗斯瓦夫主导波兰政坛十年之久。2005年莱赫出任总统，并任命雅罗斯瓦夫为总理；2007年选举失利后后者成为反对党领袖。二十世纪八十年代，两兄弟都参与了团结工会相关运动，赤色政府垮台后二人坚决揭发前共产主义者及其党羽。莱赫支持美国，但对波兰2004年加入的欧盟极为不信任。

莱赫是颇具争议的人物，他和多名要人遇难的消息令波兰举国震惊。其兄雅罗斯瓦夫利用空难事件造势，并极力煽动反德情绪，但依然在2010年总统选举中落败。**PF**

◐ 总统府外满是华沙默哀群众献上的纪念物
◐ 俄国调查人员在失事地点检查飞机遗骸

2010年4月20日

深水地平线钻油平台爆炸
Deepwater Horizon Oil Platform Explodes

这是自二十世纪三十年的黑色风暴事件以来美国境内最严重的环境灾难

墨西哥湾中距路易斯安那州沿岸40英里（64千米）的深水地平线钻油平台爆炸起火，引发全球有史以来最严重的海上漏油事故。爆炸由水泥质量问题所致，造成平台上11人死亡，最终钻油平台沉没，大量石油从水下5000英尺（1524千米）的深度漏入海底。每天约有5—6万桶原油涌入墨西哥湾。英国石油公司不断尝试封堵行动，均因漏油深度造成的技术困难而失败。7月15日油井终于得到控制时已有近500万桶原油流入墨西哥湾。

事故发生后海面形成大片浮油，被海浪冲上岸，波及数百英里的路易斯安那海岸线，摧毁当地渔业和旅游业。尽管采取了大规模行动控制、分散和清理海面石油，依然有可能发生环境灾难。很多野生物种受到影响，而石油泄漏的长期效应可能要多年后才会完全显现。幸运的是，在风力作用下浮油相对分散较快，可能由此避免了部分永久性生态破坏。

英国石油公司对漏油危机处理不力，其首席执行官托尼·海沃德（Tony Hayward）的公关能力差强人意，引发激烈抨击——美国总统贝拉克·奥巴马更是承诺令英国石油公司为事故造成的损失付出代价。据初步估计，英国石油公司的债务达到1千亿美元，不少人开始担忧这一巨债将对英国经济造成冲击。**PF**

○ 分散剂作用下凝结成片的石油和新的原油漂浮在海面上，距离石油泄露点9英里（14千米）

○ 深水地平线钻油平台燃烧着沉入墨西哥湾

2010年7月25日

维基解密公布"阿富汗战争日志"
WikiLeaks Publishes the "Afghan War Diary"

维基解密向公众泄露秘密文件,曝光美国在阿富汗战场的所作所为

▲ 维基解密创办者朱利安·阿桑奇展示一份《卫报》,上面刊登了"阿富汗战争日志"节选

"阿富汗战争日志"被公布在维基解密网站上,并登上大西洋两岸的数家报纸,由此开始历史上规模最大的机密信息泄露事件之一。被公布的七万余份文件多为"秘密"级别,均有关美国在阿富汗战争(2004—2009)期间的所作所为。文件公布前经过编辑,去掉了可能威胁到人身安全的具体信息,而泄密行为本身遭到多国政府谴责,但自由主义者、时事评论者和历史学家则表示赞成和支持。

派驻巴格达的美国情报人员布拉德利·曼宁(Bradley Manning)被控泄露机密文件。2010年5月曼宁被捕后,被单独关押,后于2011年12月进行初审。

澳大利亚记者、运动家朱利安·阿桑奇为"发布原始资料和新闻素材,令读者和历史学家一道见证真相的证据"而创建了维基解密网站。公布"阿富汗战争日志"后,多国试图关闭维基解密网站。

维基解密披露的很多战争详情,令人不忍卒读,也令美国等国陷入尴尬的政治境地。人们也开始思考,互联网时代能否继续以传统观点看待机密信息。**PF**

2010年10月13日

智利矿工获救
Chilean Miners Rescued

33名智利矿工被困69日后重见天日

▲ 救援行动中,矿工伊利亚内斯返回地面后振臂庆祝

33名矿工被困在地下逾1967英尺(600米)深处69天后,最后一名矿工返回地面,救援行动圆满收场。8月5日智利科皮亚波圣荷西矿山发生坍塌事故,33名矿工被困,生死未卜。政府组织开凿通风井,8月22日挖掘到矿工被困区域,后者在钻头上附上字条,写道"我们33人在避难处,平安无事"。其后几周内,人们制定营救计划,并通过通风井运送基本补给品。地面上自发建起了营地,为矿工亲朋和媒体提供住所。

共开凿三条营救通道,建造救援舱将矿工安全带上地面。最终使用的救援舱直径仅为21英寸(54厘米)。10月12日,第一名矿工弗洛伦西奥·阿瓦洛(Florencio Avalo)进入救援舱,历时15分钟返回地面,其家人和智利总统塞巴斯蒂安·皮涅拉与之激动拥抱,世界媒体为之沸腾,其后营救每名矿工的平均时间为45分钟。

受困矿工短期内成为国际媒体焦点,矿业公司遭到起诉。2011年,有报道称部分矿工罹患抑郁症,还有的难以重新适应地面上的生活。**PF**

2011年1月14日

突尼斯政府垮台
Tunisian Government Falls

突尼斯革命掀起"阿拉伯之春"

○ 巴黎示威者点燃突尼斯总统本·阿里的照片，支持突尼斯民众

○ 警方动用催泪瓦斯，驱散突尼斯示威人群

> "我们只要求推翻政府。他们必须全部下台。"
>
> Bassem El Barouni，突尼斯抗议者

2010年12月10日，西迪布济德街头小贩穆罕默德·布瓦吉吉自焚抗议警方对其粗暴对待，意外掀起突尼斯抗议狂潮，反对宰因·阿比丁·本·阿里总统的长期独裁统治。示威者通过推特、Facebook等社交网络组织并宣传活动，向外界报告其进展，为政府镇压示威活动造成相当的困难。

抗议活动起初针对失业、腐败和言论自由，但火力逐渐转向本·阿里本人。本·阿里1987年发动政变登上总统宝座，2009年的再度选举支持率高达90%。

1月14日本·阿里辞职，携家人逃往沙特阿拉伯。他在未出庭的情况下，因洗钱之罪被判长期监禁。数周后突尼斯民众确信旧政权的所有代表已经下台，示威活动才渐渐平息。10月突尼斯举行大选。

突尼斯革命掀起"阿拉伯之春"，巴林、也门和叙利亚等中东多地爆发大型示威活动。埃及首都开罗的解放广场上举行了长达两周（1月25日—2月11日）的集体抗议，推翻了执政35年的胡斯尼·穆巴拉克。但并非所有反抗都卓有成效，叙利亚等国政府动武，引发长期大面积冲突。以上抗议活动几乎没有明显的他国干涉痕迹。但北约出手协助叙利亚民众起义反抗穆阿迈尔·卡扎菲，设立禁飞区，直至8月卡扎菲政权垮台。**PF**

2011年3月11日

日本近海地震
Tsunami Hits Japan

地震和海啸在日本造成巨大破坏

    3月11日下午2:46，距日本东海岸约43英里（70千米）处，发生人类历史上规模最大的地震之一。地震引发高达26英尺（8米）的海啸，1小时后袭击日本沿岸。受灾面积超过220平方英里（550平方千米），房屋被毁，船只、卡车及大量废墟被海啸卷入内陆。不少居民区遭到完全破坏，1.5万人被证实死亡，数千人失踪和受伤。逾400万民居断电，堤坝受损导致百万余人的用水供应中断。道路、铁路和码头被毁，为救援和清理行动造成困难。据估计，地震和海啸造成的经济损失达2350亿美元，是全球范围内迄今造成经济损失最为严重的灾难。

    但最令人担忧的是，滨海建造的福岛核电站中3座老化反应堆遭到地震和海啸袭击，冷却系统受损，堆芯熔融，引发氢气爆炸事故，放射性物质进入大气和水体。核电站周边12英里（20千米）内的居民疏散，同时工程师奋战抢险，避免灾难发生。

    核电站所属的东京电力公司和日本政府未能有效处理事故，没有明确向公众发布信息，因而遭到批评。尽管切尔诺贝利级别的核事故得以避免，福岛核电站事件令政府反思日本对核能的依赖性。**PF**

◀ 气仙沼废墟之中熊熊燃烧的房屋和被毁的轮船

2011年5月2日

奥萨马·本·拉登被击毙
Osama Bin Laden Killed

美国在巴基斯坦执行秘密行动，击毙基地组织领导人

    世界头号通缉犯、基地组织领导人奥萨马·本·拉登自2001年从阿富汗出逃以来，一直行踪隐秘。偶有音频或录像带流出，证明他仍在四处活动，可能住在巴基斯坦西北部的偏远地区，但美国和巴基斯坦官方调查均一无所获。但在2011年初，中央情报局得到消息称，本·拉登住在巴基斯坦阿伯塔巴德市某围墙建筑内。

> "对那些因基地组织恐怖行动失去亲人至爱的家庭说：正义终于得到伸张。"
>
> 贝拉克·奥巴马总统

    当地时间5月2日凌晨刚过，美国特种部队奉奥巴马总统之命，乘直升机前往阿伯塔巴德突袭目标建筑，行动并未知会巴基斯坦政府。建筑戒备不严，经过小规模交火后美军进入本·拉登所在房间，击中其胸部和头部，尸体经直升机运走，突袭行动用时仅38分钟。奥巴马总统在白宫内通过视频传输同步观看了行动过程。

    尸体被证实为本·拉登本人，拍照后进行海葬。本·拉登的死讯在美国等地引发庆祝活动，但巴基斯坦政府高声抗议美国侵犯其主权——秘密行动被视为对巴基斯坦不信任的表现。**PF**

2011年7月22日

挪威血案
Norwegian Massacre

奥斯陆及附近的于特岛发生骇人的袭击事件

挪威首相拥抱于特岛枪击案幸存者埃斯基尔·彼得森

32岁的右翼分子安德斯·布雷维克（Anders Breivik）向挪威发起二重袭击。他首先在奥斯陆首相办公室外引爆巨型汽车炸弹，导致8人死亡、数十人受伤；其后在奥斯陆附近的于特岛屠杀挪威执政党工党青年团成员。

于特岛上举行的青年团夏令营吸引了600多人参加。爆炸案发大约90分钟后，布雷维克假扮为警官，登上于特岛，将年轻人集合起来，开枪屠杀。许多人躲藏起来或假装死去，还有人跳入水中得以逃生——有游客划船向逃难者提供救生衣，并将他们拉上船送往安全所在。90分钟后布雷维克向警方投降时，已造成96人死亡，伤者人数大致相当。

布雷维克独来独往，经常出没于极右派网络论坛，曾写过冗长而杂乱无章的自白，表达其极度仇恨和反对伊斯兰教的激进观点。他连续数月练习射击，并创建农业公司，以免购买用于制造汽车炸弹的数吨化肥时引起怀疑。事后布雷维克称自己为保护挪威不受穆斯林移民的威胁而发动了"残暴但必要"的袭击。在法庭上他对杀戮行为供认不讳，但坚称自己应得到表彰。最初的调查结果显示布雷维克有精神疾病，引发关于凶手神智是否正常的辩论。**PF**

2011年10月20日

卡扎菲身亡
Death of Colonel Gaddafi

穆阿迈尔·卡扎菲躲藏数月后被捕身亡

卡扎菲被捕死亡的消息传到苏尔特市,利比亚全国过渡委员会士兵表达喜悦之情

利比亚独裁者穆阿迈尔·卡扎菲1969年起执政,是2011年"阿拉伯之春"革命浪潮中最著名的受害者。他一度为国际社会所不齿,但在二十世纪九十年代赢得了尊重。卡扎菲依然施行残酷的独裁统治,其政权以部族效忠为基础,导致利比亚东部等众多地区遭到孤立,相对贫困。

2011年2月,利比亚首都的黎波里爆发游行,反对卡扎菲政权,在东部城市班加西发展为全面抵抗运动。3月,卡扎菲威胁武力镇压起义,联合国因而设立禁飞区以保护平民。北约对此宽泛解读,向军事和战略目标发起空袭——部分评论者认为空袭针对卡扎菲本人。

8月,起义军已占领利比亚多数大城市;8月24日他们攻占的黎波里和卡扎菲的主要宫殿"光荣之门"。忠于卡扎菲的部队继续抵抗,但在10月22日,卡扎菲被发现躲藏在故乡苏尔特的下水道中,遭到逮捕者的殴打后被射杀;逮捕者拍下其行凶过程,国际社会予以普遍谴责。卡扎菲的遗体被运往米苏拉塔,展示数日后被葬在沙漠中的秘密地点。**PF**

2011年10月27日

欧债危机
Euro Debt Crisis

欧盟赞成以紧缩措施应对欧元区债务

2008年的信贷危机令英美不少大型银行和金融机构申请破产或寻求政府救助；2011—2012年，欧洲再度陷入由多国巨额主权债务引发的经济危机。

问题尤为严重的两国、爱尔兰和希腊均为欧元区成员——欧盟1999年起采用欧元作为欧洲单一货币。此前希腊政府挥霍无度，支出远超过欧元最终担保者——欧洲央行制定的财政自律标准。希腊被迫采取紧缩政策，配合欧元区其他国家的经济援助和大力担保，争取恢复市场信心和偿还债务。另一种解决方案是坐视希腊彻底违约后被迫退出欧元区，这将对欧洲经济造成不可预知的影响。雅典、柏林和布鲁塞尔的措施未能稳定市场，危机蔓延至葡萄牙、意大利和西班牙。

10月在布鲁塞尔举行的欧元区峰会提出重整希腊债务、向银行注资、为陷入危机各国提供更多资金，并达成协议。但三天后，希腊乔治·帕潘德里欧（George Papandreou）宣布将会就新的紧缩政策举行公民复决投票，数日后被迫辞职。意大利也同意实行紧缩政策，几周后总理西尔维奥·贝卢斯科尼（Silvio Berlusconi）下台，由马里奥·蒙蒂（Mario Monti）接任。

事实证明欧债危机相当棘手，2012年欧洲经济因此进入衰退期。**PF**

2011年12月17日

金正日去世
Death of Kim Jong Il

朝鲜民众哀悼"亲爱的领袖"去世

2011年，"阿拉伯之春"推翻了世界几大独裁者，同年年末，东亚的专政者也出于自然原因离任。与中东独裁者不同的是，金正日去世在朝鲜全国掀起公众哀恸狂潮。

1994年之前，朝鲜的最高领导人为金正日之父、"伟大领袖"金日成，此后由"亲爱的领袖"金正日本人接掌大权。2011年12月17日上午8时30分，金正日因疲劳过度引发心脏病，在列车上去世，享年69岁。

朝鲜中央电视台当日稍早时解说称，金正日为了朝鲜人民的主体事业，倾注毕生精力。前来悼念的人士誓言坚决拥护朝鲜的社会主义伟业，高举金正日的遗志，团结在金正恩周围，将朝鲜建设成主体思想的社会主义强国，创造新的社会主义奇迹。朝中社报道说，金正日为祖国和革命、人民的幸福和主体事业的辉煌胜利献出了一生。

金正日去世后，其子、28岁的金正恩继位，被称为"伟大的继任者"。金正日同金日成死后均被追封为"永远的领袖"。**PF**

○ 金正日遗体在平壤锦绣山纪念宫供人瞻仰

术语
Glossary

abba：阿拉姆语（译者注：中东古语，公元前5世纪时为波斯帝国通用语），"父亲"。

Abbasid, Almohad：阿拔斯王朝，穆瓦希德王朝，参见Islamic。

Aegis：希腊语，"盾，护胸甲"。

ahimsa：梵语，"不害群生，非暴力"。

A.N.C.：非洲国民大会，南非黑人政治组织，二十世纪六十年代因抵制种族隔离政权而遭禁。

ancient regime：法语，"旧政体"，十四至十八世纪法国的贵族政治体系，由君王、神职人员和贵族构成。

Agevin：安茹王朝，十二、十三世纪统治诺曼底、英格兰、阿基坦，参见Plantagenet。

Anti-Semitism：反犹太主义，针对犹太种族和宗教的偏见和敌意。

Apartheid：种族隔离制度，1948—1990年间南非少数白人政府强制施行。

Assyria：亚述，底格里斯河流域帝国，位于今伊拉克境内，版图从肥沃新月地带延伸至埃及。

Aztec：阿兹特克人，讲纳瓦特尔语（Nahuatl），十四至十六世纪阿兹特克帝国统治中美洲。

Babylon：巴比伦，美索不达米亚古城，位于今伊拉克境内，是汉莫拉比在位时（约公元前1728—1686年）巴比伦帝国的中心。

ballista/ballistae：拉丁语，弩炮。

B.C./A.D.,B.C.E./C.E.：儒略历以耶稣基督降生的传统日期划分为两个时代——B.C."before Christ 基督前"和A.D."Anno Domini 基督降生之年"。今常用B.C.E."before the common era 公元前"和C.E."common era 公元"。

boule/boulai：希腊语，"命令和决定"，古希腊立法会议名。

burh(s)：盎格鲁撒克逊语，筑堡设防的城镇。

Buwayhids：白益，波斯穆斯林家族，十世纪时建立王朝掌权。

Byzantine：拜占庭，公元五、六世纪发展的华美建筑风格，多金饰。后用于形容采用传统希腊礼拜仪式并遵循东正教教会法规的教堂。

caesar：拉丁文，恺撒，小皇帝。（译者注：罗马帝国四帝共治制度中，帝国分为东西两部分，分别由两位奥古斯都统治，另有两位恺撒辅佐）

Caliph：哈里发，遵循伊斯兰教法的伊斯兰国家（哈里发国）元首。哈里发国代表有倭马亚、阿拔斯和奥斯曼王朝。

Canaan：迦南，古地名，称为"迦南地"，在希伯来圣经中大致相当于今天的以色列、巴勒斯坦一带、以及黎巴嫩、约旦、埃及和叙利亚部分地区。

Crusades：十字军东征，始于1096年的军事远征，由西欧的基督教军队发起，目的为政府耶路撒冷和圣地，使其脱离伊斯兰教统治。

Christendom：基督教界，依据基督教规则制度而立的政府。历史上用以指代公元392—800年的拜占庭帝国——公元800年查理大帝加冕为神圣罗马帝国皇帝。

deme(s)：希腊语，村庄，或古阿提卡的区划

democracy：希腊语，"人民统治"，民主。参见isonomia。

Dues vult：拉丁语，"上帝的旨意"。

diodochi：希腊语，继任者，尤指亚历山大大帝的继任者。

Dutch East India Company：荷兰东印度公司，1602年于荷兰成立，多次资助寻找新大陆的探险活动，垄断海上贸易。

eis ten polin：希腊语，"在城内"，伊斯坦布尔城由此得名。

Etruscan：伊特拉斯坎，史前兴盛的意大利半岛古文明，后融入罗马帝国。

Fatimid：法蒂玛王朝，阿拉伯伊斯兰教王朝，十至十一世纪统治今埃及和黎凡特地区，以开罗为首都。

Feudalism：封建制，中世纪欧洲的政治和社会制度，农民须向领主尽法律和军事义务，领主效命于国王。

Georgian：乔治王时期的，形容汉诺威王朝时期英国的艺术和

文化，始于乔治一世（1714—1727年间在位）。

Ghazi：" 加齐 "，阿拉伯语，意为"为信仰而战的勇士"。

Ghaznavid：伽色尼王朝，参见Islamic。

Ghurid：古尔王朝，参见Islamic。

Gupta：笈多王朝，公元550年左右统治印度北部。

Habeas corpus：人身保护权，拉丁文，意为"我们命令你享有人身自由"。1215年大宪章中的法定权利，任何遭非法拘禁者可凭此规定获释。若无法律制裁，不得剥夺个体的人身自由。

Hanoverian：汉诺威王朝，1714—1837年统治不列颠，首位君主是乔治一世。尽管乔治一世在继承顺序中排名第52位，依据王位继承法规定，他依然以排位最靠前的新教徒身份登基。

Hanseatic League：汉萨同盟，以北欧附近为中心的商业同业公会联盟，十三世纪起联合了波罗的海地区的商栈。传说汉萨同盟始于1159年德国城镇吕贝克重建之时。

Hellenistic：希腊风格的，用以形容公元前323年亚历山大大帝去世后希腊语世界的建筑和文化。

Heresy：异教，异端信仰；中世纪异教通常指偏离基督教教会的信仰，如卡特里派（Catharism）和诺斯替教（Gnosticism）。

hijra：徙志，阿拉伯语，意为"迁徙"，特指穆罕默德迁往麦加。

hoplite：希腊语，"步兵"，通常持长矛。

Holy Roman Empire：神圣罗马帝国，中世纪中欧的地区联盟，由神圣罗马帝国皇帝统治，第一位君主是公元800年加冕的查理大帝。

HUAC (House UnAmerican Activities Committee)：众议院非美活动调察委员会，二十世纪三十年代美国众议院为调查纳粹活动而设立，1945年成为常设委员会，重点调查共产主义相关人士。1947年委员会以涉嫌共产主义为名会将三百名好莱坞编剧、演员、导演及其他娱乐界人士列入黑名单。

Huguenot：雨格诺派，十六至十八世纪法国新教徒，又称加尔文主义教徒，他们反对罗马天主教会的仪式、等级制度和隐修制度。雨格诺派对圣经的解读更为直接和个人化。十六世纪末起，雨格诺派在法国遭到迫害，许多人离境，前往英国、南非和北美定居。

Inquisition：宗教审判，中世纪时期基督教会打击异教的手段，针对非基督徒和新教徒。其中1483年教宗西斯都四世设立的西班牙宗教裁判所大概是最残忍的，对异教徒严刑逼供。

insulae：拉丁文，"岛"，用以形容古罗马建筑中的矩形公寓楼。

Intifada：阿拉伯单词，大意为"起义"。二十世纪八十年代起，一般指巴勒斯坦人反抗以色列统治的起义。

Islamic：伊斯兰教的，穆斯林的。公元632年先知穆罕默德去世后，伊斯兰世界先后出现了众多王朝，包括阿拔斯、穆瓦希德、伽色尼、古尔、萨非、萨珊、帖木儿、倭马亚等。伊斯兰文化影响遍及中东，并远播摩尔人统治的西班牙。

isonomia：希腊语，"人人平等"。

Jacobite：詹姆斯二世党人，拥护斯图亚特王朝君主复辟、重掌英格兰和苏格兰。

Judah/Judaea：犹大王国存在于公元前十世纪至公元六世纪之间，地处今以色列南方，又称南方王国，首都为耶路撒冷。

Khalsa：旁遮普语，"纯粹"之意，指锡克军队。

Khan：汗，原为中亚游牧部落首领的名号，后为突厥人和蒙古人引用。使用此名号最著名的统治者当属成吉思汗（1162—1227），他被尊为"可汗"，意为"万汗之汗"。

koan：日语，公案，佛教禅宗用语，意为"自相矛盾、不合逻辑的问题"，打坐沉思时以公案使思想脱离理性的范畴。

kshatriya：梵文，刹帝利，印度教种姓制度中的武士，属统治阶层。

K/T Boudary：K/T界线，指约6500万年前的白垩纪(K)之末、第三纪(T)之初，这一时期发生了一批倍受争议的事件，如小行星撞击地球导致大量物种灭绝。

ludi saeculares：拉丁语，罗马的"百年节"，有祭祀活动。

McCarthyism：麦卡锡主义，指二十世纪四五十年代美国盛行的反共情绪，因参议员约瑟夫·麦卡锡得名——麦卡锡极力挖掘和打击任何有亲共的嫌疑者。

Macedonia：马其顿，希腊一地理区域和历史概念，相当于今马其顿省。马其顿王国后囊括古希腊南方诸省，在亚历山大大帝（公元前356—前323年）的统治下，马其顿进一步扩张，吞并波斯、埃及和近印度部分地区。

Magna Carta：《大宪章》，1215年英国贵族为限制国王权力而通过的宪法，要求国王承认法律程序，且国王本人同受法律束缚。参见 habeas corpus。

Mayan：玛雅，尤卡坦半岛上的美索不达米亚文明，存在时间约为公元前400年至十六世纪中叶西班牙殖民时期，版图覆盖今墨西哥全境及危地马拉、伯利兹、萨尔瓦多和洪都拉斯部分地区。玛雅文明拥有哥伦布时代前美洲地区唯一的成熟文字体系。

Medieval：中世纪，指欧洲历史上公元五至十五世纪。

Mesopotamia：美索不达米亚，位于底格里斯河和幼发拉底河之间，相当于今天的伊拉克。这一地区自公元前五世纪起有人类定居，也是历史上乌尔（Ur）、乌鲁克（Uruk）等古城和阿卡德、巴比伦帝国的所在地。

milites Christi：拉丁语，"基督的士兵"，用以形容僧侣和十字军。

monakhas：希腊语，"隐居者"。

Monroe Dictrine：门罗主义，1823年12月2日由美国总统詹姆斯·门罗首次提出，主张美国对欧洲各国事务保持中立，欧洲各国无权殖民美国，亦无权干涉其事务。

Moors：摩尔人，指中世纪时期伊比利亚半岛和北非的穆斯林。

Mughal：莫卧儿王朝，十六至十九世纪统治印度次大陆。莫卧儿人为突厥后裔，建立了庞大的伊斯兰教帝国。最著名的莫卧儿君主当属1556—1605年在位的阿克巴大帝。

noblesse oblige：法语，"贵人行为理应高尚"。

OPEC：石油输出国组织，1960年成立，由十二个石油出口国组成。

Ottoman：奥斯曼帝国（1299—1922年），以君士坦丁堡为首都的土耳其帝国，鼎盛时期地跨三大洲，囊括欧洲、中东和北非。

panem et circenses：拉丁语，"面包和马戏"。怀柔手段，以食物和娱乐来转移民众的注意力。

Papal Schism：大分裂，指自1409年起出现三位教皇共存的局面，约翰二十三世、本笃十三世和罗马教皇额我略十二世令西方教会大分裂。

Persia：波斯，版图大致相当于今伊朗。波斯帝国的历史可追溯至公元前500年。波斯文化植根于伊朗历史和伊朗民众。

Peloponnesian War：伯罗奔尼撒战争，公元前五世纪的军事冲突，战争双方为雅典的古希腊人和以斯巴达人为首的伯罗奔尼撒联盟。

Phoenicia：腓尼基，濒海古文明，位于今黎巴嫩、叙利亚、以色列一带。

Plantagenet：金雀花王朝，英法安茹王朝统治者中的一支。安茹的杰弗里、英王亨利二世之父又称金雀花。参见 Angevin。

Pliny the Elder：老普林尼，本名加伊乌斯·普林尼·塞坤杜斯(Gaius Plinius Secundus)，作家、博物学者、古罗马的海陆军将领。他唯一流传至今的著作《自然史》，是一部关于医药、植物、农业、建筑、雕塑、地理和矿物学的参考书。老普林尼因观察维苏威火山喷发而去世，这场灾难于公元79年摧毁了庞贝和赫库兰尼姆。

presbyter：希腊语，"长老"，早期基督教教会的牧师。

quriltai：突厥语，"大会"。

rangatira：毛利语，"毛利人首领"。

reconquista：西班牙语，收复失地运动，公元八至十五世纪基督教各国攻打西班牙穆斯林政权的运动。

Reformation：宗教改革，在欧洲历史上指十六世纪初由马丁·路德发起的罗马天主教会宗教改革，亦指由英王亨利八世发起的宗教改革，英国国教由此脱离罗马教廷。

Renaissance：文艺复兴，中世纪末期的文化运动，发源于于意大利，后遍及欧洲，以古典文献复兴为起点，对艺术、文学、哲学、政治、科学和宗教产生深远影响。

Restoration：王政复辟。奥利弗·克伦威尔的共和国灭亡后，英王于1660年查理二世复辟。

Roi fainéant：法语，"懒王"，特指西吉贝尔特三世和克洛维一世。

saeculum novum：拉丁语，"新时代"。

Safavid, Sassanid：萨非王朝，萨珊王朝，参见Islamic。

sans culottes：法语，"无套裤汉"，指法国大革命时期无产阶级革命群众。

satori：日语，"顿悟"。

Sejm：波兰语，"议会"。

Seljuk：塞尔柱人，突厥民族，自十一世纪中期开始在中东开拓了庞大帝国，版图囊括今土耳其、黎凡特地区、波斯、阿富汗、土库曼斯坦等地。

Scorched earth：焦土战术，人类历史上常用的军事策略，即为阻止敌方重划地盘而完全摧毁财物和基础设施。

Shi Huangdi：始皇帝，秦始皇的称号，意为"首位皇帝"。公元前三世纪秦始皇统一并治理中国。

Shogun：将军，统治幕府或行政区域的军事首领。自中世纪起，日本历史上便不乏强大将军决定日本天皇人选的例子。

Shi'atu 'Ali：阿拉伯语，"阿里党人"，现称什叶派。

sic semper tyrannis：拉丁语，"这就是暴君的下场。"

Silk Road：丝绸之路，连接中国、印度和西欧的一系列古代贸易路线，除各种商品外，中国丝绸也沿此路线运输，直至西方破解丝绸生产之秘。

sirdar：北印度语/乌尔都语，"首领"。

Sol Invictus：拉丁语，"无敌的太阳神"，罗马后期的太阳神。

Sons of Liberty：自由之子，由不列颠美洲殖民地的店主和工匠组成。他们成功推动废除了《印花税法案》。

Stuat：斯图亚特王朝。苏格兰玛丽女王将其家族姓氏从"斯图尔特"（Stewart）改为"斯图亚特"（Stewart），其子苏格兰国王詹姆斯六世成为英格兰国王詹姆斯一世。最后一位当政的斯图亚特家族成员是安妮女王，她统治大不列颠，1714年去世。

Sumerian：苏美尔，发源于两河流域沃土之上（今伊拉克）的古文化。

Sunnah：阿拉伯语，"先知的榜样"，"圣行"，现称"逊尼"。

Tacitus：普布利乌斯·科尔奈利乌斯·塔西陀（Publius Cornelius Tacitus，约公元56—117年），公元一世纪罗马元老院元老、历史学家，其保存至今的著作包括《编年史》和《历史》，记录了多位罗马皇帝的统治时期，从14年奥古斯都去世，写到提比略、克劳狄乌斯和尼禄，至图密善96年去世。

Taika：日语，"大化"，"巨变"。

tetrarchy：希腊语，"四帝共治"。

Timurid：帖木儿王朝，参见Islamic。

tirthankar(s)：祖师（圣人），耆那教中对得道者的称呼。

The Troubles：北爱尔兰问题，共和派（天主教徒为主）与保皇派（新教徒为主）准军事组织之间的长期冲突，约从1968年持续至1998年。冲突根源可追溯至十七世纪。双方于1998年签署的《贝尔法斯特协议》是北爱尔兰和平进程的一部分。

Tudor：都铎王朝（1485—1603年），博斯沃思战役后由亨利七世开辟，其子亨利八世当政之后，孙女英王伊丽莎白一世为都铎王朝最后一位君主。

Umayyad：倭马亚王朝，参见Islamic。

umma：阿拉伯语，乌玛，共同体，即穆罕默德以神之名行使宗教和政治大权的神权政体，

War of the Roses：1455—1485年间约克家族和兰开斯特家族为争夺英格兰王位而发动的战争，约克家族和兰开斯特家族分别以红白玫瑰为家徽，战争由此得名。亨利·都铎（即后来的亨利七世）赢得博斯沃思战役，结束玫瑰战争。

Warring States Period：战国时期，公元前五世纪至公元前221年秦朝统一中国，各诸侯国征战不休的历史阶段。

总索引
General Index

地震
  China 936
  Haiti 941
  Japan 675, 937
  Lisbon 410
  San Francisco 625
火山爆发
  Krakatoa 586
  Thera 28
  Vesuvius 92
教皇
  Adrian VI 275
  Alexander III 185, 187
  Alexander IV 203
  Alexander VI 249, 252
  Alexander VII 370
  Benedict XV 644
  Clement V 216
  Clement VII 227, 284, 286, 288, 295
  Clement VIII 324
  Eugenius III 168, 178
  Eugenius IV 239
  Gregory I 116
  Gregory VII 153, 173, 176, 189
  Gregory XI 227
  Gregory XIII 74, 311, 318, 407
  Honorius III 198
  Innocent III 194, 198, 199, 201, 202
  John Paul II 828, 863, 911
  John XII 158
  John XXIII 805, 852
  Julius II 260, 348
  Julius III 305
  Leo III 138, 143
  Leo IX 169
  Leo X 274, 288
  Martin V 234
  Pascal II 153
  Paul III 287, 295, 296, 305, 348
  Paul VI 805, 815, 828
  Pelagius II 116
  Pius IV 305
  Pius VII 469
  Pius IX 572
  Sixtus IV 243
  Stephen II 136
  Urban II 153, 176
  Urban V 153, 216
  Urban VI 227
  Urban VIII 348, 354

战争
  Actium (31 B.C.E.) 77
  Adowa (1896) 602
  Adrianople (378) 105
  Agincourt (1415) 233
  Ain Jalut (1260) 208
  Alcântara (158) 316
  Alcazarquivir (1578) 315
  Alesia (52 B.C.E.) 72
  Aljubarrota (1385) 229
  Antietam (1862) 553
  Austerlitz (1805) 473
  Balaclava (1854) 538
  Bannockburn (1314) 218
  Blenheim (1704) 389
  Borodino (1812) 478
  Bosworth Field (1485) 244
  Cannae (216 B.C.E.) 65
  Carrhae (53 B.C.E.) 72
  Catalaunian Plains (451) 108
  Covadonga (722) 132, 201
  Crécy (1346) 222
  Culloden (1746) 404
  Dan-no-ura (1185) 188
  Dien Bien Phu (1954) 781
  Dunkirk (1940) 721
  Edessa (303) 99
  Edington (878) 152
  Flodden (1513) 265
  Frankenhausen (1525) 281
  Gaoping (260 B.C.E.) 61
  Gaugamela (331 B.C.E.) 55
  Gettysburg (1863) 557
  Gujarat (1849) 531
  Hastings (1066) 170
  Heiligerlee (1568) 308
  Isandhlwana (1879) 581
  Issus (333 B.C.E.) 54
  Iwo Jima (1945) 745
  Jutland (1916) 649
  Kadesh (1275 B.C.E.) 30
  Karbala (680) 131
  Königgrätz (1866) 565
  Kosovo (1389) 230
  Kursk (1943) 736
  Las Navas de Tolosa (1212) 201
  Lechfeld (955) 156
  Legnano (1176) 187
  Lepanto (1571) 310
  Liegnitz (1241) 205
  Little Big Horn (1876) 579
  Lützen (1632) 353
  Marathon (490 B.C.E.) 44
  Marignano (1515) 267
  Midway (1942) 733
  Milvian Bridge (312) 100
  Mohacs (1526) 283
  Mollwitz (1741) 402
  Naseby (1645) 362
  Navarino (1827) 499
  Neva (1240) 205
  Nile (1798) 457
  Omdurman (1898) 610
  Panipat (1526) 282
  Panipat (1556) 301
  Pavia (1525) 280
  Plassey (1757) 411
  Poitiers (1356) 224
  Poltava (1709) 391
  Rocroi (1643) 361
  Roncesvalles (778) 140
  Salamis (480 B.C.E.) 46
  Sekigahara (1600) 328
  Somme (1916) 651
  Stalingrad (1943) 735
  Talas (751) 135
  Tet Offensive (1968) 825
  Thermopylae (480 B.C.E.) 45
  Tours (732) 134
  Trafalgar (1805) 471
  Tsushima (1905) 622
  Verdun (1916) 647
  Vittoria (1813) 479
  Waterloo (1815) 484
  Zama (202 B.C.E.) 67

A

Abbas I, Shah of Persia 257
Abd ar-Rahman I 137
Abd ar-Rahman III 156
Abdul Hamid II, Ottoman Sultan 631
Abelard, Peter 180
Abu 'Amir al-Mansur 167
Academy Awards 690
Acebes, Angel 920
Acre 191
Adams, John 462, 497
Adams, John Quincy 493, 497
Addington, Henry 458
Adrian VI, Pope 275
Aeneas 35
Aeschylus 46
Aetius (Roman general) 108
Afonso, Zeca 846
African National Congress (ANC) 796, 817, 821, 895, 904
Agrippa, Marcus Vipsanius 77
Ahern, Bertie 912
AIDS 879
Akbar the Great, Mughal Emperor 301, 325
Akhenaten, Pharaoh of Egypt 29
Akkadian 26
Al Fayed, Dodi 910
Al Fayed, Mohammed 910

Alaric the Goth 107
Albert, Prince Consort 533, 552
Albigensian Crusade 198, 199
Alcock, John 668
Aldrin, Buzz 832
Alexander I, Tsar of Russia 464, 475, 480
Alexander II, Tsar of Russia 549
Alexander III, Pope 185, 187
Alexander III, Tsar of Russia 549, 583
Alexander IV, Pope 203
Alexander VI, Pope 249, 252
Alexander VII, Pope 370
Alexander Nevsky, Prince of Novgorod 205
Alexander the Great 52, 54, 55, 57
Alexandria 55, 57, 58, 77, 106, 584
Alexius II, Byzantine Emperor 176, 177
Alexius IV, Byzantine Emperor 194
Alfonso VIII, King of Castile 201
Alfred the Great 111, 149, 152
al-Hakim, Caliph 167
Alhambra, Edict of (1492) 246
Ali, Caliph 127
Ali, Mehmet 477, 489, 499
Ali, Muhammad 850
Ali Hassan al-Majid 887
Allen, Paul 848
Allenby, General Edmund 662
Allende, Salvador 843
al-Maliki, Nuri 925
al-Mamun, Caliph 145
Almanzor 167
al-Megrahi, Abdelbaset Ali Mohmed 889
al-Qaeda 914, 937
Amenhotep IV, Pharaoh of Egypt 29
American Federation of Labor 589
American Society for the Prevention of Cruelty to Animals 495
Amery, Leo 718
Amin, Idi 855
Amrozi bin Haji Nurhasyim 917
Amundsen, Roald 630, 636, 637
Anabaptists 281, 289
Anders, William 830
Anderson, Robert 550
Anderson, Warren 875
Andress, Ursula 756
Angel, Zuleta 754
Anglo-Saxons 146
Antioch 99
Antwerp 312
apartheid 762, 796, 821, 854, 895
apocalypticism 165
Apostolic Council 87

Apple Computer, Inc 853
Arab Spring 934, 939
Arabi Pasha 584
Arafat, Yasser 901
Arcadius, Eastern Roman Emperor 106
Archimedes 62
Arden-Clarke, Charles 789
Aristotle 52
Ark of the Covenant 35
Armstrong, Neil 832
Arnold, Benedict 433
Asahara, Shoko 905
Ashoka the Great, Emperor of India 61
asteroids 23
Assange, Julian 932
Aston, Sir Arthur 366
Atahualpa, Emperor of the Incas 286, 294
Athenagoras I of Constantinople, Patriarch 815
Atlantis 28
Attila the Hun 108
Attlee, Clement 718, 754
Augustus, Emperor of Rome (Octavian) 76, 77, 79, 80, 84, 97
Aurangzeb, Mughal Emperor 372, 381
Austrian Succession, War of the 402
Ávala, Florencio 933
Averoff, Georgios 602
Avignon 216, 227
Axton, Mae 785
Aztecs 218, 235, 274, 276

B

Babington, Anthony 321
Babur (Mughal leader) 282
Bach, Johann Sebastian 397
Baessell, Lt. Col. Norman 742
Baghdad 138, 169, 208, 231, 918, 925
Baird, John Logie 682
Bajezid I, Sultan 230
Bakhtiar, Shapoor 860
Balbi, Francisco 306
Balboa, Vasco Nunez de 266
Balfour, Arthur 654, 656
Balfour Declaration (1917) 656
Bali 917
Ball, John 228
Banks, Joseph 416, 436
Bannister, Roger 780
Bar Kokhba Revolt 96
Baratieri, Oreste 602
Bardot, Brigitte 756
Barnard, Christian 824

Barnes, Thomas 436
Barry, Charles 508
Bashir, Abu Bakar 917
Basil II, Byzantine Emperor 161

Bayeux Tapestry 170
Bayreuth 580
Bazargan, Mehdi 860
Beant Singh 874
Becket, Thomas 183, 185
Bede, Venerable 24, 118, 123, 129
Beesley, Edward Spencer 560
Beethoven, Ludwig von 470
Begin, Menachem 757, 858
Bell, Alexander Graham 578
Bellingshausen, Thaddeus 489
Ben Ali, Zine El Abidine 934
Benedek, Ludwig 565
Benedict XV, Pope 644
Ben-Gurion, David 762
Benton, Thomas Hart 552
Benz, Karl 588
Berg, Henry 495
Berg, Paul 776
Berlin air lift 764
Berlin Wall 800
Berliner, Emile 617
Berlusconi, Silvio 940
Bernardini, Micheline 756
Bernini, Gianlorenzo 368
Bertholdi, Frédéric Auguste 590
Betanzos, Juan 239
Bethmann-Holweg, Theobald von 643
Bevan, Aneurin 765
Bevin, Ernest 750, 759, 764
Bhindranwale, Jarnail Singh 873, 874
Bhopal 875
Biafran War 821
Big Bang 22
Biko, Steve 857
bin Laden, Osama 864, 897, 914, 937
Bingham, Hiram 635
Bismarck, Otto von 565, 573
Bizimungu, Pasteur 902
Black Death 223
Black September 841
Blair, Tony 912, 913, 922
Blanco, Carrero 852
Bligh, Ivo 585
Blondin (Jean-François Gravelet) 544
Blücher, Marshal Gebhard von 480, 484
Blunt, Anthony 772

Boccaccio 247
Bock, Field Marshal Fedor von 727
Bockelson, Jan 289
Boethius, Ancius 111
Boleyn, Anne 286, 291
Bolivar, Simon 487, 491, 495
Bonaparte, Joseph, King of Spain 476, 479
Bonaparte, Napoleon 455, 457, 458, 461, 467, 468, 469, 473, 475, 477, 479, 482, 484, 490
Booth, John Wilkes 562, 906
Borman, Frank 830
Boswell, James 409
Botticelli 243
Bouazizi, Mohamed 934
Bowie, Jim 509
Boyer, Herbert 776
Boyle, Robert 392
BP 931
Bradford, William 345, 347
Bradshaw, John 365
Bramante, Donato 262
Brandt, Willi 837
Bransfield, Edward 489
Brasher, Chris 780
Braun, Eva 747
Breivik, Anders 938
Brest-Litovsk, Treaty of (1918) 659
Briggs, Benjamin 576
British East India Company 411
Broome, Reverend Arthur 495
Brown, Arthur Whitten 668
Brown, John 545
Brown, Nicole 909
Brown, Roy 660
Brunel, Isambard Kingdom 515, 548
Brunelleschi, Filippo 239
Bruno, Giordano 327
Brutus, Marcus 75
Bryan, William Jennings 681
Brydon, William 520
Buddha 40
Buddhism 40, 61
Bülow, Cosima von 580
Bunbury, Sir Charles 429
Burgess, Guy 772
Burgoyne, General John 426
Burke, Edmund 452
Bush, George W. 914, 918, 925, 926, 940
Byron, Lord 494

C

Cabot, John 250

Cabral, Pedro Alvares 256
Caesar, Julius 71, 72, 74, 75, 79
Caetano, Marcelo 846
Callaghan, Jim 862
Calley, William 825
Calvin, John 303
Camp David agreement (1978) 858
Campora, Hector 755
Cannon, Walter 598
Cao, Diego 245
Capetians 160
Capistrano, Giovanni da 242
Capone, Al 689, 695
Caravaggio, Michelangelo Merisis da 340
Cardigan, General 538
Cardoso, Benta Banha 271
Carlyle, Thomas 451
Carmack, George 604
Carnarvon, Lord 674
Carolingians 124, 134, 136, 138
Carranza, Venustiano 633
Carter, Howard 674
Carter, Jimmy 842, 847, 858, 861, 863
Cartier, Jacques 334
Caruso, Enrico 616
Casati, Count Gabrio 530
Cassius Longinus, Gaius 75
Castelnau, Peter of 198
Castro, Fidel 793, 799, 806, 823, 843, 847
Catesby, Robert 332
Cathars 198, 199
Catherine II (the Great), Empress of Russia 413, 442, 464
Catherine of Aragon 286, 300
Catholic League 324, 352
Cato the Elder 69
Cavour, Count Camillo 546, 548
Ceausescu, Nicolae 894
Central Intelligence Agency (CIA) 778, 799, 806, 843, 847
Cervantes, Miguel de 331
Cetshwayo, King of the Zulus 581
Challenger space shuttle 880
Chamberlain, Neville 710, 718
Champlain, Samuel de 334
Champollion, Jean-François 458
Chandler, Chas 836
Chapman, Mark David 866
Charlemagne, King of the Franks and Emperor 138, 140, 143, 146
Charles I, King of England 359, 363, 365, 366
Charles I, King of France 213
Charles I, King of Spain 268
Charles II, King of England 366, 373,
377
Charles III, King of Naples 405
Charles III (the Simple), King of France 155
Charles IV, Holy Roman Emperor 223
Charles IV, King of Spain 476
Charles V, Holy Roman Emperor 268, 270, 271, 275, 277, 280, 281, 284, 285, 298, 299
Charles VI, King of France 233
Charles VIII, King of France 247
Charles X, King of France 503
Charles XII, King of Sweden 388, 391
Charles the Bald, Holy Roman Emperor 148, 150
Charles Martel (the Hammer) 134
Charney, Geoffrey de 216
Chartism 515
Chartres Cathedral 194
Chataway, Chris 780
Chaucer, Geoffrey 185
Chaumarys, Hugues de 486
Chelmsford, Lord 581
Chernobyl 884, 937
Chiang Kai-Shek 700, 767
Choltitz, General Dietrich von 741
Chongzhen, Emperor of China 361
Chou En Lai 700
Christian VII, King of Denmark 418
Christie, Linford 888
Christina, Queen of Sweden 370
Christmas Day 105
Christodoulos, Archbishop 169
Church of England 286, 288
Church of Jesus Christ of Latter-day Saints 503, 525
Churchill, Winston 610, 644, 645, 672, 710, 718, 727, 732, 743, 744, 750, 755, 778
Cicero, Marcus Tullius 76
Cistercian Order 178
Clapperton, Hugh 454
Clark, William 472
Clarke, Arthur C. 803
Clarkson, Thomas 507
Claudius, Emperor of Rome 87, 89
Clay, Henry 488
Cleisthenes 42
Clemenceau, Georges 609, 669
Clement V, Pope 216
Clement VII, Pope 227, 284, 286, 288, 295
Clement VIII, Pope 324
Cleopatra VII, Queen of Egypt 77, 79
Cleveland, Grover 590
Clinton, Bill 913
Clinton, Hillary 926

Clinton, Sir Henry 433
Clive, Robert 411, 452
Clovis I, King of the Franks 110
Cluny Abbey 153
Codrington, Admiral Edward 499
Cohn, Roy 770
Colbert, Jean-Baptiste 356
Coleridge, Samuel Taylor 457
Coligny, Admiral de 311
Collins, Michael (American astronaut) 832
Collins, Michael (Irish politician) 648, 672
Cologne Cathedral 206
Columbia space shuttle 922
Columbus, Christopher 214, 248, 249, 256
Compostela 145
computers 848, 853, 868
Concorde 831
Condorcanqui, Jose Gabriel 432
Confucius 42
Connally, John B. 812, 815
Connolly, James 602, 648
Conrad I, King of Franconia 155
Conrad III, King of Germany 182
Constantine, Emperor 89, 100, 101, 102, 103, 104
Constantine XI, Byzantine Emperor 240
Constantinople 103, 115, 116, 194, 240
Conventional Forces in Europe Treaty (1990) 897
Cook, Frederick 630
Cook, James 415, 416, 428
Cooper, Antony Ashley 507
Cooper, Gary 690
Coote, Sir Eyre 411
Copernicus, Nicolaus 296
Cornwallis, Lord Charles 433, 442
Cortés, Hernán 264, 274, 276
Cossacks 318
Coubertin, Pierre de 602
Cranmer, Thomas 286, 300
Crassus, Marcus Licinius 69, 72
Crazy Horse 579
creation, and date of 24
Crick, Francis 776
Crimean War 442, 538, 539
Crippen, Dr. Hawley Harvey 632
Crockett, Davy 509
Crompton, Samuel 400
Cromwell, Oliver 362, 363, 365, 366, 373, 718
Crusades 176, 177, 179, 182, 186, 189, 191, 194, 202

Cumberland, William, Duke of 404
Custer, George Armstrong 579
Cyrus II (the Great) 39
Czogoiz, Leon 616

D

Da Gama, Vasco 251, 256, 368
Da Vinci, Leonardo 243, 247, 272
Dagobert I, King of the Franks 124
Daguerre, Louis 498, 516
Daimler, Gottfried 588
Dalai Lama 772, 795
Dalrymple, Sir John 383
Damascus 182, 186, 662
Danelaw 152
Dante Alighieri 210
d'Anthes, Georges 511
Danton, George 444, 451
Darby I, Abraham 431
Darby III, Abraham 431
Darius I, King of Persia 44
Darius III, Emperor of Persia 54, 55
d'Arlandes, François Laurent Marquis 435
Darrow, Clarence 681
Darvall, Denise 824
Darwin, Charles 427, 506, 546
Darwin, Erasmus 427
David, Jacques-Louis 448, 469
David, King of Israel 33, 35
Davis, Jefferson 550
Davis, John 445
Davison, Emily 641
Davy, Humphrey 462, 504
De Gaulle, Charles 721, 741, 802, 827
De Klerk, F. W. 897, 904
De Lesseps, Ferdinand 571
De Menezes, Jean Charles 922
De Riebeeck, Jan 368
De Valera, Eamonn 648, 672
Dead Sea Scrolls 758
Dean, James 783
Dean, John 847
Decius, Emperor of Rome 97
Deepwater Horizon 931
Defoe, Daniel 390
Del Ponte, Carla 916
Delcassé, Theophile 610
Della Porta, Giacomo 348
Deng Xiaoping 700, 867
Descartes, René 367
Desgranges, Henri 618
Desmoulins, Camille 451
Dew, Walter 632
Diaghilev, Sergei 640
Diana, Princess of Wales 910, 928
Dias, Bartolomeu 245, 251, 368

Diaz, Porfirio 633
Dickens, Charles 510
Diderot, Denis 405
Dido 35
DiMaggio, Joe 805
dinosaurs, and extinction of 23
Diocletian, Emperor of Rome 99
Dionysius Exiguus 165
Disney, Walt 688, 782
Disraeli, Benjamin 571
Doenitz, Admiral Karl 747
Domesday Book 174
Dominican Order of Friars 198
Domitian, Emperor of Rome 95
Douglas, Stephen A. 552
Doyle, Arthur Conan 576
Drais, Baron Karl von 551
Drake, Francis 317, 322
Dreyfus, Alfred 596, 609, 626
Dubcek, Alexander 829
Dunant, Henri 559
Dutch East India Company 360, 399
Dutch West India Company 346, 399
Dyer, General Reginald 667
Dylan, Bob 801

E

Eck, Johann 274
Eckardt, Heinrich von 654
Eddington, Arthur 667
Eden, Anthony 788
Edison, Thomas Alva 582
Edward I, King of England 215
Edward II, King of England 218
Edward III, King of England 222, 302
Edward VI, King of England 291, 300
Edward VIII, King of Great Britain 704
Edward the Black Prince 224
Edwin, King of Northumbria 118, 123
Ehrlichmann, John D. 847
Eichmann, Adolf 731, 797
Eiffel, Gustave 590, 592
Eiffel Tower 592
Einstein, Albert 622, 667, 715, 748
Eisai, Myo-an 192
Eisenhower, Dwight D. 738, 741, 791, 897
Eliot, T. S. 759
Elizabeth I, Queen of England 317, 321, 322, 329
Elliot, Charles 517
Elmore, Belle 632
Elphinstone, General William 520
Emmet, Robert 467
Engels, Friedrich 528, 566
Enghien, Louis Antoine Henri de Bourbon Condé, duc d' 361

Enron Corporation 922
Epstein, Brian 816
Erasmus, Desiderius 262
Erik the Red 158
Eriksson, Leif 165, 250
Ermak (Cossack leader) 318
Erzberger, Matthias von 664
Esterhazy, Charles 596, 609, 626
Ethelbert, King 118
Ethelred I, King of Wessex 149
ethnic cleansing 900
Etruscans 41
Eugene of Savoy, Prince 389, 394, 396
Eugenius III, Pope 168, 178
Eugenius IV, Pope 239
European Economic Community 790
European Union 790, 940
Everest, Mount 777
Everest, Sir George 777
Everett, Edward 558
Exxon Valdez 891

F
Fairbanks, Douglas, Sr. 690
Fairfax, Sir Thomas 362
Faisal, Crown Prince of Saudi Arabia 808
Falklands War 868
Falkenhayn, Erich von 647
Faraday, Michael 462, 504
Fashoda incident 610
Fawkes, Guy 332
Ferdinand II, Holy Roman Emperor 352
Ferdinand II, King of Aragon 243, 246, 249, 268
Ferdinand VII, King of Spain 476
feudalism 150
Fhimah, Al Amin Khalifa 889
Fillmore, Millard 525, 537
Fisher, Admiral Jackie 624
Fitzgerald, F. Scott 691, 717
Fitzpatrick, Sir Percy 670
Fitzroy, Captain Robert 506
FitzStephen, Robert 184
Fleisher, Max 688
Fleming, Valentine 644
Foch, Marshal Ferdinand 664
Ford, Gerald 847, 850
Ford, Henry 629
Fouquet, Nicholas 373
Francis, Sir Philip 452
Francis I, King of France 267, 272, 280, 285
Franciscan Order of Friars 198

Franco, Francisco 701, 704, 715, 852
Frank, Anne 741
Frank, Hans 758
Frank, Otto 741
Franklin, Benjamin 406, 408, 425, 428, 433
Franz Ferdinand, Archduke of Austria 230, 642
Franz Joseph, Emperor 529
Frazier, Smokin' Joe 850
Frederick I Barbarossa, Holy Roman Emperor 175, 187, 190
Frederick II, Holy Roman Emperor 206
Frederick II (the Great), King of Prussia 402
Frederick William III, King of Prussia 480
Frémont, John C. 537
Freud, Sigmund 611
friars 198

G
Gable, Clark 717
Gaddafi, Muammar 883, 889, 934, 939
Gagarin, Yuri 799
Gale, Leonard 513
Galileo Galilei 296, 338, 354
Galleani, Luigi 687
Galtieri, Leopoldo 868
Gandhi, Indira 873, 874
Gandhi, Mahatma 564, 667, 692, 761
Gaozong, Emperor of China 181
Gapon, Georgi 621
Garfield, James A. 584
Garibaldi, Giuseppe 546, 548
Garin, Maurice 618
Gates, Bill 848
Gates, Horatio 426
Gaynor, Janet 690
Geldof, Bob 878
Gemayel, Bashir 870
Gemmei, Empress of Japan 131
Geneva Convention 559
Genghis Khan 197
George I, King of Great Britain 395
George III, King of Great Britain 412, 422, 463
George V, King of Great Britain 670, 678, 704
George VI, King of Great Britain 704
George-Picot, François 648
Gerard, Balthazar 320
Géricault, Théodore 486
Germanós of Patras, Archbishop 489

Gero, Erno 787
Ghazni 161, 166
Giap, Vo Nguyen 825
Gibbon, Edward 105, 414
Gibraltar 132
Gillray, James 453
Giotto di Bondone 220
Gladstone, William 555, 587
Gleig, George 481
Goddard, Robert 684
Godse, Nathuram 761
Goebbels, Joseph 698, 713, 744
Goethe, Johann Wolfgang von 423
Goldman, Ronald 909
Good Friday Agreement (1998) 912
Gorbachev, Mikhail 675, 871, 885, 891, 892, 898, 901
Gordian III, Emperor of Rome 97
Gordon, Charles ("Chinese Gordon") 559, 587
Gordon, Lord George 430
Göring, Hermann 697, 758
Gort, Field Marshal John 720
Gothic 181
Goths 105, 107
Gough, General Hugh 531
Goya, Francisco 461
Gozzandini, Bettisia 175
Grant, Ulysses S. 561
Grasse, Comte de 433
Gravelet, Jean-François (Blondin) 544
Gray, Elisha 578
Greenham Common peace camp 872
Greenpeace 877
Gregorian calendar 74, 318, 407
Gregory I, Pope 116
Gregory VII, Pope 153, 173, 176, 189
Gregory XI, Pope 227
Gregory XIII, Pope 74, 311, 318, 407
Grenville, George 415
Griffith, Arthur 672
Griffith-Jones, Mervyn 796
Groener, General Wilhelm 663
Groves, General Lesley 748
Grynspan, Herschel 713
Guadalupe Hidalgo, Treaty of (1848) 527
Guderian, General Heinz 719
Guevara, Ernesto "Che" 793, 823
Guggenheim, Daniel 684
Guiscard, Robert 172
Guiteau, Charles J 584
Guizot, François 529
Gustav I, King of Sweden 279
Gustavus Adolphus, King of Sweden

352, 353
Gutenberg, Johann 240
Guthrie, Woody 801
Guthrum 152
Guy, King of Jerusalem 189

H

Haag, Gunder 780
Habyarimana, Juvenal 902
Hácha, Emil 714
Hadrian, Emperor of Rome 95, 96
Hadrian's Wall 95
Hahn, Otto 713
Haig, Sir Douglas 651
Haile Selassie, Emperor of Ethiopia 699
Halabja 887
Haldeman, H. R. 847
Haley, Bill 779
Hall, Admiral Reginald 654
Hall, Edward 265
Hamilton, Alexander 450
Hammarskjold, Dag 802
Hammurabi, King of Babylon 26
Hannibal Barca 65, 67
Hanseatic League 225
Harald Bluetooth, King of Denmark 157
Hardie, Keir 606
Hargreaves, James 400
Harley, Robert 390
Harold II, King of England 170
Harrison, John 422
Harun al-Rashid, Caliph 141
Harvey, William 351
Hastings, Warren 452
Havel, Václav 894
Hawthorne, Nathaniel 534
Hayward, Tony 931
Hazlitt, William 457
Heijo-kyo 131
Heim, Jacques 756
Hendrix, Jimi 834, 836
Henry, Patrick 415
Henry I, King of England 201
Henry II, Holy Roman Emperor 168
Henry II, King of England 183, 184, 185, 196
Henry II, King of France 303
Henry II, King of Silesia 205
Henry III, King of England 201
Henry III, King of France 324
Henry IV, Holy Roman Emperor 173, 189
Henry IV, King of France 324, 339
Henry V, King of England 233
Henry VI, Holy Roman Emperor 193
Henry VII, King of England 244, 250

Henry VIII, King of England 185, 265, 286, 288, 291, 297
Henson, Mathew 630
Herculaneum 92, 405
hermits 113
Herod, King 81
Herodotus 24, 44
Herrick, Margaret 690
Hess, Rudolf 727
Heydrich, Reinhard 731
Hezbollah 872
Hideyoshi, Toyotomi 322
Hill, Rowland 518
Hillary, Edmund 777
Himiko, Queen of Yamatai 97
Hindenburg, Paul von 664, 696, 698
Hinkler, Bert 692
Hiss, Alger 770
Hitler, Adolf 681, 696, 697, 703, 706, 707, 709, 710, 714, 716, 721, 727, 734, 735, 736, 739, 741, 747, 758
Ho Chi Minh 781
Hobbes, Thomas 392
Hobson, William 518
Hochstaden, Archbishop Konrad von 206
Hoffman, Melchior 289
Hoffmann, General Max 659
Hogarth, William 407, 522
Holly, Buddy 794
Holwell, John 411
Holy League 310
Holy Roman Empire 155, 223
Honecker, Erich 892
Honey, Edward George 670
Hong Xiuquan 559
Hongwu, Emperor of China 227, 231
Honorius, Western Roman Emperor 106, 107
Honorius III, Pope 198
Hooke, Robert 383, 392
Hoover, Herbert 694
Houston, Sam 509
Howard, Charles 322
Howe, Elias 532
Howe, General Sir William 424, 425, 426, 433
Hubbard, Gardiner Greene 578
Hubble, Edwin 680, 897
Hubble space telescope 897
Hudson, Henry 347
Hudson, Rock 879
Huerta, Victoriano 633
Hugh Capet, King of Frances 160
Huguenots 311, 381
Huizong, Emperor of China 181

Hume, David 174
Humphrey, John Peters 765
Hundred Years War 222
Hunt, Henry "Orator" 486
Hunt, Howard 846
Huntziger, General 721
Hunyadi, John 242
Hus, Jan 232
Husayn ibn Ali 131
Hussain, Hasib 922
Hussein, Saddam 887, 897, 898, 918, 925
hydrogen bomb 774

I

IBM 848, 868
Ibn Saud, Abd al-Aziz, King of Saudi Arabia 679
Incas 239, 286, 294, 432, 635
Innocent III, Pope 194, 198, 199, 201, 202
International Committee of the Red Cross 559
International Movement of the Red Cross and the Red Crescent 559
International Olympic Committee 602
Intifada 886
Irene, Byzantine Empress 143
Ireton, Henry 363
Irish Republican Army (IRA) 839, 912
Irish Republican Brotherhood (IRB) 648
Ironbridge 431
Isabella, Queen of Castile 243, 246, 249, 268
Islam 120, 121, 127
Ismail I, Shah of Persia 257
Ismay, Bruce 638
Ivan IV (the Terrible), Tsar of Russia 318, 319
Iwerks, Ub 688

J

Jack the Ripper 592
Jackson, Michael 928
Jackson, Stonewall 557
Jacobites 395, 404
Jahan I, Mughal Emperor 352
Jainism 41
James I, King of England (James VI of Scotland) 321, 329, 344, 390
James II, King of England 383, 395
James IV, King of Scotland 265
James V, King of Scotland 265
James VI, King of Scotland
See James I, King of England (James VI of Scotland)

Jan III Sobieski, King of Poland 380
Jannings, Emil 690
Jaruzelski, Wojciech 865
Jassy, Treaty of (1792) 442
Jefferson, Thomas 425, 439, 450, 467, 472, 497, 537
Jellicoe, Admiral Sir John 649
Jenkins, Robert 403
Jenner, Edward 453
Jenner, William 552
Jerusalem 35, 91, 96, 104, 123, 167, 179, 189, 206, 757, 822
Jesuits 287, 298
Jesus Christ 81, 84, 105
Jews 31, 33, 38, 39, 96, 123, 246, 656, 713, 729, 731
Jiang Qing 867
Joan of Arc 237
João I, King of Portugal 229, 245
João II, King of Portugal 245, 249
João III, King of Portugal 298
João IV, King of Portugal 357
Jobs, Steve 853
John, King of England 196, 201
John II, King of France 224
John XII, Pope 158
John XXIII, Pope 805, 852
John Paul II, Pope 828, 863, 911
Johnson, Amy 692
Johnson, Andrew 562
Johnson, Ben 888
Johnson, Gregory 694
Johnson, J. B. 577
Johnson, Lyndon B. 812, 817
Johnson, Reginald 637
Johnson, Samuel 409, 522
Jolson, Al 687
Jones, Jim 859
Joseph II, King of Portugal 410
Juan Carlos, King of Spain 852
Juarez, Benito 527, 567
Julian calendar 74, 318, 407
Julius II, Pope 260, 348
Julius III, Pope 305
Justinian I, Byzantine Emperor 115, 116

K

Kaczynski, Jaroslaw 930
Kaczynski, Lech 930
Kagame, Paul 902
Kamenev, Lev 703
Kammu, Emperor of Japan 142
Kanagawa, Treaty of (1854) 537
Kant, Immanuel 410
Karadzic, Radovan 907
Karmal, Babrak 864
Katrina, Hurricane 924
Kay, John 400

Keish, "Skookum Jim" Mason 604
Kendall, George 632
Kennan, Joseph 766
Kennedy, Edward 828
Kennedy, Jackie 812
Kennedy, John F. 799, 803, 805, 806, 809, 812, 815
Kennedy, Robert F. 828
Kepler, Johannes 24
Key, Francis Scott 481
Khamenei, Ayatollah Ali 890
Khmer Rouge 849
Khomeini, Ayatollah 778, 860, 863, 890
Khrushchev, Nikita 775, 784, 787, 791, 799, 800, 806
Khufu, King of Egypt 24
Kim Il Sung 770, 940
Kim Jong Il 940
Kim Jong Un 940
King, Martin Luther, Jr. 784, 810, 826, 926
Kinoviev, Grigori 703
Kissinger, Henry 840
Kitchener, Herbert 610
Knights of St. John 278, 306
Knights Templar 216
Knox D'Arcy, William 627
Korean War 770
Kornfeld, Artie 834
Kostunica, Vojislav 916
Kotoku, Emperor of Japan 126
Kravchuk, Leonid 901
Krenz, Egon 892
Kublai Khan 212
Kutusov, General Mikhail 477, 478
Kyoto 142

L

La Salle, René-Robert Cavelier, Sieur de 378
Laboulaye, Édouard-René Lefebvre 590
Lafayette, Marquis de 439
Lallemont, Pierre 551
Lander, Richard 454
Lang, Michael 834
Lanza, Miguel 495
Las Casas, Bartolome de 271, 295
Lateran Council 202
Lawrence, D. H. 796
Lawrence, T. E. 662
Lazarre, Bernard 596
Lazarus, Emma 590
League of Nations 699, 753
Leclerc, General Philippe 741
Lee, Robert E. 545, 553, 557, 561

Leeb, Field Marshal Wilhelm Ritter von 727
Leech, John 522
Lefevre, Henri 618
Leigh, Vivian 717
Lemp, Fritz-Julius 726
Lenin, V. I. 648, 654, 661
Leningrad 728, 737
Lennon, John 866
Leo III, Pope 138, 143
Leo IX, Pope 169
Leo X, Pope 274, 288
Leonidas, King of Sparta 45
Leopold I, Holy Roman Emperor 380
Levellers 363
Levi, Primo 885
Lewis, Carl 888
Lewis, Meriwether 472
Liddy, Gordon 840
Liebknecht, Karl 666
Lightfoot, John 24
Lin Biao 700
Lincoln, Abraham 537, 550, 553, 554, 558, 562, 565
Lindbergh, Charles 684, 686
Lindisfarne 123, 142
Lindisfarne Gospels 123
Lindsey, Germaine 922
Linnaeus, Carolus (Carl von Linné) 400
Liu Bang, Emperor of China 66, 227
Liu Shao Shi 700
Live Aid 878
Liverpool, Lord 486
Livingstone, David 575
Livy 37
Lloyd George, David 631, 669, 672
Lockerbie 889
Lombard League 187
London 326, 374, 724, 922
Long, Crawford Williamson 520
Louis, Spiridon 602
Louis II, King of Hungary 283
Louis IX, King of France 204
Louis VII, King of Frances 182
Louis XIII, King of France 356
Louis XIV, King of France 356, 363, 364, 373, 378, 379, 381, 389, 394
Louis XVI, King of France 438, 443, 444
Louis XVIII, King of France 480
Louis the Pious, Emperor 146
Louis-Philippe II, King of France 529
Lourdes 541
Lovell, Jim 830
Lovelock, James 830
Lovett, William 515
Loyola, Ignatius 287

Lübeck 225
Luddites 400
Ludwig II, King of Bavaria 580
Lumière, Alphonse and Louis 600
Luther, Martin 24, 232, 262, 270, 274, 277
Luxemburg, Rosa 666
Lyell, Alfred 506

M

MacArthur, Douglas 753
McAuliffe, Christa 880
McCarthy, Joseph 770, 781
McCartney, Paul 866
McCone, John 806
McGurn, Jack 689
Machu Picchu 635
McKinley, William 616
Maclean, Donald 772
McLellan, George B. 553
Macmillan, Harold 795
Macmillan, Kirkpatrick 551
McVeigh, Timothy 906
Madero, Francisco I 633
Madison, James 450, 481
Madrid 304, 715, 920
Magellan, Ferdinand 278
Magna Carta 201
Magyars 156
Mahal, Mumtaz 352
Mahavira 41
Mahmud, emir of Ghazni 161, 166
Mahommed Ahmed (the Mahdi) 587
Malan, Daniel 762
Malpighi, Marcello 351
Mamluks 208, 477
Mandela, Nelson 817, 821, 897, 904
Manet, Édouard 556
Manning, Bradley 932
Mansfield, Lord 420
Manstein, General Erich von 719
Manuel I, King of Portugal 251
Mao Zedong 637, 700, 767, 772, 792, 820, 840, 867
Maori 518, 595
Mar, Earl of (John Erskine) 395
Marchand, Jean-Baptiste 610
Marconi, Guglielmo 616
Maria-Theresa, Empress 402
Marie Antoinette, Queen of France 447, 448
Mark Antony 75, 76, 77, 79
Marlborough, Duke of 389, 394, 396
Marmont, Marshal Auguste de 480
Marshall, George C. 759
Marshall Aid 759

Martin, Elias 431
Martin, Richard 495
Martin V, Pope 234
Marx, Karl 80, 528, 560, 566
Mary, Queen of Scots 307, 321
Mary I, Queen of England 300, 302
Masaccio (Tommaso Cassai) 234
Masada 91
Maskelyne, Nevil 422
Massachusetts Bay Company 351
Mata Hari (Margaretha Zelle) 655
Matsui, General Iwane 708
Matthys, Jan 289
Maurya, Chandra Gupta 58
Maximilian, Emperor of Mexico 567
May, Wilfred 660
Maybach, Wilhelm 588
Mazarin, Cardinal Jules 363, 364, 373
Mazzini, Giuseppi 548
Meade, George D. 557
Medici, Lorenzo de' 243, 247
Mehmed II, Ottoman Sultan 115, 240, 242
Meiji, Emperor of Japan 568
Meitner, Lise 713
Melo, Francisco de 361
Melville, Herman 534
Mendeleev, Dmitri Ivanovich 569
Menelik II, Emperor of Ethiopia 602
Mengele, Josef 743
Menou, Jacques de 458
Mercader, Ramon 722
Merovingians 124, 136
Methodism 401
Metternich, Prince Klemens von 529, 548, 572
Meyer, Lothar 569
Michaux, Pierre 551
Michelangelo 243, 247, 258, 260, 262, 295, 348
Microsoft 848
Mifflin, Thomas 445
Milan, Edict of 101
Miller, Arthur 805
Miller, Glenn 742
Milosevic, Slobodan 900, 916
Milton, John 376
Minoans 28
Minuit, Peter 347
Mitchell, Margaret 717
Mitchell, Mitch 836
Mitsunari, Ishida 328
Mitterand, Francois 872, 877
Mladic, Ratko 907
Moctezuma, Emperor of the Incas 236, 274, 276
Mola, Emilio 701, 715

Molay, Jacques de 216
monasticism 113, 153, 178
Monck, General George 373
Mongols 197, 205, 208, 212, 227
Monroe, James 488, 493
Monroe, Marilyn 805
Montcalm, Marquis de 412
Montfort, Simon de 199, 209
Montgolfier, Joseph and Jacques 435
Moran, George "Bugs" 689
More, Sir Thomas 262, 290
Morehouse, David 576
Morgan, John 742
Morillon, Philippe 907
Mormons 503, 525
Morse, Samuel 513, 523
Morton, William T. G. 520
Moses 31
Mossadeq, Mohammed 778
Mountbatten, Lord Louis 760
Mozart, Wolfgang Amadeus 440
Muawiya, Caliph 127
Mubarak, Hosni 934
Mughals 282, 301, 325, 352, 372, 381
Muhammad 120
Munch, Edvard 586
Munmu, King of Silla 129
Muntzer, Thomas 281
Murad I, Sultan 230
Murdoch, Rupert 436
Murillo, Pedro Domingo 495
Murphy, Florence 585
Murrow, Edward R 781
Mussolini, Benito 616, 673, 699

N

Nagy, Imre 787
Nanking, Treaty of (1842) 521
Nansen, Fridtjof 636
Nantes, Edict of 324, 381
Napoleon III, Emperor of France 535, 548, 556, 567, 573
Nasser, Gamal Abdul 571, 786, 788
National Health Service 765
National Human Genome Research Institute 913
Navarre, Henri 781
Navarro, Carlos Arias 852
Nebuchadnezzar II, King of Babylon 38
Necker, Jacques 438
Nelmes, Sarah 453
Nelson, Horatio 455, 457, 471
Nero, Emperor of Rome 88, 89
Netanyahu, Benjamin 901
Netanyahu, Yonatan 855

Neumann, Alfred E. 694
New Year's Day 165
Newlands, John 569
Newton, Isaac 383, 392
Nicaea, Council of 102, 318
Nicene Creed 102
Nicholas I, Tsar of Russia 499, 511
Nicholas II, Tsar of Russia 622, 653, 661
Nichols, Mary Ann 592
Nichols, Terry 906
Nicolls, Robert 374
Niépce, Joseph Nicephore 498, 516
Niepperg, Adam 402
Nightingale, Florence 539
Nimitz, Admiral Chester 733
Nixon, Richard M. 825, 832, 840, 842, 847
Nkrumah, Kwame 789
Nobel, Alfred 605
Nobunaga, Oda 309, 322
Noske, Gustav 666
Novotny, Antonin 829
Nryniewiecki, Ignacy 583
Nur al-Din 186
Nuremberg war trials 758
Nurmi, Paavo 780
Nzinga Nkuwu 245

O

Obama, Barack 926, 931, 937
Octavian, See Augustus
Odovacar, 110
O'Higgins, Bernardo 491
Ojukwu, Emeka 821
Olympic Games 36, 602, 703, 841, 888
Ono, Yoko 866
Oppenheimer, Robert 748
Organization of Petroleum Exporting Countries (OPEC) 844, 845
Orlov, Alexei and Gregory 413
Orodes II, King of the Parthians 72
Osborne, Peregrine 385
Oslo Agreement (1993) 901
Ostrogoths 105
O'Sullivan, John 523
Oswald, King of Northumbria 123
Oswald, Lee Harvey 812, 815
Oswy, King of Northumbria 129
Otto I, King of the Germans (later Holy Roman Emperor) 156, 157, 158
Ottokar II, King of Bohemia 210
Owens, Jesse 703
Oxenstierna, Axel 370

P

Pachacutec, Emperor of the Incas 239
Page, Walter 654
Paine, Tom 425, 439, 446
Pak Hyokkose, King of Silla 71
Palestinian Liberation Organization (PLO) 870, 901
Palme, Olof 882
Palmer, Nathaniel 489
Palmerston, Lord 517
Palmstruch, Johan 377
Pan Am flight 103 889
Pankhurst, Emmeline 641
Papandreou, George 940
Paris 148, 204, 311, 363, 480, 573, 592, 640, 687, 721, 741, 827
Paris, Treaty of (1783) 433
Park, Mungo 454
Parker, Colonel Tom 785
Parkes, Rosa 784
Parthians 72
Pascal II, Pope 153
Pasteur, Louis 542
Paul, Henri 910
Paul I, Tsar of Russia 464
Paul III, Pope 287, 295, 296, 305, 348
Paul VI, Pope 805, 815, 828
Paullus, Lucius Aemilius 67
Paulus, Field Marshal Friedrich 735
Pausanias 36
Paxton, Joseph 533
Pearse, Patrick 467, 648
Peary, Robert 630
Pedro I, Emperor of Brazil 492
Pedro II, Emperor of Brazil 492
Peel, Sir Robert 458, 501, 524
Pelagius II, Pope 116
Pembroke, Earl of (Richard de Clare, "Strongbow") 184
Penn, William 377
Peppin III (the Short), King of the Franks 124, 136, 138
Percival, Lt.-Gen. Arthur 732, 753
Pereira, Fernando 877
Pericles 47, 48
Peron, Eva 755, 773
Peron, Juan 755, 773
Perry, Matthew Calbraith 537, 568
Perseus, King of Macedonia 67
Pétain, Marshal 596, 647, 721
Peter I (the Great), Tsar of Russia 385, 388, 398
Peter III, King of Aragon 213
Peter the Hermit 177
Pettersson, Christer 882

Petty, Norman 794
Philby, Kim 772
Philip I Augustus, King of France 191
Philip II Augustus, King of France 196
Philip II, King of Macedon 52
Philip II, King of Spain 243, 299, 302, 303, 304, 308, 311, 315, 316, 320, 322, 324
Philip III, King of Spain 335
Philip IV, King of France 216
Philip IV, King of Spain 357, 370
Philip V, King of Spain 394
Philip VI, King of France 222
Philip the Arab, Emperor of Rome 97
Phillip, Arthur 436
Phipps, James 453
Piano, Renzo 855
Picasso, Pablo 704
Picquart, Georges 596, 609
Picts 146
Pierce, John R. 803
Piñera, Sebastian 933
Pinochet, Augusto 843
Pitt, William, the Younger 458, 463, 473
Pius IV, Pope 305
Pius IX, Pope 572
Pius VII, Pope 469
Pizarro, Francisco 266, 286, 294
Place, Francis 515
Plato 28, 49, 51
Pliny the Elder 60, 92
Pliny the Younger 92
Plutarch 72
Pocahontas 342
Pol Pot 849
Polk, James K. 523, 527
Polo, Marco 214
Pompeii 92, 405
Pompey (Gnaeus Pompeius Magnus) 74
Pompidou, Georges 855
Ponce de León, Juan 264
Pottinger, Sir Henry 521
Pouchet, Félix 542
Preece, William 616
Presley, Elvis 785, 856
Priestley, Joseph 406, 462
Princip, Gavrilo 642
Pritchard, Thomas 431
Ptolemy I, King of Egypt 58
Ptolemy XII, King of Egypt 74
Ptolemy XIII, King of Egypt 79
Pu Yi, Emperor of China 637

Puccini, Giacomo 617
Pugin, Augustus 508
Pulitzer, Joseph 590
Punch, John 344
Purcell, Henry 392
Purishkevich, Vladimir 653
Pushkin, Alexander 511
Putin, Vladimir 898
Putney Debates 363

R

Rabe, John 708
Rabin, Yitzhak 901
Rainbow Warrior 877
Rainsborough, Thomas 363
Ramses II, Pharaoh of Egypt 30
Raphael (Raffaello Sanzio) 262
Rasputin, Grigory Efimovich 653
Rath, Ernst von 713
Ravaillac, François 339
Ray, James Earl 826
Reading, Noel 836
Reagan, Ronald 782, 842, 871, 872, 883
Reard, Louis 756
Rees, Trevor 910
Reformation 274
Reith, John 678
Rembrandt Harmensz van Rijn 359
Remus 37
Retief, Pieter 514
Reynaud, Paul 721
Reza Pahlavi, Mohammed, Shah of Iran 627, 860, 863
Rhee, Syngman 770
Ricci, Matteo 298
Richard I (the Lionheart), King of England 191, 193
Richard II, King of England 228
Richard III, King of England 244
Richelieu, Cardinal (Armand-Jean du Plessis) 356
Richthofen, Manfred von 660
Rickman, Anne 508
Ridenhour, Ron 825
Riefenstahl, Leni 703
Rizzio, David 307
Robert of Molesma 178
Robert the Bruce, King of Scotland 218
Roberts, John 834
Roberts, Joseph Jenkins 526
Robespierre, Maximilien 443, 445, 451
Rock 'n' roll 779, 785, 794
Roderic, King of Spain 132
Rogers, Richard and Susan 855
Roggeveen, Jakob 399
Röhm, Ernst 698

Rolfe, John 342
Rollo 155
Rome, Treaty of (1957) 790
Rommel, Field Marshal Erwin 738, 739
Romulus 37
Romulus Augustulus, Western Roman Emperor 110
Röntgen, Wilhelm Conrad 598
Roosevelt, Eleanor 746, 765
Roosevelt, Franklin D. 698, 715, 743, 746
Roosevelt, Theodore 616, 620, 626
Rosenman, Joel 834
Rosenthal, Joe 745
Ross, General Robert 481
Rossi, Francis 878
Rousseau, Jean-Jacques 410, 439, 446
Royal Society for the Prevention of Cruelty to Animals 495
Rozhdestvensky, Zinovy 622
Rozier, Pilatre de 435
Ruby, Jack 812, 815
Rudolf of Habsburg, King of Germany 210
Rundstedt, General Gerd von 719, 727
Rupert, Prince 362
Rushdie, Salman 890
Russell, William Howard 436
Rutherford, Ernest 713
Rutherfurd, Lucy Mercer 746
Ryan, Leo 859
Rysakoff, Nikolai 583

S

Sacco, Nicola 687
Sadat, Anwar 822, 858
Sakuma Shozan 568
Saladin 186, 189, 190, 191
Salazar, António 846
Saldanha, Antonio da 368
Samaritans 39
San Martin, José de 491
San Remo, Treaty of (1922) 648
San Salvador 248
Santa Ana, General Antonio Lopez de 509, 523
Saracens 132
Sargon, Emperor of Mesopotamia 26
Satwant Singh 874
Saul of Tarsus 84
Savitskaya, Svetlana 808
Savonarola, Girolamo 247, 252
Scargill, Arthur 876

Scheer, Admiral Reinhard 649
Schuschnigg, Kurt 709
Schwerin, Kurt von 402
Schwieger, Walter 646
Scipio Aemilianus 69
Scipio Africanus 67
Scopes, John 681
Scott, Robert Falcon 636, 637
Scotto, Daniel 916
Seacole, Mary 539
Sebastião I, King of Portugal 315
Selim I, Ottoman Sultan 257, 269
Selznick, David O. 717
Seven Wonders of the World 24, 38, 47, 55, 58, 60
Seven Years' War 412
Seward, William Henry 565
Sexby, Edward 363
Seymour, Beauchamp 584
Seymour, Jane 291
Sforza, Ludovic 272
Shackleton, Ernest 653
Shaka, King of the Zulus 500
Shakespeare, William 326, 336
Shapiro, Anatoly 743
Shapur I, King of Persia 99
Sharon, Ariel 870
Shelton, Robert 801
Sheppard, Kate 595
Shi Huangdi, Emperor of China 61, 63
Shi'a Muslims 127, 131
Shigemitsu, Mamoru 753
Shunzhi, Emperor of China 361
Shushkevich, Stanislau 901
Siddhartha Gautama, prince of Lumbini 40
Sidique Khan, Mohammed 922
Sieyès, Abbé 461
Sigismund of Luxembourg, Holy Roman Emperor 232
Sikhs 293, 531, 873, 874
Simpson, O. J. 909
Simpson, Wallis 704
Singer, Isaac 532
Sirhan, Sirhan 828
Sitting Bull 579, 595
Six-Day War 822
Sixtus IV, Pope 243
smallpox 858
Smeaton, Mark 291
Smith, Adam 458
Smith, Al 694
Smith, Ian 819
Smith, Jefferson "Soapy" 604
Smith, John (American colonist) 333
Smith, John (captain of the Titanic)

Smith, Joseph 502, 525
Smith, William 489
Smuts, Jan Christian 762
Society of Jesus 287, 298
Socrates 49
Soderini, Piero 258
Solidarity 863, 865
Solomon, King of Israel 35
Solon 38
Somersett, James 420
Song of Roland 140
Sophocles 46
Soto, Hernando de 293
Soubirous, Bernadette 541
Soult, Nicolas 473
Sousa, Rui de 245
Spaak, Paul-Henri 754
Spanish Armada 322
Spanish Succession, War of the 394
Spartacus 69
Spartacus League 666
Spínola, António 846
Spufford, Fred 585
Srebinica 907
St. Aidan 123, 129
St. Augustine of Hippo 118
St. Benedict 113
St. Bernadette 541
St. Bernard of Clairvaux 178, 182
St. Catherine of Siena 203
St. Columba 123
St. Cuthbert 123
St. Dominic 198
St. Francis of Assisi 198, 203
St. Gregory 116
St. Hugh the Great 153
St. James 145
St. Joan of Arc 237
St. Louis 204
St. Odo 153
St. Patrick 108
St. Paul 84, 87
St. Peter 87, 89
St. Teresa of Avila 368
St. Thomas Beckett 185
Stalin, Joseph 675, 703, 707, 716, 727, 728, 743, 755, 764, 775
Stanford, Leland 570
Stanley, Edward Smith, 12th Earl of Derby 429
Stanley, Henry Morton 575
Statue of Liberty 590
Stauffenberg, Colonel Klaus von 739
Steele, Sam 604
Stephen II, Pope 136

Stephenson, George 496, 502
Stephenson, Robert 496
Stockton, Richard Field 526
Strasser, Gregor 698
Strauss, Levi 526
Stravinsky, Igor 640
Stresemann, Gustav 676
Struensee, Johann Friedrich 418
Stuart, Charles Edward ("Bonnie Prince Charlie") 404
Stuart, James Edward ("the Old Pretender") 395
Studnitz, General von 721
Stuyvesant, Peter 374
Sucre, Antonio José de 487, 491, 495
Suetonius 87, 88
Suez Canal 571, 786, 788
Suger, Abbot 181
Suleiman I (the Magnificent), Ottoman Sultan 269, 278, 283, 285
Sun Yat-Sun 637
Sunni Muslims 127
Sutter, John A. 526
Suttner, Bertha von 605
Sykes, Mark 648
Sykes-Picot Agreement (1916) 648
Szilard, Leo 715

T

Tacitus 84, 88
Taizong, Emperor of China 135
Talbot, William 516
Tallard, Count Camille de 389
Tallmadge, James 488
Tamerlane 231
Tanweer, Shehzad 922
Tarleton, Banastre 433
Tarquin, King of Rome 41
Tasman, Abel 360, 416
Taylor, Zachary 527
Teller, Edward 715, 774
Tennyson, Alfred Lord 538
Tenochtitlan 218, 236, 274, 276
Tensing Norgay 777
Teresa, Mother 911
Tereshkova, Valentina 808
Terracotta Army 63
Terry, Paul 688
Tetzel, Johann 270
Tewfik, Khedive of Egypt 584
Thatcher, Margaret 862, 868, 872, 876
Thayer, Webster 687
Themistocles 46
Theodoric, King of Italy 111
Theodosius, Emperor of Rome 36, 106
Thera 28
Thiers, Alphonse 573
Thimonnier, Barthélemy 532
Thirty Years War 342, 352, 364
Thorpe, Thomas 336
Thousand and One Nights 141
Three Mile Island 861
Tibbets, Colonel Paul 750
Tiglath-pileser III, King of Assyria 37
Timur the Lame (Tamerlane) 231
Tippoo, Sultan of Mysore 442
Tirpitz, Admiral Alfred von 624
Titian 312
Tito, Josip Broz 900
Titus, Emperor of Rome 95
Togo, Heihachiro 622
Tojo, Hideki 766
Tokugawa Ieyasu 328, 330
Tokyo war crime trials 766
Tolstoy, Leo 478, 564
Tomoyuki, General Yamashita 732
Tone, Theobald Wolfe 456
Tordesillas, Treaty of (1494) 249
Torquemada, Tomás de 246
Torrio, John 695
Toussaint L'Ouverture, François Dominique 465
Trajan, Emperor of Rome 95
Travis, William 509
Trent, Council of 305
Tresham, Francis 332
Trevithick, Richard 468
Trezzini, Domenico 388
Trier 80
Trimble, David 912
Trotsky, Leon 657, 659, 722
Truman, Harry S. 746, 753, 755, 762, 774
Tsafendas, Demetrio 821
Tsiolkovski, Konstantin 684
tsunamis 410, 586, 675, 920, 937
Tukhachevsky, Mikhail 707
Tupac Amaru II 432
Turcat, Andre 831
Turner, J. M. W. 508
Turoldus 140
Tutankhamun, Pharaoh of Egypt 29, 674
Tyler, Wat 228

U

Ulbricht, Walther 778
Umar I, Caliph 121, 123, 124
Umezu, Yoshijiro 753
Union Carbide 875
United Irishmen 456

United Nations 753, 754, 765, 802, 902, 907, 939
Universe, and origins of 22
Urban II, Pope 153, 176
Urban V, Pope 153, 216
Urban VI, Pope 227
Urban VIII, Pope 348, 354
Ussher, James 24
Uthman, Caliph 124, 127
Utrecht, Treaty of (1713) 394

V

Vail, Albert 513
Valdemar IV, King of Denmark 225
Valens, Emperor of Rome 105
Valentino, Rudolph 685
Valerian, Emperor of Rome 99
Valette, Jean de la 306
Van Buren, Martin 523
Van der Lubbe, Marinus 697
Van der Stel, Simon 368
Van Gogh, Vincent 594
Vanzetti, Bartolomeo 687
Varus, Publius Quinctilius 84
Vasari, Giorgio 260, 272, 311
Vatican Council, Second 805
Velásquez, Diego 370
Velásquez de Cuéllar, Diego 264
Venable, James M. 520
Venice, Treaty of (1177) 187
Venter, Craig 913
Vercingetorix 72
Verdun, Treaty of (843) 146
Versailles, Treaty of (1919) 669, 676, 709, 716
Verwoerd, Hendrick Frensch 796, 821
Vespasian, Emperor of Rome 91
Vespucci, Amerigo 256
Victor Emmanuel I, King of Italy 546, 548
Victor Emmanuel II, King of Italy 673
Victoria, Queen of Great Britain 495, 512, 539, 552, 587, 606, 615
Vienna 285, 380
Vienna, Congress of 483
Vikings 142, 148, 149, 155
Villa, Pancho 633
Visigoths 105, 107, 132
Vladimir I, Grand Prince of Kiev 161
Voltaire (François-Marie Arouet) 410
Volterra, Daniele da 295
Von Braun, Werher 734
Vyshinsky, Andrei 703

W

Wade, Arthur 515
Wade, Henry 842
Wagner, Richard 580
Waitangi, Treaty of (1840) 518
Waldseemüller, Martin 256
Walesa, Lech 865
Wallace, William 215
Wallis, Samuel 415
Walpole, Sir Robert 403
Walsingham, Francis 321
Walter, John 436
Wang Hongwen 867
Warren, Earl 812, 815
Washington, George 424, 425, 433, 435, 437, 445, 450, 455, 462
Washkansky, Louis 824
Watergate 840, 847
Watson, James 776, 913
Watson, Thomas A. 578
Watt, James 468
Webb, Beatrice 606
Webb. Captain Matthew 577
Weber, Karl 405
Wedgwood, Josiah 427
Weinberger, Caspar 872
Weizmann, Chaim 656, 757
Welch, Joseph N. 781
Welles, Orson 711
Wellington, Duke of (Arthur Wellesley) 442, 479, 484
Wellman, William 690
Wells, Horace 520
Wemyss, Admiral Rosslyn 664
Wenceslaus, King of Bohemia 205
Wesley, Charles 401
Wesley, John 401
Westphalia, Treaty of (1648) 342, 363, 364
Whitby, synod of 129
Whitefield, George 401
Wiesenthal, Charles 532
WikiLeaks 932
Wilberforce, William 474, 495, 507
Wilde, Oscar 597
Wildman, William John 363
Wilhelm I, Kaiser 206
Wilhelm II, Kaiser 624, 649, 663
Wilkinson, John 431
William I, Emperor of Germany 573
William I of Aquitaine, Duke 153
William II, King of Sicily 189
William III, King of Great Britain 383
William IV, King of Great Britain 512
William of Nassau (the Silent), Prince of Orange 315, 320
William the Conqueror, King of England 170, 174
Williams, Henry 518
Williamson, Henry 644

Wilson, Woodrow 654, 669
Winthrop, John 351
Wolfe, General James 412
Wolseley, General Garnet 584, 587
Woodstock music festival 834
Wordsworth, William 457
World Health Organization 858
World Trade Center 914
World War I 643, 644, 645, 646, 647, 649, 651, 654, 655, 659, 660, 662, 663, 664
World War II 716, 718, 719, 720, 721, 724, 726, 727, 728, 729, 731, 732, 733, 734, 735, 736, 737, 738, 739, 741, 742, 743, 744, 745, 750, 753
Worms, Edict 270
Wozniak, Steve 853
Wren, Christopher 374, 392
Wright, Orville and Wilbur 619
Wu, Emperor of China 32
Wycliffe, John 232

X

Xavier, Francis 298
Xerxes, King of Persia 45, 46

Y

Yamamoto, Admiral Isoroku 731, 733
Yao Wenyuan 867
Yazid I, Caliph 131
Yeltsin, Boris 661, 675, 901
Yom Kippur War 844
Yoritomo, Minamoto 188
Yoshitsune, Minamoto 188
Young, Brigham 503, 525
Young Turks 631
Ypsilantis, Alexander 489
Yusupov, Felix 653

Z

Zahedi, Fazollah 778
Zangi, Emir of Mosul 186
Zapata, Emiliano 633
Zapatero, José Rodriguez 920
Zen Buddhism 192
Zeno, Eastern Roman Emperor 110
Zeppelin, Count von Ferdinand 614
Zhang Chunqiao 867
Zheng He, Admiral 231
Zhengtong, Emperor of China 231
Zhu Te, Marshal 700
Zimmerman, Arthur 654
Zola, Emile 596, 609
Zulus 500, 514, 581
Zwicker, General Ralph 781

图片来源
Picture Credits

Every effort has been made to credit the copyright holders of the images used in this book. We apologize for any unintentional omissions or errors and will insert the appropriate acknowledgment to any companies or individuals in any subsequent editions of the work.

22 Science Photo Library/Matthew Bate 23 Science Photo Library/Prof. Walter Alvarez 25 Corbis/Bettmann 27 AKG-Images/Erich Lessing 28 Art Archive/Gianni Dagli Orti 29 Corbis/Gianni Dagli Orti 30 Corbis/Alinari 31 Alamy/Visual Arts Library 32 Art Archive/National Palace Museum Taiwan 33 Corbis/Ali Meyer 34 AKG 36 Art Archive/Bibliothèque des Arts Décoratifs Paris/Gianni Dagli Orti 39 Alamy/Mary Evans 40 Alamy/Christine Osborne 43 Bridgeman/Bibliotheque Nationale, Paris, France 44 AKG 45 Alamy/Visual Arts Library 47 Bridgeman/Bibliotheque des Arts Decoratifs, Paris, France, Archives Charmet 48 Corbis/Bettmann 49 Alinari/Bridgeman 50 AKG 51 Alinari/Bridgeman 53 Art Archive/Hellenic Institute Venice/Gianni Dagli Orti 54 Alinari/Bridgeman 56 Art Archive/Mechitarista Congregation Venice/Alfredo Dagli Orti 57 AKG 59 Alamy/Mary Evans 60 AKG 62 Alamy/The Print Collector 63 AKG/Laurent Lecat 64 Bridgeman/Private Collection, The Stapleton Collection 66 Art Archive/British Library 68 Corbis/Bettmann 70 Bridgeman/Gahoe Museum, Jongno-gu, South Korea 73 Alamy/Visual Arts Library 75 Alamy/Mary Evans 76 Scala 77 Bridgeman/Villa Barbarigo, Noventa Vicentina, Italy, Giraudon 78 Scala/Photo Austrian Archive 80 Art Archive/Rheinische Landesmuseum Trier/Gianni Dagli Orti 81 Bridgeman/Galleria degli Uffizi, Florence, Italy 85 Alamy/Marion Kaplan 86 Scala/courtesy of the Ministero Beni e Att. Culturali 88 Bridgeman/Musee des Beaux-Arts Andre Malraux, Le Havre, France, Giraudon 89 Alinari 90 Alamy/The Print Collector 92 Bridgeman/Musee des Beaux-Arts, Lille, France, Lauros / Giraudon 93 Corbis/Sean Saxton Collection 94 Corbis/Historical Picture Archive 96t AKG/Reproduced with the cooperation of Irvin Ungar, HISTORICANA, Burlingame, CA www.szyk.com 96b Alamy/Israel Images 98 AKG 100 AKG 101 Scala/courtesy of the Ministero Beni e Att. Culturali 102 Art Archive/Palazzo Leoni-Montanari Vicenza/Gianni Dagli Orti 103 Corbis/Historical Picture Archive 104t AKG 104b Bridgeman/Private Collection 107 Alamy/Mary Evans 109 Alamy/Visual Arts Library 111 Alamy/Visual Arts Library 112 Scala/courtesy of the Ministero Beni e Att. Culturali 113 Scala/courtesy of the Ministero Beni e Att. Culturali 114 Alamy/Mary Evans 117 Alamy/Visual Arts Library 118 Corbis/Summerfield Press 119 Bridgeman 120 AKG/Ullstein Bild 122 Corbis/Stapleton Collection 125 AKG/British Library 126 Illustration from the *Tounomine engi emaki* supplied by Tanzan Jinjya 128 Corbis/Michael Nicholson130 Bridgeman/Brooklyn Museum of Art, New York, USA, Gift of K. Thomas amd Sharon Elghanayan 133 Alamy/Nick Fraser 134t Alamy/Mary Evans 134b Alamy/Visual Arts Library 136 Bridgeman/Bibliotheque Mazarine, Paris, France, Archives Charmet 137 Bridgeman/Private Collection, Giraudon 139 Alinari/Bridgeman 140 Art Archive/British Library 141 Bridgeman/Private Collection, Roger Perrin 143 AKG/British Library 144 Art Archive/Galerie Théorème Louvre des Antiquaires/Gianni Dagli Orti 147 AKG 149 Bridgeman/Private Collection, ©Walker Galleries, Harrogate, North Yorkshire, UK 150 Alamy/Mary Evans 151 AKG 153t Alamy/Visual Arts Library 153b Art Archive/Bibliothèque Nationale Paris 154 Corbis/Stapleton Collection 157 Corbis/Gianni Dagli Orti 159 Corbis/Bettmann 160 Corbis/Leonard de Selva 164 AKG/Erich Lessing 166t AKG/Paul Almasy 166b Alamy/Dinodia 168 Alamy/ArkReligion 170 AKG/British Library 171 AKG/Erich Lessing 172 AKG 173 AKG 174 Corbis/Michael Freeman 175 Art Archive/Museo Civico Bologna/Gianni Dagli Orti 176 AKG/Erich Lessing 177 Scala/Ann Ronan/HIP 178 Bridgeman/Museo Civico, Prato, Italy 179 Alamy/Visual Arts Library 180 Bridgeman/Phillips, The International Fine Art Auctioneers, UK, Photo © Bonhams, London, UK 182 AKG 183 AKG/British Library 184 Alamy/Mary Evans 185 AKG/British Library 186 AKG/British Library 187 Bridgeman/Galleria Civica d'Arte Moderna di Torino, Turin, Italy, Alinari 188t Alamy/Print Collector 188b Alamy/JTB Photo Communications, Inc. 190 Alamy/Print Collector 191 AKG/British Library 192 Art Archive/Private Collection Paris/Gianni Dagli Orti 193 Art Archive 195 Alamy/Visual Arts Library 196 Alamy/Visual Arts Library 197 Bridgeman/Bibliotheque Nationale, Paris, France 199t Bridgeman/©British Library Board. All Rights Reserved 199b Scala/HIP 200 Bridgeman/Palacio del Senado, Madrid, Spain, Index 203 Corbis/Summerfield Press 204 Corbis/Bettmann 207 Corbis/Historical Picture Archive 209 Alamy/Mary Evans 211 Bridgeman/Biblioteca Marciana, Venice, Italy, Giraudon 212 Alamy/Mary Evans 213 Art Archive/Galleria d'Arte Moderna Palermo/Gianni Dagli Orti 214 Bridgeman/©British Library Board. All Rights Reserved 215 Bridgeman/Smith Art Gallery and Museum, Stirling, Scotland 217 Bridgeman/©British Library Board. All Rights Reserved 219 Bridgeman/Museo Nacional de Antropologia, Mexico City, Mexico, Ian Mursell/Mexicolore 220 Bridgeman/Louvre, Paris, France 221 AKG/Stefan Diller 222t Art Archive/Bibliothèque Nationale Paris 222b AKG/Jérôme da Cunha 224 Getty/Hulton Archive 225 Art Archive/Hamburg Staatsarchiv/Harper Collins Publishers 226 Alamy/Dennis Cox 228 AKG/British Library 229 AKG/British Library 230t Alamy/Mary Evans 230b AKG 232 AKG 233 Bridgeman/Private Collection, The Stapleton Collection 235 Art Archive/Santa Maria Novella Church Florence/Gianni Dagli Orti 236 Alamy/Mary Evans 237 AKG/Jérôme da Cunha 238 Scala/courtesy of the Ministero Beni e Att. Culturali 241 Alamy/North Wind Picture Archive 242 Bridgeman/Topkapi Palace Museum, Istanbul, Turkey 244t Bridgeman/©The Trustees of the Weston Park Foundation, UK 244b Alamy/Mary Evans 247 Alamy/SEAT 248 Corbis/Stapleton Collection 249 Bridgeman/©Royal Geographical Society, London, UK 250 Corbis/Bettmann 251 Bridgeman/Banco Nacional Ultramarino, Portugal, Giraudon 252 Bridgeman/Museo Nazionale del Bargello, Florence, Italy 253 Alamy/Visual Arts Library 257 Bridgeman/Louvre, Paris, France, Lauros/Giraudon 258 Corbis/Gallery Collection 259 Alinari 260 Scala 261 Scala 263 Alinari 265t Bridgeman/City of Edinburgh Museums and Art Galleries, Scotland 265b Bridgeman/Bibliotheque des Arts Decoratifs, Paris, France, Archives Charmet 266 AKG 267 Bridgeman/Musee Conde, Chantilly, France 268 Alinari/Bridgeman 269 Bridgeman/Topkapi Palace Museum, Istanbul, Turkey, Bildarchiv Steffens 270 Bridgeman/Galleria degli Uffizi, Florence, Italy, Giraudon 271 Alamy/Visual Arts Library 272 Alamy/Leo Macario 273 Corbis/Alinari 275t AKG 275b AKG/Joseph Martin 276 Corbis/Stapleton Collection 277 AKG 279 Art Archive/Kalmar Castle Sweden/Alfredo Dagli Orti 280 AKG/Erich Lessing 281 AKG 282 Scala/HIP 283 Alamy/Visual Arts Library 284 Bridgeman/Private Collection 285 Alinari/SEAT 287 Scala 288 Bridgeman/Private Collection 289 AKG 290 Bridgeman/Private Collection, ©Philip Mould Ltd, London 291 Art Archive/Musée du Louvre Paris/Gianni Dagli Orti 292 Scala/HIP 294 Bridgeman/Bibliotheque Nationale, Paris, France, Lauros/Giraudon 297t Corbis/Hulton 297b Bridgeman/Private Collection 299 Alinari/Finsiel 300t Alamy/Classic Image 300b Alamy/Pictorial Press Ltd. 302 Bridgeman/Chateau de Versailles, France 303 Alamy/Mary Evans 304 Bridgeman/Private Collection, Photo ©Rafael Valls Gallery, London, UK 305 AKG/André Held 306 Art Archive/Eileen Tweedy 307 Bridgeman/©Guildhall Art Gallery, City of London 308 Bridgeman/©Cheltenham Art Gallery & Museums, Gloucestershire, UK 309 Art Archive/Kobe Municipal Museum/Laurie Platt Winfrey 310 Alinari/Bridgeman 311 AKG/Jérôme da Cunha 313 AKG 314 Corbis/Bettmann 316 AKG/Erich Lessing 317 Bridgeman/The Crown Estate 319t Bridgeman/Private Collection, ©Look and Learn 319b Bridgeman/State Art Gallery of Kirgiz Republic, Bishkek, Kyrgyzstan 320 AKG 321 Scala/HIP 323 Bridgeman/©Ashmolean Museum, University of Oxford, UK 325 Bridgeman/Private Collection 326 Art Archive/British Museum/Eileen Tweedy 327 Mary Evans 328 Art Archive 329 Art Archive/Pinacoteca Nazionale di Siena/Gianni Dagli Orti 330 Bridgeman/Private Collection 331 Mary Evans/Asia Media 332 Alamy/Mary Evans 333 AKG 334 Art Archive/Culver Pictures 335 Bridgeman/Private Collection, Ken Welsh 336 Alamy/North Wind Picture Archive 337 Bridgeman/National Portrait Gallery, London, UK 338 Scala/Ann Ronan/HIP 339 Alamy/Mary Evans 340 The Art Archive/Galleria Borghese Rome/Alfredo Dagli Orti 341 The Art Archive/San Luigi dei Francesi Rome/Alfredo Dagli Orti 343 Corbis/Christophe Boisvieux 344t Corbis/Louie Psihoyos 344b Bridgeman/Private Collection 346 AKG 347 Corbis 348 Alinari/

Bridgeman **349** Bridgeman/Private Collection, The Stapleton Collection **350** Alamy/Print Collector **352** Scala/BPK, Bildagentur fuer Kunst, Kultur und Geschichte, Berlin **354** Bridgeman/Louvre, Paris, France, Peter Willi **355** Art Archive/Tokyo University/Laurie Platt Winfrey **356** Bridgeman/Musee des Beaux-Arts, Rouen, France, Lauros/Giraudon **358** AKG **360** Bridgeman/Private Collection **362t** Getty/Hulton **362b** Getty/Popperfoto **364** Bridgeman/National Gallery, London, UK **365** Art Archive **367t** Bridgeman/Louvre, Paris, France, Lauros/Giraudon **367b** Bridgeman/Chateau de Versailles, France, Lauros/Giraudon **369** Bridgeman/Santa Maria della Vittoria, Rome, Italy **371** AKG/Electa **372** AKG/Jean-Louis Nou **375** Bridgeman/©Museum of London, UK **376** Alamy/Lebrecht Music & Arts Photo Library **378** Bridgeman/Mary Evans **379** Art Archive/Musée du Château de Versailles/Gianni Dagli Orti **380** Corbis/Art Archive **382** Alinari/Imagno **384** Corbis/Bettmann **385** AKG **388** Corbis/Bettmann **389** Alamy/Print Collector **390** Bridgeman/Houses of Parliament, Westminster, London, UK **391** Corbis/Bettmann **392** Alinari/Topfoto **393** Bridgeman/St. Paul's Cathedral Library, London, UK **394** Bridgeman/Archives du Ministere des Affaires Etrangeres, Paris, France, Archives Charmet **395** Scala/Art Media/HIP **396** Bridgeman/©Victoria Art Gallery, Bath and North East Somerset Council **397** Getty/Hulton **398** Alinari/Bridgeman **401t** Bridgeman/National Portrait Gallery, London, UK **401b** Alamy/Mary Evans **402** Bridgeman/Schloss Augustusburg, Bruhl, Germany **403** Bridgeman/©Norwich Castle Museum and Art Gallery **404t** Bridgeman/Courtesy of the Council, National Army Museum, London, UK **404b** Bridgeman/Private Collection **406** Alamy/Classicstock **407** AKG **408** Bridgeman/Pennsylvania Academy of the Fine Arts, Philadelphia, USA **409** Bridgeman/Private Collection **410** Corbis/Bettmann **412** Bridgeman/Private Collection, Phillips, Fine Art Auctioneers, New York, USA **413** Scala **414** Bridgeman/Private Collection **416** Getty/Hulton **417** AKG/British Library **418** AKG **419** Bridgeman/Bibliotheque Polonaise, Paris, France, Bonora **421** Bridgeman/American Antiquarian Society, Worcester, Massachusetts, USA **422** Getty/Hulton **423** Art Archive/Private Collection Paris/Alfredo Dagli Ort **424** Alamy/Stockmontage Inc **426** Corbis/PoodlesRock **427** Alamy/Select Images **428** Bridgeman/©Dixson Galleries, State Library of New South Wales **429** Getty/Hulton **430** Alamy/Print Collector **431** Bridgeman/Ecole Nationale des Ponts et Chaussees, France, Archives Charmet **432** Art Archive/Coll Diaz Peru/Mireille Vautier **434** AKG **437** Bridgeman/Pennsylvania Academy of the Fine Arts, Philadelphia, USA **438** Bridgeman/Musee de la Ville de Paris, Musee Carnavalet, Paris, France, Giraudon **439** Alamy/Visual Arts Library **440** Bridgeman/©British Library Board. All Rights Reserved **441** Alinari **443t** Corbis **443b** Getty/Popperfoto **444t** Bridgeman/Musee de la Ville de Paris, Musee Carnavalet, Paris, France, Giraudon **444b** Scala/Ann Ronan/HIP **446** Bridgeman/Private Collection, Ken Welsh **447** Art Archive/Musée Lambinet Versailles/Gianni Dagli Orti **448** Getty/Hulton **449** Corbis/Art Archive **450** Corbis/Burstein Collection **451** Getty/Time & Life Pictures **453** Bridgeman/Academie Nationale de Medecine, Paris, France, Archives Charmet **454t** Getty/Time & Life Pictures **454b** Bridgeman/Private Collection **456t** Getty/Hulton **456b** Art Archive/Eileen Tweedy **459** Getty/Hulton **460** AKG/Erich Lessing **463t** Corbis **463b** AKG **464** AKG **465** AKG **466** Corbis **469** Bridgeman/Louvre, Paris, France **470** AKG **471** Alamy/Mary Evans **472** Bridgeman/Private Collection **473** AKG/Erich Lessing **474** Art Archive/Eileen Tweedy **475** Bridgeman/Bibliotheque Nationale, Paris, France, Lauros/Giraudon **476t** AKG **476b** Bridgeman/Prado, Madrid, Spain **478** Bridgeman/State Central Artillery Museum, St. Petersburg, Russia **479** Bridgeman/Private Collection, Photo©Bonhams, London, UK **480** Alamy/Visual Arts Library **481** Corbis/Bettmann **482** AKG **483** Alamy/Visual Arts Library **484** Bridgeman/Private Collection, The Stapleton Collection **485** Bridgeman/Private Collection **487** Bridgeman/Bolivar Museum, Caracas, Venezuela, Giraudon **488t** Bridgeman/©Collection of the New York Historical Society, USA **488b** Alamy/North Wind Picture Archives **490** Art Archive/Bibliothèque Marmottan Boulogne/Gianni Dagli Orti **491** Art Archive/Museo Nacional de Historia Lima/Gianni Dagli Orti **492** Art Archive/Biblioteca National do Rio de Janeiro Brazil/Gianni Dagli Orti **493** Corbis/Bettmann **494t** Bridgeman/National Portrait Gallery, London, UK **494b** AKG **496** Alamy/Visual Arts Library **497** Corbis/Bettmann **498** Bridgeman/Gernsheim Collection, University of Texas, Austin, USA, Archives Charmet **499** Art Archive/Museum der Stadt Wien/Alfredo Dagli Orti **500** Scala/HIP **502t** Getty/Hulton **502b** Alamy/Mary Evans **504** Bridgeman/©The Royal Institution, London, UK **505** Corbis/Hulton **506t** Corbis/Bettmann **506b** Science Photo Library **508** Bridgeman/Guildhall Library, City of London **509** Getty/Hulton **510** Alamy/Mary Evans **511** Bridgeman/State Russian Museum, St. Petersburg, Russia, Giraudon **512** Getty/Hulton **513** Corbis/Bettmann **514t** Alamy/INTERFOTO Pressebildagentur **514b** Alamy/Mary Evans **516** Science & Society Picture Library/NMeM **517** Bridgeman/Courtesy of the Council, National Army Museum, London, UK **519** © Antiques & Collectables / Alamy **521t** Corbis/Bettmann **521b** Scala/HIP **522** Alamy **524** Bridgeman/Private Collection **525** Getty/Hulton **527** Corbis **528t** AKG **528b** AKG **530** Scala **531** Bridgeman/Private Collection, The Stapleton Collection **532** Corbis/Bettmann **533** Scala/HIP **534** Corbis/Bettmann **535** Bridgeman/Private Collection, Giraudon **536** Scala/National Portrait Gallery Smithsonian/Art Resource **538** Corbis/Bettmann **539** Alamy/ClassicStock **540** Getty/Felice Beato/Hulton **541** Getty/Hulton **542** Science Photo Library **543** Corbis/Hulton **544** Corbis/Hulton **545** Bridgeman Art Library **547** Scala **549** Corbis/Hulton **550** Corbis/Bettmann **551** Art Archive/Musée National de la voiture et du tourisme Compiègne/Gianni Dagli Orti **553t** Corbis **553b** Corbis **554** AKG **555** Corbis/Hulton **556** Alamy/Ultimate Group LLC **557** Corbis/Bettmann **558t** AKG **558b** Getty/Time & Life Pictures **560** AKG/RIA Novosti **561** Corbis/Bettmann **562** Corbis **563** Corbis/Bettmann **564t** AKG/RIA Nowosti **564b** AKG/RIA Nowosti **566** AKG **567** Corbis **568** Corbis/Asian Art & Archaeology, Inc. **569** Alamy/Print Collector **570** Corbis/Bettmann **571** Getty/Hulton **572** Alinari **574** Corbis/Bettmann **576** Alamy/Mary Evans **577** Alamy/Mary Evans **578** Alamy/Print Collector **579** Corbis/Stapleton Collection **580t** Alamy/Lebrecht Music & Arts Photo Library **580b** Corbis/Hulton **582** Corbis/Bettmann **583** Getty/Hulton **585** Getty Images **586** Alamy/Mary Evans **587** Bridgeman/©Leeds Museums and Galleries (City Art Gallery) UK **588** Corbis/Bettmann **589** Corbis **590** AKG **591** Art Archive/Culver Pictures **593** AKG **594t** Bridgeman/©Samuel Courtauld Trust, Courtauld Institute of Art Gallery **594b** Corbis/Francis G. Mayer **596** Corbis/Bettmann **597** Alamy/Pictorial Press Ltd. **598** Corbis/Bettmann **599** Alamy/Print Collector **600** Corbis/Sygma **601** Kobal Collection/Lumiere **603** AKG **604** Corbis **605** Corbis/Bettmann **606** Corbis/Hulton **607** Alamy/Mary Evans **608** AKG **611** Corbis **614** Alamy/Mary Evans **615** Getty/Hulton **617** Corbis/Bettmann **618** Rex Features/Roger-Viollet **619** Corbis/Bettmann **620** Corbis **621** AKG **622** Alamy/Print Collector **624** Alamy/Mary Evans **625** Rex Features/Tony Davis **627** Corbis/Hulton **628** Science Photo Library/RIA Novosti **629** Getty/Time & Life Pictures **630t** Getty/Popperfoto **630b** Getty/Hulton **632** Getty/Hulton **633** Art Achive/National History Museum Mexico City/Gianni Dagli Orti **634** Mary Evans/Rue Des Archives **635** Corbis/Bettmann **636t** AKG/Ullstein Bild **636b** Corbis/Hulton **638** Rex Features **639** Art Archive/Ocean Memorabilia Collection **640** Rex Features/Roger-Viollet **641** Corbis/Hulton **642** Corbis/Bettmann **643** Corbis/Hulton **644** Art Archive **645** Corbis/Hulton **647t** AKG/Ullstein Bild **647b** Getty/Hulton **649t** Rex Features **649b** Alamy/INTERFOTO Pressebildagentur **650** Art Archive/Imperial War Museum **651** Getty/Popperfoto **652** Corbis **655t** AKG **655b** Getty/Popperfoto **656** Rex Features/Roger-Viollet **657** Alamy/Print Collector **658** Corbis/Bettmann **659** Corbis/Hulton **660** Corbis/Bettmann **661** AKG **662** Corbis/Hulton **663** Corbis/Bettmann **664** Corbis/Hulton **665** Corbis/Bettmann **666t** Corbis/Bettmann **666b** Getty/Hulton **668** Corbis/Hulton **669** Corbis/Bettmann **670** Science & Society Picture Library **671** Corbis/Bettmann **672** Corbis **673** Getty/BIPS/Hulton **674t** Corbis/Hulton **674b** Getty/Time & Life Pictures **676** Corbis/Bettmann **677** AKG **678** Corbis/Hulton **679** Getty/Time & Life Pictures **680** Science Photo Library/Emilio Segre Visual Archives/American Insitute Of Physics **682** Alamy/Mary Evans **683** Corbis/Bettmann **685** Alamy/Pictorial Press Ltd. **686** Corbis/Bettmann **688** Rex Features/SNAP **689** Corbis/Hulton **690** Rex Features **691** Corbis/Bettmann **693** Getty/Hulton **694** Corbis/Bettmann **695** Corbis/Bettmann **696** AKG **697** UPPA/Photoshot **699t** Corbis/Bettmann **699b** Corbis/Bettmann **700** Getty/AFP **701** Corbis/Bettmann **702** Getty/Popperfoto **705** Getty/Hulton **706** Corbis/Bettmann **707** Getty/Laski Diffusion **709t** AKG **709b** Corbis/Hulton **710** Getty/Time & Life Pictures **711** Corbis/Bettmann **712** Paul Popper/Popperfoto/Getty Images **714t** Corbis/Bettmann **714b** ©Corbis **717t** Kobal Collection/Selnick/MGM **717b** Kobal Collection **718** Getty/Hulton **719** Corbis **720** Getty/Bert Hardy **722** Rex Features/

Roger-Viollet **723** © François Pugnet/Kipa/Corbis **724** Getty/Hulton **725** Corbis **726t** Corbis **726b** Getty/Ian Waldie **728** AKG **729** Getty/Hulton **730** Getty/Hulton **732** Getty/Popperfoto **733** Corbis **734** Getty/Hulton **735** Alamy/Mary Evans **736** Alamy/Mary Evans **737** Getty/Hulton **738** Magnum/©2001 Cornell Capa **739** Getty/Time & Life Pictures **740** AKG **742** Corbis/Hulton **744** Corbis/ Bettmann **745** Corbis **746** Getty/Time & Life Pictures **747** Getty/Hulton **748** Corbis **749** Corbis **751** Corbis/Bettmann **752** AKG **754** Corbis/Bettmann **756** Rex Features/Sipa **757** Corbis/Hulton **759** Corbis **760** Getty/Popperfoto **761** Alamy/Print Collector **763t** Getty/Hulton **763b** Getty/Popperfoto **764t** Getty/Time & Life Pictures **764b** Corbis/Bettmann **766** Getty/AFP **767** Getty/AFP **771** Corbis/Bettmann **773t** AKG/Paul Almasy **773b** Corbis/Bettmann **774** Science Photo Library/Los Alamos National Laboratory **775** Getty/Popperfoto **776** Science Photo Library/A. Barrington Brown **777** Alamy/ Royal Geographical Society **779t** Getty/Michael Ochs Archive **779b** Corbis/ CinemaPhoto **780** Alamy/Mary Evans **782** Rex Features/Everett Collection **783** Alamy/Pictorial Press Ltd. **785** Getty/Time & Life Pictures **786** Corbis/Hulton **787** AKG **788** Getty/Popperfoto **789** Corbis/Bettmann **790** Getty/Hulton **791** Getty/AFP **792** Alamy/INTERFOTO Pressebildagentur **793** Getty/Popperfoto **794t** Corbis/Bettmann **794b** Getty/Michael Ochs Archive **797t** Getty/Popperfoto **797b** Corbis/ David Rubinger **798** Getty/AFP **800** Getty/Popperfoto **801** Getty/Hulton **803t** Corbis/Bettmann **803b** Getty/Bettmann **804** Corbis/Bettmann **806** Getty/Time & Life Pictures **807** Getty/Time & Life Pictures **809t** AKG **809b** Corbis/Reuters **810** Corbis/Bettmann **811** Getty/Time & Life Pictures **812** Getty/Hulton **813** PA Photos/James W. Ike Altgens/AP **814** Rex Features/Everett Collection **816t** Corbis/Bettmann **816b** Getty/Hulton **818** Corbis/Tim Page **819** Corbis/Bettmann **820t** Corbis/Bettmann **820b** Getty/AFP **822** Corbis/Bettmann **823** Corbis/JB Russel/Sygma **824t** Corbis/Bettmann **824b** Getty Images **826** Corbis/Bettmann **827** Rex Features/Sipa **829t** Corbis/Libor Hajsky/EPA **829b** Rex Features/Edwin Walter **830** NASA **831** Getty/AFP **832** NASA **833** NASA **834** Corbis/Bettmann **835** Getty/Time & Life Pictures **836t** David Redfern/Redferns **836b** Getty/Time & Life Pictures **838** Corbis/Christian Simonpietri/Sygma **839** Magnum/Gilles Peress **841t** Getty Images **841b** Getty Images **843t** Getty/AFP **843b** Corbis/Dmitri Baltermants **844** Rex Features/Sipa **845** Allan Tannenbaum/Time & Life Pictures/Getty **846** Corbis/Henri Bureau/Sygma **847** Getty/Hulton **848** Rex Features/Sipa **849** Getty/Hulton **851** Corbis/Bettmann **852** Getty/Hulton **853** Getty/Time & Life Pictures **854** Alamy/Peter Jordan **856** Getty/Hulton **857** Corbis/Selwyn Tait/Sygma **859t** Getty/David Hume Kennerly **859b** Getty/David Hume Kennerly **860** Corbis/Bettmann **861** Getty/Time & Life Pictures **862t** Corbis/Hulton **862b** Getty/Hulton **864** Corbis/Alain DeJean/Sygma **865** Corbis/Bettmann **866** Corbis/Hulton **867** Rex Features/Sipa **869** Getty/Hulton **870** Corbis/Michel Philippot/Sygma **871** Getty **873** Corbis/Kapoor Baldev/Sygma **874** Corbis/David Turnley **875** Corbis/Kapoor Baldev/Sygma **876** Getty/ David Levenson **877** Getty/AFP/Patrick Riviere **878** Getty/Georges De Keerle **879** Corbis/Larry Downing/Sygma **880** Getty/Hulton/MPI **881** Rex Features/Sipa **882** Getty/AFP **883** Rex Features/Mr. F. Zabci **884** Corbis/ Igor Kostin/Sygma **886** Corbis/Peter Turnley **887** Rex Features/Sipa **888** Getty/Steve Powell **889** Corbis/Bryn Colton/Assignments Photographers **890** Corbis/Sygma **892** Corbis/Reuters **893** Corbis/Wolfgang Kumm/DPA **895** Rex Features/Sipa **896** Corbis **899** Getty/AFP **900t** Getty/AFP **900b** Corbis/Bettmann **903** Getty Images **904** Corbis/David Turnley **905** Tokyo Shimbun/Corbis Sygma **906t** Rex/Sipa Press **906b** Rex/Sipa Press **907t** Corbis **907b** Corbis **908** Jean-Marc Giboux/Liaison **909** Corbis/Bill Nation/Sygma **910** Rex Features/Sipa Press **911** Pablo Bartholomew/Gamma Liaison **912** AFP/Getty **913** Florence Durnad/Sipa Press/Rex Features **914** Corbis **915** Corbis **917t** Corbis **917b** Darma/AFP/Getty **919** Partick Baz/AFP/Getty **921** John Russell/AFP/Getty **922** 2005 Metropolitan Police **923** Balkanpix.com/Rex Features **924** Rex Features **925** Ali Haider/EPA/Corbis **927** Corbis/Chris Gardner **928** Jagadeesh NV/epa/Corbis **929** Getty **930t** Getty **930b** AFP/Getty **931t** Christopher Berkey/epa/Corbis **931b** MCT via Getty Images **932** AFP/Getty **933** LatinContent/Getty **934** AFP/Getty **935** Christophe Ena/AP/Press Association Images **936** STR/epa/Corbis **938** AFP/Getty **939** AFP/Getty **941** AFP/Getty

撰稿人
Contributors

Tony Bunting (TB) is a postgraduate research student at the University of Central Lancashire specializing in twentieth-century international relations.

Richard Cavendish (RC) is a historian who regularly covers anniversaries of past events in *History Today*.

Peter Furtado (PF) (General Editor) has edited many reference works on world history, including the *Atlas of World History*. He is a fellow of the Royal Historical Society.

Reg Grant (RG) is the author of more than twenty books on historical and military subjects, including *Flight: 100 Years of Aviation* and *Soldier: A Visual History of the Fighting Man*.

James J. Harrison (JJH) writes on history and culture. He was a contributor to *History The Definitive Visual Guide* and Editorial Consultant on *1000 Makers of the Millennium*.

John Haywood (JH) is an honorary research fellow at Lancaster University and writes on ancient and medieval history. His books include *The Dark Ages: Building Europe*.

Nigel Jones (NJ) is a writer and historian. He has written studies of the Great War and is currently working on a book about prominent prisoners of the Nazis.

Nick Kennedy (NK) studied history at Oxford. After a career in publishing, he now concentrates on the military history of the twentieth century.

Susan Kennedy (SK) studied history at Oxford. She worked in publishing and at the BBC and now edits and writes works of historical reference for adults and children.

Robert Pearce (RP), formerly Professor of Modern History at the University of Cumbria, is the author of more than twenty books and the editor of *History Review* magazine.

John Swift (JS) is a Senior Lecturer in History at the University of Cumbria. His publications include *The Palgrave Concise Historical Atlas of the Cold War* (2003) and *Labour in Crisis: Clement Attlee and the Labour Party in Opposition, 1931-40* (2001).

致谢
Acknowledgments

Quint**essence** would like to thank the following:
Sales Helena Baser **Editing** Jemima Dunne, Ben Hubbard
Copy Editing Joe Fulman **Indexing** Ann Marangos